贫困经济学：历史、测度和政策

The Economics of Poverty: History, Measurement, and Policy

［英］马丁·拉瓦雷（Martin Ravallion） 著

吕光明　李冻菊　刘凤芹等　译

图书在版编目（CIP）数据

贫困经济学：历史、测度和政策／（英）马丁·拉瓦雷（Martin Ravallion）著；吕光明等译. —北京：中国商务出版社，2020.12

书名原文：THE ECONOMICS OF POVERTY：HISTORY，MEASUREMENT，AND POLICY

ISBN 978-7-5103-3530-3

Ⅰ.①贫… Ⅱ.①马…②吕… Ⅲ.①贫困问题—研究—世界 Ⅳ.①F113.9

中国版本图书馆 CIP 数据核字（2020）第 196246 号

贫困经济学：历史、测度和政策

The Economics of Poverty：History，Measurement，and Policy

［英］马丁·拉瓦雷（Martin Ravallion）著

吕光明　李冻菊　刘凤芹等　译

出　　版：中国商务出版社

地　　址：北京市东城区安定门外大街东后巷 28 号　　**邮　　编**：100710

责任部门：国际经济与贸易事业部（010-64269744　bjys@cctpress.com）

责任编辑：张高平　李彩娟　何　昕

总 发 行：中国商务出版社发行部（010-64266119　64515150）

网购零售：010-64269744

网　　址：http://www.cctpress.com

邮　　箱：cctp@cctpress.com

排　　版：翟艳玲

印　　刷：河北廊坊蓝海德彩印有限公司

开　　本：787 毫米×1092 毫米　1/16

印　　张：41.5　　**字　　数**：882 千字

版　　次：2021 年 1 月第 1 版　　**印　　次**：2021 年 1 月第 1 次印刷

书　　号：ISBN 978-7-5103-3530-3

定　　价：138.00 元

序

杰出的经济历史学家罗纳德·麦克斯·哈特韦尔（Ronald Max Hartwell，1972）在《英国工业革命对穷人的影响》（*Consequences of the Industrial Revolution in England for the Poor*）中认为："经济学本质上是研究贫困的。"著名的农业经济学家、诺贝尔奖获得者西奥多·舒尔茨（W. Theodore Schultz，1981）在《人力投资：人口质量经济学》（*Investing in People：The Economics of Population Quality*）中认为："世界上绝大多数人是贫困的。如果我们懂得贫困状态下的经济，那么就会懂得许多真正重要的经济学。"遗憾的是，这些观点与今天大多数人对经济学的看法不一致。人们普遍认为经济学是研究类似于通过国内生产总值（GDP）测得的国民收入的，如今许多经济学专业的学生在某个时候会了解为什么有些国家比其他国家的人均GDP低，但收入分配通常不是经济学的主要关注点。

经济学的教学似乎奇怪地偏离了它在现实世界中的应用，如贫困问题。我说"奇怪"有两个原因：第一，根据我的经验，许多学生对经济学很感兴趣是希望理解这些问题；第二，既然经济学包含了对诸如贫困这样的现实世界重要问题的有益见解，那么就有理由抱有这种希望。我承认，在今天的教科书中，经常能够发现经济学应用于现实问题的讨论。但公平地说，这些讨论多是外围的而非中心的，而且往往相当肤浅。

本书试图对此提供一种矫正。在这里，应用被认为是学习经济学的核心动力。这里呈现的应用是理解贫困和如何最好地减贫的各种政策辩论。这显然是当今发展中国家面临的一个重大问题，但它也与当今的富裕国家有关，特别是那些正在被高企且不断加剧的不平等扼杀公平增长潜力的国家。因此，这种应用具有全球推广价值。鉴于今天的富裕国家曾经同今天的贫穷国家一样贫穷，这种应用还有重要的历史意义。这种变化是如何发生的本身就是重要的发展问题。

这本书的目标读者群很广，既有对贫困感兴趣的经济学家，也有（迄今为止）对经济学感兴趣的非经济学家，他们把经济学作为理解和战胜贫困的工具。简而言之，这本书既是一个经济学的导论——虽然它是一个基于重要应用的导论——也是经济学家和了解一些经济学但错过了很多贫困和不平等内容的其他人士研究贫困和不平等的一个导论（同我撰写这本书的原因相同）。

从20世纪80年代初，我便开始以经济学家的身份研究贫困问题，可以说，我为这本书已经工作30多年了。然而，我在2013年才决定撰写这本书，那是我在世界银行工作24

年后回到乔治敦大学（Georgetown University）任教的时候。我很清楚，手头的文献不能满足两个不同群体的需要。第一类群体是现在的经济学专业的学生。这本书曾作为经济学一个学期的本科课程（即 ECON156：贫困经济学）的教科书。尽管经济学不是一门必修课，但几乎所有学生以前都上过一年的经济学原理（宏观和微观）课程，可能有一半的学生希望继续学习中级和高级经济学。

在撰写本书时，我也考虑到了第二类群体的需要。他们是更高年级的学生和类似于研究人员以及在政府或国际组织工作的人员这样的专业人士。这类群体已经了解一些经济学知识，但很少接触到它在理解贫困和不平等方面的应用，他们正在寻求（包括进一步阅读）这样的指导。我曾用本书中的大部分材料作为乔治敦大学和巴黎经济学院研究生课程中的背景阅读。我经常在为（包括世界银行工作人员在内的）从业人员举办的定期培训项目和特别讲座中讲授这些内容。

同时满足两类读者群体需要采取不同的方法并兼顾不同读者的选择。书中插入了 130 多个专栏，以便向非经济学者解释经济学（因为不止一种可能，所以在书中加入一些标注时我面临着艰难选择）。读者自然会有选择：训练有素的经济学者会跳过一些专为非经济学者设计的阅读材料。一些标有*符号的专栏有些难度。尽管有些专栏假定熟悉简单的线性代数，但并不需要微积分。即便有较难的专栏，但具备中学数学知识也就够用了。

这些专栏试图让读者积累与贫困相关的经济学知识，但因为这里面的内容是围绕贫困而不是经济学本身的，所以这并不像传统经济学教科书那样衔接顺畅。为了便于进一步阅读并帮助那些希望深入阅读的读者，我引用了许多资料和建议。本书提供了大量的交叉引用信息，各章节的练习见 http://explore.georgetown.edu/people/mr1185/

在此，我要感谢的人很多。在加入乔治敦大学教职工大家庭之前，我并没有计划撰写这本书。事实证明，在兼顾学术研究和与贫困做斗争的长期承诺的前提下，乔治敦大学是一个实现该目标的理想环境。本书的完成得益于爱德蒙·维拉尼（Edmond D. Villani）的支持，他贴心地赠予我在乔治敦大学的办公椅。经济系主任弗朗西斯·维拉则说服我，“有人需要一门关于贫困问题的本科课程”。乔治敦大学的课程设计和教学实践促使我写下了这本书。在撰写本书的过程中，我从学生们的课程反馈中受益匪浅，这是（该课程）唯一的教科书。这门课的所有学生都有很多问题要在课堂上讨论。很抱歉我忘记了一些同学的名字，在此要感谢的同学包括（按字母顺序）：Taemin Ahn，Tamim Alnuweiri，Brian Bontempo，Kevin Chen，Owen Coffin，Deep Dheri，Isabel Echart，John Flynn，Anna Frenzilli，Geeva Gopalkrishnan，Laura Grannemann，Berk Guler，Will Hilkert，Joshua Lightburn，Atul Menon，Taylor Mielnicki，Clare Murphy，Milan Patel，Neshal Patel，Alexander（“Elizabeth”）Rich，Ben Saunders，Morgan Snow，以及 Matt Walters。其中 Clare 特别擅长在章节草案中找出需要努力的地方，Elizabeth 和 Taylor 在课程结束后阅读了本书即将完成的草稿，并提供了许多有用的评论。Cait Brown 是 ECON156 课程前两个教学版本的教学助理，她不断地努力使这本书变得更好，尤其是作为一本教科书。认真阅读了即将完成的大部分书稿的同学还有：Bledi Celiku，Mathew Kline，Naz Koont，以及 Isabelle van de Walle.

本书借鉴了 30 年来我对贫困经济学的研究，受益于许多杰出的合作者，包括（按字母顺序）：阿瑟·阿利克·拉格朗日（Arthur Alik Lagrange）、苏迪尔·阿南德（Sudhir Anand）、考希克·巴苏（Kaushik Basu）、凯瑟琳·比格尔（Kathleen Beagle）、阿洛克·巴拉加瓦（Alok Bhargava）、贝努·比达尼（Benu Bidani）、迈克尔·布鲁诺（Michael Bruno）、舒巴姆·乔杜里（Shubham Chaudhuri）、陈少华（Shaohua Chen）、高瑞弗·戴特（Gaurav Datt）、洛林·迪尔登（Lorraine Dearden）、奎托安·多（Quy-Toan Do）、普伽·杜塔（Puja Dutta）、奇科·费雷拉（Chico Ferreira）、伊曼纽拉·加拉索（Emanuela Galasso）、马杜尔·高塔姆（Madhur Gautam）、克里斯汀·希梅林（Kristen Himelein）、莫妮卡·赫比（Monica Huppi）、乔茨纳·贾兰（Jyotsna Jalan）、安东·科里内克（Anton Korinek）、西尔维·兰伯特（Sylvie Lambert）、彼得·兰茹（Peter Lanjouw）、迈克尔·利普顿（Michael Lipton）、迈克尔·洛克辛（Michael Lokshin）、爱丽丝·梅斯纳德（Alice Menard）、约翰·米斯泰恩（Johan Mistaen）、何塞·蒙塔尔沃（Jose Montalvo）、穆仁（Ren Mu）、仁库·穆尔盖（Rinku Murgai）、门诺·普拉丹（Menno Pradhan）、普雷姆·桑格拉（Prem Sangraula）、比纳亚克·森（Binayak Sen）、林恩·斯奎尔（Lyn Squire）、多米尼克·范德沃勒（Dominique van de Walle）和昆廷·沃顿（Quentin Wodon）。

我在世界银行工作了 24 年，结交了许多同事，这里一并致谢。多年来，与世界银行同事的互动（包括辩论）对帮助我将反贫困政策的经济基础（通常是抽象的）与发展实践联系起来尤为重要。这里有太多的名字不能一一提及，除了上面提到的世界银行的协同研究者外，过去帮助我塑造研究思维的世界银行同事中，我尤其要感谢弗朗索瓦·布吉尼翁（Francois Bourguignon）、山塔·德瓦拉詹（Shanta Devarajan）、杜大伟（David Dollar）、格森·费德（Gershon Feder）、杰夫·哈默（Jeff Hammer）、曼尼·希门尼斯（Manny Jimenez）、拉维·坎伯（Ravi Kanbur）、贝丝·金（Beth King）、阿尔特·卡拉伊（Aart Kraay）、林毅夫（Justin Lin）、威尔·马丁（Will Martin）、阿迪特亚·马图（Aaditya Mattoo）、兰特·布里切特（Lant Pritchett）、比尤·拉奥（Biju Rao）、什洛莫·鲁特林格（Shlomo Reutlinger）、路易斯·塞文（Luis Serven）、尼克·斯特恩（Nick Stern）、亚当·瓦格斯塔夫（Adam Wagstaffe）和迈克·沃尔顿（Mike Walton）。

本书第一部分和第三部分借鉴了我为安东尼·阿特金森和弗朗索瓦·布尔吉尼翁编著的《收入分配手册》（*Handbook of Income Distribution*）（2014a）撰写的一章内容“反贫困政策的理念”（The Idea of Antipoverty Policy）。这章还须为本书更广泛的读者进行大量大范围的改写。而且这本书要全面得多，在许多领域进一步发展了论点，因此重写内容是原来这章的五倍。很高兴曾参与《收入分配手册》的编写，本书受益于众多学者对这一章的评论，在此感谢：罗伯特·艾伦（Robert Allen）、安东尼·阿特金森（Anthony B. Atkinson）、普拉纳布·巴丹（Pranab Bardhan）、弗朗索瓦·布吉尼翁（Francois Bourguignon）、丹尼斯·柯格纳（Denis Cogneau）、让·伊夫·杜克洛（Jean-Yves Duclos）、塞缪尔·弗莱施哈克尔（Samuel Fleischacker）、佩德罗·盖特（Pedro Gete）、卡拉·霍夫（Karla Hoff）、拉维·坎伯（Ravi Kanbur）、查尔斯·肯尼（Charles Kenny）、西尔维·兰伯特（Sylvie Lambert）、菲利普·勒佩尼斯（Philipp Lepenies）、彼得·林德特（Peter Lindert），迈克尔·利普顿（Michael Lipton）、威尔·马丁（Will Martin）、爱丽丝·梅斯纳德（Alice Menard）、布兰科·米兰诺维奇（Branko Milanovic）、约翰·米斯蒂安（Johan Mistiaen）、伯克·奥兹勒（Berk Ozler）、涛慕思·博格（Thomas Pogge）、吉勒斯·波斯特尔·维纳（Gilles Postel-Vinay）、亨利·理查森（Henry Richardson）、约翰·罗默（John Roemer）、约翰·鲁斯特（John Rust）、阿格纳尔·桑德莫（Agnar Sandmo）、阿马蒂亚·森（Amartya Sen）和多米尼克·范德沃勒（Dominique van de Walle）。

本书还受益于我接触过的一些专家，如哈罗德·奥德曼（Harold Alderman）、考希克·巴苏（Kaushik Basu）、詹姆斯·博伊斯（James Boyce）、海梅·德·梅洛（Jaime De Melo）、德翁·菲尔默（Deon Filmer）、杰德·弗里德曼（Jed Friedman）、加伦斯·金尼科特（Garance Genicot）、约翰·霍迪诺特（John Hoddinott）、阿尔特·卡拉伊（Aart Kraay）、迈克尔·利普顿（Michael Lipton）、爱丽丝·梅斯纳德（Alice Mesnard）、安娜玛丽亚·米拉佐（Annamaria Milazzo）、米德·奥韦尔（Mead Over）、伯克·奥兹勒（Berk Ozler）、托马斯·皮凯蒂（Thomas Piketty）、斯蒂芬·拉德勒（Steven Radelet）、林恩·斯奎尔（Lyn Squire）、亚当·瓦格斯塔夫（Adam Wagstaff）、多米尼克·范德沃勒（Dominique van de Walle）和尼古拉斯·范德沃勒（Nicolas van de Walle）。

我还要感谢下列参与方：乔治敦大学、世界银行、国际货币基金组织、威斯康星大学麦迪逊分校中西部国际经济发展会议、悉尼理工大学、巴黎经济学院、牛津大学、苏塞克斯大学、伦敦经济学院、兰开斯特大学、印度经济协会、计量经济学学会澳大利亚会议、加拿大经济协会、国际收入和财富研究会、经济不平等研究学会、第十二届北欧发展经济学会议、2014 年春季青年经济学家大会、赫尔辛基的世界发展经济学研究所、墨尔本莫纳什大学的澳大利亚西亚发展经济学研讨会。

牛津大学出版社经济学编辑斯科特·帕里斯（Scott Parris）自始至终给予了鼓励和评论，凯瑟琳·沃尔曼（Cathryn Vaulman）出色地指导了书稿的出版过程；本书还得益于五位匿名读者的评论。

马丁·拉瓦雷

目 录
CONTENTS

第一部分 贫困思想史

第三部分 贫困与政策

专栏目录

图目录

表目录

引　言

经济体存在的目的是为了指导生产选择，进而服务于人们的消费需求。我们通过一个经济体在这方面做得好坏来判断其是否成功。组织经济的一种方式是让中央规划者决定生产什么和如何分配商品。这种方式理论上可以运行得很好，但实践证实却是非常困难的。组织经济的另外一种方式是依靠市场机制。在这种机制下，所有选择都是分散的并受价格的引导。从 18 世纪末人们就开始认识到，自由市场可以有效地指导生产以满足消费者的需求。这种组织经济的方式在接下来的两百年里开始占主导地位。

市场机制是解决供给适应需求这一基本问题的聪明方法，而且不需要中央规划者的帮助。但是，即便最有效的市场机制也很难预期并解决好穷人的需要，穷人（根据定义）对商品的购买力很小，市场自然会倾向于将商品输送到具有购买力的人手中。尽管某些地方的某段时期相比其他地方和其他时期更为不平等，但是这种权力分配显然是不平等的。当市场机制与坚持尊重初始产权转让（由政府通过法律和司法系统支持）相结合时，结果可能更加不平等。

因此，即使对最坚定的自由市场捍卫者来说，持续的贫困也不足为奇。意识到这一点后，人们已经做出各种努力试图将市场经济转向较低贫困的合意分配结果。这个想法是保持市场机制在供给适应需求上的优势，但试图以更公平的方式改变其分配。这是长期以来政府进行各种各样干预的主要动机。具体操作手段既涉及影响市场前分配（pre-market distribution）的努力，也涉及在既定分配下如何影响市场运作的努力。

在市场经济中被分散的选择包括那些与某一时期或随时间变化的生产和分配相关的选择。这一动态分配任务从时间上来看并不均衡。而且事实证明，由政府主导的市场经济容易受到周期性冲击的影响，这些冲击通常是内生冲击。尽管如此，这种经济组织模式取得了不同程度的成功，也带来了整体经济的增长——可消费商品的可观扩张。但是，依然存在如下问题：经济增长过程中满足了哪些人的消费需求？

回顾两百多年来，生活在极端贫困中的人数并没有下降多少，但该数字在世界人口中所占比例更小了。1820 年，大约 80% 的人们生活在物质条件大致与今天最贫困的 20% 人口相似的环境中。随着时间和空间的发展，出现了不平衡的扩大。极端贫困已经集中在今天所谓的“发展中国家”中。从数据所能确定的最好情况是，如今的富裕国家两百年前的绝对贫困发生率——从旨在保持不变购买力的贫困线来判断——不低于如今的贫穷国家。当然，如今富裕国家中几乎没有人生活在像当今贫困国家所定义的“贫困”中。

尽管过去两百年来发展中国家和发达国家在消除贫困方面取得了进展，但持续的进展远未能得到保证。高度且日益严重的不平等已经阻碍了包括美国在内的世界一些地区的进步。我们看到，近几十年来整个富裕国家的相对贫困率普遍在上升。

21 世纪开始以来，发展中国家出现一些令人鼓舞的迹象，消除极端贫困的进展正在加速。自 2000 年以来，尽管在很多地区我们也看到持续贫困地带，但从节俭的绝对标准判断，我们可以看到全球穷人人数的下降。与此同时，我们看到发展中国家相对贫困的人数不断增加，可能存在比以往任何时候更大的脆弱性风险。一些长期存在的发展挑战仍然存在，同时新的挑战已经出现，尤其表现在保证公平增长方面，这是富裕国家和贫穷国家目前面临的共同挑战。

我们面临着两条前进道路：一条道路是拥有确保全球减贫持续成功的有效政策。这条道路将在一代人的时间内几近消除持续存在一千年的最恶劣形式的贫困，并将减慢相对贫困的上升势头。另一条道路将看到，高度且不断扩大的不平等阻碍穷人从总体经济增长中获益，也阻碍了部分增长。在第二条道路上，世界上极端贫困的人数将微弱下降，而相对贫困的人数将明显增加。我们面临着的许多挑战将迫使我们走上第一条道路并待在那里。

为迎接这些挑战，本书需要回答三个问题：贫困人口有多少？为什么存在贫困？怎样才能消除贫困？

究竟有多少贫困人口?

测度贫困是应用经济学中最古老的话题之一，最早甚至可追溯到“经济学”学科被承认前。测度贫困面临的挑战与其他经济测度问题没有根本区别，这意味着，这项任务几乎共享相同的概念和实证问题。一个不同之处在于测度贫困不仅仅是经济学家的任务。这个问题在非经济学家中引起的兴趣带来了一些重要的见解，但也见证了大多数经济学家认为值得怀疑的测度实践。本书的大约 1/4 篇幅用于理解测度问题，这些问题既包括概念问题，又包括实践问题。

现有的最佳经济测度结果显示，2010 年前后世界最贫困的 20%左右人口——大约 12 亿人——的商品和服务平均消费量仅占全球平均水平的 10%，占收入最高的 1%人口的平均消费量的 0.5%（鉴于现有数据中的可能偏差，0.5%几乎肯定高估了）。如果最贫困的群体生活得相当好，那么人们可能就不会担心如此大的生活水平相对差距。然而，他们生活得并不好。最贫困的 20%人口支付不起 2005 年美国人每天用 1.25 美元买到的东西，或者撰写本书时（2014 年）大约 1.50 美元买到的东西。许多人能够（并且确实）靠这么微薄的生活费用生存，但是没有人能否认这是相当节俭的生活水平。还有很多人正好生活在这条贫困线上；除了每天生活费用低于 1.25 美元的 12 亿人口之外，2010 年还有同样数量的人口每天生活费用在 1.25 美元和 2.00 美元之间。除了这种极端、绝对的贫困之外，包括发展中国家和发达国家在内的各个地方都同样存在明显的相对贫困。全世界差不多有 30 亿人口要么每天生活费用低于 1.25 美元，要么生活在按照所在地典型标准认定的贫困水平下。

在这些赤裸裸的数字背后存在着人类自由和潜力的巨大损失，它源自人们对基本商品缺乏支配而受到的种种限制。伴随着贫困，人们的学校教育减少、健康经常受损、预期寿命缩短。营养摄取量低和饮食不良会导致工作投入减少，（对儿童）会带来无法弥补的后期能力和生产力损失。除了健康和收入风险，暴力和对暴力的恐惧是生活中的常见现象。贫困妇女尤为弱势。人们总是无力改变这一切——为了获得更好的生活——因为那些与贫困相关的自由通常包括影响产生这些自由的非经济（政治和社会）因素的能力。

当今世界中的绝大多数绝对贫困发生在发展中国家。可能更令人惊讶的是（将在后面看到）在如今这些国家中发现的相对贫困比在富裕国家中要多。因此，按照罗纳德·麦克斯·哈特韦尔（Ronald Max Hartwell，1972）将经济学定义为对贫困的研究，人们可能会争辩说，研究主题必须首选发展中国家，这与讲经济学原理的现代教科书中所看到的形成了鲜明对比。有人可能会争辩说，像这样的一本书，仅仅关注当今的发展中国家是合理的。但是，本书借鉴当今发达国家的经验，试图从更全球化的角度来看待贫困问题，这在某些方面是合理的。一方面，发达国家仍然存在许多相对贫困；另一方面，发达国家在战胜绝对贫困方面的成功能够为贫穷国家提供了宝贵经验。经济学家和经济学专业的学生包括那些只关注经济发展的学生，可以通过研究哲学和经济思想体系如何演变来学到很多东西。这些思想体系早在比现在还要贫困得多的时候，就开始深深植根于西欧、英国和北美国家。

为何会存在贫困?

一支颇有影响的思想流派从穷人自身的行为中寻求这个问题的答案。试图将贫困归咎于贫困男女的行为的努力由来已久，并至今仍然存在。将贫困归因于穷人的倾向性如他们懒惰、轻率或不愿冒险，或者他们过去所犯的错误。海明威①和菲茨杰拉德有一段著名的

① 欧内斯特·米勒尔·海明威（Ernest Miller Hemingway，1899 年 7 月 21 日—1961 年 7 月 2 日），出生于美国伊利诺伊州芝加哥市郊区奥克帕克，美国作家、记者，被认为是 20 世纪最著名的小说家之一。代表作有《太阳照常升起》(1926)、《永别了，武器》(1929)、《老人与海》(1952)。——译者注

对话，菲茨杰拉德[①]宣称："富人同你我是不一样的。"而海明威回答："没错，他们更有钱。"[②] 菲茨杰拉德的观点可解释为他将贫困归因于人们性格的差异，而海明威的差异化观点含蓄地引导我们更深入地研究人们生活中面临的约束，这种约束的根源在于市场和制度在收入分配中的作用。

毫无疑问，穷人的行为会有所不同；收入对他们的决策影响显而易见。早在几个世纪前就有反向因果的说法：贫困是由"不良行为"造成的。长期以来，将贫困怪罪于穷人为公众不采取行动来消除贫困提供了理由。有人认为，任何帮助穷人的直接努力都是不必要的，甚至可能适得其反——这种行动只会鼓励同样的产生贫困的行为。在赞同贫困男女的行为有过错的人中，一部分人允许进行一定的道德研判。例如，孩子不能由于父母的不良行为而遭到怪罪。另一部分人还认识到贫困对非贫困人口带来成本，如犯罪、疾病或者太多乞丐的烦扰等，这些成本可以为反贫困政策提供正当理由。事实上，这在本质上也是首批提出反贫困政策的学者之一，即16世纪初胡安·路易斯·维韦斯[③]的方法，维韦斯还被认为是现代心理学的创始之父。

经济学正在深入到理解行为是如何受到经济和（越来越多的）社会因素的影响，这些因素也造成了贫困。与因贫困怪罪穷人相反，经济学没有因贫困怪罪穷人，而是指出了贫困男女面临的种种约束以及这些约束如何与现行体制、市场和政府缺陷发生关联的。本书的大部分内容致力于理解这些约束是如何产生的及如何放松约束。这几乎遍布所有的经济学领域，从宏观到微观，从理论到实证，从贫穷国家到富裕国家。

怎样做才能消除贫困？

经济学的一个显著特征是它与政策的密切关系，而与贫困有关的政策一直是这种关系的核心。最早的经济学家之一考提利耶（Kautilya），大约在公元前300年出生于现在的印度。考提利耶的主要著作即梵文《政事论》（Arthashastra，又译《治国安邦术》）[④]。他的一系列政策建议包括通过政府赞助的公共工程计划来提供就业进而解决动荡带来的社会成本的政策，这也可以被解释为凯恩斯稳定政策的早期形式。这种应对动荡和危机的社会保

---

① 弗朗西斯·斯科特·基·菲茨杰拉德（Francis Scott Key Fitzgerald，1896年9月24日—1940年12月21日），20世纪美国作家、编剧，代表作有《人间天堂》（1920）、《了不起的盖茨比》（1925）、《夜色温柔》（1934）和《末代大亨的情缘》（1941）。——译者注

② 目前还不能肯定这一著名谈话是否曾经发生，尽管可以认为它是对更可能的故事的简化，如拉尔夫·凯伊斯所述（Keyes，Ralph. 2006. The Quote Verifier：Who Said What，Where and When. New York：St. Martin's Press）。

③ 维韦斯（Juan Luis Vives，1492年3月6日—1540年5月6日），西班牙人文主义者，伊拉斯谟大学学生，在教育、哲学和心理学方面很有名。他强烈反对经院哲学，强调将归纳法作为一种研究方法。——译者注

④ 还有其他翻译建议，包括"政治科学"和"政治经济学"。维基百科网站提供了其他例子和参考。

护政策有着悠久的历史，其动机部分是为了确保政权的稳定，这显然是考提利耶政策建议的动机。一些政策试图通过将条件应用于贫困救济来激励更好的行为，比如坚持让受援者工作或上学。在现代，从 19 世纪开始出现了其他反贫困政策，这些政策以解决贫困男女面临的约束为前提，包括使市场和其他体制更好地运作。

目前众所周知的是，消除贫困是公共行动的法定目标，也是（富裕国家和贫穷国家）政府应尽责任的依据。穷人优先的伦理动机可以视为公平和效率两个重要经济概念的共同关注点。减少不平等的隐含意愿不是将所有人都拉低到最贫困者的水平上，这将加剧贫困。相反，反贫困的优先做法叫作最大最小值——一种公平应该去帮助穷人的看法（即最大化社会最弱势群体的福利）。在分配正义的许多理论中，我们都可以找到最大最小值思想的一些形式。

几百年来，关于反贫困的最好做法的看法也在不断演化。一种长期观点认为解决贫困应从改变个人行为入手——既可以戒掉穷人上述的不良行为，也可以提倡富人表现出更多的慷慨大方。现代的观点更重视包括政府作用的机构表现。其中关于贫困的公共责任的想法是对严重下行风险的保护的穿越。这在两百年前或甚至一百年前都很少获得支持。这种作用在如今获得了广泛的（尽管可能不是一致的）支持。随着时间的推移，关于贫困的公共责任的定义领域开始由大部分地方社区延伸到世界整体。试图消除贫困的政策响应既包括通常归入“社会政策”名下的直接干预，也包括各种各样的经济层面和全球层面的政策——经济发展的整体政策正对贫困程度产生影响。本书中的“反贫困政策”同时包括两组政策。

经济思想与政策制定之间的关系很少像人们所希望的那样密切或有价值。尽管对贫困现实的了解常常有助于决策，但基于轶事的错误信息和夸张的意识形态论点也产生了不良影响并将继续产生影响。关于贫困的思考也是一个关于许多经济思想的故事，这些思想逐渐被广泛相信并对政策产生影响，但这些思想要么其真实性未知，要么是明显错误的。如果今天这种情况有望好转，那么希望就在于公开辩论。通过以不偏不倚的方式为这些辩论提供信息，经济学可以帮助消除全球贫困。

思想史提供了很多关于贫困的普遍观念的例子，这些观念中的贫困常常持续存在，且承载的政策分量远远超出其知识基础所能支持的。这些例子可以说贫困男女是懒惰的，可以说贫困男女是非理性的，可以说世上的贫困主要以城市为基础，可以说穷人总是贫穷的农民或创业者，也可以说穷人实际上一点也不穷（最大的神话）。从经济学家、统计学家和其他人的（定性和定量）观察中获得的更充分了解常常挑战这些观念。尽管错误观念不会永远持续下去，但它们可以持续足够长的时间，很好地服务于既得利益者，且通常情况下这些利益没有穷人的份。经济分析工具可以通过揭穿该神话来帮助反贫困。这不常保证好的政策，但它确实有助于更明智的辩论。在历史上，曾多次推动形成更好的政策的辩论例子。

本书对政策的态度建立在经济学规范学派的基础上，该学派于 18 世纪末产生于道德哲学，经过长期的发展，最终形成了现代公共经济学。遵循这种态度的精神，这里的政策分析建立在对社会福利目标的明确表述基础上，当然它没有以对所有福利水平等权的传统功利方式定义社会福利。通过合理的定义，减少“贫困”在这里被视为公共行动在伦理上可辩护的目标：事实上，在包括促进贫穷国家经济发展的某些决策领域，减少“贫困”可被视为首要的目标。

一些经济学家一直羞于对谁的利益应该由政策来服务做出伦理判断（宁愿坚持纯粹的积极表述）。但事实上，经济分析在实践中很少不受主观价值影响。它常常服务于特定的阶级利益，只不过常常不是穷人的利益。关于贫困问题的思想史告诉我们，经济思想有时为促进强势群体（通常是非贫困的）利益的政策或缺乏公共行动提供了智力解释（例如，反贫困政策的反对者常常被如下担忧所激励：这些政策会减少劳动供给，从而以牺牲利润为代价提高工资率）。这也是规范性分析（尽管有时事实被掩盖），但对于政策所服务群体的利益有着非常不同的权重。

学习指南

本书不需要假定读者已经了解经济学。那些对经济学陌生的读者沿着理解本书的概念和方法的方向也能得到很多帮助。经济学通过其与现实世界问题的有用性而存在。全球贫困问题在本书中既是焦点，也是学习的工具。

本书分为三部分。第一部分从重商主义关于贫困的必然性的观点出发，通过“贫困启蒙”的两个主要阶段追溯了贫困的思想史。在这里，贫困被看作是一个能够大大减少甚至消除的社会不良事物。

第二部分更深入地考察测度和方法论问题，阐释了若干重要概念，包括关于如何最好地评估福利与测度贫困和不平等的各种辩论（常常是正在进行的）。这里的一些材料在本质上更具技术性。但对那些只想了解流行测度实践的基本要素的读者来说，可以跳过这些更具技术性的材料。

第三部分转向关于如何更好地反贫困的主要政策辩论。首先回顾了我们所知道的当今世界贫困和不平等的方方面面，然后可以了解到有关经济增长的利益分配和增长来源的理论和证据。接着讨论主要经济范围和部门政策，以及直接瞄准穷人的干预措施。

本书最后一章围绕如果最终要消除贫困和避免日益加剧的不平等所将面临的挑战，从三个部分中总结出完整的教训。

尽管本书有着贯穿其三部分内容的清晰的逻辑路径，但期望所有读者都遵循简单的线性进程是不现实的。每一章节都尽量做到相对独立，当然这部分取决于读者的先前的知识

（那些初次接触经济学的人可能需要参考前面章节中的专栏）。作者针对乔治敦大学的本科课程压缩了第二部分，跳过第 5.3 节后的第 5 章和第 6 章的内容，也去掉了带 * 的专栏。对于有特殊需求的读者，下表提供了一个阅读指南。

专业读者类型	阅读策略提议
想了解一下贫困经济学。至少掌握中级水平的经济学，或者感觉自己不需要更深入的理解	阅读正文，跳过专栏
如上所述，但主要是对政策感兴趣	如上所述，还可以跳过第二部分
想学习经济学，但侧重于更“微观”的贫困分析，尤其是测度和评估	阅读第一部分、第二部分和第三部分第 10 章
如上所述，但只想了解贫困分析的“宏观”方面	阅读第一部分和第三部分，也可跳过第 10 章

第一部分　贫困思想史

穷人就像油画里的阴影：它们提供了必要的对比。

——菲利普·赫克特（Philippe Hecquet，1740）

引自丹尼尔·罗什（Daniel Roche，1987，第64页①）

除了智力障碍者，每个人都知道，永世贫穷才能使下层阶级辛勤工作。

——阿瑟·扬（Arthur Young，1771）

引自埃德加·福尼斯（Edgar Furniss，1920，第118页）

难道我们不能摆脱贫穷是必要的这一信念么？

——阿尔弗雷德·马歇尔（Alfred Marshall，1890，第一篇第1章第2节）

今天，此时此地，本届政府宣布无条件向美国的贫困宣战。我敦促本届国会和全体美国人民同我一起努力。

——林登·B. 约翰逊（Lyndon B. Johnson，1964年1月国情咨文）

我们的梦想是一个没有贫困的世界。

——世界银行格言（the World Bank，1990）

---

① Roche，Daniel. 1987. The People of Paris：An Essay in Popular Culture in the Eighteenth Century. Berkeley：University of California Press. 第64页中的一段翻译为：一个国家的穷人就像一幅油画里的阴影，它们之间形成了一种必要的对比，人们有时会抱怨这种对比，但却尊重天意。因此，一定会有穷人，但不能有坏人。后者是人类的耻辱；相反，前者是特定秩序和政治经济的一部分：他们创造了城镇的财富，是蓬勃发展的艺术。我们从穷人那里得到了许多好处，至少应该向他们提供必需品，能够使他们耐心忍受艰苦的条件。

过去关于贫困的文献有时旨在为贫困找借口，而不是解释或消除它。用来描述穷人的语言常常倾向于为那些更幸运的人的特权辩护。隐喻和可疑的行为刻板印象起到了作用，并影响了决策。令人惊讶的是，在过去两百年里，关于贫困的主流思想发生了惊人的变化，上面引述的顺序就是这方面的一个例子。

本书第一部分试图描述和理解这种贫困认知上的转变，讨论追溯了贫困思想的历史，包括从前现代时期（premodern）到贫困启蒙（poverty enlightenment）的两个主要阶段；此后，贫困被视为一种社会弊端，能够通过公共行动被大大减少甚至被消除。这种在贫困认知上的转变同时也伴随着当今发达国家重大的政治改革和经济改革；普选是前者的一个典型例子，而自由市场的蔓延则是后者的体现。第 1 章主要介绍现代之前的历史，而现代历史则是第 2 章的重点。这两章加在一起，回顾了世界反极端贫困进展的历史记录。

第1章 全球消除贫困理念的渊源

尽管不能说过去关于贫困的学术著作总会使穷人受益，但贫困主题在现代许多领域的学术著作中已占有一席之地。早期对贫困及其密切相关问题的研究为许多学科提供了研究基础，诸如：现代心理学（特别是在16世纪初胡安·路易斯·维韦斯的著作中[①]）、流行病学（例如约翰·斯诺[②]博士对19世纪初伦敦霍乱流行原因的开创性调查）、家庭经济学（如恩斯特·恩格尔[③]对19世纪中叶德国穷人和富人消费行为差异的研究）、社会科学（如查尔斯·布思[④]对19世纪末伦敦贫困现象的仔细观察和研究）、宏观经济学（尤其是通过凯恩斯[⑤]的努力，可了解20世纪30年代初大萧条时期出现的大规模失业的形成机制），当然还有发展经济学（这方面有许多例子）。研究贫困的学者们在过去两百年发挥着重要作用，具体包括如下方面：确立反贫困政策的道德和经济上的理由，帮助建立此类政策的经验基础，有时还揭穿了政策反对者希望延续的关于穷人的一些神话（谎言）。而

---

① Vives, Juan Luis. (1526) 1999. *On Assistance to the Poor*. Translation by Alice Tobriner. New York: Renaissance Society of America.

② 一系列致命的霍乱流行病，使19世纪中叶的伦敦遭遇极大的恐慌。约翰·斯诺（John Snow，1813—1858）是一位信守经验论的英国医生。他的开创性研究都致力于改善公共卫生。当伦敦苏活区又一次被致命的霍乱袭击时，斯诺开始使用访谈、逻辑推理、图表、地图等方式，收集这种疾病爆发和传播路径的详细数据。他“发现几乎所有的死者都住在布劳德大街的一座水泵周边”，它取水的水井打在一个离污水坑仅有1米之遥的地方，这导致供水中渗入致命的细菌。斯诺撰写了调查报告，最终说服权威机构关闭了这座问题水泵，并结束了这场霍乱。斯诺对水体传染疾病的发现，引发了伦敦市公共供水、排水系统的通盘变革。世界其他城市也纷纷效法伦敦，做出了相同的改进。如今，约翰·斯诺以“现代流行病学之父”之名传世。斯诺开创性地将统计学和点地图应用于疫情调查，被认为是现代公共卫生学的始祖。——译者注

③ 恩斯特·恩格尔（Ernst Engel，1821年3月26日—1896年12月8日），19世纪德国统计学家和经济学家，以恩格尔曲线和恩格尔定律闻名。——译者注

④ 查尔斯·布思（Charles Booth）（1840年3月30日—1916年11月23日），英国社会学家，其《伦敦人民的生活和劳动》第17卷，对社会问题的知识和统计测度方法论做出了贡献。——译者注

⑤ 约翰·梅纳德·凯恩斯（John Maynard Keynes，1883年6月5日—1946年4月21日），英国经济学家，现代经济学最有影响的经济学家之一。他创立的宏观经济学与弗洛伊德所创的精神分析法和爱因斯坦发现的相对论一起并称为20世纪人类知识界的三大革命。1936年，其代表作《就业、利息和货币通论》（The General Theory of Employment, Interest and Money）出版，凯恩斯另外两部重要的经济理论著作是《论货币改革》（A Tract on Monetary Reform，1923）和《货币论》（A Treatise on Money，1930）。他因开创了经济学的“凯恩斯革命”而称著于世，被后人称为“宏观经济学之父”。——译者注

且正如我们将在本书中看到的，经济学家们经常会对此类政策发表重要看法。

学术研究与实际决策之间的关联非常复杂，学术研究成果能否应用到政策领域取决于许多因素，包括技术、公众意识和权力平衡。因此，贫困思想的演变可以作为一个故事来讲述。这种讲述有助于理解目前流行的争议。其中一些争议已经持续了很长时间。但我们还是会震惊于思想认识上的一些差异。在认识到这些差异后就会知道，认知上的进步可以在更大范围内强化并反映进步。

第 1 章记录了截至 20 世纪中叶相关贫困和政策思想的相似之处和转变过程。这里不关注关于贫困的全面思想史，而是将重点放在贫困经济学及反贫困政策含义的思想上。

1.1　过去两百年在消除绝对贫困方面取得的进展

两百年前，世界上的贫困现象较为严重。对穷人生活条件的一些描写在当时的小说和游记中都有①。但还需要统计研究来帮助我们探究贫困的普遍程度。

人均国内生产总值（gross domestic product，GDP）是测度人口平均收入最广泛使用的指标（见专栏 1.1）。基于大量细致的数据工作和大量的猜测，安格斯·麦迪逊②（Angus Maddison，1995）估计了 1820 年的世界人均 GDP。然而 GDP 并没有告诉我们收入如何在社会内部分配——收入不平等的程度。贫困的程度将取决于总收入及其分配（我们将在第二部分中更好地理解这种关系）。通过将麦迪逊的估计与现有的收入分配数据相结合，弗朗索瓦·布吉尼翁③和克里斯蒂安·莫里森（2002）估计，1820 年，全球 84%的人口生活在他们定义的“极端贫困”中。

---

① 一个众所周知的例子是阿瑟·扬于 1787—1789 年从法国乡村旅行归来，他在游记中描述了佃农的妇女和儿童没有鞋子穿。Young，Arthur. 1792. *Travels During the Years 1787，1788 and 1789.* London：Bury St Edmunds.

② 安格斯·麦迪逊（1926 年出生在英格兰泰恩河畔的纽卡斯尔）早年在剑桥大学、麦吉尔大学和约翰·霍普金斯大学先后求学，之后曾短暂执教于苏格兰的圣安德鲁斯大学。1953 至 1962 年他担任 OECD 的前身 OEEC 经济部的主任，1953 至 1962 年他任新成立的 OECD 发展中心研究员。此后，他离开 OECD，参与了 20 世纪研究基金会以及哈佛大学发展顾问服务计划的研究工作。1971 年，麦迪逊教授返回 OECD 发展中心主持其中央分析部的工作。直到 1987 年他被聘为格罗宁根大学的经济学教授。在此后 20 多年中他创立了格罗宁根增长与发展研究中心，领导了“国际产出与生产率比较”（LCOP）研究计划，发展了生产法购买力平价理论及其在国际比较中的应用。其创建的“麦迪逊数据库”惠及很多研究者。著有《世界经济千年史》、《世界经济千年统计》。——译者注

③ 弗朗索瓦·布吉尼翁（Francois Bourguignon）是世界银行前首席经济学家，现为巴黎经济学院经济学荣誉教授。——译者注

专栏 1.1　国内生产总值

当人们谈论“低收入国家”或“经济增长”时，他们几乎总是指 GDP 的水平或变化，通常是按人口规模进行标准化。GDP 是特定经济体在一定时期内（通常是一年）生产的所有商品和服务的总市场价值。只包括用于最终消费或投资的商品，以避免重复计算；“中间产品”则被忽略。现行价格用于汇总，“价格”只是货币可以兑换成商品的汇率。

GDP 作为测度经济进步的指标有许多局限性。人们担心它测度不了太好（尤其是它还忽略了一些生产活动，比如家务劳动）。有人担心（即使测度得很好），它也很少揭示经济增长收益是如何在社会中分配的，或者随之而来的环境成本。本书第 8 章对 GDP 进行了较为详细的论述。

历史追溯：库兹涅茨[①]在其 20 世纪 30 年代提交美国国会的一份报告中提出了 GDP 的概念。他深知在计算 GDP 时存在的问题，并指出：这种 GDP 估算的清晰且毫不含糊的特点具有欺骗性。在界定“国民”的范围、划分和计量收入的商品和服务流通阶段的选择、对各种要加到全国总数中的商品和服务的包含、扣除和评估的依据，都存在理论问题。最后，由于所使用的统计数据类型和采用的方法不同，估计值之间可能出现误差（库兹涅茨，1933，第 5 页）。

库兹涅茨于 1971 年获诺贝尔经济学奖。在英格兰，詹姆斯·爱德华·米德[②]和理查德·斯通[③]开发了国民账户，提供了第二次世界大战期间 GDP 的分类。“二战”后不久，这些方法在全球得到广泛应用（米德和斯通分别在 1977 年和 1984 年获诺贝尔奖）。

弗朗索瓦·布吉尼翁和克里斯蒂安·莫里森（Bourguignon and Morrisson，BM）旨在确保他们的贫困线随着时间的推移具有不变的实际价值。[④] 考虑到数据的缺陷，这是困难的，因为数据随着时间的追溯而趋于增加。布吉尼翁和莫里森以 1985 年购买力平价每天生活费用 1 美元为标准确定其贫困线，以符合先前估计的 1992 年贫困率，这是当时低收

① 西蒙·史密斯·库兹涅茨（Simon Kuznets，1901 年 4 月 30 日—1985 年 7 月 8 日），俄裔美国著名经济学家，“美国的 GNP 之父”，1971 年诺贝尔经济学奖金获得者 。主要成就是提出库兹涅茨周期理论和国民收入核算理论。代表作品有《国民收入和资本形成》、《零售和批发贸易的周期波动》等。——译者注

② 詹姆斯·爱德华·米德（James E. Meade）生于 1907 年 6 月 23 日，在英国的巴士市长大。曾受教于兰伯路克学校（1917—1921 年）和马尔沃恩学院（1917—1926 年），1926—1930 年就读于牛津大学。1977 年，詹姆斯·爱德华·米德由于与戈特哈德·贝蒂·俄林共同对国际贸易理论和国际资本流动做出了开创性研究，而获得 1977 年诺贝尔经济学奖。——译者注

③ 约翰·理查德·尼古拉斯·斯通（Richard Stone）著名经济学家，国民经济统计之父，在国民账户体系的发展中做出了奠基性贡献，极大地改进了经济实证分析的基础，是 1984 年的诺贝尔经济学奖获得者。——译者注

④ 根据陈少华和马丁·拉瓦雷（Shaohua Chen and Martin Ravallion，2001）对那一年的估计，弗朗索瓦·布吉尼翁和克里斯蒂安·莫里森确定了 1992 年的数据。

入发展中国家的典型标准。所以这是一条节俭的贫困线。两百年前，按照这个标准，世界上绝大多数人口都属于绝对贫困。到 1992 年，这一比例已降至 24%。本书第二部分将讨论贫困的测度，下面专栏 1.2 则提供了足以理解此种测度的介绍。

专栏 1.2　如何测度贫困？

用“收入”来测度贫困，并不意味着收入对福利而言就是最重要的东西。长期以来，经济学界一直认为，尽管支配商品对一个人的福利至关重要，但其他事情也同样重要。这些非消费因素在贫困测度中反映得如何，取决于如何测度收入、如何调整收入以适应不同的情况以及如何确定贫困线。认识到在实践中使用的测度方法的局限性告诉我们，标准的基于收入的贫困指标将不可避免地需要其他指标的补充，这些指标能更好地捕捉贫困测度中遗漏的东西。

几乎所有测度贫困的关键因素都是住户调查（household survey），住户调查可以计算家庭的消费或收入。消费调查中的标准做法要求对所有消费来源进行合理的全面核算，包括自给性产品和赠品的实物消费津贴。收入调查应该对所有收入来源进行类似的核算，尽管它们在具体内容和完整性方面做法各不相同。

家庭总消费或收入几乎总是通过等价尺度标准化，将家庭规模和人口组成方面的差异考虑在内，最简单的等价尺度是家庭规模。人们还需要根据居住地和受访日期来考虑价格因素，对不同受访家庭之间的数据进行平减（deflate）。

贫困线可以被定义为最低水平的经济福利的固定成本，这种福利在特定情况下不需要被认为是贫困的。在消费或收入方面，这可能是绝对的或相对的。绝对线旨在随时间和空间具有固定的实际价值；相对线随着国家的平均消费或收入而增加。随着时间的推移，许多国家使用的贫困线是绝对的，但是（从全球来看）这些贫困线在各国之间是相对的，在较富裕的国家（至少高于某种收入水平）倾向于看到较高的贫困线。在测度贫困时，考虑不止一条线总是很好的做法。

最后，住户调查被用来计算每条贫困线下有多少人，他们的消费或收入水平如何，他们都分布在贫困线附近，还是分布在比其他人贫困得多的地方？最后一步有不同的方法。现在人们通常使用调查得来的微观（家庭层面）数据。但是，如果一个人有平均收入和收入分布的概括性统计数据，那么他就可以估计贫困的测度指标。如果汇总数据中有足够多的细节，那么该估计对于大多数用途来说都是相当准确的（通过减少测量误差的影响，甚至可能比微观数据更精确）。这是弗朗索瓦·布吉尼翁和克里斯蒂安·莫里森（2002）使用的方法。

在实践中采用的方法存在不足。家庭内部的不平等在很大程度上被忽视了。与缺乏非市场商品（如医疗保健和学校）联系在一起的贫困，通常没有很好地反映在测度指标中。手头多余的现金可能对提供此类商品没什么帮助。更完整的描述需要补充数据。

延伸阅读：本书第二部分将深入地讨论这些问题。

“发达国家”和“发展中国家”这两个大类在1800年前后的相关性显然不如今天。当然，各国的平均生活水平存在差异，但与今天相比，那时的差距较小——实际上，很可能比今天在发展中国家之间发现的差距还要小。18世纪的欧洲平均生活水平高于亚洲或非洲，但贫富比例上的差异比我们今天看到的要小。[①] 1750年，印度的人均工业产出高于美国，尽管二者都很低[②]，但此后出现了较大的差异。

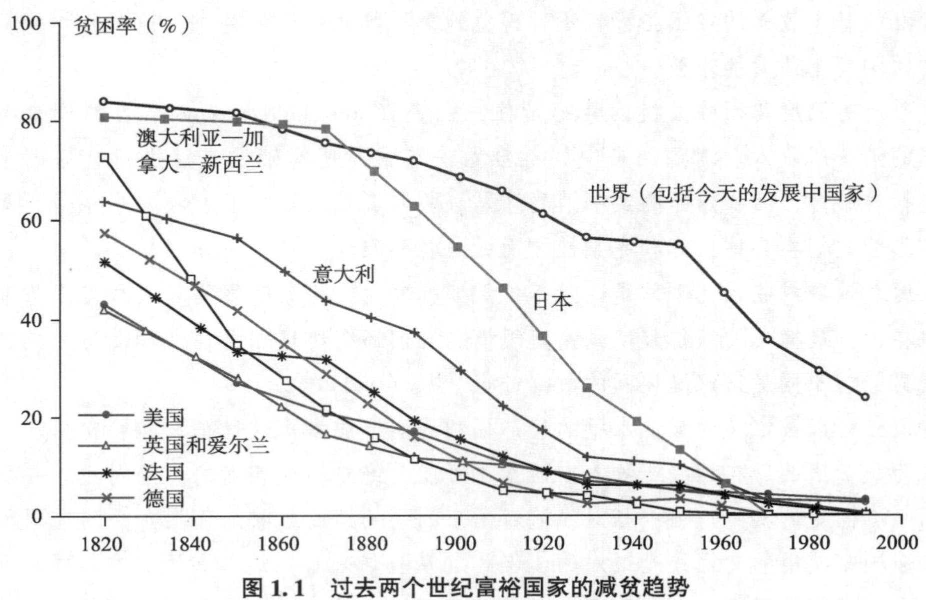

图1.1　过去两个世纪富裕国家的减贫趋势

利用布吉尼翁—莫里森的数据库和同样的贫困线，我们可以很容易地计算出，当今被认为富裕的国家中，有多少人口生活在1820年的“极端贫困”线以下。图1.1给出了结果。[③] 鉴于19世纪和20世纪初缺乏良好的数据，这种估计值应该只被看作是具有广泛指示性的，但这是我们拥有的最好的数据。

当今大多数富裕国家始于19世纪初，贫困率远低于全球平均水平。日本是个例外。但是按照今天的标准，他们仍然很穷。根据布吉尼翁和莫里森的定义，1820年，英国和美国大约有40%的人口生活在极端贫困之中，欧洲大约有50%的人口生活在极端贫困之中。

① 见保罗·贝罗奇（Paul Bairoch，1981）、沙希德·阿拉姆（M. Shahid Alam，2006）和罗伯特·艾伦（Robert Allen，2013）。如沙希德·阿拉姆（2006）所讨论的，这些估计受到一些偏差的影响，但反向预测表明存在较大的差异。

② 见德隆·阿西莫格鲁等人（Daron Acemoglu et al.，2005，图10）。

③ 马丁·拉瓦雷（2014b）给出了关于这些计算和方法的更详细的结果。

这些计算结果表明，今天的富裕国家在 19 世纪早期和中期的贫困率与今天甚至相对贫困的发展中国家的贫困率相当，在 20 世纪末与南亚和撒哈拉以南非洲的贫困率相似。在 19 世纪和 20 世纪初，英国、欧洲各国和美国的绝对贫困率急剧下降，尽管一旦达到相当低的贫困率，它们的进展速度就会放慢。日本起步较晚，但在 20 世纪迎头赶上，并保持了稳定的下降速度（以每年百分点计）。根据现有贫穷国家的标准来判断，在如今的富裕国家实际上已经不存在极端贫困了。①

关于这些数据以及如何获得这些数据还有很多要讲的，本书第二部分将回到主要问题。但这里，对于图 1.1，有两个特别重要的条件现在就应该注意。第一，布吉尼翁和莫里森安试图使实际贫困线不随时间发生变化，这事实上是绝对贫困测度的一个例子，不同于贫困线随着平均收入上升的相对贫困测度。贫困线是绝对的还是相对的，涉及它的货币价值，这种货币价值与用货币单位来比较收入或消费一样。贯穿全书并将在第二部分相对深刻地认可的观点是，应该在概念上将货币贫困线看作与人类某种固定水平的“福利”相对应——决定一个人是否比另一个人富裕的是福利而非收入。尽管关于什么是“福利”，可能会有争论。但一旦我们认可这一概念，就要用同样方式对待每个人，这在道义上是令人信服的。换句话说，只有绝对贫困采用福利衡量。只不过进一步采用收入衡量时可能就需要一条相对线。为了达到两百年前的祖先一样的福利水平，今天的欧洲人或美国人需要更高的收入，这说法是有道理的。相对贫困当然没有从富裕国家消失！

第二，我们应该假定，19 世纪初以来的反贫困总体进展相比之前是一个持续进步过程。尽管没有与 1820 年以来相比较的估计值，但我们可以用历史记录来反驳 1820 年前减贫已有较大进展的任何假定。这方面的观测记录有很多。

- 1820 年被安格斯 · 麦迪逊有意选为世界经济的转折点。1820 年以前，平均收入几乎没有增长；事实上，麦迪逊（2005）的估计表明，在 1000—1820 年间，世界人均 GDP 的增长率仅为每年 0.05%（意味着在这 820 年中仅增长了 50%）。②
- 在 1820 之前的两百多年里，一些令不平等程度加剧的力量一直在起作用。尽管（再次）缺乏数据，但历史学家描绘了 1650—1800 年期间的情景，当时殖民主义的全球传播正在全球造成贫困和不平等。③ 这并不是说，在欧洲人到来之前，非洲和美洲很少或根

① 见马丁 · 拉瓦雷和陈少华（2013）。

② 很容易证明：$1.0005^{820}=1.5$。

③ 就像史蒂芬 · 博杜安（Steven M. Beaudoin，2006）的《世界历史上的贫困》（*Poverty in World History*）所讲的那样，1650—1800 年蔗糖经济繁荣时期，大约有 750 万非洲人被贩运到美洲。这些男人、女人和儿童充斥了结构性贫困群体。种植园管理体制和恶劣的生活环境挑战着他们的生存极限。种植园经济结构致使他们陷入贫困。（史蒂芬 · 博杜安，著．杜鹃，译．商务印书馆，2015：39）《世界历史上的贫困》深入探究了贫困在世界历史中的发展，揭示了贫困全球化的进程，着重考察了世界各地的贫困和对贫困救济的态度，同时研究了全球化进程对世界各地已存在的贫困的影响以及各地应对贫困策略的相似性和差异性。本书还分析了在全球化进程中影响贫困的一些复杂因素，如殖民主义、宗教、政治制度、资本主义和工业化、市场化与货币化、经济危机、世界市场、绿色革命、福利国家的崛起、慈善救济，等等。作者认为，这种广泛的研究强调了社会文化与经济之间的互动，其发展导致的一个重要后果就是因全球化而变“小”的世界。

本没有贫困或不平等，我们所知道的很少，表明情况并非如此。[①] 然而，欧洲对其新殖民地的剥削程度和至少最初对土著居民的巨大代价是不可否认的。[②] 新发现的商品（如糖和棉花）的生产和贸易蓬勃发展，这为欧洲和美国的精英们创造了巨大的新财富。但这主要不是拥有安全产权的自由市场贸易创造的财富，相反，这通常基于掠夺，如暴力的粮食和土地扣押，以及奴役，这无疑是对最基本的财产权的窃取。在糖业繁荣时期，从 1650 年到 1800 年，有 750 万人从非洲被带到美洲当奴隶（据估计，在大西洋奴隶贸易中，从非洲获得的奴隶总数是 1200 万，其中大约 1000 万奴隶幸存下来[③]）。还受制于强制性劳动实践，承担来自新殖民统治者要求的强制性工作：工作是义务的、艰苦的，而且工资很低。[④] 殖民政策建立了不平等的经济和政治制度，对拉丁美洲和其他地方的发展具有持久的影响。[⑤]

- 除了经济剥削之外，新来的欧洲征服者还带来了致命的新疾病，当地人对这些疾病几乎没有抵抗力，而导致大规模的死亡；例如，在 1570—1620 年期间，秘鲁的人口数比被征服前减少了一半，这是一个惊人的死亡率。生活在殖民国家的穷人似乎并没有看到很大的改善。自实际工资下降以来，英国和欧洲大部分地区在 1800 年前的一段时期内，贫困的发生率似乎也没有下降。[⑥] 我们不能确信，但似乎有理由猜测，这些不同方面的影响在 19 世纪初之前的两百年或更长时间内造成了全球贫困人数的增加，并可能导致贫困发生率的上升。

这只是一个猜想，但并非不可信，即图 1.1 中明显的贫困率下降的趋势（尽管不均衡）是过去两百年的一个特征。在 19 世纪以前的一些重要时期，在消除贫困方面取得的进展要少得多。医疗、营养和学校教育的历史指标也揭示了自 19 世纪初以来，今天的富裕国家已经取得了多大的进步。19 世纪早期，英国的出生预期寿命大约是 40 岁，与 50 年代的印度大致相同[⑦]，而今天的英国大约是 80 岁。美国的预期寿命从 1900 年的 50 岁左右上升到今天的近 80 岁。在 20 世纪初，英国和欧洲的儿童死亡率高于当今贫困国家的儿童

---

① 埃尔南·科尔特斯（Hernán Cortés）描述了当墨西哥城的富人到达时（1519）向他乞讨的人（Hernan Cortes and Anthony Pagden，1986，Letters from Mexico）。大约 1600 年到达印度次大陆的欧洲人受到贫困和饥荒的严重打击。中美洲和南美洲的梅克西卡—阿兹特克和印加帝国以及南亚的莫卧儿帝国是建立在完善的等级制度之上。(Scammell, Geoffrey. 1989. *The First Imperial Age*: *European Overseas Expansion* 1500—1715. New York: Routledge.)

② 见杰弗里·斯卡梅尔（Geoffrey Scammell，1989），Scammell, Geoffrey. 1989. *The First Imperial Age*: *European Overseas Expansion* 1500—1715. New York: Routledge.

③ 见保罗·洛夫乔伊（Lovejoy, Paul. 1989. "The Impact of The Atlantic Slave Trade on Africa: A Review of the Literature," *Journal of African History* 30: 365-394.）

④ 关于在美洲的西班牙殖民地的这种做法，史蒂芬·博杜安（2006）写道："这些劳工的收入极其微薄，以至于村庄里的家人还要经常给他们送食物。"［史蒂芬·博杜安，著. 杜鹃，译. 世界历史上的贫困（*Poverty in World History*）. 商务印书馆，2015，第 39 页。］

⑤ 见德隆·阿西莫格鲁和詹姆士·罗宾逊（Daron Acemoglu and James Robinson，2012，第 1 章）。

⑥ 见鲁弗斯·塔克（Rufus S. Tucker，1975）和罗伯特·艾伦（Robert Allen，2007）。

⑦ 见安东尼·里格利等人（E. Anthony Wrigley et al.，1997）。

死亡率。[①]

大约 1800 年，欧洲和北美的“穷人”基本上是那些几乎没有或根本没有财产的人，他们靠体力劳动生存。当然，考虑到就业、工资和依存度上的异质性，更复杂的贫困形式将在现代出现。不过，在 20 世纪之前的欧洲和北美，我们基本上可以将贫困等同于全体工人阶级。

1.2　关于贫困的前现代观念

古代起源

直到现代，贫困才被世俗的法律、税收和公共支出普遍视之为问题。[②] 分配公平的主要前现代概念强调精英制度——按劳分配。大约在公元前 350 年，希腊哲学家和科学家亚里士多德[③]的著作中就有该概念的起源，尤其是他的《尼各马可伦理学》[④]。只有最熟练的谋职者才能被选为公职人员。[⑤] 亚里士多德的正义观影响巨大。它明显地吸引着自由而有抱负的中产阶层，给贫困但自由的人们带来了希望。这种观念对社会上更基本的不平等几乎没有提出什么挑战。

亚里士多德并非不知道“机会均等”和“人人享有自由”的权利，但认为它们带来的益处比不上“自然秩序”带来的益处。在这种秩序中，从属关系，即使是奴隶制，也被

① 见安格斯·迪顿（Angus Stewart Deaton，2013）。安格斯·迪顿，著. 崔传刚，译. 逃离不平等. 中信出版社，2014：08. 安格斯·迪顿，1945 年 10 月 19 日出生在苏格兰爱丁堡，是一位微观经济学家。他曾就读于爱丁堡斐特思公学（Fettes College），在那里他是基金会学者，并在剑桥大学取得了学士、硕士和博士学位。他在英国就展现了过人的计量才华。他在普林斯顿大学经济系的影响力无人可比。为普林斯顿大学世界级微观经济大牛（计量经济学双塔之一），美国经济协会（AEA）前主席，著作等身，获奖无数，包括 Frisch Medal（奖给 *Econometric* 近 5 年最佳论文作者）。2015 年 10 月 12 日，获得诺贝尔经济学奖，以表彰他在消费、贫穷与福利方面的研究贡献。——译者注

② 为了更全面地描述西方政治哲学中分配正义思想的历史，塞缪尔·弗莱施哈克尔（Samuel Fleischacker，2004）是一个非常好的起点。塞缪尔·弗莱施哈克尔是美国伊利诺伊大学芝加哥分校（UIC）哲学教授。曾任 UIC 犹太—穆斯林研究会创始人和主任 UIC 宗教研究中心主任、犹太研究中心主任。耶鲁大学硕士博士及优秀毕业生，主要研究道德与政治哲学、宗教哲学、苏格兰启蒙哲学和康德，出版著作十余本，论文、评论数十篇。（塞缪尔·弗莱施哈克尔，著. 吴万伟，译. 分配正义简史. 译林出版社，2010：68-74.）

③ 亚里士多德（Aristotle，公元前 384—前 322），古希腊先哲，世界古代史上伟大的哲学家、科学家和教育家之一，堪称希腊哲学的集大成者。他是柏拉图的学生，亚历山大的老师。——译者注

④ 《尼各马可伦理学》（*The Nicomachean Ethics*）是古希腊哲学家亚里士多德的伦理学著作，约公元前 330 年左右成书。全书共 10 卷，132 章，探讨了道德行为发展的各个环节和道德关系的各种规定等问题。书中系统阐述了德性在于合乎理性的活动，至善就是幸福等观点，认为万物都有一个目的——求善，任何事物都具备适合本性的功能——为善。人生最高目的是求得至善，至善就是幸福。求得个人的善是伦理学目的，求得社会群体的善是政治学目的。书中用中道原则对勇敢、节制、卑鄙、高尚、虚荣、慷慨等道德规范加以考察和说明，认为人只有依靠理性的指导，慎思明辨才能判断是非善恶。《尼各马可伦理学》成为西方近现代伦理学思想的主要渊源之一，为西方近现代伦理学思想奠定了基础。该书对中世纪和近代资产阶级伦理思想的发展有深远而广泛的影响。——译者注

⑤ 这不能与“矫正正义”（也称为“报应正义”）相混淆，后者是关于对犯罪进行适当惩罚的。

认为是公正的。亚里士多德在一篇著作中写道：

> 世上有统治和被统治的区分，这不仅事属必需，实际上也是有利益的；有些人在诞生时就注定将是被统治者，另外一些人则注定将是统治者。统治者和被统治者的种类为数很多。被统治者的种类较良好，则统治者也就较优——例如对人的管理就优于对牲畜的管理（亚里士多德《政治学》[①]，公元前350年，卷A，第5页）。[②]

在这里，亚里士多德为社会等级制度做了一个工具性的论证，他们服务于社会稳定和效率的伦理价值目标。如果亚里士多德没有以奴隶制为论据，他的论点或许更能被现代人所接受。[③]

亚里士多德对孔子一无所知，但大约在公元前500年，孔子把贫困确定为仁政应该帮助避免的“六大灾难”之一[④]（其他五种灾难是：早逝、疾病、痛苦、令人厌恶的外表和虚弱。还有五种幸福：富裕、长寿、健康、品格高尚、外表和蔼）。同许多西方人的想法一样，与财富不平等相关的长期贫困并不令人担忧。相反，这种担忧是对和谐社会秩序的任何威胁。对于孔子来说，“贫困”并不会威胁到他们，因为：“闻有国有家者，不患寡而患不均；不患贫而患不安。盖均无贫，和无寡，安无倾。”

在历史的大部分时期，除了处理暂时的不确定的贫困来源（如饥荒），政府在减少贫困方面几乎没有发挥直接作用。[⑤] 私人慈善机构在历史上可能更为重要。许多神学家称赞慈善是建立在同情其他不幸者的困境之上的个人美德。地方上的宗教组织长期以来一直担负着这种慈善角色。这也可以追溯到很久以前。大约在公元前50年，罗马思想家西塞罗[⑥]将慈善与公正区分开来。前者是个人选择问题，而非对公民的法律要求，公正则是国家

---

① 《政治学》（*The Politics Of Aristotle*）是古希腊哲学家亚里士多德创作的法学著作，是公元前325年亚里士多德根据他和他的学生对希腊158个城邦政治法律制度的调查结果写成的。《政治学》的核心内容是关于城邦问题，以“人是天生的政治动物”为前提，分析了城邦的形成及基础，探讨了各种城邦理论、制度，研究了各政体的分类和变革，并提出了他关于理想城邦的设想。该书成为西方政治学研究的开山之作，被视为政治研究体系的典范。《政治学》是第一部全面系统地论述政治问题的著作，也是研究亚里士多德政治思想的主要依据。在该书中，亚里士多德的讨论十分广泛，涉及国家（城邦）的目的、起源、产生、衰败及保全的原因，政体的分类、变革和维持，理想城邦及其构建，公民的教育等。——译者注

② 亚里士多德著. 吴寿彭译. 政治学. 商务印书馆，1965. 第13-14页。

③ 见迈克尔·莱文关于亚里士多德对于奴隶制的观点。（Levin Michael. 1997. Natural Subordination，Aristotle On. *Philosophy*. 72：241-257.）

④ 李晨阳（2012）提供了一个有趣的儒家贫困思想讨论。Li Chenyang. 2012. *Equality and Inequality in Confucianism*. Dao 11（3）：295-313.

⑤ 彼得·辛格在《我们能救之命》第2章中进一步讨论了各种宗教（基督教、伊斯兰教、犹太教、儒教）如何珍视恩惠。（Singer Peter. 2010. *The Life You Can Save*：*How to Do Your Part to End World Poverty*. New York：Random House.）

⑥ 马尔库斯·杜利马斯·西塞罗（Marcus Tullius Cicero，公元前106年1月3日—公元前43年12月7日），古罗马著名政治家、演说家、雄辩家、法学家和哲学家。他在政治、法律思想方面的代表作是《论国家》《论法律》，在哲学方面的作品有《论至善和至恶》《论神性》，在教育方面的作品有《论演说家》。——译者注

（要考虑）的问题。公正还可能制约慈善；[①] 西塞罗反对财富再分配。[②] 因而，对现行（自然）秩序几乎没有威胁，包括财富的分配。

在亚里士多德之后一千年，托马斯·阿奎那[③]（他的思想对罗马天主教会产生了很大的影响）仍然致力于一种分配正义（distributive justice）的概念，类似于亚里士多德。在阿奎那这里，仍然没有关于国家有责任确保最低生活标准的建议。众所周知，对阿奎那而言，由于缺乏食物而危及生命情况下的偷窃行为，可以减轻甚至免除罪责。但这属于极端情况。阿奎那将盗窃视为不可饶恕的大罪，他是坚决捍卫私有财产权的。

重商主义

在 18 世纪末之前的一段时间里，占统治地位的经济思想流派把国内外的贫困视为一种社会福利——可能是不幸的，但对于本国经济来说却是必不可少的。在其他条件相同的情况下，一个贫困程度较低的社会可能更受欢迎，但其他条件并不平等。贫困被认为是激励工人和保持低工资，从而创造一个强大的具有全球竞争力的经济体的关键。关于什么构成经济发展的观点也不认为穷人必然是其预期的受益者。人们还普遍怀疑政府干预贫困是否可取，甚至怀疑其可能性。与市场形成对比的是，如今人们普遍认为贫困是发展的制约因素，而非发展的先决条件。如今，无论是富裕国家还是贫困国家，人们普遍认同政府在消除贫困的斗争中发挥着重要作用。

16 至 18 世纪的大部分时间，当今天的富裕国家陷入极端贫困时，当时占主导地位的经济理论是重商主义。政策目标主要是增加国家的出口顺差——贸易差额（balance of trade，BOT），这与该国未来的繁荣和力量是等同的。全球贸易差额为零，因为全球出口必须等于全球进口；一个国家贸易的任何收益都必须以至少一个其他国家为代价。因此，这种经济思想并不支持全球减贫的努力。鉴于贫困国家的发展可能促进这些国家的贸易平衡，该发展被视为对母国具有潜在危害。

---

① 慈善行为必须符合公正，这是慈善最根本的要求和目的。慈善与公正具有内在关联性，在西塞罗看来，慈善是伴随着公正而产生的，其目的是为了维护公正，而其本身又受公正的制约。慈善主体、慈善的物质来源、慈善行为的践行过程都必须符合公正，这是道义的基本要求，也是慈善本身的规定性所决定的。凡真正的慈善必定是符合公正的。——译者注

② 马尔库斯·杜利马斯·西塞罗认为：“不存在任何天然形成的个人所有，它或是由于古远的占有，例如，从前有人去到荒无人烟的地域；或是由于胜利，例如，有人通过战争占领某处地方；或是根据法律、契约、协议、阄签，类似的情形也发生在分配个人所有时。因此，本来属公共所有的东西现在已成为个人所有，那就让每个人拥有已经分配给他的东西；如果有人企图从他人那里攫取什么，那他就会破坏人类社会的法权。”——译者注

③ 托马斯·阿奎纳（Thomas Aquinas，约 1225 年—1274 年 3 月 7 日），中世纪经院哲学的哲学家、神学家。他把理性引进神学，用“自然法则”来论证“君权神圣”说，是自然神学最早的提倡者之一，也是托马斯哲学学派的创立者，是天主教长期以来研究哲学的重要根据。死后被封为天使博士（天使圣师）或全能博士。他所撰写的最知名著作是《神学大全》（*Summa Theologiae*）。天主教教会认为他是历史上最伟大的神学家，将其评为 35 位教会圣师之一。他是西欧封建社会基督教神学和神权政治理论的最高权威，经院哲学的集大成者。他所建立的系统的完整的神学体系对基督教神学的发展具有重要的影响，他本人被基督教会奉为圣人，有“神学界之王”之称。——译者注

重商主义者赞成政府对经济的干预，但主要是为了提升国家的全球实力。贸易差额最大化的主要手段是廉价的生产投入，即廉价的原材料（殖民地证明对它很有用）和廉价因而贫困的家庭劳动力。贫困被视为一个国家经济发展的必要先决条件，在重商主义者看来，穷人是达到目的的手段。饥饿会鼓励工作，而缺乏饥饿则恰恰相反。1732 年，荷兰哲学家、评论家，后来成为伦敦居民的伯纳德·曼德维尔①（1732）认为，贫困表明：

> 自由国家不允许存在奴隶，因此，最可靠的财富便是众多艰苦劳作的穷人。这是因为，穷人除了是劳动力，一向还是造就海军和陆军的温床：没有他们便没有享乐活动，任何国家的产品都会失去价值。②

重商主义③关于贫困问题的核心思想是他们对工人的行为有怎样的预期——最重要的是，他们对工作的渴望，能反映他们的工资波动。当时人们普遍认为，非技能劳动的个人供给曲线是负倾斜的。这就是埃德加·福尼斯（Edgar S. Furniss）在《民族主义制度中的劳动者地位》中称之为“贫困的效用”（utility of poverty）（专栏 1.3）。④ 在现代经济术语中，这意味着对闲暇需求的收入效应被假定为支配替代效应，这在专栏 1.4 中解释。正如约瑟夫·汤森（Joseph Townsend，1786）在 *A Dissertation on the Poor Laws by a Well-Wisher to Mankind* 所说：“穷人对更高层次的激励行动（如骄傲、荣誉和雄心）的动机知之甚少。一般来说，只有饥饿才能激励他们去劳动”。因此，“当你提高穷人的工资时，你同时也减少了他们的工作量”。⑤

---

① 伯纳德·曼德维尔（Bernard Mandeville，1670 年 11 月 15 日—1733 年 1 月 21 日），哲学家、英国古典经济学家。曼德维尔作为 18 世纪道德哲学的主要贡献者之一向人们揭示了在强制性的行为限制中，个人为追求自身利益的行为可能会推进整个社会的福利。但 18 世纪的西欧思想界却充斥着对他的各种批判，甚至于人身攻击，这些批判和攻击都源于对他的主要著作《蜜蜂的寓言》中所提出的观点。在曼德维尔看来，如果从道德的角度看，受自利驱策的商业社会是应该受到谴责的，但如果想以“公共精神”为基础而建立起一种充满美德的繁荣社会，那纯粹是一种“浪漫的奇想”。这就是著名的“曼德维尔悖论”。从此，曼德维尔这一观点——“私人恶德即公众利益”便成了人类经济活动和经济实践中无法挣脱的噩梦。——译者注

② 曼德维尔，著. 肖聿，译. 蜜蜂的寓言. 商务印书馆，2016：239. 尽管伯纳德·曼德维尔在对外贸易方面是一个重商主义者，但是他也是爱因斯坦政策的早期倡导者，他关于如何从个人私利中产生良好的社会结果的观点极大地影响了亚当·斯密后来关于“看不见的手”的论述。有关进一步的讨论，见内森·罗森伯格。Rosenberg, Nathan. 1963. “Mandeville and Laissez-Faire.” *Journal of the History of Ideas* 24（2）：183-196.

③ 重商主义（Mercantilism），也称作“商业本位”，产生并流行于 15 世纪至 17 世纪中叶的西欧，19 世纪后成长为自由贸易，它是封建主义解体之后的 16 至 17 世纪西欧资本原始积累时期的一种经济理论或经济体系，反映资本原始积累时期资产阶级利益的经济理论和政策体系。该名称最初是由亚当·斯密在《国民财富的性质和原因的研究》（也称《国富论》）一书中提出来的，他提倡自由贸易和开明的经济政策。——译者注

④ Furniss，Edgar. 1920. *The Position of the Laborer in a System of Nationalism：A Study in the Labor Theories of the Later English Mercantilists*. Boston and New York：Houghton Mifflin. 引文出自该书第 117 页。

⑤ Townsend，Joseph.（1786）1971. *A Dissertation on the Poor Laws by a Well-Wisher to Mankind*. Berkeley and Los Angeles：University of California Press. 约瑟夫·汤森提倡自由市场在经济思想史上很重要，对后来的思想家（包括马尔萨斯和达尔文）产生了影响。见阿斯克利·蒙塔古（Askley Montagu，1971）和菲利浦·莱彭尼斯（Philipp H. Lepenies，2014）。引文出自该书第 23、29 页。

专栏 1.3　工作激励

“贫困的效用”这个概念的主要前提是，更高的工资会降低对工作（即无用的劳动）的欲望。这意味着劳动供给函数是向下倾斜的，如图 1.2 实线所示。该图还描述了向上倾斜的劳动供给函数，更高的工资率带来更高的劳动供给。我们如何理解这种差异？

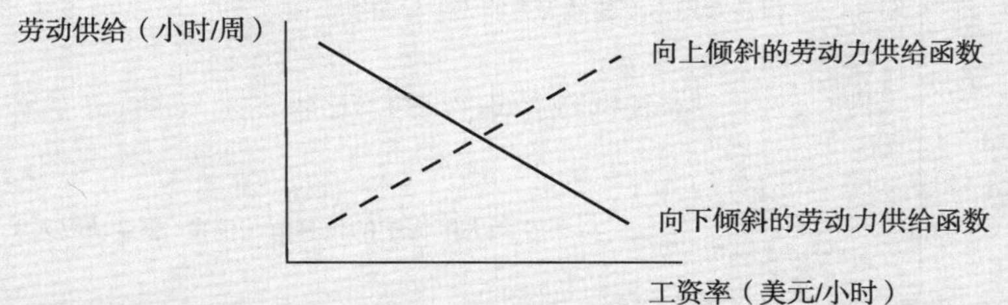

图 1.2　替代劳动供给表

通常，当一些政策或其他社会或经济变化导致人们改变他们的行为时，就会产生激励效应。例如，如果你从政府那里收到定期的转移支付（一次付清），意思是没有附加条件，当这会增加你对任何“普通商品”的需求，意思是当收入增加时需求增加的商品。闲暇就类似于这种商品这样你就可以少工作了。这就是所谓的收入效应。

如果这种支付带有工作要求（你必须做一些工作来获得报酬），那么这至少在一定程度上抵消了来自收入对闲暇需求的影响对工作的抑制作用。具体而言，工作要求将鼓励对工作的替代。在这种情况下，对劳动供给的综合影响是模棱两可的（上升或下降），但我们并不肯定。专栏 1.4 进一步解释了这一点。

专栏 1.4　收入和替代效应

假设专栏 1.3 中讨论的激励性支付是工资率提高的形式。同样的道理也适用，既有收入效应（收入效应指由商品的价格变动所引起的实际收入水平变动，进而由实际收入水平变动所引起的商品需求量的变动），也有替代效应（替代效应是因某商品名义价格变化，而导致的消费者所购买的商品组合中，该商品与其他商品之间的替代）。收入效应来自更高的工资率，这将允许你消费更多。但这还不是全部。会有一种替代效应，它使得闲暇更加昂贵，工资率也不等于闲暇的价格，因为这就是必须放弃工作才能得到更多的东西；如果你可以自由选择工作量，那么多花一小时的闲暇意味着你必须放弃一小时的工作，其价格就是工资率。

你的偏好决定了你在消费与闲暇之间的权衡。在经济学中，这些偏好通常由效用函数来表示，效用函数跟踪一组“无差异曲线”。每条这样的曲线都给出了所有消费和闲暇组合的轨迹，这些组合保持了效用常数，这意味着消费者对这条曲线上的点无差别。

当然，高一点的曲线总是比较好的（还要注意曲线不能相交）。通常假定选择工作量的人在商品消费和闲暇时间之间具有平滑的凸性无差异曲线，如图 1.3 中的曲线所示（“凸性”指曲线向下凸起的形状，如同凸透镜；按照惯例，如果曲线是向上凸起，则函数被称为“凹性”）。

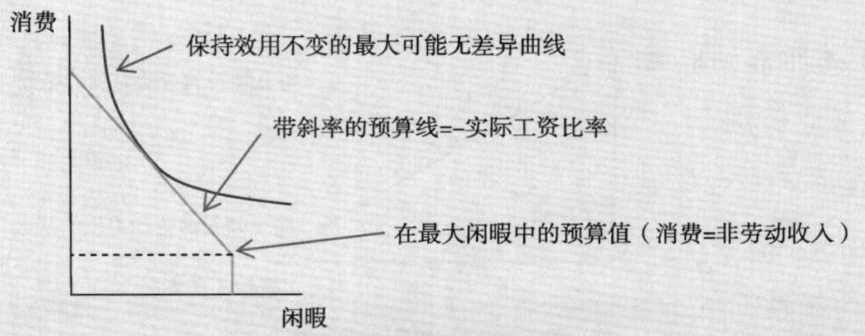

图 1.3　消费—闲暇选择

在图 1.3 中，无差异曲线的形状反映了消费与闲暇之间的替代可能性，这两者都被假定为显示递减的回报，这意味着额外消费（闲暇）的额外效用随着消费（闲暇）的增加而下降（例如，如果你已经有很多闲暇时间而很少消费，那么你将需要很多额外的闲暇时间来补偿任何较少的消费）。当消费或闲暇趋于极限时，无差异曲线会变得更平坦。图中的另一条线表示消费和闲暇的所有可负担的组合。绘制方式是针对内解，这意味着最佳状态时既有工作又有闲暇。相比之下，曲线拐角解（corner solution）要么是没有工作，要么是没有闲暇。

较高的工资率会使闲暇活动更加昂贵。这将导致人们从闲暇转向消费。“贫困效用”理论中隐含的斜率为负的劳动供给函数就是基于这样的假设，即这种替代效应不足以支配较高工资率对闲暇需求的收入效应。这在图 1.4 中可以看到，较高的工资率（非劳动收入不变）导致更高的闲暇机会成本（因此更少的工作）。但是这个理论并没有表明，我们也可以想象出一条新的无差异曲线。一般认为收入对闲暇需求的影响在贫困人口中占主导地位是不合理的，但这是一个经验问题。

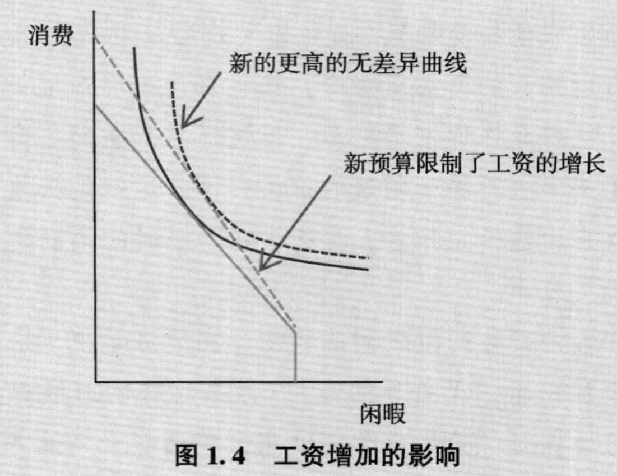

图 1.4　工资增加的影响

这是经济学中劳动供给决策的经典表述。一个值得怀疑的特征是，人们认为只有增加收入和（因而）消费，工作才是可取的。如果人们也直接从工作中获得效用，那么必须相应地修正分析。例如，有人认为工作在社会包容方面有福利收益（个人充分参与社会的能力）。相比之下，失业助长了疏离感。研究人们对自己福利的看法（如第 3 章和第 4 章中进一步讨论的）通常认为，失业降低了既定收入下的主观福利，这种现象无法用经典模型来解释。

另一个修正是允许自雇，比如在自己的农场工作。这里的工作激励也很重要，这取决于农业的组织方式。自营职业的农民，面对一个竞争性的市场，他的产品决定了要生产多少，并且得到劳动的边际收益产品的奖励（他的产出乘以他自己劳动的边际物质产品的产出价格）。相比之下，在社会主义农业中，土地是集体耕种的，产出或多或少是平等分享的。现在，农民在生产队或公社里得到平均产量。这通常需要减少对个人工作效果的激励，从而降低农业总产出。中国、越南等放弃社会主义农业的国家也认识到了这一点。

延伸阅读：大多数标准的介绍性经济学教科书，如道格拉斯·伯恩海姆[①]和迈克尔·威斯顿[②]（2008）都涵盖了这个主题。如果你想更深入地探讨这个话题，可以先从马克·基林斯沃思的著作开始（Mark R. Killingsworth，1983）[③]。

对劳动供给曲线的负斜率的认识来源于一些偶然的轶事。埃德加·福尼斯（Edgar Furniss，1920）提供了许多来自当时著作的例子，书中经常提到工人加薪时酒馆的吸引力。高工资的收入效应会使工人们想要更多的闲暇，这似乎是合理的。但是，更高的工资也使闲暇更加昂贵——闲暇必然会有一些替代品。尽管有时有人认为，收入效应在高工资时占主导地位，导致劳动力供给函数向后弯曲，但基于对闲暇需求的收入效应将支配贫困工人这一先验理由，这种说法几乎不可信。

普遍的贫困观点似乎在很大程度上试图使非贫困者的特权合理化或减轻罪恶感。工人们只会把高工资浪费在闲暇和恶习上。在关于贫困问题的思想史上，这不是最后一次建立在很少或没有良好证据上的自私自利的行为论点能够支持强有力的经济立场。人们还对工作激励的基本经济模式提出质疑，认为工作通过提高地位和促进社会包容感，在一定的收入水平下带来直接的福利收益（专栏 1.4），饥饿不是工作的唯一动机。

---

① 道格拉斯·伯恩海姆（B. Douglas Bembeim），曾获克拉克奖提名的世界顶级经济学家，哈佛大学管理学硕士，麻省理工学院博士，现为斯坦福大学经济学教授，同时还在普林斯顿大学经济学系和西北大学凯洛格管理学研究生院金融系授课。——译者注

② 迈克尔·威斯顿（Michael D. Whinston），美国著名经济学家，现为美国西北大学经济学教授，此前曾任教于哈佛大学。——译者注

③ Killingsworth Mark. 1983. *Labor Supply*. Cambridge：Cambridge University Press.

负斜率的劳动供给曲线支撑着一些长期以来的观点，这些观点认为贫困人口的行为是造成他们贫困的主要原因。如果不是因为他们贪图闲暇，他们最终可能通过把高工资与辛勤工作和储蓄结合起来摆脱贫困。人们还听到了其他的行为解释。另一种说法是，有些人之所以贫穷，是因为他们不想成为别的——这种想法是其内在属性，而非穷人对现实的心理上的合理化。贫困人口面临的现实即：贫困家庭能为自己及其孩子寻求的机会是有限的。

那些反对提高工资的人同样也会反对政府对贫穷的工人阶级的直接收入支持。他们担心这样的反贫困政策会阻碍穷人的工作意愿，从而提高工资水平。专栏 1.5 讨论了在竞争性劳动市场标准模型中，这是如何发生的经济学原理。这种反贫困政策遭到雇佣方的反对，是可以理解的。

这种对劳动力市场的第二轮影响有多大程度是无法预料的。对穷人来说，收入对闲暇需求的影响可能很小。还有可能出现失业，富余劳动力希望以现行工资率工作（专栏 1.5）。那么，对那些接受转移支付的人来说，较低的期望劳动供给不太可能对其所从事工作的工资率产生影响。

专栏 1.5　为什么反贫困计划会导致更高的工资率？

专栏 1.4 讨论了劳动供给如何随工资率变化，给出了劳动力“供给表”。教科书中竞争市场的模型还假定了劳动力需求表，供给表给出了雇主希望的特定类型的劳动力数量如何随工资率而变化。标准假设是需求随着工资率的上升而下降（这通常通过利润最大化的雇主的行为模型来证明；我们在第 8 章中回到了这个主题，但是现在我们可以假设一个向下倾斜的需求函数）。

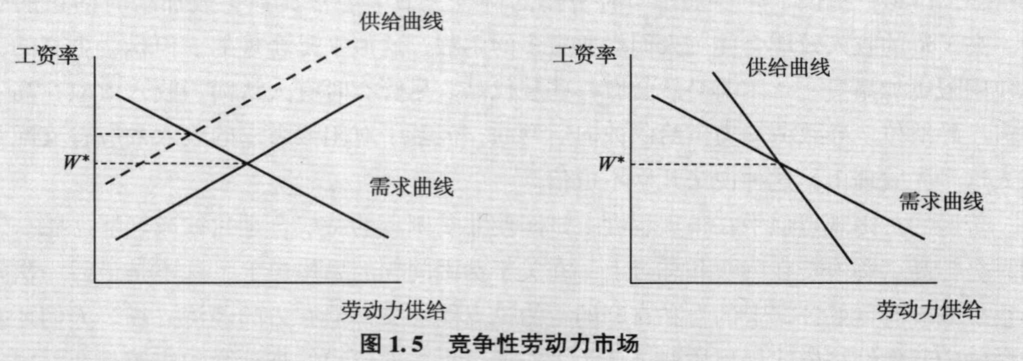

图 1.5　竞争性劳动力市场

教科书上的竞争均衡的假设是：当需求超过供给时，工资率将上升，当供给超过需求时，工资率将下降。还假定这种情况发生得很快，使得平衡工资率几乎瞬间达到，等于总需求和供给，在图 1.5 中为 W^* 。该图给出了两种情况，一种情况具有向上倾斜的劳动供给曲线（左图），另一种情况具有向下倾斜的劳动供给曲线（右图），如专栏 1.3 中所讨论的。在这两种情况下，均衡工资都是唯一的。如果工资率有扰动，但根本的需求和供给计划没有变化，那么竞争市场机制将回到旧的均衡。

即使这些政策确实减少了工作量并提高了工资，这并不意味着它们是个糟糕的主意。社会仍然可以要求反贫困政策作为一种有利于最贫困人口的再分配形式。这便承认了纳税人和雇主都将付出代价，因为他们可能面临更高的工资成本，以至于该政策实际上减少了处于或接近充分就业的经济中的劳动总供给。但是，考虑到该政策对工资的“第二轮”效应提高了穷人的收益，包括一些实际上没有得到转移支付的人也有额外好处。这些政策的拥护者认为收益大于成本。由于减贫是重中之重，这是一个有理由的福利经济学论据，支持向贫困人口的转移，以及更普遍的再分配政策。由于一些政策设计可能比其他政策设计更具成本效益，因此难以做出选择；这需要在特定情况下加以解决（第 10 章回顾了在实践中发现的各种政策选择）。问题的核心在于人们如何重视这些好处。那些只提到成本的人似乎主要关心富人的利益，包括纳税人和雇主。

反对再分配转移支付的另一个长期争论则指向了工作的优点。这些都被视为工作美德，而非个人美德。换句话说，这些批评者宁愿相信，当工人们能从其他来源获得额外收入（且没有附加条件）时，他们更愿意减少工作。但是，关于什么才是对贫穷男女真正有益的道德判断，被认为凌驾于所揭示的偏好之上。这是家长式作风的一个例子，这种作风在测度贫困和反贫困政策的讨论中显而易见。

重商主义者认为，未来廉价劳动力的持续供给对经济发展是关键的。鼓励建立大家庭并从小养成良好的工作习惯。像目前的高工资一样，过多的学校教育会阻碍人们今后的工作努力。按照这种模式，任何来自贫困家庭的受过教育的儿童都几乎没有什么可利用的机会。在伯纳德·曼德维尔（1732）的心目中，父母劳苦（因此贫困）的孩子，唯一现实的未来前景就是劳苦和贫困。因此，学校教育被视为社会浪费：

> 欲使社会幸福，欲使民众在最简陋的条件下生活安逸，大量民众就必须既贫穷又无知……较之工作，上学就是闲散。男童在这种闲散生活中的时间越长，长大后就越不适于从事体力劳动，无论其气力还是心性，都是如此……有些人辛苦地劳作，最不熟悉世上的浮华与美味；在我们当中，无人比他们更心满意足。①

从经济发展的角度来看，减少贫困的可能性很小或根本没有。打工子弟向上流动的空间很小或根本没有。他们生来贫困，终身贫困。

我们可能会被伯纳德·曼德维尔的观点（类似的观点仍然在现代偶尔听到）所震惊，但是这个残酷的观点在现实中真实存在。他声称，为工薪阶层儿童提供的少量额外教育是浪费的，这与专栏 1.6 现代经济模式中的贫困陷阱是一致的。总的来说，（穷人）工人阶级集中在较低的财富水平上，低于确保他们最终摆脱贫困所需的门槛。他们的财富略有增加，以额外人力资本的形式但不足以使其达到门槛，不会带来任何持久的收益。在适当的

---

① 曼德维尔，著. 肖聿，译. 蜜蜂的寓言. 商务印书馆，2016：239、240、261.

时候，他们将重新陷入贫困。学校教育需要大幅度的提高。而曼德维尔对学校教育的悲观态度也不会让今天发展中国家的许多贫困儿童感到惊讶。

不难找到当代的例子。凯瑟琳·布①2012年出版的一本绝妙的书《地下城：孟买贫民窟的生命、死亡与希望》描述了孟买贫民窟的生活。其中一个中心人物苏尼尔，是位年轻的拾荒者，他花了很长时间在孟买机场周围的垃圾堆中收集任何有价值的东西。苏尼尔显然很穷，显然也有学习的能力，并意识到，如果有足够的教育，他可能会逃离悲惨的生活。但他怎么才能获得足够的资助以接受学校教育呢？有一次，他在一所由住在贫民窟的大学生开办的业余私立学校里待了几天，经过大量死记硬背的学习，他掌握了《一闪一闪小星星》（这首歌是这样唱的：一闪一闪亮晶晶，满天都是小星星；挂在天上放光明，好像许多小钻石）。凯瑟琳·布写道："小拾荒者苏尼尔在把他的货物卖给阿布杜时，喜欢偷听他们上课。1月，他在课堂上坐了几天，熟悉了《一闪一闪小星星》这首英文歌。而后，他觉得还是把时间花在为食物而努力上比较好。"② 可以这样解释，苏尼尔能负担得起不足以使他摆脱贫困的有限教育。他最好解决自己目前的饥饿问题。那样他就能活下来，但还是很穷。

专栏1.6　掉入贫困陷阱？

贫困陷阱通常是指一个家庭（或公司）的财富非常少，而其财富的小幅增长对其永久摆脱贫困毫无帮助的情况。结果是家庭（或公司）陷入贫困。唯一的出路是大幅增加财富，比如大幅增加人力资本。这需要足够大的规模，使家庭走上摆脱贫困的新的长期增长道路；任何减少都将意味着家庭最终会重新陷入贫困。

这种类型的贫困陷阱源于财富门槛的存在，这是经历未来增长所需的最低的财富水平。这可能来自生理学，特别是维持身体处于静止状态的最低营养水平的存在。有很多其他的方法可以解释。通常需要最低水平的学校教育才能享受到将来从额外学校教育中获得的任何收益（尽管即使是少量的学校教育也会带来其他收益）。贫困家庭目前没有足够的财力投资于子女的教育，而且他们不能根据未来的收益来借贷。于是出现了一个"教育贫困陷阱"，贫困在代代相传。门槛效应的另一个来源是，切实可行的生产技术可能需要正的最低资本水平。

高附加成本的产生或者从新的收入机会中获利也会产生贫困陷阱或是类似的陷阱，穷人常常被这样的陷阱困住。当一个绝对统治者没有设计有效税收制度的行政能力，没

① 凯瑟琳·布（Katherine Boo），《纽约客》专职作家。曾任《华盛顿邮报》的记者和编辑，过去20年都在报导贫困地区、思索社会资源不对等个人如何摆脱贫困等议题。历年来，她对于底层社会真实生活的报导，为她赢得了麦克阿瑟天才奖、普利策奖、美国国家杂志奖之专题写作奖等殊荣。——译者注

② 凯瑟琳·布，著. 何佩桦，译. 地下城：孟买贫民窟的生命、死亡与希望（*Behind the Beautiful Forevers*）. 新星出版社，2018：71.

有自然资源可供利用时，他可能别无选择，只能从贫穷的公民那里剥夺任何额外的产出，而且往往以不可预测的方式破坏他们的生产动机。同样，某些反贫困计划可以对穷人征收高额边际税率；福利的丧失会吞噬大部分收入的增长。再举一个例子，当一个贫困的母亲考虑接受一份工作时，她必须考虑到照顾孩子的费用，这可能会使这份工作的净回报非常低。

"贫困陷阱"一词的另一个用法是在关于群体成员和行为对个人的影响方式的文献中发现的。一个例子是，当生活在贫困地区阻碍了个人脱贫的前景时，例如，由于缺乏榜样，或在较低的地方税基下接受较低质量的教育。这些可以称为地理贫困陷阱。

群体成员模型也说明了协调失灵的概念。如果群体的所有成员都能协调，他们就可以达到集体偏好的均衡。协调失灵的前景激发了贫穷国家或落后地区有计划的工业化行为（如第 2 章和第 8 章的进一步讨论），无法签订对所有成员都有约束力的可执行合同可能导致协调失灵。

即使没有贫困陷阱，也可能存在贫困。一些人可能刚刚高于贫困线，但在其社会中仍然被认为是穷人。有时应对冲击的缓慢调整速度会与贫困陷阱相混淆。

贫困陷阱在实践中很难看到，即使它们存在。它们被淹没在社会和政府行为中，这些行为的本质是为了避免在正常时期陷入陷阱。但是，一旦有巨大冲击，陷阱便会暴露出来。这是对许多饥荒期间发生的事情的合理解释，是正常市场和政府失灵的悲剧放大，虽然饥荒是剧烈事件，但它们的开始可能不是那么剧烈。

大规模饥荒的威胁可以从对贫穷经济的看似微不足道的冲击，或是平均生活水平稳步甚至缓慢下降中显现出来。类似饥荒，甚至更大的冲击，在类似的环境中会产生非常不同的后果。市场和非市场机制在正常情况下可以充分发挥作用（尽管不完全）它们很容易就将一场适度的总体冲击转变为对一些穷人的毁灭性打击。

历史追溯和延伸阅读："贫困陷阱"一词出现于 20 世纪 60 年代末（同时出现在发达国家和发展中国家的文献中），直到 20 世纪 80 年代中期其使用迅速增长，此后趋于稳定。这一思想尽管没有被称为"贫困陷阱"，但却能在古典经济学家（尤其是马尔萨斯，1806）的著作中找到。① 在 20 世纪 50 年代，它出现在正式的增长模型中，包括理查德·纳尔逊（Richard. R. Nelson，1956）② 和罗伯特·索洛（Robert Solow，1956）③ 关于经济增长理论的论文中关于注意事项的一节。关于贫困陷阱如何产生的观点，见科斯塔斯·阿扎里亚迪斯（Costas Azariadis，2006）④ 和萨缪尔·鲍尔斯等人（Samuel

① Malthus, Thomas Robert. 1806. *An Essay on the Principle of Population*. 1890 edn. London: Ward, Lock and Co.

② Nelson, Richard. 1956. "A Theory of the Low-Level Equilibrium Trap in Underdeveloped Economies." *American Economic Review* 46 (5): 894–908.

③ Solow, Robert. 1956. "A Contribution to the Theory of Economic Growth." *Quarterly Journal of Economics* 70 (1): 65–94.

④ Azariadis, Costas. 2006. "*The Theory of Poverty Traps: What Have we Learned?*" In Samuel Bowles, Steven Durlauf, and Karla Hoff (eds.), Poverty Traps. Princeton, NJ: Princeton University Press.

Bowles et al., 2006)[①]。德隆·阿塞莫格鲁和詹姆士·罗宾逊（Daron Acemoglu and James A. Robinson, 2012）描述了"榨取式制度"的历史例子，榨取式制度对穷人的产出征收如此高的边际税率，以至于他们几乎或根本没有摆脱贫困的动力。第8章返回讨论贫困陷阱的理论和证据，而第10章讨论反贫困计划的激励效应。把饥荒看作是市场和政府失灵的放大，见马丁·拉瓦雷（Martin Ravallion, 1997b）。

1.3 早期反贫困政策

在一个长期贫困且几乎毫无权力的人口占比非常高的地方，政府具有再分配功能的观点不受重视其实不足为奇。这一功能自然会带来纳税人和雇主一方与另一方的贫困家庭之间的基本利益冲突。当人们认为救济穷人的好处大于需要付出的代价时，公共努力仍有可能出现。但当有大量穷人时，（以非穷人的必要税率来衡量）的救济负担会很重。如果穷人无力影响有利于自己的政策，那么政府将再分配作为缓解长期贫困的手段的功能仍将会很弱。

即使在非常恶劣的环境中，保护作用也远没有那么有争议。事实上，如果把反贫困政策看作是国家的权宜之计和临时性的再分配，以保护穷人免受不良事件的影响，那么反贫困政策就是一个古老的概念（作为社会保护，有别于促进）（专栏1.7解释了这一区别）。大约公元前三百年左右，著名的印度学者、皇室顾问考提利耶（Kautilya）在《政事论》（Arthashastra）[②] 一书中，对任何一位国王采取的行动使其子民陷入贫困或没有对冲击做出反应的人提出了大量批评。[③] 其主要动机显然不是减轻贫困本身，而是王国的稳定，避免被另一个国王接管。考提利耶对利用公共工程救济饥荒提出了具体建议。[④] 其目的不是创造资产，而是在需要时向贫困人口提供额外收入。这是早期提到的一类重要的"工作福

---

① Bowles, Samuel, Steven Durlauf, and Karla Hoff. 2006. "*Introduction*." In Samuel Bowles, Steven Durlauf, and Karla Hoff (eds.), Poverty Traps. Princeton, NJ: Princeton University Press.

② 梵文为"物质获取的科学"，有些学者更喜欢翻译为"政治学"。《政事论》是孔雀王朝时期的一部重要治国法典，也是古印度历史上一部非常重要的著作，同时还是世界上最早的较为系统的政治经济著作之一。《政事论》成于公元前4世纪末到公元前3世纪初，印度历史学家认为，作者是孔雀帝国开国重臣、军师考提利耶，后人又有所篡改和增补。它共为15卷，主要有政治、经济、法律、军事、外交等方面的内容，系统总结了孔雀帝国初期治理国家的经验和策略，为古代印度的统治者所重视，被誉为"治国经典"。《政事论》分为两部分。前一部分的内容包括内阁的构成；国家主要的内政外交政策；政府各部门包括农业、税收、行政等等的职能；处理各种纠纷和冲突的规定，其中有类似现代民法和刑法的不同内容。后一部分主要谈外交策略和军事战略战术。——译者注

③ 见考提利耶《政事论》（出版时间不详，第386-387页），Kautilya. n. d. *Arthashastra*. Translated by R. Shamasastry. Bangalore: Government Press.

④ 见考提利耶《政事论》（出版时间不详，第296页）。

利”计划，我们将在第 10 章中重新讨论。[①]

专栏 1.7　保护和促进

一项全面的反贫困政策（或一套政策）不仅为保护人们免受负面冲击提供了一种暂时的（尽管可能很重要）短期缓解措施，而且还帮助家庭永久摆脱贫困。这是政策的促进作用。回想一下贫困陷阱的概念，有些人一无所有，但他们仍然挣足够的钱来生存。即使在这个陷阱中，较高的工资或产出价格也会增加他们的福利，而未参保的冲击对他们的健康（比如说）有相反的影响。在这方面有空间制定社会保护政策，提供国家持续收入支持。这样的政策可以存在，并被视为合理有效，而不改变贫困家庭陷入贫困陷阱的事实。长期贫困会随着不同程度的暂时性贫困而持续下去。

延伸阅读：一项好的反贫困政策的保护和促进作用的区别应归功于让·德雷和阿马蒂亚·森[②]（Jean Drèze and Amartya Sen，1989）[③]。马丁·拉瓦雷等人（1995）进一步发展了这种区别，包括保护和促进措施。第二部分回到测度问题以及长期贫困和暂时性贫困之间的区别。

对反贫困政策作用，长期以来的观点是确保社会稳定。工人阶级家庭，可能还有许多新兴的中产阶层，很容易受到失业、事故和疾病的负面冲击。这种冲击可能造成贫穷和饥饿，并可能形成贫困陷阱。它们也给非贫困人口带来了外部成本，主要是（看似）城市富人每天都会受到太多乞丐的困扰。它们也可能在政治上破坏稳定。一定程度的社会保障被视为维持秩序和等级制度的一个重要因素。因此，通过提供一定程度的抵御风险的社会保障，基本不平等得以（部分）保留。

值得注意的是，类似观点已经非常普遍。这一点在古希腊时期的西方思想和东方思想

---

① 甚至更早的时候，雅典的伯里克利在公元前 500 年左右实施了大规模的扶贫工作计划。

② 阿马蒂亚·森（Amartya Sen），1998 年诺贝尔经济学奖获得者。他 1933 年生于印度。1953 年阿马蒂亚·森在印度完成大学学业后赴剑桥大学就读，1959 年取得博士学位。阿马蒂亚·森曾执教于伦敦经济学院、牛津大学、哈佛大学等著名学府，现任剑桥大学三一学院院长。他的突出贡献表现在五个领域，分别是：社会选择理论、个人自由与帕累托最优的关系、福利与贫困指数测度、饥荒问题与权利分配不均的关系以及道德哲学。阿马蒂亚·森的学术思想继承了从亚里士多德到亚当·斯密等古典思想家的遗产。他深切关注全世界各地遭受苦难的人们，被誉为“经济学良心的肩负者”、“穷人的经济学家”。阿马蒂亚·森的思想已经产生了重大影响，联合国发布的《人类发展报告》就是按照他的理论框架设计的。1972 年的诺贝尔经济学奖得主肯尼思·阿罗认为，“在社会选择、福利经济学基础理论、更广泛的分配伦理学以及与这些领域相关的测度问题上，阿马蒂亚·森是一位无可怀疑的大师。”阿马蒂亚·森的主要著作有：《技术选择》（*Choice of Techniques*，1960）、《集体选择与社会福利》（*Collective Choice and Social Welfare*，1970）、《就业、技术与发展》（*Employment*，*Technology and Development*，1975）、《贫穷和饥荒》（*Poverty and Famines*，1981）、《选择、福利和量度》（*Choice*，*Welfare and Measurement*，1982）、《资源、价值和发展》（*Resources*，*Value and Development*，1984）、《商品与能力》（*Commodities and Capabilities*，1985）、《伦理学与经济学》（*On Ethics and Economics*，1987）、《生活标准》（*The Standard of Living*，1987）等。

③ Drèze，Jean，and Amartya Sen. 1989. *Hunger and Public Action*. Oxford：Oxford University Press.

中常有体现。例如，儒家强调仁政在避免不稳定方面的作用。李晨阳[①]描述了著名儒家学者荀子（公元前300年左右）的观点[②]。即正当的社会组织可以防止混乱和贫困，但也需要社会等级制度，从而导致不平等。人们认为，大规模贫困是不可避免的，挑战在于如何管理它，从而确保一个稳定的制度。

在早期提到分配正义的现代理念时，孟德斯鸠[③]（1748）顺便提到这样的观点："为所有公民的生存、食品、合适的衣物、对健康无损的生活提供保障，都属于国家的义务，因此国家义务绝不单单只是救助在街上乞讨的衣不蔽体的流浪汉"。[④] 他似乎已经意识到了国家在防止突发状况方面的作用。在随后的一页中，他明确警告了激励对工作的影响，"由于富裕国家的民众会遭遇各种厄运，因此应在那里建造济贫院。但我认为，相较于长期性质的救济机构，短期性质的救济要优越得多。困境是暂时的，救助也应该是暂时用来应对突发状况的。"[⑤]

长期以来，主流思想一直鼓励国家在面临风险的社会保护中发挥一定的作用。在封建经济和奴隶经济中，雇主有责任为工人提供保障，而工人可能会面临被雇主镇压和被剥削，但至少在某种程度上受到保护。这在任何意义上都不一定是利他主义的，奴隶主为了保住财产而提供保护纯粹是出于私利，尽管这通常意味着一个奴隶在他或她生命最旺盛的岁月里过着短暂而艰苦的生活。17、18世纪，全球奴隶贸易规模巨大，很容易找到替代的奴隶。

随着现代资本主义经济的出现，保护作用开始转移到国家身上。自由的劳动力市场使工人必须适应商业周期的需求变化和不断变化的技术需求。人们开始认识到自由市场在提供风险保护方面的局限性。为了提高效率和确保社会稳定，需要一定程度的国家支持的社会保护。但这个作用不需要挑战财富分配现状。它的捍卫者和社会保护倡导者认为，这种分配是自然进程的结果，其中包括竞争性市场机制，不能通过政策加以干预。尽管在某种程度上要减轻冲击，但持续的贫困是自然规律。事实上，暴露在影响到大量人的冲击之下被视为对社会秩序的威胁，即使大多数人还没有选择通过投票箱进行抗议，也出现了各种

---

① Li, Chenyang. 2012. "*Equality and Inequality in Confucianism.*" Dao 11 (3): 295-313.

② 中国古哲荀况也认为：人之生固小人，无师无法，则唯利之见耳……又以遇乱世，得乱俗，是以小重小也，以乱得乱也。（人生下来就是小人，若无老师教导，无法度约束，便只会看到财利……又因遭逢乱世，染上恶习，便因是小人而更重小利，遇乱世而更胡作非为。）——译者注

③ 查理·路易·孟德斯鸠（Charles de Montesquieu，1689—1755），法国伟大的启蒙思想家、法学家，也是近代欧洲国家比较早的系统研究古代东方社会与法律文化的学者之一。孟德斯鸠是一位百科全书式的学者。在学术上取得了巨大成就，得到了很高的荣誉。曾被选为波尔多科学院院士、法国科学院院士、英国皇家学会会员、柏林皇家科学院院士。他的著述虽然不多，但其影响却相当广泛，尤其是《论法的精神》。这部集大成的著作奠定了近代西方政治与法律理论发展的基础，也在很大程度上影响了欧洲人对东方政治和法律文化的看法。其代表作有《波斯人信札》、《论法的精神》等。——译者注

④ 孟德斯鸠，著. 欧启明，译. 论法的精神. 译林出版社，2016：273.

⑤ 同上，第274页。

形式的抗议。[①]

16 至 18 世纪期间，欧洲出现了初具规模的社会政策，部分原因是贫困（pauperism）[②]和流浪汉（vagabondage）[③] 的抬头。[④] 在各大城市的街道上，失业工人和乞丐越来越多。在一些人看来，原因是穷人的道德缺陷，虽然可以从生产组织的深刻变化中找到更深层次的解释。其中包括农业转型，如 18 世纪英国的圈地运动，该运动私有化了许多公共农田，提高了平均农业生产力，但也从农业中释放了劳动力，并非所有劳动力都可以被新兴的城市工业部门吸收。这些变化也带来了更大的流动性，进而影响到家庭对老年人的支持。

乞丐的懒惰被认为是一个重大的社会问题。他们的懒惰本身是可憎的。在 17 世纪中叶，有影响力的重商主义者威廉·配第[⑤]建议，以某种完全浪费的方式雇用闲散的穷人会更好。配第的著名例子是一个公共福利工程[⑥]，让他们到索尔兹布里平原修建毫无用处的金字塔，或者让他们将斯通亨奇的石头运到塔山上面去，以及其他类似的工作。因为这类工作能够使他们的精神得到训练，养成服从命令的好习惯，也能够锻炼他们的肉体，以备在必要时能够从事更多有益的工作。[⑦] 实际上，主要的社会政策响应是公共资助的济贫院。这些都是在 16 世纪末首次出现的。他们的想法是，福利领取者需要同意被监禁，并有义务为他们维持工作。关于济贫院的维基百科条目描述了所做的工作如下：

许多贫民被分配到济贫院里劳动（如照顾病人），但大多数人被分配去做一些通常毫

---

① 弗兰西斯·福克斯·皮文和理查德·克劳沃德（Frances Fox Piven and Richard A. Cloward，1993）提供了欧洲和北美抗议运动的良好历史，这些抗议运动是在大规模贫困时期出现的，例如，由于经济衰退和政策反应。

② 有时候，饥荒与时疫合并发生，贫困甚至比死亡更加严重。通常而言，贫困有两种区分：一是因老弱病残、无劳动能力而致贫的“基底性贫困”（background poverty），二是因饥荒、疾病、物价波动、经济萧条、失业等突发因素而致贫的“危机性贫困”（crisis poverty）。根据学者们的研究，17 世纪早期英格兰的基底性贫困人口约占总人口的 5%，危机性贫困人口约占总人口的 20%。——译者注

③ 流浪汉（vagabond/vagrant）是 15 世纪末 16 世纪初出现的一个新概念，指懒惰的健壮乞丐。“无赖”（rogue）、“懒汉”（idler）、“健壮乞丐”（strudy begger）基本上是流浪汉的同义语。根据 1531 年英国流浪汉法，流浪汉是指“身体完好强健而能劳动，没有土地和主人，没有合法生意、手艺或技术用以维持生计的人”。在实践中，流浪汉的罪过并不仅仅因为他们的行为，而是因为他们在社会中的边缘地位；人们据其边缘角色而主观地认为他们“无地无主”、“无家可归”、“形迹可疑”而构成“流浪罪”（vagrancy）。流浪汉群体中的退伍军人、小偷等可能危及社会稳定，甚至有参与地方骚乱的嫌疑，这为流浪入罪增添了理由。另外，流浪汉穷困潦倒、衣衫褴褛，容易被看作传染病的传播者，在拥挤不堪、公共卫生状况本已堪忧的城市中更容易成为人们的排斥对象。处于公共道德、公共秩序、公共卫生的考量，流浪汉成为城市政府和精英人士的排斥和打击对象。——译者注

④ 关于欧洲历史上这一时期的贫困问题，见罗伯特·于特（Robert Jütte，1994）。

⑤ 威廉·配第（William Petty，1623—1687）英国古典政治经济学创始人、统计学家。经济著作有《赋税论》（1662）、《献给英明人士》（1691）、《爱尔兰政治剖视》（1691）、《政治算术》（1691）、《货币略伦》（1695）。

⑥ 公共福利工程包括，对公路的拓宽，使之更加坚固和平坦，从而减轻旅途的劳顿，也能节省车马的费用；疏浚河道以更加便利于通航；在适当的地方种植经济类或者观赏类树木，以供采伐、观赏和采摘水果；修建桥梁、巩固堤坝；开采金矿、石矿和煤矿；冶炼钢铁，等等。威廉·配第，著. 薛东阳，译. 赋税论. 武汉大学出版社，2011：23-24.

⑦ 同上，第 26-27 页。关于配第对经济学的贡献，见詹姆斯·乌尔默。Ullmer，James. 2004. “The Macroeconomic Thought of Sir William Petty.” *Journal of the History of Economic Thought* 26（3）：401-413.

无意义的劳动（如碎石等）[①] ……把兽骨碾碎，卖给周围农庄当肥料，是大多数贫民都能完成的劳动。[②] 1845 年，英国《泰晤士报》报道了安多瓦镇济贫院的非人生活。院中贫民饥肠辘辘，为了争啃被碾碎的兽骨上的腐肉而大打出手，许多人鼻青头肿，满脸桃花。[③]

这些生产的产量太低不足以支付济贫院的日常费用。[④] 然而，这不是目的。济贫院政策基于流行的观点即贫困是由不良行为造成的，济贫院可以控制和（希望）纠正这些不良行为。从一开始，人们的想法是，济贫院将是“自我定位”的，因为只有最贫困的人才会愿意被如此限制，从而（据信）提供了一种成本效益高的扶贫手段。[⑤] 这种自我定位的想法至少可以追溯到古罗马，在那里，所有愿意排队的人都可以获得补贴的粮食配给（第 10 章回到关于这些政策的辩论）。

尽管缺乏确凿的证据，从历史记录中可以清楚地看到，到 16 世纪初，英国和欧洲大城市的贫困率已经上升到社会不可接受的水平，表现为大量的乞丐和流浪汉。人们需要一个思考反贫困政策的框架和具体建议。在学术思想对反贫困政策影响的早期例子中，胡安·路易斯·维韦斯（Juan Luis Vives［1526］，1999）概述了贫困救济的基本原理和行动蓝图。维韦斯的著作是一个巨大的成功，它被翻译成多种语言，并被韦伯夫妇[⑥]形容为“时代的畅销书”。[⑦]

作为第一步，维韦斯建议对穷人进行人口普查（还针对那些特殊生活困难时期的穷人，提出了相应的物质帮助。如将所有穷人信息都登记到名册中，包括其基本情况、有无劳动力、为什么贫困、基本生活来源等。他认为这样做可以有计划地帮他们找到工作，为他们提供具体的针对性的物质帮助）。有了这些数据，他建议所有贫困但身体健全的人都应该得到工作，包括私人和公共就业。他还建议反对移民，尽管应允许难民免于战争。如果一个人不能从工作中获得足够的收入，维韦斯认为国家有责任提供额外的现金支持以满

① Fowler, Simon. 2007. The Workhouse: The People, the Places, the Life Behind Doors. Kew, *Surrey*: *The National Archives.*, p. 111.

② Nicholls, Sir George (1854), *A History of the English Poor Law*, II, John Murray, p. 394.

③ Fowler, Simon. 2007. The Workhouse: The People, the Places, the Life Behind Doors. Kew, Surrey: *The National Archives.*, pp. 8-9.

④ 见玛格丽特·克罗瑟（Margaret Crowther, 1981）。

⑤ 见帕特·塔纳（Pat Thane, 2000, 第 115 页）, Thane, Pat. 2000. *Old Age in English History*: *Past Experiences*, *Present Issues*. Oxford: Oxford University Press.

⑥ 韦伯夫妇（Sidney Webb and Beatrice Webb），英国社会活动家、费边社会主义理论家。韦伯先后在陆军、殖民等部任职员和文官。1885 年加入费边社并成为该社主要领导人之一。比阿特丽丝于 1887 年开始从事社会活动，曾在有关妇女和工人问题的皇家委员会里工作。1892 年二人结婚。此后，夫妇二人密切合作从事社会和科学活动。1895 年共同建立伦敦经济学院。1913 年共同创办《新政治家》杂志。1914 年夫妇参加英国工党。韦伯在工党政府中任贸易大臣和殖民地大臣，长期担任伦敦郡议会议员和下院工党议员。1929 年被封为帕斯菲尔德男爵，进入上院。40 年代后期双双逝世。——译者注

⑦ Michielse, H. C. M., and Robert van Krieken. 1990. “Policing the Poor: J. L. Vives and the Sixteenth-Century Origins of Modern Social Administration.” *Social Service Review* 64 (1): 1-21.

足其基本需求。[①]

维韦斯这些提议的理由是保护而不是促进。它在很大程度上保护了富人的利益，当地救济将有助于阻止流动人口，这可能导致当地劳动力年龄缩短和工资上涨。在保护富人不受穷人伤害方面也发挥了作用，很少有人提到需要确保公共机构保护穷人不受犯罪和暴力的伤害，而且这也是关于“保护穷人”。[②] 没有救济的贫困威胁着社会的不稳定和痼疾（帮助穷人的工作是有计划有目的地采取措施缓解穷人的困难。但是穷人要获得救济也必须符合 3 个条件，即所有穷人必须劳动、救济必须根据个体情况区别对待、教育他们有道德的生活）。为所有身体健全的穷人提供工作对国家统一和国家生存至关重要。保护富人免受穷人传染的疾病也是维韦斯理论的重要组成部分。[③] 保护非贫困人口免受贫困的外部代价这一主题长期以来在政策思考中突出。[④] 农村公共福利工程在经济淡季的作用也是一样，它是阻止人口外流、避免旺季劳动力短缺的一种手段。[⑤]

维韦斯的提议建立在早期的思想之上，但却是在一个连贯的框架内完成的。这在欧洲和美国都很有影响力。维韦斯的提议成就了 16 世纪英国《旧济贫法》（Old Poor Laws, OPL），[⑥] 先是亨利八世时期，后是伊丽莎白一世时期。这是一个公共部门提供、地方资助的转移支付制度，视具体事件而定，特别是老年、丧偶、残疾、疾病或失业。本质上，中央政府告诉当地教区如何解决其贫困问题，但会让地方买单。通常会受限于济贫院或其他工作要求，特别是当寻求救济者被认为身心健全时。到 18 世纪末，《旧济贫法》用于扶贫的公共支出总额达到英国国民收入的 2%。[⑦]

《旧济贫法》的顶峰是 1795 年伯克希尔大法官引入的斯宾汉姆兰制度（Speenhamland system）[⑧]。法国战争[⑨]导致粮食进口受到限制，粮食出现歉收[⑩]，粮食价格大幅上涨，许多

---

① 胡安・路易斯・维韦斯也关注精神病患者，他们中的许多人都很贫困，他对这个话题的思考（在后来的一篇关于心理的著作中发展）被认为是对心理学的一个开创性的早期贡献。

② 摘自米切尔斯和罗伯特・范克里肯（1990）的论文标题，“Policing the Poor: J. L. Vives and the Sixteenth-Century Origins of Modern Social Administration.” *Social Service Review* 64（1）：1-21.

③ 米切尔斯和罗伯特・范克里肯（1990）在论文中进一步讨论了维韦斯的提议及其理论背景。

④ 见弗兰西斯・福克斯・皮文和理查德・克劳沃德的相关讨论，Piven, Frances Fox, and Richard Cloward. 1993. *Regulating the Poor: The Functions of Public Welfare*. Updated edn. New York: Vintage Books.

⑤ 见马丁・拉瓦雷（1991b）。

⑥ OPL 中的“旧”指的是 1834 年以前的法律形式，这些法律又回到了关于英国《旧济贫法》的历史及其影响，见塞缪尔・门彻（Samuel Mencher, 1967）、乔治・博伊尔（George Boyer, 2002）和史蒂夫・亨德尔（Steve Hindle, 2004）。

⑦ 见彼得・索拉尔（1995）。

⑧ 斯宾汉姆兰制度是 18 世纪末英国一种院外救济形式的济贫制度，该制度是一种工资补贴制度，其主要内容是将一定重量的面包价格与家庭规模作为补贴的主要标准。该制度实行的工资补贴标准体现了济贫所应包含的“公平”内涵，在英国的济贫演变历史上有着不可忽视的作用。——译者注

⑨ 1793 年“反法同盟”与拿破仑的战争爆发，皮特政府执行的提高生活必需品税和大量发放国债的战时经济政策引起物价飞涨，加上不法商贩利用战时物资紧缺囤积居奇、哄抬物价，使英国粮食匮乏、粮价高昂。普通劳动者的生活雪上加霜。——译者注

⑩ 1794 年的粮食产量比前 10 年的平均产量减少了 1/5。

粮食暴乱接踵而至。作为回应，斯彭教区制定了似乎是第一条作为反贫困政策实施的贫困线。① 伯克希尔大法官曾考虑过实施法定最低工资标准的可能性，但最终决定实施一项有针对性的转移计划。该计划为当地工薪阶层居民提供基本收入保障，一名成年男子每周可获得3个“加仑”的面包，每个受抚养人（成年妻子或子女）可获得1.5个面包的额外补贴。货币价值大约是面包价格的指数。② 增加的现有工资确保家庭收入达到了贫困线；失业者也得到了全额支付。

斯宾汉姆兰制度似乎被认为是成功的，特别是在防止粮食暴动方面，因此类似的计划很快在英格兰南部的其他地方被引入。不过，也有人提出了批评，主要是以下两点：第一，认为该计划有负面的激励效果，它鼓励懒惰和更高的生育率（通过早婚）。批评人士认为，该制度保证了无论一个人是否工作都会有最低收入。人们清楚地意识到了激励措施的存在，因此如果失业工人找到了工作，最低收入将继续发放。③ 很明显，这是一个低水平的基本权利，所以不清楚这是否会严重阻碍做额外工作（第10章再详细地讨论这个问题）。第二，考虑到政府将弥补差额，工人最终将获得更低的工资和支付更高的住房租金。批评人士认为，接受救济的工人可能被雇主或房东利用。然而从事实来看，这一计划在防止食品暴乱方面是有效的，这表明工人确实获得了好处。

在欧洲其他地方，救济主要还是通过私人慈善。在大多数国家，教会和私人向穷人转移的支出明显低于国民收入的1%。④ 相比之下，英格兰和威尔士《旧济贫法》的支出主要由地方财产税提供资金。很明显，私人慈善机构已经被取代了，尽管后者继续存在。⑤ 但毫无疑问，《旧济贫法》在社会保护方面再次发挥了作用。17世纪晚期，英格兰和威尔士几乎所有教区都得到了保护，所有人都有资格获得救济。教区有责任在中央当局的监督下执行。以教区为基地很方便，但并不理想，因为许多教区规模较小，因此为分担风险和利用规模经济（如建造济贫院）提供了有限的空间。⑥ 毫无疑问，存在着相当大的横向不

---

① 大约在同一时间，弗里德里克·莫顿·伊登（Frederick Morton Eden，1797）提出了“体面生活标准”，大卫·戴维斯（David Davies）提出了“舒适度标准”。（Allen，Robert. 2013. “*Poverty Lines in History*，*Theory*，*and Current International Practice*.” Mimeo. Oxford：Nuffield College，University of Oxford.）

② 在面包价格高的情况下，面包的实际价值略有下降，从一个成年男性的3个面包到大约2.8个面包，比基本价格高出50%；同样，对于一个丈夫、妻子和两个孩子的家庭，贫困线是6.8个面包（而不是7.5个面包的基本价格）。一种替代效应，通过面包消费可以在不损失福利的情况下以较高的食品相对价格降低（这些是作者根据http://www.historyhome.co.uk/peel/poorlaw/speen.htm的斯宾汉姆兰制度的数据计算得出的结果）。关于这一政策的进一步讨论，见阿斯克利·蒙塔古（Askley Montagu，1971）、弗雷德·布洛克和玛格丽特·萨默斯（Fred Block and Margaret R. Somers，2003）和弗朗西斯·科波拉（Frances Coppola，2014）。

③ 见弗朗西斯·科波拉（2014），Coppola，Frances. 2014. “An Experiment with Basic Income.” Pieria Blog Post.

④ 见彼得·林德特，Lindert，Peter H. 2013. “*Private Welfare and the Welfare State*.” In Larry Neal and Jeffrey Williamson（eds.），The Cambridge History of Capitalism. Cambridge：Cambridge University Press.

⑤ 关于对私人慈善机构的影响，见史蒂夫·亨德尔（Steve Hindle，2004）和彼得·林德特（2013）。

⑥ 见多萝西·马歇尔（Dorothy Marshall，1926），Marshall，Dorothy. （1926）2006. *The English Poor in the Eighteenth Century*：*A Study in Social and Administrative History from* 1662 *to* 1782. Oxford：Routledge.

平等（不同教区的同样贫困的人情况大不相同）。[①] 预计这些政策也不会对财富分配产生多大影响。无论如何，《旧济贫法》提供了一定程度的保护；有人认为，《旧济贫法》有助于打破庄稼歉收与死亡之间的历史性联系。[②]

直到 19 世纪，《旧济贫法》一直坚持并在某些方面成功实施了社会保护政策。彼得·索拉尔（1995）认为，这些政策对英国社会的长期稳定至关重要，包括在 18 世纪末，当时人们非常担心法国的剧烈不稳定可能蔓延到英吉利海峡。《旧济贫法》是一项社会政策，通过提供帮助确保了一个相对温顺和持续的工人阶级，对精英阶层来说最有意义，对财富分配几乎没有威胁。

如今，《旧济贫法》将被称为"非定向"政策。毫无疑问，如果今天在发展中国家发现《旧济贫法》，人们将听到更好地针对此类政策的建议。然而，它们的普遍性对于跨越三百年的《旧济贫法》的长期成功是重要的。[③] 如果需要的话，任何人都可以得到救济，广泛的政治支持也因这一事实而得以保障。例如，守寡对于通常不希望求助于教区的人们来说，寡居是一种威胁。[④] 正如当时的小说所指出的，即使是一个相对富裕的中产阶层家庭也可能陷入贫困。这是 19 世纪著名小说家查尔斯·狄更斯[⑤]最喜欢的一个主题，他在一个中产阶层家庭长大，但在 12 岁时由于父亲欠债入狱而被迫陷入贫困。

有些人认为，英国的《旧济贫法》是出于"慈善的美德而非正义的美德"，因此，贫穷救济的历史不大可能为那些认为正义要求社会减轻或者消除贫困的人提供前现代的暗示或提示的源头。[⑥] 人们可以推测，《旧济贫法》的动机至少与维持社会稳定和慈善（或正义）同样重要。无论政策制定者的动机是什么，《旧济贫法》制定了一项法律上可执行的国家政策以针对特定冲击提供有限救济。根据当时的定居法，教区居民虽然不是外来者，但根据《旧济贫法》拥有法定追索权，这就是为什么这些政策能够有助于确保三百多年的社会稳定。[⑦]《旧济贫法》已经非常接近于一个有助于确保分配公平的政策的前现代例子。

不过，不应忽视的一个方面是，《旧济贫法》显然是为了保护而不是促进。这是一种

---

① 史蒂夫·亨德尔（2004）指出，根据教区的经济情况，养老金在地理区域上存在很大差异，Hindle，Steve. 2004. *On the Parish? The Micro-Politics of Poor Relief in Rural England* 1550—1750. Oxford：Oxford University Press.

② 见摩根·凯利和科马克·奥·格拉达（Morgan Kelly and Cormac Ó Gráda，2010）和理查德·史密斯（Richard M Smith，2011）。

③ 见彼得·索拉尔（Peter M Solar，1995），Solar，Peter M. 1995. Poor Relief and English Economic Development before the Industrial Revolution. *Economic History Review* 48：1-22.

④ 寡妇被列为有资格从《旧济贫法》中获得救济，文献中经常提到她们；例如，史蒂夫·亨德尔（2004）对与《旧济贫法》有关的教区档案资料的讨论提到寡妇 75 次。

⑤ 查尔斯·狄更斯（Charles John Huffam Dickens，1812 年 2 月 7 日—1870 年 6 月 9 日），英国作家，日尔曼人。主要作品有《大卫·科波菲尔》《匹克威克外传》《雾都孤儿》《老古玩店》《艰难时世》《我们共同的朋友》《双城记》等。狄更斯特别注意描写生活在英国社会底层的"小人物"的生活遭遇，深刻地反映了当时英国复杂的社会现实，为英国批判现实主义文学的开拓和发展做出了卓越的贡献。他的作品对英国文学发展起到了深远的影响。——译者注

⑥ 见塞缪尔·弗莱施哈克尔，著. 吴万伟，译. 分配正义简史. 译林出版社，2010：72-74.

⑦ 见彼得·索拉尔（1995）。

早期的有组织的社会保险形式，目的是为了穷人和中产阶层能够应对许多与不确定的就业、健康危机、歉收和仅仅是运气不佳有关的未投保风险的社会。[①] 只要当地精英的经济负担不太大，这是一项可以接受的社会保护政策，因为在没有这种政策的情况下，暂时的贫困伴随着疾病、犯罪和社会不稳定等外部代价。

长期以来，保护富人免受犯罪侵害一直是维持治安和反贫困政策的一个动机。英格兰由帕特里克·科尔豪恩（Patrick Colquhoun）于1800年建立的第一支警察部队是为维护河上贸易的治安而建立的，这是由于抢劫的普遍存在。历史上，时至今日，人们对保护穷人或其他弱势群体免受犯罪和暴力（甚至是警察）侵害的关注较少。[②] 不平等是预防犯罪动机的核心，但它也可以反映在社会经济中保护的成本和收益。

有些人认为，通过加强风险保险，《旧济贫法》有利于长期摆脱贫困。[③] 通过确保社会更加稳定，也会带来长期收益。很明显，这是通过保护实现的，保障社会稳定被视为《旧济贫法》的主要目标。《旧济贫法》的批评者担心保护会造成依赖，它是能作为一种短期的缓和手段。[④]

《旧济贫法》（或考提利耶的饥荒救济政策）没有构成全面反贫困政策的更重要原因是，这些政策不太可能改变财富水平的稳定分配。这些政策所做的是防止那些陷入财富贫困陷阱或是生活在低财富水平的人的消费水平进一步下降。政策虽提供了一定程度的保护，但没有帮助其永久摆脱贫困。根据重商主义者的经济逻辑，《旧济贫法》的意义在于，其提供的帮助确保了一个相对温顺的工人阶级，对财富分配几乎没有威胁，社会保护发挥着受限制和明确定义的作用。到了18世纪末，人们的思维方式发生了重大变化。

1.4 第一次贫困启蒙

18世纪末是英国、西欧和北美工业化经济转型时期的开始。工业革命始于英国，在生产中实施了许多巧妙而有利可图的技术革新。早期的一个重要例子是瓦特（James Watt）的固定式蒸汽机，它能够产生连续的旋转运动，在制造业中有许多应用。这一创新具有深远的影响。例如，它有助于促进城市工业化，因为工厂不再需要设在快速流动的水源地（通常在农村地区）以驱动其水轮。纺织行业的纺纱和编织机械化，包括使用进口棉花的蒸汽动力棉纺厂，在曼彻斯特等英国城市创造了制造业繁荣。

---

① 见史蒂夫·亨德尔（2004）。

② 见加里·豪根和维克多·布特罗斯（Gary A. Haugen and Victor Boutros，2014）关于全球保护穷人免受暴力侵害的努力对减贫的重要性。蝗虫效应：为何消除贫困需要终结暴力（The Locust Effect：Why the End of Poverty Requires the End of Violence）. 牛津大学出版社，2014.

③ 彼得·索拉尔（1995）和理查德·史密斯（Richard M. Smith，2011）。

④ 见约瑟夫·汤森（Joseph Townsend，1786），另见菲利普·勒佩尼斯（Philipp H. Lepenies，2014）的讨论。

工业革命在英国开始绝非偶然，那里的制度更鼓励创新。[①] 在君主制和更具代表性的政治制度之间重新平衡权力方面，英国领先于西欧其他大部分国家。1688 年的光荣革命[②]是一个关键的转折点，这场革命实现了皇室、议会以及新国王之间权力的实质性重组。在这些政治变革之后，英国的专利法在 18 世纪末已经相对完善。那个世纪还取消了对制造业的各种税收，削减了英国众多的王室垄断企业，从而创造了一个更公平的竞争环境。

制度和政策的变化既是工业革命的原因，也是工业革命的结果。瓦特最初的发明显然是由他自己的科学研究推动的，如果没有专利的话，很可能已经实现了。[③] 英国的专利制度有助于确保融资，而这对这些想法的运作至关重要。[④] 当然，对新技术创新有一些政治阻力，因为在生活的各个层面上，既有受益者，也有受损者。就法国而言，发动工业革命需要政治革命。引起法国大革命的因素有很多，但法国在采用整个英吉利海峡涌现的新技术方面的落后显然是一个因素。1789 年新宪法最终废除了法国的封建制度，取消了皇室和贵族的长期特权（如他们的避税资格）。

尽管存在一些阻力，但现代化的制度改革和新技术迅速地向北美和（在适当的时候）西欧大部分地区扩散。到 19 世纪中叶，工业化在当今发达国家的大部分地区都已顺利展开。[⑤] 在其他地方，政治形势是这样的，这些创新的失败者有权阻止它们被采用。例如，奥匈帝国和俄罗斯的统治者强烈抵制新政策和新技术，它们担心自己的权力会受到损害。[⑥]

分配冲突在导致这些重大变化的过程中变得更加严重。随着贫困和不平等现象可能加剧，人们对社会不稳定甚至工人阶级叛乱的前景越来越担忧。中产阶层也对向上流动面临的限制感到沮丧。在主流知识分子对现状的辩护中，显然存在着一些明显的弱点。继承的机会不平等和被操纵、非竞争性的市场过程（有时由政府推动）开始被视为在决定财富分配方面发挥着重要作用。鉴于人与人之间的内在差异，这与将现状分配视为纯粹自然秩序的辩护形成鲜明对比。

民众开始质疑其权利被剥夺的长期借口。当然，以前也有零星的扶贫抗议运动。例如，在 17 世纪中叶的内战时期，英国就有（短命的）“平等主义者”争取选举权和宗教宽

---

① 德隆·阿西莫格鲁和詹姆士·罗宾逊（2012，第 7 章）进一步讨论了工业革命可能的制度根源，以及为什么工业革命始于英国。

② 光荣革命（Glorious Revolution），1688 年，英国资产阶级和新贵族发动的推翻詹姆士二世的统治、防止天主教复辟的非暴力政变。这场革命没有发生流血冲突，因此历史学家将其称之为“光荣革命”。1689 年英国议会通过了限制王权的《权利法案》。奠定了国王统而不治的宪政基础，国家权力由君主逐渐转移到议会。君主立宪制政体即起源于这次光荣革命。——译者注

③ 弗雷德里克·谢勒（Frederic M. Scherer，1965，第 182 页）写道：“专利制度的存在似乎对瓦特的发明几乎没有或没有影响。” Scherer，Frederic. 1965. “Invention and Innovation in the Watt-Boulton Steam-Engine Venture.” *Technology and Culture* 6（2）：165-187.

④ 见弗雷德里克·谢勒（1965），瓦特在资助他的发明发展方面遇到了很大的困难，有时不得不放弃这个想法而从事有酬工作。最终的融资在很大程度上依赖于个人捐助者。谢勒认为专利是获得支持的一个因素。

⑤ 日本在 1968 年推翻幕府和明治维新之后发生了变化。

⑥ 见德隆·阿西莫格鲁和詹姆士·罗宾逊（2012，第 8 章）。

容的运动。[①] 但18世纪末，英国、欧洲和美国出现了新的思维和更广泛的变革要求。18世纪末，通俗政治在伦敦、巴黎和欧洲其他地方的咖啡馆和酒馆盛行。[②] 历史学家克雷恩·布林顿[③]（1934，第281页）将欧洲思想转变的本质特征确定为“地球上的生命是向永恒的短暂过渡，这种生活不可避免地是一种痛苦，因为有人断言，地球上的资源能满足所有人的欲望，只要这种欲望符合一个人的正常欲望”。[④] 人们对经济和政治制度满足所有人物质需要的范围有了新的认识。政治代表（特别是选举权）被广泛认为是关键。对既定的社会阶层有了新的质疑，这在18世纪后期的法国是很有名的。加隆·德·博马舍[⑤]（1778）的《费加罗的婚礼》让巴黎观众站在仆人一边，嘲笑贵族，并深深质疑后者的特权。[⑥] 这出戏被广泛认为是法国大革命的前兆。

18世纪后半叶，在书面文献中提到贫困的情况明显增多。如果在Google Books Ngram Viewer中输入“贫困”一词，我们就能清楚地看到这一点。[⑦] 将谷歌图书浏览器的计数按当年的总字数进行标准化，得到的标准化频率称为“发生率”。图1.6分别描绘了1700年至2000年，在英语和法语文本中“贫困”一词的发生率。[⑧] 援引贫困一词在1790年左右达到顶峰；对英语文本来说，这是长期持续上升的贫困关注度的累积结果，而在法语文本中只在法国大革命前后出现了一个显著的关注高峰。

---

① 见克里斯托弗·希尔（Christopher Hill，1972），Hill，Christopher. 1972. *The World Turned Upside Down*：*Radical Ideas During the English Revolution*. London：Maurice Temple Smith.

② 《老贝利议事录》(Proceedings of the Old Bailey)(2012) 包含了对伦敦的描述，例如，1792年成立的“伦敦通信会”，致力于扩大工人阶级的政治代表性。

③ 克雷恩·布林顿(Crane Brinton，1898—1968) 是美国历史学家，主要研究西方政治哲学和道德哲学。1923年在牛津大学获得博士学位，同年进入哈佛大学教书，1942年被聘为正教授，撰写过许多关于政治和道德哲学史的书，也是革命运动史的专家，其主要著作有《革命的解剖》(The Anatomy of Revolution)(1938)、《思想和人类》(Ideas and Men，即《西方近代思想史》)(1950)、《西方道德史》(History of Western Morals)(1959)、《现代思想的形成》(The Shaping of Modern Thought)(1963)、《美国人和法国人》(The Americans and the French)(1968)。——译者注

④ 原文是Life on this earth is a fleeting transition to eternity，that such a life is inevitably one of misery，that，however，there are rigid rules of conduct for such a life conformity with which will be rewarded with eternal bliss，disobedience of which will be punished by eternal damnation.（地球上的生命是一个转瞬即逝的永恒的过渡，这样的生命无疑是一个痛苦的生命，然而，对于这样的生命有着严格的行为准则，遵守这些准则将得到永恒的幸福，不遵守这些准则将受到永恒的诅咒。）——译者注

⑤ 加隆·德·博马舍（Pierre-Augustin Caron de Beaumarchais，1732年1月24日—1799年5月18日）是法国思想家，代表作品有《欧仁妮》、《塞维利亚的理发师》、《费加罗的婚礼》。——译者注

⑥ 例如，在第五幕中，仆人费加罗问雇用他的伯爵：“你做了什么值得获得这样的好处？把你自己置于一无所有的麻烦之中。其他人却是一些非常普通的人！”该剧创作于1778年，但被路易十六国王审查，直到1784年才公演。

⑦ 见让·巴蒂斯特·米歇尔等人。Michel，Jean-Baptiste，Yuan Kui Shen，Aviva P. Aiden，Adrian Veres，Matthew K. Gray，The Google Books Team，Joseph P. Pickett，Dale Hoiberg，Dan Clancy，Peter Norvig，Jon Orwant，Steven Pinker，Martin A. Nowak，and Erez Lieberman Aiden. 2010. “Quantitative Analysis of Culture Using Millions of Digitized Books.” *Science*，December 16：176-182.

⑧ 在英法两种语言中，表达贫困的概念都不止于用poverty/ pauvreté。另一个用来表达贫困的词是indigence（虽然更多地出现在18和19世纪的英语中）。增加这个（不太常见的）词并不能改变图1.6的基本模式。在法语中，misere通常与pauvrete类似，但misere还有更广泛的用法，包括心理/精神上的剥夺状态，而不仅仅是物质上的；这个词有点接近它通常的英语译词misery。

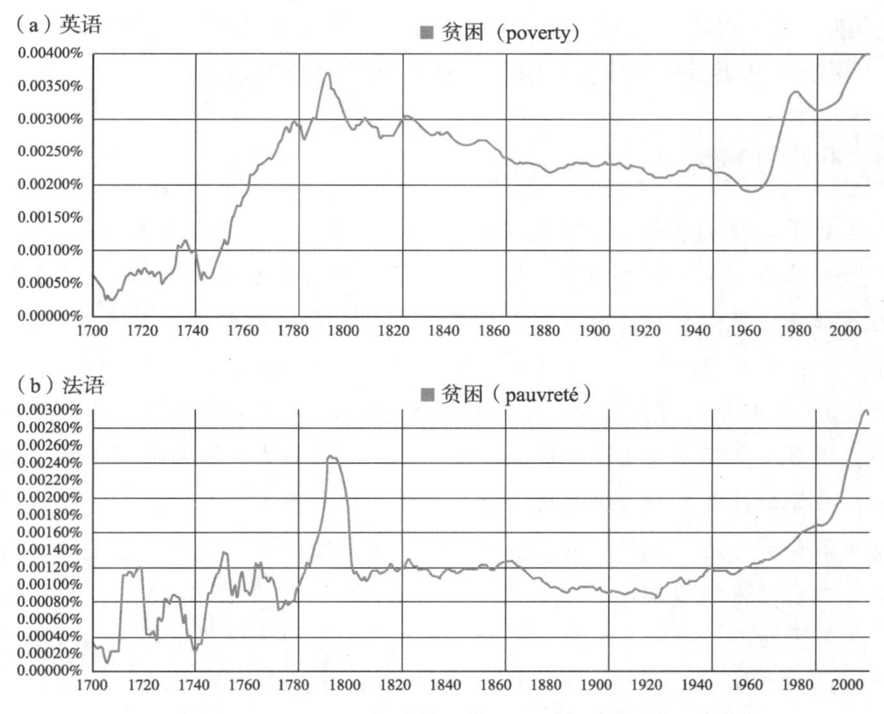

图 1.6　1700—2000 年谷歌图书中提到贫困的次数

资料来源：笔者使用 Google Books Ngram Viewer 获得的数据。

最能体现这一时期崇高理想的三个字是“自由、平等、博爱”——法国大革命的座右铭（以及 19 世纪末法国的民族座右铭）。这些理想产生了持久的影响，但似乎没有给穷人带来多少短期收益。尽管法国新领导人不乏与欧洲邻国抗争的努力，但几乎没有任何新的迹象表明法国在与长期贫困做斗争方面做出了认真的努力，穷人的队伍仍然是这方面步兵的可靠来源。[①] 这场选举是由男性以财产为基础进行的。

对“自由”[②] 的理解符合现代用法，即个人被认为拥有与他人的自由相同的任何自由。“平等”[③] 并不是被理解为结果的平等，而是被理解为法律上的机会权利，即法律必须对每个人都是一样的，因此允许所有公民在公共职位和工作上有平等的机会，分配由能力决定（1804 年在有影响力的拿破仑法典中正式形成的一套思想）。几乎没有迹象表明国家在重新分配奖励方面发挥了作用，尽管在 19 世纪 90 年代，左翼的雅各宾派（Jacobin

① 法国大革命宣战（《1792 年与奥地利帝国开战》）和 1815 年波拿巴在滑铁卢持续不断的战争。

② 1789 年通过的《人权和公民权宣言》指出：“自由即所有人皆拥有的，做一切不伤害其他人的自主权。除了保障社会上其他人享受同样权利外，此天赋的权利不应有任何限制。”“不自由毋宁死”（Vivre libre ou mourir，1775 年由美国政治家帕特里克·亨利提出，法国革命后流行于世，后来成为希腊国家格言）成为共和国的一个重要格言。——译者注

③ 平等指所有人视为同等，废弃各人生来和地位的差别，只考虑各人对国家经费做出的贡献。1793 年的人权和公民权宣言指出“法律面前，人人平等”。1795 年，平等被定义为“于法律面前，无论受法律保护者，或受法律惩罚者，人人皆平等。平等承认生来的差别，和不受遗传影响的能力。”——译者注

Club）和弗朗索瓦·巴贝夫（François-Noël Babeuf）确实开始呼吁这样做。[①] 专栏 1.8 讨论了机会不平等和结果不平等以及其他类型的不平等之间的区别。

专栏 1.8　不平等的概念

不平等对不同的人意味着不同的东西。一个区别是结果的不平等和机会的不平等。前者是指所选择的结果指标（消费、收入或财富）的水平之间的差异。我们看到的一些结果上的不平等，是由于人们所付出努力的差异造成的：有些人比其他人工作更努力，所以赚得更多；有些不平等则源于环境的不同（如性别、种族、继承的财富、父母的环境或自然能力），与个人努力无关。总的结果不平等反映了这两个方面的不平等。在现代用法中，机会不平等是指由于不同的环境而非不同的努力所造成的不平等。人们常常认为机会不平等对社会来说代价更大，应当避免，这种不平等被视为不公平。个人付出的努力不平等被认为是不受关注的，事实上，有很好的理由（从道德和经济的角度）说明为什么努力应该得到回报。

不平等有不同的概念需要注意。区分了相对不平等和绝对不平等。相对不平等是根据社会上的比例差异——收入比率（Y^R/Y^P，两个家庭，一个富人和一个穷人）——来评估的，而绝对不平等是基于收入的绝对差异（Y^R-Y^P）。当人们谈论“贫富差距不断扩大”时，似乎他们心中往往有着绝对的不平等。第二部分进一步讨论绝对不平等和相对不平等之间的区别。

另一个区别是纵向和横向不平等。当我们谈到“不平等”时，我们通常指的是“富人”与“穷人”在收益上的纵向（绝对或相对）差异。也可能存在横向不平等，这意味着拥有同等初始收入的人受到不同环境的影响或付出不同程度的努力。例如，当贸易改革提高了粮食的相对价格时，一些穷人（那些生产的粮食比他们消费的多的人）收入提高，而其他同样贫困的人（那些消费的粮食比他们生产的多的人）则收入降低。这种横向不平等对评估政策变化非常重要。第三部分讨论纵向和横向不平等之间的区别。

最后，我们可以对良性的和非良性的不平等做出更具评价性的区分。良性的不平等反映并强化了促进创新、创业和增长所需的激励措施。非良性的不平等则恰恰相反，阻碍了个人与市场的联系，限制了人力资本和物质资本的积累。这种区别经常出现在大众

① 塞缪尔·弗莱施哈克尔（Samuel Fleischacker，2004），著. 吴万伟，译. 分配正义简史. 译林出版社，2010：104-110. 弗莱施哈克尔赞扬了巴贝夫对现代分配正义概念的预见，同时也赞扬了康德的追随者德国哲学家费希特（看似奇怪的一对：巴贝夫被认为是共产主义的奠基人，1797 年因其反叛的左翼思想而被处决，而反犹太人的费希特则被认为是德国民族社会主义运动的关键影响人物）。但是，德孟德斯鸠似乎把这两个人都打败了。巴贝夫把摆脱生活贫困视作一种政治权利，第一次提出社会经济地位上的人人平等应该列入政治议程。——译者注

思想和学术思想中；后者的一个例子是罗尔斯（1971）的正义理论，其中不平等（支配商品、自由或机会的不平等）只有在有利于弱势群体的情况下才被认为是正当的（良性的不平等）第 2 章回到罗尔斯的讨论。

延伸阅读：关于机会不平等，见约翰·罗默（John Roemer，1998，2014）和世界银行（2006）。关于上述其他概念，见马丁·拉瓦雷（2003A，2014D）。

如果说“自由、平等、博爱”的新理念对穷人有更长远的希望，那么它更多的是“博爱”而不是“平等”。正如克雷恩·布林顿[①]（Crane Brinton，1934，第 283 页）所解释的：“博爱对充满希望的 18 世纪来说，意味着它最喜爱的美德、仁爱将倾泻在所有人身上，尤其是倾泻在遥远的被压迫的农民、中国人和南海岛民身上。”在美国也有类似的观点，主张国家在消除贫困方面发挥强大作用的人认为这是“伟大的友好社会”的一个基本要素。[②]

18 世纪中叶，新的哲学和经济思想为该世纪最后几十年的第一次贫困启蒙开辟了道路。[③] 关于国家在影响分配中的作用的主流观点开始出现明显的分歧。哲学思维关键的一环在于拒绝普遍存在的不平等是不可避免的观点。17 世纪出现的社会契约方法（通常归因于托马斯·霍布斯[④]）提出了一个基本问题：我们应该如何决定什么是好政府？从现代意义上讲，这是一个评价问题，而相关的反事实是一种“自然状态”（state of nature），在政府缺位的情况下。就像所有的反事实一样，自然状态是未知的，并且可以进行辩论。[⑤]霍布斯认为，在“自然状态”下，在没有一个共同权力使大家慑服的时候，人们便处在所谓的战争状态之下。这种战争是“所有人反对所有人”（all against all）的战争。这个问题在 18 世纪末再次由让—雅克·卢梭[⑥]提出，他为思考国家的分配作用开辟了一条重要的新思路。卢梭在《论人类不平等的起源和基础》中认为，在自然状态下，自私自利是一种动

---

① Brinton，Crane. 1934. *A Decade of Revolution* 1789—1799. New York：Harper and Row.

② 这是爱德华·埃弗里特（Edward Everett）在 1827 年所使用的表达方式。在此引用了本杰明·克莱巴纳（Benjamin J. Klebaner，1964，第 394 页）的观点。强调认为税收是维持穷人最公平的方式的观点是，国家有义务为穷人提供生活必需品，整个社区是一个非常友好的社会（Reinforcing the consideration that a tax was felt to be the most equitable mode of maintaining the poor was the view that the state was in duty bound to provide for the needy；the community as a whole was a great friendly society）。

③ 第一次和第二次贫困启蒙的确定来自马丁·拉瓦雷（2011c）。

④ 托马斯·霍布斯（Thomas Hobbes，1588 年 4 月 5 日—1679 年 12 月 4 日）英国政治家、哲学家、社会学家，欧洲启蒙运动时期的杰出人物，代表作有《论政体》《利维坦》《论公民》《论社会》。——译者注

⑤ 让·雅克·卢梭（1754）明确指出：“研究过社会基础的哲学家们，都认为有追溯到自然状态的必要，但是没有一个人会经追溯到这种状态。”卢梭，著. 李常山，译. 论人类不平等的起源和基础. 商务印书馆，1962：71.

⑥ 让·雅克·卢梭（Jean-Jacques Rousseau，1712—1778），法国启蒙思想家、哲学家、教育学家、文学家。出生于日内瓦，后定居巴黎，为《百科全书》撰稿人之一。主要著作有《论人类不平等的起源和基础》《社会契约论》《新爱洛伊丝》《爱弥尔》《忏悔录》等。他的思想，影响及于哲学、政治学、文学、教育学诸领域，并对法国人革命起了积极的推动作用。——译者注

机，对他人处境的同理心也是一种动机。[①] 人类的制度可以发展成支持或阻碍我们的自然同理心。卢梭认为，贫困和不平等在很大程度上（尽管不完全是）源于不良的制度和社会安排，这些社会安排创造了“不同的特权，包括某一些人由于损害别人而得以享受的各种特权，比如：比别人更富足、更光荣、更有权势，或者甚至叫别人服从他们”。卢梭在这方面迈出了关键一步，承认包括政府在内的制度在影响分配方面发挥的作用。[②] 贫困并非不可避免。

著名的哲学著作呼吁应该像尊重其他居民那样尊重贫困人口，并质疑家长式作风。伊曼努尔·康德[③]（1785）认为，任何一个人，一个理性的人，“都是作为本身目的的存在，而不是他人的手段”，在每个人的理性思考中都应该这样想。这确实是一个激进的思想，它给予穷人与富人同样的道德价值。当然，即使在伯纳德·曼德维尔早期的著作中也有对穷人的某种程度的尊重，但这是对其劳动的尊重，与他们出生时所扮演的角色是一致的。它们只是达到目的的手段。相比之下，康德则尊重所有理性主体及其选择，无论其经济环境如何，这对于政治平等和全面反贫困政策来说都是至关重要的一步，尽管这两项政策都还很遥远。

回想一下，在古罗马，西塞罗的一种长期观点将公正与慈善区分开来，只有前者才意味着国家的作用。慈善事业是个人选择的事情，受到大多数宗教的鼓励和推动。有时有人批评宗教组织在减轻贫困方面做得不够，国家应该承担责任。例如，维韦斯（1526）就荷兰神职人员表达了这种观点。康德注意到，施舍行为在“抬高了施舍者骄傲”的同时还“贬低”了被施舍者。在康德看来，国家管理的穷人救济比私人慈善更有道德优势。康德认为，富人赠予穷人物品的私人关系是道德堕落，期待国家提供让穷人和富人相互尊重的形式。[④] 对既定的慈善思想的这种哲学挑战，为关于国家在与贫困做斗争和更广泛分配方面的作用以及最终将责任从宗教组织转移到国家方面进行公开辩论铺平了道路。

经济思想也在进步，且与新的政治哲学并驾齐驱。亚当·斯密（1776）在论述其自由贸易理论时，强烈反对重商主义的观点。他认为只有实现自由贸易，才能促进国民财富的

① 卢梭在达尔文之前就开始研究了。对动物行为的科学研究揭示了强烈的社会行为和移情行为（弗朗斯·德瓦尔，Frans de Waal，2009），表明人类社会能力的深层根源。也有人认为（最近发现）镜像神经元是这种行为的神经基础，见克里斯蒂安·凯瑟斯（Christian Keysers，2011）。

② 卢梭允许存在所谓的“自然不平等”，它存在于反事实的“自然状态”中。自然或生理上的不平等反映了年龄、健康、体力以及智慧或心灵的性质的不同而产生的。

③ 伊曼努尔·康德（德文：Immanuel Kant，1724 年 4 月 22 日—1804 年 2 月 12 日），出生和逝世于德国柯尼斯堡，德国哲学家、作家，德国古典哲学创始人，其学说深深影响近代西方哲学，并开启了德国古典哲学和康德主义等诸多流派。康德是启蒙运动时期最后一位主要哲学家，是德国思想界的代表人物。他调和了勒内·笛卡儿的理性主义与弗朗西斯·培根的经验主义，被认为是继苏格拉底、柏拉图和亚里士多德后，西方最具影响力的思想家之一。从1781 年开始。他完成了《纯粹理性批判》《实践理性批判》《判断力批判》三部著作。这标志他的批判哲学体系的诞生，并带来了一场哲学上的革命。——译者注

④ 塞缪尔·弗莱施哈克尔，著. 吴万伟，译. 分配正义简史. 译林出版社，2010：99.

增加。长期以来，这一直是个问题（尤其是忽视了通过价格变化进行的校正性调整）。[①]斯密主张基于民众对商品（包括必需品、便利品和娱乐品）的支配，对福利有一个更广泛的概念。因此，斯密开辟了一条道路，将消除贫困的进展视为发展的目标，而不是对发展的威胁。[②] 斯密认为"大部分成员陷于贫困悲惨状态的社会，绝不能说是繁荣幸福的社会"（斯密，1776，第一篇第 8 章），他坚决反对重商主义。同样，他认为提高工人的实际工资是件好事，这也与盛行的重商主义观点形成了鲜明对比。

专栏 1.9　自由市场何时有效？

亚当·斯密关于"看不见的手"的观点对流行的经济思想产生了强大的影响。其基本思想是，在某些条件下，追求个人利益可以被信任，以确保社会效益。

今天，经济学家们认为这是福利经济学的一个定理，它规定了竞争性经济有效的条件。"效率"在一般用法中有多种含义，但对一个经济学家来说，它通常意味着没有人能在不让别人更糟的情况下变得更好。当没有这种效率低下的时候，我们就有了所谓的帕累托最优，这是以 19 世纪晚期意大利经济学家维尔弗雷多·帕累托[③]的名字命名的，建立这个定理是经济学发展的重要一步。

有效市场的重要条件是经济中的所有主体：

- 自身利益最大化（作为消费者的效用或作为生产者的利润）
- 享有有保障的财产权（对特定资源的控制）
- 了解与他们的决定有关的所有价格
- 按给定价格计算（如没有人有垄断权）
- 有一整套灵活价格的市场，自由调整以清除所有市场（即每个市场的总需求与总供给相等）。

这些可以被认为是相当有力的假设，而且假设必须是现实世界中的自由市场总体上不是完全有效的。例如，如果人们不了解价格，就不能指望他们做出正确的决定，包括

① 见马克·布劳格（Mark Blaug，1962，第 2 章）对斯密和重商主义的讨论，Blaug，Mark. 1962. *Economic Theory in Retrospect*. London：Heinemann Books.

② 见杰瑞·穆勒（Jerry Z. Muller，1993，第 58 页）的讨论，Muller，Jerry Z. 1993. Adam Smith in his Time and Ours：Designing a Decent Society. Princeton，NJ：Princeton University Press. 另见格特鲁德·希梅尔法布对斯密与其他人观点的讨论。Himmelfarb，Gertrude. 1984a. The Idea of Poverty：England in the Early Industrial Age. London：Faber and Faber. Himmelfarb，Gertrude. 1984b. "The Idea of Poverty." *History Today* 34（4）.

③ 维弗雷多·帕累托（Vilfredo Pareto，1848 年 7 月 15 日—1923 年 8 月 19 日），意大利经济学家、社会学家，洛桑学派的主要代表之一。生于巴黎，曾就读于意大利都灵大学，后来任瑞士洛桑大学教授。代表性著作有《政治经济学讲义》《政治经济学提要》《普通社会学》《社会主义体系》。——译者注

跨不同市场的有益交易。更好的信息可以带来巨大的福利收益。

即使有了完善的信息，这些市场也可能是不完善的。如果你仔细想想，一套完善的市场是完全正常的。这就要求在不同的自然状态下（如天气）有不同的商品市场，并且存在非金钱外部性市场，其中一个人的选择直接关系到其他主体的效用或利润。

外部性是人们长期以来对自由市场效率的关注。为了理解这个想法，考虑一个污染水或空气的利润最大化公司。该公司有两个产出，小部件和污染，但只有小部件的市场。即使小部件市场是完善的，公司也会生产太多的两种产品。创造一个污染市场是困难的。但有一个更简单的解决办法。通过对污染企业的小部件产出征税，我们可以确保公司被诱导产生更低的、社会最优的数量。这家公司不再像以前那样关心污染问题，但现在表现出似乎很在乎通过削减小部件产量为社会做正确的事情。适当引导的“看不见的手”能使我们得到最佳结果。我们有充分理由相信，自由市场将供不应求的一类商品称为公共产品（参见专栏 1.14）。

即使在帕累托最优意义上的经济是有效率的，也没有什么可以保证它实现的分配是公平的。这将取决于进入市场前禀赋的初始分配、人们的偏好以及生产中使用的技术，认为自由市场总体上没有效率并不意味着我们应该放弃市场。我们需要有信心，替代分配机制是更好的。此外，政策（包括一些使用市场机制的政策）有时有助于提高市场效率。

延伸阅读：有很多关于这个主题的教科书处理方法，但是一个很好的例子是吉恩·希瑞克斯和加雷斯·迈尔斯。[①] 关于从更好的信息中获益的一个有趣的例子，见罗伯特·詹森关于印度喀拉拉邦渔民获得移动电话服务的影响。[②]

这是经济思想的关键时期。斯密看到了利己的美德，尽管他并不认为这是人类行为的唯一动机。[③] 相反，在财产权有保障的竞争性市场的制度环境中，个人的野心往往会促进公共利益（专栏 1.9）。[④] 这将成为经济政策的核心。随着新思维的出现，所需的制度也随着时间的推移而发展，尽管制度改革的步伐取决于那些经济利益在短期内受到影响的制度之间的权力平衡。[⑤] 正如经常发生的那样，健全的新经济思想最终促成了更好的政策，但这一过程不可避免地受到政治的调节，在某些情况下所花的时间要比其他情况下更长。

---

① Hindriks, Jean, and Gareth Myles. 2006. *Intermediate Public Economics*. Cambridge, MA: MIT Press.

② Jensen, Robert. 2007. “The Digital Provide: Information (Technology), Market Performance, and Welfare in the South Indian Fisheries Sector.” *Quarterly Journal of Economics*122 (3): 879-924.

③ 见亚当·斯密（1759，第一篇第 1 章）。

④ 斯密的这个观点建立在阿奎那、格罗提乌斯、洛克、休谟以及其他人的早期观点之上。见塞缪尔·弗莱施哈克尔，著. 吴万伟，译. 分配正义简史. 译林出版社，2010：48-55.

⑤ 这一思想是要成为现代政治经济制度的主题。本书第三部分讨论这个主题。

一个核心政策问题涉及与竞争和动态市场经济有关的经济制度的公平影响。继他的朋友大卫·休谟①之后，斯密认识到，有保障的私人财产制度可能与帮助穷人的需要和更广泛的公平愿望相冲突。② 如果没有产权的保障，征收的风险将阻碍投资，代价高昂的冲突将普遍存在。没有法律强制执行的合同，创新者和金融家就不会相互信任。诸如有保障的财产权这样的制度本身并不是目的，而是社会进步的手段，包括（最终）减贫。③ 根据这一观点，私有财产制度可能在今天产生明显的差异，因为穷人通常没有什么财产可以保护，而富人有足够的财产，但这是一个人为长期发展所必须付出的代价。根据这种观点，今天的不平等是避免明天贫困的必要条件。这一观点对思考发展问题产生了持久的影响，但常常受到质疑。第 2 章和第 8 章将（更充分地）讨论这一主题。

在阐述其论点时，斯密抛弃了先前经济思想中的许多教条，尤其是那些与重商主义有关的思想。例如，贫困的效用观念已不复存在，它的个人劳动供给函数向后弯曲。④ 而且(尽管斯密的非干预主义观点有一些特点)，他主张支持推广反贫困政策，无论在什么样的文明社会，诸如诵读、书写及算术等最基本的教育应在全民普及，人民也有能力和实践来接受这些教育。国家可以用极少的费用来做到这一点。⑤ 在教育和其他社会问题上，斯密显然比他的大多数同龄人进步得多。

大众和学术思想的变化对其他与收入分配相关的政策辩论产生了影响。其中一个长期存在并持续到今天的争论，是关于如何征收累进所得税，以及应向谁的收入征税⑥（专栏 1.10 讨论累进税和其他用于收入再分配的财政工具）。这种环境推动了再分配税的争论。斯密曾强烈主张免除仅能维持生活的最低工资水平，与后来的其他人一样，包括那些赞成免征额以上的比例税的人，这意味着整体上实行累进税制。

---

① 大卫·休谟（David Hume，公元 1711 年 4 月 26 日至公元 1776 年 8 月 25 日），苏格兰不可知论哲学家、经济学家、历史学家，被视为是苏格兰启蒙运动以及西方哲学历史中最重要的人物之一。虽然现代学者对于休谟的著作研究仅聚焦于其哲学思想上，但是他最先是以历史学家的身份成名，他所著的《英格兰史》一书在当时成为英格兰历史学界的基础著作长达 60 至 70 年。代表作品还有《人性论》《道德原则研究》《人类理解研究》《宗教的自然史》。——译者注

② 认识到这种权衡是休谟和斯密的重大贡献。"休谟和斯密第一次毫不掩饰地提出，私有财产制度是建立在不公平的假设基础之上的，穷人吃苦为富人提供奢侈享受……而休谟和斯密是首次把穷人的痛苦作为财产权合理性的问题提出来。"见塞缪尔·弗莱施哈克尔，著. 吴万伟，译. 分配正义简史. 译林出版社，2010：55.

③ 见托马斯·威尔斯（Thomas Wells，2010）在亚当·斯密关于奴隶制的观点背景下的讨论，Wells，Thomas. 2010. "Adam Smith's Real Views on Slavery：A Reply to Marvin Brown." *Real Economics Review* 53.

④ 所以，高工资地方的劳动者总是比低工资地方的劳动者更加乐观、机敏、勤劳（斯密，1776，第一篇第 8 章）。

⑤ 见艾玛·罗斯柴尔德（Emma Rothschild，2001）。关于斯密对学费补贴的看法，见斯密（1776，第五篇第 1 章）。

⑥ 理查德·阿贝尔·马斯格雷夫回顾了公共财政领域这场争论和其他争论的历史。Musgrave，Richard. 1985. "*A Brief History of Fiscal Doctrine*." In A. J. Auerbach and M. Feldstein (eds.), Handbook of Public Economics, vol. 1. Amsterdam: North-Holland.

专栏 1.10　收入再分配的财政政策工具

在财政预算的税收和支出两方面都可以找到再分配政策。在税收方面，如果随着个人收入的增加，缴纳所得税的比例上升，那么税收制度就被称为“累进”税。如果这一比例随着收入的增加而下降，则被称为“累退”税。无论收入多少，按比例征税都是按收入的固定百分比征收的。累进税将减少收入的相对不平等（参见专栏 1.8）。

税收制度的最终累进程度取决于许多因素。在所得税的情况下，一个关键因素是如何界定征税的基础是什么。正如斯密所认识到的那样，税收可能与收入的一部分成比例，而收入的一部分占总收入的比例上升，从而使税收总体上是累进的。在对消费征收间接税的情况下，一个关键因素是具体包括什么；例如，由于较贫困的家庭倾向于将较高的预算份额用于粮食，因而减少了这类税收的可能的累退，因此粮食免税是很常见的（称为“恩格尔定律”，将在专栏 1.16 中进一步讨论）。

在公共支出方面，有些支出类别可以明确针对贫困家庭。如通过正式的经济状况调查（means test），向收入低于某些临界水平的人提供公共服务。这种情况在“收入”更难观察的贫穷国家并不常见，通常做法是采用某种形式的“指标定向”（indicator targeting）或“准经济状况调查”（proxy-means test，PMT）方法，只将具有某些贫穷特征的人作为目标。对于某些类别的支出，有一种“自我定位”机制，即福利往往更多地集中在没有明确定位的穷人身上。当一种公共支出（如基本医疗保健或教育服务）倾向于更多地被穷人使用时，或者当适用于参与公共计划的条件（如工作要求，如在济贫院里）阻碍非穷人的参与时，就会发生这种情况。第 10 章将更详细地讨论这些问题。

另一场政策争议涉及自然资源收益的分配，特别是农耕地。托马斯·潘恩[①]（1797）在《土地公平论》中指出，一个毋庸置疑的事实是，天然的、未开垦状态下的土地曾经是、以后也将一直是人类的共同财产。因此，每个人出生时就拥有财产。他与其他人一起终生共同拥有土地以及土地上所有的自然产物，无论是蔬菜还是动物。但是，如前所述，与处于耕种状态的土地相比，自然状态下土地只能养活一小群居民。由于不可能将耕作带来的改良与未改良的土地分割开来，在这种无法分割的关系基础上，产生了土地私有制的概念。只有改良后提升的价值才属于私有财产。土地本身并不是。因此，每个已开垦土地

① 托马斯·潘恩（Thomas Paine）英裔美国思想家、作家、政治活动家、理论家、革命家、激进民主主义者。生于英国诺福克郡，曾继承父业做过裁缝，后来做过教师、税务官员，后来投身欧美革命运动。1792 年他被选入法国国民公会。1802 年在杰斐逊总统的邀请下，潘恩返回美国。1809 年 6 月 8 日，在纽约格林尼治村林苑路 59 号去世，享年 72 岁。今日之美国是自由民主的代名词，而最早提出“自由民主论”的，便是这位“美国体制之父”，他将半生心血，都倾注在《常识》这本不到 50 页的政论小册子里。美利坚合众国的国家名称也出自潘恩。英国囚犯、美国精神领袖、法国革命者，这三个词，足以概括潘恩的一生。代表作品有《常识》《美国危机》《理性时代》《人权论》。——译者注

的人都应该为其所拥有的土地向整个社会缴纳“地租”(ground rent)，这些地租，将汇集成本方案所建议的基金。[①] 潘恩建议向每个人，无论贫富，都支付补偿金，这是最好的做法，可以避免不平等待遇。这也是最正确的做法，因为补偿金是用来补偿对天然继承权的丧失，而这是每个人都享有的权利。与他曾创造过什么财富或是从财富的创造者手中继承过什么东西无关，不愿意接受补偿金的人可以把它捐赠给公共基金。[②]

潘恩还为养老补贴做了规定，即向今后所有活到50周岁的人同样每年支付10英镑。潘恩在此所呼吁的并不是施舍，而是权利；并不是赠予，而是公正。潘恩所提出的方案是一项反贫困政策，将惠及全民。它将立即减轻并消除三类人的苦难：盲人、有残疾的人和年老的穷人。与此同时，它不会扰乱或干涉任何全国性的方案。[③] 事实上，它似乎是第一个关于“最低收入保障”的建议——我们将在本章稍后部分和第10章更深入地讨论这一思想。

促进政策最终出现的一个重要前奏是对学校教育重要性的新思考；“没文化已经成为一种耻辱而不是平凡的穷苦人生的基调”(克雷恩·布林顿，1934，第279页)。18世纪晚期的法国哲学家、数学家马奎斯·孔多塞[④]提倡免费普及基础教育（尽管他对国家在道德或政治问题上的指导提出了警告，因为他非常重视观点的多样性)；孔多塞还主张妇女和所有种族享有平等权利。[⑤] 不过，这些仍然是激进的想法，远远超前于实施。古典经济学并没有把民众教育想象为经济增长中的一种投资，但他们承认通过促进城市和平和人口控制，教育可能对增长有间接的贡献。在亚当·斯密的著作中，劳动分工被说成会对劳动人口带来一定的有害结果，而教育可以抵消这种有害结果；他赞同教育更多地是为了道德进步而不是为了生产技能的发展，在这方面他遵循几乎所有古典作者的传统。马尔萨斯观点的传播进一步增进了对普及教育作为一种培育谨慎品德的方式的认可。尽管如此，一般观念仍是国家应以财政补助金协助私人学校，在19世纪60年代后期以前，几乎没有一个人考虑过完全免费的国家教育。[⑥]

正如人们所料，对大众化公共教育的抵制很大程度上来自那些受到这种教育威胁的人。统治精英中有人担心，受过更好教育的工人阶级将不再尊重他们的权威，工人阶级也

---

① 托马斯·潘恩，著. 李芳华，译. 常识(*Common Sense*). 中国青年出版社，2013：80-81.

② 同上，第83-84页。

③ 同上，第88页。

④ 马奎斯·孔多塞侯爵(Marie Jean Antoine Nicolas de Caritat, Marquis de Condorcet，1743年9月17日—1794年3月28日)是18世纪法国启蒙运动时期最杰出的代表之一，同时也是一位数学家和哲学家，代表作是《人类精神进步史表纲要》。——译者注

⑤ 见加雷斯·斯帝德曼·琼斯。Jones, Gareth Stedman. 2004. *An End to Poverty? A Historical Debate*. New York: Columbia University Press.

⑥ 见马克·布劳格(Mark Blaug)(1962，第216页)。马克·布劳格(1927年—2011年11月18日)，当代最伟大的经济思想史学家之一。布劳格1927年生于荷兰，1955年获得哥伦比亚大学经济学博士学位，然后一直从事经济思想史的教学和研究工作，1982年加入英国籍。他任教的大学有耶鲁大学、伦敦大学、LSE、伯明翰大学。他的名作《经济理论的回顾》(*Economic Theory in Retrospect*，1962)和《经济学方法论》(*The Methodology of Economics*，1980)等已被译介至中国。——译者注

没有办法可信地承诺以后会赔偿统治阶级这种权力的丧失。最后一点是一类普遍的“承诺问题”① 的例子，这类问题可能导致贫困的制度和政策持续存在。② 需要改变民主选举形式的政治权力分配，尽管这在群众既贫困、教育程度又低的情况下更难实现。那些依赖童工的雇主也表示反对，他们担心工资会上涨。在某些情况下，宗教组织（包括英国）也感到受到威胁，因为他们自己的宗教学校是贫困家庭的孩子上学的唯一希望。在实行普选（或至少实行男性普选）的同时，大众公共教育也花了很长时间才成为现实（第 9 章将讨论学校教育的话题）。

第一次贫困启蒙还标志着贫困实证研究的诞生。如果说有一部著作堪称这方面的先驱之作，那就是弗·摩·伊登③（1797）的《贫民的状况，或英国劳动阶级从征服时期到现在的历史》三卷本巨著。这是出于对粮食价格上涨（包括一系列歉收和拿破仑战争的需求）对贫困影响的担忧。尽管这项研究的范围很广，包括贫困的历史，其最显著的特点是经验主义。与这一时期许多类似的小册子和书籍相比，伊登尝试客观地描述（并以极其详细的方式）收入和支出、工资率和价格的“国内经济”，这些都是支撑英格兰、苏格兰和威尔士部分贫困家庭的悲惨生活条件。伊登没有用现代经济学的工具来研究价格变动对福利的影响（第 3 章讨论的主题）。尽管他有基本的直觉但这不仅仅是学术上的努力。它明确的目的是为正在进行的政策辩论，尤其是关于济贫法的辩论提供坚实的经验基础。④

第一次贫困启蒙最重要的贡献是为公众努力消除贫困的思想建立了道德基础。这一道德案例源自精英阶层对勤劳但贫困的群体的一种新的尊重，这种尊重可以称为“情感

---

① 承诺问题产生于决策的受益人和那些掌握政治权力的人的身份之间的潜在不一致性，强调这一点是很重要的。转移支付对民众有益；但转移支付是由权贵进行的，他们并不是受益者。相反，他们是承担着转移支付负担的人。因此，在未来实行这些转移支付通常并不符合他们的利益，他们关于未来再分配的许诺是不可信的。——译者注

② 见德隆·阿西莫格鲁等人（2005）的讨论，德隆·阿西莫格鲁还举出了一些历史上的例子。德隆·阿西莫格鲁（Daron Acemoglu）出生于土耳其的伊斯坦布尔。他本科毕业于英国的约克大学（University of York），之后进入伦敦政治经济学院（London School of Economics，LSE）攻读博士学位。毕业后，他留校担任了一年的经济学讲师。1993 年，德隆·阿西莫格鲁前往麻省理工学院（MIT）任职。德隆·阿西莫格鲁现为 MIT 的“伊丽莎白和詹姆士·克利安经济学教授”（The Elizabeth and James Killian Professor of Economics）。根据 IDEAS/RePEc 的数据，他是世界范围内论文被引用次数最多的十位经济学家之一。在他的众多论文中，被引用次数最多的是他在 2001 年和他人合作的论文——“殖民地起源的发展比较：一项经验研究”（The Colonial Origins of Comparative Development：An Empirical Investigation）。2005 年，为了表彰德隆·阿西莫格鲁在经济学研究中的独创（originality）、透彻（thoroughness）以及多产（prolificacy），他被授予克拉克奖（John Bates Clark Medal）。该奖项只授予那些四十岁以下，且对经济学的思想和知识做出杰出贡献的经济学家。一项于 2011 年针对众多经济学教授的调查显示，德隆·阿西莫格鲁在他们最喜爱的在世的经济学家排名中位列第三，仅次于保罗·克鲁格曼（Paul Krugman）和格雷格·曼昆（Greg Mankiw）。阿西莫格鲁主要的研究领域是政治经济学（political economy），发展经济学（development economics），经济增长，技术、收入和工资的不平等（technology，income and wage inequality），人力资源和培训（human capital and training），劳动经济学（labour economics）。他最近的研究是“制度对于经济发展和政治经济学的影响”（role of institutions in economic development and political economy）。——译者注

③ 弗·摩·伊登（Eden，Sir Frederic Morton，1766—1809），英国资产阶级经济学家，亚当·斯密的学生，著有《贫民的状况，或英国劳动者阶级从征服时期到现在的历史》（*The State of the Poor*）。——译者注

④ 关于伊登的研究和影响的进一步讨论，见理查德·斯通（1997）和克莱厄姆·皮亚特和迈克尔·沃德（Graham Pyatt and Michael Ward，1997）。

认同”（emotional identification）。[①] 史密斯、卢梭、康德、费希特、孔多塞、巴贝夫等人的著作中出现了重要的进步思想。然而，距离一项全面的反贫困政策，我们还有很长的路要走。虽然第一次贫困启蒙带来了与反贫困政策相关的新思想，但它并没有给穷人的生活带来任何巨大的变化，他们仍然因贫困而受到指责。这种思想一直延续到 19 世纪和 20 世纪。[②] 除了根据英格兰和威尔士的《济贫法》提供救济外，欧洲对贫困人口的私人援助和公共支持都没有从相对较低的水平上展现出明显的提升。[③] 第一次贫困启蒙的主要经济受益者可能是现存的中产阶层，他们开始渴望他们被排斥在外的财富和权力的来源。

1.5　19 世纪和 20 世纪初工业革命与贫困思想的转变

当时人们普遍认为，工人在工业革命带来的新经济机遇中并没有分享多少利益。[④] 在工业革命开始之后，贫困人口似乎和以前一样多。社会小说如查尔斯·狄更斯的《雾都孤儿》（*Oliver Twist*）和《艰难时世》（*Hard Times*）、维克多·雨果的《悲惨世界》（*Les Misérables*）、伊丽莎白·盖斯凯尔的《北方与南方》（*North and South*）以及定性观察研究（如恩格斯，1845）描述了 19 世纪中叶西欧新兴工业城市恶劣的健康环境和简陋的工作条件。

紧随斯密之后的古典经济学家对通过新兴工业部门增长来实现减贫的前景并不乐观。他们认为，随着这一部门的扩大，对非技能劳动力的需求不断增加，不会导致工资率的可持续增长，最终还会回到仅仅维持生计的消费下限。主要原因是，工资率高于维持生计水平的任何增长都将受到人口增长、较高生育率（与早婚有关）和较低的儿童死亡率所导致的劳动力总供给增长的影响。工资率将在适当时候恢复到维持生计的水平。马尔萨斯[⑤]（1806）以这一论点而闻名，但斯密却有另一种论点。[⑥] 即使到 19 世纪末，尽管技术进步，人口增长仍能保证实际工资不变的观点仍被广泛接受。[⑦]

---

① 这是由弗朗斯·德瓦尔（2009，第 116 页）提出的。de Waal, Frans. 2009. *The Age of Empathy: Nature's Lessons for a Kinder Society*. New York: Three Rivers Press.

② 见 1964 年本杰明·J. 克莱班纳（Benjamin J. Klebaner）发表在 Social Service Review 杂志上的“Poverty and Its Relief in American Thought, 1815-1861”一文中对 19 世纪美国贫困观的描述。即使在今天，人们偶尔也会听到这样的说法：贫困是穷人的错。例如，汤姆·帕尔默（Tom Palmer, 2012，第 119 页）写道，“以明确界定、法律上安全和可转让的财产权为特征的秩序……穷人较不富裕的主要原因是无力或不愿创造财富或储蓄。Palmer, Tom. 2012. “*Poverty, Morality and Liberty*.” In Tom Palmer (ed.), After the Welfare State. Ottawa, IL: Jameson Books.

③ 见彼得·林德特（2013）。

④ 这里的重点是经济思想第 8 章将讨论工业革命对贫困实际影响的证据，包括英国和西欧新工厂的雇佣工人和在新大陆生产原材料的奴隶。

⑤ 托马斯·罗伯特·马尔萨斯（Thomas Robert Malthus, 1766 年 2 月 13 日—1834 年 12 月 23 日）。英国教士、人口学家、经济学家。以其人口理论闻名于世，代表作品是《人口原理》（*An Essay on the Principle of Population*）。——译者注

⑥ 见斯密（1776，第 1 篇，第 8 章）。

⑦ 见阿格纳·桑德默。Sandmo, Agnar. 2014. “*The Principal Problem in Political Economy: Income Distribution in the History of Economic Thought*.” In Handbook of Income Distribution, vol. 2, edited by Anthony B. Atkinson and Francois Bourguignon. Amsterdam: Elsevier Science.

马尔萨斯曾有著名预言：人口增长将超过粮食供应的增长，从而导致持续的贫困和饥荒；(因为) 人口以几何级数增长，而生存资料仅仅是按照算术级数增长的。毫无疑问，食物的总供给是决定人口规模可持续增长的因素之一，但马尔萨斯的可怕预言并未在后来的历史中得到证实。

为了理解为什么马尔萨斯的观点后来被发现是错误的，我们必须进一步探讨食品供给与生育率和死亡率之间的联系。马尔萨斯认为这个问题是穷人的“道德缺陷”(moral weaknesses)。对现代人来说，这是无法令人信服的，有点家长式作风的味道。然而，在工业化前的英国，较高收入会导致更早的结婚年龄和更大的家庭规模，这是可信的。① 人们可以提供一个经济上的理由来相信期望的家庭规模会随着收入的增加而增加，而且不需要伦理判断。对于那些没有正式社会保障的贫困父母来说，孩子是一种着眼于未来的储蓄形式。也可假设向上流动的希望很小，工人的孩子将留在工人阶级。因此，对贫困父母来说，加大对孩子“素质”的投资几乎没有什么预期回报。非技能工资率就是这种储蓄形式的回报，更高的工资将增加对儿童的需求和未来的劳动供给。专栏 1.11 给出了更多说明。

专栏 1.11　儿童的质量和数量

可以假设，父母关心当前消费和未来消费，他们可以控制生育率。进一步假设它们的效用函数可以描绘出平滑的凸无差异曲线，类似于专栏 1.4，除了现在两轴是“当前消费”和“未来消费”。抚养孩子是有成本的 (每个孩子的抚养成本为 c)，当他们到了工作年龄却仍依赖父母时，他们的工资会有回报。父母决定生育多少子女的均衡，将当前和未来消费之间的边际替代率 (MRS) 等同于扣除抚养费后的工资率，$MRS = (w - c)/c$，其中 w 是子女工资率。较高的工资率意味着以儿童形式储蓄的回报率更高，因此期望的家庭规模也更大。实际出生率将根据预期死亡率调整。

延伸阅读： 上述论点是加里·斯坦利·贝克尔② (1964) 提出的“人力资本”方法的一种应用，在这种方法中，父母将教育的预期边际效益与边际成本进行权衡。在一定条件下，每个孩子的教育投资都会有一个独特的最优水平。

① 爱德华·安东尼·瑞格利和罗杰·斯科菲尔德 (Edward Anthony Wrigley and Roger Schofield, 1981) 对此进行了论证。

② 加里·斯坦利·贝克尔 (Gary Stanley Becker, 1930—) 出生于美国宾夕法尼亚州。他著述颇丰，主要论著有：《歧视经济学》《生育力的经济分析》《人力资本》《人类行为的经济分析》《家庭论》。在这些论著中，《生育率的经济分析》是当代西方人口经济学的创始之作；《人力资本》是西方人力资本理论的经典，是席卷 20 世纪 60 年代经济学界的“经济思想上的人力投资革命”的起点；《家庭论》1981 年在哈佛大学出版社出版，被该社称为是贝克尔关于家庭问题的一本划时代的著作，是微观人口经济学的代表作。总之，这三部著作被西方经济学者称为“经典性”论著，具有深远的影响。此外，西方经济学者把贝克尔的时间经济学和新的消费论称为“贝克尔革命”。贝克尔把经济理论扩展到对人类行为的研究，因其获得巨大成就而荣膺 1992 年诺贝尔经济学奖。——译者注

在用这种方式表述论点时，一些条件是显而易见的。这种观点可能过于轻易地忽略了对每个孩子进行更多投资的范围，而不是简单地多生几个孩子。在马尔萨斯的时代，工人阶层的儿童向上流动的希望可能不大，但一旦技术和大众教育的变化为最初贫困家庭的儿童的进步创造了机会，这种告诫就更具现实意义。同样地，关于收入对儿童需求的影响的经典论点假定没有其他（成本较低的）储蓄工具。在后来金融业变得更加包容的时候，这也将成为对经典论点更为严肃的批判。

这些因素最终将有助于挫败马尔萨斯对末日的预言。但最重要的因素无疑是，新技术的出现将使农业生产率以马尔萨斯无法想象的速度不断提高。在随后的两百年里，极端贫困的发生率将明显下降，尽管世界上贫困人口的数量将需要更长时间才能减少。

马尔萨斯的朋友、19 世纪上半叶最具影响力的经济学著作《政治经济学及赋税原理》（1817）的作者大卫·李嘉图也对马尔萨斯通过扩大经济实现长期减贫的前景持悲观态度。对李嘉图来说，这是有限的自然资源，再加上回报率不断下降，这将限制进步，并不可避免地将我们带入一个零增长的世界。

在李嘉图著书的时候，农业仍然是经济活动的主要部分，因此农业在其理论中很突出。收益递减的概念源于对农业的思考，尽管在未来两百年它将成为经济理论的一个关键特征。专栏 1.12 进一步解释了这一重要概念。

专栏 1.12　生产收益递减

消费和闲暇的收益递减概念反映在消费者的无差异曲线上（专栏 1.4）。本质上，生产经济学也有同样的观点。这最常与李嘉图联系在一起，他是在 19 世纪早期研究英国农业试验时得到这个想法的。

想象一个农场，用土地、雨水、工人的时间和种子来生产水稻。假设土地面积、降雨量和种子数量保持不变，但改变工人的劳动时间，从每天零小时到二十四小时不等。当然，额外的劳动时间将意味着第一粒种子播种时的额外产量。用更多的劳动力产生的额外产出称为劳动边际产出（marginal product of labor，MPL）。经过一段时间后，通过在农场上花费更多时间获得的额外大米将开始以其他投入的给定值下降。如果种子耗尽，更多劳动力的产出可能仍然是可能的（例如用更多时间来除草），但在这里，额外的时间将带来越来越低的收益。

如图 1.7 所示。曲线给出了技术上可行的最大投入，任何给定的劳动力投入都有可能，由水平轴给出。任何点的平均产出（average product，AP）是从原点（0，0）开始并在该点形成与生产函数相切的直线的斜率。更普遍地说，收益递减定律认为，一项投入对生产的边际产出，即持有其他投入的投入量增加所产生的额外产出，技术常数将随着投入量的增加而下降。

农业劳动报酬递减的思想对关于人口增长的古典经济学思想产生了深远的影响，最著名的是马尔萨斯的思想。当劳动报酬递减时，随着给定技术的产出增加，劳动的边际产出将不可避免地低于其平均产出。如果劳动投入为零时，产出为零，则是成立的。更一般地说，我们期望在生产任何产出之前，劳动力投入必须高于某个正的临界水平，如图 1.7 所示。那么，在足够低的产出水平下，边际产出将超过平均产出（该点在图中用点 L^* 表示）。

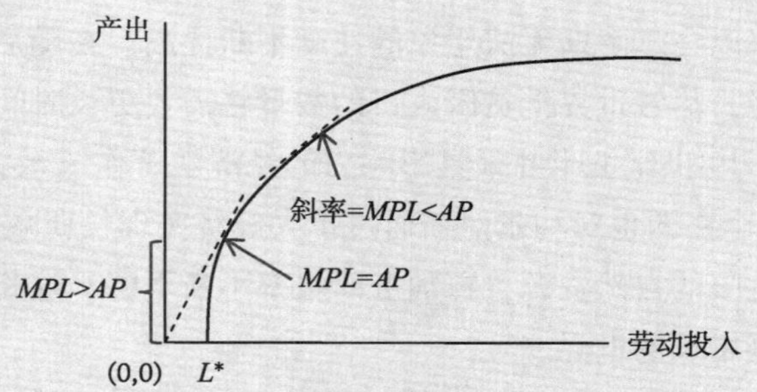

图 1.7　产出作为劳动投入的函数

经过反思，很明显，当边际产出低于平均产量时，更多的劳动力将意味着更低的平均产出；额外劳动力的额外产出将低于平均水平，因而平均水平必然下降。因此，有人认为，随着劳动供给的增加，单位工人的农业产出将趋于下降。这是马尔萨斯关于人口增长对包括贫困在内的生活水平的不利影响的观点的一个基本要素。

这就是所谓的收益递减定律。尽管该想法在很多情况下都是合理的，但它根本不是一个“定律”，而是经济学家对生产中所使用技术的性质所做的一个假设。还要注意，马尔萨斯基于劳动报酬递减的论点假定技术是既定的。

更普遍地说，有人认为，人口增长有助于促进技术进步即创新，使同样的劳动投入能够产生更多的成果，从而人口增长不会导致更高的贫困率。另一个相关论点是，大量人口将使公共服务得到改善，特别是使基础设施得到改善，进而使更多的产品可以从既定投入中生产出来。

延伸阅读：多数标准的经济学教科书都涉及这个话题。马克·布劳格（Mark Blaug，1962）的经济思想史很好地概述了这些思想是如何在经济学中发展的。埃斯特·博塞拉普①（1981）提到人口增长（有时）如何有助于促进技术创新。

---

① 埃斯特·博塞拉普（Ester Boserup，1910—1999），丹麦 20 世纪著名女性经济学家，出生于哥本哈根，于 1935 年从哥本哈根大学获得涵盖理论经济学和社会学、农业政策的学位。她的研究领域是经济学和农业发展，曾在丹麦政府工作，后在联合国欧洲经济委员会从事农业贸易政策方面的工作，又在印度致力于将自己的理论运用到农业发展实践中。回到丹麦之后，博塞拉普在很多机构从事顾问工作，并创作了她一生中最重要的几部著作，其中成就深远的作品就是《农业增长的条件：人口压力下农业演变的经济学》。在该书中，她挑战了马尔萨斯学说，提出了影响深远的农业演变理论。——译者注

李嘉图认为，政治经济学的主要问题是研究土地产品在三大阶级（地主、工人和资本家之间）之间的分配法则，对应于生产的三个要素，土地、劳动力和资本。[①] 工人阶级构成“穷人”，决定他们经济福利的主要参数是固定在最低生活水平的工资率（如上所述）。技术进步预计将是劳动力增加，以任何给定的工资率增加对劳动力的需求，但工资率将在适当时候恢复到维持生计的水平，从而扼杀穷人的收入。

继斯密之后，最有影响力的古典经济学家也没有为减贫的直接公共干预提供太多的支持。事实上，像马尔萨斯和李嘉图这样有影响力的古典经济学家强烈反对反贫困政策的观点，其中激励性的论点尤为突出。据称，这种政策会阻碍工作和储蓄，导致贫困，而不是消除贫困。在这段时间，反贫困政策的批评者似乎夸大了对激励效应的说法，这可能不过是对第一次贫困启蒙的政治反弹的理性解释，值得注意的是，英国的精英们抵制从法国蔓延到英吉利海峡的新自由主义思想。经济状况几乎不是决定性的。甚至马尔萨斯在其后来发表的《人口原理》中也提出了一个更符合条件的观点，他承认，改善工人阶级家庭的健康和教育，可以打破工人阶级人口工资上涨的趋势。

关于英国《济贫法》的大争论

到了 19 世纪初，一场关于英国《济贫法》的大争论开始了（尽管至少在 17 世纪末就有过关于《济贫法》的辩论）。回想一下，《旧济贫法》的救济是由对地主征收的地方税提供资金的。到 1818 年，规定的税率（被称为“贫民救济税”）已上升到 18 世纪中叶水平的 6 倍。[②] 最强烈的改革政治推动力来自地主，他们在这段时间左右统治了英国议会，似乎不再担心即将到来的革命。[③] 对《济贫法》的强烈反对引发了激励性的争论，英国的古典经济学家被广泛引用为包括美国在内的《济贫法》批评者。[④] “值得救济的穷人”和“不值得救济的穷人”之间的区别在这一时期出现，并影响了政策辩论。[⑤]

这是贫困思想史上的一次重大争论。事实上，今天人们听到的支持收入目标制的论调

---

① 这可能是当时和 19 世纪大部分时间收入分配的合理简化，但从 19 世纪末开始变得不那么重要，因为工人之间出现了更大的不平等，他们在 20 世纪也开始拥有更多的资本。

② 见弗兰西斯·福克斯·皮文和理查德·克劳沃德（1993，第 21 页），Piven, Frances Fox, and Richard Cloward. 1993. *Regulating the Poor: The Functions of Public Welfare*. Updated edn. New York: Vintage Books.

③ 见彼得·林德特（2004，第 4 章），Lindert, Peter H. 2004. Growing Public. Vol. 1, *The Story: Social Spending and Economic Growth since the Eighteenth Century*. Cambridge: Cambridge University Press.

④ 见本杰明·克莱班纳（1964，第 396 页），Klebaner, Benjamin J. 1964. “Poverty and Its Relief in American Thought, 1815—1861.” *Social Service Review* 38（4）: 382-399.

⑤ 见赫伯特·甘斯（Herbert J. Gans）《贫困攻坚战》（The War against the Poor）（1995，第 1 章）关于社会给穷人标签化和污名化的讨论。赫伯特·甘斯 1927 年出生于德国，“二战”期间移居美国。他是当代美国最为重要的社会学家之一，曾于 1988 年任美国社会学协会第 78 任主席。他的学术研究兴趣集中于都市与社群研究、规划与社会政策、新闻媒体等诸多领域。他在以上各个领域均有重要著述，除本书外，还有《都市村民》（*The Urban Villagers*，1962）、《流行文化与高雅文化》（*Popular Culture and High Culture*，1974）、《中产美国的个人主义》（*Middle American Individualism*，1988）、《贫困攻坚战》（*The War against the Poor*，1995）以及新著《民主与新闻》（*Democracy and the News*，2003）等。——译者注

似乎是在这个时候在英国出现的，尽管在20世纪80年代欧洲、北美和澳大利亚重返社会政策辩论的前沿，它们似乎已经淡出了一段时间。大约在同一时间，目标制开始在发展中国家提倡。因此，我们有兴趣更仔细地审视19世纪30年代关于英国《济贫法》的争论。

在19世纪的头几十年里，《济贫法》的救济需求大幅度增加。由于工业化，劳动力向城市迁移，这意味着这些教区只能为不断增长的儿童和老年人抚养费买单。所有那些从农业中解放出来的身心健全的工人都找不到工作，失业者正求助于国家帮助他们和他们的家庭生活。拿破仑战争结束后，一系列的歉收和失业率上升，也推动了对《济贫法》救济不足的需求。

这些并不是对不断发展的《济贫法》的解释，《济贫法》似乎在政治上获得了支持。相反，人们认为，对获得救济的不良行为反应是原因。约瑟夫·汤森（1786，第17页）在其颇具影响力的《关于济贫法的论文：对人类的祝福》（A Dissertation on the Poor Laws: by a Well-wisher to Mankind）中写道："《济贫法》在理论上是如此美好，但却助长了它们想补救的罪恶，加剧了它们想解除的痛苦。"这一点得到了其他许多人的响应，包括特纳法官（Justice Turnor，1818）以及一些著名的古典经济学家（包括马尔萨斯和李嘉图）。

马尔萨斯（1806）认为人口增长和生活资料的增长遵循不同的模式，当人口增长超过生活资料增长所允许的范围时，就必然出现贫困，这是一个自然法则。穷人明知无力养家糊口，还要结婚生子，因此，某种程度上可以说，是《济贫法》在产生它所养活的人。由于人口增长必然使得分配给每个人的食品减少，那些在生活上不依靠救济所能得到的食品将比以前减少，从而将有更多的劳动者要求救济。《济贫法》助长了一些人的浪费行为，不利于节俭意识的培养和发展，助长了穷人的那种漫不经心和大手大脚的习气，这与勤俭节约形成了鲜明对比。英国现行的《济贫法》削弱了普通人储蓄的能力和意愿，从而削弱了人们节俭勤勉、追求幸福的动机。马尔萨斯提出三个选项：一是彻底废除，二是鼓励人们开荒，三是对极贫困者建立济贫院，在全国统一征收济贫税来提供经费、收容贫民，在济贫院中实行强迫劳动。

李嘉图（1817）认为，如果立法机关不设法限制救济人数的增加或者浪费行为，人们的幸福与享受将得不到保障。《济贫法》所起的作用正好相反，由于将勤勉谨慎的人们的一部分工资给予贫民，就使得节制思想不再被重视，从而实际上鼓励了不谨慎与不勤勉的行为。李嘉图坚决主张废除《济贫法》，认为任何修改《济贫法》的建议，如果不是以最终废除它为最终目标，则不值一顾。李嘉图也反对实行全国统一的济贫税，认为这比地方按教区征收济贫税的弊端更为严重。①

① 见阿格纳·桑德莫对马尔萨斯和李嘉图关于这个问题的观点的讨论，Sandmo, Agnar. 2014. "The Principal Problem in Political Economy: Income Distribution in the History of Economic Thought." In *Handbook of Income Distribution*, vol. 2, edited by Anthony B. Atkinson and Francois Bourguignon. Amsterdam: Elsevier Science.

著名观察家托克维尔[①]（1835，其在著作《论美国的民主》旨在解释为什么英国尽管富裕，却有那么多穷人）也认为，《济贫法》是对工作的一种抑制，因为它帮助创造了它想要解决的贫困问题。关于激励的假设是这些论点的核心。对长期饥饿的救济将阻碍公众工作，而土地拥有阶级的财政负担将阻碍制造业增长和农业创新（约瑟夫·汤森，1786，第5部分）。

李嘉图认为："《济贫法》直接并明显地违背了这些明确的原理。与立法机关的慈善意图相反，它不能改善穷人的状况，却使穷人和富人的状况都趋于恶化。它不能使穷人变富，却使富人变穷。在现行的《济贫法》实施期间，维持贫民生活的基金会不断增加，直到把国家的全部净收入吸收完为止，或者在国家满足其必不可少的公共开支之后，至少把国家留给公众的那部分净收入吸收完为止。"[②]

马尔萨斯认为，英国的《济贫法》会导致早婚和高生育率，从而使人口增加，但不能使养活人口的食品增加。其次，济贫院收容的人一般来说不能被认为是最有价值的社会成员，但他们所消费的食品却会使本应由更勤劳、更有价值的社会成员享有的食品份额减少，因而会以同样的方式迫使更多的人成为被救济的对象。若要使济贫院的穷人生活得更好，则这种新的分配往往通过引起食品价格的上涨，从而使济贫院外面的穷人的生活状况趋于恶化。[③] 道德风险似乎是一个令人担忧的问题。因此《济贫法》被许多人视为贫困的根源而非解决之道。关于美国的《济贫法》，也有类似的争议，呼吁进行改革以降低不断上涨的生活成本。[④]

有人声称，对法律的行为反应是他们试图解决的贫困问题的一个重要原因。这种说法的证据基础并不牢靠。这些证据似乎主要基于容易被操纵的轶事和描述，明显的归因要求很弱。例如，所称的酗酒的高发生率是贫困的原因还是结果？也没有多少人认识到，不干涉也可能造成高昂的社会代价——异质性风险和信息不对称问题可能导致个人保险无法提供，[⑤] 而未参保的风险可能以妨碍脱贫的长期前景的影响方式蔓延到贫困人口的生产和投资决策中。例如，针对救济会减少劳动供给的担忧，有人认为，《旧济贫法》产生了相反

---

① 亚历西斯·德·托克维尔（Alexis de Tocqueville，1805—1859），法国历史学家、政治思想家。他最知名的著作是《论美国的民主》和《旧制度与大革命》，在这两本书里他研究了西方社会中民主、平等、自由三者的关系，提出以私人慈善而非政府来协助穷困人口的主张，对日后自由意志主义有着深远影响。其中《论美国的民主》一书成为社会学的早期重要著作之一。——译者注

② 大卫·李嘉图，著. 周洁，译. 政治经济学及赋税原理. 华夏出版社，2005：75.

③ 托马斯·马尔萨斯，著. 陈小白，译. 人口原理. 华夏出版社，2012：74.

④ 见本杰明·克莱班纳（1964，第396页）。

⑤ 这种社会保险的经济论据直到后来才在文献中得到很好的发展，尤其是由迈克尔·罗斯柴尔德和约瑟夫·斯蒂格利茨提出的。Rothschild, Michael, and Joseph E. Stiglitz. 1976. "Equilibrium in Competitive Insurance Markets: An Essay on the Economics of Imperfect Information." *Quarterly Journal of Economics* 90 (4): 629-650.

的效果，它为考虑是否改做劳工的小农提供了防止失业风险的保障。[①]

尽管激励效应和依赖性是一个合理的问题，但反对英国《济贫法》的经济论据可能为达到政治目的而被夸大了（这不是第一次或最后一次发生这种情况）。“证据”薄弱，论点有些片面，许多潜在的经济利益则被忽视。

1834 年，对《济贫法》进行了重大改革（包括废除斯宾汉姆兰制度），支出被大幅削减，从 1830 年占国民收入约 2.5%的峰值降至 1840 年的 1%，这是一次引人注目的削减。[②]更广泛的用途是建造济贫院（在美国称为贫民院）这些现象早已存在，并已成为一百多年来《济贫法》的一个组成部分。[③] 到 18 世纪末，伦敦 1%~2%的人口在大约 80 个济贫院里寻求救济。[④] 在 1834 年的改革中，它们的作用大大扩大，以确保更好的扶贫目标，而英国新的济贫院似乎比过去更令人不快和更具惩罚性（在“伦敦生活”中得到很好的诠释）。收入是以实物形式支付的，如在工作场所的住宿和食品（看起来主要是稀粥），而且是故意吝啬的，以确保自我定位。“于是乎，他们定下了规矩，凡是穷人都应当做出选择（他们不会强迫任何人，从来不强迫），要么在济贫院里按部就班地饿死，要么在院外来个痛快的。”[⑤]

从排除非贫困人口的意义上讲，这项政策很可能已经成为更好的目标，但代价是减少对穷人的覆盖。“救济一旦与济贫院、麦片粥挂上钩，就把人们吓坏了。”[⑥]《新济贫法》（*New Poor Laws*，NPL）迅速成为社会批评的对象。批评人士认为，改革后的政策将受益者限制在济贫院，将穷人视为囚犯。关押“囚犯”的条件成为批评的焦点，《雾都孤儿》的前几章中，这是出了名的。媒体和文学界对济贫院囚犯非人道待遇的常见批评，包括微薄的口粮。有很多关于腐败的传闻，由官员和当地供应商从规定的分配款中提取到工厂。[⑦]对《新济贫法》的批评（几乎立即开始）不仅限于社会批评，而且深入到保守党的领导

---

① 彼得·索拉尔（Peter M. Solar，1995）提出了这个论点。

② 见彼得·林德特（2013，图 1）。

③ 见迈克尔·卡茨（Michael B. Katz，1986）和罗伯特·于特（Robert Jütte，1994），分别介绍了美国和欧洲贫民院/济贫院的历史。

④ 见 1690—1800 年《伦敦工人之家》一文。另见史蒂夫·亨德尔（2004，第 176 页）关于在《旧济贫法》使用鼓励措施工作的讨论，在《旧济贫法》中，教堂法衣常常成为一种“创造就业服务”（第 176 页）在欧洲其他地方有济贫机构。1596 年，控制阿姆斯特丹的商业资本家发明了一种抵制穷人流浪的新办法——锉木监狱（Rasphuis）。这是一种济贫院，作用时关押和改造因在城市乞讨犯罪的人们。为了更好地实现这两个目标，锉木监狱配备了专门的房间，用来惩罚那些拒绝为该机构的创收进行劳作的囚犯。管理员把反抗者关押在这种房间，并往里注水。为了不被淹死，这些人被迫使用手摇泵，并从中认识到只有努力工作才能确保他们的生存。在历史学家看来，锉木监狱体现了从现代早期欧洲济贫方式的世俗化到强调救赎劳工的力量等一系列重大转折（史蒂芬·博杜安，2006，第 48 页）。狄更斯（1838）等小说提到了当时孤儿院和济贫院的腐败。

⑤⑥ 狄更斯，著. 何文安，译. 雾都孤儿. 译文出版社，1998：9.

⑦ 见西蒙·福勒。Fowler，Simon. 2007. The Workhouse：The People，the Places，the Life Behind Doors. Kew，*Surrey*：*The National Archives*.

圈子（包括本杰明·迪斯雷利[①]），[②] 改革削弱了公众对《旧济贫法》三百年来所享有的广泛支持。

美国失去的机会

就在内战（1861—1865 年）之前，美国南部各州有 400 万人沦为奴隶。北方的胜利保证了美国的生存和废除奴隶制。解放后的奴隶需要帮助，这是由一个新的政府机构自由民局（Freedmen's Bureau）管理的食品、衣服和燃料的转移来实现的。这是（明确的）短期救济，计划持续一年。但是，也有一项在战争接近结束时促进减贫的重大提议。威廉·谢尔曼[③]将军颁布了特种野战令 15 号（Special Field Orders），根据该命令，先前被奴役的非裔美国人家庭每人将获得 40 英亩土地，这是通过没收美国南部大西洋沿岸 40 万英亩土地而得来的。[④]

这表明，当时普遍认为，这种土地改革的想法并不是特别激进；在各种"宅基地法"（Homesteading Acts）之下，有许多以前和后来的例子。谢尔曼也不认为这是一项长期的促进政策，他更关心的是他面对的大量难民寻求帮助的短期问题。但是，这种重新分配的土地改革很可能使南方大部分地区走上了一条新的减贫增长道路——"益贫增长"，我们将在第 8 章中再次谈到这一点。

不过，这个承诺从未兑现，谢尔曼的命令被安德鲁·约翰逊总统（亚伯拉罕·林肯遇刺的继任者）撤销。他们的自由显然是一个巨大的收获，但没有了自己的农田，新自由的人民却依赖雇佣劳动，劳动力充足，工资也很低。在未来几十年中，各种州立法和政策（例如吉姆·克劳法[⑤]）大大限制了非裔美国人的经济和政治机会，加剧了持续的贫困（包括为投票和劣等、种族隔离的学校进行识字测试）。尽管现在联邦已经稳固，但南部以

---

① 本杰明·迪斯雷利（Benjamin Disraeli，1804 年 12 月 21 日—1881 年 4 月 19 日），犹太人。英国保守党领袖、三届内阁财政大臣，两度出任英国首相（1868 、1874—1880）。在把托利党改造为保守党的过程中起了重大作用。在首相任期内，是英国殖民帝国主义的积极鼓吹者和卫道士，他任首相期间，大力推行对外侵略和殖民扩张政策。他的名字是同英国殖民帝国紧密联系在一起的。他还是一个小说家，社会、政治名声使他在历任英国首相中占有特殊地位，代表作有《迪斯雷利三部曲》、《康宁斯比》。——译者注

② 见格特鲁德·希梅尔法布（Gertrude Himmelfarb，1984a，1984b）。

③ 威廉·特库赛·谢尔曼（William T. Sherman，1820—1891），美国杰出的军事领袖，也是一位在军事界争议颇多的军事家。1840 年，谢尔曼毕业于西点军校。他在美国南北战争时期，曾担任联邦军（北军）的将领，是格兰特的部下，并因火烧亚特兰大及著名的"向海洋进军"而声名远播，因其在战争中的冷酷手段一直是毁誉参半。在美国内战时期，谢尔曼领导的军队重创了南军。美国的 M4 中型坦克，也是以其命名。——译者注

④ 谢尔曼后来答应给每户人家借一头骡子，这个提议在"40 亩地和一头骡子"这句话中出名了。关于美国战后重建的这一时期，见埃里克·方纳（Foner，E.，1988）《重建：美利坚未完成的革命（1863—1877）》（Reconstruction：America's Unfinished Revolution），另见德隆·阿西莫格鲁和詹姆士·罗宾逊的讨论（2012，第 12 章）。

⑤ 吉姆·克劳法（Jim Crow laws）泛指 1876 年至 1965 年间美国南部各州以及边境各州对有色人种（主要针对非洲裔美国人，但同时也包含其他族群）实行种族隔离制度的法律。这些法律上的种族隔离强制公共设施必须依照种族的不同而隔离使用，且在隔离但平等的原则下，种族隔离被解释为不违反宪法保障的同等保护权，因此得以持续存在。但事实上黑人所能享有的部分与白人相比往往是较差的，而这样的差别待遇也造成了黑人长久以来处于经济、教育及社会上较为弱势的地位。——译者注

种植园为基础的经济基本上完好无损，非裔美国人的贫困依然存在。

功利主义

霍布斯和卢梭提出的社会契约理论强调权利和自由，这在19世纪被一个对立的思想流派功利主义所取代。这是在18世纪末第一次贫困启蒙中出现的，它还对国家在决定如何分配收入方面发挥作用的观点提供了有保留的支持。但这显然不是一个基于权利的理论。被广泛视为功利主义之父的杰里米·边沁①的动机是进行实际的法律和政策改革，他的干涉主义（interventionism）导致他拒绝“自然权利”（natural rights）等思想。② 相反，功利主义主张社会选择应该根据其对个体效用的后果（当有人获得效用而有人失去效用时）来做出，并且选择应该最大化整个社会中所有个人效用的总和。“效用”是一个固有的主观概念，通常等同于“幸福”，但在理论上至少比幸福更一般化。从本质上说，这正是人们所关心的。

这是思考的重要一步。记得亚当·斯密曾批评重商主义者把贸易差额作为评估社会福利的目标，相反，他主张关注经济对商品的总量控制。这与整个社会的消费或收入不平等无关，功利主义为人们思考收入如何在社会中分配提供了基础。收入边际效用递减对新的边沁功利主义③具有强烈的直观反映，人们立即认识到，这是一个有资格反对收入不平等的案例。这是一个工具性的案例：人们并不认为公平是一种内在的需要，而只是一种提高总效用的手段。对富裕捐赠者而言，任何保留性转移的边际损失都将被对贫困受赠者的边际收益所抵消。专栏1.13解释了这一思想。

专栏1.13　反对收入不平等的功利主义案例

反对收入不平等的功利主义案例提出了三个关键假设。第一，社会状态由社会中“幸福”或“效用”之和所给予的“社会福利”来评估（有时被称为边沁目标）。然后，人口规模为 n 的社会福利（Social welfare，SW）可以写成单个效用的总和：

$$SW = \sum_{i=1}^{n} u_i(y_i) = u_1(y_1) + u_2(y_2) + \cdots + u_n(y_n)$$

---

① 杰里米·边沁（Jeremy Bentham，1748年2月15日—1832年6月6日）是英国的法理学家、功利主义哲学家、经济学家和社会改革者。他是一个政治上的激进分子，亦是英国法律改革运动的先驱和领袖，并以功利主义哲学的创立者、一位动物权利的宣扬者及自然权利的反对者而闻名于世，创造了国际化（International）一词。他还对社会福利制度的发展有重大的贡献，代表作有《道德与立法原理导论》《政府片论》。——译者注

② 弗雷德里克·阿尔茨（Frederick B. Artz，1934，第83页）引用他的话，将《人权与公民权宣言》（Declaration of the Rights of Man）（1789年8月26日）描述为“一个困惑和荒谬的大杂烩”，Artz，Frederick B. 1934. *Reaction and Revolution*：1814-1834. New York：Harper and Row.

③ 边沁这样解释：“人的幸福的丰富程度小于他的财富的丰富程度”（The excess of happiness on the part of the most wealthy will not be so great as as the excess of his wealth）。为罗斯·哈里森（Ross Harrison，1987，第57页）引用，Harrison，Ross. 1987. “*Jeremy Bentham.*” In John Eatwell，Murray Milgate，and Peter Newman（eds.），The Invisible Hand. New York：W. W. Norton.

这里 y_i 是个人 i 的收入，$u_i(y_i)$ 是社会评价者依附于该消费水平的（严格递增的）效用。第二，每个人从一定的收入中获得相同的效用；那么对于所有的 i 而言，$u_i(y_i)=u(y_i)$。第三，收入的边际效用递减，即收入增加带来的额外效用越大，初始收入越低。如图 1.8 所示。在垂直轴上，我们有效用，它随收入而变化，绘制在水平轴上。收入水平 y_A 的边际效用可以定义为该点效用函数切线的斜率。第三个假设是，任何一个收入 $y_B>y_A$ 的人，额外收入的边际效用都较低。也就是说，效用函数在收入上是凹的。

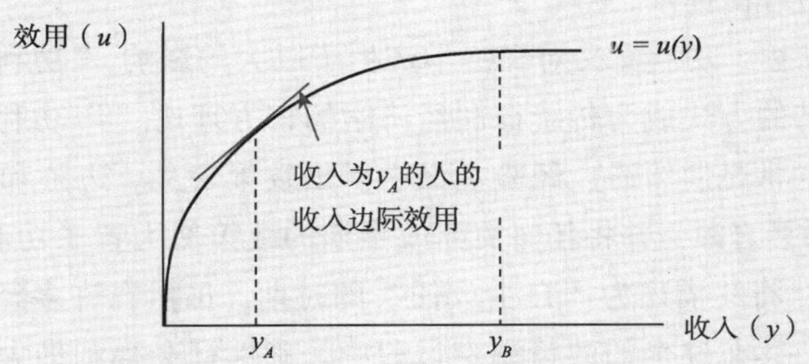

图 1.8　作为收入函数的效用

如果我们从“穷人”（y_A）那里拿钱给保持平均收入不变的“富人”（y_B），那么总效用就会下降。穷人的效用损失大于富人的效用收益。同样，比较两个平均收入相同的社会，不平等程度较低的社会会有较高的社会福利水平。但是请注意，最穷的人失去效用总是可以通过顶层人口获得更大的效用来证明。功利主义者所关心的只是效用的总和。

边沁目标是一个更广泛的社会福利功能类别的例子，它总结了政策制定者（或独立观察者）在不同福利水平的人之间做出的道德权衡。在上面的边沁形式中，每个人的权重相等，尽管随着收入边际效用的下降，这仍然意味着在评估社会福利时，收入不平等受到了惩罚。一些观察家反对这种观点，认为福利水平较低的人应该得到更高的权重。

延伸阅读：关于这个话题的好的解释可以在公共经济学中找到，包括阿特金森和斯蒂格利茨（1980，第 11 课）、吉恩·希瑞克斯斯和加雷思·迈尔斯①（2006）和路易斯·卡普洛（Louis Kaplow）和斯蒂文·沙维尔②（2008，第 5 章）。

---

① 吉恩·希瑞克斯斯（Jean Hindriks）比利时鲁汶大学经济系教授和运筹与计量经济学研究中心（CORE）主任。加雷思·迈尔斯（Gareth D. Myles）英国埃克赛特大学经济系教授和财政研究所研究员。——译者注

② 路易斯·卡普洛（Louis Kaplow），研究领域：反托拉斯法、法经济学、道德哲学和税收哲学。代表性著作：《公平与福利》《反托拉斯法分析：问题、内容、案例》《性在法院判决中的价值：一种经济分析》《法律转型的经济分析》。斯蒂文·沙维尔（Steven Shavell），毕业于麻省理工学院，获经济学博士学位，现任哈佛大学法学院特聘教授，美国商务部国家经济研究局法和经济学研究项目中心主任，兼任哈佛法学评论、美国法和经济学评论、法和经济学国际评论等多家权威学术期刊的编委。其代表作主要有《法律经济分析的基础理论》《公平与福利》《法和经济学手册》等，并在美国权威学术期刊上发表了百余篇论文。美国著名法经济学家理查德·波斯纳（Richard A. Posner）评价沙维尔为法经济学研究第三代学者的领军人物。——译者注

功利主义并没有为再分配干预打开闸门。收入边际效用递减与公共效用函数之和只意味着如果总收入不随收入分配而变化，则收入平等是最优的。目前尚不清楚收入再分配是否如边沁预期的那样降低了总产出。除了激励效应之外，仅仅引入人际异质性（例如，给定收入水平的效用评估是不同的）就推翻了收入平等最大化社会福利的主张（尽管这一点似乎并没有得到与增长—公平权衡同样的关注）。这种新的思维方式允许某些干预措施（包括为穷人提供有限的收入再分配的政策），但它也提出了反对其他没有提高总效用的干预措施的理由，没有任何干预措施在提高个人的效用方面没有重要作用。如果有没有人想要的东西，那就没有理由提供。

在随后的两百年里，功利主义对经济学产生了巨大的影响，“功利主义在很长一段时间内以一种完全独特的方式成为传统福利经济学的官方理论。”[①] 功利主义的吸引力在于它能够从理性和（通常是偶然的）经验主义中得出政策含义。边沁和追随者（尤其是穆勒[②]）将政府视为罪恶之源，并将任何实际或预期的政策努力置于功利主义的考验之中。有些文献（嘲讽地）将其描述为“自由放任”的时期，虽然在许多经济学家看来，这是一门受欢迎的学科，其在健全的政策制定过程中，确保社会福利最大化。真正的问题是“社会福利”是什么意思。先于功利主义者的有影响力的政策权利思想家如马奎斯·孔多塞（Marquis de Condorcet），无疑也会主张更高的社会福利，但他拒绝任何将福利等同于“幸福”或“效用”的企图。[③]

功利主义的一个长期存在的问题是，人们是否应该以人口的总效用或平均效用（总效用除以人口规模）来判断社会的进步。当人口规模变化时，这一点很重要。增加任何一个人都会增加总效用，但是，如果新增加的人生活在初始平均效用之下，平均效用就会下降。对于那些使用平均效用的人来说，道德困境显而易见：如果足够多的穷人死亡，那么平均效用就会上升。但是，那些赞成总效用的人有他们自己的难题：无论他们多么贫困，增加人口都被认为是一件好事。[④]

解决这一问题的一种方法是假定一种更一般形式的功利主义，即只有当额外的人的生活水平高于临界最低水平时，社会福利才会随着人口的增加而增加，我们可以将其视为一

---

① 阿马蒂亚·森（2000，第63页），Sen，Amartya. 2000.“Social Justice and the Distribution of Income.” In Anthony B. Atkinson and Francois Bourguignon（eds.），*Handbook of Income Distribution*，vol. 1. Amsterdam：Elsevier Science.

② 约翰·穆勒（John Stuart Mill，1806年5月20日—1873年5月8日），或译约翰·斯图尔特·密尔，也译作约翰·斯图亚特·穆勒，英国著名哲学家、心理学家和经济学家，19世纪影响力很大的古典自由主义思想家，支持边沁的功利主义，代表作品有《穆勒名学》《论自由》等。——译者注

③ 进一步讨论见艾玛·罗斯柴尔德（Emma Rothschild，2001），Rothschild，Emma. 2001. *Economic Sentiments：Adam Smith，Condorcet，and the Enlightenment*. Cambridge，MA：Harvard University Press.

④ 这是导致所谓“令人讨厌的结论”（repugnant conclusion）的一类人口伦理问题的例子，见德里克·帕菲特（Derek Parfit，1984）。德里克·帕菲特（Derek Parfit，1942年12月11日—2017年1月1日）是英国当代著名哲学家和伦理学家。他的探究方向为人格同一性、理性、伦理等课题，德里克·帕菲特，一位从未完成博士学位和获得教授头衔的哲学天才。代表作品《理与人》（*Reasons and Persons*）。——译者注

种标准贫困线。[①] 但是，请注意，当生活在这条线以下的人死亡时，社会福利就被认为是上升的！事实上，只要让非贫困人口付出一些代价，把穷人的生活提高到这个贫困线以上（最好让他们死去）。当然，这在道德上是不能接受的。

功利主义可能是哲学家所说的结果主义中最有影响力的例子。这是一种“只要目的正确，可以不择手段”（ends justify the means）的观点，即行为应当根据其结果来判断，这种行为应该根据其结果来判断，这与关于权利和公平的道义观念是不同的，后者是根据有关的个人行为和社会政治进程来判断行为的。对政策（包括再分配政策）的主流经济评估开始采用结果主义，特别是功利主义，这并不是说福利经济学不关心手段。事实上，在接下来的一百年里出现的经济学非常重视交换自由和消费者主权的重要性。但这些仍然主要是由它们的结果来判断的。人们对其他自由的看法似乎不一致，例如，工人组织工会集体谈判的自由，几乎没有得到主流经济学家的关注或支持。

到了 19 世纪中叶，政府确实在“分配公平不是要效仿而是要纠正大自然所造成的不公平和错误”[②] 方面发挥了作用，在著名的进步派中逐渐被接受。尽管如此，贫困很明显仍然被当作一种正常的状况被广泛接受。贫困人口仍然因为他们的贫困被指责（主要是因为他们的过度生育），政府几乎没有什么作用。甚至保护也越来越成为极端情况的“目标”。人们所能期望的最好的结果是，让工人们知道，限制他们所期望的家庭规模是明智的。即使是在当时最进步的功利主义观点中（如穆勒），最接近促进政策的观点也将指向工人阶级（私人）教育在减少人口增长方面的作用。

慈善的局限性

确定帮助穷人的道德理由是一回事，而采取有效行动则是另一回事。政府在与贫困做斗争中发挥积极作用的出现是以质疑私人慈善机构是否能胜任这项任务为前提的。有人担心，一个以慈善为基础的扶贫体系为乞讨创造了诱因，这被视为贫困外部性的一个主要来源。也有人担心，对那些需要帮助的人的覆盖率参差不齐。众所周知，私人捐赠更适合于赠予者所了解的特定个人的情况，而不是一群匿名的、身份不详但同样需要帮助的人的需求，尤其是在距离较远的情况下。这被认为是给予心理的一个共同特征。[③]

酌情给予（discretionary giving）的另一个重大局限是经济学家们所称的“搭便车”（专栏 1. 14）。到 19 世纪中叶，自由市场经济的效率似乎得到了广泛的赞赏。但人们也逐

---

① 这是查尔斯·布莱克贝（Charles Blackorby）和戴维·多纳德森（David Donaldson）（1984）在“评估人口变化的社会标准”（social criteria for evaluating population change）中提出的。专栏 1. 13 中的社会福利函数。然后 $SW = u(y_i) - u(\alpha)$，其中 α 是贫困线。有关此方法应用的最新示例，见约翰·科伯恩等人（John Cockburn et al., 2014），Cockburn，John，Jean-Yves Duclos，and Agnès Zabsonré. 2014. “Is Global Social Welfare Increasing? A Critical-Level Enquiry.” *Journal of Public Economics* 118：151-162.

② 约翰·斯图亚特·穆勒，著. 金镝，金熠，译. 政治经济学原理（下）. 华夏出版社，2009：708.

③ 见彼得·辛格（2010，第 4 章）在《我们能救之命》（*The Life You Can Save*）中的讨论。

渐认识到一个严重的问题，某些产品的供给可能不足，后来它们被称为公共产品。穆勒明确指出，“判断能力的需要无论怎么减少，也不会完全消失，所以重要的是，不仅要在有选择的少数人中，而且要在全体人民中，进行相关素质的更多样化的全方位的培养，而不是像大多数人那样只能够通过狭隘的个人利益的视角接受有关素质的培养。一个没有习惯于为共同的利益而自觉采取行动的民族（习惯于在所有与共同利益相关的事务中听命于政府的安排或者措施，并期望除去自己所从事的习惯性工作和日常工作之外，政府能为其做好每一件事情），仅仅发挥了一半能力，其教育在非常重要的方面存在着缺陷。”① “不相互偷窃和欺诈，无论对于整个社会来说，还是对于每位社会成员来说，无疑都是非常有益的；但是，仍然需要建立惩处偷窃和欺诈的法律。因为虽然无人偷窃和欺诈对于每个人都是有益的，但若允许一些人偷窃和欺诈，那么，对不偷窃、不欺诈的其他人而言将是极为不利的。”②

同样的逻辑也适用于贫困救济带来的集体受益，但我们依靠私人慈善机构酌情行事的努力。大多数人可能受益，但让个人采取私人行动的动机太弱，无法对减贫问题做太多的努力，因为无须任何减贫成本就可以受益于减贫。道德案例可能有非常强大的影响，其潜在的好处对所有人来说都是巨大的，但是除非有制度能够解决“搭便车”问题（如专栏 1.14 中所解释的），否则行动并非最优选择。宗教或世俗对善行美德的呼吁可以被解释为确保所有人获得更多合作成果的努力。可是，“搭便车”的诱惑是巨大的。正如一位著名的道德案例倡导者所言：我们都看到或读到了帮助世界上最贫困国家生活在极端贫困中的人们的呼吁，但我们大多数人拒绝了，因为“己所不欲，勿施于人”(do unto others)（彼得·辛格，2010，第 22 页）。

解决“搭便车”问题的经典办法是通过立法或法规，使容易“搭便车”的行为削弱。正如穆勒所说，“法律需要干预某些事务，并不是为了否定人们对于自身利益所做的判断，而是为了使这种判断得以付诸实施，因为只有当人们采取协调一致的行动时才能使其得以实施，而协调一致的行动只有得到法律的认可和批准之后才会奏效。”③ 因此，穆勒认识到国家在消除贫困方面发挥着重要作用：“一个国家，只要针对人民的品性对济贫的法律条款进行调整，则都可以建立无害的救济制度创造出必要的条件。我认为，具备了这样的条件之后，法律应该明确规定对身体健康的穷人提供最低限度的救济，而不应该让他们依赖私人的施舍过活。”④ 合理全面的公共扶贫工作仍然任重道远。

① 约翰·斯图亚特·穆勒，著. 金镝，金熠，译. 政治经济学原》（下）. 华夏出版社，2009：837-838.
② 同上，第 853 页。
③ 同上，第 850 页。
④ 同上，第 855 页。

专栏 1.14　公共产品供给不足

假设需要一个新的工会来维护工人的集体利益。工人们的自愿捐款（通过工作得来的现金或实物）是建立和维持工会的唯一途径，但没人知道其他工人对该组织的重视程度。这样就有了所谓的“非合作博弈”。在这个博弈中，自利的参与者彼此独立行动，每个参与者只知道自己的倾向，但所有参与者都将个人价值与公共利益（在这个案例中是工会）联系起来。毫无疑问，一些热心公益的工人会提供帮助。然而，所有工人也会意识到，他们可以享受工会带来的好处，而不用做出太多的个人贡献。他们或许会宣称愿意提供帮助，但很可能低估自己的真实需求，甚至有可能不提供任何帮助。这就是“搭便车”的一个例子。这个组织可能永远无法启动。

同样的道理也适用于贫困。每个人都想生活在一个没有贫困的世界里。然而，搭便车导致私人慈善机构在减贫方面贡献太少。

这并不是说“搭便车”总是会发生。在现实中有组织的博弈中，合作（如提供公共产品）的出现似乎比标准经济模型所预测的要频繁。为了评估国家在提供特定公共产品方面是否发挥作用，我们必须确定私人提供的产品或服务是否能充分满足需要。

延伸阅读：吉恩·希瑞克斯和加雷斯·迈尔斯（2006）对公共产品进行了很好的讨论。肯·宾默尔[①]（2007）对“搭便车”问题的博弈论解释有很好的解释。埃莉诺·奥斯特罗姆[②]（1990）提供了一个有趣的讨论，讨论了社区如何通过其公共财产资源的管理实践来努力解决“搭便车”问题。

学校教育争议

来自贫困家庭的孩子通常在很小的时候就开始了他们的工作生活，尽管证据并不充分，但在 19 世纪中叶以前，英国的工人阶级儿童从 7 岁开始挣钱是很普遍的（如果有工作的话）。[③] 这个家庭的生存需要每个身体健全者都工作。任何需要的技能都只能是那些可以被家庭传承的技能。懒惰的穷孩子是富人所憎恶的，工作被视为唯一的解决办法。童工不仅得到宽恕，而且被普遍认为是可取的，贫困儿童失业被视为更严重的社会问题。直到 19 世纪下半叶，大众公立学校的理念似乎才得到支持。事实上，与伯纳德·曼德维尔

① 肯·宾默尔（Ken Binmore）又译肯·宾摩尔。1940 年生，英国帝国理工学院数学学士、数学分析博士。宾默尔是一位由数学家转而成为经济学家的学者，他致力于博弈论及其在经济学、演化生物学、心理学和道德哲学中的应用。是著名的博弈论四君子之一。主要著作《博弈论和社会契约》《自然正义》等都非常有影响力。——译者注

② 埃莉诺·奥斯特罗姆（Elinor Ostrom），1933 年出生于美国。她供职于美国印第安纳大学，是美国著名政治学家、政治经济学家、行政学家和政策分析学家，美国公共选择学派的创始人之一。2009 年 10 月 12 日，奥斯特罗姆成为历史上第一个获得诺贝尔经济学奖的女性。2012 年 6 月 12 日，因胰腺癌去世。代表作品是《公共事物的治理之道》。——译者注

③ 见休·坎宁安（Hugh Cunningham，1990）的《英格兰儿童的就业与失业，1680—1851 年》。

的观点相呼应的是，一个普遍的观点是，大众教育是浪费的，甚至是危险的。即使到了19世纪中叶，英格兰和威尔士5到9岁的儿童中仍有40%没有上学。①

国家也没有在提供学校教育方面发挥重要作用。在19世纪之前，在一些国家（包括英国），几乎所有贫困家庭的儿童接受的教育都是由宗教团体提供的。英国和欧洲其他地方的义务教育制度显然是高度分化和不平等的。宗教团体参与教育的结果好坏参半。在英国，教会抵制提供教育的任何公共角色，留下了许多未满足的需求。② 关于大众教育机会的争论在英国一直持续到19世纪末，尽管英国很富有，但在教育程度上都落后于欧洲和北美的大部分地区。

贫困家庭并不总是认为教会学校符合他们的利益。对于那些负担得起的人来说，非正规私立学校往往更有希望。奥地利和普鲁士的“后街学校”（backstreet schools）提供了更有效的教学“以传授学生识字为目标的分层次的宗教教学”，而且似乎这些教学往往受到热衷于孩子有效学习和最终就业能力的贫困父母的青睐。③ 贫困家庭认为后街学校提供了一种更具成本效益的获得识字能力的手段。④ 这与今天在印度各地发现的“后街学校”的观察结果相呼应，反映出公立学校制度的明显失败。⑤

从19世纪中叶开始，欧洲和北美大部分地区开始明显改变人们对贫困家庭教育的普遍看法。当时工厂里孩子们的工作条件为劳工活动家、社会小说以及对资本主义越来越强烈的批评提供了素材，最著名的是卡尔·马克思和弗里德里希·恩格斯。人们开始听到一些重要的呼吁，要求改善儿童的工作条件，并把上学作为解决他们失业问题的更好办法。贫困儿童的学校教育被视为他们自我提高和向上流动的关键，大众教育也被视为具有外部效益（例如通过减少犯罪）。

到19世纪末，义务教育立法在欧洲和北美开始普及。⑥ 这是在一场旷日持久的公开辩论之后发生的。⑦ 一些人反对政府对私人决策的任何干涉。⑧ 另一些人则担心让穷人上学会导致他们抱着不切实际的愿望。⑨ 从早期开始，依赖童工的行业就游说反对义务教育。

---

① 这是基于1851年的人口普查（如休·坎宁安，1990，表1所述）；这一年龄组中39%的男孩和44%的女孩没有被归类为“学生”（可供选择的是“就业”或“在家”）。后来的识字率在地理分布上也极不均衡（斯蒂芬斯，1998）。

② 见彼得·林德特（2004，第5章）。

③ 见詹姆斯·梅尔顿（James Van Horn Melton，1988，第11页）的《专制主义与18世纪普鲁士和奥地利义务教育的起源》（Absolutism and the Eighteenth-Century Origins of Compulsory Schooling in Prussia and Austria）

④ 关于普鲁士，见詹姆斯·梅尔顿（1988，第11页）。

⑤ 见调查小组。Probe Team. 1999. *Public Report on Basic Education in India*. New Delhi：Oxford University Press.

⑥ 在大众教育方面有一些进步的地方倡议，例如17世纪末的马萨诸塞州，迈隆·韦纳（Myron Weiner，1991）。*The Child and the State in India：Child Labor and Educational Policy in Comparative Perspective.*

⑦ 见迈伦·韦纳（Myron F. Weiner，1991，第6章），Weiner，Myron. 1991. *The Child and the State in India*. Princeton，NJ：Princeton University Press.

⑧ 在美国，人们偶尔会听到这样的论调：义务教育是违宪的，提到的是在内战接近尾声时提出的反奴隶制修正案，理由是（据称）义务教育是“非自愿奴役”。

⑨ 见马里斯·维诺夫斯基。Vinovskis，Maris. 1992.“Schooling and Poor Children in 19th-Century America.” *American Behavioral Scientist* 35（3）：313-331.

在 19 世纪，实业家们似乎更加支持大众教育，以确保新技术所需的更熟练的劳动力。① 这不仅仅是一个满足新技术需求的学校问题；关于学校教育的辩论范围更广，但不清楚实业家是否有那么大的影响力。② 贫困的父母和当地社区也越来越强烈地要求大众公共教育。似乎到了 19 世纪下半叶，这对于渴望让子女过上更好的生活的贫困工薪阶层的父母来说变得更加现实了。在执行方面也有行政约束需要克服，直到 19 世纪中叶左右出生登记制度得到发展，逃学法（*Truancy Laws*）才得以适当执行。③ 在促进大众教育方面取得了全面进展，速度参差不齐，教育政策出现分歧。例如在美国和欧洲之间，美国在为所有人提供高质量公共教育方面做得更好。直到 20 世纪下半叶，它才是其公平增长的重要基础。④

社会主义与劳工运动

普遍贫困和精英阶层对贫困的漠不关心，是导致社会主义产生的因素之一⑤（另一个是城市工业化，因为它使工人组织起来更容易）。社会主义的主要思想流派马克思主义认为，贫穷的根源是资本主义本身。按照这种观点，资产阶级所享有的利润只是工人贫困问题的另一面。同样的利润被认为完全来自劳动力。事实上，马克思（1867）只把所有收入归因于劳动，并在此基础上建立了马克思的经济学，很大程度上借鉴了李嘉图的劳动价值论，但却比李嘉图更重视劳动价值论。⑥

马克思主义者认为资本主义下的不平等会加剧，资产阶级会从国民收入中获取大部分收入。当然，利润不会全部被资本家消费掉。他们对积累的渴望将确保相当一部分被用于再投资；这在 19 世纪的欧洲是有意义的，当时再投资利润是支持工业化的主要资金来源，因为工人太穷，根本没有储蓄，而当时金融市场基本上不存在。但这种再投资被视为继续剥削劳动力的工具，而不是未来减贫的手段。

马克思驳斥了古典经济学家关于诱导人口增长如何将工资率保持在一个固定的“维持最低生活”的观点。⑦ 事实上，他拒绝了任何关于贫困是某种自然状态的说法。但他也没

---

① 关于美国见萨缪尔·鲍尔斯（Samuel Bowles）和赫伯特·金迪斯（Herbert Gintis）（1976）。

② 见马里斯·维诺夫斯基（1992）。

③ 见迈伦·韦纳（1991，第 121 页）。

④ 反映了教育政策的变化，如卡扎德·戈尔丁（Katzand Goldin）和劳伦斯·卡茨（Lawrence F. Katz）（2008）所述。

⑤ 见卡尔·兰道尔（Carl Landauer，1959）。《欧洲社会主义：从工业革命到希特勒掌权的思想运动史》（第一卷）从工业革命到“一战”及其后果。伯克利：加州大学出版社，European Socialism：A History of Ideas and Movements from the Industrial Revolution to Hilter Seizure of Power Volume 1. *From the Industrial Revolution to the First World War and Its Aftermath*. Berkeley：University of California Press.

⑥ 见马克·布劳格（1962，第 7 章）中的讨论，Blaug，Mark. 1962. *Economic Theory in Retrospect*. London：Heinemann Books.

⑦ 见威廉·鲍莫尔（1983）关于马克思的工资决定理论，Baumol，W. J.（1983）Marx and the iron law of wages，American Economic Review（Paper and Proocedings），73，pp. 303-308.

有假设工资率会自动下降，以出清市场。普遍的社会规范被认为在决定工资方面发挥了作用，工资可能因社会环境和时间的不同而不同。工人也可以组织起来争取更高的工资。但是，如果没有强大的工会，富余劳动力（失业后备军）(reserve army of the unemployed) 的存在将在限制工资可持续增长的前景方面发挥作用，从而限制资本主义经济扩张给贫困家庭带来的收益。

马克思主义者对反贫困政策持矛盾态度。他们认为，解决贫困问题的办法是共产主义，而不是资本主义经济中零碎的再分配政策（尽管他们对建立共产主义会更好的理由关注较少)。这些政策被强硬派视为温和的缓和措施，甚至有可能推迟更具革命性的变革。对贫困问题的哲学和经济思考也没有太多的重视，这种思考指出了国家的再分配作用。正如马克思嘲笑边沁的说法："不过是保护这些所谓'人权'的工具而已。"①

大多数马克思主义者对资本主义经济中的再分配政策给予了勉强的支持。马克思、恩格斯《共产党宣言》(1848) 中提出的一些要求，今天可以被认为是相当主流的反贫困政策，得到广泛的政治支持，包括累进所得税和公立学校的免费教育。

劳动价值论（马克思经济学的核心分析要素）对主流经济思想没有产生持久的影响。在智力上也无法与马克思（1867）的主要著作之后不久出现的里昂·瓦尔拉斯(1874) 的竞争一般均衡模型相媲美。即便如此，瓦尔拉斯模型仍然缺乏对历史、社会和政治力量的理解，而这些力量正是马克思塑造经济的力量。失业者后备军的想法是经常讨论，包括发展经济学（第 2 章和第 8 章进行讨论)。马克思坚持人性在很大程度上是社会背景的产物，这对政治哲学产生了持久的影响。② 人们不应把贫困看作是个人特性的结果，而应着眼于社会对行为的影响。当然，这个想法也有前马克思主义的先例，比如说卢梭。

19 世纪末以来，欧洲和北美出现的社会主义政治组织和劳工运动在进步的社会决策中发挥了重要作用。这个作用有两个方面。首先，鼓励保守派采取行动，消除贫困和不平等，因为他们害怕不稳定甚至革命。社会主义运动的批评促使了扶贫改革，试图软化资本主义下不平等的坚硬棱角。19 世纪 80 年代，德国著名的俾斯麦③ "不顾顽强的抵制，1883 年制定了疾病保险法，1884 年制定了工人意外灾害赔偿法，1890 年制定了年老和残废保险法。起初，这些法令所规定的福利虽然低得可怜，但后来逐渐得到提高，终于成为工人阶级福利的一项重要补助。当然，俾斯麦的主要兴趣在于政治方面，他想引诱工人离

① 塞缪尔·弗莱施哈克尔，著. 吴万伟，译. 分配正义简史. 译林出版社，2010：72-74.

② 同上。塞缪尔·弗莱施哈克尔论马克思哲学对现代分配公平理论的影响，第 132-140 页。

③ 奥托·爱德华·利奥波德·冯·俾斯麦 (Otto von Bismarck，1815—1898)，19 世纪后半叶德国杰出的政治家和外交家。出身于容克世家，1862 年任普鲁士首相后，主张以武力统一德意志，宣称"德意志的未来不在于普鲁士的自由主义，而在于强权，只有通过铁和血才能达到目的"。在历经普丹、普奥和普法城争之后，于 1871 年成功统一了德意志，并出任帝国首相。1890 年去职，潜心写作了回忆录《思考与回忆》。——译者注

开社会主义。”①

其次，19 世纪末，工人和社会改革者结成政治联盟，游说欧洲和北美采取更全面的反贫困政策。虽然工会为其工人承担了社会保障的职责，以帮助他们处理意外事故、疾病和老年问题，但由工人的会费提供资金，保障范围从来就是不充足的。人们认识到，国家必须提供普遍保障和扶贫。为此进行的政治斗争花了几十年的时间，但到 20 世纪下半叶，几乎所有富裕国家都出现了现代福利国家。

贫困的社会研究

在 18 世纪末伊登开创性地记录了英国贫困家庭的生活状况之后，直到 19 世纪中叶，社会问题的新研究开始出现，这一时期似乎一直处于停顿状态。在公共卫生方面，这是在人体排泄废物对饮用水的污染与霍乱之间建立联系的时候，最终导致公众努力确保使用更清洁的管道饮用水（专栏 1.15）。这是一个早期的研究实例，它为解决使贫困长期存在的市场失灵问题提供了公共行动信息。这里的政策不是为穷人提供额外的现金，而是公共供给。

专栏 1.15　绘制伦敦霍乱发病率图谱

在一个被称为影响评估（将在第 6 章中研究）的早期例子中，约翰·斯诺②博士绘制了 1854 年伦敦市（当时是世界上最大的城市，而且很可能也是最臭的城市）霍乱爆发时死亡人数的分布图。分布图显示，霍乱死亡的发生率与一个特定的饮用水供应点（索霍区的宽街上的水泵）有关，该供应点受到附近一个污水坑的污染。在此之前，普遍认为霍乱是一种空气传播疾病，而不是水传播疾病。

10 年内，伦敦正在建设现代污水处理系统的基础设施。斯诺的研究对全球公共卫生有着巨大的意义，对世界上的穷人有着巨大的好处，尽管对今天的许多人来说仍然是一个尚未实现的好处。

延伸阅读：约翰·斯诺现在被视为现代流行病学的先驱之一，史蒂文·约翰逊（Steven Johnson，2007）的《幽灵地图》（*The Ghost Map*）一书很好地描述了斯诺的这些著名地图的环境和影响。

从 19 世纪中叶开始，社会研究和新闻业帮助相对富裕的公民了解那些不幸者的生活条件，这有助于促进公众对反贫困政策进行更为知情的辩论。著名的例子包括：

---

① 卡尔·兰道尔，著. 刘山等，译. 欧洲社会主义思想与运动史：从产业革命到希特勒攫取政权. 商务印书馆，1994：371.

② 约翰·斯诺（John Snow，1813 年 3 月 15 日—1858 年 6 月 16 日），斯诺是一位麻醉学家、流行病学专家，是麻醉医学和公共卫生医学的开拓者。他的最大贡献是在流行病学方面，是人类战胜霍乱的第一功臣。

• 弗里德里希·恩格斯（Friedrich Engels，1845）对19世纪40年代曼彻斯特恶劣的工作条件和恶劣的健康环境的描述。[①]

• 亨利·梅休[②]在《伦敦劳工与伦敦贫民》中报道了19世纪40年代伦敦的穷人。

• 勒普累（Frederic Le Play）对19世纪中叶欧洲工人家庭收支基本情况的研究。[③]

• 19世纪30年代在费城，马修·凯里（Mathew Carey）用贫困家庭的预算和工资数据来“震惊自满者，使其去施舍”。[④]

• 摄影作品开始补充对贫困的书面描述，如雅各布·里斯[⑤]（Jacob Riis，1890）的新闻摄影对19世纪80年代纽约贫民窟的描述。

从19世纪中叶开始，定量数据和统计分析也开始在提高对贫困的认识方面发挥重要作用。这方面的先驱者是德国统计学家恩格尔[⑥]（1857），他根据统计资料，对消费结构的变化得出一个规律：一个家庭的收入越少，家庭收入中（或总支出中）用来购买食品的支出所占的比例就越大，随着家庭收入的增加，家庭收入中（或总支出中）用来购买食品的支出份额则会下降。推而广之，一个国家越穷，每个国民的平均收入中（或平均支出）用于购买食品的支出所占比例就越大，随着国家的富裕，这个比例呈下降趋势。即随着家庭收入的增加，购买食品的支出比例则会下降（见关于恩格尔定律的专栏1.16）。

---

① 用德语写成的，直到1887年才用英语出版。

② 亨利·梅休（Henry Mayhew，1812年11月25日—1887年7月25日）社会研究员、记者、剧作家。《伦敦劳工与伦敦贫民》（*London Labour and the London Poor*）是一部生动的口头记载，记录了发生在19世纪中期的伦敦生活。在引言中，梅休写道，“我应考虑把这座大都市的所有穷人分为三种阶段，分别是愿意工作、不能工作和不愿工作。”于是，此书始于对无产阶级的职业工人（如码头工人、工厂工人）的采访，然后是街头艺人和河上拾荒者（mudlark），最后是乞丐、妓女和扒手。全书共四卷，篇幅约两百万字，对伦敦劳动群体做了几乎方方面面、巨细无遗的注。

③ 见迈克尔·布鲁克（Michael Z. Brooke，1998），Brooke，Michael Z. 1998. *Le Play：Engineer and Social Scientist*. New Brunswick，New Jersey：Transaction Publishers.

④ 见本杰明·克莱班纳（1964，第385页）。毫无疑问，在内战前的美国，没有比马修·凯里更勤勉的穷人保卫者了。这位多产的费城小册子作者从他的保护主义论战中抽出时间驳斥了某些老生常谈的论点。为了反驳富人的先入为主的猜测，凯里提出了工资和家庭收支估计数，目的是吓唬自满者施舍。他认为，许多普通劳动阶级需要公共或私人慈善机构的援助才能生存（Surely no more assiduous defender of the poor than Mathew Carey was to be found in pre-civil War America. The prolific Philadelphia pamphleteer took time out from his protectionist polemics to refute certain well-worn arguments. To counter the a priori speculations of the wealthy，Carey presented wage and budget estimates calculated to startle the complacent into giving alms. He argued that many classes common labor required aid from public or private charity to survive）。

⑤ 雅各布·里斯（Jacob Riis，1849年5月3日—1914年5月26日）是美国新闻记者、社会改革家、摄影家，1890年出版的《另一半人怎么生活》（*How the Other Half Lives*）如实描绘了贫民窟，震撼了美国人的良知，并促使美国通过了第一个意义深远的改进贫民窟生活条件的法案。美国前总统西奥多·罗斯福称赞他是“最有用的纽约市民”。美国摄影史家安娜·霍伊说，里斯的照片“感人肺腑地揭露了一个肮脏的、非人性的环境”，他是“把相机作为社会变革工具的美国第一人”。《另一半人怎样生活》是里斯的摄影新闻作品，记录了苦苦挣扎的移民在19世纪80年代纽约贫民窟的生活情境。这部作品激起了多方面的社会改革，对今天的社会依然有所影响。这部惊天动地的作品至今仍是美国人的必读书目，教导人们，将与自己不同的人边缘化将会产生可怕的后果。——译者注

⑥ 恩斯特·恩格尔（Ernst Engel，1821年3月26日—1896年12月8日），19世纪德国统计学家和经济学家，以恩格尔曲线和恩格尔定律闻名。

专栏 1.16 需求的收入弹性与恩格尔定律

恩格尔定律的关键是需求的收入弹性概念。它衡量了食品需求（或某些其他商品的需求）对收入变化的反应。它可以定义为食品消费量的百分比变化除以引起食品消费变化的收入百分比变化的比率。因此，如果由于收入增加 10%，食品需求增加 5%，那么弹性为 0.5。

当一个家庭的总支出增加时，我们预计它的食品消费也会增加。这意味着需求的收入（或总支出）弹性为正。自恩格尔于 1857 年首次提出需求行为以来，利用住户调查进行的需求行为研究已经证实了这一点，而且通常也发现弹性小于 1。这被认为是指食品是一种“必需品”，它不同于弹性大于 1 的商品，被称为“奢侈品”。直觉上，我们需要最少的食品来维持生命；从这个意义上说，食品确实是必需品。这意味着，随着总开支的增加，食品支出在总开支中所占的份额往往会下降，如图 1.9 所示。

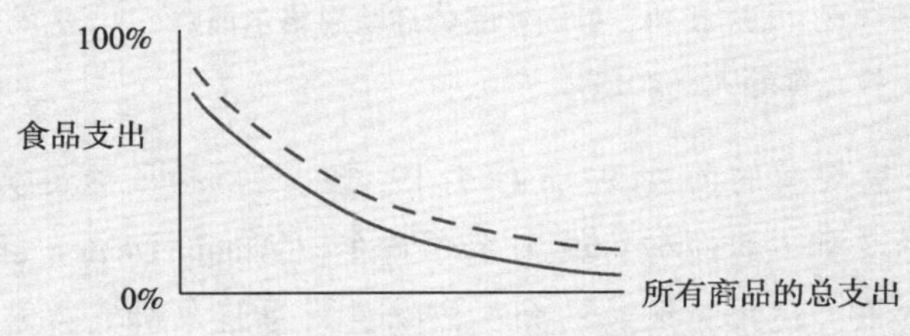

图 1.9 食品的理论恩格尔曲线

恩格尔定律只涉及决定食品需求的一个因素，即收入。人们还预计，恩格尔曲线将随其他因素而变化，如价格和家庭人口构成。例如，食品需求也会对价格做出反应，当然也包括食品价格。而穷人在购买食品时往往对食品价格上涨反应更为灵敏；更准确地说，对贫困家庭来说，食品需求的价格弹性往往更高（负值更大）（与收入弹性类似，价格弹性给出了食品消费量变化百分比除以食品价格变化百分比的比率）。再举一个例子，正如恩格尔也指出的那样，人们期望拥有更多孩子的家庭在给定的总开支下，将大部分预算投入到食品上，如图中虚线所示。

图 1.10 显示了各国恩格尔曲线的情况。横轴使用对数刻度，在较贫穷的国家中，这给人一种不那么集中的印象（与图 1.9 相比，它改变了曲率）。贫穷国家的粮食份额几乎没有下降，平均约占支出的 57%。因此，恩格尔定律不适用于贫穷国家（例如，食品需求的收入弹性接近 1）。一段时间后，食品所占比例开始急剧下降，顶层人口下降到 10%左右。

历史追溯：恩格尔定律提出 100 年后，亨德里克·霍撒克（Hendrik S. Houthakke，1957）发现 30 个国家的调查数据支持使用一个统计模型，给出了食品支出的对数作为

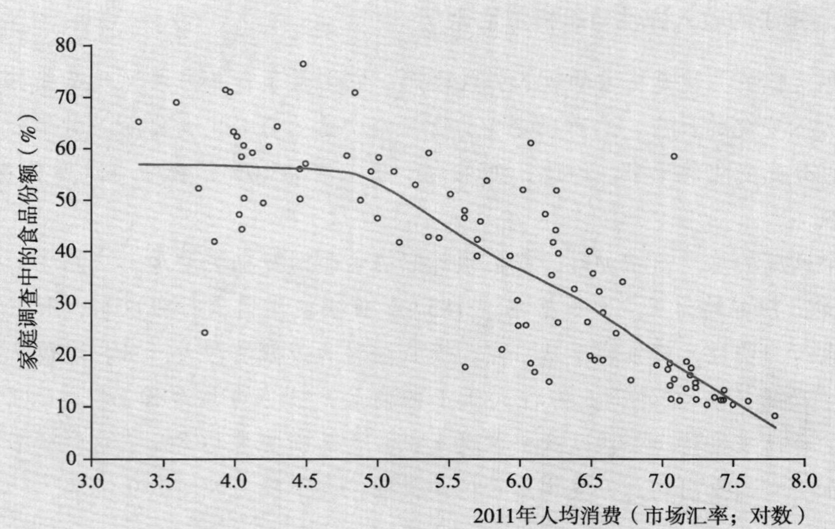

图 1.10　各国食品的经验恩格尔曲线

资料来源：马丁·拉瓦雷等人（2015）。

对数总支出和对数家庭规模的函数。[①] 专栏 1.19 进一步解释了这类模型。

延伸阅读：在安格斯·迪顿和约翰·米尔鲍尔（Angus Deaton and John Muellbauer, 1980）的经典教科书中，运用更先进的分析方法，对恩格尔研究需求行为的方法进行了很好的讨论。[②]

在弗雷德里克·莫顿·伊顿（Frederick Morton Eden，1797）的《贫民的状况，或英国劳动者阶级从征服时期到现在的历史》之后，现代科学研究中关于贫困的下一个最重要的里程碑显然是查尔斯·布思（Charles Booth）[③] 和西博姆·朗特里[④]的研究，他们记录了 19 世纪末英国穷人（分别在伦敦市和约克市）的生活状况。这些都是开创性的测度方法，

① 见亨德里克·霍撒克（Hendrik S. Houthakke，1957）"家庭支出模式的国际比较，纪念恩格尔定理一百周年" An international comparison of household expenditure patterns, commemorating the centenary of Engel's Law. *Econometrica*, 25: 532-551.

② Deaton, Angus, and John Muellbauer. 1980. *Economics and Consumer Behavior*. Cambridge: Cambridge University Press.

③ 查尔斯·布思的《伦敦人民的生活和劳动》(*Life and Labour of the People of London*) 研究了当时英国各行业的劳动条件、家庭收入、生产方式和贫困程度。

④ 本杰明·西博姆·朗特里（Benjamin Seebohm Rowntree，1871—1954）：英国企业家和管理学家，行为科学的先驱者之一。朗特里是一位精力充沛、注重在实际的企业管理活动中应用科学方法改善工人生存状况的专家，也是一位具有悲悯情怀、关心社会、致力公益的绅士。在他的工厂里，对工人教育、工时、工资等方面进行过多项改革，其中很多都是开先例的做法，对后来的企业福利工作有较深远的影响。他在早年，就十分关注社会上的贫穷现象，并提出了影响深远的"绝对贫困化"和"相对贫困化"概念。他在担任朗特里公司劳工董事期间，就在公司里逐步建立了当时最先进的职工福利制度。在"一战"时期，他主持在劳合·乔治内阁的军火部建立工业福利局，专门对因战时生产而导致的有关工人的问题提供咨询意见。英国在管理中重视工人，在政策上倡导福利国家，其中都有朗特里的贡献。——译者注

使用看似谨慎的住户调查，向非贫困人口揭示贫困人口的生活方式（见专栏 1.17 调查），他们的研究备受关注。在过去的 50 年里，英国工人阶级的生活有所改善，[①] 尽管贫困依然存在。人们通常认为布思的研究提出了“贫困线”的概念，尽管也有先例，包括一百年前的斯宾汉姆兰线（Speenhamland line）。当时，100 万伦敦人（约占伦敦人口的 1/3）生活在贫困线以下，令英国公众震惊。据我的计算，它相当于每人每天 1.5 磅的优质小麦，这与当今发展中国家的小麦生产线没有太大区别。[②]

专栏 1.17　住户调查

常用的住户调查从随机抽样的家庭中收集访谈数据。一个常用的抽样设计需要首先对初级抽样单元（primary sampling units，*PSUs*）进行随机抽样，如村庄；选择初级抽样单元的概率与总体大小成正比。第二阶段对选定村庄内的住户进行随机抽样，通常是在列出初级抽样单元中的所有住户之后（有时使用更复杂的样本多级设计，但必须注意设计不会过度降低最终估计的精度；在实践中，简单的两阶段抽样方法通常更可取）。

调查工具（或调查表）有时是为一个非常具体的目的而设计的，有时是一个多用途的工具，例如世界银行的生活标准测度研究。后一项调查将包括关于收入来源和消费支出（包括实物消费，例如自己农场产品的消费）的详细问题。这些详细的问题的设计将使人们能够汇总起来，以获得收入和/或消费的综合测度。

执行机构通常会制作一份统计摘要，总结调查结果。这往往是相当有限的分析和政策利益。现在，大多数用户将访问这些微观数据，以探讨一些具体问题，如测度贫困和不平等、描述穷人的特征、评估参与反贫困方案的发生率以及建立行为反应模型。

延伸阅读：第 3 章将进一步讨论住户调查，包括用户应了解的主要方法上的问题，并提供文献参考。

布思的研究回应了立法者对清晰性和数据的要求。他对老年贫困及其地理变异的实证研究影响了 1908 年英国引入公共养老金和 1911 年的国民保险。[③] 布思和朗特里的研究也引发了关于哪个城市或国家更贫困的争论。1900 年左右，人们普遍认为英国大约 30%的

---

① 这一点在 1892 年恩格斯对 1844 年曼彻斯特工人阶级生活状况的描述的英文版序言中得到了肯定。

② 阿尔弗雷德·马歇尔（1907）估计，21 先令相当于一蒲式耳优质小麦的 3/4。根据维基百科关于“蒲式耳”的条目，在 13.5%的湿度下，一蒲式耳小麦重 60 磅。我假设一个 4.5 人的家庭，这是布思（1993，第 4 章）给出的当时男性工人家庭平均规模的 4.5~5 范围的下限。因此，布思的一家每周 21 先令的贫困线相当于每人每天略低于 700 克小麦。当然，这只是小麦的等价物合理的膳食分类是每人 400 克小麦，其余的用于肉类、蔬菜和（非常少的）非食物需求。这与 1993 年印度的国家贫困线类似，我计算得出，印度的国家贫困线相当于每人每天一包食物，包括 400 克的粗米和小麦、200 克的蔬菜、豆类和水果，外加适量的牛奶、鸡蛋、食用油、香料和茶（世界银行，1997），World Bank. 1997. India: Achievements and Challenges in Reducing Poverty. Report No. 16483-IN. Washington, DC: World Bank. 在购买了这样一个食品包后，一个人每天将剩下大约 0.30 美元（按 1993 年购买力平价计算）用于非食物。

③ 见帕特·塔纳（Pat Thane，2000，第 9 章）和格特鲁德·希梅尔法布（Gertrude Himmelfarb，1984a，1984b）。

人口贫困。这是基于这样一个事实：朗特里发现约克28%的人口贫困，而布思发现伦敦31%的人口贫困。但是，作为绝对贫困的测度标准，这两个数字并不具有可比性，因为它们使用了不同的贫困线（专栏1.18）。

专栏1.18　30%的英国人口贫困：贫困分析的早期经验教训

朗特里的结论是约克市28%的人口贫困，而布思的结论是伦敦市31%的人口贫困。在没有其他数据的情况下，人们普遍认为1900年左右英国有30%的人口贫困。事实证明，朗特里的贫困线比布斯的要高得多。① 下表是大卫·麦格雷戈的计算结果：②

贫困人口占比（%）	约克市	伦敦市
布思的贫困线	3	31
朗特里的贫困线	28	50

我们看到，无论看哪一条线，伦敦市的贫困率都要高得多。因此，英国30%的贫困人口的说法是可以质疑的，约克市的贫困率几乎同伦敦市一样高也是可以质疑的。

后来在美国，赫尔曼·米勒（Herman Miller，1964）对美国测度贫困的方式上的变化做了类似的观察。1935年，按当时标准计算的贫困率被认为是28%，到1960年下降到10%。但是，贫困线的实际值已随着时间的推移而上升。米勒计算出，如果用1960年的贫困线来推算1935年，那么贫困率将达到47%。③

① 英国学者查尔斯·布思（1898）和本杰明·朗特里（1901）在他们的著作中开始从计量的角度研究贫困，并制定了精细可行的贫困线来识别贫困。贫困线的研究也是从他们的贫困研究开始的，两位学者不约而同地从最低需求的角度描述了伦敦贫困线，并开创了贫困线研究的先河。布思设想用一种统一的标准来识别和测度贫困，这一标准就是最低收入水平线即绝对贫困线。布思的“贫困线”不是一个数字，而更像是一种状态的描述，他按照人们的收入和生活状态将人们分为8个阶层，并计算其中几个阶层的消费和收入来确定贫困线，得到不同的贫困等级。1901年，朗特里在其调查研究著作中明确提出了绝对贫困的概念：一个家庭处于贫困状态，是因为它所拥有的收入不足以维持其生理功能的最低需要。朗特里在构造贫困线时的基本思路如下：估计满足不同年龄和性别的正常人基本生活需求所需要的衣、食、住等方面的最低数量，那么购买这些商品的总费用得到的价格即为贫困线。这种按照最基本的食物需求和非食物需求计算的方法对贫困进行了货币量化。它保证每个人能够在所处社会生存下去，因此也被称为“最低生存标准”。1899年，朗特里对约克郡的全部工作家庭进行访问，“赤贫”和“次贫”人数分别占工资收入者总数的15.46%和43.4%。他们所用的这种研究方法被称为预算标准法（也称市场菜篮子法），在后来被多数国家所采用。英国学者们在对贫困的研究中采用了精确的测算方法，对英国贫困程度的理性认识表明英国贫困具有普遍性，是亟待解决的社会问题。由此，促进了英国贫困观念的转变。在贫困线研究方面，布思和朗特里对于绝对贫困的量化研究促进了贫困线的发展，布思对于贫困的研究创新之处在于首次按照生活形态进行划分阶级，而朗特里相较于布思而言，考虑到了不同地方的消费水平因而得到的贫困标准也有所不同。与以往的贫困人口识别方法相比，贫困线在这一时期的计算逐渐科学化和具体化，使英国政府更加清晰地认识到国家的贫困状态和贫困程度。对贫困问题的认识和贫困理念的转变使得英国对贫困问题前所未有地进行政府干预措施，对失业工人进行帮助，为英国20世纪福利制度的建立与发展奠定了一定基础。——译者注

② MacGregor, David H. 1910. “The Poverty Figures.” *Economic Journal* 20: 569-572.

③ Herman Miller. 1964. “*Measurements for Alternative Concepts of Poverty*.” Paper presented at the 124th meeting of the American Statistical Association, Chicago, Illinois.

各国之间的比较也是早期媒体的最爱。例如，布思的书出版 15 年后，马歇尔[①]辩称，德国的贫困程度甚至比布思的数据所显示的英国的贫困程度还要高；这是对马歇尔（1907，第 12 页）的看法的回应，“每个德国人都确切地了解英国的少数事情之一是，伦敦有 100 万人生活在极端的环境中处于饥饿边缘的贫困。”[②]

布思和朗特里对贫困问题的密切观察研究在社会科学研究中具有重要影响。罗伯特·亨特[③]（Robert Hunter，1904）跟随他们在美国研究贫困问题，并提供了美国贫困率的初步估计。1900 年左右，美国有 1000 万人生活在贫困之中，这与前面图 1.1 中的估计非常接近，图 1.1 表明 1900 年美国有 1060 万人生活在贫困之中。[④] 亨特的贫困线与图 1.1 中估算的“每天生活费用 1 美元”的贫困线非常相似。

布思和朗特里的影响更大。哈罗德·曼[⑤]和合作者（Harold Mann et al.）在印度农村的调查受到布思和朗特里的影响。[⑥] 对选定村庄进行定量经济研究的传统由来已久。[⑦] 布思的方法影响了英美数量社会学的发展。[⑧] 彼得·汤森（Peter Townsend，1979）对大约 80

---

① 阿尔弗雷德·马歇尔（Alfred Marshall，1842—1924）近代英国最著名的经济学家，新古典学派的创始人，剑桥大学经济学教授 19 世纪末和 20 世纪初英国经济学界最重要的人物。在马歇尔的努力下，经济学从仅仅是人文科学和历史学科的一门必修课发展成为一门独立的学科，具有与物理学相似的科学性。剑桥大学在他的影响下建立了世界上第一个经济学系，其代表作品是《经济学原理》。——译者注

② 见马歇尔（1907）“经济骑士道精神的社会可能性”（The Social Possibilities of Economic Chivalry）——译者注

③ 罗伯特·亨特 1904 年出版《贫困》（Poverty）一书，描述了 1000 万贫困美国人的绝望处境，他们被“一种支配其命运的残忍经济力量拖入绝望”。

④ 这是基于 1890 年和 1910 年估计数，得出 13.9%的数据，1990 年人口普查的美国人口为 7600 万。

⑤ 哈罗德·曼（1872—1961）是一位有正义感、忠于科学的著名农业科学家，同时他也十分重视社会调查。丹尼尔·索纳在其《印度农业前景》一书的扉页上题词，“献给在许多领域里开创道路的哈罗德·曼博士”，以表示他衷心的爱戴。索纳应有关人士的恳托，欣然编纂了这位科学家的著作。索纳从他的全部论著中选编了三十五篇，一部分是社会调查，一部分是农业科学。索纳在导言里写道：“哈罗德·曼成长于 19 世纪 80 年代和 90 年代。这个时期正是（英国）查尔斯·布思使用（法国）弗雷德里克·勒普莱的调查方法调查城市贫穷状况的时候。（英国）西博姆·朗特里于 1901 年发表了对约克市的详细调查。哈罗德·曼受其影响，决心用这种方法调查农村。哈罗德·曼于 1906 年调查阿萨姆茶园苦力的伙食和伙食质量。1917 年发表了最值得称赞的短小而十分重要的关于德干地区两个村子的调查。1927 年皇家印度农业调查团邀请哈罗德·曼作证，还请他提出两个村庄十年间比较的证词；并对一个村子做了历史研究，查考档案材料，追溯了 228 年的历史。”索纳接着叙述了他的观点。他写道：“在我看来，他对社会调查的看法是有永久价值的。哈罗德·曼认为社会现象是世界上最复杂的现象。要解释一种社会制度，就得对一些小地区的社会状况进行一系列深入细致的调查研究。观察要全面，就连细小的差别也不能忽视。‘不准确的资料，比完全没有资料还要坏。’观察当然要有一定的假设和理论。理论指导认知，究竟可以达到什么程度？在这个问题上，哈罗德·曼的态度非常坚定。他说理论只能稍稍指导认知，只能提出下一步实验的程度。‘如果超过这个程度，理论往往就是障碍。’哈罗德·曼对那些以书本为依据解答问题的人士毫不留情。他写道，现有的资料是很少的，而且是不能解决问题的。他认为，如果没有人同情农民和决心掌握高度准确的资料，不受阻挠地进行调查研究，收集大量事实，对印度农业的根本问题是无法加深理解的。”——译者注

⑥ 见丹尼尔·索纳。Daniel Thorner. 1967. “Social and Economic Studies of Dr Mann.” *Economic and Political Weekly* 2 (13)：612-645.

⑦ 包括普拉纳布·巴丹（Pranab Bardhan，1984a）、克里斯托弗·布利斯和尼古拉斯·斯特恩（Christopher Bliss and Nicholas Stern，1982）、汤姆斯·沃克和詹姆斯·瑞安（Thomas Walker and James G. Ryan，1990）以及彼得·朗茹和尼古拉斯·斯特恩（Peter Lanjouw and Nicholas Stern，1998）的调查。

⑧ 关于布思的影响，请参阅维基百科上关于“查尔斯·布思”的条目和伦敦经济学院保存的档案。

年后英国贫困的实证研究，显然在很大程度上归功于布斯和朗特里。20 世纪 30 年代开始研究美国城市贫困问题的芝加哥社会学院也是如此。

19 世纪末，统计方法也诞生了，这些方法后来在经济学和社会科学领域，包括贫困和反贫困政策的研究中具有很大的价值。线性回归的概念就是一个很好的例子，它最早出现在生物学上，尤其是弗朗西斯·高尔顿①著名的遗传研究中。② 卡尔·皮尔逊③（1896）从最小化误差方差的目标出发，发展了回归线和相关系数的现代公式。专栏 1.19 解释了这个统计方法的概念，我们将在本书的其他地方经常看到。这些思想在生物学领域出现后不久，就应用于经济和社会行为研究中。④

专栏 1.19　经济学家最喜欢的统计方法：回归法

回归线是将因变量（y）与一个或多个解释变量（x）相关联的拟合线，通常局限于直线。拟合永远不是完美的，并且仍然存在一些误差项（ε）。“最佳拟合”线通常被识别为在使用该线预测因变量时，使误差方差最小的误差平方和。由误差得到的测度值通常称为“残差”，回归的斜率系数表示为 β，α 表示截距（当 $x=0$ 时）。因此，n 个观测值的回归线方程为：

$$y_i = \alpha + \beta x_i + \varepsilon_i (i = 1, \cdots, n)$$

高尔顿最初的回归结果是，子代甜豌豆种子的重量（变量）与母代种子的重量（变量 x）回归。高尔顿发现了一个正斜率，小于 1，这意味着后来被称为“回归平均值”的性质，即对于父母较年轻的孩子来说，代际体重增加往往更高，因此随着时间的推移，会向平均值趋同。一百年后，这一性质在有关经济增长的文献中变得很重要（第 8 章）。

为了更接近本书主题，图 1.11 绘制了贫困率（H）的自然对数，用每天生活费用 1.25 美元作为贫困线，与发展中国家平均消费或收入（M）的对数进行对比，根据这一定义，发展中国家至少有 1%的人口贫困。该图还绘制了拟合回归线（$n=76$）：

$$logH = 9.29 - 1.42logM + \hat{e}$$

---

① 弗朗西斯·高尔顿（Francis Galton，1822 年 2 月 16 日—1911 年 1 月 17 日），英国科学家和探险家。他曾到西南非洲探险，因树立功绩而知名并被选为英国皇家地理学会会员，3 年后又入选英国皇家学会，晚年受封为爵士。他的学术研究兴趣广泛，包括人类学、地理、数学、力学、气象学、心理学、统计学等方面。他是查尔斯·达尔文的表弟，深受其进化论思想的影响，并把该思想引入人类研究。他着重研究个别差异，从遗传角度研究个别差异形成的原因，开创了优生学。他关于人类官能的研究开辟了个体心理和心理测试研究的新途径。其代表作品有《遗传的天才》和《人类的才能及其发展研究》。——译者注

② 关于回归和相关的发明，见杰弗里·斯坦顿（Jeffrey Stanton，2001）。

③ 卡尔·皮尔逊（Karl Pearson，1857 年 3 月 27 日—1936 年 4 月 27 日）是英国数学家，生物统计学家，数理统计学的创立者，自由思想者，对生物统计学、气象学、社会达尔文主义理论和优生学做出了重大贡献。他被公认是旧派理学派和描述统计学派的代表人物，并被誉为现代统计科学的创立者。其代表作品为《科学入门》。——译者注

④ 见玛丽·摩根的《计量经济学思想史》一书。Morgan，Mary. 1990. *The History of Econometric Ideas*. Cambridge：Cambridge University Press.

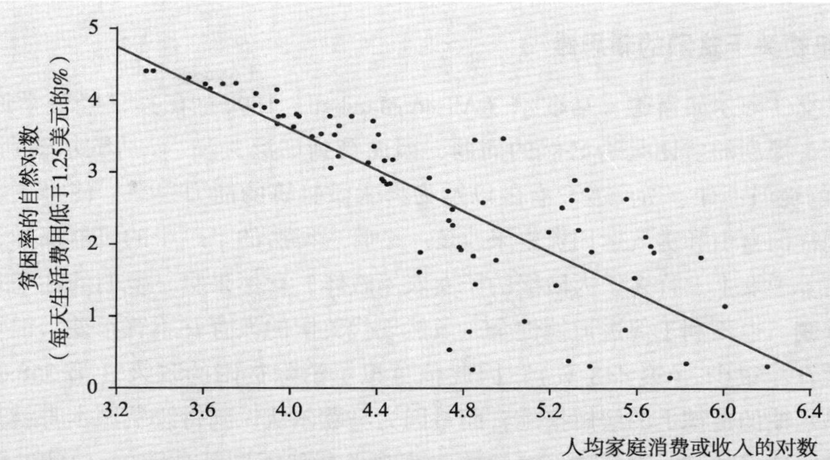

图 1.11　贫困率与各国人均消费量的对数关系

这里 $\hat{e}$ 是回归残差，斜率 $\hat{\beta}=-1.42$ 可以解释为平均而言，消费均值或收入均值增加 1%，则贫困率降低 1.4%。

总体拟合通常通过相关系数 R 的平方（R^2）进行评估；对于这些数据，$R^2=0.67$（因为相关系数为 0.82）给出了对解释变量负责的因变量的方差份额；因此，这里我们可以说，贫困率对数中 2/3 的方差由对数中的方差表示，其余的方差归因于残差的方差。在评估回归时，我们通常也想知道斜率的估计精度。这是由斜率 se（$\hat{\beta}$）的标准误差给出的，在这种情况下，误差为 0.12。斜率的 95% 置信区间是 $\hat{\beta}-2se(\hat{\beta})$ 和 $\hat{\beta}+2se(\hat{\beta})$；所以我们有 0.95 的概率，实际值在 −1.66 到 −1.18 之间（标准误差的计算方法通常假定误差项的方差是常数。在图 1.11 中，方差倾向于随均值上升。校正时，标准误差为 0.10）。$t=\hat{\beta}/se(\hat{\beta})$ 用于检验 $\beta=0$ 的零假设。

当然，拟合回归线并不意味着 x 导致 y，相关性不等于因果关系。值得怀疑的一个原因是，调查中会有测度误差，因此如果有人高估了平均值，就有可能低估了贫困的测度标准。

另一个问题是回归中可能有重要的遗漏变量。实践者经常担心与所包含变量相关的遗漏变量。显然，这是偏差的一个来源，因为我们不知道估计的系数在多大程度上能真实反映所关注变量的影响，而不是相关的遗漏变量。

延伸阅读：有关回归分析的详细介绍，请参见杰弗里·伍德里奇[①]（2013）。本书第 6 章讨论了更先进的方法，以试图解决从数据推断因果关系的问题。

---

① 杰弗里·伍德里奇（Jeffrey M. Wooldridge）密歇根州立大学经济学教授，曾在国际知名期刊发表学术论文三十余篇，参与过多种书籍的写作。他获得过 Alfred P. Sloan 研究员基金、应用计量经济学期刊的 R. Stone 爵士奖等奖项。他还是《商业与经济统计学》杂志（*Journal of Business and Economic Statistics*）的编委，并供职于《计量经济学》杂志（*Journal of Econometrics*）和《经济统计学评论》（*Review of Economics and Statistics*）的编委会。——译者注

20世纪初关于贫困的新思维

世纪之交，阿尔弗雷德·马歇尔（Alfred Marshall，1890）在其《经济学原理》中提出了本章开头提到的贫困是否必然的问题，因而受到广泛关注。[①] 马歇尔感到痛心的是："因为父母的境遇不佳、所受教育有限以及为将来做打算的能力很差，使得下层社会的人不能像以同样的自由和勇气运用资本来改良一个管理得法的工厂中的机器那样，把资本用在教育和培养子女上。许多工人阶级的子女衣不蔽体，食不果腹。他们的住宅条件既不能促进身体健康，也不利于促进道德健全。虽然现代英国的教育并不算很差，但下层社会的人所受的教育却很少。(第448页)"因此他草拟了消除贫困的政策（第558-560页）[②]。这不仅仅是短期的道德上的缓解措施，而是因为马歇尔认识到持续贫困本身就是财富创造的制约因素，这显然与一百年前经济学的主流观点截然不同。马歇尔（1890，第448页）认为："此刻我们必须特别加以强调的一点是，这种祸害是积累性的。某一代的儿童吃得愈坏，他们到了成年所赚的工资愈少，而适当满足其子女的物质需要的能力也愈小，如此沿袭下去，一代不如一代。此外，他们的能力发展得愈不充分，则他们对发展其子女的才能愈不重视。因此，他们这样做的动力也愈小。反之，如有某种变化给予一代工人以优厚的报酬和发展其才能的机会，则它将增进他们所能给予子女的那些物质和道德的利益。而在增长自己的见识、智慧和远见的同时，这种变化在某种程度上也将使他们更愿意牺牲自

---

① 马歇尔，著．廉运杰，译．经济学原理．华夏出版社，2005：4.

② 对那些在体力、智力和道德上都不能做一整日工作来赚一整日工资的"社会残渣"(这样的人有很多，虽然现在有不断减少的征兆)，需要迅速采取措施。在这个阶层，除了那些绝对"不能就业的"人以外，也许还包括一些其他的人。

要解决的祸害是如此紧急，以致迫切地需要一种反祸害的有力措施。这有一个建议很早就引起学者的注意，即：政府当局给男工和女工都规定一种最低工资，在这种工资以下，他或她都可以拒绝工作。如果行之有效，则它的利益是如此之大，以致人们会欣然接受，而不顾它会引起某些副作用和在某些毫无理由的场合下把它用作要求严格的虚拟工资标准的手段。虽然最低工资计划的细节最近（尤其是近两三年以来）曾有很大的改进，但是它的基本困难似乎还没有得到正视。除了澳大利亚的经验之外，几乎没有任何经验可作为我们的借鉴。在那里，每个居民都是大地产的部分所有者，近年来，有许多年轻力壮的男男女女都移居到那里。而这种经验对我国人民来说也用处不大，因为他们的活力曾为过去的济贫法和谷物条例所伤，为工厂制度（当不理解它的危险时）的滥用所害。任何实用可行的计划必须建立在对那些赚不到最低工资，从而不得不请求国家补助的人的人数统计上面；特别要查明其中有多少人大体上可以维持生活，如果可能任其工作并在许多场合下以家庭而不以个人来调节最低工资的话。

讲到那些身心相当健康的工人，大致可以做这样的估计。只能胜任非熟练劳动者约占人口的1/4。适宜于低级熟练劳动，而不适宜于高级熟练劳动，又不能在责任重大岗位上行动迅速自如的，占人口的1/4左右。如果一个世纪前在英国进行同样的估计，则比例会截然不同。那时除普通的农业工作外，不适宜于任何熟练劳动的，也许占人口的一半以上，而适宜于高级熟练劳动或责任重大的工作的，也许还不到人口的1/6。因为那时并不把对人民的教育当作国家的义务和对国家有益的一种经济。如果这是唯一的变动，那么，非熟练劳动的迫切需求势必迫使雇主对其支付几乎和对熟练劳动一样的工资。熟练劳动的工资会略有下降，而非熟练劳动的工资会上升，直至这两种工资大致相等为止。

……上面讨论了财富的不均和贫苦阶级的微薄收入，特别提到了它们使人不能满足需要和阻碍自然发育的种种影响。但是如往常一样，经济学家不得不提请注意的一个事实是，正确地使用一个家庭的收入和利用它所拥有的机会的那种能力本身就是一种最高级的财富，是各阶级极其罕见的一种财富。甚至英国各劳动阶级每年用得不当的钱约有一亿镑，其他阶级约有四亿镑。虽然缩短劳动时间在许多场合下的确会减少国民收入、降低工资，但是大多数人的工作时间缩短也许更加理想，如果所引起的物质收入的损失可以全都由各阶级抛弃那种最无谓的消费方法来补偿，如果他们能学会善于利用自己的闲暇。

己的快乐，以谋求子女的幸福。现在甚至在那些底层阶级中，就他们的知识和资力所及，也有很大的这样一种愿望。”因此，“财富的不均和贫苦阶级的微薄收入，特别提到了它们使人不能满足需要和阻碍自然发育的种种影响。”①

马歇尔在这里提到的“阻碍自然发育”预示着一种观点，这种观点在当今的发展思想中是突出的，即某些不平等被视为阻碍总体经济进步的重要因素，尽管它们在“不能满足需要”方面具有内在的相关性。尽管马歇尔小心翼翼地避免天真的乌托邦主义②，但他的著作反映了一种对社会政策更为积极的看法，认为这是扩大所有人分享竞争性市场经济潜在机会的一种手段。在这方面，我们坦率而突出地倡导促进政策（promotional policy）。虽然“将任何一级的儿童挤入高于他们的那一级，往往对社会既有利而又有害，但是现在还存在最贫困的阶层，这的确是一种罪恶；不应该做任何促进该阶层人数增加的事，而且应当帮助出身贫困的儿童摆脱贫困。”③ 他还支持通过累进所得税为这些政策提供资金，他说：在许多其他方面，可以通过认识社会在经济上的慷慨捐献而减轻这种罪恶。富人对社会福利的热心，由此大大有助于征税人利用富人的资金来为穷人谋福利，并由此消除国内贫困之危害。④

重要的是，这种新的乐观主义开始为贫困父母所接受，他们提高了对子女受教育的要求。到了 19 世纪末，欧洲和北美的大多数贫困父母似乎都在期待他们的孩子能看到比自己更好的经济机会。愿望在改变。医疗和公共卫生方面取得重大进展，在提高儿童生存机会和提高预期寿命的同时，投资于儿童教育远低于 21 世纪初（以及在此之前）的风险；那时，贫困的工人阶级儿童几乎没有希望成为工人阶级以外的任何人，也不太可能比他们的父母更不穷。因此，随着教育供给的增加，大众教育的需求也随之增加。父母仍在为子女投资，以确保他们未来的福利（正规的社会保障制度还不普遍），不过他们更多地投资于子女的素质。生育率在下降。

到 20 世纪初，由于不良行为而导致的长期贫困模式似乎已经消退（尽管它从未消失），取而代之的是另一种模式，这种模式将社会动荡（shocks）、非个人经济力量与初始的不平等相互作用确定为贫困的主要原因。大众思维的这种变化是由关于贫困的规模和原因的新的社会研究所引起的，这是因为公众通过大众媒体更多地接触到这项研究，现在这项研究已经惠及更多的有文化素养的人（literate population）。虽仍在努力改变行为，但他们更多地致力于应用新的科学知识，特别是在控制疾病方面。历史学家史蒂芬·博杜安

① 马歇尔，著. 廉运杰，译. 经济学原理. 华夏出版社，2005：562.

② 特别参考马歇尔（1907）的评论。

③ 马歇尔，著. 廉运杰，译. 经济学原理. 华夏出版社，2005：561.

④ 同上. 第 562 页。

(2006)[①] 认为在1913年（当阿尔贝特·施韦泽[②]在如今的加蓬建立了著名医院）“施韦泽搭起了传统慈善与现代世俗救济之间一座至关重要的桥梁”。

与此同时，新技术正在以在适当时候改变全球人民生活的方式扩大生产的可能性。在最主要的例子中，1913年哈伯—博施工艺[③]的商业化将允许氮肥的大规模生产，从而使农业产量大幅增长。再加上新的杀虫剂，这一技术进步使20世纪每英亩粮食产量增加四倍。[④] 这将有助于养活不断增长的人口，从而避免了马尔萨斯式的厄运和日益加剧的贫困，尽管对合成氮肥的依赖以及通常的低效利用会对环境造成损害。

20世纪初前后，美国出现了流行的进步运动，力图限制各种托拉斯的市场和政治权力。在19世纪下半叶产生了如此多的公司权力垄断者，导致市场扭曲和财富不平等急剧增加。《休曼法案》(*Sherman Antitrust Act*，1890）和一系列总统改革随之而来（包括罗斯福、塔夫脱及威尔逊）。在威尔逊（Woodrow Wilson）的领导下，反托拉斯立法和金融部门法规得到加强，联邦贸易委员会和联邦储备委员会成立。

“一战”后，西方民众对政策干预消除贫困的热情也日益高涨。[⑤] 在贫困环境中成长的儿童的福利往往是一个主要的动机。针对寡妇的现金转移计划出现在“一战”后期，确保最低入学年龄、限制童工和保护儿童免受不安全工作环境影响的更强有力的立法也出现在这一时期。在美国，伊利诺伊州在“一战”前推出了第一个为有受扶养子女的贫困家庭提供的福利计划“母亲津贴”(Mothers' Pension)，并在战后20年间扩大到其他大多数州。这些现金为寡妇和其他抚养年幼子女的单身母亲提供了资金，而在贫困中成长的儿童的福利才是主要动机。[⑥]

在这一时期，经济学似乎并没有更突出地思考贫困问题，其他社会科学家和统计学家

---

① 史蒂芬·博杜安，著. 杜鹏，译. 世界历史上的贫困(*Poverty in World History*). 商务印书馆，2015：81.

② 阿尔贝特·施韦泽（Albert Schweitzer，1875—1965）是20世纪人道精神划时代伟人、一位著名学者以及人道主义者。具备哲学、医学、神学、音乐四种不同领域的才华，提出了“敬畏生命”的伦理学思想，他是一个了不起的通才、成就卓越的世纪伟人。1913年他来到非洲加蓬，建立了丛林诊所，从事医疗援助工作，直到去世。阿尔贝特·施韦泽于1952年获得诺贝尔和平奖。——译者注

③ 20世纪初发展出来，由大气中的氮制氨的化学方法，是化学方法方面最重要的发明之一，因为它使大气中氮的固定成为可能，从而还能由此转化为硝酸来生产肥料（和炸药）所需的硝酸盐。德国化学家弗里茨·哈伯(F. Haber）在理论和实验上证明，在适当的温度和压力下，如何维持来自空气的氮和来自水中的氢，并在有催化剂的情况下发生反应（弗里茨·哈伯：天使与魔鬼的化身。赞扬哈伯的人说：他是天使，为人类带来丰收和喜悦，是用空气制造面包的圣人。诅咒他的人则说：他是魔鬼，给人类带来灾难、痛苦和死亡）。德国工业化学家卡尔·博施（Carl Bosch）还证实如何在工业规模上实施这种方法。——译者注

④ 见瓦科拉夫·斯米尔（Vaclav Smil）的著作 *Enriching the Earth*：*Fritz Haber*，*Carl Bosch*，*and the Transformation of World Food Production*. MA：MIT Press，2001.

⑤ 见塞缪尔·曼切尔（Samuel Mencher）的《济贫法转向扶贫计划：英美经济安全政策》(*Poor Law to Poverty Program*：*Economic Security Policy in Britain and the United States*) University of Pittsburgh Press. Pittsburgh，1967。

⑥ 见安倍·博茨（Abe Bortz，1970），Bortz，Abe. 1970 (approximate date). “Mother's Aid.” Social Welfare History Project. http://www.socialwelfarehistory.com/programs/mothers-aid/.

则起了带头作用。当然，在一些著名经济学家的著作中，如阿瑟所述[①]（1920，第 4 编第 1 章）：人们已经接受，“在排除某些例外的情况下，任何能够使国民收入增加而不损害穷人收入的绝对份额，或者能够使穷人收入的绝对份额加大而不损害国民收入的行为，都一定能够使经济福利有所增大。增加众多数量中的一个，同时减少其他几个，这种行为对经济福利所造成的影响是无法确定的。坦白地讲，当这种不和谐发生时，任何因素对经济福利所造成的整体影响，只有通过认真权衡对国民收入总量的损害（或增益）和对贫困阶层实际收入的增益（或损害）之后才能予以确定”。经济学的主流思想正从功利主义道德哲学的老根基转向一种科学地位的观点，这观点避免了所有的“不科学”的人际福利比较。当然，这一新方向意味着经济学家在分配政策的规范性争论中所起的作用将减弱。

若说某个人可以代表经济学的这一新方向，那肯定就是维尔弗雷多·帕累托[②]了。他的论文（1906，意大利语）《政治经济学手册》有着巨大的影响力。特别是他对最优分配的描述，不需要人际比较（专栏 1.20）。尽管如此，帕累托试图避免所有的人际福利比较（因而拒绝了经济学传统，回到边沁和斯密），但帕累托对收入和财富分配的纯粹实证研究对于测度贫困和不平等的尝试非常重要（专栏 1.21）。

专栏 1.20　帕累托福利经济学

边沁和穆勒的古典功利主义建立在基数的人际可比效用函数的基础上。该方法给每个人的效用分配了一个数字，这些数字可以相加。帕累托认为效用不能用这种方法来测度，因此他拒绝了任何基数效用（cardinal utility）的概念，因此他也拒绝了古典功利主

---

① 阿瑟·塞西尔·庇古（Arthur Cecil Pigou，1877—1959）是英国著名经济学家，剑桥学派的主要代表之一。出生在英国一个军人家庭。青年时代入剑桥大学学习。最初的专业是历史，后来受当时英国著名经济学家马歇尔的影响，并在其鼓励下转学经济学。毕业后投身于教书生涯，成为宣传他的老师马歇尔的经济学说的一位学者。他先后担任过英国伦敦大学杰文斯纪念讲座讲师和剑桥大学经济学讲座教授。他被认为是剑桥学派领袖马歇尔的继承人。当时他年仅 31 岁，是剑桥大学历来担任这个职务最年轻的人。他任期长达 35 年，一直到 1943 年退休为止。退休后，他仍留剑桥大学从事著述研究工作。另外他还担任英国皇家科学院院士、国际经济学会名誉会长、英国通货外汇委员会委员和所得税委员会委员等职。其著名的有《财富与福利》(1912)、《福利经济学》(1920)、《产业波动》(1926)、《失业论》(1933)、《社会主义和资本主义的比较》(1938)、《就业与均衡》(1941) 等。《福利经济学》是庇古最著名的代表作。该书是西方资产阶级经济学中影响较大的著作之一。它将资产阶级福利经济学系统化，标志着其完整理论体系的建立。它对福利经济学的解释一直被视为“经典性”的。庇古也因此被称为“福利经济学之父”。《福利经济学》共四篇。第一篇，“福利与国民收入”；第二篇，“国民收入的数量和资源在不同用途间的分配”；第三篇，“国民收入与劳动”；第四篇，“国民收入的分配”。庇古认为，《福利经济学》一书的目的，就是研究在现代实际生活中影响经济福利的重要因素。全书的中心就是研究如何增加社会福利。——译者注

② 维尔弗雷多·帕累托（Vilfredo Pareto，1848 年 7 月 15 日—1923 年 8 月 19 日），意大利经济学家、社会学家，对经济学、社会学和伦理学做出了很多重要的贡献，特别是在收入分配的研究和个人选择的分析中。他提出了帕累托最优的概念，并用无差异曲线来帮助发展了个体经济学领域。他的理论影响了墨索里尼和意大利法西斯主义的发展。帕累托因对意大利 20%人口拥有 80%财产的观察而著名，被约瑟夫·朱兰和其他人概括为帕累托法则（80/20 法则），后来进一步概括为帕累托分布的概念。帕累托指数是指对收入分布不均衡的程度的度量，参见基尼系数。帕累托晚年的思想已经超出经济学领域，经济学已经不能完全表达他的思想，于是他创作了《普通社会学纲要》一书。该书以社会学的视角，试图阐述人类活动的一般规律，包括社会的意识形态、剩余物、价值等的起源和分配等。——译者注

义（毕竟，如果效用在人与人之间没有基本的可比性，那么把它们加起来是无稽之谈）。相反，帕累托把他的经济学建立在纯粹的优先排序上，即商品组合的等级（效用函数仍被允许，但它只能被视为一种分析工具，用来表示优先排序，为此目的，任何返回这些偏好的函数都足够了）。从这一点出发，如果没有人能在不让别人境况更糟的情况下让自己变得更好（在他们自己评估事物时，考虑到他们的偏好），那么商品分配就被认为是最优的。

帕累托表明，通过自由交换过程可以达到这样一个最优。在某些条件下（包括专栏1.4中平滑的无差异曲线），对于任何给定的初始分配（禀赋）都会有一个唯一的帕累托最优分配。不仅如此，在专栏1.9的条件下（基本上是按给定的价格计算的，并且存在一套完整的市场），这一最优价格可以通过互惠的交易来实现。后来这被形式化为福利经济学的"第一基本定理"，即竞争市场均衡是帕累托最优的。

这并未使我们在讨论分配政策方面走得更远。一旦人们不再把禀赋的初始分配看作是给定的，人与人之间就有无穷多的帕累托最优分配。在许多帕累托经济理论的追随者看来，没有一个经济学家能够"科学地"判断一个人相对于另一个人的福利，说一个人比另一个人"富裕"这种判断被视为经济学的外部因素。莱昂内尔·罗宾斯（Lionel Robbins，1935）[①] 晚些时候对此进行了论证。[②]

这种对效用的基本"可测度性"的拒绝，可以解释为除了人们可观察到的商品需求和供给之外，对用于进行福利比较的所有类型数据的拒绝。从这个角度来看，这实际上是对经济学家在社会选择和政策问题上可得到的信息的一种武断的先验限制。

历史追溯：维尔弗雷多·帕累托的贵族出身（1848年出生于巴黎侯爵，父亲是意大利人，母亲是法国人）似乎产生了持久的影响。他对道德思想的排斥使他不得不质疑经济学如何能摆脱其功利主义的根基。

专栏1.21　帕累托"法则"

帕累托还研究了收入或财富分配的右尾（upper tail）规律。考虑印度比哈尔邦农村财富的频率分布，如图1.12所示。

---

① 莱昂内尔·罗宾斯（Lionel Robbins，1898年11月22日—1984年5月15日）为英国当代著名经济学家，他以经济学理论家知名。罗宾斯在经济学上的贡献主要体现在四个方面：经济理论、经济政策理论、经济学方法论、经济思想史。代表作品有《论经济科学的性质与意义》(1932)、《大萧条》(1934)、《经济计划和国际秩序》(1937)、《阶级冲突的经济根源》(1939)、《战争的经济原因》(1939)、《和平与战争时期的经济问题》(1947)、《英国古典政治经济学的济政策理论》(1952)、《经济思想中的经济发展理论》(1968)、《现代经济理论的演变》(1970)、《反通货膨胀》(1979)。——译者注

② Robbins, Lionel. 1935. *An Essay on the Nature and Significance of Economic Science*. London: Macmillan.

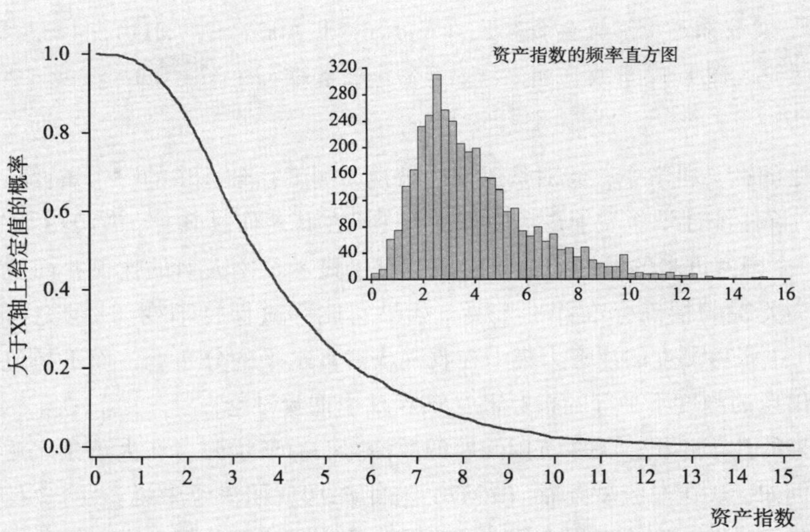

图 1.12　印度比哈尔邦农村财富分布

资料来源：作者根据普伽·杜塔等人（Puja Dutta et al.，2014）2010 年比哈尔邦农村数据计算得出。

数据给出了样本的比例（$n = 3700$）大于资产指数的每个级别。这叫作生存函数。(这只是数据 1 减去累积分布函数，插图给出了相应的直方图。）当然，这种分布并不完全平滑。但如果你看它的峰值（模式）上方的形状，然后我们可以想象在生存概率开始下降的点上拟合一个平滑的向下成形的函数，峰值的资产指数约为 2.5。

在研究这些数据的性质（主要使用欧洲的数据）时，帕累托得出结论，幂函数非常适合生存函数，即财富大于 y 的观测值的比例为 $(m/y)^{\alpha}$，其中 m 是财富的最小值，高于该值，生存函数将严格递减，$\alpha > 0$ 是每个数据集特有的参数；该参数被称为帕累托指数。对于图 1.12 中的数据，α 的值约为 2。这是“矩估计法”(method of moments) 估计量所隐含的值，其中 $\hat{\alpha} = (\bar{y} - m/n)/(\bar{y} - m)$ 在样本 n 中。

文献说明：关于“帕累托法则”的各种解释，参见弗兰克·考威尔①（Frank A. Cowell，1977，第 4 章注释）②；帕累托法则在研究现代富人的收入和财富增长中起着

① 弗兰克·考威尔（Frank A. Cowell），生于 1949 年 12 月，伦敦政治经济学院终身教授。研究领域：收入和财富分配、不平等和贫困问题。他在《计量经济学》(*Econometrica*)、《美国经济评论》(*American Economic Review*)、《经济研究评论》(*Review of Economic Studies*)、《计量经济学杂志》(*Journal of Econometrics*) 和《公共经济学杂志》(*Journal of Public Economics*) 等期刊发表论文数篇。著有《欺骗政府》(*Cheating the Government*)、《经济不平等和收入分配》(*Economic Inequality and Income Distribution*) 和《不平等的度量》(*Measuring Inequality*)。讲授课程：微观经济学原理、公共经济学。他编写的《微观经济学》被翻译成多国语言（俄语、法语等），成为国外流行的微观经济学的教科书。

② Cowell，F. A. 1977. *Measuring Inequality*，Philip Allan，Oxford.

重要的作用，见安东尼·阿特金森等人（Anthony B. Atkinson，2011）和托马斯·皮凯蒂（2014）的讨论。图 1.12 的数据和方法如普伽·杜塔等人（Puja Dutta et al.，2014）所述。

在更广泛的社会科学中，绝对贫困率已被视为测度社会进步的一个重要标准。伦敦政治经济学院[①]首任统计学教授亚瑟·里昂·鲍利[②]在其著作（1915，第 213 页）[③] 中写道："也许，对一个国家进步的最好的检验标准莫过于显示贫困人口的比例；而就观察进步而言，被选定为关键的精确标准并不重要，如果它能一直保持不变。"在美国，阿林·扬格[④]（1917）主张将测度的注意力集中在收入或财富水平的分布上，而不是包括基尼系数在内的新近出现的测度不平等的指标上（第 5 章中重新讨论）。[⑤]

在接下来的几十年里，关注贫困问题的政治势头有所增强，在大萧条之后，这种势头明显增强。例如，美国总统罗斯福（1937）在第二次就职演说中说："检验我们进步的标准，不是看我们是否为富裕者锦上添花，而是看我们是否使贫困者丰衣足食。"

罗斯福推出了一系列新的社会计划，这些计划通常被贴上"新政"（New Deal）[⑥] 的标签，其中包括《社会保障法案》（*Social Security Act*），其中包括为老年人提供养老金，为有抚养儿童的家庭提供转移支付以及失业救济。先前引入的联邦所得税（在塔夫脱总统领导下）提供了一种累进的融资方法。

从 20 世纪初开始，我们开始看到统计数据被用来促进公众对贫困和不平等等社会问题的讨论。一个关键的方法问题是，能否依靠对家庭的抽样调查而非人口普查，以及如何

---

① 伦敦政治经济学院（The London School of Economics and Political Science，*LSE*），简称伦敦经济学院或伦敦政经。创立于 1895 年，是英国久负盛名的世界顶尖公立研究型大学，为伦敦大学联盟成员和罗素大学集团成员，被誉为英国金三角名校和 G5 超级精英大学。——译者注

② 亚瑟·里昂·鲍利（Arthur Lyon Bowley）是现代统计学的创始人，他是一位重要的、丰富多彩的人物，是巩固统计方法论基础的领导者，包括调查方法以及 19 世纪末 20 世纪初统计学在经济和社会问题上的应用。在许多方面，他都走在时代的前面。——译者注

③ Bowley, Arthur L. 1915. *The Nature and Purpose of the Measurement of Social Phenomena*. London：P. S. King and Sons.

④ 阿林·杨格（Allyn Abbott Young，1876—1929）美国经济学家，1928 年在英国科学促进协会 F 分部主席的就职演说了《报酬递增与经济进步》。这篇论文之所以非常著名，是因为它提供了一条与马歇尔不同的发展古典经济学思想的思路。正如西奥多·W·舒尔茨所指出的："令人不解的是在阿林·杨格精辟的文章之后，经济学界竟对这个问题长期保持沉默。"50 年代以后，它对经济发展理论产生了很重要的影响。——译者注

⑤ 阿林·杨格（Allyn Abbott Young，1917，第 478 页）质疑基尼指数和其他测度不平等的指标（含蓄地或明确地）认为平等为零是理想的事实，他认为"一成不变既不实际也不可取"，Young，Allyn. 1917. "Do the Statistics of the Concentration of Wealth in the United States Mean What They are Commonly Assumed to Mean?" *American Statistical Association New Series* 117：471-484.

⑥ 罗斯福新政（The Roosevelt New Deal），是指 1933 年富兰克林·罗斯福任美国总统后实行的一系列政策，核心是三 R：救济（Relief）、复兴（Recovery）和改革（Reform），也称三 R 新政。新政增加政府对经济直接或间接干预，缓解了大萧条带来的经济危机与社会矛盾，并通过国会制定了《紧急银行法令》《全国工业复兴法》《农业调整法》《社会保障法案》等法案。——译者注

进行抽样。[①] 20 世纪的前几十年，亚瑟·里昂·鲍利、罗纳德·费舍尔[②]和耶日·奈曼[③]等统计学家提出了基于随机抽样的统计推断理论。从 1928 年开始，伦敦政治经济学院的一个团队（由亚瑟·里昂·鲍利建议）对伦敦进行了一系列耗时耗资的调查，重点是贫困问题。尽管受到布思 30 年前工作的影响，这些新的调查与众不同，因为它们依赖于正规的家庭抽样方法。[④] 但是，花了一些时间才使抽样成为社会和经济调查的普遍做法。[⑤] 罗纳德·费舍尔开发了许多方法，通常是他自己农业试验的意外成果。他的《实验设计(1935)》(*Design of Experiments*) 是生物学实验方法的基础，后来在评估反贫困项目中变得非常重要（如第 6 章进一步讨论的）。

贫困测度已成为社会统计的一个主要应用领域。在适当的时候，抽样方法将彻底改变世界各地国家统计局为随机抽样的家庭收集收入和/或支出的系统调查数据的做法。印度是早期这一领域的全球领先者，特别是通过著名统计学家马哈拉诺比斯[⑥]创立的印度统计研究院（Indian Statistical Institute）。这样很快开展了印度的全国抽样调查（National Sample Surveys，NSS），该调查始于 1950 年，至今仍用于测度印度的贫困状况。正如马哈拉诺比斯（1963）所说："统计学是一门应用科学，它的主要目的是帮助解决实际问题。贫困是国家最基本的问题，统计数据必须有助于解决这个问题。"[⑦]

在两次世界大战之间（1919—1938），主流社会似乎不再认为贫困主要是由贫困人口的不良行为造成的，而是认为贫困反映了更深层次的经济和社会问题。至少，对大萧条时期大规模非自愿失业的观察就说明了这一点，这些观察结果通过当时的各种媒体被有力地

---

① 一个早期的例子是由莫斯科大学的亚历山大·丘普罗夫（Alexander Alexandrovich Chuprov）领导的对俄罗斯农民的调查。

② 罗纳德·费舍尔（Ronald A. Fisher，1890—1962），英国统计与遗传学家，现代统计科学的奠基人之一。并对达尔文进化论作了基础澄清的工作。——译者注

③ 耶日·奈曼（Jerzy Neyman，1894—1981）是美国统计学家。奈曼是假设检验的统计理论的创始人之一。他与 K. 皮尔逊的儿子 E. S. 皮尔逊合著《统计假设试验理论》，发展了假设检验的数学理论，其要旨是把假设检验问题作为一个最优化问题来处理。他们把所有可能的总体分布族看作一个集合，其中考虑了一个与原假设相对应的备择假设，引进了检验功效函数的概念，以此作为判断检验程序好坏的标准。这种思想使统计推断理论变得非常明确。奈曼还想从数学上定义可信区间，提出了置信区间的概念，建立置信区间估计理论。奈曼还对抽样引进某些随机操作，以保证所得结果的客观性和可靠性，在统计理论中有以他的姓氏命名的奈曼置信区间法、奈曼—皮尔森引理、奈曼结构等。奈曼将统计理论应用于遗传学、医学诊断、天文学、气象学、农业统计学等方面，取得丰硕的成果。他获得过国际科学奖，并在加利福尼亚大学创建了一个研究机构，后来发展成为世界著名的数理统计中心。——译者注

④ 伦敦政治经济学院对伦敦的社会调查，见西蒙·阿伯内西。Abernethy, Simon. 2013. "Deceptive data? The New Survey of London Life and Labour 1928-31." Working Paper 16. Cambridge: Department of Economic and Social History, University of Cambridge, England.

⑤ 关于调查抽样方法的历史，见杰尔克·伯利恒（Jelke Bethlehem，2009）。

⑥ 普拉森塔·钦德拉·马哈拉诺比斯（P. CH. Mahalanobis，1893—1972 年）印度数理统计学家，大规模抽样调查理论与实践的先驱。——译者注

⑦ Mahalanobis, Prasanta Chandra. 1963. *The Approach of Operational Research to Planning in India*. New York: Asia Publishing House.

传播给了广大听众。① 随后进行了大规模的救济工作（如罗斯福新政），尽管这主要是为了保护而不是促进（promotion）。②

大萧条也刺激了人们对政府在宏观经济稳定中作用的经济思考的重大转变。这就是凯恩斯主义革命。大萧条时期大规模失业造成的贫困是凯恩斯主义经济学革命的根本动机，尽管首要重点是刺激有效总需求以恢复经济增长，分配问题还不太清楚。凯恩斯在《就业、利息和货币的一般理论》(*The General Theory of Employment, Interest and Money*) 一书中，对失业原因的解释是，总需求不足阻碍了充分就业。这意味着，在实现充分就业之前，贫困家庭在国民收入中所占份额的提高将促进增长（专栏 1.22）。这与过去强调总量增长与公平之间权衡的思维方式有着显著不同。

专栏 1.22　凯恩斯关于不平等如何阻碍经济发展的论点

凯恩斯（John Maynard Keynes）并没有写过太多关于贫困和不平等的文章，但他的经济学旨在理解什么是导致高贫困率、大规模失业的重要原因，他将其归因于经济中缺乏有效的总需求。在他 1936 年的重要著作《就业、利息和货币通论》第 24 章中，凯恩斯提出了一个论点，明确驳斥了“增长与公平”之间的实质性权衡观点。这个论点很简单。凯恩斯认为，与富人相比，贫困家庭的边际消费倾向（marginal propensity to consume，MPC）往往更高；边际消费倾向随着收入的增加而稳步下降。因此，从富人到穷人的财富再分配将增加总的有效需求，从而有助于减少总失业率。

随后对跨时间消费行为的研究（如米尔顿·弗里德曼的持久性收入假设，我们将在第 3 章中进一步研究）导致了对凯恩斯论点的质疑，特别是当凯恩斯的论点应用于长期再分配时。有人认为，从长期来看，消费将与持久性收入相匹配，因此再分配对总消费的影响将消失。但凯恩斯更关心的是短期内的情况。他认为：“‘长期’这个概念实际上

---

① 詹姆斯·艾吉（James Agee）和沃克·埃文斯（Walker Evans）(1941) 描述美国南部佃农在 20 世纪 30 年代中期的生活条件和生活的照片和文字就是一个例子。1936 年的夏天，詹姆斯·艾吉和沃克·埃文斯受《财富》杂志之托开始着手探索美国南方佃农的日常生活。他们在旅行中紧密合作，创作出了划时代的文学作品《现在，让我们赞美伟大的人》(*Let Us Now Praise Famous Men*)。书中的文字和 60 多张黑白照片把读者带回到佃农（亚拉巴马州）的房子里，他照料的田地里。时间是 20 世纪 30 年代中期，在大萧条的最深处。南方的佃农正为债务增加、家庭慢性疾病（没有医疗保险）、无法安置的土地以及美国大部分地区在那个时代遭受的绝望和极度贫困而挣扎。詹姆斯·艾吉是美国小说家、剧作家、电影评论家和新闻记者。1932 年毕业于哈佛大学，曾因小说《家庭中的一次死亡事件》而获得普利策奖。其他作品包括诗集《应许之旅》，小说《守日人》，以及其他通信集、文学评论和电影剧本。沃克·埃文斯是美国纪实摄影大师。早年曾在巴黎游学，1945 年，先后加入《时代》周刊和《财富》杂志，担任专职作者和编辑。1965 年，成为耶鲁大学艺术学院的教授。沃克·埃文斯相信艺术家的任务是直面最严峻的现实，其作品以简洁、直接、清晰的影像语言描绘了美国社会。——译者注

② 见修·赫克洛。Heclo, H. (1986). *The political foundations of antipoverty policy*, In Sheldon Danziger and Daniel Weinberg (eds.) *Fighting Poverty: What Works and What Doesn't*. Cambridge, MA: Harvard University Press.

会误导时事的走向。从长期看，我们都已死亡。如果在暴风雨季，经济学家们只能在暴风雨已经过去且大海恢复平静时，才告诉我们有暴风雨，他们给自己定的任务也太简单、太没用了。”①

随着大萧条逐渐淡出人们的视线，经济学家们对长期经济增长的兴趣又重新燃起。1939 年罗伊 · 哈罗德②的《关于动态理论的一篇论文》(An Essay in Dynamic Theory) 标志着人们开始更加认真地关注长期增长；伊夫斯 · 多马③ (1946) 也一直在按照类似的思路研究。哈罗德-多马模型产生了很大的影响，尤其是在发展政策界，它为“二战”后的许多发展计划提供了理论基础。该模型过于简单，假设资本产出率和储蓄率不变（如第 8 章进一步讨论的)。为解决这些缺陷，需要创作出关于增长和分配变化理论的重要论著。

① “But this long run is a misleading guide to current affairs. In the long run, we are all dead. Economists set themselves too easy, too useless a task if in tempestuous seasons then can only tell us that when the storm is long past the ocean is flat again.” ——A Tract on Monetary Reform (1923) Ch. 3, p. 80.

② 罗伊 · 福布思 · 哈罗德 (Roy Forbes Harrod, 1900—1978)，当代英国有名的经济学家。在经济学领域中，哈罗德对不完全竞争理论、国际贸易理论和经济周期理论进行了深入的探索并做出了重大的贡献。最使他驰誉西方经济学界的是他在 1948 年与美国经济学家伊夫斯 · 多马同时提出的经济增长模型，该模型被人们称为“哈罗德-多马增长模型”(Harrod-Domar Growth Model)。——译者注

③ 伊夫斯 · 多马 (Evsey David Domar, 俄语：Евсей Домашевицкий, Jewsei Domaschewizki) 生于 1914 年 4 月 16 日，卒于 1997 年，波兰裔美国经济学家。他与罗伊 · 福布思 · 哈罗德同期提出了发展经济学中著名的经济增长模型哈罗德-多马模型。——译者注

第2章　1950年后贫困问题的新思考

20世纪中叶，全球消除极端贫困的进程出现了戏剧性的转折点。图2.1描绘了两个贫困率序列。① 我们看到序列轨迹在1950年前后有明显的转折（break），如果没有这个转折，就会有15亿人生活在贫困之中。② 另一个观察结果是：世界上极端贫困的发生率比以往任何时候都低。虽然在20世纪前后的不同时期都存在消除极端贫困的呼吁，但现在的呼吁比以往任何时期都更被接受。

大约在贫困发生率轨迹发生变化的同时，与反贫困政策相关的经济和哲学思想也发生了重大转变。

2.1　第二次贫困启蒙

从1960年开始，在全球范围内，包括发展中国家的新自由国度，政策制定者对消除贫困的范围出现了新的乐观情绪。公众对贫困关注度的变化可以从当时文献中"贫困"一词的使用率显著上升中找到证据，如前述图1.6所示。人们对贫困问题的关注始于1960年前后，人们开始关注贫困问题（当时为英语词汇，稍早为法语词汇）。经济学家对收入

---

① 图2.1尚有许多数据问题。弗朗索瓦·布吉尼翁和克里斯蒂安·莫里森（Bourguignon and Morrisson，*BM*）（2002）在1980年以来的估计中使用了陈少华和马丁·拉瓦雷数据库的早期版本，但在其历史序列的不平等测度过程中，*BM*不得不依赖于次要数据来源进行少得多且相当分散的估计。此外，布吉尼翁和莫里森别无选择，只能将其贫困测度指标固定在人均GDP而非调查得到的平均水平。由于调查的平均水平远低于人均GDP，因此不能简单地使用弗朗索瓦·布吉尼翁和斯蒂安·莫里森数据集中的陈少华和马丁·拉瓦雷贫困线。因此，布吉尼翁和莫里森试图使其"极端贫困"线与马丁·拉瓦雷等人使用1985年购买力平价计算得出的每天生活费用1美元（1991）的贫困线一致，将他们的贫困率固定在陈少华和马丁·拉瓦雷的贫困率上（1992）。结合陈少华和马丁·拉瓦雷系列的剪接，我们假设1980年后，在发达国家没有人每天生活费低于1美元。这个假设是合理的，并且与本书作者使用卢森堡收入研究所（Luxembourg Income Study，*LIS*）数据库进行的计算相符。

② 考虑到1950年减贫趋势（年度百分比）的变化，为保证连续性而限制估计值后，到1950年，减贫趋势以每年0.26%下降（标准误差为0.03）。为了评估1950年的中断程度，假设没有中断且保持1950年以前的轨迹。我们预计2005年世界人口中有36%（标准误差为3.3%）每天生活费用低于1美元，而陈少华和马丁·拉瓦雷估计有14%。

分配的学术兴趣开始激增。

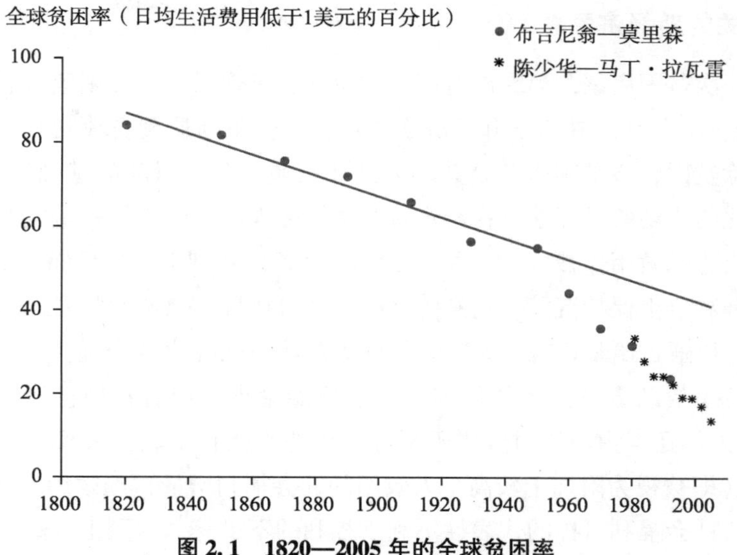

图 2.1　1820—2005 年的全球贫困率

资料来源：根据布吉尼翁和莫里森（2002）使用的数据库（作者提供）以及陈少华和马丁·拉瓦雷（2010a）的计算。

到 2000 年，提到“贫困”的次数达到了三百年来的最高值。2000 年之后还在继续上升，直到撰写本书时能够获得数据的最新年份（2008 年）。事实上，随着该序列的适度平滑，2008 年是自 1600 年以来贫困在文献中最受关注的一年。① 对比图 1.6 和图 2.1，我们发现当前对贫困的关注度比以往任何时候都高，但对极端贫困发生率的关注则处于最低点。

与第一次类似，第二次贫困启蒙发生于一个激烈质疑的不稳定的时代。然而与第一次不同的是，它并非在发达国家绝对贫困率上升之后出现。全世界都有对新自由（new freedoms）的要求。富裕国家出现了社会动荡和内乱，贫困地区中新建立的政治独立体与许多政治和经济动荡混在一起。尽管 20 世纪 60 年代是西方的著名时期，出现了声势浩大的和平、种族和性别平等的新运动，但这些运动中的大部分也发生在了发展中国家。仅在 20 世纪 60 年代，尽管边界问题经常存在争议，但非洲仍有 32 个国家获得了独立。中国的“文化大革命”始于 1966 年，历经十年浩劫。南亚（孟加拉国和印度）和非洲的部分地区在 20 世纪 60、70 年代在与饥荒做斗争，并且世界各

① 2008 年和尽可能早的相关图表可以在下列网址找到：http://books.google.com/ngrams/graph?content=Poverty%2Bpoverty%2Cpoverty&year_start=1600&year_end=2008&corpus=15&smoothing=4&share=. 1634 年和 1659 年有两个尖峰。当然，在过去几年里，读者数据库中的词量很低，通常每年只有几本书。每一个峰值都在很大程度上反映了一到两卷书中大量使用“贫困”一词，这显然是骗人的。如果平滑参数大于 3，则峰值年份将成为序列中的最后一年，即 2008 年。还要注意计数是区分大小写的。在 17 和 18 世纪的英语写作中，在句子中使用大写单词更为常见，因此，当追溯到这一步时，包含大写单词是很重要的。但在 1800 年左右之后，这一点无关紧要。

地政局不稳，发生了许多为自主权而斗争的独立运动。①

与贫困相关的新经济思想

类似于第一次贫困启蒙，第二次贫困启蒙运动也出现了与反贫困政策有关的新学术思想。20 世纪 60、70 年代，在哲学和经济学领域，人们重新质疑古典功利主义范式，质疑它作为指导消除贫困、不平等以及公共政策其他领域的公共行动的基础地位。回想一下，最大效用平均化的边沁的目标建立在给定特征集合的人厌恶收入不平等的基础上，这里的关键假设是收入边际效用递减（如专栏 1. 13 所述）。但功利主义的目标是漠视福利的不平等，对个人权利和自由保持沉默。功利主义的批评者质疑，那些给最贫困人口带来福利损失的政策是否可以通过给最富有人口带来足够大的收益来证明其合理性。有人提出了在现代司法原则中首先帮助最贫穷者的伦理优先顺序的论点，稍后我们再讨论这些原则。20 世纪 70 年代，人们还努力通过对效用不平等的厌恶来概括功利主义模式。这是通过允许边际社会福利（即被视为附加于较高个人效用的社会福利增量）随效用水平下降而下降来实现的。因此，社会福利目标的代表性不利于福利的不平等。原则上，边际社会福利可以在足够高的效用水平下降至非常低的水平。② 无论是否采取了额外步骤，这些不同的新兴学派对于公共政策的社会福利目标显然有共同点。

对许多经济学家来说，更具争议的一步（目前仍有争议）是重视“权利”和“自由”的内在价值。显而易见的是，在第二次贫困启蒙运动中，人们因为经济学对个人权利和自由的缺乏关注而感到不满。当然，自由贸易的自由在经济学中常常被赋予很高的价值，但这是一种工具性价值——竞争性交换的优点是从长期（边沁或帕累托）的政策目标公式中衍生而来。如果不把某些权利放在高于一切的位置，存在道德争议的政策范围可想而知。出于这种关切，主流思想对贫困的关注更多地集中在把自由作为中心问题的非功利主义表述上，尤其是在阿马蒂亚·森（Amartya Sen，1980，1985a，1999）的著作中。他将贫困定义为，剥夺了一个人自由选择其有理由珍视的生活的基本能力。这种自由具有压倒一切的伦理价值，可以追溯到第二次贫困启蒙时期（专栏 2. 1）。

专栏 2. 1　功能、可行能力和效用

在阿马蒂亚·森提出的能力方法中，功能（functionings）是指一个人的“各种生命存在和行为”，如安全感、能健康地活到老年、拥有工作、能更广泛地参与社会和经济活

① 在某些情况下，独立来自殖民统治者；但在另一些情况下，独立来自后殖民民族国家，例如 1971 年从巴基斯坦获得独立的孟加拉国。甚至相对稳定的印度，也曾经历过包括 20 世纪 70 年代中期“紧急情况”在内的政治动荡。

② 马丁·拉瓦雷（1994a）进一步讨论了这一解释。该解释表明，在贫困测度中引入不平等厌恶（于第 5 章进一步讨论）并考虑到个人经济福利数据中的测度误差，从最小化贫困的角度来看，政策制定的目标基本上可以像人们所说的那样，接近于最大化广义功利主义社会福利函数。

动。可行能力（capabilities）是指，在给定情境下，一个人实际具备的由个人特点和所处环境所决定的一系列功能。阿马蒂亚·森提出，人类福利应该以一个人的能力来测度。

可行能力观方法是经济学中更主流的"福利主义"方法的替代方案。"福利主义"方法将人们的效用（即最大限度地做出选择）视为做出判断的唯一依据，这些判断包括相对福利问题（如谁是穷人，谁不是）和政策问题（评估干预措施的效益和成本）。该方法旨在解决人们对更主流的福利主义方法的关切。其中一个担忧是后者似乎过分强调对商品的支配，另一个原因是它缺乏对权利和自由的明确关注。还有其他的关切，包括人们可能会做出错误的选择，或者根据自己的情况调整自己的偏好，以及以允许人际比较的方式识别和测度"效用"的问题。

对推动能力本位的福利主义的批判并不否认人们是理性的（效用最大化），也不否认社会福利应该由个人的福利水平来判断。相反，重要的出发点是"福利"的含义，特别是它是否是由商品的支配权决定的（忽略了人与人之间的其他差异）以及它是否可以与个人选择的最大值等同起来。

延伸阅读：阿马蒂亚·森的许多著作中都有讨论，但尤为推荐阿马蒂亚·森在 1999 年发表的著作第 3 章和第 4 章中的处理方法。本书第 3 章将深入探讨"福利派"与"非福利派"之间的争论以及与贫困的关系。

在这些关于政策目标的更广泛的思考方式的基础上，我们发现了之前为清除经济学中关于福利的积极比较所做的努力中的新问题。这些努力起源于帕累托对最优性的描述（见专栏 1.20），并从莱昂内尔·罗宾斯（1935）的一篇有影响力的文章中汲取了力量。直到 1950 年前后，经济学家们都在努力避免人际比较，这被认为是不科学的。这种不科学性导致了贫困或收入分配的规范经济分析的范围局限性。① 没过多久，肯尼斯·阿罗②（1951）和阿马蒂亚·森（1970）关于社会选择的理论著作，重申了在讨论反贫困政策等问题时需

① 收入分配思想史的权威综述见阿格纳·桑德默（Agnar Sandmo，2014），Sandmo，Agnar. 2014. "The Principal Problem in Political Economy：Income Distribution in the History of Economic Thought." In *Handbook of Income Distribution*, vol. 2, edited by Anthony B. Atkinson and Francois Bourguignon. Amsterdam：Elsevier Science.

② 肯尼斯·约瑟夫·阿罗（Kenneth J. Arrow，1921 年 8 月 23 日—2017 年 2 月 21 日），美国经济学家，1972 年因在一般均衡理论方面的突出贡献与约翰·希克斯共同荣获诺贝尔经济学奖。肯尼斯·约瑟夫·阿罗在微观经济学、社会选择等方面卓有成就，被认为是战后新古典经济学的开创者之一。除了在一般均衡领域的成就之外，阿罗还在风险决策、组织经济学、信息经济学、福利经济学和政治民主理论方面进行了创造性的工作。阿罗是保险经济学发展的先驱，更一般意义上讲，他是不确定性经济学、信息经济学和沟通经济学的发展先驱。代表作有《社会选择与个人价值》《组织的极限》等。——译者注

要某种形式的人际可比性。[①] 经济学家们对伦理的考量很快回到了政策分析上。伦理学仍然被经济学视为范畴之外，但该学科并没有回避伦理学。在这方面，经济学家做出了重要的贡献，他们将道德判断正式化并加以解释，从而能够准确地识别何时该判断对政策推断有影响。例如，考虑到所得税的激励效应，对收入不平等的厌恶程度到底有多大？与此同时，仅仅根据可观察到的需求和供给行为来推断可比效用是没有意义的，但这种做法却被接受了。[②] 显然需要更多的数据。为了扩大人际福利比较的数据基础，采取了两组并行数据：一个是关于自评福利的主观数据，另一个是关于某些基本功能的实现的客观数据（例如为正常的社会活动提供足够的营养）。我们将在第 3 章中更深入地研究这些收集数据的方法。

这一时期的一个重要变化是注意力明显从要素分配转向个人分配。在古典经济学中，分配一直是一个中心问题；实际上，在李嘉图（1817）看来，分配是经济学的定义问题。李嘉图的阶级分配特征（工人阶级只提供劳动，资本家只从资本中获得收入，地主只从租金中获得收入）在 19 世纪产生了巨大的影响，特别是对社会主义发展的影响，最显著的是马克思对资本主义的阶级分析。虽然基于人与生产资料的定性关系对阶级的定义并没有完全失去相关性，但在 19 世纪，这些定义显然比今天更加突出。随着时间的推移，这些基于阶级的不平等模型在描述上被视为与经验不太相关，这主要是因为出现了日益分层的劳动力市场（仅仅为工资工作并不意味着一个人很穷），以及资本所有权的程度多样化，包括通过新的金融机构，如养老金和共同基金。[③]

一路走来，关于这种思维转变的争论不绝于耳，而且这种争论往往带有政治色彩。左派和右派都反对讨论人际分配问题。在右派，任何关于美国“不平等”的言论，往往被嘲笑是为了促进“阶级战争”；按照这种观点，不平等被视为一个危险的、最好被忽视的话题。在极左派，讨论人际分配被视为一种“新自由主义”的努力，目的是在工人阶级中造成阶层分化，将注意力从生产关系转移到生产资料上。尽管这两个极端越来越脱离现实，并且已经转移到政策争论的边缘，但其典型代表仍可以找到。

随着市场经济的日益复杂，人们对收入和财富的人际分配产生了更大的兴趣。20 世纪 70 年代和 80 年代，人们做出新的努力，将贫困和不平等的测度置于更坚实的理论基础上。[④]

---

① 在 1785 年孔多塞首次提出的多数决投票的矛盾中，阿罗（1951）认为，在可防御公理下，如果一个有超过三个或更多选项的独特社会顺序仅仅来自一组不受限制的个人顺序，则它必须是强制性的或独裁的。请注意，允许个人间的比较只是阿罗独裁统治结果（阿马蒂亚·森，1970）的可能解之一。另见彼得·哈蒙德（Peter Hammond，1976）和约翰·罗默（1996）的讨论。

② 尤其是在罗伯特·波拉克和特伦斯·威尔斯（Robert Pollak and Terence Wales，1979）之后。

③ 这些变化在当时就已被注意到，例如大卫·戈登（Gordon，David. 1972. Theories of Poverty and Underemployment. Lexington，MA：Heath and Company）和安东尼·阿特金森（1975，第 9 章）Atkinson，Anthony B. 1975. *The Economics of Inequality*. Oxford：Oxford University Press.

④ 重要的贡献来自哈罗德·瓦茨（Harold W. Watts，1968），安东尼·阿特金森（1970，1987），克里斯托夫·科尔姆（Serge-Christophe Kolm，1976），阿马蒂亚·森（1973，1976a），以及詹姆斯·福斯特、乔尔·格雷尔和埃里克·索尔贝克（James Foster，Joel Greer and Erik Thorbecke，1984）。

从 1970 年左右开始，人们对贫困和不平等的测度在理论和实践上都产生了极大的兴趣。[①]这在很大程度上一直处于主流经济学的边缘，但如今，这种情况已不复存在。[②]

尽管行为经济学中出现的一些“非理性”主张似乎更多地源于对效用函数的有限描述和（或）对错误的有限容忍，但福利经济学中其他看似神圣的要素也开始受到质疑，包括人们是否理性。甚至“当任何效用水平上升而非下降时，社会福利总是更高”的想法（帕累托法则），不论是在充分性方面，还是其在道德上令人信服的能力，在政策制定时的基础地位均受到了质疑，[③] 帕累托法则被发现与看似温和的人身自由诉求不符。[④]

关于我们对贫困原因的理解，1960 年代出现了一个新重点，即人力资本的经济回报，以及在教育投资方面的选择如何权衡了预期的未来回报与当前成本［芝加哥大学的经济学家舒尔茨（1961）和贝克尔[⑤]（1964）在新兴的新教育经济学中具有影响力］。对竞争性市场配置的效率也有更深层次的质疑。“市场失灵”一词出现于 20 世纪 50 年代末，并迅速得到广泛应用。[⑥] 尤其是劳动力和信贷市场的不完善，被视为理解贫困的关键，见专栏 2. 2。

专栏 2. 2 市场失灵

市场失灵（market failures，有时被称为“市场不完善”）本质上是指自由市场有效运行的条件不成立的任何情况——斯密所说的“看不见的手”不会引导经济实现有效配置。

回想一下，自由市场的效率要求在一整套市场中采取普遍价格行为，所有这些市场都是瞬间明确的（专栏 1.9）。因此，市场失灵可能是由于三方面原因导致的：一是非竞争性特征，即某些代理人控制价格；二是这些特征没有成本调整；三是市场不完善。后者可能反映了外部性或某些商品缺失导致的市场失灵。

---

① 在 Google Books Ngram Viewer 中，尝试输入一组单词，例如：贫困线、贫困率、贫困差距、基尼、洛伦兹曲线和住户调查。人们可以看到，从 1960 年开始，实际的爆炸性发生率不断上升。

② 例如，1972 年出版的《企鹅经济学词典》(*Penguin Dictionary of Economics*) 在其 1700 个词条中并未包含“贫困”或“不平等”的定义（格雷厄姆·班诺克等人，1972）。相比之下，2008 年出版的《帕尔格雷夫新经济学词典》(*Palgrave Dictionary of Economics*) 对这些话题提及较多，见拉里·布鲁姆和史蒂文·N. 杜尔劳夫（Larry Blume and Steven N. Durlauf, 2008）；牛津经济学词典（*Oxford Dictionary of Economics*）也是如此，见约翰·布莱克等人（John Black, 2012）。

③ Nath, Shiv K. 1969. *A Reappraisal of Welfare Economics*. London: Routledge and Kegan Paul.

④ 见阿马蒂亚·森（1970）。

⑤ 加里·斯坦利·贝克尔（Garys Stanley Becker, 1930 年 2 月 25 日至 2014 年 5 月 4 日），美国著名经济学家、芝加哥经济学派代表人物之一、芝加哥大学教授，1992 年诺贝尔经济学奖得主，被誉为 20 世纪最杰出的经济学家和社会学家之一。代表作是《人类行为的经济分析》。——译者注

⑥ “市场失灵”一词是由弗朗西斯·M. 巴托提出的。Bator, Francis M. 1958. “The Anatomy of Market Failure.” *Quarterly Journal of Economics* 72 (3): 351-379.

非竞争性市场的一个例子是，只有一个（垄断）卖方出售某种商品。然后，卖方可以设定价格，这个价格将超过公司生产另一单位产品的成本。换句话说，价格将超过边际成本。

我们已经在专栏 1.9 中了解了外部性。回想一下，一家工厂污染空气，却没有对它收取任何适当的费用。工厂产出的边际成本并不能反映其全部社会成本。价格不会引导我们达到社会最优水平；特别是，这家工厂的产量会过多，污染也会过多。

市场失灵的一个例子是，只有那些拥有足够财富来提供抵押品的人才能获得信贷。财富太少的贫困家庭在需要的时候将无法借贷。当情况非常糟糕时，某些激励措施（例如一个人违约就要受到惩罚的威胁），可能并没有什么作用。

市场失灵指出了政府干预的理由。如果市场失灵持续存在，那么通常可以归咎于政府失灵。

延伸阅读：参见专栏 1.9 的注释。

自大萧条以来，人们一直怀疑劳动力市场是竞争性的，以至于可以通过调整工资率来消除任何失业。20 世纪 60 年代，在理解富裕国家的贫困问题时，二元劳动力市场（dual labor markets）的概念变得突出起来。① 一个劳动力市场工资高、效益好，而另一个劳动力市场工资低、效益差。人们意识到，鉴于在某些活动中监测工作努力的高成本存在，这可能是一种平衡。② 高工资环节出现时，利润最大化的企业将面临更高的监控成本，他们选择支付工人溢价，即高于市场结算工资，以激励他们如雇主所愿③（考虑到工人一旦被解雇将面临减薪，这种激励措施会起作用）。其他监测成本较低的活动则形成了竞争性部门，这是发现穷忙族的地方。

在此时期的另一系列文献中，乔治·阿克尔洛夫④（1970）展示了信息不对称如何引发信贷（和其他）市场失灵，例如当贷方对项目的了解不如借方，就会限制信贷的流动。这有助于解释机构和政府在促进更好的信息信号和更广泛的合同选择方面的有效作用。⑤

新信息经济学对理解持续贫困具有重要意义。在一个完善的信贷市场中，即使是贫困

---

① 特别是彼得·多林格和迈克尔·皮奥雷。P. B. Doeringer and M. J. Piore, "*Internal Labor Markets and Manpower Analysis*," M. E. Sharp, New York, 1971.

② 见杰里米·布洛和劳伦斯·亨利·萨默斯。Bulow, Jeremy, and Larry Summers. 1986. "A Theory of Dual Labor Markets with Application to Industrial Policy, Discrimination and Keynesian Unemployment." *Journal of Labor Economics* 4 (3): 376-414.

③ 继卡尔·夏皮罗和约瑟夫·斯蒂格利茨（1984）之后，Hapiro, Carl, and Joseph Stiglitz. 1984. "Involuntary Unemployment as a Worker Discipline Device." *American Economic Review* 74 (3): 433-444.

④ 乔治·阿克尔洛夫（George A. Akerl），1940 年生于美国的纽黑文，自 1980 年到现在，一直在美国加利福尼亚伯克利分校任经济学首席教授。1970 年发表了名为《柠檬市场：质量不确定性和市场机制》的论文，被公认为是信息经济学中最重要的开创性文献。——译者注

⑤ 信息不对称的观点为我们提供了一个新的视角来解释为什么存在股份制，承租人向所有人支付农场产出的固定份额，而不是标准地租（约瑟夫·斯蒂格利茨，1974）。由于土地所有者无法观察到租户的工作，最优合同在风险分担和工作激励之间取得了平衡。因此，风险由双方分担。

的父母也可以贷款支付学费，然后从子女们长大以后的收入中偿还。但是，如果贫困的父母比其他人受到更多的信贷约束，那么我们将看到在教育方面的经济梯度，即贫困父母的子女得到的教育更少。这确实是我们看到的事实，几乎无处不在。贫困家庭将有太多的童工和太少的教育，因此，贫困将世代延续。风险市场失灵也可能产生类似的影响：如果父母不能确保子女的教育不会带来低经济回报时，他们对子女的教育投资会不足。

在适当的时候，这一新的经济思想指出了财富初始分配不平等能够持续存在并阻碍整体经济进步的重要方式。经济学还指出了推广反贫困政策的空间，这些政策的主要目的是弥补信贷和风险市场的失灵，例如通过义务教育法和公共教育支持，特别是支持贫困家庭儿童的教育（第 9 章和第 10 章讨论这些问题）。

罗尔斯的正义原则

如果说第二次贫困启蒙有一个哲学里程碑的话，那一定是哈佛哲学家约翰 · 罗尔斯[①]的《正义论》(*Theory of Justice*)。该书提出，正义原则应该是社会契约在“无知之幕”下达成的平等，在无知之幕下每个人都能在现实社会中找到自己。[②] 罗尔斯认为，正义是社会制度首要的价值，正像真理是思想体系的首要价值一样。[③] 他认为正义有两个原则：一是“每个人对于其他人所拥有的最广泛平等的基本自由都应有平等的权力”；二是在自由的约束下，社会选择允许不平等，只要它能有效做到：只有双方都能变得更好时才允许有差别。第一个原则被称为平等原则，强调每一个人在享受政治自由时的平等权力。第二个原则就是罗尔斯所谓的差别原则，强调必须使社会中的弱势成员获得最大利益，不至于出现较大的差异。

罗尔斯受到过去一些哲学家和经济学家的影响，包括早期的社会契约理论（回到霍布斯），以及康德和斯密的著作。[④] 他的自由思想显然要归功于第 1 章所回顾的 18 世纪末思想。他的差别原则是一种更激进的背离（尽管更源于斯密），而不是认为“平等总是胜过效益”的激进的平均主义。事实上，如果 *A* 社会中社会上状况最差的人的福利最大化，那么在这种道德原则下，有着巨大不平等的 *A* 社会将比不平等的 *B* 社会更受欢迎。因此，这一原则等于最大限度地利用最不利群体的优势，因此被称为“最大最小值原则”（专栏 2.3）。

---

① 约翰 · 罗尔斯（John Bordley Rawls，1921 年 2 月 21 日至 2002 年 11 月 24 日），美国政治哲学家、伦理学家、普林斯顿大学哲学博士，哈佛大学教授，写过《正义论》《政治自由主义》《作为公平的正义：正义新论》《万民法》等名著，是 20 世纪英语世界最著名的政治哲学家之一。——译者注

② 无知之幕（veil of ignorance）是一种思维方式，它可以确保在现实世界中，伦理上无关的继承或获得的优势不会影响对分配公平的判断。

③ 约翰 · 罗尔斯，著. 何包钢、何怀宏、廖申白，译. 正义论. 中国社会科学出版社，2001：17.

④ 塞缪尔 · 弗莱施哈克尔，著. 吴万伟，译. 分配正义简史. 译林出版社，2010：249-256.

专栏 2.3　最大最小值原则与贫困

罗尔斯的差别原则有时被解释为使最低收入最大化，这显然是错误的，而应当是使社会中“最不利群体”的福利最大化。差别原则可以拓展到“最小最大值”(leximin)思想：如果两个状态中最不利者得到同等改善，那么就去考察次不利者，如此循环。

罗尔斯主张要用平均化程度来定义所谓“弱势群体”。罗尔斯写道：“我假定，有可能把对幸福的期望分配给拥有这些地位的代表性个人。”① (从字面上看) 假定调查数据中的最低生活观测水平 (按消费量测度) 可能包含短暂的影响，也可能包含显著的测度误差，这时最好建议用分配期望方法。因此，罗尔斯的原则暗示着要对观察到的某些阶层穷人的消费量形成某种加权平均值 (马丁·拉瓦雷，2014)。

“最不利者”是罗尔斯所说的他们对“基本善”(primary goods) 的控制，这些都是确保一个人能够自由地过上自己想要的生活所需要的东西。因为涉及社会包容需要和基本自由——简而言之是权利和资源——所以基本善要比通常所说的“基本需要”广泛。

正如罗尔斯所认识到的，人们需要一个指数来确定最不利的因素。可能是因为他明显希望打破与功利主义的所有联系。罗尔斯避免使用“效用函数”(或“福利函数”)一词，但这显然是他在讨论“指数问题”时所想到的，即表达公认的选择的函数。罗尔斯也认为，这些选择与个人对基本善的偏好相一致也是很有说服力的。他认为，我们不必担心非贫困人口的偏好，因为他们对基本善的组合必然会支配穷人的偏好。因此，最贫困人口的效用函数应该在基本善的总价值中起决定性作用。“唯一与我们有关的指数问题只是最少受惠阶层的指标。”②

事实上，在实践中，在不知道偏好的情况下，是否有可能对基本善的组合进行足够清晰的排序是一个悬而未决的问题。基本善的组合的排序可能不需要数学上精确的实用函数。如阿特金森和弗朗索瓦·布吉尼翁 (1982) 所述，只需指定该函数的某些泛型属性，就可能有足够的部分次序。这最终是一个经验问题。

请注意，罗尔斯的最大最小值原则并不意味着一旦每个人都超越了某些固定的绝对标准，我们就应该停止对不平等的关注。他主张优先考虑特定社会中最贫困的人，即那些最没有优势的人。这是内在的相对性 (我们回到绝对贫困和相对贫困之间的区别)。

罗尔斯的最大最小值原则有时被解释为使用绝对贫困指标监测社会进步的伦理基础。如专栏 2.3 所述，这在许多方面是有问题的。事实上，罗尔斯的方法更倾向于把重点放在提高最贫困人口“消费下限”的预期生活水平上，第 5 章将讨论这个话题。

① 约翰·罗尔斯，著. 何包钢，何怀宏，廖申白，译. 正义论. 中国社会科学出版社，2001：79.
② 同上，第 110 页。

第二次贫困启蒙的智力根源是第一次贫困启蒙。罗尔斯的差别原则看来正是对应于博爱（fraternity）的一种自然意义（就像法国大革命的座右铭中所说的那样），即对应于这样一个观念：不愿占据更有利条件，除非是为了经济较差者的利益。[①] 类似于“己所不欲，勿施于人”。这是从第一次贫困启蒙中产生的博爱愿望中自然迈出的一步（尽管这需要很长时间）。功利主义被视为与博爱相冲突，因为它完全可以被用来以功利的名义为个人的损失辩护。最富有的人总会得到一些好处，而最贫穷的人的损失也会得到补偿。个人服从于公共利益，这是用效用总和来测度的。

罗尔斯认为其理论是对康德的重新诠释。贫困人口有权否决任何以牺牲自己为代价但为福利带来好处的计划。罗尔斯与斯密遥相呼应，认为贫困对某些人来说是不可接受的，是令其他人繁荣的手段。相比之下，古典功利主义并不能保证一个令人满意的最小限度。只有保证了一个令人满意的最低限度，社会契约才是“稳定的”，因为“满足最低限度的制度将产生它们自己的支持者。”[②]

这里的理由是，只要弱势群体对拟议的社会安排感到满意，其他人（都比弱势群体生活得好）就没有什么可抱怨的了。[③] 这种推理在现实社会中是有问题的，因为在评估任何政策时，不属于弱势群体的人可能会有不同的相反想法。但请记住，社会契约是在缺乏现实社会地位信息的情况下形成的。罗尔斯认为最大最小值原则会出现在无知之幕背后的理性选择中。

罗尔斯的最大最小值原则受到许多学者的质疑。最先提出质疑的是约翰·海萨尼[④]（1975）。海萨尼认为最大最小值原则及其被修改完善的类似原则由于常常预示着完全不能接受的实践决定而导致自相矛盾，因此期望效用（功利）的最大化才是在不确定情况下的较好的决定原则。海萨尼质疑，即使在无知之幕下，除非存在极端的风险厌恶，最大化平均效用对于社会契约来说是否是一个更合理的选择。约翰·罗默[⑤]（1996，第 5 章）也质疑最大最小值原则是否会成为解决方案。这些质疑基于假设无知之幕背后的代理将最大化预期效用，这完全取决于他们自己的消费（和闲暇）。海萨尼认为，在无知之幕下，我们将有平等的机会成为社会上的任何人，这意味着我们将选择总效用（严格平均）的效用准则而不是最大值。这些对罗尔斯理论的质疑要求，主观概率可以被分配到无知之幕背后的所有状态，罗尔斯（1971）对此提出质疑。[⑥] 罗尔斯还认为，海萨尼认为人们不关心风

---

① 约翰·罗尔斯，著. 何包钢、何怀宏、廖申白，译. 正义论. 中国社会科学出版社，2001：122.

② 见罗尔斯（1967），Rawls，John. 1967. “*Distributive Justice.*” In P. Laslett and W. G. Runciman（eds.），*Philosophy*，*Politics and Society*，*Series III*，Oxford：Basil Blackwell.

③ 这是由杰拉尔德·阿伦·科恩（1989）提出的，Cohen，Gerald. 1989. “On the Currency of Egalitarian Justice.” *Ethics* 99（4）：906-944.

④ 约翰·海萨尼（John C. Harsanyi，1920 年 5 月 9 日—2000 年 8 月 9 日）经济学天才、理性预期学派的重量级代表，是把博弈论发展成为经济分析工具的先驱之一，1994 年获诺贝尔经济学奖。——译者注

⑤ 约翰·罗默（John E. Roemer，1945 年 2 月 1 日—）美国经济学家、政治科学家，现为耶鲁大学政治经济学教授。——译者注

⑥ 见约翰·海萨尼（1975）的回应，Harsanyi，John. 1975. “Can the Maxim in Principle Serve as a Basis for Morality? A Critique of John Rawls's Theory.” *American Political Science Review* 69（2）：594-606.

险，当他们对社会结果一无所知时，对风险的厌恶会导致他们选择最大化。然而在这一点上，罗尔斯错了，海萨尼公式中的效用函数体现了风险规避。[①] 对罗尔斯的其他质疑也出现了。《正义论》发表后不久，罗伯特·诺齐克[②]（1974）发表了一篇自由主义评论，诺齐克把财产权放在首位。[③] 从伦理的角度来看，人们从来都不清楚为什么财产权永远不会被质疑为目的而不是手段。[④]

一些批评者对罗尔斯的“基本善”概念提出异议，认为这一概念没有充分反映人们追求自己目标的自由，认识到人们将基本善转化为自由的能力存在异质性。这一批判导致了阿马蒂亚·森对福利的基本“功能”概念化——“人们实际能够做什么或处于什么状态（而不是他们拥有的手段）”（阿马蒂亚·森，2000，第74页）。第3章将讨论这一观点。

人们可以捍卫罗尔斯正义原则的关键方面，而不必接受他在无知之幕下形成的社会契约。彼得·哈蒙德（1976）表明，专栏2.3中的最大最小值原则的推广方法可以从一组公理中导出，包括要求减少贫富之间的福利差距是社会优先考虑的，其他条件是平等的。同样地，马可·弗勒拜伊和弗朗索瓦·马尼奎特（2011，第3章）[⑤] 表明，最小最大值原则是由他们称之为“平等优先”公理所说明的。这再次要求更公平的分配在社会上得到优先考虑，但这永远不会超过效率，因为在这样一种情况下，每个人的生活都会更好。约翰·罗默（2014）[⑥] 从不同的起点（即均衡机会的愿望）论证了最大最小制原则的一种方法。回顾一下，这是以贫困反映外部环境以及个人努力为前提的（专栏1.8）。在将个人努力与环境完全分开方面，仍然存在着严峻的经验挑战，但概念上的区别对于思考反贫困政策非常重要（下文所述的政策辩论早已认识到这一点）。在努力实现机会均等的过程中，我们不想让每个人都有一个共同的但水平较低的机会。相反，约翰·罗默主张，从“机会均等伦理”中产生的政策选择应该将分配给弱势群体的福利最大化，这是由一种外生“环境”的向量所定义的，这些东西不能追溯到个人做出的选择。[⑦]

---

① 肯尼斯·阿罗（1973）指出了这一点。

② 罗伯特·诺齐克（Robert Nozick，1938年11月16日—2002年1月23日），美国的哲学家，哈佛大学教授。当代英语国家哲学界的主要人物，他对政治哲学、决策论和知识论都做出了重要的贡献。他最知名的著作是在1974年撰写的《无政府、国家与乌托邦》一书，其中他以自由意志主义的观点出发，反驳了约翰·罗尔斯在1971年出版的《正义论》一书。——译者注

③ 托马斯·博格（Thomas W. Pogge，1989）回顾了对罗尔斯《正义论》的评论，并对罗尔斯最初的论点进行了重新解释和有力的辩护。罗伯特·诺齐克（Robert Nozick）是怎样回应罗尔斯的？首先，诺齐克坚持认为权利是神圣不可侵犯的。其次，他主张最小政府如果不侵犯权利，就可以发展，但是由于存在差异原则，罗尔斯式政府就做不到这一点。诺齐克认为宣称帮助弱势群体原则的任何政府都要侵犯财产权。财产权规定了财产可以通过自愿交易获得。——译者注

④ 将这一观点与亚当·斯密的观点进行对比，后者也主张保障财产权的重要性，但认为其对社会福利而不是内在价值的工具性重要性（第1章）。

⑤ Fleurbaey, Marc, and Francois Maniquet. 2011. *A Theory of Fairness and Social Welfare*. Cambridge, UK: Cambridge University Press.

⑥ Roemer, John. 2014. “Economic Development as Opportunity Equalization.” *World Bank Economic Review* 28 (2): 189-209.

⑦ 这假定一个唯一的向量存在，被所有其他的向量所支配。鉴于选择（努力）各不相同，约翰·罗默建议最大限度地使弱势群体的平均福利水平达到最大水平。

罗尔斯开启了对贫困和反贫困政策的新的非功利主义思维。这标志着回归到第一次贫困启蒙中出现的主题，尽管这些主题现在找到了更完整和严格的表述。减贫被视为社会的正当道德目标，在哲学上被称为“足够主义”。[①] 重要的是，造成贫困的模式也发生了变化。鉴于出生环境的不平等（一方面）与市场政府失灵（另一方面）之间的交互作用，人们不再仅仅把贫困归咎于穷人的不良行为，而是认为贫困在很大程度上源于他们无法控制的环境。贫困从根本上说是不可接受的，因为丧失个人自由意味着丧失追求个人成就机会的自由。对什么是“贫困”的判断是以失去的机会为框架的，这取决于个人特征和“收入”。

这种观点使测度和政策具有比古典功利主义更为深厚的伦理基础。人们仍然认为，个人责任有一个重要作用，即贫困有时确实源于错误的选择，但这已不再是主导模式。在哲学家[②]和经济学家[③]的著作中都出现了谨慎的基于机会的表述。

因此，讨论的重点是第二次贫困启蒙的新的哲学和经济思考。毫无疑问，新的政策数据、新的经验研究以及此时此刻更多的流行文献和社会动态是重要的。

富裕国家正在改变人们对贫困的普遍关注。在谷歌图书浏览器中，“反贫困”“扶贫”和“再分配”等词组的引用明显增多，这一点显而易见。工业化国家在20世纪下半叶出现了社会性支出的繁荣。[④] 在关于贫困和政策的新辩论中，有一个富裕国家尤为突出。

美国贫困的再发现

自1940年以来，美国经济一直在经历一个结构性的变革过程。这导致大量非熟练劳动力的转移，特别是通过南方农业的现代化。后者始于第二次世界大战期间，在粮食需求不断增长的同时，国防工业也需要更多的劳动力（因此可用于农业的劳动力更少）。[⑤] 一场重大的结构性变革正在进行。在20年的时间里，大约2000万以前依靠相对不熟练的农业劳动的人们（如佃农或雇工）来到城市寻找工作。许多人找到了工作，也有许多人没找到。就业前景也因种族差异而有所不同，美国主要城市的非裔美国人失业率明显上升。

美国分散的南部农村贫困人口的一部分转化为地理上集中的北部城市的贫困人口。大部分穷人仍住在别处。[⑥] 但新的城市贫困集中在内城区是美国贫困路径图的一个重要的新特点。城市内部的贫困也是经济力量的结果。收入对新住房和土地面积需求的强烈影响鼓

---

① 最近的讨论见克里斯·弗里曼 Freiman, Christopher, 2012, “Why Poverty Matters Most: Towards a Humanitarian Theory of Social Justice.” *Utilitas* 24（1）: 26-40）和利亚姆·希尔兹 Shields, Liam. 2012. “The Prospects for Sufficientarianism.” *Utilitas* 24（1）: 101-117。

② 例如：杰拉尔德·阿伦·科恩（1989）、理查德·阿内逊（Richard Arneson, 1989）、菲力普·冯·帕里斯基（Philippe Van Parijs, 1992）和卡尔·韦德奎斯特（Karl Widerquist, 2013）。

③ 包括阿马蒂亚·森（1985a）、约翰·罗默（1998）和马可·弗勒拜伊（2008）。

④ 见彼得·林德特（2004）。

⑤ 关于这些变化及其对20世纪60年代美国反贫困政策的影响的进一步讨论，见弗兰西斯·福克斯·皮文和理查德·克劳沃德（1993，第7章）。

⑥ 见保罗·贾戈斯基 Paul A. Jargowsky。1997. *Poverty and Place: Ghettos, Barrios and the American City*. New York: Russell Sage.

励高收入家庭搬到郊区，在那里他们可以以较低的土地单价获得更多的住房。较高的交通成本（高收入家庭往往有较高的时间价值）缓解了这一影响，但不足以超过收入对住房需求的影响。[①] 有人认为，这些经济力量受到了公共政策的鼓励，例如有利于白人的郊区抵押贷款补贴。[②]

其结果是“二战”后美国城市的经济分化加剧，贫困人口密集地出现在美国主要城市的内城区。这被视为一个使城市贫困永久化的过程。内陆城市较低的地方税基意味着地方资助的内陆城市服务受到影响，包括严重依赖地方资金的学校教育。[③] 贫困的城市化也与社会和人口变化有关；在工业已成熟的乡村社区中，这些城市没有建立起提供社区支持和风险分担的机构；随着单亲家庭比重的不断上升，传统家庭也开始发生变化。[④] 美国贫困城市化进程中的总体贫困率是否有所上升尚不清楚；南方农村的生活条件很差，结构性变化过程中有受益者也有受损者。尽管如此，很明显在这段时间里，美国贫困状况发生了戏剧性的变化。

在第二次大战后美国总体生活水平不断提高的背景下，对美国穷人生活条件的了解显然让许多美国人感到羞愧。重要的社会评论促使人们在总体富裕的情况下重新发现贫困。有两本畅销书：第一本是加尔布雷斯（1958）的《丰裕社会》（*The Affluent Society*），第二本是哈灵顿（1962）的《另一个美国：美国的贫困》（*The Other America*，*Poverty in the United States*）。加尔布雷斯[⑤]是经济学家，哈灵顿[⑥]则是政治科学

---

① 在这种居住条件差异的经济学上，经典的处理方法见理查德·穆特（1969，第2章）。Muth，R. F.（1969）. *Cities and Housing*. Chicago：The University of Chicago Press.

② 见理查德·罗斯坦。Rothstein，Richard. 2012. “Public Housing：Government-Sponsored Segregation.” *American Prospect*，October 11.

③ 后来发展出包含这些特征的经济模型，包括罗兰·本纳布。Bénabou，Roland. 1993. “Workings of a City：Location，Education and Production.” *Quarterly Journal of Economics* 108：619-652. 关于贫困与这种邻里效应的关系，见史蒂文·杜尔劳夫。Durlauf，Steven. 2006. “*Groups*，*Social Influences*，*and Inequality*.” In Samuel Bowles，Steven Durlauf，and Karla Hoff（eds.），Poverty Traps. Princeton，NJ：Princeton University Press.

④ 见弗兰西斯·福克斯·皮文和理查德·克劳沃德（1993，第8章）。

⑤ 约翰·肯尼思·加尔布雷斯（John Kenneth Galbraith），1908年10月15日，出生于加拿大一个小镇的农场中，他的一生丰富多彩。“二战”期间，曾任美国物价管理局局长、战略轰炸调查团团长，20世纪60年代，由于在哈佛大学时与肯尼迪兄弟的友谊，出任肯尼迪竞选顾问。他还是罗斯福和约翰逊政府的高级顾问，以后又担任美国驻印度大使。他是民主党的元老级人物之一，要不是年事已高，他肯定会在克林顿政府中任职。他曾担任《幸福》杂志编辑，并为多家报刊撰写专栏文章。他还在普林斯顿、哈佛、斯坦福、伯克利等大学教授经济学与政治学。丰富的人生经历，使他对美国社会有更深刻的认识，更加关注各种现实问题。同时，这也无疑是他另类观点形成的社会背景。他写作的范围宽阔得令人费解，除了严肃的经济学著作与畅销书外，他还出版了小说与剧本，其中一部被搬上了百老汇，版税超过了他多年来教授收入的总和。他还具有一种令人难以置信的幽默感与嘲讽精神，他是个天生的“非正统”角色。正是这种特质，使他赢得了公众的普遍珍爱。在长达几十年时间中，加尔布雷斯一直被公认为是当今世界上最著名的经济学家，这一点常常招致学院派同行的愤愤不平。但民众并不在乎这些。加尔布雷斯多达40本的著作取得了极大的成功，专栏文章脍炙人口，所有这些使得他成为最为卓越的公众知识分子。对许多人尤其是美国的左翼人士来说，他的地位和成就还远远不止这些。加尔布雷斯复兴了对市场主义的普遍怀疑，并且成为20世纪60年代当之无愧的弄潮儿；那是自由主义的黄金时代。——译者注

⑥ 迈克尔·哈灵顿（Michael Harrington）是美国社会主义的泰斗。他写了不少书，包括《走向民主左派》《美国新贫困》《社会主义：过去与未来》，以及自传《长跑者》。——译者注

家和活动家。[①] 哈灵顿这本书的成功显然是一个惊喜：第一次印刷发行量是 2500 册；但到 1990 年中期，该书已售出 130 万册。

知识使这种新的贫困意识成为可能。第一次贫困启蒙缺乏我们今天认为理所当然的理解贫困并为公众行动提供信息的理论和数据。也没有太多迹象表明，可以声称代表穷人利益的理论和运动。到了 20 世纪 50 年代，这种情况已经发生了变化，哈灵顿和加尔布雷斯等学者可以根据大量的理论和数据来阐述无障碍的论点，后者来源于抽样调查和在测度生活水平和确定贫困线方面的分析研究。20 世纪 60 年代初，官方统计显示，近 1/5 的美国人生活在贫困之中，对此许多人感到震惊。经济研究所发表了一份详尽的研究报告，报告是拉里·梅歇尔和贾尔德·伯恩斯坦（Larry Mishel and Jared Bernstein）合撰的。这份题为《美国劳动人口的状况》的报告称：[②]

> 1983—1989 年间，尽管美国经济增长了，贫困率还是达到了历史最高水平。事实上，1989 年的穷人要比 1979 年的穷人穷得多。比如，1989 年收入仅为贫困线的一半水平的穷人，与 1979 年相比多了 8%……
>
> 1979 年以来，黑人的贫困率至少是白人贫困率的 3 倍，1991 年高达 32. 7%。拉美裔美国人的贫困率，则从 1973 年的 21. 9%攀升到 1991 年的 28. 7%。
>
> 尽管经济复苏了，贫困率却依然居高不下，原因在于工资水平的下降，以及社会保障体系（即旨在缓解贫困的税收与转移支付体系）的失灵。自 1980 年以来，处于收入分配最底层的低收入工人原本就很低的工资还在下降，男工降低了 15. 9%，女工降低了 6. 9%。
>
> 罗伯特·格林斯通（Robert Greenstein）牵头的“预算和政策优先次序”研究中心在报告中称：[③]
>
> 1991 年，美国贫困人口达到了二十多年来的最高值，超过 2100 万美国人生活在贫困中。儿童贫困的增长尤为明显……1991 年，贫困儿童的数量增加了近 90 万，儿童贫困率从 1990 年的 20. 6%上升到 21. 8%。与贫困人口的总数一样，贫困儿童的数量比以往任何年份都要多。
>
> 1992 年发表的人口调查报告表明，近年来，因工资收入低而无法让一家四口脱离贫困的正式员工明显增多。1979 年，低薪正式员工约占 12. 1%。1990 年该比例为 18%左右。

尽管布思和朗特里 70 年前提出的量化方法在这些发展中发挥了作用，但媒体和通俗读物中可信报道的定性观察结果具有巨大影响，包括对最高层决策的影响。《另一个美国：

---

① 从 20 世纪 60 年代起，观众们对这两本书的引用激增。在英国，阿拜·斯密斯和彼得·汤森的《穷人和最穷的人》也很有影响力。Brian Abel-Smith and Peter Townsend. 1966. *The Poor and the Poorest: A New Analysis of the Ministry of Labour's Family Expenditure Surveys of* 1953-54 *and* 1960. London: Bell.

② 迈克尔·哈灵顿，著. 张飞北，译. 另一个美国. 中国青年出版社，2011：10.

③ 同上。

美国的贫困》会用统计数据说话，诚实厚道的人可能会质疑其中的某些结论。哈灵顿衷心希望读者能够以批判的眼光回应他的每个论断，不过，请别因为在统计数据上钻牛角尖而掩盖美国贫困问题的严重程度，掩盖美国存在着令人无法忍受的贫困事实：

> 即使在今天，几千万身心被摧残的美国人，依旧没能过上体面的生活。即使他们没有被饿死，也是食不果腹，或者因为要填饱肚子成天吃廉价食品而变得过于肥胖。他们没有足够的住房，缺乏教育，也没有医疗保健……千千万万的美国穷人渐渐离开了人们的视线。美国的穷人多如牛毛，但要发现他们，却需要有心的才智之士费一番工夫才能做到……另一个美国——贫困的美国——被今天的人们以一种前所未有的方式藏起来了。千千万万的美国穷人，在我们面前隐身了。①

这是一项旨在通过知识促进变革的研究。在 2012 年再版的《另一个美国》简介中，畅销书作家欧文·豪（Irving Howe）描述了哈灵顿在该书中谈到的一个核心命题：只要人们了解了现实，他们就会义愤填膺采取行动；只要人们意识到‘隐形的穷人’，他们将行动起来，消除国家的丑闻。②

在《丰裕社会》一书中，加尔布雷斯界定了当代美国贫困类型的“新颖性”：“过去穷，是大家都穷。全社会的生活条件都好不到哪儿去，至少绝大多数既没有特殊技能又没有家庭背景的人生活条件不会太好。随着经济的发展，多数人的生活水平改善了。与今天的穷人不同，二三十年前，官员们还挺关切穷人的境况（如果有点势利眼的话）。移民聚集的贫民窟有选票；这些贫民窟为劳工组织提供了活动基地；在政治冲突时，他们都可以成为强大的力量。同时，新技术的发展需要技能娴熟、受教育水平更高的劳动力，这为成百上千的人提供了向上流动的机会。”③ 人们得以进入新的中产阶层，但也有一些人被抛弃在后面或陷入无法摆脱的贫困之中。在美国，关于向上流动和机会均等的广泛观点也受到了质疑，因为实证研究表明，父母的收入和受教育程度对儿童的生活机会影响有多大。④

加尔布雷斯和哈灵顿对于美国新的贫困的理解存在差异。加尔布雷斯认为，新型贫困主要包括两类：个别贫困（case poverty）和孤岛型贫困（insular poverty）。个别贫困指的是个别人由于肢体残疾或精神残疾，无法与社会一同进步而遭受的贫困。孤岛型贫困存在于那些经济凋敝的地区，比如阿巴拉契亚山脉或西弗吉尼亚的煤矿区。⑤ 的确，身心残疾是美国贫困的一个重要组成部分。穷人的身体欠佳，精神不好。但这并不是一个孤立的事

① 迈克尔·哈灵顿，著. 张飞北，译. 另一个美国. 中国青年出版社，2011：12-13.

② 同上，第 7 页。

③ 同上，第 16 页。

④ 见奥蒂斯、菲特曼、邓肯等人。Otis, David Featherman, and Beverly Duncan. 1972. Socioeconomic Background and Achievement. New York: Seminar Press. 以及萨缪尔·鲍尔斯和赫尔伯特·金蒂斯。Bowles, Samuel, and Herbert Gintis. 1976. *Schooling in Capitalist America: Educational Reform and the Contradictions of Economic Life*. New York: Basic Books.

⑤ 迈克尔·哈灵顿，著. 张飞北，译. 另一个美国. 中国青年出版社，2011：18.

实，一个特别的“病例”，或是谁触了霉头。疾病、酗酒、智商低下，凡此种种，都是生活方式造成的。他们主要是环境的产物，而不是哪个人倒了霉运。由于这一原因，靠应急救助是解决不了新型贫困问题的。如果要彻底解决美国的另一个贫困问题，就必须彻底铲除贫困产生的环境，而不是只对个别人进行救济。与个别贫困相比，孤岛型贫困的想法或许还更要命。提起穷人的“孤岛”(或用更通俗的话说，“小块贫困地区”)，意味着贫困只是一个需要认真对待的、无关紧要的小问题。这一概念很难描述美国四五千万穷人的现实。即使我们的生产在发展，即使我们创建了福利国家，这些人还是穷困潦倒。这足以说明美国贫困的严重性。在这里，哈灵顿提出了一个重要的观点，即使是有利于穷人的整体进步也会伴随着受损者和受益者。他对许多弱势群体的描述听起来很像是一种财富动态模型的结果，即巨大的负面冲击造成持续的贫困，恢复到正常状态并不是一件小事（参见专栏 1.6，第 8 章将深入地讨论这些模型)。

哈灵顿和加尔布雷斯等社会评论者的著作有助于激发公众采取行动消除贫困。此外，对社会不稳定的担忧也导致了内部城市的不满情绪爆发，20 世纪 60 年代末美国一些主要城市的骚乱就是一个例子。对更好地反贫困政策的要求也来自穷人自己，这反映了导致贫民区非裔美国人在地理上集中的经济变化。美国的大部分贫困人口都在其他地方，但在内城区有了新的声音。穷人在导致新政策的政治进程中发挥了重要作用。社区组织出现在美国城市的贫困地区，反映出自 1940 年以来的经济变化导致穷人在空间上更集中于美国北方大城市，从而更有能力组织抗议和投票。[①] 与大多数政策领域一样，对经济现实的反应是通过不断演变的政治进程来调节的，部分根源于这些现实。这一点可以从美国对重新发现贫困的显著政策反应中得到证明。

美国向贫困宣战

随着公众意识的增强，出现了大规模的抗议活动和政治辩论，美国联邦政府在 60 年代对贫困问题做出了强有力的政治回应。[②] 这些政策包括大幅扩大“抚养儿童家庭补助计划”(Aid to Families with Dependent Children，AFDC）——这是一项追溯到 20 世纪 30 年代新政中向贫困单身母亲转移的计划。重要的是，应对措施还包括许多新的社会计划，俗称约翰逊政府的反贫困之战。这是 1964 至 1965 年推出的一套立法方案，包括营养（食品券)、健康(医疗保险和医疗补助)、教育、住房、培训和各种社区方案。新的倡议包括学前教育计划 Head Start，该计划旨在确保贫困家庭的儿童在入学时不会处于不利地位。

① 关于政治因素（抗议和通过投票）在 20 世纪 60 年代反贫困政策激增中所起的作用，见弗兰西斯・福克斯・皮文和理查德・克洛沃德（1993)。

② 关于反贫困之战的历史和政治背景，见詹姆斯・森德奎斯特。Sundquist, James L. 1968. *Politics and Power*: *The Eisenhower*, *Kennedy and Johnson Years*. Washington, DC: Brookings.

这些针对贫困的直接干预措施是一系列更广泛的“伟大的社会”[①]计划的一部分，其中包括许多重要的减贫促进政策。一个例子是1965年的《中小学教育法》，该法促进了联邦对公共教育的援助，包括针对贫困地区学校的方案。1964年1月，约翰逊总统意识到，差不多每5个美国人中就有1个生活在贫困中。他在刚上任几星期后的第一个国情咨文中提出了一项解决方案。美国时任总统约翰逊说：“本届政府在今天，此时此刻，向美国的贫困无条件宣战。”他的“战争”形式是改善营养、保健、教育和职业培训的新计划。约翰逊说：“我们的主要武器将是更好的学校、更好的健康、更好的家园、更好的培训和更好的就业机会，来帮助更多的美国人特别是年轻人远离肮脏、痛苦和失业。”（约翰逊的国情咨文，1964年1月）

尽管减贫是明确的总体目标，但新计划有一个赋权目标，即触及北方城市的贫民区中的非裔美国人，并使他们更好地融入城市治理。因此，在计划分配上存在城市偏向，特别是贫民区偏向；农村贫困问题相对较少受到关注。这种偏向可以解释为对20世纪60年代出现的社会动荡的一种回应，但它也有明确的促进动机，即帮助确保目前处于弱势和被排斥地位的群体将来能够更好地获得公共服务。[②]这是一项综合反贫困政策，它将促进与保护结合起来（见专栏1.7）。

考虑到这个额外目标，许多新项目也有新的交付系统，绕过现有的政府一级，依靠社区一级的新的代理。这是根据公民参与和地方倡议的思路来制定的；这些思路将重新体现在1990年在发展中世界凸显的以社区为基础的反贫困政策中。[③]采用新的行政安排反映了一个事实，即国家和地方政府（特别是南方政府）已被视为扶贫政策和民权立法的障碍。当时的政治结构并未被视为赋予城市贫民权力以确保能持续摆脱贫困的可靠手段。

关于为什么我们在20世纪60年代的美国看到了这种新的反贫困政策，还有一些争论，似乎并不是因为美国公众舆论的大规模转变而导致反贫困项目的公共开支的增加。[④]美国的选举结果也取决于选民登记。非裔美国人的城市化提高了他们的登记率和投票权，因为他们影响了公民权利和反贫困政策。[⑤]社会动荡，最明显的是20世纪60年代的市中心骚乱和不断上升的犯罪，也引起了广泛关注（包括白人）。这有助于推动政府采取行动。政策中也存在一定程度的家长式作风，这表现在严重依赖实物转移支付而非现金。实物转

---

① “伟大的社会”指的是1964年美国约翰逊总统发表演说宣称：“美国不仅有机会走向一个富裕和强大的社会，而且有机会走向一个伟大的社会。”由此所提出的施政目标，便是“伟大的社会”。——译者注

② 见弗兰西斯·福克斯·皮文和理查德·克劳沃德（1993，第9章）。

③ 见加扎拉·曼苏里和维贾延德拉·拉奥（2012），了解社区发展方面的这些努力，Mansuri，Ghazala，and Vijayendra Rao. 2012. Localizing Development：Does Participation Work? Washington，DC：World Bank.

④ 修·赫克洛（Hugh Heclo，1986）提到美国的民调显示，公众在是否应该增加福利支出的问题上意见一致，Heclo，Hugh. 1986. “*The Political Foundations of Antipoverty Policy*.” In Sheldon Danziger and Daniel Weinberg（eds.），Fighting Poverty：What Works and What Doesn't. Cambridge，MA：Harvard University Press.

⑤ 与此同时，民主党也发生了重大变化，自1940年左右以来，民主党一直在以共和党为代价吸引着大多数黑人选民。

移支付似乎在政治上更容易被接受。

但这不仅仅是政治问题。这一政策的反应也以当时的证据、想法和辩论为基础。政策思维发生了不可否认的转变，大约从 1960 年起，自由社会评论员和社会学家的影响力不断增强。从早期起，政策上的努力就以非功利主义和非福利主义的方式制定，特别是强调权利和机会；例如，主要立法被称为《经济机会法》[①]（1964）(*Economic Opportunity Act*, 1964)，为监督联邦在新政策上的支出而设立的机构被称为经济机会局[②]（Office of Economic Opportunity，OEO）。当时的思想转变鼓励联邦当局做出积极努力，挑战许多有损穷人利益的地方法律和政策，包括种族歧视以及剥夺那些被认为不值得享受的人的福利。[③] 联邦政府还加大了对非政府组织（nongovernmental organization，NGO）的支持力度，这些非政府组织向贫困人口通报了他们的合法权利和应享权利。

关于这些新社会政策的辩论在随后几十年里一直在继续。从一开始，新的行政安排就遭到许多州和地方政府的反对，这些州和地方政府基本上被排除在这一进程之外。有人指控腐败的存在。与两百多年前的类似辩论相呼应，一些著名的批评者认为，这些方案会通过不鼓励工作和储蓄来造成贫困，而另一些人（原则上更支持）则认为这些方案资金不足且缺乏协调，无疑的是，错误已经产生。最初的一些方案被修改或放弃，但至今仍有一些方案在继续（包括食品券）。

第二次贫困启蒙的一个重要创新是，在了解反贫困政策的有效性方面做出了新的努力。这项政策上的努力还伴随着早期阶段的评估努力，包括试点反贫困计划的各种随机试验。在美国，向反贫困之战提供知识支持的是 1966 年成立的一个新的国家研究所——威斯康星大学麦迪逊分校的贫困研究所，它的任务是研究美国贫困的原因，并用实验和非实验的方法评估反贫困计划。其他许多国家也做出了类似的努力（第 6 章将讨论这些方法）。

美国反贫困之战的发起者大多不是经济学家，但是经济学家参与了这一时期的辩论和决策努力；英国和欧洲也差不多是这样。经济学家的一些突出贡献更接近于福利功利主义传统，他们显然更愿意接受这种传统，而不是谈论“权利”。这些提议的动机也是希望弥补发展中的福利国家的漏洞和缺陷。重要问题包括由于对穷人的高隐性边际税率而对工作

---

① 《经济机会法》是美国 1964 年通过的法令，只在向少数民族和贫穷者提供就业和教育机会，是约翰逊政府为缓和社会矛盾而展开的“向贫困开战”计划的组成部分。根据法令，美国建立职业队和为美国服务志愿队；设立各种就业培训计划和贫穷青少年教育计划，并向出生于低收入家庭的大学生提供部分时间制的工作机会。主要目的之一是通过为生活在贫困线以下家庭提供教育和社会化的机会，打破贫困圈。——译者注

② 依据《经济机会法》成立经济机会局，任命肯尼迪总统的妹夫小萨金特·施赖弗尔为局长。该局在 1965—1970 年间花费了近百亿美元。根据当时的社区行动计划，组织贫苦的青年参加贫困地区的集体性工程。根据 1965 年的主流行动计划，帮助未满退休年龄的失业工人，特别是农业工人寻找就业机会。根据 1966 年的新行动计划，为已经就业的工人提供职业训练和其他技术训练。根据 1968 年的企业界工作机会计划，联邦政府向私营企业提供经费，对长期失业者进行职业训练并提供工作机会。所有这些，不仅为解决传统性失业，而且为解决结构性失业及现代化所需的技术人员，创造了一定的条件。——译者注

③ 见弗兰西斯·福克斯·皮文和理查德·克劳沃德（1993，第 9 章）。

产生的抑制，而这些税率与经过严格经济审查的收益相关。事实上，有些计划向受惠者征收100%的边际税率；换言之，从其他来源获得的收入每增加10美元，福利金就扣减10美元。[①] 米尔顿·弗里德曼（1962）[②] 提出了一个激进的建议，即使用负所得税（Negative Income Tax，NIT）取代其他福利计划负所得税。至少在书面形式上宣称可以通过确保收入（至少在税收系统中有记录的收入）不低于一定水平来消除贫困。这将由所得税提供资金，其配置应确保收入不低于规定水平。詹姆斯·爱德华·米德（1972）为英国提出了一项关于保证收入的类似建议。美国在1975年推出的劳动所得税抵免制度（Earned Income Tax Credit，EITC）包含了负所得税理念的一些元素。企业所得税委员会为收入低于规定水平的工薪家庭提供税收抵免（负税收）。随着收入上升到该水平，这将会逐步取消。负税收的规模取决于孩子的数量（以及收入）。此后，许多其他国家也出台了类似的政策[③]（我们将在第10章讨论这些以及其他形式的目标定位政策）。

2.2 争议和回击

对反贫困政策的强烈反对从20世纪70年代末开始在政治上加剧了。来自中等收入选民的政治支持可能由于大多数计划的高度针对性而有所削弱。然而在美国，公众对反贫困计划的总体支持似乎并没有明显减少。相反，由于这些计划通过提高工资来减少利润，为对抗这些计划，商业利益在政治上变得更有组织性，导致政治力量的平衡发生了变化。[④] 1980年里根当选总统标志着一个转折点，随之而来的是对计划资格的限制、对符合资格的人不发放福利的行政监管手段，以及降低反贫困计划的支出水平。[⑤]

人们对不利的激励效应的担忧在其给出的理由中显得尤为突出。比如有人认为，对单身母亲的福利待遇鼓励家庭破裂。[⑥] 有人再三声称福利国家正在制造贫困，这与约瑟夫·汤森（1786）的说法如出一辙。正如19世纪关于《济贫法》的辩论那样，几乎没有提供可信的支持性证据，相反的证据则可以被引用。[⑦] 反贫困政策的反对者在政治上利用隐喻

---

① 罗伯特·A. 莫菲特（2002）提供了美国福利计划的历史，重点放在这些方面。

② Friedman, Milton. 1962. *Capital and Freedom*. Chicago: University of Chicago Press.

③ 包括奥地利、比利时、加拿大、丹麦、芬兰、法国、荷兰、新西兰、瑞典和英国。

④ 见弗兰西斯·福克斯·皮文和理查德·克劳沃德（1993，第11章）的讨论。

⑤ 例如，1975年有81%的失业者领取失业津贴，而到了1987年这一比例下降到26%（弗兰西斯·福克斯·皮文和理查德·克劳沃德，1993，第360页）。

⑥ 对福利计划的一次有影响力的攻击来自查尔斯·默里（Charles A. Murray，1984）的《美国社会政策的失利：1950—1980》（Losing Ground: American Social Policy 1950-1980）。

⑦ 见戴维·艾尔伍德和劳伦斯·亨利·萨默斯（1986），Ellwood, David, and Lawrence Summers. 1986. "*Poverty in America: Is Welfare the Answer or the Problem?*" In Sheldon Danziger and Daniel Weinberg (eds.), Fighting Poverty: What Works and What Doesn't. Cambridge, MA: Harvard University Press. 另见布兰克对辩论的评论（1995），Blank, Rebecca M. 1995. "Unwed Mothers Need Role Models Not Roll Backs." *Wall Street Journal*, March 7, A18.

(通常带有种族含义);隐喻和可疑的经验性行为特征常常影响到政策制定。① 在美国,那些为社会救助而挣扎的人们的生活现实与福利批评者的言论大不相同。马克·罗伯特·兰克(Mark Robert Rank,1994,第1页)在其《生活在边缘:美国福利的真相》(*Living on the Edge: The Realities of Welfare in America*)一书中引用了一位靠福利生活的51岁离异母亲的话:“就我自己的情况而言,这样生活是相当艰难的。我看不出有人会仅仅为了拿钱不干活就满足于这样的事情,因为这不值得。”

当然,这只是个轶事。但这与经济学家的潜心研究是一致的。霍恩斯(1997)对美国女性担任领导职务的发生率进行的实证调查使其对任何关于向单身母亲提供福利发挥了重要作用的说法产生了怀疑。② 事实上,美国反贫困计划如抚养儿童家庭补助计划(AFDC)的直接受益者大多是儿童和青少年,这也让人们对有关工作努力和储蓄的巨大激励效应的说法产生了怀疑。③ 事实上,如果有任何不利于儿童的工作激励措施,我们肯定会认为这是一件好事,它将减少童工并延长受教育时间,从而减少将贫困传给下一代的机会。对母亲的工作抑制也可能给儿童成长带来好处。

福利制度在美国造成贫困也不合理。贫困家庭若想通过更多的工作来弥补其福利收入,至少要达到最低工资水平,这就需要付出高到难以置信的工作努力程度(见专栏2.4)。因此,如果没有转移支付,很难相信贫困会减少。企业所得税委员会(EITC)的目的是维持从工作中获得额外收入的激励机制,即受益人面临的隐性边际税率(marginal tax rate,MTR)远低于100%。但是,美国在某些州的其他一些州项目暗示着较高的边际税率,可能会产生不利的激励效应,甚至贫困陷阱。④

专栏2.4 穷人需要做出多大努力才能取代公共转移支付?

国会预算办公室(The Congressional Budget Office,2012)估计,2009年美国最贫困的1/5家庭(按家庭规模调整)平均获得7600美元的市场收入,以及22900美元的政府转移支付。要说最贫困的1/5人口中的普通家庭如果努力工作就可以获得更高的收入,你必须相信这个家庭可以通过额外工作来弥补22900美元的转移收入。如果所有的7600美元都来自工作,那么需要比现在多做4倍的工作。按照2009年联邦最低工资标准7.25美元/小时计算,要弥补22900美元,每周需额外工作63小时(长达50周)。

---

① 这些例子包括美国反贫困政策的政敌提到的“无能爸爸”和“福利皇后”。关于隐喻在美国贫困法辩论中的作用的进一步讨论,见安·卡米特(Ann Cammett,2014)。另见迈克尔·卡茨(1993)的论文。

② 希拉里·威廉姆森·霍恩斯(Hilary W. Hoynes)复制了横截面数据中发现的女性领导地位与优厚福利之间的关系。但她发现,由于其他因素,这对形成女性户主家庭倾向的异质性并不有利。其研究使用了面板数据(第3章),Hoynes, Hilary. 1997. “Does Welfare Play Any Role in Female Headship Decisions?” *Journal of Public Economics* 65: 89-117.

③ 见兰迪·阿尔贝尔达等人(Randy Albelda et al.,1996)的更有争议但仍有说服力的论点。

④ 关于进一步的讨论,见罗伯特·A. 莫菲特(2002)。

如果这个家庭只有一人通过最低工资率的工作赚取了家庭的市场收入，那么这人需要每周工作84小时才能收支平衡。相反，假设第二个人去工作来弥补转移支付。那么，去工作和照顾孩子的额外费用可能会产生。考虑到每天4美元的交通费和10美元的托儿费，第二个挣钱的人每天8小时的净工资率为5.50美元/小时，而要弥补这22900美元，第二个挣钱的人每周要工作83小时。

那些认为如果没有这些公共转移贫困也将减少的人似乎在说，如果没有转移支付，贫困家庭可以找到两份最低工资的全职工作。

最初的反贫困倡议产生了长期影响，这一时期的许多具体方案远远超出了这一影响。① 美国人均公共福利支出呈上升趋势。② 当然，争论还在继续。削减社会开支的做法时有发生（取决于哪个政党执政）。在政策辩论中，工作激励常常占据显著位置，其要求是降低边际税率或工作条件（或两者兼而有之）。正如历史学家迈克尔·卡茨（1987）所说，在宣布“向贫困宣战”之后，美国开始“向福利宣战”。③

最大的变化是《个人责任与工作机会协调法案》（*Personal Responsibility and Work Opportunity Reconciliation Act*），由民主党总统威廉·克林顿（William Clinton）于1996年签署成为法律。抚养儿童家庭补助计划（AFDC）由贫困家庭临时补助计划（Temporary Assistance for Needy Families，TANF）所取代，该计划规定，这种财政援助终生不得超过5年，且受援者必须在两年内找到工作。④ 与19世纪30年代英国《新济贫法》相呼应的是，福利救济现在有了工作要求。尽管远没有贫民习艺所严厉，但基本原理是相似的：激励穷人改变行为。在美国的现代政策讨论中，更多谈及所谓推广工作的经验收获，即工作美德和对当地社区的好处。尽管目前还不清楚，是否这些论点仅是一个政治上吸引人的理由，可以让人们从福利名单中脱身，减少对穷人的转移支付。⑤ 与英国1834年的改革类似，在1996年改革后的几年里，在美国接受帮助的人数大幅度减少。⑥

---

① 约瑟夫·卡利法诺（Joseph A.，Jr Califano，1999）指出，30年后，1964/65年最初的12个项目中仍有11个得到资助，Califano，Joseph A.，Jr. 1999. “What Was Really Great about the Great Society：The Truth behind the Conservative Myths.” *Washington Monthly*，October.

② 关于这一点的时间序列证据，见罗伯特·莫菲特（2015）。

③ 后一种说法应归功于迈克尔·卡茨（Michael Katz，1986，1987）；另见弗兰西斯·福克斯·皮文和理查德·克劳沃德（1993）以及兰迪·阿尔贝尔达等人（Randy Albelda，1996）。

④ 美国各州在实施细节上存在分歧。

⑤ 关于让妇女放弃“抚养儿童家庭补助计划”（AFDC）会改善社区生活的说法，弗兰西斯·福克斯·皮文和理查德·克劳沃德（1993，第394页）认为，“没有一位社会分析人士能够令人信服地解释为什么这些妇女能通过做汉堡包的工作为社区做出更大贡献”。另见迈克尔·卡茨（1987）的讨论。

⑥ 见丹尼尔·利希特尔和鲁卡马利·贾科迪（2002），Lichter，Daniel T.，and Rukamalie Jayakody. 2002. “Welfare Reform：How Do We Measure Success?” *Annual Review of Sociology* 28：117-141.

美国的贫困与不平等

2014 年 1 月 8 日是约翰逊政府向贫困宣战的 50 周年。[①] 关于过去的反贫困之战是否成功的争论再次在美国媒体上出现。人们听到的一个普遍的说法是（换言之）："由于反贫困之战的失败，所以政策被误解了。" 人们今天仍然听到这种说法。这一说法的依据是，美国官方公布的贫困率仍在 15%左右（2012 年的官方数字），而向贫困宣战时为 19%。图 2.2 给出了美国人口普查局始于 1973 年的官方贫困率，这是最早有记录的一年（该图给出了官方贫困率的 125%和 150%；该序列显示了强大的协同效应）。对一个较长序列的非官方估计结果表明，美国的贫困率在反贫因之战开始前几年一直在下降，这在很大程度上似乎是一个有利于穷人的经济增长过程。[②] 专栏 2.5 描述了美国使用的官方贫困线。

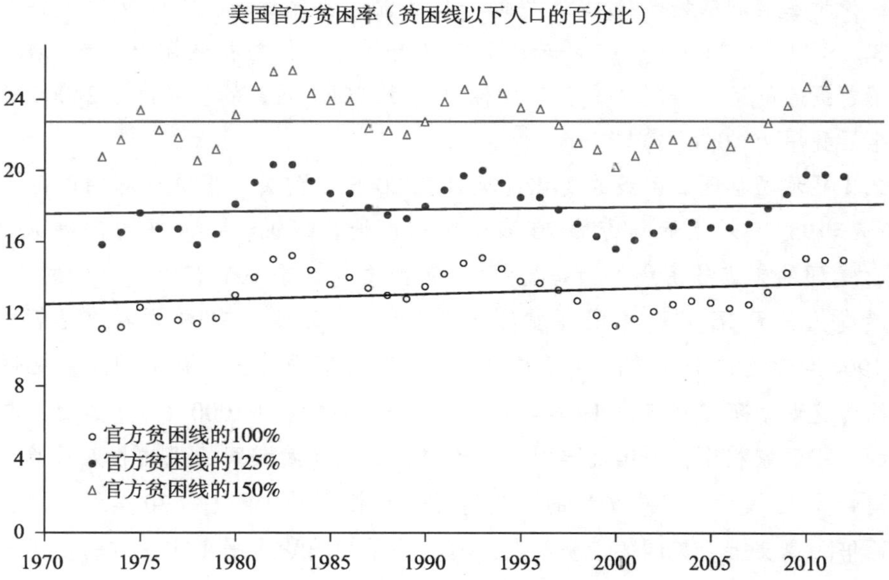

美国官方贫困率（贫困线以下人口的百分比）

○ 官方贫困线的100%
● 官方贫困线的125%
△ 官方贫困线的150%

图 2.2　美国官方贫困率

资料来源：美国人口普查局。

① 1964 年 1 月 8 日，美国第 36 任总统约翰逊向国会提出"向贫困宣战"。同年 8 月 20 日，国会批准了《经济机会法》，授权地方社区执行机构成为向贫困宣战的一部分。这些机构直接由联邦政府监管。"这是经济机会法案的目的，加强、补充和协调推进的政策制度，" 约翰逊强调，"贫穷是一个全国性的问题，需要全国组织的支持。有效的法治基础，必须从地方到全州下工夫。消除贫困的战争不会在首都华盛顿哥伦比亚特区打赢的。它必须从每一个家庭开始，在每一个公众办公室、法院到白宫才能全面战胜。缺乏就业机会和金钱不是贫困的原因，而是症状。我们的目标不仅是减轻贫困的症状，还要治愈它；而最重要的是，要防止它。但是没有任何单一的法例可如愿。"——译者注

② 关于这一点的证据，见约翰·艾里斯（2003），Iceland, John. 2003. "Why Poverty Remains High: The Role of Income Growth, Economic Inequality, and Changes in Family Structure, 1949-1999." *Demography* 40 (3): 499-519.

反贫困之战的支持者指出，在宣布反贫困之战后的10年里，贫困率下降了。[①] 一些观察者研究了这些证据，认为是福利战争阻碍了消除贫困的进程，而不是反贫困之战的政策。[②] 20世纪80、90年代通过抚养儿童家庭补助计划（AFDC）每月支付的实际价值不断下降，这阻止了美国在消除贫困方面取得的进展。同样值得注意的是，美国贫困的人口学特征也有着一个显著变化，就是更加偏爱老年人。1980年后，尽管速度较慢，但美国老年人的贫困率持续下降。彼得·林德特（2013）将这种差异归因于美国社会支出偏向老年人而非年轻人，这同其他富裕国家一样。

专栏2.5 美国官方贫困线及其与其他国家的比较

美国政府使用的是一条绝对贫困线，最初它是由社会保障局经济学家莫莉·奥珊斯基（Mollie Orshansky）在1965年制定的。贫困的定义是用于最低限度的充足饮食的三倍花费；少于三倍的结论来自1955年的一项研究，研究表明，食品支出占典型家庭预算的1/3。自20世纪60年代末以来，每年仅进行一次价格指数调整；没有任何调整，以反映不断提高的用于界定“贫困”的标准，目前四口之家的临界值为24069美元（每人每天生活费用为16美元）。

图2.3显示了各国贫困线的变化情况（按2005年购买力平价计算的以每人每天多少美元；$n=95$）。对于最贫穷的20多个国家或地区来说，每天平均花费1.25美元。2005年，美国的官方贫困线约为每人每天13美元（对于一个有两个孩子的四口之家，2014年为每人每天16美元），是最贫穷国家的官方贫困线的10倍左右（尽管罗伯特·亨特在1904年著名的美国贫困研究中的隐性贫困线似乎与当今贫穷国家的贫困线相当接近，因为这两项研究都表明1900年的贫困人口总数约为1000万）。然而，与当今其他类似的富裕国家相比，美国的绝对贫困线很低。以大致相同的平均收入计算，卢森堡的日均消费为43美元。一个更好的比较是发达国家的平均值（约30美元/天），大约是美国的两倍。事实上，美国的消费线是只有美国平均消费水平1/3左右的国家的平均线（这是通过颠倒图2.3中的最佳拟合线来计算的，以找到与美国贫困线相对应的人均消费量，如虚线所示）。对不同家庭认为维持生计所必需的收入的数据研究也表明，美国的官方贫困线低于人们通常认为自己并不贫困的水平（Klaas De Vos，and Thesia Garner，

---

① 关于这一时期美国在消除贫困方面取得的进展的进一步讨论，见布鲁斯·梅耶和詹姆斯·沙利文（Bruce D. Meyer and James Sullivan，2012）以及约翰·艾里斯（2013）。Iceland，John. 2013. *Poverty in America*：*A Handbook*. 3rd edn. Berkeley：University of California Press. 1980年后，收入贫困率逐渐回升，而基于消费的指标继续下降。关于这些指标之间的选择，见丹尼尔·斯莱斯尼克（2001）。Slesnick，Daniel. 2001. *Consumption and Social Welfare*. Cambridge：Cambridge University Press.

② 见兰迪·阿尔贝尔达等人（Randy Albelda et al.，1996）。

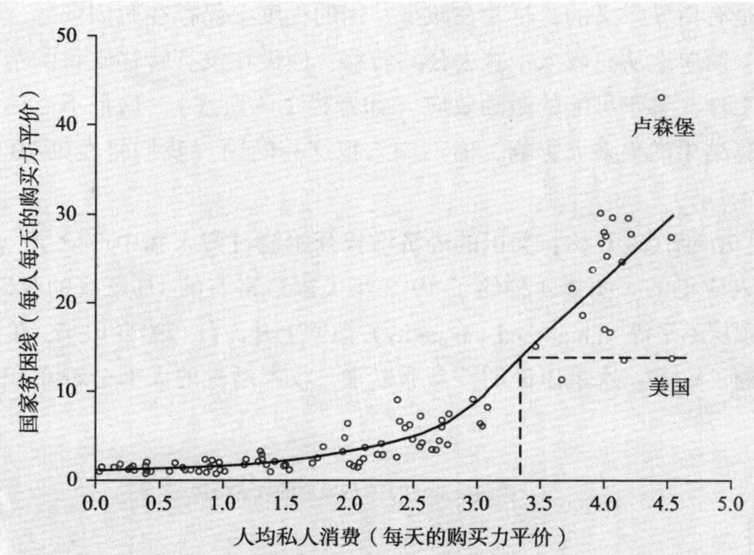

图 2.3 2005 年世界各国的贫困线

资料来源：本书作者根据马丁·拉瓦雷（2012b）编制的数据集计算得出。

1991)（这是第 4 章将进一步研究的“社会主观贫困线”的一个例子）。

延伸阅读：参见戈登·费舍尔（Gordon Fisher，1992），大卫·约翰逊和蒂莫西·斯密丁（David Johnson and Timothy M. Smeeding，2012）的研究，其中还讨论了近年来推行的一些补充指标。第 4 章将回到关于美国官方贫困线的辩论。关于世界各国的贫困线，参见马丁·拉瓦雷（2012b）。

很明显，自 20 世纪 70 年代以来，在消除收入贫困方面进展甚微，事实上，除 10%以上的收入群体外，其他收入群体的进展甚微；一项估计表明，自 20 世纪 70 年代以来，美国最贫穷的 90%的人的平均实际收入的增长微不足道。[①] 仅仅从历史时间序列上，没有多少人能够真正有信心地推断出美国反贫困政策的有效性。与 2012 年 15%的官方贫困率相比，更具相关性的贫困统计数据由人口普查局编制的新序列给出，该序列分别提供了有政府转移支付的贫困率和无政府转移支付的贫困率。计算结果表明，如果没有那些批评人士认为已经失利的政策，美国的贫困率将是转移支付情况下的两倍。[②] 从这个角度来看，与缺乏这些反贫困政策的事实相反，反贫困之战看起来是打赢了。这表明如果贫困率下降，现有的计划需要进一步扩大。

---

① 见迪米特里·帕帕迪米特里欧等人（Dimitri Papadimitriou et al.，2014，图 8），部分基于法昆多·阿瓦列多等人（Facundo Alvaredo et al.，2014）的最高收入份额的计算。

② 见利亚纳·福克斯等人（Liana Fox et al.，2013）。

这些计算是有指导意义的，尽管在减少贫困的程度上仍存在归因问题，但这些计算是有指导意义的。简单地从总收入中减去公共转移，假设在没有转移支付的情况下接受者不会更加努力地工作，鉴于可能的激励效应（如专栏 1.4 所述），这是不可信的。目前尚不清楚这会对计算结果产生多大影响，但不应忽视这一问题（我们将在第 10 章讨论这个问题）。

从 20 世纪 70 年代末开始，美国的经济增长开始绕过穷人和中产阶层。事实上，大部分收入都是富人应得的。图 2.4 描绘了 1913 年美国最富有的 1%家庭的收入份额。① 从图中可以看出，“顶层不平等”（high-end inequality）急剧上升；自 1980 年以来，美国最富有的 1%家庭所占份额翻了一番。这足以证明，自那以来，收入增长的大部分都累积到了最富有的人口。②

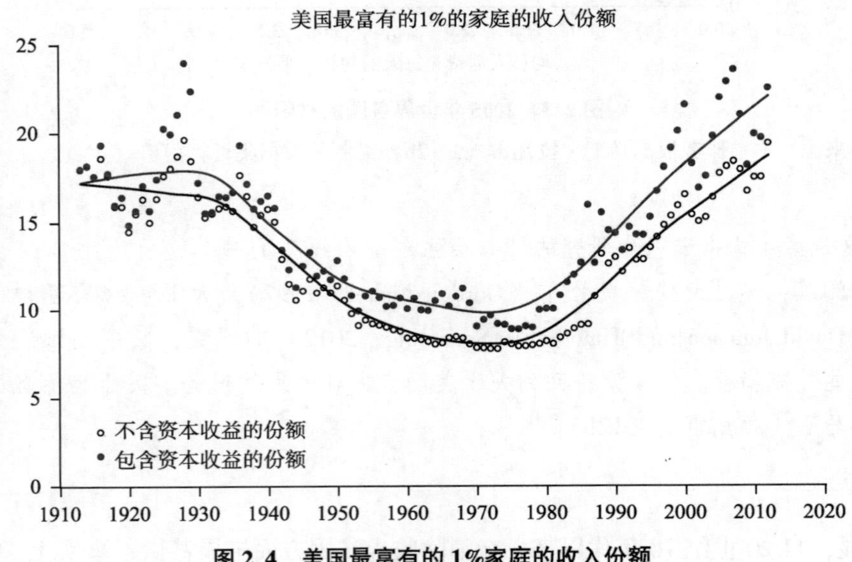

图 2.4　美国最富有的 1%家庭的收入份额

资料来源：法昆多·阿瓦列多等人（2014），以及作者对最近邻平滑散点图的估计。

为什么我们看到美国的穷人和中产阶层收益如此之少，而富人收益却如此之多？从文献中可以看出三个主要原因。③ 第一个原因是 20 世纪 70 年代教育政策的变化。荷兰经济

① 这些估计采用了托马斯·皮凯蒂和伊曼纽尔·塞兹（Thomas Piketty and Emmanuel Saez，2003）根据所得税记录设计的方法。由于所得税制度是 1913 年才开始实行的，所以这是可以得到估计值的最早的一年。

② 托马斯·皮凯蒂（2014）计算出，收入最富有的 1%人口在 1977 年之后的 30 年里获得了 60%的收入收益。

③ 第四个因素是美国匹配择偶现象的增多，收入高（低）的人倾向于与收入高（低）的人结婚。然而，库恩德·德坎奇（Koen Decancq et al.，2015）等人进行的实证分析并不支持这是导致家庭收入不平等加剧的重要因素。

学家简·丁伯根[①]（1975）将“教育与技术之间的竞争”确定为不平等演变的关键因素。如果教育系统能培养出足够的毕业生来满足新技术带来的额外需求，那么技术溢价就不会上升。相对于供给而言，美国收入不平等的加剧源于对技术劳动力需求的增加。[②] 正如经济学家克劳迪娅·戈尔丁和劳伦斯·卡茨（Claudia Goldin and Lawrence Katz，2008）所证明的那样，直到 1980 年左右，美国在这场反贫困战中一直表现良好；20 世纪 70 年代，教育政策改变后，美国不再这样做了。这也有一个分布的维度。随着时间的推移，来自贫困家庭的大学毕业生所占比例逐渐下降，他们进入美国名牌大学的可能性很小。[③]

第二个原因是，从长期来看，资本收益率（特别是顶级资本的收益率）明显超过经济增长率。[④] 经济学家托马斯·皮凯蒂（2014）证明了这一点。因为富人拥有大部分的财富，高回报导致更高的不平等。令人吃惊的是，皮凯蒂和其他人对美国高收入群体的收入和财富份额的估计表明，美国最高收入群体的不平等已经恢复到“一战”前夕的水平。[⑤] 皮凯蒂关注的是非人力资本。[⑥] 同样重要的是人力资本回报结构的变化，特别是高收入群体工资的上涨和最低收入群体的工作变化。尽管高端企业收入的上升在某种程度上反映了技能溢价上升的首个因素，但美国大型企业首席执行官的高薪似乎并不能反映在竞争激烈的劳动力市场上“技能”的回报。在工资分配的另一端，有体面福利的制造业的工作正被福利少且几乎没有或根本没有保障的低薪服务业的工作所取代。

第三个（相关的）原因与公共政策有关。一方面，美国对金融业的去监管和对高收入者的减税政策，在加剧了顶层收入不平等现象。对富人的全面减税导致减少了用于（直接或间接）惠及穷人的公共项目和公共产品的资金，也导致赤字增加，进一步限制了原本有

---

① 简·丁伯根（Jan Tinbergen，1903 年 4 月 12 日—1994 年 6 月 9 日），出生于荷兰海牙。1969 年与拉格纳·弗里希共同获得诺贝尔经济科学奖。简·丁伯根教授主要从事把统计应用于动态经济理论，他在这个领域中的伟大先驱著作是美国周期波动的经济讲师研究。这次杰出研究的一个重要目标是设法定量地明确各个因素的重要性，以便检验现有许多商业循环学说的解释价值。主要著作有：《商业循环理论的统计检验》（1939）、《1921—1933 年美国的经济周期》（1939）、《经济计量学》（1959）、《经济政策论》（1952）、《经济政策的集中和分散》（1954）、《经济政策：原理和设计》（1959）、《1870—1914 年英国的经济周期》（1956）、《论文选集》（1959）、《改造世界经济》（1962）、《经济增长数字模型》（合著，1962）、《国际经济一体化》（1965）、《发展计划》（1968）、《收入分配》（1975）。——译者注

② 见大卫·奥特尔。David Autor. 2014. “Skills，Education，and the Rise of Earnings Inequality among the Other 99 Percent.” *Science* 344：843-851.

③ 见迈克尔·格林斯等人（Michael Greenstone et al.，2013）。

④ 托马斯·皮凯蒂，著. 巴曙松等人，译 . 21 世纪资本论. 中信出版社，2014：自序.

⑤ 其中包括 19 世纪最后几十年的所谓“镀金时代”，马克·吐温（Mark Twain）和查尔斯·沃纳（Charles Warner）在其关于华盛顿特区腐败和贪婪的小说中对此进行了讽刺。之所以把这个时代称为镀金时代（Gilded Age），是因为有许多人在这个时期里成为巨富，也因为富有而过着“金色”的生活。

⑥ 非人力资本——本书中简单称之为“资本”——包含了私人（或私人团体）可以拥有并且能够在市场上永久交易的所有形式的财富。在现实中，资本能够被私人所有（在这种情况下我们称之为“私人资本”），或者被征用或者由政府机构所有（在这种情况下我们称之为“公共资本”）。同时，也存在着中间过渡形式的资本，它们为了追求特殊的目标以计提所有的形式而被“法人”所有（例如基金会和教会）。——托马斯·皮凯蒂，著. 巴曙松等，译 . 21 世纪资本论. 中信出版社，2014：47.

助于减少贫困的公共支出。[①] 另一方面，政策未能向熟练工人以及与税前不平等加剧有关的资本所有者提供足够的收益再分配。随着时间的推移，税收的构成已从累进所得税转变为累进税。而且，自 1980 年以来，美国穷人在联邦转移支付中所占的份额不断下降。[②] 尽管 20 世纪 60 年代越来越富有的美国中产阶层中有许多人震惊地了解到他们中间的极端贫困，但在新千年里，许多美国中产阶层震惊于他们自身经济停滞的同时，一小部分精英阶层极端富裕的程度却有不断上升的迹象。当代相当于哈灵顿《另一个美国》的一部专著是美国人托马斯·皮凯蒂的《21 世纪资本论》(本书将在第 8 章中进一步讨论)。这两本书在很多方面都截然不同，尽管这两本书都是出人意料的畅销书，[③] 并且都开启了关于再分配政策的公共辩论，但它们在很多方面都截然不同。

贫困文化?

从 18 世纪开始，关于贫困人口的“不良”或“不道德”(bad or immoral) 行为导致其贫困的说法不断出现，直到今天仍不绝于耳。在试图解释美国在富裕中的贫困时，20 世纪 60 年代出现的“贫困文化”(culture of poverty) 和“贫困阶层”(underclass) 的观点引起了激烈的争论。与前面回顾的辩论相呼应，批评者认为这些观点忽视了更根深蒂固的“结构性”不平等。[④] 在一些更为复杂的“底层阶级”观念中，如社会学家威廉·朱利叶斯·威尔逊[⑤] (1987) 的《真正的穷人》(*The Truly Disadvantaged*: *The Inner City*, *the Underclass*, *and Public Policy*) 一书中，人们认为“贫困文化”源于结构性不平等，因此也是他们解释的一部分；与哈灵顿一样，威尔逊强调宏观经济因素，包括经济、城市结构变化和总失业率。美国黑人的“贫困阶层”如今可以用社会和经济力量来解释（第 8 章将更深入地讨论这类贫困的群体成员模型）。

关于是否有空间进行旨在改变文化的政策干预的争论仍在继续，[⑥] 但回顾这两百多年，

---

① 关于政治在美国收入顶层不平等加剧中所起作用的进一步讨论，见雅各布·哈克和保罗·皮尔森（Jacob S. Hacker and Paul Pierson, 2010)。

② 见马丁·沃尔夫（Martin Wolf, 2014), Wolf, Martin. 2014. “Why Inequality Is Such a Drag on Economies.” *Financial Times*, September 30.

③ 该书在销量方面也同样成功，尽管在皮凯蒂写这本书的时候，它看起来会超过迈克尔·哈灵顿的。

④ 见赫伯特·甘斯（Herbert Gans, 1995）和爱丽丝·奥康纳（Alice O'Connor, 2002)。

⑤ 威廉·朱利叶斯·威尔逊（William Julius Wilsom)，美国当代著名的社会学家和公共知识分子。1935 年出生。1988 年人选美国文理科学院，1990 年当选美国社会学会主席，1991 年成为美国国家科学院院士，1996 年被《时代》杂志评为美国最具影响力的 25 人之一，1998 年荣获“国家科学勋章”。在芝加哥大学执教多年，现为哈佛大学教授。在城市贫困、种族关系和公共政策研究上成果卓越、著述风格以深入浅出见长，其著作既为同行专家认可，又极为畅销。代表作有《种族重要篁的降低》《真正的穷人》《当工作消失时》等。《真正的穷人》是一本克林顿推荐美国经济学家阅读的书。富裕如美国，在城市中仍然存在着一些贫民窟，存在着内城区“底层阶级”之类真正的弱势群体。本书旨在探讨产生这类弱势群体的社会经济、政治历史方面的复杂动因，积极倡导一种社会民主的公共决策议程，以改善这类弱势群体的生活境遇。——译者注

⑥ 见斯蒂芬·斯坦伯格对马里奥·路易斯·斯莫尔等人（Mario Luis Small et al., 2010）的评论。Steinberg, Stephen. 2011. “Poor Reason: Culture Still Doesn't Explain Poverty.” *Boston Review*, January 13.

人们对贫困的看法显然已经发生了重大转变，从主要归咎于穷人，转变为研究他们无法控制但却可以采取公共行动（消除贫困）的深层次因素。他们的新观点并没有否定个人责任，也没有否定错误或看似不合理行为的范围。① 在适当的时候，新的证据也出现了，表明贫困的压力削弱了认知能力，再次模糊了因果关系。② 但关键的一点是，“错误的选择”是对贫困的有害的（dangerously）不完全解释。正如戴维·希普勒（2005）很好地解释了美国的贫困劳动者：“每个人的生活都是多种因素综合而成的产物：他们要么选择错误，要么运气不佳，要么就是前途因其出身或意想不到的事件而被拦腰斩断。很难说一个人的贫困境遇同他或她的一些不智之举之间没有某些关联——比如，中途辍学、非婚生子、吸食毒品、习惯迟到。另外，很难说一个人的举动和与生俱来所处环境因素之间毫无关联。例如，父母管教不严、教育很差、社区居住环境糟糕。在这些因素的影响下，一个人的机会寥寥可数。”③

相对贫困与主观贫困

随着贫困被视为应该努力消除的一种社会恶习，测度贫困的最佳方法成为一个关键的讨论点。如本章开头所述（参见专栏 1.2），有两种思考贫困的方法，即绝对贫困和相对贫困。在绝对贫困的情况下，穷人被定义为那些低于收入临界值或消费临界值的人，这个临界值在所有被比较的亚组中都是按实际价值确定的。相反，相对贫困使得这些群体的最低收入有所不同，通常随着群体的平均收入而上升。绝对方法的支持者认为，在测度贫困时，我们应该忽略国家之间的边界：即使一个人生活在富裕国家，而另一个人生活在贫穷国家，两个对商品有同样支配权的人也应该受到同样的对待。相对方法的倡导者指出，相比于贫穷国家，生活在富裕国家的穷人经历相对剥夺，并且参与经济和社会生活需要更高的费用（具体社会因素）。④ 相对方法的理由在于这样一种观点，即贫困必须被视为福利空间中的绝对贫困，无论贫困是以效用还是可行能力的形式来定义，它在福利空间中必须被视为是绝对概念。正如阿马蒂亚·森（1983）采用议论的方式总结了自己的观点：贫困——并且暗示更一般性的生活水平——“在可行能力的空间里是一个绝对概念，但在商品或者特性的空间里常常采取一种相对形式”。⑤

---

① 对贫困的行为解释从实验中得到了一些支持，实验表明人们并不总是理性的行为，尽管实验经常接受其他解释，特别是关于优化行为的性质，见吉勒斯·圣保罗（Gilles Saint-Paul，2011）。

② 见阿南迪·曼尼等人（Anandi Mani et al.，2013）。利用两项不同而又相互补充的研究，华威大学的阿南迪·曼尼和同事验证了贫困和认知能力之间具有因果关系。文章指出，贫困导致认知能力下降的机制可能是注意力转移，即贫困所引起的注意力消耗导致运用在其他事物上的精神资源被削减，使贫困者处理其他事物的能力减弱。因此，贫穷的人不得不同时应付金钱和认知能力的双重匮乏。——译者注

③ 戴维·希普勒，著. 陈丽丽，译. 穷忙（*The Working Poor*）. 上海译文出版社，2005：5.

④ 这里的相对剥夺是指一个人的福利直接取决于他或她的消费或收入相对于某个参考群体的平均水平，例如一个国家或社区的居民。

⑤ 阿马蒂亚·森 著. 杰弗里·霍索恩 编（Geoffrey Hawthorn）. 沈国华 译. 生活水平. 机械工业出版社，2014：14.

在第二次贫困启蒙之前，贫困似乎主要是以绝对方法来看待的。这在 20 世纪 60 年代的发达国家发生了根本性的变化。[①] 当然，出现相对贫困的理念也有前因。著名的是，斯密持有一个社会特有的贫困概念。斯密在《国富论》(1776) 中指出了亚麻衬衫在 18 世纪欧洲的社会作用，即"一个值得信赖的日工如果没有亚麻衬衫，会羞于在公共场合露面。"[②] 斯密希望贫困线与其环境相关。在某种程度上，这就是我们在各国看到的情况(如专栏 2.5 所述)。尽管人们可能接受斯密的观点，即某一特定环境的贫困标准应反映普遍的标准，但不清楚这一标准是否应随着时间的推移而调整。回想一下亚瑟·里昂·鲍利(1915) 在这一点上的坚定立场：这条贫困线随着时间的推移应该有固定的实际值，使其成为绝对值，即使它是国家之间的相对值。从逻辑上讲，一条按实际值确定的贫困线不能无限期地与增长中经济体的普遍生活水平保持相关。

从第二次贫困启蒙开始，人们越来越广泛地接受了贫困是相对的，因此是社会特定的存在，这一点在各国之间以及在一个不断增长的经济体中都适用。挑战在于如何实现这一理念。在此期间，还努力将贫困线固定在公共援助的临界值上。[③] 这导致人们担心当时的贫困人数受到了政治操纵：一个跳上台反对贫困救济的政党有可能通过削减福利水平来降低贫困率。

第二次贫困启蒙在美国和西欧都看到了相对贫困的新概念。经济学家维克托·福克斯(1967) 似乎是第一个提出贫困线应设定为当前（特定群体）中等收入的 50%。与平均收入相比，这条线的弹性为 1。当这条线被设置为平均值（或中位数）的固定百分比时，我们可以称之为"强相对指标"(strongly relative measure)。

这一新的测度标准可以理解为，在时空分布上，实际上它是相对的。强相对线的一个直接含义是，当所有收入水平都以同样比例上升时，贫困的测度标准保持不变。不改变相对不平等的经济增长，将使贫困保持不变。这种相对贫困原则上是可以消除的：没有任何理论上的原因表明，通过收入分配不能实现没有人的生活水平低于平均水平的一半。在实践中能否做到这一点则是另一回事。

这种强相对贫困的新观念对西欧的影响大于对美国的影响，对发展中国家的影响则较小。随着时间的推移，美国的官方贫困线是一条绝对贫困线（具有固定的实际值，见专栏 2.5)，发展中国家的几乎所有贫困线也是如此。但是，正如维克托·福克斯（1967）所指出的，美国在 20 世纪 30 年代的贫困线实际值可能要比 20 世纪 60 年代低得多。[④] 在很长一段时

---

① 亚伯拉罕·多伦（Abraham Doron，1990，第 30 页）描述了 20 世纪 60 年代的这一变化："这一时期的改革者，当然也包括其中的激进分子，拒绝绝对方法，其内容是保证最低生活水平……人们的需求不是稳定和绝对的，而是相对的，与特定时期的社会情况有关。"

② 见亚当·斯密（1776）。

③ 一个早期的例子是布莱恩·阿贝尔·史密斯和彼得·汤森（1966）描述的英国贫困。

④ 见维克托·福克斯（Victor Fuchs，1967）。基于一个必要的粗略计算，他断言如果将 20 世纪 60 年代的美国标准适用于 30 年代，那么 2/3 的美国人口将被视为贫困；罗斯福总统则估计"美国 1/3 的人口"在 30 年代是贫困的。

间内，美国的贫困线一直是一个正梯度。事实上，在 20 世纪，这个数字很可能增加了 10 倍甚至更多。[①] 同样，我们也看到中国和印度等快速发展的国家的实际贫困线正在上升。[②]

在适当的时候，西欧最广泛使用的贫困定义遵循了维克托·福克斯的建议，国家贫困线通常设定为当前中位数的恒定比例。欧盟统计局（2005）制定了这样的贫困测度标准，有影响力的卢森堡收入研究所（Luxembourg Income Study，LIS）也是如此。该研究始于 20 世纪 80 年代中期，在国家一级的汇总统计数据中，贫困线被定为中位数的 40%～60%。[③] 关于绝对贫困和相对贫困的辩论今天仍在继续。我们将第二部分研究它的更多技术方面，但这里值得先回顾一下辩论。

相对贫困线的批评者一直担心，在不同的时期或不同的国家，实际收入水平相似的人似乎受到不平等待遇。富裕国家相对贫困线的倡导者在比较一个国家内多数人口与少数人口之间的贫困程度时，大概不会愿意采用同样的想法。事实上，第二次贫困启蒙开始看到过去在这方面的歧视性做法的失败。相对主义有明确的道德界限（尽管很少明确）。如果需要更高水平的个人实际收入来达到富裕国家相同的福利水平，那么相对论的福利主义仍然存在。

更为棘手的问题是，为什么贫困线应该具有强相对性？即与平均值或中位数成比例。如果我们更仔细地考虑支持相对主义的最普遍观点，这二者显然都没有说服力。可以考虑下述两种观点。第一种观点是社会包容。18 世纪欧洲的亚麻衬衫就是一个可以称之为“社会包容需求”的例子。自 20 世纪 80 年代以来，对这种需求的想法在西欧和斯堪的纳维亚的社会政策讨论中一直很有影响力，尽管社会包容的想法可以追溯到很久以前，但包括亚当·斯密在内所提出的社会包容的想法可以追溯到很久以前。[④] 社会包容性需求的存在成为西欧相对贫困线的主要依据。[⑤] 尽管我们可以轻易地同意，社会包容是避免贫困的一个基本要素，但这并不能有力地证明相对贫困线是合理的。对于最穷的人和最富有的人来说，那件衬衫的价格大致是相同的。更一般来说，正如强相对线所表明的那样，随着平均收入趋于零，社会包容成本不可能在极限内趋于零，这几乎肯定会低估贫穷国家的社会包容成本。

第二种观点认为，强相对方法允许相对剥夺（relative deprivation），即人们关心的是自己的收入相对于参照群体的收入。社会学家加里·卢西曼（1966）[⑥] 是这一观点的有力

---

① 这是罗伯特·亨特贫困线与官方贫困线的比较结果，Hunter，Robert. 1904. *Poverty*. London：Macmillan Company.

② 见马丁·拉瓦雷（2012b）。

③ 关于卢森堡收入研究所在其数据汇编中使用的方法的评论，见马丁·拉瓦雷（2014c）。

④ 见保罗·斯皮格（Paul Spicker，2007，第 8 章）的讨论。希拉里·西尔维（Hilary Silver，1994）对最近对社会包容的关注做出了重要贡献。

⑤ 见保罗·斯皮格（2007，第 8 章），他进一步指出，“社会排斥”在 21 世纪初成为欧盟委员会“贫困”的同义词；斯皮格认为，排斥至少是一个欧盟成员国在政治上更容易接受的说法。

⑥ 加里·卢西曼的《相对剥夺与社会正义：20 世纪英国社会不平等态度研究》系统地运用相对剥夺和参照群体理论来研究社会不平等态度，其后对社会不平等的态度研究普遍把参照群体作为一个重要指标，Runciman，W. G.（1966）. *Relative deprivation and social justice：A study of attitudes to social inequality in twentieth-century England*. University of California.

倡导者。在经济学中，詹姆斯·杜森贝里[①]（1949）提出了一种基于相对剥夺概念的创新的消费行为模式（远远超前于时代），即一个人的福利取决于其相对于居住国平均水平的收入。[②] 当应用于贫困测度时，这意味着一个福利水平一致的贫困线应是平均值的一个上升函数，更富裕的国家需要更高的货币线以对感觉相对贫困的福利成本进行补偿。

然而，仔细观察就会发现，这并不是一个令人信服的对于强相对贫困线的解释。只要我们认为贫困在福利（或能力）方面是绝对的，那么只有当福利仅依赖于相对收入（相对于中位数的自身收入）时，人们才能得出这些强相对贫困程度指标。换言之，我们需要假设，在给定的相对收入下，福利并不依赖于自己的收入。这肯定是一个非常有力的假设。这些都不否认社会包容需求或相对剥夺的福利相关性。现在，将相对主义关注纳入贫困测度的理由比以往任何时候都更为充分，问题是如何做到最好。考虑到社会包容的（正的）最低成本，我们需要所谓的"弱相对线"。[③] 它们的特点是，贫困线不会与平均数成比例上升，但对所有有限的平均收入来说，其弹性小于1[④]（第4章将进一步讨论各种贫困线），这与包括美国在内的长期实际收入增长的国家的历史经验是一致的。[⑤] 与国家之间的国家线一致（如专栏2.5），人们可以使用弱相对线作为限制性案例来制定全球贫困测度标准，其中包含绝对线（贫穷国家的典型）和相对线（富裕国家的典型）。[⑥]

关于贫困测度的另一部分最新文献强调了针对调查中的主观问题调整福利和贫困测度标准的范围。采取的方式是用量表打分，即受访者根据从"穷人"到"富人"的量表给自己打分，[⑦] 或者回答一个关于对生活或幸福满意度的更普遍的问题。另外，再调查他们认为什么样的收入水平与特定的主观福利水平相对应。[⑧]

---

① 詹姆斯·杜森贝里（James Stemble Duesenberry，1918—2009）美国著名经济学家。主要著作有《收入、储蓄和消费者行为理论》《经济周期与经济增长》《货币与信用：冲击与控制》《美国经济计量模型入门》（合著）、《70年代的资本需求》（合著）、《货币、银行和经济》（合著）等。——译者注

② 詹姆斯·杜森贝里的模型是为了解决一个经验难题而发展起来的：库兹涅茨（1946）表明，从长期来看，美国的总消费量与总收入大致成正比，这意味着一个恒定的平均消费倾向（constant average propensity to consume，APC），但有一天的横截面研究表明，恒定的平均消费倾向随着收入的增加而下降（就像凯恩斯假设的那样）。詹姆斯·杜森贝里认为，恒定的平均消费倾向依赖于相对收入，而相对收入在长期内变化不大，但在单个横截面上，随着收入的增加，恒定的平均消费倾向将下降。

③ 见马丁·拉瓦雷和陈少华（2011）。詹姆斯·福斯特（1998）提出了弱相对线。这是由绝对线和强相对线的加权几何平均值给出的。虽然这也是弱相关的，但它具有恒定的弹性，而马丁·拉瓦雷和陈少华（2011）提议中的弹性从零上升到1，与专栏2.5中的国家线数据一致。

④ 可以说，与世界各地相关的贫困线一览表也应该具有这种性质，马丁·拉瓦雷和陈少华（2013）提供了采用这种方法的世界各地的贫困线。

⑤ 见西奥多·舒尔茨（Theodore W. Schultz，1965）对美国贫困线演变的讨论，Schultz，Theodore W. 1965. "Investing in Poor People：An Economist's View." *American Economic Review* 55：510-520.

⑥ 见马丁·拉瓦雷和陈少华（2011）。马丁·拉瓦雷-陈少华贫困线有3个参数：绝对最低收入水平、最低社会包容成本和相对梯度；第4章将更详细地讨论这些线。

⑦ 在哈德利·坎特里尔（Hadley Cantril，1965）之后，这些阶梯被称为坎特里尔阶梯表。

⑧ 见伯纳·范·普拉格。Van Praag，Bernard. 1968. *Individual Welfare Functions and Consumer Behavior*. Amsterdam：North-Holland.

一个特殊的例子是"最低收入问题"，它将货币表示的贫困线作为个人主观认定的最低收入与实际收入之间的回归函数的固定点。换言之，这条线的划定使收入低于这条线的人往往认为他们的收入不足以满足其需求，而收入高于这条线的人往往认为自己的收入已足够。或者，可以将贫困线确定为福利多个维度的适当性的固定点。① 本书第二部分将更详细地介绍这些问题。

基本收入保障

从 20 世纪 70 年代起，我们开始看到支持"基本收入保障"（basic-income guarantee, BIG）理念的论据。即政府为每一个成年人提供固定的现金资助，无论其是否贫困。基本收入保障包括"投票转移""收入保障""公民收入"和"未修改的社会红利"等。我们已听说过此类政策的早期倡导者托马斯·潘恩（Paine，1797），然而这一理念在长期以来与关于工作内在价值的理论相矛盾。例如威廉·配第（1662）建议以某种完全浪费的方式雇佣闲散的穷人会更好。配第认为，即使其产出没有价值，也应雇用闲散的穷人。基本收入保障理念在 20 世纪 90 年代强劲复苏。②

"基本收入保障"理念已经跨越了富裕国家和贫穷国家的界限，以及从左派到右派的政治范围。尽管倡导者主要出现在富裕国家，发展中国家的情况有所不同。③ 支持的论点有多种形式。"基本收入保障"被视为"公民权利"，或是经济自由的基础，放松了人们对生活选择的物质约束，以确保"社会成员"的生活选择不再受谋生义务的约束。④ 比利时哲学家伯纳·范·帕里斯（1992，1995）主张"基本收入的资本主义"（basic income capitalism）——将生产资料私有制与自由市场的力量结合起来，以扩大产出，为所有人提供可观的基本收入。

另一些人则指出，基本收入保障（BIG）是一种管理上容易的方式，以确保消除贫困，减少不平等，并对整个经济产生适度的扭曲影响。转移本身没有替代效应，因为没有任何人可以采取行动来更改其转移收入。收入会对闲暇需求产生影响。"基本收入保障"理念的反对者响应了人们长期以来的担忧，即福利国家将破坏工作激励，以牺牲利润为代价提高工资。目前还不清楚"基本收入保障"将对劳动供给产生多大影响，值得注意的是，这一转移可能有助于解决对工作机会的其他约束，例如受到信贷约束的自雇佣职业或移民。总的来说，工作甚至可能增加。（第 10 章将讨论一个相关例子）

---

① 继门诺·普拉丹和马丁·拉瓦雷（Menno Pradhan and Martin Ravallion，2000）之后。有各种方法的批判性研究，见马丁·拉瓦雷（2014e）。

② 见里斯·威廉姆斯（1943）、米尔顿·弗里德曼（1962）、伯纳·范·普拉格（1995）和丹尼尔·拉文托斯（Daniel Raventós，2007）。

③ 见普拉纳布·巴丹。Bardhan, Pranab. 2011. "Challenges for a Minimum Social Democracy in India." *Economic and Political Weekly* 46（10）：39-43.

④ 菲利普·范·帕里斯，Van Parijs, Philippe. 1992. "Basic Income Capitalism." *Ethics* 102（3）：465-484.

支持者们还指出，考虑到没有针对穷人的目标，“基本收入保障”没有任何蒙羞感。也可以预期，只要所有公民都有一个通用的唯一身份号码，“基本收入保障”就不容易产生腐败。

尽管“基本收入保障”的理念得到了各政治派别的支持，但据我所知，在国家层面上这一理念尚未得到实施。① 与其相近的“劳动所得税抵免制度”（*Earned Income Tax Credit*, EITC）已经在许多国家实施（美国在 1975 年；英国、加拿大、瑞典和其他地方也有例子）。这些措施通常是为了避免对穷人征收高额边际税率，以免妨碍工作。本书第 10 章再讨论这些政策。

2.3 发展中国家的贫困

“二战”之后，包括重建遭受战争破坏的欧洲，发展方面的挑战十分突出。但在其他领域，人们发现了更大的挑战，表现为根深蒂固的极端贫困。从“二战”后一开始，很多新的独立国家政府就已经开始致力于长期减贫工作。② 但关于如何实现这一目标，人们争论不休。

快速工业化计划

新独立国家的经济主要以农业为基础，而富裕国家是非农业部门占主导，但新独立国家的政策制定者并没有看到这一点。如图 2.5 所示，这与我们今天在各国发现的模式是一致的。③ 按人均收入计算，最贫困的 20 个国家的农业占比平均约为 40%，而最富裕的 20 个国家仅为 1%，这种模式是通常被称为结构转型的关键要素。④

图 2.5 中的模式很容易解释。食品是人类生活的必需品，所以很自然地经济活动是从农业开始的。根据同样的逻辑，随着经济增长，农业经济的产出份额往往会下降，这也是意料之中的。随着经济的全面增长，我们将看到用于食品的收入份额下降，这是恩格尔定律的经济表现形式（参见专栏 1.16）。由于在一个封闭的经济体

---

① 瑞士于 2016 年举行全民公投，就是否应实施基本收入计划进行投票。英国也有一个基本收入运动；见 http://basic income.org.uk/。加拿大马尼托巴省的两个城镇在 20 世纪 70 年代推出了为期 5 年的基本收入计划，见 http://basic income.org.uk/interview/2013/08/health forget mincome poverty/。

② 在印度的背景下，见苏哈莫伊·查克拉瓦蒂（Sukhamoy Chakravarty，1987）对 20 世纪 50 年代和 60 年代经济规划的讨论，也见贾格迪什·巴格瓦蒂（Jagdish N. Bhagwati）在《增长为什么重要：来自当代印度的发展经验》（Why Growth Matters：How Economic Growth in India Reduced Poverty and the Lessons for Other Developing Countries）（1993，第 2 章）中有趣的讨论。

③ 由于 GDP 是构成共享变量分母的一个因素，国民总收入数字滞后了 10 年，以减少虚假负相关的可能性。

④ 随着国民经济核算数据的全球覆盖范围越来越大，结构转型问题在 20 世纪 60、70、80 年代被广泛研究，此后受到的关注却越来越少。见摩西·赛尔昆（Moshe Syrquin，1988）的研究回顾，另见林毅夫的讨论，Lin，Justin Yifu. 2012. *New Structural Economics*：*A Framework for Rethinking Development and Policy*. Washington，DC：World Bank.

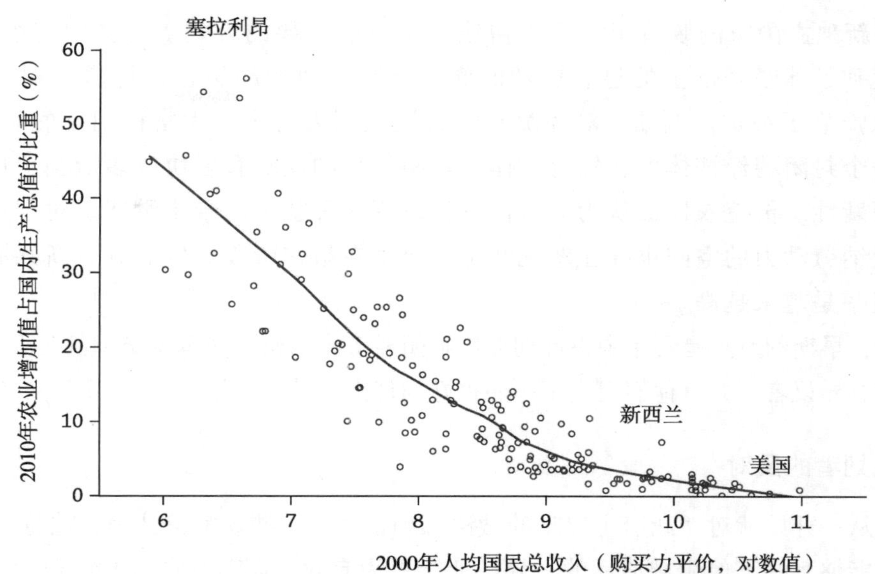

图 2.5　各国农业占 GDP 的比重

资料来源：作者根据世界发展指标进行的计算（世界银行，2013）。

中，总供给将与需求达到平衡，因此可以预期，随着经济增长，农业在产出中所占的份额将下降。但是，在给定的平均收入下，行业构成存在差异。例如，新西兰（如图 2.5 所示）以平均收入计算，其农业收入占比异常高，该国的大部分农业产品是作为出口的。

但是，新独立国家的政策制定者是如何实现结构转型的呢？他们对私营企业能够独立实现这一目标几乎不抱希望。私营企业之间的协调失灵被认为是一个严重的障碍。保罗 · 罗森斯坦 · 罗丹①（1943）的一篇有影响力的论文指出，在经济不发达的情况下，不同企业的投资是互补的。考虑到经济活动的关联性，如果所有企业都投资，那么它们都会做得很好，但是没有一家企业会在其他企业没有投资的时候有动机去投资。因此，发展就会停滞，也是贫困陷阱的一种形式。在这里，政府可以采取多种形式进行有益的干预。一个是以"政府助推"（government-light）的方式支持需要协调行动的企业之间的充分知情的谈判和合同执行。一个是以"政府主导"（government-heavy）的方式通过中央规划来控制甚至接管私人决策。后者即所谓的"大推动"，多个部门的大规模初始投资对发展至关重要。

---

① 保罗 · 罗森斯坦-罗丹（Paul Rosenstein-Rodan，1902—1985）是奥地利学派著名经济学家，发展经济学先驱人物之一，平衡增长理论的先驱。大推动理论（The Theory of the Big-push）是均衡发展理论中具有代表性的理论，是罗丹于 1943 年在《东欧和东南欧国家工业化的若干问题》（Problems of Industrialization of Eastern and South-Eastern Europe）一文中提出来的。该理论的核心是在发展中国家或地区对国民经济的各个部门同时进行大规模投资，以促进这些部门的平均增长，从而推动整个国民经济的高速增长和全面发展。——译者注

许多新独立国家的政策制定者最初选择了政府主导的方式。这其中有很多原因。一些人受到了苏联经济上的显著成功的鼓舞。殖民地的经历也使许多人对“自由市场”论点产生了怀疑。例如，对外贸易开放被预期为将主要为富裕国家的利益服务。即使在一个封闭的经济体中，经济主体对价格信号的反映有多快或多恰当，也存在着潜在的怀疑性。传统农民被认为效率低下，改变这种状况的希望渺茫。对于新兴制造业迅速吸纳劳动力的空间也存在悲观情绪。至少在最初阶段可以看到，新兴制造业的规模回报率是越来越高。①

因此，早期的重点是利用中央计划促进封闭经济体中相对资本密集型的工业化。但从一开始就有异议者，并且他们提出了一些很好的理由。

对规划者的反对

人们从一开始就对“政府主导”的做法感到担忧。一些观察家认为，在特定环境下，找出一个能够刺激其他领域活动的主导产业会更为有效，而不是在所有产业大举推进。②找到关键的主导部门构成了进一步的挑战。一些观察家质疑规划者所选择的优先事项，特别是重点发展资本货物（生产资料）的部门，如印度的第二个五年计划（the Second Plan，1956—1961）。③ 他们指出，在贫穷国家，资本是稀缺的但劳动力是丰富的，因此市场主导和（很可能）劳动密集型工业化进程更有意义。

还有人认为，规划者对斯密的警告关注太少。斯密认为，在封闭的经济体中，粮食供给将限制城市的增长。一些人认为，穷人正在为推动工业化提供资金，农业提供了他们大部分的收入，而工业化通常依赖于从农业中提取盈余。此外，加快发展工业化的需求取代了其他政策。例如，农村基础设施（电力和道路）相对新兴产业的需求已退居次要地位。

另一个问题是，贫穷国家往往缺乏成功进行中央计划所需的管理能力。在非正规部门较多的经济体中，早期热衷于制定正式的法规和控制措施来协调或（甚至更为雄心勃勃地）接管私营企业，严重偏离了有效实施和执行的能力。使政治家的愿望与其行政管理能力保持一致是一项长期的挑战。

---

① 见科林·克拉克（Colin Clark）的《经济进步的条件》。

② 阿尔伯特·赫希曼（Albert Otto Hirschman，1958）是这种方法的早期倡导者。另见德布拉吉·瑞（Debraj Ray，1998，第5章）中的讨论。

③ 这直接受到马哈拉诺比斯（1953）两部门增长模型的影响（该模型把国民经济分为资本货物生产和消费品生产两大部门，并认为重工业、基础工业和基本原料工业对经济发展起着支配作用。因此，主张在一定时期内，为了最大限度地增加国民收入，在自力更生和公营经济占主导地位的前提下，实行优先发展重工业的工业化计划，把投资重点放在资本货物工业上。认为对资本货物部门投资率越高，在短期内可用于消费的产品数量虽然较少，但经过较长一段时期后，就会获得较高的消费增长率——译者注）。瓦基尔和布拉马南德（C. N. Vakil and Brahmanand P. R.，1956）对第二个五年计划提出了重要的批评。关于计划的更广泛评论，见迪帕克·莱尔（Deepak Lal，2000）的《发展经济学的贫困》（*The Poverty of Development Economics*）。

继在印度独立研究的牛津大学经济学家伊恩·利特尔（1982）[①] 之后，“二战”后，很多新独立国家在“二战”之后的规划者所持的一套观点被称为“结构主义方法”。利特尔在牛津大学最有名的学生无疑是曼莫汉·辛格[②]，他在 20 世纪 90 年代初出任印度财政部长（以及总理，2004—2014）。辛格着手废除了许多利特尔批评过的政策，并为印度启动了新的增长轨道。

援助行业与发展经济学的诞生

增长经济学（growth economics）告诉规划者，高投资率是实现增长目标的关键。[③] 作为一个贫穷国家，这些目标所需的投资不能仅仅由国内储蓄提供资金。今天的全球私人金融市场还不具备，外援被视为解决办法。

“二战”之后，出现了大规模的国际发展援助项目，最初的重点是重建欧洲，但很快就转向了全球。1944 年，在新罕布什尔州布雷顿森林召开的联合国货币金融会议促成了国际复兴开发银行（世界银行）和国际货币基金组织（货币基金组织）的成立。许多双边援助项目也出现了（第 9 章将更深入地讨论发展援助）。

新生的援助行业（aid industry）需要知识，20 世纪 50 年代发展经济学（development economics）的出现是主要反应。亚瑟·刘易斯（1954）阐述了一个有着坚实的古典根基的经济发展模式。程式化经济有一个包含新型“现代”部门的二元结构，主要是城市部门和更贫穷传统的农村部门，一年中大部分时间都有大量的富余劳动力。其发展是由现代部门将其利润再投资，进而从传统部门吸收劳动力而进行的。第 8 章将讨论这个有影响的模式及其对贫困和不平等的影响。[④]

到了 20 世纪 70 年代，发展经济学已经成为一个稳固的领域。[⑤] 人们越来越普遍地认为，发展中国家的穷人在经济上的理性程度不亚于其他人，因此，主要出现在欧洲和北美的经济学（建立在个人理性假设的基础上）可以适应发展中国家的现实。从这个观点来

---

① Little, Ian. 1982. *Economic Development: Theory, Policy and International Relations*. New York: Basic Books.

② 曼莫汉·辛格（Manmohan Singh，1932 年 9 月 26 日—），印度资深政治家，印度国民大会党元老，印度前总理。曼莫汉·辛格在 1991 年至 1996 年任印度财政部长期间，进行了前所未有的经济改革，打破了束缚印度经济增长的种种枷锁，使印度经济步入高速发展的轨道，也被誉为“印度经济改革之父”。——译者注

③ 本书第 8.1 节进一步回顾了增长理论。

④ 随后在 20 世纪 60 年代和 70 年代对理解二元经济体经济增长的贡献包括戴尔·乔根森（Dale W. Jorgenson，1961）、古斯塔夫·拉尼斯和费景汉（Gustav Ranis and John Fei，1961）、费景汉和拉尼斯（1964）、约翰·哈里斯和迈克尔·托达罗（John Harris and Michael Todaro，1970）、加里·菲尔兹（Gary S. Fields，1975）。拉尼斯（2004）回顾了刘易斯模型的影响和相关的争论，例如关于农村劳动力被吸收到现代部门的机会成本。第 8 章对刘易斯模型及其继承者进行了深入的研究。

⑤ 发展经济学杂志于 1974 年创办。第一卷包括对分配和发展文献的权威性 40 页评论，威廉姆·克莱因（William Cline，1975），Cline, William. 1975. “Distribution and Development: A Survey of the Literature,” *Journal of Development Economics* 1: 359-400.

看，人在本质上是一样的，不同的是资源和制度。西奥多·舒尔茨[①]（1964，第649页）认为发展中国家的农民是贫穷但有效率的，[②]“穷人对改变他们和他们孩子命运的关心程度并不亚于那些更有优势的富人。他们在从有限的资源中获得最大利润方面也表现得毫不逊色。”这种观点并不排除欠发达经济体的低效率。但它们是制度化的低效率，而不是穷人在这些制度下没能做到最优。

不平等重新引起关注

考虑到大多数经济学家对一个“发展中国家”的第一印象是人均GDP很低，因此，发展经济学的新学科如此关注如何确保人均GDP的增长其实并不奇怪。为了提供对政策思考的分析支持，20世纪50年代，人们重新对增长经济学产生了兴趣，并取得了重要的理论进展（包括将在第8章进一步讨论的索洛-斯旺模型）。对收入不平等的关切最初被淡化为“二战”之后15年左右经济增长的次级问题。对福利的非收入层面的任何关切都被纳入经济增长将在适当时候予以解决的一系列问题之中。

在第二次贫困启蒙时期，发展中国家的极度贫困和严重不平等的存在开始吸引大量主流学者的关注。一些早期的评估仍然不鼓励发展中国家的快速或公平增长。[③]工业化和城市化最终被广泛认为充其量对发展中国家穷人是喜忧参半。[④]许多人甚至进一步得出结论，GDP增长对穷人的帮助微乎其微，忽视了早期发展政策所推动的那种增长对穷人集中的农业几乎没有支持作用，也不支持劳动密集型的非农业发展。

在第二次贫困启蒙时期，西方公众对“第三世界”日益增多的贫困人口的关注激增，对外援助也是如此（这是本书第9章讨论的一个问题）。在经济学家中，达德利·西尔斯

---

① 西奥多·舒尔茨（Theodore W. Schultz，1902年4月30日—1998年2月26日）美国著名经济学家、芝加哥经济学派成员、芝加哥大学教授及经济系系主任（1946—1961）；他在经济发展方面做出了开创性研究，深入研究了发展中国家在发展经济中应特别考虑的问题，从而获得1979年诺贝尔经济学奖。主要著作有：《关税对大麦、燕麦、玉米的影响》（1933）、《训练和充实农村地区社会性工作者》（1941）、《改变农业》（1943）、《农业生产和福利》（1949）、《人力资本的投资》（1960）。在发展经济学方面，其代表作有：《改造传统农业》（1964）、《不稳定经济中的农业》（1945）、《农业的经济组织》（1953）、《世界农业中的经济危机》（1965）、《经济成长和农业》（1968）。——译者注

② 西奥多·舒尔茨的观点明显背离了当时的思维方式，在接下来的几年里有很多争论；关于概述，见大卫·阿布尔和瓦桑特·苏哈特姆（David G. Ablerand Vasant A. Sukhatme，2006）。最近的一些想法强调了贫困对决策过程产生反馈影响的可能性，见埃思特·迪弗洛（Esther Duflo，2006）。通过实地实验，现代行为经济学认为，在经济理性的程度上，至多存在一个小的“发展差距”，见亚历山大·卡珀朗等人（Alexander W. Cappelen et al.，2014），尽管因样本选择过程（例如依赖大学生作为实验对象）对这些发现的更广泛有效性产生了怀疑。

③ 蒙塔克·辛格·阿卢瓦利亚等人认为：“不仅最贫困的国家增长相对缓慢，而且增长过程是这样的，在大多数发展中国家，穷人收入的增长远远低于平均水平。”Ahluwalia，Montek S. & Carter，Nicholas G. & Chenery，Hollis B.，1979. “Growth and poverty in developing countries,” *Journal of Development Economics*，Elsevier，vol. 6（3），pages 299-341，August. ——译者注

④ 一个有影响的例子是卡马拉·马坎迪亚（Kamala Markandaya，1955）的畅销社会小说《美酒一场空》（*Nectar in a Sieve*），它代表了非农业经济增长，小说的中心人物在村庄附近建了一座工厂，相比于脱贫之路，一个贫困的农村家庭更是威胁生计的根源。

(1969) 是早期的一位有影响力的倡导者，他主张更注重分配，尤其是贫困。[①] 世界银行第一任首席经济学家霍利斯·钱纳里[②]在其《经济发展 25 年：1950—1975》(1977，第 5 页) 的前言中，对这种看法的变化做了如下解释：

> 在 20 世纪 50 年代的条件下，试图同时实现社会变革和经济增长的困难……导致人们强调提高国民生产总值，以此作为发展成功的测度标准。这……现在已被更复杂的社会目标声明所取代，该声明承认经济增长是社会进步的必要条件，但不是充分条件，应直接关注最贫困群体的福利。[③]

尽管人均 GDP 较低是新发展经济学家可获得的第一份量化数据，但他们在发展中国家实地看到的却是极端贫困。如果经济增长能够减少贫困，那么强调经济增长是有道理的，但这并不能保证。关于经济增长是否能可靠地减少贫困，有很多争论。[④] 在适当的时候，出现了一种共识，即“增长对减贫是必要的，但还不够”(如钱纳里的上述引文)。事实上，从 20 世纪 90 年代起，这就成了主流发展界 (包括世界银行) 的口头禅。严格地说，这是不正确的。由于收入和财富总是可以重新分配的 (即使在贫穷国家，那里的不平等往往很严重)，经济增长在逻辑上既不必要也不足以减少贫困。真正的含义是，只要有必要的条件 (包括政策)，确保贫困人口能够参与和促进这种增长，经济增长就创造了减贫的潜力。我们将在本书第三部分详细讨论这些问题。

从 20 世纪 80 年代开始，许多经济学家积极强调全球减贫的挑战，重点放在贫穷国家。在这些国家，以任何绝对标准测度，这些挑战都是明显和严峻的。《1990 年世界发展报告》(*World Development Report*，WDR) 以“贫困”为题，全面地阐述了发展中国家贫困

---

① “对一个国家的发展所提出的问题是：贫困发生了什么样的变化？失业发生了什么样的变化？不平等发生了什么样的变化？如果这三个方面都从原来的高水平下降了，那么，可以说这个国家处于发展时期。如果这些中心问题的一个或两个方面的情况越来越糟，特别是，如果这三个方面同时变得更糟，即使人均收入增加一倍，称之为“发展”也是不可思议的。”见达德利·西尔斯 (Dudley Seers)：发展的意义 (The Meaning of Development)，这是他 1969 年提交给国际发展协会第 11 届大会的论文。——译者注

② 霍利斯·钱纳里 (Hollis B. Chenery，1918—1994)，哈佛大学教授，著名经济学家、世界银行经济顾问，1918 年生于美国弗吉尼亚州，1950 年获哈佛大学经济学博士学位，1968 年获荷兰经济学院荣誉博士。他曾任斯坦福大学教授、美国国际开发署副署长、世界银行副行长等公职，1965 年起任哈佛大学教授至今。1952 年开始在斯坦福大学执教。1960 至 1965 年任美国国际开发署助理署长，1965 至 1970 年在哈佛大学国际事务中心任经济学教授，1970 至 1972 年任世界银行行长麦克纳马拉的经济顾问。1972 至 1982 年任世界银行负责发展政策的副行长。他还是世界经济计量学会会员、美国文理研究院研究员。钱纳里长期从事经济发展、产业经济学和国际经济学的研究，其主要著作有：《产业联系经济学》(合著，1959)、《工业化进程》(1969)、《发展计划研究》(1971)、《发展型式，1950—1970》(合著，1975)、《结构变化与发展政策》(1979)、《增长中的再分配：政策探讨》等。——译者注

③ Chenery, Hollis. 1977. *Forward to David Morawetz, Twenty-Five Years of Economic Development*. Washington, DC: World Bank.

④ 将艾玛·阿德尔曼和辛西娅·塔夫特·毛瑞斯 (Irma Adelman and Cynthia Taft Morris，1973) 的观点与蒙特克·辛格·阿鲁瓦利亚 (Montek Singh Ahluwalia，1976) 的观点进行比较：前者认为，贫穷国家的增长最初是贫困 (以及不平等) 的加剧；后者则认为，增长往往会加剧不平等，但不会太严重，以致贫困率不会随着增长而下降。

问题的现状。《1990年世界发展报告》以“贫困”为主题，在发展政策界很有影响力，不久之后，“没有贫困的世界”成为世界银行的首要目标（在很大程度上是对该报告以及世界银行员工随后为落实其信息所做努力的回应）。随后在20世纪90年代，关于贫困问题形成了大量的实证研究，并借助大量的文献，为相关理论和方法的实践提供了有益的阐述。①

在这一时期，审议中的政策范围有所扩大，特别是在发展中国家。事实上，到了20世纪90年代，论及对贫困的影响时，似乎在政策领域并无禁忌。这也带来了新的风险，因为没有明确的政策工具分配给目标，就会有政策瘫痪的风险；如果每项政策必须在实现目标方面做得很好，那么所有政策都可能被视为是失败的，但如果每项政策只在一个或几个目标上做得好，且对目标清单的其他方面没有什么损害，那么整套政策就算是运行良好了。值得庆幸的是，经济分析和良好判断往往可以用来指导有效的政策行动，同时能权衡利弊。

相比两百年前的观点，到了20世纪末，关于贫困的政策思考已发生了彻底的逆转。不再将贫困看作是发展的必要条件，而将消除贫困看作是发展的主要目标。

再平衡发展思路

在上述发展思维演变的基础上，可以确定再平衡（rebalance）以增长为中心的发展思路的四种努力。这些努力都是在20世纪70年代和80年代产生的，对今天仍有持久的影响。

第一种再平衡是对农业和农村发展的全新重视。许多观察家认为，鉴于农民由于农业产量低而贫困，公众对农业的支持是浪费。也有些人认为，农业生产力低是由于市场和其他制度的失灵造成的，这些制度缺乏知识，缺乏获得信贷和保险的机会，而且可能还有土地市场的失灵。信贷和风险市场失灵成为发展经济学中一个活跃的研究议题。② 这意味着，解决这些失灵或对其进行补偿的政策可以带来巨大的好处。鉴于世界上绝大多数穷人生活在农村地区，这些福利有利于穷人。长期贫困和生产力低下被视为是穷人面临的制约因素所共同决定的。

从更广泛的经济角度来看，一些发展经济学家也强调了提高农业生产力对于在基本封闭和资本受限的经济体中实现工业化的重要性。工业化需要一支从农业中抽调出来的、规模更大的、吃饱饭的工业劳动力队伍。③ 因此，如果要看到一个有利于穷人的工业发展过

① 诸如马丁·拉瓦雷（1994b），伊丽莎白·萨杜莱和阿兰·德·扬夫里（Elisabeth Sadoulet and Alain de Janvry，1995），安格斯·迪顿（1997），玛格丽特·格罗斯和保罗·格莱维（Margaret Grosh and Paul Glewwe，2000）。

② 蒂莫西·贝斯利（Timothy Besley，1995b）对20世纪90年代早期的文献进行了很好的概述，Besley，Timothy. 1995b. “*Savings*, *Credit and Insurance*.” In Jere Behrman and T. N. Srinivasan（eds.），*Handbook of Development Economics*，vol. 3. Amsterdam：North-Holland.

③ 威廉·阿瑟·刘易斯（W. Arthur Lewis，1954）已经认识到农业增长的重要性，尽管他的理论模型并没有体现出来这一点。古斯塔夫·拉尼斯和费景汉（Gustav Ranis and John Fei，1961）的一篇重要理论论文在刘易斯模型的扩展方法中强调了农业增长的必要性。对这一点重要性的更广泛认识似乎在10年后才出现。

程，就必须提高农业生产率。

1973 年，时任世界银行行长罗伯特·麦克纳马拉（Robert McNamara）1973 年在内罗毕的演讲（Nairobi speech），标志着在农村和农业发展方面主流的重新平衡。经济学家迈克尔·利普顿（Michael Lipton，1977）的观点颇具影响力，他指出当时的想法具有明显的城市偏向。基于小农场的农业生产率（亩产量）往往较高的经验观察，有人提出效率和公平的论点，认为应更加重视小农生产和土地再分配改革。① 这一时期的研究还揭示了贫困农民受到政府政策剥削的程度（例如通过非洲市场委员会的垄断力量）。② 20 世纪 70 年代和 80 年代，经济学家们做出了许多贡献，包括在小农户决策、保有权制度、技术扩散，以及农产品定价和贸易方面。③

第二种再平衡也始于 20 世纪 70 年代初，对“非正规部门”的发展给予了更大的关注，这一概念在国际劳工组织的运作中发挥了核心作用。④ 定义各不相同，但非正规性通常意味着，就税收或监管而言，个体在很大程度上超出了政府的能力范围。⑤ 政策讨论在考虑非正规部门时往往表现出城市偏向。从逻辑上讲，该部门是现代正规部门之外的经济部门。鉴于明显的部门间联系，对部门的唯一正当合理的定义基本上等同于刘易斯（1954）对“传统部门”的定义：城市非正规活动和传统农业的大量人员，他们愿意从事现代部门的工作，但却找不到。在目前的经济发展阶段，这样的工作对他们来说太少了。城市高失业率的征兆显现。

事实上，根据约翰·哈里斯和迈克尔·托达罗（John Harris and Michael Todaro，HT，1970）提出的经济模型，考虑到正规劳动力市场的刚性（我们将在第 8 章中重新讨论），在均衡状态下，城市可能会出现高失业率。

政策方面的一个持续挑战是如何管理非正规部门。在这方面的观点截然不同。一些政策制定者侧重于扩大正规部门的必要性，一些政策制定者侧重于劳动力市场的刚性，另一些政策制定者则侧重于非正规部门的需要，因此被吸引到为非正规企业提供信贷或提高农业生产率等政策上。许多非正规部门的人都是偏爱非正规部门的，这使政策的争辩更加模糊。

第三种再平衡涉及性别问题。发展经济学的主要文献中偶尔明确提到妇女。例如，刘易斯明确承认妇女是即将被不断增长的资本主义部门吸收的劳动力的剩余一部分，他认

① 艾伯特·巴里和威廉·克莱因（Albert Berry and William R. Cline，1979）证明了这一点，汉斯·宾斯旺格等人（Hans P. Binswanger et al.，1995）和迈克尔·利普顿（Michael Lipton，2009）对证据的仔细研究基本上重申了这一点。

② 罗伯特·贝茨（Robert Bates，1981）的这本书很有影响力，Bates，Robert. 1981. *Markets and States in Tropical Africa*. Berkeley：University of California Press.

③ 劳埃德·雷诺兹（Lloyd G. Reynolds，1975）撰写的这本书做出了许多贡献。

④ “非正规部门”一词于 1972 年在劳工组织第一次非洲访问团（劳工组织，1972）的一份报告中提出。见保罗·班加瑟（Paul Bangasser，2000）。

⑤ 通过政府行为改变农民面临的贸易条件，例如，他们获得的市场价格，仍可对整个农业部门进行隐性征税。

为："因此，增加国民收入最切实可行的办法就是在家庭之外为妇女提供新的就业源泉。"[①] 随着时间的推移，发展经济学对性别问题的认识有所提高。更深层次的思维变化是，性别平等被经济学家视为不仅仅是与GDP增长相关的东西。从20世纪70年代起，贫困的性别层面在发展政策辩论中变得更加突出。联合国第一次妇女问题世界大会于1975在墨西哥城举行。1995年在北京举行的第四次会议被公认为是一个转折点，特别是189个国家一致通过的《行动纲要》。性别平等在世界银行（2001b）等发展经济学主流文献中占有重要地位，并且是《2010年世界发展报告》（世界银行，2011）的主题，其中指出了减少一些关键的性别不平等（包括基础教育）方面所取得的成功。

其中也有争论。例如，美国关于堕胎的争论通过墨西哥城市政策（也被称为"全球计划生育遏制政策"）引入发展中国家，这项政策在1984年由总统里根的共和党政府引入美国，但被后来的民主党总统克林顿和奥巴马取消了。根据这项政策，美国国际开发署（United States Agency for International Development，USAID）被禁止资助发展中国家的非政府组织使用其任何资源（无论是否来自USAID）提供计划生育咨询或有关堕胎的信息。

今天，性别平等已成为发展政策的主流思想，人们广泛接受教育机会平等和经济独立机会平等的（工具和内在）价值。

第四种再平衡出现在20世纪80年代和90年代，新的重点放在了人的发展上。当然，很难坚称先前的发展思想在任何意义上都是"不人道的"[②]。在人均GDP较高的国家，人的发展指标（一般侧重于基本保健和教育方面的成就）往往较高，这一点没有争议。人们还一致认为，正如承认"人力资本"的经济作用所强调的那样，学校教育有经济回报。贫穷家庭的儿童上学不再被视为浪费公共资源，而是经济增长的一个基本先决条件。主流发展经济学家已经认识到，人的发展对于消除贫困（以及人均GDP）的进展至关重要。一个早期的例子是世界银行题为"贫困与人类发展"的《1980年世界发展报告》。20世纪80年代末，大多数东亚国家长期以来都强调对人类发展进行广泛的共同投资，并认识到这是它们取得成功的一个关键因素，尽管对东亚一揽子政策中其他一些因素所起的作用仍然存在争议。[③]

这种再平衡不仅在于承认人的发展对GDP的工具性价值，而且还涉及其内在价值，并承认促进人的发展的政策有助于凭既定的人均GDP建设更美好的社会。一些国家在各种人力资本开发指标方面的表现比其GDP所表明的要好得多。在研究最多的一个例子中，斯里卡兰长期强调，相对于平均收入水平相似的国家，基本医疗和教育服务能够在长寿和

---

① 刘易斯，著. 施炜等，译. 二元经济论. 北京经济学院出版社，1989：5.

② 正如吉尔贝·李斯特（Gilbert Rist，1997）和其他人所指出的。

③ 关于进一步的讨论，见世界银行（1993），World Bank. 1993. *The East Asian Miracle*: *Economic Growth and Public Policy*. New York: Oxford University Press. 艾伯特·菲什洛和凯瑟琳·格温（Albert Fishlow and Catherine Gwin，1994）以及丹尼·罗德里克（Dani Rodrik，1994）。

其他人类发展指标方面带来巨大的红利。① 在这一主题的基础上，联合国开发计划署的一系列《人类发展报告》于 1990 年开始，并一贯主张采取公共行动，促进发展中国家的基本医疗、教育和社会保护，而不是仅仅注重 GDP 的增长。

最初，第四种再平衡是以“基本需求”为框架（主要是经济学家）。② 这里的理念是，可以确定一份基本需求清单（例如学校教育、医疗保健、安全用水），并将这些列为优先发展事项。这一方法引起了很大的争议。一个令人关切的问题是，它没有明确定义这些需求所服务的目标对象。阿马蒂亚·森（1980，1985a）的“能力”概念很快被认为能更好地定义新人类发展学派的目标（专栏 2.1）。③ 其倡导者认为，这是一种在哲学上优于“基本需求”的表述方式，而“基本需求”被认为比概念上更具操作性和实用性。④

有人担心，让外部主体（捐助国或国际机构）确认穷人的“基本需求”，而不是让穷人自己确认，会出现家长式管理。⑤ 这一关切很重要，尤其是在发展中国家。阿马蒂亚·森的能力方法，或类似的方法，再次被认为是可取的。基本需求方法的捍卫者在确定基本需求时，总能够与贫困人口进行某种形式的有限协商（“参与式贫困评估”应运而生，部分是为了填补这一角色）。人们也不能总是坚持这样的观点，即贫困人口最清楚什么符合他们的利益。家长式作风的风险需要与“自由选择迷信”的风险相平衡。⑥

在大多数人看来，一种不那么家长作风的、更令人愉快的做法是专注于确保每个人都有自由界定和满足其认为合适的基本需求。由于经济自由显然是实现这种自我的一个关键先决条件（尽管很少是充分的），这一做法与侧重于减少收入贫困是完全一致的。贫困线可以由一系列基本需求成本（cost of basic needs，CBN）得出（详见第 4 章）。一个人负担不起这一系列基本需求，而非一个人买不起其中一个或多个东西，他就会被认为是穷人。因此，一系列基本需求的作用是帮助确定贫困线。

关于贫困焦点的争议

并非所有的经济学家都对这些思考发展目标的新方式感到满意。大多数受过西方训练的经济学家来自福利主义的传统，其根源在于功利主义。他们通常乐于假设，偏好对所有人来说都很普遍，并且可以通过一个连续而平稳的消费函数来呈现，该函数有赖于通过市场获得收入和价格。经济学家对同期出现在 18 世纪末（参见第 1.3 节）的以权利为基础

---

① 见阿马蒂亚·森（1981b）。

② 特别是保罗·斯特里坦等人（Paul Streeten et al.，1981）。

③ 从各种哲学角度进一步讨论这些问题，见阿马蒂亚·森（1985a）、戴维·威金斯（David Wiggins，1987）、萨比娜·阿尔基尔（Sabina Alkire，2002）和索伦·瑞德（Soran Reader，2006）。

④ 这种批评可能被夸大了。戴维·维金斯（1987）和索伦·瑞德等哲学家（2006）揭示了基本需求理念的深层哲学根源。

⑤ 见萨比娜·阿尔基尔（2002）。

⑥ 索伦·瑞德。Reader，Soran. 2006. “Does a Basic Needs Approach Need Capabilities?” *Journal of Political Philosophy* 14：337-350.

的道德哲学流派不太满意，或至少不太熟悉，但在很大程度上被功利主义和后来的帕累托福利经济学所掩盖（专栏 1.20）。

一个担心是违反了帕累托法则。若将这一法则解释为，如有任何人获得福利，则社会福利必须始终增加，那么贫困指标就不能作为（负的）社会福利函数。在实践中，即使减贫是唯一的目标，标准的贫困指标也可能是不完整的，而减贫测度需要掌握其他信息，例如关于非市场产品（no-market goods）和家庭内部福利的情况（本书第二部分将进一步讨论）。

我们仍然可以明智地要求，任何贫困测度标准至少应满足帕累托法则的一个更委婉的方案，即如有任何人获得福利，社会福利就不会下降，如有任何穷人获得福利，社会福利就必须上升。正如我们将在本书第二部分中看到的那样，这一法则对于测度贫困具有重要意义。

接受过福利主义传统培训的经济学家们不喜欢的另一件事是，在实际操作中，在具体说明"基本需求"或"贫困线"时的任意程度。例如，尼古拉斯·斯特恩[①]（1989）在其发展经济学评论中问道："哪些需求是基本的？更令人担忧的是，哪些水平被认为是最低的基本需求？"[②] 这可能是一个很难回答的问题，但（当然）这并不意味着我们必须避免它。在确定贫困线时，显然会有一些判断，尽管判断的必要性并不是关于贫困和人的发展的讨论所独有的。

大多数经济学家对连续和平滑函数的分析偏好并不容易与"贫困线"的概念相吻合（尽管在今天显然比在20世纪80年代更容易接受）。在某些消费水平上，效用的不连续性在经验上也不是特别明显，尽管一旦从需求行为中识别效用的深层次问题得到真正的认可，这就很难成为一个有破坏性的观察（第3章将回到从市场上可观察的需求行为中识别个人福利的问题）。

如果承认贫穷存在，就必然承认至少存在一个贫困线。哲学家索兰·里德（2006）以白天和黑夜做比喻，没人否认它们的存在，但要精确到哪一刻白天变成了黑夜、黑夜又变成了白天，这是没有统一标准的。当然我们是无法说服坚持抗议的人们，在他们看来"午夜说到底也不过是黑一点的白天"。[③]

伴随着平滑的福利函数，通常会有一个无限可替代性的假设：对一件有价值的东西总是能获得一些支配权，这将证明失去其他有价值的东西是合理的。这一点经常被经济学家应用于社会选择，这符合功利主义传统。但（人们早就认识到）这可能会留下许多令人不安的影响。我们是否接受对自由的限制，因为限制自由将有助于促进经济增长？我们能否

---

① 尼古拉斯·斯特恩（Nicholas Stern）是前世界银行首席经济学家、全球气候变迁政策奠基人、气候经济学之父。——译者注

② Nicholas Stern. The Economics of Development：A Survey . J3. *Economics Journal*, 1989. p. 645.

③ 见索伦·瑞德（Soran Reader，2006，第 349 页）。

接受，最富有者的任何收益，都足以抵消最贫困者的损失？我们能否接受，品尝巧克力的幸福，足以抵偿因此而夭亡？[①] 任何忽视大多数人显然会对这些问题回答“不”的可能性的经济建议，都有可能被置若罔闻。

我们不需要放弃对连续效用函数的偏好假设来推进社会目标。的确，这些目标长期以来在政策的所有领域都发挥着吸引关注和激励行动的作用。如果说中国的贫困线是每人每天 2 美元，这并不意味着达到 2 美元就说明个人福利有所提高。相反，它表示的是为确保中国公民能够每天至少获得 2 美元所进行的公共努力的社会价值。就像所有的道德判断一样，这是有争议的。为了动员公众采取行动，必须就有关国家的贫困线达成充分协议。[②] 一条国家贫困线的确定，对于就消除贫困的努力达成共识至关重要。

达到这一贫困线目标时，脱贫工作可以结束，也可以不结束：在一个发展中国家经济不断增长的背景下，更有可能为未来制定一个新的目标（中国政府最近将官方贫困线从每天的 0. 80 美元提高到 1. 90 美元，以更好地反映生活水平的提高）。当世界上没有人生活在每天生活费用低于 1. 25 美元时，人们可以预期，提高最贫困人口生活水平的呼声仍将不绝于耳，即使那时他们每天的生活费用超过了 1. 25 美元。“贫困线”或“基本收入”的概念可以被解释为与特定环境相关的目标。

无论这些关于哲学基础的（有时比较深奥的）争论对发展政策有多重要，它们仍被一些观察家视为热衷于有争议的观点而非热衷于行动。在目前的商品消费中，健康和教育对于人们的福利很重要（如果仅仅因为它们对未来消费很重要的话），这一点很容易达成共识。经济增长对于不是人类发展而言可能不是必需的，但只要能产生更大的税基，它确实使经济增长更为可行。也不能令人信服地认为，收入贫困（income poverty）对人类发展不重要。人们普遍认识到了将减少收入贫困与获得更好的基本服务结合起来对于人类发展的重要性。

更好的数据

可以看到，我们对全球贫困问题的认识有了巨大的进步，并牢牢地扎根于观测和数据基础之上。对大多数发展中国家来说，贫困是“多数人贫困”——这与加尔布雷斯对“少数人贫困”的描述形成了鲜明对比。旅游和视觉媒体让西方国家的人看得见贫困，当然，在发展中国家，几乎每个人都能看到这一点。贫困数据在包括印度在内的一些贫穷国家的独立后政策辩论中发挥着重要作用，特别是通过其国家抽样调查。正如布思和朗特里在 19 世纪末对英国做过的贫困研究那样，1990 年左右，许多人震惊地了解到，按照购买

① “Bites of chocolate, if sufficiently numerous, can morally have more weight than a single premature death?”（理查德·阿内逊）Arneson, Richard. 1989. “Equality and Equal Opportunity for Welfare.” *Philosophical Studies* 56（1）：77-93.

② 设定贫困线的一种方法是通过询问收入水平来实现（有关国家的人往往认为他们并不贫困），这就是第 4 章进一步讨论的“主观贫困线”。

力平价计算，全世界约有10亿人每天生活费用不足1美元。①

自1990年以来，调查数据的收集和提供以及方法的改进都有了巨大的进步。② 国家统计局的努力经常得到国际机构（如联合国开发计划署、世界银行和国际比较项目）的支持，以收集住户调查数据和价格数据，这为自20世纪80年代以来国内和国际上为消除贫困做出的努力提供了经验基础。从20世纪80年代中期起，由美国国际开发署（United States Agency for International Development，USAID）以及其他捐助者支持的人口统计与健康调查（demographic and health surveys，DHS）开始提供关于福利的具有全国代表性的非收入层面的高质量调查数据，这些数据与评估某些基本需求的实现情况有关。

公开获取的社会经济数据至关重要。在20世纪90年代以前，这种机会很少。③ 但是，在各方面努力的帮助下，这一状况已经逐步得到改善。例如，世界银行的生活水平测度研究（living standards measurement study，LSMS），该研究促进了发展中国家家庭层面调查数据的收集；卢森堡收入研究院，促进了统一的微观数据的获取（尽管主要是富裕国家）、人口统计与健康调查（DHS）。

全球化与贫困

“全球化”一词有很多用法，但它通常指的是生产要素、商品和思想的跨国流动。在过去的两百年里，全球贸易有两个重要的扩张时期，即从19世纪中叶到“一战”时期和“二战”之后的时期（这两个时期之间，各国发展参差不齐）。在这两个时期，全球化都是备受争议的。

今天，人们普遍认为，放宽对国际移民的限制有利于全球公平和效率。移民倾向于从劳动力丰富的地方迁移到劳动力稀缺的地方。从全球角度看，迁出国的产出损失可能小于迁入国的收益。迄今为止的研究表明，放宽对移民的限制带来了巨大的全球效率收益。④ 而且可以预期，这些收益将缩小工资差距，从而有助于打破全球不平等。全球贫困率可能（因此）大幅下降。反对自由移民的人（自然）来自那些受益于移民限制的人，主要是富裕国家。通过国际劳动力市场整合实现更公平的全球扩张仍有大量未发掘的机会。

---

① World Bank. 1990a. *The World Bank Annual Report* 1990. Washington，DC：World Bank. 马丁·拉瓦雷等人（1991）。

② 马丁·拉瓦雷等人（1991）基于22个国家（每个国家调查1次）的数据，对全球绝对贫困结果的最初估计；而陈少华和马丁·拉瓦雷（2010a）的最新估计是基于125个国家的调查数据（每个国家有6次以上的调查）。

③ 印度尼西亚中央统计局在这里领先，由于外部研究人员能够从20世纪80年代早期获得印度苏塞纳群岛的微观数据，印度的全国抽样调查在20世纪90年代中期成为公共访问。马丁·拉瓦雷猜想，现在发展中国家的调查中约有一半是公共访问（取决于申请程序），而且这一比例正在增加。

④ 见鲍勃·汉密尔顿和约翰·沃雷（Bob Hamilton and John Whalley，1984）。乔纳森·摩西和比恩·莱特尼斯（Jonathon Moses and Bjørn Letnes，2004）的研究表明，自鲍勃·汉密尔顿和约翰·沃雷研究以来，潜在的全球效率收益随着时间的推移而上升。另见马克·罗森茨威格（Mark R. Rosenzweig，2010）的《经学校教育差异调整的国家间工资差异估计》。

不过，这并不是全球化争论的焦点。这关系到全球化的其他（非劳动）方面是否有助于或有损于消除贫困的进展。长期以来，分配问题一直是关于对外贸易和思想解放的好处的许多辩论中的突出问题。这在 20 世纪末的全球化辩论中是明显的，直至今天。正如阿马蒂亚·森（2001）所说，所谓“反全球化”的抗议者真正关心的肯定不是全球化本身，因为这些抗议是现代世界最全球化的事件之一；相反，他们的担心似乎在很大程度上源于他们在当前全球化时期看到的持续的丧失和生活水平日益扩大的差距。①

全球化的批评者们真正关心的是他们在当今世界上看到的似乎根深蒂固的贫困问题。人们普遍认为贫困和不平等是加剧的。例如，全球化问题国际论坛的网站自信地宣称，“全球化政策加剧了贫困，加剧了国家之间和国家内部的不平等。”② 其他人则持相反观点。与此同时，《经济学人》杂志的一篇文章写道：“增长给他们的收入所带来的提升，几乎与其他人一样……全球化提高了收入，穷人充分参与其中。”③ 另一位评论员（非常自信地）写道：“有证据表明，在绝对意义上没有人输给全球化……有增长就足够了。就是这样。”④

我们怎么能理解这种相互矛盾的观点呢？可以肯定的是，尽管取得了进展，但现有的关于贫困和不平等的数据仍然不够理想，尽管这场辩论的任何一方都没有对数据问题给予太多关注。在使用的数据类型上也有潜在的重大差异。“支持全球化”的一方倾向于选择实际的量化数据，而另一方则更加折中地使用各种类型的证据，包括系统的、轶事的或主观的证据。毫无疑问，所用数据的差异在一定程度上说明了所采取的不同立场。由于双方都获得了基本相同的数据，因此，关于全球不平等的观点具有如此巨大和持久的分歧，似乎不可能完全源于一方对事实的不了解。

这种不同观点持续存在的一个原因是，很难将全球化的影响从影响收入分配演变的其他众多因素中分离出来。全球经济一体化的进程如此普遍，以至于很难想象没有它们世界会是什么样子。这些归属的困难为辩论推波助澜，尽管它们也让人对双方的自信主张产生怀疑。政策问题通常不是关于是否应该全球化，而是为了共同利益（包括减贫）还需要做什么。⑤

相互冲突的评估也可能源于隐藏的背景因素。考虑到各国在初始条件上的差异，同样的促进增长政策对不平等的不同影响是可以预期的。同样，政策改革可以使不同国家的收

---

① Sen, Amartya. 2001. “Globalization, Inequality and Global Protest.” *Development* 45 (2): 11-16.

② http://www.ifg.org/store.htm.

③ 《经济学人》2000 年 5 月 27 日，第 94 页。

④ 瑟吉特·辛格·巴拉。Bhalla, Surjit. 2002. *Imagine There's No Country: Poverty, Inequality and Growth in the Era of Globalization*. Washington, DC: Institute for International Economics (Peterson Institute).

⑤ 考希克·巴苏这样说：“实际上，全球化有点像地心引力。我们可以没完没了地讨论它是好是坏，但没有它的问题并不严重。” Basu, Kaushik. 2003. “Globalization and the Politics of International Finance: The Stiglitz Verdict.” *Journal of Economic Literature* 41: 885-899.

入分配向不同方向转变。① 双方都对分配影响做了概括，但没有说明具体背景。在一个特定的国家背景下，很可能没有太多的分歧。

关于事实的持续辩论还有另一个原因：本次辩论的双方在全球化受益的公平分配问题上的价值观并不相同。辩论中的经验事实不仅来源于收入、价格等客观数据，还取决于测度中的价值判断，这些判断可能被接受也可能不被接受。不同的人对不平等持有不同的规范性观点，这并不奇怪。经济学界很清楚，这些观点对人们如何定义和测度不平等具有重要意义，尽管认识到决定人们在不同人群的福利水平之间如何取舍的不是经济学，而是伦理学。在目前的情况下，更值得注意的是，价值观的重要差异已经融入了关于全球不平等状况的方法论的具体内容中。在这场辩论中，这些分歧很少显露出来，并得到适当的充分讨论。

现在看来，总的来说，意见冲突的原因不在于所用的数据，而在解释这些数据的概念和方法上。② 本书第二部分将详细地讨论测度问题，第三部分将讨论政策问题。

新千年·新希望·新挑战

进入 21 世纪，基于现有更好的数据和分析工具，人们对全球减贫的范围产生了新的乐观情绪。许多国家，无论是富裕国家还是贫穷国家，都制定了国家脱贫目标和实现这些目标的战略。2010 年，欧盟通过了欧洲 2020 年减贫目标，拟将生活在国家贫困线以下（below poverty line）的欧洲人减少 25%。在全球范围内，千年发展目标（Millennium Development Goals，MDGs）是在 1990 年制定的，并在 2000 年联合国千年大会上得到批准，这是迄今为止世界各国领导人参会最多的一次会议。第一个千年发展目标包括，到 2015 年为止，将每天生活费用低于发展中国家 1990 年 1 美元标准的贫困人口比例减半。其他目标涉及减少饥饿、普及初等教育、两性平等、降低儿童死亡率、改善孕产妇健康、防治疾病、确保环境可持续性以及全球伙伴关系。

千年发展目标是动员有关各方采取行动消除贫穷的努力的重要组成部分。通过制定商定的目标，人们希望富裕国家在援助预算中更加慷慨，并将援助重点更多地放在脱贫上。旨在动员行动的目标既不能过于雄心勃勃，也不能太容易。这里有一个判断问题，所做的选择将不可避免地受到一些观察家的质疑。③ 在千年发展目标之后，援助数量确实大幅度增加，新项目更加强调社会部门（医疗、教育和社会保障）和撒哈拉以南非洲国家。④ 因果关系很难确定，但千年发展目标似乎有助于实现其鼓励富裕国家更加慷慨并关注贫困的

---

① 关于进一步的讨论，见马丁·拉瓦雷（2001b）。

② 见马丁·拉瓦雷（2004）。

③ 兰特·布里切特和查尔斯·肯尼（Lant Pritchett and Charles Kenny，2013）将其称为“低门槛目标”，并倾向于更远大的目标。

④ 见查尔斯·肯尼和安迪·萨姆纳。Kenny，Charles，and Andy Sumner. 2011. “More Money or More Development：What Have the MDGs Achieved?” Working Paper 278. Washington，DC：Center for Global Development.

目的。正如预期的那样，改变一些受援国的制度和政策将是一个更大的挑战。第 9 章再讨论这个问题。

除了千年发展目标及其对援助的影响外，还涉及许多因素，但进入新千年以来，在消除极端贫困方面取得了相当大的进展。以按 2005 年价格计算的每天生活费用 1.25 美元的贫困线来看，2010 年实现了第一个千年发展目标，比为实现这一目标而确定的时间整整提前了 5 年。[①] 而且，自新千年开始以来，在消除绝对贫困方面我们所看到的进展首次跨越了发展中国家的所有区域。正如斯蒂芬·拉德勒（Steven Radelet，2015）所说，我们似乎经历了一次“自下而上的突破”，如能继续成功地战胜极端贫困，到 2030 年将有 10 亿人摆脱极端贫困。[②]

然而，其他一些数据结果显示了一个不太乐观的局面。[③] 各国的进展情况参差不齐，当然这并不奇怪。总的来说，使用更高的贫困线（如每天生活费用 2 美元）来消除绝对贫困的进展缓慢，这反映出在每天生活费用 1.25 美元的水平上出现了明显的“聚集”。从有关国家的典型相对线（而不是跨国使用的共同线）来判断，在消除贫困方面取得的进展也较少。第 7 章将更详细地研究这些观点的证据。

还有人担心，世界上最贫穷的人正在被落在后面。例如，在《2011 年联合国千年发展目标报告》的发布仪式上，时任联合国秘书长潘基文说：“世界上最贫穷的人仍然落在后面，让我们帮助穷人走出贫困。”

同样，国际粮食政策研究所（International Food Policy Research Institute，IFPRI）的一份新闻稿也打出了这样的标题——世界上最贫困的人口没有得到救助。[④] 标准的贫困指标可能无法很好地反映最贫困人口的情况，第 5 章将讨论这一点。

对于“不平等”发生的情况，人们的看法也存在分歧，一些人认为“不平等”在加剧，而另一些人则认为“不平等”在缓解。通过进一步探讨不平等是如何被概念化和测度的，本书的第二部分将提供一些思路，说明为什么即使使用相同的原始数据，人们也可能持有不同的观点。

人们越来越普遍地认为，许多国家日益加剧的不平等现象削弱了人们继续致力于消除贫困的希望。严重的不平等已被视为对可持续增长和减贫的威胁。过去的不平等的借口，仅仅是为了整体进步而付出的代价，现在被认为是有问题的，或者是完全错误的。这对一些人来说是旧话重提，但从 21 世纪初开始出现了一种新的主流观点，认为生活中的不平等机会是制约发展的关键因素，《2006 年世界发展报告：公平与发展》就是一个例子。[⑤] 收入、健康和教育的结果不平等是长期存在于许多发展中国家的一个让人触目惊心的事

---

① 见陈少华和马丁·拉瓦雷（2013）。

② 正如马丁·拉瓦雷（2013）所说。

③ 关于以下几点，见马丁·拉瓦雷和陈少华（2013b）。

④ 新闻稿是为国际粮食政策研究所提供的报告，阿科特·艾哈迈德等人（Akhter Ahmed et al.，2007）。

⑤ 见弗朗索瓦·布吉尼翁（2014）。

实。这些结果的不平等源自机会的不平等，关注这些不平等，既有内在理由，也有工具性理由。机会不平等往往伴随着影响力、权力和社会地位的巨大差异（在个人或群体层面皆如此），因而机会不平等趋向于持续存在。由于不公平导致资源利用的低效率，并会降低体制的有效性，因此对长期发展是有害的。因此，有必要采取公共行动来促进公平，追求平等，前提是在采取这种行动时应认识到个人自由的重要性以及市场在分配资源方面的作用。《2006年世界发展报告：公平与发展》提供了国家内部和国家之间机会不平等的证据，并说明了不平等通过哪些途经损害发展。报告提倡在确定发展的优先事项时明确考虑到公平因素：公共行动应致力于将更多机会提供给在缺乏政策干预的情况下最缺乏资源、发言权和能力的人们。在国内方面，报告认为有必要投资于人，扩大司法、土地和基础设施的享有范围，以及促进市场的公平性。在国际方面，报告论述了全球市场的运行和管理全球市场运行的规则，并以提供援助相配合，帮助贫穷国家和贫困人口提高自身禀赋。《2006年世界发展报告：公平与发展》集世界银行60年发展经验，是了解增进公平如何能减少贫困、促进经济增长、推动发展进程，以及为社会上的弱势群体提供更多机会的必读著作。

这是一个重要的思想转变，如今它对政策制定提出了巨大挑战。20世纪90年代以来，在“增长政策”与“公平政策”之间形成的传统分离受到了严重质疑。公民和政策制定者们正在质疑那些承诺更高经济增长的政策改革对分配的影响。新千年还见证了一系列发展政策的重大变化，这些政策现在包括一系列直接干预措施，分别被称为“反贫困计划”、“社会保障体系”和“社会救助”。本书第三部分将更仔细地审视与贫困和不平等有关的政策辩论。

两百年前的一些争论一直延续到今天。例如，在撰写本书时，美国国会刚刚对补充营养援助计划（“食品券”）实施了大幅削减。在相关的众议院委员会会议上，一位国会议员认为，“照顾穷人和饥饿的人是基督教的责任，而不是政府的责任。”① 人们在两百年前经常听到这样的说法。如今有所不同的是，世界上绝大多数人显然不认可这种说法。

如今脱贫的愿望比以往任何时候都强烈。2013年，世界银行（时任新行长）金墉（Jim Yong Kim）宣布了将在2030年把“每天生活费用1.25美元”的贫困率降至3%的目标。② 2015年9月，联合国首脑会议——大会高级别全体会议——商定了2015年后一段时期的一系列可持续发展目标（sustainable development goals，SDGs）。这包括169个预期目标，其中第一个目标是到2030年消除极端贫困（按每天生活费用1.25美元计算）。③ 今天，没有人会怀疑，今后几十年在消除贫困方面取得的进展将被视为评估国家和全球进步

① 见安娜·费菲尔德。Fifield，Anna. 2013. “Starved of Healthy Options.” *Financial Times*，June 14，9.

② 这是基于马丁·拉瓦雷（2013）提出的论点。

③ 代表许多国家和部门利益的高级别委员会制定的目标很可能会有一长串。完整的清单参见 https://sustainabledevelopment.un.org/focussdgs.html.

的一个关键的测度标准。

这就完成了对贫困思想史的回顾。尽管关于贫困的原因及其政策处方的辩论仍在继续，但现代文献的前提始终是，人们相信，只要有正确的经济和社会政策，就能大大减少（甚至消除）贫困。根据这一观点，贫困在很大程度上是一项全球公共责任，对各国政府和经济体应（至少部分地）根据它们在消除贫困方面取得的进展来判断。本书第三部分将专门讨论与消除贫困和不平等的进展有关的一系列政策。但首先我们需要更多地了解这些概念是如何定义和测度的。

第二部分　指标和测度方法

本书第一部分的主题之一是：在全球政策辩论和动员公众行动消除贫困方面，知识发挥的作用。关于贫困和不平等的统计数据长期以来都具有新闻价值，并与政策相关。很少有人知道这些统计数据是如何得出的。第二部分专门介绍了分析贫困和不平等现象所采用的指标和方法。本书第一部分已涉及一些问题，但这部分的讨论将更深入地探讨测度是“为什么”和“怎么做”的。通常我们对测度贫困感兴趣的原因有以下一个或两个：

- 监测进展和设定目标：贫困和不平等的指标经常被广泛用于描述一个国家的情况。它们是社会监测指标“仪表盘”的重要组成部分。
- 制定和评估政策：政策制定者通常会根据群体间贫困指标的差异或容易观察到的贫困替代指标的差异来分配利益（这并不要求所观察到的替代指标一定就是潜在的福利差异的原因，尽管因果推论经常在我们评估政策时起作用）。

第 3 章将更详细地探讨如何测度“福利”。这里解释了主要概念，包括各种（正在进行的）辩论。第 4 章和第 5 章将讨论如何将一个人在选定的经济福利指标上获得的基于调查的信息汇总到关于贫困和/或不平等的合成指标中的问题，并再次解释关键概念和辩论。贫困测度的任务可以看作是两个步骤：如何确定贫困线（第 4 章）和如何构建合成指标并研究其性质（第 5 章）。第 6 章将回顾在评估政策对贫困的影响时出现的一些问题，以及在实践中所用的主要方法。

第3章 测度福利

金钱买不来快乐，但它却有让你选择何种痛苦的自由。

——格劳乔·马克斯（Groucho Marx）

大多数贫困和不平等测度的基础是个人福利的概念。在经济学中，“福利”（或“福祉”，这里可以互换使用）通常等同于“效用”，即对一个人所关心的一切事物的主观评价。经济学家经常试图从行为中推断出这些东西是什么，特别是行为的这一方面：人们在市场上选择买什么和卖什么。现在人们认识到，为这项任务提供的数据相当有限。人们寻求其他信息，如对福利的自我认知和可观察到的成果（如良好的营养）。还寻求更广泛的福利概念，以提供个人福利的外部评价；该评价可能符合或不符合其效用，而效用的定义是人们使其最大化的东西。

人们如何看待福利的分歧，对贫困的描述性和规范性主张可能有很大影响。本章首先回顾了界定和测度福利的主要概念问题，然后是在实施中需要注意的主要问题和在实践中所用的各种测度方法。我们将看到，各种方法都有其相应的优缺点。

3.1 福利的概念

福利测度方法的不同之处取决于个人对其福利判断的重要程度。这些方法也会因其在单一测度中所包含的不同因素而有所不同。人们普遍认为，个人福利在某种程度上取决于家庭对商品的支配，并且还取决于其他因素。争论主要集中：有哪些其他的相关因素，以及应该如何权衡它们。人们在如何理解绝对贫困或相对贫困概念的方面也有分歧（回顾第2章的讨论）。要了解在实践中找到的指标之间的差异并判断它们的相对优点，就需要了解这些概念的基础。

福利主义

全面监测社会进步和评估政策的标准经济方法旨在只依靠相关人口的个人福利水平。社会状态是由（且仅由）个人福利水平来判定的（有时被称为“个人主义”）。尽管如我们将看到的这种方法很普遍，但它根源于古典功利主义（第1.5节）。

但我们所说的“福利水平”是什么意思呢？福利主义的一个具体定义是说，我们应该努力把福利比较和公共政策的决策建立在个人效用的基础上，而个人效用是个人选择的最大化。很明显，将指导人们选择的个人目标（如专栏1.4和专栏3.1中展示的一组无差异曲线的效用函数）与个人的“福利”或“福祉”等同起来是一大进步。

福利主义的一个重要信息是，在评估个人福祉时，应避免做出与指导人们自己做出选择的偏好不一致的判断。因此，这种福利主义从根本上反对家长制——即假定别人知道什么对你有益，即使你不同意。每个人都被假定是最大化其效用的理性行动者。这种方法将包括人们在评估其福利时选择消费的所有商品，但并不止于此。人们所关心的是经济学中的“实用性”。若说只包括市场上的商品是不合理的专业化。① 只要市场存在并且被认为具有竞争性，现价可用于汇总所消费的商品、缩小生活成本（cost of living，COL）差异，以得出福利指标。这只是福利指标的一部分，因为人们也关心非市场商品。

基于效用的方法借鉴了理性消费者选择模式。这种方法的本质是效用函数的概念（见专栏1.4和1.9）。这在基于效用的福利主义中起着两个不同的作用。首先，它可以方便地表示消费者对可负担的消费组合的偏好。假定消费者能够对这些组合从最好到最坏进行排序，并在可行的选项中选择最好的。在第一个作用中，效用函数只是表示消费者偏好的一种方便的分析方法，专栏3.1总结了标准模式。

专栏3.1　消费者选择

假设每个人都有一个超过其预算的优先序列，定义为所有可行的消费组合集（可视为包括闲暇）。为了简单起见，假设有两种商品，食品和衣服，其消费量为 Q_F 和 Q_C，价格为 P_F 和 P_C（F 表示食品，C 表示衣服）。在这两种商品上的总支出用 Y 表示，是在这个思维实验中保持不变。则可负担得起的组合（Q_F，Q_C）是指：

$$P_F Q_F + P_C Q_C \leqslant Y$$

消费者能够对负担得起的组合（Q_F，Q_C）进行排序，以满足这个等式。假设其中

① 正如我们将看到的，一些对福利主义的批评是建立在过于狭隘的专业化基础上的；而在某些情况下，这些批评缺乏更普遍的有效性。

一种商品越多越好（通常被称为“不满足”假设），我们只需要考虑完全用掉可用预算的分配（因为如果一种商品处于 $P_F Q_F + P_C Q_C < Y$ 的内部点，那么就有可能以不少于另一种的价格购买更多的商品）。消费者被认为是理性的，这意味着她选择了自己喜欢的组合。而且经济是有竞争力的，因为消费者无法改变其面临的价格。

假设偏好排序可以由连续效用函数 $U(Q_F, Q_C)$ 来表示，这在预算约束下是最大化的，这样做是方便的且一般无争议的（还有时间约束，如果我们增加了闲暇尺度）。通常假设效用函数跟踪严格凸无差异曲线（见专栏1.4）（回想一下，无差异曲线给出了获得既定效用水平的两个选择变量的所有组合的轨迹）。无差异曲线的斜率称为边际替代率（MRS），它被定义为一种商品的消费增量，在保持效用不变的情况下，这种消费增量是补偿另一种商品的一个较小单位所需的。效用最大化的食品和衣服的数量分别表示为 Q_F^* 和 Q_C^*。这显然取决于价格 P_F 和 P_C，当然还有收入 Y。

我们现在可以描述消费者的均衡。关键一点是，食品和服装之间的固定预算不会重新分配，这种组合能使消费者过上更好的生活。考虑图3.1，它显示了预算约束和两条无差异曲线。原点可能为正值，以考虑生物最小值（biological minima）。虚曲线显然不是消费者能达到的最高效用水平，能达到最高效用的是实曲线。消费者对 A 和 B（比如说）不感兴趣（即使只有 B 耗尽了预算），他更喜欢 C 点。在这一点上，MRS等于食品的相对价格。

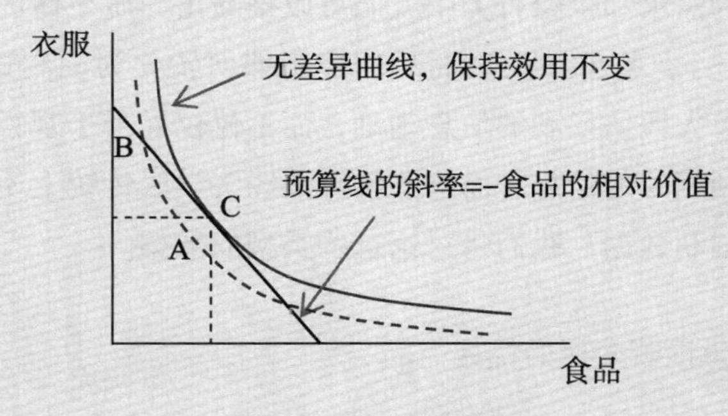

图3.1 消费者选择

这种模式的批评者指出，个人选择似乎并不合理。这里有一个风险，即被视为“非理性”的东西很可能反映出人们对所关心事物的过于狭隘的看法。例如，如果我们忽视了人们（包括穷人）对自己在社会中的相对地位以及绝对生活水平的关切，我们可能会误解他们的行为，比如他们将稀缺资源用于庆祝活动。再举一个例子，当前人们可能会因为知道他们在未来的贫穷程度会降低而获益，这可能会影响跨时期的决策。[①]

① 这一点在经济学中的“理性预期”概念中尤其明显，因为它是给定当前信息的平均预测。可以很容易地证明，这种期望仅仅是对潜在效用函数的一种相当特殊的表述是合理的；见马丁·拉瓦雷（1986），有时被称为“非理性期望”的东西，一旦人们理解了决策者关心的是什么，就很可能是完全理性的。

在第二个作用中，效用函数被假定为提供足够的信息，用于评估一个人是否随着时间的推移（或在政策改变后，或在确定某人相对于另一人的福利时）变得更好。这一作用被证明是有争议的。一种批评质疑人们在评估福利时，个人偏好是否应该被赋予这种地位。一些观察家质疑这些选择在道德上是否合理。例如，有时一些人认为，当世上有人（包括儿童）因与贫困相关的原因而死亡时，购买某种奢侈品的决定在道德上是站不住脚的。①

另一种反对意见是，“效用”不是我们能够观察到的东西。确实如此，但我们仍然可以用“收入空间”中更熟悉的货币术语来进行福利比较。我们必须确信，基于观测值的测度是经过校准的，以符合我们的效用概念。当它是一种货币指标，并且与效用一致时，它被称为效用币值（money metric utility，MMU）（有时也称为等价收入）。这在理论上很容易定义，通过固定的参考价格和个人特征找到相当于效用等价物的收入（我们在第 4 章再回到这个概念）。

可以说，更棘手的问题是人们在福利相关的非市场特征方面的异质性。人们期望从给定的消费组合中获得的效用不同。生活在有更多老年人和残疾人、气候寒冷、公共服务差的地方的人们，需要更多的某些商品来达到同样的效用水平。鉴于这种异质性，仅从客观可测度的需求和供给行为，无法推断出一个具有人际可比性的效用指数。我们或许能够找到与该行为一致的效用函数，但它不会是唯一的。可以有许多这样的函数，随个人特征而变化。因此，从单一的需求和供给行为中人们可以推断出异质个体的效用的想法很容易被排除（如专栏 3.2 所述）。鉴于在大宗商品的控制如何转化为福利这一方面存在异质性，我们不可避免地需要扩大评估福利的信息基础，而不仅仅局限于观察到的市场行为。这就要求提供与人们的福利相关的信息，而这些信息是经济学家传统上不喜欢的，比如关于能力的数据，以及主观福利数据。我们将讨论这些类型的数据。

专栏 3.2　从市场行为推断效用的挑战

经济学的一个基本前提是从家庭（这个消费单位）所观察到的商品需求和劳动力供给是效用最大化的。基本模型假设效用函数依赖于所有商品和服务的消耗量以及工作之余的空闲时间。（参见专栏 3.1）回想一下，该函数表示消费者偏好，因为效用函数的商品组合与消费者对商品组合的排序方式相同。然后将此效用函数最大化，以满足预算约束，其中规定，商品支出总额加上闲暇时间的估算值（闲暇时间乘以市场工资率）不能超过时间禀赋价值加上其他所有收入（包括自有企业利润）得出的“全部收入”。

如果需求和供给与该模型一致，那么我们一般可以对给定个体的观测到的需求和供给逆向求解，以恢复与所做选择一致的效用函数。当我们要比较在不同家庭、不同规模

① 彼得·辛格（2010）。

和人口组成中的人们，以及其他特征（如健康和残疾）的差异时，我们必须考虑到这些差异对所观察到的需求和所达到的效用水平都会有影响的可能性。我们不能期望这些差异在给定需求（和供给）下影响效用的方式将适当反映在观察到的需求和供给行为中。一般来说，将有多个效用函数（反映了异质性）支持观察到的行为。因此，我们认为，当人们在福利特征上存在差异时，仅凭观察到的需求和供给得出的效用函数是“不确定的”。

延伸阅读：罗伯特·波拉克和特伦斯·威尔斯（Robert Pollak and Terence Wales, 1979）[①]和马丁·布朗宁（Martin Browning, 1992）进一步讨论了这些问题。

这些观察的结果是，在实施福利的议程方面存在一个深层次的问题，即我们在确定一个人是否比另一个人富裕时，应该依靠消费者选择产生的效用。该问题源于从给定选择中获得的效用中可能存在的异质性。这是一个“深层次”的问题，因为更多关于人们实际选择的数据不会让问题消失。出于实际目的，在确定一个人是否比另一个人富裕时，我们需要做出外部判断。再说一遍，这并不是说我们应该忽略关于选择的数据，而是说我们不应该自欺欺人地认为这是足够的信息。

在实践中，政策制定者、评估者和当今大多数应用经济学家在讨论政策时都愿意承认，不同特征的人或家庭之间效用存在明确的人际比较，尽管这些判断通常主要来自外部经济学（那些不愿意承认这些信息的经济学家很可能被排除在许多需要人际比较的重要政策辩论之外）。人们普遍认为，在考虑政策时可以对福利进行人际比较，但在相关情况下应尊重个人偏好。很明显，在进行人际比较时，所能提供的信息已超出了市场上可观察到的行为表现。在社会福利的理论和测度方面已经出现的一大波文献说明一些长期存在的政策问题，正是建立在这样的福利主义基础上。[②]

福利主义的替代方法是什么？有什么理由支持和反对它们？这些替代方法有助于确定可靠的福利标准吗？

福利主义的延伸和替代

贫困评估有时是以某些基本成就为基础的，这些成就是特定形式的剥夺，例如能够负

① Pollak, R. A., and T. J. Wales. 1979." Welfare Comparisons and Equivalence Scales." *The American Economic Review* 69 (2): 216-222.

② 规范的公共财政是开展这项工作的一个富有成效的领域，重要的早期研究包括安东尼·阿特金森和约瑟夫·斯蒂格利茨（Anthony B. Atkinson and Joseph E. Stiglitz, 1980）和大卫·纽伯里和尼古拉斯·斯特恩（David Newbery and Nicholas H. Stern, 1987）。在福利主义框架内测度社会福利的方法在20世纪80年代迅速发展，重要的贡献包括默文·金（Mervyn A. King, 1983）和戴尔·乔根森和丹尼尔·斯莱斯尼克（Dale Jorgenson and Daniel T. Slesnick, 1984）。

担得起足够的营养。算算有多少人没有达到健康和正常活动所需的特定营养；或者，你可以列出与住房条件、饮用水、卫生设施以及耐用消费品所有权相关的其他具体剥夺清单。[①]在这些方法中，并未为消费者偏好分配特定角色。

这就出现了两个问题：首先，担忧在决定哪些维度重要和必要时，一个人应如何将一种商品（如食品）与另一种商品（如服装）进行比较时的随意性。其次，人们担心这些方法可能过于家长式——专家们基本上是在说“我们比你更清楚哪些对你有好处”。如果忽视了人们的偏好，人们很可能会认为，即使相关人士不同意，某些在政策改变之后，人们的境况也会更糟。例如，我们可以想象由于对外贸易改革而导致的相对价格变化，这种改革无疑会增加效用，但也会产生替代效应，从而导致在营养标准范围内较低的热量摄入。一项基于效用的评估会说有所收获，而只关注营养摄入的观察者则不会这样认为。

还有介于二者之间的。即使我们不认为人们总是为自己做出最好的决定，我们也不必接受别人知道得更多。在特定情况下，这是有道理的。在评估福利时接受规范性判断的必要性，也不会为不羁的家长作风打开大门。有一点可以肯定，我们可以从行为本身推断的一系列关于福利的事情，不足以判定谁穷谁不穷，也不足以评估政策；还有另一观点认为偏好不起作用。在某些情况下，我们可以说一些关于个人显示出的偏好的话，这些偏好在某个结构中受到尊重，该结构仍然认为需要对谁的境况更好进行外部判断。

这与罗尔斯（1971）的观点相呼应，如第 2 章所述。我们需要一些指数来确定弱势群体，基于初级商品。只要知道“越多越好”可能就足够了，尽管很可能涉及权衡，需要对偏好做出假设。罗尔斯认识到了这一点，但他认为我们只需要关注最弱势群体的偏好。如前所述，在存在异质性的情况下，识别这样的偏好仍然不是一件容易的事情。还有一个循环性的问题：我们可能同意罗尔斯的观点，穷人的偏好才是最重要的，但我们很可能必须先对偏好做出假设，然后才能找出谁是穷人。正如我们将在第 4 章中看到的那样，会有办法解决这个问题。

一旦人们认识到现有数据的不足，对具体剥夺的观察就可以在广泛的福利主义方法中发挥重要作用。我们将在第 3. 3 节讨论这一点。

可行能力观

阿马蒂亚 · 森提出了一种能替代传统的基于效用的方法与特定的剥夺方法的选择。[②]阿马蒂亚 · 森反对将“效用”作为测度福利的唯一标准；他也反对非福利主义的提法，例如那些只关注特定商品剥夺或收入的提法。回顾专栏 2. 1，阿马蒂亚 · 森认为“福利”实际上与幸福有关，是指能够长寿、营养良好、健康、有文化等；正如阿马蒂亚 · 森

---

① 见萨比娜 · 阿尔基尔和艾玛 · 玛丽亚 · 桑托斯（Sabina Alkire and Emma Maria Santos，2010）。第 5 章再讨论这个例子。

② 除其他外，见阿马蒂亚 · 森（1980，1985a，1987，1992）。

(1987) 所说,"生活水准的价值在于生活,而不在于商品的持有"。在森看来,人的内在价值是人的工作能力。[①]"贫困"是一种可行能力的缺乏。

在过去的25年里,人们对阿马蒂亚·森的提议进行了很多讨论。[②]许多观察家认为这是福利主义经济学中主要竞争性理论基础。一旦考虑到对商品的不同偏好,就可能有以符合福利主义的方式来解释可行能力的方法。[③]只需要把可行能力看作是效用的直接生成者。一个人的效用完全取决于她所能实现的功能,而功能又取决于收入、面临的价格和本人的特点。专栏3.3进一步讨论了可行能力方法的解释。一些人可能仍会拒绝承认福利等同于个人选择的最大化。

专栏3.3 可行能力观的福利主义解释

在标准的经济模型中,福利取决于商品消费,但人们对商品的偏好可能不同。在不丧失一般性的情况下,我们可以把它看作是一个常用的效用函数,取决于个人特征及其所消费的商品。

关于福利的一种包罗万象的思考方式是将福利定义为可行能力的一种一般功能性活动,即人的可实现的功能性活动。我们可以这样写:

$$效用 = U(功能性活动)$$

假设功能 U 不因人而异。(当在实践中仅使用部分观察到的功能时,这种假设不需要成立)。功能性活动又取决于所消费的商品和个人特征:

$$功能性活动 = f(所消费的商品,个人特征)$$

把该等式代入第一个方程,我们又回到了经济学家更熟悉的形式:

$$效用 = U(所消费的商品,个人特征)$$

通过经济性和社会性互动(包括通过市场),一个人的可实现能力以及由此产生的效用将取决于收入、价格和特征。提高收入可以增强可行能力,但可行能力并非完全由收入决定。因而存在一个可行能力依赖性福利的货币指标。

人们有时听到对基于收入的贫困指标的批评,理由是福利(包括解释福利的能力)不仅取决于收入。这不符合判断标准。[④]可行能力方法(capability approach)指出,仅以收

---

① 见阿马蒂亚·森 著. 徐大建 译.《生活水准》(The Standing of Living). 上海财经大学出版社. 2007. 01. 第32页。

② 阿马蒂亚·森(1979)和黄有光(Yew-Kwang Ng, 1981)之间曾有过早期的争论。另见阿马蒂亚·森(1987)与拉维·坎伯(Ravi Kanbur)和约翰·米尔鲍尔(John Muellbauer)的评论。对于福利主义者反对阿马蒂亚·森的批评的深思熟虑的辩护,见路易斯·卡普洛(Lcuis Kaplow, 2008), Kaplow, Louis. 2008. *The Theory of Taxation and Public Economics*. Princeton, NJ: Princeton University Press.

③ 效用可以看作是通过选择获得个人满意的与福利相关的功能性活动之一。这一解释见阿马蒂亚·森(1992,第3章)。但这在可行能力观方法的倡导者中并不常见。

④ 例如,约翰·爱斯兰德(2013,第47页)批评了收入贫困指标,理由是这些指标"忽视了与贫困相关的核心问题,即可行能力剥夺问题"。

入为基础进行福利评估是不够的，但福利主义观方法也是如此。尽管测度方法可能有缺陷，但使用货币指标原则上并不意味着只有收入才重要。假设我们同意福利只与可行能力有关。只要可行能力至少部分地依赖于收入，我们仍然可以使用基于收入的贫困发生率测度标准来测度“可行能力贫困”(capability-poverty)。[①] 合理的假设是，更多的收入可以让一个人做更多的事情来扩大一系列可行的功能性活动。那么，我们所需做的就是设定贫困线，使处于该收入水平的人能够达到可行能力福利（capability-welfare）的临界水平，而这一水平不必被可行能力方法视为贫困。因此，问题不在于使用了基于收入的贫困指标，这些指标原则上可以被构造成完全符合可行能力观的方法，而在于贫困线是否恰当地反映了以现行价格计算的某一特定福利水平的成本（我们将在第 4 章讨论这些问题）。

人们听到的另一个有争议的论点是“可行能力”是可观察的，但“效用”不是。这也没抓住重点。要比较的不是可行能力和效用，而是可行能力和消费，这并不难测度。在对具有不同可行能力的人进行比较时，我们有时（可能经常）需要决定如何测度一种功能性活动与另一种功能性活动的权重。这需要一个效用函数。无论哪种方法，福利都取决于消费和个人特征（见专栏 3. 3）。

福利的社会效应

另一个问题与人们对福利与“社会需求”所扮演的角色的看法有关。经济学家认为，一个人的福利完全取决于她对商品的个人支配（以及个人和家庭特征）。社会背景在评估贫困方面没有明确的作用。另一种观点是，人们的社会需求取决于（贫困可能源于社会排斥的）背景。这可能意味着被明确排除在某些活动（如就业）之外，但这通常不仅仅意味着相对剥夺（一个人相对于所生活的社会中的其他人来说是贫困的）或被认为缺乏未来进步的机会。

关于绝对贫困和相对贫困的争论已经很多了。有时人们认为，虽然绝对贫困导致营养和健康的客观剥夺，但相对贫困只是“头脑中的”一种主观的心理状态（如嫉妒）。这一观点受到了严重质疑，因为有证据表明，人们对相对贫困会有生理反应，特别是通过皮质醇水平表明的压力加剧。[②] 例如，一项研究发现，社会经济地位较低的英国公务员醒来 30 分钟后，其皮质醇水平显著升高。[③] 当受试者受到评估性威胁时，皮质醇水平会升高，这意味着其他人对他们的负面评价。[④]

社会对福利的影响可以用在测度贫困的福利主义方法和可行能力方法中。阿特金森和弗朗索瓦·布吉尼翁（2001）提出的一个简单但很吸引人的提法是，如果一个人能够满足

---

① 更确切地说，我们要求从能力中获得的福利是收入以及其他决定能力的变量的不断增加的函数。

② 皮质醇是肾上腺皮质产生的一种激素，当一个人处于压力下时，它会释放出较低的水平。

③ 见昆斯·埃布雷特等人（Kunz-Ebrect，2004）。

④ 见萨莉·迪克森和玛格丽特·凯门尼（Sally Dickerson and Margaret Kemeny，2004）的元研究，Dickerson, Sally, and Margaret Kemeny. 2004. “Acute Stressors and Cortisol Responses：A Theoretical Integration and Synthesis of Laboratory Research.” *Psychological Bulletin*130（3）：355-391.

参加社会和经济活动的绝对“生存需求”（食品、水和睡眠）和最低“社会包容需求”，那么他就不是穷人。[包容的需求又叫相容的需求，是心理学家舒兹（W. C. Schuts）关于人际关系需求的三种分类之一，指个体希望与他人交往、结识，并与之建立起良好人际关系的欲望。有这种交往需求的人，其人际关系行为会表现为交往、参与、相容、沟通、归属、出席等；与此种交往需求相反的人，其人际关系会表现为退缩、孤僻、疏远、排斥和忽视人际关系等。]

相对剥夺的概念也与我们如何看待福利和测度贫困有关。无论是从福利主义者还是非福利主义者的立场出发，许多人都会同意相对立场往往关系到人们的幸福。福利主义者会说，如果生活在一个所有人都有较高收入的地方，而非一个每个人都有较低收入的地方，那么在这种情况下，一个人的效用在给定的“自己的收入”下是较低的（非福利主义者可能会指出，在前一种情况下，一个人参与社会和经济生活的能力有所下降）。相对地位的重要性往往对一个人得出的贫困结论至关重要。专栏 3.4 通过一些简单的数值例子说明了这一点。

专栏 3.4　哪种分配的贫困程度更高？

考虑两种收入分配（以美元/天或小时为单位）：

$$A:(1,\ 1,\ 1) \qquad B:(2,\ 3,\ 10)$$

我们都同意 B 组更不平等。但是 B 组的每个人的收入都比 A 组高，如果我们把收入看作是“初级商品”，那么罗尔斯的差别原则（第 2 章）会倾向于 B 组而不是 A 组；这种不平等使穷人受益。B 组的收入贫困程度较低，但不平等程度较高。

正如我们在第 2 章中看到的那样，罗尔斯和阿马蒂亚·森强调基本不仅是商品，而且范围更广，可能包括不被相对剥夺。相反，假设福利是平均化的自身收入。福利的标准化分布将是：

$$(1,\ 1,\ 1) \qquad (0.4,\ 0.6,\ 2)$$

A 组现在所有低于 1 的贫困线都有较低的不平等和较低的福利贫困。

更一般地说，假设某 i 的福利是：

$$\alpha y_i + (1-\alpha)(y_i/\bar{y}) \qquad 1 \geqslant \alpha \geqslant 0$$

这里 y_i 是某 i 自己的收入，$\bar{y}$ 是这个组的平均收入。现在人们认为，福利主义者对哪种分配的贫困程度更高的评估取决于偏好参数 α 所取的值。很容易证明，当且仅当 $\alpha > 0.375$ 时，B 组中最贫穷的人的生活状况更好。这是一个经验性的问题，尽管不是一个容易的问题。

可以说，能力方法最重要的贡献是明确承认了家庭将商品转化为福利的能力各不相同。这在主流的福利主义方法中未明确指出，但在实践中，这种方法往往被简化到忽略福利的相关非收入因素的异质性。当一个人在能力的空间里思考福利时，这个错误就更难犯了。正如我们在本章后面和第5章所看到的，在实践中发现的一些据称是由“能力”驱动的方法在其他方面的说明过于简化。

机会

“机会”概念激发了福利主义的另外一种替代选择。机会不平等（inequality of opportunity，INOP）的概念由来已久。正如我们在第一章了解到的，18世纪后半叶对不平等的关注激增，更多的是关于机会的不平等，而不是结果的不平等。从那时起，提倡努力促进机会平等的人就有了左派和右派。约翰·罗默（1998）认为，我们只需要担心来自个人无法控制的环境的不平等——那些无法追溯到个人选择的事情（参见专栏1.8），典型例子是父母教育。假设父母受过良好教育的儿子错误地在教育上投资不足，长大后很穷。尽管他的收入很低，但基于父母的教育，机会方法认为他有希望富裕起来。

机会不平等方法的支持者认为，只要反映个人努力，结果的不平等也是可以的。努力被视为取决于环境的选择变量。这一方法意味着，评估不平等和贫困的福利标准应是可归因于环境的收入或消费的组成部分。这通常是通过根据环境情况对收入进行回归来获得的。①

关于这一观点的是非曲直仍有争论。人们会犯错，机会也会起作用。② 机会方法对待错误的方式通常与深思熟虑的选择相同。尽管在机会方法中错误的道德地位是相当清楚的，但许多观察者愿意帮助因那些过去的错误选择导致当前剥夺的人。毫无疑问，任何一个文明社会都不会对极端的、可能危及生命的剥夺采取任何行动，因为这些剥夺可追溯到有关人员的某些错误选择或他们的厄运。由于选择或运气造成的不平等很难从公共救济中禁止。

在实践中，机会不平等方法建立在收入与环境的回归模型上，然后用该模型来测度机会不平等。③ 众所周知，收入也取决于努力，但有人认为，这是人们自己选择的，是他们的环境的函数。因此，收入与机会不平等文献中使用的环境的回归可以给出“简化形式”（reduced form）的一个解释。④ 但是，应该注意的是，该预测值一般不是效用一致的福利

---

① 见弗朗索瓦·布吉尼翁等人（2007），里卡多·佩斯·德·巴罗斯等人（Ricardo Paes de Barros et al.，2009）以及弗朗西斯科·费雷拉和杰米·吉诺克斯（Francisco Ferreira and Jèrèmie Gignoux，2011）。另见约翰·罗默（2014）的讨论。本章第3.3节进一步讨论了这种方法。

② 见拉维·坎伯和亚当·瓦格斯塔夫的讨论，Kanbur Ravi and Adam Wagstaff. 2015. “How Useful Is Inequality of Opportunity as a Policy Construct?” In Kaushik Basu and Joseph Stiglitz（eds）. *Proceedings from IEA Jordan Roundtable on Shared Prosperity*. London：Palgrave McMillan.

③ 见里卡多·佩斯·德·巴罗斯等人（2009）、弗朗西斯科·费雷拉和杰米·吉诺克斯（2011），以及约翰·罗默（2014）。

④ “简化形式”一词来自联立方程模型，其中一个（内生）变量 $Y1$ 是另一个内生变量（$Y2$）的函数，而另一个内生变量（$Y2$）又是外生变量（X）的函数。在代入 $Y2$ 时，我们得到了 $Y1$ 作为 X 的函数的约化形式。

主义方法，而是将其用作福利指标，在给定环境下，当选择做出最大努力时，可获得的最大效用的货币等价项。专栏 3.5 对此进行了说明。言下之意，机会不平等方法可以认为，当某人不同意时，他会变得更好（或更糟）。在实施完全取决于具体环境的福利测度标准方面也存在问题，我们将在第 3.3 节中讨论这些问题。

专栏 3.5 当努力与福利相关时，测度机会不平等

效用可以看作是收入和努力的函数，前者的影响是正的，后者的影响是负的：

$$效用 = U(收入，努力)$$

收入又取决于努力和环境：

$$收入 = F(努力，环境)$$

当选择的努力水平（用 * 标示）取决于环境时：

$$努力^* = E(环境)$$

这是效用最大化的努力水平。如果我们把第三个方程代入第二个方程，那么就得到了一个收入随环境变化的方程。作为一个回归模型来写时，基于环境的收入预测值已经被广泛应用在“机会不平等”文献中。

人们的福利是他们能得到的最大效用，这取决于他们的如下环境：

$$效用 = U[F(努力^*，环境), 努力^*]$$

在这里我们可以看到，环境对福利有两个方面的影响，即通过收入，但也独立于收入，因为更大的努力会产生负效用（我们总是可以用货币单位来表示这种福利水平，只要给出一个精确的效用币值）。因此，基于环境的收入预测值不能作为测度福利的有效价值指标。而这种差异的产生正是因为效用依赖于努力，正如“机会不平等”文献所述。

延伸阅读：参见马丁 · 拉瓦雷（2015a），了解如何在实践中测度机会不平等这一问题的进一步讨论。

务实的目标

这种思考福利的概念性问题之旅，一定会让人怀疑是否曾经提出一个理想的、全面的、可操作的“福利”测度标准，包括一切重要的东西。最好是设定更适度的目标，测度“经济福利”，并在这一更狭窄的层面界定贫困。不太可能捕捉到与一个人的福利相关的一切。这将要求太多的单一指标。只要我们同意，缺乏对商品的个人支配是社会进步的一个重要方面，我们就可以安全地以这种方式测度贫困和不平等。但是，正如我们将看到的，即使这项务实的目标仍给分析者带来挑战。

3.2 利用住户调查测度福利

住户调查是进行贫困比较的唯一最重要的数据来源；事实上，它们是唯一能直接告诉我们一个社会的生活水平分布情况的数据来源，诸如“有多少家庭没有达到给定的消费水平”。专栏 1.17 曾介绍基本思想。在这里，我们将深入探讨，指出在建立和解释此类数据时必须注意的问题。本节研究了人们应该注意的主要问题。专栏 3.6 则总结了此处使用的统计数据中的主要概念。

专栏 3.6　抽样调查的主要统计概念

抽样调查被用于降低估计相关总体（即我们有兴趣进行推断的人群）的相关参数的成本。分析师应该清楚地知道其所研究的环境中的相关总体是什么样的。

抽样调查收集总体人口中一部分人群（样本）的数据，目的是就该人群相关的一些关键特征得出可靠的结论。这些特征是我们感兴趣的统计特征。样本是从抽样框（sample frame）中提取的。抽样框可以采取该总体的清单形式。例如，如果你调查的是总体人口，那么你是在做普查。

在使用抽样调查来估计总体参数时，通常需要获得统计上的无偏估计，这意味着在足够大的样本中，基于抽样调查的估计将收敛于真实的总体参数。人们通常还希望确保样本估计是相当精确的，这意味着它们的标准误差相对于参数估计足够小。

一个重要的概念是统计独立性（statistical independence）。如果一个事件发生的概率没有因为另一个事件已经发生而改变，则两个事件被称为统计上独立的（或简单地称为“独立的”）事件。我们可以把同样的思想推广到任意两个变量，如果一个变量的概率分布不依赖于另一个变量所取的值，这也可以说是独立的（变量的概率分布，或者简单地说是“分布”，给出了变量取每个可能值的概率）。

如果为其中一个选择的事实与为另一个选择的事实在概率上无关，则两个样本是独立的。通过随机化（randomization）可确保样本选择的独立性。有很多方法可以做到这一点，但最简单的方法是为抽样框中的每个潜在样本点分配一个数字，并使用随机数生成器随机抽取这些数字的子集。在现有的统计软件包（如 STATA、SPSS 或 SAS）和独立产品（如 research randomizer）中，随机样本的绘制软件很容易获得。

随机化是抽样方法的一个重要例子。一个简单的随机样本，就像听起来的那样：列出样本框中的每一个，然后随机抽取一个样本，包含那些随后将接受采访的人。更复杂的抽样形式包括分层，即：将总体划分成明确定义的子组（subgroups 或 strata），然后对每个分层进行简单的随机抽样，而抽样率各不相同。这个想法的实质是对某些类型的人进行过采样（oversample），比如那些参加了研究中的某个公共项目的生活在家庭中的人。

在计算样本的汇总统计数据时，通常需要对从中抽取样本的总体进行良好的估计。这就需要根据样本代表的人口数量对每个观察值进行加权。实际上，权重允许将实际样本（无论其设计多么复杂）转换为随机样本（抽样率的倒数称为膨胀系数，表示该抽样点所代表的人口数量）。这些权重本身就是重要的数据，除了简单的随机样本（其中所有样本点的权重都可以相等）之外，用户应该随时可以使用这些权重。对总体描述统计进行无偏估计需要用到权重。(在估计回归模型时，加权情况不太明显。专栏5.12将讨论这种情况。)

在一个大的地理区域随机抽取一个简单样本时，调查成本会因最终得到的样本有可能非常分散而增加。如果该地区没有最新的普查，那么简单的随机抽样可能是行不通的。这时，整群抽样（cluster sampling，也称为两阶段抽样）可能会有所帮助。采用这种方法，首先要随机抽样一组家庭样本，如村庄或城市街区。这些群可以称为初级抽样单元（primary sampling units，PSUs）。初级抽样单元的选择概率与其规模成正比，且通常要基于最新的普查。然后，在收集完成每个抽样群中的家庭清单后，在所选群中随机抽样家庭。如果决定使用整群抽样，那么了解这些操作通常很重要。例如，如果在每个区域只挑选了一个群，那么得到的区域贫困分布图可能非常具有误导性。由于总体参数估计的精度可能会大幅度下降，因此抽样的阶段不要过多。

由于群内单元很可能具有一些共同的属性（例如与居住在同一村庄有关的属性），因此同一群内的单元不能被视为独立的。分层和抽群（clustering）的一个重要区别是：前者通常会提高样本估计的精度，而后者则会降低精度。为了抽群，抽样方差的估计值需要（向上）调整。调整的程度取决于群内感兴趣结果之间有多强的相关程度（通常称为“群内相关程度”）。估计一个回归模型（专栏1.19）时，需要关注的是回归误差项的群内相关程度。

抽样调查的关键设计选择之一是每个初级抽样单元要访问多少个家庭，而不是要采样多少个初级抽样单元。如果要估计初级抽样单元的平均值，那么显然需要在初级抽样单元级别有足够的样本。对于给定的聚合样本量，初级抽样单元级别的较大样本会降低估计总体特征的精度。这个选择取决于初级抽样单元内部有多大的差异以及调查的目的，尤其是研究是否需要在初级抽样单元水平上进行估计。

即使是随机的，小样本也会出现误差。虽然不能期望在一个小样本中得到正确的结果，但随着样本量的增加，你应该越来越接近事实。如果没有，那么估计方法肯定有问题。例如，你的样本实际上可能不是随机抽取的，因此它不能代表总体。比如用抽样调查来测度贫困时，富人拒绝参加调查，他们只是太忙，或者永远不在家，或者调查员无法绕过他们的看门狗，这时就会产生很大的抽样误差，所以你高估了贫困率。这类问题有时被称为调查响应偏差（survey response bias）。虽然由于没有大样本而产生抽样误差，但这种形式的非抽样误差不会随着样本量的增加而消失。

即使随机抽样的每个人都可以接受调查，测量误差（measurement error）仍然是调查（和人口普查）中的一个问题。例如，有些人（可能富人多于穷人）可能会胡乱猜测他们收入或消费的关键组成部分。大样本有助于抵消某些类型的误差，但并非全部。例如，如果富人在一项调查中故意低估了他们的收入，那么这种低估情况仍将在大样本中存在。

在分析调查数据时，人们经常使用统计显著性（statistical significance）概念。这既考虑了统计数据的大小，也考虑了样本的标准误差（standard error），从而测度了估计的精度。如果一个估计值被称为“在5%的水平上是显著的”，那么通常的意思是其真实值只有5%的可能性为零。

延伸阅读：抽样的经典处理方法见莱斯利·基什（Leslie Kish，1965）。[①] 关于这个问题的最新介绍见朱塞佩·伊洛西（Giuseppe Iarossi，2006）[②] 和艾伦·布里曼（Alan Bryman，2012）[③]。杰尔克·伯利恒（Jelke Bethlehem，2009）[④] 全面概述了调查方法。

实践中发现的住户调查可分为四个方面：

• **抽样框**：调查样本可以代表一个国家的人口，或者更狭义的一些子集，例如一个地区的居民。调查抽样框的适当性自然取决于人们想从中得出的推论。

• **观察单位**：可以是家庭本身，也可以是家庭内部的个人，也可以是两者。一个“家庭”通常被定义为在一起吃饭和生活的一群人。家庭结构有时可能是复杂的，例如在实行一夫多妻制的社会中，或在集体居住的大院中都是很常见的（例如在非洲萨赫勒地区的农村社区），因此很难区分一个家庭与另一个家庭。[⑤] 大多数住户调查都包括一些关于家庭内的个人数据，但很少包括他们的消费，这些数据通常是按家庭一级汇总的；例如印度的国家抽样调查（national sample surveys，NSS）、印度尼西亚的国家社会经济调查（national socio-economic surveys，SUSENA）和世界银行的生活水平测度调查（living standards measurement study，LSMS）。收集个人粮食消费数据的一个调查例子是国际粮食政策研究

---

① Kish，Leslie. 1965. *Survey Sampling*. New York：John Wiley.

② Iarossi，Giuseppe. 2006. *The Power of Survey Design*. Washington，DC：World Bank.

③ Bryman，Alan. 2012. *Social Research Methods*. 4th edn. Oxford：Oxford University Press.

④ Bethlehem，Jelke. 2009. *Applied Survey Methods：A Statistical Perspective*. NewYork：Wiley.

⑤ 见斯科特（D. K. Scott，1980a. The Behaviour of Bewick's Swans at the Welney Wildfowl Refuge）、联合国（1989）和桑德拉·罗森豪斯（Sandra Rosenhouse，1990）。

所（International Food Policy Research Institute，IFPRI）在 1980 年代对菲律宾农村家庭进行的调查。[①] 当存在多单元家庭（与不同的妻子相关）时，需要进行复杂的调查。[②]

- 随时间推移的观察次数：最常见的是短期内的一次或两次访谈的单个横截面（cross-section）。在一个面板（也称为纵向）调查中，同一家庭的成员在一段较长的时间内被重新调查。此类调查实施更难、成本更高，但也有一些优势（见专栏 3.7）。
- 收集的主要生活水平指标：实践中使用的最常见的贫困指标都是以家庭消费支出或家庭收入为基础的。一些调查同时收集了这两方面的数据（如印度尼西亚的国家社会经济调查和世界银行的生活水平测度调查），但另一些则专门收集某一方面数据（如印度的国家抽样调查不包括所有收入来源，而拉丁美洲的大多数住户调查不包括消费）。对于某些调查目的来说，没有同时包括收入来源和支出类型可能存在很大局限性，包括评估价格变化对贫困的影响（下面我们讨论该应用）。

专栏 3.7　面板数据及其应用

大多数调查需要在短时间内（几天或可能只是一次）调查一个家庭的成员。这是迄今为止最常见的单个的横截面调查形式。相比之下，一项小组调查（a panel survey），会在同一个家庭中收集了两轮或两轮以上的调查数据。连续采访之间往往会有一段相当长的时间间隔（通常是一年）。

有了这些数据，人们可以更好地了解贫困的动态变化，即陷入贫困和脱贫的过程。表 3.1 将总人口分为四组，标记为斜体。

表 3.1　贫困动态

这两年都很贫困	*脱贫（即第一年贫困，第二年脱贫）*	第一年贫困（本行合计）
陷入贫困（即第一年不贫困，第二年贫困）	*哪一年都不贫困*	第一年不贫困（本行合计）
第二年贫困（本列合计）	第二年不贫困（本列合计）	总人口（所有四个单元格合计）

通过两轮横截面调查，人们可以将数字填入行和列的合计栏，但并不了解表内这四组人群的情况（用斜体字表示）。在这两个调查时期，贫困人数甚至可能是相同的，但

---

① 见豪沃思·布伊斯和劳伦斯·哈达德（Howarth E. Bouis and Lawrence Haddad，1992）。

② 菲利普·弗雷耶等人（Philippe De Vreyer et al.，2008）为多单元家庭制定了一种调查方法，并将其应用于塞内加尔。另见西尔维·兰伯特等人（Sylvie Lambert et al.，2014）在研究代际不平等方面的应用。

对应的是完全的维持（这两年贫穷者仍是那些人）和完全的“搅动”（原本贫穷者第二年都脱贫了，原本不穷者却在第二年陷入了贫困）。真相更有可能介于二者之间。只有用面板数据才能完成这个表格，填写表内这四个框。

另一个应用是研究流动性——研究人们的收入或其他梯级的上下波动。例如，一个人可以研究收入或学校教育的代际关系（例如问有多少父母为文盲的孩子识字）。这类问题对于测度和理解社会中的机会不平等显然很重要。在研究收入流动性时，提出了多种测度方法，包括第1期收入与第2期收入的相关系数和秩相关系数。并非所有这些方法都需要专家组的数据；例如，可以在横截面调查中询问被调查者的父母。

尽管面板数据具有优势，但由于必须找到相同的家庭，因此收集这些数据的成本更高。在任何不断变化的人口中，面板数据不可能在所有时期都具有代表性；通常情况下，只有在第一轮调查中才具有代表性。还可能存在因损耗而产生的偏差，致使一些非随机的子样本被排除在面板数据之外。如果自然减员是由于更倾向于移民工作的家庭造成的，情况就会是这样。而时间变化造成的测量误差也是一个值得关注的问题；至少上面数组中的一些“非对角线”元素（那些陷入贫困或脱贫的人）就是测量误差（例如，如果一个家庭的收入在第1轮被低估，还可能会在第2轮得到纠正）。

面板数据集的三个著名例子是密歇根大学对美国收入动态追踪研究（University of Michigan's Panel Study of Income Dynamics in the United States），国际作物研究所对印度半岛热带干旱地区进行的村级调查（The Village Level Surveys by the International Crops Research Institute for the Semi-Arid Tropics in India），以及北卡罗来纳大学在过去20年里进行的俄罗斯纵向监测研究（Russia Longitudinal Monitoring Study）。很少有调查是纵向收集个人消费数据的（前文提到的菲律宾国际粮食政策研究所调查除外）。在世界银行的一些生活水平测度调查中使用了经典面板的修改版本，每年的样本中有一半在次年重新进行调查。这减少了形成面板数据集的成本，同时保留了一些优点。

有一些是从现有数据集构建的面板数据集的例子，而不是从一开始就被设计为纵向调查。中国就是一个例子，国家统计局进行的城乡截面调查的样本并非每年轮换。因此，可以在某些时期构建面板（陈少华和马丁·拉瓦雷，1996）。第二个例子是哈吉·柴提①等人（Raj Chetty et al.，2014）的美国代际收入流动研究。哈吉·柴提等人使用所得税记录将子女与其父母联系起来（通常在离家前作为受抚养人向父母提出申请）。他们发现，自20世纪70年代以来，测度收入流动性的指标一直相当稳定。例如，他们估计，出生在收入最低的1/5家庭中的儿童成年后进入收入最高的1/5家庭中的概率为0.08；并且出生于1971年的儿童为0.08，出生于1986年的儿童为0.09。考虑到收入不平等的加剧，

① 哈吉·柴提（Raj Chetty），1979年出生于美国，2010年被哈佛大学聘为终身教授。2013年获克拉克奖，时年34岁。——译者注

这似乎令人费解。这一增长的很大一部分一直位居美国分配市场的最高点。[①]

延伸阅读：关于支持和反对收集面板数据的论点，见奥利·阿申费尔特等人（Orley Ashenfelter et al.，1986）。关于使用面板数据研究贫困动态（在测试安全保障体系性能的背景下），见马丁·拉瓦雷（1995）。关于流动性的测度，见加里·菲尔茨（Gary S. Fields，2001，第 6 章和第 7 章）。[②] 关于面板数据中测度误差的影响，见保罗·格莱维（Paul Glewwe，2012）。

贫困分析中最常用的调查是以家庭为观察单位（尽管有些信息是从特定个人获得的），对具有全国代表性的样本进行单独的横截面调查，其中包括消费或收入数据。以下是解释此类住户调查中的家庭消费或收入数据时需要注意的主要问题。[③]

调查问卷设计

即使是非常大的样本，如果调查不是随机的，或者如果从中提取的数据没有纠正可能的偏差，例如由于样本分层，也可能对贫困测度做出有偏差的估计（参见专栏 3.6）。随机抽样要求人口中的每个人或分层抽样中的每个子群被选中的机会相等。这就保证了统计独立性，这一假设是根据抽样调查对人口参数进行统计推断时经常使用的大多数结果得出的（见专栏 3.6 统计独立性）。

在抽样调查中，穷人可能得不到适当的代表。例如，他们可能更难接受调查，因为他们生活在偏远地区或是流动的。事实上，住户调查可能遗漏了一个与众不同的穷人群体：无家可归者。此外，一些用于测度贫困的调查并非为这一目的而设计，因为它们的样本框架并非旨在覆盖整个人口。例如劳动力调查，其样本框架通常仅限于“从事经济活动的人口”，这就排除了某些穷人群体。任何调查都需要提问的关键问题是：样本框架是否覆盖了整个人群？与调查员配合的可能性并非随机的情况下（专栏 3.6），是否可能存在回答偏差？

在测度贫困或不平等时，一些类型的家庭不太可能参加调查的自然选择反应（naturally selective response）可能是一个需要重视的问题。预期中，相对富裕的人不太愿意参与。因此，除非可以纠正这种偏差，否则就会高估贫困率。测度不平等的含义在理论

---

① Chetty，Raj，Nathaniel Hendren，Patrick Kline，Emmanuel Saez and Nicholas Turner. 2014. “Is the United States Still a Land of Opportunity? Recent Trends in Intergenerational Mobility.” NBER Working Paper 19844.

② Fields，Gary S. 2001. *Distribution and Development*. New York：Russell Sage Foundation.

③ 在调查设计中，还有一些其他问题，马丁·拉瓦雷将不在这里讨论，包括问卷设计和实地组织。关于这些问题的有用概述，见朱塞佩·伊洛西（Giuseppe Iarossi，2006）、杰尔克·伯利恒（Jelke Bethlehem，2009）和艾伦·布里曼（Alan Bryman，2012），另见联合国（1989）。经典的 LSMS 问卷设计在克里斯蒂安·格罗泰特（Christiaan Grootaert，1986）、玛莎·安斯沃思和雅克·范德加（Martha Ainsworth and Jacques van der Gaag，1988）中有描述。

上是模棱两可的。[①] 下面我们将再回到这个问题。

调查设计的一个问题是，同意参加的人是否应该得到报酬。在这方面的做法是不一致的，有些调查支付报酬（通常是适度的）而另一些则没有。使用新技术进行调查（如移动电话）也涉及这一问题。其应答率往往低于住户调查，因此寻找某种形式的补偿似乎很有吸引力，例如给那些同意参加的人提供免费电话时间。这样的做法实际上有可能使情况变得更糟；是的，总体应答率会上升，但样本很可能更加偏颇，富人的代表性更低。专栏3.8对此做了进一步解释。当我们进一步考虑下面的测度误差时，我们将回到选择性反应的问题，即某些类型的家庭不太可能参加调查。

专栏3.8　参与调查的经济学

参与调查是个人选择的问题，没有人有义务服从统计员的随机分配。遵纪守法会有一些好处，即履行公民义务的满足感，但也是有成本的。随着收入的增加，这一成本可能会增加。例如，遵守规定时间的机会成本随着收入的增加而增加（由于工资率提高），而时间本身基本上与收入无关。潜在的调查对象肯定会权衡其感知的收益和成本。

似乎有理由预期，参与调查的边际成本（marginal cost，MC）会随着参与程度的增加而上升（以参与调查所花费的时间来测度）；你参与调查的时间越长，它就越开始侵蚀其他有价值的活动。我们也可以假设较高的收入意味着较高的参与调查的边际成本。后一种性质可以合理地解释为调查所花费时间的预期收入，这对于那些工资较高的人来说会更高。

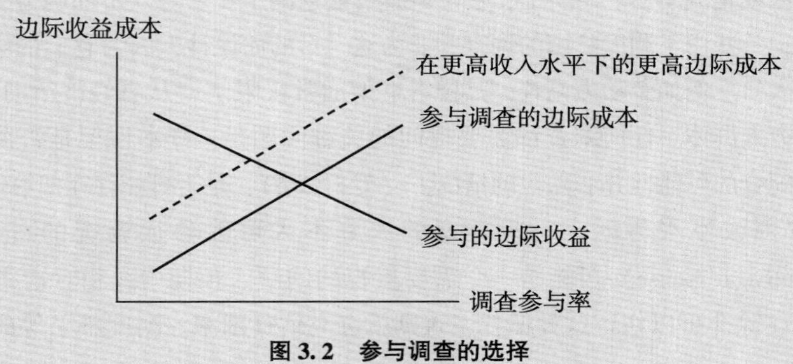

图3.2　参与调查的选择

① 请注意，有选择的遵守并不等于在富人和穷人之间进行收入转移，这必须改变不平等的测度标准。符合选择性服从的个人在总体中的比例是不断变动的，这就造成了模糊性。安东·科里内克等人用更专业的术语解释了这一点。Korinek，Anton，Johan Mistiaen，and Martin Ravallion. 2006. "Survey Nonresponse and the Distribution of Income." *Journal of Economic Inequality* 4（2）：33-55.

合理的假设是，参与的边际收益（marginal benefit，MB）不受参与的影响，或者至少不随参与而增加。我们还假设边际收益不会随着收入的增加而增加。

在这些条件下，有一个最佳的个人参与水平，将边际收益等同于边际成本，如图3.2所示。随着收入的增加，期望的参与度下降。富人比穷人更不可能配合。

向同意参与的人支付固定费用将增加参与的可能性，但也可能增加因收入而导致响应率下降的偏差的可能性。如果费用对于参与的穷人有更强的激励，就会发生这种情况。因此，补偿调查参与者可能会增加你的样本量，但会降低你根据该样本对总体收入分配做出有效推断的能力。

延伸阅读：关于这个问题的更完整的讨论可以在安东·科里内克等人（2006）中找到。在更详细的调查参与模型中，安东·科里内克等人（2006）表明：在某些条件下，人们可以得到倒 *U* 形关系；在这种关系中，与中等收入群体相比，最贫困人口和最富有人口不太可能愿意参与调查。

有多种抽样方法可以帮助实现比简单随机抽样更具成本效益的调查（参见专栏3.6）。分层随机抽样，其中不同的人口子群有不同的（但已知的）被选中的机会，但在任何给定的子群中，所有人都有相同的机会，这可以提高在给定数量的调查中获得的贫困测度的精度；例如，人们可能会在某些被认为是穷人集中的地区过度取样。相比之下，整群抽样降低了精确度，因为在给定的整群内被调查的家庭不能被视作是独立的（见专栏3.6和专栏3.9）。

*专栏3.9　标准误差的设计效应

人们通常对初级抽样单元都有一个足够大的样本感兴趣，例如用于测度地理变量，以帮助解释初级抽样单元的贫困甚至贫困率。这要求在两阶段抽样设计的第二阶段提供足够的样本（见专栏3.6）。但这又引出了一个问题。

对于给定的样本容量，地方一级的较大样本增加了贫困指标或其他总体参数估计的标准误差。这被称为设计效应（design effect，DE）。这是一个简单随机样本的实际方差（对于特定调查设计中的给定变量）与方差的比率。可以看出，设计效应由以下公式得出：

$$DE = 1 + \rho(B - 1)$$

上式中，ρ 是初级抽样单元内的相关系数，B 是在每个初级抽样单元中绘制的样本大小。因此，研究设计可以在感兴趣的总体参数的精确估计需要与在初级抽样单元级别测度感兴趣的事物的能力之间进行权衡。

延伸阅读：这个问题的经典处理方法见莱斯利·基什（Leslie Kish，1965，第5章）。[①]

① Kish, Leslie. 1965. *Survey Sampling*. New York: John Wiley.

在问卷设计中所做的选择可能与从给定样本中获得的结果有关。定性研究方法和试点测试（pilot testing）可以改进调查设计，以确保问题的主题、措辞和排序可以解决所要检验的假设。在调查的设计阶段，焦点小组（focus groups）可以是一个有用的定性工具，例如在制定相关问题时。试点测试对于任何问卷都是必不可少的。

总的来说，有一点应该是明确的：人们应该注意在整个贫困比较领域的调查设计的任何重大变化，例如样本框架或问卷的差异。更改问题的措辞，或更改调查工具中同一问题的位置，都可能会改变结果。①

商品范围和估价

调查中对商品和收入来源的覆盖应是全面的，即测度消费时既要包括食品也要包括非食品，在测度收入时应包括所有收入来源。具体来说，消费应包括所消费的商品和服务的所有货币支出，加上所有实物收入（如家庭农场生产的食品，或从共同财产资源中猎取和收集的食品）的货币价值，以及自有住房的虚拟租金。② 同样，收入定义应包括实物收入，尽管做法各不相同。当地市场价格通常为自有农场生产或自有住房的估价提供了指南。对公共服务的非现金收益进行评估通常是困难的，尽管可能很重要。至于市场商品的转让，一般认为现行价格是令人满意的估价。非市场商品（如免费使用公共卫生诊所或学校）是一个更严重的问题，而且没有可以普遍采用的方法。还需要单独监测穷人使用公共服务的情况。

使用住户调查的福利分析员面临的一个共同问题是，调查可能没有正确地整合，因为调查的不同部分在相关类别方面不匹配。例如，要评估粮食生产国主粮价格变动的福利效应，仅仅了解家庭一级消费的预算份额是不够的，还必须了解家庭食品生产。一个家庭是否因食品价格变动而得失，取决于消费扣除生产成本后的净额；如果你消费的商品比你生产的商品多，那么当商品价格上涨时，你的处境会更糟。农村地区的住户调查要么不包括农业生产数据，要么在消费和生产时间表中未使用相同的商品分类，这是相当普遍的。这使得这些调查对于分析某些政策问题（如贸易改革）几乎毫无用处（第9章再进一步讨论贸易政策）。

可变性和测度时间段

长期以来，人们认识到收入和/或价格随时间发生的变化对“实际收入”的定义和测

① 见塔利普·基里奇和汤姆斯·索伦森，他们引用了其他相关证据。Kilic, Talip, and Thomas Sohnesen. 2014. “Same Question but Different Answer: Experimental Evidence on Questionnaire Design's Impacton Poverty Measured by Proxies.” Policy Research Working Paper 7182. Washington, DC: World Bank.

② 关于住户调查中消费和收入定义的进一步讨论，见联合国（1989）。关于消费，另见安格斯·迪顿和沙尔曼·扎伊迪（2002），Deaton, Angus, and Salman Zaidi. 2002. “Guidelines for Constructing Consumption Aggregates for Welfare Analysis.” Living Standards Measurement Study Working Paper 1135. Washington, DC: World Bank.

度会有影响。在相对较短的时间内观察到的收入可能对经济福利有欺骗性。约翰・希克斯(1939)① 把一个人的收入定义为“收入是预期其在周末与周初处境同样好的情况下，一个人在一周中所能消费的最大量。”②

有些人认为，我们真正需要测度的是“财富”。一个常见的经济定义是所有未来收入的折现值，尽管该定义需要一些相当强的假设。(专栏 3. 10)。找到一个可以被认为是现实和全面的财富的独特定义在实践中证明是困难的。

专栏 3. 10　将财富当作未来收入的现值

一个人当前和未来收入的现值（present value, *PV*）是“财富”的常见经济学定义。为了获得现值，我们不能简单地把当前和未来的所有收入加起来，因为这将把未来的 1 美元视为等值于今天你手中的 1 美元，这是不对的。我们需要贴现未来的收入。这两个期间的收入现值如下：

$$W = Y_1 + \frac{Y_2}{1 + r}$$

其中 Y_1 和 Y_2 分别表示在日期 1（“今天”）和日期 2 实现的收入，利息率表示为 r，即未来获得现值的折现率。r 因此又被称为“折现率”，尽管这个术语通常指个人贴现率，又被称为时间偏好率，而不是市场利率。要理解这个公式（经济学和金融学中经常出现一些不同版本），请注意，如果您在日期 1 拥有一笔钱 $Y_2/(1 + r)$，并将其投资一年，则在日期 2 会有 Y_2。我们可以很容易地把这个公式推广到任何更长的时间段。将该数据流(stream) 定义为从现在（日期 1）到未来 T 年的收入序列 Y_1，Y_2，…，Y_{T-1}，Y_T，则有：

$$W = Y_1 + \frac{Y_2}{1 + r} + \frac{Y_3}{(1 + r)^2} + \cdots + \frac{Y_T}{(1 + r)^T} = \sum_{t=1}^{T} \frac{Y_t}{(1 + r)^t}$$

如果收入流为常数 Y(称为“年金”)，则公式简化为：

$$W = \frac{Y}{r}\left[1 - \frac{1}{(1 + r)^T}\right]$$

所有这些显然都在做出一些强有力的假设，包括无不确定性的完美预期（可以放松以完善随机预见，允许出现有时被称为“理性预期”的不可预测的错误）。当某些市场缺少财富的某些组成部分时，这种方法也会遇到问题。

---

① 《价值与资本——对经济理论某些基本原理的探讨》(*Value and Capital*) 在西方经济学界被认为是将近 70 年来论述价值理论问题的最重要著作。由于该书的首创性贡献，1972 年，希克斯与肯尼恩、阿罗共同获得了诺贝尔经济学奖。该项殊荣是对希克斯学术成就的肯定和最高评价，也为希克斯经济思想进一步扩大影响开辟了道路。此后，希克斯又进入了学术创作的“第二青春期”，写了 5 本著作，编辑了 3 卷论文集及一些论文。——译者注

② 希克斯，著. 薛蕃康，译. 价值与资本——对经济理论某些基本原理的探讨. 商务印书馆，1982：162.

在应用这一定义方面还有一个实际问题：我们无法从今天的住户调查中获得未来收入。不过，我们可以了解一下目前的消费情况。在一定条件下，消费取决于财富，而不是当前的收入。专栏 3.11 进一步探讨了这个问题。

随着时间的推移，收入变动性的存在是一些分析家倾向于将当前消费而非当前收入作为经济福利指标的原因之一。穷人的实际收入随着时间的推移会以可预测的方式（以及不可预测的方式）变化。这在农业依赖雨水和灌溉的欠发达农村经济中尤其如此。在一定条件下，消费将揭示出持久性收入，正如长期财富的回报。这是弗里德曼（Milton Friedman，1957）的持久性收入假说（专栏 3.11）的一个暗示。

在弗里德曼提出的消费的持久性收入理论中，通常使用的收入与消费的概念是不恰当的，实际上存在两种消费和两种收入，在分析消费行为时，应当严格区分。收入实际上存在记录收入（或测得收入）与持久性收入的区别。他认为持久性收入是无法直接观察的，它必须从消费单位的行为中推导出来。

对社会整体来说，持久性收入可以被看作是当前及过去测得的收入的加权平均值，这一加权平均值受到一稳定长期趋势的向上调整，同时它所具有的权数将随时间的向后推移而下降。其次弗里德曼还研究了消费行为与收入结构，他认为根据持久性收入假说观点，消费对收入的回归在消费研究中所具有的重要性应大大减少，而且这一回归所具有的作用和用途也是完全不同的。这一回归的作用主要在于为收入的总变动的分解，从而为收入结构的研究提供手段。因此，这一回归的主要用途完全不在消费研究方面，而在于收入分配分析方面。

即使这些条件不成立，例如信贷市场运作不佳，人们也往往有办法根据其收入或面临的价格变化来平滑其消费。例如，动用储蓄或求助于朋友和家人。

专栏 3.11　跨期消费选择与持久性收入假说

考虑专栏 1.4 和 3.1 中讨论的静态的消费者选择问题，但现在将“衣服”替换为“日期 1 的消费”，将“食品”替换为“日期 2 的消费”。“效用取决于两者，我们假设凸性无差异曲线反映了替代范围”，类似于专栏 3.1。

米尔顿·弗里德曼（1957）提出了一个开创性的跨时期消费行为模型，称之为持久性收入假说（permanent income hypothesis，PIH）。这是作为最简单的凯恩斯模型的替代而发展起来的，该模型假定当前消费依赖于当前收入。——另一种选择是詹姆斯·杜森贝里（1949）的相对收入假说与艾伯特·安多和弗兰科·莫迪利安尼（Albert Ando and

Franco Modigliani, 1963)[①] 的生命周期模型。弗里德曼假设，任何时期的收入和消费都有持久性和暂时性两部分；我们可以将收入（Y）和消费（C）写成：

$$Y = Y^P + Y^T$$

$$C = C^P + C^T$$

"持久性收入"(Y^P) 被认为是由某个时间范围内的长期财富决定的；对于足够久远的时间范围，我们可以简单地设置 $Y^P = rW$。暂时性收入（Y^T）随时间波动，米尔顿·弗里德曼假设 Y^T 的均值为零，与模型中的其他变量不相关。持久性收入假说的关键要素是持久性消费与持久性收入成正比：$C^P = kY^P$。米尔顿·弗里德曼假设系数 k 取决于利率和偏好等因素。

当前消费揭示财富的想法很有吸引力，但这确实需要一些强有力的假设。特别是，它假定消费者具有远见，并进入一个完善的信贷市场。人们（以及穷人）面临着未来的不确定性，以及未投保的风险。而且市场是不完整的，这意味着并非所有创造收入的财富组成部分都附有价格，能实现直接的汇总。

尽管持久性收入的强大影响（如 $C^P = kY^P$）没有得到太多的实证支持，但一些研究发现，消费对持久性收入的反应要比对暂时性收入的反应更大。即使对穷人来说，通常也有一定程度的消费平滑。

延伸阅读：关于跨期背景下的消费讨论，见安格斯·迪顿（1992）。[②]

这一观察结果对福利测度有两个不同的含义：(1) 当前消费几乎肯定是比测度当前生活水平的当前收入更好的指标；(2) 尽管当前消费不太可能是理想的指标，但它是一个比当前收入更好的长期福利指标，因为在过去和未来的其他日子里，消费至少会透露一些关于收入的信息。

尽管在测度福利时，人们更倾向于使用消费而不是收入，但不应忘记，有许多因素会使当前消费成为一个有噪声的福利指标。即使有了理想的平滑，消费量在整个生命周期内（通常）仍会发生变化。因此，两个终生财富不同的家庭，一个是"年轻"家庭，另一个是"老年"家庭，在调查日期可能碰巧有相同的消费。在以大家庭为主的传统社会中，这个问题可能不存在，尽管这种情况正在迅速改变。

在当前消费与长期生活水平的关系之间，还有其他噪声源。不同的家庭可能会面临不同的消费平滑（consumption smoothing）机会约束。一般认为，贫困人口比非贫困人口在

① Ando, A. and Modigliani, F. (1963). "The Life Cycle Hypothesis of Saving: Aggregate Implications and Tests", *American Economic Review*, 53: 55-84.

② Deaton, Angus. 1992. *Understanding Consumption*. Oxford: Oxford University Press.

借贷选择方面受到的约束要大得多。

还有证据表明，穷人的保险水平往往较低（见专栏 3.12）。尽管平滑消费和风险分担安排确实存在，从穷人的角度来看，这些措施的表现如何，还没有定论。[①] 关于贫困农村经济中的风险和保险的文献提出了三个程式化的事实：(1) 收入风险普遍存在；(2) 家庭行为在一定程度上是为了保护消费不受这种风险的影响；(3) 这些机制是私人和社会的，后者包括两个或多个家庭之间的各种非正式风险分担安排。

专栏 3.12　穷人的保险情况：来自中国农村的证据

所有农村家庭都同样容易受到未投保风险的影响吗？采用中国农村六年家庭面板数据集的一项研究解决了这个问题。这不是一个面板数据计划的，但样本设计需要很长的时间，其中几乎没有样本轮换（见专栏 3.7）。这项研究采用这个构建的面板数据集来测试系统财富对收入风险的消费保险程度的影响。在风险分担理论的推动下，这些测试需要通过相互作用的乡村时间模型控制总体冲击后，估计收入变化对消费的影响，并将当前收入视为内生的。这项研究还测试了村一级的协变量风险保险。为了测试财富效应，研究根据家庭人均财富以及家庭是否位于贫困地区对样本进行了分层。该方法避免了过去风险分担测试中发现的问题，这些问题偏向于显示即使没有保险也有保障。

全险（full insurance）模式被令人信服地拒绝了。一个家庭的财富越低，拒绝的可能性就越大，因为对较贫穷的家庭来说，从当前收入中消费的隐含的边际倾向就越高。虽然中国南方这些村庄有明确的消费保险安排，但对于缺少资产的家庭来说，这些安排的效果要差得多。

这些结果从公平和效率的角度加强了公共行动在欠发达农村经济中提供更好保险的理由。在特定情况下采取这种行动的具体形式仍然是一个悬而未决的问题。这项研究结果还表明，除非能够改善贫困家庭的信贷和保险选择，否则在这种情况下，人们不应惊讶于看到持续的不平等和不公平的增长过程。

延伸阅读：该研究由乔茨纳·贾兰和马丁·拉瓦雷（1999）提出，其中提供了具体内容。[②] 关于过去保险测试方法中的偏差来源，见马丁·拉瓦雷和舒巴姆·乔杜里（1997）。[③]

---

① 发展中国家的相关经验工作包括巴拉格瓦和马丁·拉瓦雷（1993）、彼得·汤森（1994）、马丁·拉瓦雷和舒巴姆·乔杜里（Martin Ravallion and Shubham Chaudhuri，1997）、乔茨纳·贾兰和马丁·拉瓦雷（1999）、斯特凡·德尔康和普拉米·克里希南（Stefan Dercon and Pramil Krishnan，2000）。

② Jalan，Jyotsna，and Martin Ravallion. 1999. "Are the Poor Less Well Insured? Evidence on Vulnerability to Income Risk in Rural China." *Journal of Development Economics* 58（1）：61-82.

③ Ravallion，Martin，and Shubham Chaudhuri. 1997. "Risk and Insurance in Village India：A Comment." *Econometrica* 65：171-184.

主张收入数据优先于消费数据的研究人士往往指出，时间选择和风险分担受到限制。这种限制并不能证明当前收入是比消费更好的福利指标。我们不必假定市场是完善的，可以预期在收入波动面前，消费会在一定程度上趋于平稳。家庭可以储蓄，而且人们有预期。

另一个有时倾向于当前收入测度标准的论点是，它们更好地反映了所谓的“潜在消费”，但这也值得怀疑。第一，我们可以质疑潜在消费是否是一个有效的福利指标。一个贫困的农民20年可能只获得一次丰收，但即使在那幸运的一年，也很难判断他不再贫困。第二，即使我们承认潜在消费是我们追求的，收入也不是一个好的测度标准；我们肯定想知道流动性财富，而在这里，实际消费应该更能说明问题。

在评估税收或转移的分配影响时，还提出了用当前收入测度经济福利的进一步论证。对于当前收入，有一个简单的核算标识，我们可以通过它来增加转移和减去税负。考虑到很可能出现储蓄反应，实际消费情况并非如此。我们需要找出可能的反应。收入的这种实际优势并没有最初看起来的那么大，因为在没有税收或转移支付的情况下，收入一般不会等于收入减去净转移（净转移=总转移-已缴税）。例如，家庭可以通过提供劳动力（参见专栏1.4）做出反应，或者通过私人转移做出反应。无论哪种方式（无论是使用收入还是消费），我们最终都可能不得不进行建模，以正确评估公共支出的发生率和目标。

其中的一些问题对调查设计有影响。由于许多农村贫困人口面临着明显的季节性，一年的收入将比一个季度的收入更能反映农业家庭的生活水平。受访者的回忆是不完善的，很少能用来统计收入变化的发生次数。因此，如上所述，消费往往是更好的指标。调查的精心设计也可以提高估算消耗量的精度。更好的估计通常可以通过调整追访期以适应购买该类商品的频率来获得。例如，一周的追访期适合于食品，而三个月的追访期可能更适合服装。有了面板数据，人们可以通过平均一段时间内的多次消费或收入的观测值，提高估算典型生活水平的精确度。①

调查中的测度误差

调查报告中的收入或支出的系统性误差对根据这些调查测度贫困和不平等具有重大影响。② 抽样家庭收入报告中的经典测度误差将导致对标准的不平等测度的高估。③

调查统计员发现了两种测度误差。第一种是“项目无应答”（item non-response），这可能发生在一些同意参与的被抽样家庭拒绝回答具体问题时。例如，他们收入的某些部分，

---

① 见奥利·阿申费尔特等人（1986）、马丁·拉瓦雷（1988a）、彼得·朗茹和尼古拉斯·斯特恩（1991）、舒巴姆·乔杜里和马丁·拉瓦雷（1994）。

② 有大量的文献，但一些重要的贡献包括伯纳·范·普拉格等人（Bernard Van Praag et al., 1983）、萨提亚·查克拉瓦蒂和沃尔夫冈·艾希霍恩（Satya R. Chakravarty and Wolfgang Eichhorn, 1994）、弗兰克·考威尔和维多利亚-费瑟（Frank A. Cowell and M. Victoria-Feser, 1996）、安德鲁·切希尔和克里斯蒂安·施卢特（Andrew Chesher and Christian Schluter, 2002）。

③ 经典的测度误差平均值为零，与该变量的真值不相关。在某些应用中，它也与其他相关变量不相关。关于不平等测度的进一步讨论，见苏萨提亚·查克拉瓦蒂和沃尔夫冈·艾希霍恩（1994）。

这部分收入可能比较敏感。当被调查者拥有住房时，住房租金也可能出现价值缺失；即使调查要求虚拟租金，通常也是未知的。各种插补/匹配方法（imputation/matching methods）通过利用事实上已回答的问题来解决项目无应答的问题，尽管这么做似乎不像在实践中那么频繁。专栏 3.13 详细说明了如何做到这一点。

***专栏 3.13　将回归作为处理缺失数据的一个方法**

这里的基本思想是对数据缺失问题的观测响应进行统计建模，并使用该模型预测缺失的应答。这可以通过回归模型来实现。回顾专栏 1.19，它将因变量（Y）的预测值作为一个或多个解释变量（X）的线性函数。因变量是给定变量时的应答，而预测变量是由更大样本（包括没有应答的样本）回答的问题。

假设我们有 N 个家庭的完整样本，但只有 $M(<N)$ 个家庭的一个子集回答了收入问题，让这组收入应答者成为 IR。我们有 K 个变量，每个人都有应答。然后我们可以想象对 M 个观测值进行线性回归，得到完整的数据：

$$Y_i = \alpha + \beta_1 X_{1i} + \beta_2 X_{2i} + \cdots + \beta_K X_{Ki} + \varepsilon_i \quad \text{所有的 } i \text{ 都在 } IR \text{ 中。}$$

这里 Y_i 是收入应答，X_{ki} 是第 k 个解释变量，$k=1, \cdots, K<M-1$，ε_i 是误差项，它可以包括报告收入中的误差。例如，如果缺失的数据是住房租金（对于自住者来说总是缺少），则 X 应包括调查中可用的所有住宅和位置特征。这种虚拟租金的回归通常被称为“享乐回归”。参数 $\alpha, \beta_1, \beta_2, \cdots, \beta_K$ 是样本上的固定数。这些参数的值可以通过普通最小二乘法（ordinary least squares，OLS）来估计，该方法选择估计值以使数据尽可能地拟合，特别是使均方误差之和最小化。然后，我们可将预测值用于其余样本，而非集合 IR；在形成预测值时，使用关于这些观测值的 X 的数据（以及基于上述模型的估计参数）。

回归的另一种方法是使用匹配法（matching methods）。这些不需要一个缺失变量的（潜在限制性的）参数回归模型。相反，对于每一个缺失值，我们都会找到记录了应答的最相似的观测值，其中“相似”是由应答的预测概率定义的，通常被称为“倾向得分”，见保罗·罗森鲍姆和唐纳德·鲁宾（Paul Rosenbaum and Donald Rubin，1983）。[①]

延伸阅读：关于一般回归模型，见杰弗里·伍德里奇（Jeffrey M. Wooldridge，2013）。关于估算方法的更多信息，见罗德里克·利特尔和唐纳德·鲁宾（Roderick J. A. Little and Donald B. Rubin，1987）。[②] 在这种情况下，匹配法的使用是其在缺失数据问题（包括影响评估问题）上的一般应用的实例，我们将在第 6 章讨论这个问题。

① Rosenbaum, Paul, and Donald Rubin. 1983. “The Central Role of the Propensity Score in Observational Studies for Causal Effects.” *Biometrika* 70: 41-55.

② Little, R. J. A. and D. B. Rubin. 1987. *Statistical Analysis with Missing Data*. New York: Wiley.

对于第二种类型的测度误差，即“单位无应答”，这种方法不是一种选择。通常会有一定比例的抽样家庭没有参与调查，原因可能是他们明确拒绝这样做，或者因为没有人在家（专栏 3.6）。一些调查努力避免单位无应答，对无应答的家庭使用“回拨”，并向同意接受采访的家庭支付费用（专栏 3.8）。[①] 尽管如此，这个问题实际上是不可避免的，10%或更高的无应答率是常见的；事实上，有 30%的抽样调查不符合要求。[②]

在一定条件下，可以在收集数据后，对调查数据进行选择性顺应（selective compliance）校正。安东·科里内克等人（2007）提出解决这一偏差来源的方法。其想法是利用调查应答率的地理分布（同意接受采访的该地区原始随机样本的比例）来推断同意接受采访的概率如何随收入和其他协变量而变化。在某些条件下，人们可以推断出这些概率，从而允许这样一个事实，即被测度的收入因选择性非顺应（selective noncompliance）而有偏差。[③] 一旦一个人有了估计的概率，他就可以重新加权数据以纠正这个问题。安东·科里内克等人发现随着收入的增加，接受调查的可能性稳步下降，从底层的穷人到顶层的富人，接受调查的概率从 95%降到 50%。因此，对富裕家庭的观察结果需要与对贫困家庭的观察结果进行加权。这种方法有效的关键条件是每个收入阶层至少有人同意接受调查。[④] 专栏 3.14 给出了一个简单的例子。

*** 专栏 3.14　2×2 简单示例的选择性依从校正**

统计局在进行调查时经常试图纠正选择性顺应（某些类型的人对调查没有应答）。这项工作的效率是有限的。有时可以在事后利用现有的应答率数据和（可能有偏差的）调查统计数据来纠正调查偏差。

为了说明这一点，考虑两个收入群体和两个地区 A 和 B 的情况，它们的总体调查应答率已知为 P_A 和 P_B。换言之，在 A 区随机抽样的人户，有 $P_A\%$ 的人实际上接受了采访。有两个收入群体，“穷人”和“非穷人”。基于调查的估计是指穷人或平均收入（或其他统计数字）的比例。

① 关于使用回拨减少误差，见爱德华兹·戴明（W. Edwards. Deming，1953）、伯纳·范·普拉格等人（1983）和罗伯特·格罗夫斯（Robert E. Groves，2006）。

② 金农·斯科特和黛安·斯蒂尔（Kinnon Scott and Diane Steele，2004）报告了 8 个国家的无应答率，高达 26%。大卫·霍尔特和大卫·艾略特（David Holt and David Elliot，1991）引用了英国 15%~30%的调查范围，讨论了英国关于无应答的一系列研究结果，并指出“较低的应答率与以下特征有关：伦敦居民、无车家庭、单身、没有子女的夫妇、老年人、离婚或鳏寡者、新英联邦血统、教育程度低、个体经营者”，Holt，D. and D. Elliot，1991. Methods of weighting for unit non-response. *The Statistican* 40，333-342. 托马斯·菲利普森（Tomas Philipson，1997）研究结果是，美国民意研究中心（National Opinion Research Center）的调查平均无应答率为 21%，Philipson，T. 1997. “Data Markets and the Production of Surveys.” *Review of Economic Studies* 64：47-72.

③ 见安东·科里内克等人。Korinek，Anton，Johan Mistiaen，and Martin Ravallion. 2007. “An Econometric Method of Correcting for Unit Nonresponse Bias in Surveys.” *Journal of Econometrics* 136：213-235.

④ 这被称为“共同支持”假设（common support assumption）。

提出了两个关键假设。第一，假设所有穷人的应答率（P^P）相同，而所有非穷人的应答率（P^N）相同，且 $P^P > P^N$。这是一个简单的顺应行为模型（behavioral model of compliance）。第二，假设 A 组和 B 组的合规概率与收入无关。

这足以纠正由于抽样调查中的选择性顺应而产生的偏差。首先考虑我们所掌握的关于应答率的数据，P_A，P_B。这些是穷人和非穷人应答率的加权平均数，权重由 A 地区和 B 地区的真实（但未被察觉的）贫困率给出，分别表示为 H_A 和 H_B。因此，我们有：

$$H_A P^P + (1 - H_A) P^N = P_A$$

$$H_B P^P + (1 - H_B) P^N = P_B$$

接下来考虑 A 和 B 中的估计贫困率，表示为 $\hat{H}_A$ 和 $\hat{H}_B$。这些贫困率由穷人和非穷人的调查应答率以及真实贫困率确定；更准确地说，我们对观察到的（但可能有偏见的）贫困率有以下公式：

$$\frac{H_A P^P}{H_A P^P + (1 - H_A) P^N} = \hat{H}_A$$

$$\frac{H_B P^P}{H_B P^P + (1 - H_B) P^N} = \hat{H}_B$$

我们有四个未知的（非线性）方程。这不能保证解存在，但在这种情况下，它确实适用于所有实际目标。然后我们把 P^P，P^N，H_A 和 H_B 的这四个方程作为 P_A，P_B，$\hat{H}_A$ 和 $\hat{H}_B$ 上数据的函数来求解。在没有调查偏差的特殊情况下，穷人和非穷人同样可能做出应答（$P^P = P^N$）——我们有 $\hat{H}_A = H_A$ 和 $\hat{H}_B = H_B$①。

例如，假设 A 和 B 的估计贫困率分别为 55%和 31%，调查应答率分别为 66%和 58%。那么 $P^P = 0.9$，$P^N = 0.5$，真实的（无偏的）贫困率是 $H_A = 40\%$，$H_B = 20\%$。我们可以把同样的想法应用到其他的统计数据中，比如平均数。

文献注释：这个简单的 2 × 2 示例纯粹是用于解释。当然，现实中我们有很多收入群体和区域。安东·科里内克等人（2007）发现了一种更通用的估计方法。②

在测度贫困和不平等的情况下，这些误差特别令人关注，因为贫困和不平等取决于对收入和支出问题的应答，而这些问题有时是敏感的。一些分析人士认为，在住户调查中误

① 此处原文为 we have $\hat{H}_A = H_A$ and $\hat{H}_A = H_A$. 后一项疑为作者笔误。

② Korinek, Anton, Johan Mistiaen, and Martin Ravallion. 2007. "An Econometric Method of Correcting for Unit Nonresponse Bias in Surveys." *Journal of Econometrics* 136: 213-235.

报收入，有理由扩大收入分配，使其平均数等于国民经济核算体系（system of national accounts，SNA）中的人均 GDP 或人均私人消费。[①] 我们可以称之为均匀重标度法（uniform rescaling method）。这种方法忽略了这样一个事实，即所谓的"私人消费"包括机构消费和个人消费的组成部分，这可能导致系统地高估家庭福利水平。如果扩大到人均 GDP 本身，而不仅仅是国民经济核算体系中的人均消费，那么所测度的不匹配情况就更加严重，因为 GDP 包括许多不能归因于当前家庭收入或支出的因素。这两个数据源之间的差异程度取决于经济状况。在有大量自给农业和其他供自己消费的生产形式的经济体中，国民经济核算体系不太可能比调查更准确地描述实际消费。例如，后者通常包括家庭一级自给性生产的消费信息。

在测度贫困和不平等方面，调查中的收入漏报或选择性顺应是一个真正令人关切的问题。比例误差不太可能是恒定的，从而使相对不平等保持不变。[②] 如果较富裕的家庭比中等收入或较贫困的家庭更倾向于漏报，那么统一的重新分级方法将在分布的底层"过度校正"，导致对贫困发生率的低估。似乎富裕家庭也不太可能参与调查。[③] 如前所述，这在理论上对不平等有模糊的含义。美国的证据表明，选择性顺应导致对总体不平等的不可忽视的低估。[④] 贫困结果被高估了，但在美国贫困线附近，这种偏差很小。相反，假设应答率是一个常数（与收入无关），则大大低估了贫困率，并且无助于纠正不平等测度中的偏差。

漏报和选择性顺应导致调查中对"最高收入者"估计不足的可能性，导致人们对使用所得税记录中的补充数据感兴趣。[⑤] 这些方法通常采用帕累托法则来拟合上尾（见专栏 1.21；图 2.4 中美国最富有的 1%人口的收入份额数据也是这样估算的）这种方法也有其利弊。在所得税制度发达的国家（通常是富裕国家），漏报和合规问题无疑不那么严重，但问题仍然存在于其他地方。以这种方式获得的指标与使用抽样调查数据时首选的实际收入指标类型不必一致；特别是税务记录中的收入概念不必与测度贫困或不平等时首选的概念一致，而且往往很难从所得税记录中识别出家庭类型，因此不可能根据家庭规模或组成的差异进行调整。在这种情况下，最重要的是，这种方法更适合于在所得税制度发达的国家纠正分配上限，它与测度贫困的相关性较小。

福利的人际比较

家庭规模和人口构成因家庭而异，价格也是如此。这些因素在特定的家庭支出下产生

---

① 见瑟吉特·辛格·巴拉（2002）和萨拉·伊·马丁（2006）。弗朗索瓦·布吉尼翁和克里斯蒂安·莫里森（2002）在第 1 章中使用的一系列追溯到 1820 年的贫困测度也使用了这种方法。在这种情况下，作者别无选择，因为历史调查数据大多早已丢失。

② 见阿比吉特·班纳吉和托马斯·皮凯蒂（2005）以及安东·科里内克等人（2006）。

③ 这与安东·科里内克等人（2007）的结果是一致的。

④ 见安东·科里内克等人。Korinek, Anton, Johan Mistiaen, and Martin Ravallion. 2006. "Survey Nonresponse and the Distribution of Income." *Journal of Economic Inequality* 4 (2): 33-55.

⑤ 见安东尼·阿特金森、托马斯·皮凯蒂和伊曼纽尔·塞兹（2011）以及托马斯·皮凯蒂（2014）。

福利的差异。在需求分析的基础上，有多种方法来规范这些差异，包括等价尺度、生活成本指数和等价收入指标。[①] 这些福利测度方法的基本思想是利用需求模式揭示消费者对市场商品的偏好。[②] 假定消费者效用最大化，得到的效用测度标准与观察到的需求行为相一致，消费与价格、收入、家庭规模和人口是相关的。由此产生的家庭效用测度标准通常与家庭总支出正相关，与家庭规模和面临的价格负相关。

这种方法最普遍的表述是"等价收入"的概念，定义为以预先确定的参考价格和固定在所有家庭中的人口统计数据进行评估时，消费者达到其实际效用水平所需的最低总支出。[③] 这给出了效用的精确货币度量；事实上，它有时被称为效用币值（money-metric utility，MMU）。相当普遍地，等价收入可以被认为是由两个平减指数规范化的货币支出（包括自身生产的价值）：适当的价格指数（如果价格在贫困比较范围内变化）和等价尺度（因为家庭规模和构成不同）。下一节将进一步讨论这些平减指数。

在所有这些行为福利方法中，人们都应该意识到一些担忧。如第 3.1 节所述，当家庭获得非市场商品（环境特征、公共服务、人口统计学特征）的机会不同时，就会出现一个严重的问题。市场商品的消费只揭示了对这些非市场商品的有条件的偏好。一般来说，它们并不揭示对市场商品和非市场商品的无条件偏好（例如，如果你住在一个有优质免费公共卫生诊所的地方，你在私人医疗上的花费就会减少）。对市场商品的一组条件偏好可能与代表对所有商品偏好的效用函数一致（专栏 3.2）。因此，假设一个特定的效用函数（它可以被发现用来支持观察到的消费行为为最优值）也是测度福利的一个重要步骤。

家庭消费和支出调查是实施基于消费的福利指标的最基本和最广泛使用的数据。在访谈的同时进行单独的社区调查，而且往往由同一位受访者在为调查选定的列举领域进行调查，可以提供关于一系列商品的当地价格和当地公共服务提供情况的有用的补充数据。通过将社区一级的数据与家庭一级的数据相匹配，可以大大提高家庭福利评估的准确性和覆盖范围。

对公共服务受访者的回访及其他们报告的消费量和各种商品支出中隐含的价格也可用于这些目的。不过，还有一些问题需要注意。对当地公共服务的了解取决于使用情况。这可能是实际可用性的不可靠指标。价格估计（通常称为"单位价值"）可以通过将支出除以每种商品类别的数量，从调查数据中检索出来。这可能是有用的额外数据，但需要谨

① 关于这些话题有很多很好的解释，包括安格斯·迪顿和约翰·米尔鲍尔（1980）。经验例子包括默文·金（Mervyn A. King，1983）、帕特里夏·阿普斯和伊丽莎白·萨维奇（Patricia F. Apps and Elizabeth J. Savage 1989）、戴尔·乔根森和丹尼尔·斯莱斯尼克（Dale Jorgenson and Daniel T. Slesnick，1989）、布鲁诺·德博尔格（Bruno De Borger，1989）、马丁·拉瓦雷和多米尼克·范德沃勒（1991a）。

② 基于距离函数的度量，或"数量度量效用"，不假设市场存在；讨论和参考见安格斯·迪顿和约翰·米尔鲍尔（1980）。但仍然需要有关偏好的数据。

③ 见默文·金（1983）。查尔斯·布莱克贝和唐纳德·唐纳森（Charles Blackorby and Donald Donaldson，1987）讨论了这类等价收入与"福利比率"之间的关系，该比率由名义支出与贫困线的比率定义，而贫困线又被定义为达到（固定）参考福利水平所需的最低支出。

慎处理，因为富裕家庭倾向于在每一类商品中购买更高质量的商品。非食品价格也不能通过这种方式获得，因为数据很少允许进行有意义的比较，因此通常只有支出是在调查中获得的。

3.3　理论和实践中的替代方法

为了测度贫困和不平等，常用的个人福利指标是家庭消费或收入，根据家庭规模和可能构成的差异进行标准化，并考虑到所面临的价格差异进行平减。这提供了一个有价值的经济福利指标。事实上，这显然是目前最好的指标。但是，正如上面的讨论所强调的，它在理论和实践上都有一些局限性，用户应该意识到这点。值得庆幸的是，还有其他一些指标可以提供有用的额外信息，用于评估个人福利，测度贫困和不平等。

单身成人的人均实际消费

成人的人均实际消费（real consumption per equivalent adult）是指所有商品和服务的名义总支出（包括自给性产品的消费价值），除以上述两个平减指数：生活成本指数（测度所面临价格差异）和等价尺度（测度家庭规模和构成差异）。我们可以将其写成 Y/Z，其中 Y 是家庭总消费（或总收入），Z 是等价尺度和价格平减指数的组合。平减指数可以解释为该家庭的经济福利参考水平的成本。如果后者被视为家庭不贫困的水平，那么 Z 就是贫困线。我们将在第 4 章更深入地讨论贫困线问题。目前，无论是为了确定贫困线还是为了更广泛地进行福利比较，我们主要从总体上关注的是等价尺度和价格指数。

关于这些平减指数有大量的文献。[①] 从进行合理的贫困比较来看，价格指数的一个关键点是，只有在相当特殊的条件下，一个单一的指数才适合穷人和非穷人。一般来说，指数将取决于所选择的参考生活水平。如果相对价格没有差异，那么人们只需要针对通货膨胀进行调整。当然，人们仍然希望有一个好的价格指数用来进行调整。只有通货膨胀率才重要的另一个情况是，相对价格存在差异，但收入水平的预算份额是相同的。[②] 这种特性在经验上很少成立；回顾恩格尔定律（专栏 1.16）。专栏 3.15 和 3.16 将更深入地研究价格指数。

例如，印度的贫困比较通常使用农业劳动者的消费者价格指数（consumer price index），该指数比消费者价格指数更注重穷人消费的基本工资商品（basic wage goods）。这仍然是一个拉氏指数（Laspeyres index），因为权重不会随着时间而改变。如专栏 3.16 所

① 关于两者，见安格斯·迪顿和约翰·米尔鲍尔（1980）。有关价格指数的更多详细信息，见埃尔文·迪韦特（W. Erwin Diewert，1980）的研究。另见马丁·布朗宁（1992）对等价尺度文献的研究。

② 这是所谓的“同类”偏好的含义。

述，通常会有比这更好的指数。在进行贫困比较的范围内，当相对价格存在差异时，这一点很重要。

专栏 3.15　价格指数

价格指数的通常形式是一个数字，它表示某一特定日期和地点的生活费用，表示为某一参考日期和地点可比费用的百分比。例如，如果 2015 年消费者价格指数的值 125 是相对于基准年 2010 年的 100，那么它告诉我们，2015 年的总体价格水平被认为比 2010 年高出 25%。

表 3.2　拉氏指数示例

一篮子商品中的项目	一篮子商品的数量	基准年（2010）价格	报告年（2015）价格
大米	10 公斤	1.2	1.5
鞋子	1 双	4	5
一篮子商品的成本	—	16	20

最简单（最常用）的价格指数是固定的一篮子商品在某年或某个地方相对于另一年另一地方的成本。这叫作拉氏指数。思考表 3.2 中的示例。为了计算价格指数，我们将 2015 年一篮子商品的成本除以 2010 年的成本，得出 20/16 = 1.25。这段时间物价上涨了 25%。

可以看出，价格指数有两个要素：商品价格和这些商品的权重。价格通常是通过专门的价格调查获得的，这种调查要求特定商品（例如“粗粮大米”）的市场价格。重要的是，产品标准要合理具体，以确保人们比较类似商品的质量。权重通常基于消费者预算调查。消费者价格指数通常是加权的，以符合中等收入家庭在特定环境下的消费模式。这可能不适合用来测度贫困程度（例如，中等收入家庭用于食品的预算份额可能低于贫困家庭）。

延伸阅读：专栏 3.16 帮助那些想了解更多信息的人深入了解了价格指数。价格指数的一种具体形式是购买力平价（purchasing power parity，PPP）汇率（通常由官方汇率标准化），被广泛用于对实际收入进行国际比较。我们在第 7 章再讨论这个指数。

***专栏 3.16　关于价格指数的更多信息**

拉氏指数使用基期确定的权重，而帕氏指数（Paasche index）使用报告期的权重。首选消费组合通常会根据相对价格而变化（专栏 3.1）。因此，固定权重指数在测度基准效用水平的成本时引入了偏差。商品组合需要调整以允许替换。

文献中提出了允许替代的各种指数形式。其中一个指数是费雪指数（Fisher index），[①] 等于拉氏和帕氏指数的几何平均值。另一个是特恩奎斯特指数（Törnqvist index）。相对于基期 0 的地点或时期 i 的特恩奎斯特的对数由下式给出：

$$\ln T_{i0} = \sum_{j=1}^{n} \left(\frac{S_{ij} + S_{0j}}{2} \right) ln \left(\frac{P_{ij}}{P_{0j}} \right)$$

这里有 n 个商品，指数为 $j = 1, 2, \cdots, n$。商品 j 在时期或地点 i 的预算份额表示为 S_{ij}，而 P_{ij} 是相应的价格。基期的时期或地点的相应值标记为“0”。这是一个双边指数，它将每个时期或地点与一个固定的参考值进行比较。在进行时空比较时，基期成为一个特定的时期和地点。

有可能出现的一个问题是，比较并不具有传递性（transitive），也就是说，地点 C 相对于基期 A 的指数一般不会是地点 C 相对于基期 B 的指数与地点 B 相对于基期 A 的指数的乘积。为了确保传递性，需要一个多边指数。例如世界银行在构建购买力平价汇率（PPP 汇率）时使用的方法，该方法将每个国家的价格与一个人为创造的平均价格进行比较。通过这种方法，我们可以在所有可能的国家之间进行双边比较，然后计算所有指数乘积的 N 方根。

另一个问题是，某些商品或某个地方的价格很可能会缺失。如文中所述，缺乏时空指数在发展中国家尤其令人担忧。最好的统计局收集空间价格数据，但这还不是常态。有人提出了“捷径”方法，例如利用食品恩格尔曲线的地理差异来识别价格相关因素的潜在差异；参见英格丽·阿尔姆斯（Ingrid Almås，2012）。[②]

除了生活成本差异之外，还有许多其他原因可以解释为什么恩格尔曲线会在地理上发生变化，所以目前还不清楚这种方法有多可靠。约翰·吉布森等人（John Gibson et al.，2014）[③] 迄今为止似乎是恩格尔曲线法的唯一一个检验，他们发现，在使用地理价格相关数据（越南）的情况下，恩格尔曲线法表现不佳（在本节后面，我们将讨论使用食品份额作为福利指标的问题）。

---

① 费雪指数是美国统计学家欧文·费雪（Irving Fisher）于 1911 年提出的。费雪指数是指拉氏指数和派氏指数的几何平均数，主要用于对指数公式的测验，以及调和拉氏与派氏两种指数的矛盾，又被称为“费雪理想指数”。费雪还提出了评估指数优劣的三项测验标准：时间互换测验标准。报告期对基期的指数和基期对报告期的指数的乘积应等于 1；因子互换测验标准。物价指数和物量指数的乘积应等于其总量指数；循环测验标准。环比指数的乘积等于相应的定基指数。极少的综合指数能够通过费雪提出的测验标准，而费雪提出几何平均的指数公式可以通过前两项测验，因此费雪将其称为理想公式。——译者注

② Almås，Ingrid. 2012.“International Income Inequality：Measuring PPP Bias by Estimating Engel Curves for Food.” *American Economic Review* 102（2）：1093–1117.

③ Gibson，John，Trinh Le，and Bonggeun Kim. 2014. “*Prices，Engel Curves and Time-Space Deflation：Impacts on Poverty and Inequality in Vietnam.*” Mimeo，University of Waikato，New Zealand.

有时所列商品的价格（如商品价格调查中使用的详细产品标准所述）是缺失的，因为该商品不在当地销售，这在贫困地区很常见，因为当地市场只销售范围较窄的质量相对较低的商品。对于调查员来说，用另一种在当地销售的质量稍差但相似的商品来代替缺失的价格是很有诱惑力的。这就造成了一种潜在的偏差，即在较贫穷的地方使用低质量的商品，相应地降低了价格，导致价格指数低估了贫穷地区的真实生活成本。过去几轮的国际比较项目（International Comparison Program，ICP）都存在这样的问题，尽管2005年的国际比较项目特别努力地避免使用这种可能有偏差的价格估算。

延伸阅读： 安格斯·迪顿和约翰·米尔鲍尔（1980）对此内容有很好的讨论。① 沃尔特·埃尔温·迪韦特（Walter Erwin Diewert，1976）分析了托恩奎斯特指数（Törnqvist index），他指出，只要消费者成本函数（在现行价格下给定效用水平的最低成本）的对数是价格和效用对数的二次函数，这就是合适的指数。②

尽管人们很清楚，随着时间的推移，应该调整生活成本的变化，但在贫困比较中，价格的地理差异的存在却很少得到处理。这种变化可能很大，特别是在发展中国家，那里的运输成本往往很高，而且在空间上市场一体化还存在其他障碍。这对地区间或城乡间的贫困比较会有明显的影响。如果不考虑生活费用的空间差异，也可能导致贫困总体测度标准出现明显的偏差。③ 空间价格的波动性（spatial price variability）也有助于根据需要确定需求参数，以估算行为上一致的福利指标（包括生活成本指数）。需要注意的主要问题是，在现有的空间价格数据中，通常类别所包含的商品可能存在异质性。这对于“住房”等商品尤其重要，但即使是“大米”等商品，其质量也不尽相同。④

家庭的规模和构成也各不相同，因此简单地比较家庭总消费可能会对某一特定家庭成员个体的福祉产生相当大的误导。⑤ 大多数分析师现在都认识到了这个问题，并使用某种形式的规范化。对于任何特定规模和人口构成的家庭（如1名男性成人、1名女性成人和2名儿童），等价尺度测度的是该家庭被视为等同的成年男性（通常）的数量（专栏3.17和专栏3.18讨论到等价尺度）。关键问题是：在什么意义上“等价”？在以下理想情况下我们比较有信心：当家庭总消费（或总收入）按我们使用的

---

① Deaton, Angus, and John Muellbauer. 1980. *Economics and Consumer Behavior*. Cambridge: Cambridge University Press.

② Diewert, W. E. 1976. “Exact and Superlative Index Numbers.” *Journal of Econometrics* 4: 115-145.

③ 贝努·比达尼和马丁·拉瓦雷（1993）表明，忽视空间价格的可变性会导致对印度尼西亚总体贫困指标的高估。

④ 关于在发展中国家建立空间价格指数的方法，见马丁·拉瓦雷和多米尼克·范德沃勒（1991b）以及贝努·比达尼（Benu Bidani）和马丁·拉瓦雷（1993）。

⑤ 比较普拉文·维萨里（Pravin Visaria，1980）的结果（来自亚洲各种调查），当家庭按总支出与使用人均支出进行排序时。

尺度标准化后，可以得到一个测度个人间可比福利的价值指标。换句话说，我们希望这一尺度能够确保两个相同等价收入的人同样富裕。在实践中实现这一理想是另一回事。这可以追溯到我们在第3.2节中所学的关于从观测行为推断福利时遇到同样的难题。在实践中，我们几乎肯定要做出价值判断，这个判断不完全是根据观察到的行为但至少看起来合理的。

专栏3.17　1795年的斯宾汉姆兰等价尺度

回想一下英国的《济贫法》中的斯宾汉姆兰贫困线（Speenhamland，见第1章）。这条线只与面包的价格部分挂钩。按照正常的面包价格，一个成年男性凭其获得的最低收入，每周可得到3个面包，并且每多一个被抚养人（妻子和孩子）可以多得1.5个面包。这是一个简单的等价尺度。根据斯宾汉姆兰制度，为了测度每名单身成年人的消费（或收入），我们将其除以单身男性成年人的消费数量加上妇女和儿童的那一半消费数量。

如今，大多数等价尺度对成年男性和女性的权重没有影响，但儿童的权重往往低于成人，因为他们的消费需求较低。有时还对消费的规模经济给予补贴，（比如说）两个人在一起生活比分开生活更便宜。集体消费的大宗商品比如住房（直到它变得过于拥挤）允许出现这样的规模经济。

延伸阅读：对于想了解更多内容的读者，专栏3.18在等价尺度上提供了更深入的研究。

***专栏3.18　等价尺度的更完整处理**

我们将等价尺度标记为$ES(\underline{N}, \pi)$，表示一个由人口统计学特征向量$\underline{N}$和尺度参数向量π（这里的"向量"只是一个属性列表）表示的家庭等价的单身成年人的数量。人口统计学特征向量用下划线表示为$\underline{N}$，而家庭规模简单标记为N。尺度参数被认为是标准化的，以使得：$ES(\underline{1}, \pi)=1$，其中，$\underline{1}$是一个成年男性家庭的人口统计学特征向量（即$\underline{N}=(1, 0.0\cdots.0)$），不过也可使用其他标准化方法，比如两个成年人的家庭。举例如下：

$$ES(\underline{N}, \pi)=(N_m+\alpha N_f+\beta N_c)^{\theta} \tag{1}$$

公式中$\underline{N}=(N_m, N_f, N_c)$，其中的$N_m$，$N_f$，$N_c$分别是男性成人、女性成人和儿童的数量，$\pi=(\alpha, \beta, \theta)$均在下限0和上限1的范围内。这里$\theta$表示消费的规模经济。对于斯宾汉姆兰线，$\alpha=\beta=0.5$，$\theta=1$。一个常见的特例是设$\alpha=\beta=1$，以$n^{\theta}$作为尺度函数。在测试尺度灵敏度时，允许参数$\pi$取多个值，用下标$i$表示。再用$y$表示家庭总消费或总收入。然后，该尺度用于将家庭消费或给予收入的$Y/ES(\underline{N}, \pi)$标准化，作为测度贫困的家庭福利指标，解释为每个家庭成员的经济福利。

设置等价尺度的一个概念上有吸引力的原理是假设 $Y/ES(\underline{N}, \pi)$ 是效用币值（money metric utility，MMU），这意味着标准化收入（实际收入）仅取决于效用水平。MMU 是通过在固定的参考人口统计和固定的价格下评估的消费者成本函数（给出每人获得效用 U 的最低成本）来获得的，如果忽略了这一点，它将是一个稳定的严格增长的效用函数。

为了更清楚地了解这将涉及什么，我们假设消费者成本函数可以用以下形式编写：

$$C = \varphi(U) \times ES(\underline{N}, \pi)/N \tag{2}$$

对于任何严格递增的函数 φ，对所有个体都是通用的。为了获得相应的 MMU，我们需要将人口统计数据固定在固定的参考水平上，给出：

$$Y^e = \varphi(U) \times ES(\underline{N}^r, \pi)/N^r \tag{3}$$

其中 $\underline{N}^r$ 是人口统计学特征的固定参考向量。因此，Y^e 是效用的稳定的严格增长函数，即它是 MMU。当 U 是家庭 U_i 获得的实际效用水平时，C 的值即为实际总支出 Y_i。将这些代入公式（2）并重新排列时，我们有等价的收入函数：

$$Y_i^e \equiv \frac{Y}{ES(\underline{N}_i, \pi)} \times \frac{ES(\underline{N}^r, \pi)}{N^r}\text{，对于所有的 } i \text{ 而言} \tag{4}$$

注意，对于参考家庭，等价收入只是人均收入，这包含了为尺度选择的任何参数。

延伸阅读：在安格斯·迪顿和约翰·米尔鲍尔（1980）中有一个关于等价尺度的综合讨论。上述方法是在安格斯·迪顿和萨尔曼·扎伊迪（Angus Deaton and Salman Zaidi，2002）中发现的公式的一个通用的版本。①

我们做出的测度选择会影响既得的经验做法，包括评定谁是穷人。考虑贫困与家庭规模大小的关系。我们可以将福利指标的家庭规模弹性定义为该指标因家庭规模相对于给定百分比增加而减少的百分比。这种弹性往往取决于研究人员或决策者的判断。一般来说，福利指标的这种弹性有一个临界值，高于临界值的大家庭会被认为比较穷，低于临界值的小规模家庭也被认为比较穷。② 因此，如果考虑实施有利于大家庭（有更多孩子）的反贫困政策的可能性，在我们的实证测度中，这种弹性系数的大小很重要。如果我们简单地将家庭消费除以家庭规模（弹性系数为-1），那么我们几乎总会发现，大家庭往往更穷。再看另一个极端，如果不除以家庭规模，仅仅用家庭总消费作为福利指标，那么我们几乎肯

① Deaton, Angus, and Salman Zaidi. 2002. "Guidelines for Constructing Consumption Aggregates for Welfare Analysis." Living Standards Measurement Study Working Paper 1135. Washington, DC: World Bank.

② 回想一下专栏 1.16 中的弹性概念。这就是需求的收入弹性。这里我们讨论的是福利指标相对于家庭规模的弹性；如果当家庭规模增加 25%时福利指标下降 20%，那么弹性为-0.8。关于测度贫困的情况，见彼得·朗茹和马丁·拉瓦雷（1995）。

定会得出相反的结论。在这两个极端之间的某些地方，贫困与家庭规模之间没有关联。[①]

在分配等价尺度的实践中，答案通常基于从调查中观察到的消费行为。从本质上讲，人们关注的是某一调查期间，家庭对各种商品的消费在被调查家庭的横截面上是如何随着家庭规模和构成（以及价格和总支出）而变化的。例如，通过一种常见的方法建立了一个需求模型，其中每个家庭用于食品消费的预算份额是根据每个家庭的人均消费的总量和生活在该家庭中的各种人口类别的人数的对数进行回归的。[②] 然后，食品份额被解释为一个相反的福利指标。通过固定一些参考福利水平，假如食品份额，人们可以使用回归方程来计算消费的差异，这将需要精确地补偿一个家庭相对于另一个家庭的不同组成部分。[③] 在实践中，这种方法倾向于给成年女性和儿童分配不少于一个成年男性等价项。

这种做法存在许多问题。上面讨论的例子基于估计的恩格尔曲线，假设拥有相同食品份额的不同家庭同样富裕；这在福利主义范式中很难证明[④]（如果人们对这一假设感到满意，那么人们就不必为估算福利和测度贫困的等价尺度而费心了，食品份额本身就是足够的信息）。如前所述，观察到的食品消费行为的福利解释也因以下事实而蒙上阴影：通常会有多个效用函数产生相同的行为（事实上，有无限多个）。福利的相关参数将无法从该行为中识别出来。另一个问题是，儿童的费用也可以由父母利用其储蓄而不是通过减少他们当前的消费来筹措，这样对消费的影响可能会在调查日期之后发生（这些儿童甚至可能已经长大）。[⑤] 因此，对消费和家庭人口统计的纯粹静态的观察，可能会成为形成等价尺度的误导性指南。

从消费行为构建的等价尺度的福利解释还取决于人们对家庭内部消费分配的看法。如果假设数据是在一个成年男性专权情况下（在一个极端）产生的，而不是所有家庭成员福利函数最大化的话，那么对等价尺度所依据的经验证据的解释可能是完全不同的。考虑一个家庭内部讨价还价的模型（model of bargaining），家庭内部的分配反映了家庭成员的外部选择。[⑥] 从消费行为中得出的等价尺度可以用来体现家庭内部分配不同的两个方面：(1) 某些年龄组和性别组之间实际“需求”的差异（也可能与家庭消费的规模经济有关）；

---

① 关于这一点的进一步讨论，见彼得·朗茹和马丁·拉瓦雷（1995）。

② 这被称为恩格尔曲线的Leser-Working模型，见安格斯·迪顿和约翰·米尔鲍尔（1980）。

③ 见爱德华·拉泽尔和罗伯特·迈克尔（Edward Lazear and Robert Michael，1980）、雅克·范德加和尤金·斯莫伦斯基（Jacques van der Gaag and Eugene Smolensky，1982）、安格斯·迪顿和约翰·米尔鲍尔（1980）。另一种方法是根据人口统计学变量对“成人用品”（如看电影）需求的经验影响来估计儿童成本，称为罗斯巴特方法（Rothbarth method），见安格斯·迪顿和约翰·米尔鲍尔（1980）。这被认为更适用于富裕经济体，在这些经济体中（通常）“成人用品”和“儿童用品”的区别更为明确。这种方法在发展中国家的应用见奥利维尔·巴尔甘等人（Olivier Bargain et al.，2014）。

④ 有关此方法的局限性的进一步讨论，见杰罗姆·李·尼科尔森（J. Lee. Nicholson，1976）、安格斯·迪顿和约翰·米尔鲍尔（1980）、彼得·朗茹和马丁·拉瓦雷（1995）。

⑤ 关于时间间消费行为对等价尺度估计的影响的分析，见帕诺斯·帕沙尔代（Panos Pashardes，1991）。

⑥ 有关此类模型的研究，见马乔里·麦克罗伊（Marjorie B. McElroy，1990），另见保罗·舒尔茨（T. Paul Schultz，1990）和邓肯·托马斯（Duncan Thomas，1990）。

(2) 外部选择或“讨价还价能力”的不平等。尽管社会分析家和政策制定者会正确地将第一个方面纳入家庭福利比较，但人们不愿加入第二个，因为这会延长甚至加剧现有福利的不平等。

利用表 3. 3 中给出的假设数据，可以用一个简单的例子来说明这个尺度问题的潜在政策影响。有 5 个人住在两个家里。家庭 *A* 有 1 个成年男性、1 个成年女性和 2 个孩子；而家庭 *B* 只有 1 个成年男性；3 个最穷的人在家庭 *A* 。为了使这个例子更清晰，假设当消费因需求的不同而标准化时，这也是正确的。政府可以向被视为底层的家庭转移支付，但不能观察任何家庭内部的分配情况，政府只知道家庭总消费和家庭组成。

表 3. 3　两个假设家庭的消费

家庭	个人消费份额				家庭消费份额	
	成年男性	成年女性	第 1 个孩子	第 2 个孩子	人均	成年男性人均
A	40	20	10	10	20	40
B	30	—	—	—	30	30

A 和 *B* 这两个家庭中，哪一个应该先得到救助？只要其中至少有一部分惠及妇女和儿童，答案显然是家庭“ *A* ”。但要知道这一点，你必须知道个人消费。就人均家庭消费而言（这是已知的），答案也是 *A* 。使用这个对所有人都有同样权重的等值表，至少有一部分福利将惠及 3 个最贫困的人。考虑家庭规模，它为成年女性分配 50%，为每个孩子分配 25%。于是，家庭 *A* 中相当于有两个成年男性，其成年男性人均消费量高于家庭 *B* 。此时，*B* 将首先获得帮助，而且这些帮助一点儿都不可能流向最贫穷的 60%人口。

当然，这只是一个例子，一个基于家庭 *A* 内部极端不平等的例子。这个例子足以证明两个关键点：第一，尽管可观察的消费行为是重要的数据，但消费行为做出假设。第二，在实证研究中进行家庭间福利比较时做出的看似无害的假设，可能会对政策选择产生相当大的影响。

设置等价尺度仍然是应用福利测度中最困难的步骤之一。所做的选择可能会影响政策结论，特别是在谈及有利于某些人口群体而非其他人口群体的社会政策时，考虑一下家庭规模。穷人的人口概况，可能影响到人口政策和转移支付目标，如家庭津贴。但是，是否认为大家庭和年轻家庭比其他家庭更穷，关键取决于在福利测度中做出的不可检验的假设。在发达国家，即使贫困家庭也会消费具有规模经济的商品；两个家庭的生活费用可能不到一个家庭的两倍。① 在贫穷国家，这些商品在穷人的预算中所起的作用很小，他们的消费主要是由很少具有规模经济的食品和衣服等商品所支配。因此，发展中国家关于贫困

① 见爱德华·拉泽尔和罗伯特·迈克尔（1980）、朱莉·纳尔逊（Julie A. Nelson，1988）、彼得·朗茹和马丁·拉瓦雷（1995）。

的文献往往只是简单地按家庭规模划分家庭消费或收入。作为一阶近似（first-order approximation），也是完全站得住脚的，尽管它几乎肯定低估了规模经济在消费方面的程度，即使对穷人来说也是如此。不过，这并不是唯一的考虑。福利测度也可能受到所用指标的目的的影响。例如，认识到大家庭中更大的内部不平等的可能性（但不可观察），决策者可能希望给予家庭规模的权重超过规模经济在消费方面表现出来的权重。

鉴于选择指标的困难，人们应该知道选择有多重要。我们需要测试指标对所做假设的敏感性。测试贫困指标对福利指标参数变化的敏感性并非易事。为了更好地理解这个问题，假设我们想知道当我们改变量表参数但其他事物保持不变时，贫困测度结果是如何变化的。文献中有许多这样的检验例子。最近的一个例子所提供的发展中国家的总贫困率的估计数，考虑到了消费的规模经济和成人与儿童之间支出需求的差异。[①] 这项研究将其测度结果与基于“人均”尺度的测度结果进行了比较。[②] 差异是实质性的。就整个发展中国家而言，2000年的贫困率从31%降到3%~13%，其结果取决于所使用的尺度。

目前还不清楚如何解释这种比较。关键的问题是，我们缺少在不同尺度参数之间进行统一的福利比较的概念基础。要理解这个敏感性测试，首先应注意必须有一个固定点或“支点”来锚定比较。这是一种特定类型的家庭，尺度参数的选择并不重要。敏感度测试的结果关键取决于你选择的是哪个支点。使用不同的尺度参数机械地重新计算人均实际收入的分配，然后应用相同的“人均”贫困线，只有在一个成年人被视为支点的情况下才有意义。但这是一个任意的选择，也是一个在相当极端的情况下，家庭类型的分布方面的人口统计。支点的选择会对尺度参数的灵敏度产生很大的影响。专栏3.19更详细地给出了例子。

*专栏3.19　检验贫困指标对等价尺度敏感性的陷阱

回忆专栏3.18中的等价尺度。MMU函数中的引用是任意的，实践中已有很大的不同。迪顿和扎迪（2002）推荐模态人口统计学，这种方法的一个例子可以在康斯坦斯·奇特罗和罗伯特·迈克尔（1995）所使用的美国数据中找到。彼得·朗茹和马丁·拉瓦雷（1995）在巴基斯坦1994年的数据中使用了平均人口统计数据，这意味着参考家庭规模为7.4。有一部分文献以一个单身成人（男性）为参照，设定 $\underline{N}^r=1$。相关例子见费奥纳·库尔特等人（1992）[③]、让·伊夫·杜克洛和梅卡德·普拉茨（1999）[④] 以及叶

---

① 见伊莱·巴塔纳等人。Batana, Yele, Maurizio Bussolo, and John Cockburn. 2013. “Global Extreme Poverty Rates for Children, Adults and the Elderly.” *Economics Letters* 120（3）: 405–407.

② 他们的具体比较是与陈少华和马丁·拉瓦雷（2010a）。

③ Coulter, Fiona, Frank Cowell, and Stephen Jenkins. 1992. “Equivalence Scale Relativities and the Extent of Inequality and Poverty.” *Economic Journal* 102: 1067–1082.

④ Duclos, Jean-Yves, and Magda Mercader-Prats. 1999. “Household Needs and Poverty: With Application to Spain and the U. K.” *Review of Income and Wealth* 45（1）: 77–98.

莉·马韦基·巴塔纳等人（2013）。[①]

可以总结为以下三句话：第一，MMU 函数中的项 $ES(\underline{N}^r, \pi_i)/N^r$（专栏3.18中的等式4）在跨尺度比较中创建了“支点”；对于参考家庭而言，福利的货币计量总是人均收入，与尺度参数无关。但这个支点应该在哪里呢？在测试尺度的灵敏度时，人们可以考虑将福利比较围绕家庭规模范围内的任一极端进行旋转。一方面，极端情况往往是不寻常的；一个只有1位成人（男性）的家庭是不典型的，尤其是在发展中国家，那里的平均家庭规模约为5人。另一方面，当为规模经济与较低的儿童消费提供补贴时，规模较大的家庭往往会有较低的尺度和较高的估算等价收入。将参考值设置在两个极端可能会夸大敏感性（如果以单身成人为参考，相对于人均规模，贫困减少的幅度更大；如果选择最大的家庭时，贫困增加的幅度更大）。

第二，没有理由认为支点的选择需要与量表的标准化相一致。虽然设置 $ES(\underline{1}, \pi) = 1$ 是常见的实践（尽管不是通用的），但这并不能使 $\underline{N}^r = \underline{1}$ 作为参考的一个选项更具说服力。回想一下，MMU 函数采用专栏3.18中等式（3）的一般形式。满足等式（3）的任何函数都是假定成本函数的有效 MMU［在专栏3.18的等式（2）中］。

第三，在给定范围内，不能依靠某一优先提供贫困线来决定参照标准的选择。例如，马丁·拉瓦雷等人（2009）提出以每天生活费用1.25美元为人均贫困线。当然，这也是单身成人的下限。但这并不意味着在敏感度测试中应该以单身成人作为参考。同样，人们也可以选择5作为测试的参考，并观察到，从人均水平来看，每天6.25美元是该家庭的总收入贫困线。1.25美元贫困线被用作人均线的事实仅仅说明了 $ES(\underline{N}, \pi_i) = N$，它不构成设定 $\underline{N}^r = \underline{1}$ 的任何逻辑情况。

这些要点之所以重要，是因为参考文献的选择在数量上产生了差异。在固定的 π 下，参考人口统计的选择是无关紧要的，因为 $ES(\underline{N}^r, \pi)/N^r$ 是一个简单的乘法常数（贫困线也同样按比例缩放）。当测试对 π 变化的敏感度时，这个选择非常重要。下面两个例子说明了这个选择有多重要。

首先，假设有三个家庭，分别是人均收入1、2和3，以及家庭规模5、4和3。人均贫困线为2，贫困率为2/3。如果切换到“平方根尺度”（收入标准化为家庭规模的平方根）并将贫困线保持在2，那么贫困就消失了！如果参考值是4、5或6，那么贫困率将回到2/3。如果参考值设定为7或更多，则每个人都被视为穷人。我们可以按此做法，得到从零贫困到100%贫困的任一结果。

① Batana, Yele, Maurizio Bussolo, and John Cockburn. 2013. “Global Extreme Poverty Rates for Children, Adults and the Elderly.” *Economics Letters* 120 (3): 405-407.

其次，考虑伊莱·巴塔纳等人（2013）的研究结果，全球贫困率从31%下降到3%，条件是从人均尺度转换到平方根尺度的同时，每天生活费用1.25美元为固定贫困线（马丁·拉瓦雷等人，2009）。不过，可以说，这更符合每天生活费用1.25美元贫困线的设定，将其解释为一个家庭的人均线，而这个家庭的人口统计数据通常是生活在贫困线附近的人。假设巴塔纳等人把参考值设为5，即对人均贫困线附近平均家庭规模的一个看似合理的猜测。那么，他们必须使用平方根尺度（$Y/N^{0.5}$），将2.80美元的贫困线用于收入分配，而不是每天生活费用1.25美元。如此大的贫困线差异将大大削弱其声称的对尺度变化的敏感性。事实上，如果没有家庭规模的差异，这种差距就会消失。

延伸阅读：更多讨论见马丁·拉瓦雷（2015b）。

如果没有一个合理的概念基础来设定支点，人们可以得到任何一个自己喜欢的答案，即贫困指标对福利函数参数的变化是何等敏感程度。因此，尚不清楚是否能得出任何有用的推论。

在寻找一个似乎可以辩护的参照标准时，有种可能性是采用同样的逻辑，从而不得不使用符合穷人情况的参数（如价格指数和非食品津贴）来测度贫困。这里的想法是，人们不应该在评估福利时使用非典型参数。这是一种价值判断，但看似是可以接受的，实际上也是在实践中被广泛接受的。所以，以单身成人做参考不太符合这种推理。

基于环境预测福利

一些研究人员将调查得出的家庭福利指标（在相关情况下根据生活成本差异进行调整后）替换为其预测值，该预测值基于该指标与一些协变量的回归，这些协变量通常是在同一次调查中观察到的（根据定义，实际观测消费量等于预测消费量加上一个误差项）。专栏3.13已在处理缺失数据时引入了这个想法。

基于可靠测度的协变量对预测值的一种可能解释是，它清除了基于调查的福利指标的测度误差。令人担忧的是，预测值还清除了不包含在调查中的潜在的未被观察到的重要决定因素的福利指标，它们与一个家庭的测度福利高于另一个家庭而不被协变量充分替代的实际因素相关联。

在这种方法最近的一个流行应用中，协变量（covariates）被故意选择来表示被认为不受个人或家庭控制的个人或家庭的“环境”。这是由约翰·罗默（1998）提出的测度“机会不平等”的方法（我们在第3.1节和专栏1.8中听讨论过）所推动的。[①] 一般来说，通

① 约翰·罗默（1998）是测度机会不平等的“环境—努力”区别的主要代表；另见约翰·罗默（2014）对测度方法的讨论。实证例子见弗朗索瓦·布吉尼翁等人（2007）、里卡多·佩斯·德·巴罗斯等人（Ricardo Paes de Barros et al.，2009）以及弗朗西斯科·费雷拉和杰米·吉诺克斯（2011）。

过这种解释，预测值包含假定的因素，这些因素被认为（基于先验理由）要比排除的变量更与福利相关。当测度机会不平等时，其目的是分离出可归因于环境的已测度福利中的差异份额，从而使其余差异归因于努力，并且在道德上是良好的。

第3.1节提到的这一方法引起了更多在概念上的担忧。抛开这些担忧不谈，让我们假设，只把福利的重要性放在那些人对自己的环境不负责的属性上。问题是，我们是否能够合理地相信，我们实际上已经将不平等的部分隔离开来。一个迫在眉睫的问题是，实践中使用的观察到的环境清单显然只是部分的，而且取决于调查中收集的变量。比较对同一国家的两项不同调查，一项调查表明30%的差异是由于环境造成的，而另一项调查认为是60%，仅仅是因为该项调查有更多的变量可以用来解释不同的环境。对此的解释却大相径庭；前一项调查结论是，观察到的70%的不平等是良性的（是由于努力，因此不涉及道德问题），而另一项调查认为只有40%是良性的。观察到的环境可能与未观察到的环境相关，这令人对回归系数的解释产生了疑问。

另一个可能更令人担忧的问题出现了。观察到的环境很可能与努力的潜在方面相关，包括努力干预环境如何转化为结果的方式。这给福利解释蒙上了阴影。专栏1.19指出了回归分析中遗漏变量的问题，这里的问题来自潜在的努力如何与环境交互作用来决定结果。如果我们相信这些预测值确实测度了收入或教育的数量，而不是努力，那么我们必须假设，努力在统计上是不可忽视的（与环境无关）。我们可以通过允许努力在一定程度上取决于环境来放松这一点。只要努力的任何部分不是由观察到的环境所导致的，而是与观察到的环境相关联的，我们仍然会有麻烦。努力和环境之间交互作用的范围增加了这种关注。

这件事的核心问题是，如何可信地区分哪些是由环境引起的和哪些是由努力引起的。那些将贫困归咎于贫困人口的人，会很容易识别出他们认为造成贫困的行为。“懒惰”是最受欢迎的例子。根据机会方法（By the opportunities approach），贫困但懒惰的人不应该得到政策的奖励。毫无疑问，环境很少能决定结果。相反，可以通过努力来弥补不利的初始环境。那些认为穷人通常懒惰的人需要被说服，经验性地确定的环境不仅仅发生这些潜在的行为（要么是自发，要么是与环境互动）。如果相信懒惰至少有一部分是由父母传给孩子的，这会是一个挑战。这将在自我教育和父母教育之间的正相关关系中得到明显体现。子女仍有选择比父母更努力工作的自由，一些父母教育水平低的人无疑是这样做的。潜在努力与父母教育之间的关系将继续存在。排除这种相关性是相信基于观察到的环境的预测值，并在机会方法中提供可信的福利指标的关键。

食品份额

回顾关于恩格尔定律的专栏1.16，即用于食品的预算份额往往随着实际消费支出总额的增加而减少。这一观察结果经常被用来证明用食品预算份额作为生活水平的反向指标是合理的。

不过，也有一些人担心用食品份额作为福利指标。食品预算份额与人均总消费（更不用说福利）之间的关系在不同家庭中通常会有所不同。这种异质性有许多来源，包括相对价格的差异、获得某些商品的机会（在城市地区，娱乐和外出就餐要容易得多）、人口差异、所做工作的类型（尤其是能量消耗），气候差异（寒冷地区的食品份额可能会下降）和偏好差异。这些差异使人怀疑食品份额作为实际消费指标的有效性，包括作为制定价格指数的基础（见专栏3.16）。得出这样的结论显然是有问题的，即在给定的总开支下，食品支出的地理差异仅仅反映了价格水平的差异，这是制定生活成本指数所需要的。此外，对贫困家庭来说，食品需求的收入弹性可能非常接近1，在这种情况下，食品份额可能是一个相当不稳定的指标（回顾关于需求的收入弹性的专栏1.16）。

这并不是说，仔细分析预算份额（包括食品份额）对福利分析毫无用处。在对不同类型的家庭进行人际比较时，仅从需求行为得出福利指标的识别问题显得尤为突出（如专栏3.2所述）。因此，一种方法是对特定类型的家庭进行需求分析并得出相应的福利指标。然后，这些类型之间的人际比较需要基于外部信息，例如某些功能的实现（尤其是健康和营养）或对自评福利的观察。在谨慎使用的情况下，预算数据仍然可以对生活水平的各个方面提供有用的信息。

营养指标

正如人们对这两个术语的普遍理解，营养不足是贫困的一个独特概念。不同之处在于，使用营养摄入量（特别是食品能量和微量元素）的个人福利指标的定义不同于更广泛的消费概念，后者体现了食品以及非食品消费除营养价值以外的其他属性。因此在某种机械的意义上，人们可以将营养不良视为“食品能量贫困”，并以极类似的方式测度它。①

对于把营养素摄入量作为福利指标是存在争议的。与食品份额一样，在通货膨胀率高或价格数据不足的国家，一个现实优势是食品能量摄入（food-energy intake，FEI）的分配数据不需要因通货膨胀而调整。② 与此相反，营养只体现了福利的一个方面。即使是在低收入国家，主食消费在任何需求一致的福利指标中都占有很高的权重，但权数永远不会是固定的。

再次争议的问题是，消费行为是测度福利的不完善指标。人们对体重与营养摄入的观点是“太低了，不利于他们自己的健康”。尽管人们有时会质疑福利主义者的观点，认为

① 关于“营养状况”的含义和测度，见杰尔·贝尔曼。Behrman，Jere. 1990.“The Action of Human Resources and Poverty on One Another：What We Have Yet to Learn.” Working Paper 74，Living Standards Measurement Study（LSMS，生活水平测度研究），Poverty Analysis and Policy Division. Washington，DC：World Bank.

② 这并不意味着“食品-能量摄入”不受通货膨胀或相对价格变化的影响；但在测度营养不良的变化时，我们不需要担心这些问题。

人们总是自己福利的最好评判者，人们同样应该怀疑忽视消费者行为的任何生活水平指标（第3.1节）。

鉴于这一问题上存在明显的不确定性，唯一明智的解决办法似乎是对选定的非福利指标（比如营养不良）与福利指标并肩进行监测。只有当这两类指标在贫困比较上存在分歧时，才需要对这一问题进行更深入的研究。当我们不得不这样做时，一个令人信服的非福利主义评估应该找出合理的理由，为什么揭示出来的偏好与福利不一致。有没有消费行为被误导的原因，比如在等价尺度的背景下讨论家庭内部不平等？这是否是一个信息不完善的问题（对教育政策可能有影响）还是一个更基本的问题，比如非理性（由于认知失调）或者缺乏理性选择的能力（比如因为太年轻而不知道什么对你有好处，也没有其他人帮助做出合理的选择）。

上述建议也适用于人体测度，如儿童的年龄体重或身高体重。这些指标避免了在制定个人营养需求方面的不确定性，尽管在制定人体测度标准方面也发现了类似的不确定性。这样的指标还有一个优点，那就是可以揭示家庭内部的生活状况。但是，关于这些指标还须指出一点：一些人（包括一些营养学家）认为，在援引更广泛的福祉概念时，使用儿童人体测度来表明营养需求是有问题的。例如，有人发现，儿童看似令人满意的身体发育率，有时会因为不玩耍而维持在较低的食品能量摄入水平。[①] 对任何儿童来说，这显然是严重的与食品有关的剥夺。同样，在进行贫困比较时，应该警惕对个人“福利”的含义的过于狭义的概念化。

定性和综合方法

定性数据可以是文本（来自自我评价，或研究人员的直接观察），也可以是某种形式的分类数据（如财富排名）。定性方法是多种多样的（新的方法经常出现），但它们通常是主观的和有特定背景的。[②] 从20世纪90年代世界银行流行的参与性贫困评估（Participatory Poverty Assessments，PPAs）中可以找到一些例子。

在某种程度上，定性和定量方法之间的差异反映了所寻求数据类型的差异。例如，对（大多为独立的）个人进行抽样调查，显然对研究人与人之间的社会关系用处有限。例如，使用有目的地挑选的小样本进行定性研究，可以非常有效地揭示当地关于一个村庄的公开事实，但显然不应依靠这些研究来测度贫困或不平等。有一种新兴的灰色方法是介于“纯”定性和定量方法之间的，在这种灰色方法中，人们可以找到各种综合方法，这些方

① 见乔治·比顿（George H. Beaton，1983）。

② 钟金柏（Kimberly Chung，2000）介绍了实践中发现的各种方法，Chung，Kimberly. 2000. “Qualitative Data Collection Techniques.” In Margaret Grosh and Paul Glewwwe（eds.），Designing Household Survey Questionnaires for Developing Countries. Washington，DC：World Bank.

法常常创造性地将定性和定量研究工具结合起来。①

哲学基础也有差异。"因果"（cause and effect）概念是贫困分析中量化传统的基石，正如第三部分进一步讨论的那样，这体现在有无数努力在量化政策和社会经济变化对福利和贫困的影响。② 这种差异在实践中也是模糊的，在关于贫困的定性研究中，人们常常试图将因果关系归因于此。这样做的问题在这两种方法之间似乎没有本质上的区别。为了令人信服地确定因果关系，定性工作必须采用与定量工作相同的严谨推理标准。③ 否则，认知的进步可能是虚幻的。

有时会提到的另一个差异涉及社会科学研究的目标。一些定性工作旨在帮助那些直接参与的人获得能力，而在定量工作中没有这样的传统。尽管如此，定量方法有时也起到了同样的倡导作用。事实上，正如我们在第一部分中看到的那样，住户调查自开展以来，就被用来动员公众舆论消除贫困。这就留下了一个重要的问题，即在分析质量与它可能承担的任何规定性赋能角色之间是否存在一个权衡。这种权衡的存在有时从试图发挥宣传作用的定量分析中体现出来。

这些观察结果表明，两种观点之间的分歧并不如方法论倡导者之间的一些辩论所能引导人们思考的那么深。目前的最佳做法是明智地折中，通常采用多种方法的组合。尽管如此，还是有一些重要的区别需要留意。人们经常注意到，基于调查的客观贫困评估与基于定性研究的实地感知之间存在差异。这种情况既发生在自我评估中，也发生在训练有素的实地观察员的评估中。

以前者为例，尽管在一项全国抽样调查中，约有30%的俄罗斯成年人将自己置于主观福利阶梯的最低两级上，但这些人中只有约一半也生活在收入低于贫困线的家庭中的，占成年人的30%。④ 认为自己是"穷人"的人在传统的贫困统计数据中没有被归类为穷人，反之亦然。为了举例说明后一种情况，一项研究根据驻地调查员一年多的观察结果，对印度北部的一个村庄的贫困状况进行了主观评估。⑤ 根据当年与村民的观察和讨论，将家庭分为七类（极端贫困、贫困、家境一般、稳定、富裕、富有、非常富有）。研究人员发现，在被调查的村庄里，作为一名无地农业劳动者，实际上是一个充分的条件，用人类学的方法来说，被视为"明显贫困"；99%的这种家庭被视为贫困，尽管用他们的持久性收入来

---

① 阿巴斯·塔沙科里和查尔斯·特德莱（Abbas Tashakkori and Charles Teddlie，1998）以及保罗·沙弗（Paul Shaffer，2013）举例说明。发展中国家环境的例子参见维贾延德拉·拉奥（Vijayendra Rao，1997）、杰斯科·亨切尔（Jesko Hentschel，1999）、瓦莱丽·科泽尔和芭芭拉·派克（Valerie Kozel and Barbara Parker，2000）、劳拉·罗林斯（Laura Rawlings，2000）。

② 这与经济学中定量方法的实证主义根源是一致的。相比之下，定性方法的主要哲学奠基人（建构主义者/自然主义者）往往拒绝这种因果关系的概念。

③ 如保罗·霍兰德（Paul Holland，1986）所述。第6章再讨论这个话题。Holland，Paul. 1986. "Statistics and Causal Inference." *Journal of the American Statistical Association* 81：945–960.

④ 见马丁·拉瓦雷和迈克尔·洛克辛（Martin Ravallion and Michael Lokshin，2002）。

⑤ 见彼得·朗茹和尼古拉斯·斯特恩（1991）。

测度时，只有54%的家庭被视为贫困（基于25年内四次受访的平均同期收入）。很明显，调查人员对贫困的看法比收入数据显示的更与无地农民密切相关。不排除调查者对贫困的描述过于程式化的可能性。例如，人们普遍认为印度农村的穷人没有土地且就业不足。但这可能有些夸张。

定性数据可以包含在标准的定量来源中找不到的关于人们福利的线索。[①] 尽管经济学家（及其他一些社会科学家）传统上回避主观数据，但也有一些重要的例外。早期的例子是收入评估问题（Income Evaluation Question，IEQ）。[②] IEQ询问受访者认为“非常糟糕”“糟糕”“不好”“一般”“好”“非常好”的情况下收入是多少。此后，伯纳·范·普拉格和其他人一直使用IEQ的答案来识别效用函数。这种方法的一个版本是基于最低收入问题（Minimum Income Question，MIQ）。这就问到了“勉强维持生计”需要多少收入？我们将在第4章讨论这一方法在确定贫困线方面的应用。

一种更加开放的方法出现了，它完全放弃了基于收入的指标，而是使用自评福利（self-rated welfare）作为福利指标。有一个常见的方法（有时被称为坎特里尔阶梯量表），请受访者想象一个阶梯，并给每级阶梯标上0~10（10表示现实生活中有可能达到的最佳境况，0表示现实生活中有可能处于的最差境况）。然后自我评价现状是在第几级，再预期今后五年你能够达到第几级[③]——根据他们的“幸福感”或“对整个生活的满足感”。[④] 这对于测度贫困或“经济福利”来说可能是一个太过宽泛的概念。当一个人说某人是“穷人”时，通常并不意味着他们不快乐。

主观贫困测度的一个更好的起点是沿着从“穷人”到“富人”的维度定义坎特里尔阶梯量表的阶梯。菲律宾的社会气象站（Social Weather Station，SWS）和欧洲晴雨表（Eurobarometer）所做的民意调查就是一个例子。[⑤] 菲律宾的社会气象站调查把成年人作为样本，询问他们是否属于：“穷人”“一般人”或“富人”。欧洲晴雨表提出了一个类似的问题，但使用了从1到7的阶梯量表，并将那些把自己放在最低两级的人确定为穷人。许多研究人员研究过“经济福利问题”，受访者自己评判自己的等级（通常有九级），穷人处于最底层，富人处于最顶层。[⑥] 这可以用来更好地理解影响个人福利的因素，包括主观幸福感与经济学家传统上青睐的“客观”指标之间的差异。

定性研究也以三角测度的形式对福利进行人际比较，参与者和/或促进者据此对他人进行福利排名。这可以被认为是验证自我评价的一种方法。这也促使研究人员依赖于从调查数

---

① 保罗·沙弗（Paul Shaffer，2013）研究了过去使用定性数据帮助验证标准福利和贫困指标的成果。

② 见伯纳·范·普拉格（1968）。

③ 紧接着是哈德利·坎特里尔（Hadley Cantril，1965）。

④ 这催生了心理学的大量文献，以及经济学的萌芽文献。关于心理学文献的调查，见埃德·迪纳等人（Ed Diener et al.，1999），安德鲁·奥斯瓦德（Andrew Oswald，1997）讨论了最新的经济学研究。

⑤ 分别见马哈尔·曼加哈（Mahar Mangahas，1995）和埃莱娜·里福（Hélène Riffault，1991）。

⑥ 见马丁·拉瓦雷和迈克尔·洛克辛（2002）。

据中观察到的协变量（covariates），目的是分离出可靠的、系统的、自评福利的协变量。[①] 原则上，也可以利用从主要抽样单元内随机抽样形成的重点人群，对福利评估进行三角化。

尽管这显然不是一种进行国家层面的贫困比较的长期可行方法，但定性数据可以为这项任务带来有用的新信息。经济学家倾向于回避关于人们福祉的主观和/或开放性问题；奇怪的是，虽然他们普遍认为人们是自己福祉的最佳评判者，但经济学家拒绝直接询问人们的感受。我们将在下一小节中考虑示例。

自评福利

广泛使用的主观福利（也称为“主观幸福”）方法要求被调查者对自己的“经济福利”“生活满意度”或“幸福”按定序尺度打分。这些方法在心理学和社会科学中有着不可估量的应用，并且最近在经济学中流行起来。[②]

这些数据中最常被问到的一个问题是（正如经济学家通常假设的那样），金钱是否能买到幸福。在某一特定日期，收入较高的人倾向于报告他们更快乐。从某一方面看，他们更大比例地将自己归入“非常快乐”组，且在其他方面报告更高的主观幸福。然而，在一项著名的早期研究中，伊斯特林[③]（1974）认为，在许多国家，平均幸福感并没有随着经济增长而提高。[④]

这就是所谓的伊斯特林悖论（Easterlin paradox）。伊斯特林将此归因于相对剥夺对福利的影响，即幸福取决于相对于平均水平的个人收入。贝齐·史蒂文森和贾斯廷·沃尔弗斯（Betsey Stevenson and Justin Wolfer，2008）重新审视了这一问题，并认为收入对平均幸福的影响在不同国家、不同地区和不同时期都具有较好的稳健性。在史蒂文森和沃尔弗斯的研究中，美国是一个显著的例外：对美国来说，似乎有人支持伊斯特林悖论。[⑤]

人们对这篇文献发现的准确性有很多担忧。对于“幸福”或“对生活的满意”并没有普遍认同的含义，通常的做法是假设用一些潜在的连续变量代表着幸福，并产生对所调查问题的明确应答。然后使用回归模型来推断此连续变量的均值差异。人们并普遍认为，

---

① 见马丁·拉瓦雷和迈克尔·洛克辛（2002），以俄罗斯面板数据为例。

② 相关经济学文献的回顾见布鲁诺·弗雷和阿卢瓦·斯图泽（Bruno Frey and Alois Stutzer，2002）、拉菲尔·迪泰拉和约·雷·麦克库洛赫（Rafael Di Tella and J. R. MacCulloch，2006）以及保罗·多兰等人（Paul Dolan et al.，2008）。主观福利的心理学文献回顾见埃德·迪纳等人（1999）、亚德里安·弗海姆和麦克·阿盖尔（Adrian Furnham and Michael Argyle，1998）。另一种方法是向受访者了解需要多高收入才能在阶梯量表上获得一个给定等级的信息，比如不“穷”，这是伯纳·范·普拉格（1968）设计的“莱顿法”。

③ 理查德·伊斯特林（R. Easterlin）是美国著名人口经济学家，南加利福尼亚大学的教授，最早对主观快乐进行理论研究的当代经济学家，著有《生育率革命：一种供求分析》、《是否需要对不发达状况进行历史的研究》、《经济增长可以在多大程度上提高人们的快乐》。——译者注

④ 另见理查德·伊斯特林（1995）。

⑤ Stevenson, Betsey, and Justin Wolfers. 2008. “Economic Growth and Subjective Well-Being: Reassessing the Easterlin Paradox.” *Brookings Papers on Economic Activity*, 1-87.

我们总是能够以改变其分布的方式来改变这个连续变量，从而逆转平均幸福的推断排名。[①]如果不进一步限制给出幸福基本表示的效用函数的性质，就不可能提出有力的主张，即幸福的连续分布对一个群体比对另一个群体具有更高的平均值。到目前为止，文献中还没有对这些限制进行讨论。所以这些关于平均幸福差异的说法本质上是武断的，没有科学依据。人们所能真正知道的事实是：一个群体是否比另一个群体更频繁地自我评价"幸福"或"非常幸福"。对于某些目的来说，这可能是足够的，但是在文献中发现的对生活的快乐和满足的大量回归方法具有可疑的基础。[②]

可以说，当使用经济福利的有关感知调查应答时，这个问题就不那么令人担忧了。例如经济阶梯问题（economic ladder question，ELQ），在这个问题中，被调查者被要求把自己放在从"穷人"到"富人"的阶梯上，而不是问是否"幸福"。[③] 在这里，潜在变量可以解释为被调查者的财富或其他一些合情合理的效用货币度量，并对家庭规模和价格进行适当的标准化。尽管幸福的分布基本上是不可知的，但我们可以更容易地想象对某个变量（例如富人或穷人）的先验限制是合理的，这将允许基于观察到的（分类）调查应答对平均值进行可靠的比较。例如，财富的对数正态分布比正态分布更合理。

即便如此，另一个问题也迫在眉睫。不同的人很可能对"穷"或"富"（或对自己的生活是否"幸福"或"满意"）的含义有不同的看法，从而导致他们对主观福利的调查问题有不同的解释。[④] 例如，青年生活项目（Young Lives Project，2009）报道了越南农村一位名叫杜伊（Duy）的6岁孩子的评论。他说："我们差不多富有了，因为我们有了一个新的橱柜，但我们没有洗衣机。"杜伊对"富有"的定义显然与那些在越南更熟悉真正富人的生活条件的人不同。被调查者可以根据其个人的参考框架来解释主观问题，这将取决于他们自身知识和潜在的经验。正如阿马蒂亚·森所说，为什么一个"怨天尤人的富人"可能比"知足的农民"判定为更穷呢。[⑤]

主观数据的两个应用说明了这个问题。首先是它们在贫困测度对所需的人际比较福利

---

① 这在直觉上是显而易见的，尽管这一点已经被试图推断平均幸福差异的文献所忽略。莫希·邦德和凯文·朗（Timothy Bond and Kevin Lang，2014）对此类比较的非稳健性进行了正式论证，他们讨论了应用，包括伊斯特林悖论。

② 这包括更复杂的非线性估计方法（有序 probit 模型和有序 logit 模型），假设一个潜在的连续变量生成有序应答。有关进一步讨论，见莫希·邦德和凯文·朗（2014）。

③ 例如，马丁·拉瓦雷等人（2015）使用以下方法的阶梯量表问题："想象一个六级阶梯，在底部，第一级阶梯站着最贫困的人，而最高一级阶梯，第六级阶梯站着富人。你今天走到哪一步?"

④ 尽管本次讨论的重点是尺度异质性，但调查设计还有其他问题。加布里埃拉·康蒂和史蒂芬·普德尼（Gabriella Conti and Stephen Pudney，2011）发现，生活/工作满意度问题中的细微重新设计导致了答案的巨大变化，特别是对女性而言，发现应答中的扭曲影响了与女性工作满意度相关的调查结果。关于从主观数据推断福利影响的关切的概述，见马丁·拉瓦雷（2012a）。

⑤ 见阿马蒂亚·森（1983，第160页），Sen，Amartya. 1983. "Poor, Relatively Speaking." Oxford Economic Papers 35（2）：153-169.

中的应用。"主观贫困"的指标越来越常见。[①] 这些问题告诉我们，调查对象中有多少人将自己放在从"穷"到"富"排列的福利阶梯的最底层（或可能是次底层）。但是，如果各个调查对象对福利阶梯没有同样的理解，那么就不清楚这些测度有何意义了。

第二个应用涉及对主观福利协变量的许多研究。[②] 这是使用预测值的另一个例子，这种预测值我们在实施机会不平等想法的过程中已经见到过。在如今的标准实践中，需要使用调查响应对个人和家庭特征如年龄、性别、婚姻状况、收入、教育、就业状况和家庭人口统计，进行回归。[③] 这种回归提供了一种确定各种福利效应和利益权衡（包括对决策者而言）前景，而且需要的识别假设似乎比仅依赖于收入或消费等客观情况的常用方法所要求的更弱。我们在原则上认为，一个人的经济福利不仅取决于家庭当前的消费或收入，而且还受制于家庭规模和人口构成以及教育和就业等特点。其他属性的"价格"一般是缺失的。主观数据提供了一种确定权衡并基于回归来约束合成指标的解决方案。

关于自评福利的实证文献对一些标准经济模型及其政策含义提出了质疑。一个例子是从一些论文中发现失业降低了既定收入下的主观福利。[④] 因为既定收入下的失业意味着更多的闲暇并被认为会产生效用，因此这不是标准的工作—闲暇选择经济模型所显示的（如专栏 1.4 所总结）。失业的福利成本被认为完全是通过收入损失而产生的。但是，标准模型中很可能漏掉了失业的独立负效用，——通常与选择数量的限制有关，这可能与非自愿失业所带来的或由就业所产生的社会地位引起的。也有证据表明失业会造成心理上的痛苦。[⑤]

尽管还有其他的可能性，但这些都是似是而非的推测。回想一下，仅仅基于对调查问题的有序应答，还不清楚能否可以对一个群体相对于另一个群体（在本例中是就业者与失

---

① 例子包括马哈尔·曼加哈（Mahar Mangahas，1995）、马丁·拉瓦雷和迈克尔·洛克辛（2002）、格洛·卡莱托和阿尔贝托·泽扎（Gero Carletto and Alberto Zezza，2006）、多瑞特·波塞尔和迈克尔·罗根（Dorrit Posel and Michael Rogan，2013）。

② 例子包括惠布·范·德·斯塔特等人（Huibvan de Stadt et al.，1985）、安德鲁·克拉克和安德鲁·奥斯瓦尔德（Andrew Clark and Andrew Oswald，1994，1996）、阿里·卡普顿等人（Arie Kapteyn et al.，1998）、安德鲁·奥斯瓦尔德（1997）、雷纳·温克尔曼等人（Rainer Winkelmann et al.，1998）、门诺·普拉丹和丁·拉瓦雷（2000）、马丁·拉瓦雷和迈克尔·洛克辛（2001，2002，2010）、克劳迪亚·塞尼克（Claudia Senik，2004）、埃尔佐·卢特默（Erzo F. P. Luttmer，2005）、艾达·费雷尔·卡博内尔（Ada Ferreri-Carbonell，2005）、约翰·毕夏普等人（John Bishop et al.，2006）、吉塔·金顿和约翰·奈特（Geeta Kingdon and John Knight，2006，2007）、马塞尔·法肯姆普斯和福尔哈德·希尔皮（Marcel Fafchamps and Forhad Shilpi，2009）、约翰·奈特和拉马尼·古纳蒂拉卡（John Knight and Ramani Gunatilaka，2010，2012）、多瑞特·波塞尔和迈克尔·罗根（2013）。

③ 在某些情况下，这是一个线性回归，虽然更常见的是一个有序概率模型，它允许福利空间中的临界值，在福利空间中，有序答案的转换是不均匀的，尽管每个人都是如此。

④ 见安德鲁·克拉克和安德鲁·奥斯瓦尔德（1994）、伊奥尼斯·西奥多西奥（Ioannis Theodossiou，19980、莉莉安娜·温克尔曼和雷纳·温克尔曼（Liliana Winkelmann and Rainer Winkelmann，1998）、马丁·拉瓦雷和迈克尔·洛克辛（2001）。

⑤ 在美国的一项心理健康研究中，克里西亚·莫萨科夫斯基（Krysia N. Mossakowski，2009）发现年轻人的失业期与更高水平的抑郁症状相关。

业者）的平均持续幸福感的差异提出强势主张。[①] 如果给出“快乐”的连续（基本）表征表明失业者不那么快乐，那么一般来说，将存在另一种表征（不同的价值观的扩展）表明相反的情况。而且也没有明显的根据能说明一个是正确的，另一个是错误的。

另一个担忧是，失业在主观福利回归中的显著影响很可能反映出潜在的人格特征，这些特征共同影响失业的可能性和自评福利。对于为什么我们发现失业是主观福利的一个重要（负面）预测因素，这些不同的解释显然对政策有着相当不同的影响。如果人们认为失业者在一定收入下的效用较低，那么人们对失业补偿和所得税等政策的看法就会大相径庭。[②] 如果这种影响与潜在的心理因素有关，而人们可能认为这些心理因素与福利无关，那么这种影响就不那么明显了。

心理学研究表明，内在的、暂时的、稳定的人格特征对自我评价的幸福感有系统的影响。一项针对心理学的研究分析确定了137个与主观福利相关的人格特征，划分为心理学中常用的五大因素：(1)“外向性”——测度内外向性格的指标，包括了广泛社交、健谈、果断、雄心勃勃、充满热情的性格特征。(2)“亲和性”——测度能否与他人和睦相处、相互协作的指标。它包括了和善友好、协作性、值得依赖的性格特征。(3)“责任心”——代表着责任感，对工作的认真敬业程度。它包括两方面的含义：成就感（achievement）与可靠性（dependability）。成就感反映出一种渴望把工作做好的态度以及积极向上努力工作的行为。可靠性测度了诚信、自律以及遵守规章制度的品质。(4)“神经质”或“情绪稳定性”——测度情绪化程度的指标。它包括冷静、性格温和、焦虑少、遇事沉着的性格特征。(5)“经验开放性”——测度智慧水平的指标。它包括经验的丰富性、高智商、富于想象力以及求知欲的特点。[③] 这些心理特征通常不在标准的社会经济调查中测度，仅见于主观福利的建模。但正如我们将看到的那样，它们的存在意义是利用这些数据来评估（比如说）失业对福利的影响。

说到心理学文献，什么样的人格特质才是最重要的？在上述研究中确定的137个人格特征中，与上述主观福利相关性最强的五类是[④]：(1) 外向性：“社交能力”；(2) 亲和性：“集体自尊”“对亲密关系的恐惧”（负面）、“人际控制源”“社交情感”“社交兴趣”“社交节奏”“信任”；(3) 责任心：“控制欲”“抑制”（负面）、“可塑性”；(4) 神经质：“困苦”（负面）、“情绪稳定”“反叛不信任”（负面）、“压抑性防御”（负面）、“社交焦虑”（负面）、“紧张”（负面）；(5) 经验开放性：“自信”“自尊”。这些都是异质性的来源，人们希望在进行大多数目的的福利人际比较时加以控制。例如，一个人被抑制、叛逆或不自信的事实

---

① 这是蒂莫希·邦德和凯文·朗（Timothy Bond and Kevin Lang, 2014）中讨论的更普遍问题的一个例子。

② 詹姆斯·米尔利斯（2014）指出了失业率和主观福利之间的相关性，以激励在工作提供效用时对最优税收的分析。第9章讨论这一点。

③ 见德·奈特和罗素·库珀（De Nerve and Russell W. Cooper, 1999）。

④ 马丁·拉瓦雷选择了加权平均相关系数（样本间）为0.30或更高的人格特质；除非另有说明，否则相关系数为正。

通常不会构成税收优惠待遇的理由。如果这些心理因素碰巧与其他感兴趣的变量不相关，那么我们在测度失业的福利效应时就不需要对它们进行控制。解释力会较低，但潜在的心理因素不会影响结果。一些提高福利自我评价的人格特质也与收入呈正相关，与失业呈负相关，这似乎是合理的。上面列出的那些被认为能提升幸福感的性格特征，与人力资源经理在面试求职者时应该注意的事项有很大的重叠。[①] 这是有道理的，因为有证据表明快乐的员工在各种方面都更有效率。[②] 例如，有大量的心理学文献表明，不同的性格特征会影响工人的旷工情况。[③] 其中一些特征与那些被认为影响主观福利的特征明显重叠，比如外向性、责任心和情绪稳定性。[④] 人们还可以推测，某些性格特征既提升了幸福感，但也使被调查者不愿承认自己生病了。言外之意很清楚。例如，在主观福利的回归中，失业在统计学上表现出的巨大影响，可能只是发现了这些被忽略的个性特征。

在其他因素（如收入、健康和家庭规模）的估计影响中也会出现类似的偏差。例如，主观福利数据表明，与使用客观数据的上述方法相比，消费的规模经济更大。在横截面研究中发现的人口影响（特别是在给定人均收入下的家庭规模）并没有被发现是强有力的。[⑤] 文献中的一些研究表明，家庭规模在个人主观福利中的规模经济程度可以很好地反映出潜在的人格效应对被调查家庭人口统计特征的影响。在这个问题上的横截面结果很可能严重偏向于一种潜在的倾向，即本质上更幸福的人拥有更大的家庭。

另一个问题涉及受访者在主观问题的解释上的潜在差异。回归估计假设，在规定的量表上，序数反应变化所依据的基本福利指标的临界值是常数参数，所有被调查者均相同。"尺度异质性"可以定义为这种假设不成立的任何情况（即临界值是特殊的）。如果存在这种异质性，并且它与主观福利回归中的协变量相关，那么从文献中发现的回归可以得出关于潜在福利函数的有偏推论。除了对回归者可能内生性的更常见的担忧之外，这一担忧还引来更多关注，回归者可能的内生性与主观福利的潜在连续变量中的误差项产生了相关性；参见本节前面关于预测福利指标的讨论。

对主观问题中此类系统测度误差的关切，促使一些观察人士提醒不要将其用作因变量。玛丽安·贝特朗和森德希尔·穆莱纳桑（2001，第70页）的结论是："由于测度误差可能与解释性变量存在因果关系，因此不能合理地将主观变量用作因变量。"[⑥] 这否定了许多过去和潜在的使用主观福利问题的应用。

---

① 见小威廉·达里蒂和亚瑟·戈德史密斯。Darity, William, Jr., and A. H. Goldsmith. 1996. "Social Psychology, Unemployment and Macroeconomics." *Journal of Economic Perspectives* 10: 121-140.

② 罗伯特·弗兰克（Robert H. Frank, 1985）回顾了证据，Frank, Robert H. 1985. *Choosing the Right Pond: Human Behavior and the Quest for Status*. New York: Oxford University Press.

③ 蒂莫西·贾奇等人（Timothy A. Judge et al., 1997）和杰西·萨尔加多（Jesus F. Salgado, 1997）。

④ 见德·奈特和罗素·库珀（1999）。

⑤ 例如，见马丁·拉瓦雷和迈克尔·洛克辛（2002）关于俄罗斯使用面板数据的研究。

⑥ Bertrand Marianne, and Sendhil Mullainathan. 2001. "Do People Mean What They Say? Implications for Subjective Survey Data." *American Economic Review* 91 (2): 67-72.

但这样的负面评价真的有道理吗？可以公平地说，系统规模异质性的潜在问题只不过是在进行主观福利比较的大量实证文献中受到关注而已。对大量论文研究结果进行调查，发现对主观福利进行回归分析时，甚至没有提到由于尺度上的系统性差异而产生偏差的可能性（尽管它注意到对一些回归者可能的内生性）。[①] 布伦诺·弗雷和阿洛伊斯·斯塔特勒（2002）的权威调查报告反映了一种似乎已被广泛接受的观点，该报告指出了自评福利反应中的规模异质性范围，但认为这并没有使此类数据的回归模型失效。[②] 鉴于上述对偏差的关切，这一说法很难基于先验理由进行辩护。忽视这一问题（听从弗雷和斯塔特勒的建议）或放弃主观贫困/福利回归似乎为时过早，因为目前只知道可能存在偏差（听从伯特兰和穆拉尼坦的建议）。

最近的一系列研究试图揭示主观福利回归对这些问题的稳健性。一项研究利用俄罗斯的面板数据试图消除潜在的个性特征的影响，这些特征在他们的模型中被解释为叠加效应（additive effect）[③]（关于面板数据，回顾专栏 3.7；第 8 章将更深入地探讨面板数据的使用）。研究发现，过去的面板数据大大高估了失业带来的福利损失，这可能是在收集潜在的人格特征。尽管如此，研究人员仍然发现，控制着收入损失的失业会导致福利损失。

在一些关于健康状况、政治绩效和工作满意度的主观数据研究中，要求调查对象在相同的量表上放置假设家庭或情况的小短文（vignettes）来解决对尺度异质性的担忧。[④] 遵循这一方法，人们对使用小短文研究主观福利的参照系效应（frame-of-reference effects）的潜力很感兴趣，并利用数据提供了各种试验，以混淆尺度异质性的影响。[⑤]

到目前为止，利用小短文进行的研究已经发现了相当大的尺度异质性，以至于标准的主观贫困指标不再可信。[⑥] 专栏 3.20 进一步讨论调查结果。从更积极的角度来看，忽略尺度异质性的主观福利回归结果仍然与解决尺度异质性的结果非常相似。因此，这些结果表明，在使用原始的主观福利和主观贫困数据时，尺度异质性是一个严重的问题。尽管如此，人们似乎可以从用作因变量的这样的数据中学到一些有用的东西，在这种情况下，除

---

① 所指的调查由保罗·多兰等人（2008）进行。一些论文对主观福利的有序反应进行线性回归，而不是非线性模型（其中有序问题是最流行的选择）。常数标度的假设在有序问题中是明确的，但这个问题显然仍然存在于线性模型中。

② Frey, Bruno, and Stutzer, Alois. 2002. “What Can Economists Learn from Happiness Research?” *Journal of Economic Literature* 40: 402-435.

③ 见马丁·拉瓦雷和迈克尔·洛克辛（2001）。

④ 伊丽莎白·金等人（Elizabeth King et al., 2004）、加里·金和乔纳森·万德（Gary King and Jonathan Wand, 2007）设计了在中国和墨西哥关于政治绩效的异质参考尺度上建立共同点的简洁描述。尼古拉·克里斯滕森和爱德华·约翰森（Nicolai Kristensen and Edvard Johansson, 2008）在锚定工作满意度的主观尺度时使用了简洁描述。阿里·卡普坦等人（Arie Kapteyn, 2008）使用简洁描述比较美国和荷兰受访者的生活满意度。巴戈·杜瓦等人（Bago d'Uva, 2008）用于修正偏差的自评健康数据。

⑤ 见凯瑟琳·比格尔等人（Kathleen Beegle et al., 2012）使用塔吉克斯坦的数据。马丁·拉瓦雷等人（2015）利用危地马拉和坦桑尼亚的简洁描述进一步扩展了分析。

⑥ 见凯瑟琳·比格尔等人（2012）和马丁·拉瓦雷等人（2015）。

了假设恒定的尺度之外别无选择。因此，比起作为直接福利数据，主观数据用于研究福利各维度之间的权衡（尤其是当这包括非市场商品时）可能更有价值。在下一章中，我们将回到利用主观数据确定贫困线的问题上。

专栏3.20 你认为自己如这个家庭一样穷吗?

塔吉克斯坦、危地马拉和坦桑尼亚的调查对象被提出了以下问题:“想象一下一个六级阶梯量表，位于最底层即第一级阶梯的是底层的人，位于最高层即第六级阶梯的是富人。如今你在哪一级?”然后他们得到了4个风格化家庭的小短文。要求被调查者将这些家庭中的每一个放入同一个六级量表。然后他们又被问及自己的福利问题。以下是描述最贫穷家庭的小短文。

塔吉克斯坦:“*A*家庭只能在非常特殊的场合吃肉。在冬季，他们只能部分加热家中的一个房间。他们负担不起孩子完成中等教育的费用，因为孩子们必须工作以帮助养家。当孩子们能够上学时，他们只能穿着旧衣服和旧鞋子去上学。寒冷的月份，家里没有足够的保暖衣物。家里没有农田，只有自家的菜地。”

危地马拉:“卡斯蒂略一家住在土坯房里，只有一个房间，没有厕所。这房子没有电也没有自来水。一家人吃豆子和玉米饼，但永远买不起肉、蛋。”

坦桑尼亚:“约瑟夫/约瑟芬一家有6口人——3名成人和3名儿童，住在以河流为主要水源的泥房子里。其中一个孩子在上小学。没有一个成年人识字。这个家庭没有土地，靠为一个大地主做临时农活维持生计。他们一天只吃一顿饭，很少吃肉或鱼。这家人没有家具，睡在地板上。”

这项研究发现，14%的塔吉克斯坦受访者含蓄地认为，自己的境况并不比上述那个家庭更好（即他们将该家庭置于自己所处地位或之上）；相比之下，只有7.5%的人把自己放在最底层。因此，穷人之间在尺度上存在相当大的异质性。在危地马拉的调查样本中，32%的受访者的生活并不比上面最贫穷家庭的小短文所描写的更好。这更接近于仅基于主观福利回应的25%的贫困率。在坦桑尼亚，有25%的样本把自己的福利水平放在高于或低于上述那个家庭的水平。

延伸阅读：马丁·拉瓦雷等人（2013）。

3.4 三个原则

本章强调，为测度贫困而对个人福利进行评估需要价值判断，而且在许多重要方面数据总是不够充分。认识到这一点，我认为，三个原则可指导在实践中做出的测度选择。

原则1：努力成为福利空间上的绝对主义者

该指导原则是，对贫困的评估在个人福利空间上始终应该是绝对的。这可以看作是测度贫困的任何经济方法的基础。根据这一定义，贫困测度必须符合一个合理界定的个人福利概念。问题主要与我们所说的“福利”有关。福利有不同的概念性方法，尽管人们常常可以在主要学派的思想之间找到一个共同点。可以说，可行能力是绝对的，但它们也是多维的，与权衡相关时，需要在功能上定义一个效用函数来进行评估。在某种程度上，私人提供的商品和服务的消费作为福利的一个决定因素，仍然发挥着重要作用。私人消费作为唯一福利指标的局限性也得到了充分认可。例如，人们普遍认为，还应考虑获得公共提供的商品。

在遵循原则1时，核心问题是为测度贫困而对福利进行人际比较的问题所带来的信息。一种尊重对商品偏好的方法通常更倾向于对消费总量的测度，通常是通过使用其价格（可能是针对家庭的）对消费量进行汇总来获得。有多个效用函数（具有个体特征的变化）可以在这些函数的预算约束最大值下产生相同的消费组合。作为福利的直接创造者，可行能力观方法利用了与人们能做什么和不能做什么相关的更广泛的信息。但这里也有多个指数符合这个想法。所以仍然需要价值判断。

原则上，人们可以考虑一种包容的福利主义方法，这种方法在对福利进行人际比较时能够考虑到潜在的广泛因素，而不是对市场商品的支配。在理论上，人们还可以假设广义福利概念的价值指标，这可以定义为一个人在某些固定的参考特征下需要的收入，以达到她实际的福利水平，这是由她的实际收入和个性特征决定的。在实施过程中，总是需要外部判断。可行能力的概念可以被看作是福利相关信息的一个额外来源，而不仅仅是单纯从商品消费中就可以学到。这有助于在与观察到的消费模式一致的选项中确定福利指标。

原则2：避免家长式作风

这就要求分析师尊重穷人的显示性偏好。当价格存在时，一个令人信服的情况是用它们来测度商品的消费量，从而形成福利的总指数，尽管有时观察到的价格可能需要调整以恰当地反映消费的机会成本。穷人（或其他人）的非理性主张很难证明。人们听到的主张很可能反映了人们关心什么的过于简单的想法，或者没有认识到人们有时会犯错，或者主张没有考虑到调整的临时成本。既定的选择并不总是信息灵通的，但外界也不掌握完全信息（第10章会讨论信息干预）。举证责任由家长式作风者承担。如果一个人选择将微薄收入中的一部分自由地花在某个外部观察者并不偏爱的购物清单上，那么尊重个人的话就要求我们质疑这个清单。我的前提是，该人比任何人都能更知道自己需要什么。如果现有市场运作良好（特别是人们可以买或多或少他们想要的东西），那么市场价格存在时，就应该被用于估价。如果对选择的数量没有任何约束（超出预算约束），理性的消费者会将自己的估值与相对价格等同起来。

这就迫使我们必须将贫困和不平等指标建立在对商品总支出进行合理全面测度的基础上，并对价格和家庭规模以及（可能）商品构成的差异进行适当的标准化。非福利主义的方法通常很少提供关于福利的多个方面应该如何汇总的实践指导。事实上，市场价格常常被忽略，即使它们是可用的。① 这是危险的，因为它可能造成外部观察员对穷人福利如何变化的评估与这些人自我评价之间的不一致。在我看来，对于不在估值中使用市场价格，从业者（市场经济中的从业者）需要有一个充分的理由。它们可能不适用于汇总目的（由于对选择的限制），但它们不应被忽视。

原则 3：认识到数据的局限性

我们已经看到，对市场商品的偏好并不能为不同特征的人之间的福利比较提供足够的信息。我们需要借鉴其他数据。在这里，作为效用与商品之间的中介空间，能力的概念（intermediate space）具有很大的吸引力。有时，关于能力的信息可以有效地指导贫困指标的校准，例如当它以达到正常活动水平的营养需求为基础时。在贫困测度之外，经常会出现需要其他信息的情况。这通常包括获得关键的非市场商品的数据，例如，获得公共服务的数据和家庭内部不平等的指标，这些不太可能在住户调查中得到（下一节将进一步讨论）。

原则 3 不是事后诸葛亮，而是关键点，尽管在测度贫困的标准方法中有时会忘记这一点。我们应该始终意识到所使用的指标的局限性，并谨慎地依赖单一指标。从对商品消费的足够全面的测度中，我们可以学到很多关于生活水平的知识。但是，福利的一些相关方面并没有在这项指标中得到反映。这表明，有必要用其他指标来补充基于家庭消费分布的贫困指标，这些指标确实有更好的机会找出遗漏变量，如获得公共服务和家庭内部不平等。

---

① 萨比娜·阿尔基尔和詹姆斯·福斯特的贫困指标（Sabina Alkire and James Foster，2011）和马丁·拉瓦雷的评论（2011b）。第 5 章将进一步讨论合成指标。

第4章　贫困线

贫困线有描述性和规范性作用，前者是关于时间和空间上的贫困比较，后者可为制定反贫困政策提供依据。甚至在用于描述目的的贫穷指标出现之前，就有人试图基于政策目的来界定，在特定情形下被视为贫困的最低收入的合理构成。事实上，这种“贫困线”的基本概念是应用经济学中最古老的概念之一，至少可以追溯到18世纪，如斯宾汉姆兰反贫困法令（*Speenhamland Antipoverty Policy*，见第1章）。

贫困线的经济学解释是：在不同地区或不同时期达到一定的经济福利水平或“生活水平”的成本。生活成本（cost-of-living，COL）指数和等价尺度（equivalence scales）对固定参考标准的选择的依赖性是很好理解的（我们在第3章了解过）。贫困线的关键在于，它指的是不被视为“贫困”的最低经济福利水平。这一点既可以客观地确定，即由观察者根据数据确定，也可以主观地确定，即基于人们对社会中构成贫困的因素的看法。我们将在4.2节中考虑客观线，在4.3节中考虑主观线。但这里我们先要回顾一下过去关于贫困线的争议。

4.1　关于贫困线的争议

当今几乎所有人都听说过贫困线的概念，对它所代表的生活水平也各有自己的看法。贫困线确实是存在的，但对生活在贫困线上意味着什么，人们看法不一。

现在人们已经普遍同意：贫困线不是“生存线”。不可否认的是，当各种商品（食品、衣服和住所）的消费水平低于生存线时，就会对人们的短期生存构成威胁。但是，在大多数社会，包括一些最贫穷的社会，“贫困”是什么的概念远超过了最低生存所需的绝对限度，确定贫困线的参考性生活标准几乎从来不是社会的最低生活水平。

有些学派完全反对使用贫困线，他们认为，一个人的生活水平即便是稍微低于“贫困线”，也不会比稍微高于贫困线的人糟糕多少。但是，人们不必相信，任何可观察到的福利指标都存在一个飞跃（用数学术语来说是不连续）来证明这条线的合理性。回顾第 3 章，在进行福利比较时，不可避免地需要外部道德判断。外部观察者判断某个特定社会的一个或多个关键水平上的福利存在质的差异是完全合理的。贫困线可以被视为是平常的社会判断，其有效性不亚于一个人对不平等的厌恶。

看上去似乎每个人都有一个关于“贫困”的概念，即便他们并没有认识到福利水平的不连续性。调查结果表明，在特定的社会和时期里，总存在一个特定的收入水平，如果个人收入水平高于此，人们倾向于认为自己不是“穷人”，若低于此，则是穷人。这一点常被称为“社会主观贫困线”，这是一个非常重要的概念，我们将在本章第 4.3 节中讨论。

设定明确的贫困线有助于将公众的注意力和行动集中到穷人的处境上。正如我们在第 1 章所了解到的，20 世纪初在英国、美国和其他地方出现的各种贫困线（在朗特里、布思、亨特以及其他人的研究中）帮助许多富裕的人了解到有些人的生活是多么贫穷，这有助于采取行动来减少贫困。同样地在现代，任何人都可以相当容易地理解穷人的物质生活是多么俭约，他们每天的生活费用不足 1 美元。这就使人们注意力集中在物质匮乏之上。在计算有多少人生活在贫困线之下前，设定贫困线就被视为制定具体的反贫困政策的一个有用步骤，正如 1795 年的斯宾汉兰德制度。

一些观察者还对设定贫困线所需的判断感到担忧。[①] 然而在这方面，贫困线与应用经济学中的许多其他观点并无本质的区别。实际上，选择一组参考商品来设定贫困线，与选择一组参考商品来设定消费者价格指数（CPI）一样，本质上都不是一种武断的判断。但那些认为贫困线的设定武断的人中，很少有人会以同样的理由拒绝使用 CPI。更普遍地说，无论在理论上还是在应用上，所有的福利测度（包括生活成本指数）都需要对所参考的家庭特征和价格进行判断，以便从根本上确定测度的尺度（ruler），这就是所谓的“参考问题”。[②]

另一个经常争论的问题是，贫困线应在多大程度上尊重穷人自己的偏好。在第 3 章关于福利测度的讨论中，我们就已经提到这个问题。在假定贫困家庭最懂得如何使用其稀缺资源的前提下，我们应该关注他们所面临的资源总量的约束。实际上，这意味着我们关注的是他们的总收入或总支出，而不是他们在卡路里上的支出。在讨论贫困线时也面临同样的问题。如果穷人最清楚状况，那么我们用来构建贫困线的消费组合的构成应符合他们的消费行为。这种方法排除了所谓的家长式贫困线（paternalistic poverty lines）。后者的一个例子是，将一系列规范性的“基本需求”成本相加，得到某条线 Z，而不考虑在同一情

---

① 例如，一本关于经济学的本科生教科书指出（参照贫困线）：“批评者认为，定义一大堆必需品是一项无望的任务。”见卡尔·凯斯等人（Karl Case et al.，2012，第 375 页），Case，Karl，Ray Fair，and Sharon Oster. 2012. *Principles of Microeconomics*. 10th edn. Boston：Prentice-Hall.

② 见马丁·拉瓦雷（2012c）。

境下支出约为 Z 的人是否会以类似方式分摊其预算。

当价格发生变化时，这个问题就变得尤为重要。家长式贫困线不能保证处于贫困线的人从价格变化中获利（受损）时，贫困人数会下降（上升），这是因为家长式贫困线没有重视与贫困家庭的选择相一致的价格。

以下将集中讨论在实践中设定贫困线的主要替代方法。首先值得注意的是，这些研究方法的共同点是，将货币性贫困线固定在福利的一个明确的非货币指标上。专栏 4.1 说明了常用的回归方法，这些方法试图以各种方式将一些福利指标的信息引入贫困比较中来。

***专栏 4.1　通过福利回归设定贫困线**

本章所述及的许多方法可以用以下通用公式表示。假设家庭或个人 i 的福利指标是 W_i，它取决于（比如）对数家庭收入 Y_i 以及其他与福利相关的特征 $X_{ki}(k=1, \cdots, K)$。把它写成一个简单的线性回归模型：

$$W_i = \alpha + \beta\ln(Y_i) + \gamma_1 X_{1i} + \cdots + \gamma_K X_{Ki} + \varepsilon_i (i=1, \cdots, N)$$

这里，参数 β 取正，在给定回归方程取值的情况下，假设误差项 ε_i 具有零均值特性。福利测度的文献中提供了关于福利 W_i 的许多解释，它可以用来表示食品份额、营养状况或主观福利。

我们现在要问：我们应该如何将货币收入平减，使之成为一个用 $E(W_i)$ 表示的有效的测度预期福利的指标？答案是很明显的：我们找到了确保福利指标处于固定水平的贫困线。通过将上述方程式中的 W_i 设为固定的参考水平 $\bar{W}^z$，然后通过如下方程求解贫困线 Z_i：

$$\bar{W}^z = \alpha + \beta\ln(Z_i) + \gamma_1 X_{1i} + \cdots + \gamma_K X_{Ki}$$

求解结果为：

$$\ln(Z_i) = [\bar{W}^z - \alpha - \gamma_1 X_{1i} - \cdots - \gamma_K X_{Ki}]/\beta$$

现在我们看到，通过这些贫困线来缩减货币收入将确保我们对福利指标 $E(W_i)$ 的预期价值有一个准确的货币度量，需注意的是：

$$\ln(Y_i/Z_i) = [E(W_i) - \bar{W}^z]/\beta$$

由于 $\bar{W}^z$ 是一个常数，并且假设 $\beta > 0$，我们看到 $\ln(Y_i/Z_i)$ 只不过是预期福利的一个变形。

这仍然存在一个问题，即如何设定 $\bar{W}_z$。尽管在“W 空间”比“Y 空间”更容易做出判断，但这仍然需要一个主观判断。例如，我们可能会关注良好健康和正常活动所规定的营养需求，或者我们可能会关注一些主观范围内的问题，比如“我的消费足够了”，对其他选择的稳健性应该一直进行检验。

4.2　客观贫困线

本章设定贫困线的一个思路是将其视为平减指数（deflater），以考虑达到参考性生活水平的成本差异。生活成本在某些子群中通常会有所不同，例如大家庭和小家庭，生活在城市和农村地区的家庭。任何福利比较，包括贫困或不平等的测度，显然都需要将名义消费或收入标准化，以便获得这些生活成本差异的实际值，[①] 这在应用经济学中被广泛理解。贫困测度的独特之处在于，标准化是以一个在特定背景下不被视为“贫困”的参考性生活水平为基础的。当然，任何关于生活成本差异的平减指数都必须有一定的（隐性或显性）参考，因此贫困测度在概念上并没有什么不同。真正不同的是在决定“贫困参考”时应该使用的数据类型。

基本需求贫困线

定义贫困线的一个常见方法是从确定某些基本消费需求开始，这些需求被视为与贫困比较领域（即基本需求组合）相关。最重要的基本需求显然是维持正常活动水平所需的食品能量摄入所要求的食品支出，然后再加上非食品支出。

这种方法可以从经济学角度加以解释。从理论层面上来看，设定福利贫困线需要两个步骤。首先，确定一个参考效用水平，即贫困线所能达到的效应水平。其次，在特定环境下，如“X 国的农村地区”，确定达到该效应水平的成本。从名义消费上来看，贫困线是消费者成本函数上达到参考效用的点，而消费者成本函数通常是指达到任何给定效用水平所要求的最低支出。[②] 基本需求组合是以现价达到贫困线效用水平的组合。从经济学的角度来说，该组合必须在效用不变的需求函数中找到，如专栏 4.2 所示。

---

①　查尔斯·布莱克贝和唐纳德·唐纳森（Charles Blackorby and Donald Donaldson，1980，1987）的“福利比率”。

②　在更正式的术语中，用 $c(p, x, u)$ 表示当面对价格 p 时具有特征 x 的家庭的效用水平 u 的最小成本；那么 $z = c(p, x, u_z)$ 是对应于固定效用贫困线 u_z 的价值贫困线。

专栏 4.2　贫困消费组合的经济学解释

回顾专栏 3.1，可以很容易地看到，沿着同一条无差异曲线移动时，食品和衣服的消费量是如何随着相对价格的变化而变化的，如图 4.1 所示。

考虑两个效用水平相当但食品相对价格不同的贫困消费组合，A 和 B。假定 $A(Q_F^{*A}, Q_F^{*C})$ 代表农村地区的消费组合，此时食品相对便宜，那么 B 则为城市地区的消费组合。很明显，如果相对价格不同，一个贫困消费组合就不可能是正确的。只要存在着替代能力（如图 4.1 中的无差异曲线所示），贫困消费组合就必须随价格而变化。此时贫困线就是适当组合的成本。对于消费组合 A 来说：

$$Z^A = \sum_{j=1}^{m} P_j Q_j^{*A}$$

消费组合 B 也可以写一个类似的方程式。

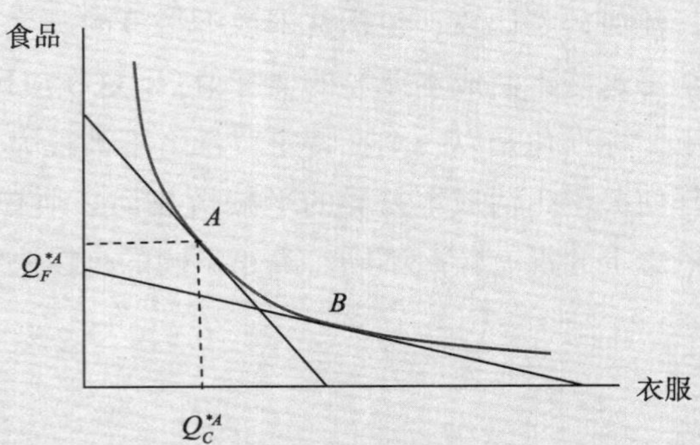

图 4.1　贫困消费组合与相对价格变化

进一步将上图的关系转换为一般的数学关系，假定有 m 种商品，Q_j^* 被称为补偿效用需求，即在价格 P_1，P_2，…，P_m 下达到贫困效用水平时，所需的消费量（之所以将其称为“补偿效用”，因为这是在给定效用水平上能满足消费者的需求）。

当贫困线是上述补偿效用需求的价格加权之和时，那么对应于被视为贫困的效用水平，这条线自然也就是达到该效用水平的最低支出。此外，如果一个人的实际支出低于 Z，那么这些支出的效用水平就低于贫困时的效用水平。

历史追溯：约翰·希克斯对经济学的众多贡献之一是他在 1939 年的《价值与资本》一书中提出的“补偿效用需求函数”（utility-compensated demand function），有时也被称为希克斯需求函数。

然而，这并没有很好地解决贫困线的设定问题，而只是将其从消费维度转化为效用维度。在许多测度目的中，福利主义框架并没有明确阐释贫困的含义。如第 3 章（第 3.1

节）所述，我们可以将用非福利主义设定贫困线的方法解释为尝试扩大测度贫困的信息基础，使其涵盖能力指标，即特定价值功能的实现情况，例如获得足够的营养以支持正常活动水平。

维持正常活动水平所需的食品能量需求已广泛用于对贫困线的设定。需求会随个体和时间的变化而变化。① 营养学家已经估算了人们在休息、加工食品及维持各种活动时所需的不同的食品能量。②

用营养学家估算的食品能量需求计算贫困线时，必须对活动水平做出规范性判断。实际活动水平可能会反映贫困情况。最穷的那部分人体重不足，自然会限制他们的活动水平，这似乎也是合理的。在这种情况下，将活动水平（实际上是权重）存在的差异纳入各子群贫困线中显然会导致贫困比较中的偏差，因为在这种比较中，贫困线无法明确地锚定哪些构成了固定的生活标准。

设定了食品能量需求，我们如何才能找到货币化贫困线呢？一种简单的方法是计算那些平均卡路里摄入量达到要求的人的总支出（或收入），这通常被称为食品能量摄入法。第二种方法（也是除了第一种方法外，在实践中最常用的方法）是找到满足食品能量需求和其他营养需求的食品组合，然后计算这一组合的经济成本，从而得出一个食品贫困线，在此基础之上加上非食品需求的支出，即基本需求成本（cost-of-basic needs，CBN）法。

确定消费组合的一种方法是在给定价格下将食品能量需求的成本最小化。但这在实践中存在的一个潜在问题是，可能会产生一种与现有饮食习惯相悖的饮食组合，而这些饮食习惯往往是几个世纪以来慢慢形成的。达到规定卡路里的最低成本可能远低于穷人通常达到该卡路里水平时的支出。即使对大多数穷人来说，获得足够的营养并不是人类行为的唯一动机，当然这也不是食品消费的唯一动机。

一个更好的方法是选择符合当地流行口味的食品类商品组合。一个简单方法是首先设定一个贫困发生率，即生活在贫困线以下的百分比。假定我们一开始将贫困发生率设定为30%。然后，根据家庭支出调查估算的（比如）生活在25%～35%之间的人的消费模式来选择商品组合，当然如果样本量允许的话，还可以选择一个更严格的区间。当保持组合内的所有相对关系不变时，这一消费区间内的实际消费会按比例增加或减少，直到达到规定的食品能量和其他营养需求为止。当然国家间的价格和偏好可能存在不同，地区间的食品消费传统也可能存在差异。为了解决这一问题，我们可以在全国范围内使用各地区消费水平在25%～35%之间的人的消费组合。然后在此基础上，按比例放大或缩小以达到营养标准。

确定了食品组合之后，在理想情况下，还应分别估计处于贫困的每个子群的成本。但

① 关于测度营养不良和贫困的需求变化的影响的进一步讨论，见西迪库尔·奥斯曼（Siddiqur R. Osmani，1987）、那纳克·卡克瓦尼（Nanak Kakwani，1989）、帕塔·达斯古塔和德布拉吉·瑞（Partha Dasgupta and Debraj Ray）。

② 来源是世界卫生组织（1985）、联合国粮食及农业组织（the United Nations Food and Agricultural Organization，2001）提供了关于不同活动水平的具体年龄要求和津贴的更详细的最新情况。

在实践中，我们主要关注的是地区之间特别是城市与农村之间食品价格的不同。统计机构监测城市和农村地区的价格已经成为相当普遍的现象，我们可以利用这些数据构建食品贫困线。当然有了价格，我们还可以计算出每个地区的食品贫困线，再加上非食品需求（使用下面的方法），就可以计算贫困发生率。如果该结果与我们最初设定的20%的贫困率接近，那我们就可以确定贫困线了。但是，如果最初设定的贫困率过高或者过低，那我们就可以在新的贫困线上重复这一做法，直至得到近似结果。根据我的经验来看，这种方法收敛（converges）得相当快。①

在实践中还可以依靠当地的“专家小组”来确定食品和非食品的基本需求组合。该方法在实践中的一个例子是俄罗斯的官方贫困线（见专栏4.3）。

专栏4.3　俄罗斯的贫困线

俄罗斯的官方贫困线是基于专家组的指导，由地方政府决定的特定地区的贫困篮子。专家组在具体确定贫困篮子时审查了地方政府提交的消费者篮子草案，评估了每个地区篮子中的营养组成和非食品的组成，并向联邦政府提出建议。由联邦政府最后决定各地区一篮子商品的组成。

食品篮子是根据不同人群对卡路里、蛋白质、脂肪和碳水化合物的营养需求而定的。不同气候区域的热量需求差异和食品消费模式的地区差异是解释俄罗斯16个地区食品篮子不同的主要原因。例如，成年男性每天的热量需求从北部较冷地区的3030千卡下降到较暖地区的2638千卡，蛋白质和碳水化合物的摄入标准在不同地区也有很大差异。最终食品贫困篮子共包括34个项目，具体项目在不同地区略有差异。例如，北部地区包括鹿肉，而南部地区包括更多（相对便宜的）水果和蔬菜，而以穆斯林人口为主的地区其食品组合中不包括猪肉。

根据俄罗斯的气候条件，分别设定了三个非食品篮子和三个服务/公共事业篮子。非食品篮子提供了六类商品的详细数目。这些分类与食品篮子类似，但不同的是分别为老年男性和女性设定了非食品篮子。服务篮子包括七种主要公共服务的消费标准。食品和非食品篮子均是在个人层面定义的，而服务篮子是在人均基础上定义的。

非食品篮子包括一些个人用品和一些耐用消费品。非食品商品包括了一些特殊项目如衣服、鞋子、笔和笔记本。家庭共用的物品也包括在内，如家具（桌子、椅子、抽屉柜、镜子等），电器（电视、冰箱、钟表），厨房用品（盘子、锅碗瓢盆、银器），以及毛巾、床单、毯子和枕头。非食品篮子中的每一项都有一个大致的使用时间，但在不同年龄和性别群体之间存在差异。

① 马丁·拉瓦雷在20世纪90年代初开发了这种方法，用于世界银行的贫困评估。从那时起，马丁·拉瓦雷或世界银行的同事已经多次使用这种方法，而且马丁·拉瓦雷从未听说过这种方法不能很快地收敛。

服务篮子包括住房费用、取暖费、电费、冷热水费用、煤气费和交通费（在俄罗斯，由于法律规定医疗和教育免费，因此不包含在服务篮子内）。取暖费和电费的标准因地区而异，在较冷的地方费用标准较高。

俄罗斯中央统计局每季度在俄罗斯203个城镇收集196个食品和非食品项目以及服务的一篮子贫困项目的价格信息。每个地区的贫困线是由该地区对应的城市或乡镇的项品数量乘以相应的价格计算得出的。

延伸阅读：俄罗斯的贫困线是根据劳动和社会发展部（Ministry of Labor and Social Development，MLSD，2000）制定的指南来确定的。更多详情请参阅马丁·拉瓦雷和迈克尔·洛克辛（2006）。

在实践中，一种更常见的做法并不是直接确定一整套食品与非食品（如俄罗斯）篮子，而是首先确定一个食品篮子，然后根据达到食品贫困线群体的支出模式，增加与之相对应的非食品支出。这种方法有时被称为恩格尔系数法。这种方法的一种做法是，首先估计每个子群达到规定的食品能量摄入水平的食品篮子的成本，然后将其除以贫困家庭（例如，每个子群中最贫困的20%的人）中的食品支出份额。

该方法的一个变形由美国的莫莉·奥珊斯基（1965）提出，我们已经在第2章（专栏2.5）中提到过。奥珊斯基首先设定了达到预期营养需求且成本最低的食品篮子，然后用（穷人和非穷人的）平均食品份额将其平减，从而得出总体贫困线。这成了美国官方贫困线的基础，在撰写本书时（2014）美国的官方贫困线仍是据此确定的。然而，人们对这一贫困线存在诸多不满。这并不令人奇怪。的确，奥珊斯基的方法能够延续这么长时间是值得称赞的。但不断有人呼吁更新这一方法，使之更符合当前的生活水平和消费模式，也有人呼吁对收入进行更广泛的定义，使其包含政府福利。专栏4.4总结了这些争论。

专栏4.4 对美国官方贫困线的不满及新标准

回顾专栏2.5，批评美国官方贫困线的人士指出了一些问题。利亚纳·福克斯等人（Liana Fox et al.，2013）对此进行了很好的总结：①

官方贫困标准（official poverty measure，OPM）使用过时的且可能无法根据不同类型的个人和家庭（特别是有孩子和老人的家庭）的需求进行适当调整的阈值，从而低估了贫困的程度。同时，它又夸大了贫困的程度并低估了政府政策的作用，因为它没有考虑到几种重要的政府福利……这些福利不计入现金收入。由于这些不足或其他不足，官方的贫

① Fox，Liana，Irwin Garfinkel，Neeraj Kaushal，Jane Waldfogel，and Christopher Wimer. 2013. "Waging War on Poverty：Historical Trends in Poverty Using the Supplemental Poverty Measure." Paper presented at the Association for Public Policy and Management（APPAM）Conference，Washington，DC，November 8.

困统计数据不能准确地描述贫困情况，也不能准确描述政府政策在消除贫困方面的作用。

美国人口普查局（US Census Bureau）制定了一项新标准来试图解决这些问题，这项新标准被称为贫困补充标准（supplemental poverty measure，SPM）。它提供了一个更高的总体阈值，但总收入更加全面，包括实物（而非现金）福利。净效应的结果表明，此时整体贫困率略有升高，2012 年的贫困率由 OPM 下的 15.1%上升到 SPM 下的 16.0%。但不同群体贫困率的变动情况不同，儿童贫困率由 OPM 下的 22.3%下降到 SPM 下的 18.0%，而老人的贫困率不降反升，由 9.1%上升到 14.8%（见凯瑟琳·肖特，2013）。

新标准为美国的官方贫困线引入了一定程度的相对方法。传统上，美国的官方贫困线遵循的是一种绝对方法，即贫困线只根据通货膨胀进行更新。新标准受到了奇特罗和迈克尔（Constance Citro and Robert Michael，1995）的影响，他们建议美国的贫困线应与当前食品、服装和住房支出的中位数挂钩。这显然会产生对平均数具有正弹性的贫困线，但考虑到这些商品往往是必需品，弹性将小于 1。但是这种做法的一个问题是，不清楚为什么相对贫困只适用于必需品，人们可能期望在美国这样的国家社会包容性需求会超出必需品的范围。

一个重要的变化是，新标准允许对反贫困公共项目的影响进行一个看似简单的核算。如果没有这些项目，2012 年的贫困率将从 16.0%上升到 30.5%（维克托·福克斯等人，2013）；由于直接干预，贫困率下降了 14%。

新的贫困数据还表明，如果没有这些反贫困公共项目，美国的贫困率会上升更多。然而，所谓的美国计划对贫困的影响忽略了行为反应，即我们在专栏 1.4 中提到的激励效应，这种效应至少在 18 世纪就被广泛讨论过，并一直延续到今天。维克托·福克斯等人报告的计算过程将公共项目所得收入从总收入中减去，然后重新计算了贫困指标。虽然我们经常听到反贫困项目激励效果的夸大说法（如第 1 章所述），但也很难相信它们完全不存在。至少在某些时候或对失业率较低地区的贫困人口来说，例如通过劳动力的供给，肯定会在一定程度上存在。

美国贫困线的修订是受欢迎的，但在捕捉相对贫困方面仍然相当有限，显然需要对公共项目的影响进行更多的研究。第 10 章再具体讨论这个问题。

延伸阅读：关于官方贫困线的评论见奇特罗和迈克尔（Constance Citro and Robert Michael，1995）[①] 以及布兰克（Rebecca M. Blank，2008）[②]。关于贫困补充标准，见凯瑟琳·肖特（Kathleen Short，2011）。

① Citro, Constance, and Robert Michael (eds.), 1995. *Measuring Poverty: A New Approach*. Washington, DC: National Academy Press.

② Blank, Rebecca M. 2008. "How to Improve Poverty Measurement in the United States." *Journal of Policy Analysis and Management* 27 (2): 233-254.

美国奥珊斯基贫困线（Orshansky poverty line）是恩格尔系数法的一个例子，其中贫困线的非食品部分是根据食品支出确定的。奥珊斯基假设食品占1/3，所以总体贫困线就等于食品贫困线乘以3。这种方法不能保证得到的贫困线在进行贫困比较时（空间或时间上）具有稳定的实际价值。由于不同子群或不同时期的平均实际消费或收入存在差异，贫困线（食品和非食品的组合）的购买力差异也就可以明显地显现出来。那些消费或收入越高的人往往食品份额越低，此时得到的贫困线就越高。但是，在给定生活水平下，如果在某些地区被视为贫困，在其他地区却被视为非贫困，这就可能会存在矛盾。在没有更好信息的情况下，可能使用固定的食品份额会更好一些。

正如美国官方贫困线那样，奥珊斯基所用的方法也可以有所改进。可以将非食品支出调整为食品需求行为的回归模型。基本思路是考察那些刚好能够达到营养需求但选择不这样做的家庭，或者那些实际的食品支出等于食品贫困线的家庭，在非食品上的支出。① 前者的非食品需求支出可以被视为是一个合理的下限；这里的基本逻辑是，凡是达到食品贫困线的人为了非食品商品而放弃的食品消费都必须被视为必需的非食品商品，尽管可能还有其他必需的非食品商品。除此之外，有一部分家庭尽管其营养需求并没有得到充分满足，但在非食品上支出可能较大。所有这样的家庭不一定都被认定为“贫困”。在任何给定的预算水平上，支出模式也会有一些差异，比如由于测度误差或偏好的差异。考虑到这种异质性，一个更合理的方法是考察：一个总支出仅能达到食品贫困线的家庭或食品支出等于食品贫困线的家庭，其非食品支出平均是多少？这种方法用现成的数据通常可以很容易地实现。专栏4.5更详细地介绍了该方法。

专栏4.5 根据食品需求函数确定非食品贫困线

设 $C^F(C)$ 表示总支出为 C 的家庭食品支出的平均水平（C^F），具体关系可由图4.2中的曲线表示。假设我们已经设定食品贫困线，用 Z^F 表示。非食品需求支出的一个看似合理的下限是，那些总支出刚好满足其必需的食品需求，但却选择将一部分收入转移到非食品需求的支出，可用 $Z^F - C^F(Z^F)$ 表示。然后，我们可以将 Z^F 和非食品支出相加，得到总贫困线 $Z_L = 2Z^F - C^F(Z^F)$。

显然，这是非食品需求的最低限额，因为它是舍弃部分必需的食品需求而获得的非食品支出。一个更高的支出是看那些实际食品支出等于 Z^F 的人的非食品支出。这一水平的非食品支出是通过 $C = Z^F$ 时的点 $C^F(Z^F)$ 来获得的，如图4.2所示，得到 Z_U。

假定人们都知道如何最好地分配其收入，此时高贫困线 Z_U 与贫困线的消费行为一致是一个非常吸引人的特征。面对高贫困线的这一优势，恩格尔曲线很可能改变它的偏

① 马丁·拉瓦雷（1994b）概述了这种方法，这种方法在发展中国家得到了广泛的应用。

好和相对价格，但是这种改变并不保证与不同贫困线下获得的同等福利水平相一致。

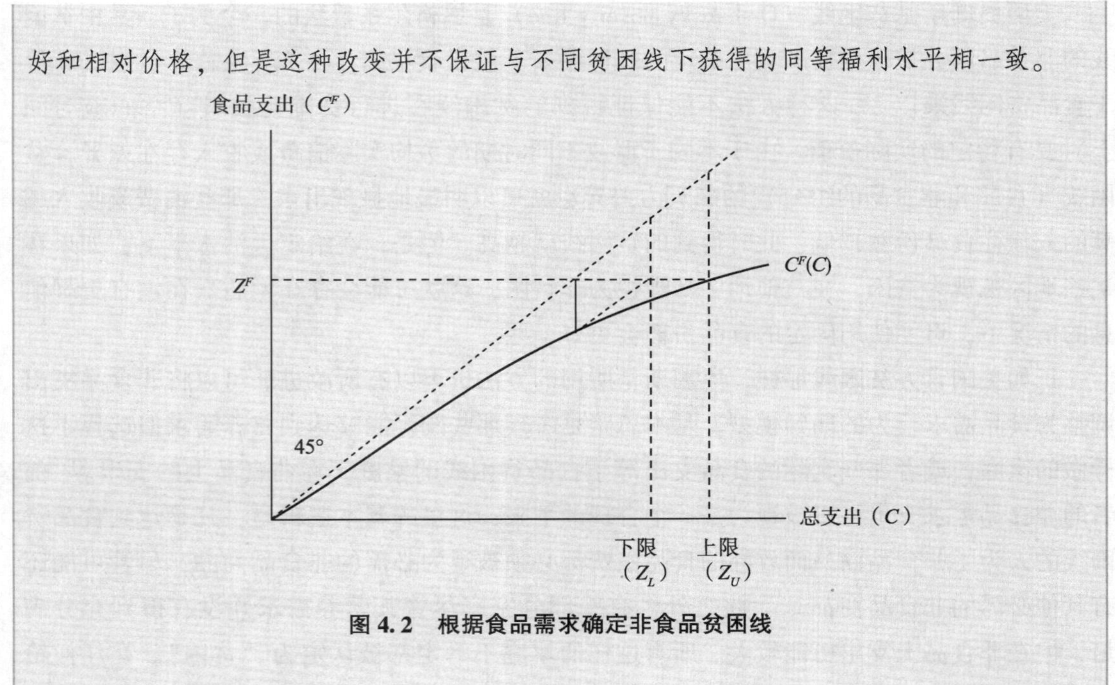

图 4.2　根据食品需求确定非食品贫困线

明确考虑那些非穷人所应具备的规范性功能也有助于确定非食品构成（回顾第 3 章对“可行能力方法”的讨论）。实际上，这种想法常常被付诸实践（尽管没有明确提及“功能”，但在专栏 4.3 所述的俄罗斯贫困线中似乎隐含了这一概念）。从概念上讲，人们可以尝试在测度生活水平时，考虑做各种事情的能力（例如充分参与社会，在绝对贫困比较时尤为重视），来证明在城市地区使用比农村地区更高的实际贫困线是合理的。另外，实现这些能力所需的商品是相对的，而且会随地区变化。为了解这一观点对确定贫困线的可能影响，假设我们主要关心两大功能：第一是获得足够的营养以维持健康，第二是充分参与社会活动。二者都需要食品，以维持健康的体重和参与必要的社会活动。这种食品需求并不难以测度，且城市与农村之间实际的食品消费水平变化不是太大。

然而，贫困线中的非食品部分就不是这样了。可以肯定地说，在城市地区要想达到与农村同样的绝对生活水平，就需要有一个更高的非食品商品组合。例如，在城市中要想获得同样的有尊严的社会参与能力，在衣服、住房和交通上的花费肯定要比农村高。这一观点通常会导致人们倾向于采用食品份额法，即食品份额差别不大，非食品支出则根据穷人的食品份额而有所不同（相比之下，食品能量方法中，城市地区的食品支出往往要高很多）。然而，如果我们稍微扩大基本能力的范围，那么是否应在城市地区设定更高的贫困线就不再清晰了。例如，若考虑到在生病时获得医生帮助的能力，那么此时在农村地区成本可能要高得多，因为那里医生的密度较低。在一个缺乏公共产品的地区，设定更高的消费贫困线是有充分理由的，尽管在实践中很少这样做。①

随时间推移而更新贫困线

贫困线随时间而更新主要有两种方法：第一种是在报告期重复利用基期的方法，第二种是使用可获得的最优价格指数（如专栏4.4所述的美国官方的贫困线）对贫困线进行平减，以应对期间的通货膨胀。但在实践中发现一些贫困线只有一种方法可选择，例如强相对贫困线。对于绝对贫困线，我们在本节中使用恩格尔曲线来研究方法选择对结果的重要性。

撇开数据问题不谈，如果研究的目的是对一段时间内的绝对贫困进行比较，那么通常认为第二种方法更可取。原因在于重复基期的计算很可能会产生与恩格尔曲线变化类似的贫困线实际价值存在一些偏差的问题，例如由于相对价格或偏好变化而导致的偏差。

这里有两个重要的说明事项：首先，消费者价格指数（CPIs）在贫困线的时间调整上并不总是可靠的。主要问题是标准的CPI往往是以中等收入或城市支出模式为基础的，这就意味着，在更新贫困线时，食品的份额过低。最好的方法是按组成部分使用CPI，特别是有单独的食品和非食品CPI时，这就相当于对CPI重新加权，以符合贫困线的支出模式。在（非常罕见的）一些情况下，CPI数据容易受到政治操纵的影响。② 另一个问题是CPI可能无法充分反映经济的变化。例如，由于公共部门的改革，之前的一些公共产品变成了私人商品，此时消费者面临的价格可能会大幅上涨，但这些变化可能不会反映在CPI中。

其次，对于专栏4.5中讨论的设定高贫困线中的基本需求线，可以通过重复使用基期的方法来进行先验论证，以便随时间进行更新。让·朗茹和彼得·朗茹（Jean Lanjouw and Peter Lanjouw，2001）表明，这种更新方法确保所得到的贫困测度是稳健的，能够应对因调查工具的变化而引起的食品组合内部的变化。③ 这一稳健性结果是引人注目的，在考虑测度可比性时，使用上界恩格尔曲线法（upper bound Engel curve method）是一个很有说服力的例子。

贫困线的显示性偏好检验

回顾一下，福利领域的绝对贫困线要求总人口中每个子群都有一个货币化贫困线，即（人际可比较的）一般福利水平的货币成本。假设我们遵循经济学的方法，用商品的效用

① “城市偏向”严重的（许多）发展中国家，见迈克尔·利普顿（1977），将导致人们在农村地区设定更高的贫困线，Lipton，Michael. 1977. *Why Poor People Stay Poor：Urban Bias and World Development*. London：Temple Smith.

② 一个著名的例子是2007年以来的阿根廷，见《经济学人》(2013)。官方CPI中引入的偏差对阿根廷的贫困率有很大影响；虽然政府对城市人口贫困率的估计为5%，但阿根廷教皇天主教大学计算出，一旦纠正了CPI中的偏差，贫困率为27%。

③ Lanjouw，Jean，and Peter Lanjouw. 2001. “How to Compare Apples and Oranges：Poverty Measurement Based on Different Definitions Of Consumption.” *Review of Income and Wealth*，47 (1)：25-42.

函数来定义“福利”。那么收入贫困线就可以被解释为在“效用一致性”下达到不被视为贫困的最低临界效用水平的货币尺度。

然后，借鉴保罗·萨缪尔森[①]（1938）的显示性偏好理论[②]（专栏4.6），贫困线的效用一致性有一些值得检验的内涵。该理论可以很容易地用于推导那些有共同消费需求的群体之间效用一致性检验的必要条件，即定义在商品上的共同效用函数。所有的检验都需一个“贫困组合”及相应的价格。然而，贫困线很可能反映出不同的消费需求和价格。那么，必须扩大用于检验贫困线的信息基础，仅仅知道数量和价格是不够的。下文将进一步讨论的主观经济福利的自评，为检验不同需求群体之间的一致性提供了一条有效途径。

一项研究将这些观点应用于对俄罗斯官方贫困线的评估（见专栏4.3）。[③] 数据发现，俄罗斯各地区显著的气候差异表明，即使没有相对价格的变化，相同的消费组合也不太可能产生相同的效用（俄罗斯大部分地区的年平均气温远低于零度，而其他地区则属于温暖的北欧气候）。这就意味着，在较冷的气候条件下，贫困线应更高。研究还发现，违反显示性偏好，不能轻易归因于设定贫困组合时明确提及的需求异质性来源。不同需求群体之间的差异也不符合对经济福利的自评。研究人员得出结论，俄罗斯官方贫困线存在潜在的效用不一致，并对其来源进行了推测。

专栏4.6　将萨缪尔森的显示性偏好理论应用于贫困群体

考虑A和B这两组群体（如城市和农村地区），每一组都有一个贫困线，即特定商品组合的成本，效用一致性要求这两组有相同的效用。如果A和B的需求是相同的，那么就有一个直接的显示性偏好检验。这就要求A组的贫困线不高于A组成员获得B组商品组合的成本，否则在B商品组合能负担得起情况下选择A，意味着A是第一选择。但是，这两组商品组合不能产生相同的效用（根据共同偏好判断）。同样，B组贫困线不能高于A组商品组合的成本。如果此检验失败，那么我们就可以拒绝一致性，尽管通过该检验并不能保证所有可能的效用函数的一致性。例如，再假设只有两种商品，食品和衣服。如图4.3所示，提出了四个“贫困组合”。A和B的效用一致性被拒绝；但是对于C

---

① 保罗·萨缪尔森（Paul A. Samuelson，1915年5月15日—2009年12月13日），美国著名经济学家，1970年诺贝尔经济学奖得主，美国麻省理工学院经济学教授。萨缪尔森是凯恩斯主义在美国的主要代表人物，也融合了新古典主义经济学，创立了新古典综合学派（Neoclassical Synthesis）。1970年，55岁的萨缪尔森成为第一个获得诺贝尔经济学奖的美国人。萨缪尔森的研究涉及经济理论的诸多领域，例如一般均衡论、福利经济学、国际贸易理论等。他的经典著作《经济学》以四十多种语言在全球销售超过四百万册，成为全世界最畅销的经济学教科书，影响了一代又一代人。书中的税收理论、政策主要包括税收性质、税收原则、税收影响。——译者注

② 显示性偏好理论（Revealed Preference Theory）是由保罗·萨缪尔森提出来的，其基本精神是：消费者在一定价格条件下的购买行为暴露了或显示了他内在的偏好倾向。因此我们可以根据消费者的购买行为来推测消费者的偏好。这是一种不基于“偏好关系（效用函数）—消费者选择”的逻辑思路，而是一个相反的过程，即“消费者选择—偏好关系”。——译者注

③ 见马丁·拉瓦雷和迈克尔·洛克辛（2006）。

或 D 来说，检验结果是不确定的。

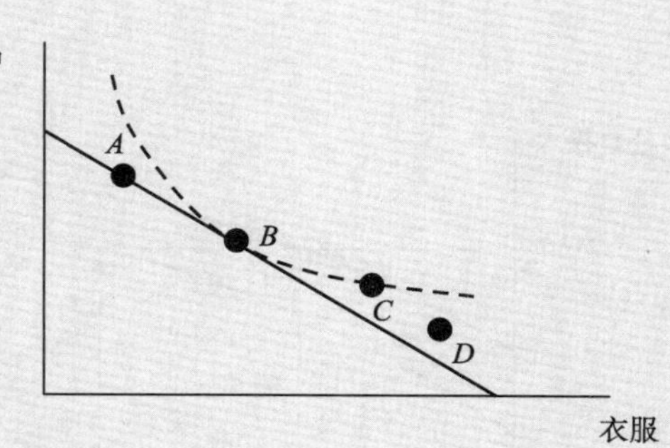

图 4.3　显示性偏好

历史追溯：保罗·萨缪尔森在其 23 岁就读于哈佛大学时，发表了一篇关于显示性偏好的很有思想性的论文。[①] 后来他成为 20 世纪最具影响力的经济学家之一。

食品能量摄入方法

该方法首先确定食品能量摄入（food-energy intake，FEI）的卡路里界限，然后确定达到该食品能量摄入通常所需的消费或收入水平，[②] 当然这可以通过卡路里摄入量与消费支出或收入的回归方程来估计。[③] 从本质上讲，贫困线是指人们在所考虑的特定社会中期望得到充分营养的总消费支出。如果在给定消费支出下平均的食品能量摄入量在消费中严格递增，并且食品能量需求是一个固定点，那么该定义将产生一个特定的贫困线。注意，只要确定一个人通常达到热量需求的总消费支出，那么该方法就自动包括非食品消费支出。

当我们试图用一条实际值不变的直线来测度绝对贫困时，食品能量摄入量方法就会遇到一个比较严重的问题。不同地区/部门/时期之间，食品能量摄入与消费支出（或收入）之间的关系不太可能是相同的，但会根据富裕程度、偏好、活动水平、相对价格、公共物品或其他变量的差异而变化。如图 4.4 所示，该图说明了如何使用该方法分别设定城市和农村的贫困线。曲线表示每一个名义“收入”（或人均消费）水平下平均的食品能量摄入量。在一定的收入水平下，农村地区的食品能量支出往往较高。在这种方法中，并不能保

---

① Samuelson, Paul. 1938. “A Note on the Pure Theory of Consumer Behaviour.” *Economica* 5：61-71.

② 关于这种方法的阐述，见西迪库尔·奥斯曼（Siddiqur R. Osmani，1982）、乔尔·格里尔和埃里克·索尔贝克（Joel Greer and Erik Thorbecke，1986a，1986b）。其他例子见丹德卡尔和尼拉肯塔·拉斯（V. M. Dandekar and Nilakantha Rath，1971）和萨蒂亚·保罗（Satya Paul，1989）。这种方法也被一些国家的政府采用，包括印度尼西亚（我们将介绍印度尼西亚的做法）。

③ 关于这种回归的具体说明，以及需要考虑的计量经济问题，见豪沃思·布伊斯和劳伦斯·哈达德（Howarth E. Bouis and Lawrence Haddad，1992）。

证这些差异与贫困比较相关。例如，农业生产往往比大多数城市工作更为繁重，因此需要更高的食品能量来维持体重。① 如果在农村地区使用更高的食品能量需求，就可以解决这个问题。

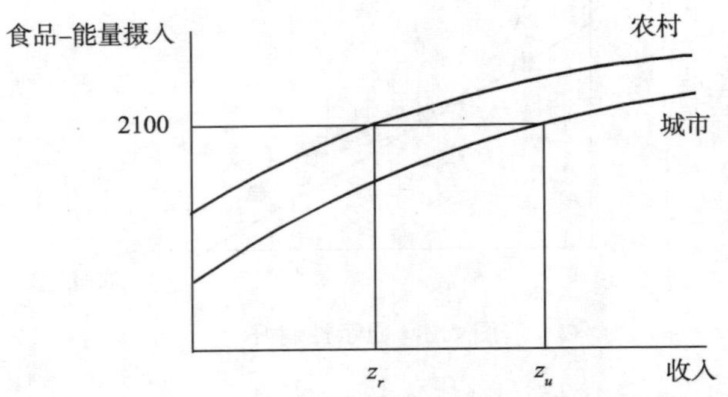

图 4.4　贫困线与食品能量需求

图 4.4 中卡路里与收入的关系变化还有其他原因。城市地区的食品往往相对价格较高。首先，通常其名义食品价格较高，以便补偿来自农村地区的运输成本。其次，许多非食品商品在城市地区更便宜，而事实上，许多非食品商品在农村地区可能买不到。随着城市化进程的推进，人们的偏好似乎也在逐渐发生变化，开始青睐非食品。但可能存在的问题是，富裕家庭往往会购买价格更高的卡路里，用这种方法设定贫困线时，意味着富裕地区需设定更高的贫困线，这更像是相对的贫困线而不是绝对贫困线。

因此，人们最终可能会做出不一致的贫困比较，从而使人们认为由实际消费总额表示的生活水平相同的个人受到不同的对待。事实上，如专栏 4.7 所述，使用食品能量摄入量法在不同地区、部门或时期进行绝对贫困的比较可能会在多个方面产生误导。

***专栏 4.7　用食品能量摄入法确定贫困线的缺陷**

假如有两个家庭，其中一个家庭的实际消费高于另一个家庭。相对于食品能量摄入方法构建的贫困线，哪个家庭将被视为更穷？答案并不明确，而且也不能假定较贫穷的家庭能被正确地识别出来。为了解原因，让家庭 i 的实际支出为 y_i，其中 $y_2 > y_1$，令 $p_i^k = c_i^F / k_i$ 表示每一卡路里的平均价格，其中 c_i^F 为家庭 i 的实际食品支出，k_i 是按规定要求标准化的食品能量（卡路里）摄入。然后 $y_i = p_i^F k_i + c_i^{NF}$，其中 c_i^{NF} 是真正的非食品支出。假设食品支出随着总支出的增加而增加，并且一卡路里的平均价格（食品支出除以食品能量摄入）也同样如此（$p_2^k > p_1^k$）。然后，富人购买价格更高的卡路里，如进口

① 例如，见世界卫生组织（WHO，1985）对各种活动所需热量的估计。

粮食或在餐馆吃饭。此外（在本例中），假设两个家庭的食品能量摄入相同（$k_1 = k_2$），并且两个家庭都营养不良，即食品能量需求超过了摄入量（$k_i < 1$）。那么，对于较贫困的家庭来说，贫困差距（根据食品能量摄入方法得出的贫困线赤字）必须始终更高一些。要了解这一点，请注意，食品能量摄入法隐含的贫困线是 $Z_i = p_i^F + c_i^{NF}$（因为在热量要求下 $k = 1$）。然后 $Z_i - y_i = p_i^F(1 - k_i)$，这对于更富裕的家庭来说更为重要。因此，在这种条件下，不仅富裕家庭的贫困线会更高，而且贫困差距会随着生活水平的下降而缩小。如果富裕家庭的食品能量摄入更高，只要收入的支出弹性相对于支出足够低，也可以得到相同的结果；必要和充分条件是，食品能量摄入的弹性不超过卡路里价格的收入弹性与需求量摄入比例差额的乘积。

延伸阅读：关于食品能量摄入方法的进一步讨论，参见马丁·拉瓦雷（1994b，2012c）、马丁·拉瓦雷和贝努·比达尼（1994）。

在一项针对印度尼西亚的研究中，发现用食品能量摄入方法确定贫困线存在的一些问题。[①] 印尼中央统计局（Biro Pusat Statistik，BPS）使用该方法的一个变形来构建其贫困线。它首先固定一个食品能量摄入的卡路里界限，然后找到通常能获得该食品能量摄入量的消费支出，并据此计算支出低于此线的人数。因此，考虑到所有群体食品能量摄入与总消费之间的主要关系，我们就可以估算总消费支出达不到预期食品能量的人数。该方法可以适用于各个部门（城市/农村）和不同时期。印度尼西亚中央统计局的这种方法（或其变形）已用于其他国家的贫困研究，其实并不少见。

人们发现，该种方法下城市和农村地区的贫困线差异远超过了生活成本的差异[②]，而且这种差异随时间变化还倾向于超过通货膨胀率。与发展中国家的典型情况一样，食品能量消费与总支出的关系在城市和农村地区非常不同，农村地区在任何给定消费支出水平下的卡路里摄入都较高。如前所述，这可能只是反映了富裕地区的家庭购买更昂贵卡路里的一种趋势。相对价格（农村地区的食品相对便宜）和偏好的差异也可能很重要。出于同样的原因，卡路里摄入与收入或消费之间的关系似乎也随着时间的推移而不断变化，在任何给定的实际支出水平上，食品能量摄入在逐渐降低。

在印度尼西亚的城市和农村地区，食品能量与收入关系上的差异如此之大，以至于在任何给定的食品能量需求水平下，城市贫困线超过农村贫困线的程度足以使城市和农村贫困人口的估计指数发生逆转。[③]

很明显，人们希望贫困线能恰当反映所比较地区或时期之间的差异。然而，正如上文

①② 见马丁·拉瓦雷和贝努·比达尼（1994）。

③ 马丁·拉瓦雷和阿马蒂亚·森（1996）以及昆廷·沃顿（Quentin Wodon，1997）在孟加拉国也得到了类似的结果。

所述，鉴于各地区/时期之间食品能量与消费或收入之间关系的差异，食品能量摄入法不太可能产生在各地区/时期之间实际消费或收入不变的贫困线。事实上，用这种方法得到的贫困线更像是相对贫困线。确实，人们已经发现印度尼西亚中央统计局的贫困线对于接近于1的均值更有弹性。[①] 接下来我们将考虑这些相对贫困线。

相对贫困线

发展中国家和发达国家的文献不同之处在于，发展中国家主要考虑绝对贫困，而发达国家的相对贫困更为重要。[②] 许多发达国家的文献都认为贫困完全是"相对的"。[③] 在一些重要的发展议题争论中，人们对这个问题的立场更为突出。尤其是，正如我们将在第8章中看到的那样，在测度贫困的过程中，相对主义的程度对长期以来关于经济增长和贫困政策的争论至关重要。

前面我们已经看到，一些用于设定"绝对贫困线"的方法含蓄地引入了相对性的考虑。我们现在所考虑的贫困线使这一点更加明确。最常见的做法是用消费或收入的平均数或中位数的某一比例作为贫困线；例如，许多研究将收入中位数的50%左右设定为贫困线。[④] 这种贫困线称为"强"相对贫困线。[⑤] 人们发现，这种贫困线与绝对贫困线相比产生了截然不同的贫困比较。[⑥] 例如，用美国官方的绝对贫困线测得2010年的贫困率为15%，而如果将贫困线设定为中位数的50%，贫困率将上升到20%。[⑦]

有没有一个令人信服的理由可以将贫困线定为均值的一个固定比例？我们将在第5章更详细地讨论贫困测度标准，现在需注意的是，几乎所有的贫困标准都具有这样的性质：如果将所有人的收入和贫困线翻一番，那么贫困标准不变。因此，如果贫困线设定为均值的固定比例，那么贫困标准就完全取决于收入的相对分布。有人可能会认为，这仍然是测度"相对贫困"的一个好方法，因为在这个概念中，人们真正试图捕捉的是分配不平等的程度。然而我们应该问的是，依据强相对标准测度的分布排序是否会与恰当方式测度的不平等程度的分布排序一致。正如我们将在第5章看到的，通常情况并非如此。如果将相对

---

① 见马丁·拉瓦雷和贝努·比达尼（1994）。

② 也有例外；例如，美国政府历来采用绝对贫困线，见专栏4.4。

③ 见彼得·汤森（1985），评论见阿马蒂亚·森（1983）。Sen, Amartya. 1983. "Poor, Relatively Speaking." *Oxford Economic Papers* 35（2）：153-169. 另见阿马蒂亚·森（1985b）的回应。Sen, Amartya. 1985b. "A Sociological Approach to the Measurement of Poverty: A Reply to Professor Peter Townsend." *Oxford Economic Papers* 37：669-676.

④ 维克多·富克斯（1967），见第2章的讨论。另一种方法，尽管不太常见，是将穷人定义为相对于特定社会中的"标准"消费少量某些商品的人，通过模态消费进行评估。关于这种方法，见彼得·汤森（1979）、梅格纳德·德赛和阿努普·沙阿（Meghnad Desai and Anup Shah，1988）。

⑤ 见马丁·拉瓦雷和陈少华（2011）。

⑥ 见安东尼·阿特金森（1991），他介绍了欧洲各国之间的贫困比较是如何受到这一选择的影响；当人们根据每个国家平均收入的恒定比例来比较贫困测度标准时，与使用相同比例得出的贫困测度标准应用于所有国家的恒定平均数时，会有实质性的重新排名。关于发展中国家绝对贫困线和相对贫困线的比较，见吉安·萨赫塔（Gian S. Sahota，1990）。

⑦ 这些是约翰·艾里斯（John Iceland，2013）报告的估计数。

贫困线设定为中位数而非均值的固定比例，那么这一观点的具体内容就必须有所修改。[①] 此时结果将取决于中位数与均值之比如何随均值的增加而变化（这取决于分布的偏度如何演变）。总的来说，尽管人们肯定不能排除贫困标准会成为均值的递增函数的可能性。同样，我们也不清楚这种标准应该具有什么意义。

那些质疑将贫困线设定为均值（或中位数）的固定比例的学者指出，如果所有收入都以相同比例增长，那么贫困标准将保持不变。批判者认为这是一种具有欺骗性的性质。很难想象，一个收入增加了（比如说）100%的穷人还是像以前一样穷，然而相对贫困标准确实可能是这样的。

使用强相对标准发现了看似反常的贫困趋势。例如，一项研究发现，尽管大多数穷人的实际绝对收入升高，但爱尔兰的相对贫困标准却在上升。[②] 另一项研究发现，尽管贫困人口的绝对生活水平降低，但新西兰的相对贫困标准却显示贫困程度在下降，这很具有欺骗性。[③] 联合国开发计划署（2005，第 334 页）写道："很明显，当经济状况飞速变化时，相对贫困标准并不总能全面反映经济变化对人们生活的影响。"

我们从福利维度出发的贫困比较必须是绝对的（第 3 章第 3.1 节）这一观点为收入维度上相对贫困线应该是什么样提供了概念指导。我们可以假设一个人的福利既取决于他们自己的收入，也取决于他们的相对收入，即他们自己的收入与他所在国家的收入之比，我们可以称之为"相对收入假说"。这样我们就能明白，为什么达到固定福利水平的收入贫困线会随着均值的增加而增加；因为收入贫困线更高才能补偿生活在一个富裕国家所带来的更大的相对贫困。然而只有在福利仅依赖于相对收入（不是给定相对收入下的自身收入）的极端情况下，我们才能得到贫困线是均值的固定比例。只要人们关心自己的收入和相对收入，贫困线就会随着平均收入而上升，但不是成比例地上升。专栏 4.8 进一步解释了这一点。

专栏 4.8　相对贫困线的福利主义解释

福利主义对相对贫困线的解释是，贫困应被视为"福利"维度中的绝对贫困，而非消费或收入维度上的绝对贫困，福利同时取决于自己的收入和相对收入，即自己相对于所在国平均收入的收入水平。由此可见，贫困线要成为福利的货币尺度，就必须是平均收入的递增函数。

为了更清楚地看到这一点，假设福利取决于"自己的收入（Y）"和"相对收入（Y/M）"，其中 M 是所在国的平均收入。在这种相对收入的具体假设下，福利为：

---

① 如维克托·福克斯（1967）所述。这是一些研究中的做法，特别是对于发达国家；见蒂姆·斯梅丁等人（Tim Smeeding et al.，1990）使用卢森堡收入研究院提供的数据的研究。关于发展中国家的一个例子，见吉安·萨赫塔（Gian S. Sahota，1990）。

② 见联合国开发计划署（2005，专栏 3），根据布莱恩·诺兰等人（Brian Nolan et al.，2005）。

③ 见布莱恩·埃斯顿（Brian Easton，2002）。

$$W = W(Y,\ Y/M)$$

此时 Y 和 Y/M 中都是平滑的、非递减的。收入维度的贫困线表示为 Z，其隐含定义为：

$$\bar{W} = W(Z, Z/M)$$

其中 $\bar{W}$ 是福利维度中的固定贫困线。

Z 的解为 M 的一个平滑的非递减函数。只有在一个相当特殊的情况下，它才与均值成正比，且斜率处处相等，就像有关相对贫困文献中所假设的那样。显然，特殊情况是福利不依赖于自己的收入，因此可以写为：

$$W = V(Y/M)\text{。}$$

这里 V 是一个严格的递增函数。再次把福利固定在 $\bar{W}$ 并求解贫困线，此时我们有：

$$Z = k \times M$$

这里 $k = V^{-1}(\bar{W})$，是强相对贫困标准中的比例常数。

还需要注意的一点是：即使我们假设在给定的相对收入下人们并不关心自己的收入，k 的值也不可能是固定的，会随着其他与福利相关的因素而不断变化，如不平等程度和公共服务分配的公平程度等。上述分析的结论是，我们可以相对贫困线进行福利分析。然而，所得到的结果与文献中描述的相对贫困并不一致，除非是在看似不可能的极限情况下，即人们并不关心自己的收入也就不依赖于他们的相对收入。

延伸阅读：关于进一步的讨论，见马丁·拉瓦雷（2008c，2012b）。

回想一下，相对贫困线的另一个理由是涵盖了“社会包容”（参见第3章）。不过，这种说法也值得怀疑。参考（第1章）亚当·斯密对18世纪欧洲亚麻衬衫的描述中关于社会包容需求的经典例子。[①] 对于最贫困的人来说，一件社会认可的亚麻衬衫是不能再便宜了（更不用说零成本了），不能简单地认为相对贫困线是均值的固定比例。如今在中高收入国家，手机成为类似于亚麻衬衫的商品，但问题仍然存在。“贫困”在实际收入上的含义随经济发展而变化的观点似乎是合理的，但贫困线是均值固定比例的说法似乎并不合理。

那么，各国的贫困线是如何演变的呢？针对95个发展中国家和工业化国家的贫困线的调查显示，贫困线相对于平均消费的弹性都在增加（该结论参见专栏2.5）。在国家的均值上，弹性系数是0.66。然而在低收入国家中，弹性要低得多，大约为零；在高度工业化的国家中，弹性接近于1。

① 在最近一段时间里，一些研究也指出了服装、节日、庆典和公共宴会所起的社会作用。见维贾延德拉·拉奥（2001），阿比吉特·班纳吉和埃思特·迪弗洛（Abhijit Banerjee and Esther Duflo，2008），布兰科·米兰诺维奇（Branko Milanovic，2008）。

简而言之，这种跨国比较表明，实际贫困线往往随着经济增长而增加，但对最贫困国家来说其增长是缓慢的。贫困线不随总体生活水平变化的绝对贫困概念似乎与低收入国家有关，而“相对贫困”则与高收入国家有关。此外，发达国家文献中经常提到的比例假设对发达的工业化国家来说似乎是相当合理的，尽管所得到的测度标准很难用不平等和贫困的传统概念来解释。但使用均值的固定比例在概念上也很难达到合情合理（专栏 4.8）。

近年来出现了一个新概念“弱相对贫困”，它将绝对贫困与（强）相对贫困这两个极端视为特例。与国家贫困线在不同国家之间的变化一致（如专栏 2.5 所示），这些弱相对线的关键特征是贫困线对均值的弹性从最贫穷国家的 0 到最富有国家的 1（尽管从未达到 1）。第 2 章的第 2.1 节介绍了这一观点，专栏 4.9 则进行了更详细的介绍。当测度全球的贫困状况时，我们可以把这些贫困线解释为在平均消费水平下，根据每个国家的标准类型来测度的贫困程度。

专栏 4.9　绝对贫困线、弱相对贫困线和强相对贫困线

图 4.5 绘制了贫困线与平均收入的对比图（比如，一个国家或者一个地区的贫困线）。二者都是实际价值（根据生活成本差异进行缩减）。绝对贫困线是固定的；强相对贫困线与均值成正比，均值为零时强相对贫困线也为零，并呈线性上升。马丁·拉瓦雷和陈少华（2011）提出的弱相对贫困线也很重要。当贫困线低于某一临界收入时，弱相对贫困线是一条绝对贫困线，之后随着均值的增加而增加。需要注意的是，当收入为零时，弱相对贫困线不为零。因而，它可以允许最贫穷国家的社会包容成本最低为正。

要了解强相对贫困线的性质，我们可以用以下通用形式写出贫困标准（后面的专栏也将使用此等式）：

$$P = P(M/Z,\ L)$$

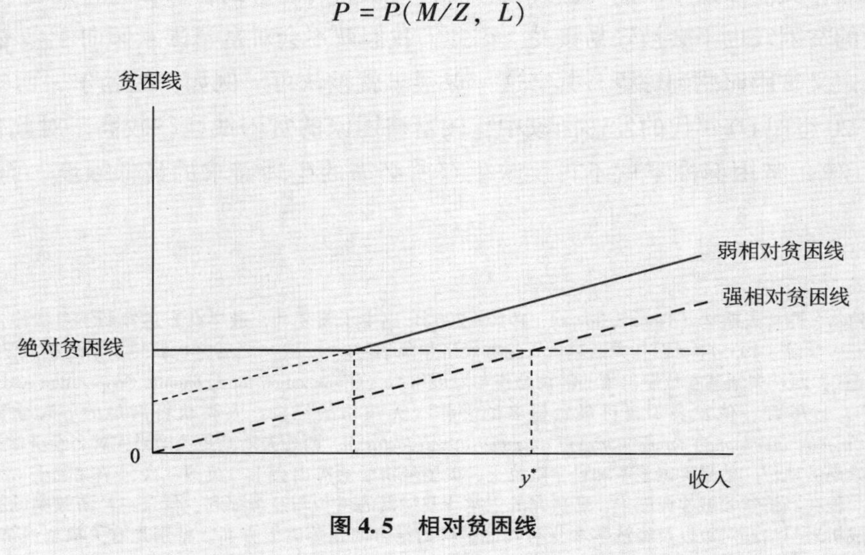

图 4.5　相对贫困线

其中Z是贫困线，M是测度贫困分布的均值，L是该分布的洛伦兹曲线（可以将其视为洛伦兹曲线的参数向量），它总结了相对不平等的所有相关信息。将强相对贫困线设定为均值的固定比例，即$Z=k.M$，其中k是常数，例如许多欧洲学者在研究中经常使用的0.5。测度贫困的标准相应地变为$P(k, L)$，并且仅仅依赖于洛伦兹曲线。如果所有的收入都以相同的比例增长，那么$P(k, L)$将保持不变；相对不平等不变，因此$P(k, L)$也不会改变。而贫困线只会以同样的比例提高。

延伸阅读：见马丁·拉瓦雷（2012b）。

一致性与特定性

在许多进行贫困比较的目的中，如决定哪个地区或哪个国家应该得到援助时，最重要的是贫困线产生了与福利一致的比较，因为测度的个人贫困程度只取决于人们的生活水平，而不是归属于哪个子群（如地区或民族）。一致性要求贫困线是固定福利水平的货币等价项。这一点很难从经验上确定，但从上面的讨论中可以清楚地看出，很多设定贫困线的常用方法很难通过这一检验（见专栏4.7）。这些方法有许多不同之处，它们很有可能会产生一致的贫困比较，而且在现有数据下通常是可行的。然而，当考虑到福利存在着无法测度的决定因素时，任何一种方法都会有争议。当人们认识到在实践中任何一条贫困线都不可避免地会存在一定程度的任意性时，就应该特别注意这些选择是如何影响一般的贫困比较，因为这些通常是对政策影响最重要的选择。第5章将讨论这一点。

福利的一致性内涵可能与另一个看似合理的原则相悖：在特定背景下，贫困线必须被视为与社会相关。如果提出的贫困线被社会普遍认为过于俭约，那么它肯定会被拒绝。然而太慷慨的贫困线也不会被轻易接受。因此，我们就不会对富裕国家倾向于参考较高的福利水平来定义贫困而感到惊讶，其实这一点很早就被认可。例如，提勃尔·西托夫斯基①指出，在20世纪60年代的发达国家中，较富裕国家的贫困线往往较高。对此他解释为："在发达国家，贫困标准早就不再反映生存所必需的生理需求的最低限度，而是变成了

① 提勃尔·西托夫斯基（Tibor Scitovsky，1910—2002）出生于匈牙利，最早在布达佩斯学习法律，后来就读于剑桥大学的三一学院。1935年，西托夫斯基进入伦敦经济学院学习。"二战"之后，他获得了斯坦福大学的终身教职。20世纪60年代，西托夫斯基在位于巴黎的经济合作与发展组织（Organization for Economic Cooperation and Development，OECD）工作。1976年，他发表了自己最负盛名的著作《无快乐的经济：人类获得满足的心理学》（*The Joyless Economy: An inquiry into human satisfaction and consumer dissatisfaction*）。西托夫斯基是美国当代著名经济学家，在英美经济学界享有崇高的地位。他是美国艺术和科学院院士、美国经济学会杰出会士、英国社会科学院院士、英国皇家经济学会的会士。他在经济学领域建树颇丰，所研究的主题涉及财富的增长与经济福利、信息与经济效率的相互关系、通货膨胀的形成机理与治理对策以及经济学本身与其他学科的结合问题等诸多方面。特别是有关福利经济理论的著述，为他在宏观经济学中的许多贡献提供了微观基础。——译者注

‘体面的最低社会标准’，这一标准被特定社会认为是确定成员身份的最低标准的生活方式。”①

西托夫斯基的观察不仅适用于当今的富裕国家，实际上也适用于除最贫穷国家以外的所有国家。从前面对设定绝对贫困线的主要方法的讨论中可以清楚地看到，在分析中引入的许多自由参数可以影响贫困线的设定。虽然各国规定的食品能量需求是相似的，但产生特定营养摄入的食品组合可能会有很大不同（例如：粗淀粉主食而非加工过的谷物中的卡路里份额，以及肉类和鱼类中的卡路里份额）。非食品组合随着食品需求函数的变化也有显性或隐性的变化，发展中国家的国家贫困线中的食品和非食品组合都有相对梯度，尽管从平均消费来看，非食品组合的弹性更高。②

在设定贫困线的各种参数时所做出的判断可能会反映各个国家对贫困含义的普遍观念。很显然这些含义远远超出了“生存所必需的生理最低限度”，基础代谢率意味着营养需求成本的下限（对于所有食品价格而言）。社会需求所需的（食品或非食品）商品成本也必须限制在这个范围内。许多贫困国家的贫困线很可能是较低的。举个例子，生活在印度贫困地区③的人们每天消费的食品包括 400 克粗粮和小麦，200 克蔬菜、豆类、食用种子和水果，以及适量的牛奶、鸡蛋、食用油、香料和茶。在购买了这样一个食品组合后，每人每天约有 0.30 美元（按 1993 年购买力平价计算）用于非食品消费。

显然，在中等收入国家（当然也包括富裕国家）很难接受这么低的贫困线，因为其总体生活水平较高，自然意味着要用较高的标准来定义穷人。想想 1990 年印度尼西亚为设定贫困线进行的研究中所使用的日常食品消费组合，④ 每人每天 300 克大米、100 克的块茎以及跟印度差不多数量的蔬菜、水果和香料，但同时也包括鱼和肉（每天约 140 克），整体饮食更为多样化，可能更适合大多数消费者的偏好。⑤ 然而，在许多较富裕的国家，这一商品消费组合被认为过于俭约，无法用它确定贫困标准。

人们在这个问题上的立场在一定程度上取决于贫困测度的目的。如果只是单纯地描述贫困状况，那么人们可能会选择特定的贫困线，即选择一条在每种情况下都合适的贫困线，而不要求各种情况之间具有可比性。相反，如果目的是利用贫困测度来为政府决策提供信息，那么福利一致性往往要比特定性优先考虑。

然而，如果我们假设福利仅仅依赖于个人消费，那么福利一致性就仅仅意味着一个固定的实际贫困线。一旦我们考虑到社会对福利的影响，比如对富裕国家的相对剥夺的看法

---

① 提勃尔·西托夫斯基，著. 高永平，译. 无快乐的经济：人类获得满足的心理学. 中国人民大学出版社，2008：99.

② 见马丁·拉瓦雷等人（2009）。

③ 如世界银行（1997）所报告的，这些是作者的计算结果。1993 年印度的官方贫困线被采用。

④ 所指的研究是贝努·比达尼和马丁·拉瓦雷（1993）。

⑤ 素食者可能需要用同样富含蛋白质的食物来补偿肉和鱼，他们会更喜欢印度尼西亚的而不是上面描述的印度的。

或确保社会包容的成本等，与福利一致的贫困线将随着平均收入的增加而上升。尽管看似不太可能与平均收入成正比，但它将显示出一定的梯度。

专栏4.9中描述的弱相对线是否一定与福利一致的呢？如果各国之间贫困线的梯度仅反映相对贫困（福利主义模型中）或社会包容的成本（基于可行能力的模型中），那么就是与福利一致的。然而，这一点还尚不可知，因为还存在另一种可能性：较富裕国家可能在确定其贫困线时使用较高的福利参考水平。人们可以把这看作是决定国家贫困线社会规范的一种模式。具有恒定购买力的国家贫困线可以被认为它为全球贫困程度提供了一个下限；若假设国家贫困线只根据社会规范变化，那么这个下限是相关的。符合国家贫困线的弱相对线可以说它为国家贫困线提供了一个上限；未达到这个上限时，国家贫困线被认为反映了实现某个共同的福利水平的成本。而事实无疑是介于上限和下限之间。

4.3 主观贫困线

我们已经看到，不同的国家倾向于使用不同的贫困线，较富裕的国家会倾向于使用较高的贫困线，对于个人来说也是如此。有一种设定贫困线的方法明确表示，贫困线是人们在特定社会中对构成社会可接受的最低生活标准所做的固有的主观判断。主要挑战在于如何从这种观察中得出单一的贫困线。

有一种方法是基于对下述最低收入问题（Minimum Income Question，MIQ）调查的回答：[①]“你个人认为什么样的收入水平是最低的？也就是说，低于这个水平时你就无法维持收支平衡。”调查中发现的答案往往是实际收入的增长函数。这也是用这种方法确定贫困线的一个关键假设。此外，所有包括这个问题的研究均倾向于得出图4.6所示的关系。图中的Z^*点可以称为社会主观贫困线（social subjective poverty line，SSPL），这显然是贫困线设定的备选之一；收入高于Z^*的人倾向于认为他们的收入较高，而低于Z^*的人则倾向于认为他们的收入较低。因此，社会主观贫困线可以认为反映了特定环境中对贫困构成因素的集体理解，而不是使用从外部强加的某个概念。这种方法或其变形已在许多欧洲国家得到应用。[②]

除了收入，可能还有其他因素影响对最低收入问题的回答。我们把这些回答看作是收入Y和其他变量的函数，由向量X给出（类似于专栏4.1），那么Z^*也是X的函数。可以很容易证明，X中任何使曲线向上（或向下）移动的变量都会使图4.6中的Z^*增加（或减少）。因此，我们可以看到社会主观贫困线是如何随家庭规模、人口统计资料或地理位

① 阿里·卡普坦等人的解释。Kapteyn，Arie，Peter Kooreman，and Rob Willemse. 1988. “Some Methodological Issues in the Implementation of Subjective Poverty Definitions.” *Journal of Human Resources* 23：222-242.

② 见阿尔迪·哈根纳斯（Aldi J. M. Hagenaars，1987）。

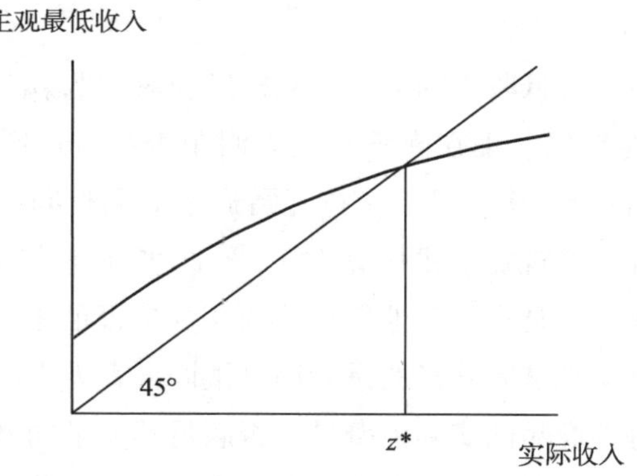

图 4.6　社会主观贫困线

置的变化而变化的。

需要判断的是：决定 X 向量中要包含哪些变量，或至少需要决定应允许哪些变量改变社会主观贫困线。这是一个困难但又不好理解的问题。X 向量是应包括主观福利所有可观察到的协变量？还是仅包括那些人们根据先验经验认为与贫困线有关的因素？问题主要在于，主观福利的预测因素通常被认为与设定贫困线或制定反贫困政策等无关。例如，考虑已有文献对发达经济体形成的普遍结论：在给定收入水平下，失业会降低主观福利。① 如果向量 X 中包含这个变量，那我们就可以得出结论：在其他条件不变的条件下，失业者的贫困线应高于就业者。然而，大多数设定贫困线的其他方法都不具有这一特点，因此肯定会有人对此提出反对意见。事实上，根据效用取决于商品消费和休闲程度的标准经济模型可以预测，在给定收入水平下失业者会过得更好（他们本不愿意失业，但在这个模型中，失业只会增加收入，从而增加了就业时所允许的消费）。如第 3 章所述，这一标准经济模型很可能是不完整的，因为它忽略了失业的心理成本。那些认为对失业者来说，福利一致性贫困线不应更高的人含蓄地认为他们的“福利”概念不应考虑到这种心理成本。而对于那些把“福利”等同于效用或幸福的人来说，这肯定是不能接受的。

我们可以假设，只有 X 变量的子集才对主观最低收入问题的调查答案具有预测能力，才应被用作社会主观贫困线的影响变量。例如，那些社会主观贫困线之外的变量可能被设置为样本均值。在这方面，社会主观贫困线方法与上述的所有其他方法具有同样的特点，即不可避免地需要对福利的人际比较进行外部价值判断。然而，社会主观贫困线方法不考虑非市场商品，它们的权重（缺少价格资料）是由数据决定的。因此，该方法缩小了需要外部价值判断的选择范围。当然，人们必须承认，福利的主观问题为做出这种选择提供了一个足够可信的信息，前提是人们在统计上已经把这些

---

① 安德鲁·克拉克和安德鲁·奥斯瓦尔德（Andrew Clark and Andrew Oswald，1994）、莉莉安娜·温克尔曼和雷纳·温克尔曼（L. Winkelmann and Winkelmann，R.，1998）、马丁·拉瓦雷和迈克尔·洛克辛（2001）。

信息从这些数据噪声中分离出来。

许多发展中国家在应用最低收入问题时，同样发现对“收入”并没有明确的定义，特别是在（但不限于）农村地区。现在尚不清楚人们是否会对最低收入问题做出明智的回答。在与门诺·普拉丹①的合作中，马丁·拉瓦雷通过对调查问题的回答，提出了一种基于充足消费定性数据的社会主观贫困线估算方法。② 这些调查并不是问被调查者他们需要的确切的最低消费是多少，而是直接问他们目前的消费是否足够。这就从一维的最低收入问题拓展到了多维。社会主观贫困线指的是能满足被调查者需求的总支出水平。在实证过程中，根据样本家庭对每种商品的实际消费量是否满足其需求的概率，可以构建出一个非线性回归模型，称为 Probit 模型。在一定的技术条件下，可以从消费充足的 Probit 回归模型的参数估计中，得到主观贫困线的唯一解决方法。

对社会主观贫困线还有一些其他估计。③ 有趣的是，迄今为止的估计表明，所有基于社会主观贫困线与客观贫困线的贫困发生率大致相同。④ 很可能在特定情况下，“客观”绝对线中的参数选择已经近似于预期的社会主观贫困线。然而，贫困状况的构成在某些方面还是有所不同的。虽然对发展中国家来说，客观贫困线往往意味着家庭规模较大的家庭更贫困，但在采用主观方法的面板数据中，情况通常不是这样，这种方法表明消费的规模经济通常比假设的要大。例如（第 3 章），在使用经济阶梯问题来检验俄罗斯现行客观贫困线的福利一致性时，等价尺度的性质存在明显差异。⑤ 客观贫困线对家庭规模的弹性为 0.8，而主观指标则要求弹性为家庭规模的一半。⑥

主观数据为绝对贫困与相对贫困的争论提供了新的线索。人们发现，将相对贫困线设定为当前平均收入的固定比例的想法几乎没有什么可信的支持。根据主观福利校准的贫困

① 门诺·普拉丹（Menno Pradhan）是著名经济学家，他的主要研究方向是发展中国家卫生及教育干涉的影响评估。他自荷兰蒂尔堡大学取得博士学位之后，便在阿姆斯特丹自由大学、康奈尔大学和世界银行等学校和机构任职。他曾研究过健康保险、社会资金、教师工资和早期儿童开发干涉对人类发展的影响问题，也曾对贫困问题进行过广泛的调查，其研究包括了主观贫困、健康不平等和冲突等方面。——译者注

② 见门诺·普拉丹和马丁·拉瓦雷（2000）。

③ 马丁·拉瓦雷把重点放在发展中国家的应用上。迄今为止的应用包括门诺·普拉丹和马丁·拉瓦雷（Menno Pradhan and Martin Ravallion，2000），使用牙买加和尼泊尔的数据；艾达·费雷尔·卡博内尔和伯纳·范·普拉格（Ada Ferrer-i-Carbonell and Bernard Van Praag，2001），俄罗斯；梅孔嫩·泰德丝和阿贝希·迈尔斯（Mekonnen Taddesse and Abebe Shimeles，2005），埃塞俄比亚；比约·古斯塔夫松等人（Bjo Gustafsson et al.，2004），中国城市；迈克尔·洛克辛等人（2006），马达加斯加；约翰·毕晓普等人（John Bishop et al.，2006），中国城市；格洛·卡莱托和阿尔贝托·泽扎（Gero Carletto and A. Zezza，2006），阿尔巴尼亚。

④ 克劳斯·德沃斯和塞西亚·加纳（Klaas De Vos and Thesia Garner，1991）研究了美国这一结论的一个例外，其中社会主观贫困线远远高于现行（绝对）贫困线，尽管美国贫困线自 1960 年代以来没有实际更新；美国目前的绝对贫困线可能更接近社会主观贫困线。

⑤ 见马丁·拉瓦雷和迈克尔·洛克辛（2002）。

⑥ 同样，见门诺·普拉丹和马丁·拉瓦雷（Menno Pradhan and Martin Ravallion，2000），使用牙买加和尼泊尔的数据；约翰·毕肖普和罗飞军（John Bishop and Feijun Luo，2006）使用城市中国的数据；马里亚诺·罗哈斯（Mariano Rojas，2007）使用墨西哥的数据。关于发展中国家消费规模经济的更一般性讨论，见彼得·朗茹和马丁·拉瓦雷（1995）。

线往往随着平均收入而上升，但弹性小于1，这表明它们更像是马丁·拉瓦雷和陈少华(2011)定义的“弱相对贫困线”。[①]

一些文献已经研究了主观福利影响的证据，这些证据可以解释为“相对剥夺”。这意味着，在“自身收入”既定的情况下，随着社会比较对象福利的提高，自评福利往往会下降。[②] 一项研究报告了美国主观福利的回归，这意味着一种特别强的相对主义，在这种情况下，不依赖于所在地区均值收入的个人收入对主观福利来说无关紧要。[③] 大部分证据都来自相对富裕的国家，发展中国家所做的研究并不支持该观点。对自评福利的相对剥夺效应进行检验后发现，几乎没有支持这一观点的证据，甚至有证据表明较高的“邻里收入”会产生正外部性，而不是相对剥夺理论所预测的负面影响。[④]

---

① 阿尔迪·哈根纳斯和伯纳·范·普拉格（Aldi J. M. Hagenaars and Bernard M. S. Van Praag，1985）估计8个欧洲国家的弹性为0.51。对于美国，罗伯特·基尔帕特里克（Robert W. Kilpatrick，1973）估计主观贫困线的弹性约为0.6，克劳斯·德沃斯和塞西亚·加纳（Klaas De Vos and Thesia Garner，1991）估计美国主观贫困线的收入弹性为0.43。

② 见安德鲁·奥斯瓦尔德（Andrew Oswald，1997）、罗伯特·弗兰克（Robert H. Frank，1997）、布鲁诺·弗雷和阿洛伊斯·斯塔特勒（Bruno Frey and Alois Stutzer，2002）、安德鲁·克拉克（Andrew Clark et al.，2008）。回顾这些证据，布鲁诺·弗雷和阿洛伊斯·斯塔特勒认为，“毫无疑问，人们会把自己与他人比较，而不会使用绝对的判断”（2002，第412页），Frey，Bruno，and Stutzer，Alois. 2002. “What Can Economists Learn from Happiness Research?” *Journal of Economic Literature* 40：402-435.

③ 见埃尔佐·卢特默（Erzo F. P. Luttmer，2005）。

④ 见克劳迪亚·塞尼克（Claudia Senik，2004）、吉塔·金顿和约翰·奈特（Geeta Kingdon and John Knight，2007）、马丁·拉瓦雷和迈克尔·洛克辛（2010），分别使用了俄罗斯、南非和马拉维的数据。

第5章　贫困和不平等指标

回顾第二部分迄今为止的内容：我们了解了如何测度“经济福利”。家庭对商品的支配是关键，尽管这方面不太可能有足够的信息。在校准福利指标和设定贫困线的过程中，经济学家们转向了这一额外信息的两个主要来源。第一个来源是关于实现某些基本功能性的数据，例如为健康和正常活动提供足够的营养。第二是关于自评福利的信息，用于估计社会主观贫困线。尽管任何贫困线都必然存在某种随意性（在经济和社会测度的其他方面也是如此），但继亚瑟·里昂·鲍利[①]和其他人之后，监测生活在某些固定线下的人数减少方面的进展情况是测度社会进步的一种合理方法。

运用第3章和第4章所述及的各种方法，我们最终得出了相关人群中个人经济福利指标的分布。通常，这将是按特定家庭贫困线标准化的家庭总消费或收入指标，可解释为需求差异（与家庭规模或家庭结构或面临的价格差异相关）的平减指数。本章的任务是将选定的经济福利指标的分布信息汇总成一个或多个关于贫困或不平等的综合指标。

贫困和不平等指标既有描述性功能，也有规范性功能。事实证明，后者更具争议性，值得重新审视一下相关问题。因此，本章首先讨论了已用于测度的各种指标的规范性基础，且与第一部分的讨论相链接。显然，在讨论贫困的测度之前，应先讨论不平等的测度。本章接着讨论了在实践中应用的主要贫困指标。本章还回顾了已开发出的各种分析工具。其中包括可通过综合贫困指数进行的分解，以及评估有序贫困比较稳健性的检验——当我们只需知道某一地点或某一时期的贫困程度是否比另一地点或另一时期更高，或者在做出关于贫困线和贫困指标的假设时有无政策改变。这次讨论的一个重要教训应是考虑一系列贫困线的重要性。这自然会在本章引出关于“中产阶层”规模的讨论。贫困和不平等指标不可能远离政策制定，但文献中已提出的一些指标是与评估具体政策执行情况“硬性相连的”。一个突出例子便是“定向目标绩效”的一系列指标，本章稍后将对其

---

① Bowley, Arthur L. 1915. *The Nature and Purpose of the Measurement of Social Phenomena*. London: P. S. King and Sons.

进行回顾。

本章所述的所有指标都可以使用标准统计软件如 Stata、Eviews、SAS 和 SPSS，根据你自己的原始数据来计算。用来计算本章中的各种指标和检验的特别设计的且便于使用的软件产品现已出现，DAD 和 ADePT 的贫困模块就是很好的例子。①

5.1 规范性基础

回想一下，在古典功利主义中（由边沁和穆勒制定，如第 1 章所述），社会进步和政策评估指标是效用的算术加总。假设收入的边际效用递减，这仍然会导致收入不平等（见专栏 1.13）。事实上，我们通常可以把收入不平等的测度指标看作是与不平等相关的社会总福利的损失。

为了便于说明，请考虑以下高度程式化的案例。每个人都有相同的效用函数，这完全取决于个人自己的实际收入。为了进一步加强分析，假设这个共同的效用函数只是收入的对数，同时也假设我们可以通过转移获得我们喜欢的固定总收入的任何分配（这忽略了在本书第一部分中提到过的激励效应，本书第三部分再继续讨论）。既然每个人都具有相同的效用函数，那么功利主义的社会福利目标在每个人都有相同收入时达到最大。

在这种程式化的结构中，任何收入不平等都会导致社会福利的损失。社会总福利是最大社会福利减少不平等所造成的损失。不平等的隐含指标是我们稍后将详细讨论的指标之一（见专栏 5.4），即平均对数偏差（mean-log deviation，MLD）。因此，我们有一个明确的（尽管高度简化的）道德基础，以便于在实践中指导如何测度不平等。类似地，阿特金森（Anthony Atkinson，1970）的一篇重要论文介绍了如何为一个更广泛的效用函数推导出一类更宽泛的基于规范的不平等测度标准，收入对数只是其中一个特例。

可以提出的一个反对意见是，较低的福利水平应该得到更高的权重；我们不仅关心社会中的收入不平等，还关心个人福利水平的不平等。关于这个问题的另一种思考方式是，我们希望不平等反映我们对贫困的厌恶程度，但是我们如何将这种厌恶程度纳入福利不平等的测度中呢？现有文献对解决这个问题帮助不大。原则上，解答这个问题的一种方法是假定功利主义模式的广义形式。我们可以假设一个社会福利函数（social welfare function，SWF），可以将递减的权重放在更高的水平，而不是在社会福利中给予个人福利水平以均

① 使用标准软件程序的实用指南，如：让 · 伊夫 · 杜克洛和阿卜杜勒克里姆 · 阿拉尔（Jean-Yves Duclos and Abdelkrim Araar，2006）利用 DAD；乔纳森 · 豪顿和沙希杜尔 · 坎德克（Jonathan Haughton and Shahidur R. Khandker，2009）利用 Stata；詹姆斯 · 福斯特等人（James Foster et al.，2013）利用 ADePT。

等的权重（将在下一节中给出一个示例）。

按照这种方法，如果我们坚持帕累托原则的强形式（如第 1 章所讨论），那么将要求所有权重都是正的。但是，我们可以放宽这一点得到一个较弱的要求：所有权重都是非负的。这就出现了这样一种可能性：权重在某些点上趋于零，这就意味着当个人福利超出某些水平时，进一步增加收益对社会价值的贡献微乎其微。可以按照这些原则对贫困指标做出规范性解释。①

或者，我们可以遵循罗尔斯（Rawls，1971）的非功利主义建议，即我们的正义原则应首先关注最底层并且（与给予自由的优先权一致）。我们应做出社会选择，去最大限度地帮助该阶层人民提高福利。这是“最大最小值”的社会福利函数（见专栏 2.3）。贫困指标有时被认为是执行这一规范性方法的一种方式。但是，这需要两个限定条件：第一，传统的贫困指标并未通过改变权重对应不同贫困程度的福利水平。第二，请注意，在罗尔斯心中显然有一个相对的测度标准，它在特定背景下是具体的。这一想法并不是说只要每个人都超过了某些（可能相当节俭的）贫困线，我们就可以停止行动。相反，一旦达到这一点，我们将接着考虑下一个极端弱势群体。每一步，我们都需要找出极端弱势的群体。

当然，贫困指标进一步的道德动机可以通过考虑机会的不平等来设计。我们可以将这看作是对公平和效率的同时关注。在减少社会机会不平等方面有一个公平动机就是，保证更公平的竞争环境。但如果从效率方面考察，那就是，我们不会为了缩小不平等而把所有人都降低到最贫困者的水平。因此，我们再次被吸引到某种形式的“最大最小值”（maximin）上，认为政策应使社会极端弱势群体的福利最大化。②

5.2 测度不平等

大多数人对“贫困”与“不平等”的区别有着相当清楚的认识。正如这些术语的通常定义，贫困是指生活的绝对水平，即有多少人无法负担某些预先确定的消费需求。“贫困”可以说是存在于一个这样的社会中：当一个或多个人没有达到一个被认为是合理的最低限度的社会标准的经济福利水平。不平等是指生活水平的差异，例如富人比穷人拥有的多出多少。本节回顾不平等的一些常用指标的优缺点。

在应用研究中，经济学家往往通过观察个人收入与总平均收入的比率来测度不平等。借助于这种方法，如果所有收入都以相同的比例增长，则不平等的测度结果不变（如专栏 1.8 所述，这并不是不平等的唯一合理的概念）。测度不平等的一个有用的图形工具是洛

① 关于这种方法，见马丁·拉瓦雷（1994a）。

② 约翰·罗默（1998，2014）对此进行了论证。

伦兹曲线，它给出了按家庭人均收入（或等价的单个成人人均收入）排序中最贫穷的 $p\%$ 的人口收入在总收入中所占的份额。专栏 5.1 进一步详细介绍了洛伦兹曲线。

专栏 5.1　洛伦兹曲线、基尼系数和分布函数

洛伦兹曲线（Lorenz curve）在纵轴上给出了按收入排序时最贫穷的 $p\%$ 人口在总收入中的所占份额（图 5.1）。如图中的粗体曲线所示，随着斜率的增加，曲线一直在上升。45 度线代表完全平等，每个人都有平均实际收入 $\bar{y}$（现在假设名义收入或消费均已通过价格指数和等价尺度标准化，得到的"实际收入"用小写 y 表示）。直观地说，洛伦兹曲线的弯曲程度越大，收入分配越不平等。如果最富有者拥有所有收入，那么洛伦兹曲线就是对角线下方的整个区域。

基尼系数的值为图 5.1 中灰色阴影区域面积的两倍。这等于全部人口中用与平均收入比值表示的所有对收入的平均绝对差的一半。系数位于 [0, 1] 之间。当每个人拥有平均收入且为正时，基尼系数处于下限 0。当最富有者拥有全部收入时，随着人口规模的增加，基尼系数接近于上限 1。

洛伦兹曲线与累积分布函数（cumulative distribution function，CDF）$p = F(y)$ 相关，也就是总人口中收入不大于 y 的比例。累积分布函数的斜率即总人口中收入为 y 的比例，称为密度函数。如果反转 CDF（翻转轴），我们将得到分位数函数 $y(p)$，例如，$y(0.5)$ 是中位数。然后，洛伦兹曲线在点 p 处的斜率给出用平均值归一化的分位数函数 $y(p)/\bar{y}$，其中，$\bar{y}$ 是平均值。

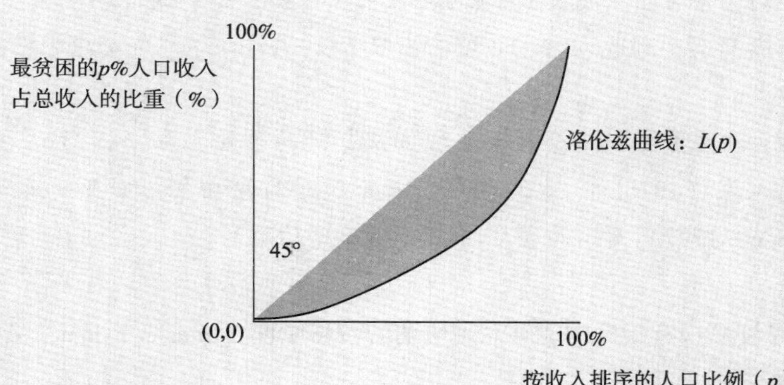

图 5.1　洛伦兹曲线

历史追溯：马克斯·奥托·洛伦兹是一位美国经济学家。1905 年，29 岁的他在威斯康星大学麦迪逊分校攻读博士学位时，提出了洛伦兹曲线的概念。科拉多·基尼（Corrado Gini）是一位意大利统计学家，他在 1912 年编制了著名的不平等指数。基尼的论文是用意大利语发表的。休·道尔顿[①]（Hugh Dalton，1920）提请英语读者注意基尼系数及其与洛伦兹曲线的关系。[②]

一个简单的不平等指标是最富有人口与最贫困人口之间的鸿沟。但由于忽略了其他人，这一指标肯定过于简单。我们最好把所有的差距都取平均值，然后如果我们将所有对收入之间的平均差除以两倍平均值，那么就得到一个介于0（每个人都有平均值，因此不存在不平等）和一个极端上限1（在无限大的人口总体中，最富有者拥有所有收入）之间的指数。这是最著名的不平等指数——基尼系数。[③] 基尼系数与洛伦兹曲线之间也有一个简单的关系（见专栏5.1和专栏5.2）。

*专栏5.2　关于基尼系数的更多信息

我们有一个实际收入的分布，$y_1, y_2, \dots, y_n$，其均值为$\bar{y}$。某i和某j的收入之间的绝对差是$|y_i - y_j|$。想象一下，在所有的n^2对收入（pairs of incomes）上形成了平均绝对差（Δ），就可得到：

$$\Delta = \frac{1}{n^2}\sum_{i=1}^{n}\sum_{j=1}^{n}|y_i - y_j|$$

（请注意，由于我们计算了所有收入对之间的绝对差距，所以需要双重$\sum$）。标记为G的基尼系数，可以通过简单归一化Δ得到。这个归一化是为了确保当最富有者拥有所有收入（$n\bar{y}$）时，最大值不超过1。很容易证明，这要求$G = \Delta/(2\bar{y})$。

当最富有者拥有全部收入时，系数的上限为1-（1/n）。当n趋于无穷大时，G在极限上趋向1。

延伸阅读：基尼系数的一个经典处理方法见阿马蒂亚·森（1973）。更多的技术说明见阿马蒂亚·森（1976b）。也可参见詹姆斯·福特斯和阿马蒂亚·森（James Foster and Amartya Sen，1997）对阿马蒂亚·森（1973）的更新。

基尼系数是许多现有指标中能够满足所谓的转移原理（transfer axiom，又叫transfer prin-

① 休·道尔顿（Hugh Dalton，1887—1962）曾任英国经济作战大臣（1940—1942）、贸易大臣（1942—1945）。受教于伊顿公学和剑桥大学，曾任伦敦经济学院和伦敦大学讲师，撰写有多种有关社会经济的著作。1924年起多次当选为工党下院议员。1940年起历任经济作战大臣、贸易大臣。1945年任工党内阁的财政大臣，延揽约翰·梅纳德·凯恩斯为私人顾问，实施银行国有化。1947年因过早泄漏预算方案而辞职。此后又历任兰开斯特公爵郡事务大臣和乡村、市镇规划大臣等职。1960年封终身贵族。著有回忆录《命运攸关的年头：1931—1945》等。——译者注

② Dalton，Hugh. 1920. “The Measurement of the Inequality of Incomes.” *Economic Journal* 30（9）：348-361.

③ 美国人口普查局估计，2009年的基尼指数为0.469。家庭人均年收入为28051美元（2008—2012年平均）。所以人们之间的平均收入差距是26312美元。

ciple）的一个指标。转移原理是专栏 5.3 中讨论的不平等指标合意性质中的一个。转移原理具有如下的强大性质：无须具体给出正在使用的不平等指标，就可以评估不平等增加与否。如果劳伦兹曲线 *A* 完全位于 *B*（仅在两个极限上相互接触）之上，那么对于包括基尼系数在内的满足转移原理的任何测度，A 的不平等程度都毫无疑问地低于 *B*。[①]

专栏 5.3　不平等指标的合意性质

转移原理认为，如果从个人 *A* 手中转移既定金额的钱到较穷（或较富有）的个人 *B* 手中，且不改变其排名，那么不平等就必然下降（或上升）；很明显，洛伦兹曲线至少会向上（或向下）移动。这个公理有很多意义，而且广为接受。尽管在实践中发现的不平等指标中有一些不满足这一公理，包括收入对数的方差和平均数与中位数的比率，但大多数（包括在专栏 5.2 中描述的基尼指数）都满足。

考虑分布的如下变动。最初，在状态 *A* 下，由五个人组成的社会的收入水平（按美元）分布为：

A：(0，10，10，10，10)

从其中一个有 10 美元的人手中转移 3 美元到最贫穷者手中，就会产生如下分布：

B：(3，7，10，10，10)

上述变动满足转移原理。这是合理的，但也应该承认可能会有如下反对意见：

- 在由状态 *A*（三对）变动到状态 *B*（两对）的过程中，收入相同的对数（pairs）有所减少。
- 比起收入为零的远不相同的穷人的收益，那些仍持有 10 美元的人很可能会觉得自己这方某人的损失更大些。
- 感到被相对剥夺（比其他人更穷）的人数从 1 人增加到 2 人。

另一个被广泛接受的公理称为匿名性（也称为对称性）。从本质上说，无论是谁拥有那种收入水平都不重要。上述列表上的收入没有对应的名字。如果我们把状态 *A* 中最贫穷者的收入与 10 美元收入者中的某个人调换，那么将得到：

C：(10，10，10，10，0)

在匿名条件下，*A* 和 *C* 的不平等测度结果是相同的。这也可以质疑：在现实世界中，以前有 10 美元的人无疑会提出反对！在收入波动很大且同时有增有减的情况下，告诉人们不平等没有改变可能就没有说服力。

第三个公理被称为尺度不变性（scale invariance）。它是指将所有收入乘以一个常数并不能改变不平等指标。因此，下列分布与状态 *A* 具有相同程度的不平等：

① 见安东尼·阿特金森（1970）的证明。

D：(0，20，20，20，20)

鉴于最富有人口和最贫困人口之间的绝对收入差距已经翻了一番，这一点同样可以质疑。人们对不平等的判断往往与尺度独立性不一致。

第四个公理是复制不变性（replication invariance）（也称为人口倍增不变性），是指当我们复制人口或者合并完全相同的人口时，不平等指标将保持不变。例如，下列分布具有与A相同的不平等：

E：(0，10，10，10，10，0，10，10，10，10)

另一个公理叫作可分解性（decomposability）。它是指总的不平等可以写成组间不平等和组内不平等之和。假设我们把A分成两组：

$A1$：(0，10)　　$A2$：(10，10，10)

$A1$组不平等程度高（收入差距最大），而$A2$组没有不平等。直观地说，这两组之间的不平等程度（比较其平均值的差异）大约介于每组内部的不平等程度之间。

对可分解性的一个不同意见是，在这种安排下，组成员只有通过组成员的收入才能发挥作用。这些组并没有特殊的标签。然而，有时组标签（如种族或性别）的重要性似乎比这种分解所表明的要大。由于不平等分解的组间成分很小而认定组标签对不平等并不重要，这点可能与现实看法不太吻合。

延伸阅读：关于不平等测度的一篇重要的早期论文是安东尼·阿特金森（1970）。在弗兰克·科威尔（Franka Cowell，2000）中可以找到对不平等测度公理的正规处置。[①]上述转移原理的讨论基于谢尔盖·克里斯托夫·科尔姆（Serge-Christophe Kolm，1998）[②]，而关于组标签的讨论则基于拉维·坎伯（Ravi Kanbur，2006）[③]，也可参见詹姆斯·福斯特等人（James Foste et al.，2013，第2章）[④]。

基尼系数并没有全部满足在测度不平等时所期望的全部性质。如果以类似于我们测度全球贫困的方式来测度"全球不平等"，那么我们就要忽略所有国家边界，把所有居民合并在一起，把他们之间的不平等当作一个国家来测度。这一总体指标自然不仅取决于各国内部的不平等，还取决于各国之间的不平等。因此，随着时间的推移，它的演进趋势将取决于贫穷国家相对于富裕国家的增长率（粗略地讲），以及各国内部发生的经济变化和影响不平等的政策。但是，如果我们在区域或全球一级来比较各国的表现，那么就需要分离

① Cowell, Frank. 2000. "Measurement of Inequality." In A. B. Atkinson and F. Bourguignon (eds.), *Handbook of Income Distribution*. Amsterdam: North-Holland.

② Kolm, Serge-Christophe. 1998. *Modern Theories of Justice*. Cambridge, MA: MIT Press.

③ Kanbur, Ravi. 2006. "The Policy Significance of Inequality Decompositions." *Journal of Economic Inequality* 4: 367-74.

④ Foster, James, Suman Seth, Michael Lokshin, and Zurab Sajaia. 2013. A Unified Approach to Measuring Poverty and Inequality. Washington, DC: World Bank.

出不平等的国内成分。尽管有许多不平等指标，人们总是可以计算出一组国家的平均不平等指标，但只有一部分不平等指标的平均数才符合总体不平等的国内成分，这意味着将我们感兴趣的部分与总体不平等彻底分离。众所周知，使用流行的基尼系数（如专栏 5.1 和专栏 5.2），不可能做到这种精确的分解。[①] 平均对数偏差（MLD）提供了一个可行的解决方案。它是计算抽样家庭的总体平均收入与个人收入之比的对数的（适当加权的）平均值而得到的，详见专栏 5.4。

***专栏 5.4　平均对数偏差：一种简单优美而不太常用的不平等指标**

长期以来，基尼系数一直是最为流行的不平等指标，但依据某些准则它并不是最好的。与之相反，可考虑的是平均对数偏差（MLD）。对于消费或收入 $\bar{y}$ 的分布 y_1，y_2，…，y_n（所有都假定为正），已知均值为 $\bar{y}$，则 MLD 可简单表示为：

$$MLD = \frac{1}{n}\sum_{i=1}^{n}\ln\left(\frac{\bar{y}}{y_i}\right)$$

如基尼系数那样，该指标满足转移原理（专栏 5.3）。但是，与基尼系数不同，MLD 可以依据人口子群进行分解。为了便于演示，现假设这 n 个人被分配到 N 个相互排斥的组（比如国家）中。用 y_{ij} 表示包含 n_j 个人的 j 组中个人 i 的消费。这时，可以将 MLD 改写为：

$$MLD = \ln\bar{y} - \sum_{j=1}^{N} s_j \sum_{i=1}^{n_j}\ln y_{ij}$$

其中，s_j 表示 j 组的人口份额。进一步将其写为：

$$MLD = MLD^w + MLD^B$$

其中，$MLD^w = \sum_{j=1}^{N} s_j(\ln\bar{y}_j - \sum_{i=1}^{n_j}\ln y_{ij})$，$MLD^B = \ln\bar{y} - \sum_{j=1}^{N} s_j\ln\bar{y}_j$

它们分别表示国家内部的成分和国家之间的构成，$\bar{y}_j$ 是 j 组的均值。因此，总体不平等是组内不平等和组间不平等的人口加权之和。

MLD 也有助于实现专栏 1.8 指出的“纵向”与“横向”不平等之间的区别。第 9 章将再讨论这一点。

延伸阅读： MLD 是泰尔（Theil，1967）提出的“广义熵指标”[②] 中的一个。弗朗索瓦·布吉尼翁（1979）指出，（在不平等指数性质的适度限制下）平均对数偏差是满足人口权重可分解的转移原理的唯一指标。

① 例外情况是，所比较的不同国家或子组的分布不重叠，这在一般情况下是不可能的。

② 泰尔熵指标（Theil's entropy measure）或者泰尔指数（Theil index）。作为测度个人之间或者地区间收入差距（或者称不平等度）的指标，这一指数经常被使用。泰尔熵指标是由泰尔利用信息理论中的熵概念来计算收入不平等而得名。——译者注

继第5.1节的讨论之后，我们可以将不平等指标视为由不平等导致的社会福利损失。因此，我们可以问每个指数背后的社会福利函数（SWF）是什么，看看这是否符合伦理。与基尼系数相对应的SWF按收入在分布中的排名对收入进行赋权，最低收入的权重最高（见专栏5.5）。这个社会福利函数值得怀疑。目前尚不清楚，用分布中的排名作为收入的权重，能有什么道德上的理由。功利主义者可能也会反对隐性效用函数不显示收入边际效用递减（权重是基尼系数如何满足转移原理的）。由于它是当效用为对数收入时对应于功利主义社会福利函数的不平等指标，因而平均对数偏差（MLD）在这方面更具吸引力（见专栏5.5）。但是，我们也反对在功利主义目标中对福利水平均等赋权，理由是不能充分反映对贫困的厌恶（第5.1节）。这可以通过一种将基尼类型权重与边际效用递减相结合的混合指标来解决。因此，可以将MLD推广为纳入基尼类型的社会福利函数，其中效用是基于排序加权的。这同时解决了基尼系数（其隐含的社会福利函数没有反映收入边际效用递减）和平均对数偏差（它没有对低效用赋予更高的权重）的缺陷。专栏5.5详细说明了这种不平等指标。

***专栏5.5　不平等和社会福利**

回顾第5.1节，不平等指标可以被认为是由既定平均收入下的不平等造成的社会福利损失。如果我们将收入从低到高排序，$y_1 \geqslant y_2 \geqslant, \cdots, \geqslant y_n$，那么对应于基尼系数的社会福利函数（SWF）可表示为：

$$\frac{2}{n^2}\sum_{i=1}^{n} i\,y_i = \left(\frac{1}{n} + 1 - G\right)\bar{y} \cong (1-G)\,\bar{y} \qquad (\text{较大的 } n)$$

在这里，我们看到“基尼系数的SWF”具有带秩权的收入，且在最贫穷者上的权重最高（注意 $\sum i\,y_i = y_1 + 2y_2 + \cdots + ny_n$）。如果你从个人$j$上拿1美元给个人$k$（除此之外没有变化），那么如果$k > j$，基尼系数将会上升。基尼系数乘以平均值可以解释为不平等造成的社会福利损失。虽然基尼的SWF给予较低水平的福利更高的权重，但它只是以收入测度后者。因此，它没有纳入收入边际效用递减的功利主义思想。

为了更容易地看到平均对数偏差（MLD）中隐含的SWF，可以将专栏5.4中的第一个方程式改写为：

$$\frac{1}{n}\sum_{i=1}^{n}\ln y_i = ln\,\bar{y} - MLD$$

在方程式左边，我们有一个$\ln y_i$形式的公共效用函数的平均效用。对数转换体现了收入边际效用递减（参见专栏1.13）。这是隐含使用MLD作为不平等指标的SWF。在方程式右边，我们有均值的对数，它是当固定总收入重新分配时平均效用的最大值，然后再减去 MLD。因此，假设收入在不改变总额的情况下重新分配时，可以将 MLD 解释为由于不平等而造成的社会福利损失（这证实了第 5.1 节中提出的主张）。

安东尼·阿特金森（Atkinson，1970）提出了一个更一般的效用函数：当 $\varepsilon \neq 1$ 时形式为 $y^{1-\varepsilon}/(1-\varepsilon)$，当 $\varepsilon = 1$ 时形式为 $\ln y$。参数 ε 的值越高，意味着收入不平等相关的惩罚就越大。这就产生了相应的一类阿特金森不平等指标。

尽管平均对数偏差（以及更一般的阿特金森函数）包含了收入边际效用递减，但它对效用赋予相同的权重。回应这一问题的简单方法是采用带秩权的基尼类社会福利函数（见专栏 5.2），同时保持效用是对数收入（而不是基尼系数中的收入水平）的假设。因此，新的社会福利函数将是 $\sum_{i=1}^{n} i\ln y_i$，其中的收入从最富有者（$i=1$）到最贫穷者（$i=n$）排序。新版的 MLD 的形式如下：

$$MLD^* = \frac{2}{n(n+1)}\sum_{i=1}^{n} i\ln\left(\frac{\bar{y}}{y_i}\right)$$

$\left(\text{注意}\sum_{i=1}^{n} i = \frac{n(n+1)}{2}\right)$有一个缺点是，修改后的指数失去了平均对数偏差的有序分解性（见专栏 5.4）。

“不平等”指标的另一可能候选是强相对贫困指标，其中贫困线设定为均值的恒定比例（如第 4 章所讨论的）。这使我们对贫困的厌恶更加清晰。但是，应当注意的是，这个指标不遵循转移原理。我们可以用分布 A 洛伦兹占优与分布 B 来构造例子，因此，对于任何表现良好的不平等指标，A 的不平等程度低于 B，但 A 分布的强相对指标更大。① 强相对贫困指标可以显示 A 的贫困程度高于 B，即使 A 比 B 的不平等和绝对贫困程度明显更低。当转移仅在穷人中进行时，同样的例子也有可能出现。因此，强相对贫困指标不仅与均值无关，而且不需要与相对贫困的合理规范判断保持一致。

到目前为止，我们只讨论了相对不平等，即如果把所有收入都乘以一个常数，则指标保持不变。通过这种方法，不平等取决于人口收入中的比例。“绝对不平等”取决于生活水平的绝对差异，而不是由于均值比率所捕捉的相对差异。标准实践是使用相对指标来测度不平等，这与尺度不变性公理（专栏 5.3）相吻合。但是，我们同样可以很好地用绝对

① 马丁·拉瓦雷（1994b）通过利用洛伦兹曲线的分析性质（继 1971 年约瑟夫·加斯特沃斯之后）得到了证明。

差距来测度不平等，而不是经过平均数标准化的数值。① 为了理解这一区别，考虑一个经济体只有两种家庭收入：1000 美元和 10000 美元。如果两个收入都翻一番，那么相对不平等将保持不变；富裕家庭仍然是非富裕家庭的 10 倍。但是，其收入的绝对差已经翻了一番，从 9000 美元增加到 18000 美元。相对不平等不变，但绝对不平等急剧上升。

绝对不平等和相对不平等指标之间的选择可归结为是否接受不平等测度的尺度不变性公理（见专栏 5.3）。回想一下，这意味着将所有收入乘以一个常数，不平等指标值保持不变。但是，不应忘记这是一个公理，我们不需要接受。你可以认为，在所有收入中增加同等数额并不能改变不平等（有时被称为平移不变性）。在计算基尼系数的时间变化时，如果在一段时间内保持均值不变（根据某些参考值，比如基准年），那么它就成为一个绝对基尼系数，与专栏 5.2 中的相对系数不同。

这不仅仅是学术辩论。基于“不平等正在加剧”的看法似乎常常是指一个不平等的绝对概念，这也反映在诸如“贫富差距不断扩大”之类的常见说法中。而且，这种区别关系到人们如何看待分配政策。谢尔盖 · 克里斯托夫 · 科尔姆（Serge-Christophe Kolm，1976）给出了下面的例子。1968 年 5 月，② 法国学生和工人举行了大规模抗议活动，最终达成了《格雷内尔协议》（*Grenelle Agreement*），将所有工资提高 13%。然而，许多抗议者感到被骗了，因为在他们看来这项协议会加剧收入不平等。③ 正如将在第 8 章中进一步讨论的那样，无论人们认为不平等是绝对的还是相对的，对长期以来关于经济增长收益分配的政策辩论来说都非常重要。

这并不是说一个概念是对的，一个概念是错的。它们只是反映了人们对于什么构成了更高的“不平等”持有不同的价值判断，而且貌似很多人对不平等的看法是绝对的。尤拉

---

① 休 · 道尔顿（1920）在最早的一篇关于测度不平等的论文中讨论了绝对指标和相对指标。谢尔盖 · 克里斯托夫 · 科尔姆（1976）注意到了这一区别（如后文所述）。但这种区别在随后的文献中基本上消失了，直到它在全球化辩论中重新出现（马丁 · 拉瓦雷，2003a，2004）。

② 五月风暴是 1968 年 5 月—6 月在法国爆发的一场学生罢课、工人罢工的群众运动，由于整个欧洲各国经济增长速度缓慢而导致的一系列社会问题。1968 年 3 月 22 日，巴黎楠泰尔文学院学生集会，抗议政府逮捕为反对越南战争向美国在巴黎的产业投掷炸弹的学生。此后，学生抗议活动迭起，至 5 月初发展为高潮。5 月 3 日，学生再次集会，警察进行干预，导致流血冲突，数百人受伤，600 名学生被捕。法国许多省市的学生纷纷起来支持巴黎的学生运动。他们占领大楼，筑起街垒，展开巷战。5 月 12 日，巴黎大学学生占领了学校，并成立行动委员会。此后，政府强行关闭各大学。5 月 13 日，法国工会号召全国工人总罢工支持学生，千百万工人群众加入运动。首先是巴黎 80 万工人举行大罢工，接着罢工浪潮席卷整个法国。数百万罢工工人占领了 300 多个重要的工厂、矿山，扣留经理等资方人员，致使全国的铁路、空中、海上的交通中断，生产、通讯全部陷于停顿，整个法国的经济生活处于混乱状态。5 月 24 日，在国外访问的法国总统戴高乐匆忙赶回巴黎，发表电视演说，呼吁全国恢复秩序，许诺起草改革计划，提供公民投票裁决。5 月 27 日，法国总工会与政府达成复工协议。5 月 30 日，戴高乐发表讲演，宣布解散议会，重新举行全国选举。由此，各地风潮趋于平静。6 月下旬，戴高乐派在选举中赢得大多数席位。——译者注

③ 正因为如此，谢尔盖 · 克里斯托夫 · 科尔姆把绝对尺度称为“左派尺度”，而相对尺度称为“右派尺度”，马丁 · 拉瓦雷把它留给读者来判断这种区别与人民政治的匹配程度。

姆·阿米尔和弗兰克·考威尔（Yoram Amiel and Frank A. Cowell，1992，1999）[①] 做了一些简单但聪明的实验来识别人们持有的不平等概念。他们发现 40%的受访大学生（在英国和以色列）认为不平等是绝对的，而不是相对的。[②] 2014 年，马丁·拉瓦雷将这二人所使用的问题类型的子集（使用基于计算机的保密问卷工具）分配给了自己班级的本科生。对这些学生的授课是在这本教科书的基础上进行的，不过我们是在不平等测度公理授课之前进行的调查。从 130 个回答中，班级学生大致对等地分为两类：一类是认为应该从相对角度考虑不平等，另一类是认为应该从绝对角度考虑不平等。有趣的是，当此类收入低的时候，“绝对论者”占明显多数，而当收入高的时候，“相对论者”又占了大多数。不过，几乎所有的人都赞成匿名性和转移原理。[③]

5.3　测度贫困

假设我们现在有了一个个人福利指标，这个指标已经用在一个样本中，对每个家庭进行了估计。有时候，我们可能还有该指标在每个家庭上的时间序列。这个时间剖面可用于区分暂时性贫困和持久性贫困（第 5.4 节）。[④] 但现在我们设想每户家庭只有一个值。我们如何将这些信息汇总到每个被比较分布的贫困指标中？文献已经确定了许多合意贫困指标的公理。专栏 5.6 回顾了主要内容。

专栏 5.6　贫困指标的合意性质

在极广泛的范围得到认可的性质称为关注性公理（focus axiom）。它是指贫困指标不应受到那些不被视为贫困者的收入（或消费）的任何变动的影响（并且在变动之后保持不变）。关于这个公理提出的一个观点是，假定我们确切地知道谁是穷人，谁不是穷人。

另一个被认为合意的性质称为单调性公理（monotonicity axiom）。这是指在其他条件不变的情况下，贫困者收入下降则贫困指标必定上升。该性质很有吸引力，但（我们将看

---

① Yoram Amiel and Frank A. Cowell. Measurement of income inequality: Experimental test by questionnaire. Journal of Public Economics. Volume 47, Issue 1, February 1992, Pages 3-26. Yoram Amiel and Frank A. Cowell. 1999, *Thinking about Inequality: Personal Judgment and Income Distributions*, Cambridge, Mass. Cambridge University Press. ——译者注

② 伊丽莎白·哈里森和克里斯蒂安·塞德尔（Elizabeth Harrison and Christian Seidl，1994）报告了对大量德国大学生的类似调查结果。

③ 这似乎比哈里森和塞德尔（Harrison and Seidl，1994）调查的学生要多，Harrison，Elizabeth，and Christian Seidl. 1994. “Perceptional Inequality and Preferential Judgment: An Empirical Examination of Distributional Axioms.” *Public Choice* 79: 61-81.

④ 在制定考虑到选择性过早死亡的测度方法时，还假设了福利测度方法的时间变化（拉维·坎伯和迪甘塔·穆克吉，2007），我们将讨论这一点。

到）很多极为常见的贫困指标并不满足。这一公理的推广被称为子组单调性（subgroup monotonicity）。也就是说，如果我们把人口分成两个组，且每个组都有一个固定的规模，一组的贫困程度增加，而另一组的贫困程度保持不变，那么总体贫困程度必定上升。这似乎也是合理的；当成功地减少了农村地区的贫困（既没有给城市地区的穷人造成任何损失，也没有改变城乡人口构成）之后，发现整个国家的贫困程度有所上升，这当然是奇怪的。所有被加性测度都满足子组单调性，换句话说，总体贫困是人口中各个体层次上贫困的算术和。

目前已经提出了许多类似于不平等测度的其他公理（参见专栏 5.3 中的讨论）。在贫困指标的背景下，尺度不变性（scale invariance）是指当所有收入和贫困线按相同比例增长时，指标保持不变（指标因此被称为零阶齐次）。复制不变性（replication invariance）则要求在复制当前总体或合并相同总体时指标保持不变。贫困指标的转移原理是指，无论何时将一笔既定金额的钱从一个穷人转移到某个更穷的人（不改变其排名），指标值就会下降。

文献注释：在一些文献中，满足尺度不变性的指标被称为"相对贫困指标"，与满足平移不变性（translation invariance）的"绝对贫困测度"不同，因为它们不变地将相同的绝对量加到所有收入和贫困线中。这基本上与我们了解到的关于不平等指标的区别相同（第 5.2 节）。在这里不使用这一术语，是因为有可能与绝对贫困线和相对贫困线之间的区别混淆（第 4 章）。

延伸阅读：阿马蒂亚·森（1976a）在早期做出了开创性的贡献。[①] 查尔斯·布莱克贝和唐纳德·唐纳森（Charles Blackorby and Donald Donaldson，1980）讨论了包括尺度不变性公理在内的一些问题。[②] 詹姆斯·福斯特和安东尼·夏洛克斯（James Foster and Anthony F. Shorrocks，1991）讨论了子组单调性。[③] 郑步红（Buhong Zheng，1993）列出了其他公理。[④] 另见詹姆斯·福斯特等人（James Foster et al.，2013，第 2 章）概述文献中已经提出的各种公理。[⑤]

贫困指标

现在有大量关于贫困指标的文献。[⑥] 这里只关注可加性指标。这不是过分的限制，而

---

① Sen，Amartya. 1976a. "Poverty：An Ordinal Approach to Measurement." *Econometrica* 46：437-446.

② Blackorby，Charles，and Donald Donaldson. 1980. "Ethical Indices for the Measurement of Poverty." *Econometrica* 48：1053-1060.

③ Foster，James，and A. F. Shorrocks. 1991. "Subgroup Consistent Poverty Indices." *Econometrica* 59：687-709.

④ Zheng，Buhong. 1993. "Axiomatic Characterization of the Watts Index." *Economics Letters* 42：81-86.

⑤ Foster，James，Suman Seth，Michael Lokshin，and Zurab Sajaia. 2013. A Unified Approach to Measuring Poverty and Inequality. Washington，DC：World Bank.

⑥ 有关研究请参见詹姆斯·福斯特（1984）、安东尼·阿特金森（1987）和阿尔迪·哈根纳斯（Aldi J. M. Hagenaars，1987）。

是基于这类指标众所周知的合意性质（专栏 5.6）。[①] 这里不讨论所有已经使用或提出的指标，而是着重关注一些有代表性的可加性指标，并讨论每个指标的利弊。专栏 5.7 提供了可加性贫困指标的汇总。

专栏 5.7　贫困指标汇总

贫困发生率指数（Headcount index，*H*）：又称贫困人口比例或“人头指数”，是指生活在人均收入（或相当于单身成人的人均收入）低于或等于贫困线的家庭人口在总人口中所占的比重。假设在一个规模为 n 的人口中，根据定义假定有 q 人是贫困人口。那么，贫困发生率指数 H，可简单表示为贫困人口的比例：$H=q/n$。这一指标满足关注性和尺度不变性公理，但不满足专栏 5.6 中的其他公理。

贫困差距指数（Poverty gap index，*PG*）：也称贫困距离指数、贫困缺口指数，是指将贫困线以上的设定为零差距的情况下，全部人口中低于贫困线的平均距离与贫困线之间的比值。为了展示这一指数如何定义，先让消费按升序排列；最穷者为 *Y*1，次之者为 *Y*2，等等，不高于贫困线 *Z* 的最不穷者（根据定义）为 Yq。现在定义第 i 个人的比例贫困差距为：$(Z-Y_i)/Z=1-Y_i/Z$，如果该人是穷人（$Y_i<Z$）；如果该人不是穷人，则该差距设定为零。因此，PG 就是平均的比例贫困差距，如此定义。这一指标并不满足专栏 5.6 中的转移原理。

收入差距比率（Income gap ratio，*I*）：是指仅有贫困人口的情况下低于贫困线的平均距离与贫困线之间的比值。这一指标不满足在专栏 5.6 中的单调性和转移原理。

贫困差距平方指数（Squared poverty gap index，*SPG*）：也称贫困距平方指数。它与 PG 的不同在于将比例贫困差距作为权重进行加权平均。因此，为计算 SPG，对贫困人口来说可采用比例贫困差距平方 $(1-Y_i/Z)^2$ 的均值，而对非贫困人口来说则为零。这个指标满足专栏 5.6 中的所有公理。

瓦特指数（The Watts index，*W*）：是指在将非贫困人口设定为零差距的情况下按贫困线对数减去收入对数计算得到的平均比例差距。这一指标满足了专栏 5.6 中的所有公理。它也满足了文献中的许多公理（郑步红，1993）。[②]

最简单（最常见）的指标是贫困发生率指数，是指经济福利指标 Y 不大于贫困线 Z 的人口比例。这只是累积分布函数 CDF 的一个点，记作 $F(Z)$，其中，F 是收入或消费低于

① 见安东尼·阿特金森（1987）和詹姆斯·福斯特和安东尼·夏洛克斯（1991）。后者对人口子群单调性（他们称之为“人口子群一致性”）的要求本质上需要可加性的测度指标。阿马蒂亚·森（Amartya Sen，1976a）的指数不符合要求。Sen，Amartya. 1976a. “Poverty：An Ordinal Approach to Measurement.” *Econometrica* 46：437-446.

② Zheng，Buhong. 1993. “Axiomatic Characterization of the Watts Index.” *Economics Letters* 42：81-86.

Z（或者更准确地说，生活在人均收入低于或等于 Z 的家庭）的人口比例。

尽管贫困发生率指数（H）是目前为止最受欢迎的指数，但它并不是最好的。贫困发生率指数易于理解和交流，而且能够用于某些类型的贫困比较，例如评估减贫方面的总体进展，它可能是相当充分的（尽管最好计算至少两个贫困线）。但是，在分析具体政策对穷人影响的某些目的性应用中，贫困发生率指数却存在严重的缺陷。为了说明原因，不妨假设一个穷人突然变得非常穷，H 会发生什么？什么也反映不出来。该指数对穷人贫困深度的差异变化完全不敏感。

观察一段时间以来反贫困进展情况或政策对贫困的影响，这是重要的。图 5.2 提供了两个累积分布函数（CDF）。在每种情况下，上边的线是在政策变动之前，下边的线是在政策变动后。

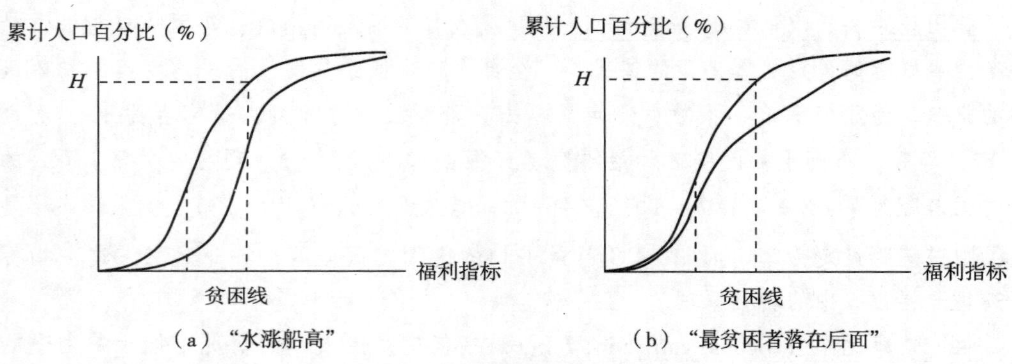

图 5.2　减贫的程式化展示

尽管对贫困发生率指数（H）的影响是相似的，但穷人之间的收益分配却大不相同。在图 5.2（a）的情况下，贫困线以下的穷人的收益（以横向差异来测度）要大得多。

专栏 5.8　界定贫困差距指数（PG）的不同方法

在专栏 5.7 中，PG 的定义是全部人口中贫困差距比例的均值，其中，非贫困人口的贫困差距设定为零。定义 PG 的另一种方法是 $PG = I.H$，其中，I 是"收入差距比率"，其定义是 $I = 1 - M^z/Z$，式中的 M^z 表示穷人的平均消费。但请注意，收入差距比率并不是一个很好的贫困指标。为说明原因，不妨假设一个生活在仅低于贫困线的人变得足够富裕以摆脱贫困。剩余穷人的平均消费会下降，因而收入差距比率将增加。仅有一个穷人的日子变得更好，剩下的穷人并没有变糟；人们不愿意承认贫困没有减少，但这就是收入差距比率所暗示的。如果将收入差距比率乘以贫困发生率指数得出 PG，上述问题就不会出现；在同样的情况下，该指标表明贫困有所减少。

对 PG 还有一种解释是，一个通过对穷人的转移支付来消除贫困的潜力指标。使用针对性的转移支付来消除贫困的最低成本只是全部人口中所有贫困差距之和；每一个贫困差距都被填补到贫困线为止。成本将是 $(Z - M^z).q$（回想一下 q 是穷人数）。显然，这需要假设决策者拥有大量信息；人们不应惊讶于一个非常"益贫"的政府需要以减贫的名义花费了更多的钱。另一个极端是，假定政策制定者不知道谁是穷人、谁不是穷人，人们可以想象消除贫困的最大成本。此时，决策者必须支付给每个人 Z，以确保没有穷人，则全部成本是 $Z.n$。定向目标下消除贫困的最低成本与没有目标下的最大成本的比率就是 PG。因此，这一减贫指标也是减贫预算能够从定向目标中得到的节省潜在成本的指标。当然也要注意，实践中的节约潜力是另外一回事，我们将在第 10 章中看到这一点。

捕捉贫困线下收益变化的一个较好指标是贫困差距指数（PG）。它仅仅是全部人口中贫困比例差距的均值（如专栏 5.7）。为帮助理解其性质，专栏 5.8 讨论了定义 PG 的不同方法。

贫困差距指数的一个缺点是，它可能无法令人信服地捕捉到穷人中贫困严重程度的差异。例如，考虑四个人的两种消费分布：A 分布为（1，2，3，4），B 分布为（2，2，2，4）。对于贫困线 $Z = 3$（因此在两种情况下 $H = 0.75$），A 和 B 具有相同值，即 $PG = 0.25$。但是，A 分布中最穷的人只有 B 分布中最穷的人一半的消费量。人们可以认为 B 是 A 通过从相对最穷的人转移到最穷的人身上而产生的。贫困差距不会受到任何影响。换言之，该指标不满足转移原理。

现有文献中有许多贫困指标对穷人间的不平等进行处理，从而满足转移原理（专栏 5.6）。[①] 在应用研究中，大量注意力都集中在可加性指标上，也就是，总体贫困等于社会各子组中贫困水平的人口加权之和。在构建贫困概况和检验关于贫困比较的假设方面，这种可加性具有概念上和实践上的优势。讨论将回到其中一些问题。

最早的处理穷人间不平等的可加性指标是瓦特（1968）提出的瓦特指数（W）。瓦特指数是在将非贫困人口设定为零差距的情况下贫困比例差距（贫困线与收入比率的对数）的均值，将非贫困人口统计为无差距（专栏 5.9 详细地介绍了瓦特指数）。这个指数尽管此前鲜为人知，直到 20 世纪 90 年代中期才被广泛使用，但它有许多合意的性质。[②] 在本章后面和第 8 章讨论经济增长收益的发生率时，该指标尤其具有吸引力。

---

① 最早尝试这样做的一个指标是由阿马蒂亚·森（1976a，1981a）提出的。正如多米尼克·托恩（Dominique Thon，1979）所指出的，这并不满足转移原理，尽管安东尼·夏洛克斯（Anthony F. Shorrocks，1995）表明，阿马蒂亚·森指数的一个简单的重新规范化满足了转移原理，也保证了连续性（因此，当超过贫困线时，指数并没有上升）。

② 郑步红（1993）重新发现了瓦特指数，并用更正式的术语证明了它的合意性质。

瓦特指数是可加性分布敏感性指标（distribution-sensitive measures）大类中的一员。[①] 最近的一个例子是福斯特、格里尔和索尔贝克（James Foster, Joel Greer and Erik Thorbecke，简称 FGT，1984）引入的贫困的平方差距指数（squared poverty gap，SPG）。[②] 为了得到比例差距的平方，它与 PG 的（重要）区别在于用自身作为权重进行个人贫困比例差距加权，此外其他做法与 PG 类似。[③] 贫困线 10%的贫困比例差距被赋予 10%的权重，而 50%的贫困比例差距被赋予 50%的权重（注意，在 PG 的情况下，它们的权重相等）。这里再次采用总体人口的贫困比例差距平方的均值（非贫困人口的差距设定为零）。

专栏 5.9　瓦特指数：一个没人注意的老指标竟然是最好的！

瓦特指数是第一个处理穷人间不平等的贫困指标，也可以说是最好的指标。该指数满足了在专栏 5.6 中描述的贫困指标的所有合意公理，以及文献所支持的其他性质。如果第 i 个人是穷人（$Y_i < Z$），我们可以将他的瓦特贫困比例差距定义为 $\ln(Z/Y_i)$；如果他不是穷人，那么差距当然是零。请注意它与贫困比例差距 $(1 - Y_i/Z)$ 不同，这就是为什么我们将 $\ln(Z/Y_i)$ 称为瓦特贫困比例差距。现在我们取全部人口中这些贫困比例差距的均值。如果收入排序后仅在 $i < q$ 时有 $Y_i \leqslant Z$，那么瓦特指数是：

$$W = \frac{1}{n}\sum_{i=1}^{q} \ln(Z/Y_i)$$

（注意，贫困发生率指数 $H = q/n$）。如果穷人的所有收入以 g 的速度增长，那么 W/g 大约是按照增长率 g 摆脱贫困所需的平均时间（莫杜奇，1998）。如果全部人口中的所有收入都以相同的速度增长（这样洛伦兹曲线保持不变），那么瓦特指数对均值的弹性为 $-H/W$。

关于文献的说明：瓦特指数在哈罗德·瓦特（Harold W. Watts，1968）论文发表 25 年后才开始在关于贫困测度理论的文献中得到承认。郑步红（1993）提出了许多值得注意的指数的合意特征。这一点在后面关于“益贫性增长”的文献中也变得很重要，我们将在第 5.6 节中讨论这一点。

分布敏感性指标的一个缺点是它们不像 PG 或（特别是）H 那样容易诠释。[④] 但是就贫困比较而言，关键一点是，根据贫困的平方差距指数（SPG）对日期、地点或政策的排

① 在形式上是由安东尼·阿特金森（1987）描述的。

② James Foster, Joel Greer, and Erik Thorbecke. 1984. “A Class of Decomposable Poverty Measures.” *Econometrica* 52: 761-765.

③ 事实上，这正是作者们提出指数的方式，基于与埃里克·索尔贝克的交流。

④ 该指标可以看作是两个组成部分的总和：一个是由于贫困差距造成的，另一个是由穷人间的不平等造成的。更准确地说，让 CVp^2 表示穷人消费变化的平方系数，于是 $SPG = I.PG + (1-I)(H-PG)CVp^2$。

序，应能很好地反映出它们在贫困严重程度方面的排序。正是该指标的能力使其比其他指标更能有效地对分布进行排序，而不是获得的精确数字。

通过对 H 、PG 和 SPG 上述公式的比较，可以明确一个共同的结构。这就引出了通用组指标，其中的贫困比例差距被赋予非负参数的幂 α 。这就是福斯特—格里尔—索尔贝克（Foster-Greer-Thorbecke，FGT）类贫困指标。对此我们用通用符号 P_α 表示。当 $\alpha = 0$ 时，我们得到指标 $P_0 = H$ ；当 $\alpha = 1$ 时，我们得到 $P_1 = PG$ ；而当 $\alpha = 2$ 时，我们得到 $P_2 = SPG$ 。尽管如此，在 $\alpha > 0$ 的情况下，FGT 指标中的个体贫困指标伴随着穷人的生活水平下降（生活水平越低则越穷）。并且，对于 $\alpha > 1$，它还具有这样的性质：如果由于生活水平下降而导致测度的贫困增加，那么你就越穷。[①] 在 $\alpha > 1$ 时，FGT 指标被认为惩罚穷人间的不平等。可以说，该指数在收入方面是“严格凸性”的（ $\alpha = 1$ 时为“弱凸性”）。在极限意义上，随着 α 趋于无穷大，该指数成为数据中观察到的最低收入水平。

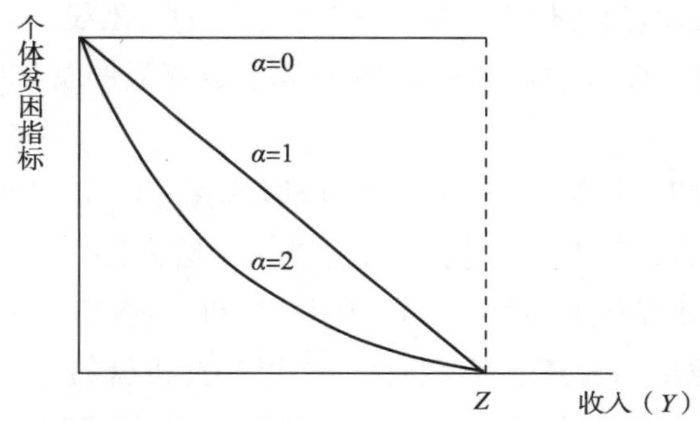

图 5.3　个人贫困测度 FGT 指数中不平等厌恶参数（α）的不同值

图 5.3 显示了不同 α 值下个体贫困与经济福利指标之间的关系变化。α 值越高，对最贫穷者的福利越敏感；当 α 接近无穷大时，它只成为反映最贫穷者贫困程度的指标。图 5.3 还说明了 SPG 的另一个概念上的吸引力，即个体贫困指标在贫困线上平稳地为零；因此，该指标对贫困线以上的人和贫困线以下的人的权重差别可以忽略不计。[②] 鉴于前述对个体贫困指标不连续性和上文讨论的生活水平测度方面不确定性的关切，这是一个合意的性质。[③]

你用这些指标中的哪一个真的重要吗？直觉上，答案取决于社会中的相对不平等是否改变以及如何改变的。如果所有消费水平（贫穷和非贫穷）都以同样的比例变化（有时称之为“分配中性”的增长或收缩），那么所有这些贫困指标在贫困比较中的排名都会相同，而绝对贫困的排名将完全取决于分布均值的变动方向。

① 对于 FGT 类贫困指标的完全公理化表征，见詹姆斯·福斯特和安东尼·夏洛克斯（1991，命题 7）。

② 这涉及一个长期存在的问题，即贫困最好被视为一种离散或连续的现象。关于进一步的讨论，见安东尼·阿特金森（1987）。在分析风险对贫困的影响（马丁·拉瓦雷，1988a）和描述最佳减贫计划（弗朗索瓦·布吉尼翁和加里·菲尔茨，1990；马丁·拉瓦雷，1991b）的背景下，这一问题被认为是重要的。

③ 其他一些人，包括阿马蒂亚·森（1976a），对分配敏感的贫困指标，也不认同这一点。

然而，这些指标之间的差异有可能在其他情况下变得相当明显。比如，考虑两项政策：政策 A 意味着从分布众数（即贫困线所在的位置）向最贫困家庭进行小规模的再分配（这实际上是对一些亚洲国家国内生产的粮食作物价格下降将如何影响福利分配的客观描述）。政策 B 带来了相反的变化，最贫困人口受损，而众数人群获益（上述例子中的粮食作物价格上涨的后果）。片刻的思考就能证实贫困发生率指数 H 将更倾向于政策 B；$H_A > H_B$，因为 H 的变化仅取决于人们超过贫困线的方向。但是，SPG 等指标则显示出相反的排序，$SPG_A < SPG_B$。这是因为它对最贫困者收益的反应相对大于对较不贫困者收益的反应。

是否需要检验类似于 PG 和 SPG 这样的高阶贫困指标还取决于，使用贫困发生率指数进行贫困比较是否如前一节所建议的那样考虑一条以上的贫困线。如果只使用一条贫困线，那么在马丁 · 拉瓦雷看来有必要检查更高阶的指标。但是，一个或两个额外贫困线的 H 值往往可以提供一个适当的替代。如果对于一个给定的贫困线，高阶指标给贫困发生率指数带来了不同的结果，那么它们同样适用于基于足够低的贫困线得到的贫困发生率指数。

另一个令人关切的问题是关于上文讨论的标准贫困指标。正如我们将在第 7 章中了解的选择性死亡率是因为穷人不太可能存活下来。当一个穷人死亡时，标准指标将显示贫困程度的下降（这对于贫困发生率指数来说是显而易见的，但对于上述更高阶指标来说也是如此）。类似地，贫困家庭的较高生育率将倾向于以纯粹机械的方式提高贫困率。福利经济学中的一个普遍问题的例子是：当人们用任何形式的平均福利（如人均收入或人均效用）来评估变动人口下的社会进步时，任何低于平均水平的人的死亡都会提高平均水平。这在道德上是不可接受的。鉴于这一问题，我们需要对死亡率采取补充测度，以防影响我们观察到贫困指标的下降。

标准的贫困指标也可以修改，以便更好地反映我们对这一问题的判断。拉维 · 坎伯和迪甘塔 · 穆克吉（Ravi Kanbur and Diganta Mukerjee，2007）基于一个规范的生命周期 L 的概念提出了一个有趣的解决方案①。这样的话，不管 L 年前出生的所有人今天是否还健在，都可以用他们收入的时间剖面（time profile）来测度贫困。对于那些不在人世的年份，必须进行收入插补；一个看似自然而然的假设是，所有现已死去的人的推算收入（imputed income）都低于他们活着的时候。（新近的富裕吸血鬼被排除在外！）建立了这个时间剖面之后，测度问题可以如以前那样进行。例如，可以得到修正版的 FGT 指数。②

---

① Ravi Kanbur and Diganta Mukerjee. 2007. Poverty, relative to the ability to eradicate it: An index of poverty reduction failure.

② 拉维 · 坎伯和迪甘塔 · 穆克吉（Ravi Kanbur and Diganta Mukerjee，2007）介绍了如何做到这一点，并解决了使这种方法可行的一些实现问题，Kanbur，Ravi，and Diganta Mukerjee. 2007. "Premature Mortality and Poverty Measurement." *Bulletin of Economic Research* 59（4）：339-359.

消费下限

消费下限（consumption floor）指特定社会中最贫穷者的典型生活水平。我们可以认为这是长期性消费的下限（回顾专栏 3.11）。人类的生理性使得低于某一（正的）临界值的消费水平不太可能跨越相当短的时间而维持下去。这是生物下限。社会和政治因素也可能影响消费下限的水平，从而使其在特定社会中高于生物下限。

消费下限的概念至少在第一批经济学家的时代就已经出现了。早期的“最低生活工资”可以解释为确保达到典型家庭的消费下限所需的工资率。古典经济学家把消费下限确定为人口不变的点：在消费下限附近的任何暂时的消费增加（或减少）都会导致人口增长（或收缩）。下限的概念一直是二元经济发展模式的一个关键特征，这一概念在刘易斯（1954）的原始模型中有所论述（我们将在第 8 章中重新讨论）。消费下限的概念经常被纳入需求模型中，如著名的如恩格尔定律（专栏 1.16）。有时它被纳入现代经济增长过程的模型中，我们将在第 8 章回到这个模型，[①] 在讨论最优人口规模问题时则提出了消费下限的概念。[②] 当生活水平接近于消费下限的时候，投资和持续增长的前景自然会受到限制。

这是一个与贫困线完全不同的概念，贫困线通常不能选择生物下限，因为没有人能够在任何持续时间内生活在这个水平之下。当然，任何贫困线的目的不是反映“贫困”在一个特定社会中的含义，而是理解人们（可能有很多）生活在这个水平之下的现实。贫困线总是高于生物下限。

事实上，几乎所有标准的贫困指标都没有考虑到这样一种观点：我们至少应该部分地通过成功提高下限来判断进步。在其他条件不变的情况下，提高下限会自动减少任何贫困指标满足单调性公理（专栏 5.6）的可能性。然而，没有一个贫困指标的标准公理与下限水平建立了明确的价值联系。这在很大程度上似乎是由于难以识别这个下限。[③]

总体贫困指数下降的事实也没有告诉我们：最贫困者生活变得更好了，社会的消费下限正在上升。即使生活在下限的人较少，下限也能保持原样。如图 5.4 所示，贫困率的下降是相似的，但在（a）组中，最贫困者的生活水平并未改变。

正如我们在第 2 章中所看到的，现代政治哲学的一个重要流派主张，我们应该根据罗尔斯（1971）提出的正义原则，通过一个社会提高最贫穷者福利的能力来判断社会进步。这被提倡作为判断发展成功的一个原则。例如，在后来被称为“护身符”的著

---

① 见科斯塔斯·阿扎利艾迪（Costas Azariadis，1996）、本·大卫（Ben-David，1998）、阿尔特·卡拉伊和克劳迪奥·拉达茨（Aart Kraay and Claudio Raddatz，2007）。

② 见帕塔·达斯古塔（Partha Dasgupta，1993，第 13 章），Dasgupta，Partha. 1993. An Inquiry into Well-Being and Destribution. Oxford：Oxford University Press.

③ 见克里斯·弗里曼（Christopher Freiman，2012）对罗尔斯最大最小值原则的评论。

作中，圣雄甘地[①]（Mahatma Gandhi，1958）写道：“回想你所见过的最贫困最软弱者的脸，问问你所考虑的这些措施是否对他们有用。”[②] 凯文·沃特金斯（2013）明确提到了甘地的这本著作，并认为“作为发展方面国际合作的指南，这是难以超越的。”[③]

然而，量化消费下限并不容易。有了合理的抽样设计和足够大的样本，我们对总体平均值的估计可以有信心，但我们对消费下限的估计有多可靠还不清楚。

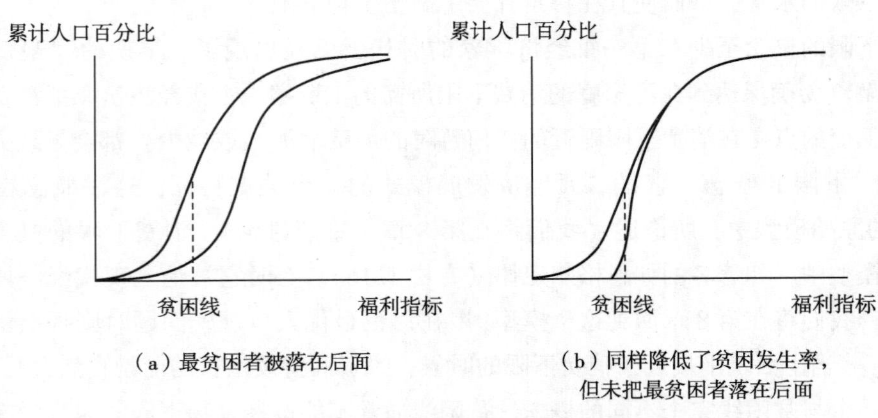

图 5.4　贫困人数减少的程度相同，但对最贫困者的影响不同

如果我们要知道真实的消费以及福利的任何其他相关方面，我们可以直接从一个足够大的样本来估计下限。但是，我们必须认识到测度误差的存在（见第 3 章）。数据中也可能存在暂时性效应，即调查中观察到的消费量暂时低于下限（如因疾病），但在调查完成后很快又会恢复。考虑到测度误差，有一个不可忽视的可能性，即在某个低消费水平的任何人实际上都处在下限上。

我们可以假设一个概率，一个有既定的消费观测值的人事实上生活在下限上。当然，这些概率不是数据。但我们可以用一些防御性假设来代替丢失的数据。我们有理由假设，在我们的数据中境况最差的人就是最贫困者的概率最高。我们还可以合理地假设，随着人们观察到的福利水平的提高，这一概率会下降。在某些点的上面，不可能有人境况最差。专栏 5.10 更详细地解释了这一想法，并根据统计学中贝塔分布的一个大类提出具体的函数形式，并与 FGT 类贫困指标建立有用的联系。因此，尽管我们将注意力转向了 FGT 指

① 莫罕达斯·卡拉姆昌德·甘地（古吉拉特语મોહનદાસ કરમચંદ ગાંધી；印地语मोहनदास करमचंद गांधी；1869 年 10 月 2 日—1948 年 1 月 30 日），被尊称圣雄甘地（महात्मा गांधी），是印度民族解放运动的领导人和印度国家大会党领袖。他的精神思想带领国家迈向独立，脱离英国的殖民统治。他是现代印度的国父，是印度最伟大的政治领袖，也是现代民族资产阶级政治学说甘地主义的创始人。他的“非暴力”的哲学思想（अहिंसा，ahimsa），影响了全世界的民族主义者和争取以和平变革的国际运动。——译者注

② Gandhi，Mahatma. 1958. *The Last Phase*. Vol. 2. Ahmedabad：Navajivan Publishing House.

③ Watkins，Kevin. 2013. “Leaving No-one Behind：An Equity Agenda for the Post-2015 Goals.”（绝不让任何人掉队：2015 年后发展目标的公平议程）London：Overseas Development Institute.

标的比率，但是很容易地就能应用现有的贫困指标来执行评估社会进步的罗尔斯（Rawlsian）方法的任务。

***专栏 5.10　估算消费下限预期值的方法**

我们用 y^{min} 表示消费下限，这也是人口中持久性消费的最低水平。但考虑到暂时性效应和测度误差，消费下限是不可观测的。数据包括 n 个消费观测值 y 。我们可以把消费下限看作一个随机变量，这意味着它在给定数据的情况下具有概率分布。现在的任务是根据消费观测值估计该分布的均值，其可写为：

$$E(y^{min}|y) = \sum \phi(y_i)\, y_i$$

这里，带有观测值 y_i 的人 i 实际上是境况最差的人的概率是 $\phi(y_i)$ 。例如，如果我们确定带有最低观测值 y 的人也有最低的持久性消费，则此公式返回该值。一般来说，我们不能确定 y 值最低的人实际上是境况最差的人（如文中所述）。但是，有理由相信我们的数据能充分确信，她最有可能是境况最差的人。然后，随着消费观测值的增加，这个概率将会下降，直到某个水平 z 时达到零。

满足这些假设的特定函数形式是：

$$\varphi(y_i) = k\,(1 - y_i/z)^{\alpha},\ y_i \leqslant z \text{ 时}$$
$$= 0,\ y_i > z \text{ 时}$$

这里的三个参数 k，α，z 均为正常数。k 参数确保概率之和等于 1，这要求 $k = 1/(n P_{\alpha})$，其中，P_{α} 是如下的 FGT 指标（y 的秩从最低开始排列）：

$$P_{\alpha} = \frac{1}{n}\sum_{i=1}^{q}(1 - y_i/z)^{\alpha}$$

但与 FGT（Foster，Greer and Thorbecke）的贫困指数相比，现在的参数 α 决定了当 y 增加时成为最贫困者的机会的降低速度，而不是 FGT 指数中对穷人间不平等的厌恶程度。如果不这样描述，我们可以也使用图 5.2 并将纵轴重新定义为是最贫穷者的概率。第三个参数 z 不是一个标准的贫困线，而是在它之上，我们不再认为一个人有任何可能是最贫困者的点。

这样的话，我们可以推导出消费下限预期值的公式：

$$E(y^{min} \mid y) = z(1 - P_{\alpha+1}/P_{\alpha})$$

例如，如果我们假设是最贫困者的概率随着 y 增加到 z 而线性下降，那么下限的期望值为 $z(1 - SPG/PG)$ 。注意，可以排除 $\alpha = 0$；随着 y 的增加，概率必然降低。换言之，如果使用 $\alpha = 0$，那么 z 水平以下的每一消费量都同等地有可能是最低值，因此，$z(1 - PG/H)$ 是穷人的平均消费。

随着贫困指标随时间而逐步下降，只有当 $P_{\alpha+1}$ 指标下降的比例值超过 P_{α} 时，消费下限的预期值才会上升。直观地说，下限的上升需要更快的进度来应对分布更敏感的 FGT 指数。

延伸阅读：马丁·拉瓦雷（2014f）更详细地介绍了发展中国家的数据应用，第 7 章将回顾其结果。

估算问题

在实践中会遇到两种不同类型的数据：家庭层级（household-level，有时称为单元记录 unit record）的数据和从家庭层级数据派生的列表分组数据（tabulated grouped data）。单元记录的数据通常只能以机器可读的形式提供，而分组数据通常是在政府统计出版物中找到。根据这两类数据估算贫困指标时会遇到截然不同的问题。

当有权查阅单元记录数据时，上述所有可加性贫困指标都可以作为相应的个人贫困指标的手段方便准确地计算出来。需要注意的要点包括：

- 不应假定根据单元记录数据对贫困指标的估算比根据分组数据对贫困指标的估算更为准确，因为分组数据可以“平均”出单元记录数据中的错误，如负消费数据；相反，这可能会给对贫困严重程度的估算增加相当大的偏差。

- 大多数大型住户调查使用分层抽样，因此在抽样中被选择的机会在总体中并不一致。这通常是为了确保在某些地区有足够的样本量。如果用适当的反抽样率加权，则分层样本的总体参数估算是无偏的（专栏 3.6）。如果您的数据集包括每个家庭或地区的抽样率，那么很容易做到这一点。[①]

- 研究者必须搞清楚，是想估算家庭的贫困程度，还是想估算人们的贫困程度。例如，假设按人均消费对家庭进行排名，却根据低于贫困线的家庭比例来测度贫困。由于家庭规模通常与人均消费负相关，因此你的计算往往会低估生活在贫困家庭的人数（尽管这样不一定会低估贫困人口的数量；这也取决于家庭内部的分布情况，而这通常又是未知的）。

在最后一个问题上，最保险的做法是：承认贫困是个人所经受的，而不是家庭本身经受的，因而我们试图测度的是个人间的贫困。尽管我们可能对家庭内部的分配一无所知，但这并不意味着我们只应测度家庭之间的贫困。一种常见的做法是，在构建个人消费的估算分布时，假设家庭内部的分配是平等的。这很可能导致人们低估人群中的贫困，其程度

---

① 关于进一步的讨论，见保罗·利维和斯坦利·莱梅肖。Levy, Paul S., and Stanley Lemeshow. 1991. *Sampling of Populations: Methods and Applications*. New York: John Wiley and Sons.

不可忽视。① 然而，尚不清楚什么是更好的假设。利用个人消费数据可获得的进一步研究结果（如果有的话），可能会有助于获得在此类数据不可获得时的最佳做法。

在实践中，人们有时只用分组数据，例如以十分位数分布的家庭的收入份额，或收入频率分布（甚至家庭一级的数据也可以解释为分组的个人数据）。因为贫困线很少出现在分组数据的边界上，所以必须找到这些边界之间的插值方法。线性插值（linear interpolation）是最简单的方法，但它可能相当不准确，特别是当贫困线远离分布众数时（例如，当它出现在 CDF 的典型的非线性较低区域时②）。对于相同的数据，二次插值通常是可行的，而且通常更精确。当然也必须注意这种方法所隐含的概率密度（频率分布的斜率）不会变为负的可能性。另一种插值方法则涉及对参数化洛伦兹曲线的估计，它可以非常精确，而且在某些政策模拟中也很有用。这需要洛伦兹曲线的精确数学模型，其大多数设定（specifications）已经在文献中提出。这种插值的精度在很大程度上取决于所使用的特定设定，在许多数据集中有些设定往往占据主导地位。③

假设检验

当贫困线被视为固定（即测量无误）时，对于可加性贫困指标来说，检验两种情况下的贫困差异的假设并不难办。回想一下，可加性指标可计算为适当定义的个体贫困指标的样本均值。对于随机样本，标准误差也可以很容易地计算出来。④ 这使我们能够检验类似于一个子组的贫困是否显著高于另一个子组这样的假设。

对于贫困发生率指数，任何人口比例的标准误差都可以采用同样的计算方法。⑤ 这些方法可以推广到其他可加性贫困指标。纳克卡・克瓦尼（1990）推导了包括 FGT 指数（Foster, Greer and Thorbecke）在内的许多其他可加性指标的标准误差公式。⑥

---

① 见劳伦斯・哈达德和拉维・坎伯（Lawrence Haddad and Ravi Kanbur, 1990）。

② 例如，马丁・拉瓦雷见过一个国家的贫困发生率指数估计值，该估计值是在分组分布的最低类区间内通过线性插值得到的；估计值为 9.5%。当用考虑非线性的洛伦兹曲线模型（基于 β 值）重新估计时，得到的结果是 0.5%！这是一个极端的情况，尽管在任何分组分布的下限线性插值可能会产生较大的误差。

③ 两个在实践中被发现有效的设定是广义二次模型和 β 模型；分别见何塞・维拉森纳和巴里・阿诺德（JoséA Villasenor and Barry C. Arnold, 1989）、那纳克・卡克瓦尼（Nanak Kakwani, 1980a）。贫困测度公式是洛伦兹曲线参数和分布均值的函数，见高瑞弗・戴特和马丁・拉瓦雷（1992）。

④ 这里使用的统计学的关键结果称为中心极限定理。让任意变量的样本均值 M 从大小为 N 的随机样本计算，并让 μ 表示均值的真值。结果表明：随着 N 的增加，$(M-\mu)N$ 接近均值为零的正态分布。

⑤ 与任何人口份额一样，H 在随机样本中具有二项分布，且随着样本量的增加接近于正态分布。因此，标准误差：样本数分布的标准偏差是由 $\sqrt{[H.(1-H)/N]}$ 的样本 N 给出的，对于所有样本，但非常小的样本大小（小于5），一个有用的经验法则是，只要使用绝对值，使用正态分布的近似将是准确的。$\sqrt{\{(1-H)/H\}}-\sqrt{\{H/(1-H)\}}$ 不超过 $0.3N$（乔治・博克斯等人，1978）。

⑥ FGT 指数的标准误差（P_α）为$\sqrt{[(p_{2\alpha}-p_\alpha^2)/N]}$。当 $\alpha=0$ 时，作为特殊情况，就产生上述的贫困发生率指数标准误差。这个公式没有考虑到调查设计；通常，调查设计中会有一定程度的聚类，这会提高简单随机样本中的标准误差；并且会有一定程度的分层，进而会降低它们。此外，人们往往需要家庭规模等来加权观测值。关于处理这些数据共同特征的标准误差公式，见斯蒂芬・豪斯和让・朗茹（Stephen Howes and Jean Lanjouw, 1997）。另见塞缪尔・普雷斯顿（Samuel Preston, 1992）。

总结

这次关于贫困测度的广泛的文献之旅给我们留下了什么？已经提出的对可加性和平滑分布敏感的贫困指标（如瓦特指数和贫困差距平方指数）具有相当大的理论吸引力。尽管如此，"低阶"指标——贫困发生率指数和贫困差距指数——如果仅仅因为它们更容易解释的话，肯定会继续受欢迎。一般来说，贫困发生率指数在观测到的分布的底部对一些常见形式的测度误差并不太敏感。重要的是要知道，贫困比较是否对贫困指标的选择敏感，而不仅仅是因为这一选择所涉及的不确定性；不同指标的排名差异也可以告诉我们生活水平分布变化的确切方式。第 5.5 节将介绍一些有助于评估贫困指标选择的敏感性的分析工具。

5.4 贫困指标的分解

分解（decomposition）是贫困分析的有用工具。这里将首先讨论如何分解单个综合性贫困数，进而形成贫困的一个概况。然后，它将研究两种分解贫困随时变动的有用方法。

贫困概况

"贫困概况"只是贫困比较的一种特殊情况，它显示了贫困在类似于居住地区或就业部门这样的社会子组之间的变化。贫困概况有助于评估如何聚焦公共资源，并可为说明部门或区域经济变化模式如何影响总体贫困提供线索。①

"贫困地图"就是这样的一个例子。在日常生活中，我们通过当地的地理体验了解贫困和不平等。穷人和非穷人的成本也可以本地化，比如相对剥夺感带来的福利损失或者犯罪率的上升往往与高度不平等的地区联系在一起。此外，在实施反贫困政策时，人们往往希望瞄准贫困地区。

由于所有这些原因，使用家庭抽样调查进行地理分类可能不够充分。抽样设计在地方一级可能不具有代表性。为了解决这个问题，已经开发了各种方法的小区域估计，利用普查数据和样本调查中存在的常见变量来预测在更精细的地理级别上的贫困和不平等指标。关键是建立福利指标（用于测度贫困或不平等）的回归模型，作为抽样调查和人口普查中观察到的变量的函数（专栏 5.11 更详细地介绍了这些回归模型）。可以使用该模型预测比抽样调查更精细的贫困率。当然，该方法的可靠程度是有局限性的，但我们肯定可以得到比原始样本更精细的图形。这里面临的挑战是对估算小区域贫困指标的标准误差做出良好

① 拉维·坎伯（1987a）对政策分析中贫困概况的使用进行了深入的讨论。

的估计，同时认识到可能有一些特殊的未观察因素使一个地区的贫困率很高。①

专栏 5.11　贫困的回归模型及其应用

回忆专栏 1.19 中的回归模型，N 个家庭样本中贫困的回归模型的常见形式如下：

$$\ln(Y_i/Z_i) = \alpha + \beta_1 X_{1i} + \beta_2 X_{2i} + \cdots + \beta_K X_{Ki} + \varepsilon_i (i = 1, \cdots, N)$$

这里，Y_i 是家庭 i 的消费，Z_i 是该家庭的贫困线，X_{Ki} 是第 k 个解释变量，$k = 1, 2, \cdots, K < N - 1$，$\varepsilon_i$ 是允许在测度因变量 $ln(Y_i/Z_i)$ 时遗漏变量和误差的误差项。参数 α 和 $\beta_1, \beta_2, \ldots, \beta_K$ 通常用普通最小二乘法（ordinary least squares，OLS）估算，该方法通过最小化预测误差平方和来选择估计值。然后估算参数 $\hat{\alpha}$ 和 $\hat{\beta}_1, \hat{\beta}_2, \ldots, \hat{\beta}_K$，保证误差项具有零均值。$ln(Y_i/Z_i)$ 的预测值为 $\hat{\alpha} + \hat{\beta}_1 X_{1i} + \hat{\beta}_2 X_{2i} + \cdots + \hat{\beta}_K X_{Ki}$。

当使用这样的模型来调整准经济状况调查（proxy-means test）的结果或用在贫困地图法（poverty mapping）中时，X 是在包括 $\ln(Y_i/Z_i)$ 的调查和不包括 $\ln(Y_i/Z_i)$ 的另一个调查或人口普查中观察到的变量。假设（通常是隐含地）在两次调查中，给定家庭在给定日期的 X 值是相同的；这可以称为调查不变性假设。迄今为止，对这一假设的唯一检验（基力克和苏南，2014）并不令人鼓舞，不过还需要更多证据。

在一些应用中，参数被解释为解释变量的因果效应。因果解释的一个重要假设是 X 是外生的，本质上意味着它们与误差项 ε_i 不相关。然后，该方法给出参数的无偏差的估计（这意味着它们在足够大的样本中收敛于真实值）（通常还假设误差项在观测值间是独立的并且具有恒定的方差）。相对于贫困线的消费的因变量通常取对数，以确保误差项是像标准统计检验所假设的那样的正态分布。

在写出上述形式的回归模型时，另一个保留假设是参数在总体上是恒定的。如果参数在抽样所用的分层中变化，那么 OLS 将无法整体给出总体均值参数的无偏差估计值。这促使一些研究人员使用加权回归，类似于在计算分层样本的汇总统计数据时使用逆抽样权重（inverse sampling weights）的想法（专栏 3.6）。然而，回归参数并不是同一件事情，即使是在大样本情况下，加权回归估计也不能给出参数真值的无偏估计。在参数不变的保留假设下，不需要加权回归；但当参数变化时，加权回归也未必更好。在建立模型时，最好直接处理预期的参数异质性。

例如，假设城市地区的抽样率较高，所关注的参数也存在城乡差异。然后，在回归中需要纳入与城市虚拟变量的交互效应（城市地区取值为 1，农村地区取值为 0），或分

① 克里斯·艾尔伯斯等人（Chris Elbers et al.，2003）提供了一种已广泛使用的绘制贫困地图及其标准误差的方法。关于这些方法在实践中的表现，见卢克·克里斯蒂安等人（Luc Christiaensen et al.，2012）。

别估计城市和农村地区的模型（相当于纳入全套的交互效应）。然后，参数的总体估计值应按总体比例通过对特定阶层的估计值进行加权来获得（通常不是加权回归估计!）

延伸阅读：关于计量经济学的许多好的介绍，参见杰弗里·伍德里奇（2013）。关于支持和反对加权回归的论点，见安格斯·迪顿（1997）和加里·梭伦等人（Gary Solon et al.，2013）。

本质上，同样的方法也可以用来调整准经济状况调查（proxy-means test，PMT）的结果。该调查的目的是从短期调查中预测经济福利，其中包括先前从长期调查中验证的福利预测。我们将在第10章讨论准经济状况调查法。

可加性贫困指标极大地促进了这种贫困比较（事实上，据作者所知，政策应用仅仅依赖于可加性指标），假设人口可以被划分为 K 个相互排斥的子组。贫困概况只是这 K 个子组贫困指标的列表。然后，总体贫困可以写为子组贫困指标的人口加权平均数（回顾一下，我们将关注聚焦到可加性指标上）。人们还可以定义子组的“集群”，随着分解的逐步深入，每一步的贫困概况使用人口权重相加就是上一步的贫困概况。

除了可加性贫困指标在形成贫困概况时的计算便利性外，可加性还保证了“子组单调性”（专栏5.6），即当人口的任何子组贫困增加（或减少）时，总体贫困也将增加（或减少）。[①] 从直觉上看，这一性质对任何贫困概况都具有吸引力。事实上，除非所使用的贫困指标具有这种性质，否则，评估定向扶贫计划——其益处主要集中在某些子组中——对总体贫困的影响，可能会被大大误导；即使瞄准组中的贫困有所下降，且没有其他地方的变化，总体贫困指标也可能表现为上升。因此，子组单调性可以被看作是评估反贫困政策的一个合意性质。[②]

对可加性的一个反对意见可能是：无法对贫困概况的某个方面即子组间贫困程度的差异施加权重信息。考虑两组等规模的子组，其初始贫困指数分别为0.70和0.20。根据任何（人口加权的）可加性指标，总体贫困都是0.45。现在需要在两种政策 X 和 Y 之间进行选择。在政策 X 下，贫困概况变更为0.70和0.10；而在政策 Y 下，贫困概况变更为0.60和0.20。通过任何可加性贫困指标测度，X 和 Y 之间应该是无差别的；两者的总贫困指数都是0.40。当然，与 X 形成对比的是，Y 政策下的收益都流向了更贫困的农村地区。

我们应该选择 Y 政策吗？答案是肯定的，如果人们关心的是独立于绝对生活水平的子组间不平等。如果能很好地测度潜在的贫困概况，那么 X 和 Y 政策对穷人生活水平的影响

① 事实上（在技术性质的某些假设下），子组单调性意味着，并由可加性指标的类别来表示；见詹姆斯·福斯特和安东尼·夏洛克斯（James Foster and A. F. Shorrocks，1991）。

② 还有其他一些吸引人的指数可能无法满足这个条件，比如阿马蒂亚·森（Amartya Sen，1976a）、那纳克·卡克瓦尼（Nanak Kakwani，1980b），以及布莱克贝-唐纳森指数（Blackorby-Donaldson，1980）。

是同等的。X 政策对城市贫民的受益与 Y 政策对农村贫民的受益在程度上是相同的。因此，对这些政策的任何排序都必须对那些影响生活水平之外的因素赋予独立的权重。困难在于确定哪些因素应被视为与形成这种判断相关，以及如何与生活水平进行权衡。人们最终更倾向于农村贫困家庭获得较少收益，而生活水平相同的城市穷人获得较多收益的一种分配，这似乎很难辩护。

如果有理由相信测度生活水平的分布是错误的，并且（在本例中）导致对农村部门福祉的高估，那么结论可能会大相径庭。这可能是由于这样一个（普遍的）事实，即基于调查的消费指标排除了城市在公共产品收益分配方面的偏差；更具推测性的是，纳入部门间的个人嫉妒也会产生类似的影响。但是，这些都是概念上更直观的问题，不至于拒绝作为合意性质的可加性。

展现贫困概况主要有两种方式。第一种（A 类）给出了根据某些特征（如居住地）定义的每个子组的贫困发生率或其他贫困指标。第二种（B 类）给出了根据贫困状况定义的子组计算相应的特征发生率，例如是否被视为贫困。A 型概况并不总是一个可行的选择，特别是在人口不能被划分为相互排斥的子组的情况下。例如，不同收入子组消费各种商品的数据不能以这种形式呈现，尽管可以呈现在 B 类贫困概况中。但在许多情况下，贫困概况可以以任何一种形式呈现，专栏 5.12 进一步讨论了这一选择。

专栏 5.12　贫困概况的替代表述

考虑下表左边的假设数据。南北两个地区共有 1000 人。根据一项住户调查，我们可以估计每个地区的穷人和非穷人的总人数，如表 5.1 所示。这两种类型的贫困概况在右边表格给出。尽管测度的是不同的东西，但它们给人的印象显然不同。

表 5.1　贫困数据下贫困状况的替代表述

地区	人数		贫困概况	
	贫困人数	非穷困人数	A 类：地区人口中贫困人口的占比	B 类：地区贫困人口在总贫困人口中的占比
“南方”	100	100	50%	33%
“北方”	200	600	25%	67%

假设有人正在根据贫困概况来选择扶贫计划的一个目标地区。该计划向选定的目标地区的所有居民分配一笔小额资金。这是一个有时被称为“指标瞄准”的例子（第 10 章将给出例子）。它是一个不完美的瞄准，因为（通常情形下）决策者并不知道谁拥有哪种生活水平，即使生活水平的分布可以从家庭抽样调查中得出；像这种居住地区情形，决策者依赖的是一个不完美的生活水平指标。

如果根据表5.1中的数据，选择“南方”作为目标地区，片刻的反思将坚定其将更多的钱将投向穷人的决定。当目标是对贫困差距产生最大影响时，A类概况是瞄准的正确指南。这是一个相当普遍的原则：当总金额一次性转移到一个人口的不同子组，且目标是最小化FGT贫困指数 P_α 的总值时，下一个货币单位应该转移到 $P_{\alpha-1}$ 值最高的子组中。

延伸阅读：拉维·坎伯（1987a）讨论了贫困概况在瞄准反贫困预算中的应用。[①] 另见蒂莫西·贝斯利和拉维·坎伯（Timothy Besley and Ravi Kanbur，1993）的讨论。[②] 第10章将更详细地讨论具体的目标政策。

传统上，贫困概况是以由一系列特征（人口、教育或地理）定义的不同家庭群体的贫困率列表的形式出现的。就呈现贫困数据而言，这是一个相当有限的统计工具。当属性相互关联时，就会出现一个明显的问题。例如，在发展中国家，总是发现农村地区的贫困率较高（正如我们将在第7章看到的），而且受教育程度较低的户主的贫困率较高。但我们也发现农村地区的受教育水平较低。那么，最能预测贫困率的是学校教育还是农村居民？这个问题可以使用多元贫困概况通过回归模型形式来解决。在模型中，一系列潜在变量被确定为个人经济福利相对于贫困线的潜在解释因素，在控制其他变量的情况下，让它们在统计上“决一胜负”，以确定每个变量有多重要。这就是前面专栏5.11所详述的贫困回归模型。

参数变化与数量变化

如果我们认为个体经济福利是关于某些数量（如资产）和这些数量的回报的函数，那么我们自然会问，贫困指标的观测变化在多大程度上是由前者或后者造成的。例如，贫困下降是因为人们接受了更多的教育，还是因为教育回报率的上升？

这类问题在经济学中以布兰德-瓦哈卡分解法（Blinder-Oaxaca decomposition）的常见形式出现，见专栏5.13解释。这种分解广泛应用于研究工资差异，具体地说，男女平均工资间的差异是按其特征（教育、经验等）差异和因歧视而产生的对这些特征回报的结构性差异来分摊的。

---

① Kanbur, Ravi. 1987a. “Measurement and Alleviation of Poverty.” IMF Staff Papers 36: 60–85.

② Besley, Timothy, and Ravi Kanbur. 1993. “Principles of Targeting.” In Michael Lipton and Jacquesvan der Gaag (eds.), Including the Poor. Washington, DC: Johns Hopkins University Press for the World Bank.

*专栏 5.13　布兰德-瓦哈卡分解法

回想一下专栏 5.11 中的回归模型，但请以更简洁的形式重写为：

$$\ln(Y_i/Z_i) = \beta X_i + \varepsilon_i$$

β 和 X 现在分别是参数和变量的列表（这些列表称为“向量”），参数列表按行排列，而变量列表为列，其乘积 βX_i 简单表示为 $\beta_1 X_{1i} + \beta_2 X_{2i} + \cdots + \beta_K X_{Ki}$（为了使它更加紧凑，可以将 X 中的一个看作是“1”的列表，因此相应的 β 是截距 α）。

现在假设我们有两个群体，A 和 B，比如主体民族和少数民族，它们之间的参数可以不同。所以我们有两个方程：

$$\ln(Y_i/Z_i) = \beta^A X_i + \varepsilon_i^A\text{，对于 }A\text{ 组}$$

$$\ln(Y_i/Z_i) = \beta^B X_i + \varepsilon_i^B\text{，对于 }B\text{ 组}$$

（如专栏 1.19 所示，误差项对于给定的 X 具有零均值）。设 $E_A(.)$ 为 A 组括号内各项的均值，$E_B(.)$ 为 B 组括号内各项的均值。A 和 B 之间均值的差异，一部分是由于参数（“收益”）的差异，另一部分是由于特征的差异。布兰德-瓦哈卡分解按如下方式分配差异：

$$E_A[\ln(Y/Z)] - E_B[\ln(Y/Z)] = \beta^A E_A(X)\, \beta^B E_B(X) = R + C + I.$$

其中：

$$R = (\beta^A - \beta^B) E_B(X)$$

$$C = \beta^B [E_A(X) - E_B(X)]$$

$$I = (\beta^A - \beta^B)[E_A(X) - E_B(X)]$$

R 是归因于收益差异的成分。如果 B 组有 A 组的参数但保持其自身的特征，则将收益（或损失）给予 B 组。C 是使用 B 组参数评估的归因于均值特征的差异；如果它具有 A 组的特性但保留了自己的参数，那么这是 B 组的收益（或损失）。项 I 是均值差异和参数差异之间的交互效应。请注意，如果将 C 和 I 相加，还可以得到一个可归因于特征差异的成分，但该成分是按 A 组参数评估得到的。或者如果加上 R 和 I，可以归因于收益差异的成分，但这里用 A 组特征评估得到的。

延伸阅读：这种广泛使用的分解法是由艾伦·布兰德（Alan Blinder，1973）① 和罗纳德·瓦哈卡（Ronald L. Oaxaca，1973）独立设计的。

然而，有许多潜在的应用与理解贫困相关。这里有两个例子。第一个例子使用该方法确定孟加拉国地理区域和城市/农村部门之间生活水平的差异在多大程度上可以归因于家

① 艾伦·布兰德（Alan Stuart Blinder），生于 1945 年 10 月 14 日，是美国的经济学家，前联邦储备委员会副主席，普林斯顿大学经济学教授。——译者注

庭的变动的非地理特征的差异与这些特征的回报在地理上的差异，后者可解释为按区位或部门划分的生活水平的潜在结构性差异。[①] 利用孟加拉国的调查数据研究发现，在掌握了家庭的一系列非地理特征之后，生活水平受到了显著而可观的地理影响，这通常是决策者可以观察到的。随着时间的推移，生活水平的地理结构是相当稳定的，与观察到的迁移模式一致，且对偏差的可验性来源稳健。

第二个例子使用这种方法来帮助理解越南的种族不平等。[②] 越南少数民族（与中国类似）的生活水平往往低于主体民族。少数民族也倾向于聚居在边远地区。研究采用分解法量化弱经济特征与经济的低收益在解释少数民族相对劣势时的相对重要性。研究人员发现，民族不平等在很大程度上是由于生产性收益的差异造成的。特别是，少数民族的教育回报率往往较低，这往往与其所在地相关联。

增长和再分配成分

观察到的贫困变化有多少可以归因于生活水平分布的变化，而不是平均生活水平的增长？在这种情况下，基尼指数等通常的不平等指标可能会产生误导。人们当然不能断定减少不平等（以满足专栏 5.3 中转移原理的任何指标）就能减少贫困。即使不平等的具体减少（增加）确实意味着贫困的减少（增加），不平等指标的变化与对贫困的量化影响关联不大。不平等指标可能对于分配的变化如何影响穷人相当缺乏信息。

人们可以很容易地量化增长与再分配的相对重要性。贫困的变化可以分解为增长成分（如果洛伦兹曲线没有移位，就能观察到的贫困变化）、再分配成分（如果均值没有移位，就能观察到的贫困变化）和残差（增长与再分配效应之间的交互作用）的总和。专栏 5.14 提供了一些细节。

***专栏 5.14　将贫困变化分解为增长和再分配成分**

设 $P(M/Z, L)$ 表示当生活水平分布具有均值 M 和洛伦兹曲线 L 且贫困线为 Z 时测得的贫困。由于后者是常数，因而我们可以简化表示设置 $Z=1$。日期 1 和日期 2 之间的贫困变化可以分解如下：

$$P_2 - P_1 = P(M_2, L_2) - P(M_1, L_1) = G + R + I$$

这里，G 表示增长成分，R 表示再分配成分，I 表示增长和再分配之间的交互作用效应（interaction effect）。增长和再分配成分的定义如下：

$$G = P(M_2, L_r) - P(M_1, L_r)$$

① 见马丁·拉瓦雷和昆廷·沃顿（1999）。

② 见多米尼克·范德沃勒和迪莱尼·冈内瓦尔德纳（Dominique van de Walle and Dileni Gunewardena，2001）。

$$R = P(M_r,\ L_2) - P(M_r,\ L_1)$$

这里，下标“r”表示固定的参考值，譬如初始值。增长成分是将洛伦兹曲线保持在参考值不变情况下由均值的实际变化而导致的贫困指标变化。再分配成分是保持均值在参考值处的情况下由洛伦兹曲线的实际移位而引起的变化。

交互作用效应（I）源于这一事实：均值（洛伦兹曲线）变动对贫困指标的影响取决于洛伦兹曲线（均值）。可以用两种方式表示如下：

$$I = [P(M_2,L_2) - P(M_2,L_r)] + [P(M_r,L_1) - P(M_r,L_2)] + [P(M_1,L_r) - P(M_1,L_1)]$$
$$= [P(M_2,L_2) - P(M_r,L_2)] + [P(M_r,L_1) - P(M_1,L_1)] + [P(M_1,L_r) - P(M_2,L_1)]$$

第一种方法是将I表示为保持均值不变而由洛伦兹曲线变动导致的贫困指标的三个变化之和；第二种方法是将I表示为保持洛伦兹曲线的均值差异而导致的变化之和。交互效应本身就很重要，因为它告诉我们，增长效应（再分配效应）是否会随不平等程度（均值水平）而变化。

下面的数据来自20世纪80年代的巴西，那时贫困和不平等正在加剧。

表5.2　20世纪80年代巴西的贫困指标

	1981年	1988年
贫困发生率指数（%）	26.5	26.5
贫困差距指数（×100）	10.1	10.7
贫困差距平方指数（×100）	5.0	5.67
基尼系数	0.58	0.62

以下是分解结果，以初始年份为参考：

表5.3　基于表5.2的分解指标

	增长（G）	再分配（R）	交互效应（I）
贫困发生率指数（%）	-4.5	4.5	0.0
贫困差距指数（×100）	-2.3	3.2	-0.2
贫困差距平方指数（×100）	-1.4	2.3	-0.3

尽管贫困发生率指数没有变化，但这反映了两个同等但相反的影响：由增长导致的下降和由不平等加剧导致的上升。“高阶”指标赋予再分配成分的权重更大（第8章将进一步讨论巴西的情况，并讨论该国最近在减少贫困和不平等方面取得的成就）。

延伸阅读：高瑞弗·戴特和马丁·拉瓦雷（Gaurav Datt and Martin Ravallion，1992）

给出了关于这种分解方法的详细解读。同样的观点也可以用于人类发展指标，见彼得·兰伯特等人（Peter J. Lambert et al.，2010）。①

贫困变化的部门分解

在分析观察到的总体贫困减少指标并利用贫困测度的可加性性质时，可以采用另一个简单的分解公式。这是为了阐明部门内部的变化与部门之间人口分布的变化（如流动人口）的相对重要性。例如，我们可能想知道，总体贫困率随时间的下降在多大程度上是由于在城市地区与农村地区反贫困的进展，在多大程度上是由于人口城市化。我们利用贫困指标的可加性可以很容易地回答这个问题。专栏 5.15 提供了详细信息。

***专栏 5.15　贫困变化的部门分解**

假设在 t 日期有人口份额为 n_{it} 的部门 i 的可加性指标 P_{it}，共有 m 个这样的部门，$t=1,2$。日期 1 和日期 2 的总指标为 P_2 和 P_1 。然后我们可以写：

$$P_2 - P_1 = \sum (P_{i2} - P_{i1}) n_{i1} \quad \text{（部门内效应）}$$
$$+ \sum (n_{i2} - n_{i1}) P_{i1} \quad \text{（人口转移效应）}$$
$$+ \sum (P_{i2} - P_{i1})(n_{i2} - n_{i1}) \quad \text{（交互效应）}$$

在 $i=1, \cdots, m$ 的范围内求和，“部门内效应”告诉我们控制其基期人口份额时对部门内（如城市和农村地区）的贫困变化的贡献，而“人口转移效应”告诉我们日期 1 的贫困减少的有多少是由于从那时到日期 2 各部门人口份额的各种变化而导致的（例如通过人口城市化）。交互效应来自部门收益和人口转移之间的任何关联；负的互动效应告诉我们：尽管因果关系尚不清楚，但人们倾向于迁向贫困正在下降的部门。

下面是来自中国的一个例子。表 5.4 给出了三种指标的总变化及其分解为农村、城市和人口转移效应时的变化。括号中的数字是细分的百分比。在这 20 年中，贫困发生率指数下降了大约 45%，其中 72%以上归因于农村地区的贫困减少，23%归因于人口城市化，5%归因于城市贫困减少（第 8 章更详细地讨论中国在反贫困方面取得的成就）。

① Lambert, Peter J. 2001. *The Distribution and Redistribution of Income*. 3rd edn. Manchester: Manchester University Press.

表 5.4　中国贫困指标随时间变化的分解

	中国的贫困指标（1981—2001 年百分比变化）		
	贫困发生率指数	贫困差距指数	贫困差距平方指数
在农村	−32.5	−10.4	−4.5
	(72)	(74)	(75)
在城市	−2.1	−0.3	−0.1
	(5)	(2)	(1)
人口迁移	−10.3	−3.3	−1.4
	(23)	(24)	(24)
总体变化	−44.9	−14.0	−6.0
	(100)	(100)	(100)

资料来源：作者根据马丁·拉瓦雷和陈少华（2007）编制的数据集计算得出。

延伸阅读：该分解来自马丁·拉瓦雷和莫妮卡·赫比（Martin Ravallion and Monika Huppi，1991）。

暂时性贫困与持久性贫困

到目前为止，我们的关注是本质上“静态”的贫困指标，因为它们通常由现有的调查来反映了一段时间内的生活水平。以这种方式观察到的一些贫困很可能是暂时性的，因为这是由于暂时的短缺造成的。这在欠发达的农村经济体中很常见，那里的收入取决于气候条件，不完善的信贷和保险安排使农户面临收入风险。在正经历结构性变化的对家庭层面影响各异的经济体中，暂时性贫困可能很常见。例如，一些人比其他人更容易应付失业期。离婚或守寡也可能导致暂时的贫困，尽管这些人口冲击也会产生长期的影响。①

有三个方面的原因促使我们想知道观察到的贫困有多少是暂时性的。第一，在评估反贫困的总体进展时，我们可能对其是否为暂时性不感兴趣。假设两个国家的一半人口在两个时期都很贫困：其中一个国家，随着时间的推移，同样的家庭始终贫困；而在另一个国家，并非同样的家庭始终贫困。很少有观察人士会以同样的方式看待这两个极端。这正是一度生活在贫困线以下的人口比例这样的传统贫困指标所做的事情。

第二，解决暂时性贫困问题需要采取差异政策。人们认为，增加穷人的人力和物力资产，或提高这些资产的回报，更有利于消除持久性贫困。当贫困是暂时性的，保险和收入稳定计划（income-stabilization schemes）是更重要的政策（回到第三部分的政策）。因此，

① 见多米尼克·范德沃勒（2013）关于马里寡妇对儿童的影响。

了解目前观察到的贫困水平有多少是暂时性的能够为政策选择提供信息。

第三，暂时性贫困的存在会影响政策选择。所选择的政策部分地取决于可用的信息。一个长期存在的政策问题是，应将多少人口迁移和公共服务作为关注目标。随着时间出现的可变性显然会使当前消费成为长期福利的一个噪声指标，从而削弱了基于静态数据瞄准长期贫困者的努力。

那么，我们如何才能分离出在某个时期观察到的贫困中有多少是暂时性的？我们需要面板数据，持续跟踪同一个家庭并计算每段时期的消费或收入（参见专栏 3.7）。有了这些时期，我们就可以确定消费的时间分布。然后，我们可以将暂时性贫困定义为可归因于消费跨期可变性的贫困。换句话说，如果一个家庭的消费不会随着时间的推移而改变，那么就说贫困不存在暂时性的成分。相反，基于平均消费变化观察到的贫困可称为持久性贫困。根据这一定义，平均消费高于贫困线的家庭尽管可能经历暂时性贫困，但不可能是持久性贫困。

按照这种方法，我们可以通过消费（或收入）的跨时期变化对随时间观察到的平均贫困水平的贡献来测度暂时性贫困。通过这种方法，人们不会将暂时性贫困认定为仅仅超越了贫困线。对于那些总是很贫困的人来说，暂时性贫困是明确的，但由于没有保险的收入风险，他们的消费容易发生变动。然而，对贫困问题的关注确实意味着完全高于贫困线的消费波动被忽视了。如本章前面所述，贫困线之下的可变性的影响是由贫困指标构造中的权重所决定。专栏 5.16 将详细介绍。

*专栏 5.16　持久性贫困与暂时性贫困

当我们有面板数据时，我们可以测度每户家庭随时间变化的消费流。设（y_{i1}，$y_{i2},\cdots$，y_{iD}）为 D 日期 i 家庭（正）的消费流，其中，y_{it} 为 i 家庭 t 期的消费。我们可以将消费按贫困线标准化，使得贫困线上 $y_{it}=1$。接下来让 $P=P(y_{i1}, y_{i2},\cdots, y_{iD})$ 作为 i 家庭的相应贫困指标。

一般来说，P 同时反映了平均消费水平随时间的变化以及消费围绕时间均值（$\bar{y}_i$）的变化。我们可以将持久性贫困成分定义为：

$$C_{i,}=P(\bar{y}_i, \bar{y}_i, \cdots \bar{y}_i)$$

然后将暂时性成分定义为余数：

$$T_i=P(y_{i1}, y_{i2},\cdots, y_{iD})-P(\bar{y}_i, \bar{y}_i, \cdots \bar{y}_i)$$

因此，跨时期贫困指标是持久性贫困和暂时性贫困的总和。对应于每个家庭的具体贫困指标，同样存在所有家庭的加总贫困指标，我们用下标 i 来表示。

对总体贫困指标施加若干条件是合理的。首先，假设该指标在各时期之间和个人之间都具有可加性。正如我们在本章前面看到的那样，人们通常将注意力放在个人间的可加性指标上，即总体贫困是个体贫困指标值的人口加权平均。这意味着，如果贫困程度在任何一个子组增加且在其他子组不下降，那么总体贫困程度必然增加。我们将同样的约束应用于跨时期贫困指标，因此给定家庭的总体贫困是一段时间内特定时期的个人指标的期望值，用 p_{it} 表示。对这一假设的一个可能的反对意见是：某一时期家庭贫困程度可能取决于前一时期的支出（例如，现在购买自行车可能会降低将来的贫困程度）。如果某一给定时期的消费指标包括该期消费的所有商品的估算价值，甚至包括以前购买的商品的估算价值，这种反对就不那么有说服力了。

第二组假设涉及过去的个人贫困指标的性质，我们可以把它看作是那期消费的函数，也就是 $p_{it}=p(y_{it})$ 。一个简单的例子是 $p_{it}=1$，如果 $y_{it}<1$，否则，$p_{it}=0$。因此，跨期贫困指标是指家庭 y_{it} 低于贫困线的期数所占的比例，而总体贫困指数是贫困发生率指数的跨期平均值。尽管这是一个简单的例子，但它并不能提供一个非常令人满意的贫困指标，因为这一指标并没有告诉我们家庭低于贫困线的差距（专栏 5.6）。

相反我们可以假设该指标：(1) 惩罚穷人的损失且只有穷人，因为 p 严格地减少到贫困线并为零；(2) 惩罚（或至少不奖励）穷人之间增加的不平等，所以 p 在 y 中至少是弱凸性的；(3) 该指标在贫困线上是连续的。对这些性质的合意性似乎达成了广泛的一致意见。与 (1) 相结合时，连续性排除了（在贫困线附近的）最不贫困者的消费变化比最贫困者的消费变化更重要的可能性。一个例子是 SPG 指标，如果 $y_{it}<1$，则 $p_{it}=(1-y_{it})^2$，否则 $p_{it}=0$。

延伸阅读：马丁·拉瓦雷（1988a）引入了这种方法，并将其应用于印度的数据。乔茨纳·贾兰和马丁·拉瓦雷（1998a）针对中国数据提供了一个有用程序。琼·罗杰斯（Joan R. Rodgers，1993）使用了相同的方法，并在文献中讨论了相对其他方法的优势，包括基于贫困期的数量和长度的方法。

例如，一项使用中国农村 6 年期面板数据集的研究发现，消费可变性能够解释观察到的贫困的很大一部分，并且可能会限制利用当前消费数据帮助长期性贫困人口的努力。[①] 事实上他们发现，贫困差距均方的一半和平均贫困差距的 1/3 以上是暂时性的，因为这直接归因于消费的逐年波动。

① 见乔茨纳·贾兰和马丁·拉瓦雷（1998a）。

5.5 贫困比较的稳健性

测度贫困的一个重要原因是，评估两种情形中哪一种贫困程度更高时，做出有序的贫困比较。贫困程度增加了吗？一个地方比另一个地方更高吗？伴随一些政策变动有没有更多的贫困者？但是，到目前为止的很多情况下我们看到，在贫困比较的可能很关键的方面存在着普遍的不确定性。我们的生活水平数据可能存在错误，消费水平相似的家庭之间的需求存在未知差异，以及贫困线和精确贫困指标的不确定性和随意性。考虑到这些问题，我们所做的贫困比较稳健性如何？如果我们另做假设，它们会改变吗？

在前述确定贫困线的任何方法中，好的做法是考虑至少两条可能的线。较低的一个可以解释为“极端贫困线”，即消费支出低于这一点的人的行为表明他们面临营养不良的严重健康风险。① 更高的贫困线有时被称为“脆弱性”线，这是一个容易误导的说法，因为对该词隐含的风险并没有明确的认识（第5.7节在定义“中产阶层”时再讨论这一点）。但无论人们如何称呼各种线，重要的是要知道贫困比较是否对选择稳健。

事实上，有一个很好的例子用来考虑跨越相当广泛的消费或收入分布线。经济学家在贫困分析方面的一系列研究已表明，我们是如何回答贫困定性排序的稳健性问题的。② 这里将对这种方法做一个初步阐述，以再次定位于合理稳健的贫困比较的分析需求。对于福利进行单维分析更容易，但这里还将介绍多维应用的优势。

进一步考虑多条贫困线，想象该线是沿着纵轴上的贫困发生率指数和横轴上的贫困线绘制的曲线，并允许后者从零到最大消费。简单地说这就是累积分布函数（CDF），它可以被认为是贫困发生率曲线 $F(Z)$ 。曲线上的每一点给出了消费低于横轴上给定数量的人口比例，见图5.5（a）。贫困发生率曲线（poverty incidence curve，PIC）的斜率是贫困线上的数据的密度（收入等于贫困线是可能的）。

在计算这条曲线下直至每一点的面积时，可以得到贫困赤字曲线 $D(Z)$ 如图5.5（b）。这条曲线上的每一点只是贫困差距指数乘以贫困线 Z 的值。如果再计算每一点上的贫困赤字曲线下的面积，则得到一条新的曲线，这条曲线可以称为贫困严重程度曲线 $S(Z)$ ，如图5.5（c）；曲线上的每个点都与FGT指标的贫困差距平方指数成正比。③

假设我们不知道贫困线 Z ，但我们确信它不超过 Z^{max} 。我们也不知道贫困指标，但知

---

① 这种方法遵循迈克尔·利普顿（1983，1988）。

② 关于优势条件在按不平等测度的等级分配中的使用，见安东尼·阿特金森（1970）；关于贫困等级，见安东尼·阿特金森（1987）、詹姆斯·福斯特和安东尼·夏洛克斯（James Foster and A. F. Shorrocks，1988a，1988b）。

③ 马丁·拉瓦雷（1994b，附录2）给出了 $F(Z)$ 、$D(Z)$ 和 $S(Z)$ 的更为形式化的定义，证明了本小节的主要结果是可以证明的。

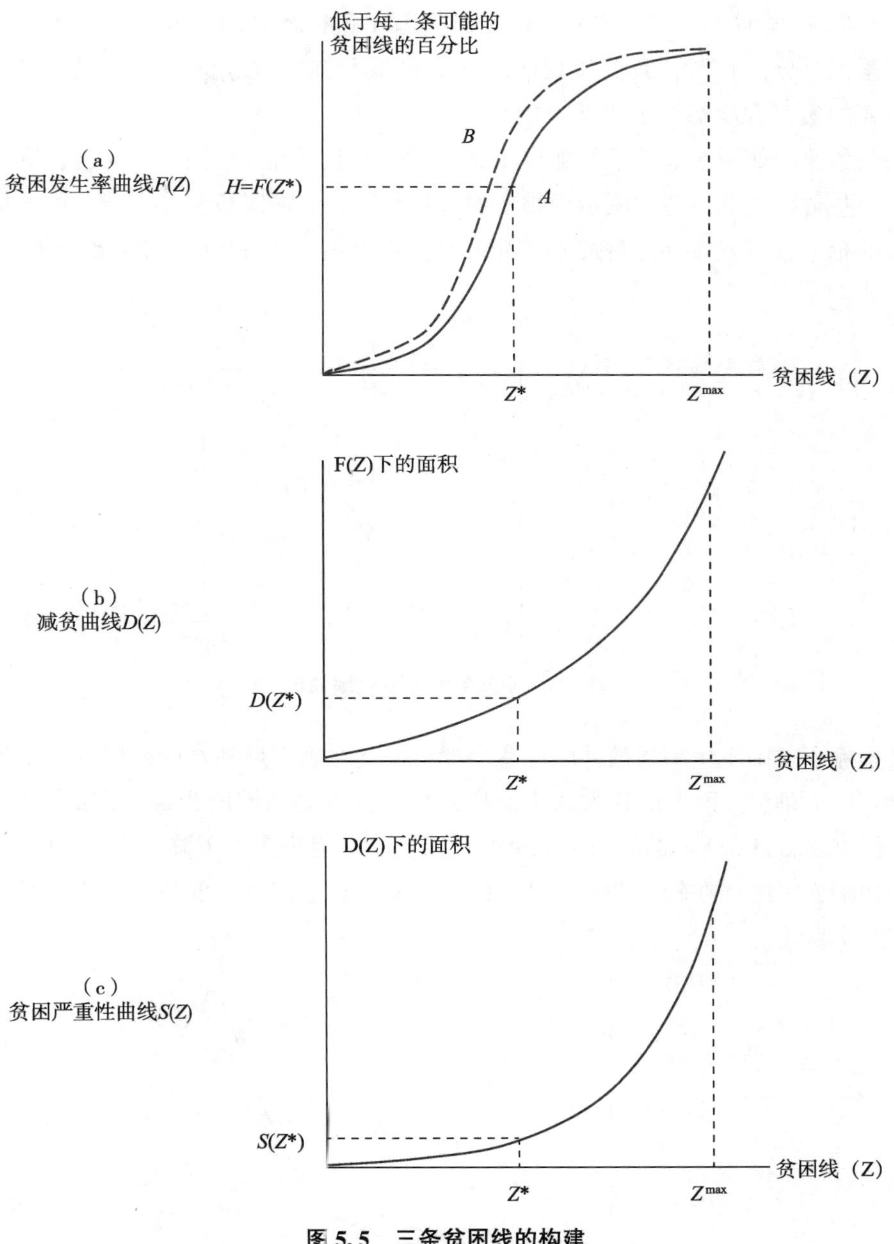

图 5.5　三条贫困线的构建

道它的一些性质，包括前面提到的可加性性质。[①] 如果后一期的贫困发生率曲线（CDF）直至 Z^{max} 都不高于前一期的贫困发生率曲线（FOD），则贫困将毫无疑问地落在两期之间。这称为一阶占优（first order dominance，FOD）条件。

① 更准确地说，人们的注意力约束在可加性的贫困指标或任何可以写成可加性指标的单调变换上。所有的 FGT 指标都符合。安东尼·阿特金森（1987，1989，第 2 章）描述了一组可接受的贫困指标，并给出了文献中的其他例子。

图 5.5（a）说明了 FOD。当我们绘制出状态 *A* 和状态 *B* 的 CDF（低于各种消费水平的人口的累积百分比）时，我们发现曲线 *A* 处处低于曲线 *B*。无论贫困线或贫困程度如何，状态 *A* 的贫困程度都低于状态 *B* 的。

如果两条曲线如图 5.6 所示的那样相交（并且它们可能相交不止一次），则排序就不明确了。一些贫困线和一些贫困指标排出的分布与另一些贫困线和贫困指标的不同。我们需要更多的信息。一方面可以限制贫困线的范围，另一方面可以对贫困指标施加结构限制。

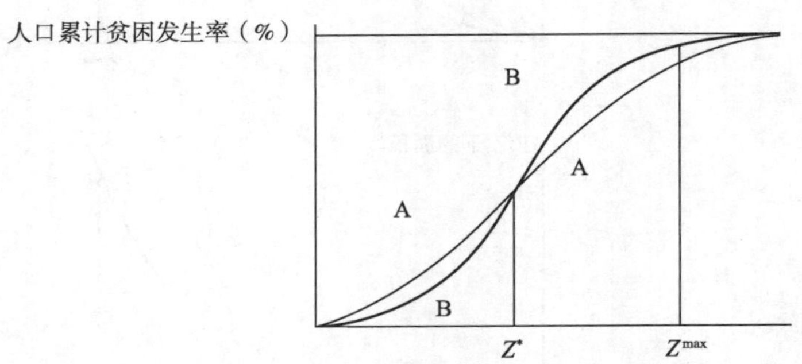

图 5.6 交叉的贫困发生率曲线

如果排除了贫困发生率指数并将注意力严格限制在确实反映贫困深度的可加性指标如 PG 和 SPG 上（即在贫困人口的收入中严格减少且至少弱凸性的指标），那么我们可以使用二阶占优（second order dominance，SOD）条件。贫困程度的下降要求由 CDF 之下的面积确定的贫困赤字曲线在较早期最高贫困线内的所有点上都没有低值，至少在某些地方更高，如图 5.7 所示。

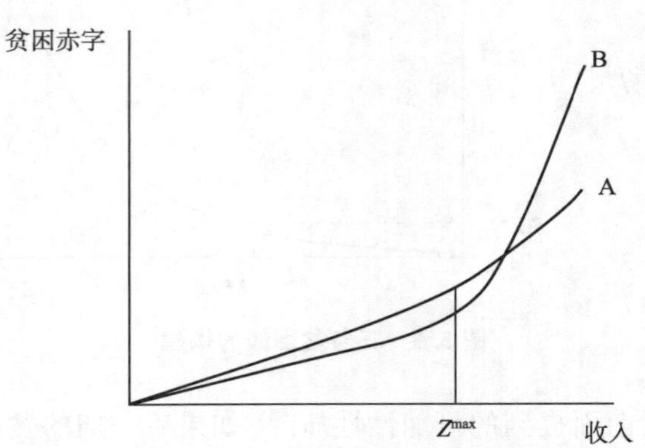

图 5.7 在最大贫困线上方相交的贫困赤字线

在整个分布上的二阶占优相当于另一个概念，称为广义洛伦兹曲线占优。广义洛伦兹曲线（generalized Lorenz curve，GLC）只是普通洛伦兹曲线（见专栏 5.1）的均值扩充，因此它（在纵轴上）绘制了由该指标（横轴）排列的人口中最贫困的 $p\%$ 人口的福利指标

（经人口规模标准化）的累积值。[①] 如果分布 A 的广义洛伦兹曲线处处高于分布 B，那么 A 的 CDF 下的面积必须处处低于 B。注意广义洛伦兹曲线上的最高点是均值；因此，所有可能的贫困线和反映贫困深度的所有指标下降的必要条件是均值没有下降。通过类似的推理，另一个必要条件是最低生活水平没有下降（广义洛伦兹曲线的最低点即在接近零之前的点，就是最低生活水平）。如果 Z^{max} 是最高收入，那么是用贫困赤字曲线（poverty deficit curve，PDC）还是用广义洛伦兹曲线检验二阶占优无关紧要，尽管对于 Z^{max} 的较低值，最好使用贫困赤字线。

当二阶占优没有定论时，可以进一步限制贫困指标的可接受范围。如果一个人满足于仅仅依赖于类似于 SPG（但现不包括 H 和 PG）这样的分布敏感度指标，那么可以检验三阶占优（third order dominance，TOD）条件；对所有贫困线进行明确的贫困比较，然后要求贫困严重性曲线在所比较的两种情形中的一种中处处更高。如果有必要，人们可以继续检验更高阶的占优条件，当然对指标（逐渐增加）的限制组合的解释变得更不清楚了。[②] 为了说明这三个占优检验，专栏 5.17 给出了一个简单的例子。

专栏 5.17　占优检验示例

考虑如下初始状态：三个人的消费量为（1、2、3）。这时，如果出现任何如下最终状态：这些人中有一人或多人的消费更高，且没有人的消费更低，就意味着贫困发生率曲线较低（在任何地方都严格地更低且没有更高），因而对于任何贫困线或贫困指标而言都没有更大程度的贫困；这种最终状态的例子有（2、2、3）或（1、2、4）。

与之相反先考虑最终状态（2、2、2）。贫困发生率曲线现在相互交叉：一些贫困线和一些贫困指标会判断最终状态相比初始状态得到改善，而另一些则会判断它比初始状态更糟（比较贫困线 $z=1.9$ 和 $z=2.1$ 下的贫困发生率指数）。但是，贫困赤字曲线并不相互交叉；对于初始状态（消费量1、2、3），贫困赤字曲线是（1、3、6），而对应于最终状态（2、2、2），贫困赤字曲线是（0、3、6）。因此，对所有贫穷线和减少穷人消费的措施如贫困差距指数 PG 和贫困的平方差距指数 SPG，贫穷程度都将下降（至少不会增加）。只要贫困线在 2 美元或以下，所有这类指标的贫困率都会明显下降。

---

① 关于广义洛伦兹曲线，见安东尼·夏洛克斯（1983）和彼得·兰伯特（Peter J. Lambert，2001）。另见保罗·西斯尔（Paul D. Thistle，1989）（对广义劳伦兹曲线的定义有些不同，但这里的区别并不重要）。关于广义劳伦兹曲线与贫困赤字线之间的关系，见安东尼·阿特金森和弗朗索瓦·布吉尼翁（1989）以及詹姆斯·福斯特和安东尼·夏洛克斯（1988b）。

② 在福斯特—格里尔—索尔贝克类中，四阶占优检验限制了对 $\alpha=3$ 或更高值的 p_α 测度的注意。关于这些指标的解释，见那纳克·卡克瓦尼（Nanak Kakwani，1980b）。

但如果最终状态消费为（1.5、1.5、2）时又会如何呢？表5.5给出了贫困发生率、贫困赤字曲线和贫困严重程度曲线。即使我们把注意力集中在对分布敏感的贫困指标上，一些贫困线的状态排序也会与其他的不同。但请注意，贫困严重性曲线的交点高于2；任何低于该点的贫困线都将表明，所有类似于SPG这样的分布敏感指标测得的贫困程度将会下降。（对于所有点四阶占优，这意味着对于$\alpha=3$或更高的FGT指标和瓦特指数在所有可能的贫困线下将显示出贫困程度下降。）

表5.5 初始消费为（1、2、3）和最终消费为（1.5、1.5、2）的三个人的贫困发生率、赤字和严重程度曲线

消费 Z	贫困发生率曲线 $F(Z)$		贫困赤字曲线 $D(Z)$		贫困严重程度曲线 $S(Z)$	
	初始	最终	初始	最终	初始	最终
1	1/3	0	1/3	0	1/3	0
1. 5	1/3	2/3	2/3	2/3	1	2/3
2	2/3	1	4/3	5/3	7/3	7/3
3	1	1	7/3	8/3	14/3	15/3

当两个频率分布非常接近时，我们可能还要评估两者的差异是否具有统计学意义。对于FOD，基于两个CDF之间的最大垂直距离构造K-S检验（Kolmogorov-Smirnovtest）可以很容易地做到这一点。[①] 对于高阶占优，统计推断更为困难，需要更先进的方法。[②]

类似的想法也可以应用于贫困线在不同家庭或个人间变动未知的情形。例如，生活水平的测度误差可能导致我们应该为不同的个人使用不同的贫困线。在给定消费水平上，“需求”的未知差异也可能意味着真实的贫困线会发生变动。营养需求可能存在相当大的、未知的、个体间的差异。在解释家庭人口构成或面临的价格差异方面的误差也可能导致合适贫困线的一些潜在变动。[③]

当贫困线分布未知时，贫困比较显然更加困难，但即使如此，如果愿意做出一些假设，也可能得出明确的结论。假设用于比较的两种（或更多）情形下贫困线分布相同，并且独立于生活水平的分布，那么一种分布对另一种分布的FOD意味着明确的贫困排名。

① 关于这个简单检验的说明和临界值的表格可见韦恩·丹尼尔（Wayne W. Daniel，1990，第8章）。Daniel，Wayne W. 1990. *Applied Nonparametric Statistics*. Boston：PWS-KENT Publishing Company.

② 有关进一步的讨论，见约翰·毕肖普等人（John S. Bishop et al.，1989）以及约翰·毕肖普（1991）。

③ 关于在各种假设下，多元占优检验在决定福利时如何相互作用的一般性讨论，见安东尼·阿特金森和弗朗索瓦·布吉尼翁（1982）；在需求不同时不平等比较的具体背景下，见安东尼·阿特金森和弗朗索瓦·布吉尼翁（1987）和弗朗索瓦·布吉尼翁（1989）；安东尼·阿特金森（1992）的讨论是在贫困指标的背景下进行的。

无论贫困线的基本分布如何，这一点都成立。[①]

另一个有趣的例子是，当一个人知道需求（如家庭规模）和消费的分布，但却不知道这两个变量是如何相互作用而决定福利的。对于类似于总消费和家庭规模的这样两个福利维度，我们可以得出两个变量的占优检验，这些检验或多或少地严格取决于如下假定：人们愿意估计决定福利时的需求差异与消费之间的作用方式；精确的检验取决于（除其他事情外）大家庭消费的边际社会价值是更高还是更低。在一个特殊的情形下，当消费的边际价值与家庭规模无关，并且家庭规模的边际分布是固定的时候，这个问题又回到了上述的标准占优检验上。

首先让我们假设不清楚在确定贫困时需求如何与消费相互作用。对于可加性贫困指标和不同需求间人口固定分布，上述所有占优检验都可以分别应用于被确定有不同需求的每个组。因此，我们可以将农村家庭与城市家庭分开或大家庭与小家庭分开进行一阶占优（FOD）检验。如果我们发现一阶占优在每一组中都成立，然后就可以得出结论，无论组间的需求差异多大，一阶占优在总体中也成立。如果一阶占优不成立，那么将注意力聚焦在贫困深度和严重性指标上，人们可以分别检验每个需求群体的二阶占优，或在必要时检验三阶占优。

这些通常是相当严格的检验。如果一个人愿意根据消费增量相关的边际福利对需求群体进行排序，那么可以采用弱检验。假设可以让第一组拥有消费的最高边际社会价值（即最陡峭的个体贫困指标）。我们还假设，在所有可能的消费水平上这一排序都相同（因此第一组的消费边际估值总是最高）。[②] 为了根据贫困指标得到排序分布，我们还需要假设，作为消费函数的贫困指标在贫困线上是不间断的。[③] 这排除了贫困发生率指数，仅剩下少数其他指标，PG 和 SPG 满足如图 5.5 所示的条件。在这些条件下，我们可以应用简单的局部占优检验，检验是由从第一组开始依据需求组排序累积进行的，而不是对每个组分别进行。[④] 因此，在两种比较的情形下检验组 1 的 CDF 占优，然后检验组 1 与组 2 的人口加权和，然后再对组 1、组 2 和组 3 进行检验，依此类推。这使得占优更有可能。例如，虽然某些需求组的贫困程度可能会上升，但总贫困程度却由于某些政策变化而被发现下降。

但是，当需求的分布也发生变化时，例如当生活在城市地区的人口比例在贫困比较期间有所增加时，这些检验必须进一步修改。发展中国家的跨时期贫困比较就是典型的情况。从理论上讲，一阶占优可能分别在每个城市和农村地区成立，但由于两个部门之间所有可能的需求分配以及决定福利时的需求差异与消费之间所有可能的作用方式在总体上并

① 关于营养需求以某种未知方式变化时营养不良测度的进一步讨论，见那纳克·卡克瓦尼（1989）和马丁·拉瓦雷（1992a）。

② 见安东尼·阿特金森和弗朗索瓦·布吉尼翁（1987）。

③ 见安东尼·阿特金森（1987）。

④ 见安东尼·阿特金森和弗朗索瓦·布吉尼翁（1987）。

不成立。对于这种情形，可以设计更通用的检验。①

5.6 益贫增长和增长发生率

人们常常会问，总体经济增长带来的收益（或收缩带来的损失）是如何根据初始收入或支出在家庭间进行分配的。上面描述的分析工具可以很容易地修正来解决这个问题。

我们可以很容易计算出贫困的增长弹性，即贫困指标的比例变动与同期平均增长率的比率。② 对于多重观测，通常的做法是估计回归系数，既可以是贫困指标对均值进行回归（如专栏 1.19 所示），也可以是贫困变动的比率对增长率的回归。这种回归系数可以解释为对平均弹性的估计。③ 如果所有的增长都归于非穷人，那么贫困的增长弹性将为零。如果所有收入水平都以相同的速度增长（不平等状况不变），那么弹性就会自动为负。④ 但即便如此，它的取值有多大（绝对值）将取决于许多因素，包括初始不平等程度，我们将在第 8 章讨论这一问题。

这种弹性可以是一个有用的汇总统计，但对进一步考察增长率在整个分布的变化也有指导意义。当我们比较一段时间内的两个 CDF［如图 5.5（a）］时，两条曲线之间的垂直差异给出了贫困率在那条贫困线上的差异，而水平差异给出了初始百分位数的平均收入的收益或损失。相反，我们可以反转曲线来获得分位数函数，从而纵向差异就给出了收入收益。但我们可以更进一步，计算任何给定百分位数分布的增长率，$g(p)$。我们首先计算第一期的分位数函数，然后计算第二期的分位数函数，然后计算每个百分位数的增长率。这就是所谓的增长发生曲线（growth incidence curve，GIC）它显示了给定分位数的增长率如何在按收入排序的分位数之间变动。⑤ 例如，与第 50 个百分点相对应的 GIC 点是中位数的增长率（不要与最贫困的 50%人口的平均增长率混淆）。如果每处的增长率都是正的，那么很明显就对所有可能的贫困线一阶占优。专栏 5.18 给出了一个例子。

① 对这个问题的正式处理可以在安东尼·阿特金森和弗朗索瓦·布吉尼翁（1982）中找到。

② 因此，如果平均增长率是每年 2%，贫困发生率指数是每年减少 3%（即百分比而不是百分点），那么弹性是-1.5。

③ 严格来说，它们是加权平均数。例如，假设我们有每个国家一段时期的两个观测值。可以看出，如果对数贫困指标没有共同的趋势（尽管可能是异质的“国家固定效应”），那么基于各国贫困指标增长率对平均增长率的回归系数估计是具体国家弹性的加权平均值，其中的权重是用平均增长率平方和的份额。换言之，增长率较高（无论是正增长还是负增长）的国家获得的权重更大。

④ 然后可以为具体的贫困指标导出弹性的分析公式，见那纳克·卡克瓦尼（1993）。

⑤ 马丁·拉瓦雷和陈少华（2003）基于分位数函数在计算增长率的基础上引入了 GIC。这给出了每个百分位数（如果需要，甚至更高）的增长率。在一些文献中，人们反而发现类似于十分位数这样的更大分形上的平均增长率。这个平均值是不必要的。

专栏 5.18　中国的增长发生率曲线

我们都知道中国平均收入的增长率很高。但它在整个分布中是如何变动的呢？图 5.8 给出了 1990—2005 年期间的增长发生率曲线（GIC），且存在一阶占优。因此，无论如何划定贫困线，或在宽泛的组中选择贫困指标，绝对贫困都已经下降。由于贫穷的百分点上的增长率较低，因此 GIC 逐步上升。据估计，人均收入的年化增长率已从最贫穷的百分位数的 4.5%，逐渐增加到最富有的百分位数的 9.5%。

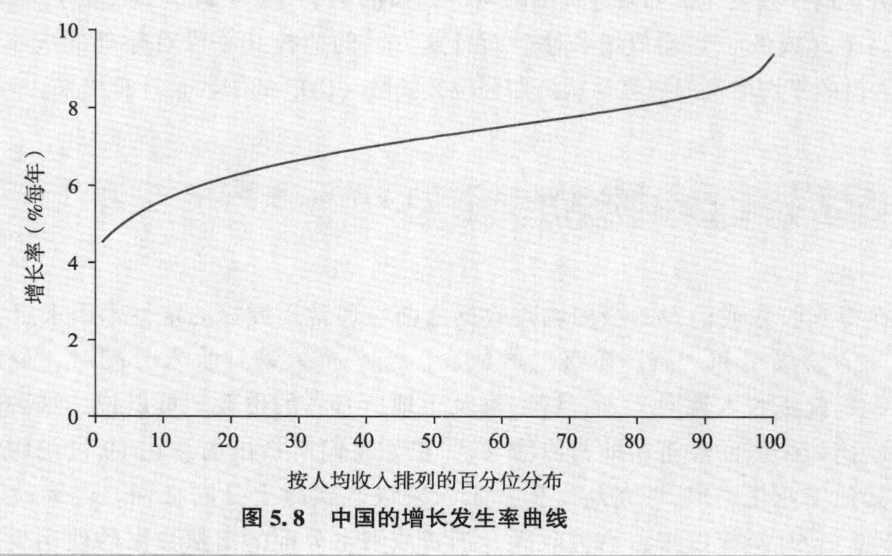

图 5.8　中国的增长发生率曲线

增长发生率曲线下方的区域告诉我们一些非常有用的东西。如果将该区域计算到贫困发生率指数的初始值，就得到了那些最初贫穷的人口的平均增长率。进一步可以看出，这使得瓦特贫困指数（Watts index）发生了变化，这促使马丁·拉瓦雷和陈少华（2003）将这一区域命名为益贫增长率（rate of pro-poor growth）。如果想要指数与减少贫困的瓦特指数（绝对或相对）的进展相一致，这是衡量任何时期增长的正确方法。如果你想让这个指标与降低瓦特贫困指数（绝对或相对）的进展一致的话，这就是测度任何时期增长的正确路径。但是请注意，依据这个指标得到正的益贫增长并不意味着穷人的增长率高于平均水平；即使瓦特指数显示的贫困正在下降，但不平等仍然可能加剧。

这些工具同样可用于另一个概念“共同繁荣”（shared prosperity）的测度。2013 年，世界银行宣布两大发展目标之一就是共同繁荣，也是当时的新行长金墉（Jim Yong Kim）所热衷的理念。[①] 世界银行计划用最贫困 40% 人口均值的增长率来测度这一目标的成功与否[②]。

① 另一个发展目标是消除绝对贫困：具体目标是到 2030 年，使发展中国家每天生活费用 1.25 美元的贫困发生率指数降至 3%；这一点在第 2 章中有说明，进一步的讨论见马丁·拉瓦雷（2013）。

② 这是 2012 年世界银行新任首席经济学家考希克·巴苏青睐的测度标准，尽管考希克·巴苏的著作倾向于关注最贫困的 20% 人口，给出了他所称的“五分位收入”，见考希克·巴苏（Basu，Kaushik，2011，第 8 章），Basu，Kaushik. 2011. *Beyond the Invisible Hand*：*Groundwork for a New Economics*. Princeton，NJ：Princeton University Press.

这种测度处理有简约的魅力，但也有一定的成本。一种担忧是，它根本没有告诉我们繁荣的增加如何在最贫困40%人口中分享，也没有告诉我们经济收缩造成的损失是如何蔓延的。例如，在贫困人口得不到任何好处的情况下，最贫困的40%人口的均值可能会上升。

利用本节讨论的观点，我们现在可以进行一个简单的修正：我们应该测度最贫困的40%人口的平均增长率，而不是测度最贫困的40%人口的均值增长率。这种措辞上的细微差别使指标的性质有了很大的不同。随着这一变化，该指标现在反映了最贫困的40%人口收入分配的一些变化。如果最贫困的40%人口的不平等率下降（或上升），那么平均增长率将高于（或低于）均值增长率。而且这方面的监控几乎没有额外的成本。最贫困的40%人口的平均增长率很容易从两期分位数函数（CDF的倒数）计算出来。

5.7 测度“中产阶层”

在得到收入或消费的全国调查数据之前，通常用纯粹的定性术语来定义“阶级”，如“工人阶级”和“资产阶级”的概念。当一个人谈到收入分配时，通常是指要素分配，也就是收入流向工人、资本家及土地所有者的份额。可以说，这种做法在多样化程度比如今低的经济中非常有意义。（正如我们所指出的，在19世纪中叶以前的英国和其他工业化国家，“穷人”和“工人阶级”实际上是同义词。今天就不一样啦。）自20世纪60年代以来，有关收入、消费或财富分配的定量数据的使用更为普遍：这既反映了此类数据的可得性，也反映出在旧阶级类型中出现了生活水平的更大异质性。（收入的要素分配在理解个体间分配的演变过程中仍然发挥着作用，我们将在第8章讨论这个问题。）

“中产阶层”（middle class）[①] 这个概念很流行，社会学家和经济学家对它给予广泛研究的理由很多。即使在发展政策讨论对最贫穷者的福利给予最大重视时，对社会福利结果的标准评估也很少对那些不是很穷的人无动于衷。因此，在评估社会进步时，还需要关注

① 中产阶级（或中产阶层），是指人们低层次的“生理需求，安全需求”得到满足，且中等层次的“感情需求和尊重需求”也得到了较好满足，但不到追求高层次的“自我实现需求”的阶级（或阶层）；由于家庭是社会的细胞，且大部分人的财富是以家庭为单元拥有的，所以中产阶级主要由“中产家庭”组成。中产阶级，大多从事脑力劳动，或技术基础的体力劳动，主要靠工资及薪金谋生，一般受过良好教育，具有专业知识和较强的职业能力及相应的家庭消费能力；有一定的闲暇，追求生活质量，对其劳动、工作对象一般也拥有一定的管理权和支配权。同时，他们大多具有良好的公民、公德意识及相应修养。换言之，从经济地位、政治地位和社会文化地位上看，他们均居于现阶段社会的中间水平。中产阶层（或中产阶级），是社会稳定的基石；能否形成以中产阶层为主体的“橄榄型”社会结构，是一个国家或地区能否稳定发展的重要基础，也是实现高品质民主的前提条件。中二代，是世界各发达国家高科技人才的主要来源（中一代，大多为自身的发展而错过了创新年龄；富二代，大多只图享受而缺乏进取心）。中产阶层的主要来源：主要是教育和能力发展正常的中产子女（二代或多代），部分接受了良好教育并有较强职业能力的“贫二代”，以及少数“返贫”的“富二代”。中产阶层发展的主要障碍：部分国家的社会制度，阻碍了贫困阶层子女的上升通道，使社会阶层固化。——译者注

贫困线以上的人群。也有人认为，中产阶层对于穷人的进步速度具有极大的重要性。一系列文献指出，中产阶层可以在促进经济增长方面发挥作用，例如通过培养企业家精神、转变消费需求的构成、使促进增长的政策改革和制度变化在政治上更为可行。第 8 章将回顾文献中的这些主要论点。

扭转过去进展的前景还取决于过去收益的分配，因为这决定了有多少人可能会受到甚至是很小的收入损失的影响。以图 5.9 为例，给定生活在每个收入水平下的人口比例，该图绘制了三个假设的 CDF。初始分配记为“A”。如果所有收入都以类似的比例增加，那么分配将转向“B”。在所有可能的贫困线和更大范围的指标下，贫困程度都将下降。[①] 或者（还有其他的情形）如分布“C”，在较低的贫困线上的收益可能更大，在较高的贫困线上贫困者很少或没有减少。C 的贫困也明显低于 A，但 C 在分布中间快速增长，导致中位数处的密度明显高于 B，这在中位数左右的一个很宽的区间内成立。

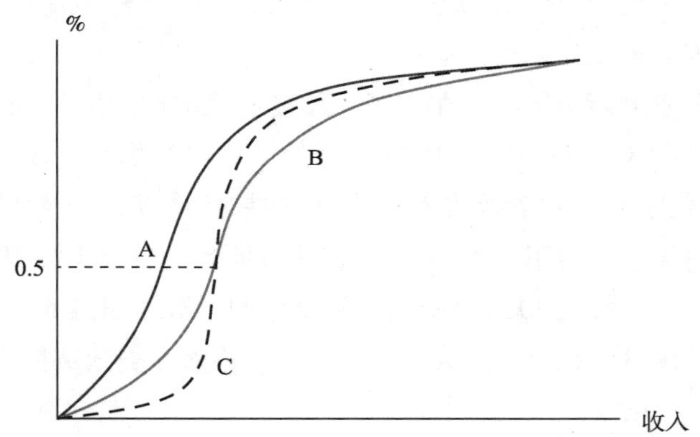

图 5.9　*B* 和 *C* 的贫困程度低于 *A*，但 *B* 有更大的中等收入增长

从落入低贫困线下的前景来看，分配 C 相比 B 有更多的人容易受到总体经济收缩的影响。因此，搞清楚发展中国家是否已经朝着更像 C 而非 B 的方向发展就很重要。

绝对法和相对法

定义和测度“中产阶层”的文献很多，大多是在发达国家的背景下进行的，这些国家的主要问题是近几十年来美国（及其他一些西方国家）的中产阶层的所声称的下降。与贫困测度类似，相关测度方法有绝对法和相对法两种。根据后者，“中产阶层”被定义为拥有某个区间内收入的阶层，该区间包括中位数，且在中位数周围的收入空间通常是对称的。上下限是以各种特别的方式确定的。很多文献都集中在中位数的 75% 到 125%

① 见安东尼·阿特金森（1987）。

的区间。①

与这一相对定义相反（每个国家都有特定的实际收入界限），另外一些作者用纯粹绝对的形式定义了中产阶层，各国之间有共同的实际收入界限。但是，具体定义各不相同。一项研究将中产阶层定义为生活在巴西与意大利的平均收入之间的人群，② 而另一项研究则将中产阶层定义为以 1993 年购买力平价（PPP）计算的每天生活费用在 2 美元到 10 美元之间的人群。③ 后两项研究甚至没有使用重叠的区间；根据这两种定义，没有人是“中产阶层”。④ 另一项研究使用的是每天生活费用 2 美元的下限和 13 美元的上限，两者都是以 2005 年的购买力平价计算。⑤

我们在这些文献所使用的测度上看到的差异，在很大程度上似乎取决于一个定义是对是富裕国家还是对贫穷国家合适。在大多数发达国家，每天生活费用低于 10 美元的人口显然不会被视为“中产阶层”；事实上，他们的生活水平将远远低于美国的贫困线，2005 年美国的贫困线是每天生活费用 13 美元。⑥ 然而在发展中国家，很多生活在美国贫困线或巴西均值以下的的人会被视为“中产阶层”。

下面来看人口最多的两个国家。在中国，最接近“中产阶层”概念的是“小康”；最终实现“小康社会”是邓小平领导下 1979 年开始的中国市场导向改革的目标。中国国家统计局于 1991 年制定了小康的最低收入标准。⑦ 如果换算成 2005 年的购买力平价，小康标准在农村地区是每天生活费用 2. 24 美元，在城市地区是每天生活费用 3. 47 美元。笔者估计（使用 PovcalNet），截至 2005 年中国达到小康的人数远超过 5 亿，（我们将看到）这远远超过了生活在美国贫困线以上的人数。很明显，许多在美国被视为“穷人”的人在中国被认为是小康。

在印度也是如此。人们常说，印度现在有 3 亿人是“中产阶层”。比如，参见维基百科关于“印度生活水平”的条目（尽管作者在追踪这一数字来源方面收效甚微）。国家应用经济学研究理事会（the National Council of Applied Economic Research，NCAER）所做的调查经常被用来定义印度的中产阶层；根据这一来源，印度的一项研究给出了一系列的定

---

① 在莱斯特·瑟罗（Leste C. Thurow，1987）的一篇有影响力的早期论文之后。例如，这是史蒂文·普雷斯曼（Steven Pressman，2007）在他的研究中对包括美国在内的 11 个发达国家的中产阶层是否有所下降的定义。南希·博德塞奥（Nancy Birdsall et al.，2000）将中产阶层定义为每个国家收入在中位数 75%～125%之间的人口。

② 见布兰科·米兰诺维奇和施罗默·伊扎基（Branko Milanovic and Shlomo Yitzhaki，2002）。另见莫里齐奥·布索罗等人（Maurizio Bussolo et al.，2008），世界银行（2007a）发布了他们的研究结果，在确定“全球中产阶层”时使用布兰科·米兰诺维奇和施罗默·伊扎基（Milanovic-Yitzhaki）的定义。

③ 见阿比吉特·班纳吉和埃思特·迪弗洛（2008）。

④ 2005 年巴西的人均 GDP 超过每天生活费用 20 美元（以 1993 年或 2005 年的购买力平价计算）。

⑤ 见马丁·拉瓦雷（2010a）。

⑥ 马丁·拉瓦雷使用了卫生和公共服务部网站（2008）上的一个四口之家的电话。

⑦ 来源（中文）http://baike.baidu.com/view/14275.htm.

义，意味着2000年左右有1亿~2.5亿人是中产阶层。[①] 根据最近的国家应用经济学研究理事会调查，印度的一项研究认为2007—2008年有2500万家庭（约1.2亿人）属于中产阶层。[②] 正如我们将看到的那样，所有这些估计远远超过了印度按美国标准测度的不贫困的可能人数。

人们还可能质疑文献中其他定义的应用价值。与发展中国家相关的中产阶层的定义以中位数为中心的做法并不可取，而中位数可能更合理地被视为一个下限，这似乎是不可信的。事实上，2005年发展中国家的中位数消费是日均2美元。

按照以发展中国家贫困线为基础的国际标准测度全球贫困的理念，界定“中产阶层”的一种方式是旨在反映贫穷国家而非富裕国家的中产阶层的含义。[③] 发展中国家的中产阶层可以定义为：那些生活在发展中国家的中位数贫困线以上但按照美国标准仍然贫困的人口；相比之下，按照美国的标准，西方中产阶层可以被认为是不贫困的人。对于下限，马丁·拉瓦雷使用了发展中国家的70个国家贫困线中的中位数，国家贫困线数据来自世界银行和各国政府的国内贫困研究。[④] 样本中的每一条国家贫困线都是为了达到推荐的食品热量摄入的要求并考虑到基本的非食品需求。按2005年购买力平价计算，这些国家贫困线的中位数为每天2.00美元。按照2005年的价格计算，美国贫困线的上限设定为每天13美元。

脆弱性与中产阶层

所有这些对“中产阶层”的定义都忽略了一些重要的东西：动态。马丁·拉瓦雷预计，那些把自己看作中产阶层的人，随着时间的推移往往会走上一条更积极的轨道，他们向上流动（或实现抱负），这会影响其态度和行为的许多方面，包括对不平等的态度和行为。[⑤] 他们有更多的缓冲能力来抵御各种冲击和危机。

2008—2009年美国房地产和金融市场引发的金融危机蔓延至发展中国家，很多人自然会想到，最近的反贫困方面的进展是否会出现逆转。这在一定程度上取决于危机影响的分布，不应假定最贫困者受到的影响最大。具有讽刺意味的是，同样的事情让许多人一开始就贫困——地理上的隔离及其与国内和全球市场的联系弱——这将有助于保护他们免受这类危机的影响。但这种担忧是非常现实的：现在发展中国家有许多人按照过去的（节俭）标准定义已不再贫困，但在任何意义上都不是“中产阶层”的成员，即使是按照如今与中国和印度等国相关的标准。

---

① 见史达仁。Sridharan，E. 2004. “The Growth and Sectoral Composition of India's Middle Class：Its Impact on the Politics of Economic Liberalization.” *India Review* 3（4）：405-428.

② 见拉杰什·库马尔·舒克拉（Rajesh Kumar Shukla，2008）。

③ 以下定义由马丁·拉瓦雷（2010a）提出。

④ 数据见马丁·拉瓦雷等人（2009）。

⑤ 见马丁·拉瓦雷和迈克尔·洛克辛（2000）。

另一种定义中产阶层的方式是明确地认识到这种下行风险的存在——“脆弱性”。有些人在特定的社会里不被认为是“穷人”，但却面临着不可忽视的陷入贫困的风险。这就是所谓的脆弱性贫困。中产阶层被认为是那些相对安全的不会陷入贫困的人。[①] 利用面板数据，可以计算出非贫困人口陷入贫困的概率（如专栏 3.7 的面板数据）。[②] 通过设定概率的临界值（基于判断），人们可以找到某个消费或收入水平，当超过这个水平时，在某些时期内变穷的概率就低到可以被认为是“中产阶层”。例如，一项研究发现，如果目标是确保越南的中产阶层在两年内变穷的机会最多为 3%，那么就必须将脆弱线定义为比该国目前官方的国家贫困线高出 30%。[③] 同一项研究表明，越南的绝对贫困正在下降，中产阶层的比重正在上升，但美国的情况恰恰相反。

我们已经看到许多定义中产阶层的方式。最近使用的方式明显地嵌入了陷入贫困的风险，这是对先前为确定中产阶层而设定绝对或相对收入临界点的方式的改进。这些新方式抓住了“舒适”（comfort）的概念，即不会由于太脆弱而遭受下行风险，这似乎是全球流行的“中产阶级”概念中的一个显著元素。

5.8 贫困和机会不平等

我们注意到，个人福利很可能取决于在社会中的相对地位以及生活的绝对水平。一个在福利空间绝对的、与福利一致的贫困指标将在收入或消费空间有一个相对的方面。这种变化的确切形式取决于相对地位被认为是如何改变福利的。“相对收入假说”（relative income hypothesis，RIH）只是一种可能性，据此可以导出相对贫困线（尽管只要“自己的收入”与福利有关，隐含线与平均收入并不成正比）。相对贫困线将在不平等和绝对贫困之间建立一种权衡。

还有另一种方式可以将这种权衡引入测度，即通过“机会指数”（opportunity index）概念来反映绝对机会和机会不平等。我们已经在第一部分第 3 章中接触到了机会不平等的概念。在实证分析层面上，我们怎样才能实现这种方法？

最近文献中出现的方法聚焦于那些不能被合理地认为是个人责任的福利决定因素，比如说环境（如第 3.1 节所述）。因此，在政策上“贫困”被视为道德突出且有说服力，在某种程度上它是由于环境而不是个人不够努力。[④] 正如第 3 章所指出的，这种道德判断有

---

① 见路易斯·洛佩斯·卡尔瓦和奥尔蒂斯·爱德华多·奥尔蒂斯·华雷斯（Luis F. Lopez-Calva and Eduardo Ortiz-Juarez，2014）以及海安·当和彼得·朗茹（Hai-Anh H Dang and Peter Frederik Lanjouw，2014）。

② 其中一个并不严格要求面板数据。海安·当和彼得·朗茹（2014）展示了如何使用基于两个或多个横截面调查的模型来模拟相关概率。

③ 见海安·当和彼得·朗茹（2014）。

④ 继约翰·罗默（1998）提出的区别之后。

可能被质疑。

贫困可以被理解为一种被放弃的机会。因此，贫困率可以被解释为机会的逆指标。不过，这说法并没有反映出这些机会的不平等。有人认为，一个社会所获得的平均机会会因机会的不平等而打折扣。对此可用一种简单的思考方式来理解：

$$机会指数 = (1 - 贫困率) \times (1 - 不同人群贫困率的不平等)$$

与环境与努力的区别相一致，人们可能希望基于观察环境预测到的福利分布来测度贫困率（第 3.3 节）。但是，这里更显著的区别是引入了一个不平等指数，以反映根据环境界定的不同类型家庭的贫困率差异（解释为所获得的机会差异）。例如，如果这一不平等指数是以特定类型贫困率和总贫困率之间的绝对偏差之和来测度的，那么（将该指数标准化为 0～1 之间后），我们就得到世界银行的人类机会指数（human opportunity index）。①

这一构造在贫困与不平等之间引入了明确的权衡。当然，机会的不平等无疑也会直接加剧贫困。但这里的争论是，在判断发展进程时，如果机会不平等程度足够低，我们应希望有更高的贫困率。这样定义的机会指数就不必像贫困指数那样对分布进行排序了。

5.9 定向指标和受益范围指标

今天，大多数富裕国家都有广泛的福利制度，减贫是这些国家的一个重要目标，大多数发展中国家正在制定新的包含明确反贫困目标的社会政策（第 10 章将详细讨论这些政策，这里的重点是探讨方法）。因此，自然需要寻找一种测度定向目标绩效的方法。在评估受益发生率（benefit incidence）时，也采用了相关的指标，即从公共项目获得的福利与个人消费或收入水平之间的经验性对应关系。

原则上，人们可以通过项目对贫困的影响相对于明确的相反事实来衡量目标绩效，例如同一预算的非定向分配。② 这时，对贫困的解释是明确的。但这不是在文献和实践中占主导的方法。这里讨论的重点是实践中常见的定向指标（targeting measures），以及目前基于此得到的关于“哪些有效和哪些无效”的认知。这些指标的定义参见专栏 5.19。③

定向指标

基于集中度曲线（concentration curve）的指标在关于公共项目收益的定向和发生率

① 基于里卡多·佩斯·德·巴罗斯等人（Ricardo Paes de Barros，2009），另见约翰·罗默（2014）对这类指数的讨论。

② 如马丁·拉瓦雷和赵嘉文（Martin Ravallion and Chao Kalvin，1989）所述。

③ 专栏 5.19 不包括文献中发现的所有指标。关于这些指标和其他指标的更全面（尽管更具技术性）的讨论，包括对其性质分析，见彼得·兰伯特（Peter J. Lambert，2001）。

（targeting and incidence）的文献中已经十分常见，其中集中度曲线描绘的是按照人均家庭收入排序流向最贫困的 p %人口的累计转移支付份额。专栏 5. 19 中的前三个指标都基于集中度曲线。指标 S 的流行在事实上是显而易见的，后设研究（meta studies）发现它是许多主要来源中最容易得到的指标。[1] 该指标的受欢迎可能源于容易解释。

与这个优点相对，该指标也有一些明显的缺点。一方面，它没有告诉我们转移资金是如何在穷人之间分配的；两个项目可以有相同的份额转移到穷人身上，但在一种情况下，高度集中在最贫穷者，而在另一种情况下，仅仅是略低于贫困线的人口。另一方面，该指标没有直接反映转移项目的总体规模，这显然关系到对贫困的影响。[2]

专栏 5. 19　集中度曲线和定向指标

图 5. 10 显示了集中度曲线 $C(p)$，纵轴上显示转移的累计份额，而横轴上则是按家庭人均收入排序的人口份额。如果转移支付是均匀的即每个人都得到相同的份额，那么集中度曲线就是 45 度对角线。直观地说，实际曲线离对角线越远，给定项目的转移支付的目标定向就越好。

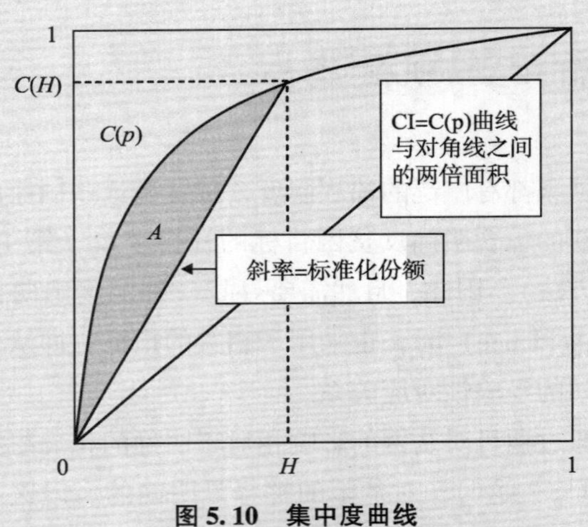

图 5. 10　集中度曲线

① 见玛格丽特·格罗斯（Margaret Grosh，1994，1995）以及大卫·科迪、玛格丽特·格罗什和约翰·霍迪诺特（David Coady，Margaret Grosh，and John Hoddinott，2004a，2004b），他们为研究中的 85 个反贫困计划提供了流向最贫困的 10%、20%和 40%人口的转移支付份额（尽管在某些情况下缺少数据）。

② 关于定向目标的文献指出，通过项目采集的政治经济学，分配给穷人的份额可能会随着项目规模而变化；第 9 章会进一步讨论这个问题。

表 5.6　定向指标一览表

指标	定义
流向穷人的份额（S）	转移支付流向最初被视为贫困者（或其他基于收入的参考群体）的份额。$S=C(H)$，其中 C 是集中度曲线，H 是贫困率。
标准化份额	流向穷人的份额除以穷人的比例。
集中度指数（CI）	集中度曲线与对角线之间的区域（每个人都得到相同的份额）。CI 的上限为 1（此时最贫穷者获得所有收益），下限为-1（此时最富有者获得所有收益）。
覆盖率	穷人的项目参与率。
定向差异	覆盖率和非贫困人口的参与率之差
第 1 类错误的比例	分配到该项目的（不符合资格的）非贫困人口的比例。
第 2 类错误的比例	未能接受该项目的穷人的比例。

大卫·科迪等人（2004a，2004b）在比较世界各地各种反贫困项目的定向绩效时，更倾向于使用标准化份额（normalized share，NS）。该指标通过用 S 除以贫困率 H（见专栏 5.19）得出。因为它测度的是相对于普通参照结果的绩效……这是源自中性定向（neutral targeting）（而非是累进或累退）结果[①]，所以它比普通份额（S）更具可比性。所谓“中性定向”是指均匀的转移。如果转移是均匀的，那么显然 $NS=1$。但是，一个“接近”1 的 NS 值并不意味着分配“接近”均匀。使 NS 接近 1 的方法有很多，也有很多差异相当大的解释。与 S 类似，NS 指标对转移支付如何在穷人之间分配不敏感。穷人总体上可以得到 H%的转移支付，但不同穷人得到的份额可以差别很大。例如，这些钱可以全部捐给最贫困者，也可以捐给最不贫困者；两种方式下都有 $NS=1$。当贫困率 H 接近 100% 时，无论钱是如何分配的，NS 也接近于 1。当参照结果像这样模棱两可时，该指标的作用在理论上就成了问题。

集中度指数（CI）在财政影响范围研究中有着广泛的应用。它被认为是一个“广义 S”中的一个，因为 CI 不是关注集中度曲线上的一个点，而是测度该曲线和对角线（沿线的转移是均匀的）之间的面积。在专栏 5.19 中，CI 是阴影面积 A 的两倍。[②] 该指标的吸引力在于，它反映了穷人之间的分配，（实际上）也反映了整个收入范围内的分配。该指标的一个缺点是不像 S 或 NS 那样容易理解。同一个 CI 可能涉及差异很大的转移支付的分配。而且，它和之前的指标一样没有直接告知转移支付的规模。

尽管这些指标都是基于集中度曲线，但是它们可以给出截然不同的结果。当然，当所

① 大卫·科迪等人（David Coady et al.，2004a，2004b）在其存在时采用 H=40%，他们研究中大约一半项目是这种情形，当 H=40%不可用时，使用下一个最低可用数（20%或 10%）。在玛格丽特·格罗斯（Margaret Grosh，1994）早期的目标绩效比较研究中，H 在所有研究的项目中都设定为 40%，在这种情况下，（当然）前两个指标排序也是相同的。

② 为了确保所有测度结果都朝着同一方向进行，通常将 CI 的定义乘以-1。

有项目使用的H值相同时，S和NS之间的比率总是相同的。但是，当H发生正如后面案例研究中的变化时，两个指标可以对这些项目做出不同的排序结果，并且在许多应用中都可能这样。为了说明不妨考虑一个在两个城市实施的转移项目，且给予所有参与者相同的金额。在A市，所有的转移支付给最贫困的20%人口，总体贫困率为50%；而在B市，转移支付给最贫困的40%人口，贫困率为10%。A市转移到穷人身上的份额要比B市高得多（A市的$S=100\%$对比B市的$S=25\%$）。A市也有更高的集中度指数（A市的$CI=0.8$对比B市的$CI=0.6$）。相比之下，根据标准化份额，B市的计划被认为是更好的定向目标（B市的$NS=2.5$对比A市的$NS=2$）。更广泛地说，A项目的集中度曲线可以位于B项目曲线上文的任何地方，当然由于B项目的H较低，B项目的NS也要高一些。

另一个差异很大的指标是定向差异（targeting differential，TD），也就是，穷人的项目参与率（通常称为覆盖率）与非穷人的项目参与率之间的差异（专栏5.19）。或者，可以通过借助所有接受者的平均转移支付对定向差异进行标准化，对此称为TD^*（当转移支付均匀时，$TD=TD^*$）。但是，在后来案例研究中发现，选择TD还是TD^*几乎没有什么区别。既然TD更容易解释，因而后续讨论仍然聚焦于TD。

在解释定向差异时请注意，当只有穷人从项目中获得帮助，且覆盖所有穷人时，$TD=1$，这是指标的上限；当只有非穷人得益于这个项目，且所有非穷人都获得帮助时，$TD=-1$，这是指标的下限（在上述“两个城市”例子中，B市的$TD=0.67$，A市的$TD=0.4$）。这一指标很容易解释，它自动反映了对非贫困人口的泄漏和对贫困人口的覆盖。

在定向背景下，通常也会参考“第1类”和“第2类”错误的发生率（incidence）。第1类错误可以定义为错误地将一个人归类为穷人，而第2类错误则是错误地将一个人归类为非穷人。第1类错误意味着转移支付向非穷人泄漏，而第2类错误意味着穷人的覆盖率较低。在测度第1类和第2类错误的比例时，可以借助（分别）非贫困人口和贫困人口进行标准化。[①] 标准的定向指标取决于这两类错误的发生率。对于基于集中度曲线的指标，不应假定它们在很大程度上不受第2类错误的影响；事实上，所有这些指标都可以看作是两类目标错误比例的函数。[②] 定向差异也是如此，二者之间的关系尤其明显：TD就是1减去第1类和第2类错误的总比例。[③] 因此，这种特殊指标会自动给两类错误赋予相等的权重。但对于基于集中度曲线的指标来说，如何给这两个定向错误赋权是一个经验问题。

更进一步的区别存在于定向的“纵向”和“横向”维度之间。前者是指改革前不同

---

① 人们可能更喜欢按人口规模进行标准化；这种情况下的类似公式很容易导出，但关键点仍然存在。

② 考虑份额S。很容易验证$S=1-T1(1-H)/P$，其中，P是整个项目参与率，$T1$是分配给项目的（不符合资格的）非贫困人口的比例。或者使用$T1^*$即属于类型1错误的参与者的比例。但是，同样可以将S写作类型2错误的函数，即有$S=(1-T2)H/P$，或$S=(H/P)-T2^*$，其中$T2$是未能参与该项目的穷人比例。P也不可能独立于$T1$和$T2$；换句话说，穷人的更高覆盖率（更低的$T2$）可能倾向于伴随更大的项目。因此，S可以被认为同时依赖于$T1$和$T2$。

③ 更准确地说，$TD=1-(T1+T2)$使用上一个脚注中的符号。

收入水平（或一些其他相关指标）的人之间的收益差异；流向穷人和非穷人的收益各有多少？这一直是测度项目的定向绩效的文献所关注的焦点。然而，政策制定者和公民同样关注处理的横向差异，即在改革前收入水平相同的人所获得的福利差异，以及（与这种差异相关的）"重新排序"的程度，即该项目改变了家庭最初的、改革前的排序。显然，第 2 类错误反映了这种水平（横向）差异，但我们可以进一步分离出仅归因于横向差异的组成部分。尽管技术说明会使我们超出本书的范围，但萨米·比比和让·伊夫·杜克洛（Sami Bibi and Jean-Yves Duclos，2007）[①] 已经按照这些思路进行了巧妙的分解。

尽管这些指标在反贫困项目的分析和政策讨论中很受欢迎，但在为社会项目的贫困影响或其减贫的成本效益提供有用指标方面，很少或根本没有对这些指标的执行情况进行研究。与此同时，关于瞄准对象经济的文献一再警告不要做出如下假设：根据这些指标中的任何一项判断得出的定向更明确的项目将对贫困产生更大的影响（第 10 章继续讨论这个）。

在迄今为止对这些定向绩效指标的唯一比较研究中发现，没有一项指标能够揭示中国大型现金转移项目（第 10 章将重新讨论的低保项目）在消除城市极端贫困目标方面取得的成功。[②] 根据这些指标评估可以得出那些善于定向这个项目的城市，这些城市通常不是在项目安排上最接近目标实现的城市。更令人鼓舞的是，该研究发现，定向差异确实与该项目对贫困的影响在统计上显著正相关。但即便如此，*TD* 也远不是测度贫困影响的完美指标。

定向指标似乎也不是项目成本效益分析（亦即给定项目消费下的贫困影响）的可靠指标。唯一的例外是流向穷人的份额是贫困差距指数减少的成本效益分析在统计上的显著预测。但即便如此，大约 60%的成本效益比率的变动得不到解释。其他指标在作为成本效益指标时要么表现很差，要么表现反常。

这些结论与文献中的一些警告相呼应，即不要依赖定向绩效的标准指标来告知有关反贫困计划的政策选择。上述针对不同定向指标的比较研究结果也对文献中的以下发现提出质疑：哪种类型的项目"最有效"和是否应根据定向指标的跨项目比较来扩大项目规模。[③] 当定向指标与贫困影响不太吻合时，这些项目之间比较的外部有效性值得高度怀疑。过去关于影响国家层面的定向绩效的社会经济因素的调查结果也不太可能在所用指标中看似武断的差异之间表现出稳健结果。

还有一个遗留问题是：为什么文献中的警告在实践中没有那么重要？可能对这些定向指标"理论上"的反对意见已经置若罔闻，因为缺乏关于这些指标在实践中如何执行的明确证据。如前所述的案例研究的结果将有所帮助。人们还可以推测，由于减少外泄有助于削减公共开支，而扩大覆盖面则正好相反，所以人们源于财政压力，高度重视避免向非贫困人口外泄进而倾向于采取定向指标。尽管人们并不怀疑这种想法有时会产生影响，但它

---

① Sami Bibi and Jean-Yves Duclos. Poverty-decreasing indirect tax reforms：Evidence from Tunisia. *International Tax and Public Finance*, 14, pages165-190（2007）.

②③ 见马丁·拉瓦雷（2009d）。

肯定是被误导了。因为如果问题是（无条件地）减少公共开支，那么为什么政府首先要为这些计划操心呢？显然，这是对作为全面反贫困战略一部分的政策需求。因此，对政策问题做出更可信的描述将对避免外泄和扩大对穷人的覆盖范围更加重视。

从这个角度来看，惩罚两类定向错误的定向指标会更有意义，这再次呼应了文献中的建议。① 但是，这一结论仍然没有抓住要点。分析人士和政策制定者最好将注意力集中在与其政策问题极为直接相关的可评估结果的指标上。对贫困的影响评估可以用相同的数据并在现行定向指标所要求的相同假设下进行。②

行为效应

正如我们在第1章中提到的那样，定向性的反贫困政策可能会引起受益人和非受益人行为上的变化。过去所有对这些政策的讨论都可分为两大阵营。一个阵营认为，定向性政策的激励效应非常大，以至于这些政策最终会阻碍穷人通过自己的手段摆脱贫困的努力，从而造成贫困。(正如我们在第1章中所看到的，在19世纪早期关于英国《济贫法》的辩论中，对激励机制的关注是突出的，《济贫法》为穷人提供了定向性的救济。类似的关注在今天仍然存在。）相比之下，另一阵营在很大程度上忽视了激励效应，或者低估了它们的重要性。在实践中，没有研究政策的情况下，上述定向指标和受益范围指标通常使用转移/税收的净收入作为研究政策不存在时的经济福利的指标。随着新的微观数据集的出现，关于税收和受益范围的研究有了巨大的扩展。在这些研究中，忽略激励效应（incentive effect）已经成为惯例，在各个发展阶段的国家都是如此。③

考虑一下评估受益范围的最常见方法是什么，通过这种方法可以研究平均转移收入（或纳税额）如何随家庭净收入（即观察到的总收入减去收到的转移支付和/或税款）的等级而变化的。然后计算得到的各种定向扶贫指标（如上所述）。这种方法（或它的一些变种）就是弗朗索瓦·布吉尼翁和路易斯·佩雷拉·达席尔瓦④（2003）⑤ 所说的“核算

---

① 尤其见乔瓦尼·科尼亚和法兰西斯·斯图尔特（Giovanni Cornia and Frances Stewart，1995）。

② 见马丁·拉瓦雷（2009d）。

③ 例子很多，包括那纳克·卡克瓦尼（1986）、安东尼·阿特金森和霍莉·萨瑟兰（Anthony B. Atkinson and Holly Sutherland，1989）、戴维·E·萨亨和斯蒂芬·杨格（David E. Sahn，Stephen D. Younger，2003）、弗朗索瓦·布吉尼翁等人（2003）、本·沙洛姆等人（Ben-Shalom，2012）和诺拉·拉斯蒂格等人（Nora Lustig，2014）。对发展中国家受益范围研究的回顾可以在多米尼克·范德沃勒（1998a）和莱昂内尔·德默里（Lionel Demery，2003）中找到。

④ 弗朗索瓦·布吉尼翁（Francois Bourguignon）加拿大安大略大学经济学博士，法国奥尔良大学经济学博士，1985年开始，他就是巴黎社会科学高等研究学院教授。同时，他还是世界银行发展经济学领域首席经济学家，高级副行长，在经济发展和收入分配领域研究成果卓著并享有很高声望。路易斯·佩雷拉·达席尔瓦（Luiz A. Pereira da Silva），巴黎第一大学经济学博士，巴西圣保罗大学客座教授，世界银行研究部首席经济学家。在财政危机和贫困的宏观经济建模领域，他的专业成就毋庸置疑。——译者注

⑤ Bourguignon，Francois，and Luiz A Pereira da Silva，eds. 2003. The Impact of Economic Policies on Poverty and Income Distribution：Evaluation Techniques and Tools. Washington，DC：World Bank. 经济政策对贫困和收入分配的影响：评估技术和方法。

方法"(accounting method)，含蓄地认识到行为反应被忽略了。该方法具有计算简单的优点。但是，(如此计算的) 净收入不需要很好地符合在未对行为反应进行干预情况下的收入。在受益范围评估中的潜在偏差是显而易见的。

回顾过去使用核算方法的文献，这种激励效应被忽视了。[①] 尽管如此，有人认为，该方法提供了一个"合理描述"和一条"研究政策分配影响的令人满意的捷径。"[②] 人们从来都不太清楚这种信心的基础是什么，这种方法的主要辩护理由是所谓的固定收益假设(fixed-income assumption)。这意味着人们几乎没有能力影响其收入，因此激励效应是微不足道的。为支持这一观点，发达国家的应用研究指出了工作时间的相对不灵活，以证明非行为受益范围分析是正确的。[③]

但是，即使在富裕国家，考虑到兼职工作越来越普遍，也不清楚这种激励效应是否合理。而在拥有大量非正规经济部门的发展中国家，这种假设更难成立。尽管文献中的最好例子清楚说明了其假设，但非行为受益范围分析在应用研究中仍在继续，而且通常不加批判的。很难夸大这些实证研究在世界范围的产生的政策影响。[④]

一种能更好地为这些政策辩论提供信息的方法是直接研究行为反应，例如寻找劳动供给效应 (labor-supply effects)。[⑤] 这当然是有意义的，尽管 (特别是在发展中国家) 还需要考虑到造成这种效应的除了劳动供给之外的其他来源。劳动力参与率——有时被称为劳动供给反应的广义边际 (extensive margin of the labor-supply response) ——显然也是相关的，对自谋职业、家庭组建、移民和转移行为也是如此。然而，这种方法并没有直接告诉我们受益范围，这可以说是决策者主要感兴趣的事情。

另一种方法则侧重于估算平均福利提现率 (mean benefit withdrawal rate，BWR) 的问题，BWR 是转移收入对家庭收入差异做出反应的平均率即边际税率。这也可以解释为一种定向绩效的指标，该指标告诉我们，随着转移前收入的增加，转移收入下降了多少。关

---

① 见多米尼克·范德沃勒 (1998)。

② 诺拉·拉斯蒂格等人。Lustig, Nora, Carola Pessino, and John Scott. 2014. "The Impact of Taxes and Social Spending on Inequality and Poverty in Argentina, Bolivia, Brazil, Mexico, Peru and Uruguay: Introduction to the Special Issue." *Public Finance Review* 42 (3): 287-303. 以及大卫·萨恩和斯蒂芬·杨格。Sahn, David, and Stephen Younger. 2003. "Estimating the Incidence of Indirect Taxes in Developing Countries." In Francois Bourguignon Francois and Luiz Pereira Da Silva (eds.), *The Impact of Economic Policies on Poverty and Income Distribution: Evaluation Techniques and Tools*. New York: Oxford University Press.

③ 见澳大利亚的那纳克·卡克瓦尼。Kakwani, Nanak. 1986. *Analyzing Redistribution Policies: A Study Using Australian Data*. Cambridge: Cambridge University Press.

④ 大卫·科迪等人 (David Coady et al., 2004a, 2004b) 和玛格丽特·格罗斯等人 (2008) 研究了发展中国家现有的项目。事实上，这些元研究涵盖的所有研究都忽略了激励效应。

⑤ 这种方法的例子 (包括各种方法) 包括安东尼·阿特金森 (1995, 第 7 章) (Public Economics in Action: The Basic Income/Flat Tax Proposal)、大卫·萨恩和约翰·阿尔德曼 (David Sahn and John Alderman, 1995)、保罗·宾利和伊恩·沃克 (Paul Bingley and Ian Walker, 1997)、汤姆斯·勒米厄和凯文·米利根 (Thomas Lemieux and Kevin Milligan, 2008)、埃曼纽尔·斯库菲亚斯和文琴佐·迪马罗 (Emmanuel Skoufias and Vincenzo Di Maro, 2008) 和范·艾略特 (Elliott Fan, 2010)。

注平均福利提现率可以使我们借鉴关于最佳所得税的文献中的模拟结果，其中边际税率是利率的关键政策参数。

正如文献中所承认的，BWR 是任何社会政策的关键参数。[①] 尽管激励效应推动了平均福利提现率的计算，但在实践中发现的估算方法中它们常常被忽略，这与关于受益范围的文献更为一致。过去的方法要么计算了每一级净收入的实际转移/税收的有条件均值，要么计算了正规方法所隐含的转移/税收。行为反应显然与用这两种方法估算的 BWR 有关。统计方法中的测度误差也同样存在（比如收入的误报）。在社会项目中被识别为“不完全的定向扶贫”可能也只是反映了这类错误。[②]

尽管在理论上受到重视，但在实践中特别是在发展中国家的应用中，潜在的激励效应和收入测度误差对社会支出绩效评估的可能影响却很少受到重视。[③] 一方忽视了激励效应，另一方几乎肯定夸大了激励效应（正如第 1 章所提及的，19 世纪早期关于英国的《济贫法》改革的辩论就是如此）。这两种立场都不令人满意，需要更多的证据。

5.10 混搭指数

人们常说“贫困是多维的”，这意味着贫困不仅仅是对商品的支配。正如我们在本章以及第 3 章和第 4 章中所了解到的，在实际收入空间测度贫困并不意味着实际收入对福利最为重要。这也是一个如何确定贫困线的问题。贫困线可以被解释为福利的货币指标，在理论上可以广泛地加以定义。但是，正如在后两章讨论中所强调的，测度实践通常在一些关键方面受到限制，特别是在可靠地获取非市场商品的能力、家庭内部不平等以及无法从观察到的行为中识别的福利相关特征的差异方面。

此外，还存在一种过于“多维”风险，表现为一长串本质上特别的（ad hoc）维度。尽管政策与目标之间的清晰映射可能是虚幻的，但有些政策对某些目标的用处会比较清晰。坚持所有政策都服务于所有目标，就有可能把贫困测度变成一个“绝望的忠告：贫困问题因太大、太复杂、太尴尬而无法解决。”[④] 正如哈罗德·瓦特（1968）[⑤] 在约翰逊政府

---

① 见罗伯特·莫菲特（Robert A. Moffitt，2002）、斯蒂芬·霍尔特和詹妮弗·罗米奇（Stephen D. Holt and Jennifer L. Romich，2007）和伊莲·玛格等人（Elaine Maag et al.，2012）。

② 关于这一点的进一步分析，见马丁·拉瓦雷（2008b）。

③ 马丁·拉瓦雷和陈少华（2013a）提出了一种可能的方法，这种方法可以使用与现行方法基本相同的数据来实现。他们的关键假设是，激励效应和经典测度误差只会影响某些收入组成部分，但这些因素仍具有预测能力，可用于分离总收入扣除转移/税收后的外部变化。它们为中国的大型现金转移项目提供了一个实证应用，发现无论是正规方法还是通常的计算不同净收入条件平均数的统计惯例所隐含的收益分布图都存在着相当大的偏差。

④ 见保罗·斯皮格（2007，第 8 页），Spicker，Paul. 2007. The Idea of Poverty. Bristol，UK：Policy Press.

⑤ Watts，Harold W. 1968. “An Economic Definition of Poverty.” In Daniel P. Moynihan（ed.），*On Understanding Poverty*. New York：Basic Books.

的反贫困之战中指出的那样，如果每一个项目都被要求解决某些长清单中的每一个方面，那么即使整个计划是成功的，但也有可能每一个项目都被认为是失败的。

从多个维度的清单中形成单个合成指标（composite index）的诱惑非常强烈。在实践中，许多指标（indicators）被用来跟踪发展进程。世界银行每年的《世界发展指标》呈现数百项这样的指标。联合国千年发展目标是用一长串指标来确定的。一些广泛使用的发展指标已经是复合指数。诸如 GDP、总消费支出或“人类发展指数”（human development index，HDI）就是这样的例子。新的复合指数经常会出现。

对于一些正在使用的复合指数，经济学提供了关于如何构建指数的一些有用思路。当市场存在且运行良好时，价格通常会为实践中的数量加总提供一个合理的依据。对于另一类正在流行的合成指数，情况并非如此。对于这些复合指数，无论是要汇总的主要系列的菜单，还是加总函数，都不是从理论和实践上预先确定的；相反，两者都是关键决策变量的活动部件，分析者基本上可以自由选择。借用网络术语，这些可以称为混搭指数（mashup indices）。这些指数通常使用预先分配的权重在多个剥夺之间汇总，这可以称为剥夺汇总（deprivation aggregation）。即使可以获得价格，在这种方法中也会避免使用价格。专栏 5.20 进一步说明了这种差异。

*专栏 5.20　有价格的加总和没有价格的汇总

人们可以区分形成贫困总指数（aggregate poverty index）的两种方法。第一种方法是利用价格（实际或估算）形成总消费的合成指数，与同一空间内界定的贫困线进行比较。理想情况下，这不仅仅是市场商品和服务的消费，还应包括非市场商品的估算价值。对于市场商品，可以使用其市场价格或适当的影子价格。对于非市场商品，缺失的“价格”需要根据事先的理由或估计来分配。在实践中，大多数贫困指标都要求对缺失价格进行估算，因此这种方法是普遍做法的自然延伸。理论上，我们可以扩大这一方法以应用到福利的非商品维度。由福利（包括商品）所有主要维度定义的空间都可以称为“获得空间”（attainment space，尽管文献中也使用了 achievements 一词），这种汇总可以称为获得加总（attainment aggregation）。获得的权重称为“价格”，可以理解为包括估算价格（imputed prices）。

使用获得加总来测度贫困的一个简单示例是人头指数或贫困发生率指数（headcount index）：

$$P^A \equiv F_y(z) \tag{1}$$

公式（1）中，F_y 是总消费 y 的累积分布函数，z 是相应空间的贫困线。为便于说明（包括绘图），假设在数量 x_1 和 x_2 下有两个获得，价格分别是 p_1 和 p_2，则 $y=p_1x_1+p_2x_2$。

第二种方法分别在每个维度测度贫困，然后将特定维度的“剥夺”加总为一个合成指数，这是剥夺加总。为了更清楚地了解第二种方法是如何作用的，再次考虑在数量 x_1 和 x_2 下有两个连续的获得，分布函数分别是 F_1 和 F_2 。贫困线在每个空间中分别定义，记为 z_1 和 z_2 ，每个剥夺的权重分别为 w_1 和 w_2（$w_1+w_2=1$）。然后，使用剥夺加总来测度贫困的一个简单例子是两个维度的贫困范围的加权平均：

$$P^D \equiv w_1 F_1(z_1) + w_2 F_2(z_2) \tag{2}$$

这只是加总剥夺的一种可能方式。或者，我们可以关注联合分布，并询问至少在两个维度中的一个维度中贫困人口的比例是多少。假设用 F_{12} 表示联合分布函数，则贫困指标为 $F_1(z_1)+F_2(z_2)-F_{12}(z_1,\ z_2)$ 。或者，有人可能会问两个维度中贫困人口的比例，也就是 $F_{12}(z_1,\ z_2)$ 。我们可以引入一个额外的参数，如果一个家庭的加权剥夺超过了一个临界值，那么这个家庭就被认为是贫困的。但是，所有这些指标都是某些加权后的剥夺加总，且（隐含地）是界线 z_1 和 z_2 的非线性函数。这里讨论将重点关注公式（2）这样的便于分析的形式，尽管这种简式的出现并没有很大的代价。

很明显，这两种方法一般不会给出相同的指标，即使在 $z=p_1z_1+p_2z_2$ 中的贫困线一致时也是如此。从图 5.11 中可以看出这一点。获得加总将穷人的识别标准定为：两种商品的消费在顶点为 z/p_1 , 0, z/p_2 的三角形内的所有个人；相反，剥夺方法会识别那些满足条件 $x_1<z_1$ 或 $x_2<z_2$ 的子集（图 5.11 中宽度分别为 z_1 和 z_2 的两个无界矩形）。如果不知道权重和数据，人们将无法说出哪一种方法中穷人更多。如果剥夺加总指标关注在两个维度上都贫穷的人（$x_1<z_1$ 和 $x_2<z_2$），那么“剥夺下的穷人”人数永远不会超过“获得下的穷人”（$y<p_1x_1+p_2x_2$）。但是，这对于包括公式（2）在内的其他剥夺指标并不成立。例如，如果剥夺下的穷人被定义为在其中一个维度上贫穷的人（$x_1<z_1$ 或 $x_2<z_2$），那么其人数永远不会少于获得下的穷人。

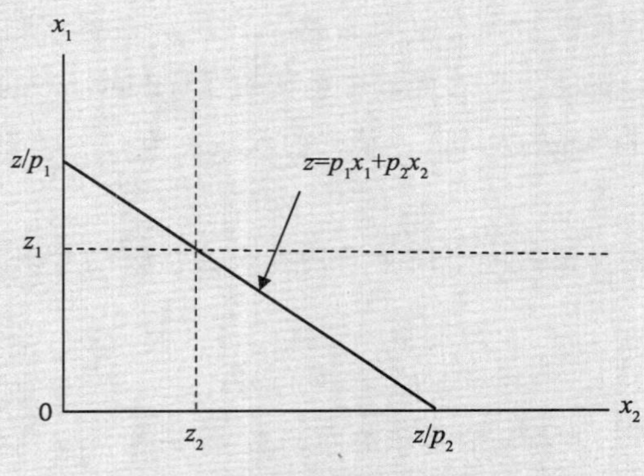

图 5.11　获得加总与剥夺加总

注意，剥夺加总情形不单单依靠市场价格的缺乏作为一种估值手段。即使 p_1 和 p_2

是真实的影子价格（shadow price），也不能假定 $P^D = P^A$，这只是一种侥幸。此外，假设对于某些 z_1 和 z_2，剥夺加总指标中的权重表示 p_1/p_2 下两个获得之间的边际替代率（marginal rate of substitution，MRS）。因此，对于任何（非均匀）分布，z_1 或 z_2 的任何变化都将改变决定剥夺加总指标中边际替代率的密度，从而导致这两个指标出现偏差。

延伸阅读：见马丁·拉瓦雷（2011b）和马丁·拉瓦雷（2012a）更全面的处理。

在剥夺加总方法中，剥夺的权重被认为是已知的和明确的，而潜在的获得例如一个人拥有多少某种商品的权重则是隐含的。这些测度指标文献中的论文提供了一些优美的数学公式，但却很少对剥夺的权重从何而来提供指导。实际上，剥夺的权重是由分析者设定的，这些分析者没有明显的理由假设它们会被那些试图通过测度贫困来提供帮助的人即政策制定者以及理所当然地，那些穷人所接受。

文献也没有提到构建这类指数所包含的获得之间的取舍。对这些取舍的兴趣并不取决于任何认为贫困指标应该被视为某种政策最大化的观点。相反，这种兴趣源于理解指数性质的需要。取舍可以由边际替代率给出的，也就是一项实现相对于另一项实现的边际权重。尽管剥夺的权重是明确的，但无论是实现的边际权重还是隐含的边际替代率，在这些文献中指标都没有受到足够的重视。

最著名的混搭指数可能是人类发展指数（human development index，HDI），每年的《人类发展报告》（*Human Development Report*，HDR）都会发布。它是由预期寿命、教育和人均实际 GDP 对数值混合而成的。类似地，2010 年版的《人类发展报告》创造出了多维贫困指数（multidimensional poverty index，MPI），它综合了医疗、教育和收入在家庭层面的剥夺情况。专栏 5.21 简述了这两个指数。①

专栏 5.21　两个混搭指数

人类发展指数（HDI）的三个核心维度是预期寿命、教育和人均国民总收入。测度教育程度的变量有两个：平均受教育年限和预期受教育年限，后者是根据当前入学率可预期的儿童受教育年限。接着，将人类发展指数的三个核心维度转换为常见的（0，1）尺度。再然后，对这些重新标度的变量计算等权几何平均值，进而得到人类发展指数。专栏 5.22 将更仔细地考察这个指数。

① 这是关于贫困和人类发展的文献中最受关注的两个混搭指数。其他例子包括营商便利指数，见西蒙·德加科沃等人（Simeon Djankov et. al.，2002）；繁荣支柱指数，见蒂莫西·贝斯利和斯托克·佩尔森（Timothy Besley and Torsten Persson，2011，第 8 章）。

多维贫困指数（MPI）由两个健康变量（营养不良率和儿童死亡率）、两个教育变量（教育年限和学校入学率）和六个生活水平剥夺变量（即用木头、木炭或粪便做饭；没有普通的厕所；缺乏安全饮用水；没有电；泥土、沙子或者脏污地面；未拥有收音机、电视、电话、自行车或汽车中的任何一个）组成。首先是通过这十个维度分别测度贫困。然后，对这三大类下的每一个维度分别设置等权指标然后加权形成 MPI。如果一个家庭加权指标的至少 30%被剥夺了，就会被认定为贫困。

延伸阅读：联合国开发计划署（2010）介绍了人类发展指数，并为 170 个国家提供了该指数。多维贫困指数由萨比娜·阿尔基尔和艾玛·玛丽亚·桑托斯（Sabina Alkire and Emma Maria Santos，2010）提出，Alkire 和 Foster（2011）给出了理论方法。联合国开发计划署（2010）为 100 多个国家提供了多维贫困指数。

权衡是否将合成指标嵌入到评估社会进步的关键在于，评估该指数及其对发展政策的影响。但是，令人惊讶的是，在诸如专栏 5.21 中的指数所体现的获得之间的权衡很少得到许多的关注。《人类发展报告》似乎从未在人类发展指数中量化纳入这种权衡。鉴于这些指数综合了福利的“收入”和“非收入”两个方面，这些意味着需要对后者进行货币化估值。例如，如果创建了收入（Y）和预期寿命（life expectancy，LE）的合成指数，其形式为 $\alpha Y+\beta LE$，则预期寿命增加额外一年的隐含货币价值是 β/α。换句话说，补偿预期寿命减少一年所需的增加收入为 β/α——边际替代率使得合成指数保持不变。当人们计算出人类发展指数所隐含的权衡时，它们意味着贫穷国家的生命价值远低于富裕国家的，因此人们必定会质疑该指数的道德基础。[①] 专栏 5.22 将进一步详述。

专栏 5.22　人类发展指数构建中的权衡

人类发展指数综合了在国家层面上预期寿命、教育和人均收入（专栏 5.21）这三个方面的获得。人类发展指数每年的排名都受到富裕国家和贫穷国家的密切关注。第二十个《人类发展报告》引入了新版的人类发展指数。主要变化是作者放松了过去的人类发展指数三个成分之间完全替代的假设。但是，大多数用户可能不会意识到，与富裕国家相比，新版的人类发展指数也大大降低了贫困国家相比于富裕国家长寿的隐含权重。具体见图 5.12。

① 马丁·拉瓦雷（2012c）阐述了这一论点。多维贫困指数还意味着生活水平的物质方面和其他方面之间的选择，尽管它们比人类发展指数更难计算；有关进一步的讨论，见马丁·拉瓦雷（2011b）。

例如，2010 年津巴布韦的人类发展指数在（0，1）尺度上取值为 0.14，也是所有国家中最低的；第二低的是刚果民主共和国（DRC），为 0.24。由于津巴布韦的收入低，新的人类发展指数对 2010 年预期寿命的边际权重仅为每年 0.0017。当然，津巴布韦 2010 年预期寿命为 47 岁，排名倒数第四。

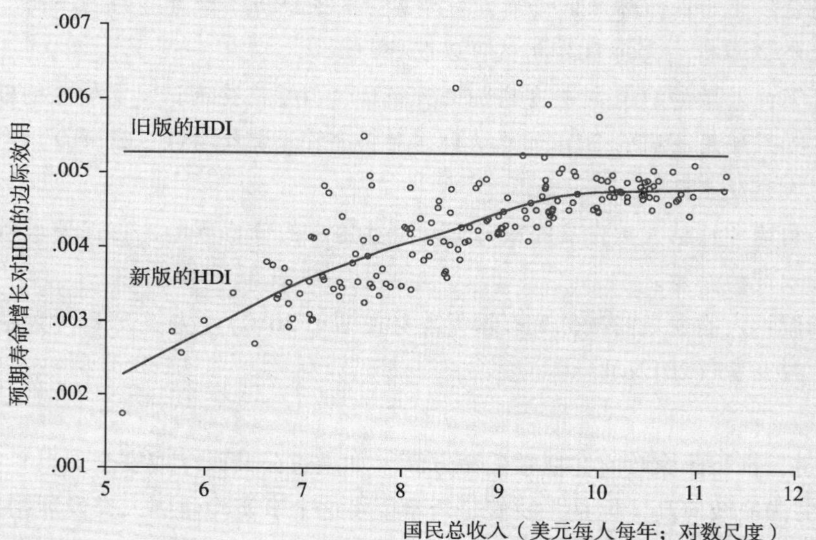

图 5.12　人类发展指数对预期寿命的隐含权重

资料来源：作者根据联合国开发计划署（2010）的数据进行的计算。

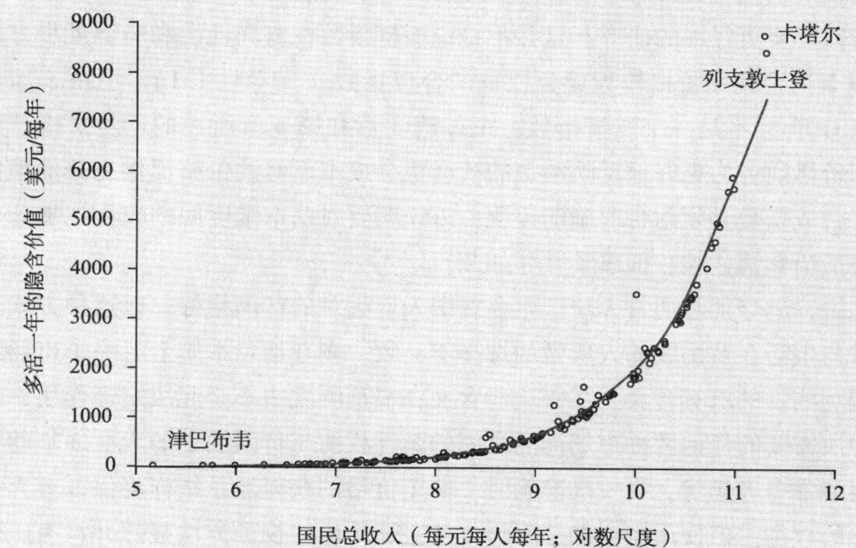

图 5.13　人类发展指数对增加一年寿命的隐含货币估值

资料来源：作者根据联合国开发计划署（2010）的数据进行的计算。

考虑到人类发展指数（HDI）还包括平均收入，我们可以计算预期寿命相对于收入的权重（即生命的隐含货币价值的边际替代率）。生命的隐含价值从贫穷国家的极低水平（最低值是津巴布韦的每年0.51美元，不到该国平均收入的0.3%）再到最富裕国家的将近9000美元，约占其收入的10%。图5.13给出了人类发展指数对增加一年寿命的隐含货币估值。由于医疗体系的塌陷，一个贫穷国家经历了预期寿命的下降，但只要有即便很低的经济增长，它的HDI仍然可以改善。

相比之下，新版的HDI对教育增加的收益估值似乎高得离谱，比教育的经济回报率高出几倍。如果使用不同的HDI加总函数同时仍允许不完全替换，这些令人不安的权衡本可以在很大程度上避免。

尽管在构建和评估人类发展指数时面临一些困难的价值判断，但促使其假设的权衡更明确是受欢迎的一步。

延伸阅读：人类发展指数见联合国开发计划署（2010）。人类发展指数中隐含的权衡见马丁·拉瓦雷（2012c）。

我们知道，富裕国家政府在拯救生命方面（如通过公共医疗或安全支出）投入的货币价值要比贫穷国家政府高。但是，我们是否希望将这个事实构建到人类发展指数这样的指数中呢？相反，我们可能会要求所有的生命都要得到同等的重视，不管一个人生活在哪里。[①] 按照这个标准，人类发展指数很难去辩解。

像人类发展指数（HDI）这样的混搭指数提高了公众对重要发展问题的意识。但很明显，这些指数需要更仔细的研究。这并不是说混搭指数在监测社会和经济进步方面没有用处。GDP就是一个使用价格作为成分权重的合成指数（见专栏1.1）。但由于加总有理论基础，所以GDP并不是一个混搭指数。正如第3章和第4章所述的，当价格已知时，必须为不使用价格或者为更好地反映消费的社会机会成本而修改价格提供充分的理由。当价格未知时，合成指数必须附带明确的提醒，以说明要对基本维度间的权衡施加什么样的约束。用户要适当知情，唉！但事实并非如此！

总的来说，剥夺加总通常无法产生令贫困人口满意的贫困指标。以这种方式获得的混搭指数通常与生活在贫困线的人所做的选择不一致。剥夺加总本质上忽略了市场经济中消费者选择福利测度的所有含义。尽管这些含义在福利测度中不必起决定性作用，但若贫困指标构建中所需要的任何两种市场商品之间的隐性权衡与贫困线上的人所面临的权衡明显不同，这将非常令人担忧。当校准准确时，使用价格的获得加总指标将保证穷人接受贫困指标构建中的权衡。但使用剥夺加总时，支持上述结论的校准方法显然并没有。例如，每个人都有可能同意，他们在情形A下比情形B下好（例如在价格变化或其他福利冲击前

① 这并不牵强。例如，2013年，盖茨基金会的网站在登录页面上说："每个人的生命都是有价值的。"

后)。然而，由于没有反映消费者所选择的权衡，所以使用剥夺加总方法得到的指标可能显示出情形 A 下的贫困程度更高。类似地，因为他们缺乏一种或多种能负担得起的东西但也受制于人口学或相对价格的差异而没有兴趣获得，这种方法也会将一些人认定为穷人。人与人之间以及时间进度（这绝非易事）之间的贫困比较就特别成问题。

这些观察结果可能对主张剥夺加总的人没有多大影响，因为他们拒绝将价格作为权重。① 他们的论点是什么？文献中可以整理出三种关于使用价格进行加总的（相关的）评论。第一种，有人认为，获得加总方法会导致“关于特定维度缺口的信息丢失。”② 诚然，获得加总并没有使用关于某个维度上的获得在多大程度上没有达到规定的贫困线的信息。这种特定层面的贫困线通常不是数据，但必须加以指定。同样的，一个人可以为获得加总方法辩护，因为该方法不需要做额外的工作。

第二种，批评在获得空间中使用价格进行加总的人认为，这种做法通过将“多维贫困”转化为更为熟悉的“一维”贫困指标，避免了“多维贫困”测度问题。③ 正如上面的讨论所表明的，这两种方法都将多维空间转化为一个：它们只是在不同的空间中进行操作。真正的问题是，人们如何进行这种加总，以及是否接受消费者福利一致性所隐含的理论约束。因此，这一批评使我们回到了已经讨论过的问题上。

第三种，剥夺加总方法的倡导者以价格缺失或被认为它不可靠为由批评获得加总方法。④ 这是值得更仔细地研究的更为重要的问题。当然，无论哪种方法，都必须分配权重，而改变分配权重的空间本身并不能解决使用市场价格作为权重的任何问题。人们可能同意，市场价格总体上不符合影子价格，且不倾向于在剥夺空间中加总，因为剥夺空间拒绝使用所有价格；这一点贯穿于与市场商品和非市场商品直接相关的贫困的各个维度。认识到并非所有商品都是市场商品或者存在市场扭曲，这是一回事；而忽视作为数据的市场价格，则是另一回事。

一些人认为，即使是最初对剥夺设定任意的权重，也会被视为关于哪些权重才适当的公开讨论的开始。⑤ 公众舆论可能被认为是一个重要的线索，以确定剥夺的权重或获得的影子价格。于是，最初以某种特定方式设定权重可能会被认为是“反复的公共辩论”中关于权重应该是多少的第一步。

激起这样的讨论很可能是一个有价值的贡献。然而，迄今为止几乎没有迹象表明，这已经导致了过去那些混搭指数的新权重。再次考虑人类发展指数（专栏 5.21 和专栏

---

① 见崔啟源（Kai-Yuen Tsui，2002）、弗朗索瓦·布吉尼翁和苏哈莫伊·查克拉瓦蒂（2003）以及萨比娜·阿尔基尔和詹姆斯·福斯特（2007）。

② 见萨比娜·阿尔基尔和詹姆斯·福斯特。Alkire，Sabina，and James Foster. 2011. “Counting and Multidimensional Poverty Measurement.” *Journal of Public Economics* 95（7-8）：476-487.

③ 见弗朗索瓦·布吉尼翁和苏哈莫伊·查克拉瓦蒂（2003）以及萨比娜·阿尔基尔和詹姆斯·福斯特（2007）。

④ 见崔啟源（2002），弗朗索瓦·布吉尼翁和苏哈莫伊·查克拉瓦蒂（2003）以及萨比娜·阿尔基尔和詹姆斯·福斯特（2007）。

⑤ 见萨比娜·阿尔基尔和詹姆斯·福斯特（2007）。

5.22)。它的权重是20年前确定的，对（标度后的）分项指数健康、教育和GDP做等权(equal weight）处理。当然，等权是一种武断的判断，人们可能希望权重会随着随后的公开辩论而演进。但这并没有发生。人类发展指数的三个分项指数（健康、教育和收入）的权重在20年内没有改变，很难相信人类发展指数会首先把权数弄好。

设定初始权重并根据随后的辩论对其进行修改，亦将意味着需要知道在最相关的空间内权衡权重的真正含义。可以说，多维贫困指数在剥夺空间（deprivation space）而不是获得空间（attainment space，如专栏5.20所述）中被分配了权重，这一事实并不容易使辩论在充分知情的基础上进行。想来大多数人会发现，给非市场商品赋予货币价值（或市场商品等价物），比评估对应的两种贫困指标中哪个更可取的权衡更容易。如果价格缺失的福利维度是健康状况（比如），那么人们肯定更容易判断他们会为更好的健康支付多少钱，而不是权衡收入空间和健康空间中的贫困哪个更可取。事实上，考虑到多维贫困指数等指数所包含的主要获得维度的取舍并不明确，可以说，用户（包括政策制定者）最终可能会默认接受，并在权衡问题披露后发现的反对意见后采取行动。这对推动公开讨论权重几乎没有帮助。权重必须透明。基于这样的目的，这里远不能得出剥夺空间比成就空间更优越的明确结论。

最后，作者建议使用者应该对任何新的合成指标提出以下问题：

• 指数测度的是什么？目标概念不可观测并不意味着我们不能定义它，也不意味着不能假定我们希望测度指标具有什么性质。当然，这在合成指数中并不常见。对于一个试图测度的内容往往会缺乏清晰的概念，进而很难对合成指标（复合指数）中使用了哪些预先存在的指标做出实际选择。

• 指数中包含了哪些权衡？如果要正确评估和使用合成指数，我们需要知道指数构建中的权衡。大多数合成指数在一个层次上的权重是明确的。通常的做法是确定一组成分变量，以某种方式对它们进行分组，并对这些组赋予相同的权重。但很少或根本没有注意到在被加总的主要维度空间中隐含的权衡是什么，以及这些权重是否合乎情理。在为大多数发展的综合指数选择加总函数时，我们似乎也没有考虑到隐含的权衡。

• 排序的稳健性如何？由于理论从来没有给出完整的测度标准，因此需要对一个或多个参数进行判断。参数估计在统计上也有不精确性。基于这些原因，人们广泛推荐科学实践来检验所获得排序的稳健性。但是，混搭指数的用户很少被告知关于所选系列、数据质量和它们的权重存在的不确定性。极少提供严格的稳健性检验。少数有混搭指数的网站能让用户很容易地正确评估这些指数对改变权重的敏感性。当然，将所需的灵活性编程到网站中是相对容易的，这样用户就可以用他们的喜欢的权重编制指数，并查看会出现什么差异。

• 政策制定者应该如何使用指数？鉴于各国面临的实际制约因素，要求这些指数中的任何一个都是国家绩效的充分统计是不可信的。如果考虑到这些国家的经济发展阶段，我们对这些国家的排序可能会大不相同。

最好建议政策制定者使用最适合每个政策工具的成分指标（component measures），而不是混搭指数。尽管很多事情都会影响你的个人健康，但你并不希望医生把你的体检结果建立在一个混搭指数上。类似地，汽车仪表盘上所有这些刻度盘的混搭指数也可能无法显示你的燃油即将耗尽。

可以说，混搭指数的存在是因为理论（不仅仅是经济理论）对评估发展成果所面临的所有测度问题给予的关注太少。理论需要跟上。

值得庆幸的是，发展进展不需要等待这种情况发生。混搭指数对于许多循证决策的目的来说不是必需的。事实上，它甚至可能通过以下途径扭曲政策制定：鼓励政策制定者关注容易观测的变量，而不是终将关系到发展成果的反映经济和社会的深层次特征。

第6章 影响评估

我们在第1章和第2章中多次提到，对穷人的了解往往有助于私人部门和公共部门消除贫困的行动。自第二次贫困启蒙以来，经济学家和其他人士进一步加大了在分析方面的努力程度，以提高对具体反贫困政策有效性和更多政策对分配影响的认识。事实上，经济学家等对此认知的需求远超于公共部门。鉴于私人慈善的规模，了解各种慈善机构和非政府组织（NGO）的表现同样重要。

了解减贫工作的有效性并不容易，并且还会犯错误——既会拒绝有益的努力，也会接受有害的努力。本章回顾了学习政策有效性时遇到的问题。[①] 这里的讨论将集中在方法上，许多现实中的应用例子将放在第三部分。

本章首先讨论了为什么我们需要影响评估来帮助填补我们认知中的紧迫缺口。然后讨论评估问题以及如何在实践中加以解决。再下一步探讨关于从评估中学习的一些更广泛的问题，以及可能需要作为实践中标准方法补充的其他方法。最后，讨论评估的道德问题。

6.1 认知缺口

为了有助于反贫困政策的制定，研究人员最好能填补大众所了解的政策有效性内容与政策制定者需要了解的政策有效性内容之间的缺口。为什么这样的缺口仍大量存在？一个答案是，可靠地填补这一缺口要么非常困难，要么成本非常昂贵。也存在除此之外的其他答案。像许多其他市场失灵一样，不完全信息的作用也很关键。这里的问题是，实践者难以轻易地对一项评估的质量和预期收益做出估计，并权衡成本。尽管很少有用户充分了解推断存在的风险，但快捷的非严格方法可以保证以低成本快速获得结果。这就构成了所谓的认知市场失灵（了解市场失灵见专栏1.9）。

① 这里的讨论虽简短，但可以在马丁·拉瓦雷（2008a）中找到对该问题的更全面（更具技术性）的评论。

认知市场失灵的一个原因是评估中存在的外部性。评估的益处很少局限于特定的项目，而是溢出到未来的项目，这些未来项目从先前评估的结果中受益（例如，今天在一个国家做项目的团队可能已经从包括在其他国家项目内的过去项目中汲取经验）。当决定在自己的项目评估上花多少钱时，不能期望目前的项目经理会适当考虑到这些外部收益。某些类型的评估明显会存在着更大的外部性，比如首当其冲的那些更具创新性的评估。

发表偏差（publication biases）也会作用在认知市场失灵的产生中。这里的发表偏差是指具有正面影响或与当前信念产生良好共鸣的研究成果通常更容易发表。很明显，这会扭曲公众对哪些有效哪些无效的认识。[①] 例如，有研究证据表明，人们对“最低工资率提高对就业产生负面影响的研究”存在发表偏差。[②]

此外，文献中可能会出现错误，这需要时间去纠正。由于认识到它的独创性，关于某一话题的第一篇论文很可能会在某个“顶级期刊”的显著位置发表。随后发表的论文往往会被降级到层次较低的期刊，甚至很难发表。引文往往倾向于首发期刊。但第一篇论文可能没有写好或者在特定情形下有效但在其他不同情形下有效性有限。当问题涉及某项政策的影响或与该影响高度相关的某个问题时，政策知识将相应地被曲解。

评估者一方的方法偏好会强化这些问题。实践中主要关注的是社会实验（social experiments）的使用，其中一些单位被随机分配为实验组，而另外一些单位被随机选择为对照组。这可能是一个用于评估被指派参与项目人员的平均影响的强大工具（我们将在后面讨论）。但是，随机实验显然仅适用于某些非随机的政策和背景，因此，仅依靠随机实验是无法对很多政策进行推断的。例如，将中大型基础设施项目的选址、部门改革和经济改革随机化几乎不可行，而这些是几乎所有贫穷国家发展战略中的核心环节。事实上，随机化分配的理念与许多发展项目的目标背道而驰，这些项目的目标通常是面向特定类型的人群或地方。政府当然有望在帮助穷人方面做得比随机分配更好。随机化往往更适合于相对简单的项目，有明确的参与者和非参与者，参与的成本和收益几乎没有扩散到非参与的群体的余地。

---

① 考希克·巴苏（2014，第462页）很好地阐述了这一点。关于药物（M）是否能改善学校参与度（P）的问题，巴苏在一种M对P没有真正影响的程式化情况下表明：“通过10000次实验，几乎可以肯定有人会发现M与P之间存在着牢固的联系。因此，这种联系的结论只显示了概率规律是完整的。由于期刊倾向于发表存在而非缺乏‘因果’联系的文章。我们对认知和结论产生了一种假象，而事实上没有这种假象。”尽管我们都有自己的奇闻趣事，但对其偏差程度没有坚实证据的情况仍然存在。

② 见大卫·卡德和阿兰·克鲁格（David Card and Alan Krueger，1995）。这一点的证据是，随着数据的增加，已发表文献中估计的影响的精确度并不像人们（在没有发表偏差的情况下）所期望的那样高。

6.2 对评估的内部有效性的威胁

评估中的一系列重要问题都涉及评估的内部有效性（internal validity）。评估的内部有效性是指是否对研究人群进行了有效的推断。本节回顾了实践中对内部有效性的主要威胁。

评估在很大程度上是一个缺失数据的问题。为了解原因，假设每个个体的结果变量有两个可能的值，即实验中的值和反事实下的值①（将反贫困政策视为“实验”是不适当的，但一直这样用）。个人层面的因果影响是二者之间的差异。这种因果影响的概念纯粹是理论上的；个人层面的影响是不可观察的，因为一个人不能同时处于两种不同的自然状态。

评估影响所希望做的就是确定关于因果影响分布的某些汇总统计数据。得到大部分关注的汇总统计数据是项目参与者的平均影响。当并非所有指定人员都参与项目时，我们可以区分两种影响：一是给予参与项目机会的人员的平均影响，称为意向性分析（intent-to-treat，ITT）参数，二是实际参与项目的人员的平均效应，称为参与者的平均处理效应（average treatment effect on the treated，ATET）。

为了解决这些问题，首先要对项目的平均影响进行初步评估，这将有助于比较参与者和非参与者之间相关结果指标的均值。但这可能会存在一定欺骗性，何以至此？

内生性干预

在从数据得出有关影响的推论过程中，大量精力通常都是用在处理政策被内生性安排的可能性上，这意味着这种安排与潜在的决定因素相关。

首先在宏观背景下说明这个问题。假设我们想了解一项提高对外贸易开放程度的经济政策的有效性。我们可以使用一个回归方程（如专栏 1.19 所示），其中因变量为人均 GDP，回归系数包括过去贸易改革促进开放的指标。从过去贸易改革回归系数的显著性来看，我们显然不能得出具体的贸易改革将促进增长的结论。我们看到的增长与贸易改革之间的关联可能反映出，出于其他某些原因，在 GDP 增长前景较好的经济体中，改革倾向更高。即使不面对这个问题，我们也无法从回归分析所确定的所有国家的平均影响中为任何一个具体国家吸取教训。

同样，在微观层面上，假设一个人在参与反贫困项目时，将家庭消费对数进行回归（控制家庭规模、家庭构成和所在地）。假设有人发现控制变量的回归系数很小，与零几乎没差别。我们能断定这项政策失败了吗？假如该项目是针对穷人的，在消费对数与项目布

---

① 这是保罗·霍兰德（Paul Holland，1986）在唐纳德·鲁宾（1974）后概述的因果关系方法，唐纳德·鲁宾（Donald B. Rubin，1974）的方法已成为标准。

局之间产生了负相关，那就值得怀疑了。我们很可能发现，一旦我们控制了项目布局，它就增加了参与者的消费。

这就是长期以来经济学界公认的内生项目布局问题。[①] 本质上，问题是基本回归模型（专栏1.19）中的控制变量与误差项相关，违反了从回归中进行有效因果推断的关键假设。任何关心使用定量数据确定政策影响的人都必须认真对待这个问题。

在评估所分配的项目时，这种最简单的估计有一个明显的问题，那就是在没有干预的情况下，这两个组在结果分布上很可能存在差异。在没有干预的情况下，平均结果的差异通常被称为选择性偏差（selection bias），指的是在研究过程中因样本选择的非随机性而导致得到的结论存在偏差。选择性偏差也称为选择性效应（selection effect）。因此，对于几乎任何可想象的感兴趣参数，包括平均影响，最简单的估计都会有偏差。这种偏差有两个来源：第一，由于可观察特征的差异，可能存在偏差。第二，由于不可观察特征的差异，可能存在偏差。[②] 当给定可观察因素的值时，在没有项目的情况下，项目参与和结果之间存在系统性关系时，就会产生这种偏差。换言之，存在影响结果和项目参与的未观察到的变量。在所有的评估中，尽早了解参与者是如何被选中的或者他们为什么选择参与，是很有用的。

请注意，没有什么可以保证这两个偏差来源会在同一个方向变化。例如，在一个定向扶贫的反贫困项目中，对可观察数据的选择几乎总是基于可观察的贫困协变量。对不可观察事物的选择过程不必朝着同一个方向发展。有时是一个方向，有时不是。举个后一种情况的例子，假设那些有潜在政治关系的人设法让自己被选中参与这个项目，那么这两个偏差的来源很可能走向相反的方向。如果只消除了基于观察值的选择性偏差，那么总偏差可能甚至大于在不调整偏差的情况下比较均值的最简单估计。

因此，重要的是要考虑偏差的所有来源及其可能的方向。事实上，为减少对不可观察事物的选择所做的努力实际上是在进一步偏离事实，这并非不可能！

溢出效应

未参与项目的对照组很可能从实验组产生费用或获得好处。如果对非参与者有潜在的影响，那么比较参与组与非参与组的处置效果将明显地偏离结果，这适用于随机评估以及其他（非实验性）评估。溢出效应（spillover effects）可能源于两个群体在共同市场上进行交易，也可能源于干预主体（政府/非政府组织）的行为。

溢出效应在反贫困项目中可能相当普遍。举个例子，考虑一个由援助资金资助的贫困地区发展项目。在这种情况下，干预的一个可能来源是地方公共支出对外部援助的反应，

---

① 尽管在更广泛的文献中有先例，但马克·皮特等人（Mark Pitt et al.，1995）做出的一项重要贡献是在发展背景下提高对这一问题的认识。

② “选择性偏差”一词有时仅限于后者，尽管其他作者使用该词来表示总偏差。有关进一步的讨论，见杰弗里·赫克曼等人（James Heckman et al.，1998）。

即地方政府削减其在外部援助目标村庄的发展性支出，并将此项支出至少部分地转移到用于构成比较组的非参与村庄。① 事实上，地方政府这样回应是相当理性的。尽管该国政府的支出分配可能不具有内在动机，但了解该事例是一个好主意，以便检验这种溢出效应。

影响动态的误设

在设计影响评估时，通常需要预先对预期影响（正面和负面）的时间段做出假设。②我们需要确定，这种影响确实发生在所收集数据的起点和终点之间。有关干预如何产生影响的理论，可能无法对这种影响的时机提供太多指导。如果时机不对，可能会使影响估计产生很大的偏差。例如，影响的滞后时间可能要比数据收集所假设的长。

对评估的行为反应

在收集数据进行评估时，通常情况下，人们知道自己正在被观察，这会在某种程度上改变他们的行为。这是一类通常被称为“霍桑效应”（Hawthorne Effects）的问题的一个例子，在这类问题中，单独参与一项实验会导致不同的结果。③ 例如，在工作场所被观察的事实可能会改变工人的生产力。④ 要了解被观察到是否有行为反应，需要将其直接影响与间接影响进行比较。

在一些评估中，数据的生成方式使得霍桑效应不太可能发生。例如，如果一个人使用的是多用途调查数据，其中包括有关项目参与的问题，如果这是一项专门为评价所涉干预措施而进行的研究，那么人们对霍桑效应的担忧就会减少。尽管如此，霍桑效应可能比人们想象的更为普遍。

6.3 实践中的评估方法

正如我们所看到的，一项政策会在个人层面产生影响，但在实践中识别这些影响极其困难。相反，实践中的评估会测度一些关键总量指标，以反映政策的（不可观察的）个人

---

① 陈少华等人（2009）研究了这个具体的例子，第 10 章讨论这个问题。

② 有关这一点的有用讨论，见伊莉莎白·金和杰尔·贝尔曼（Elizabeth King and Jere Behrman，2009）。冲击动力学的研究包括杰尔·贝尔曼等人（Jere Behrman et al.，2004）和埃米利娅·特恩斯特伦等人（Emilia Tjernström et al.，2013）。

③ 要了解发生这种情况的各种方式的分类，见杰德·弗里德曼（Jed Friedman，2014b），Friedman，Jed. 2014a. “Quantifying the Hawthorne Effect.” Development Impact Blog，World Bank.

④ 这个例子来源于“霍桑效应”一词的由来，据说 20 世纪 20 年代，西方电力公司在芝加哥的霍桑工厂发现，随着光线的改善，工人的生产力提高了，但当光线变暗时，生产力也提高了！史蒂文·莱维特和约翰·李斯特（Steven Levitt and John List，2011）对原始数据（长期以来被认为已经丢失）的分析表明，这一点被大大夸大了。有许多关于被观察到的行为反应的有效例子，见杰德·弗里德曼（2014a）中的总结。

层面因果影响的分布情况。最受关注的总量指标是政策的平均影响（mean impact）。

如专栏 6.1 所述，有各种方法可用于评估分派项目（包括反贫困项目）的平均影响。下面就实践中发现的主要方法提出一些总体看法。具体方法的选择取决于许多因素，包括项目类型（无论是试点项目还是全面项目）和数据收集来源的可获得性。

专栏 6.1　评估影响的方法小结

● 社会实验（social experiments）。在这里，实验组和对照组的选择在一些定义明确的人群中是完全随机的。在评估建议的社会项目的背景下，这些被称为随机对照试验（randomized control trials，RCTs）。然后在大样本中，在从实验组到对照组没有溢出效应的情况下（如第 6.2 节所述），平均结果的差异揭示了实际的平均影响。在对小样本（比如 $n < 100$）的一次性实验中，不能保证随机化能很好地代表总体——样本相对于相关特征可能是不平衡的。在可行的情况下，根据可行的基准影响协变量进行分组，可以提高影响估计的精度（即降低其方差）。例如，在评估培训项目时，可以将样本分成年龄组和教育组，然后在这些组中使用简单的随机化。自适应随机化方法（adaptive randomization methods）将以改善协变量平衡的方式调整对实验（组）或对照（组）的分配。

● 匹配方法（matching）。在这里，人们试图从（通常）更大的调查中选择一个理想的对照组。对照组根据一组观察到的特征与实验组相匹配，或使用由观察到的给定特征预测的参与概率得出的“倾向性得分”（这些分数来自对可能影响参与的观察变量的回归。同样的回归对于随机分配是否有效是一个有用的检验；如果有效，那么回归者应该没有解释力）。当然，这只解决了基于观察到的第一个来源的选择偏差（第 6. 2 节）。确定和测度项目布局的相关协变量，以及它们在实验组与对照组之间的平衡，对这些方法的可信度至关重要。

● 双重差分法（double difference methods）。这是实验组和对照组（第一个差异）在实验前后（第二个差异）的比较。戴维 · 卡德和艾伦 · 克鲁格（David Card and Alan Krueger，1995）研究中发现了一个关于提高最低工资影响的例子，这是通过比较那些最低工资被提高的地方和那些最低工资未提高的地方的就业变化得出的[①]（第 9 章将进一步讨论这个问题）。假设选择偏差随时间而保持不变，控制基准单元之间影响轨迹的可观察差异有助于减少偏差。

---

① 大卫 · 卡德和阿兰 · 克鲁格（David Card and Alan Krueger，1995）比较了新泽西和邻近的宾夕法尼亚州的快餐厅就业的变化。他们惊奇地发现，1992 年新泽西提高最低工资后，快餐店的新增雇员人数，竟然超出了没有提高最低工资的宾夕法尼亚的同业雇佣人数。而且，在 1991 年的联邦最低工资被提高以及 1988 年加州的最低工资被提高后，得克萨斯州的快餐店也发现了相似的结果。在这些实例中，较高的最低工资看似均没有降低就业——这与简单的经济学理论的推论相反。如此一来，一个早先被认为无须争论的政策问题，现在又将被提及：最低工资会导致失业吗？——译者注

• 断点设计方法（discontinuity designs）。有时可以根据决定项目有效性的关键临界点，从其两侧单位的平均结果差异中推测出影响。例如，通过准经济状况调查为项目资格设定最高分数，以及在地理范围内限定有效性。影响的估计量是两边断点的平均结果的差值。人们可在资格调查的应用中允许一定程度的模糊性。关键的识别假设是，间断是处置后的结果，而非反事实的结果。这种假设的合理性须在每种应用中加以判断。

• 工具变量法（instrumental variables methods）。工具变量与参与相关，但与参与的结果无关（即它影响结果的方式完全是通过参与）。如果存在这样的变量（并且不能保证它在特定的应用中确实存在），它可被用来识别归因于该项目的结果的外源性变化的来源，认识到其布局不是随机的，而是有目的的。工具变量法首先用于预测项目参与度，然后根据其他特征，观察结果指标如何随预测值变化，详情见专栏 6.4。

延伸阅读：为了介绍评估影响的方法，马丁·拉瓦雷（2001a）讲述了斯皮迪分析者试图解开利益消失之谜的虚构故事。马丁·拉瓦雷（2008b）研究了与评估反贫困项目相关的影响评估理论和方法。关于使用先进方法的更普遍处理，见李东勋（Donghoon Lee，2005）。①

社会实验

估计平均影响的一个经典方法是社会实验，通过随机分配访问项目的权限，使用随机选择的控制组来识别反事实。在大样本中，该工具非常适合于估计实验的平均影响。为此目的，试验的主要特点是，当样本量不足时，实验组与对照组之间的平均反事实结果差异可以忽略不计。在实践中，社会实验采取随机对照试验的形式（专栏 6.1），样本量通常不大。重要的是检验实验样本与对照样本之间未受干预影响的变量均值（包括干预前的结果）是否相等（称为平衡试验）。

在一个完美的实验中不会有选择偏差，因为在没有干预的情况下，实验样本与对照样本之间的均值都是一样的，包括感兴趣的具体结果。但是，“完美”要求很高，它要求（除其他外）所有从相关人群中随机分配的人都接受实验，而那些被随机排除的人都没有接受实验。

在实践中，实验很少是完美的，内部有效性也很少得到保证。用相对较小的样本进行一次性实验，即使是平均影响也不能保证估计的可靠性，人们可能会得出一个缺乏代表性的样本。因此，即使两个样本都是随机抽取的，也必须检验实验组与对照组在相关协变量

① Lee，Donghoon. 2005. “An Estimable Dynamic General Equilibrium Model of Work，Schooling，and Occupational Choice.” *International Economic Review* 46（1）：1-34.

方面是否平衡。当然，这个实验只能基于可观察到的数据。因此，即使是一个运行良好的实验，具有完美的依从性，除非样本量很大，否则可能存在无法检测的偏差。

在实践中，很少有完全依从的随机分配。一些被提供机会参与实验的人选择不接受。然后需要进行非实验性校正。我们在适当的时候回到这一点。

实践中的另一个问题是，如果某些未知的、非随机的过程确定了更大的样本，并从中随机抽取了实验组和对照组，那么通常不清楚可以对相关总体得出什么样的推论。为了使随机对照试验可行，人们可能不得不依赖一些友好的当地非政府组织，这些组织同意这样的试验；又或者是依赖于申请某个项目的个人。我们不知道这些较大的样本是如何提取的，因此，即使我们从较大的样本中随机抽取了样本，我们也失去了对相关总体人口进行解释的能力。我们又回头去寻求非实验性评估方法。

非实验方法

各种非实验方法存在，也可以识别平均影响。所有这些研究都试图解决内生性项目布局问题，尽管它们也仅限于可观察到的数据，而且需要进一步的假设来提供平均影响的有效估计。不同方法的具体假设不同，但在很大程度上取决于两种选择之一：

- 第一个选择是假设有足够的控制变量，这样在给定这些控制的情况下，项目布局可以被视为有效随机的。当然，这会给数据带来很多负担。在过去的时间里，当评估研究依赖于预先存在的数据集时，这是一个非常有问题的假设。对于更丰富的多用途数据集（通常是专门为评估而设计的），这种假设的争议较小（因为研究人员可以收集必要的数据），但这种假设仍然可能受到质疑。用更专业的术语来说，这一假设表明，项目布局是有条件外生的，独立于以可观察数据为条件的结果。

- 第二种选择需要某种形式的条件独立性，存在一个与布局相关的变量，但独立于给定布局的利益结果。换句话说，这个工具变量（instrumental variable）被认为只会通过实验改变结果。这被称为排除限制（因为工具变量被排除在回归结果之外）。

这些方法的选择在很大程度上取决于被评估项目的具体情况和可用的数据。本节的其余部分将更详细地介绍一些常用的非实验方法。

双重差分（DD）估计量

这是一种非常直观的方法：比较实验组和对照组结果随时间的变化。这些变化在基准日期和终止日期之间进行测算。这种方法的一个关键性假设是选择性偏差（selection bias，有时也称平行趋势假设，即 parallel trend assumption）随时间保持不变。但这个假设并不总是成立，例如，基础设施的改善很可能喜欢出现在生产力不断提高的地方，导致标准双重差分法高估了新开发项目的经济回报。当然，相反的偏差也可能存在。贫困地区发展计划往往是瞄准基础设施和其他有利于经济增长的方面。在使用双重差分法时，最好要控制初始条件的差异。在此过程中，我们是在做一个有条件的外生性假设（上述第一个选择），也就是给定控制变量，布局地点变化对结果变化而言是外生的。

实践中可能出现的另一个问题是，有时人们不知道在实施基准调查时谁将参与该项目。在基准调查的抽样设计时，我们必须做出明确猜测；项目设计和布局的知识可以提供线索。具有更多参与特征的观察单元类型往往必须进行过采样，这有助于确保实验组的充分覆盖，并提供足够多的类似比较类型以供借鉴。

固定效应回归

在影响评估中，这确实是实施双重差分方法的另一种方法，但该方法具有更广泛的适用性，因此值得更仔细地考虑。通常情况下，在估计政策性收入收益的回归中，实际收入（或某些其他结果变量）方面的观察结果存在自然聚类。将这些称为"效应"（effects）。这些可能是单个横截面数据集中"好的"和"坏的"地理区域，也可能是面板数据集中具有不同实际收入的家庭（每个家庭有多个观察结果）。当试图从回归中得出有效推论时，如果这些效应与感兴趣的变量不相关（当它反映样本设计时，需要在估计中考虑到这一点，以确保回归系数的标准误差是正确的），这种聚类本身就不必担心。然而，如果效应与政策相关，那么我们显然会有一个问题，可能假设的政策影响实际上只是因为政策的安排取决于观察聚类组中的哪一个。固定效应回归（fixed effects regressions）通过在模型中明确包含这些效应来解决这个问题。专栏 6. 2 给出了具体内容。其关键假设是内生性程序安排问题完全由回归误差项中的固定效应所捕获。这是上述条件外生性假设（conditional exogeneity assumption）的另一种说法。当考虑数据中的测度误差的模式时，专栏 6. 3 还提供了关于这些（常用）方法的附加说明。

专栏 6. 2　固定效应回归

回想一下，回归是一个或多个解释性变量与特定因变量相关联的最佳拟合线（专栏 1. 19）。根据 T 个时间段内 N 个横截面单位的数据，固定效应回归的形式如下：

$$Y_{it}=\beta X_{it}+\eta_i+\varepsilon_{it}(i=1,\ \cdots,\ N;\ t=1,\ \cdots,\ T)$$

这里 Y_{it} 是因变量，X_{it} 是解释变量列表，$\eta_i+\varepsilon_{it}$ 是复合误差项。这有两个组成部分，即"创新误差"ε_{it} 和通常被称为"固定效应"的 η_i（指随时间固定的事实；有时也使用"个人效应"一词）。这是每个横截面单位的截距（当 $X_{it}=0$ 时）。创新误差项（innovation error term）的均值为零，但固定效应的均值不为零，它包含了解释变量未提取时的所有非时变的不可观测因素。此外，与创新误差项不同，固定效应可以与解释变量相关。

如果我们没有时间序列观测变量，这将给估计关键参数β带来一个严重的问题，因为我们将难以区分哪些是由X引起的和哪些是由η_i引起的。

$$\Delta Y_{it} = \beta \Delta X_{it} + \Delta \varepsilon_{it}$$

这里$\Delta Y_{it} = Y_{it} - Y_{it-1}$，同样是$\Delta X_{it}$。现在我们已经移除了难以处理的$\eta_i$。或者，我们可以包括一整套$N$个国家级的固定效应；这些基本上是针对具体国家的截距。我们不需要实际包含这些截距，因为我们可以从所有变量的时间均值中提取差异来解决问题（严格来说，当$T=2$时，第一差分法只能给出与国家固定效应法相同的结果。对于$T>2$，差分会在差分误差项中产生一个随时间变化的相关性的一个潜在问题）。然而，当数据中存在显著的时变测度误差时，这可能要付出代价。由于测度误差，差分变量ΔX_{it}的方差份额将更高，这将使检测其对因变量的真正影响变得更加困难。

延伸阅读：杰弗里·伍德里奇（2002，第10章）对固定效应回归和相关估计方法进行了很好的讨论。我们将在专栏6.3中讨论这些方法的一些问题。

专栏6.3　固定效应回归的风险

在专栏6.2中，我们看到，通过对数据进行差分（或从时间均值中提取偏差），我们可以消除令人不安的固定效应。然而，当数据中存在显著的时变测度误差时，这可能要付出代价。由于测度误差，差分变量ΔX_{it}的方差份额将更高，这将使检测其对因变量的真正影响变得更加困难。总的来说，不管我们最终能否接近事实，很难说“定效疗法”是否比疾病更糟糕；这通常被称为“衰减偏差”（attenuation bias），反映了被测变量回归系数偏向于零的趋势（直觉上，当存在大量测度误差时，真实的关系变得模糊，人们更可能错误地得出事实上没有关系的结论）。这取决于应用的方法。豪克和瓦齐亚（2009）的模拟表明，在固定效应增长回归中，衰减偏差可能很大（其中ΔY_{it}是增长率，即人均收入对数的变化，因此ΔY_{it}是增长率的变化）。

关于这个问题的另一个方法是考虑两个测度非常相似的变量，我们知道它们必须是高度相关的，但是它们都包含时变的测度误差。一个例子是某国在同一日期（尽可能接近）的住户调查中的平均消费和国民账户中国内吸收的私人消费部分。这些并不完全相同，但它们应该高度相关。这正是我们在比较这两个变量水平时看到的。尽管不像水平那么相关，但它们的增长率也有很强的协同性。当我们比较增长率的变化时，二者之间的关系变得非常微弱，不足10%的国民账户中人均消费对数增长得以在调查中体现。这显然不是因为没有真正的关系。相反，这是因为当我们测度变化中的变化时，信噪比会大大降低。

关键不是应该放弃固定效应回归。相反，我们需要权衡一下。在某些情况下，通常的“水平回归”中省略的变量偏差可能是主要关注点，胜过了对测度误差的担忧，并指出了固定效应规范的有用性。但在其他情况下，情况恰恰相反。

文献注释：关于固定效应回归的进一步讨论，见安格斯·迪顿（1997，第2章）[①]和杰弗里·伍德里奇（2013，第14章）[②]。关于比较调查方法和国民账户消费例子的具体内容来自本书作者。

工具变量估计

标准的工具变量方法与其他非实验方法一样，也有一些缺点。与OLS回归一样，因果推理的有效性通常依赖于对结果回归的特别假设，包括其函数形式。倾向性得分匹配方法（专栏6.1）较少做出此类假设。当有效的工具变量可用时，该方法的真正优点是其对未观察到的变量的存在的稳健性，这些变量共同影响项目布局和结果。专栏6.4更全面地解释了这种方法。

*专栏6.4 工具变量

工具变量（instrumental variables，*IV*）是指尚未作为解释变量出现在回归中的变量，与内生解释变量相关，但与该回归的误差项不相关。人们可以认为估计需要两个阶段（因此，有时称为“两阶段最小二乘法”，尽管在计算中这两个阶段可以分解为一个阶段）。工具变量被首先用来预测内生变量。然后我们看到因变量随着预测值的变化而变化，条件是工具变量以及其他用于控制的变量。

为了更清楚地了解该方法的工作原理，让因变量 Y_i 的回归为：

$$Y_i = \beta D_i + \varepsilon_i \tag{1}$$

这里 D_i 是内生变量（我们可以很容易地纳入其他控制变量，作为外生变量处理，但是为了保持符号的简单，它们被省略了）。我们有一个工具变量 Z_i，因此：

$$D_i = \gamma Z_i + u_i \tag{2}$$

将（2）代入（1），我们得到“简化形式”模型：

$$Y_i = \beta(\gamma Z_i + u_i) + \varepsilon_i = \pi Z_i + v_i \tag{3}$$

① Deaton, Angus. 1997. *The Analysis of Household Surveys: A Microeconometric Approach to Development Policy*. Washington, DC: Johns Hopkins University Press for the World Bank.

② Wooldridge, Jeffrey. 2013. *Introductory Econometrics: A Modern Approach*. 5th edn. Mason: South-Western Learning.

如果我们在（2）和（3）上运行普通最小二乘法（OLS），并取它们的系数之比，则得到工具变量估计量：$\hat{\beta}_{IVE} = \hat{\pi}_{OLS} / \hat{\gamma}_{OLS}$（以明显的符号标示）。或者，我们可以根据 D 的预测值进行 Y 的 OLS 回归：

$$Y_i = \beta(\hat{\gamma} Z_i) + v_i \tag{4}$$

（通常 OLS 标准误差是不正确的，因为已经估计了回归系数，但是统计数据包做了必要的修正。）

这看起来很容易，但也有一些陷阱。通常很容易找到那些不在回归方程中，但与内生变量相关的变量。更困难的是需证明这个变量不应存在于模型中（即证明“排除限制”）。换句话说，变量 Z_i 也不能作为自变量出现在等式（1）的右侧。

例如，考虑专栏1.19中的数据。如前所述，调查中的测度误差可能产生虚假的负相关。为了解决这一问题，可以将国民账户中的私人消费作为调查平均数的工具变量，前提是测度误差是独立的（国民账户中的消费通常被估计为商品一级的残差项，而不是通过调查估计的，因此这种假设似乎是站得住脚的）。需要提醒的是，购买力平价汇率的常见测度误差仍然存在，这就给出了：

$$\log H = 10.60 - 1.70\log M + \hat{e}$$

这个回归系数实际上比专栏1.19中的更高，但其标准误差也高达0.17。如果我们认为，国民账户消费增加与不平等程度降低有关，从而使工具变量斜率系数变成比实际值更高的负值，这一点可能会受到质疑。但是，没有明显理由说明为何会发生这种情况。

延伸阅读：关于工具变量估计的进一步讨论，见杰弗里·伍德里奇（Wooldridge, 2013，第15章）。

工具变量法在应用经济学中已经非常普遍。该方法的优点在于其假设的有效性，如果假设不成立，就会产生很大的偏差。使用这种方法最好的工作就是仔细检查这些假设。检验排除限制是困难的。在有多个有效工具变量情况下，人们可以做一个“过度识别检验”（over-identification test），看看一个以外其他所有的工具变量是否都是给定计划安排下结果的重要预测因子。但是，必须至少有一个工具变量，因此排除限制在可用数据范围内根本不稳定。尽管如此，诉诸理论论点或其他证据（在用于评估的数据之外）往往会使人有理由相信在具体情况下接受或拒绝一项假定的排除限制。

在实践中，工具变量法有时会给出看似难以置信的影响估计（要么太小，要么太大）。人们可能会怀疑，其原因是违反了排除限制。例如一种情况是，一个人有很强的先验知识，OLS会高估项目的影响，因为先验知识认为安置与对结果有正面影响的潜在因素正相关（即项目布局与误差项正相关）。如果一个人认为自己有一个有效的工具变量，但发现工具变量估计甚至大于 OLS，那么他应该担心这是因为排除限制无效。事实上，基于工具变量的项目布局预测值是剔除影响结果的遗漏因素，工具变量评估更是有失偏颇!①

基于先验的理由，我们不能说，如果上述条件独立假设中的哪一个更可信。这需要在每个项目中进行判断。② 最终，基于其他外部信息（包括经济理论）的事先判断必须确定是否相信任何评估方法（包括实验）所做的假设。

6.4 评估的外部有效性

到目前为止，我们主要关注的是实践中发现的主要评估方法，主要问题是内部有效性（internal validity）。这一点很重要，但评估的有效性还面临许多其他威胁。本节重点介绍如何从一种背景下的评估中学习其他背景，包括按比例扩展到整个群体，这就是外部有效性的问题。这比内部有效性更容易受到关注。

认知缺口持续存在的一个原因是，在实践中，上面列出的标准的评估方法有时在解决政策制定者最感兴趣的问题方面存在不足（如第 6.1 节所述）。以下几点说明了政策制定者除了内部有效性之外，还希望了解的其他事情：

• 经济学中的影响评估通常用“不做任何事”来做反事实的处理。换句话说，对照组一无所获。③ 本书作者认为它很难引起决策者的兴趣，决策者们更想知道相对于下一个最佳政策选择的影响。对有问题的项目，政府很少会无所事事。评估需要仔细考虑在每种情况下，与政策最相关的反事实（counterfactual）是什么。

• 政策制定者希望知道，如果该项目扩大规模或适用于不同的环境（如不同地区）可能会有什么预期。他们还想知道实际环境中的平均影响，在该环境中项目实际上不是随机分配的，并认识到不能期望同一个项目对每个人都有相同的影响。因此，现实中的项目可以预期将吸引那些可能受益的人，而不是随机抽取的人群样本。这就是外部有效性的问题，我们稍后再讨论。

• 政策制定者往往想知道比平均水平更高的影响，这可能被看作是相当有限的信息。

---

① 如果可以在先验的基础上排除 Y 的某些值，那么这可以允许我们按照查尔斯·曼斯基（Charles F. Manski，1990）提出的方法，建立影响估计的合理界限。另一种设置界限的方法见约瑟夫·阿尔顿吉等人（Joseph Altonji et al.，2005）。关于在目前情况下对这些方法的进一步讨论，见马丁·拉瓦雷（2008a）。

② 在随机评估的背景下，有人试图对一种方法与另一种方法进行比较，其中一种方法假设平均影响是正确的，见马丁·拉瓦雷（2008b）中的评论。然后我们会看到各种非实验方法的表现如何；例如，罗伯特·拉隆德（Robert-Lalonde，1986）、拉吉耶夫·德赫贾和萨德克·瓦赫巴（Rajeev H. Dehejia and Sadek Wahba，1999）、史蒂文·格拉泽尔曼等人（Steven Glazerman et al.，2003）和大卫·麦肯齐等人（David McKenzie et al.，2010）。这些都是对知识的有益贡献，尽管考虑到研究人员已经声称知道正确答案，并且在运用非实验方法时必须做出许多选择，仍然存在疑问。例如，见杰弗里·史密斯和佩特拉·托德（Jeffrey Smith and Petra Todd，2001），见拉吉耶夫·德赫贾和萨德克·瓦赫巴（1999）的述评。

③ 在对全面项目进行的影响评估中，遗漏的反事实通常是“一切照旧”，即控制人群接受标准的一揽子服务。

哪些类型的人受益，哪些类型的人受损？政策制定者可能还想知道参与者中受益的比例。他们自然想知道成本和收益。评估的大部分注意力通常都集中在收益上。尽管这一点不可否认很重要，但在决定是否大规模实施该政策时，其重要性不亚于成本。

• 政策制定者想知道如何设计不同的项目以增强影响。实践中的许多评估都是“黑匣子”，即很少揭示工作中的基本过程，因此也很少提供有用的信息来思考项目的替代设计。

这些都不是特别容易的问题，它们往往需要创新的数据和方法。本节的其余部分将进一步探讨实践中的主要外部有效性问题。

影响的异质性

当影响存在异质性时，根据影响评价结果对其他环境或在同一环境中扩大规模进行推论时，可能会偏离目标。这可能源于参与者的异质性或环境因素。例如，当面对不同激励措施的政府官员大规模实施一项干预措施时，其情况可能完全不同于非政府组织的实施情况。再举一例，在一个可能有很多干预点的糟糕环境下，一个人所做的第一件事都可能获得高回报，无论其做了什么。但是，如果一个人试图在全面政策环境下了解项目绩效，这显然是骗人的。反之亦然：在贫困（包括干预贫困）背景下，贫困国家从富裕国家吸取政策教训是危险的。

当异质性处于可观察状态时，我们可以想象在不同类型的参与者和环境中复制评估，从而找出所有的可能性。[①] 这不太可能是一个可行的研究策略。这个问题的维度有可能太大，不足以使之可行；个别研究人员也不太可能愿意为同一个项目进行几乎无休止的相同方法的复制，因为这不太可能有良好的发表前景。

一个社会实验随机地将低影响力的人（对他们来说，这个项目带来的好处微乎其微）和高影响力的人混合在一起。扩大后的项目将倾向于在高影响类型中具有更高的代表性（自然会被吸引到项目中来），这是詹姆斯·赫克曼[②]和杰弗里·史密斯（James Heckman and Jeffrey Smith，1995）所谓的随机化偏差的一个例子。考虑到这一有目的的选择，国家项目与随机对照试验有着根本的不同，因为随机对照试验可能仅包含少量的有用信息。这是罗伯特·莫菲特（Robert Moffitt，2006）提出的一个更为普遍的观点的一个例子，即当试点项目规模逐渐扩大时，许多事情（投入甚至项目本身）都会改变。

要了解全面干预消除贫困的有效性，我们需要一种非常不同的方法。我们需要随机选择对哪些项目或政策进行评估，然后选择可用的最佳方法，不管它是否使用了随机方法。然后只要它符合纯粹的技术标准，一切都应该公布。关于失败政策的文献应该有同样机会发布。这种方法将有更好的机会提供关于哪些有效或哪些无效的可靠认知。如果没有这样的方法，我们知识中的偏差将是司空见惯的。

---

① 这是由阿比吉特·班纳吉（Abhijit Banerjee，2007）提出的，他提倡随机对照试验。

② 杰弗里·赫克曼（James J. Heckman），美国著名经济学家，美国芝加哥大学经济学教授、芝加哥经济学派代表人物之一，2000年诺贝尔经济学奖得主。——译者注

组合效应

研究者们通常对评估一系列干预措施（即开发组合）的影响很有兴趣。这些干预可能包括（表面上）由发展中国家国内资源资助的各种事务，也可能是一组跨越多个国家的外部融资项目，即由捐助国或世界银行等国际组织主持的投资组合。

新评估工作的主体是逐一评估具体项目的影响。每个此类项目只是投资组合中的一个组成部分（每个项目本身可能有多个元素）。评估人员主要担心他们能否就该项目对具体环境，包括其政策环境的影响得出有效结论。每个项目恰好在某个开发组合中，令人惊讶的是这一事实很少受到关注。

因此，一个重要的问题是：所有这些评估工作对于评估开发组合有多大用处？在具体考虑时，通过逐个评估组成部分并将结果相加来评估开发组合需要一些很难接受的假设。首先，它假设组成部分之间的交互作用可以忽略不计。可是，一个教育或医疗项目的成功可能在很大程度上取决于同一投资组合内的基础设施或公共部门改革项目是否已经奏效。[①] 事实上，一个投资组合（通常是多部门的）组成部分的捆绑通常可以通过所谓的交互效应来证实。但分别评估每一个项目并将结果相加（一般来说）并不会得到一个投资组合影响的无偏估计。如果这些因素的交互作用是正的（其中一个因素产生的影响比另一个因素的影响更大），那么我们会高估投资组合的影响；而负的交互作用产生的影响则相反（见专栏 6.5）。

***专栏 6.5　评估投资组合影响的偏差（一次评估一项）**

为了简单起见，假设某个投资组合中有两个项目，分别标记为 1 和 2，金额分别为 x_1 和 x_2（均为非负）。这两个项目一起产生了一个可测度的结果：

$$y = \alpha + \beta_1 x_1 + \beta_2 x_2 + \beta_3 x_1 x_2 + \varepsilon$$

这里我们假设 $E(\varepsilon \mid x_1, x_2) = 0$，其中 $E(.)$ 表示括号内该项的数学平均值。如果 $\beta_3 > (<) 0$，则这些项目被称为正（或负）交互作用。

投资组合的影响（相对于标准反事实：$x_1 = 0, x_2 = 0$）为：

$$\Delta \equiv E(y \mid x_1, x_2) - E(y \mid x_1 = 0,\ x_2 = 0) = \beta_1 x_1 + \beta_2 x_2 + \beta_3 x_1 x_2$$

这是一个标准设计，用于评估任何双管齐下的干预措施。其中一组得到项目 1，另一组得到项目 2，第三组得到这两个项目。在标准条件下，交互作用效应是确定的，投资组合的总体影响也是确定的。

---

① 举一个更具体的例子，众所周知，营养补充对健康的影响取决于健康环境的安全程度，这取决于饮用水和卫生基础设施（我们将在第 9.4 节中返回此示例）。

现在假设两个评估是分别进行的，每个项目做一个评估。第一个评估是假设根据项目 2 的存在来评估项目 1。因此，项目 1 的衍生条件影响为：

$$\Delta_1 \equiv E(y \mid x_1, x_2) - E(y \mid x_1 = 0, x_2) = \beta_1 x_1 + \beta_3 x_1 x_2$$

同样，鉴于项目 1 存在，对项目 2 的影响评估如下：

$$\Delta_2 \equiv E(y \mid x_1, x_2) - E(y \mid x_1, x_2 = 0) = \beta_2 x_2 + \beta_3 x_1 x_2$$

然后，我们试图通过将这两个独立评估的测度影响相加，来计算投资组合的影响，于是获得：

$$\Delta_1 + \Delta_2 = \Delta + \beta_3 x_1 x_2$$

可以看出，如果存在正（或负）交互效应，则 $\Delta_1 + \Delta_2$ 高（或低）估了投资组合的总体影响（Δ）；只有在没有交互作用的情况下，我们才能得到正确的答案。

我们似乎在以一种令人担忧的选择性方式积累知识，这不太可能解决现有的与政策相关的认知缺口问题。

我们需要做什么？我们需要做两种事情来解决这个问题，尽管这两种事情都可能遇到阻力。第一种要求在评估内容方面进行一些集中规划。没有人喜欢集中规划，但我们在提供公共产品时往往需要某种形式的集中规划，而知识就是公共产品。一定程度的规划，加上合理使用激励措施，可以建立起一种补偿机制，以确保关于评估的分散决策能够更好地解决与政策有关的认知缺口。

第二种，我们需要创造性地思考如何最好地评估整个投资组合，考虑到其组成部分之间以及经济主体之间的相互影响，这绝非易事。影响评估的标准工具可能必须辅之以其他工具，如结构建模和跨国家或跨管辖区的比较研究。我们将需要研究公共财政问题，例如可替代性和粘蝇纸效应（见 9.8 节介绍）。在某些情况下，我们几乎肯定会在很大程度上关注一般均衡效应，即很容易从标准影响评估中得出结论（局部均衡图）。可以用更加折中的方式，结合多种方法和跨越“宏观”和“微观”的工具进行经济分析。所需的工具可能不是当前评估人员所青睐的工具，但评估原则是相同的，包括根据明确的反事实评估影响的关键思想。

若要认真评估对发展的影响，那么我们就必须对所评估的内容采取更多的干预态度，并在评估的方式上更讲求实效和折中。

一般均衡效应

局部均衡假设（按给定价格计算）对于反贫困试点项目来说可能是好的，但当其在全国范围内扩大时，一般均衡效应（有时称为“反馈”效应或“宏观”效应）可能是重要的（专栏 6.6 进一步解释了局部均衡分析和一般均衡分析之间的差异）。例如，基于随机对照试验的学费补贴对学校教育的影响估计在扩大规模后可能具有欺骗性，因为学校教育的回报结构将发生变化。[①] 再举一个例子，一个小规模的工资补贴试点计划不太可能对市场工资率产生太大影响，但随着计划规模的扩大，这种情况将发生变化。

专栏 6.6　一般均衡分析

每个市场都有供需双方。从制度上讲，我们可以认为，商品的供给就是企业最大化其利润和消费者需求，并使其效用最大化；尽管消费者也向企业提供劳动力，而企业也有商品需求。在局部均衡分析中，一次只考虑一个市场，甚至有时只考虑市场的一方面，其他所有价格是固定的。对一些与贫困和不平等有关的政策进行局部均衡分析可能具有欺骗性。在研究一个小型的定向扶贫项目时，按既定价格来考虑是合理的。但如果项目足够大，那么所涉及的收入再分配可能会改变价格，显然这对实际收入分配的整体体影响很大。经济政策改革如贸易自由化，可能会影响许多市场（第9章）。

在一般均衡分析中，人们考虑所有商品和生产要素市场。在竞争性一般均衡模型中，所有的价格被假定是灵活的，以致所有市场透明，这意味着除非其价格已被降到零，否则意味着对任何商品或要素的总供给不会超过总需求。该模型适用于受家庭预算约束等所有相关核算特性约束的市场透明价格。一般来说，每种商品的需求和供给不仅取决于该商品的价格，而且取决于所有其他价格，从而产生一套潜在的复杂的跨市场互动效应。当均衡价格存在时，所有市场的均衡价格将取决于影响所有商品和因素的需求和/或供给的所有外源性非价格变量。

基准模型具有一套完整的市场，包括不同状态的商品，如不同时间和地点；或对各种不确定性认识下的商品。但在应用中，允许市场失灵和/或某些价格固定（通常称为“黏性价格”）是现实的。后者通常适用于要素市场，最常见的例子是当一个或多个工资率持续降低时，就会导致劳动力失业；有时这被称为凯恩斯模型。失业率如何分配（配给制度）则与模型的解决方案有关。

历史追溯：竞争性一般均衡模型的第一个严格公式是瓦尔拉斯公式[②]（1874），其解仍然称为瓦尔拉斯均衡。现代经济学理论中的一个早期数学挑战是证明一个独特的瓦

---

① 见杰弗里·赫克曼等人（James Heckman et al.，1998）。世界卫生组织证明，一旦相对工资调整，局部均衡分析会大大高估学费补贴的影响。在进一步的研究中，李东勋（Donghoon Lee，2005）发现，在稍有不同的模型中，学费补贴的一般均衡效应与局部均衡效应之间的差异要小得多。

② 里昂·瓦尔拉斯（Léon Walras，1834年12月16日—1910年1月5日），法国经济学家，曾经被约瑟夫·熊彼特认为是“所有经济学家当中最伟大的一位”。他开创了一般均衡理论，是一位数理经济学家、边际革命领导人、洛桑学派创始人。瓦尔拉斯均衡（Walrasian equilibrium）是指整个市场上过度需求与过剩供给的总额必定相等的情况。用货币价格来表示过度需求与过剩供给的价值，并且假设存在着（$n+1$）个市场，就可以把瓦尔拉斯定理表达为这样一个恒等式。——译者注

尔拉斯均衡的存在。第一个证明它的是由亚伯拉罕·瓦尔德（Abraham Wald，1951）。可计算一般均衡（computable general equilibrium，CGE）模型的发展促进了这些思想在政策评估中的应用，其中一个关键步骤是赫伯特·斯卡夫和泰尔·汉森（Herbert Scarf and Terj Hansen，1973）提出的数值求解方法。

延伸阅读：现在对竞争性均衡理论的经典高级处理是阿罗和哈恩（Kenneth J. Arrow and Frank Hahn，1971）。大多数经济学教科书都涉及这一主题，例如，见范里安（Hal R. Varian，2014）和范里安（1978）。关于可计算的一般均衡模型，见金斯伯格和凯泽（Victor Ginsburgh and Michiel Keyzer，1997），他们使用了一些先进的方法，但涵盖的领域非常广泛，包括具有黏性价格的一般均衡模型。①

在经济领域的政策（第9章的主题）中，一般均衡效应是可能的。当一些国家得到经济领域的项目但有些国家没有时，跨国比较研究可以揭示影响（效应）；这些方法将在第8章进一步讨论。这项识别工作往往很困难，因为在国家层面上通常存在一些潜在因素，同时影响政策实施结果和国家是否采取相关政策。而且，即使识别策略（identification strategy）被接受，任何一个国家要从跨国回归中汲取普遍的教训并为决策提供信息，也可能是有问题的。

关于如何将可计算一般均衡（CGE）模型等经济政策的模拟方法与家庭层面的调查数据相结合，以评估对贫困和不平等的影响，有许多前景看好的例子。这一方法将在第9章第9.8节中进一步讨论。这些模拟方法使人们更容易将影响归因于政策变化，尽管这种优势是以必须对经济运行方式做出更多假设为代价的。

结构模型

如果不估计全面的一般均衡模型，通过研究经济参与者之间（市场和非市场的）相互关系的一些关键方面，往往可以学到很多东西，而这些方面往往被部分均衡分析所忽略。这通常被称为“结构建模”。②

同第6.3节中回顾的标准评估方法相比，结构模型（structural models）对经济运行方式做出了更多假设。尽可能地，人们希望看到这些假设以过去严格的事后评估所积累的知识为基础。例如，通过将随机评估设计与参与者和非参与者的相关选择的结构模型相结

① Ginsburgh, Victor, and Michael Keyzer. 1997. *The Structure of Applied General Equilibrium Models*. Cambridge, MA: MIT Press.

② 有关事前方法的有用概述，见弗朗索瓦·布吉尼翁和弗朗西斯科·费雷拉（2003）。在杰弗里·赫克曼和劳伦斯·利默（Jeffrey Heckman and Edward Leamer，2007，第70-72页）中可以找到可用于结构建模的一系列工具的更先进的处置方法。

合，并利用随机分配进行识别，人们可以极大地扩展有关项目设计与政策相关的问题，而传统的评估可以回答这些问题。①

在结构模型中，经济理论在理解项目负责人可能不会产生影响的原因方面发挥了重要作用。然而，理论模型往往会受到质疑。使用的模型可能会做出在特定环境中被认为不现实的假设。例如，文献中用于评估发达国家培训和其他项目模型的一个假设条件为，选择是在符合条件的人中进行的个人选择。这与我们对发展中国家的许多反贫困项目的了解并不一致，在这些项目中，政治家和管理者的选择似乎至少与那些符合条件的人的选择一样重要。我们通常需要对所选择问题进行更丰富的理论描述，以确保相关性。②

6.5 评估的道德有效性

经济学家们更多地考虑了影响评估的结论的（内部和外部）有效性，而不是如何做出评估结论的道德有效性。这不是针对所有评估的问题。有时，在现有项目中建立影响评估，这样项目就不会发生变化。评估以项目分配其利益的方式进行。因此，如果项目在道德上被认为是可接受的，那么也可以被认为适用于评估方法（马丁·拉瓦雷忽略了报告偏差和发表偏差方面的伦理问题），我们可以将这些称为道德上的良性评估（ethically benign evaluations）。

另一种类型的评估是为了达到评估的目的而故意改变项目（已知的或可能的）分配机制，即谁得到了项目，谁没有得到项目。那么，干预的道德可接受性并不意味着评估在道德上是可接受的。称之为道德上有争议的评估（ethically contestable evaluations）。实践中的主要例子是随机对照试验。扩大规模的项目几乎从不使用随机分配，因此，随机对照试验有一个不同的分配机制，即使在项目运行良好的情况下，也可能在道德上受到质疑。

最近关于随机对照试验道德有效性的争论说明了主要问题。在《纽约时报》的一篇博客文章中，凯西·马利根（Casey Mulligan，2014）驳斥了随机对照试验在道德上不可接受的观点，其理由是，一些被指定用于评估实验组的项目几乎肯定不需要它，或受益甚微，而一些在对照组则有时需要。③ 作为回应，杰西卡·戈德伯格（Jessica Goldberg，2014）

① 见墨西哥的一个大型反贫困项目的影响评估的例子，另见阿兰·德·詹弗里和伊丽莎白·萨杜莱（Alain de Janvry and Elisabeth Sadoulet，2006）、佩特拉·托德和肯尼斯·沃尔平（Petra Todd and Kenneth Wolpin，2006）、奥拉齐奥·阿塔纳西奥等人（Orazio Attanasio et al.，2012），第10章讨论这个项目。

② 一个朝着这个方向努力的例子可以在分散反贫困项目的伊曼纽拉·加拉索和马丁·拉瓦雷（2005）模型中找到；他们的模型关注中央政府面临的公共选择问题和社区面临的地方集体行动问题，个人参与选择被视为一个微不足道的子问题。这些模型还可以指向用于识别影响和研究其异质性的工具变量。

③ 作为一个例子，凯西·马利根赞同杰弗里·萨克斯关于千年村项目为什么没有作为随机对照试验设立的论点。

针对凯西·马利根的批评，为随机对照试验的道德有效性辩解。一方面，她认为，在资源有限的情况下，随机化在道德上是公平的；另一方面，即使有人仍然反对，从新知识中获得的收益可以超过反对意见。

让我们更仔细地看一下这场辩论。可以肯定地说，认为好的目的永远不能证明坏的手段是正当的，这是一个相当极端的立场（不常与经济学家联系在一起）。从道德上讲，部分地根据结果来判断过程是合乎情理的。事实上，道德伦理学在这一做法上有着悠久的传统，且以功利主义为首（第1章）。

做一个随机对照试验，故意拒绝一些真正需要治疗的人接受治疗，并将治疗机会给予一些不需要的人，只要新认知带来的预期福利被认为是合理的，从本质上来说并不是“不道德的”。伦理学在医学研究中受到了广泛讨论。在这种情况下，均势原则（principle of equipoise）要求，不应有决定性的事先理由相信治疗有影响。[①] 我们可以修改这一点，以要求治疗具有足以证明其成本合理的预期影响。[②] 通过这种推理，只有当我们对成本的可能收益完全不了解时，我们才应该进一步评估。

经常有人认为，当没有足够的钱支付每个人的随机分配时，只需要定量配给，这就是一个公平的解决办法。[③] 当信息非常贫乏，或者分配过程偏向于需要的过程时，可以接受这一点。在一些开发应用中，我们可能很少知道如何最好地分配参与以最大化影响。但是，当替代分配是可行的（如果随机化是可能的，那么这个条件显然是满足的）并且有可能受益的信息时，那么，至少无条件地使用这些信息，而非随机化，无疑是更公平的。

条件随机化（conditional randomization）有时有助于缓解道德问题。这里的想法是，首先根据有可能获益的先验认知（prior knowledge）选择合格的参与者类型，然后才随机分配干预，因为并非所有都可以涵盖。例如，如果一个人正在评估一个培训项目或需要技能来达到最大影响的项目，人们可以合理地假设（由一些证据支持）先前的教育和/或经验会增强影响，并相应地设计评估。与简单的随机化相比，这在道德上更有优势，因为对可能的影响有先验认知。

但有一个陷阱。评估者观察到的事物通常只是在表面上可以观察到的事物的一个子集（毕竟，这种信息不对称首先是随机化的原因）。在地方层面，通常会有更多的信息，显示该项目被分配给一些不需要它的人，需要它的人则无法得到。在村一级，随机对照试验在道德上是不可接受的。但是谁的信息能够决定这件事呢？当别人确实很清楚谁需要

---

① 见本杰明·弗里德曼（Benjamin Freedman, 1987），Freedman, Benjamin. 1987. “Equipoise and the Ethics of Clinical Research.” *New England Journal of Medicine* 317（3）：141-145.

② 这是大卫·麦肯齐提出的。McKenzie, David. 2013. “How Should We Understand ‘Clinical Equipoise’ When Doing RCTs in Development?” Development Impact Blog, World Bank.

③ 见杰西卡·戈德伯格（Jessica Goldberg, 2014），Goldberg, Jessica. 2014. “The R-Word Is Not Dirty.” Blog Post, Center for Global Development, Washington, DC.

谁不需要的时候，评估者却辩称“我不知道”，这将被认为是相当蹩脚的借口。

有时会有争议，这种鼓励设计避免了道德上的顾虑。[①] 这里的想法是，没有人会被阻止获得感兴趣的初级服务（如学校教育），但是实验却随机地提供了某种形式的激励或信息。这可能有助于缓解一些观察家的道德顾虑，但显然并没有消除这些顾虑，只是将其从关注的主要服务领域转移到次要领域。当任何“鼓励”被故意拒绝给予那些会受益的人，而给了那些不会受益的人时，道德有效性仍然是一个令人担忧的问题。

尽管道德有效性本身是一个合理的关注点，但它也对有效性评估的其他方面有影响。众所周知，考虑到影响的异质性，随机对照试验总是对扩大项目使用不同的赋值机制，这一事实会在从随机对照试验得出的扩大推论中产生偏差。在这里，我们还有另一个关注点：随机对照试验道德可接受性的异质性，不同的环境会有所不同。与政府相比，与非政府组织合作更容易摆脱随机对照试验的困扰，而只需小规模的干预，最好是在偏僻的地方（相比之下，想象一个，为什么一些服务不足的村民被随机选择而得不到新的道路或电网连接，基于这样的理由，它将能够计算出那些真正得到服务的人的利益）。如前所述，在确定影响时，完全依赖于随机化会在我们的认知中产生偏向，有利于随机化可行的干预措施的设置和类型；我们对广泛的发展干预措施一无所知，而随机化不是一种选择。考虑到评估应该填补我们的认知缺口，即使是那些认为后果胜过对过程的关注的人，这也必须引起关注。

许多评估可能会有设计上的变更，以确保其道德有效性，比如由评审委员会（review boards）来评判。可以随机收回一段时间的治疗选择权，在这段时间之后又可以得到，但这需要事先让所有人都知道。有人可能会据理力争说，对延迟做出某种形式的赔偿是合理的。适应性随机化（adaptive randomizations）在生物医学研究中正受到重视；例如，依照收集到的影响协变量的证据，人们会根据新来病人的情况调整。[②]

最后一个问题：政策制定者在如何合理化干预和如何评估干预行为的假设之间，也可能存在道德上令人不安的内部矛盾。在评估社会项目对贫困的影响时，一个普遍的做法是将消费支出或收入作为测度家庭经济福利的标准（价格和家庭人口统计标准化）。被评估的项目有时会假设人们并不只关心自己的消费或收入。专栏 6.7 提供了一个例子。因此，政策的基本原理与评估方式（无论是否为实验性的）之间可能存在不一致。此外，消除这种不一致性很可能会改变评估结果。

---

① 同样，见杰西卡·戈德伯格（2014）的例子。

② 美国食品和药物管理局（US Food and Drug Administration，2010）发布了适应性评估指南。

专栏6.7　关于福利不一致的判断示例

以工代赈计划（workfare programs）对福利领取者提出工作要求。这项工作通常不会令人愉悦甚至可能令人不快。事实上，所涉及的工作是令人不快的，这正是富裕国家和贫穷国家长期以来都使用该计划来消除贫困的原因之一。决策者（以隐式或显式的方式）承认这项工作令人不快，几乎肯定不会考虑这样做。正如英迪拉·海威和彼得·泰哈尔（1994，第21页）[①] 所说，“至少可以说，由于这些工作所涉及的劳动不具有吸引力，对于那些能够避免参与的人来说，有一种内在的救济权利的制约。”

并且评估方法发现在实践中并没有对这项工作附加福利金。两个实际收入相同的人被认为同样贫困，即使其中一人的所有消费都来自辛苦的劳作，而另一人则能享有闲暇时间或一些相对愉快的工作。

评估的结果衡量标准与政策制定者干预理由之间的不一致性，往往令人不安。在评估项目的福利收益时，政策制定者如何证明忽视工作令人不快这一事实是正当的呢？

这显然是福利主义方式的困扰，该方式认为“福利”只应该由人们的最大化来评估（第3章），甚至忽略从观察到的行为推断效用的识别问题（专栏3.2）。实际上，大多数评估基本上都是非福利主义的。但这并不能证明政策制定者干预理由与评估方式不一致的情况是合理的。如果我们认为做这项工作的人情况更糟糕了，以致只有穷人才会参与，那么在评估这个项目时，我们肯定不能忽视这项工作带来的福利损失？

延伸阅读：阿瑟·阿利克·拉格朗日与马丁·拉瓦雷（Arthur Alik Lagrange and Martin Ravallion，2015）提供了一个印度大型反贫困项目评估不一致的例子。他们介绍了如何消除这种不一致性，这样做意味着该项目在帮助穷人方面比人们所想的更有效，但在减少贫困方面却比人们所想的要少。

这就完成了我们对指标和方法的回顾。当然，关于具体内容还有很多可以说的，但这至少勾勒出了一个大致的轮廓。利用第二部分的方法，本书余下部分致力于描述世界上贫困和不平等的各个方面，理解为什么我们看到一些国家在消除贫困方面比其他国家取得更大进展，以及相关的政策讨论。虽然我们的认识还不完善，但第三部分的讨论将试图从文献中提炼出关于扶贫干预的一些经验教训。

---

① Hirway, Indira and Piet Terhal. *Towards Employment Guarantee in India: Indian and International Experiences in Rural Public Works Programme*. New Delhi Sage Publications. 1994.

第三部分　贫困与政策

回顾一下到目前为止的情况：本书第一部分集中讨论了关于贫困的思想史，以及我们是如何达成消除贫困是公共行动的合法目标的认识的。第二部分讨论了福利和贫困的测度方法以及评估政策对福利和贫困的影响的现有方法。在此基础上，第三部分转向了关于如何更好地与贫困做斗争和减缓不平等的许多政策讨论。

第 7 章概述了世界上的贫困和不平等。该章运用第二部分的许多观点，并大量使用全球数据的实证研究，来测度和描述当今世界的贫困状况。这为第三部分的其余章节提供了经验基础。

第 8 章回顾了关于增长、贫困和不平等的讨论。这一讨论既借鉴了经济理论，也借鉴了多国比较研究和更深入的国别案例研究的大量经验性证据。

第 9 章回顾了过去和现在关于经济和部门政策主要类别的讨论，包括优先考虑城乡发展、大众教育、劳工、工业和贸易政策、宣传运动和发展援助。

第 10 章讨论了针对性政策的经济论据和实施成功的证据（从目前的研究来看）。讨论内容包括定向转移的主要形式（现金或实物）和反贫困政策的其他定向形式。

第 7 章　贫困和不平等的层面

现在可以运用第二部分所述的概念和分析方法，介绍我们对全球贫困和不平等的理解。讨论是非技术性的，但仍将注意到与结果有关的方法问题。本章从全球不平等开始，然后转向了贫困；后半部分转向福利的非收入层面。

有一点需要注意：这里的描述主要基于高度集成的数据，即主要以国家为观察单位，这种集成水平对于这部分而言是合适的。然而，我们需要意识到：贫困和不平等的许多代价都基于地方层面，地方层面的情况与国家层面的情况可能有很大的不同。[①]

7.1　全球不平等：全球巨大的收入差距

图 7.1 给出了按二十分位数计算的 2008 年全球家庭人均收入，每个泛泰尔（ventile）拥有全球 67 亿人口的 5%。柱状图是按人均收入排名的泛泰尔平均收入。最贫困的 25%人口平均收入是每天 1.00 美元，而最富有的 5%人口平均收入是每天 94 美元。当然，每个泛泰尔内都有差异。例如，最富有的 1%人口平均每天是 176 美元，这是最贫困的 25%人口的 176 倍。想象一下在图 7.1 的右侧出现一个柱形，它的高度是最富有的 5%人口柱形的两倍。尽管收入数据结果不乐观，但贫富差距有可能更大。这种差距表明，通过支持公共产品来反贫困很有潜力，包括向富人征税或慈善捐赠的再分配。[②]

回顾两百多年来的贫困史，图 7.2 给出了来自布吉尼翁和莫里森（Bourguignon and Morrisson，2002）的 1820—1992 年间全球总人口的平均对数偏差（Mean Log Deviation，MLD）的估计值。回想一下，前述图 1.1 中也用过布吉尼翁和莫里森的方法，给出了“国家之间”

① 例如，华盛顿特区（作者居住的地方）的基尼收入不平等指数约为 0.60，远远高于美国 0.45 的国家指数，几乎高于世界上所有国家的国家指数。

② 彼得·辛格（2010）主张加大慈善捐赠力度，作为与全球贫困作斗争的手段。

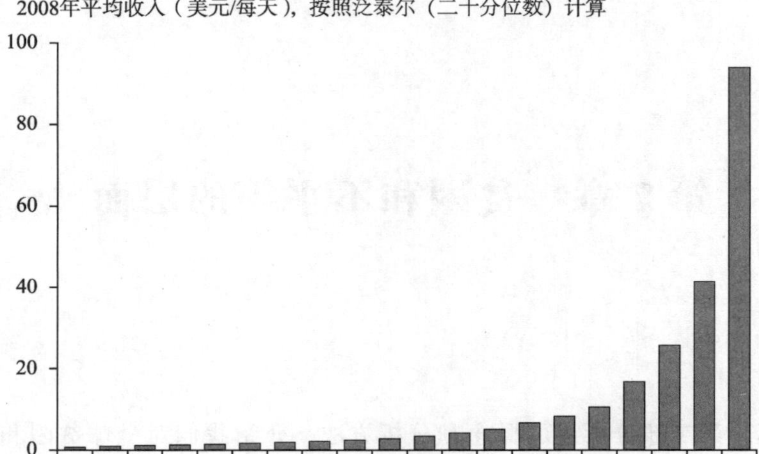

图 7.1 世界各地的收入

注：货币换算采用购买力平价汇率。

资料来源：本书作者根据莱克纳和米拉诺维奇（Christoph Lakner and Branko Milanovic，2013）的数据计算得出。

和“国家内部”（“between”and“within-country”）两部分数据描述。① 图 1.1 所示的极端贫困发生率的下降伴随着全球不平等的加剧。这是由于国家之间的不平等日益加剧。有迹象表明，全球和各国之间（而非国家内部）的不平等程度从 1980 年左右开始有所减弱。

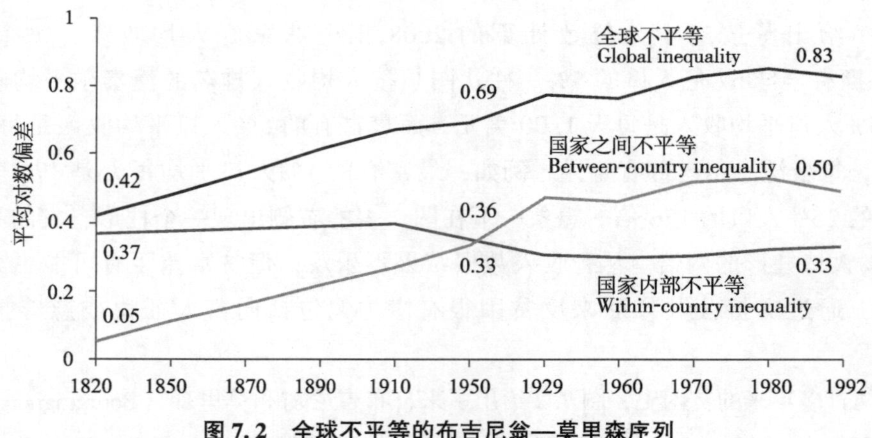

图 7.2 全球不平等的布吉尼翁—莫里森序列

资料来源：布吉尼翁和莫里森（2002）。

图 7.2 中的全球不平等（global inequality）概念可以被认为是包括世界上的所有人，计算人们之间的不平等，而忽略所有国家的边界。这是在文献和常见讨论中发现的三个不

① 专栏 5.4 中的平均对数偏差是完全可加分解的，与基尼系数不同。

平等概念之一。[①] 另外两个概念可以称为国家间不平等（inter-country inequility）和国际不平等（international inequality），前者对每个国家一视同仁，无论其大小。这是世界上大多数关于经济趋同的讨论中所发现的不平等概念（即贫困国家的增长速度是否快于富裕国家）(我们将在第 8 章谈到该理念)。相比之下，国际不平等按人口对各国进行加权，对应于图 7.2 中全球平均对数偏差的“国家之间”部分。重要的一点是弄清楚人们使用的是这些概念中的哪一个，因为该区别对于回答“不平等”是否在 20 世纪后半叶在世界上抬头的问题很重要。国际不平等总体上呈下降趋势，而国家间不平等则呈上升趋势。[②]

在测度全球不平等时是否考虑了在工资率较低的较贫困国家，非国际贸易商品的价格往往较低，这一点也很重要。购买力平价汇率允许这种趋势。专栏 7.1 详细说明了购买力平价。使用购买力平价，全球基尼指数在 0.65 左右；使用官方汇率，则升至 0.80。[③]

专栏 7.1 购买力平价汇率

购买力平价基于对每个国家的许多商品和服务的实际支付价格的调查。购买力平价是根据国际比较项目（ICP）进行的价格调查计算得出的。2005 年全球性国际比较项目收集了 600~1000 种（视地区而定）商品和服务价格的主要数据，这些商品和服务归类在 155 个“基本类”之下，被认为在 146 个国家具有可比性。这些价格是从每个国家的一个大样本销售点获得的。价格调查由各国政府统计局在地区当局的监督下进行。在撰写本书时，最新一轮国际比较项目调查是 2011 年。

尽管各轮国际比较项目都有所改进，但购买力平价仍存在一些局限性，用户应注意这些局限性。一些县的国际比较项目价格调查主要局限于城市地区。基于国际比较项目抽样信息，陈少华和马丁·拉瓦雷（2010a）将 2005 年的消费类购买力平价视为一些国家的城市购买力平价，利用国家一级的城乡贫困线对这些国家的购买力平价进行修正(第 7.2 节再讨论中国及其他地方的城乡贫困线比较)。

另一个令人关切的问题是，购买力平价中不同商品的权重可能不适合测度贫困。与在贫困国家进行的住户调查相比，国际比较项目倾向于使用较低的食品份额。图 7.3 将住户调查得出的恩格尔曲线与 2011 年最新一轮国际比较项目得出的家庭消费购买力平价中的食品份额进行了比较。差距很大，与底层 25% 的贫困国家相比大约有 11% 的差距。鉴于 2008—2010 年期间，特别是贫困国家的食品相对价格出现了大幅上涨，2011 年和 2005 年的购买力平价低估了穷人面临的消费价格上涨。

---

① 这三个概念之间的区别是布兰科·米兰诺维奇（2005b）提出的。

② 见布兰科·米兰诺维奇（2005b）。请注意，中国在全球不平等的结果中占有很大的权重；如果重复中国的计算，那么在整个 1950—2000 年期间，全球不平等几乎没有或总体趋势，而在这一时期的最后 20 年出现了增长。

③ 见布兰科·米兰诺维奇（2005b），这是其 2002 年的估计数。

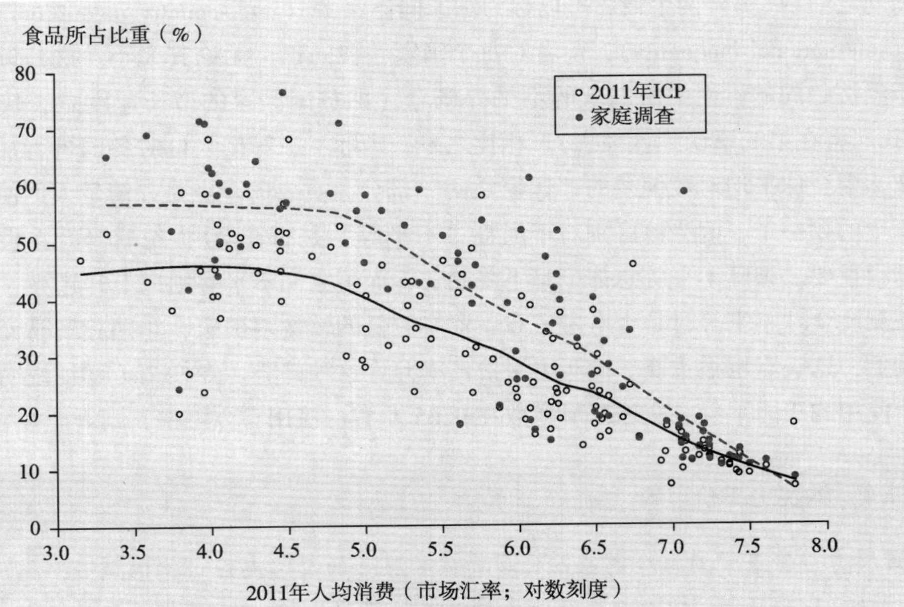

图 7.3　人均消费与恩格尔曲线

资料来源：马丁·拉瓦雷和陈少华（2015）。

用户还应了解各轮国际比较项目之间的方法差异。例如，2005 年国际比较项目使用了更详细的质量标准来记录调查中的价格，这一事实使其与前几轮（1993 和 1996 年）的可比性受到质疑。过去关于经济增长、全球不平等和贫困的研究中，最常见的做法是在一个日期（国际比较项目的基准日）进行购买力平价转换，然后使用国家平减指数（如消费者价格指数或隐含的 GDP 平减指数）进行国家间比较。

新一轮国际比较项目所使用的数据和方法的变化有时意味着特定国家的一些令人费解的变化。新的和（希望）更好的数据常常带来惊喜。然而，在国际比较项目中，研究人员在理解这些变化方面遇到了障碍，因为关于价格的主要调查数据尚未公开（尽管我们通常希望价格在所有市场经济体中都是公开知识）。公众需要获得这些数据，以便更好地理解对购买力平价的修订，并构建更适合贫困测度的购买力平价。

延伸阅读：世界银行（2008a，2008b）介绍了 2005 年国际比较项目的方法和结果。关于各种方法论问题的更广泛的评论，见安格斯·迪顿和艾伦·赫斯顿（Angus Deaton and Alan heston，2010）① 以及马丁·拉瓦雷（2010a）。关于 2011 年国际比较项目中的一些谜题，请参见马丁·拉瓦雷（2014g）。

---

① Deaton，Angus，and Alan Heston. 2010. "Understanding PPPs and PPP-Based National Accounts." *American Economic Journal*：*Macroeconomics* 2（4）：1-35.

发展中国家的不平等

自20世纪70年代以来，大多数富裕国家的不平等总体上有所加剧。[①] 一些国家（美国、英国和荷兰）的增长始于20世纪80年代，另一些国家（加拿大、北欧国家和德国）则始于20世纪90年代。在此期间，意大利的总体增长不明显。法国是一个例外，自1970年以来，法国的贫富差距一直在下降，尽管2000年以来（在两个方向上）几乎没有变化。[②]

发展中国家是否也经历了日益严重的不平等？图7.4列出了整个发展中国家和国家之间的总体平均对数偏差。这些计算基本上是在与前面测度贫困的一组发展中国家之间进行的，并且（在相关情况下）使用了与贫困指标相同的方法。

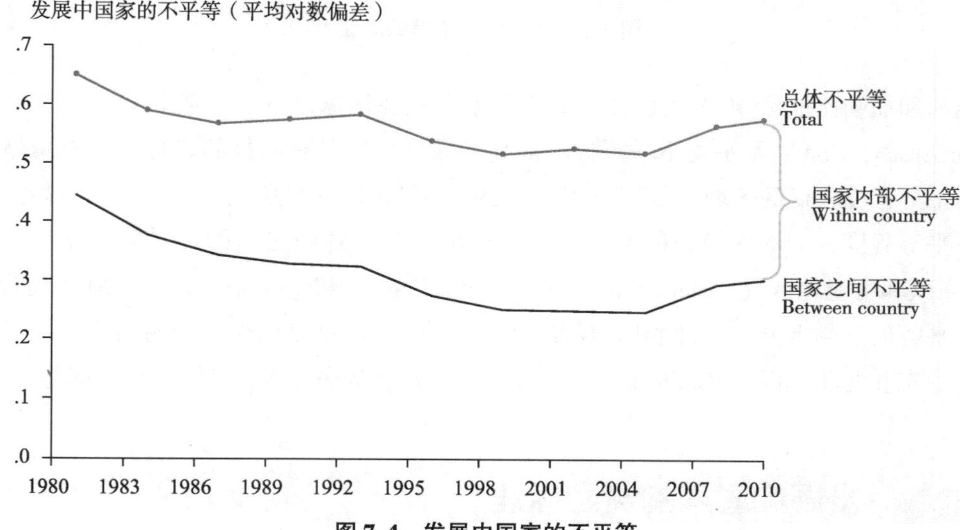

图7.4　发展中国家的不平等

我们看到，发展中国家的总体不平等现象有降低的趋势，尽管有起有落，且在2005—2010年有所上升。但是，这种模式主要是由于国家之间的不平等造成。在整个时期，我们看到国家之间的不平等在下降，而国家内部的不平等在上升。后者在1981年占整个发展中国家不平等的不到1/3，但在2008年几乎占了一半。然而，自2002年以来，这一模式发生了逆转，各国之间的不平等程度有所上升，但国家内部平均水平有所下降。

图7.5按地区绘制了国家之间的不平等。拉丁美洲和加勒比地区（Latin America and the Caribbean，LAC）的平均不平等率一直居高不下，[③] 但自2000年左右以来明显下降。

---

① 萨尔瓦多·莫雷利等人（Salvatore Morelli et al.，2014）提供10个此类国家的基尼系数估计数。

② 见萨尔瓦多·莫雷利等人（2014）。

③ 虽然我们倾向于使用基于消费的分配，但收入在拉丁美洲更为普遍。同一经济体的收入往往比消费更不平等。这是拉丁美洲和加勒比地区措施与其他地区之间差距的一部分，但几乎肯定不是全部。

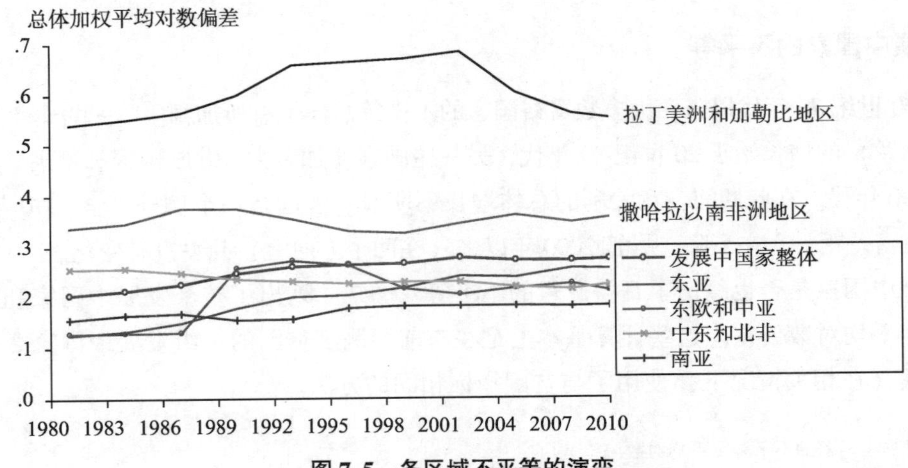

图 7.5　各区域不平等的演变

拉丁美洲和加勒比地区 90%以上的不平等现象发生在国家之间。撒哈拉以南非洲（Sub-Saharan Africa，SSA）是平均不平等程度次高的区域，但没有明显的趋势。南亚总体上是一个不平等程度较低的区域，尽管自 20 世纪 90 年代初以来有所上升。东亚一开始是各国内部不平等程度最低的区域，但不平等程度稳步上升（各国之间的不平等程度呈下降趋势）。东欧和中亚地区（Eastern Europe and Central Asia，EECA）在 20 世纪 90 年代看到了平均不平等的急剧上升（伴随着向市场经济的过渡），但自那以来，普遍出现了不平等的下降。中东和北非地区（Middle East and North Africa，MENA）的平均不平等率稳步下降。

7.2　发展中国家的贫困标准

在讨论发展中世界的贫困问题时，人们非常关注世界银行“每天生活费用 1 美元”贫困线的贫困发生率指数（headcount index）。（本书撰写时）该统计指数的最新数据是按 2005 年购买力平价计算的每天生活费用 1.25 美元，专栏 7.2 进一步解释了这一点。尽管这是重要的信息，但正如第 5 章所强调的，我们也需要研究低于（或高于）这条贫困线的情况。

专栏 7.2　为什么贫困线是每天生活费用 1.25 美元？

对任何一个贫困线都不应过于认真，人们应该研究贫困线以上和以下的多个贫困指标（回顾第 5 章）。然而，正如我们在（第一部分）“贫困思想史”中看到的那样，公众的注意力主要集中在一条线上。我们可以认为这是基准线（benchmark line）；鉴于媒体的关注，headline 可能是一个更好的说法。

从一开始，“每天生活费用 1 美元”的贫困线就被固定为最贫困国家的贫困线，理由是任何更低的贫困线都过于节俭，不值得认真对待。世界上大多数人都知道 1 美元能买到的东西是多么的少，这是一种教育价值。从数字上看，这条贫困线还确定了世界上最贫困的大约 10 亿人。当然，这是一条刻意节俭的贫困线。有人说这太节俭了，所以我们需要多条贫困线。

最初制定的“每天生活费用 1 美元”是基于 22 个国家的国家贫困线样本（马丁·拉瓦雷等人，1991）。拉瓦雷、陈少华和桑格拉（Ravallion，Chen，Sangraula，RCS）（2009）根据世界银行针对具体国家的贫困评估和有关国家政府所做的减贫战略文件，为发展中国家编制了一套更为现代化、规模更大的国家标准（专栏 2.5 中使用了这些数据，并补充了富裕国家贫困线）。尽管最初一组国家线是从 20 世纪 80 年代的数据源中提取的，但拉瓦雷、陈少华和桑格拉确定的贫困线都是 1990 年以后的。三人使用 2005 年国际比较项目（世界银行，2008a，2008b）中的消费购买力平价将国家线换算为一种共同货币。然后，使用相同的购买力平价在调查日期将国际贫困线换算为本币。

三人考虑了计算最贫困国家平均线的各种方法，包括：(1)“目测法”，即该贫困线是最贫困的 15~20 个国家的国家贫困线的简单平均值；(2) 一种“截距法”，该线是样本中最贫困国家的国家线的预测值；(3) 计量经济学法，用分段回归函数估计参数，保证之后的回归函数斜率开始为正。所有这三种方法都得出 2005 年每天生活费用 1.25 美元。对贫穷国家的每一次国家层面的观察都予以平等对待，符合为这些国家确定一个典型的国家贫困线的目的。

根据 2011 年的新购买力平价调整这一贫困线，2011 年印度的购买力平价美元等价线约为每天生活费用 2.00 美元（计算方法是将 2005 年每天生活费用 1.25 美元换算成印度卢比，然后按印度 CPI 换算成 2011 年当地价格，最后用 2011 年购买力平价换算回 2011 年的美元）。这条贫困线为印度提供了一个非常接近 2005 年购买力平价时每天生活费用 1.25 美元的贫困线。请注意，仅仅美国通货膨胀率更新 2005 年每天生活费用 1.25 美元的贫困线是不正确的。考虑到大多数发展中国家的通货膨胀率高于美国，这将低估其根据购买力平价换算的贫困线。

当然，中等收入的发展中国家往往比低收入国家（low-income country，LIC）拥有更高的贫困线。此外还提出了每天生活费用 1.25 美元贫困线的具体区域标准。例如，亚洲开发银行（2014）提出每天生活费用 1.51 美元，其计算方法与每天生活费用 1.25 美元的贫困线基本相同，但仅适用于亚洲国家。在三人的数据集中，所有发展中国家的平均线是每天生活费用 2.50 美元。陈少华和马丁·拉瓦雷（2010a）对多条贫困线的全球贫困率进行了估算，从 2005 年的每天生活费用 1.00 美元到美国的每天生活费用 13 美元。

随着本书的付印，世界银行已将每天生活费用 1.25 美元的价格更新为 2011 年的价格。在仅针对每天生活费用 1.25 美元贫困线的低收入国家的通货膨胀进行调整时，世界银行 2011 年的新贫困线为每天生活费用 1.90 美元。

延伸阅读：见马丁·拉瓦雷等人（2009）关于“每天生活费用 1.25 美元”的论文。关于“每天生活费用 1 美元”贫困指标的评论，见桑贾伊·雷迪和托马斯·波格（Sanjay G. Reddy and Thomas W. Pogge，2010）以及马丁·拉瓦雷（2010）的回复。

数据和标准

每天生活费用 1.25 美元的国际线确实是一条严苛的贫困线，它被定为 20 个左右最贫困国家的平均贫困线（专栏 7.2）。事实上，根据这贫困条线判断，所有贫困人口都生活在发展中国家。当然，富裕国家有更高的贫困线，如我们在专栏 2.5 看到的。按 2005 年的购买力平价计算，发展中国家是每天生活费用 2 美元。卢森堡的最高贫困线是每天生活费用 43 美元，它是每天生活费用 1.25 美元的 30 多倍。假设这是一个极端值。但即便是美国的贫困线也超过了每天生活费用 1.25 美元的 10 倍。

在将按购买力平价计算的国际贫困线 1.25 美元按 2005 年的物价换算成本币后，这些贫困线再利用现有的最佳国别消费者价格指数（Consumer Price Index，CPI）换算成所采用的每项调查的每一个调查日期的现行价格。该指数中的权重可能与贫困线的预算份额吻合，也可能不吻合。在价格相对变动的时期，这将使贫困率随时间变化而进行的比较产生偏差，这取决于贫困线人口替代可能性的程度。鉴于 2008 年前后粮食价格急剧上涨，已做出进一步努力，确保价格指数在国家层面能充分反映这些上涨。

所使用的大约 900 项调查（涉及 125 个国家）大多是由政府统计局作为其日常业务的一部分进行的。按照以往的做法，对贫困的评估采用的是从国家抽样调查中测度的家庭人均消费支出或家庭人均收入。当有选择时，消费优先于收入，因为从理论和实践的角度来看，消费可能是测度当前福利的更好方法（参见第 3 章）。

在对每个国家进行的最新调查中，2008 年所用的调查共有 210 万个家庭。总的来说，2008 年两年内的调查代表了发展中国家 90%的人口。[①] 调查范围因地因时而异。2008 年的覆盖率从中东和北非人口的 47%到南亚人口的 98%不等。当然，越往前追溯，反映自 1980 年代以来发展中国家住户调查数据收集范围扩大的调查数量就越少，而且由于调查处理的滞后，调查范围在过去一两年里有所下降。[②]

---

① 一些国家已经从发展中国家中脱离出来；随着时间的推移，同样的定义被用来避免偏差。这里使用的定义是以 2005 年为基础的。

② 陈少华和马丁·拉瓦雷（2013）提供了关于本段所述要点的更多具体内容。

初步调查数据集中的消费指标（或收入指标，在没有消费的情况下）相当全面，包括现金支出和自给生产消费的估算值。但即使是最好的消费数据也不能充分反映福利的某些“非市场”层面，例如获得某些公共服务的机会，或家庭内部的不平等。由于这些原因，标准的贫困指标需要得到其他数据的补充，例如婴儿和儿童的死亡率，以便更全面地了解生活水平（本章稍后将再次讨论此问题）。

绝对贫困标准

把所有这些因素放在一起，图 7.6 显示了 1981—2010 年的贫困发生率指数是如何变化的。结果是根据每天生活费用 1.25 美元和每天生活费用 2.00 美元贫困线得出的；如上所述，1.25 美元线代表最贫困的 20 多个国家的国家线，而 2 美元线则是发展中国家的总体平均贫困线。①

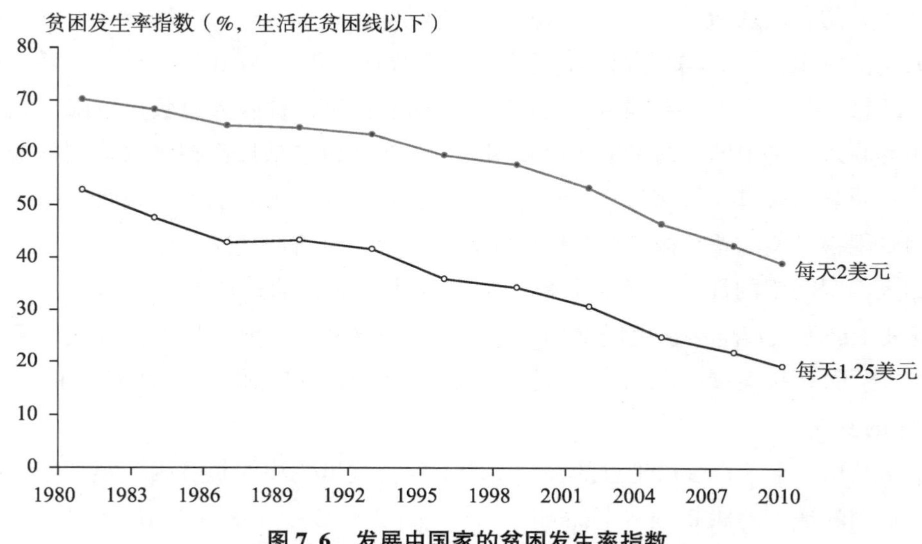

图 7.6　发展中国家的贫困发生率指数

资料来源：PovcalNet.（http://iresearch.worldbank.org/PovcalNet/index.htm?1).

注：基于 2005 年购买力平价的贫困线。

在这 30 年中，我们看到，发展中国家每天生活费用低于 1.25 美元的人口比例减少了一半以上，从 53%下降到 19%。1.25 美元贫困率的下降率趋势为每年 1%。② 贫困人口从 19.6 亿下降到 11 亿。千年发展目标（Millennium Development Goal，MDG）中的第一个目

① 回想一下，这些都是以 2005 年购买力平价计算的。如专栏 7.2 所示，使用最新发布的 2011 年购买力平价和用于设定每天生活费用 1.25 美元线的同一组低收入国家，相应的线约为 1.90 美元。本书撰写之时，世界银行尚未发布以 2011 年购买力平价计算的全球贫困修正估计数。马丁·拉瓦雷自己的计算表明，贫困总数、全球总体趋势和区域格局，从 2005 年的每天生活费用 1.25 美元的价格变化到 2011 年的每天生活费用 1.90 美元，几乎没有什么影响。尽管新的购买力平价意味着特定国家的贫困数据发生了一些变化，这里报告的主要结果似乎相当确定。

② 按时间回归贫困率，估计趋势为每年-1.1%，标准误差为 0.05%，R^2 = 0.98。

标是到2015年将1990年“每天生活费用1美元”的贫困率减半，这一目标已提前5年实现。

中国战胜绝对贫困的成功显然在这一全面进步中发挥了重要作用。1981—2010年期间，(不包括中国的）每天生活费用1.25美元的贫困率从41%下降到22%，下降率是包括中国在内的下降趋势的一半。① 令人吃惊的是，2008年，中国以外每天生活费用不足1.25美元的人数并不低于1981年。中国以外的地区每天生活费用1.25美元的贫困人口数先升后降，自1999年以来明显下降，从13亿下降到2010年的10亿。

与每天生活费用1.25美元贫困线相比，每天生活费用2美元的贫困线在绝对值方面只取得了一点进展（尽管在比例方面有所下降)。按照这一较高标准计算，贫困率已从1981年的70%下降到2010年的39%。这一下降趋势每年约为1%；排除中国，这一趋势每年仅为0.4%。② 显然，按比例计算，较高贫困线的进展率较低。整个期间，每天生活费用低于2美元的人数从26亿下降到2010年的23亿。

每天生活费用在1.25美元到2美元之间的人数在1981—2010年间翻了一番，从大约6亿增加到12亿。按每天生活费用1.25美元的标准计算，贫困人口数量下降，大部分代表了按中等收入发展中国家的标准仍然贫困的人，当然也包括按富裕国家贫困标准计算的穷人。这一明显的人口“聚集”位于略高于1.25美元贫困线的水平，表明根据这一贫困线计算的贫困率可能随着总体经济收缩而急剧上升。讨论将回到这一点。

正如人们所期望的那样，关于非常高的贫困线所取得的进展要少得多。例如，超过90%的发展中国家人口生活在美国贫困线以下（按2005年的价格计算，每人每天生活费用大约13美元)。按美国标准测度，发展中国家的贫困人口比例已从1990年的97%下降到2010年的93%。③

图7.7给出了第5章曾讨论过的贫困差距指数；这里关注的是贫困差距指数，但该图也给出了贫困的平方差距指数（squared poverty gap，SPG)。1981—2010年间，每天生活费用1.25美元下的贫困差距指数从21.3%跌至6.2%（而每天生活费用2美元下的贫困差距指数从36.7%下降到15.6%)。2010年，每天生活费用1.25美元的贫困总差距为1660亿美元，每天生活费用2美元的贫困总差距则上升到6690亿美元。

精确的数字自然对贫困线的选择很敏感，但1980年以来绝对贫困发生率的下降在各种贫困线和指标中都有所体现。这可以从图7.8中看出，该图绘制了累积分布函数（cumulative distribution function，CDF)。(回顾第5章总结的结果）这一数字使贫困率达到每人每天13美元的贫困线，这是2005年美国（一个四口之家）的官方贫困线。为了避免混乱，图7.8以9年为间隔给出了四个累积分布函数。

---

① 趋势的回归估计下降到每年-0.53%（标准误差为0.05%，$R^2 = 0.94$)。

② 时间回归系数为-0.97（标准误差为0.09)；除中国外，回归系数为-0.44（标准误差为0.07%)。

③ 利用PovcalNet。

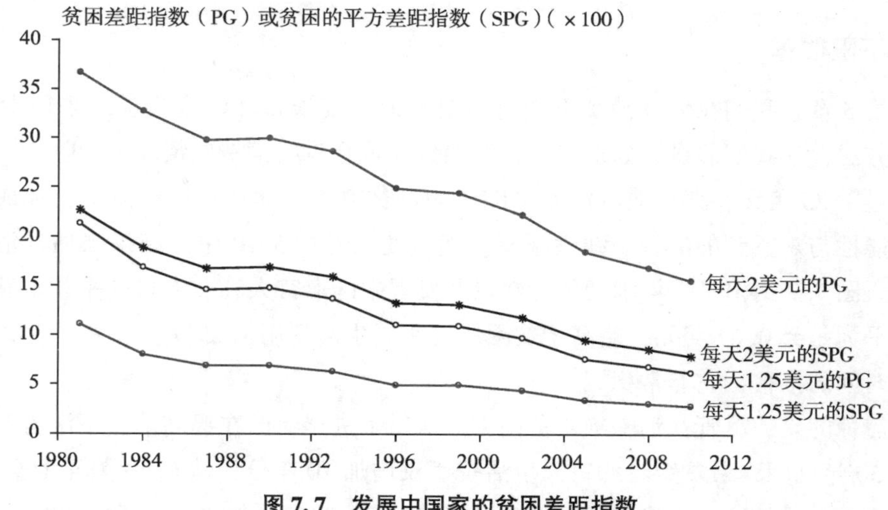

图7.7　发展中国家的贫困差距指数

注：按2005年购买力平价计算的贫困线。

资料来源：PovcalNet（http://iresearch.worldbank.org/PovcalNet/index.htm?1）.

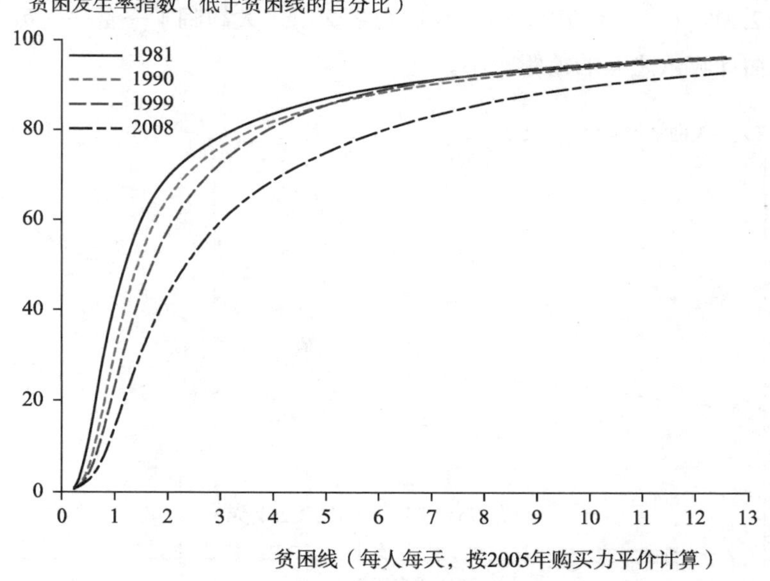

图7.8　美国贫困线前的累积分布函数

资料来源：陈少华和马丁·拉瓦雷（2013）。

关于贫困在1981—1990年或1999—2008年之间下降的说法是有根据的。这也支持了广泛的可加性贫困指标，包括所有不利于穷人间不平等的指标（第5章）。然而，对于每天生活费用高于5美元的贫困线，声称从1981到1990再到1999年，贫困已随时间下降的说法并不足信。

消费下限估算

回顾第5章，我们在估算消费下限时需要考虑测度误差和时变效应。采用专栏5.10中概述的方法，让我们假设，如果一个人的消费（或在没有消费的情况下的收入）每天生活费用超过1.25美元，那么他就没有可能成为最贫穷者，而且在这一点上，他成为最贫穷者的可能性与观察到的消费呈线性下降。然后使用专栏5.10中的结果来估计消费下限的预期值。图7.9给出了平均消费估计数以及发展中国家穷人和总人口的平均消费量。最低生活水平为每天0.67美元，略高于贫困线（每天生活费用1.25美元）的一半。事实证明，随着时间的推移，它非常稳定。

令人震惊的是，尽管在消除绝对贫困方面取得了进展，但在提高消费下限方面进展甚微。在这30年期间，最贫穷者的每天生活费用仅增加10美分，从0.59美元增至0.68美元。消费下限的增长率（对数回归系数）仅为每年0.34%（标准误差为0.08%，尽管这并不反映所有不确定来源）。还有一些迹象表明，作为一个整体的穷人与最贫穷者之间存在着差异，穷人整体的年增长率为0.46%（标准误差为0.06）。① 相较于穷人与最贫困者之间不断扩大的差距和人均家庭消费的总体平均水平（见图7.9）——后者在此期间的人均年增长率为2.1%（s. e. = 0.24%），自世纪之交以来大约翻了一番——穷人的平均消费与最贫困者的估计收入之间的差距较小。

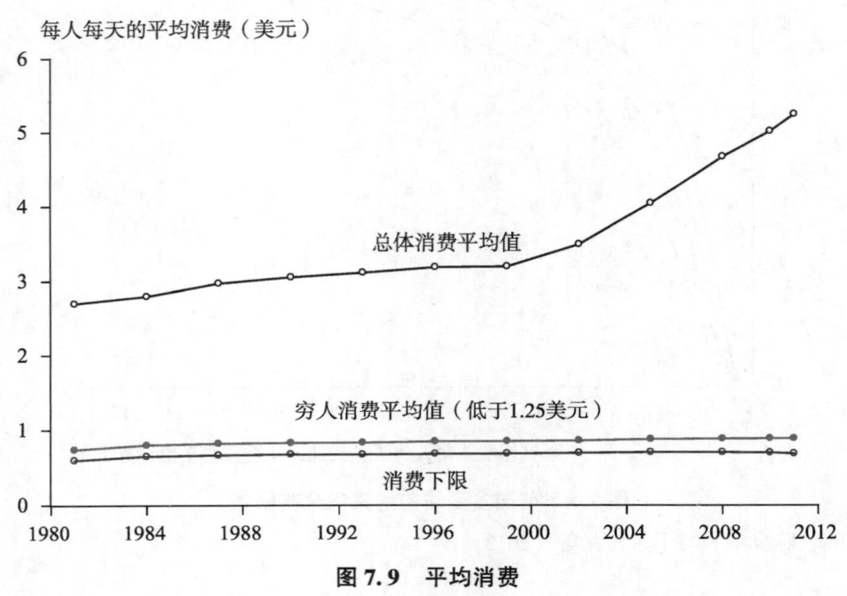

图7.9　平均消费

消费下限在这里并没有定义为生存的生物学下限，而是持久性消费的实际分布的下限。这

① 差异有统计学意义：t 检验为4.39，概率为0.14%。

些结果表明，到目前为止，发展中国家在提高生物下限之上的消费下限这方面并没有取得多大成功。0.67 美元的平均下限估计值与马蒂亚斯·林德格列（Mattias Lindgren，2015）① 对“实物下限”的估计值非常接近，该线旨在以美元测度食品“基本组合”的成本，确保每人每天至少摄入 2100 卡路里。因此，图 7.9 中的估计值可以解释为，消费下限仅略高于生物下限。

被落在后面的穷人

原则上人们可以想象，可以通过使接近贫困线的人摆脱贫困，而极端贫困者得不到多少好处，从而在消除总体贫困方面取得很大进展。人们经常听到这样的说法。事实上，正如第 2 章所指出的，有种流行观点认为，世界上最贫穷的人仍然被“落在后面”。

具体地说，让我们把极端贫困者定义为每天生活费用低于 0.20 美元的那些人口。根据这一定义，图 7.10 给出了极端贫困人口的百分比和总人数。② 我们看到，根据这一定义，在减少极端贫困人口比例方面取得了实质性进展。事实上，在使人们摆脱极端贫困方面取得的进展与在减少每天生活费用低于 1.25 美元的人数方面取得的进展大致相同。

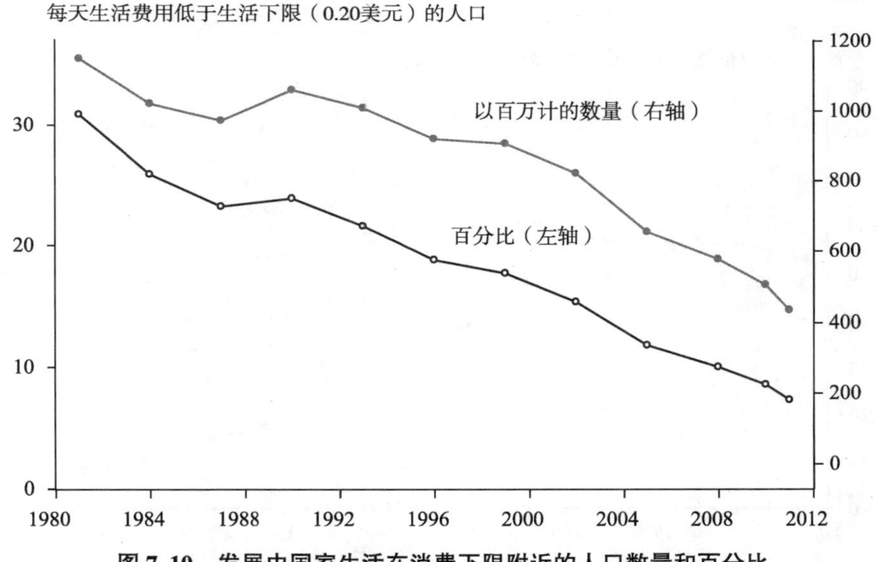

图 7.10　发展中国家生活在消费下限附近的人口数量和百分比

资料来源：马丁·拉瓦雷（2014f）。

从原则上讲，消除极端贫困的进展可能只是扩大了“贫困但非极端贫困者”的队伍。显然这些数据更具启发性，是穷人，而不是极端贫困者，才是被落在后面的人，总体贫困率下降（每天生活费用 1.25 美元或 2.00 美元）的主要原因是极端贫困者的减少。

① Lindgren, Mattias. 2015. “*The Elusive Quest for the Subsistence Line. How Much Does the Cost of Survival Vary Between Populations?*” Comparative Institutional Analysis Working Paper 2015：1, Lund University, Sweden.

② 马丁·拉瓦雷（2014f）给出了“极端贫困”的一系列可能定义的估计，所有这些都与这里的图示一致。

因此，这些数据与极端贫困者被落在后面的观点并不一致。人们更倾向于将图 7.10 称为“从底层突破”。[①] 但是，仍须记住图 7.9。在这 30 年里，消费下限几乎没有上升，从这个意义上说，“世界上最贫困的人仍然落在后面”是有意义的（回顾第 2 章潘基文的引述）。值得庆幸的是，与 30 年前相比，如今生活在消费下限附近的人要少得多，但仍有 4 亿多人生活在消费下限的小范围内，必须认定为极易受到下行风险的影响。

不同地区的不同命运

并非所有发展中国家都平等地分享了在消除贫困方面取得的进展。事实上，已经有了一个明显的重新排名。图 7.11 描绘了占贫困人口大部分的东亚、南亚和撒哈拉以南非洲（这三个地区占生活费用不足 1.25 美元的贫困人口的 96%），我们看到了明显的逆转趋势。回顾 1981 年，东亚的贫困率最高，77%的人每天生活费用低于 1.25 美元。南亚的贫困率位居第二，在这三个地区中最低。到 1990 年初，撒哈拉以南非洲与东亚进行了换位；到 2008 年，东亚的贫困率下降到 14%，而撒哈拉以南非洲的贫困率为 48%。值得欣慰的是，自 2000 年前后起，撒哈拉以南非洲的贫困率一直在下降。

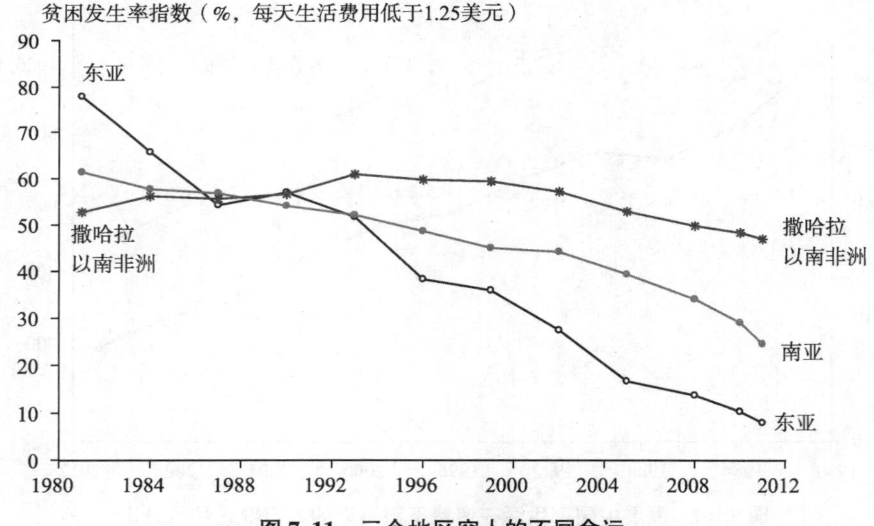

图 7.11　三个地区穷人的不同命运

资料来源：PovcalNet。

发展中国家激增的中产阶层

到此为止，我们关注的是那些每天生活费用在 1.25 美元或 2 美元以下的人。[②] 现在让

---

① 这是斯蒂芬·拉德勒（Steven Radelet，2015）在描述消除绝对贫困所取得的进展时使用的说法。

② 这是马丁·拉瓦雷（2010b）提出的定义；第 5 章讨论了这一定义和文献中的备选方案。

我们看看在这些贫困线上方发生了什么。与“贫困”一样，“中产阶层”一词在不同经济发展水平的国家也有不同的定义。回想一下第 5 章中关于定义和测度“中产阶层”规模的各种方法的讨论。一些观察家将富裕国家的中产阶层概念应用于发展中国家。如果有人要成为“中产阶层”，就必须生活在美国贫困线以上（如上所述），而这一比例在过去几十年几乎没有变化。这一定义对发展中世界的适用性值得怀疑。

发展中国家的“中产阶层”在这里被定义为每天生活在发展中国家平均贫困线以上（2005 年为每天生活费用 2 美元）但按照美国标准仍然贫困（每天生活费用 13 美元）的那些人。在这一群体中，“中上阶层”是指在任何发展中国家都不会被视为贫困的人。发展中国家中的最高上限似乎是每天生活费用 9 美元（乌拉圭）。[①] 因此，发展中国家的“中上阶层”是指那些每天生活费用在 9 美元以上但不到 13 美元的人。按照西方的标准，那些每天生活在 13 美元以上的人可以被认为是中产阶层。

1990 年，按照这一定义，发展中国家大约 1/3 是中产阶层；到 2005 年，比例上升到了 1/2。[②] 1990—2005 年间，又有 12 亿人加入了发展中国家的中产阶层。在（＄2，＄13）区间内，激增在哪里？为了对每天生活费用在 2 美元到 13 美元之间的人口数量的激增进行更详细的分析，图 7. 12 给出了累积分布函数（CDF）及其密度的经验估计值。我们从图 7. 12 的上半部可以看出，大部分激增都是在 2 美元以上的几美元区间内出现的。

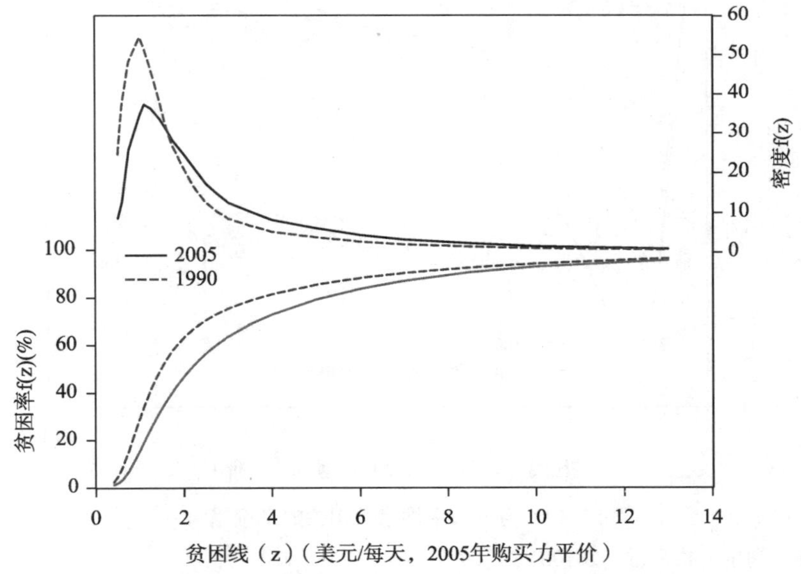

图 7. 12　1990 和 2005 年发展中国家的分布情况

资料来源：马丁 · 拉瓦雷（2010b）。

① 见马丁 · 拉瓦雷（2009）。

② 见马丁 · 拉瓦雷（2010b）。

尽管所有的贫困线都显示了贫困的减少（图7.12的下半部），但很明显，这并不是简单的向右位移。实际上，在此期间，每天生活费用大约1.00美元这种模式几乎没有变化。从1990年到2005年，平均值和中位数都有所增加，其中平均值从每天3.14美元增加到3.94美元，中位数则由每天1.47美元增加到2.13美元。我们没有看到一个简单的向右位移，而是看到了一个明显的“聚集”现象，这是由于密度函数从每天生活费用略低于2美元改变为每天生活费用略高于2美元，大部分收入在每天2美元至6美元之间。

很明显，在发展中国家激增的中产阶层中，只有很少的一部分是由于其“中上阶层”，即生活在发展中国家最高贫困线以上，但仍低于美国的阶层。1990—2005年间，发展中国家每天生活费用在9~13美元之间的人口比例从3.1%上升到4.3%，人数从1.39亿上升到2.33亿。新加入中产阶层的12亿人中，只有9500万人进入了这个上层社会。

图7.13显示了美国贫困线以下不同贫困线上的贫困率下降的程度。可以看出，贫困率下降的峰值大约在每天生活费1.5美元附近（几乎正好是1990年的中位数）。在每天生活费6美元及以上的贫困线上，对贫困率下降的影响低于5%。密度函数的变化在一定程度上反映了平均值的总体正增长和分布变化。

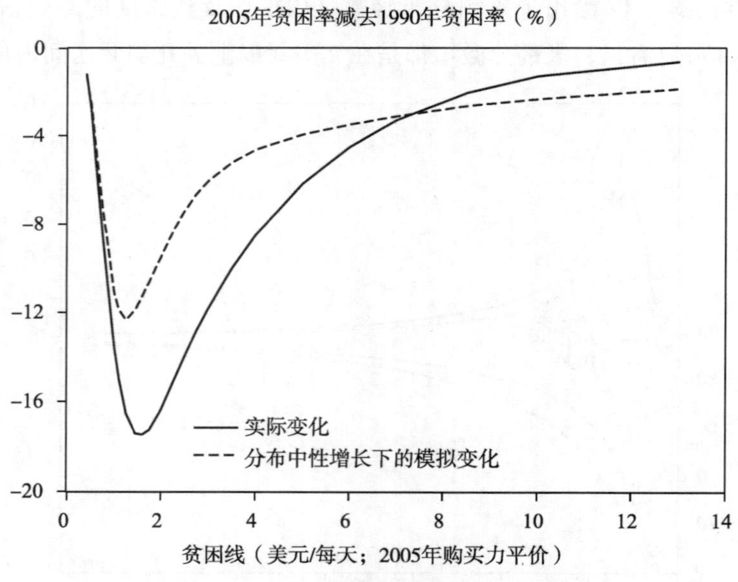

图7.13　与分布中性增长相关的激增趋势

资料来源：马丁·拉瓦雷（2010b）。

评估分布变化对“激增的中产阶层”贡献的一种自然方法是为第二个日期构造一个反事实，其中洛伦茨曲线相对于基准日期没有变化，但总体增长率与数据中观察到的相同（这与专栏5.14中讨论的将贫困指标的变化分解为“增长”和“再分配”部分一致）。图7.13显示了分布按1990—2015年间平均比例增长水平平移时对贫困的影响。也就是，所有 1990 年收入水平都以相同的增长率扩大，而相对分布则保持在 1990 年的水平上。

比较图 7.13 中的两条曲线，可以明显看出，根据发展中国家的标准判断，相对分布的实际变化对贫困产生了重大影响。在反事实的情况下，我们会看到低贫困线的贫困影响较低，而高贫困线的影响较高。当相对于这个反事实评估时，激增的中产阶层一开始低于 2005 年中位数，这种局面一直持续到每天生活费用约 8 美元时发生转折。如果我们将激增定义为实际分布和反实际分布之间的差距超过 2 个百分点，那么它横跨每天生活费用 1.00~5.00 美元的区间，包含有发展中世界 63%的人口（1.25~5.00 美元区间包含有 53%的人口）。如果我们将激增定义为差距超过 6 个百分点，那么区间将缩小到每天生活费用约 1.50~3.00 美元（或中位数大约 0.6 到 1.4），有 30%的人口处于这个区间上。

当关注重点为每天生活费用 2 美元线时，实际增长过程意味着 1990—2005 年贫困率下降了 25.8%（按比例）。[①] 与调查平均数相比，减贫的隐含增长弹性为-1.0（回顾第 5.6 节关于这种弹性）。相比之下，反实际增长过程导致每天生活费用 2 美元的贫困率下降 15.0%，弹性为-0.6。弹性随贫困线的变化而显著。图 7.14 给出了 2005 年贫困率在整个贫困线平均保持相对分布常数方面的弹性。在低贫困率时，弹性急剧上升，从每天生活费用 2 美元时的约 1.0 上升到每天生活费用 1 美元时的约 3.0。

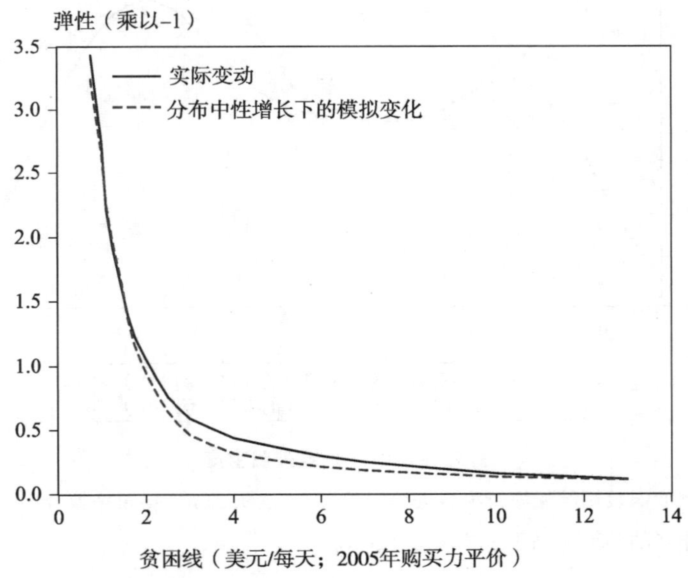

图 7.14　贫困率对分配中性增长的弹性

资料来源：本书作者的计算。

图 7.14 还给出了如果 1990—2005 年的增长对整个发展中国家的分布是中性的，那么

① 见马丁·拉瓦雷（2010b）。

2005 年将获得的弹性。分配的变化提高了所有贫困线的弹性，但只有每天生活费用超过 2 美元才显著。发展中国家的总体增长过程显然比分配中性增长所表明的更有利于穷人。

因此，“激增的中产阶层”可以被视为发展中国家总体经济增长模式的一种迹象，这种模式有利于穷人。中国和印度的高增长率在整个发展中国家的中等收入增长中发挥了重要作用；事实上，仅中国就占了 1990—2005 年 12 亿中产阶层新进入者的一半。① 尽管中国和印度在总体结果中占据了很大的比重，但在大约 70%的发展中国家，中产阶层的激增是显而易见的。

在中产阶层的相对规模上，各国之间存在明显的双峰分布，这在图 7.15 中的密度函数中很明显。以 40%的份额为分界点，最近一次调查有 30 个国家处于较低模式，69 个国家处于较高模式；最早一次调查的相应计数为 42 和 57。随着时间的推移，密度函数向上变化，而不是向下变化。

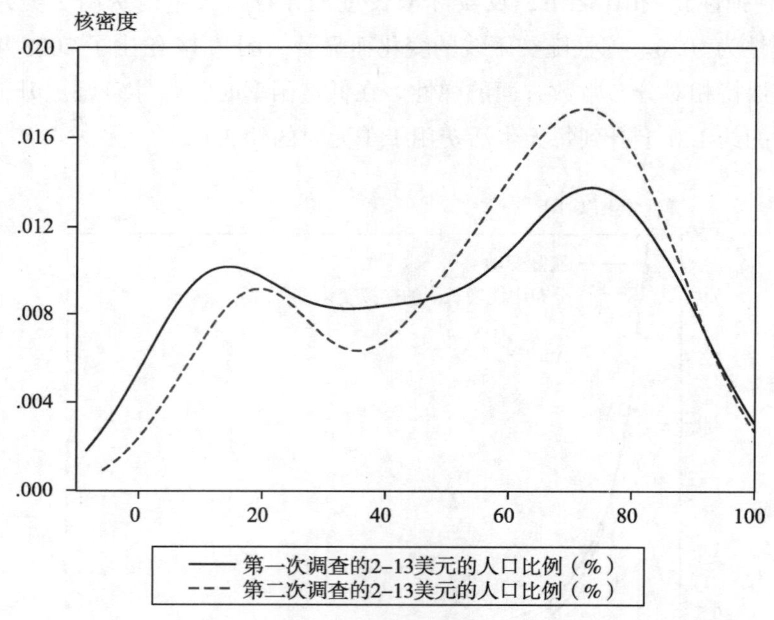

图 7.15　中产阶层人口密度

注：非参数密度函数用叶帕涅奇尼科夫核函数（Epanechnikov kernel）拟合。

资料来源：作者的计算（马丁·拉瓦雷，2010b）。

根据中产阶级规模大小，现在可以在发展中国家中发现截然不同的两种国家类型，撒哈拉以南非洲主要属于后者，即中产阶级规模较小。

① 见马丁·拉瓦雷（2010b）。

7.3 城乡贫困测度问题

在富裕国家，城乡之间的贫困率通常没有太大差别。例如在美国，2012 年的官方贫困率是城市以外地区为 18%，而城市地区为 15%，尽管在市中心地区上升到 20%。① 采用新的局部相对指标（专栏 4.4），2012 年农村地区的贫困率更低；城市以外地区的贫困率为 14%，而大都市内部为 16%，市中心为 21%。

在发展中国家，随着时间的推移，人口越来越城市化，反映出人口流动、城市扩张和村镇增长，贫困的城乡层面更加突出。在政策制定者和整个发展界提出的关于贫困的问题中，人口城市化是一个突出的问题。农村地区和城市地区的贫困人口比例是多少？贫困人口向城市地区转移的速度有多快？不久前，解决这类问题的数据还很少，但现在数据问题已经改进了。即便在 15 年前，我们还无法获得发展中国家设计合理且执行良好的住户调查数量，这在很大程度上要感谢世界各国统计机构的努力以及捐助界和国际发展机构的支持。尽管许多数据问题仍然存在，但我们对世界贫困问题的认识有了不可否认的进步。

在上一节，我们研究了以每天生活费用 1.25 美元和 2 美元的国际贫困线为基础的贫困测度结果，并用购买力平价换算成本币。购买力平价没有提供城乡之间的生活成本差异，如专栏 7.1 所示，价格调查通常是“城市偏向”。专栏 7.3 讨论了中国的一个例子。要对城乡进行细分，可以根据国家购买力平价和国家层面城乡贫困线之间的差异计算城乡购买力平价。关于穷人面临的生活成本差异的现有最佳数据是世界银行的国别贫困评估（*Poverty Assessments*，PAs），这些是世界银行国家层面分析工作计划的核心报告。②

专栏 7.3　国际比较项目中中国购买力平价的城市偏向

在 2005 年国际比较项目（见专栏 7.1）发布之前，中国的全球收入和贫困计算是基于 1993 年的购买力平价估算的，而不是基于 1993 年的价格调查，因为中国没有参与 1993 年国际比较项目，中国只有旧的（1986 年）购买力平价的更新版本。因此，中国 2004 年的贫困水平估算是建立在差不多 20 年前的购买力平价基础上的。即便那时，也没能从国际比较项目中得到。

有鉴于此，世界银行（2008b）根据 2005 年国际比较项目价格调查对 2005 年中国

① 见凯瑟琳·肖特。Short，Kathleen. 2013. “The Research Supplemental Poverty Measure：2012.” Current Population Reports，P60-247，US Census Bureau.

② 每份报告都描述了该国的贫困程度及其原因。为了显示一个典型的贫困评估的规模，平均成本约为 25 万美元。当我们考虑到贫困评估现在已经在 100 多个国家实施时，我们可以看到，这是对了解全球穷人的知识的巨大投资。

购买力平价的估计，无疑是重要的新数据。中国首次参与国际比较项目的结果引起了相当大的关注，因为这些结果表明，2005 年中国经济比我们想象的要低 40%。例如，当时有一位观察家声称，中国的新购买力平价使该国增加了 3 亿贫困人口。一些观察家进一步声称，随着时间的推移，新的购买力平价让人对中国乃至全世界在消除贫困方面取得的进展产生了质疑。

所有这些都要求对中国 2005 年的购买力平价及其对中国贫困程度的影响以及中国在消除贫困方面取得的进展进行更仔细的审查。陈少华和马丁·拉瓦雷（2010b）集中关注世界银行发布的 2005 年消费购买力平价（2008b）的影响。他们的分析将 2005 年国际比较项目的结果与国家统计局（National Bureau of Statistics，NBS）根据其住户调查提供新的发展中国家的国家贫困线汇编以及中国消费和收入分布表结合起来。

仔细研究中国的购买力平价并不意味着它对中国贫困程度的影响（按国际标准测度）就如一些观察人士随口建议的那样显著。有鉴于此，中国贫困人口增加 3 亿的数字显然是一种严重的夸大，因为它忽略了 2005 年国际比较项目价格调查不能代表中国农村生活成本的事实，那里的价格明显低于城市地区。按照“贫困”在低收入国家意味着什么的标准来测度，被视为贫困的人口并没有增加 3 亿；陈少华和马丁·拉瓦雷计算得出，以消费测度，这个数字更接近 1.3 亿。

当然，不可否认，这是我们对中国贫困状况评估的一次较大的向上调整。考虑到中国在 2005 年之前从未同意参与国际比较项目，因此，此前对中国非国际比较项目来源的购买力平价的估计如此离谱，可能也就不足为奇了。这重申了全球参与国际比较项目的重要性。

即使没有陈少华和马丁·拉瓦雷的计算，很明显，单是新的购买力平价，并不能像一些观察家声称的那样，随着时间的推移，对中国的脱贫进度向下修正。这是因为实际增长率不受购买力平价变化的影响，正是中国的高增长率推动了减贫。鉴于同一增长率可能对贫困人数的变化产生不同的影响，取决于贫困的初始水平，人们很可能发现更大的进展。这确也是陈少华和马丁·拉瓦雷按照 2005 年购买力平价和新的国际贫困线每天生活费用 1.25 美元，估计中国的贫困指标时发现的事实。

通过估算原始数据中的所有内容，可以确保相对较高的内部一致性（与其他分布数据汇编相比）。但当然也有一些无法解决的可比性问题。其中一个令人担忧的问题是，不同的国家对“城市”和“农村”有不同的定义。另一个令人担忧的问题是，城乡生活成本可能因收入不同而有所不同，因此贫困评估为中等收入国家提供的差距可能不适合国际贫困线。另一个数据问题是，贫困线的非食品部分通常是根据城市和农村地区的食品需求行为分别确定的。根据可用的数据，在实践中发现了一些不同的方法。即使采用完全相同的方法，城市和农村地区之间的食品需求行为也可能有所不同，这与生活水平的比较关系不大（如第3章所述）。

对于这些数据问题，我们无能为力。尽管获得的精确估计值取决于测度假设，但没有明显的理由期望以这种或那种方式存在系统偏差。

平均而言，城市贫困线比农村贫困线高出30%左右。贫困国家也有城市贫困线与农村贫困线比率较高的趋势。随着各国的贫困程度降低，鉴于运输基础设施和内部市场一体化趋于改善，这是可以预期的。

即使考虑到城市贫困人口面临的更高生活成本压力，人们也会发现“每天生活费用1.25美元”的农村贫困率高于城市贫困率。2008年，31%的农村贫困率是城市贫困率的两倍多（见表7.1）。发展中国家大约3/4的穷人仍然生活在农村地区。我们还看到，随着时间的推移，贫困正在变得更加城市化。城市地区每天生活费用1.25美元的穷人所占比例从1990年的18%上升到2008年的25%（同期城市人口所占比例从37%上升到46%）。即便如此，大多数穷人还需要几十年才能生活在城市地区。尽管目前联合国的人口预测显示，2030年60%的发展中国家人口将生活在城市地区，但预计到2030年，将近40%的穷人将生活在城市地区。①

表7.1　城乡贫困率

	城市人口比例（%）		城市中贫困人口比例（%）		贫困率（每天生活费用低于1.25美元）					
					农村	城市	合计	农村	城市	合计
	1990年	2008年	1990年	2008年	1990年			2008年		
东亚和太平洋地区	29.4	46.3	13.1	16.4	67.5	24.5	54.9	20.1	4.6	12.9
欧洲和中亚地区	63.0	63.9	39.5	24.7	2.2	0.9	1.4	1.5	0.3	0.7
拉丁美洲和加勒比地区	70.3	78.1	45.6	44.6	21.0	7.4	11.5	13.1	3.0	5.2
中东和北非地区	51.7	58.2	17.9	22.0	9.1	1.9	5.4	4.1	0.8	2.2
南亚地区	25.0	29.9	20.9	24.8	50.5	40.1	47.9	39.0	30.2	36.3
撒哈拉以南非洲地区	27.9	35.2	22.6	30.1	55.1	41.5	51.3	48.4	38.3	44.9
总计	36.8	45.5	17.9	25.1	52.5	20.5	40.3	30.8	13.2	21.5

资料来源：作者在陈少华和普雷姆·桑格拉（Prem Sangraula）的协助下进行的计算。

穷人的城市化速度快于整个人口，反映出城市减贫速度低于平均水平（表7.1）。鉴于消除农村贫困方面取得了迅速进展，人们对这一发现的关切应已缓解。在1990—2008年间，城市地区每天生活费用1.25美元的贫困人口从3.2亿下降到3.1亿，降幅只有1000万。而农村贫困人口减少了5亿多（从1990年的14.64亿下降到2008年的9.26亿）。

---

① 基于马丁·拉瓦雷等人（2007）的研究结果。

在这些方面，还有一些明显的地区差异。拉丁美洲近一半的穷人生活在城市地区，尽管仍然低于城市人口在总人口中所占的份额（表7.1）。相比之下，不到20%的东亚穷人生活在城市地区。在区域一级，贫困城市化的总体格局也有例外；确实，尽管东欧和中亚的贫困率总体较低，但有迹象表明该区域有贫困农村化的迹象。

7.4 全球贫困测度问题

上两节集中讨论了发展中国家的绝对贫困问题。当我们把全球作为一个整体来考虑时(包括富裕国家)，就不得不转向相对贫困，正如本书第二部分所讨论的那样。

对标准贫困指标的不满

关于许多事物的观点似乎在全球范围内趋同，但仍有一个重要的主题，两种截然不同的世界观仍然共存，它们之间的交流很少，这个问题就是贫困问题。"高收入"的富裕国家大体上对贫困的含义保持高度相对的认识，强调在居住地相对收入的分布。相反，发展中国家认为贫困是绝对的，这意味着对商品拥有同样支配权的两个人无论居住在哪里都应受到同样的对待。以下讨论纳入相对贫困，提供了一个全球视角。

有理由对绝对贫困的标准指标表示不满。在发展中国家，贫困意味着什么的观念正在改变。例如在2011年，中国将其贫困线从每天生活费用0.9美元增加到1.80美元（按2005年购买力平价计算）。在过去的30年左右时间里，中国的平均贫困线已经翻了四倍，因此提高其实际贫困线并不奇怪。包括哥伦比亚、印度、墨西哥、秘鲁和越南在内的其他国家，最近也这样做了。

发展中国家对基于低"生存"线的标准问题的不满，根源在于这些标准没有考虑到世界各地人民所面临的相对剥夺、羞辱感和社会排斥问题，如第3章所述。人们早就认识到，由于这些原因，福利空间中的绝对线要求对应一条消费方面的相对线。[①] 消费或收入空间中的绝对线忽略了这种"社会效应"，而是假设一旦知道一个人的消费水平，他住在哪里并不重要。这种假设很难合情合理。因此，绝对收入线可能不符合各国的共同福利水平。在某种程度上，"贫困"意味着低水平的福利，而福利取决于相对消费以及自身消费，于是富裕国家将需要更高的贫困线来达到同样的绝对福利水平。

在描述"全球贫困"时，整个世界是否可以转而采用在西欧和经合组织流行的相对贫困指标？[②] 回想一下，它们使用的是与当前平均值或中位数（见第4章）成比例（通常约

① 见阿马蒂亚·森（1983，1985b）中的讨论。

② 相对贫困线的例子包括安东尼·阿特金森（1998）、欧盟统计局（2005）、布莱恩·诺兰（2007）和经合组织（2008，第5章）。

为一半）的强相对集。① 直到最近，这种方法在西欧以外的国家仍未引起太大兴趣。② 正如第 4 章所讨论的，这些相对贫困指标有一个特点，使人怀疑它们在发展中国家的适用性。特别是，它们忽略了这样一个事实，即避免相对剥夺和社会排斥的成本不能降到零，而必须有一个正的最低限度。在捕捉贫困对发展中国家意味着什么这方面，采取强相对贫困线是值得怀疑的。

因此，如果要对贫困问题采取真正的全球视角，我们似乎需要一种新的测度贫困的方法。如第 4 章所述，本节适用贫困方法的"弱相对"概念。这有助于对一些问题持有新的认识。如果我们认真对待生活在富裕国家的人们需要更高支出来维持一定的生活水平的想法，那么富裕国家的贫困率是否仍然较低呢？在当今的发展中国家，相对贫困有多重要？这种情况是如何改变的？这与高收入国家（high-income countries，HICs）相比如何？对相对贫困问题更为重视的发展政策意味着什么？

与全球相关的贫困指标

在测度全球贫困方面，我们可以做得比"两个世界"各自青睐的任何一种方法都好，同时仍然认真考虑社会对福利的影响。这要求我们修改通常的相对贫困概念，使之与第 4 章所讨论的贫穷国家和富裕国家相关联。相对较弱的指标旨在以一种一致方式在各国之间获取社会包容的成本（专栏 4.9）。通过这种方法，如果一个人是绝对贫困或相对贫困的，则被视为贫困，后者的概念旨在允许相对贫困和社会包容的成本，同时确保绝对需求得到满足。③

由此产生的指标被称为"弱相对"贫困指标，以区别于过去的强相对贫困指标，在这些方法中，贫困线被设定为平均数的固定比例。与强相对贫困指标测度方法不同，新指标在全部收入增加相同比例时就会下降；这直接意味着要求社会包容的成本下限为正。因此，与以往的指标相比，新指标实质上更重视平均增长。与绝对指标相比，新指标对收入不平等（相对于平均增长）的权重也更高。④

在实施这一理念时，我将使用每天生活费用 1.25 美元（2005 年价格）的绝对贫困线，而相对贫困线随着国家和特定年份的调查而上升，每天生活费用 1.25 美元以上，梯

---

① 欧盟（欧盟统计局）的贫困线定为全国平均等价收入的 60%。

② 克里斯托弗·加洛威和胡安·拉蒙·德莱格莱西亚为发展中国家提供了此类相关问题。Garroway, C., and de Laiglesia, J. R. 2012. "On the Relevance of Relative Poverty for Developing Countries." OECD Development Centre Working Paper 314. Paris：OECD.

③ 这建立在安东尼·阿特金森和弗朗索瓦·布吉尼翁（2001）提出的方法的基础上，但关键区别在于，陈少华-马丁·拉瓦雷的方法允许社会包容的成本下限为正值。

④ 为了说明最后一点，假设从绝对贫困的角度来看，政府对让不平等增加一定数量和增加平均数量 ΔM 之间的关系没有差别。修正 ΔM，如果政府转向新贫困指标，让贫困线适应新的生活方式，那么不平等将能接受多少。陈少华和马丁·拉瓦雷（2013）表明，如果国家改用新指标，那么在使用绝对指标时增加的不平等只有 1/3 是可以接受的，其他所有结果都保持不变。

度为 1：2。弱相对贫困线为：

$$Z_{it} = \$1.25 + 0.5max(M_{it} - \$1.25, 0)$$

其中 M_{it} 表示在日期 t 时国家 i 的调查均值。该贫困线与国家贫困线的跨国数据非常吻合。事实上，它的参数与分段线性表的经济计量估计所隐含的参数非常接近（最初是平滑的，然后在某个点上线性上升，该点和斜率都被视为估计参数）。①

图 7.16 分别给出了全球和高收入国家以及发展中国家的平均贫困线。② 就全球而言，2008 年的日均收入为 5.88 美元，高于 1990 年的 4.45 美元。当然，考虑到平均消费水平较高，高收入国家的贫困线明显较高。2008 年，高收入国家的平均贫困线为每天生活费用 23 美元，是发展中国家的八倍。

贫困线对高收入国家均值的弹性与强相对贫困线所对应的极限情形非常接近。实际上，高收入国家的均值（和中位数）弹性为 0.97（而发展中国家的均值弹性为 0.67）。所以对于高收入国家来说，这与更熟悉的强相对贫困线非常接近，这意味着它们在很大程度上依赖于相对分布。

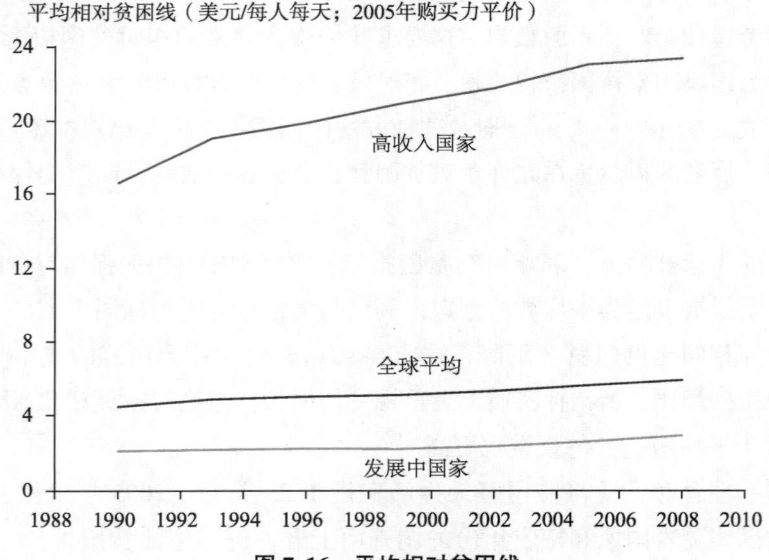

图 7.16　平均相对贫困线

资料来源：作者根据马丁·拉瓦雷（2012b）编制的数据计算得出。

这些差异对发展中国家最为重要。最贫困的 15 个国家相应的强相对贫困线的平均值（定为平均值的一半）为每天 0.64 美元，仅为每天生活费用 1.25 美元的一半。平均水平最低的国家的贫困线是每天生活费用 0.38 美元，这几乎是难以想象的低生活水平。类似地，

① 见陈少华和马丁·拉瓦雷（2013）。

② 还请注意，这些平均线纯粹是为了说明目的，它们没有分析作用，因为贫困线是在国家层面计算的。

一项研究提出的一个全球相对线设定为中位数的 50%。[1] 这使得贫困线远远低于低收入国家，甚至可能低于中等收入国家的贫困线。[2] 尽管在非常富裕的国家，强相对线可能是有意义的，但它们无法合理地反映世界上最贫穷者的社会包容需求，甚至他们的基本生存需求。

解读全球相对贫困指标：两个界限

有两种方法可以解读这些相对贫困程度较低的指标。第一种解读是最简单的：即若要不被视为“穷人”，一个人既不能绝对贫困（每天生活费用 1.25 美元的标准），也不能按特定居住国和时间的典型标准贫困。“特定国家的典型情况”这一资格确认，使用的是基于模型的预测线。即使一个人在拥有实际贫困线的时候使用实际贫困线，最终也会在几乎所有地方使用预测值。[3]

根据第二种解读，估计一条与全球相关的贫困线，在福利空间是绝对的，但在商品空间是相对的。如果我们认为福利既取决于“自己的收入”，也取决于国家收入和特定时间的平均收入，那么福利方面的绝对线必须是平均收入方面的相对线（参见第 4 章）。同样，如果我们认为社会包容成本随国家的平均收入和一个人的居住时间而变化，那么，解决贫困的真正绝对的方法就是低福利水平，且需要相对线。

第二种解读有一个重要的注意问题。定义贫困的福利标准在富裕国家和贫穷国家之间可能存在很大差异，并随着时间的推移会在不断增长的经济体中演变。这可能导致较富裕国家的以货币测度的贫困线更高，即使这对个人福利没有社会影响；反之，则是福利的参照水平随着平均收入上升，即福利的参考水平随着平均收入而上升。因此，我们无法从经验上区分由不同社会规范引起的贫困线差异和因社会对福利的影响而产生的贫困线差异。

这模糊了所有相对贫困线的福利解释，无论是弱相对还是强相关。社会对福利的影响无疑在起作用，但基本福利规范的差异也在起作用。如果有人认为较富裕国家的贫困线较高这一事实在很大程度上反映了社会对福利的影响，那么相对贫困线是有意义的。如果一个人认为这种差异主要源于社会规范，那么他就不那么倾向于接受相对线。尽管富裕国家可以自由地使用较高的参照福利水平来界定贫困线，但这并不意味着我们应该在进行全球贫困比较时这样做，这大概应该基于道德理由适用一个共同的福利标准。因此，可以认为，必须考虑绝对贫困指标及其弱相对贫困指标，它们可以被解释为符合全球共同福利水平的贫困线的下限和上限。

---

① 见克里斯托弗·加洛威和胡安·拉蒙·德莱格莱西亚（2012）。

② 这从克里斯托弗·加洛威和胡安·拉蒙·德莱格莱西亚（2012）的图中可以明显看出，尽管他们没有评论这一点。

③ 陈少华和马丁·拉瓦雷（2013）估计了 120 个国家每 10 年的贫困指标。他们在一个日期为大约 75 个国家设置了贫困线。这意味着有 94%的“实际”日期特定国家贫困线的数据丢失。

真实的全球贫困线

我们现在根据上述弱相对贫困线来考察世界上有多少贫困人口。

假设高收入国家的绝对贫困率（每天生活费用 1.25 美元）为零。根据调查数据进行的计算表明，这是合理的，尽管我们必须承认，使用标准的住户调查来测度这种极端贫困的程度存在局限性。例如，很难对无家可归者进行抽样调查。

为此目的，本章汇总的计算使用了近 150 个国家的近 1000 个住户调查，其中 21 个是高收入国家。[①] 最近一年，这些调查代表了大约 90%的人口，而这一比例对于发展中国家和高收入国家来说几乎相同。调查数据可以追溯到 20 世纪 70 年代末，但是（自然地）覆盖范围越大效果就越差。因此我们从 1990 年开始。[②] 对于发展中国家，数据库可在 PovcalNet 网站上查阅。对于高收入国家，数据库来自卢森堡收入研究所。所有相关的汇率换算均采用 2005 年国际比较项目家庭消费的购买力平价。[③]

这些基础调查（underlying surveys）之间存在着无法纠正的差异。一个例子是，当我们使用大约 2/3 的发展中国家的消费数据时，我们被限制使用来自高收入国家的调查收入（包括自给性农产品的消费估算值）。家庭可支配收入来自卢森堡收入研究所的数据库。这通常意味着比消费有更高的平均值。然而，就相对贫困的比较而言，更重要的区别在于收入往往具有更高的不平等。收入的跨时期变化往往大于消费的变化，这在一定程度上是可以平滑的（高收入国家的累进所得税制度将有助于稳定可支配收入，但我们仍然可以预计，随着时间的推移，累进所得税制度的变动性将大于消费）。与对高收入国家进行的消费调查情况相比，可以预期，这一差异将导致人们高估高收入国家的相对贫困率。

图 7.17 显示了从 1990 年到 2008 年，上述各项指标每三年间隔的变化情况。表 7.2 给出了贫困人口的确切数据和人数。“真实的”全球贫困率将绝对贫困（根据最贫穷国家的贫困线判断）与社会包容需求（根据所生活国家的典型贫困线判断）结合起来。它代表了无论是富裕还是贫穷的所有国家。

我们在图 7.17 中看到，全球贫困率从 1990 年的 50%稳步下降到 2008 年的 44%。但在这一基础上，我们看到发展中国家的绝对贫困率急剧下降，而高收入国家和发展中国家相对贫困率都在（微弱）上升，尽管对于高收入国家来说，相对贫困率上升的幅度较小。高收入国家和发展中国家的总体贫困率也有明显的趋同迹象；1990 年，发展中国家的总体贫困率（绝对贫困率加上相对贫困率）要比高收入国家高出三倍，但到 2008 年这一数字已下降到高出两倍。

---

① 有关数据的更多详细信息，见马丁·拉瓦雷和陈少华（2013）。

② 陈少华和马丁·拉瓦雷（2010a，2013）采用了一致的方法。

③ 见世界银行（2008a，2008b），World Bank. 2008a. Comparisons of New 2005 PPPs with Previous Estimates. Revised Appendix G. Washington，DC：World Bank. World Bank. 2008b. Global Purchasing Power Parities and Real Expenditures 2005, International Comparison Program. Washington，DC：World Bank.

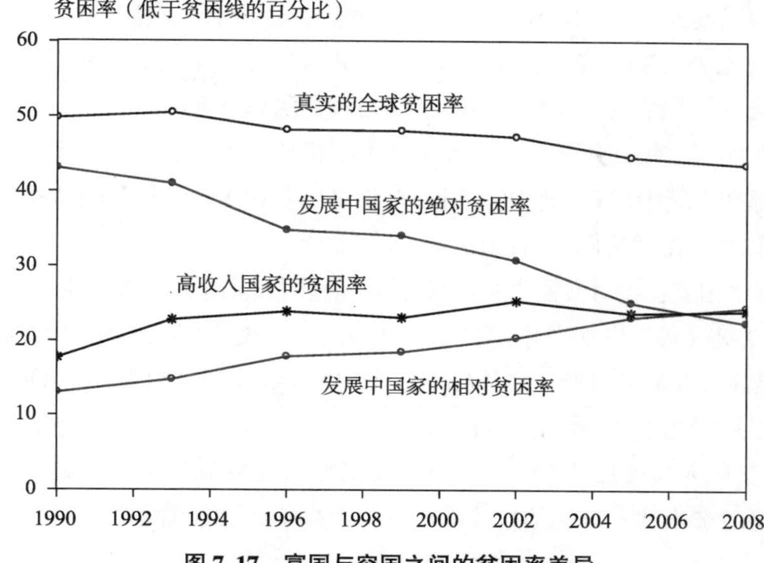

图 7.17　富国与穷国之间的贫困率差异

资料来源：本书作者计算。

表 7.2　1990—2008 年全球贫困数据

	1990 年	1993 年	1996 年	1999 年	2002 年	2005 年	2008 年
	贫困率（绝对或相对贫困人口的百分比）						
全球总计	49.8	50.5	48.2	48.1	47.3	44.6	43.6
高收入国家	17.7	22.8	23.9	23.1	25.3	23.7	24.0
发展中国家	56.0	55.7	52.7	52.6	51.2	48.2	46.9
其中绝对贫困	43.1	41.0	34.8	34.1	30.8	25.1	22.4
其中相对贫困	13.0	14.7	17.9	18.5	20.4	23.1	24.4
	贫困人口（百万）						
全球总计	2626.5	2786.5	2778.9	2887.7	2949.0	2883.4	2912.1
高收入国家	143.5	188.9	201.8	199.0	222.4	212.4	219.2
发展中国家	2483.0	2597.6	2577.1	2688.7	2726.6	2671.0	2692.9
其中绝对贫困	1908.6	1910.3	1704.0	1743.4	1639.3	1389.6	1289.0
其中相对贫困	574.4	687.3	873.1	945.3	1087.3	1281.4	1403.9
	贫困差距指数（%）						
全球总计	17.9	18.0	17.1	17.1	17.1	15.6	15.2
高收入国家	5.8	7.7	8.4	7.7	10.0	8.0	8.3
发展中国家	20.3	19.9	18.7	18.8	18.3	16.9	16.3

引人注目的结论是，相对贫困程度较低现在是发展中国家的一个压倒性问题。尽管发

展中国家的平均线仅为高收入国家的1/8，但2008年这两组国家相对贫困人口的比例大致相同，为24%（见表7.2）（如果有高收入国家的消费数据，那么我们有望采取较低的贫困数据，这将加强我们的结论，即发展中国家的相对贫困率更高）。

就贫困人数而言，按其所居住国家的典型标准测度，9/10的人口是贫困但并非绝对贫困的，现在都在发展中国家。发展中国家有92%的贫困人口，86%的纯相对贫困人口。

自1990年以来，全球贫困人口的构成发生了显著变化。图7.18给出了1990年和2008年的饼图。发展中国家在相对贫困中所占的份额一直在稳步上升。1990年，发展中国家的绝对贫困人口是19亿（每天生活费用不足1.25美元），发展中国家的相对贫困人口是6亿；其余约1.4亿是高收入国家的相对贫困人口。到2008年，全球贫困人口总数已增至29亿。

但我们可以从图7.18中看到，贫困人口构成发生了巨大的变化。绝对贫困人口减少到13亿，相对贫困人口增加到16亿，其中14亿生活在发展中国家。如今发展中国家中相对贫困但非绝对贫困的人口比例，几乎可以肯定高于高收入国家。

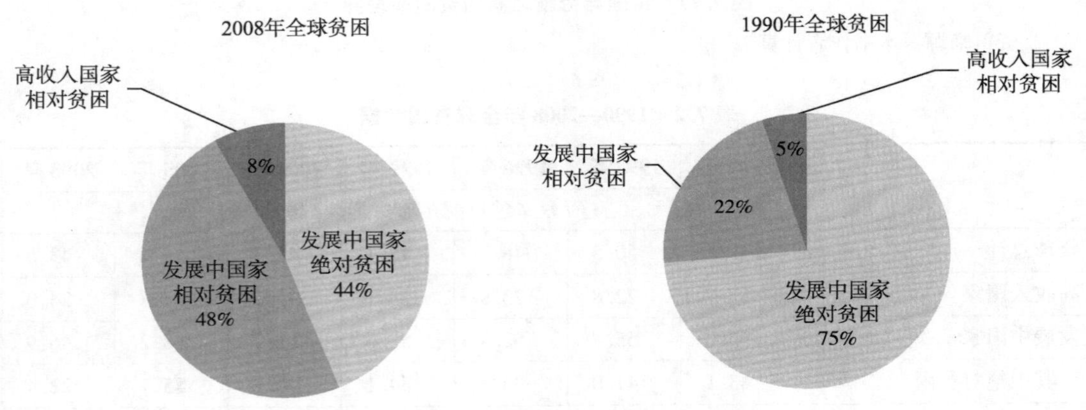

图7.18　1990年和2008年全球贫困人口比例

表7.2还列出了贫困差距指数（见第5章5.2节）。在这方面，我们也看到在发展中国家和高收入国家之间贫困率趋同的迹象：1990年至2008年期间，高收入国家与发展中国家的贫困差距指数之比从3.5降至2.0。实际上，收入差距比率（贫困差距指数与贫困率的比率）在两个世界之间完全趋同，2008年为0.35（高于1990年高收入国家的0.33，略低于发展中国家的0.36）。穷人的平均收入在发展中国家和高收入国家的相对贫困线中所占比例是相同的。①

发展中国家之间弱相对贫困的差异

到目前为止，我们把重点放在作为一个整体的发展中国家。图7.19给出了按区域划分

① 收入差距比率是贫困线与生活在贫困线以下的人口的平均消费或收入之间的差额。

的 1990 年和 2008 年贫困率。2008 年，撒哈拉以南非洲是绝对贫困率最高（48%）和总体（绝对加相对）贫困率最高（61%）的区域，而拉丁美洲是相对贫困率最高的区域。2008 年四个地区（拉丁美洲、中东和北非、东亚、东欧和中亚）的相对贫困率高于高收入国家。

1990—2008 年，各地区的相对贫困率都有所上升，而绝对贫困率则有所下降。2008 年高收入国家的相对贫困率高于 1990 年，但自 1990 年代中期以来一直在 24%左右波动，没有向任何方向发展的趋势（图 7.17）。东亚是唯一一个绝对贫困与相对贫困人口总数下降的区域，从 1990 年的 10.47 亿下降到 2008 年的 8.4 亿（图 7.20）。这几乎完全是由于中国，自 1990 年以来，中国的贫困人口减少了 2 亿多。在东亚其他地区和其他区域，贫困率的下降不足以减少贫困人数。南亚的穷人人数增长最多。这完全是由于相对贫困人数的增加；事实上，绝对贫困人数在这一期间是下降的（从 6.17 亿下降到 5.71 亿）。自 20 世纪 90 年代中期以来，高收入国家的贫困人口数量一直在 2 亿左右。

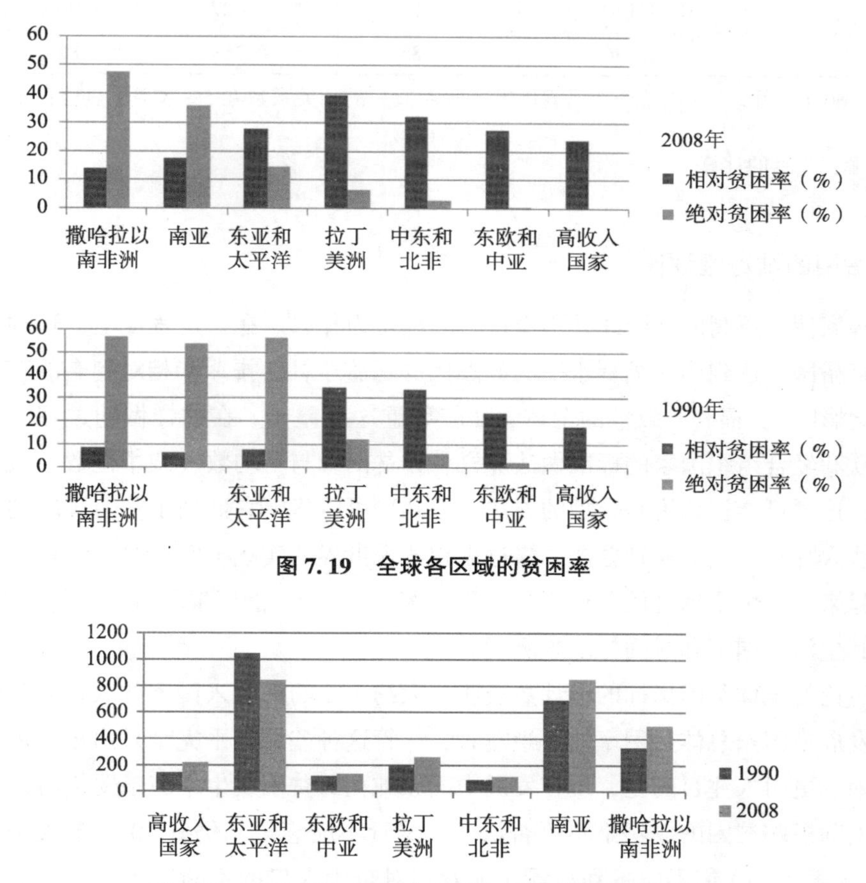

图 7.19 全球各区域的贫困率

图 7.20 1990 年和 2008 年全球各区域的贫困人口总数

我们将有兴趣看到，随着时间的推移，在我们所研究的各种贫困和不平等指标之间，发展中国家有多大程度的联动性，以及有多大程度的跨区域联动性。这可以通过研究随时间的变化来检验。表 7.3 给出了贫困和不平等指标变化之间的相关系数。我们发现，总体不平等的变化与上述（弱）相对贫困指标的变化之间存在显著的相关性（5%的水平）。绝对贫困的相关系数也为正，但不显著。因此，没有迹象表明这里存在“贫困不平等权衡”(poverty-inequality trade-off)，即更高的不平等将被视为更快减贫所需付出的“代价”。[①] 在发展政策的思考中，人们常常假定存在这样一种取舍，但证据并不充分。[②]

表 7.3　贫困和不平等指标变化的相关矩阵

	总体不平等（MLD）	国家间的不平等	国家内部的不平等	绝对贫困	相对贫困
总体不平等（MLD）	1.000	0.635	0.746	0.140	0.256
国家之间的不平等	0.635	1.000	-0.041	0.179	0.085
国家内部的不平等	0.746	-0.041	1.000	0.027	0.258
绝对贫困	0.140	0.179	0.027	1.000	0.866
相对贫困	0.256	0.085	0.258	0.866	1.000

注：$n = 60$（合并地区和年份）；大于 0.25（绝对值）的相关系数在 5%水平上显著；0.32 是 1%的临界值。

资料来源：作者的计算。

相对贫困的结论性评论

富裕国家使用更高的贫困线并不奇怪，问题是为什么。在一定程度上，这种差异可以归因于在富裕国家达到同一福利水平的额外代价（鉴于社会排斥和相对剥夺的存在对福利产生的社会影响），福利一致性的全球测度应尊重这些差异。在这样做的过程中，似乎不可能像西欧和经合组织国家的标准做法那样，让贫困线与平均数（或中位数）成正比。在富裕国家，这很可能被认为是合理的方法，但几乎可以肯定它低估了贫穷国家的社会包容需求。有些人呼吁采取另一种办法，将过去在两个世界的实践中发现的绝对和（强）相对指标联系起来。一个全球公民要想不被评为“穷人”，既不能以最贫穷国家的标准来测度，也不能以其生活的国家和时间标准来测度。

上面讨论的全球贫困指标的估计数表明，大约 1/4 的高收入国家的人口是贫困的。这仍然只有发展中国家总体贫困率的一半左右，尽管这种差异几乎完全是由于发展中国家存在绝对贫困。更引人注目的是，现在发展中国家纯相对贫困发生率高于发达国家。

全球消除极端贫困的成功是不可否认的，尽管不应忘记，仍有 10 亿多人每天生活费用不足 1.25 美元。人们不应感到惊讶，随着相对贫困人口的不断增加，这一成功也随之而来。现在有更多的人能够负担得起低收入国家贫困线背后的节俭消费，但他们还没能得

① 这与马丁·拉瓦雷（2005c）利用国家一级的数据随时间推移（包括中国）得出的结论相呼应。

② 见马丁·拉瓦雷（2005c）；第 8 章将讨论这一点。

到他们所生活国家特有的更为慷慨的社会包容性津贴。我们看到世界上绝对贫困人口的数量在下降，而相对贫困人口的数量在上升（图 7.21）。

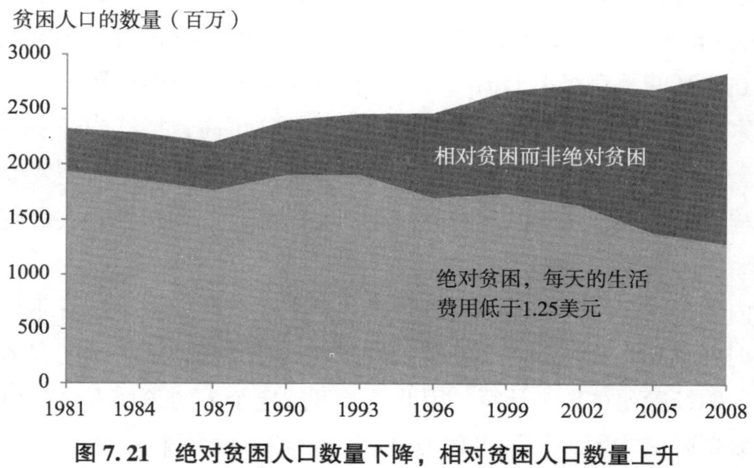

图 7.21　绝对贫困人口数量下降，相对贫困人口数量上升

值得注意的是，发展中国家相对贫困发生率现在超过了高收入国家。按世界上最贫困国家的标准生活在富裕国家的人很少是贫困的；但当人们采用一种贫困概念，试图允许社会排斥和相对剥夺与国家贫困线的结构保持一致时，人们还会发现，相对贫困和绝对贫困的绝大多数存在于发展中国家。

7.5　贫困与福利的非收入层面

除了在消除绝对贫困方面取得的进展外，全球在福利的重要非收入方面也取得了实质性进展。1990 至 2012 年间，全世界婴儿死亡率（是指婴儿出生后未满周岁死亡人数与出生人数的比率。一般以年度为计算单位，以千分数表示）每千名不满周岁的婴儿死亡人数从 63 人下降到 35 人（世界银行，2013）。同期，每千名 5 岁以下儿童死亡人数从 90 人下降到 48 人。出生时的预期寿命从 66 岁上升到 71 岁。[①] 自 1980 年以来，全球孕产妇死亡率也一直在下降。[②] 这是不可否认的进步，但这些总量掩盖了一些巨大差距，无论是随着时间的进步，还是在世界范围内的某一特定时间点。如今“低收入国家”（按世界银行分类）的婴儿死亡率是“高收入国家”的十倍；2012 年婴儿死亡率分别为 56% 和 5%。[③] 在发展中世界的主要区域中，撒哈拉以南非洲在大多数对健康敏感的指标上，尽管 2000 年以

① 后一个数据是 2011 年的，这是撰写本书时最新的可用估计数。World Bank. 2013. World Development Indicators. Washington，DC：World Bank.

② 见玛格丽特·霍根等人（Margaret C. Hogan，2010）。

③ 这些收入分类相当随意，几乎肯定已经过时，但这些收入分类已能满足当前分析的需要。

来也有像我们在贫困指标方面看到的那样有所改善（如图 7.11），但当前仍然表现最差。①

个人福利的许多方面都存在性别差距，妇女和女童往往处于不利地位。女童在早年似乎有短期的生理优势，但这种优势很快就会消失。到了上学年龄，这种不平等是显而易见的。② 这里也有好消息，我们看到在减少这些差距方面取得了进展。在许多发展中国家，性别差距尽管在较高的教育水平上仍然很大，但在小学入学率中正在缩小或消失。③

高收入国家在基本保健和教育这些方面的成就往往更高，持续的经济增长往往伴随着这些指标的改善。但是，与收入贫困一样，不能保证增长必然会为人类发展带来更好的结果；这在很大程度上取决于增长的利益如何在社会内部分配（包括在人之间与各种商品之间）。④ 第 8 章和第 9 章将讨论这些问题。

贫穷国家内部存在着巨大的差距，尽管这些差距在总量数据中是看不见的。一个统计数字（如出生时的预期寿命——一个新生儿在当前的死亡率模式下预期存活的年数）只能通过按年龄区分的经验死亡率来计算。因此，测度特定个人的预期寿命并以类似于根据消费或收入调查数据研究贫困和不平等的方式研究预期寿命的个人间分布是没有意义的。⑤ 尽管如此，比较不同人群的预期寿命或死亡率还是很有意义的，而且（在目前情况下）我们感兴趣的人群是由他们的收入或财富来定义的。

本节回顾了穷人和非穷人在非收入福利方面的差距的相关证据。⑥

学校教育与学习的经济梯度

穷人的受教育程度往往较低，贫困会损害他们在学校的学习能力。这是贫困长期存在的一个重要因素。本节将回顾支持这些说法的证据。现在有大量文献记录了富裕国家和贫穷国家的社会经济梯度。卢森堡收入研究院（2011 年更名为“LIS”）为发达国家提供了良好的服务，该研究促成了在多个国家的家庭收入、就业和其他特征的单元记录层面上创建和获取“统一”数据库。⑦ 卢森堡收入研究院和其他发达国家的数据来源为研究人员提供了描述健康和教育方面的社会经济梯度的数据。例如，一份针对 10 个富裕国家的研究数据汇总表明，儿童的认知能力与其自身和父母的教育程度之间存在正相关。⑧

---

① 见世界银行（2013）。

② 关于按性别划分的学校教育差异，见安妮·希尔和伊丽莎白·金（Anne Hill and Elizabeth King，1998）和世界银行（2001b）。世界银行（2011）数据显示，在缩小这些差距方面取得了进展。

③ 见世界银行（2011，特别是第 10 页图 3），World Bank. 2011. World Development Report：Gender Equality and Development. Washington，DC：World Bank.

④ 关于进一步的讨论，见苏迪尔·阿南德和马丁·拉瓦雷（Sudhir Anand and Martin Ravallion，1993）。

⑤ 关于这一点和其他差异，见阿马蒂亚·森（1993）中的讨论。

⑥ 迈克尔·利普顿和马丁·拉瓦雷（1995）回顾了 1990 年代中期之前发展中国家的文献，这里的讨论将集中在此后的成果上。

⑦ 从贫困和不平等分析的角度对 LIS 的概述和评价，见马丁·拉瓦雷（2014c）。

⑧ 见约翰·厄米希等人（John Ermisch et al.，2012）的“儿童社会经济梯度”（Socioeconomic Gradients in Childrens）。

由世界银行支持的国际收入分配数据库（International Income Distribution Database, I2D2）的目标是在全球范围内统一收集约600份具有国家代表性的住户调查数据。[①] 对这些数据的一项研究提供了对低收入者生活中一些非收入方面的有用描述（以每天生活费用1.25美元的贫困线测度，大约是最贫困人口的1/5）。[②] 全球每天生活费用不足1.25美元的人口往往受教育较少。贫困妇女的平均受教育年限为5.7年，"非贫困"妇女的平均受教育年限为8.6年。男性的相应数字是6.7年和9.0年。注意男女之间的教育差距，对穷人来说更大些。[③]

人口与健康调查（Demographic and Health Surveys, DHSs）是一个重要的数据来源，它提供了包括学校教育在内的一些非收入福利方面的社会经济差异。人口与健康调查不包括消费或收入数据。调查清单中确定的资产和耐用消费品的财富指数通常被用作财富的替代指标，效果良好。[④] 目前尚不清楚人口与健康调查财富指数反映实际财富或最广泛使用的生活水平指标即消费总支出（包括实物消费估算值）的程度，也不清楚人口与健康调查财富指数的可比价格在不同国家或不同时期有多大。不过，该指数目前已被广泛使用，用户群体似乎普遍对结果感到满意。[⑤] 目前，已有超过200项人口与健康调查覆盖了60多个国家，而且大多数国家已经计算出了财富指数。

人口与健康调查指出，来自贫困家庭的儿童受教育程度较低。世界银行的德翁·菲尔默长期以来一直在挖掘这些数据，并制作了一些有用的公共访问数据工具。图7.22使用的就是一个这样的工具。根据该资产指数，人口与健康调查提供了各国最富有和最贫穷的1/5人口（分别标注为5和1）的学业完成率。[⑥] 在15~19岁的那些人中有50%完成了小学学业的国家中，最富有的1/5家庭的完成率为76%，而最贫穷家庭只有24%。[⑦]

值得注意的是，社会经济教育差距是如何随平均数变化的。当平均数趋于1时，差距自然消失（图7.22）。但教育水平相对较低的国家呢？有时有人认为，从极低的入学率开始，普遍的教育扩张将倾向于加剧不平等。这取决于人们是否关注绝对不平等或相对不平等。如图7.23所示，我们从a图中看到，随着整体教育完成率的上升，最富有的1/5人口与最贫困的1/5人口的小学学业完成率的平均比例下降；但从b图我们可以看到，绝对差距呈倒*U*形曲线，差距先升后降，在转折点平均完成率为55%。大约2/3的观察点

---

① 在撰写本章时，I2D2还没有公开发布，但这一点有望很快改变。

② 见佩德罗·奥林托等人（Pedro Olinto et al., 2013）。

③ 我们将回来讨论佩德罗·奥林托等人（2013）研究的其他结论。

④ 这是由戴维森·格瓦特金等人（Davidson R. Gwatkin et al., 2000, 2007）开发的。遵循德翁·菲尔默和兰特·布里切特（Deon Filmer and Lant Pritchett, 1999）概述的方法。各种人口和健康变量的估计数也可在该网站上查阅，并且（对于更广泛的变量集）可在 http://www1.worldbank.org/prem/poverty/health/上查阅。

⑤ 德翁·菲尔默和兰特·布里切特（2012）使用资产指数与可行国家的人均消费量来比较社会经济梯度，并通过这两种方法在总体梯度上找到相似的结果。不过，在家庭排序上存在差异。

⑥ 见德翁·菲尔默（2014），Filmer, Deon. 2014. "Education Attainment and Enrollment around the World: An International Database." http://econ.worldbank.org/projects/edattain.

⑦ 这些数据是用与图7.23中数据拟合的平均数的三次函数估计的。两种情况下的标准误差都在1%左右。

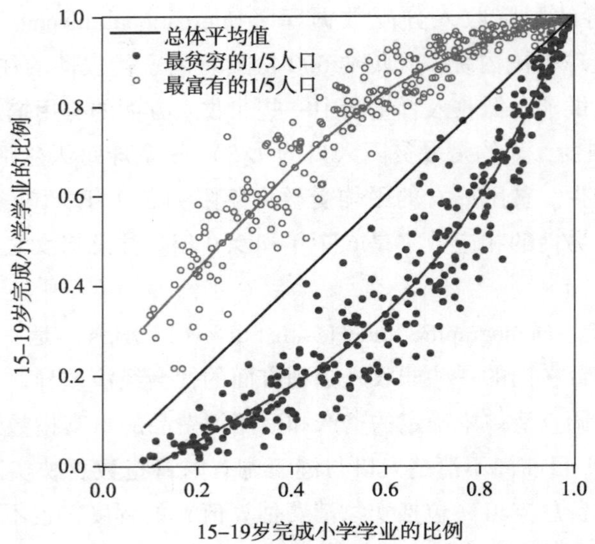

图 7.22　发展中国家最富有与最贫穷的 1/5 人口的小学学业完成率

资料来源：世界银行网站估计："世界各地的教育程度和入学人数"。

是在倒 U 形曲线的下降部分。我们将在第 9 章和第 10 章重新考虑这种倒 U 形关系的经济含义。

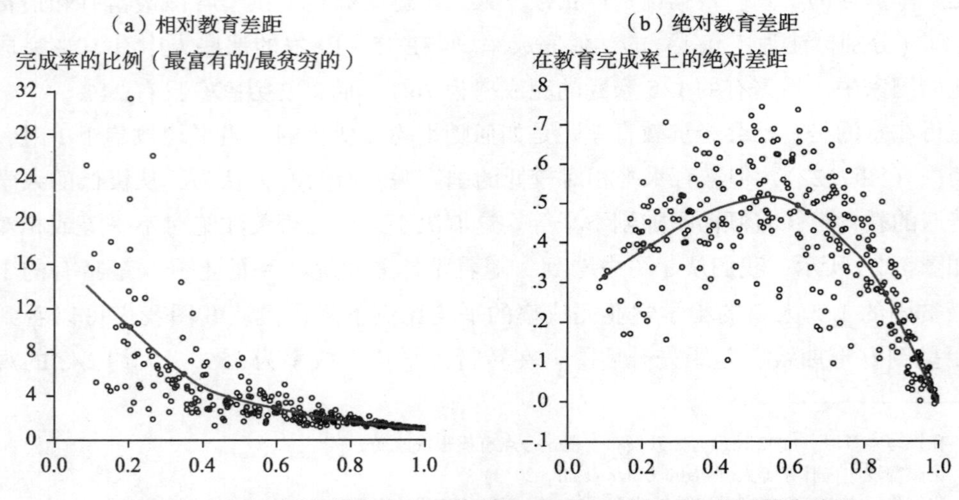

图 7.23　发展中国家最富有与最贫穷的 1/5 人口的相对和绝对教育差距

资料来源：本书作者根据图 7.22 的数据计算得出。横轴如图 7.22 所示。

当然，劳动收入不平等的影响取决于收入如何随教育而变化。在实证劳动经济学（empirical labor economics）中，通常假设劳动收入的对数与受教育程度呈线性关系，在这种情况下，随着教育规模的扩大，劳动收入的相对不平等也将遵循倒 U 形关系。这表明，为避免在教育水平较低的国家扩大教育规模时对不平等现象造成更大的压力，需要将教育收益的目标定为贫困家庭的儿童，或者（如果只有普遍增长才可能的话）在总体教育规模上实施潜在的大规模扩张，以便克服 b 图中的“驼峰”。

儿童早期发展中的社会经济差异对于理解贫困的代际持续特别重要。这种差异在学龄前儿童的测试中表现得很明显。皮博迪图片词汇测试（Peabody Picture Vocabulary Test）被广泛用于这一目的。即让孩子们看图片，并要他们识别哪个图片对应于测试者宣布的单词。一些国家的研究表明，富裕家庭和贫困家庭在幼儿期的测验结果存在很大差异。这些差异清楚地反映了富裕父母比贫困父母能为孩子投入更多的时间和资源。美国的一项研究发现，富有的父母在最初 6 年里，平均为每个孩子花 1300 个小时从事一系列“丰富多彩的活动”，如与父母交谈、上音乐课、旅行和夏令营。[①]

一些拉丁美洲国家（如智利、哥伦比亚、厄瓜多尔、尼加拉瓜和秘鲁）在幼年时期的能力方面存在财富差异。[②] 将每个国家分为城市和农村地区，根据财富指数，最贫穷的 25%家庭的 3 至 6 岁儿童与最富有的 25%家庭的同龄儿童之间的皮博迪测试分数差异在 0.5~1.2 标准差范围内，且均具有统计显著性。最贫穷的 10%家庭和最富有的 10%家庭之间的差异在 1.0~1.6 标准差范围内。布兰德-瓦哈卡分解法（Blinder-Oaxaca decomposition，见专栏 5.13）表明，75%~86%的测试分数差异是由财富差异造成的。与这一结论相一致的其他证据来自柬埔寨和莫桑比克，这表明影响范围不仅限于中等或高收入国家。这两个国家贫困家庭的幼儿都有相当大的认知延迟，且随着年龄的增长而上升。[③]

文献已经确定了儿童早期发展中的一些风险因素，其中大多数可能与贫困直接或间接相关。众所周知，孩子的入学准备、学习能力和在校表现取决于影响认知能力、社会情感能力和感官运动发育的家庭环境相关的先决条件。[④] 发育迟缓、缺铁和缺碘所表明的营养不良被认为是儿童发育的一个关键危险因素，同时还有认知刺激不足。与幼儿交谈有助于从小激发语言技能，培养日后的学习能力。美国有证据表明，即使在 18 个月之前，社会经济在语言熟练程度上也出现了梯度。[⑤]

即使贫困父母充分了解将时间和其他资源从幼年起投入到孩子身上的长期好处，他们也面临着取舍：当父母双方都需要长时间工作时，时间压力很大。花在孩子身上的时间越多，可用于工作的时间则越少，这意味着获取的食物越少，而食物对孩子们的发展也很重要。

很可能存在重要的反馈效应，即儿童早期的贫困对生产力和收入有着负面影响。长面

---

① 见梅雷迪思·菲利普斯（Meredith Phillips，2011），Phillips，Meredith. 2011. “Parenting，Time Use，and Disparities in Academic Outcomes.” In Greg Duncan and Richard J. Murnane，Whither Opportunity? Rising Inequality，Schools，and Children's Life Chances. New York：Russel Sage.

② 见诺伯特·沙迪等人（Norbert Schady et al.，2014）。

③ 见索菲·诺多等人（Sophie Naudeau et al.，2011）。

④ 见苏珊·沃克等人（Susan Walker et al.，2007）。

⑤ 这是由安尼·弗纳尔德等人（Anne Fernald et al.，2013）发现的，采用对儿童的纵向观察研究。

板数据显示，美国儿童早期能力的差异一直持续到有收入的时候。[①] 还有一些证据表明，发展中国家儿童在出生后的头几年里发育迟缓，对成年后的收入产生了不利的长期影响。[②] 儿童早年长期营养不良不仅会降低受教育程度，而且会导致成年后贫困的可能性更高。我们在第 8 章讨论贫困陷阱和持续贫困的其他来源时再回到这些主题，并在第 10 章讨论有针对性的干预措施时回到这些问题。

健康与营养的经济梯度

我们知道自 20 世纪 70 年代以来，一个国家的人均实际收入和健康指标与营养和健康之间存在着很强的相关性。[③] 一旦考虑到非线性因素，这种相关性就更为明显，即收入越高，贫困国家的平均健康状况就越好（第 9 章将回来评论这种关联的政策意义）。

在一个国家内部，穷人往往健康状况较差（精神和身体），更容易生病，因此面临较低的生存前景。父母贫困的孩子往往得不到多少保健。已有大量文献记录了这些社会经济梯度。许多工作都使用了横截面调查，例如在 LIS 或 LSMS（Living Standards Measurement Study）中的大多数调查。纵向研究不太常见，但提供了有价值的见解（回顾专栏 3.7）。例如，从 20 世纪 60 年代开始的英国纵向“白厅研究”（Whitehall studies）。这项研究想弄明白“职位高低与健康状况的关系”，于是对英国的公务员进行了长期追踪。很多人以为，越高层的公务员操心越多，健康状况应该越差；而低层公务员因为工作简单、不用加班，所以健康状况应该更好（而且英国还是一个高福利国家）。研究结果恰恰相反，职位越低的公务员健康状况越差，而且平均而言死得更早。由此人们对健康的社会经济梯度有了很多了解。[④] 被这项调研长期跟踪的伦敦男性公务员，在健康行为、死亡率和疾病率方面存在着明显的社会经济差异。

在贫困国家，健康和教育的社会经济梯度似乎更大。自 1990 年代中期以来，出现了一些新的数据来源，反映出住户调查可得性的巨大进展（如第 2 章所述）。其中许多调查的吸引力在于它们是多用途的，这意味着它们涵盖了家庭和个人情况的许多属性（包括与福利有关的指标）。通过获取微观数据（而不是一些分组形式的表格），人们可以看到多个福利指标的联合分布（joint distribution）。

人口与健康调查一直是健康和营养方面社会经济差异的重要数据来源。这些调查通常包括关于妇女和儿童健康和营养状况的详细模块（modules）。标准测度基于体重、身高和

---

① 杰弗里·赫克曼（2008）和埃里克·克努森等人（Eric Knudsen et al., 2006）认为，政策能否惠及贫困儿童将是美国未来劳动力生产率的关键。

② 见约翰·霍迪诺特等人（John Hoddinott et al., 2011）、约翰·霍迪诺特和杰尔·贝尔曼等人（John Hoddinott and Jere Behrman et al., 2013）以及约翰·霍迪诺特和哈罗德·奥德曼等人（John Hoddinott and Harold Alderman, 2013）。

③ 各国之间这种相关性的早期证明是塞缪尔·普雷斯顿（1975）和保罗·伊森曼（Paul Isenman, 1980）。

④ 白厅 II 期研究始于 1985 年，总部设在伦敦大学学院。http://www.ucl.ac.uk/whitehallII/research/findings.

年龄；成人年龄是自报，儿童年龄由父母提供，体重和身高通常是由调查人员实地测度的。在测度儿童的营养状况时，两种广泛使用的测度方法是身高体重（weight-for-height，看是否消瘦）和年龄身高（height-for-age，看是否发育迟缓）。消瘦通常是指一个孩子低于给定参考人群的平均身高体重的两个标准差。发育迟缓是指儿童低于参考人群的平均年龄身高两个标准差（参考人群通常基于美国 20 世纪 70 年代为营养良好的健康儿童建立的儿童生长曲线）。营养不良的时机是造成其福利后果的关键，特别是对长期生活水平的影响。在人生的最初几年里，身体生长（如肌肉量、体脂和身高）的损失通常不会恢复。①

人口与健康调查中一个广泛使用的成人营养状况指数是体重指数（body-mass index，BMI），② 用体重（千克）除以身高（米）的平方。这是对人体形状的粗略测度。判断体重不足成年人的体重指数临界值通常设定为 18.5。

人口与健康调查显示，1990 年以来，整个发展中世界的一系列营养和健康指标（如发育迟缓、消瘦、婴儿和儿童死亡率以及艾滋病流行率）都有了普遍改善，最贫困的 40%（根据财富指数）人口的进步与整个人口相似。③ 这也适用于改善健康的关键干预措施，包括免疫接种。并非所有国家都是如此；事实上，一些国家几乎没有或根本没有取得进展，穷人被落在后面。在一些国家，穷人的健康指标和干预覆盖率已经恶化。④

一些研究发现，对食品和营养需求的收入弹性相当低。⑤ 这可能是对营养状况的欺骗。在普遍存在营养不足的情况下，需求的低收入弹性与高营养充足弹性是完全一致的，因为在营养摄入方面小小收益也会产生很大的影响。⑥ 这不是一种简单的单向关系；当贫困造成营养不良时，会导致受影响者减少其活动水平，从而在贫困与营养不足的自我强化循环中减少了未来收入。⑦

即使我们尽可能地控制好收入，发展中国家体重不足和发育不良儿童的发生率也有很大差异。世界银行的亚当·瓦格斯塔夫（Adam Wagstaffe）进行的一项研究表明了这一点。他估计了人口与健康调查中各国儿童的健康统计数据，一个重要的转折点是，这些估计是在一个给定的（低）收入水平下进行的，即设定每天生活费用 1 美元。⑧ 体重不足儿童的比例差异很大；例如在分布的底层，巴西的比例为 13%，而印度的比例为 58%（这两种情况都是在 20 世纪 90 年代中期）。研究发现，这些差异与人均公共卫生支出呈负相关。这与其他研究结果一致，即公共卫生支出的跨国差异对穷人的影响大于对其他人的影响。⑨

---

① 见雅利赫·斯坦等人（Aryeh D. Stein et al.，2010）。

② 这也被称为克托莱指数（Quetelet index）。

③ 关于这一点的证据，见亚当·瓦格斯塔夫等人（2014）。

④ 见亚当·瓦格斯塔夫等人（2014）。

⑤ 见杰尔·贝尔曼和阿尼尔·蒂欧拉利卡尔（Jere Behrman and Anil B. Deolalikar，1987）。

⑥ 见马丁·拉瓦雷（1990a）。

⑦ 阿洛克·巴拉加瓦（Alok Bhargava，2008）利用卢旺达的数据报告了贫困对时间分配的反馈效应的证据。

⑧ 见亚当·瓦格斯塔夫（2003）。

⑨ 见贝努·比达尼和马丁·拉瓦雷（1997）。

富裕阶层能够更好地保护其子女的营养和健康状况，使其免受公共供给不足和不良健康环境的影响，尽管他们仍然容易受到这些因素的影响。

青年生活项目（Young Lives Project）为选定的一组发展中国家的儿童的生活条件提供了新的数据来源（参见第3章，来自越南的6岁杜伊参与了青年生活项目）。一项研究使用这些数据来研究贫困与儿童时期营养不良的关系，包括埃塞俄比亚、印度（尽管只有安得拉邦）、秘鲁和越南。① 关于发育迟缓和消瘦的人体测度与关于贫困的测度相关，主要基于财富的混搭指数，以及对数据中其他异质性来源的控制。研究发现，较贫困的家庭子女的人体测度结果一贯且显著较差。他们还发现贫穷对发育迟缓的影响，这是一个测度长期营养不良的好指标，孩子越小影响越大。

营养不仅仅是收入和价格的问题，还有一个可能因素是当地的健康环境。营养吸收是由影响健康的能量摄入、吸收和使用能力介导的。居住在长期面临粪-口污染（fecal-oral contamination）的地方的人们营养吸收率可能很低；这被称为环境性肠胃病（environmental enteropathy）。② 全球的贫困家庭往往生活在贫困地区，获得基本服务的机会较少。那些每天生活费用低于1.25美元的人口中，80%的人得不到适当的医疗设施；而那些每天生活费用高于1.25美元的人口中，这一比例为39%。③ 根据这一定义，几乎3/4（即74%）的穷人家里没有自来水，而“非穷人”中这一比例为44%。每天生活费用低于1.25美元的人口中，超过一半（51%）的人家里没电，而每天生活费用高于1.25美元的人口中，这一比例只有13%。图7.24进行了总结。

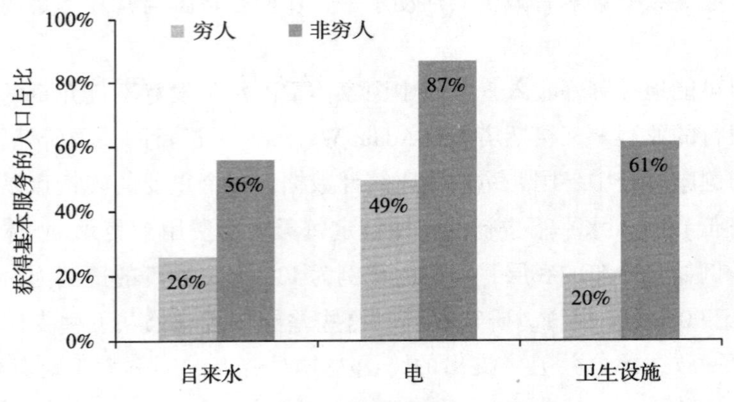

图7.24 获得基本服务的人口比例

资料来源：佩德罗·奥林托等人（2013）。

① 见斯塔沃斯·佩特罗和埃米尔·库佩克（Stavos Petrou and Emil Kupek，2010）。

② 关于肠病证据的回顾，见让·汉弗莱（Jean Humphrey，2009）、波努姆·萨蒂什·科尔佩和威廉·A. 彼得里（Poonum Satish Korpe and William A. Petri，2012）。

③ 见佩德罗·奥林托等人。Olinto，Pedro，Kathleen Beegle，Carlos Sobrado，and Hiroki Uematsu. 2013. “The State of the Poor：Where are the Poor，Where is Extreme Poverty Harder to End，and What is the Current Profile of the World's Poor?” Economic Premise No. 125，Washington，DC：World Bank.

与健康相关的当地环境的一个关键因素是暴露在污染空气中。这种污染的特别有害的形式是空气中高浓度的微粒物质。它是由各种活动产生的，包括卡车和客车的废气，砖窑、燃煤电厂、明火处理废物以及建筑工地产生的碎屑。高浓度的细颗粒物质会导致人的肺功能永久受损，还被认为会阻碍儿童的大脑发育。穷人倾向于花更多时间在户外，他们买不起空气净化器。因此对穷人来说，空气污染的健康成本可能更高。印度德里是全球空气中细颗粒物浓度最高的地区之一，研究中有证据支持这一假设。①

这些暴露于污染空气的社会经济差异可能在城市地区最为明显，特别是在环境法规薄弱的高增长环境中。在发展中国家的农村（以及城市）地区发现的另一个空气污染源是使用传统的生物燃料做饭和用煤油灯照明。这些会造成室内空气污染，也是公认的健康危害，而健康成本则由妇女和儿童不同程度地承担。② 同样地，这更有可能影响贫困家庭，因为有更多富裕家庭能够负担得起更清洁的燃料，包括天然气和电力。

肥胖症

尽管营养不良在全球最贫穷者中仍很普遍，但营养过剩如今是富裕国家所关注的问题。肥胖已成为美国的一个主要问题。自 1980 年左右以来，由于热量摄入增加而非能量消耗减少，美国的平均体重急剧上升。③ 因此，在美国人口中，大约 1/3 的成年人现在被归类为“肥胖”。④ 这不仅仅局限于美国。全球肥胖发生率似乎在上升，包括一些中等收入发展中国家。事实上，迄今为止最全面的评估表明，尽管发展中国家成人超重和肥胖的发生率仍然较低，但其比例增长率高于发达国家。⑤ 肥胖已经成为公共卫生的一个主要问题，因为超重者患上了许多危及生命的疾病，而且治疗费用高昂。⑥

肥胖症最常见指标是体重指数超过 30，而“超重”是由体重指数超过 25 来确定的。就这一目的而言，体重指数是一个相当粗糙的指标。一个重要的局限性是它没有区分脂肪和肌肉的重量。虽然体重指数已被广泛应用，但有证据表明，腰围比身高更能预测疾病风险。由于大多数文献都使用了体重指数临界值，因此这里也沿用这些临界值。

---

① 见安德鲁·福斯特和纳雷什·库马尔（Andrew Foster and Naresh Kumar，2011），另见詹姆斯·博伊斯（James Boyce，2015）的讨论。

② 见苏米特·达斯格普塔等人（Susmita Dasgupta et al.，2006）使用的孟加拉国的数据；另见埃丝特·杜弗洛等人（Esther Duflo et al.，2008）的研究，关于室内空气污染对健康影响的证据。

③ 见大卫·卡特勒等人（David Cutler et al.，2003），Cutler，David，Edward Glaeser，and Jesse Shapiro. 2003. “Why Have Americans Become More Obese?” *Journal of Economic Perspectives* 17（3）：93-118.

④ 见辛西娅·奥格登等人（Cynthia L. Ogden et al.，2012）。

⑤ 见吴嘉玲等人（Marie Ng et al.，2014），Ng，Marie，et al. 2014. “Global，Regional and National Prevalence of Overweight and Obesity in Children and Adults During 1980-2013：A Systematic Analysis for the Global Burden of Disease Study 2013.” Lancet 384：766-781.

⑥ 见克莱尔等人（Claire Y. Wang et al.，2011），Wang，Claire，Klim McPherson，Tim Marsh，Steven Gortmaker，and Martin Brown. 2011. “*Health and Economic Burden of the Projected Obesity Trends in the USA and the UK.*” Lancet 378（9793）：815-825.

人们通常听到的关于肥胖的第一个解释是，肥胖者仅仅是因为相对于他们的体力活动水平吃得太多而受到责备。但是，正如《经济学人》杂志（2014a，第 81 页）在评论纪录片《甜蜜的负担》时所说，“仅仅把肥胖归咎于意志力的缺乏太过简单了，这将让食品公司和政客们都摆脱困境。”① 这里的困境是指某些食品公司如何故意让他们的产品更能产生热量和更容易上瘾（根据《甜蜜的负担》的说法，含糖量高是罪魁祸首②）以及政府（尤其是美国）在应对这一问题上做得太少。

如果探究过去肥胖发病率上升的原因，就会发现与消除贫困的进展也相关的事情。已查明的原因之一是，新技术减少了工作中的能量消耗。当然，这并不能解释为什么工作之外的能量摄入或活动水平不能做出相应改变。诚然，工作对体力的要求越来越低，但在那些肥胖问题最为严重的国家，经济活动脱离体力劳动似乎比肥胖率上升早了很长一段时间。

有人认为，在美国，获得健康食品是一个问题，尤其是贫困家庭。③ 与此相反，据美国农业部经济研究处估计，只有一小部分（可能 5%）的人口生活在“食品荒漠”（food deserts）中④；这一比例远低于肥胖率，但这显然并不全面。

有证据表明，距离不健康食品的远近很重要。一项研究发现，与美国快餐店更接近的地方，肥胖的发生率较高。⑤

贫穷国家和富裕国家的肥胖与贫困之间的关系一般不同。虽然没有什么数据，但在当时的社会小说中发现的描述表明，在当今的富裕国家相对贫困的年代，肥胖与财富正相关。⑥ 同样的模式在当今的贫困国家中也很明显。对 300 多份已发表研究的证据进行的回顾表明，文献使用较不发达国家（由人类发展指数低到中等的国家确定）的数据，发现男女肥胖影响程度的社会经济梯度是正的。⑦ 例如，对尼日利亚妇女来说，2008 年人口与健康调查的总体肥胖率为 6%，但顶层 1/5 人口的肥胖率为 13%，底层 1/5 人口的肥胖率仅

---

① Economist. 2014a. “The Big Fight.” *The Economist*, May 10, 81.

② 《甜蜜的负担》中指的是在美国有多少糖被用于制作熟食，而不仅仅是传统的“甜食”。胰岛素帮助身体将糖储存为脂肪。糖的作用也很像毒品，没有不同的成瘾性神经化学作用。也有证据表明，它阻碍了向身体发出的信号（即你已经吃够了）。

③ 见凯利·布朗内尔和凯瑟琳·伯特尔·霍根（Kelly Brownell and Katherine Battle Horgen，2004），Brownell，Kelly，and Katherine Horgen. 2004. Food Fight. New York：McGraw-Hill.

④ 见米歇尔·弗普洛格等人（Michele Ver Ploeg et al.，2009）。食品荒漠（food deserts）指某社区居民必须“跋涉”至少一英里的路程才能买到新鲜的肉类、奶制品和蔬菜。在美国许多城市和许多社区，辛苦赚钱的美国人几乎找不到买得起的新鲜食物。在许多较为贫穷的社区——无论是城市还是郊区，快餐店遍地都是，可杂货店和超市却不是很多，更不要说农贸市场了，这样的地方往往被认为就是“食品荒漠”。相反，美国有许多人，他们的生活非常依赖便利店、杂货店和快餐店。美国的许多城市心脏病和糖尿病等饮食不当引起的疾病发病率最高的地区恰恰是这些食品荒漠。——译者注

⑤ 见珍妮特·柯里等人（Janet Currie et al.，2010）。

⑥ 例如，狄更斯（1838）在《雾都孤儿》中，有钱的地方官员总是被描绘成肥胖，这似乎是一种刻板印象。

⑦ 见林赛·麦克拉伦（Lindsay McLaren，2007），McLaren，Lindsay. 2007. “Socioeconomic Status and Obesity.” *Epidemiologic Reviews* 29：29-48.

为 2%。这与为收集撒哈拉以南非洲成年妇女人体测度数据的人口与健康调查的结果一致。[1] 使用人口与健康调查财富指数，平均身高和体重指数都随着财富而上升，只有在最高财富水平上斜率出现了逆转的迹象。

相比之下，发达国家的妇女肥胖率有社会经济梯度为负值的趋势（即较贫困的妇女更容易超重）。[2]在所审查的研究中，这一点对男性来说不太明显；事实上，对于生活在发达国家的男性来说，肥胖发生率的总体社会经济梯度似乎很小或根本没有。对于美国男性来说，这些数据并没有表明穷人的肥胖发生率更高，但与女性有关系，受过更好教育和收入更高的女性更不容易超重。[3] 在美国，平均肥胖率也有种族差异，非洲裔美国妇女的肥胖率最高。

人们发现，美国较贫困的州肥胖率更高。马丁·拉瓦雷发现各州 2012 年的肥胖率与官方贫困率（2010—2012）之间的相关系数为 0.44，这在 1%的水平上是显著的。[4] 如果控制各州之间"高收入"发生率的差异，这种相关性甚至更高（$r = 0.75$），可以通过增加均值与中位数比率的回归控制来实现。[5] 图 7.25 显示了有或没有这个控制变量的肥胖发生率与贫困之间的关系。(注意华盛顿的数据点，当控制均值与中位数的比率时，华盛顿特区的数据点上移，这反映了华盛顿特区的高度不平等。)

当然，这并不能确定因果关系。贫困发生率很可能是其他一些因素造成的。例如，非洲裔美国人的贫困率较高，他们的肥胖率也较高。这种相关性反映了美国贫困人口的平均肥胖率较高，但这些差异的来源尚不清楚。

肥胖症与贫困之间的关系在富裕国家和贫穷国家之间看起来是如此不同，这或许让人震惊。回想一下，在非洲，我们看到体重指数在相对较高的财富水平上有所下降。[6] 很有可能，我们正在研究一个大体上全球一致的模式，即体重指数与财富呈倒 U 形关系。这将是有趣的检验。

关于肥胖率上升的原因，人们在经济上进行了争论。一些人将责任归咎于大型食品公司（通常是跨国公司），这些公司开发了大量的食品生产和分销系统，使不健康食品相对便宜和容易获得，这些公司以广告（通常是针对儿童）上的大量支出为后盾。

相对价格似乎也起了作用。一些人认为，自 20 世纪 70 年代以来，美国的技术变革降

---

①② 见林赛·麦克拉伦（Lindsay McLaren，2007），McLaren，Lindsay. 2007. "Socioeconomic Status and Obesity." Epidemiologic Reviews 29：29-48.

③ 见辛西娅·奥格登等人（Cynthia L. Ogden et al.，2010），Ogden，Cynthia L.，Molly M. Lamb，Margaret D. Carroll，and Katherine M. Flegal. 2010. "Obesity and Socioeconomic Status in Adults：United States，2005-2008." NCHS Data Brief No. 50.

④ 在这个计算中，马丁·拉瓦雷使用了疾病控制中心编制的各州自述肥胖率，而贫困率则使用了美国人口普查局 2010—2012 年的 3 年平均贫困率。

⑤ 马丁·拉瓦雷使用了安东·科里内克等人（2006）报告的人均家庭收入的平均值和中位数。

⑥ 见米歇尔·加雷纳（Michel Garenne，2011），Garenne，Michel. 2011. "Trends in Nutritional Status of Adult Women in sub-Saharan Africa." DHS Comparative Reports 27. Washington，DC：USAID.

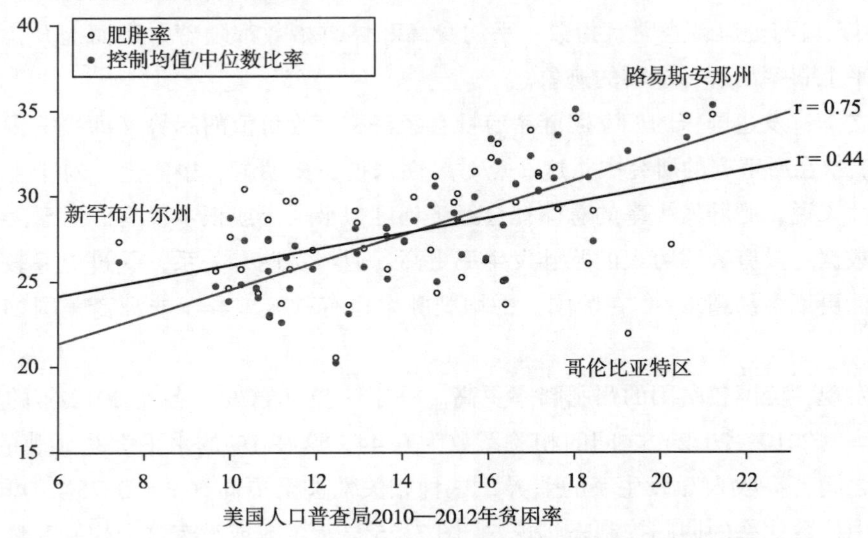

图 7.25　美国各州肥胖发生率与贫困之间的关系

资料来源：作者根据文本中的数据来源进行的计算。

低了用餐的时间和价格。[①] 在这些改变之前，几乎所有的饭菜都是在家里用原材料做的。新技术（如冷藏箱、更好的防腐剂、人工香料、真空密封和微波炉）使聚居区的大型食品制造业得以利用规模经济。由于这些改变，食品相关价格（包括准备和清理的时间）下降，刺激了更高的需求。

此外，健康食品的相对价格可能会随着经济发展而上升，以至于未加工的新鲜农产品不那么容易进行国际贸易，因此其价格更多地取决于包括土地和劳动力在内的非贸易投入的当地价格。虽然一些健康食品可以进行国际贸易，但绝大部分食品是不能进行国际贸易的，因此，在较富裕的国家，考虑到实际工资更高，合理的健康食品组合可能会更加昂贵。

这种价格效应如何解释富裕国家与贫困的关系？两个成年人都需要在工资—劳动市场工作，这将使穷人和中低收入家庭对较低价格的加工食品更加敏感。穷人可能会对健康饮食和不健康饮食之间的价格差异特别敏感，因此，当这些不健康食品容易获得时，穷人将消费更高的份额。这只是现阶段的假设，但可能需要检验。

在某种程度上，肥胖率的上升反映了与技术变革相关的相对价格的变化，这与信息灵通的理性的消费者的福利收益密不可分。因此，人们应该谨慎对待政策的影响，比如对某些食品征税。[②] 当有关所消费食品的健康成本的信息不完善，或者即使对信息灵通的消费

① 见大卫·卡特勒等人（David Cutler et al., 2003），Cutler, David, Edward Glaeser, and Jesse Shapiro. 2003. "Why Have Americans Become More Obese?" *Journal of Economic Perspectives* 17（3）：93-118.

② 关于这一点见达利斯·勒科达瓦拉等人（Darius Lakdawalla et al., 2005）。

者来说，形成不健康饮食习惯的信息依然存在时，合理的政策关注仍然存在。发达国家的公共宣传活动试图向人们传授食品和饮料的营养成分（热量值或“运动值”，如要燃烧含糖软饮料中的卡路里需要步行多少英里）以及肥胖的健康成本。我们将在第 9 章进一步讨论这类政策。

死亡率的社会经济差异

许多情况下都能在微观数据中发现健康状况的社会经济梯度。[①] 有人预期这将反映在死亡率上，但这方面的数据是一个更大的约束。虽然可以很容易地获得总体死亡率的数据，但以收入或其他社会经济变量为条件的死亡率并非如此。美国是一个例外，全国纵向死亡率研究（National Longitudinal Mortality Study，NLMS）从多轮人口调查中调查了 100 多万成年人，从而使死亡率数据与社会经济数据相关联。数据显示，贫困人口的死亡率比大多数年龄段的高收入家庭高出两到三倍。[②] 一项研究发现，最贫困的 20%人口的预期寿命比最富有的 20%人口的预期寿命低 25%。[③]

全国纵向死亡率研究的样本量异常大。用于测度全球贫困状况的调查通常都有足够的样本量，但无法提供对成年人死亡等相对低频率事件的可靠估计。人口普查可以作为死亡率数据的来源（如果提出适当的问题），但通常不包括测度贫困所需的数据。因此，我们通常无法获得同一抽样家庭的死亡人数和生活水平数据。

解决这个数据问题的一种方法是使用人口与健康调查的财富指数。儿童死亡率的差异表明，发展中国家最贫穷的 20%人口的婴儿死亡率比平均水平高出 17%，但如果只关注中低收入国家，这一比例将上升到 35%。利用这一方法，分年龄组估计了发展中国家最贫穷的 20%人口的死亡率。[④] 这里采用了一种方法，即国家是收入和死亡率的观察单位。这种方法的缺点是忽略了国家内部的差异；这种差异完全是由国家之间平均收入的差异所决定的（尽管中国和印度使用的是国家间的差异）。按照这种方法，最贫穷的 20%人口的死亡人数占 0~4 岁年龄组所有死亡人数的 35%，5~29 岁下降到 32%，30~44 岁下降到 27%，45~59 岁下降到 23%，60 岁以上下降到 20%。最贫穷的 20%人口中，0~4 岁的死亡率高

---

① 见苏珊·沃特金斯和艾蒂安·范德沃勒（Susan Watkins and Etienne van de Walle，1985）、迈克·马尔莫特等人（Michael Marmot et al.，1991）、格雷戈里·帕帕斯等人（Gregory Pappas et al.，1993）、保罗·索列等人（Paul D. Sorlie et al.，1995）、理查德·威尔金森（1996）、约翰·麦肯巴赫等人（Johan Mackenbach et al.，1997）、戴维森·格瓦特金等人（Davidson R. Gwatkin et al.，2000）、亚当·瓦格斯塔夫（Adam Wagstaff，2000），安妮·凯斯等人（Anne Case et al.，2002），世界银行（2006），World Bank. 2006. *World Development Report*：*Equity and Development*. NewYork：Oxford University Press.

② 见保罗·索列等人（1995）。格雷戈里·帕帕斯等人（1993）的早期估计，1986 年的数据显示，差异甚至更大（尽管原因尚不清楚）。老年人之间的死亡率差异显著缩小（保罗·索列等人，1995）。关于西欧的证据见约翰·麦肯巴赫等人（1997）。

③ 见尤金·罗格特等人。Rogot，E.，P. D. Sorlie，N. J. Johnson，and C. Schmitt. 1992. *A Mortality Study of* 1. 3 *Million Persons*. Bethesda，MD：National Institutes of Health.

④ 见戴维森·格瓦特金（2000）。

于平均水平80%，而5~29岁的死亡率高于平均水平60%，30~44岁的死亡率高于平均水平20%，但这种差异在较高年龄段基本消失。

鉴于上述对人口与健康调查的财富指数的担忧，我们将有兴趣知道从调查中可以学到什么，对于这些调查，我们有更为熟悉的消费或收入指标，以获得足够的样本量。一项研究利用9项针对发展中国家的此类调查，根据家庭人均收入或支出，将婴儿和5岁以下儿童的死亡率分为五个等级。[①] 最贫穷的20%家庭的儿童死亡率比平均死亡率高10%~80%(不同国家)。

国际腹泻病研究中心在孟加拉国的Matlab Thana实施的人口监测系统是发展中国家医疗方面社会经济不平等的重要数据来源。一项研究报告说，那些没有受过教育的人的死亡率是受过5年或5年以上正规教育的人的两倍左右。[②] 另一项研究发现，Matlab thana的主要食品价格上涨对死亡率有显著的实际收入影响。[③]

认识到在研究社会指标的社会经济差异时存在的上述数据问题，贝努·比达尼和马丁·拉瓦雷（Bidani and Ravallion，BR）(1997）提出了一种使用跨国（或跨地区）总量的间接计量方法。采用对跨国数据进行计量分解的方法来估计穷人和非穷人之间各种社会指标的差异，以下称为BR方法。从本质上，各国社会指标对贫困率的回归系数估计了穷人与非穷人的平均社会指标之间的差异。与基于人口与健康调查的估计（基于每个国家最贫困的20%人口）不同，这一次的贫困概念是绝对的；因此它意图在各国之间固定下来。

这种方法显示了死亡率的巨大社会经济差异。使用20世纪80年代和90年代的数据，贝努·比达尼和马丁·拉瓦雷发现那些每天生活费用在2美元以下的人比每天生活费用在2美元以上的人预期寿命要少9年，而且他们的婴儿死亡率要高出50%。因此，贫困发生率被视为总体健康结果的一个重要决定因素。各国在医疗和教育方面的公共支出差异也很重要，但穷人的死亡率比非穷人的死亡率更为重要。使用同样的方法，另一项研究估计，1990年代中期全球穷人的粗死亡率（crude death rate，CDR）为22.6‰，标准误差为2.5；非穷人的粗死亡率为8.1‰（标准误差为0.5)。[④]

当使用一个共同的国际贫困线时，BR方法表明，在撒哈拉以南非洲等贫困率高的地区，穷人和非穷人之间的死亡率差距较小，这并不奇怪。事实上，一项研究发现，人们不能否认这样一个无效的假设：在撒哈拉以南非洲社会保障体系中，穷人和非穷人的粗死亡率是一样的。[⑤] 测度误差很可能是原因的一部分，按死亡率（特别是婴儿死亡率）很可能

---

① 见亚当·瓦格斯塔夫（2000)。

② 见莉萨·赫特等人。Hurt, L. S., C. Ronsmans, and S. Saha. 2004. "Effects of Education and Socioeconomic Factors on Middle Age Mortality in Rural Bangladesh." *Journal of Epidemiology and Community Health* 58: 315-320.

③ 见马丁·拉瓦雷（1987a)。

④ 见马丁·拉瓦雷（2005b)，所有标准误差均采用怀特法进行异方差校正。

⑤ 见马丁·拉瓦雷（2005b)。南非是一个例外，其粗死亡率相对于贫困率较高（死亡率为20%，贫困率为7.1%)。如果南非除外，粗死亡率与贫困率之间的相关性更强，但在统计上仍不显著。除去南非，非洲穷人的粗死亡率估计为20.3（标准误差为2.7)，而非穷人的粗死亡率估计为16.2（标准误差为1.7)。

低估穷人。另一个解释是，撒哈拉以南非洲的绝对贫困率高于发展中国家的平均水平（正如我们在本章前面看到的那样）。因此，预期死亡率差异会降低，假设死亡率随收入单调下降。也不能排除偏差的可能性。使用 BR 方法低估死亡率差异的一个原因是撒哈拉以南非洲贫困数据中的较大噪声造成的衰减偏差（attenuation bias），还有其他可能的因素。可以推测，非洲的艾滋病可能削弱了死亡率与贫困之间的联系。在艾滋病流行的早期阶段，非贫困群体中的艾滋病发病率似乎更高（至少所受教育和城市生活表明了这一点）。但是，有证据表明，随着时间的推移，这种情况已经改变，因为受过更好教育的群体（因此贫困程度更低）能够更好地保护自己免受疾病的伤害。①

与同样富裕的国家相比，贫困似乎也是解释美国婴儿死亡率异常高的一个重要因素。比起人均 GDP 更低的国家，美国拥有更典型的婴儿死亡率。② 一项研究调查了与奥地利和芬兰相关的死亡率差别的来源。③ 与上述对发展中国家的调查结果相呼应，研究发现，差别的主要原因是死亡率的社会经济梯度。美国、奥地利和芬兰之间的死亡率差别很小或根本没有差别，这在同样具有优势的社会经济群体中是显而易见的。

生存和收入之间的关系不大可能是线性的。在个人体质分布特性和家庭健康生产函数的某些限制下，人们可以得出生存机会与消费之间的关系，随着消费上升到某一点，这种关系将显示边际收益递减。④ 在高收入、高营养和高医疗水平的情况下，进一步降低已经很低的死亡率是不容易实现的，并且与进一步的收入增长不太相关。有支持性的证据表明，生存机会和收入之间存在这样一种非线性关系。上述来自孟加拉国 Matlab 农村的数据也揭示了死亡率风险与营养状况之间很强的非线性关系；轻度营养不良和完全营养不良儿童的死亡率差别不大，但严重营养不良儿童的死亡率急剧上升。⑤ 一项被广泛引用的研究发现，在收入范围的下限，死亡率的收入斜率更大。⑥ 不过，这类证据的因果解释尚不清楚，低收入可能是其他变量的诱因，如较低教育水平和糟糕的医疗服务。⑦

在贫穷国家，对总收入的冲击还可能危及生命。一项研究考察了发展中国家国民收入变化对婴儿死亡率的影响。⑧ 研究人员发现，对国民收入的负面冲击导致了更高的死亡率，对女孩的影响比对男孩更强。

---

① 见达米恩·德沃克（Damien de Walque，2004）。有证据表明，穷人的避孕套使用率较低；人口与健康调查数据的分析表明，最贫困的 20%人口的避孕套使用率为 18%，平均为 27%。与此相反，获得多个性伴侣的机会可能会随着收入的增加而增加（至少在男性中如此）。http://devdata.worldbank.org/hnpstats/pvd.asp.

② 陈少华等人（2015）指出，尽管美国人均 GDP 高出三倍，但美国的婴儿死亡率与克罗地亚相似。

③ 见陈少华等人（2015）。

④ 见马丁·拉瓦雷（1987a，第 2 章）。

⑤ 参见苏珊·沃特金斯和艾蒂安·范德沃勒（Susan Watkins and Etienne van de Walle，1985）对这一点的证据进行回顾。

⑥ 见塞缪尔·普雷斯顿（1975）。

⑦ 见苏迪尔·阿南德和马丁·拉瓦雷（Sudhir Anand and Martin Ravallion，1993）。

⑧ 见萨拉·贝尔德等人（2011）。第 8 章（专栏 8.18）将更详细地讨论这项研究。

生育率的社会经济差异

2011 年，中低收入国家的粗出生率（Crude Birth Rate，CBR）为每年 1000 人中平均出生 21 人[①]（低收入国家为 33 人，高收入国家为 12 人）。平均每名妇女的生育数目（births per woman，2012 年数据）从中国澳门的 1.1 人到尼日尔的 7.6 人（美国为 1.9 人）。生育率（fertility rate）往往随着平均收入的增加而下降，尽管这可能反映了诸如母亲教育等其他因素。[②]

从人均消费或收入来看，贫困家庭的出生率往往较高。这些是一个国家的平均水平，我们想更深入地研究国家之间的社会经济差异。对上述总结的人口与健康调查数据的同样分析提供了根据人口与健康调查的财富指数对生育率差异的估计。[③] 平均超过 45 个发展中经济体，最贫穷的 20%人口的总和生育率（total fertility rate，TFR）估计为 6.2，最富有的 20%人口的总和生育率为 3.3，而平均人口生育率为 5.7。为了研究穷人和非穷人之间的出生率差异，更简单的做法是使用按年龄统计的总和生育率，即 15~49 岁（每个年龄的）1000 名妇女的生育总数。[④] 其中，最贫穷的 20%人口为 154.0，而整个人口为 113.4。这意味着贫困家庭的出生率比平均水平高 40%，前提是 15~49 岁妇女的人口比例对穷人和整个人口来说是相同的（这一假设在现实中可能不成立，但可能也没有太大错误）。

存在地区差异。贫困人口出生率与平均出生率的隐含比率，东亚为 1.8，东欧和中亚为 1.3，拉丁美洲为 1.9，中东和北非为 1.3，南亚和撒哈拉以南非洲均为 1.2。使用比达尼和拉瓦雷的方法（BR 方法），我们发现贫困人口的隐含出生率为每千人 61.3（标准误差 3.4），而非贫困人口的隐含出生率为每千人 15.9（标准误差为 0.9）。[⑤] 东欧和中亚国家的低出生率和低贫困率明显集中在一起。除东欧和中亚外，穷人的出生率为 55.5（标准误差 3.1），而非穷人为 20.4（标准误差 1.0），因此，穷人的出生率是平均出生率的两倍。

BR 方法所表明的非洲人口差异也较低。仅关注撒哈拉以南非洲的观察结果，贫困人口的出生率为 46.9（标准误差 5.1），而非贫困人口的出生率为 31.4（标准误差 2.7），这意味着贫困人口的出生率比平均出生率高出 20%，这与人口与健康调查所表明的差别类似。至于死亡率差异，撒哈拉以南非洲中较高的贫困率是出生率差异较低的合理解释，尽管不能排除上述衰减偏差。

我们应该如何解释生育率的社会经济差异？这些观察结果导致一些观察家把贫困男女

---

① 见世界银行（2013），World Bank. 2013. *World Development Indicators*. Washington，DC：World Bank.

② 见保罗·舒尔茨（2006）。

③ http://www1.worldbank.org/prem/poverty/health/data/index.htm.

④ 要从穷人和整个人口之间的总和生育率差异中得出出生率差异，就需要假定贫困妇女的年龄分布与整个人口的年龄分布相同，这似乎不太可能成立。相反，如果将出生率差异的计算建立在一般生育率的基础上，那么人们就可以摆脱一个弱假设，即 15 岁至 49 岁妇女的总人口比例对于穷人和非穷人是相同的（注意，这里的总和生育率是通过将 15~49 岁妇女按年龄分列的生育率相加得出的）。

⑤ 见马丁·拉瓦雷（2005b）。

的贫困归咎于他们生育过多。我们在第 1 章曾看到，这一论点通常是 19 世纪初前后有影响力的古典经济学家提出的。当我们思考贫困家庭面临的选择问题时，可以认为，其原因是另一个方向，即贫困是导致高出生率的原因而不是结果。考虑到避孕通常是需要成本的，贫困父母很可能对他们的家庭规模控制较少。不过，让我们假设他们可以控制家庭规模。预期的出生人数将是预期的家庭规模和预期的婴儿死亡人数之和。这两个变量都可能（直接或间接）依赖于家庭的财富。首先，考虑预期的家庭规模。在较贫困的国家，正规的社会保障制度往往很薄弱或很缺乏，以致儿童在其工作年龄后或在发生事故或健康冲击时需要得到支持。这对贫穷国家的贫穷父母来说更为重要，因为他们缺乏足够的财富来支撑或保障自己。其次，我们已经看到，在全球范围内，贫困父母的子女存活的可能性较小。为了确保达到预期的家庭规模，必须考虑到儿童死亡人数。因此，贫困家庭较高的死亡率意味着更高的生育率。就这两方面而言，贫困以及造成贫困的条件都是高出生率的原因而不是结果。

生育率与收入之间的关系还取决于收入来源。正如保罗·舒尔茨（T. Paul. Schultz，2006）所说，一些收入来源将倾向于提高生育率，而其他来源则会产生相反效果。舒尔茨认为，非人力资产的更高回报将有助于增加期望的家庭规模，而提高妇女工资会增加生育的机会成本，从而降低期望的生育率。①

家庭规模和构成

长期以来，人们观察到，以家庭消费或人均收入来测度，大家庭的贫困率往往更高。这一点得到了一项研究结果的证实，该研究使用了 600 个发展中国家的住户调查。② 研究人员发现，贫困家庭往往倾向于生更多的孩子。对贫困家庭来说，34%的家庭成员是 12 岁或 12 岁以下；而对非贫困家庭来说，这一比例为 20%。同一项研究发现，“每天生活费用 1.25 美元”的贫困率在儿童（12 岁或以下）中为 32%，如果把重心放在低收入国家，则上升到 52%。图 7.26 显示了发展中国家绝对贫困人口与非贫困人口相比的年龄构成。

这种关系对测度假设的变化很敏感。最大的问题是在比较不同规模和人口构成的家庭时使用的等价尺度（见第 3 章）。认为大家庭往往更穷的说法对测度假设的变化而言并不可靠。③ 正如第 3 章所讨论的那样，越是考虑到消费的规模经济，就越不可能发现大家庭更穷。考虑到贫困家庭的儿童/成人比率较高，使用“人均”标准时，儿童比成人更可能贫困。然而，鉴于对所使用的尺度的敏感性，声称儿童更穷同样值得质疑。更有说服力的证据是，在巴基斯坦，有迹象表明，儿童发育迟缓更可能发生在较大的家庭中。④

---

① Schultz, T. Paul. 2006. “*Fertility and Income.*” In A. Banerjee, R. Benabou, and D. Mookherjee (eds.), Understanding Poverty. Oxford: Oxford University Press.

② 见佩德罗·奥林托等人（2013）。

③④ 如彼得·朗茹和马丁·拉瓦雷（1995）所示。

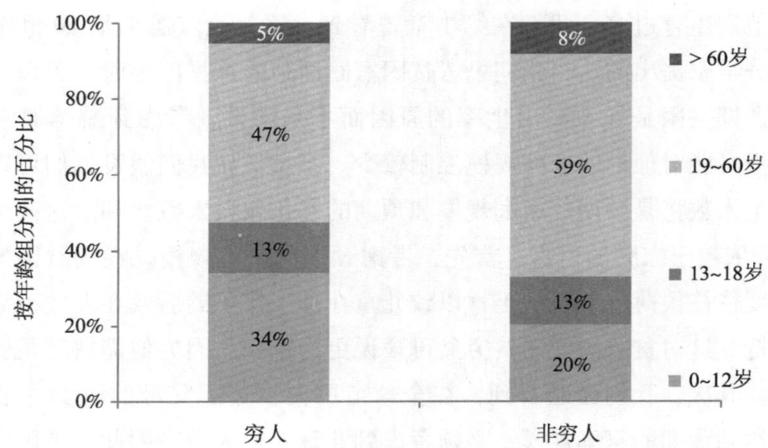

图 7.26　发展中国家穷人与非穷人的年龄分布情况

资料来源：佩德罗·奥林托等人（2013）。

女性户主与贫困

在住户调查中“户主”（household head）的概念被广泛使用，以建立家庭花名册的内部结构，即使指定的户主没有什么实际意义。① 在实践中，户主是被调查者自己供述的，这个概念不太可能在任何地方都以同样的方式定义。②

尽管如此，在与贫困有关的文献和政策讨论中，户主概念一直很突出。认为女性为户主的家庭（female-headed households，FHH）往往比较贫困，并且女性户主的比例在上升，这导致人们担心贫困会自我延续（self-perpetuate）。根据这一观点，单身母亲所面临的不利条件不仅会导致今天更高的贫困，而且会使这些家庭的孩子长大后更有可能成为穷人。一些观察家认为，贫穷家庭中的女性户主（尤其是单身母亲）是“不良行为”何以成为贫穷的根源的又一例证。

然而，认为女性户主的家庭趋于贫困的经验基础还远不牢固。它包含了美国官方的贫困数据。③ 一些针对发展中国家的研究也发现，按标准测度，女性户主家庭的生活更糟糕，但不清楚在大多数情况下是否如此。④ 这些证据还提醒人们，不要把地区性的现象普遍化。例如，在东非、中非和南部非洲的女性户主家庭更可能贫困，但在西非不是。⑤ 女性户主

① 一些调查甚至放弃了这一概念，确定了一个参考人（标准人）。

② 见桑德拉·罗森豪斯（Sandra Rosenhouse，1990）。

③ 女性户主家庭的贫困率几乎是平均贫困率的两倍；2012 年，女性户主家庭的人口中有 29%生活在美国官方贫困线以下，而全国和已婚夫妇家庭的贫困率分别为 15%和 7.5%（凯瑟琳·肖特，2013）。

④ 对证据的回顾见马亚·布维尼奇和吉塔·饶·古普塔（Mayra Buvinic and Geeta Rao Gupta，1997），朱利安·皮蒂和琳达·斯托克（Julian Lampietti and Linda Stalker，2000），以及阿格尼·奎松宾等人（Agne Quisumbing et al.，2001）。

⑤ 见安娜玛丽亚·米拉佐和多米尼克·范德沃勒（Annamaria Milazzo and Dominique van de Walle，2015）。

家庭出现的范围是否随着时间推移而扩大还不清楚，尽管来自人口与健康调查的证据表明，1990 年以来非洲确实如此。[①]

还有一个（不太被认可的）测度问题使男女户主家庭之间的贫困比较变得模糊不清。因为女性户主家庭规模可能较小，人们可以预期，贫困状况这方面对消费规模经济的补贴是敏感的。简单地用家庭规模（或相当于成年人的数量）来划分很可能低估了女性户主家庭实际上更穷的程度。[②] 依赖家庭总消费或收入作为福利指标也有严重的局限性。利用个人福利指标，非洲有证据表明，妇女在女性户主家庭中的状况更好。[③]

另一个问题是这类家庭的异质性。人们已经认识到，女性户主家庭是一个多元化的群体，须警惕不要泛化。[④] 成为一个女性户主家庭的原因很重要。原因一：养家糊口的主要劳力（男性）因疾病或意外而失去；原因二：男性户主为了家庭获得更高收益而临时流动，两种原因显然大不相同。

一项关于 1990—2013 年非洲女性户主地位上升原因的研究发现，解释这一趋势的最重要因素是初婚年龄和高等教育水平的提升。[⑤] 这两个因素都导致了女性户主家庭的产生；将其纳入回归分析，趋势项基本消失。同一项研究还发现，其他一些因素也会影响女性户主家庭的产生，如艾滋病感染率（正）、穆斯林所占比例（负）和内战（正），但这些因素并不能解释这一上升趋势。这表明，在非洲，女性户主家庭发生率的上升很可能是由于晚婚和更多的学校教育而赋予妇女能力的一个迹象。

缺失的女性

尽管上述福利的所有非收入方面都有性别方面的问题，但文献中的一个突出问题是“缺失女性”[⑥]。这是指某一特定人口中妇女的实际人数与根据富裕国家的“反事实”人口分类得出的预期人数之间的差异。例如在美国和英国，出生性别比为 1.05（即男女比例为 105 : 100），而在中国和印度，这一比例约为 1.20。

阿马蒂亚·森（1990）提请注意大量缺失的女性，并辩称这可能是由于选择性堕胎（尽管这在穷人中不太可能）和父母对男孩的偏爱。[⑦] 阿马蒂亚·森估算的缺失女性是 1 亿，尽管后来的计算结果是 6000 万。[⑧]

---

① 见安娜玛丽亚·米拉佐和多米尼克·范德沃勒（Annamaria Milazzo and Dominique van de Walle，2015）。

② 多米尼克·范德沃勒（2013）的研究中有一个例子（马里）。

③ 见安娜玛丽亚·米拉佐和多米尼克·范德沃勒（2015）。

④ 见西尔维娅·钱特（Sylvia Chant，1997）、安娜玛丽亚·米拉佐和多米尼克·范德沃勒（2015）。

⑤ 见安娜玛丽亚·米拉佐和多米尼克·范德沃勒（2015）。

⑥ “缺失女性”（missing women）最早由阿马蒂亚·森在 20 世纪 90 年代提出，被用来指代那些因人为干预因素没能来到这个世界或者因性别偏好较早死亡的女性人口。

⑦ 普拉文·维萨里（Pravin Visaria，1969）早些时候认为，印度人口普查中发现的男女比例超过 1.05 是由于女性死亡率高于男性。

⑧ 见艾斯利·科尔（Ainsley Coale，1991）。

重男轻女的根本原因还不清楚，但其中一个重要原因是养儿防老。例如在中国，传统上是儿子照顾年迈的父母，而姑娘结婚之后会搬到丈夫家。劳动力市场统计结果中的性别差异（至少部分反映了歧视）无疑也起到了一定作用。在印度，婚礼费用（包括嫁妆，尽管在20世纪60年代已经取缔，但现在仍然是一种普遍做法）也会导致重男轻女。此外，在大多数社会中，姓氏和财富都是通过男性传承的。

人们普遍认为，对女孩的偏见主要局限于亚洲（中国和印度在文献中尤其突出），主要是在产前或出生头几年。这种形式的性别偏见在撒哈拉以南非洲却不明显。[①] 一项研究对这种主流观点提出了质疑。[②] 通过仔细计算缺失女性的年龄和死因，根据富裕国家的性别比例判断死亡率过高，研究人员证实，非洲和亚洲有失踪的女童，但也发现了成年女性死亡人数过多的证据。撒哈拉以南非洲成年女性的死亡率高于南亚。在撒哈拉以南非洲，最常见的原因是艾滋病感染和孕产妇死亡率。在印度，除了孕产妇死亡率之外，心血管疾病和“人身伤害”也是重要原因。在中国，主要原因是心血管疾病、呼吸系统疾病以及人身伤害。这项研究还发现了1900年美国成年女性死亡率过高的证据。[③]

就此有两项后续研究。第一项，世界银行证实了上述研究的结论。[④] 随后的一项研究对先前研究（特别是非洲）使用的数据和参考标准的选择提出了质疑，认为鉴于发达国家与发展中国家在健康/疾病环境方面的差异，富裕国家的人口统计是不适当的。[⑤]

这些相互矛盾的结论是基于国家层面的总体数据，通常来自每个国家的人口普查。从微观数据（尤其是人口与健康调查）中了解到的东西是蛮有意思的。迄今为止，为数不多的几项研究之一使用了2008年印度和尼日利亚的人口与健康调查，发现对儿子的偏爱会影响成年妇女的健康和死亡率；最初碰巧生了女孩的妇女往往为了生儿子而缩短生育间隔，对其健康造成了不利影响。[⑥] 另一项研究发现，有证据表明，塞内加尔已婚妇女为规避潜在的丧偶风险而通过会有同样后果的类似方法试图生儿子。[⑦]

有迹象表明，在性别严重失衡的中国，重男轻女现象正在消退。2004年，每100名女孩就有121名男孩出生，这似乎是最高峰。2013年，这一数字已降至118个，预计下降趋势将持续。随着中国的发展，重男轻女的原因似乎变得不那么重要了。

---

① 见斯蒂芬·克拉森（Stephan Klasen，1996）。

②③ 斯万·安德森和德布拉吉·瑞（Siwan Anderson and Debraj Ray，2010）。

④ 见世界银行（2011）。World Bank. 2011. World Development Report：Gender Equality and Development. Washington，DC：World Bank.

⑤ 见斯蒂芬·卡拉森和塞巴斯蒂安·沃尔默（Stephan Klasen and Sebastian Vollmer，2013）。

⑥ 见安娜玛丽亚·米拉佐（2013）。性别在出生时是平衡的。假设事实上存在着儿子偏好，这意味着米拉佐可以在其回归方法中将第一个出生的孩子的性别视为外生的。

⑦ 见西尔维·兰伯特和波琳·罗西（Sylvie Lambert and Pauline Rossi，20140。

贫困的女性化

在本章早些时候我们看到，发展中国家的绝对贫困率正在下降，自 2000 年以来出现了加速的迹象。我们是否看到贫困女性的经济进步与男性相似？尽管这不是一件容易量化的事情，但毫无疑问，全世界的女性都在抵制传统的角色和规范。女孩们正在接受更好的教育。例如，在低收入和中等收入国家，女孩的小学毕业率在此期间上升，从相关年龄组女孩的 75%上升到 88%。与她们的母亲相比，许多女性在家庭以外的经济生活中发挥着更积极的作用，许多女性对自己的身体和生活有更强的控制力。

尽管妇女和女孩取得了进展，但在许多发展中世界，进展缓慢、不平衡，而且经常遇到挫折。自 2000 年以来，发展中国家的女性劳动参与率实际上略有下降；2011 年，中低收入国家 15 岁以上妇女中有 50%是劳动力，而 2000 年为 52%[①]（尽管在这方面进展缓慢部分反映了前述学校教育方面的进步）。全世界的情况仍然是，妇女在摆脱贫困方面所面临的障碍比男性更大。

传统上测度贫困的方式可能隐藏了其性别层面。如第 3 章所述，标准假设是在家庭内部有一个平等的分配。因此，男女之间贫困率唯一不同之处在于，根据人均消费或收入（或单身成人的同等消费或收入）进行的性别分类有所不同。这是有可能发生的，通过选择性死亡（selective mortality）[②] 或迁走/家庭解体，导致成年男性离开了贫困家庭。标准指标仍然不太可能很好地反映贫困的性别层面。这是一个深层次的数据问题，因为获取家庭内部分布将大大增加标准调查的成本，目前还不清楚这在技术上是否可行。正如专栏 7.4 所解释的，这并没有阻止一些观察者进行研究。

专栏 7.4　贫困妇女的数量

人们经常听说“世界上 70%的穷人是女性”。1995 年《人类发展报告》（联合国开发计划署，1995）报告了这一情况。报告发表不久，希拉里·克林顿和当时的世界银行行长詹姆斯·沃尔芬森（James Wolfensohn）先后在其演讲中引用了 70%这个数字。自那以后已被重复引用很多次。例如，在 2006 年《世界贫困百科全书》[③]（拉萨·穆赫迪诺娃，2006）中。这个数字出现 20 年后仍在被引用。例如，（惠普前首席执行官）卡莱顿·菲奥莉娜（Carly S. Fiorina）在 2014 年的一次电视广播（乔恩·格林伯格，2014）[④] 中引用了这段话。

---

① 见世界银行（2013），World Bank. 2013. *World Development Indicators*. Washington, DC: World Bank.

② 指某些人比其他人要有可能死亡的情况。

③ Muhutdinova, Raissa. 2006. “*Feminization of Poverty*.” In Mehmet Odekon (ed.), Encyclopedia of World Poverty, vol. 1. London: Sage.

④ Greenberg, Jon. 2014. “Carly Fiorina: 70% of World's Poor Are Women.” *Pundit Fact Blog*, January 15.

这个数据的来源仍然是个谜。在联合国开发计划署的报告发表后不久，马丁·拉瓦雷试图找出来源，包括询问报告的统计员，但没有找到来源。“乐施会”的邓肯·格林（Duncan Green，2010）和“政治真相新闻网”的乔恩·格林伯格（2014）在博客上发帖询问这一数据的来源，最后说他们也找不到其来源。20年后这个数据仍然被作为真理引用，但实际上没有已知的根据！

还有统计贫困妇女其他尝试。1992年，国际农业发展基金（International Fund for Agricultural Development，IFAD）的一份报告《世界农村贫困状况》，按国家分列了生活在贫困中的农村妇女的估计数（伊德里斯·贾扎伊里等人，1992）①。

“估计”是必然的，因为这不是什么标准的住户调查数据。国际农业发展基金的报告没有说明这些数据是如何估计的，但它确实说明了使用了哪些变量，人们可以很容易地得出公式（正如马丁·拉瓦雷在研究报告时所做的那样；见马丁·拉瓦雷，1994c）。国际农业发展基金按国家分列的贫困妇女人数正好等于生活在贫困家庭的人数的1/2加上生活在以女性为户主的家庭的1/4，不论其贫困与否。后一步做法的理由是个谜。国际农业发展基金的统计告诉我们，世界上60%的穷人是妇女。即使我们不相信国际农业发展基金的数字，至少我们可以弄清楚它的来源。

另一种方法是使用来自调查数据的收入，但只考虑单身家庭。《2010年世界妇女报告》主要针对欧洲提出了这样的估计（联合国2010年，见专栏8.4）。用中位数的60%作为相对线，28个国家中有24个国家的女性贫困率更高；如果采用较低的贫困线（占中位数的40%），则情况相反，大多数国家的男性贫困率更高。

以收入为基础的标准贫困指标并不是寻找妇女福利劣势的显而易见的出发点。关于贫困的女性化，有四个假设可以确定。首先，贫困妇女通常比男性工作时间更长，特别是考虑到家务劳动和看护儿童（在家庭内）的时间。贫困增加女性劳动力参与工作的压力，但通常不会减少家务劳动时间。其次，贫困妇女独立脱贫的机会通常较少。对家庭的承诺和文化禁忌常常使她们无法像男人一样轻易地抓住新的机会。第三，在某些文化中，寡妇面临就业或再婚的有效障碍，在家中被视为二等公民，导致很高的贫困风险。第四，妇女和女孩更容易受到冲击和暴力。性暴力的威胁对世界各地的许多妇女来说是巨大的。我们将在下一小节更仔细地讨论这个问题。

女性户主家庭所遭受的不利程度在很大程度上取决于它们为什么是女性作为户主。非洲的一些研究发现，与其他家庭相比，寡妇为户主的家庭尤其贫困。② 一项研究表明，印

① Jazairy, Idriss, Mohiuddin Alamgir, and Theresa Panuccio. 1992. *The State of World Rural Poverty: An Inquiry into its Causes and Consequences*. New York: New York University Press.

② 见西蒙·阿普尔顿（Simon Appleton，1996），萨拉·霍雷尔与普拉米拉·克里希南（Sara Horrell and Pramila Krishnan，2007）。

度的寡妇户主家庭在人均消费方面异常贫困。[①] 利用2006年马里的消费数据，另一项研究发现，在农村和城市地区，女性特别是寡妇户主家庭的生活水平明显低于其他家庭。[②] 重要的是，这项研究发现，即使寡妇再婚并被男性户主家庭吸收之后，丧偶对福利的不利影响也持续存在。就家庭结构和制度而言，非洲是一个多样性的国家，在一些国家内部也有许多多样性，这种多样性提醒人们不要一概而论。

最近的一些研究发现，支持女性更容易受到冲击的假设。在印度的一项研究中，研究发现，与男孩相比，不利的降雨冲击降低了学龄前女孩的生存机会。[③] 一项关于国民收入变化对婴儿死亡率的影响的跨国研究发现，GDP的增长对男孩和女孩的婴儿死亡率也有类似的影响，但是女孩更容易受到经济紧缩的影响。[④] 结果表明，人均GDP下降6%会使女婴死亡率每1000例增加7.4例，是平均影响的三倍左右（第8章将更详细地讨论这项研究）。

尽管已经有许多文献利用微观数据进行风险分担（risk sharing）的研究，但大部分文献都集中在家庭作为一个整体如何应对风险上。在少数例外情况中，有一项研究利用面板数据研究埃塞俄比亚成人营养状况，这些数据是由体重指数测度的。[⑤] 研究人员发现，在面临收入风险的情况下，较穷的人不太可能使其消费平稳（smooth their consumption），这一点在家庭内部以及家庭之间都适用。此外，贫困家庭中的妇女最容易受到未投保风险（uninsured risk）的影响。当人们意识到他们的数据来自一个长期营养不良的环境时，这些结果就更加引人注目，甚至相对于贫困国家，更不用说相对于富裕国家的标准了。上述对马里寡妇的研究也表明，她们受到了相当多的冲击。在这种情况下，"冲击"是失去了丈夫。[⑥] 这些冲击通过孩子们糟糕的教育结果传递给下一代。因此，在这种情况下，寡妇是贫困代际传递的一种机制。

暴力与贫困

内战在较贫困国家更为普遍。这种因果关系无疑是双向的：内战造成的生命损失和经济破坏阻碍了消除贫困的进展，但贫困也可能助长内战。例如，低工资意味着战争的机会成本较低。[⑦]

这种暴力行为引起了媒体的广泛关注。即使在正常时期，在没有如此大规模冲突的情

---

① 见让·德雷兹和斯里尼瓦桑（Jean Drèze and P. V. Srinivasan，1997）。

② 见多米尼克·范德沃勒（2013）。

③ 见埃莱娜·罗斯（Elaina Rose，1999）。

④ 见萨拉·贝尔德、杰德·弗里德曼和诺伯特·沙迪（Sarah Baird，Jed Friedman and Norbert Schady，2011）。

⑤ 见斯特凡·德尔康和普拉米·克里希南（Stefan Dercon and Pramila Krishnan，2000）。

⑥ 见多米尼克·范德沃勒（2013）。

⑦ 关于内战的开发成本，见保罗·科利尔等人（Paul，V. Collier et al.，2003）。关于内战的决定因素，见克里斯托弗·布拉特曼和爱德华·米格尔（Christopher Blattman and Edward Miguel，2009）的评论以及蒂莫西·贝斯利和托尔斯滕·佩尔森（Timothy Besley and Torsten Persson，2011，第4章）的分析，其中提出了机会成本的观点。蒂莫西·贝斯利和托尔斯滕·佩尔森还认为，外部冲突的威胁有助于加强弱国。

况下，仍然存在暴力行为：恐吓、盗窃、敲诈勒索、虐待、殴打、酷刑、奴役、强奸、谋杀或者这些行为的某些组合。受害者可以是个人、家庭、企业（如被企业掠夺者骚扰的小企业）或整个社区。大多数情况下这是违法的，但即便如此，也是司空见惯的。暴力的恐惧通常非常严重，加里·豪根称之为“贫穷的隐忧”（hidden terror of poverty）。[①] 定性研究经常将安全问题确定为穷人的一个重要问题，特别是当他们生活在贫困地区时候。[②] 关于撒哈拉以南非洲的城市贫民窟，有人观察到，“对于局外人来说，这些贫民窟会有一种隐约的恐惧感，但大多数局外人并不知道这些贫民窟对局内人，也就是住在那里的人来说有多可怕。”[③] 在贫困的农村，这里显然也不安全。乡村研究描述了暴力的多种形式（不一定是身体上的），那些有权执法的人有时会成为穷人的最大威胁。[④]

富人有更强的能力保护自己免受犯罪和暴力的侵害。事实上，很可能在全球范围内，穷人不同程度地成为多种形式的暴力的受害者。一个合理的假设是，当公共司法机构最不发达或效率最低时，暴力问题的规模就更大，通常都是在贫困地区。法律制度对少数弱势群体的歧视是一个共同关注的问题，不仅仅是在发展中国家。例如，有人认为，法律制度未能像对待白人一样对待对黑人的暴力，是导致美国高谋杀率的一个原因。[⑤] 一个歧视性的甚至是更失败的公共法律体系滋生了并行的私人安排。需要私人资源来得到保护（包括通过贿赂），因此穷人通常得不到很好的保护。即使法律要求向所有人提供保护，他们也负担不起安全和正义。

因此，我们可以预期贫困和无力感往往是同时发生的。正如彼得·辛格（2010，第6页）所说：“极端贫穷不只是物质匮乏，很多时候还伴随着令人沮丧的无力感。”尽管这是一个合理的推测，但是否有支持性的证据？在为数不多的解决这一问题的研究中，俄罗斯的纵向调查数据包括人们对自己能力或自我效能（self-efficacy）[⑥] 的看法，答案可以与同一受访者的经济福利的客观和主观数据进行比较。从数据中可以明显看出一种强烈的关联，即在最贫穷者中，无力感的看法往往比例是最高。[⑦] 同一项研究还发现了显著的性别

---

① 加里·豪根和维克多·布特罗斯（2014，第16页）。

② 见迪帕·纳拉扬和帕蒂·皮特施（Deepa Narayan and Patti Petesch，2002）、联合国人居署（UN Habitat，2003）、门诺·普拉丹和马丁·拉瓦雷（2003）。后一篇论文表明，巴西调查对象表达的改善公共安全的愿望随着自身收入的增加而增加，但在给定收入的情况下，生活在贫困地区增加了对公共安全的关注。

③ 加里·豪根和维克多·布特罗斯（2014，第30页）。

④ 见贝特西·哈特曼和吉姆·博伊斯（Betsy Hartmann and James Boyce，1983）在一本名为《宁静的暴力：来自孟加拉农村的观点》（*A Quiet Violence*）的优秀著作。

⑤ 这在吉尔·里奥维在《贫民区谋杀：美国谋杀的真实故事》中对南洛杉矶一名年轻黑人男子被谋杀的描述中很清楚，Leovy，Jill. 2014. Ghettoside. *A True Story of Murder in America*. New York：Spiegal and Grau.

⑥ 这一概念是美国著名心理学家阿尔伯特·班杜拉（Albert Bandura）于20世纪70年代在其著作《思想和行为的社会基础》中提出的。自我效能感：指个体对自己是否有能力完成某一行为所进行的推测与判断。班杜拉对自我效能感的定义是指“人们对自身能否利用所拥有的技能去完成某项工作行为的自信程度”。班杜拉认为除了结果期望外，还有一种效能期望。结果期望指的是人对自己某种行为会导致某一结果的推测。如果人预测到某一特定行为将会导致特定的结果，那么这一行为就可能被激活和被选择。——译者注

⑦ 见迈克尔·洛克辛和马丁·拉瓦雷（2005）。

差异，女性报告的权力低于男性。对个人和家庭收入进行的回归控制以及其他可能的无力感的客观协变量，结果仍然是如此。

正如上一小节所指出的，在家庭或社区内，平时对妇女的暴力行为是贫困女性化（feminization of poverty）的一个重要的非收入维度。最受关注的暴力形式是性暴力，尽管这不是唯一的形式。众所周知，殴打妻子和其他形式的恐吓很常见。家庭暴力甚至在某种程度上被社会所接受，尽管官方犯罪数据中的报告明显不足。① 在一些人口与健康调查中，受访者被问及在特定情况下殴打妻子是否合理（尤其是当她与丈夫争吵、拒绝性行为或烧坏食品时）。平均而言，在被问到这个问题的 40 个国家的女性中，29%的受访者认为殴打妻子是正当的。② 2006 年，60 个国家制定了禁止家庭暴力的法律，尽管这种法律在发展中国家并不常见。③即使在发达国家，对家庭暴力的举报和执行也是另一回事。恐惧、羞耻和耻辱往往意味着虐待行为仍然没有得到举报。即使有人举报，警察也往往不愿意在犯罪是对穷人实施时采取行动。

性暴力主要是针对妇女的。④ 关于这一问题的证据不如本章前面讨论的贫困的其他非收入方面的证据那么有力。性暴力往往在正规的统计观察中更加隐蔽，特别是在法律制度薄弱的地方。一些有据可查的实地观察提供了关于全世界常见暴力形式和法律制度缺陷的见解。⑤

很大一部分性暴力发生在家庭内部。在这种情况下，官方统计数据甚至调查的可靠性都值得怀疑，报告量可能不足。即便如此，世界卫生组织基于调查的估计表明，35%的成年妇女经历过性暴力和/或身体暴力。在所有发展水平的国家都存在这种暴力行为，但在较贫困的国家，据报告发生率往往更高。图 7.27 按区域列出了世卫组织对妇女性暴力发生率的估计。最贫困的两个区域（非洲和南亚及东亚）的发生率最高，但发达国家的发生率也很高。

利用人口与健康调查数据发现了国家内性暴力社会经济梯度的证据，因为其中一些调查包括向妇女询问她们的性暴力经历。阿克森和苏布拉曼尼亚（Leland Ackerson and S. V. Subramania，2008）利用印度 1999 年全国家庭健康调查（National Family Health Survey，DHS）研究了亲密伴侣性暴力一生发生率的社会经济梯度。⑥ 样本量很大，共有 9 万名 15~49 岁的已婚妇女，尽管非抽样误差可能很大。例如，受过良好教育的受访者可能不太

① 特别设计的调查更具启发性。见希琳·杰吉伯伊（ShireenJ. Jejeebhoy，1998）关于印度农村两个邦的这种暴力形式。男性也会遭受家庭暴力，尽管发生的频率要低得多；世界银行（2011）引用了一些发达国家的调查证据，World Bank. 2011. *World Development Report*：*Gender Equality and Development*. Washington，DC：World Bank.

②③ 见世界银行（2011，第 83 页），World Bank. 2011. *World Development Report*：*Gender Equality and Development*. Washington，DC：World Bank.

④ 在一项全国性调查中，2%的美国男性报告说，他们一生中有一段时间遭到强奸；美国女性的这一比例为 15%，见帕特里夏·特贾登和南希·索恩斯（Patricia Tjaden and Nancy Thoennes，2000）。

⑤ 见加里·豪根和维克多·布特罗斯（2014）。

⑥ 本书作者未在其他国家看到过类似的研究，Ackerson，Leland，and S. V. Subramanian. 2008. "State Gender Inequality，Socio Economic Status and Intimate Partner Violence（IPV）in India：A Multilevel Analysis." *Australian Journal of Social Issues* 43（1）：81-102.

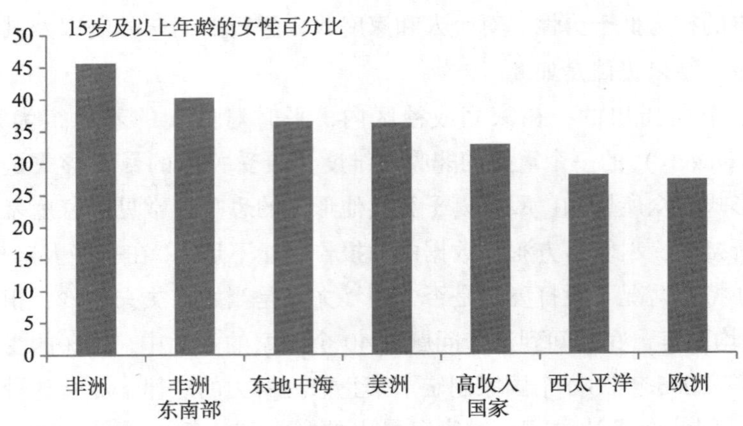

图 7.27　经报告的女性性暴力终生发生率

资料来源：世界卫生组织（2013b）。

倾向于承认家庭暴力的存在，因为她们可能更了解面试官会如何判断。

这项研究的结果表明，贫困与易受亲密伴侣的性暴力侵害之间存在着相当强的关联性。在印度最贫困的20%人口中，26%的妇女报告了这种性暴力。随着财富的增加，发生率下降，最富有的20%人口为6%。这样的描述性统计并不能告诉我们因果关系。贫困可以发挥因果作用的原因有很多。如前所述，金钱有助于购买保护，无论是以私人物品的形式还是通过改善机会获得公共法律的保护。当贫困迫使父母双方都去工作时，就使得孩子们无人监管，因此更容易受到伤害。贫困有时迫使妇女从事性虐待风险更大的职业，包括性工作者。犯罪分子把贫困妇女和儿童作为强迫卖淫或劳役的对象，因为后者更容易被有关改善他们及其家庭生活的承诺所吸引，而且他们利用法律制度寻求帮助的权力也更少。[①]

女性所受的教育是性虐待发生率的另一个因素。在勒兰·阿克森和苏布拉曼尼亚（2008）的研究中，未受过正规教育的女性中，21%的人报告过亲密伴侣性虐待；随着教育程度的提高，性虐待的发生率稳步下降，接受过13年或13年以上教育的女性报告过性虐待的为2%。此外，当使用回归方法来控制其他因素（包括贫困）时，妻子所受过的教育也是一个重要的预测因素。这表明，教育赋予妇女抵抗的能力，这在处理遭受伴侣性暴力的风险时可能特别重要（尽管印度城市公共场所也有许多受过教育的年轻女性成为强奸犯的目标）。在阿克森和苏布拉曼尼亚的研究中，丈夫所受教育在预测其对妇女的性暴力方面显示出类似的梯度，尽管当其控制家庭财富和妻子的教育时，这种梯度会减弱。受教育程度较高的男子往往生活在贫困程度较低的家庭，并且妻子受教育程度较高。后一个因素似乎解释了性暴力与丈夫受教育程度之间的关系。

穷人遭受暴力侵害的另一个方面是法律制度的偏见。如果你在某个特定社会中得不到

① 见加里·豪根和维克多·布特罗斯（2014，第2章）。

正常程度的保护，那么你将面临更大的风险，任何财富收益都将被他人非法侵占，从而削弱了脱贫的动力。著名记者瑞克·布鲁格（在亚拉巴马州东北部的贫民区长大）在回忆录中很好地阐述了这一点："我知道这听上去显得荒唐和病态的偏执，尤其是出自一个一向在冒险中寻求刺激的人之口。但作为一个穷惯了的白痞子，这种心态是再普通不过了：你永远认为你生活中的好事长不了，因为除了你这一身的蛮劲，没有任何其他力量能够保护自己，不知什么人就能夺走你成功的果实。"①

为所有公民建立更有效的法律制度和程序，对于普遍减少暴力特别是世界各地的穷人面临的暴力，可能是至关重要的。通过建立更好和更具包容性的法律制度来减少暴力的政策议程可以被视为对长期经济进步的投资。我们将在第 9 章讨论这个问题，讨论制度的发展进步。

---

① 瑞克·布鲁格，著. 王聪，译. 南方纪事（All Over but the Shoutin'）. 华夏出版社，2005：260. 布鲁格（Rick Bragg）生于 20 世纪 50 年代的美国南部亚拉巴马州，他以个人成长为线索，用最深挚的感情刻画了美国普通民众的内心情感和生活场景。同时，本书以记者的敏感记录了美国四十年社会面貌的变迁。

第8章 增长、不平等和贫困

经济增长确实帮助了穷人：事实上，增加了他们的收入，几乎与增加其他人的收入一样多……简而言之，全球化增加了收入，穷人充分参与到其中。

——《经济学人》，2000年5月27日，第94页

有大量证据表明，当前的增长模式和全球化正在扩大收入差距，从而成为减贫的突破口。

——贾斯廷·福赛思（Justin Forsyth），乐施会政策主任，
致《经济学人》的信，2000年6月20日，第6页

人们并不能满怀信心地预测经济增长将转化为贫困减少。[①]

——杰夫·桑茨（Jeff Shantz），2006

“发展”的本质决定了它使消费者拥有超丰富的商品，同时又产生了不平等和排斥。论述“发展”的所有文件一致得出这样的论断，南北差距（以及两大共同体内部的贫富差距）正持续增大。[②]

——吉尔贝·李斯特（Gilbert Rist），2008，第399页[③]

---

① Shantz, Jeff. 2006. “Pro-Poor Growth.” In Mehmet Odekon (ed.), *Encyclopedia of World Poverty*, vol. 1. London: Sage.

② Rist, Gilbert. 2008. *The History of Development*. 3rd edn. London: Zed Books.

③ 吉尔贝·李斯特（Gilbert Rist），著. 陆象淦，译. 发展史：从西方的起源到全球的信仰. 社会科学文献出版社，2017：399.

正如这些引述所表明的，关于经济增长和全球化是否有助于或阻碍消除贫困和不平等的进展，存在着许多争论。一个长期而广泛的观点是，资本主义经济中的经济增长必然是不公平的。我们在第一部分看到，19世纪的古典经济学家和马克思主义经济学家在资本主义经济中几乎没有看到公平的经济增长。这种悲观的评价持续存在，包括对发展的认识（如上面人类学家吉尔贝·李斯特①的引述）。20世纪的经济思想为我们提供了一个更为准确的视角。著名的是，西蒙·史密斯·库兹涅茨（1955）认为，随着不发达资本主义经济体开始增长，不平等现象可能会加剧，一旦达到较高的收入水平，不平等程度就会下降。在许多发达国家，不平等现象一直在加剧。托马斯·皮凯蒂（2014）认为，在发达资本主义经济体中，这是可以预期的。这些观点背后的原因是什么？证据是否支持他们的观点？

关于穷人从总体经济增长中受益多少的持续争论，已经被关于增长和分配变化的各种经济理论所告知。本章首先回顾这些理论，再回顾证据，最后对中国、印度和巴西进行案例研究。

8.1 经济增长与收入演变理论基本概念

遵循常见用法，“经济增长”是指人均GDP的提高，“增长率”是人均GDP的年增长率。回顾专栏1.1，GDP是所有商品和服务或至少是传统上被认为是商品和服务的总产量，进而意味着：市场价格与数量相乘，加起来得到GDP。尽管广泛使用，如专栏8.1所述，GDP仍有许多局限性。

专栏8.1 GDP作为测度进步指标的局限性

回顾GDP的定义（专栏1.1）：它是经济体一年内生产的商品和服务的总的市场价值。将GDP作为测度进步的指标有四种主要批评。

- 在实践中，GDP并没有得到很好的测度：人们主要关心的是遗漏了什么。GDP不包括家务劳动时间或闲暇的估算值（因此，如果有人离开工资劳动力市场在家庭从事同样的工作，GDP就会下降）。还有一些实施问题，特别是与非正规部门多、统计能力弱的国家有关。自从西蒙·史密斯·库兹涅茨第一次进行估计以来，数据有了很大的改进。对大多数富裕国家来说，GDP的国民账户符合联合国统计司与其他一些国际组织合作提供的国际准则。这些标准在贫穷国家（和一些中等收入国家）的适用情况参差不齐。最新的

① 吉尔贝·李斯特，日内瓦发展研究院的荣誉教授，令人瞩目的“欧洲——第三世界中心”的前负责人，是发展概念和实践研究的奠基人。社会科学文献出版社出版的李斯特所著的《发展史：从西方的起源到全球的信仰》运用比较研究方法，以北方国家和南方国家为研究对象，以一种批判的视角，从历史的、遗传学的角度出发，探寻“发展”的定义，并追溯“发展”理念从产生至今的演变过程。通过厘清“发展”在不同阶段的不同进路，本书最后集中回应了“无增长”的争论以及对主流经济范式的质疑，甚至对整个经济“科学”提出质疑。最终作者认为，可以设想存在一条“后发展”道路。——译者注

指南是2008年，非洲约2/3的人口生活在尚未实施先前（1993）指南的国家。[①]

• GDP没有考虑到增长对环境的影响：GDP没有适当考虑到生产中消耗的可耗竭的自然资源，采用的市场价格并不总是反映机会成本。那么，GDP的最大化会给环境带来太大的成本。

• GDP可能是测度一个人口平均经济福利的一个糟糕指标：这里有人担心，并非所有的GDP都是由家庭消费的。股份构成了公司和银行的利润；这些利润最终可能惠及家庭，但这需要时间。另一部分是政府征收的税款。GDP还包括外国人的收入。原则上，住户调查可以比国民账户更好地测度家庭平均生活水平，相关论点参见第3章。

• GDP并没有说明收入是如何分配的：在极端情况下，设想两个社会的人均GDP是相同的，但其中一个社会几乎都是由超级富豪的消费所占，而另一个社会则是相当平均分配的。GDP没有区别，但他们生活的地方将会是如此的不同！

延伸解读：莫顿·杰尔文（Morten Jerven，2013）花费了四年时间来研究非洲国家在研究GDP预期时是如何获取数据以及它们所面临的挑战。杰尔文认为，我们预测数据的一些方式其实并不准确。[②] 环境批判的早期表述是以斯拉·米香（Ezra J. Mishan，1967）；米香是少数表达这种担忧的严肃经济学家之一（显然他的书很难出版）。[③] 帕萨·达斯古普塔[④]和杰弗里·希尔（Partha Sarathi Dasgupta and Geoffrey Heal，1979）提供了对可耗竭资源经济学的权威性研究。[⑤] 这本书的其余大部分内容都与第四种批评有关。马可·弗勒拜伊[⑥]（Marc Fleurbaey，2009）回顾了GDP的各种替代方法。[⑦]

---

① 见山塔·德瓦拉詹（Shanta Devarajan，2011），Devarajan，Shanta. 2011. "Africa's Statistical Tragedy." Africa Can End Poverty Blog，World Bank，posted 6 October，2011.

② Morten Jerven. *Poor Numbers：How We are Misled by African Development Statistics and What to do About It*. Cornell University Press. 2013.

③ Mishan E. J.，*The Costs of Economic Growth* [M]. London：Staples Press，1967.

④ 帕萨·达斯古普塔（Partha Sarathi Dasgupta，1942—）是当代著名的发展经济学家和环境经济学家，在资源、环境、贫困、可持续发展等领域做出了贡献。他建立了代际相关的功利主义人口理论，重铸了人口与贫困问题的研究范式，是有关不可再生资源利用方面研究的开拓者，也是可持续发展问题研究的奠基人。他非常关注发展中国家的发展与环境问题，形成了"贫困—人口—环境"相结合的统一研究体系，并重点研究了如何使人们更好地利用和配置资源以及如何实现可持续发展。达斯古普塔的研究成果不仅对理论经济学界做出了重要贡献，而且对世界各国尤其是发展中国家的现实发展与治理具有重要的指导意义。——译者注

⑤ Dasgupta，Partha，and Geoffrey Heal. 1979. *Economic Theory and Exhaustible Resources*. Cambridge：Cambridge University Press.

⑥ 马可·弗勒拜伊（Marc Fleurbaey），法国著名经济学家，现为美国普林斯顿大学教授，从事经济学、人文学、公共事务等领域的研究。曾担任法国波城大学、赛尔奇—蓬多瓦兹大学教授，法国国家统计局经济学家，法国国家科学院主任。拥有统计学学士、哲学硕士、经济学博士学位，是福利经济学、公共政策等领域全球一流的学者。担任哈佛大学出版社、剑桥大学出版社、麻省理工大学出版社等世界著名出版社审稿专家以及《美国经济评论》《运筹学年鉴》等四十多家国际顶级学术期刊审稿专家。——译者注

⑦ Fleurbaey，Marc. 2009. "Beyond GDP：The Quest for a Measure of Social Welfare." *Journal of Economic Literature* 47 (4)：1029-1075. Fleurbaey，Marc，and François Maniquet. 2011. *A Theory of Fairness and Social Welfare*，Cambridge：Cambridge University Press.

将GDP作为一种综合产出来处理是一种方便的简化方法，它是将同质劳动与同质资本和土地存量相结合而产生的。此外，还假设GDP是在规模收益不变（constant returns to scale，CRS）的情况下产生的，所有生产要素的边际产出递减，这是总生产函数（aggregate production function）。专栏8.2进一步解释了这一概念。这是大多数宏观经济理论的基础，和关于经济总量增长率决定因素的大量实证研究（这将在本章后面进行综述）。自20世纪50年代这一概念首次得到重视以来，人们对其进行了大量的争论；尤其有争议的是将同质的总"资本"作为生产要素的假设。[①] 总生产函数概念的捍卫者认为，它是一个无伤大雅且分析上有用的简化假设。

专栏8.2　生产函数

总产出Y是资本（K）和劳动力（L）投入的函数，即$Y=F(K, L)$。这些投入在现实中是异质的；例如，"K"代表所有机器和其他非劳动投入（其中许多是以前生产的货物），"L"包括各种类型的劳动（熟练和非熟练）。但为了简单起见，K和L被看作是同质的。有时生产函数写为$Y=A \cdot F(K, L)$，其中A是一个正值，称为全要素生产率（total factor productivity，TFP）；这是指不能归结为更大K或L的产量增加。

资本存量K增加一个单位（保持A和L不变）的投资可能产生的额外产出称为资本的边际产出（marginal product of capital，MPK）。同样，还有一个劳动的边际产出（marginal product of labor，MPL）。典型的生产函数表现为MPK下降，这意味着随着资本存量的增加，给定的资本存量增量产生的收益越来越少（回想李嘉图关于收益递减的观点，专栏1.12）。同样，MPL随着L的上升而下降。

通常假设K和L可以被替换，如等产量线的曲率所反映的，它给出了K和L可以达到给定Y的所有技术上可行的组合（类似于专栏1.4和专栏3.1中的无差异曲线）。等产量线的斜率是MRS，即MPL与MPK的比值（这有时被称为边际技术替代率，以区别于效用函数的MRS）替代弹性被定义为K/L中的比例变化除以MRS中的比例变化。这测度了等产量线的曲率——技术上可行的替代量。

生产函数的一个例子是$Y=K^{\alpha}L^{\beta}$，其中α和β是正参数。这是科布—道格拉斯（C. W. Cobb-Paul H. Douglas）生产函数。这种形式很流行，但相当特殊，特别是在K和L之间允许多少可替代性；特别地，科布—道格拉斯MRS与K/L成正比，因此替代弹性是1。

---

① 关于这场辩论的概述，见威廉姆·克莱因（William Cline，1975）。克里斯托弗·布利斯（Christopher Bliss，1975，第8页）对这场争论进行了深入的讨论，尽管在技术上要求很高。Bliss，Christopher. 1975. *Capital Theory and the Distribution of Income*. Amsterdam：North-Holland.

假设K和L增加一个因子λ（比如，当每个投入增加20%时，$\lambda=1.2$）。如果Y也增加了λ，那么我们就得到了“规模收益不变”（如果$\lambda>1$，那么我们就有了“规模收益递增”，而如果$\lambda<1$，则是“规模收益递减”）。在规模收益不变情况下，科布—道格拉斯生产函数的参数必须是$\alpha+\beta=1$，并且劳均产出（y）可以写成劳均资本（k）的光滑函数。这样，生产函数的形式可写为：$y=f(k)$，如图8.1所示。

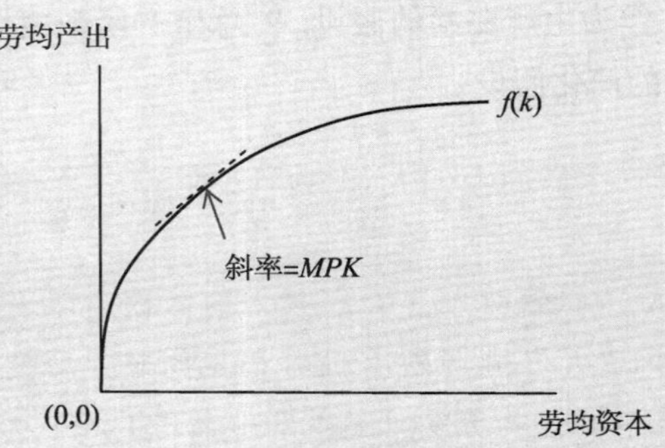

图8.1　劳均产出与劳均资本的函数

现在考虑一个追求利润最大化的公司中k的选择，该公司不能影响利率，面临着借款问题。首先假设MPK>r。那么，该公司显然会希望加大投资，因为每多出一个单位的资本都会通过支付融资所需的利息来“为自己买单”。因此，工人人均资本将增加，这将降低MPK，直到达到r，这时投资的动力将消失。相反，如果MPK<r，则需要取消投资，增加MPK。因此，资本k^*的利润最大化水平满足了MPK=r的平衡条件。

如果我们现在考虑多个公司，或多个经济体，我们可以很容易地看到，当所有边际产品进入平价时，总产出将最大化。因为如果企业（或经济体）A的MPK大于B，那么从B到A的资本再分配将产生总收益，这将降低A中的MPK并提高B中的MPK（给定边际产品递减）。劳动也一样。

延伸阅读：大多数经济学教科书都涉及这一问题。大卫·威尔（David Weil，2005）在《经济增长》一书中对标准方法进行了很好的介绍。在罗伯特·巴罗和哈维尔·萨拉伊马丁（Robert J. Barro and Xavier Sala-i-Martin，1995）的《经济增长》与德隆·阿西莫格鲁（Daron Acemoglu，2009）的《经济增长导论》中可以找到更先进的处理方法。

为了有助于理解总体贫困测度的动态性，本章将使用经济动态研究中的一些基本思想。最重要的概念是一个稳定、稳态的均衡点，在这个点上，没有进一步改变的内在动力，一个小的冲击将使经济回到同一点。专栏8.3总结了这一概念和我们在本章后面将需要的动力学的主要思想。

专栏 8.3 研究经济动态的概念

假设一个人拥有一个未来财富的生产流程，并且能够进入一个完善的信贷市场，这意味着他可以按照给定的利率 r 为该生产流程的所需股本融资。他在任何日子都要消费掉个人财富的一个份额 s。如果他在日期 t 不消费任何东西，那么在日期 $t+1$ 他将拥有一笔财富，其中包括他自身生产活动的盈余（表示 π）加上他投资财富的回报（$r w_t$）。

递归图从当前财富映射到未来财富，如图 8.2 所示。注意 π 还取决于利率，因为这决定了他在生产过程中所用资本的机会成本，但我们不需要在这里明确说明。我们可以写出如下公式：

$$\pi = f(k^*) - r k^*$$

其中 k^* 是最优资本存量，其产出为 $f(k^*)$。如果后者是专栏 8.2 中描述的标准生产函数，并且他最大化其利润，那么资本的边际产品等于利率，即 MPK=r。

考虑到消费，他在 t+1 时的财富如下所示：

$$w_{t+1} = (1 - s)(\pi + r w_t)$$

这是图 8.2 中递归图的方程式。粗体线是该模型所隐含的简单线性递归图。这条 45 度的线把这个空间分成两个区域，一个是财富在上升（高于这条线），另一个是财富在下降（低于这条线）。稳态均衡是财富随时间的推移而保持不变的情况。稳态平衡点在 A 点，对应于财富水平 w^*。注意递归图中的向上（向下）移动意味着稳态财富水平的增加（减少）。

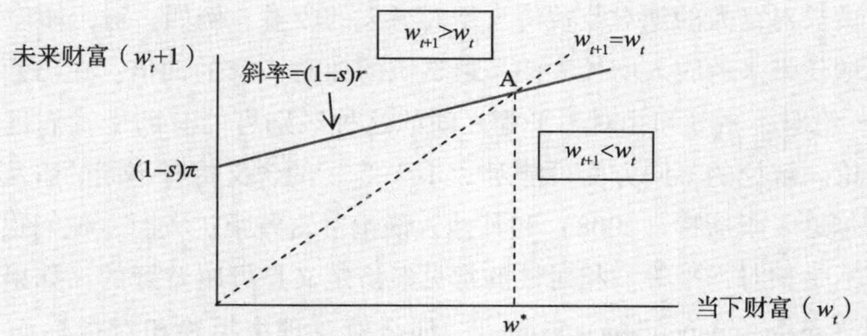

图 8.2 财富动态的线性递归图

点 A 称为稳定均衡点。要了解这意味着什么，请考虑某个人在点 A 上获得了短暂的财富收益，这使他在点 A 上处于右侧的粗线上。现在，他将身处一个财富随着时间推移而下降的区域。因此，他最终会回到 A 点。同样，短暂的负财富损失会把这个人置于财富上升的区域，所以他会在适当的时候回到 A 点。但是，正如我们将看到的，递归图还有其他的可能性，有多个均衡点，并不都是稳定的。

延伸阅读：同专栏 8.2。

在这些概念的基础上，本节的其余部分概述了过去关于与经济总量扩张相关损益分配的主要理论论点。第 8.2 节转向证据。

过去关于穷人是否受益于经济增长的争论

古典经济学家不仅对减少贫困的经济增长相当悲观，他们还质疑经济持续增长是否可能。当然，随着经济走向“稳态”(steady state)——即经济总量不变的情况（专栏 8.3），可能会出现暂时性增长。这很可能会导致最初较贫困国家的更高增长（经济趋同的过程，我们将回到这个过程）。按照这种观点，经济最终将陷入零增长状态。正如我们在第 1 章中看到的，那个时代最杰出的古典经济学家大卫·李嘉图持有这种观点，指出自然资源固有的固定性和报酬递减规律（law of diminishing returns）(专栏 1.12)。按照这种逻辑，再分配将是脱贫的唯一途径。这一观点在现代并不被广泛接受，尽管它仍然有其代表性。“发展只能靠不断吸取并非取之不竭的新能源来实现，所以，经济增长非但不能实现所许诺的丰裕，而且只会导致普遍短缺。”[①] 现代思维强调技术进步的范围，以便从给定的投入扩大商品和服务的生产。那么问题是，在这一不断扩大的产出中，预计有多少穷人可以分享。本章将回顾关于这一问题的理论和证据。

第二部分讨论的测度选择对如何评估经济增长的利益分配有很大的影响。测度不平等所做出的价值判断，对于增长是否趋向于不平等加剧这一立场举足轻重。《经济学人》杂志（在本章开头的引述中）宣称，发现穷人的收入份额平均不随增长而变化，并不意味着“增长提高（穷人）收入的幅度与增加其他人收入的幅度差不多”。[②] 考虑到存在的不平等，分配中性增长对富人的绝对收益将大于对穷人的收益。例如，对于印度最富有的 10%人口来说，总增长带来的收入增长大约是最贫困的 20%人口的四倍；在巴西或南非，是十五到二十倍。[③] 绝对不平等和相对不平等之间的这种区别可能有助于我们理解关于增长和公平的长期辩论。辩论的不同方面可能对“不平等”的含义持有不同的看法。例如，当非经济学家如吉尔贝·李斯特（2008）和其他人谈论贫富差距扩大时，他们很可能会想到绝对不平等，而不是相对不平等。相对性的常见经济定义是毋庸置疑的；如果一个人不接受尺度无关公理（scale independence axiom），那么就有理由拒绝相对指标而支持绝对指标（满足平移不变性，参见专栏 5.3 和 5.5）。

同样的观点也适用于如何测度贫困的选择上。也就是，如果所有收入和贫困线都按同

---

① 吉尔贝·李斯特（Gilbert Rist），著. 陆象淦，译. 发展史：从西方的起源到全球的信仰. 社会科学文献出版社，2017：398.

② 《经济学人》中的杜大伟和阿尔特·卡拉伊（David Dollar and Aart Kraay，2002）的研究成果（注意到正在研究比例变化）。在跨国回归结果的基础上，杜大伟和阿尔特·卡拉伊发现经济增长是减少贫困的一个重要因素，并且最贫困收入组人口的贫困收入和整体收入增长之间存在着对应的关系，这意味着经济增长会使包括穷人在内的所有人都等同程度地受惠。——译者注

③ 见马丁·拉瓦雷（2003a）。

样比例的增长（尺度不变性），个人判断贫困指标是否不变，或者是否只适用于常见的绝对增长（平移不变性，见专栏 5.6）的情形。

一个更有争议的问题是，如第 4 章和第 5 章所述，人们认为贫困是绝对的（固定的实际贫困线）还是相对的（随平均收入增长而增长的一条线）。那些说全球化有利于世界穷人的人往往是毫不掩饰的“绝对论者”，直观地说，贫困指标越“相对”，经济增长对其价值的影响就越小。相比之下，许多对全球化持批评态度的人似乎认为贫困是相对的。在极端情况下，第 4 章中讨论的“强相关”指标（其中贫困线与平均收入成比例）的表现将非常类似于不平等指标。即使穷人的生活水平实际上已经提高，这种方法也能显示出贫困的加剧。如第 4 章所述，这无疑是一个难以得到维护的极端立场。尽管我们可以同意相对剥夺很重要，但个人福利似乎不太可能只取决于个人的相对地位，生活的绝对水平也很重要。

经济学家和非经济学家在大约两百年或更久的时间里对贫困的明确接受并不是这种相对主义观点的产物。尽管斯密经常被引用来支持贫困是相对的观点，但他不太可能赞同强相对指标。回想第 3 章，斯密指出了亚麻衬衫在 18 世纪欧洲的社会作用。但是，这仅仅表明，斯密希望贫困线与估计贫困的社会相关。

增长并不能预期为不平等中性的。大多数古典经济学家和马克思主义经济学家几乎没有希望，即使是资本主义经济的增长也会带来快速的减贫，甚至任何减贫。尽管斯密对逐步减少贫困的市场经济的潜力持乐观态度，但后来著名的古典经济学家（如马尔萨斯和李嘉图）对实际工资提高和（因此）贫困减少的前景则更为悲观。这表明，他们预计资本主义经济增长会导致不平等加剧。

在没有技术进步的情况下，劳动报酬递减（diminishing returns to labor）的思想导致古典经济学家劳动力的增长（至少在某个时间点之后）会导致人均产出下降。据了解，由于允许给定的投入产生更多的报酬，所以技术进步至少在一段时间内很可能会抵消报酬递减的影响。这取决于技术进步的性质。原则上，这既可以增加对劳动力的需求，也可以减少对劳动力的需求，但更为普遍的经典观点是，这往往是劳动力在均衡的基础上增加——增加对劳动力的需求，从而对实际工资率施加向上的压力，从而降低贫困的发生率，可能还会降低收入不平等。古典经济学家反对这一观点，他们预期人口对工资上涨的反应是，贫困男女的“道德弱点”（moral weakness）将导致更高的人口增长率，从而削弱增长对贫困的影响（如第 1 章所述）。

19 世纪中叶兴起的社会主义运动对减贫前景持同样悲观的看法，但认为这是对资本主义的一种谴责。对利润的渴求为资本积累提供资金，再加上庞大的失业“后备军”（reserve army），被视为限制实际工资率上升而非人口增长的因素。

古典经济学家观点和马克思主义观点都有充分的争论余地。古典经济学家的观点是，如果穷人表现出“道德约束”，保持低出生率，从而使增加劳动力的技术进步带来的实际工资收益能够持续，那么他们就有望从增长中获益。古典观点的另一种（更现代的）解释是，如果技术进步与正确的社会政策（教育、医疗和社会保护的补充政策）齐头并进，那么技术进步就是减贫。如果人口增长率受到限制，那么后备军必然会耗竭，实际工资最终会上涨。

弗兰克·拉姆齐[①]（1928）在一篇著名的储蓄理论论文中进一步论证了为什么由技术进步推动的经济增长能够减贫。本章列出了一个最优储蓄模型，专栏 8.4 提供了有关储蓄的拉姆齐模型的详细信息。

专栏 8.4 拉姆齐储蓄模型

拉姆齐提供了一个选择当前消费和未来消费的动态模型。他设想了一个经济计划最大化由消费和闲暇衍生的时间层面效用的跨期和，且生产函数依赖于资本和劳动力投入。然后，拉姆齐导出了一个相对简单的最优储蓄规则，可以在图 8.3 中表示（高度简化的形式）。我们有两个消费日期，一个无差异曲线表示当前消费和未来消费之间的偏好。如前所述，该曲线的斜率是边际替代率（marginal rate of substitution，MRS）。为此，我们增加了一个转换曲线（transformation curve），在考虑到生产可能性的情况下，在当前的每一个可能的消费水平上给出了“未来”最大可行的消费。

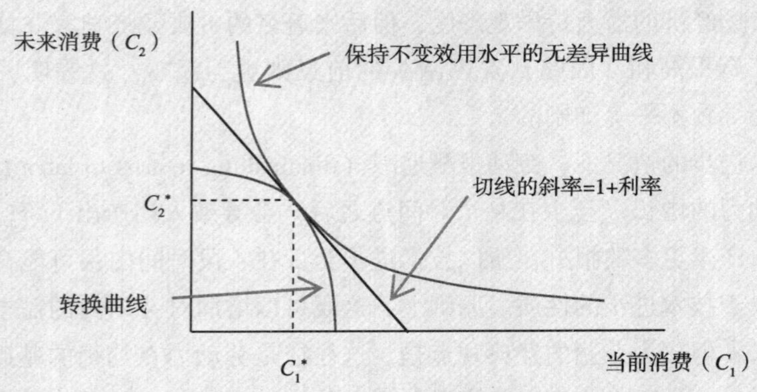

图 8.3 跨期消费选择

在每个时期，产出要么被消费，要么被储蓄，储蓄等于投资。当前的投资增加了资本存量，因此未来的产出也增加了。当前多消费意味着未来少消费，所以曲线是向下倾斜的。曲线的形状反映了生产函数的形状，生产函数使每个工人在任何时期的产出都是每个工人的资本的平滑函数，资本的边际产出递减，如专栏 8.2 所示。由于资本边际产

① 弗兰克·拉姆齐（Frank Plumpton Ramsey，1903.2.22–1930.1.19）是英国数学家、哲学家、逻辑学家、经济学家，在他短促的一生中对许多领域做出开拓性的贡献。他在 1927 年 3 月的《经济学杂志》发表了关于《对税收理论的一个贡献》的论文，在 1928 年 12 月的《经济学杂志》发表了关于《储蓄的数学理论》的论文。——译者注

出下降，转换曲线必须向下弯曲，如图所示。为了了解原因，假设一个人当前消费很少（C_1 降至零），那么未来会有更多的资金，但考虑到有这么多可用资金，未来的资本边际产出会相对较低。因此，当 C_1 接近于零时，当前额外消费只会带来未来消费量的小幅下降。很明显，图 8.3 中的最优消费量为（C_1^*，C_2^*），这种情形下跨期消费水平之间的 MRS 等于 MRT。

历史追溯：弗兰克·拉姆齐建立了拉姆齐模型，该模型在确定性的条件下，分析最优经济增长，推导满足最优路径的跨期条件，阐述了动态非货币均衡模型中的消费和资本积累原理。这个模型被后人称为拉姆齐模型。拉姆齐提出的问题是一个国家应该储蓄多少，并用模型去求解，用模型去解出资源的跨时最优配置，最优消费和投资决策。中央计划人员将做这些选择，他们利用模型使具有典型性的个人效用最大化，我们可以证明这种中央计划分配等价与竞争性经济。在竞争性经济中，个人根据相关联的当前与预期的市场出清的工资和利率，做出最优的消费和投资决策。他是亚瑟·庇古和约翰·梅纳德·凯恩斯的追随者。

在拉姆齐论文的最后一部分有一个贫困模型。该模型基于这样一个观点：社会中存在时间偏好率（time preference rates）（折现率）的分布（见专栏 3.10，时间偏好率是指个人对未来的贴现率）。拉姆齐把折现率当作一个外生的偏好参数。他认为穷人的折现率高于均衡利率。拉姆齐的结论是：所以社会会大致分为两个阶级，节约的人存钱，所以他们能变得富裕，也就是可以享受最高的愉悦（bliss），挥霍的人会透支，也就会变得穷困，在生存线上挣扎。① 拉姆齐模型的一个含义是，通过对利率施加上行压力，稳定产出水平的外生增长将减少贫困发生率，具体如专栏 8.5 所示。与古典模型不同，技术进步将使拉姆齐贫困模型中的穷人受益。

*专栏 8.5 拉姆齐贫困模型

在拉姆齐著名论文《储蓄的数学理论》（A Mathematical Theory of Saving）的最后一部分，他勾勒了一个贫困模型。在拉姆齐看来，不同的人有不同的时间偏好——他们的个人折现率（见专栏 3.10）。那些折现率低于利息率的人积累资本直到他们达到最大可想象效用，他们的“愉悦点”表示 Y_1。那些折现率高于利率的人会随着时间的推移逐渐减少积累，最终达到最低的消费水平，即 Y_0 表示在生存线上挣扎的水平（注意 $Y_1 > Y_0$）。

① 弗兰克·拉姆齐（1928，第 559 页），Ramsey，Frank. 1928. “A Mathematical Theory of Saving.” *Economic Journal* 38：543-559.

这个模型中的“贫困率”可以被认为是折现率大于利率的人口比例。用 $H(r)$ 表示，并注意，对于人口中的任何给定时间偏好率分布，H 必须是 r 的递减函数。

拉姆齐没有揭示他的模型的含义。但不难看出，稳定产出水平的外生增长将提高均衡利率，从而降低贫困率。图 8.4 显示了这一点。图右边的粗体曲线是满足利率（r）与资本边际产出（MPK）相等的利率和产出水平组合的轨迹。（关于为什么 $r=MPK$ 处于平衡状态的进一步解释，请参考专栏 8.2）。图右边的正斜率直线是满足累加条件 $Y=H(r)\,Y_0+(1-H(r))\,Y_1$ 的 r 和 Y 的所有组合。模型的一种解法是在保证 $r=MPK$ 的前提下，求出满足这个累加条件的利率和资本存量水平（以及产出）。

随着技术进步，总产出以给定的利率增长，图 8.4 右边中的曲线发生偏移，从而降低了贫困率。

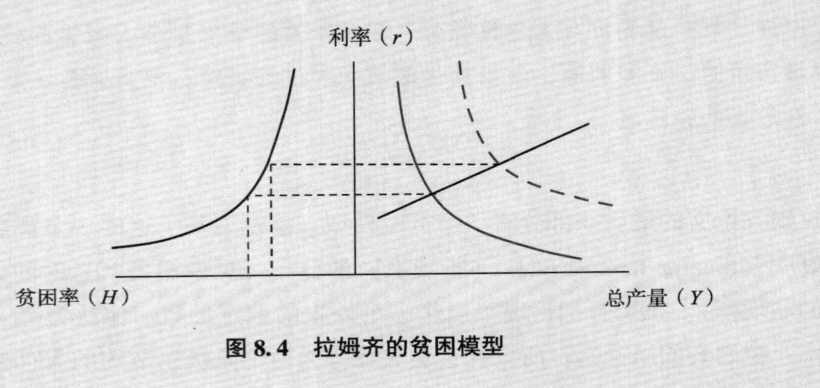

图 8.4　拉姆齐的贫困模型

这种贫困成因模型的说法由来已久。总的特点是，在给定人们的偏好、才能和天赋等内在特征的潜在分布的情形下，收入分配假定能够反映竞争性市场力量的运作。社会的职业结构和收入分配是通过一个分类过程产生的。这个分类过程的基础是，给定个人的努力和主动性，自由市场如何回报这些特征。[①] 例如（在拉姆齐模型中），有些人最终贫困是因为他们有很高的折现率。一个例子假设人们的风险偏好不同，一些愿意冒险的人最终会变得富有，而那些更不愿冒险的人则会继续贫困。

正如我们在第 1 章中所看到的，在第一次贫困启蒙中，另类模式开始出现。这些模式采取了非常不同的观点。它们没有用市场经济如何回报人与人之间的内在差异来解释贫困，而是把个人看作是基本相同的（或只有微小的差异），而是指出机制（包括不是那么自由的市场）是如何运作的。在这些新模式中，贫困可以被视为人们在偏好和行为上的差异的原因，而不是结果。我们将回来讨论各种例子。

① 这就是继罗伊（A. D. Roy，1951）之后被称为罗伊模型的本质。关于这种有影响力的模型的现代讨论，见杰弗里·赫克曼和克里斯托弗·塔伯（James Heckman and Christopher Taber，2008）。

“二战”之后，政策制定者更加顺理成章地重视确保长期经济增长的条件。大多数发展中国家的独立后政策也努力促进经济增长，这是由相对封闭的经济体的政府计划所推动的，尽管有效执行的能力往往很弱。计划文件受哈罗德-多马模型的影响（专栏8.6）。哈罗德-多马模型在大约1960年前的增长经济学中占主导地位，但后来被更完善的增长模型所取代。正如第9章进一步讨论的那样，这个模型在制定规划，包括制定外援要求方面继续产生影响。

专栏8.6 哈罗德-多马模型

哈罗德-多马模型（Harrod-Domar model）即“哈罗德-多马经济增长模型”，是罗伊·哈罗德（Roy Harrod）和埃弗塞·多马[1]分别提出的发展经济学中著名的经济增长模型。哈罗德注意到，[2]在凯恩斯的收入分析中，只考虑了投资变动引起的收入变动，没有考虑收入变动对下一轮投资的影响，并且只以投资刺激需求增加从而实现总需求与总供给的本期均衡为目标，没有看到总供给的变化以及新的均衡，因而是一种静态的、短期的均衡分析。哈罗德认为，投资增加引起的国民收入成倍增加可以使本期实现就业均衡，但投资增加不仅刺激了总需求，引起收入的成倍增加（乘数原理），而且刺激了总供给，引起了生产能力的增加，追加的生产能力带来了下一期收入的更快增长，更多的收入又会转化为更多的追加投资（加速原理），如此累进不已。因而，本期的国民收入在下一期就不足以提供充分就业，从而总供求也不能保持均衡。所以，要实现充分就业，本期投资必须大于上期投资。为了解决这一问题，哈罗德提出了“资本—产出比”概念，利用它来推算第二期达到充分就业所需的追加投资，以使投资与国民收入的均衡增长相适应。这样，哈罗德在经济增长理论中引入了时间因素，并且用“比率分析法”（增长率、储蓄率）代替了凯恩斯的“水平分析法”（国民收入、储蓄与投资的水平），从而将凯恩斯的理论长期化、动态化。哈罗德-多马模型不是经济增长理论的“正统”理论，因为模型结论是“经济增长是不稳定的”。哈罗德-多马模型是对凯恩斯 $S=I$ 模型早期的动态化发展，提出在假定资本产出比不变的情况下，均衡经济增长率取决于储蓄率。

哈罗德-多马模型给出人均GDP增长率为：$g=\frac{s}{c}$，其中 s 是储蓄率（储蓄的产出份额），c 是资本产出比率（$c=K/Y$，其中 K 是资本存量，Y 是产出）。

哈罗德-多马模型从何而来？导出方程的最简单方法如下。t 期的总投资 I_t 只是资本存量的变化，将此写为：

---

① Domar, Evsey. 1946. “Capital Expansion, Rate of Growth and Employment.” *Econometrica* 14: 137-147.

② Harrod, Roy. 1939. “An Essay in Dynamic Theory.” *Economic Journal* 49: 14-33.

$$K_t = K_{t-1} + I_{t-1}$$

（我们可以很容易地在这里加上折旧准备金）经济被认为处于宏观经济平衡状态，这就要求总投资等于总储蓄。所以我们可以重写为：

$$K_t = K_{t-1} + S_{t-1}$$

我们有 $K_t = cY_t$，$K_{t-1} = cY_{t-1}$。c 的值也被认为是外生性固定的，给出了所谓的“固定系数技术”。$S_{t-1} = sY_{t-1}$，其中储蓄率 s 也被认为是外生性固定的。将这些代入上述方程式，我们得到：

$$cY_t = cY_{t-1} + sY_{t-1}$$

在重新排列最后一个方程时，很容易看出我们得到了哈罗德–多马模型：

$$g_t \equiv \frac{Y_t - Y_{t-1}}{Y_{t-1}} = \frac{s}{c}$$

这不是一个因果模型。事实上，这是一种等式。随后的经济学家认为，常数 c 和 s 的假设尤其令人担忧，而这些假设在随后的增长理论发展中得到了放宽。

历史追溯：哈罗德–多马模型在现代经济学中逐渐淡出人们的视野，但 75 年后，被称为“资本主义第二基本定律”的皮凯蒂（Thomas Piketty，2014）重新提出了一个 $c = s/g$ 形式的方程（皮凯蒂第一定律认为，资本产出的份额只是资本回报率乘以资本产出比），先前关于因果解释的警告仍然存在，讨论回到皮凯蒂（2014）。

哈罗德–多马模型将贫穷国家解释为它们太穷而无法储蓄，进而使得它们的增长率保持一直在较低水平，所以它们仍然贫穷，这是宏观贫困陷阱的本质。不能指望私人部门提供长期增长所需的储蓄和投资。唯一的解决办法（有人认为）是政府进行干预，通过利用外部发展援助来提高投资率，以确保有足够的储蓄和投资（见第 8.5 节）。

哈罗德–多马模型在早期开发思想中被过度解释。模型中没有储蓄理论，储蓄率是外生的，固定系数技术也是外生的。也不清楚为什么政府比私人部门更有能力储蓄和投资。有人担心，在资本主义或社会主义经济体系中，政治最终会导致政府过度消费。[①]

细分经济的发展

回顾第 7 章，我们看到世界各国的生活水平迥异。（正如图 7.2 所示）在全球不平等的“国与国之间”的巨大成分的背后，人们发现类似劳动力的工资率存在着巨大的差异，当人们控制教育时，这种情况仍然存在。[②] 这表明国与国之间在劳动边际产出上的差异，使得国家之间的劳动力重新分配将增加全球产出，同时也将减少全球不平等。由于各国之

① 正如伊曼纽尔·莫里斯·沃勒斯坦（Immanuel Maurice Wallerstein，1971）所说。

② 见马克·罗森茨威格（2010），他估计了各国的“技能价格”，显示这种模式与移民流动是一致的。

间的劳动力流动受到限制，这些待开发的公平增长机会在很大程度上依然存在。实质上，受益于现有差异的人有权限制进入。在国家内部没有不同的工作流程，尽管很少需要国内护照和签证。[①] 在一个发展中的经济体中，我们看到不同的阶层或部门的平均生活水平不同，尤其是城市和农村地区。随着时间的推移，我们还看到各国不同程度的结构转型过程。回顾第 2 章，在一个封闭的经济体中，食品是必需品的事实意味着随着经济的发展，需求的构成从农业产品转向制造商品和服务。今天的富裕国家过去也经历过这样的转变，今天的发展中国家也在这样做。

社会主义经济体有时通过在最初阶段的细分经济中进行强制性的结构转型，实现了较高的经济增长率：有计划地将生产要素在部门间尤其是农业和工业之间（如苏联）重新分配，在技术上是困难的，成功率参差不齐，而且常常被政治目的操纵。强制重新分配劳动力的福利成本和狭义的经济收益最终会消失，而社会主义的计划经济体制为部门内的技术创新提供的动力不足（20 世纪 70 年代苏联的情况很明显）。

相反，关于比较发展的文献强调，在很少进行经济规划的情况下，西欧、斯堪的纳维亚和北美成功地培育机构和基础设施，促进了技术创新与结构转型的结合。在产权有保障且有公共基础设施支持的经济体系中，生产要素和货物的内部自由贸易显然是当今发达国家的长期经济发展过程中比规划更重要的因素。[②] 当国家不是封闭的，而是对外贸易开放的时候，结构转型需要具备条件。然后我们可以根据禀赋（如耕地）找到一个国家专业化的程度。随着经济增长，这将影响部门变化的模式。一个中等收入甚至高收入的国家由于拥有丰富的肥沃土地，可能仍然严重依赖农业，这导致它出口富余粮食，并从没有好的土地的相对贫困经济体中购买制成品。[③] 尽管这一条件很重要，但我们现在考虑的细分经济增长模型假设是封闭经济。

正如我们在第 2 章中所提到的，早期以政策为导向的讨论对国内经济增长的前景持悲观态度，这将在短期内给穷人（主要是农村人）带来很多好处。人们普遍认为，低收入国家的增长至少在最初必然是不公平的。消除贫困的进展将是缓慢的，尽管人们期望最终贫困率将开始迅速下降。

这种悲观情绪的经典原因似乎是在农村经济和城市非正规部门中劳动力的不充分就业广泛存在的。在发达经济体或发展中经济体的正规部门，“失业”是指一个人通常的状态是找工作而不是被雇用。这不是世界上大多数穷人的适用定义，他们不能无所事事。对他们来说，相关的概念是就业不足，这可以解释为失业时间比率（time-rate of unemployment）（即在劳动力中，需要更多工作但找不到工作的时间所占的比例）。发展中国家农村地区和

① 中国是一个例外，我们将在本章后面讨论。

② 比如说，辛西娅·塔夫特·毛瑞斯和艾玛·阿德尔曼（Cynthia Taft Morris and Irma Adelman，1988）和德隆·阿西莫格鲁和詹姆斯·罗宾逊（2012）。

③ 回顾图 2.5 中新西兰的例子。

城市非正规部门生活的一个共同特点是，大多数人至少在做一些工作，但他们很少在农业旺季（如收获期）之后得到充分就业，这是富余劳动力，这似乎也是当今发达国家贫困时的一个共同特征，在当今发展中国家仍然很普遍。

在此基础上，阿瑟·刘易斯（1954）提出了一个重要的、有影响的细分富余劳动力经济发展模型，这个模型假定存在一个新兴的资本主义部门（它主要是工业的，但它也可以包括商业性农业）。现代资本主义部门是一个岛屿，处于一个传统的、主要是农业部门的中间。这个部门中的大多数人都生活以由平均农产品决定的微薄的生存收入为生。“从资本是可得到的这个意义上说，这只是非常短暂的难题；资本家或他们的政府，都可以很快地提供培养更多熟练工人的设施。因此，扩张的真正难题是资本和自然资源，而且我们可以继续假设，只要得到资本和自然资源，也就可以提供必要的熟练工人，虽然也许要有一段时滞。”① 扩张是通过对资本主义部门利润的再投资来实现的，这种扩张从传统部门吸引劳动力，但在劳动力富余仍然存在的情况下，不会降低其产出。当盈余最终被吸收时，经济达到“刘易斯拐点”（Lewis turning point，LTP）（即劳动力过剩向短缺的转折点，是指在工业化进程中，随着农村富余劳动力向非农产业的逐步转移，农村富余劳动力逐渐减少，最终达到瓶颈状态），专栏 8.7 进一步解释了模型。

专栏 8.7　刘易斯经济发展模型

刘易斯认为，在一国发展初期存在二元经济结构，一个是以传统生产方式生产的“维持生计”部门（以传统农业部门为代表）；一个是以现代生产方式生产的“资本主义”部门（以工业部门和城市为代表）。农业部门人口多、增长快。由于边际生产率递减规律，其边际生产率非常低甚至为零，农业部门出现大量劳动力富余。此时，只要工业部门能够提供稍大于维持农村人口最低生活水平的既定工资，农业部门就将涌出大量劳动力至工业部门，为工业部门的扩张提供无限的劳动力供给（所谓“无限的劳动力供给”即指劳动力供给曲线在既定工资水平下具有无限弹性。“既定工资”即是农业部门劳动力维持生活需要的最低收入水平）。由于在既定工资水平上，劳动力的供给是无限的，工业部门在实际工资不变的情况下将所获得利润转化为再投资，将规模不断扩大直到将农村富余劳动力全部吸收完，这个时候工资便出现了由水平运动到陡峭上升的转变，经济学上称之为“刘易斯拐点”。

设 N^u 为固定劳动力在城市经济中所占的份额，设 $1-N^u$ 为农村经济中所占的份额。有一个固定的“维持生计”的农村工资，用 W^r 表示（不需要农村劳动力市场；农村“工资”可能只是农业中的平均产品，是共享的）。经济从 $N^u=0$ 开始，随着现代部门的扩大而发展，对非熟练工人的需求不断增加，现代部门的劳动边际产出（MPL^u）向上

① 刘易斯，著. 施炜等，译. 二元经济论. 北京经济学院出版社，1989：6.

转移。在利润最大化的情况下，资本家将雇佣 N^u 工人，使得最后一个工人的边际产量是现代部门工资率 W^u 。农村劳动力被现代部门吸收，机会成本很少或没有。在刘易斯拐点（LTP），一旦农村富余劳动力被吸收，农村工资就会增加。

图 8.5 展示了刘易斯模型。从左到右，横轴劳动力在现代部门中的份额（从右到左，赋予传统部门的份额）。粗线条最初是平的，然后向上弯曲，显示了现代部门的劳动力供给曲线。只有在刘易斯拐点之后，农村工资率才会对 MPL^u 曲线的逐步上升做出反应，如虚线表示的负斜线所示。

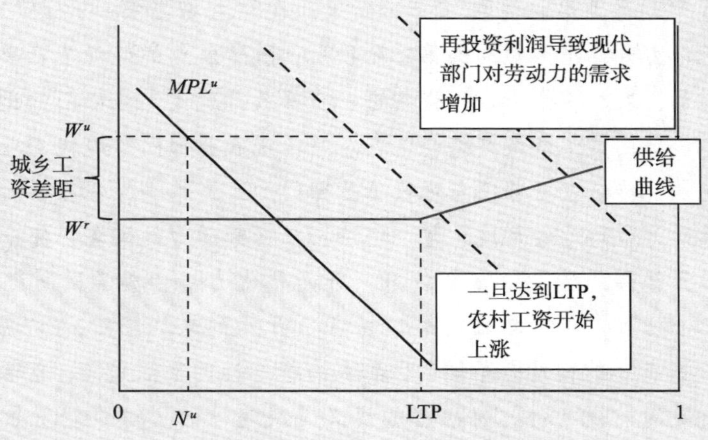

图 8.5 刘易斯经济发展模型

在图 8.5 中，现代部门的工资率高于最低工资（刘易斯讨论了产生这种差异的各种原因）。这就产生了一个问题。虽然农业产出不会随着劳动力从该部门吸收（直至刘易斯拐点）而下降，但转移到工业部门的工人可能会以较高的工资率获取更多的粮食，在封闭经济中对粮食价格造成上涨压力，从而降低粮食方面的实际工资。提高农业生产率可以抵消这一影响（正如刘易斯指出的那样），但尚不清楚这将从何而来。

历史追溯：阿瑟·刘易斯 1915 年出生于圣卢西亚。他曾在伦敦经济学院学习经济学，后来加入曼彻斯特大学（University of Manchester）教研室，并于 20 世纪 50 年代发展了自己的经济发展模型。1954 年，刘易斯发表了题为《劳动无限供给条件下的经济发展》的论文。在这篇论文中，刘易斯提出了自己的“二元经济”发展模式。他认为，经济发展过程是现代工业部门相对传统农业部门的扩张过程，这一扩张过程将一直持续到把沉积在传统农业部门中的富余劳动力全部转移干净，直至出现一个城乡一体化的劳动力市场时为止（这时到来的即为刘易斯第二拐点，传统部门与现代部门的边际产品相等，二元经济完全消解，经济开始进入新古典主义体系所说的一元经济状态）。此时劳动力市场上的工资，便是按新古典学派的方法确定的均衡的实际工资。刘易斯的“二元经济”发展模式可以分为两个阶段：一是劳动力无限供给阶段，此时劳动力过剩，工资取决于维持生活所需的生活资料的价值；二是劳动力短缺阶段，此时传统农业部门中的富余劳动力被现代工业部门吸收完毕，工资取决于劳动的边际生产力。由第一阶段转变到第二阶段，劳动力由过剩变为短缺，相应的劳动力供给曲线开始向上倾斜，劳动力工资水平也开始不断提高。经济学把连接第一阶段与第二阶段的交点称为“刘易斯拐点”。

1972 年，刘易斯又发表了题为《对无限劳动力的反思》的论文。在这篇论文中，刘易斯提出了两个拐点的论述。当二元经济发展由第一阶段转变到第二阶段，劳动力由无限供给变为短缺，此时由于传统农业部门的压力，现代工业部门的工资开始上升，第一个转折点，即“刘易斯第一拐点”开始到来；在“刘易斯第一拐点”开始到来，二元经济发展到劳动力开始出现短缺的第二阶段后，随着农业的劳动生产率不断提高，农业剩余进一步增加，农村富余劳动力得到进一步释放，现代工业部门的迅速发展足以超过人口的增长，该部门的工资最终将会上升。当传统农业部门与现代工业部门的边际产品相等时，也就是说传统农业部门与现代工业部门的工资水平大体相当时，意味着一个城乡一体化的劳动力市场已经形成，整个经济，包括劳动力的配置，完全商品化了，经济发展将结束二元经济的劳动力富余状态，开始转化为新古典学派所说的一元经济状态，此时，第二个拐点，即“刘易斯第二拐点”开始到来。显然，“刘易斯第一拐点”与“刘易斯第二拐点”的内涵是不同的，都具有标志性的象征意义，前者的到来为后者的实现准备了必要的前提条件，但后者的意义是决定性的。对照“费景汉—拉尼斯模型”中的三阶段划分，该模型中从第一阶段转化到第二阶段的过渡点即为“刘易斯第一拐点”，该模型中从第二阶段转化到第三阶段的过渡点即为“刘易斯第二拐点”。1979 年获得诺贝尔经济学奖。

文献注释：德布拉吉·瑞（Debraj Ray，1998，第 10 章）[①] 对刘易斯模型有很好的讨论。在随后的文献中，费景汉和拉尼斯（Fei，J. C. H. and Ranis，G.，1961）以及费景汉和拉尼斯（1964）提请注意农业和工业生产力增长适当均衡结合的必要性。

在这种模型下，贫困指标将如何随着发展而演变？一个相关因素是城乡工资差距的大小。正如刘易斯所指出的，一个流动工人不必期望保持 100%的工资，他很可能有义务把钱寄回家给他的亲属，他也可能被迫为亲属中的其他人找工作。这种隐性税收（implicit tax）(是指有税收优惠的投资以取得较低税前收益率的形式间接支付给税务部门的税收）很可能会减缓流动人口和发展的步伐。事实上，现代行业的雇主无疑会意识到，在试图雇用其亲属的流动人口中，可能会出现裙带关系。[②] 众所周知，这些“网络效应”（network

① Ray，Debraj. 1998. Development Economics. Princeton，NJ：Princeton University Press.

② 关于这一潜在发展障碍的进一步讨论和分析，见卡拉·霍夫和阿里吉特·森（Karla Hoff and Arijit Sen，2006）。

effects）对于确定迁移模式（包括流动工人的类型）非常重要。[①]

但是，可以肯定的是，流动人口和家庭有一些净收益。如果贫困线高于现代部门工资率和人均劳动者人数的乘积，但低于资本家的收入，那么劳动富余期的增长过程不会降低贫困人口的贫困发生率指数。但是，如果贫困线在农村和城市工资率之间（根据劳动力参与情况适当调整），劳动力会出现流动，这完全来自新招聘的现代部门工人的收益。

相反，看看贫困差距指数（或其他更高级别的指标），结果并不明朗。考虑到劳动力富余，农村工资率在一段时间内不会上升，直到富余部分被吸收；农村就业不足的程度基本上通过提高农村工资扼杀了经济增长的“涓滴”（trickle-down）效应[②]，尽管汇款和网络效应仍能给农村贫困人口带来收益。但穷人也有潜在的损失。在农业总产出不变的情况下，如果存在实际的工资差距，那么封闭经济中的粮食价格可能会面临上涨压力（专栏 8.7）。这将导致对农村部门粮食的控制权下降，从而导致更严重的贫困（反映在贫困差距指数上）。当达到刘易斯拐点时，农村工资将开始上升，从而减少贫困的深度和（在某一点之后）发生率（随后的资本输出可能会在一定程度上抑制这种影响）。

另外，随着新兴的资本主义部门的扩张，收入不平等可能会在一开始就加剧。不平等加剧有两个原因。第一个是利润在国民收入中所占份额的上升，第二个是传统部门和现代部门之间的实际工资差距。一旦经济通过刘易斯拐点，农村工资开始上升，减少了不平等。因此，我们可以看到不平等和平均收入之间的倒 U 形关系。

一旦达到刘易斯拐点，就成为竞争性劳动力市场的标准模型（专栏 1.5），各部门之间的边际劳动产出是均等的。考虑到目前的技术，不可能再分配劳动力来增加总产出。模型中唯一明显的不平等来源也将消失，因为工资差距将为零。那么，任何贫困指标（第 5 章讨论的理想性质）也必须达到可用于生产的任何一套技术的最低值。

刘易斯模型有着巨大的影响力。在某些情况下，它的相关性可能会受到质疑，特别是当经济已经超过了刘易斯拐点时，或者由于工资率已经下降到一个可以清除市场的水平而从未真正出现过劳动力过剩（尽管刘易斯模型的劳动力富余假设是不必要的，相反，我们可以想象大量的劳动力和较低的市场结算工资率）。假设劳动力可以在不损失产出的情况下从农村经济中撤出，这就要求劳动力的边际产出为零，或者家庭农场少了一个工人，其他成员将更加努力地工作（从闲暇中替代）来弥补差额，使劳动供给总量保持不变。[③] 在当今的发展中国家，这些情况在某些情况下似乎没有其他情况那么重要。正如我们将看到的，很可能是这样的情况，即持续的经济增长意味着一些（大型）发展中国家今天已经接近或甚至超过了它们的长期刘易斯拐点。

---

① 见大卫·麦肯齐和希勒尔·拉波伯特。McKenzie, David, and Hillel Rapoport. 2010. “Self-Selection Patterns in Mexico-U. S. Migration Networks.” *Review of Economics and Statistics* 92 (4): 811-821.

② 涓滴效应是指在经济发展过程中并不给予贫困阶层、弱势群体或贫困地区特别的优待，而是由优先发展起来的群体或地区通过消费、就业等方面惠及贫困阶层或地区，带动其发展和富裕。

③ 关于这些条件的进一步分析，见马克·罗兹维格（Mark Rosenzweig, 1988）。

另一个重要的基础认为贫富差距最初会随着贫困国家的发展而上升。它由库兹涅茨（1955）提供，并被称为倒 *U* 形曲线假说：不平等首先随着贫困国家的增长而增加，但在达到某一临界收入水平之后下降。[①] 我们已经看到，刘易斯模型也表明了这一点，尽管库兹涅茨也考虑到了城市和农村部门内部的不平等，当然前者的不平等程度很高。最初搬到城市地区的少数人（包括工人和资本家）看到了巨大的收益，推动了最初较低水平的不平等的上升。随着城市经济的扩大，竞争压低了这种收益，最终不平等开始下降。库兹涅茨假说将在专栏 8.8 中进一步讨论。在发展政策辩论中经常援引这一假设。一个普遍的观点是，这证明了人们的预期是合理的，即增长不可避免地会导致贫困国家的不平等加剧，但（更乐观地说）增长最终会开始下降；这件事告诉我们要“耐心点”，但拐点并不能确定（专栏 8.8）。

专栏 8.8　库兹涅茨假说

库兹涅茨假设假定，收入不平等水平首先随着一个最初非常贫困的国家开始经济发展而增加，但在一段时间后，不平等达到顶峰，然后开始下降，如图 8.6 所示。不平等在 y^* 处达到最大值。

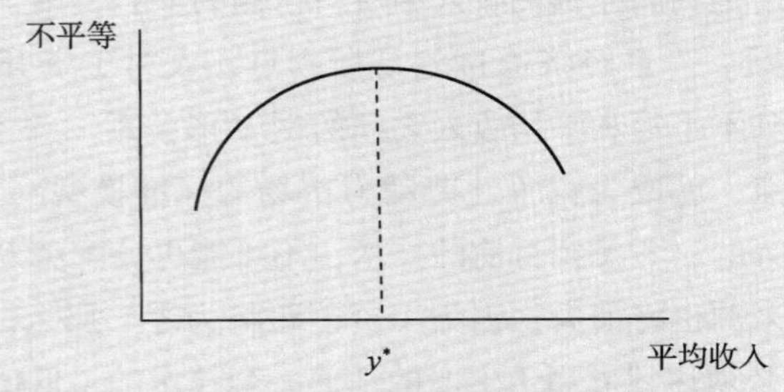

图 8.6　程式化库兹涅茨曲线

在使这种关系合理化时，库兹涅茨认为，二元经济包括低平均数、低不平等的农村部门和高平均数、高不平等的城市部门，而增长是通过工人从前者向后者转移而实现的（库兹涅茨也考虑了基于储蓄行为的不同解释）。在转移过程的一种可能表述中，农村分布的代表性“部分”转化为城市分布的代表性部分，保留了每个部门内部的分布。很容易看出这对分配动力学意味着什么。假设每个人最初都在农村，在库兹涅茨过程中，当农村部门的第一个亚组进入城市部门时，将出现以前没有的不平等现象，即典型城市居民和典型农村居民之间的不平等。不平等将会加剧。考虑最后一个离开农村部门的亚组部门之间的不平等将会消失。但城市不平等现象仍将存在。只有部门间效应占主导地位，才会出现拐点。否则，不平等将继续加剧。

历史追溯：俄美经济学家库兹涅茨是经验主义经济学的先驱（我们已经在专栏 1.1

① 该模型的详细说明包括谢尔曼·罗宾逊（Sherman Robinson，1976）、加里·菲尔兹（1980）、苏迪尔·阿南德和拉维·坎伯（1993）。

中注意到他对国民收入核算的贡献)。谢尔曼·罗宾逊 (1976) 和苏迪尔·阿南德和拉维·坎伯 (1993) (针对一系列不平等指数) 提供了一个可以产生倒 *U* 形曲线的发展模型的更正式版本 (在谢尔曼·罗宾逊公式中，仅使用对数收入的方差作为不平等指数，对于倒 *U* 形曲线而言，城市部门不需要更高的不平等，更高的平均值就足够了)。

很容易看出，如果农村地区的贫困率最初较高，那么总贫困率必须属于上述库兹涅茨迁移进程。[①] 因此，库兹涅茨的论点也可以被解释为一个如何通过城市化减少贫困的模型；与刘易斯模型类似，扩大现代经济部门将通过吸收农村劳动力直接减少贫困。即使相对不平等至少在最初有所上升，绝对贫困率也会下降。

这些模型将劳动视为同质的，但事实并非如此。传统部门的工人，如果他们的特点和技能能够更好地满足不断扩大的现代部门劳动力的需要，自然就能够更好地获得新的、薪酬更高的工作。因此，根据现代部门所要求的工作类型，人类发展中最初的不平等现象可以与现代部门增长进程交互作用，从而影响减贫的步伐 (我们将在印度的案例研究中回到这一点，那里的人类发展不平等现象非常严重)。

随着时间的推移，第 7 章 (第 7.4 节) 讨论的学校教育不平等的演变也与收入不平等的变化有关。劳动经济学的一个长期的假设是，劳动报酬的对数在学校教育中是近似线性的。[②] 回想一下，顶层与底层五分位数之间小学完成率的绝对差距显示出一种倒 *U* 形关系 (图 7.23，b)。因此，我们可以预期，劳动力收入的相对不平等也将遵循倒 *U* 形曲线。

除了城乡不平等的层面之外，20 世纪 60 年代开始出现关于不平等的区域层面如何随着经济发展而演变的证据。刘易斯曾经说过，“发展不可能在经济的每一部分同时开始，因此发展必然是非平均主义化的”。[③] 在这方面，我们必须再次注意区分绝对地区差距和相对地区差距；富裕地区和贫困地区之间的绝对差距可以上升，而相对地区差距可以下降。[④] 对区域增长模型的实证研究与刘易斯的直觉大体一致：在一个国家经济发展初期，区域之间的经济差距一般不是很大；但是，随着国家经济发展速度的加快，区域之间的经济差距将不可避免地扩大；而当国家的经济发展达到较高的水平时，区域之间的经济差距扩大趋势就会停止，并转变为不断缩小的趋势。[⑤]

---

① 如第 5 章所述，这适用于所有可加性贫困指标。

② 这被称为明塞尔收益函数，雅各布·明塞尔 (Jacob Mincer，1958) 利用一个学校教育回报的经济模型使这种关系合理化。自那以后，这种模型在劳动经济学中得到了非常广泛的应用。关于由明塞尔论文引发的大量研究的概述，见杰弗里·赫克曼等人 (2003)。

③ 刘易斯，著. 施炜等，译. 二元经济论. 北京经济学院出版社，1989：130.

④ 回顾一下第 5 章讨论的绝对不平等和相对不平等之间的区别。

⑤ 杰弗里·威廉森 (Jeffrey G. Williamson，1965) 在早期对证据做出了重要贡献，Williamson，Jeffrey. 1965. “Regional Inequality and the Process of National Development：A Description of the Patterns.” *Economic Development and Cultural Change* 13：3-45.

回想一下，“城市偏向”（urban bias，是指政府为实现特定目标而实施的一系列偏向于发展城市部门的政策）在“二战”后几十年的早期发展思维中很常见（第2章）。这一点被当时流行的经济模型所强化。在令人惊讶的很长一段时间里，发展理论没有考虑到一个有活力的农业部门可能推动减贫的可能性；减贫的唯一推动力（尽管不平等现象至少在最初有所加剧）被认为是现代部门的扩张。人们从一开始就很清楚农村地区更穷（就贫困率和贫困人口数量而言），但人们认为，解决贫困的办法是从不断扩张的城市经济中吸收劳动力。对这一观点的严重挑战来自对农业在日本和中国台湾等地方发展初期所起作用的观察。[①] 在成功的国家（包括工业化国家）中发现了农业劳动增加技术变革的早期阶段。扩大灌溉、化肥和高产作物的使用，提高了产量和对农业劳动力的需求。从1980年左右开始，发展思路和决策向被称为“传统部门的改进”（traditional-sector enrichment）方向发生了重大转变，这在文献中是显而易见的。[②] 第9章将回到关于传统部门改进与现代部门扩张作为减贫途径的政策辩论。

20世纪70年代以前流行的经济模型的第二个不足之处是，它们忽视了发展中经济体的一个看似重要的特征：城市失业和城市贫困。在本书的第一部分中，我们遇到了一些例子，说明农业经济的变化有时会使农村劳动力流失，但并没有使所有的失业工人都能在城市经济中找到工作。[③] 刘易斯（1954）认为，“在农村地区，维持生计部门的收入决定资本家部门的工资的下限；但是，实际上，工资必须高于这一水平，而且，资本主义工资与维持生计的收入之间的差额通常是30%左右。可以从几方面来解释这个差额。部分的差额出于错觉，因为资本主义部门的生活费用比较高。这可能是由于资本主义部门都集中在城镇，因此，房租和交通费用比较高；但是，实际工资仍有差额，这可能是需要的。因为从熟悉的维持生计部门转到资本主义部门比较严密而都市化的环境，是要有心理费用的。或者，这也可能是承认这一事实：对资本主义部门来说，即使是不熟练工人，用了一段时间之后也比刚从农村补充进来的好用。或者这可能是它本身代表着与传统标准的差别，即资本主义部门工人所要求的嗜好与社会身份通常已被更高的实际工资所承认。最后还可以用这种情况来进行解释，即资本主义部门的工人组织工会，竭力保护或扩大他们的差别。但是，即使没有工会，这种差别也是存在的。”[④] 尽管存在农村劳动力富余，但狭义上的“充分就业”是指那些无法进入新兴现代产业的“外来者”形成富余的农村劳动力。但是，这里的二元论有一个地理维度。考虑到投入和产出市场的运输成本，现代部门几乎肯定会集中在城市地区。因此，刘易斯模型在某种意义上是不平衡的：所有的农村工人都想搬到城市地区。

---

① 见石川茂（Shigeru Ishikawa，1978，1981）、安妮·布思和桑卓姆（Anne Booth and R. M. Sundrum，1984）。

② 见加里·菲尔兹（Gary S. Fields，1980）。

③ 在第2章中看到，这是16世纪英国和欧洲城市贫困率上升的一个重要原因，在第2章中，谈到了“二战”之后美国经济中的一个类似过程。

④ 刘易斯，著．施炜等，译．二元经济论．北京经济学院出版社，1989：10-11.

哈里斯–托达罗模型

善意的政策有时会产生意想不到的后果。一个为托达罗所津津乐道的例证，是 1964 年发生在肯尼亚的一次政策实验。当时，国际劳工组织提出一个建议，主张发展中国家政府通过税收杠杆和补贴手段，鼓励私人企业多雇用一些劳动力。也就是说，通过给私人业主一些利益上的好处，诱使他们雇用超过其实际需求数量的工人，以便降低城市失业率。肯尼亚政府响应了这个建议。结果，这种超过需求的雇用水平如一块磁铁吸引了大量农村劳动力流入城市，进入到这种新增加的被雇用行列中。没过几个月，绝大多数参与该项目的企业都因不能承受增加的劳动力雇用而把雇用数量重新降低到原先的水平。城市失业率不仅没有真正降低，反而上升了。由“创造”新的就业机会这块磁铁吸引到城市中的农村劳动力. 由于不能得到期望的就业机会而变成“盲目流动的”劳动力。哈里斯和托达罗（1970）提供了一个经济模型来帮助理解这一政策的错误之处，这一重要模型在发展经济学中得到了广泛的应用。

哈里斯–托达罗（Harris-Todaro，HT）模型帮助解决了前面提到的关于早期开发模型的一些问题。模型的主要特点是高工资中的工资率，城市经济固定的市场结算水平之上，造成城市失业。农村工人被较高的工资吸引到城市，但并非所有人都能找到工作。当工人不再想搬家时，就达到了均衡，这就要求农村工资率与城市经济中的预期工资率相等，从而允许失业的机会。专栏 8. 9 进一步解释了模型。该模型的一个关键特征是，相对于灵活的工资率的自由流动均衡，从农村到城市有过度的迁移。由于城市地区的额外工作吸引了更多的农村工人，提高了内罗毕的失业率，所以肯尼亚政府的政策适得其反。

专栏 8.9 哈里斯–托达罗模型

城市制造业部门的工资率在外部固定的市场清算水平之上，如根据最低工资法。没有这样的制度存在于农村地区（或无法实施），因此农业工资率（W^r，其中“r”表示农村）是灵活的。如果农村工人预期从迁移到城市中获得收入，他们会这样做；否则不会。自由流动均衡是指没有人有动机迁移。如果你没有以现行工资 W^f 获得一份城市正规部门的工作，你最终会被困在城市里，生活水平很低，我们可以把这看作是城市非正规部门的工资率 W^i。农民工的期望工资率是加权平均值 W^f 和 W^i，其权重由每个工资率的概率给出。假设这些概率等于平均就业率。因此，预期城市工资率是：

$$W^{ue}=\left(\frac{N^f}{N^f+N^i}\right)W^f+\left(\frac{N^i}{N^f+N^i}\right)W^i$$

这里 N^f、N^i 分别是城市形式土地非正规部门劳动力的比例。因此，两个城市工资率的权重分别是城市劳动力的份额。注意，$N^f+N^i+N^r=1$，其中 N^r 是农村部门的比例。

一个均衡条件将农村工资率等同于城市经济中的预期工资率。在最初的 HT 模型中，城市失业者的收入为零（尽管这可以放宽），那么迁移均衡要求 $W^r=W^{ue}$。

图 8.7 说明了 $W^i=0$（由 HT 假设）的特殊情况下的模型。劳动力在城市地区的份额是测度横轴（因此，可以从右到左读取农村份额）。绘制了两条劳动边际产出曲线，一条用于城市正规部门，一条用于农业部门。注意，均衡要求面积 $(1-N^r)W^r$ 必须等于面积 $N^f W^f$。还要注意的是，各部门之间劳动力的充分就业分配（这将使农村工资降到最低工资）与自由流动条件下的均衡不一致，因为这会激励农村工人移居城市。第一个这样做的农村工人将有很高的机会得到一个高工资的城市工作。均衡因素是城市失业。最后一个迁移的工人将驱使农村工资和城市预期工资之间没有差别。

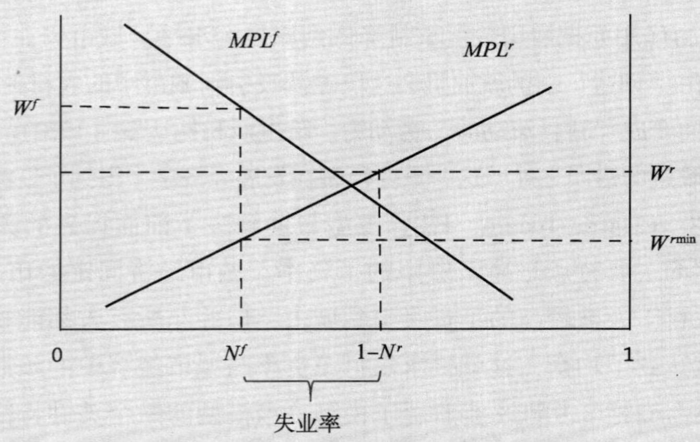

图 8.7　哈里斯–托达罗模型中的均衡

延伸阅读：对德布拉吉·瑞（Debraj Ray，1998，第 10 章）的 HT 模型有很好的讨论。加里·菲尔兹（Gary S. Fields，1987）概述了对 HT 模型的评论，以及如何解决这些问题。在随后的研究中，HT 模型更强有力的假设被放宽了。拉吉·萨和约瑟夫·斯蒂格利茨（Raaj K. Sah and Joseph E. Stiglitz，1992，第 13 章）[①] 提供了 HT 模型的一个更一般的公式，其中迁移均衡要求期望效用而不是期望工资的均衡。假设城市居民（无论是从事正规或非正规部门的工作）所享有的效用是按工资 W 计算的 $U^u(W)$，而农村工人的相应效用函数是 $U^r(W)$。自由迁移均衡现在要求：$U^r(W^r)=\frac{N^f}{1-N^r}U^u(W^f)+\frac{N^i}{1-N^r}U^u(W^i)$。这一提法可以使城市的舒适性价值更大，作为吸引农村移民的额外因素。马哈茂德·阿尔贾玛尔（Mahmoud El-Gamal，1994）[②] 提供了一个更复杂的动态版本的 HT 模型，其中包括迁移人口的学习过程。

① 拉吉·萨、约瑟夫·斯蒂格利茨，著．黄少卿等，译．农民和城市居民：税负和经济发展的负担．（Peasant versus City-Dwellers：Taxation and the Burden of Economic Development）．上海人民出版社，2017：194-201．

② El-Gamal，Mahmoud. 1994. “A Dynamic Migration Model with Uncertainty.” *Journal of Economic Dynamics and Control* 18（3-4）：511-538.

劳动力市场二元论（即同一个工人根据其就业部门的不同而有不同的工资）在提出哈里斯-托达罗模型时并不新鲜，但现在人们认为这个问题完全取决于城市经济。这种模型中的“穷人”可以被解释为城市就业和农村部门份额（取决于非劳动资产的分配）。在城市经济中增加劳动力的技术进步现在将增加城市就业，从而降低贫困率。这种技术进步可能减少也可能不减少城市失业，因为它可能吸引农民工。① 如果吸引了农民工，那么技术进步将提高农村工资率，给农村贫困人口带来另一个好处。

但是，农业生产率的提高，即农业部门（在任何给定的农业就业水平上）边际劳动产出的外生增长，将明显减少城市失业率，缩小城乡工资率之间的差距。在这种模式下，低农业生产率是造成高度不平等和贫困的一个原因。

哈里斯-托达罗模型将城市非正规部门视为等待从事正规部门工作的富余的人所在的部门。在这里，哈里斯和托达罗被他们在非洲看到的城市劳动力市场所激励。其他地方的劳动力市场则不太清楚这种适用性。有人认为，在某些情况下，将非正规部门视为一个不受管制的微型企业部门更为现实，工人可以在非正规部门和更安全的正规部门之间自由选择。②

哈里斯-托达罗模型为在二元劳动力市场的存在下的发展政策的制定提供了基础，其中，富裕的（城市）部门的工人受最低工资率（可能还有其他福利和各项薪酬制度）的保护。一些潜在的政策反应可能会产生不正当的影响。事实上，哈里斯-托达罗模型的动机是，为什么试图通过在城市创造新的政府工作机会来降低城市失业率的政策实际上提高了失业率（专栏8.9）。在第8.5节中，我们将讨论另一个可能产生不良影响的政策对策，即限制人口由农村向城市的转移。③

劳动力市场摩擦

哈里斯-托达罗模型假设城市工资率在市场结算水平之上是外部固定的，这可以被认为是（程式化）经济的一个制度特征。我们可以在考虑城市失业的同时放松这一假设。一种方法是在模型中引入搜寻成本（search costs）（求职者在劳动力市场上寻找工作所付出的直接成本和间接成本），它可以产生摩擦失业，作为工人与工作匹配动态过程的稳态均衡。④

---

① 马丁·拉瓦雷之所以在这里说“可能”，是因为事实上，理论上不清楚现代（城市）部门边际劳动产出的外生增长会减少农村就业；城市以外的就业可能完全来自城市失业者。通过计算可以表明（对于专栏8.9中的模型），只要农村劳动力需求的（绝对）工资弹性不大于 $(1-N^r)N^u/N^r$，农村就业将下降，农村工资率将上升。

② 威廉·马洛尼（William Maloney，2004）基于若干拉丁美洲国家的证据支持这种解释。詹姆斯·阿尔布雷希特等人（James Albrecht et al.，2009）提供了一个与此解释一致的正式模型，并讨论了若干政策含义。

③ 哈里斯-托达罗模型的另一个特点是：它可以是转移悖论的一个例子。假设对城市工资征收一小部分税，用于向农村劳动者进行相应的转移。马丁·拉瓦雷（1984）表明，如果城市制造业劳动力需求的工资弹性高于农业，那么（一旦恢复平衡），农村劳动力的状况将比以前更糟。

④ 回顾专栏8.3关于稳态平衡的概念。

然后，城市失业者被视为等待找到一份城市工作，而他们可能永远找不到。[①] 这一观点暗示了政策含义，例如向市场参与者提供更好的信息，以便提高人员和职位的匹配度。

对于城市经济中竞争性（价格和工资）企业的哈里斯-托达罗模型假设，也存在一系列相关的担忧。我们可以在哈里斯-托达罗模型中引入一个明确的工会，它对城市工资率拥有谈判能力。或者，非竞争性特征很可能出现在劳动力需求方面。众所周知，如果劳动力市场具有垄断权的特征，那么最低工资率将产生与哈里斯-托达罗模型相反的效果：通过迫使独家垄断买方表现得更像一个有竞争力的企业，它将至少在一定程度上增加城市就业（超过一定程度，就业减少效应将发挥作用）。[②] 哈里斯-托达罗模型也没有明确的城市非正规部门；更奇怪的是，城市失业者似乎一无所获。此外，城市和农村在其他（非劳动）方面没有区别；即使没有预期的工资增长，农村工人也很可能被吸引到城市地区；这一点也可以放宽（专栏 8.9 指出了这些批评在文献中是如何处理的）。

农村劳动力市场也可能出现失业，尽管形式不同，发展模式以不同的方式影响着农村经济。在哈里斯-托达罗模型中，失业只存在于城市劳动力市场，而刘易斯则提出了一个完全不同的假设，即农村地区存在劳动力过剩，工资率基本固定在维持生计的水平上。随着经济学家对发展中经济体了解的加深，他们意识到农村存在失业，特别是在农业的淡季，这与贫困有关。[③] 农村地区的情况仍然如此，例如，2010 年印度农村地区，最贫困家庭（按人均消费计算）的失业率为 15%，最富有家庭的失业率降至 5%。[④]

新的模型出现可以解释农村地区失业的存在，尽管没有任何对工资下降的体制障碍（例如有约束力的最低工资标准或工会）。最重要的例子是效率工资假说（efficiency wage hypothesis）。假设产出取决于劳动投入的质量和数量，质量由工人的个人消费水平决定。[⑤] 根据通常的劳动投入模型，假设劳动投入由“效率指数”加权，该指数与工资率正相关。[⑥] 对这个指数有很多解释。其中之一是，较低的工资率意味着工人的营养状况将下降，因此生产效率也将下降。另一种解释则指出，较低的工资可能会鼓励更高的劳动力流动，逃避工作，或者只会降低工人的士气，再次降低他们的生产效率。考虑到其效率指数，每个企业选择工资（工人的质量）来最大化利润，同时考虑到较低工资率的效率成本。如果

---

① 克里斯托弗·皮萨里德斯（Christopher A. Pissarides，2000）讨论了具有这一特征的劳动力市场的动态模型。戴尔·莫滕森和克里斯托弗·皮萨里德斯（Dale Mortensen and Christopher A. Pissarides，1994）提供了一个有影响的模型。瑞典皇家科学院（2010）在“Markets with Search Frictions”中对这些模型进行了有益的概述（作为诺贝尔奖授予彼得·戴蒙德、戴尔·莫滕森和克里斯托弗·皮萨里德斯的背景文件）。

② 如果一个企业或一组相互勾结的公司有市场能力来将工资设定在低于其竞争水平，则存在买方垄断权。

③ 有关此文献的概述，见迈克尔·利普顿和马丁·拉瓦雷（1995）。

④ 见阿利克·拉格朗日和马丁·拉瓦雷（2014），使用 2009—2010 年印度农村地区具有全国代表性的调查数据。“失业”是指成年家庭成员在前一周至少报告了半天的失业情况。

⑤ 见哈维·莱宾斯坦（Harvey Leibenstein，1957）、克里斯托弗·布利斯和尼古拉斯·斯特恩（Christopher Bliss and Nicholas Stern，1978）。

⑥ 见詹姆斯·米尔利斯（James A. Mirrlees，1975）和约瑟夫·斯蒂格利茨（1976）。

企业选择的工资超过劳动力的供给价格，那么企业将抵制减薪，工资率将保持在其市场清算水平之上，会出现失业。

对标准模型的另一个潜在的重要修改是，它们假设价格调整不均衡。竞争性市场调整的标准假设是价格和工资迅速调整以达到新的均衡（回顾专栏 1.5），但这是一个强假设。考虑一下对粮食价格的冲击（比如我们 2008 年在全球看到的情况）。标准假设可能导致人们预期，贫困的粮食净消费者（粮食支出高于粮食生产收入）将至少在某种程度上受到保护，免受此类价格冲击。[①] 这很难与我们在实地看到的相符。但是，这些模型所缺少的是，在实际操作中，存在一些摩擦，例如上述在城市劳动力市场背景下的搜寻和交易成本。由于价格和工资调整滞后，这也适用于其他市场。这些摩擦的一个含义是，通货膨胀冲击（通常来自商品市场）可能带来福利损失。例如，孟加拉国的一项研究表明，由于工资调整的黏性，粮食名义价格的上涨对农村穷人产生了巨大而不利的短期影响。[②] 竞争性的劳动力市场调整所提供的保护最终还是实现了，但对穷人福利的不利影响在一两年内很大。[③]

哈里斯-托达罗模型是一个重要的例子，说明如何将农村穷人的生活条件与城市穷人的生活条件联系起来。在哈里斯-托达罗模型中，这种“横向联系”由迁移均衡条件保证，即农业工资率与城市经济中的预期工资率相等。另一个重要的联系来源是城市工人（他们已经迁移回农村地区的家庭）的汇款。共同市场买卖（满足基本需要）也创造了这种联系。此外，有理由怀疑，穷人的这种联系比富人的更牢固。

这两个部门的精英在某些方面的联系可能很弱，特别是由于流动人口和汇款。事实上，在农村地区生活与在城市精英阶层相似水平的人可能很少。人们可以认为这是一个阶梯，阶梯下面的梯级是坚固的，但最上面的梯级是不坚固或不存在的。因此，我们也可以预期，一个部门中有利于穷人的增长会对另一个部门产生分配效应。我们有时会回到城乡部门之间的这种分配联系上来。

正如我们在本次讨论中所看到的，城市化进程长期以来在发展理论中发挥着关键作用。这些不同模型的一个共同特点是人口城市化（鉴于贫困最初集中在农村部门），减少贫困。与此同时，很可能有太多的流动人口，即使情况并非如此，这一进程也很可能与城市贫困的加剧有关。这导致了一些重要的发展政策辩论，我们将在第 9 章中讨论。

现代增长经济学

现代经济增长理论在 20 世纪 50 年代由罗伯特·索洛（Robert Merton Solow，1956）和

---

① 例如，哈南·雅各比（Hanan Jacoby，2013）使用印度的数据，Jacoby，Hanan. 2013. “Food Prices，Wages，and Welfare in Rural India.” Policy Research Working Paper 6412. Washington，DC：World Bank.

② 见马丁·拉瓦雷（1990c）。

③ 竞争性市场模型的倡导者通常承认，工资调整可能存在滞后，但他们认为，这些模型只适用于“非常短期”（哈南·雅各比，2013，第 3 页）。如果没有对市场失衡的动态调整进行详细说明，就不清楚这意味着什么。人们不禁想起约翰·梅纳德·凯恩斯的评论（专栏 1.22）：“如果在暴风雨季，经济学家们只能在暴风雨已经过去、大海恢复平静时，才能告诉我们会有暴风雨，他们给自己定的任务也太简单、太没用了。”

特雷弗·斯旺（Trevor Swan，1956）在两篇论文中提出。普遍采用的哈罗德-多马模型以其异乎寻常的固定储蓄率和单位资本的固定产出，被认为过于僵化。索洛-斯旺模型的贡献在于引入了生产中资本替代劳动的范围。这一特征是通过假定一个平滑的总生产函数来引入的，即 GDP 是劳动力和资本投入的平滑函数。但该模型与哈罗德-多马模型的另一个弱点相同，即储蓄率被认为是外生的。事实上，在拉姆齐（1928）关于最优储蓄的论文（专栏 8.4）之后，内生储蓄模型的基本要素已经到位。通过一些扩展（加上人口增长和/或资本贬值），我们可以在 30 年前有一个更通用的索洛-斯旺模型。[①] 但历史给我们带来了一些重要的干扰，尤其是拉姆齐的英年早逝、大萧条和“二战”！

专栏 8.10　索洛-斯旺模型

该模型假设产出是在规模报酬不变（constant returns to scale，CRS）下由同质的劳动力和资本产生的（专栏 8.2），劳动力以外生的速度增长，有一个代表性主体。经济不必处于稳定的均衡状态。如果投资率超过资本折旧率，资本将随着时间积累。反之，如果折旧超过投资率，资本存量就会下降。任何时期的固定产出份额 $s\times f(k)$ 被投资，资本以不变的比率 δ 贬值。在时间 t 内，每个工人的资本增量是投资额与折旧额之间的差额：

$$k_{t+1}-k_t=s\times f(k_t)-\delta k_t$$

每个经济体都有一个独特的稳态（稳态意味着包括资本存量和产出在内的有关内生变量将不会随时间的推移而变化的状态）水平，即每个工人的资本水平和（因此）产出水平。图 8.8 说明了这些特性。当投资率超过折旧率时，资本存量将向其稳态价值 k^* 增长，从而产生稳态的人均产出 y^*［注意，$(k^*,\ y^*)$ 处的平衡是稳定的，见专栏 8.2］。反之，当折旧率超过投资率时，资本存量将收缩，直至达到资本的稳态水平。

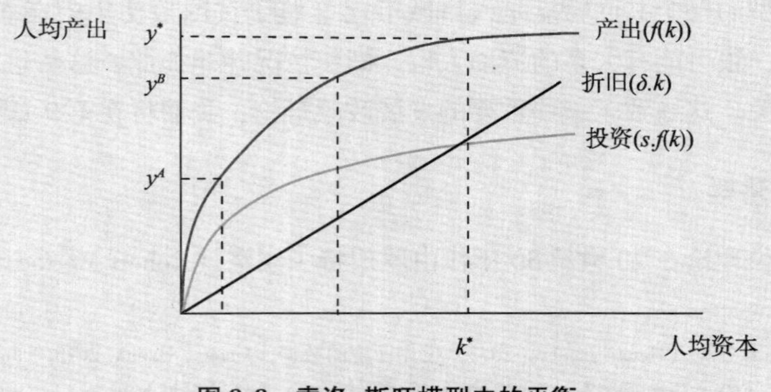

图 8.8　索洛-斯旺模型中的平衡

① 大卫·纽伯里提出。Newbery，David. 1990. “*Ramsey Model.*” In John Eatwell，Murray Milgate，and Peter Newman（eds.），Capital Theory. New York：W. W. Norton.

这一模型意味着贫困国家的增长率更高，条件是它们的稳定收入。考虑两个发展中的国家（A 和 B），它们的人均资本和产出水平是稳定的。因此，当我们控制稳态水平时，我们称之为条件收敛。一个国家（A）比另一个国家（B）穷，但两者都朝着（共同的）稳态发展，当达到这一点时，增长率就会降到零。考虑到 MPK 的下降，人均资本较低的贫穷国家将增长更快；其投资率相同，但其较高的 MPK 会产生较高的产出收益。

至于为什么投资率和（因此）稳定的收入水平会有所不同，这个问题还没有定论。

历史追溯：罗伯特·索洛（1924 年 8 月 23 日—）是美国人，现代经济增长理论之父，30 岁时在麻省理工学院发展了他的经济增长模型，他在那里度过了职业生涯的大部分时间（1987 年 10 月 21 日，瑞典皇家科学院宣布将本年度的诺贝尔经济学奖授予美国经济学家罗伯特·索洛，以表彰他在研究产生经济增长与福利增加的因素方面所做出的特殊贡献。据该委员会宣称，索洛的得奖是因为他在 1956 年提出了一个用以说明存量的增加是如何使人均产值增长的数学方程式，它可用来测度各种生产因素对发展所做出的贡献。根据这一方程式，国民经济最终会达到这样一种发展阶段：在那个阶段以后，经济增长将只取决于技术的进步。诺贝尔奖奖金委员会主席林德贝克认为，正是索洛的理论，使工业国家愿意把更多的资源投入大学和科学研究事业，这些方面是促使经济发展的"突击队"）。该模型的基本思想也在特雷弗·斯旺（1956）的独立论文中找到。特雷弗·斯旺是澳大利亚人，经济学家，他的大部分职业生涯都在澳大利亚国立大学度过。

延伸阅读：关于专栏 8.2。

索洛-斯旺模型对贫困问题辩论的一个重要启示在于，在不同起点但具有相似和独特长期平均收入的国家之间的平均收入，趋同过程是一个概念。一些观察家认为，这一模型意味着存在一个自动自校正过程（automatic self-correcting process），即高初始贫困水平最终会因经济增长而减少。根据这一论点，一开始平均收入较低（因此绝对贫困率较高）的国家往往拥有较高的资本边际产出（考虑到他们的人均资本少得多，而且回报率在下降），这将导致比一个不断增长的高收入国家更高的经济增长率类似的投资率（专栏 8.10）。因此，最初较贫困的国家最终会迎头赶上。严格地说，这是一个动态转变的过程，而不是解释稳态收入水平差异的模型。在对后者进行适当控制的情况下，一组实证研究证实了条件收敛的预测。①

由于索洛-斯旺模型是一个总量模型，没有异质性，这是一个有争议的基础，认为贫困将是自我校正。在这个模型中没有不平等。再过 15 年，索洛模型就可以清楚地看到财富的不平等。② 在没有市场失灵的情况下，这种扩展的增长模型可以识别出减少不平等的动力。

① 继罗伯特·巴罗和哈维尔·萨拉伊马丁（Robert Barro and Xavier Sala-i-Martin，1992）早期的重要贡献之后。

② 这是约瑟夫·斯蒂格利茨（1969）研究的，Stiglitz，Joseph E. 1969. "Distribution of Income and Wealth among Individuals." *Econometrica* 37（3）：382-397.

在适当的时候，人们还将认识到，市场失灵，如信贷市场信息不对称（如第2章所述）所造成的市场失灵，对分配动态具有重要的影响，包括不平等和贫困持续存在的可能性。

如索洛所知，这个模型的一个修正版很容易产生贫困陷阱（尽管索洛没有使用这个词，后来出现在文献中）。最初索洛（1956）的论文概述了一个可能的陷阱，这是由假设的人口增长率如何依赖于平均收入的非线性引起的，随着人口增长在低收入时下降，但随着高收入而上升，然后在高收入时逐渐减少。然后，该模型将有多个稳态解，包括“低水平吸引子”，意味着稳定但低水平的平均收入。一个国家如果发现自己处于这样的均衡状态，就需要从每个工人的资本中获得大量收益，才能摆脱困境，走上可持续正增长的道路（我们再次考虑贫困陷阱的各种来源）。

20世纪50年代中期，人们对所谓的“马尔萨斯式”论调重新产生了兴趣，这些论调是关于一个经济体如何陷入贫困的。[①] 这里的机制是通过内源性的人口增长。在人均资本水平较低的情况下，收入如此之低，死亡率如此之高，以至于（据推测）人口增长率将非常低（甚至为负）。在人均资本稍高的情况下，将看到较高的人口增长率，尽管会逐渐降低，而且可能随着高收入水平引起人口下降。该模型是由不断上升的投资函数完成的，如专栏8.10所示。这一背景造成了一个贫困陷阱，即工人人均资本水平稳定偏低。这也意味着一个更高水平的稳态的存在是不稳定的，如果对每名工人的资本有足够的提振，经济将走上持续增长的道路。这种模式在经验上并没有很好的基础（甚至从我们在20世纪50年代所知道的情况来看）。特别是，人口增长的特征忽视了贫困国家的高生育率，这就意味着人口增长率往往越高，国家越穷。考虑到这一点，贫困陷阱已不再是模棱两可的。

正如大萧条（可以理解）导致人们对长期增长问题的兴趣转移（有利于关注稳定和理解危机）一样，对长期经济增长的研究在20世纪70年代和80年代容易发生危机的时期失去了人们的青睐。20世纪80年代中期，人们对长期增长重新产生了兴趣，而且（类似于20世纪50年代），这项新的研究显然植根于以前的经济思想。对技术进步的来源给予了更大的关注，即如何从给定的劳动力、资本和土地投入中获得更多的产出，技术的作用和特殊性质早已得到承认。马歇尔（1890）指出知识和组织是一个独立的生产要素，知识和组织是资本的重要组成部分。[②] 索洛-斯旺模型表明，除非技术不断改进，否则我们不会看到持续增长。一个特定企业的生产率很可能取决于整体经济中的总资本与劳动比率，这可以解释为内生技术（endogenous technology）。[③]

后来，这成为一系列所谓的内生增长“AK模型”（假设不变的外生储蓄率和固定的技术水平，可以解释消除报酬递减后将如何导致内生增长）的关键特征。[④] 20世纪80年代

① 尤其是理查德·R·纳尔逊（Richard R. Nelson，1956）和罗伯特·索洛（1956）。

② 马歇尔，著.廉运杰，译.《经济学原理》.华夏出版社，2005：121.

③ 见马尔文·弗兰克尔（Marvin Frankel，1962）的“The Production Functionin Allocation and Growth：A Synthesis”、菲利普·阿基翁和彼得·霍依特（Philippe Aghion and Peter Howitt，1998）的《内生增长理论》。

④ “AK”来自通常假设生产函数的方式，其中产出由$AK^{\alpha}L^{1-\alpha}$（带有CRS的柯布—道格拉斯形式，见专栏8.2）给出。

末的重要贡献建立在这样一个理念上：新知识是在"边干边学"（learning-by-doing）的过程中产生的。① 内生增长的新模型假定外部性或溢出效应的存在，这取决于其他企业的行动，包括它们在研发方面的支出，企业自身资本和劳动力投入的总生产率。② 这一思路认识到了新技术知识与一般资本货物之间的巨大差异，后者往往是高度排他性的，因为一家企业使用（比如说）一台机器，排除了其他企业使用同一台机器。这对于知识来说不太容易，因为很难阻止其他人使用同样的思路。这种思路的非竞争性造成了一个经济问题，因为单个企业可能面临的投资于新知识的动力太小。为了说明技术创新仍然可以发生，保罗·罗默（1990）提出了一个所谓的"垄断竞争"（monopolistic competition）模型，即企业可以享受额外的租金来补偿开发新技术和新产品的沉没成本（sunk costs）。因此，技术和（因此）生产率增长成为内生的，我们可以开始讨论政策和体制环境如何促进或阻碍这种增长。同样，糟糕的政策（包括实施产权的脆弱体制），可能会阻碍经济发展。

学者们仍在争论，到底有多少政策改革能够带来可持续的更高增长率。一些人指出，我们已经看到工业化国家进行了持久的改革，新的贸易开放、更好的投资环境、更多的学校教育，但没有任何更高的长期增长率③（20 世纪 90 年代以来许多发展中国家的经验似乎提供了一个反例）。保罗·罗默（1990）真正想要承接的是著名经济学家索洛发表于 1956 年的经典论文《对经济增长理论的一个贡献》。众所周知，索洛模型是经济增长理论中最为重要的一个模型，它几乎完美解释了一个像美国这样的经济体在其平衡增长道路上的所有重要特征。但是，索洛模型却遗留了一个非常严重的难题，就是索洛模型中的经济增长是由外生的技术进步导致的，如果没有外生技术进步，经济就无法增长。换句话说，一个经济增长模型本身竟然无法解释增长。保罗·罗默的目的在于，要使索洛模型中的外生技术进一步内生化。因此他的论文题目为《内生技术进步》，在模型的一个修正版中，考虑到新知识收益递减。查尔斯·琼斯（Charles Jones，1995）表明，尽管这个修正模型的增长仍然是通过研究和开发内部产生的，但这与模型的长期增长率无关。实际上，在琼斯的模型中，长期增长率只取决于人口增长率。④

制度变迁和经济增长

一些经济学家和政治学家在试图了解实际收入的巨大和持续的跨国差异时，指出了制度中存在的差异，这些差异被定义为对人们互动关系（包括贸易）的一系列普遍的人为约

① 肯尼斯·约瑟夫·阿罗在这方面很有影响力。Arrow, Kenneth. 1962. "The Economic Implications of Learning by Doing." *Review of Economic Studies* 29：155-173.

② 重要贡献包括保罗·罗默（1986，1990）和罗伯特·卢卡斯（1988）。马尔文·弗兰克尔（1962）的一篇早期论文很有影响力。

③ 查尔斯·琼斯指出了这一点。Jones, Charles. 1995. "R&D-Based Models of Economic Growth." *Journal of Political Economy* 103：759-784.

④ 菲利普·阿基翁和彼得·霍依特（1998，第 12 章）对这场辩论做了有趣的评论，尽管需要更先进的分析方法。

束。[①] 一系列关于长期增长的现代文献强调了一些制度因素所起的作用：封闭的政治体制、国家有效增加收入的能力薄弱、产权实施不力、政府对劳动力流动的限制阻碍了经济持续增长的范围。[②] 一些文献指出了门槛效应的可能性。一旦达到一定的国家能力和制度发展水平，创新、国内市场扩张、多样化和结构转型就成为可能，这些都会在渐进循环中进一步增强制度发展。达到这一门槛对于西欧和北美的经济成功至关重要。[③]

在德隆·阿西莫格鲁和詹姆士·罗宾逊的《国家为什么会失败——权力、富裕与贫困的根源》(*Why Nations Fail*)（2012）中，他们认为“广纳式政治制度”(inclusive political institutions)——本质上是合理民主的政府，不同于只为统治精英利益服务的“榨取式”政权，是持续经济增长的先决条件。[④] 德隆·阿西莫格鲁和詹姆士·罗宾逊指出了世界历史上许多可以用他们的理论来解释的例子。制度也有持久性，不利于投资和增长的经济制度仍然可以为当地精英的利益服务，因此当这些精英强大时很难改变。因此，榨取式经济及政治制度永远都是国家失败的根源，尽管因环境不同而有细节上的变化。[⑤]

长期以来，国家为个人财产权提供的担保程度一直被视为一个关键因素。至少从斯密开始，就有人认为，不安全的财产权会阻碍投资，因为所有者可能无法从投资中获益。财产权的不安全，往往与强大的无良统治者不可预测和不负责任地掠夺私人财富有关，已被视为长期经济发展的严重体制障碍。

正如斯密也承认的那样，健全的经济体制本身就是建立起来的。弱国在管理能力方面助长了低效经济，从而使贫困长期存在。这里的一个关键因素是政府如何提高收入。它们这样做的方式在缺乏更有效的税收形式的管理能力的情况下，对增长造成不安全的财产权

---

① 这基本上是道格拉斯·诺斯（Douglas North，1990）提出的制度定义。

② 关于制度在促进长期增长中的作用的文献综述见德隆·阿西莫格鲁等人（2005，第2章）；对国家能力起源的现代经济分析在很大程度上归功于蒂莫西·贝斯利和托尔斯滕·佩尔森（Timothy Besley and Torsten Persson，2010，2011）。

③ 这些论点见道格拉斯·诺斯和罗伯特·托马斯（Douglas North and Robert Thomas，1973）、道格拉斯·诺斯(1990)、辛西娅·塔夫特·毛瑞斯和艾玛·阿德尔曼（Cynthia Taft Morris and Irma Adelman，1988）。

④《国家为什么会失败》所关心的中心问题是：为什么这个世界上各个国家和社会的发展程度区别如此巨大？有的地方享有发达社会的一切优越性：物质条件、社会秩序、民主政治、人民富足，经济稳步发展；而有的社会则处于动荡不安之中，经济发展停滞不前，战乱频繁，民不聊生。当然在这黑白两极之间，又有深深浅浅的灰，遍布全球各大陆。该书的作者们认为，人类社会进入农业社会之后的发展，尤其是中世纪之后数百年来的发展，很大程度上取决于一个社会是否能够建立起多元化的政治体系（pluralistic institution)，这样的体系保证社会各界各层次的人都能参与到经济与政治活动中来。与之对应的则是集权化的政治机器（extractive institution)，它们主要为少数统治者和特权阶层服务，哪怕偶尔让下层人民雨露均沾，也仅仅是为了巩固前者的地位的手段。发展出多元体系的社会在最近几百年来赶上了现代化的早班快车，成为发达世界的成员；而没有发展出多元体系的社会，则在后面苦苦挣扎，寻找出路。那么，为什么多元体系的社会更有助于经济和文明的发展？作者们认为这是因为这样的体系能最大限度地保证私有财产和个人发展，从而鼓励打破陈规的创新，大范围内激发人民的创造力与工作热情；相反，如果不具备这样的体系，集权式的社会也能发展，甚至有时候发展势头相当喜人——就像历史上汉唐盛世、玛雅文明，以及更近期的社会主义经济奇迹所证明的那样——这种发展注定是烈火烹油，不能持久，因为一旦发展到一定程度，社会大多数受统治者与少数统治者的利益必然产生矛盾，最后将很可能把社会引入迟滞、退步、动乱甚至崩溃。——译者注.

⑤ 第8.4节和第9.10节分别在中国和援助政策的案例研究中进一步讨论了德隆·阿西莫格鲁和詹姆士·罗宾逊(2012) 的观点。

的代价更高。蒂莫西·贝斯利和托尔斯滕·佩尔森（2011）提供了一份关于国家能力如何作为政府投资内生发展的经济分析。当一个政府面临很少的外部威胁或拥有充足的自然资源时，它会理性地选择在管理能力上投资很少，从而在长期内促进低投资和增长。

贫困和不平等如何融入这个故事？经济失调的制度只为统治精英的利益服务，显然会导致贫困永久化，并可能加剧不平等。只有更好的（在市场经济的意义上）制度才能给穷人带来希望，但必须根据经验判断，这是一个相当有限的希望。在实践中，受青睐的制度往往对穷人表现不佳，包括财产权在内的法律执行对穷人来说通常不那么可靠（事实上，在富裕阶层的财产权得到很好保护的经济体中，一些穷人通过奴役遭受了最基本的财产权即对自己身体所有权的窃取）。在考虑市场经济制度的作用时，这一分配方面没有得到足够的重视。作为一个有效的假设，我们可以预期，在制度不太顾及穷人权利和需要的国家，我们将看到不太公平的增长进程，在消除贫困方面进展缓慢。第 8.3 节回顾了一些验证这一假设的研究，第 9 章回到与贫困做斗争的政策背景下的制度问题。

要素分配与增长

古典经济学关注的主要问题是收入的要素分配，即收入如何在劳动力和资本之间分配（包括土地）（第 1 章）。从第二次贫困启蒙开始，人们的注意力转向了个人之间的分配。而且，正如我们在第 3 章中看到的，贫困和不平等是根据个人之间分配来定义和测度的，因此，在目前情况下，这种重点的改变是有意义的。要素分配对个人之间的分配有着重要的影响，不可忽视。

在资本主义经济中，要素分配将如何随着增长而变化？古典经济学家和马克思主义传统的模型表明，分配会改变劳动。例如，尼古拉斯·卡尔多①（1955）将利润在产出中所占的份额作为下列因素的函数：（1）资本家和工人的差别储蓄率（differential rate of savings）；（2）"资本产出比"（capital-output ratio）（投资与产出增量之比）；（3）产出的外生增长率（exogenous growth rate）。这个模型被解释为，在其他条件不变的情况下，一个更高的增长将把产出份额从劳动转移到利润，再次表明一个不公平的过程。当然，这可以通过其他两个因素的变化来缓解。

生产函数的性质也关系到要素分配如何随经济增长而演变。工人人均资本的增加自然会对资本在收入中所占的份额造成上升压力。但资本的边际产出相对于劳动力的边际产出

① 尼古拉斯·卡尔多（Nicholas Kaldor，1908—1986）是当代英国著名的经济学家，新剑桥学派的主要代表人物之一。他的童年在匈牙利度过，后定居伦敦，深受哈耶克、凯恩斯等人的影响。20 世纪 30 年代末，他达到了职业生涯的顶峰。他在均衡、福利经济学、商业周期、增长理论、全面战争经济学等方面的著作都极具创意。他在"二战"期间的著作对大规模社会民主团体的产生起了重大作用，结果导致 1945 年工党的崩溃；而他关于战后重建的著作则预知了全新的更好的社会模式的出现。1949 年卡尔多搬到剑桥，成为后凯恩斯主义增长和分配理论的设计师之一。"二战"后的 10 年，卡尔多在英国经济政策中起到了重要作用。20 世纪 80 年代，卡尔多是货币主义最强劲的反对者，而且他的论证在经济学领域内外都有大量受众。——译者注

将出现抵消性下降（如专栏 8.2 所述，边际产出递减）。这两个效应中，哪一个起主导作用，取决于替代弹性是否小于 1；如果小于 1，那么我们可以预期，随着劳动力收入份额的增加，工人人均资本也会增加。

随着托马斯·皮凯蒂（2014）《21 世纪资本论》（*Capital in the Twenty-First Century*）一书引发的广泛关注和讨论，人们对长期收入分配重新产生了兴趣。[①] 要理解这本书的论点，首先必须明确“资本”的含义，皮凯蒂的资本不是标准生产函数中的“K”（专栏 8.2）。资本指的是能够划分所有权、可在市场中交换的非人力资产的总和，不仅包括所有形式的不动产（含居民住宅），还包括公司和政府机构所使用的金融资本和专业资本（厂房、基础设施、机器、专利等）。但不包括人力资本（通常包括个人的劳动力、技术、熟练程度和能力）。在物质资本（生产函数中的 k）具有生产力的意义上，财富的某些组成部分并不具有生产力。例如，自 2000 年以来，许多富裕国家的房价大幅上涨将推高皮凯蒂的“资本”价值，但这不会像通常测度的那样提高产出；房价上涨可能是金融和货币政策的短期效应，而不是可持续的长期趋势。

这种资本概念的收益率与 GDP 增长率中间的差距在皮凯蒂的分析中起着重要作用。皮凯蒂的资本收益率（以 r 表示，包括利润、股利、利息、租金和其他资本收入，以总值的百分比表示）的一部分被消费掉，储蓄（s）的一部分将被再投资。然后资本收入以 $s \times r$ 的速度增长。[②] 如果资本收益率高于经济增长率（以 g 表示，即年收入或产出的增长），那么资本家在总收入中所占的份额将上升。由于资本所有权的分配往往非常不平等，总体收入不平等也将加剧。因此，我们可以预期，只要人均收入增长率相对于资本收益率足够低，收入不平等就会加剧。[③]

皮凯蒂提出了一份跨越两百年的雄心勃勃的证据汇编，证明他广义资本概念的收益率在历史上已经超过了 g（而且是以很大的差距），以至于资本收入比一直在上升，给富裕国家的总体不平等带来了上升的压力。他还辩称，美国、英国和法国的不平等现象一直在加剧[④]

---

① 截至 2015 年 1 月，该书已售出 150 万册多种语言版本。1971 年出生的皮凯蒂 18 岁考入巴黎高等师范学院，22 岁就获得巴黎高等社会科学院和伦敦经济学院的博士学位，博士论文就是以财富分配为题。此后皮凯蒂一直研究财富不平等现象，著有多部研究法国和世界关于财富分配的著作，2002 年他获得法国青年经济学家奖。2005 年，时任法国总理德维尔潘委托只有 34 岁的皮凯蒂创建巴黎经济学院，以求能与伦敦经济学院媲美。2006 年皮凯蒂作为创始人出任首任巴黎经济学院院长，两年后卸任行政工作，专心从事教学和研究工作。2013 年，皮凯蒂荣获两年一届的伊尔约·约翰逊经济学奖。《21 世纪资本论》对自 18 世纪工业革命至今的财富分配数据进行分析，认为不加制约的资本主义导致了财富不平等的加剧，自由市场经济并不能完全解决财富分配不平等的问题。皮凯蒂建议通过民主制度制约资本主义，这样才能有效降低财富不平等现象。——译者注

② 如果银行存款的利率是每年 r%，而且收入流是完全再投资的，那么资本存量将以每年 r%的速度增长，资本的年收入也将以每年 r%的速度增长。

③ 需要“足够”一词，以允许从资本收入中消费。

④ 如此雄心勃勃的数据工作将不可避免地涉及许多假设，其中一些可能会受到质疑。例如，在一次这样的批评中，克里斯·贾尔斯（Chris Giles，2014）质疑了皮凯蒂关于英国财富不平等正在加剧的说法。这一批评基于将基于税收的估计与最近的基于调查的估计相结合，后者可能低估了人口顶层的财富（如第 2 章所述）。基于税务记录的一致序列支持皮凯蒂对证据的解释。

（我们已经在第 2 章中看到了这一点），20 世纪中叶到 1980 年左右是这一趋势的例外，即非人力财富的收益率低于增长率，从而削弱了过去更高的不平等。战争、对遗产和收入的高税收、国有化和大萧条压低了资本收益率和不平等。不过，皮凯蒂认为，这是一种反常现象。

展望未来，皮凯蒂认为，随着发达资本主义经济体增长率的下降，不平等将继续加剧。这只是一种可能的情况。有两种力量可以减缓甚至阻止不平等的加剧。首先，人们可以预期较高的资本积累率会降低资本收益率。这就是报酬递减的概念告诉我们的（专栏 1.12）。皮凯蒂接受这一观点，并指出有证据表明，最近一段时间以来，收益率一直在下降。但是他认为，这种影响还不足以阻止收入不平等的加剧。从经验上讲，他认为，从长期来看，资本收益率与资本收入比重是一致的，尽管随着资本积累，资本收益率有下降的趋势。这里的关键问题是，根据替代弹性（专栏 8.2）测度，生产中资本和劳动之间有多大的可替代性。例如，假设资本和劳动是完全可替代的；那么拥有更多的资本不会对产出产生任何影响（即资本回报不会下降）。随着人均资本的增加，人们预计资本收益率将下降。皮凯蒂认为，替代弹性超过了 1，因此有足够的替代性，资本收益率不会随着份额的增加而大幅下降。一些批评者则持相反观点。[①] 皮凯蒂指出，有足够高的替代弹性，证明他的论点在发达国家是正确的，尽管对发展中国家来说不太清楚。皮凯蒂的证据主要基于他发现的资本收益率和资本份额之间的长期协动性。然而，请再次注意皮凯蒂的“资本”是异质的。尽管我们可以预期机器、工业资本和劳动之间的可替代性，但对于不动产来说，这一点并不清楚，不动产的一些重要组成部分（尤其是住房）并不具有生产性。皮凯蒂发现资本收益率和资本收益份额之间的长期协动性，很可能反映出皮凯蒂资本的非生产性成分上的其他因素，如房地产繁荣。[②]

第二种可能抵消的力量是，如果较低的增长率导致资本家减少储蓄。即使 $r > g$，只要 s 下降的足够快，资本的收益份额也不会上升。如果资本所有者开始从他们的收入中消费更多（从而减少再投资），那么一旦整个经济增长速度放缓，资本在国民收入中所占比重的上升就会减弱。如果不能更好地理解储蓄行为，我们就无法判断这种调整是否会发生。资本所有者是否会感到被迫让他们的资本在未来的经济中无限期地增长？富人会主张减少经济增长以提高收入份额吗？在皮凯蒂的模型中，资本家的动机令人费解，通过假设储蓄率是固定的，皮凯蒂排除了这种潜在的修正机制。[③]

人们可能还预计，政治经济的反应将恢复 1920—1980 年间压低资本收益率的许多条件。然而，社会不稳定和扭曲性的政治反应也有可能破坏增长前景。

---

① 凯文·哈塞特（Kevin Hassett，2014）认为，考虑到有限的替代可能性，资本回报率下降的速度将超过皮凯蒂的想象。

② 约瑟夫·斯蒂格利茨（2014）进一步讨论了这些问题。斯蒂格利茨提出的一个观点是，最近皮凯蒂资本价值的上升反映了 20 世纪 80 年代以来由于美国金融市场放松管制而导致的房地产繁荣。

③ 佩尔·克鲁塞尔和托尼·史密斯（Per Krusell and Tony Smith，2014）批评了皮凯蒂分析的这一方面，认为这意味着经济上不可信的储蓄行为。另见德布拉吉·瑞（Debraj Ray，2014）对皮凯蒂（2014）的评论。

如果考虑到贫困发生率的变化，美国过去（大约在“一战”前）不断加剧的不平等与新时期（大约从1980年开始）之间有一个重要的区别：在前一个时期，贫困正在减少，但在新时期情况并非如此。从罗尔斯的观点来看，“一战”前美国不平等现象的加剧，在道德上可以被判断为与当前时期相比更为合理。

不平等和贫困如何阻碍增长

直到2000年左右，发展经济学的传统将分配的变化视为增长过程的结果。最近，有人提出了相反的理由，即最初的分配被视为增长和随后分配变化的根本决定因素。回顾第1章，重商主义者的一系列思考基本上认为，收入的初始分配越不平等，任何给定初始平均数的长期平均收入就越高。这一论点的精确形式随着时间的推移而演变，支持者之间存在分歧。一些人认为，在适当的时候，增长将有助于减少贫困，而另一些人则认为这不太可能。激励总是在争论中起作用，尽管很少有传言之外的其他证据。重商主义者担心高工资对工作努力和出口竞争力的不利影响。后来的观点认为，储蓄总量不足制约了经济增长。按照这种观点，在完全就业（封闭）经济体中，资本积累受到国内储蓄总量低的制约，富人自然比穷人更能负担得起储蓄。因此，这一论据涉及为穷人重新分配收入的努力，这有可能阻碍增长，并对减贫产生模棱两可的影响。

20世纪出现了一些新的想法，挑战这种“贫困的效用”的论点。正如我们在第1章中所了解到的，马歇尔（1890）就有过这种挑战的早期迹象。同样，在20世纪20年代和30年代，冈纳·缪尔达尔认为“有利于低收入阶层的平等也是对人民素质和生产力的生产性投资”。[①] 但这些思想并没有被立即采纳。

人们似乎早就明白，富人比穷人节省了更多的收入，而穷人通常被认为没有储蓄。[②] 那么，就得出这样一个结论，即在给定的平均收入水平上提高贫困率将产生较低的储蓄总额，从而降低储蓄总额制约增长的任何经济体的增长率，这只是一小步。但据我所知，这一结论从未得出。然而，至少在20世纪30年代，人们就认识到储蓄功能的同一属性意味着增长与公平的权衡，即更高的不平等将产生更高的储蓄，从而实现更高的增长。回想一下，凯恩斯的《就业、利息和货币通论》(1936，第24章）质疑这样一种权衡的存在，在这种经济中，有效总需求（aggregate effective demand）的缺乏是阻碍经济增长的制约因素（专栏1.22)。

20世纪90年代，我们开始对贫困和不平等的工具性案例（即使在充分就业的经济体

① 冈纳·缪尔达尔（Karl Gunnar Myrdal，1898—1987)，1898年12月6日出生于瑞典卡尔卡利亚省，是瑞典学派和新制度学派以及发展经济学的主要代表人物之一。缪尔达尔1923年毕业于斯德哥尔摩大学法学院，1927年获得该校经济学博士学位，1933年任该校政治经济学和财政学客座教授。1934年和1942年两度当选为议员。1947—1957年任联合国经济委员会秘书长，1962年起任斯德哥尔摩国际和平研究所董事长。1974年，冈纳·缪尔达尔与弗里德里希·奥古斯特·冯·哈耶克（Fdiedrich Von Hayek）同获瑞典皇家科学院颁发的该年度诺贝尔经济学奖，Pioneers in development. Oxford University Press. 1984. 第154页. ——译者注

② 就像米哈尔·卡莱斯基（Michal Kalecki，1942）和尼古拉斯·卡尔多（Nicholas Kaldor，1955）的模型一样。

中）提出一些严肃的质疑。根据这种观点，贫困和/或不平等的社会扼杀了投资、发明和改革。[①] 这些观点为反贫困政策在经济发展中的潜在作用打开了一扇新的窗口。

关于为什么贫困可以自我延续（在没有有效政策的情况下）的一个论点涉及这样一种观点：(1) 贫困会促进人口的高增长率；(2) 而人口增长率会导致较低的经济增长。根据标准的经济增长模型（如上文讨论的索洛-斯旺模型），(2) 的论证可以合理化。劳动力的高增长率稀释了资本存量。较高的人口增长率与较高的折旧率在降低工人人均资本和平均收入的稳态水平方面的作用类似（专栏 8.10）。[②] 该论点强调了不平等所起的作用。不可否认，全球不平等的一个重要方面是，生活在较贫困家庭中的人往往健康状况较差，存活时间也较短（第 7 章）。这一因素和其他因素（包括对儿童的养老依赖和母亲教育的不平等）在产生另一种社会经济梯度方面发挥着关键作用：贫困家庭的生育率往往较高。总的来说，穷人的自然人口增长率也往往较高。因此，我们可以预期，在人口增长率较高的国家，消除贫困的进展会很缓慢，而且有一些支持性的证据。[③]

人们认为，这些论点支持了发展中国家降低生育率的政策有时被称为"人口红利"(demographic dividend）的说法。根据这一观点，较低的生育率促进较低的抚养率，也就是说，更多的工人需要抚养孩子。预计这将通过提高劳动力质量，特别是通过父母能够负担得起的对子女质量的更大投资，特别是对子女的教育，在家庭人均消费方面带来立竿见影的收益，并带来长期收益。如果用于降低生育率的政策伴随着父母的福利成本，我们应该谨慎对待从这些争论中得出的政策影响，有时情况就是如此。[④]

20 世纪晚期文献的一个重要部分指出了与信息不对称相关的借贷约束和无法编写具有约束力的可执行合同的含义。信贷市场的失灵为有形资本和人力资本的投资留下了待开发的机会，而且假定资本的边际产出递减（假设每个人都有新的想法，但穷人在回应方面受到更多约束，这一理念也可以扩展到技术创新）。在这样一个模型中，我们预计贫困和受信贷约束的人将拥有比富有家庭更高的额外资本边际产出。但是，信贷约束意味着穷人无法发挥他们的潜能。那么，当前财富的不平等程度越高，意味着在当前平均财富的给定值下，未来的平均财富就越低（或者至少不会更高）。

这个论点可以用一个简单的个人财富动态模型来形式化，这个模型包含借贷约束。这

---

① 萨拉·沃乔夫斯基（Sarah Voitchovsky，2009）提供了一项关于初始不平等水平如何影响随后增长率的论点和证据的研究。

② 艾伦·凯利和罗伯特·施密特（Allen Kelley and Robert Schmidt，1995，2001）和杰弗里·威廉森（2001）都有人口增长对人均 GDP 增长率产生不利影响的证据。

③ 罗伯特·伊斯特伍德和迈克尔·利普顿（Robert Eastwood and Michael Lipton，1999，2001）提供了证据，他们将各个国家的生育率（有各种控制措施）和贫困指标随时间的变化进行了回归，发现人口对贫困有不利影响。利用印度的时间序列数据，高瑞弗·戴特和马丁·拉瓦雷（Gaurav Datt and Martin Ravallion，1998a）发现，较高的人口增长率是贫困加剧的证据。

④ 关于有时为鼓励发展中国家贫困妇女少生孩子而做出的强制性努力的福利的不利后果，见贝特西·哈特曼(Betsy Hartmann，1987)。

里“财富”的概念是广义的，包括人力资本、教育、健康、营养和物质资本。该模型的主要特点是，在一个不断增长的经济体中，未来的平均财富将取决于不平等的初始水平；财富不平等的平均保持增长将导致未来的平均财富降低（即增长率降低）。直觉是穷人越富有，信贷约束的人越多，因此未开发的投资机会就越多，这就意味着增长率降低。专栏 8.11 用更正式术语解释了这个论点。

专栏 8.11　信贷约束经济中的增长和不平等

财富在经济中有一些初始分配，一个人在日期 t 的财富水平是 w_t。一个人当前财富的固定存量被用来增加当前的消费，剩下的用于下一个时期。每个人都有一个生产函数，从他自己的股本 k 中产生 $f(k)$ 的产出。(回顾专栏 8.2) 即使是利率，也有一个理想的资本存量，将边际资本产出等同于利率。k^* 表示个人所需的资本存量。

由于贷款人不完全了解借款人，贷款人只允许一个人借到其财富的 λ 倍。有两个财富阶层。首先，有一些人的财富低于 $w^{**}=k^*/(\lambda+1)$［注意 $w<k^*/(\lambda+1)$ 意味着当前的财富加上最大的借贷少于期望的资本存量］。这个群体中有人有投资的欲望，但由于借贷的约束，他的边际资本产出超过了利率。

第二类财富在 w^{**} 以上的人可以自由实施他们所希望的投资。对于这个群体，借贷约束不再具有约束性，也就是说，这个群体中的某个人能够将其无约束的最优金额投资于等于当前利率的边际资本产出。如果边际资本产出高于利率，那么将有更多的投资，降低边际资本产出，如果边际资本产出低于利率，则相反。

现在考虑一下每个人的财富动态（这可能有助于研究专栏 8.2 和专栏 8.3）。递归图采用图 8.9 中粗体的形式。对于第一组，初始财富高达 w^{**}，递归图中的曲率反映了个人的生产函数。由于信贷约束，财富低于 w^{**} 的人依赖于自己的生产函数，而生产函数具有递减的收益。对于那些财富超过 w^{**} 的富裕群体来说，他们自己的生产函数不再是一个约束，因为他们可以自由地实施个人偏好的投资。

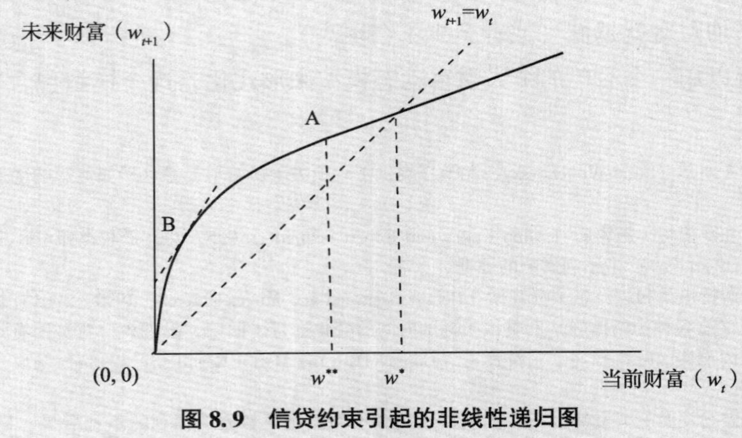

图 8.9　信贷约束引起的非线性递归图

唯一稳定的均衡点是财富 w^* 。在零财富的情况下也存在“贫困均衡”，不过并不稳定。任何一点财富的小幅增加都会使穷人走上一条增长道路，朝着自己在 w^* 的长期均衡发展。在这种模式下，即使是向极端贫困者的小规模转移（财富为零），也会带来巨大的长期收益，因为这将使他们摆脱低水平的平衡。

从某些减少财富再分配的不平等中也会获得总收益。以两个人为例，在 A 点和 B 点，他们都在投资，并在向 w^* 的稳定财富水平迈进时看到了增长。现在想象一下，财富从较富裕的 A 向较贫困的 B 重新分配，对他们来说，信贷约束是有约束力的。A 的边际资本产出低于 B，因此很明显总产出上升；A 的绝对产出损失将小于 B 的收益。因此，在给定的平均当前财富下，未来财富的平均值将取决于初始分配中的不平等程度；不平等程度越高，增长率越低。从那些没有信用约束的人到那些有信用约束的人的再分配中也会有这样的总收益。然而，在那些不受约束的人（即财富大于 w^{**}）之间进行再分配不会有这样的收益。

关于这个模型还有另一个观察结果。显然，财富接近零均衡的人口密度越大，给定初始平均数的后续增长率就越低。假定贫困线不超过 $k^*/(\lambda+1)$，并让 H_t^* 表示贫困线（贫困发生率指数）。现在考虑贫困率保持平均增长的增长效应。我假设 H_t^* 增加，并且财富低于 $k^*/(\lambda+1)$ 的个人不会变得更好。如果这一点成立，那么我们可以说，贫困率无疑更高。那么，授权约束的简单事实意味着，由任何贫困线定义的当前贫困率明显高于初始财富的最低水平，无须在投资收益率中受到流动性约束，在给定的平均当前财富水平下，增长率较低。

文献注释： 上述模型应归功于阿比吉特·班纳吉和埃丝特·迪弗洛①（2003，第3.2节），尽管在文献中有先例（如班纳吉和迪弗洛所述），包括菲利普·阿基翁和帕特里克·博尔顿（Philippe Aghion and Patrick Bolton，1997）和托马斯·皮凯蒂（1997）。班纳吉和迪弗洛提出了不平等的观点，马丁·拉瓦雷（2014a）介绍了关于贫困的最后一点。

经济效率低下的其他根源也会造成不平等。如果一个相对享有特权的子群能够限制进入，从而将其工资率或产出价格利润设定在高于市场结算水平的水平，就可能发生这种情况。回顾哈里斯-托达罗模型（专栏8.9）。在该模型中假定的工资不平等类型的微观经济学基础是由劳动力市场的“内部人—外部人”（所谓内部人指企业内部已经就业的工人，外部人指企业外部处于失业状态的劳动者）模型提供的，在这种情况下，内部人（有工作）通过谈判获得工资，以期保住自己的工作，而失业者基本上被剥夺了公民权，除非有

① 阿比吉特·班纳吉（Abhijit Banerjee），美国经济学家。1961年2月21日生于印度孟买。1988年获美国哈佛大学经济学博士学位。现任美国麻省理工学院福特基金会国际经济学教授。埃丝特·迪弗洛（Esther Duflo），女，美国经济学家。1972年10月25日生于法国巴黎。1999年获美国麻省理工学院经济学博士学位。现任麻省理工学院发展经济学教授。夫妻二人与迈克尔·克雷默（Michael Kremer）分享了2019年诺贝尔经济学奖，他们因“以实验性方法致力于减轻全球贫困”而获奖，他们的研究“大大提高了我们抗击全球贫困的能力”。

外生的需求推动，否则几乎没有或根本没有影响。[①] 当劳动力市场出现这种非竞争特征时，我们会发现更高的不平等，平均收入几乎肯定会下降。在哈里斯-托达罗模型中，城市工资率和其他工资之间的差距是导致总产出下降的不平等的根源。差距越大，获得高工资工作的人口比例就越低，因此，贫困率就越高。

持续失业（persistent unemployment）形成的劳动力市场失灵也会对公平和效率产生持久的不利后果，当失业率存在持续依赖性时，失业时间越长，找工作的可能性就越小。这有很多种可能发生的方式。人力资本在一定程度上是通过工作发展起来的，因此，较长时间的失业会造成技能退化，就业变得更难。另一种可能发生的方式是失业与心理困扰和抑郁有关。[②] 这种心理创伤可能会使找工作变得更困难。

高度不平等阻碍增长的一个渠道是通过保障财产权和执行合同。一项研究发现，高度不平等（以收入、土地和种族两极分化测度）与国家一级权利执行不力有关。[③] 此外，研究发现，一旦权利执行得到控制，不平等对增长的不利影响就会减弱。

不平等也被认为会促进犯罪，这可能会降低一个经济体的总产出。从狭义上讲，富人失窃的最多，穷人则从中获益最多。这引发了这样的争论：不平等程度越高的地区犯罪率越高。[④] 有证据支持这种相关性。[⑤]

另一类模型是基于这样一种观点：高度不平等限制了提高效率的合作，导致主要公共产品供给不足，或者令人满意的经济和政治改革受阻。[⑥] 拉格拉姆·拉扬[⑦]（Raghuram Rajan，2009a）对被视为减贫关键的两种主要经济改革，即使市场更具竞争力和扩大受教育机会，如何在三个阶层（从市场扭曲中受益的富有的寡头垄断者，受过教育的中产阶层，以及提供不熟练劳动力的未受过教育的穷人）努力维持租金的民主体制中受阻进行了有趣的分析。这一模式有助于我们理解印度在普及大众文化方面进展缓慢。[⑧]

---

① 奥利维尔·布兰查德和劳伦斯·亨利·萨默斯（Olivier Blanchard and Lawrence Henry Summers，1986）提供了一个具有这些特征的有影响力的早期模型。此后，一项大型文献研究了失业率滞后的可能性，即任何一天的经济“自然失业率”（与固定通货膨胀率一致的失业率）都与过去的失业水平成正比。动态宏观经济模型的回顾，见特里·奥肖尼斯（Terry O'Shaughnessy，2011）。

② 见克里西亚·莫萨科夫斯基（Krysia N. Mossakowski，2009）关于失业对美国年轻人心理影响的研究，经研究发现，长期失业的年轻人会产生行为和精神上的永久性变化，那些谈论失业不会对心理造成伤害的说法是无稽之谈。

③ 见菲利浦·基弗和斯蒂芬·南克（Philip Keefer and Stephen Knack，2002），Keefer，Philip，and Stephen-Knack. 2002. “Polarization，Politics and Property Rights：Links between Inequality and Growth.” *Public Choice* 111：127-154.

④ 正如艾萨克·埃利希（Isaac Ehrlich，1973）在一篇有影响力的论文中所论证的那样，Ehrlich，Isaac. 1973. “Participation in Illegitimate Activities：A Theoretical and Empirical Analysis.” *Journal of Political Economy* 81：521-565.

⑤ 见艾萨克·埃利希（1973）、罗伯特·威特等人（Robert Witt et al.，1999）、巴勃罗·费兹贝尔等人（Pablo Fajnzylber et al.，2002）、加布里埃尔·德蒙比内斯和伯克·奥兹勒（Gabriel Demombynes and Berk Ozler，2005）以及艾斯·伊姆罗霍罗格鲁等人（Ayse Imrohoroglu et al.，2006）。

⑥ 这些论点包括普兰纳布·巴德汉等人（Pranab Bardhan et al.，2000）、阿比吉特·班纳吉和拉克什米·伊耶（Abhijit Banerjee and Lakshmi Iyer，2005）、德隆·阿西莫格鲁和詹姆士·罗宾逊（2006）、拉格拉姆·拉詹（Raghuram Rajan，2009a，2009b）以及约瑟夫·斯蒂格利茨（2012）。

⑦ 拉格拉姆·拉詹（Raghuram Rajan）1963 年 2 月 3 日出生于印度博帕尔，经济学家。——译者注

⑧ 见麦仑·韦纳（Myron Weiner，1991），Weiner，Myron. 1991. *The Child and the State in India*. Princeton，NJ：Princeton University Press.

也有人认为，不平等阻碍了公共产品的提供。公共安全就是一个例子。与富人相比，收入的增加更能引起穷人对公共安全的关注（这显然是可能的，即使是富人最关心公共安全）。人们可能只需要这么多的公共安全，因此，收入递减效应必然最终产生。对公共安全的关注将在收入上呈凹形，这意味着当不平等程度更高时，总的关注度更低。对公共安全的较低的总体关注可能会转化为更多不平等社区中较少的公共行动和较高的犯罪率。①

对殖民主义影响的一种新的解释，通过殖民大国采取的政策和体制，确定了高度不平等的初始（前欧洲）条件的长期不利影响。② 这一论点的实质是，殖民主义的地理格局（尤其是北美和南美之间的地理格局）在某些殖民地中强化或植入了更大的初始不平等和人口异质性。不平等的一个殖民根源是在殖民地建立了欧洲飞地，这些飞地比土著人有更大的优势。在欧洲人到来之前，在不平等程度上也存在着重要的地理差异；阿兹特克人和印加人的帝国人口稠密（相对于北美），已经相对发达，并由强大的精英控制。鉴于中美洲和南美洲的这些初始条件，有人认为，欧洲殖民者认为没有什么理由建立有利于长期经济增长的安全财产权制度。③ 对于南方殖民者来说，更有利可图的策略是尽可能多地开发当地土地和劳动力，而不考虑财产权。相比之下，在北美定居的欧洲人有更强烈的动机去建立健全的制度来服务于他们自己的利益，例如土地的绝对所有权（fee-simple ownership rights for land）。④ 这也更有利于制定有利于长期增长和减贫的促进性反贫困政策（如大众教育）。⑤

解决不平等与制度之间的因果关系绝非易事。虽然可以提出的论点表明，最初的高度不平等阻碍了有利于长期发展的制度发展，但毫无疑问存在一种反馈效应（a feedback effect），即薄弱的制度助长了更高的不平等，例如保护富人享有的租金或不保护穷人免受剥削。从发展中国家的面板数据可以看出，尽管因果关系显然是双向的，但不平等对制度的影响是解释不平等与制度发展之间关系的更有利因素。⑥

但重要的是最初的不平等，还是贫困、中产阶层规模或两极分化程度等其他因素？不平等与贫困不是一回事：不采用较低的贫困指标，就可以通过在非贫困人口中重新分配收入来减缓不平等，也可以在不降低不平等的情况下减少贫困（同样，帮助中产阶层的努力可能对缓解当前的贫困也没有什么作用）。事实上，信贷市场失灵还有另一个含义，这一点直到最近才受到关注。尽管文献强调，在信贷约束的经济中，较高的不平等意味着较低

---

① 门诺·普拉丹和马丁·拉瓦雷（2003）概述了这一假设，并利用巴西的调查数据为其找到了支持。

② 斯坦利·恩格尔曼和肯尼斯·肖克洛夫（Stanley L. Engerman and Kenneth Sokoloff，2006）提供了一个很好的论点概述。道格拉斯·诺斯（Douglas North，1990）是一个有影响的早期贡献。德隆·阿西莫格鲁等人（2005）收集的证据与关于当前全球实际收入差距的殖民起源的论点大体一致。现代争论与亚当·斯密关于制度内生性的观点相呼应（第1章）。

③ 见德隆·阿西莫格鲁等人（2005）、德隆·阿塞莫格鲁和詹姆士·罗宾逊（2012）。

④ 见道格拉斯·诺斯（1990）。

⑤ 例如，美国马萨诸塞州在17世纪末推行了大众教育政策，这比大多数欧洲国家早了一个世纪或更长时间，麦仑·韦纳（1991，第6章）。

⑥ 见阿尔贝托·冲和马克·格莱斯坦（Alberto Chong and Mark Gradstein，2007）。

的增长率，而在给定的平均财富中，当前贫富差距较大也是如此。[①]

这意味着高贫困率的总效率成本（aggregate efficiency cost）。但请注意，理论上的预测涉及给定初始平均财富的贫困水平。在不控制初始均值的情况下，高贫困对经济增长的影响是模棱两可的。两个相反的影响可以确定。第一个是上文所述的通常条件收敛性质，即初始平均数较低（因而初始贫困率较高）的国家在增长模型中往往具有较高的后续增长率（专栏 8.10）。与此相反，更高的贫困会产生不利的分配效应，从而改变经济中稳定的收入水平。哪个影响占主导地位是一个经验问题，我们将在第 8.3 节中讨论这个问题。

信贷市场的不完善并不是表明贫困持续存在的唯一论据。经济史指出了强制性（非市场）劳动制度（例如奴隶制和农奴制），不仅使今天的人们变得贫困，而且扼杀了创新的动力，影响到贫困持续存在的程度。[②] 如果存在生活消费需求，这种情况也可能发生：更高的贫困率（被定义为不能满足生活消费需求）意味着增长率越低。[③]

另一个例子可以在理论上找到，这些理论假定穷人有消费欲望（与低预期寿命相关的高时间偏好率），从而导致储蓄和投资率低。[④] 尽管文献关注的是初始不平等，但也可以说，较高的初始贫困率意味着影响有消费欲望的消费者的比例较高，因此增长率较低。

还有一个例子是考虑到过去的营养和健康状况对工作效率的影响。只有当过去的营养摄入足够高，且高于基础代谢率（basal metabolic rate，BMR）时，才有可能做任何工作，尽管工作回报率的降低可能会在以后发生。[⑤]

贫困对贫困家庭幼儿营养的影响特别令人关注。早年营养不良很可能会阻碍儿童的成长、认知和学习能力、学业成就以及（在所有可能的情况下）成年后的收入。[⑥] 儿童长期营养不良的原因可能是营养摄入不足，也可能是由于持续的粪-口污染（fecal-oral contamination）导致营养吸收不足。[⑦] 这可能意味着，在健康环境改善之前，直接补充营养对改善儿童的营养状况（通过发育迟缓来测度）几乎没有或根本没有任何作用。[⑧] 这类论点可以扩大到包括儿童发展的其他方面，这些方面对成人的学习能力和收入有着持久的影响。[⑨] 贫困的障碍也会在出生之前出现。母亲和产前状况现在也被认为对儿童的发展和（因此）日后

---

① 马丁·拉瓦雷（2001b）认为，当信贷市场失灵时，贫困会阻碍增长。

② 这一论点是由德隆·阿西莫格鲁和詹姆士·罗宾逊（2012）提出的，他们指出了支持性的历史证据。

③ 见胡姆伯托·洛佩兹和路易斯·塞文（Humberto Lopez and Luis Servén，2009）对于具有此特征的经济模型。

④ 见科斯塔斯·阿扎利艾迪（Costas Azariadis，2006），Azariadis，Costas. 2006. "*The Theory of Poverty Traps*：*What Have We Learned*?" In Samuel Bowles，Steven Durlauf，and Karla Hoff（eds.），Poverty Traps. Princeton，NJ：Princeton University Press.

⑤ 见帕萨·达斯古塔和德布拉吉·瑞（Partha Dasgupta and Debraj Ray，1986）中的模型，Dasgupta，Partha，and Debraj Ray. 1986. "Inequality as a Determinant of Malnutrition and Unemployment." *Economic Journal* 96：1011-1034.

⑥ 见保罗·格莱维和哈南·雅各比（Paul Glewwe and Hanan Jacoby，1995）、哈罗德·奥德曼等人（Harold Alderman et al.，2006）、戴维·本顿（David Benton，2010）和珍妮特·柯里（Janet Currie，2011）。

⑦ 称为环境性肠病，见普努姆·科尔佩和威廉·彼得里（Poonum S. Korpe and William A. Petri，2012）。

⑧ 比尔·金希（Bill Kinsey，2013）指出，这可能是津巴布韦慢性营养不良发病率没有下降的原因之一。

⑨ 见弗拉维奥·库尼亚和詹姆斯·赫克曼（Flavio Cunha and James Heckman，2007）。

的经济结果很重要。[①] 例如，人们发现，在子宫内经受的食品匮乏对成人健康的许多方面都有负面影响。[②] 言下之意，在贫困中长大的人口（包括生活在贫困的健康环境中的人口）在经济体中占有更大的比重，将对一个经济体的总产出产生持久的负面影响。经济上的弱势可以代代相传。这不是不可避免的，例如，母亲对婴儿健康的了解有助于弥补营养不足。[③]

在另一种关于贫困是如何延续的思考中，有人认为贫困会降低认知能力。[④] 考虑到人类认知能力的生理局限性，贫困引起的担忧排挤了对与个人经济发展相关的其他事情的思考。约翰内斯·豪斯霍夫和恩斯特·费尔（Johannes Haushofer and Ernst Fehr，2014，第862 页）在一项关于贫困对心理影响的文献研究中得出结论：

有证据证明贫穷会导致人们心理上的应激和消极情绪反应，而这样的心理状态会使人们的注意范围变小、墨守成规，而不是以目标为导向做出理性决策，也就是说，他们的经济行为会变得短视、厌恶风险。这些关系共同构成了一个反馈环（feedback loop），导致贫困的长期存在。[⑤]

我们在这里看到的是一个完全颠倒的因果关系，这种因果关系是由“不良行为”造成的长期贫困模式所假定的，而那些更经常被视为贫困原因的行为可能反而是其结果。[⑥]

也有涉及市场和制度发展的理论论据，尽管这在该文献中并没有受到那么多关注。而过去的理论常常认为信贷市场失灵是外生的，但贫困很可能是金融发展中更深层次的诱因(也是金融发展不足的结果)。例如，考虑到贷款的固定成本（每笔贷款和建立贷款机构)，流动性约束可能成为极端贫困社会的常态。

一个社会的经济和政治制度在思考财富的初始分配如何影响长期增长方面发挥了作

---

① 见珍妮特·柯里（2011）、达斯古塔（2011）、艾泽尔和珍妮特·柯里（2014）。

② “二战”期间，荷兰的饥饿之冬对这一说法给予了有力的支持。“二战”结束时，德国军队的炮击使 450 万荷兰人的粮食供应大大减少；2.2 万人死于饥荒。关于宫内营养与成人健康之间联系的经验教训概述，见劳拉·舒尔茨(Laura Schulz，2010)。

③ 见安娜·艾泽和珍妮特·柯里（Anna Aizer and Janet Currie，2014）中的讨论。

④ 阿南迪·曼尼等人（Anandi Mani et al.，2013）提供实验和观察研究的支持性证据。曼尼等人在一项实验室研究中选取了美国新泽西州某商场的购物者为被试进行研究。研究者根据被试的家庭收入将其分为贫困组和富裕组，分别让被试在不同的情境下回答不同的经济问题，以引发其对自身经济状况的关注。问题情景分为“困难—简单”两组，所谓“困难”即使用较高数额的金钱启动被试，而“简单”则是使用较低数额的金钱启动被试。在被试浏览完问题情景、思考该怎样解决所涉及的经济问题时，要求他们完成瑞文测试（Raven's Progressive Matrices Test）和空间兼容任务。结果表明，在简单情景下，贫困组和富裕组在两个任务上的差距都不显著；但在困难情景下，贫困组在两个任务上的表现都比富裕组差。这证明了对自身经济状况的关注造成了额外的认知负荷，降低了他们在认知任务中的表现。上述实验是在实验室情境下进行的，与真实世界中的情形未必相符。为此，曼尼等人又进行了现场实验，有力地证明了其理论的外在效度。现场研究的被试是印度南部泰米尔纳德邦的甘蔗种植者。研究者随机选取了当地的小农种植户，属于印度的低收入阶层。研究发现，收获前后的农民行为有着显著区别。收入前的农民愿意以更高的利息典当同一物品，更有可能向他人借钱，更容易觉得难以应付最近 15 天的日常开支。当然出现这样的结果是显而易见的，还不能有力地证明贫困损耗认知资源的结论。为此，研究者同样进行了瑞文认知能力测验，同时进行了传统的斯楚普任务测验，结果同样发现农民在收获前的瑞文测试得分低于收获后的得分；在斯楚普任务中，收获前的反应时也显著长于收获后的反应时，错误的频次也更高。同时，农民感知到的经济压力越高，在上述任务中的表现就越差。——译者注

⑤ Haushofer，Johannes，and Ernst Fehr. 2014. “On the Psychology of Poverty.” *Science* 344：862-867.

⑥ 见约翰内斯·豪斯霍费尔和恩斯特·费尔（Johannes Haushofer and Ernst Fehr，2014）。

用。薄弱的制度（如法治不健全或市场失灵）会影响财富和权力的分配，但也会受到影响。在贫困和不平等的社会中，薄弱的制度可能是更重要的因素，因为它们往往很难建立更好的机构。不平等和制度交互作用，共同影响一个经济体的长期平均收入水平。

我们已经看到，对于初始不平等和/或高贫困如何能够降低平均收入的稳态水平，可以提出一些论点。平均数向稳态值的更高收敛速度（与一个刚陷入贫困的国家相关）将在一定程度上被较低的稳态平均收入水平所抵消。因此，尽管索洛-斯旺模型具有平均收入收敛性，但贫困指标不必收敛。[①]

贫困陷阱

前面已经指出了贫困持续存在的若干根源（包括世代之间的根源）。贫困的持续存在有时被混淆为贫困陷阱（专栏 1.6）。贫困陷阱的概念是指存在多重均衡的情况，其中一些均衡优于其他均衡。另一方面，即使存在唯一的均衡，也可能出现持续性。只是，向这种均衡的调整过程是缓慢的。

在发展经济学中，有人认为，家庭和企业之间相互依存的结合，如果协调失灵（coordination failures），可能意味着经济陷入一种次优均衡（inferior equilibrium），即陷阱。这是一个协调博弈的例子（专栏 8.12）。从第 2 章可以回顾，协调失灵的范围是工业政策和发展援助的早期论据之一。协调失灵也会导致经济衰退甚至大规模失业。[②]

专栏 8.12　协调博弈

协调博弈（coordination game），是指在博弈所定义的收益空间中，任何均衡点都符合以下条件：(1) 在给定其他当事人行为策略的条件下，没有人有激励改变其行为策略；(2) 没有当事人希望其他当事者会愿意改变其行为。

纳什均衡（Nash equilibrium），又称为非合作博弈均衡，是博弈论的一个重要术语，以约翰·纳什命名。在一个博弈过程中，无论对方的策略选择如何，当事人一方都会选择某个确定的策略，则该策略被称作支配性策略。如果两个博弈的当事人的策略组合分别构成各自的支配性策略，那么这个组合就被定义为纳什均衡。

例如，想象一个有一条私有河流和一个农民的村庄。在目前的情况下，河流畅通无阻，农民完全依靠降雨来种植庄稼。但也有发展潜力。大坝所有者可以花 100 美元建一座水坝。如果农民选择修建一条灌溉渠，从大坝到农田也要花 100 美元，那么他就可以多种植一个价值 400 美元的作物，并向大坝所有者支付 200 美元的水费。如果两个当事

① 见马丁·拉瓦雷（2012d）。

② 见罗素·库珀。Cooper, Russell. 1999. *Coordination Games*. Cambridge: Cambridge University Press.

人都进行投资，他们每个人的利润是 100 美元。

表 8.1 给出了联合收益（Y_F，Y_R），其中 Y_F 是农民的收益，Y_R 是大坝所有者的收益。现状是一个纳什均衡，它将持续下去，除非参与者能够协调他们的行动，以达到双方投资的首选均衡。

表 8.1　程式化协调博弈中的共同收益

(Y_F，Y_R)		大坝所有者	
		建水坝	不建水坝
农民	修建灌溉渠	(100，100)	(−100，0)
	不修建灌溉渠	(0，−100)	(0，0)

历史追溯：纳什均衡又称为非合作博弈均衡，是博弈论的一个重要术语，以约翰·纳什[①]命名。在一个博弈过程中，无论对方的策略选择如何，当事人一方都会选择某个确定的策略，则该策略被称作支配性策略。如果两个博弈的当事人的策略组合分别构成各自的支配性策略，那么这个组合就被定义为纳什均衡。纳什（John Nash，1951）指出了多重均衡的范围。

延伸阅读：托马斯·谢林[②]（1960）讨论了各种形式的协调失灵以及如何避免它们。库珀（1999）研究了协调失灵的宏观经济影响。考希克·巴苏[③]（2011）使用协调博弈来帮助理解诸如种族/种族分化等社会现象。

动态贫困陷阱的一个重要类别是由于生产或消费中的门槛效应（threshold effects）（超越门槛，打破原有均衡引起的改变）的存在。为了理解这些模型，请回顾，在目前情况下，标准经济增长模型的一个不太可取的特点是，它不考虑门槛效应（如专栏 8.2 所述），一些观察员认为这是贫困的潜在原因。这里的“门槛”实质上意味着在低初始财富水平下，未来的财富将更低，甚至可能为零。专栏 8.13 更全面地解释了这个想法。这些模型

① 约翰·纳什（John Nash，1928 年 6 月 13 日—2015 年 5 月 23 日），提出纳什均衡的概念和均衡存在定理，是著名经济学家、《美丽心灵》男主角原型，前麻省理工学院助教，后任普林斯顿大学数学系教授，主要研究博弈论、微分几何学和偏微分方程。由于他与另外两位数学家在非合作博弈的均衡分析理论方面做出了开创性的贡献，对博弈论和经济学产生了重大影响，而获得 1994 年诺贝尔经济学奖。——译者注

② 托马斯·谢林（Thomas C. Schelling，1921 年 4 月 14 日—2016 年 12 月 13 日）在 2005 年与罗伯特·奥曼（Robert Aumann）分享了诺贝尔经济学奖。谢林教授的主要著作包括：《冲突的战略》（1960）、《战略与军控》（与摩尔顿·哈尔佩林合著，1961）、《武器的影响力》（1966）和《微观动机与宏观行为》（1978 年）。最新著作为 2006 年出版的《承诺的战略及其他文论》。1981—1983 年，谢林教授担任美国国家科学院二氧化碳评估委员会委员，并且是“气候变化：对福利和政策的影响”的作者。——译者注

③ 考希克·巴苏（Kaushik Basu），印度籍经济学家，曾任美国康奈尔大学经济学教授，并曾在哈佛大学、麻省理工学院等知名学府担任客座教授，是研究发展经济学、福利经济学等课题的知名学者，曾任印度财政部首席经济顾问。2012 年 9 月，被任命为世界银行首席经济学家兼高级副行长。——译者注

预测，可能需要获得大量的外生收入才能获得永久性的更高收入，而看似相似的总冲击可能会产生不同的结果。[①]

专栏 8.13　生产中的门槛效应

专栏 8.2 中生产函数的标准表示假定几乎什么都不能生产，生产函数是从原点开始的，而递减的收益则是立即产生的。这似乎不合理。所以现在让我们加上产生任何产出所需的临界资本存量的概念，即 $f(k)=0$，对于所有 $k \leqslant k^{min}(>0)$。图 8.10 中的粗体曲线说明了具有门槛的生产函数。

除非有足够的资本（由 k^{min} 给出），否则什么也不能产生。一旦达到门槛，下一个时间段就会出现产出。我们假设收益递减会立即开始。在更技术的术语中，我们说生产函数 $f(k)$ 是严格正的，严格递增的，并且对于所有 $k>k^{min}$ 都是严格凹性（“凹性”是指从下面看时曲线的形状）。如果还没有达到这个门槛，那么就不会有资本需求，因为它不会允许生产任何产出。

或者，可以通过想象“S”形函数（如图 8.10 中的虚线所示）来平滑曲线。这有时被称为“低级非凸性”，借用集合论中的一个概念：如果集合中任何两点的直线上的所有点也包含在该集合中，则集合称为“凸”。如图 8.10 所示，在 A 点与 B 点连接的直线包含在生产可能性集合之外的点。因此，人们可以看到为什么它被称为低级别非凸性。

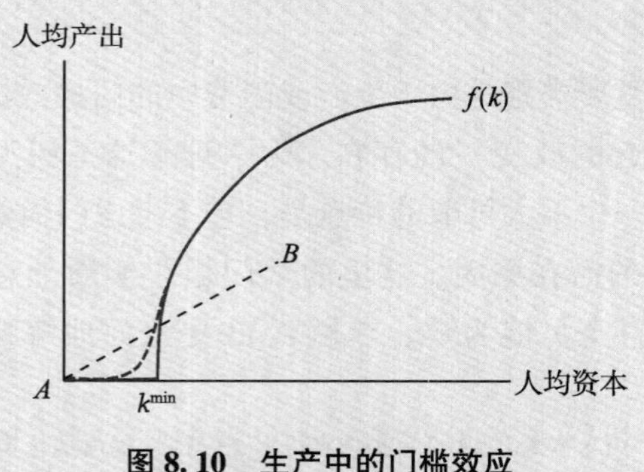

图 8.10　生产中的门槛效应

对于这种对财富动态的门槛效应，有多种解释，以下是一些例子：

- 基于基础代谢率为正值，一个有说服力的事实可论证门槛效应的存在。在从事任何

① 乔治·达伊（George S. Day，1992）和科斯塔斯·阿扎利艾迪（Costas Azariadis，1996，2006）进一步讨论了具有这些特征的增长模型。

体力工作前，人体处于休息状态时所需的食品能量摄入是最低的。人的生理产生了该阈值。[①]

- 当消费或生产中存在大量“门槛商品”时，也会产生门槛效应。[②] 试着从一天的教育中获得收入的增加。显然有一些关键的最低要求，如达到认证水平。
- 当一个人接近可能的最低效用时，惩罚激励不会起到多大作用。因此，穷人可能很难说服贷款人（和其他人）相信他是值得信赖的。[③] 因此，信贷市场的失灵可能源于贫困本身。

这种门槛效应的存在会造成贫困陷阱。我们可以很容易地看到如何通过在专栏 8.11 中概述的模型类型中引入门槛效应，分析在专栏 8.14 中有更详细的解释。其中一个含义是，这种更高的不平等将阻碍信贷约束型经济的增长，这已经不再是一般意义上的真理。财富较低（低于 k^{min} ）的家庭，贫富差距的增加会提高财富的增长速度。因此，专栏 8.14 所示的模型类型对于外部不平等减少将在多大程度上促进总体增长是不明确的。这在很大程度上取决于分配中不平等减缓的确切位置。

专栏 8.14 动态贫困陷阱

现在，让我们修改专栏 8.11 中的模型，以允许 k 的（正）最小值，低于该值时不可能有未来的产出，如图 8.11 中的递归图所示。在这一临界水平之上，可以产生正的未来财富，但资本回报率开始下降（专栏 8.2）。

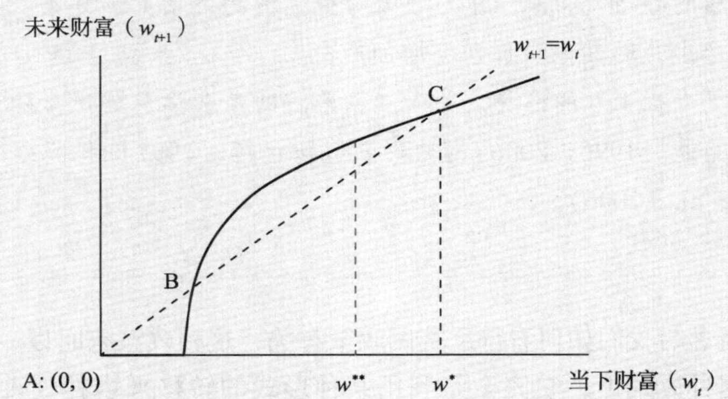

图 8.11 财富动态与生产中的门槛效应

---

① 关于这一点的详细阐述，见帕萨·达斯古塔（1993），Dasgupta，Partha. 1993. *An Inquiry into Well-Being and Destitution*. Oxford：Oxford University Press.

② 见欧迪德·戈勒和约瑟夫·泽拉（Oded Galor and Joseph Zeira，1993）在《收入分配与宏观经济》(Income Distribution and Macroeconomics) 一文中关于生产中门槛效应对增长过程的影响。见大卫·贾斯特和霍普·迈克尔逊（David Just and Hope Michelson，2007）关于消费不确定性的含义。

③ 这一论点见阿比吉特·班纳吉和安德鲁·纽曼（Abhijit Banerjee and Andrew Newman，1994），Banerjee，Abhijit，and Andrew Newman. 1994. “Poverty，Incentives and Development.” *American Economic Review Papers and Proceedings* 84（2）：211-215.

有些人的财富为零（甚至负净财富允许负债，但我们可以将他们全部归为“零财富”类别）。即使是那些财富为零的人，仍然可以赚取当期的劳动收入，在每个时期都能完全消费掉。在当前财富水平较低的情况下（$w_t < k^{min}$），未来财富为零。对于初始财富水平大于 k^{min} 但小于 $k^*/(\lambda+1)$，如专栏 8.11 所示，收益递减（未来财富被认为是当前财富的严格凹函数）。同样类似于专栏 8.11，在更高的财富水平如 $w_t > w^{**} = k^*/(\lambda+1)$ 下，递归图变为线性，此后借贷约束不再有约束力，因此自身生产函数的形状对动力学不再重要。递归图的修改版如图 8.11 所示。

每个人可能有三种均衡。其中两个点，即图 8.11 中的 A 点和 C 点，是稳定的，而中间的那个点，即 B 点，是不稳定的，因为冲击会把 B 点的冲击力移向 A 点或 C 点（回顾专栏 8.3）。为了了解原因，想象一下 B 点的某个人。任何小的财富收益都会使他处于一个积累的区域（当前的财富低于未来的财富），所以这个人会向 C 点前进。类似地，一个小的收缩会使他走上一条通向 A 点的道路。重复同样的思维实验，你会发现 A 点和 C 点是稳定的平衡点。

请注意，与专栏 8.11 中的模型相反，更高的不平等对增长的影响现在模棱两可。特别是从 k^{min} 以下到间隔（k^{min}，w^{**}）内的再分配将增加给定平均当前财富下的预期未来财富。门槛效应的存在使得总产出与收入分配之间的关系更加复杂；一些不平等增加了再分配会减少产出，而其他增加则会增加产出。

延伸阅读：见专栏 1.6 的注释。关于贫困陷阱的经济学及其产生的多种途径，见科斯塔斯·阿扎利艾迪（1996，2006）、帕萨·达斯古塔（1997）和萨缪尔·鲍尔斯等人（Samuel Bowles et al.，2006）。

贫困陷阱的概念与我们如何看待反贫困政策有关。这种政策有时以一种相当静态的方式表现出来，在这种方式下，它完全是利用某种形式的转移来填补收入与贫困之间的差距。财富积累和减资的动态过程几乎没有或根本没有作用。通过了解微观（个人或家庭）层面的经济动态，提供了一个思考反贫困政策的重要经济基础。

从长远来看，经过反复的小规模冲击，一个以贫困陷阱为特征的经济体（专栏 8.14）将适应一个可以被认为有两个主要阶层的国家。一个阶层几乎没有或根本没有财富，因为它的成员陷入了财富贫困的陷阱（专栏 8.14 中的 A 点）。在实践中，人们被困的原因有很多，包括缺乏任何工作技能、社会排斥、地理隔离、虚弱的疾病或环境退化。第二个阶层是按各自的稳定财富水平（w^*）在社会上站稳脚跟的人（专栏 8.14 中的 C 点）。每个阶层内部仍然可能存在不平等。贫困阶层之间可能存在劳动收入不平等，即使没有陷入贫困陷阱，处于各种稳态财富水平的人之间也可能存在财富不平等。“穷人”可以分为两类，即陷入贫困陷阱的人和没有陷入贫困陷阱的人，也就是说，即使他们没有陷入贫困陷阱，但他们的稳态财富水平却很低。

有些国家或地方可能很幸运，没有任何人在这两类穷人中。例如，贫困陷阱可能存在，但正常情况下，该国的制度能够确保没有人落入陷阱。当这些制度面临巨大压力时，这个陷阱可能只会在宏观危机中具有经验性的相关性（尽管说陷阱不是一个问题，但在正常情况下从经验观察推断它不存在显然是危险的）。同样，可能没有人在他们的稳定均衡中被认为是贫困的，贫困是可以消除的。我们在这里研究的政策之所以发挥作用，正是因为根据现有的（定量和定性）数据，有充分的理由相信存在严重的贫困问题（即这两类穷人中有一类或两类面临贫困问题）。

以上所述的贫困陷阱模型依赖于个体水平上财富积累的动态特征，特别是存在一个低级非凸性，例如由于门槛效应（专栏8.2）。文献中的另一类模型是基于群体成员对个人前景的影响。这些可以称为群体成员模型（membership models）。[①] 它们的结果与动态的贫困陷阱相似，关键的区别在于，现在贫困的持续性来自群体成员的外部影响，例如生活在贫困地区和/或贫民区。

从历史上看，群体成员模型的发展反映了经济学家和其他社会科学家为了解“二战”后美国出现的城市贫困集中所做的努力（第2章）。在美国，由于严重依赖地方财产税来筹集资金，每个学生在学校和学校质量上的支出在很大程度上依赖于邻里财富。[②] 因此，贫困可以自我延续；来自贫困家庭的儿童，集中在贫困地区，不太可能接受资金充足的教育，也不太可能在以后的生活中享受到充分的教育回报。[③] 同时也有邻里特点的外在影响，使贫困地区长大的孩子处于不利地位。[④]

美国的地方学校资助就是一个例子，它反映了一类更广泛的贫困原因，原因是群体（也称为网络）成员资格如何影响获得技能或其他资产的成本和收益，这些技能或资产为摆脱贫困提供了途径。由于美国的学校经费严重依赖地方财产税，在贫困社区长大的孩子不太可能获得所需的人力资本。社会学家也强调，缺乏榜样会限制孩子在贫困社区长大的机会。[⑤] 网

---

① 这是斯蒂文·杜尔劳夫（Steven N. Durlauf，2006）的说法，他对相关文献进行了很好的概述，Durlauf，Steven. 2006. “*Groups*，*Social Influences*，*and Inequality*.” In Samuel Bowles，Steven Durlauf，and Karla Hoff（eds.），Poverty Traps. Princeton，NJ：Princeton University Press.

② 联邦政府承担约14%的学校经费，44%和42%来自州和地方政府，罗伯特·莱许（Robert Reich，2014）。对当地资金的严重依赖，加上居住隔离，导致美国每名学生的资金高度不平等，以致“经合组织绝大多数国家要么对每名学生平均投资，要么对处境不利的学生不同程度地增加投资”。美国是少数几个采取相反行动的国家之一。见安德烈亚斯·施莱歇尔（Andreas Schleicher），爱德华多·波特（Eduardo Porter，2013）引用。

③ 具有这些特征的模型可以在罗兰·本纳布（Roland Bénabou，1993）中找到。另见拉克尔·费尔南德斯和理查德·罗杰森（Raquel Fernandez and Richard Rogerson，1997），他们研究了城镇规划（住宅分区制）条例所起的作用。

④ 乔治·博尔哈斯（George Borjas，1995）为美国提供了这一点的一个有影响力的经验证明。正如乔治·博尔哈斯指出的那样，按种族划分的居住区隔离使得很难区分外部种族影响和地理因素。

⑤ 见威廉·朱利叶斯·威尔逊（William Julius Wilson，1987），Wilson，William Julius. 1987. *The Truly Disadvantaged*：*The Inner City*，*the Underclass and the Truly Disadvantaged*. Chicago：Chicago University Press.

络效应（network effects）建立在对未来前景的预期中，进一步抑制了脱贫进程。①

区域外部性在经济发展中的存在可能具有相似的含义②（在本章后面，我们将研究中国农村地区地理贫困陷阱的例子）。在这些模型中，生活在贫困地区使人们不太可能在未来脱贫，因为生活在贫困地区会降低个人投资的生产率。这是地理位置对贫困的因果影响，而不仅仅是具有相似特征的人口的地理集中度。如果外部效应足够强，那么贫困陷阱就会出现。当迁移存在网络效应时（如本章前面所述），也可能发生这种情况。迁移人口因赡养亲人而面临隐性税收。当雇主担心某个网络成员（如亲属群体）在获得工作和其他机会时会互相帮助时，网络成员将很难找到工作，并且可能会采取代价高昂的行动来隐藏他们的网络联系。③

另一种形式的贫困陷阱会在执法不力的情况下出现，国家能力普遍薄弱，使贫穷和腐败在恶性循环中相生相克。在凯瑟琳·布对孟买贫民窟生活的生动描述中，她讲道："因为每一个贫民窟居民都知道，摆脱贫穷主要有三个途径：找一份事业，像胡赛因家找到的垃圾事业；政治和贪腐，像阿莎所寄予的希望；还有教育。"④ 这在很大程度上是合法创业和非法创业之间的选择。在某些条件下，人们可以找到掠夺陷阱（predation trap）。⑤ 这是一个稳态均衡，其中掠夺性行为是地方性的，生产性企业的利润很低，专栏 8.15 解释了这是如何产生的。

专栏 8.15　掠夺陷阱

掠夺性创业包括各种形式的敲诈勒索，以及黑帮、叛乱分子、中间人和腐败政客对保护资金的要求。初出茅庐的企业家既可以选择成为掠夺者，也可以选择成为两个群体之间具有流动性的生产者。掠夺者掠夺生产者，获取租金。

"掠夺陷阱"是如何存在的？与最早的发展模式（第 8.1 节）类似，假设存在传统部门和现代部门。企业家可以自由选择是生产者还是掠夺者。传统行业的生产商具有竞争力，没有利润。现代工业部门的生产者从生产过程中获得利润，这些生产过程的规模效益不断提高，这意味着如果所有生产投入增加（比如说）10%，那么产出将增加 10%以上。随着企业现代化，它们赚取的利润反过来又增加了对现代部门产出的总需求，从而增加了该部门所有生产者的利润。在没有掠夺的情况下，整个经济最终将进入现代部门。

① 见金永哲和格伦·劳瑞（Young-Chul Kim and Glenn C. Loury，2014）中的模型，Kim，Young-Chul，and Glenn Loury. 2014. "Social Externalities，Overlap and the Poverty Trap." *Journal of Economic Inequality* 12（4）：535-554.

② 见乔茨纳·贾兰和马丁·拉瓦雷。Jyotsna Jalan，Martin Ravallion. *Geographic poverty traps? A micro model of consumption growth in rural China*. First published：13 August 2002.

③ 见卡拉·霍夫和阿里吉特·森（2006）。

④ 凯瑟琳·布，著. 何佩桦，译. 地下城：孟买贫民窟的生命、死亡与希望（*Behind the Beautiful Forevers*）. 新星出版社，2018：67.

⑤ 这是哈尔瓦尔·梅赫勒姆等人（Halvar Mehlum et al.，2003）的说法。

现在介绍掠夺者。图 8.12 给出了掠夺者和现代生产者的利润曲线，两者都与选择成为现代部门生产者的企业家所占的份额成反比。这些利润曲线的水平取决于经济规模和国家执法权力。现代生产者的利润随着生产者数量的增加而增加，而掠夺者的利润则随着生产者数量的减少而下降。掠夺者互相排挤。

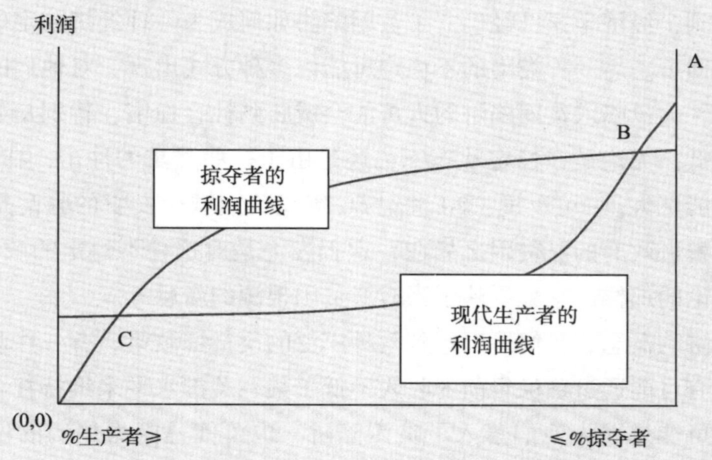

图 8.12　掠夺模型中的多重均衡

这种排挤降低了它们的个人利润，而且随着掠夺者数量的增加，利润也随之增加。对于最初的几个掠夺者来说，这并不是什么大问题，因为对于它们来说，额外的掠夺者并不会排挤它们的利润。当所有的都是掠夺者而没有生产者时，掠夺就没有可能的利润；因此，掠夺者的利润曲线通过图 8.12 中的（0，0）点。掠夺者的数量越少，现代生产者从数量的增加中（个别地）获益就越多。自然的假设是，如果现代生产者的利润大于（小于）掠夺者的利润，那么生产者的份额就会上升（下降）。

我们可以看到，图 8.12 中有三个均衡点，即利润在掠夺者和现代部门生产者之间相等的点。*A* 点和 *C* 点是稳定的，但 *B* 点不是（可以看到，从 *B* 点向右移动一小段距离，生产商的份额就会上升，直到 *A* 点到达；相比之下，向左移动会使经济向 *C* 点移动）。*C* 点是捕食陷阱——掠夺者大量存在的稳定的低水平均衡。

从本质上讲，有两种方法可以摆脱掠夺陷阱。首先，如果经济因为其他原因而充分扩张，那么生产者的利润曲线就会上升，足以消除掠夺陷阱。或者，法律强制可以降低掠夺者的利润曲线。

延伸阅读：此专栏是哈尔·梅伦等人（Halvar Mehlum et al.，2003）模型的简化版，[①]

① Mehlum, Halvar, Karl Moene, and Ragnar Torvik. 2003. “Predator or Prey? Parasitic Enterprises in Economic Development.” *European Economic Review* 47: 275-294.

其中采纳了凯文·墨菲等人（Kevin Murphy et al., 1989）的工业化模式的一些关键特征；[①] 内森·努恩（Nathan Nunn, 2007）提供了另一个带有掠夺陷阱的模型，他用这个模型来解释先前殖民剥削造成的非洲不发达。[②]

我们已经看到，经济学家已经确立了贫困陷阱如何成为一种经济稳定的均衡。社会和政治稳定是另一回事。后一种类型的不稳定可能以多种方式出现，对他们的经济原因不屑一顾。很有可能，大量陷入贫困陷阱的人可能会威胁到社会稳定，特别是如果他们的劳动收入和消费非常低，无论是在稳定状态下，还是由于一些严重的冲击，在后一种情况下，对稳定的威胁可能更大。[③] 可以说，20 世纪 60 年代美国城市发生的骚乱是由于出现了地理贫困陷阱。约翰逊政府的反贫困之战在一定程度上是对这种不稳定的政治反应，[④] 尽管正如第 2 章所讨论的那样，它也反映了当时对贫困根源的新思考。

基于贫困陷阱的概念，我们可以想到两种广泛的反贫困政策。有一些政策可以提供短期的缓解政策，有可能通过确保目前的收入不低于某一关键水平来维持社会稳定，即使穷人仍然贫困，这可能是因为他们落入了贫困陷阱，也可能是因为他们的稳态财富水平较低。这些纯粹是保护政策。还有一些促进政策，允许穷人获得摆脱贫困所需的更高水平的财富。对于那些落入贫困陷阱的人来说，这将需要足够大的财富收益，使他们走上最终达到自己（更高和更稳定）的稳态财富水平的道路。但即便如此，对于那些没有落入陷阱，但仍然贫困的人来说，促进也需要更高的财富和更高的财富回报率。第 9 章和第 10 章将讨论过去的政策在保护和促进方面的表现。

8.2 增长和分配演变的证据

在回顾了各种理论论点之后，我们现在转向本节和第 8.3 节中的实证证据。这一证据来源广泛，包括对特定经济体的时间序列观察、跨国比较和微观层面的面板数据。这些定

---

① Murphy, Kevin, Andrei Schleifer, and Robert Vishny. 1989. "Industrialization and the Big Push." *Journal of Political Economy* 97 (5): 1003-1026.

② Nunn, Nathan. 2007. "Historical Legacies: A Model Linking Africa's Past to its Current Underdevelopment." *Journal of Development Economics* 83 (1): 157-175.

③ 在政治上，亚里士多德（公元前 350 年）很好地说明了这一点："原来是小康的家庭，现在已沦落到无法自给的境遇；处身于这种不幸的人们，作奸犯科还是小事，这里已很难说他们不至于从事叛乱（革命）了。"——（古希腊）亚里士多德，著. 吴寿彭，译. 徐大同，选编. 政治学. 商务印书馆，2006：69. 或者："许多人还会从富裕变成穷困潦倒，这将是一件不幸的事情。要让经历过这样命运的人不起来造反是一件很困难的事情。"——（古希腊）亚里士多德，著. 政治学. 江西教育出版社，2014：62.

④ 正如弗兰西斯·福克斯·皮文和理查德·克劳沃德（1993）所论证的那样。

量数据可以成为具有许多用途的强大工具。但是，我们也必须认识到它们的局限性。与“硬科学”不同，定量经济数据（无论是宏观还是微观）很少能对任何理论提供决定性的检验。总有一种风险，就是一个人正在寻找的东西根本无法在可用的数据类型中识别出来。专栏 8.16 给出了两个与本章相关的例子。从数据中可以学到很多东西，但这几乎总是一项具有挑战性的任务。

专栏 8.16　看不见，并不意味着它不存在

假设我们想检验哈里斯-托达罗所隐含的劳动力市场均衡类型，即工人根据预期的收入差异在城市和农村之间流动（回顾哈里斯-托达罗的专栏 8.9），我们可能会寻找迁移发生的证据。但如果我们处于均衡状态，就不会有移民。否定哈里斯-托达罗显然是错误的。人们可以寻找工资差距和失业率的数据，但哈里斯-托达罗的自然概括将允许城市和农村地区之间非工资福利的差异；还有一些重要的不可观察因素需要考虑。可能更为确凿的证据在于定性数据：寻找正规部门工资调整的体制障碍或其他摩擦，或寻找流动性受到重大阻碍的证据。

再举一个例子，假设我们正在寻找贫困陷阱的证据。同样，当经济已经进入均衡状态时，人们在正常情况下可以找到的定量经济数据中也可能存在陷阱，但不容易发现。甚至可能那些被困在贫困中的人根本无法用标准方法观察到，因为他们无家可归（因此无法接受标准的住户调查）。陷阱的存在也将为保护人们免受巨大的负面冲击提供强有力的激励。这些安排在正常情况下可以充分发挥作用，但在危机或饥荒中会失败。陷阱的潜在性一直存在，并对经济产生重大影响。我们需要一个大的冲击才能真正看到发生了什么，但冲击很少发生。

工业革命（最终）使工人受益

工人是否从工业革命中受益的问题一直是经济学家和经济历史学家争论的焦点。文献中主要关注的是母国的雇佣工人。工业革命后对劳动力的需求上升，有望推高工资率。对于新大陆的大多数工人来说，由于这些工人被奴役，为英国和西欧的新工厂生产进口原材料是不可能有这样的收益的。[①] 事实上，为工业革命提供原材料所需的更高的种植园产量需要更多的奴隶和/或更高的奴隶生产率，也就是说，他们被迫更加努力地工作。[②] 纺织业的繁荣使奴隶制更加有利可图，奴隶生产在包括北美在内的新大陆迅速扩张。因此，全球

① 关于奴隶制在棉花史上的作用，见斯文·贝克特（Sven Beckert，2014，第 5 章）。斯文·贝克特，著. 徐轶杰、杨燕等译. 棉花帝国：一部资本主义全球史（*Empire of Cotton: A New History of Global Capitalism*）. 民主与建设出版社，2019. ——译者注

② 尽管其他因素无疑也涉及其中，但值得注意的是，在工业革命之后，大西洋奴隶贸易的船上奴隶数量急剧增加；见旅行者数据库（Voyagers database，http://www.slavevoyages.org/tast/database/search.faces）。浸信会（Baptist，2014）记录了 19 世纪上半叶美国南部棉花种植园中每位奴隶的生产率上升。

贫困的这一层面在短期内不太可能被工业革命所缓解，而且很可能会变得更糟。

关于国内的雇佣工人，当时（包括19世纪古典经济学家和1845年恩格斯之后的资本主义社会主义批评家）似乎达成了一个共识，即1760年左右开始的英国工业革命给工人阶级带来的收益甚微，甚至没有给工人阶级带来任何好处以缓解他们的贫困（如第1.5节所述）。事后看来，再加上更好的数据和分析，工业革命实际上是通过提高实际工资率来减少贫困的。但在工资做出反应之前，还有很长的一段时间。究竟有多长时间，取决于人们在价格指数和其他数据问题的辩论中所持的立场。① 不管怎样，在技术革新之后，悲观主义者似乎至少几十年都是对的。② 尽管英国人口持续增长，但实际工资在19世纪开始上升。而且有证据表明，从19世纪中叶开始，工人阶级实际工资的增长与营养状况的改善是同步的。③

为什么我们看到母国对工业革命的实际工资率反应似乎有很长的滞后？回顾一下，古典经济学家将诱导性人口增长视为劳动力供给增加抵消实际工资率最初上涨压力的原因。如果家庭选择在工资上涨时投资于更高质量的子女，而不是更多的子女，这种联系可能会被打破。这就要求父母认识到子女向上流动的潜力，并有机会接受负担得起的体面教育。在实际工资开始上涨之后，这些条件在19世纪后期开始实现。随着女性劳动力参与率的提高，较高的工资意味着生育机会成本的增加。④ 19世纪70年代之后，英国和欧洲大部分地区的生育率开始下降。⑤ 因此，我们似乎需要在别处寻找解释。

一个更好的解释可以在刘易斯模型（专栏8.7）中找到，在该模型中，农村经济中的富余劳动力将工资保持在一个较低的水平，直到富余劳动力被经济的现代（城市）部门吸收，因为这是由于技术进步而扩大的。根据这一解释，需要几十年才能吸收农村地区足够的劳动力富余（随着经济从主要的农业向主要的工业转变），从而使实际工资上升，达到刘易斯拐点（专栏8.7）。

这一解释也指出了对工业革命受益的概念混乱。即使工业部门的实际工资没有上升，

---

① 罗纳德·麦克斯·哈特韦尔（Ronald Max Hartwell，1961）质疑了一百多年来盛行的观点，即工业革命使英国工人阶级境况更糟。哈特韦尔利用了各种数量来源，包括证据表明，虽然名义工资变化不大，但农产品和制成品的价格已经下降。当时关于哈特韦尔的说法有很多争论，其中包括与艾瑞克·霍布斯鲍姆（Eric Hobsbawn）的一场著名辩论。在后来的研究中，查尔斯·范斯坦（Charles H. Feinstein，1998）发现在1780年到1850年间，英国工人阶级平均劳动收入的实际价值只有很小的增长（不到15%）。格雷戈里·克拉克（Gregory Clark，2005）的一系列英国建筑商的实际工资率表明，从1800英镑左右开始工资上涨，而罗伯特·艾伦（Robert Allen，2007，2009）则认为，这一涨幅开始于1830英镑左右。

② 另见杰弗里·威廉森（Williamson，1985）、凯文·奥鲁克和杰弗里·威廉森（Kevin H. O'Rourke and Jeffrey G. Williamson，1997）。

③ 见罗伯特·福格尔等人（Robert W. Fogel，1983）关于伦敦工人阶级男孩平均身高的系列，它相当接近鲁弗斯·塔克（Rufus S. Tucker，1975）关于伦敦工匠实际工资的系列。弗朗西斯科·辛尼雷拉（Francesco Cinnirella，2008）将拐点放在了更晚的时间，大约在19世纪中叶。

④ 女性劳动力参与率是指有现金或实物报酬工作的适龄妇女所占的比例。这通常包括有薪工作和自营职业，但不包括家庭佣工。

⑤ 见弗兰茨·罗森巴彻。Rothenbacher，Franz. 2002. *The European Population* 1850—1945. Basingstoke，UK：Palgrave.

穷人也有可能受益。这些受益来自工业收入和农业收入之间的差额，而新的工业劳动力大部分是从中获得的。与传统农业的劳动收入相比，制造业的平均工资更高，且随时间变化较小（生活的非收入层面也可能有所收获，包括更多的社会和政治互动机会）。专栏 8.7 显示了这种工资差别的存在经常被建立在刘易斯模型中。历史记录还表明，产业工人自己看到了（货币和非货币的）收益。① 这一说法似乎与当时的历史记录形成了鲜明的对比。更为积极的评价可以与 19 世纪英国和其他地方工业城镇的贫困和工人阶级生活肮脏的普遍情况对应起来。这两种解释反映了不同的反事实。受过教育的中产阶层观察人士认为，相对于他们自己的生活条件而言，贫困和肮脏是完全可信的。相对于农村地区和工业化前城市面临的（通常是伪装的）失业和其他剥夺，产业工人自己看到了许多好处。在今天的发展辩论中，由于没有正确区分这两个反事实而可能造成混乱的现象也出现了。

一个重要方面，在 19 世纪上半叶，即在其健康环境中，产业工人比农业工人的境况更糟。工业城市到处都是与贫困的地理集中有关的疾病。② 19 世纪后半叶的医疗改革（如在饮用水和卫生方面）是随后提高所有阶层总体生活水平的关键。

技术进步如何帮助西欧减贫的故事还有另一面。与穷人相关的技术进步还涉及降低生活成本的创新。19 世纪后半叶欧洲食品价格的下降反映了制冷技术的发明和较低的货运成本。③

库兹涅茨后分配的证据

在实证的基础上，库兹涅茨假说（专栏 8.8）对发展思维产生影响的很长一段时间内，发展中国家的相对不平等不可避免地会加剧，这一点并不特别可靠。库兹涅茨主要利用了 20 世纪上半叶一些目前发达国家的数据。事实上，库兹涅茨警告说，他的想法缺乏证据。他写道："在结束本文时，我敏锐地意识到所提供的可靠信息的贫乏。这篇论文有 5%基于实证，95%基于推测，其中可能还存在主观臆断"（库兹涅茨，1955，第 26 页）。④

对现有数据的不满情绪仍在继续，随之而来的数据争议引发了许多争论。一个突出而有影响力的例子是 20 世纪 70 年代关于巴西经济增长收益如何公平分配的辩论。这样的争论促使人们呼吁提供更好的数据来测度贫困和不平等。⑤ 更好的证据出现得更晚。事实上，自 1980 年左右以来，从住户调查中获得的分配数据迅猛发展。许多论文检验了横截面数据中的倒 *U* 形曲线，并发现了这种关系的证据。但是，这种横截面关系可能会误导人们，

---

① 艾玛·格里芬（Emma Griffin，2013）提供了大量符合这一观点的自传体叙述，Griffin，Emma. 2013. *Liberty's Dawn：A People's History of the Industrial Revolution.* New Haven，CT：Yale University Press.

② 弗里德里希·恩格斯（Friedrich Engels，1845）和其他人记录了这些城乡差异，Engels，Friedrich.（1845）1993. *The Condition of the Working Class in England.* Oxford：Oxford University Press.

③ 见杰弗里·威廉森（1998）。

④ Kuznets，Simon. 1955. "Economic Growth and Income Inequality." *American Economic Review* 45：1–28.

⑤ 巴西辩论的贡献包括艾伯特·菲什洛（Albert Fishlow，1972）、加里·菲尔茨（Gary S. Fields，1977）和蒙特克·阿鲁瓦利亚等人（Montek S. Ahluwalia et al.，1979）。

让人无法理解任何一个国家的不平等是如何随着时间的推移而演变的。① 随着更好的证据的积累，事实证明，很少有低收入国家以符合库兹涅茨假说的方式随着时间的推移而发展。② 对最初少数贫困国家的研究表明，长期不平等现象持续加剧，但没有指出库兹涅茨移民进程是一个关键因素。③ 20 世纪上半叶，美国和其他富裕国家的不平等程度下降也不太可能是库兹涅茨进程造成的。④

相反，我们已经了解到，发展中国家的增长在平均上趋于分布中性，这意味着不平等的变化与平均增长率大致正交。⑤ 这并不是否认，有证据表明，包括中国和印度在内的许多国家内部的相对不平等正在加剧（我们将在第 8.5 节中再次谈到这一点）。

美国日益加剧的不平等现象抑制了穷人从经济增长中获益。美国的（绝对）贫困率一直保持在 15%左右。⑥ 但是，如果我们再回到过去，我们会发现经济增长与美国绝对贫困率的下降有关。⑦ 美国的贫困率随着经济增长而停止下降的时间大约在 20 世纪 70 年代中期，增长过程变得不那么有利于穷人；事实上，回顾图 2.4，可以合乎逻辑地说，美国的增长过程已经明显"有利于富人"。

这里的要点是，不平等的加剧与增长率无关；事实上，在增长中的经济体中，不平等往往会随着增长而减缓。⑧ 可以说，分配中性增长意味着，任何绝对贫困或弱相对贫困的测度标准的变化将与平均增长率呈负相关。因此，我们也毫不奇怪地发现，测度绝对贫困的标准往往随着经济增长而下降。⑨

21 世纪初，贫困国家的高增长率显然是造成发展中国家贫困率偏高的主要原因。此后，低收入和中等收入国家的增长腾飞变得更加普遍，持续时间更长，腾飞的基础是更好的宏观经济政策制度。⑩ 我们所看到的与现代增长理论的条件收敛预测（专栏 8.10）大体一致。经济增长率较高的发展中国家在消除绝对贫困方面取得了更快的进展。为了对第 7 章中使用的贫困和不平等的主要指标进行一致的总体比较，表 8.2 提供了相关系数（基本上将对数均值的变化加到表 3.3 中）。我们看到，经济增长与贫困指标之间存在显著的负

---

① 古斯塔夫·帕帕奈克（Gustav Papanek，1978）提出了这一点。

② 如迈克尔·布鲁诺等人（Michael Bruno et al.，1998）和加里·菲尔茨（Gary S. Fields，2001）所示。

③ 例如，见马丁·拉瓦雷和陈少华（2007）关于中国的文章，我们稍后再回到这里。

④ 见托马斯·皮凯蒂（Thomas Piketty，2006），Piketty，Thomas. 2006. "*The Kuznets Curve*：*Yesterday and Tomorrow*." In Abhijit Banerjee，Roland Bénabou，and Dilip Mookherjee（eds.），Understanding Poverty. Oxford：Oxford University Press.

⑤ 见马丁·拉瓦雷（1995，2001b）、杜大伟和阿尔特·卡拉伊（David Dollar and Aart Kraay，2002）、弗朗西斯科·费雷拉和马丁·拉瓦雷（2009）、杜大伟等人（2013）。

⑥ 使用"补充贫困线"（专栏 4.4）；使用旧的官方方法，这一数字略低，见利亚纳·福克斯等人（2013）。

⑦ 见约翰·艾里斯（2013，图 13），另见约翰·艾里斯的分析（2003）。

⑧ 关于这一点的证据，见马丁·拉瓦雷和陈少华（1997）、马丁·拉瓦雷（2001b）以及弗朗西斯科·费雷拉和马丁·拉瓦雷（2009）。

⑨ 弗朗西斯科·费雷拉和马丁·拉瓦雷（2009）回顾了这一点的证据。

⑩ 见约翰·布鲁多恩等人（John Bluedorn et al.，2013）。

相关，但经济增长与不平等之间没有显著的负相关。

表 8.2　贫困与不平等测度中增长率与时间变化之间的相关系数

	总体不平等	国家之间的不平等	国家内部的不平等	绝对贫困	对数绝对贫困	相对贫困	对数相对贫困
平均消费（收入）	0.116	0.067	0.092	−0.668	−0.750	−0.581	−0.525

注：n = 60（国家个数和参考年，如第 7 章所述）；大于 0.32（绝对值）的相关系数在 1%水平上显著。

经济增长通常意味着绝对贫困率降低，但随着时间的推移，这也意味着在许多发展中国家，相对贫困的考虑变得更加重要。因此，第 7 章提出的发展中国家相对贫困人口数量上升的证据可以被视为绝对贫困人口数量下降的另一面。相比之下，高收入国家相对贫困的增加主要来自相对分配的变化，这与不平等的加剧有关。

对发展中国家相对贫困问题的关切的出现，也影响到在消除贫困方面对经济增长与再分配的重视。如果不减缓不平等现象，发展中国家未来在消除相对贫困方面的进展无疑将比消除绝对贫困方面的进展慢。

减贫与经济增长之间的关系可能很复杂，因为这取决于初始分配（包括贫困），而增长与分配之间在如何影响贫困方面具有重要的交互效应。[①] 然而在这里，我们关注的是绝对指标和相对指标之间差异的纯统计方面。直观地说，鉴于贫困线随着平均数高于临界水平而上升，人们预计平均数增长在减少相对贫困方面的效果会降低。

图 8.13 证实了这一点，该图绘制了减贫率与平均增长率的比例。[②] 绝对减贫对平均增长的总体弹性约为-2。弱相对贫困对增长也有反应，但对绝对贫困的弹性为-0.4（其中 20%是绝对贫困）。而且，由于相对贫困线将随着平均数的上升而上升，弹性将随着增长而下降。

与过去主要关注绝对贫困的情况相比，消除相对贫困的政策努力需要更多地考虑如何最好地减缓不平等。该问题将在第 9 章和第 10 章中进一步讨论。

福利的增长和非收入方面

回顾第 3 章，贫困指标几乎总是以家庭规模为基础，因此不能认为它们足以反映家庭内部的分配情况。它们也基于市场商品的消费，因此不必很好地反映公共供给的差异。还必须研究其他相关指标，其中营养不良儿童无疑是重要的。

随着经济增长，营养不良儿童的发生率也趋于下降。一项关于经济增长对贫困指标（每天生活费用 1.25 美元）和儿童消瘦指标的影响的研究发现，在两者中的较高水平上，

① 有关更全面的讨论，见马丁·拉瓦雷（2012d）。

② 增长率是以百分比表示的对数差异。数据点是地区—年的总和。

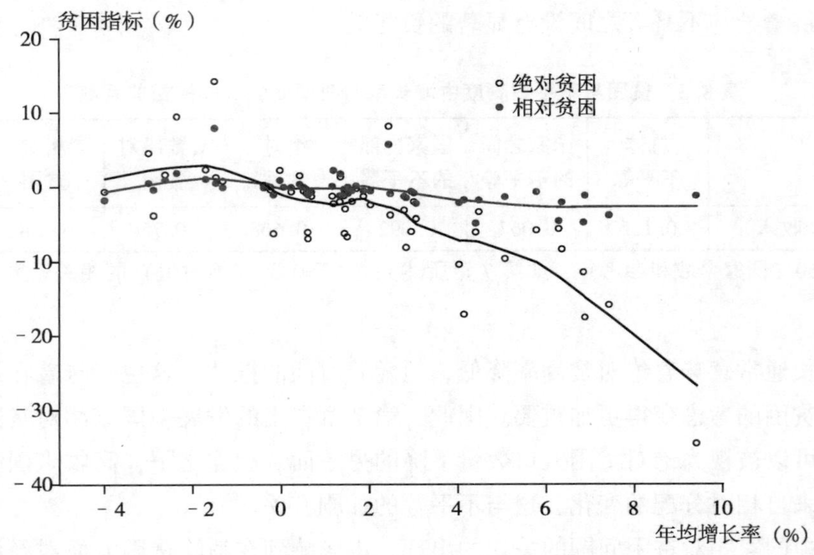

图 8.13 发展中国家的增长和减贫

资料来源：作者的计算。每个数据点是 1981—2010 年的地区总和。

增长与收益相关，贫困指标和儿童消瘦指标之间具有相似的弹性。① 同一项研究还发现，一旦达到相对较低的浪费水平，经济增长就会变得不那么有效，这意味着需要采取更有针对性的干预措施。第 10 章讨论一些可用的干预措施。

与增长和减贫相关的不平等的一个不可否认的重要方面是，生活在较贫困家庭中的人口往往健康状况较差，而且寿命较短，第 7 章回顾了这一点的证据。这一因素和其他因素（包括妇女教育和获得计划生育服务方面的不平等）在产生另一个社会经济梯度方面发挥着关键作用：贫困家庭的生育率往往较高（第 7 章）。总的来说，穷人的自然人口增长率也往往较高。这就是为什么人们往往在人口增长率较高的国家发现较低的减贫进展速度的原因之一。跨国回归表明，较高的生育率与减贫进展缓慢有关。② 印度的时间序列证据也表明了同样的结论。③ 也有证据表明，人口增长对 GDP 增长有不利影响。④

一个国家利用增长带来收益的方式对穷人的影响也很重要。⑤ 回顾第 7 章，我们发现各国在营养不良儿童发生率方面存在很大差异，即使我们尽可能控制收入。这些差异在一定程度上反映了公共卫生供给的差异和公共卫生供给的有效性，而这些差异在一定程度上取决于一个国家的总体经济资源以及这些资源是如何配置的。儿童健康和营养指标的差异

---

① 见史蒂文·布洛克等人（Steven A. Block et al.，2012）。

② 见罗伯特·伊斯特伍德和迈克尔·利普顿（Robert Eastwood and Michael Lipton，1999，2001）。

③ 利用印度的时间序列数据，多米尼克·范德沃勒（1985）、高瑞弗·戴特和马丁·拉瓦雷（1998a）发现，有证据表明，较高的人口增长率使贫困加剧。

④ 见艾伦·凯利和罗伯特·施密特（1995，2001）、杰弗里·威廉森（2001）。

⑤ 见阿马蒂亚·森（1981b）、苏迪尔·阿南德和马丁·拉瓦雷（1993）。

与人均公共卫生支出呈负相关。[①] 这并不奇怪，因为人们可以预期，富有的父母可以更容易地保护自己孩子的营养和健康状况，使其免受公共供应不足和不良健康环境的影响。如果总体经济增长的好处通过财政系统引导到更好的公共医疗保健中，那么预期会有更好的社会结果。政治学家也认为，持续的经济增长会使“政策情绪”（policy sentiment）向有利于穷人的方向转变。[②]

增长与不平等类型

文献中一个常见的实证结论是，相对不平等的变化与经济增长率几乎没有相关性。然而，对于那些担心绝对不平等的人来说，这可能没有什么意义，因为绝对不平等往往随增长而上升，随收缩而下降。[③] 图8.14显示了大约100个国家的相对和绝对不平等变化与增长率之间的关系。每一点都是根据对某一国家的两次住户调查得出的。第一次调查的中间年份是1989年，第二次调查的中间年份是2008年。我们看到，较高的增长率（这里用同期国民账户中人均实际私人消费的增长率来测度）与相对不平等程度较低但绝对值较高的指标有关。

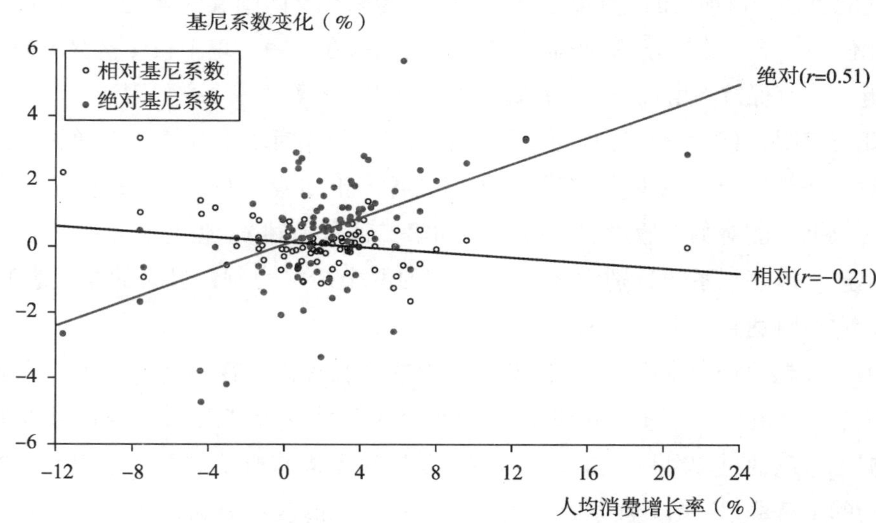

图8.14　不平等概念对评估发展中经济体中的不平等是否加剧很重要

资料来源：作者关于更新马丁·拉瓦雷使用的数据集的计算（2003a）。

注：基尼绝对系数按起始年和结束年之间的平均数计算。

---

① 见贝努·比达尼和马丁·拉瓦雷（1997）、亚当·瓦格斯塔夫（Wagstaff，2003）。

② 见史蒂芬·罗伯特·杜尔（Robert H. Durr，1993），Durr，Robert H. 1993.“What Moves Policy Sentiment?” *American Political Science Review* 87（1）：158-170.

③ 马丁·拉瓦雷（2003a）发现，在杜大伟和阿尔特·卡拉伊（David Dollar and Aart Kraay，2002）使用的基本相同的数据上，绝对基尼系数（收入的绝对差异不按均值测度）的年化变化与平均家庭收入或消费的年化增长率之间存在着高度的正相关关系，相关系数为0.64，根据相同的调查估算。同样的数据表明，用普通的基尼系数测度，与相对不平等的相关性几乎为零（$r=-0.06$）。

很可能过去和现在关于发展中世界增长收益分配的辩论，在很大程度上取决于（很少讨论的）如何界定不平等的概念差异。与那些将不平等视为相对不平等的人不同，那些将不平等视为绝对不平等的人将期望在减少不平等和减少贫困之间找到一个均衡点。这并不意味着任何对一方有利的政策都必然对另一方不利，也不意味着两者不可能同时存在，相关性只是一种相关性。但是，这确实有助于我们理解为什么一些促进增长和减贫的政策改革会受到严重批评，甚至可能会被不可忽视的关注贫富生活水平差距扩大的观察员所阻碍。政策制定者如何应对这种批评，可能对消除贫困的进展具有重大意义。

另一个令人困惑的原因是，人们对谈论的是国家之间的不平等还是人与人之间的不平等（无论他们居住在哪里）缺乏明确的认识。一些关于“不平等”加剧的说法是基于这样一个事实：回顾20世纪90年代之前的过去30年，最初较贫困的国家往往会经历随后较低的增长率。[①] 当然，各国的人口规模差别很大。如果考虑到这一点，那么不平等加剧的情况将发生巨大变化。世界上人与人之间的总体不平等可以看作有两个组成部分：国家之间的不平等程度和国家内部的不平等程度。由于一个国家在计算所有不平等时自然按人口加权，因此国家之间也是人口加权的。考虑到人口比重，尽管较贫困国家的增长率并不高，但国与国之间的比例却有下降的趋势。[②] 两个人口最多的国家在这一发现中自然是突出的。中国和印度（最近）一直保持高增长率，这是降低世界总体不平等的一个主要因素。

还有证据表明，相对不平等趋同，低不平等国家的相对不平等倾向于增加，高不平等国家的相对不平等倾向于减少。[③] 有证据表明，各国正朝着40%~41%的基尼系数趋同，[④] 尽管精确的数据可能对测度假设非常敏感（如第二部分所述）。但是，不平等收敛的过程显然并不迅速。以基尼系数分别为30%和60%的两个国家为例，过去的模式表明，在15年内，预计它们将达到35%和51%。

这种不平等趋同符合索洛-斯旺模型传统中的增长理论；在某些条件下，完全竞争的市场经济包含有缓和财富不平等的动力（即使穷人储蓄少于富人）。[⑤] 我们看到的不平等趋同的证据也可以通过20世纪90年代世界经济政策趋同与改革前不平等程度的差异是如何交互作用的来解释。[⑥] 要了解原因，假设发展中国家的改革分为两类：一类是改革前对经济的控制使富人受益，人为地将不平等保持在较高水平（可以说，直到20世纪80年代，拉丁美洲的大部分地区都是这样），另一类是控制产生相反效果的国家，保持低不平等程度（如20世纪90年代之前的东欧和中亚）。那么，经济政策改革可能需要在穷人和

① 见兰特·布里切特（1997）。

② 见马丁·拉瓦雷（2013）。

③ 见罗兰·贝纳布（1996）、马丁·拉瓦雷（2003b）和约翰·卢克·盖洛普（John Luke Gallup，2012）。

④ 见马丁·拉瓦雷（2003b）。

⑤ 斯蒂格利茨（1969）和罗兰·贝纳布（1996）证明了这一点。另见朱塞佩·贝尔托拉的讨论（Giuseppe Bertola，2000）。

⑥ 马丁·拉瓦雷（2003b）对此进行了论证。

富人之间进行大规模的再分配，但这两类国家的再分配方向相反。

关于全球化的作用有很多争论。有一种观点认为，它以牺牲贫穷国家为代价，使富裕国家受益。今天许多发展中国家的殖民经验常常被视为符合这种全球化观点。证据并不支持这一结论。事实上，全球贸易开放的时期似乎促进了各国经济的某种程度的趋同。杰弗里·威廉森（Jeffrey Williamson，1998）认为，1870—1914 年的前一个时期促进了“大西洋经济”（西欧和南北美洲）内的经济扩张和融合。

城市化与贫困

我们看到了一个长期的城市化进程。从 19 世纪初开始，生活在城市地区的人口占世界人口的比例大幅提高，从 1800 年的 10%左右增加到今天的 50%以上（据信，2007 年城市人口超过农村人口），这对贫困意味着什么？城市化与贫困之间的精确联系机制很多，发展经济学家对此进行了大量研究。我们在本章早些时候看到，发展经济学从一开始就把现代部门扩张的进程视为减贫的关键动力。大多数现代部门活动往往集中在城市地区，因此我们可以预期城市化率与减贫率之间存在相关性，尽管我们不应因此得出结论认为城市化具有因果作用，通过技术进步扩张现代部门是共同影响城市化和贫困的因素。

将城市经济增长与减贫联系起来有许多可能的因果因素。一方面，这种增长往往为农村外出务工人员提供了新的机会。后者中的一些人很可能在这一过程中脱贫，但另一些人可能收效甚微或一无所获，有些流动人口到城市地区的情况很可能会更糟。平均而言，可能会有收益，否则人口流动可能会停止。基于从城市地区汇款的增加和在农村地区竞争现有就业机会的人越来越少的事实，城市化还可能对留在农村地区的人的生活水平产生重要的第二轮影响。

穷人的总体收益和国家贫困率的下降，很可能在消除城市贫困方面进展甚微或毫无进展。事实上，我们在第 7 章中看到，大多数发展中国家都是如此。一般的假设是，只要城市化进程在全国范围内减少贫困，我们就不必担心城市贫困率的上升。当然，生活在城市地区的人可能有不同的观点。

我们发现，各国人均 GDP 与居住在城市地区的人口比例之间存在正相关关系。[①] 城市化与贫困的关系如何？我们首先必须清楚我们如何定义和测度贫困。我们在第 7 章中看到，发展中国家农村地区的绝对贫困率往往更高。鉴于城市地区的平均生活水平更高，相对贫困的情况就不那么明显了，不平等程度也往往更高。这些因素可能导致城市地区的穷人感到相对贫困。这是可以承认的，同时认为农村地区的绝对生活水平较低，最贫穷者应是我们的首要关切。

在各国，当生活在城市地区的人口比例较高时，总体（城市加农村）贫困率往往较

---

① 见大卫·布卢姆等人（David Bloom et al.，2008，图 1），Bloom，David，David Canning，and Günther Fink. 2008. “Urbanization and the Wealth of Nations.” *Science* 319：772-775.

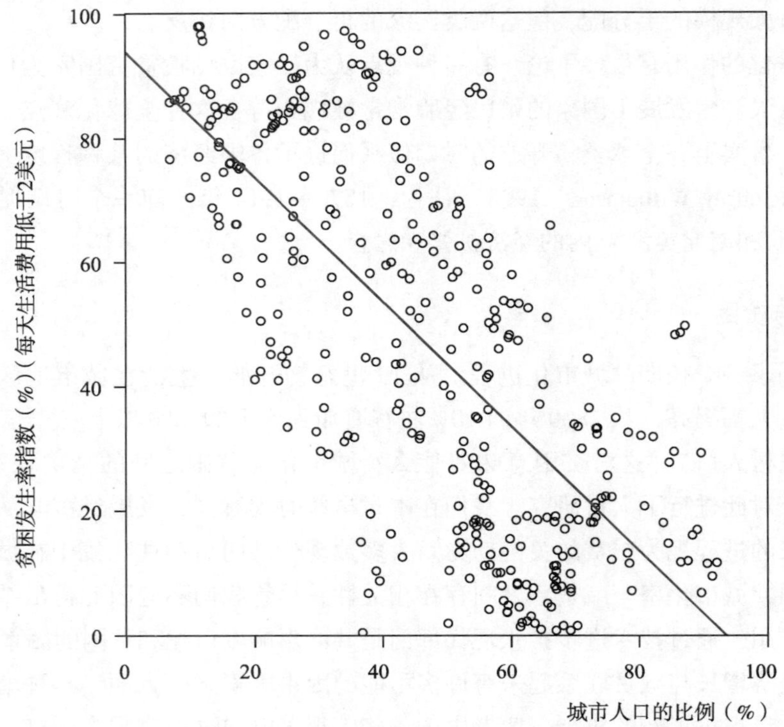

图 8.15　根据城市人口比例绘制的各国贫困人口指数

资料来源：作者根据马丁·拉瓦雷等人（2007）的数据集得到计算结果。

低，如图 8.15 所示。此外，城市人口份额的增长率越高，减贫速度就越快。[①] 这种相关性归因于整体经济增长的共同作用。

有证据表明，人口城市化在减少农村贫困方面的作用大于城市贫困。[②] 发展中国家的城市化似乎对城市人口产生了结构效应（compositional effect），这减缓了城市减贫的速度，尽管农村地区和整个人口的贫困正在下降。第 9 章将回到关于城市化和贫困的政策辩论。

消除绝对贫困的进展

1950 年前后，如第 2 章所示，全球极端贫困的轨迹出现了一个转折点，这一数字被复制为图 8.16。"二战" 后，受损的经济体正在重建，新独立的发展中国家经济体正在努力实现经济快速增长，并取得了一些成功。例如，印度独立后的增长率以今天的标准来看并不令人印象深刻，但远远高于独立前的趋势。[③]

---

① 这在马丁·拉瓦雷等人（2007）中得到了证明。

② 见马丁·拉瓦雷等人（2007）。

③ 1900 年至 1947 年期间，人均 GDP 年增长率仅为 0.1%，而 1950 年代为 1.8%，20 世纪 60 年代和 70 年代为 1.2%。Drèze, Jean, and Amartya Sen. 2013. *An Uncertain Glory: India and its Contradictions*. London: Penguin Allen Lane.

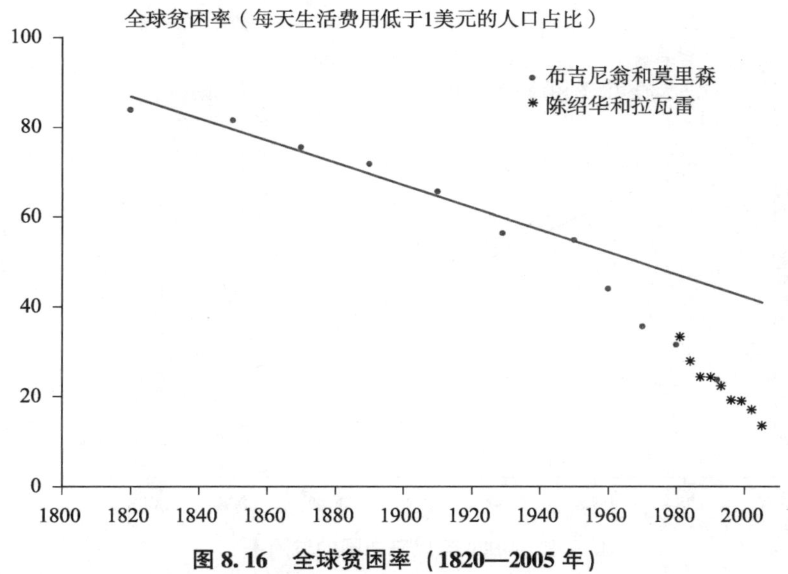

图 8.16 全球贫困率（1820—2005 年）

资料来源：作者根据弗朗索瓦·布吉尼翁和克里斯蒂安·莫里森（2002）使用的数据库（由作者提供）以及陈少华和马丁·拉瓦雷（2010a）的计算。

自 1980 年以来，中国在消除绝对贫困方面取得了巨大进展，这是发展中国家在消除贫困方面取得全面成功的一个重要因素。[①] 与此同时，不平等现象也在加剧。因此，中国自 1980 年以来的经历，表面上可以被看作是中国一直处于库兹涅茨倒 *U* 形曲线上升段这一观点的证明，参见专栏 8.8 和专栏 8.17。

专栏 8.17 1980 年以来中国在消除绝对贫困方面取得的显著进展

图 8.17 显示了自 1981 年中国开始现代住户调查以来中国的贫困发生率指数。我们看到，中国的贫困率下降速度比发展中国家的平均水平要快。1981 年的贫困率是 84%，但在 2008 年下降到了 13%。长期趋势（图 8.17 中回归线的斜率）为每年下降 2.4 个百分点（标准误差为 0.14 个百分点，$R^2 = 0.97$，$n = 12$）。以这种速度，到 2014 年，没有人会每天生活费用低于 1.25 美元；更准确地说，回归线的预测值在 2013 年 5 月时为零，95%的置信区间为（2011.3，2015.7）。一种非线性很可能在那之前就开始了，在低贫困率下减缓了进步的步伐。增长率将在某一点之后开始下降（正如有条件的趋同所预测的那样），最后几个百分点无论是整体经济增长还是直接干预都很难达到。

① 见陈少华和马丁·拉瓦雷（2010a，2013）。

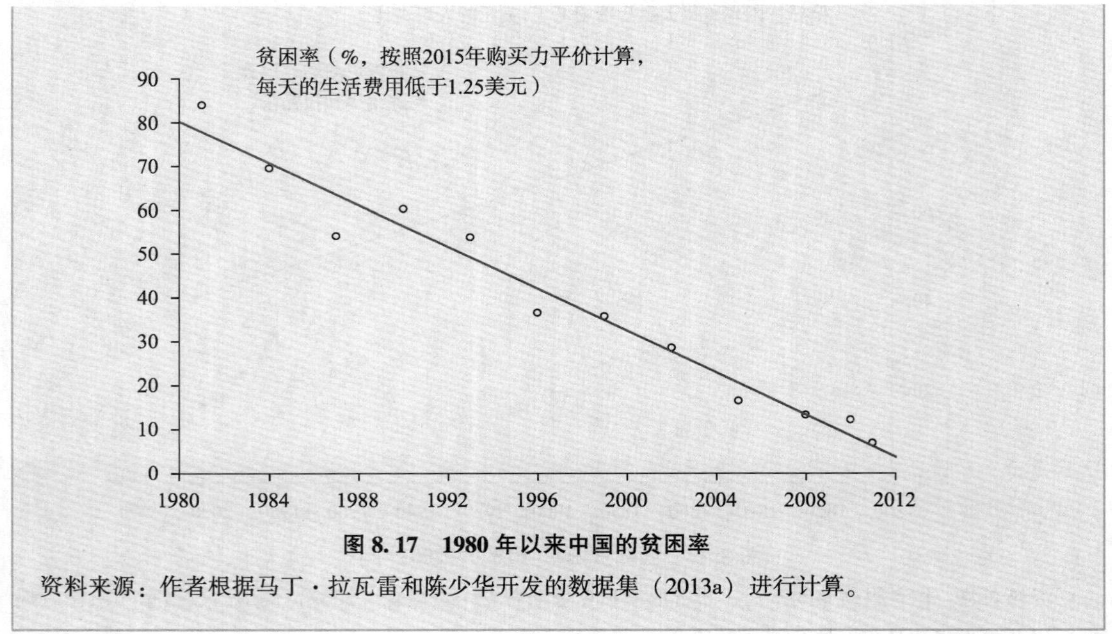

图 8.17　1980 年以来中国的贫困率

资料来源：作者根据马丁·拉瓦雷和陈少华开发的数据集（2013a）进行计算。

然而，模型在这里也不符合事实。首先，中国城市的不平等程度低于农村。其次，对贫困实际变化的分解并不意味着库兹涅茨的现代部门扩张增长过程是中国增长和减贫的主要驱动力。① 我们必须看看其他地方，特别是最初的土地改革，包括大规模的土地改革，根据这项改革，集体土地被分配给农民个人，更广泛地实行市场自由化，这是中国在 20 世纪 80 年代迅速减贫的原因。后来，制造业增长发挥了重要作用，尽管这一成功在一定程度上是以有利的初始条件为前提的，特别是对包括农村地区在内的为人类发展投资的公共设施。与许多发展中国家不同的是，大量接受过教育的农村人口可作为中国劳动密集型现代部门扩张的劳动力。

21 世纪初，有足够的证据可以相信，较高的增长率往往会产生变动更迅速的绝对减贫率。② 住户调查的巨大扩展使得研究人员能够跟踪家庭福利的各种指标在总体经济扩张和收缩期间的变化。一般来说，测度绝对贫困的标准往往随着经济的正增长而下降，随着经济的萎缩而上升。此外，预期的减贫率在零增长时为零。③ 平均而言，经济增长趋向于分配中性，这是人们的预期。

2000 年后，发展中国家出现了一个全球经济增长的减贫进程，而不仅仅是因为中国的

---

① 见马丁·拉瓦雷和陈少华（2007）。

② 见马丁·拉瓦雷（1995，2001b，2007）、加里·菲尔兹（2001）、杜大伟和阿尔特·卡拉伊（2002）、杜大伟（2006）、世界银行（1990b，2001a），World Bank. 1990b. *World Development Report*：*Poverty*. Oxford：Oxford University Press. World Bank. 2001a. World Development Report：*Attacking Poverty*. New York：Oxford University Press. 另见弗朗西斯科·费雷拉和马丁·拉瓦雷（2009）对这一点的论点和证据的研究。

③ 马丁·拉瓦雷（2001b）证明了这一点。

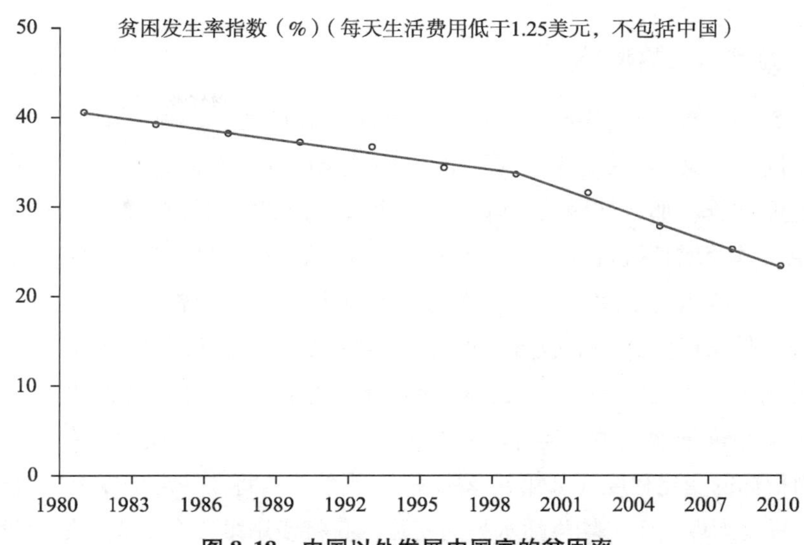

图 8.18　中国以外发展中国家的贫困率

资料来源：马丁·拉瓦雷（2013）。

增长。从图 8.18 可以看出，中国以外发展中国家"每天生活费用 1.25 美元"的贫困率的下降趋势从 1980—2000 年每年 0.4 个百分点的极低水平上升到此后每年 1.0 个百分点的极为可观的水平。①

为了帮助理解这种轨迹变化的程度，想象一下 2000 年以前的轨迹是否继续。2012 年，中国以外的发展中国家中，30%的人口每天生活费用低于 1.25 美元，而不是 23%，这意味着将有 2.8 亿人每天生活费用低于 1.25 美元。如果发展中国家能够保持 2000 年后的发展轨迹，而不增加总体不平等，那么到 2030 年左右的某个时候，将有 10 亿人摆脱极端贫困。②

发展中国家未来的减贫轨迹在一定程度上取决于何时开始发挥向稳态的平均收入水平趋同的经济力量。如果平均收入的稳态水平（长期水平）没有提高，随着接近这个水平，增长率将不可避免地开始下降。这引发了人们对"中等收入陷阱"的担忧。③ 不过，也有人认为，包括通过更好的政策，仍有很大的空间来提高平均收入的稳态水平。

① 趋势差异显著（$t = 10.01$，$\rho = 0.00005$）。

② 关于如何做到这一点，见马丁·拉瓦雷（2013）。世界银行（World Bank. 2014b. A Measured Approach to Ending Poverty and Boosting Shared Prosperity：Concepts，Data and Twin Goals. Washington，DC：World Bank）提供的一些模拟表明，这需要更长的时间（另见吉田茂等人，2014）。应该指出，这些模拟要求所有国家以同样的速度增长，这是非常不可能的。马丁·拉瓦雷（2013）的计算结果与整个发展中国家的增长率相反。还请注意，世界整体上不变的不平等并不意味着所有国家都有相同的增长率。

③ 目前尚不清楚中等收入陷阱的概念与平均趋同的区别，见兰特·布里切特和劳伦斯·萨默斯（Lant Pritchett and Lawrence Summers，2014）中的讨论。

不平等是益贫增长的障碍

“有利于穷人的增长”（pro-poor growth，也称为益贫增长、利贫增长）这一词组在文献中有两种不同的定义。[①] 第一个定义是指一个增长过程，在此过程中，如果所有的收入都以同样的速度增长，那么贫困的下降幅度会更大。该定义关注的是增长过程中的分配变化。大致来说，要使增长被视为“益贫增长”，不平等现象必须减少，因为穷人的收入增长率高于非穷人的收入增长率。对该定义的一个担忧是，在总体经济扩张期间，不平等加剧可能会给穷人带来巨大的绝对收益，但这并不被视为“益贫增长”。事实上，这正是我们在中国所看到的。根据第一个定义，中国在减贫方面取得的巨大成功并非源于益贫增长。第二个定义侧重于增长中的经济体的贫困问题：增长在多大程度上有利于穷人取决于所选择的贫困指标的变化程度（如第5章所述）。当然，这将在一定程度上取决于分配情况，但也仅在一定程度上取决于平均生活水平的变化。我将使用第二个定义，尽管我注意到在某些情况下第一个定义会有一些非常不同的观点。

鉴于发展中国家的经济增长平均趋向于分配中性，第一个定义中的有利于穷人的增长并非常态：大约有一半时间，增长是伴随着不平等加剧而来。按照第二种定义，增长通常是“有利于穷人的”。但更有趣的问题是：增长对贫困有多大影响？贫困减少了多少？正如我们看到的那样，答案在一定程度上取决于不平等的后果，即第一个定义中的增长是否有利于穷人。

但是，即使不平等现象没有改变，在一定的增长率下，在某些国家和某些时期，消除贫困的进展也比其他国家更快。解释这些差异的一个关键因素是不平等的初始水平。文献表明，给定增长率对贫困的影响在一定程度上取决于不平等的初始水平。[②] 这是很直观的。

如果穷人只占了很低的份额，而不平等现象没有减少，那么，由于增长，他们将倾向于在馅饼大小的增量中占有较低的份额。这种依赖性的一个简单特征可在以下公式中找到：[③]

$$绝对贫困率的比例变化率 = \beta(1 - 基尼不平等系数) \times 平均收入增长率$$

这里β是一个（负）常数。上述方程式中的β乘以1–基尼不平等系数可以解释为减贫的增长弹性（即均衡减贫率除以增长率）。该公式表示，扶贫进度的比例与总体均值的增长率成正比，当不平等系数为1时，比例系数趋于零，但当不平等为零时，系数达到最大值。

---

① 第一个定义是由罗伯特·鲍尔奇和尼尔·麦卡洛克（Robert Baulch and Neil McCullock，2000）、那纳克·卡克瓦尼和埃内斯托·佩尼亚（Nanak Kakwani and Ernesto M. Pernia，2000）提出的。第二个是由马丁·拉瓦雷和陈少华（2003）提出的。

② 见马丁·拉瓦雷（1997a，2007，2012d）、世界银行（World Bank. 2006. *World Development Report：Equity and Development*. New York：Oxford University Press）、弗朗索瓦·布吉尼翁（2003）、亨贝托·洛佩兹和路易斯·塞文（2006）。

③ 马丁·拉瓦雷（1997a，2007）在发展中国家的住户调查数据中发现了这种关系。马丁·拉瓦雷（2007）发现，在分布校正中使用1－基尼系数的平方值可以稍微改善拟合，但这里忽略了这一点。马丁·拉瓦雷（1997a）没有发现贫困对增长的弹性随平均数而有系统的变化，尽管如果收入是对数正态分布，那么这种变化在理论上是隐含的（弗朗索瓦·布吉尼翁，2003；亨贝托·洛佩兹和路易斯·塞文，2006）。

图 8. 19 显示了减贫率与平均分配修正增长率之间的关系，使用了大约 90 个发展中国家的数据。[①] β 的估计值约为-4. 5（标准误差为 0. 66）。当然，在图 8. 19 中，由于分布随时间和测度误差的变化，在最佳拟合线附近也存在差异。为了帮助捕捉这一点，在相同的两个调查之间，可以为基尼系数变化添加一个回归控制变量。然后 β 的值略微下降到-3. 6（标准误差为 0. 56）。图 8. 19 是控制不平等变化的关系。

在更深入地探讨不平等对扶贫增长的重要性时，经济学家研究了不平等的两个具体来源。第一个来源涉及农村经济中农业用地的不平等。可耕地分配越不平等，人们就越不期望农业总生产率的增长能够减少贫困；当贫困的农户拥有的土地减少时，他们将从更高的农业生产率中获得更少的收益。[②] 农业用地的初始分配也被视为在增长过程的质量方面发挥作用，特别是劳动力吸收的程度。小土地所有者对每公顷劳动力（包括自有劳动力和雇佣劳动力）的需求往往高于大土地所有者。[③] 因此，在土地不平等程度相对较低的情况下，农业更容易吸收劳动力，从而减少贫困。例如，在中国台湾以市场为基础的经济中，实行彻底的土地再分配改革，形成了生产性的、有活力的拥有者耕种的自有小农场（owner-farmed small holdings），为更利于穷人的增长奠定了初始条件。[④]

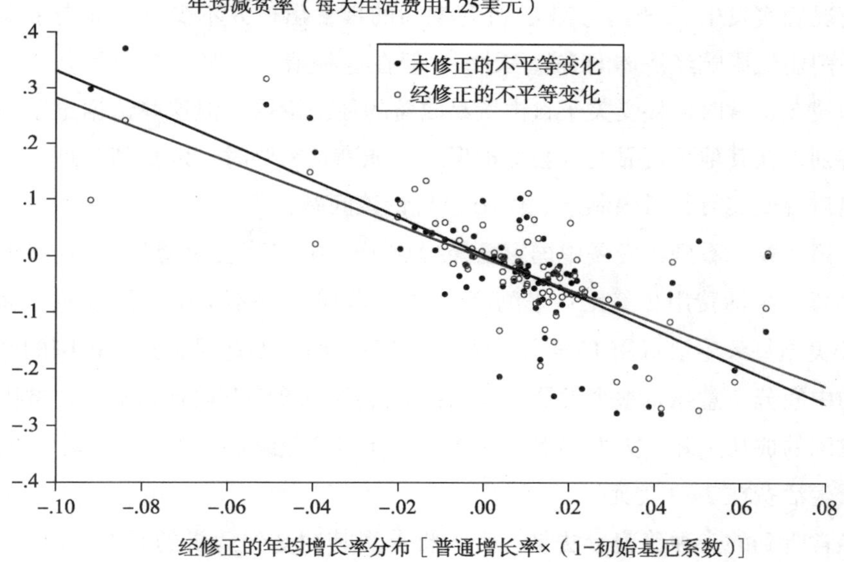

图 8. 19　减少绝对贫困和经修正的增长率分布

资料来源：本书作者根据马丁·拉瓦雷（2012d）中描述的数据和模型进行计算。

---

① 这是马丁·拉瓦雷（2012b）中描述的数据集的更新版。

② 这很可能通过农业劳动力市场的间接影响得到缓解；在印度，高瑞弗·戴特和马丁·拉瓦雷（1998a）发现了通过劳动力市场的间接渠道的证据。

③ 见安妮·布思和 R. M. 桑卓姆（Anne Booth and R. M. Sundrum, 1984）、迈克尔·利普顿（2009）。

④ 见费景汉等人（John C. H. Fei et al., 1979），Fei, John C. H., Gustav Ranis, and Shirley Kuo. 1979. *Growth with Equity: The Taiwan Case*. New York: Oxford University Press for the World Bank.

关于扶贫增长的文献中强调的收入不平等的第二个来源是人力资本。这里的论点也很直观。在这样的环境中，穷人的教育水平很差（或健康状况不佳），他们参与新的经济机会的能力将下降。人们认为，这对于非农经济带来的新机遇尤其重要，因为非农经济对技能的要求往往高于农业。我们将在第 8.4 节中回到这一问题，比较中国和印度在消除贫困方面取得的进展。

经济危机与贫困

长期以来，易受冲击和危机的影响一直是世界各地穷人的生活事实。技术创新往往既有受益者，也有受损者。一个著名的例子是在 17 世纪早期，马铃薯被引入欧洲的大众消费品中。这是一项重要的创新，降低了穷人营养充足饮食的成本。19 世纪 40 年代袭击欧洲的马铃薯枯萎病带来了严重的饥荒。在爱尔兰，人口严重依赖马铃薯作为主要食品，1845—1852 年马铃薯饥荒期间，有 100 万人死于饥饿和相关疾病。因此，尽管穷人从土豆创新中受益，但他们也承担了随之而来的下行风险的（巨大）成本。然而，政策失灵无法被引以为戒。有影响力的自由贸易倡导者坚持认为，粮食可以从饱受饥荒折磨的爱尔兰出口，这种情况确实发生了。[①] 事实上，饥荒期间的粮食出口并不少见。冲击带来的收入负效应很容易削弱受影响经济体的有效需求。[②] 但在这种情况下坚持自由贸易并不是好的经济政策。即使在正常时期接受关于自由贸易收益的经济论据，但这些论据也不排除在饥荒威胁时，特别是在其他更可靠的社会保护形式不能满足需要时，以福利为理由对粮食出口征收临时出口税或实行数量限制[③]（第 10 章讨论该问题）。

我们在第 7 章中看到，发展中国家已经形成了“中产阶层激增”。按发展中国家的平均贫困线（每天生活费用 2 美元）来测度，“中产阶层”并不贫困，但按西方标准测度仍然贫困（按美国每天生活费用 13 美元的贫困线来测度）。凸起是在这个范围的底端，这种更为密集的中间分布意味着整个发展中国家的总体经济增长模式有利于非常贫困的人。在战胜极端贫困的成功之际，人们仍然容易受到总体经济收缩的影响，发展中国家 1/6 的人口现在每天生活费在 2~3 美元。

人们经常听到的一种普遍看法是，穷人将首当其冲受到危机的影响，应当谨慎看待。在宏观和微观两个方面，许多因素都会影响结果，包括初始条件和政策。不平等本身就是重要的初始条件之一。我们已经看到，最初的高度不平等往往意味着穷人从不断扩大的经济中获得的收益较低。同样，在其他条件相同的情况下，高度不平等国家的穷人往往更容

---

① 见塞西尔·伍德翰姆-史密斯。Woodham-Smith, Cecil. 1962. *The Great Hunger: Ireland* 1845-9. London: Hamilton.

② 关于进一步的讨论和文献参考，见马丁·拉瓦雷（1997b）。

③ 见杜·奎伊-托恩等人（Đỗ QuyToàn et al., 2014）。

易受到经济紧缩的保护。[①]

经济紧缩的影响很少局限于最贫穷者，也并非所有穷人都要受到影响。一些公司将受到同样的保护，这些保护使它们一开始就处于地理隔离（geographic isolation）状态，与国家和全球市场的连通性差。对1998年印度尼西亚严重的经济危机进行的研究发现，贫困人口急剧增加，但在地理上不平衡，这既反映了经济收缩中的地理不平衡，也反映了地方一级的不同初始条件。[②] 在最初较富裕和较不平等的地区，对贫困的相应影响更大。杰德·弗里德曼和杰姆斯·莱文森（Jed Friedman and James levinson）针对危机给印度尼西亚家庭福利造成的影响进行了研究，研究结果表明：利用支出函数的两种形式得出的结论相近，每个家庭都受到了严重影响，尤其是城镇低收入家庭的损失严重。对城镇居民来说，低收入层次的家庭需要较多的新收入来补偿因价格提高所造成的福利损失，而且补偿数量随着消费支出的增加呈现出单调下降的趋势；与此相反，对农村地区来说，低收入层次的家庭需要相对较少的补偿，且补偿数量随着消费支出呈现出单调增加的趋势。[③] 相比之下，在泰国，农村贫困人口同时承受着更沉重的冲击负担，部分原因是他们与城市经济的融合程度更高。[④]

这样的研究结果让人期待，在任何特定的生活水平上，有些人会比其他人失去更多，有些人甚至可能获得更多。因此，仅仅关注收入贫困的总体测度标准可能是有欺骗性的，因为这方面的影响可能不大，但表面上却有很大的福利变化。例如，1998年俄罗斯金融危机期间，贫困率仅小幅上升了2个百分点，但纵向数据（在危机前后跟踪同一家庭）显示出了巨大的损失和收益。[⑤]

尽管承认这些警示，但仍有大量证据表明，在宏观经济危机期间，贫困率上升。例如，20世纪80年代和90年代不平等程度最高的发展中国家中，拉丁美洲国家所经历的许多宏观经济负面冲击（定义为GDP收缩4%或以上）都与较高的绝对贫困率有关。[⑥]

在整个发展中国家，危机（定义为负增长时期）的平均分布是中性的，不平等的上升与下降的频率差不多。[⑦] 因此，在危机中绝对贫困率往往上升的主要原因仅仅是平均收入下降。但这是各国的普遍看法：肯定有许多国家的危机与日益加剧的不平等联系在

---

① 见马丁·拉瓦雷（1997a，2001b）。

② 见马丁·拉瓦雷和迈克尔·洛克辛（2007）。

③ 见杰德·弗里德曼和杰姆斯·莱文森（2002），Jed Friedman & James Levinsohn, 2002. "The Distributional Impacts of Indonesia's Financial Crisis on Household Welfare: A 'Rapid Response' Methodology," *World Bank Economic Review*, Oxford University Press, vol. 16 (3), pages 397–423.

④ 见法布里齐奥·布雷西亚等人。Bresciani, Fabrizio, Gerson Feder, Daniel Gilligan, Hanan Jacoby, Tongroj Onchan, and Jaime Quizon. 2002. "Weathering the Storm: The Impact of the East Asian Crisis on Farm Households in Indonesia and Thailand." *World Bank Research Observer* 17 (1): 1–20.

⑤ 见迈克尔·洛克辛和马丁·拉瓦雷（2000）。

⑥ 见诺拉·拉斯蒂格。Lustig, Nora. 2000. "Crises and the Poor: Socially Responsible Macroeconomics." *Economia* 1 (1): 1–19.

⑦ 马丁·拉瓦雷和陈少华（2009）。

一起。

即使没有被确定为“危机”，高通货膨胀率形式的宏观经济不稳定对穷人来说也是代价高昂的。我们已经注意到，工资黏性（wage stickiness）（指工资率不能随劳动供求的变动而迅速及时地变动）可以从冲击商品价格中产生显著的短期福利效应。在一项多国研究中发现，穷人比其他人更可能将通货膨胀视为“全国关注的焦点”（top national concern）。[①] 同一项研究发现，有证据表明，客观的福利指标（包括贫困指标）随着通货膨胀而恶化。我们将在第8.4节中再次引用巴西、中国和印度的案例研究中的其他证据。在宏观经济政策决策中，必须考虑到通货膨胀在短期内可能伤害穷人的事实。

危机和宏观经济不稳定造成的福利损失可能比冲击本身持续的时间长得多。最贫穷者可能特别容易受到哪怕是很小的冲击。在低营养水平下，最贫穷者的生产活动根本不可行；这一门槛效应意味着，足够规模的负面冲击会将贫困家庭推过门槛，从而使其走上穷困之路，而同样的家庭在适当时候会从稍小的冲击中反弹回来（这是贫困陷阱的一个动态例子，见专栏8.14）。

在身体成长期间暴露在危机中也会付出长期的代价。使用33个国家的人口与健康调查对撒哈拉以南非洲地区的成年女性身高进行比较，我们发现一种模式与以下假设一致：当（正的）经济增长期与10岁左右少女的快速增长期相一致时，她们的营养改善导致成年女性更高，而在10岁左右经历经济萎缩的少女成年后身材较矮。[②]

撒哈拉以南非洲地区的这一证据也表明，人类发展有可能出现长期逆转。令人吃惊的是，非洲妇女的平均身高实际上从20世纪60年代末开始下降，同时平均收入也在下降，直到20世纪90年代中期。[③]

对过去特定危机的研究也发现了持续影响的迹象。一项关于东亚危机影响的研究发现，尽管宏观经济复苏早在2002年之前就已经实现，但印度尼西亚2002年的贫困人口约有一半归因于1998年的危机。[④] 贫困家庭必须做许多事情以保护他们目前的生活条件，这些都会产生持续的后果。债务经常增加，关键的生产性资产（如牲畜或土地）被出售。孩子们辍学是为了省钱和增加家庭目前的收入，而这些调整往往很难逆转。

在贫困国家，宏观经济冲击也危及生命。萨拉·贝尔德、杰德·弗里德曼和诺伯特·沙迪（Sarah Baird，Jed Friedman and Norbert Schady）对59个发展中国家170万婴儿进行了一

① 见伊斯特利和斯坦利·菲舍尔。Easterly，William，and Stanley Fischer. 2001. “Inflation and the Poor.” *Journal of Money，Credit and Banking* 33（2）：160-178.

② 见米歇尔·加雷纳（2011），他将c组（如1970年出生的）的平均体重指数与$c+10$（即1980年）的人均国民收入进行了比较。加雷纳在汇总时间序列数据（在33个国家汇总）中介绍了这样的模式，并总结了他在国家一级对扩张和收缩时期的分析，这些分析似乎与汇总时间序列数据一致。

③ 见米歇尔·加雷纳（2011）。

④ 见马丁·拉瓦雷和迈克尔·洛克辛（2007）。

项宏大的研究，试图确定国民收入变化对婴儿死亡率（infant mortality rates，IMR）的影响。[①] 专栏 8.18 更详细地讨论了研究方法，因为它说明了一些要点。主要结论是，对国民收入的负面冲击导致了更高的婴儿死亡率。在他们的基本说明中，人均 GDP 下降 1%，导致每千名活产死亡数增加 0.2~0.4 人。女性婴儿死亡率比男性婴儿死亡率对冲击更敏感。

专栏 8.18　宏观经济冲击和婴儿死亡率

回想一下，回归是将一个或多个解释性变量与特定因变量相关联的最佳拟合线（专栏 1.19）。还记得专栏 6.2 中关于固定效应回归的讨论。萨拉·贝尔德等人（2011）使用了来自 59 个国家 123 项人口与健康调查的微观数据。调查年份从 1986 年到 2004 年。调查对象包括 76 万名妇女和 170 万名新生儿。然后，他们将这些数据与按购买力平价计算的人均 GDP 进行了比较。人口与健康调查获得了出生和死亡资料（第 7 章在研究贫困的非收入层面时使用了这些数据）。

在测试收入冲击对婴儿死亡率的影响时，他们的基本回归设定采用了以下形式：

$$D_{ict} = \alpha_c + \beta \ln Y_{ct} + f_c(t) + \varepsilon_{ict}$$

在左轴上，我们有一个虚拟变量，如果 t 年 c 国的儿童 i 在生命的第一年死亡，没有一个儿童活下来，则取 1。我们在右轴上首先看到的是一个特定于国家的截距，称为“国家固定效应”，然后我们有了国民收入效应（人均 GDP 对数）的术语。之后我们就有了一个特定国家的时间趋势，这只是时间的一个函数，最后我们得到了误差项。

鉴于目前的福利损失和幼儿发展对长期生活标准的重要性（如第 4 章所述），危机和其他冲击（如干旱）对儿童的影响是值得高度关注的。[②] 例如，当贫困家庭被迫缩短孩子的上学时间以应对冲击时，这就对贫困产生了持续的影响，因为辍学者成年后的收入往往较低。这种影响也会有所不同，这取决于冲击的程度和初始条件。工资的下降使童工的吸引力降低，而上学的吸引力更大，但父母收入的降低同时也增加了未成年人工作时能给家庭预算带来的额外收入的价值。

这些力量的平衡将因地而异。在低收入国家，在宏观经济或农业气候危机中，学校教育率往往会下降，而在中高收入国家，学校教育率则会上升。[③] 对贫困家庭幼儿营养的影

① 见萨拉·贝尔德等人。Baird, Sarah, Jed Friedman, and Norbert Schady. 2011. “Aggregate Income Shocks and Infant Mortality in the Developing World.” *Review of Economics and Statistics* 93 (3): 847-856.。

② 杰德·弗里德曼和诺伯特·沙迪对冲击如何影响幼儿发展的论点和证据进行了有益的回顾。Friedman, Jed, and Jennifer Sturdy. 2011. “The Influence of Economic Crisis on Early Childhood Development: A Review of Pathways and Measured Impact.” In Harold Alderman (ed.), *No Small Matter*. Washington, DC: World Bank.

③ 见弗朗西斯科·费雷拉和诺伯特·沙迪（Francisco Ferreira and Norbert Schady, 2008）。

响也特别令人关注。许多研究结果表明，早年营养不良会阻碍儿童的生长发育、认知和学习能力、学业成就以及（在所有可能的情况下）成年后的收入。①

尽管有一些有说服力的伦理论据表明，社会政策应对措施的重点是弱势群体中的最贫穷者，但也有一些有用的论据表明，这种重点与危机的长期影响有关。人们的期望是，底层家庭的儿童最有可能辍学，他们的营养和健康状况下降。因此，除非短期援助是针对那些生计受到威胁的最贫穷者，否则这种冲击会在几代人之间造成更持久的贫困。

8.3 关于增长的分配障碍的证据

在新的内生增长理论模型的推动下，从20世纪80年代末开始，人们对长期增长经验的关注大大增强。② 主要的方法是增长回归（专栏8.19），这需要将一段时间内该国的年化增长率与其初始平均收入和一组控制变量进行回归，这些变量通常代表在该时期开始时观察到的初始条件。如专栏8.19所述，这些增长回归的几乎普遍的函数形式假定每个国家只有一个稳态均衡。这个经验工具基本上排除了多重均衡的概念。因此，它从来都不是测试贫困陷阱所隐含的更为复杂的动态形式的行之有效的方法。

专栏8.19　跨国增长回归

典型的增长回归有以下形式：$g_{it}=\alpha+\beta Y_{it-\tau}+\gamma X_{it}+\varepsilon_{it}$。在LHS上，我们得到了从$t-\tau$到$t$的一段时间内$i$国的平均收入（通常是人均GDP）的增长率。该增长率通常以年化对数差$g_{it}\equiv \ln(Y_{it}/Y_{it-\tau})/\tau$来测度，其中$Y$是日期$t$的平均收入在RHS上，我们有初始平均收入（通常也以对数形式输入）和一组控制变量X_{it}，它可以包括初始条件（$X_{it-\tau}$）和在此期间的冲击。如果β的估计值是负值，那么我们就有所谓的“条件收敛”（conditional convergence），即最初较贫困的国家往往在给定的$X_{it-\tau}$下看到较高的增长率（见专栏8.10，这是增长理论的含义）。最后在右轴上，我们得到了一个误差项ε_{it}，它收集了所有未观测变量和测度误差。与所有回归分析一样，对误差项性质所做的假设决定了适当的估计方法，和对关键参数α，β和γ所得结果的潜在偏差（注意，γ实际上是一个参数列表，对应于X中的变量）。标准假设是，给定$Y_{it-\tau}$和$X_{it-\tau}$所取的值，ε_{it}的平均值为零。

① 见哈罗德·奥德曼等人（Harold Alderman et al.，2006）、弗朗西斯科·费雷拉和诺伯特·沙迪（2008）、杰弗里·赫克曼（2008）。

② 关于经济增长率决定因素第一批进行新一轮实证研究的似乎是罗杰·科门迪和菲利普·梅奎尔（Roger Kormendi and Philip Meguire，1985）。

这可以用 $E(\varepsilon_{it} \mid Y_{it-\tau}, X_{it-\tau}) = 0$ 的形式来表示，其中 E 表示括号中术语的数学期望（平均值）。

注意，上面的设定表明了每个国家在每一时期的平均收入水平的一个独特的稳态均衡，我们可以用 Y_{it}^* 来表示。为了得到这个均衡，我们把 $g_{it} = 0$（因为在稳定状态下收入的变化是零）。从上面的方程我们可以看出，i 国平均收入稳态水平的预期值是：$E(Y_{it}^*) = \dfrac{\alpha + \gamma X_{it}}{-\beta}$。因此，我们可以把 X_{it} 看作是对稳态收入水平的控制。注意，只要 $\beta < 0$，X 中的任何变量都会导致更高的增长率（γ 中参数列表的相关元素为正），也会导致平均收入的更高的稳态水平。

文献注释：罗伯特 · 巴罗与哈维尔 · 萨拉伊马丁（1995，第 12 章）在《经济增长》一书中有一个很好的讨论。

有大量关于使用跨国增长回归的增长经验的文献，其设定主要根据控制（X）中包含的变量集而不同。专栏 8.20 总结了识别一组稳健预测因子的尝试结果，这些回归结果的稳健性在其应用的几乎所有领域都是一个重要问题。在一项研究中，一个在统计学上显著预测增长率的特定变量，一旦一个改变了模型中其他变量的设定，在另一项研究中可能不再是这样。考虑到 X 之间的相关性，这种敏感性并不太令人惊讶，因此如果一项研究遗漏了一些关键的 X，而这些 X 恰好与某个特别感兴趣的变量高度相关，那么后一个变量上的系数自然会发生变化。此外，现实世界中多重均衡的可能性可能意味着同一组 X（即使当观察到的 X 的列表接近完成时）可以产生不同的稳态解，这会严重混淆对影响效果（effects of interest）的识别。

专栏 8.20　寻找增长率的稳健预测因子

在众多被用作增长率预测指标的变量中，一些作者曾提出：最稳健的预测指标是什么？例如卡门 · 费尔南德斯等人（Carmen Fernάndez，2001）和哈维尔 · 萨拉伊马丁等人（Xavier Sala-I-Martin et al.，2004）。在此将着重讨论后一篇论文。

哈维尔 · 萨拉伊马丁等人在多个模型中取 OLS 系数的加权平均值，因变量是 1960 年至 1996 年按购买力平价计算的人均 GDP 增长。最有力的三个预测指标是投资的相对价格（通常作为测度政策扭曲程度的指标）、小学入学率和人均实际 GDP 的初始水平。以下是他们列出的 18 个最可靠的预测指标（需要时提供解释）：

1. 东亚虚拟变量：一个虚拟变量，东亚国家的值为 1，否则为 0
2. 1960 年初等教育的入学率

3. 投资价格：1960 年至 1964 年的平均投资价格水平（以购买力平价为基础）
4. 1960 年 GDP 的对数：1960 年人均 GDP 的对数
5. 热带地区的比例：该国陆地面积在热带地区的比例
6. 1965 年沿海人口密度（距海岸线 100 公里以内）
7. 1966 年疟疾流行
8. 1960 年的预期寿命
9. 儒家思想的人口比例
10. 非洲虚拟变量：撒哈拉以南非洲国家的虚拟变量，取 1，否则取 0
11. 拉丁美洲虚拟变量：一个虚拟变量，拉丁美洲国家的值为 1，否则为 0
12. 采矿业占 GDP 的比例
13. 前西班牙殖民地的虚拟变量
14. 经济开放的年限：1950 年至 1994 年经济开放的年数
15. 穆斯林人口比例：1960 年穆斯林人口的比例
16. 佛教徒人口比例：1960 年佛教徒人口的比例
17. 民族语言分化：五个不同的分化指数的均值，其中的分化指数是指一个国家中两个随机的人不说同一种语言的概率
18. 政府消费比重：1961 年政府消费占 GDP 的比重

政策教训？此列表中的许多变量很少或根本没有政策相关性（policy relevance）。为此，我们想知道，作为一个不利于增长的前西班牙殖民地（比如说）是什么（德隆·阿西莫格鲁和詹姆士·罗宾逊，指出了一些与政策相关的答案，包括这些殖民地的财产权执行不力，2012，第 1 章）。从国家政策的角度来看，同样令人担忧的是，作为一个基于跨国增长比较的稳健的正向预测指标，我们不能断言，该变量的价值的外生增长（由于一项政策）将提高任何一个特定国家的增长率。假设变量 X 可以取 1 或 0（政策开始实施或结束），对任何一个国家的影响是当 $X=1$ 时增长率与当 $X=0$ 时增长率之差。我们不可能同时观察到 $X=1$ 和 $X=0$ 的同一个国家。所以我们不能知道 X 在这个水平上的因果影响，回归只能确定平均影响（这一点适用于所有回归，而不仅仅是增长回归）。

不平等阻碍增长的宏观证据

有许多定性的说法表明，为统治精英的利益服务的攫取性政治制度如何阻碍穷人的经济进步。[①] 这些制度没收其财产或产出，破坏了穷人摆脱贫困的动力。这些本质上是阻碍增长的权力不平等。在极端情况下，它们构成了贫困陷阱。

① 德隆·阿西莫格鲁和詹姆士·罗宾逊（2012）提供了许多例子。

一系列关于经济增长的实证文献试图通过检验作为增长回归初始条件的不平等程度来提供定量证据。研究结果普遍支持这样一种观点，即初始不平等程度越高，经济增长越会受到阻碍。[①] 其影响在数量上是巨大的，在统计上是显著的。一项研究发现，基尼系数上升1个百分点，长期平均收入下降0.013%；如果用标准差进行标准化，这大约是投资占GDP的比重增长影响的一半。[②] 另一项研究发现，越不平等的国家往往增长的持续时间越短，而且这种影响也相当大；基尼系数高出一个百分点，增长时间就会缩短11%~15%。[③] 一项后续研究利用政府税收和转移前后基尼不平等系数的差异，考察了政府再分配的影响。[④] 研究发现，初始不平等程度较高的国家的政府倾向于更多地重新分配，但是，较低的税后不平等会产生较高的增长率，并在任何给定的政府再分配效应（redistributive effect）上产生更长时间的增长。此外，就其对增长的影响而言，这种效应似乎总体上是良性的；在出现不利影响之前，似乎需要相当高的再分配水平。

并非所有的证据都表明不平等对增长有害。[⑤] 一些研究不那么支持的主要原因似乎是，它们依赖于确定不平等变化对增长率变化的影响。通过将国家层面的固定效应纳入增长率，解决了增长率中不随时间变化的潜在异质性问题。考虑到随着时间的推移，增长率的变化几乎肯定会有一个低信噪比，这种方法似乎没有能力检测出真正的关系（专栏6.3）。模拟研究发现，在固定效应增长回归中，增长决定因子的系数严重偏向于零。[⑥]

也有证据表明，与长期相比，不平等程度对短期增长的影响不同。短期内，更高的不平等程度刺激增长，但这种影响被更高的不平等程度的长期不利影响所抵消。[⑦]

在这篇文献中还有一些剩余的问题。大部分文献都采用了消费或收入不平等的指标（如第二部分所述）。基于借贷约束的理论论证指出了财富不平等而非收入不平等的重要性。有证据表明，财富不平等对经济增长有不利影响。[⑧]

---

① 见艾尔波托·艾莱斯那和丹尼·罗迪克（Alberto Alesina and Dani Rodrik，1994）、丹尼·罗德克（1994）、托斯滕·佩尔森和圭多·塔贝里尼（Torsten Persson and Guido Tabellini，1994）、南希·博德塞奥等人（Nancy Birdsall et al.，1995）、安德鲁·克拉克（1995）、罗伯托·佩罗蒂（Roberto Perotti，1996）、克劳斯·丹宁格和林恩·斯奎尔（Klaus Deininger and Lyn Squire，1998）、斯蒂芬·诺尔斯（Stephen Knowles，2005）、萨拉·沃乔夫斯基（SarahVoitcho-vsky，2005）、迪尔克·赫泽和塞巴斯蒂安·沃尔默（Dierk Herzer and Sebastian Vollmer，2012）以及安德鲁·伯格等人（Andrew Berg et al.，2012）。

② 见迪尔克·赫泽和塞巴斯蒂安·沃尔默（2012）。

③ 见安德鲁·伯格等人（2012）。

④ 见乔纳森·奥斯特里等人（Jonathan D. Ostry et al.，2014）。

⑤ 见李实和赵人伟（Li and Zou，1999）、罗伯特·巴罗（Robert J. Barro，2000）和克里斯汀·福布思（Kristin J. Forbes，2000）。

⑥ 见威廉·豪克和罗曼·瓦齐亚格。Hauk，William R.，and Romain Wacziarg. 2009. "A Monte Carlo Study of Growth Regressions." *Journal of Economic Growth* 14：103-147.

⑦ 见哈尔特等人（Halter et al.，2014），他们将短期效应解释为"经济效应"（例如通过提高储蓄率），而长期效应则与政治经济相关，例如通过提供公共产品。

⑧ 见丹尼·罗德里克（Dani Rodrik，1994）、南希·博德塞奥和胡安·路易斯·隆多诺（Nancy Birdsall and Juan Luis Londono，1997）、克劳斯·丹宁格和佩德罗·奥林托（Klaus Deininger and Pedro Olinto，2000）均使用跨国数据，马丁·拉瓦雷（1998a）使用中国的区域数据。

在经验文献中，初始分配几乎受到所有关注的方面是不平等，通常用（相对）不平等的基尼系数来测度。基尼系数的流行似乎更多地归功于其在收入和消费不平等指标次级资料汇编中的可用性，而不是与经济论据的内在关联性。[①] 但是，在以往的研究中，基尼系数的重要性很可能反映出一种被忽略的变量偏差，因为人们预计，在给定的平均数下，不平等将与贫困高度相关。[②]

在研究初始分配对经济增长的影响时，也存在相关控制变量的问题。在过去检验初始分配影响的研究中，根据预测这种影响的理论，规范选择缺乏明确的理由。考虑三个常用的增长预测因素，即人类发展、投资占 GDP 的比重和金融发展。首先，基础教育和健康素养（通常在增长回归中显著）是连接初始分配和增长的渠道之一。[③] 其次，增长率最有力的预测指标之一是投资占 GDP 的比重；[④] 分配影响增长的主要渠道之一是通过总投资。事实上，这是理论文献中确定的渠道之一。最后，考虑私人信贷（占 GDP 的比重），在解释增长和减贫时，私人信贷被用作测度“金融部门发展”的指标。[⑤] 这种相关性表明，金融部门更发达、更具竞争力的国家往往会看到更高的后续增长率。但是，很可能有更深层次的原因在起作用。上述基于借贷约束的理论表明，信贷在经济中的总量流动取决于初始分配。更深层次的政治和经济不平等以及信息不对称问题阻碍了金融部门的发展。[⑥]

在这三个例子中，不平等对控制变量也很重要，并且直接关系到给定的变量。也不清楚为什么这些文献中确定的具体直接影响会引发关注。正如理论所建议的，在检验不平等是否重要时，我们可能更感兴趣的是了解总体效应。

尽管上述理论和证据表明，不平等和/或贫困是初始分配的相关参数。但另外的文献指出，为什么一个国家中产阶层的规模对那些还没有那么幸运成为中产阶层的人的命运有重要影响，原因是多方面的。有些人认为，大规模的中产阶层促进经济增长（例如培育企业家精神，改变消费需求的构成，使实现有利于增长的政策改革和体制改革在政

---

① 克劳斯·丹宁格和林恩·斯奎尔（1996）的次级资料（没有使用一致假设）汇编的基尼系数影响了自该论文发表以来几乎所有的文献检验。

② 当相关变量从与包含变量相关的模型中排除时，回归中会出现“遗漏变量偏差”（omitted variable bias）。在这种情况下，尽管贫困率在理论上是相关的，但在标准检验中被忽略，但在给定的均值下，贫困率与不平等指标明显相关。

③ 事实上，这是格伦·劳瑞（Glenn C. Loury，1981）、奥代德·盖勒和约瑟夫·泽里亚（Oded Galor and Joseph Zeria，1993）的原始文献中的链接。最近，卡特琳娜·古铁雷斯和田中隆一指出，发展中国家最初的不平等程度很高，能够产生一种政治经济均衡，在这种均衡中，基础教育方面几乎没有或根本没有公共投资；底层家庭送孩子去工作，顶层家庭转向私立学校。Gutiérrez，Catalina，and Ryuichi Tanaka. 2009. “Inequality and Education Decisions in Developing Countries.” *Journal of Economic Inequality* 7：55-81.

④ 见罗斯·莱文和大卫·雷内特。Levine，Ross，and David Renelt. 1992. “A Sensitivity Analysis of Cross-Country Growth Regressions.” *American Economic Review* 82：942-963.

⑤ 见托尔斯腾·贝克等人（Thorsten Beck et al.，2000，2007）。

⑥ 见德隆·阿西莫格鲁和詹姆斯·鲁滨逊（2012）对美国和墨西哥 19 世纪不同轨迹的历史分析。

治上更加可行）。[①] 这在印度一直是一个问题，早在 20 世纪 70 年代就有人认为，“不平等”通过限制国内消费品市场的规模，限制了制造业的增长。[②] 这里也可以说，罪魁祸首不是不平等，而是规模相对较小的中产阶层，或者说，在一个相对封闭的经济体中，绝对贫困的程度造成了国内需求的约束。这一观点在当今较为开放的经济体中很少被注意到。但是，印度中产阶层在推动改革方面具有影响力。[③] 利用跨国回归，一项研究发现，由中间三个五分位数支配的更大收入份额是经济增长率的重要预测因素。[④]

因此，我们有三个与增长最相关的分配参数：不平等、贫困和中产阶层的规模。文献中几乎没有包含检验，而且这些不同的分配指标也不是独立的，这使得人们对分配的哪个方面真正重要持怀疑态度。如前所述，当平均收入的初始值与初始不平等一起被纳入增长回归，但初始贫困是一个被排除但相关的变量时，不平等测度可能会得到贫困而不是不平等本身的影响。同样，在发展中国家，中产阶层激增的主要途径几乎肯定是通过减贫，因此，目前尚不清楚是贫困率高还是中产阶层人数少阻碍了经济增长。此外，一个“中产阶层”的相对概念（如 1/5 中产阶层的收入份额）可能与一个相对不平等指标相关，这给解释蒙上了一层阴影。

迄今为止，最有力的证据可能支持这样一种观点，即阻碍发展中国家增长的不是不平等，而是贫困，我们看到发展中国家的平均生活水平趋同，在增长较快的经济体中消除贫困取得更大进展，但我们没有看到贫困趋同：最贫困的国家没有享受到更高的减贫率。[⑤] 这一悖论可以通过以下论点来解决：在给定的初始平均数下，高初始贫困率阻碍了随后的增长（与上面概述的一些理论一致）。这与近 100 个发展中国家的数据一致，这些数据表明，在给定的初始平均数下，高初始贫困率对消费增长有不利影响。[⑥] 在给定的初始平均数下的高贫困率似乎比不平等、中产阶层指标或极化（polarization）更重要。此外，从较高贫困率开始，以任何给定的增长率，都会限制在消除贫困方面取得进展。对许多贫困国家来说，由于其高贫困率，以低平均数起家的增长优势已经丧失。然而，这并不意味着任何反贫困政策都会促进增长，因为这取决于许多因素（如第 9 章和第 10 章所述）。

---

① 对中产阶层在促进创业和增长方面作用的分析包括德隆·阿西莫格鲁和法布里奇奥·齐利博蒂（1997）、马赛厄斯·德普克和法布里奇奥·齐利博蒂（Matthias Doepke and Fabrizio Zilibotti，2005），中产阶层对高质量商品的需求在凯文·墨菲等人（1989）的模型中扮演了一个角色，南希·博德塞奥等人（Nancy Birdsall et al.，2000）推测，中产阶层的支持对政策改革至关重要。

② 见普兰纳布·巴德汉的讨论。Bardhan，Pranab. 1984b，*The Political Economy of Development in India*. Oxford：Basil Blackwell.

③ 见史达仁（E. Sridharan，2004）。

④ 见威廉·伊思特利。Easterly，William. 2001. “The Middle Class Consensus and Economic Development.” *Journal of Economic Growth* 6（4）：317-335.

⑤⑥ 见马丁·拉瓦雷（2012d）。

微观研究的证据

关于贫困为何会带来持久的效率成本的上述论点不需要存在贫困陷阱。但是，当贫困陷阱出现时，贫困的代价会大大增加。因此，有必要反省一下这种陷阱是否具有经济意义。

在先验的基础上，存在门槛效应是非常合理的。单靠生物学就可以证明这一点。除非一个人能在休息时满足身体的营养需要，否则就不可能做任何工作。这在实践中是否具有经济意义（即使在贫困的经济体中）则是另一回事。简单的计算表明，人类对热量的需求可以通过看似不多的主食消费来满足。[①] 不过，这并不是决定性的。

考虑到许多人生活的环境中持续的粪-口污染或者环境性肠病（environmental enteropathy）可产生相当低的营养吸收率。事实上，一种能为工作提供动力的吸收卡路里的隐含价格比名义价格要高，可能要高得多。此外，我们还了解到，工作效率取决于个人营养和健康史。[②] 由于长期营养不良、低摄入量和/或低吸收而发育不良的人，可能无法维持营养均衡（能够负担当前食品—能量的需求），因此生产力低下，从而出现贫困陷阱。它可能不是一个严格的门槛，而是一个更平滑的 S 形函数，如专栏 8.13 所示。

基于先验的理由，门槛效应的其他来源也似乎是合理的，例如，在学校教育成为摆脱贫困的可行途径之前，最低教育水平是必不可少的（回顾第 1 章苏尼尔的故事，孟买贫民窟的一个拾荒的男孩）。人们还可以将上述关于贫困如何减少认知功能的论点解释为，这是生物门槛效应的结果，即摆脱贫困需要最短的时间，而不必担心贫困造成的经济和其他压力。

在检验门槛效应时，一系列文献都在寻找非人力资本要求的不确定性。结果好坏参半。一项研究发现，突尼斯新企业存在非线性财富效应，但没有发现门槛效应的迹象。[③] 墨西哥小微企业的数据也没有显示出低水平生产中任何非凸性的迹象。[④] 相比之下，使用财富数据的少数研究发现，肯尼亚和马达加斯加农村资产数据的非凸性具有令人信服的证据。[⑤]

在标准微观数据集中，也很难检测出理论上合理的门槛对动力学的影响。[⑥] 一方面，根据数据中随时间变化的观测频率，不稳定的“中产阶层”均衡的存在（如专栏 8.14 中的 B 点）会产生样本损耗（sample attrition），穷人只是从数据中退出（包括无家可归），

---

① 见安格斯·迪顿（2006）对罗伯特·福格尔（Robert W. Fogel，2004）的述评。香卡·萨布拉马尼和安格斯·迪顿（Shankar Subramanian and Angus Deaton，1996）利用印度的数据计算出，营养需求只需每天工资的一小部分就可以满足。类似的推理导致阿南德·斯瓦米（Anand Swamy，1997）质疑基于营养的效率工资假说。

② 见帕萨·达斯古普塔（2011）。

③ 见爱丽丝·梅斯纳德和马丁·拉瓦雷（Alice Mesnard and Martin Ravallion，2006）。

④ 见大卫·麦肯齐和克里斯托弗·伍德拉夫（David McKenzie and Christopher Woodruff，2006）。

⑤ 见克里斯托弗·巴雷特等人（Christopher Barrett et al.，2006），另见迈克尔·卡特和克里斯托弗·巴雷特（Michael Carter and Christopher Barrett，2006）的讨论。

⑥ 有关进一步的讨论，见理查德·戴伊。Day，Richard H. 1992. “Complex Economic Dynamics：Obvious in History，Generic in Theory，Elusive in Data.” *Journal of Applied Econometrics* 7：S9-S23.

而且它们显然不是随机子样本，因此可以预期偏差。[①] 另一方面，非正式的风险分担安排将带来很高的社会回报，以防止大多数人落入陷阱。这个陷阱仍然存在，但可能只有在那些社会关系破裂的极端情况下才会显现出来。有人认为，这是对饥荒发生情况的合理解释。[②]

基于信贷市场失灵的模型的一个可检验的含义是，个人财富应该是其自身过去价值的一个不断增加的凹函数。原则上，这可以在适当的微观面板数据上进行检验，尽管大多数数据集只有消费或收入，而没有财富。

还需要一种比上述标准跨国增长回归更复杂的动态指标说明形式；我们需要指标，提供多重平衡的可能性，并在面板数据中需要一个相当长的时间序列。在为数不多的估计这样一个模型的研究中，匈牙利和俄罗斯的收入面板数据中发现了支持性证据。[③] 另一项针对中国的研究证实了这一点。[④] 利用埃塞俄比亚和巴基斯坦的数据也发现类似的研究结果。[⑤] 这些研究没有在经验收入动态中发现贫困陷阱所需的门槛特性。但是，使用类似的方法，可以说是一种更好的识别策略，印度农村家庭长面板数据表明，印度农村家庭的收入动态处于低水平、不稳定、均衡状态。[⑥]

对贫困家庭儿童营养不良和医疗保健有效率成本这一说法的微观实证支持来自许多研究。在最近的一个例子中，对尼加拉瓜有条件现金转移（conditional cash transfer，CCT）计划的影响评估发现，向贫困家庭的转移通过增加营养丰富的食品的摄入量和更好的保健改善了儿童的认知结果，这些结果在该计划结束两年后仍然存在。[⑦] 这与一些关于努力补偿因家庭贫困而处境不利的儿童的好处的调查结果相呼应[⑧]（第10章将进一步讨论有条件现金转移计划）。

与20世纪前的大部分思想（如第1章所述）相比，我们今天对通过扩大经济消除绝对贫困的前景更加乐观。但我们也认识到增长对贫困产生影响的条件。在适当的条件下，经济增长可以成为消除贫困的强大力量。这些条件在很大程度上涉及初始分配及其演变的各个方面。随着时间的推移，许多反贫困政策的重点已经转移到努力确保有条件使贫困男女能够为不断扩大的总体经济做出贡献，从而使他们自己和他们的子女永远摆脱贫困。

---

① 关于贫困陷阱检验中这个问题的计量经济学的进一步讨论，见迈克尔·洛克辛和马丁·拉瓦雷（2004）。

② 见马丁·拉瓦雷（1997b）。

③ 见迈克尔·洛克辛和马丁·拉瓦雷（2004），他们提供了一种模型和估计方法，解决了许多关于潜在偏见的问题。

④ 见乔茨纳·贾兰和马丁·拉瓦雷（2004）。

⑤ 见费利克斯·纳斯乔德。Naschold, Felix. 2013. "Welfare Dynamics in Pakistan and Ethiopia-Does the Estimation Method Matter?" *Journal of Development Studies* 49（7）：936-954.

⑥ 见斯特凡·德尔康和英戈·欧特斯（Stefan Dercon and Ingo Outes，2013）。

⑦ 见凯伦·马库斯等人（Karen Macours et al.，2012）。

⑧ 有关此文献的评论，见珍妮特·柯里（Janet Currie，2001，2012）。

8.4 益贫增长？中国、巴西和印度的案例研究

最后两节中的宽泛的跨国比较类型可能具有指导意义，但还需要对具体国家进行更深入的研究。在这里，我们将把本章学到的思想应用到世界上最大的三个国家：中国、巴西和印度。[①] 近几十年来，三个国家都在消除贫困方面取得了进展，但存在一些有趣的差异。

中国

我们在专栏 8.17 中看到，自 20 世纪 70 年代末开始的有利于市场的改革以来，中国在消除绝对贫困方面取得了很大进展，但人们不太清楚的是，这到底是怎么发生的。

从 1978 年开始，中国进行了一系列的土地改革（agrarian reforms），从家庭联产承包责任制（Household Responsibility System）开始，并在改革的支持下放开了农业产出和投入市场。[②] 改革的规模简直是惊人。家庭联产承包责任制是农民以家庭为单位，向集体经济组织（主要是村、组）承包土地等生产资料和生产任务的农业生产责任制形式。家庭联产承包责任制的实质是打破了人民公社体制下土地集体所有、集体经营的旧的农业耕作模式，实现了土地集体所有权与经营权的分离，确立了土地集体所有制基础上以户为单位的家庭承包经营的新型农业耕作模式。分配似乎相对公平，至少在公社内部是这样。在农业生产中，农户作为一个相对独立的经济实体承包经营集体的土地和其他大型生产资料（一般做法是将土地等按人口或人劳比例分到农户经营），按照合同规定自主地进行生产和经营。其经营收入除按合同规定上缴一小部分给集体及缴纳国家税金外，全部归于农户。集体作为发包方除进行必要的协调管理和经营某些副业外，主要是为农户提供生产服务。这一制度改变了中国农村旧的经营管理体制，解放了农村生产力，调动了广大农民的生产经营积极性。这一制度对个人生产也有更大的激励，因为每个农民都想保留其劳动的边际产品。这些激励性的改革和相关措施显然是中国在 20 世纪 80 年代初能够大幅减少贫困的主要原因。

产业部门的增长模式非常重要。1980 年以来，中国改革的大部分成功应归功于中国农村经济的增长。[③] 回顾 1981 年以来的一段时期，中国农村经济增长对贫困的影响远远高于城市经济增长。同样，与制造业或服务业的增长相比，农业增长对减少贫困的作用更大。

---

① 本节借鉴了马丁·拉瓦雷（2011a），其中包含了对文献的更完整的引用。

② 见樊胜根 Fan, Shenggen: Effects of Technological Change and Institutional Reform on Production Growth in Chinese Agriculture, *American Journal of Agriculture Economics*, 73 (2): 266-275, 1991. 林毅夫 Lin, J Y. Rural Reforms and Agricultural Growth in China, *American Economic Review* 82 (1): 34-51, 1992. 见劳伦·勃兰特和托马斯·罗斯基 Loren Brandt and Thomas Rawski. *China's Great Economic Transformation*. Cambridge University Press (2008).

③ 见马丁·拉瓦雷和陈少华（2007）。

事实上，从全国范围内对贫困的影响来看，中国第一产业的增长已经是第二产业和第三产业增长的四倍左右，专栏 8. 21 解释了这些结论是如何得出的。

*专栏 8. 21　检验增长模式是否重要

通过将总体增长率分解为各个组成部分，我们可以检验“增长模式”对减贫是否重要。考虑到第一年的人均 GDP Y_t，我们可以把它分为 n 个来源，即 $Y_t = \sum_{i=1}^{n} Y_{it}$。现在随着时间的推移来考虑差异，设 $\Delta Y_t \equiv Y_t - Y_{t-1}$ 表示随时间的变化。我们可以把 GDP 的增长率写成 n 个来源中增长率的加权和，即 $\Delta \ln Y_t = \sum_{i=1}^{n} s_{it-1} \Delta \ln Y_{it}$，其中 $s_{it} = Y_{it}/Y_t$ 是由于 i 的来源而占 GDP 的比重（使用 $\Delta Y_t/Y_{t-1} \cong \Delta \ln Y_t$），假设现在估计如下形式的回归方程：

$$\Delta \ln P_t = \pi_0 + \sum_{i=1}^{n} \pi_i s_{it-1} \Delta \ln Y_{it} + \varepsilon_t$$

因变量 $\Delta \ln P_t = \ln(P_t/P_{t-1})$ 是相应的减贫率，其中 P_t 是日期 t 的减贫指标，而 ε_t 是标准回归误差项（专栏 1. 19）。在 $i = 1, \cdots, n$ 的 $\pi_i = \pi$ 的特殊情况下，上述方程分为减贫率与 GDP 增长率（$\Delta \ln Y_t$）的简单回归。因此，检验所有 i 的零假设 H_0：$\pi_i = \pi$，就可以告诉我们增长的构成（如其部门或区域模式）是否重要。以下是中国 π 系数的估计：

表 8. 3　均衡减贫率的回归

增长率	(1)	(2)	(3)
人均 GDP	-2. 60 (-2. 16)	—	—
第一产业 GDP（比重加权）	—	-8. 07 (-3. 97)	-7. 85 (-4. 09)
第二产业 GDP（比重加权）	—	-1. 75 (-1. 21)	—
第三产业 GDP（比重加权）	—	-3. 08 (-1. 24)	—
第二产业+第三产业（比重加权）	—	—	-2. 25 (-2. 20)
R^2	0. 21	0. 43	0. 42

注：括号内的 t 统计量小于每个回归系数；回忆专栏 1. 19 中公式 $t = \hat{\pi}/se(\hat{\pi})$ 用于检验 $\pi = 0$ 的零假设；t 的绝对值大于或等于 2 可被认为具有统计显著性。

这些部门是第一产业（主要是农业）、第二产业（主要是制造业）和第三产业（主要是服务业）。第（1）列给出了对 $i = 1, 2, 3$ 施加 $\pi_i = \pi$ 的回归；然后才是总体 GDP 增长率。当我们放宽这一限制时，我们在第（2）列中看到，第一部门的增长比其他任何一个部门的影响都大得多。我们不能拒绝 $\pi_2 = \pi_3$ 的原假设，并且施加这个限制最终得到第（3）列。第一部门的增长对贫困的影响大约是其他两个部门增长之和的四倍。

当收入来源为人（每个人只有一个来源）并且人们可以在增长过程中改变来源时，必须修改此分析。如果一个人在研究城乡增长构成，情况就是这样。分析是相似的，但有了差异，我们在回归中得出了另一个因素，即城市地区的人口增长率。如文中所述，这一回归分析表明，农村经济增长对中国整体减贫的重要性远远大于城市增长或人口城市化。

延伸阅读：这些回归检验是由马丁·拉瓦雷和高瑞弗·戴特（Martin Ravallion and Gaurav Datt，1996）提出的，这为印度提供了研究结果。马丁·拉瓦雷和陈少华（2007）对这些方法做了进一步的描述，为中国提供了更详细的研究结果。另见何塞·伽西亚—蒙拓尔沃和马丁·拉瓦雷（Jose Gacia-Montalvo and Martin Ravallion，2010）的省级分析。①

改革初期，中国的不平等程度较低，这一历史遗留状况（historical legacy）有助于确保贫困人口能够为促进增长的改革做出贡献，并从中受益。不平等程度不高往往意味着贫困人口不仅在经济规模中所占份额很大，而且在经济规模增长中也占有更大份额。② 重要的是，中国最初的低收入不平等伴随着在关键物质和人力资产方面相对较低的不平等。在土地改革之后，农村地区获得耕地的低不平等似乎对确保中国的农业增长有利于穷人特别重要。在解散农业集体时，可以确保公社内的土地在家庭之间公平分配。但公平分配这种情况不能完全保证，因为旧体制中权力更大的家庭很可能获取更多或更好的土地。这有可能发生在一些公社中，但这显然不是普遍做法。因此，中国实际上在 1980 年前后进行了一次重大的土地再分配改革，从中国经济持续高速增长开始，直到今天还在继续。鉴于家庭流动受到限制，公社之间显著的不平等仍然存在。这是通过行政分配的土地使用权而不是所有权相对平等地分配土地。20 世纪 80 年代初农村经济改革所带来的农业增长有助于确保农村地区迅速减贫，也有助于为农村劳动力必要的后续增加提供更安全的基础，而这是在快速发展的非农业经济中对物质资本投资的重要补充。

在获得基本医疗和教育方面相对较低的不平等也有助于中国实现更多的扶贫（减贫）增长。例如，1980 年前后，中国的小学（毛）入学率超过了所有的相关年龄组；1981 年

① Montalvo, Jose, and Martin Ravallion. 2010. "The Pattern of Growth and Poverty Reduction in China." *Journal of Comparative Economics* 38: 2-16.

② 关于这一点的证据，见马丁·拉瓦雷（1997a，2007）。

成人识字率（15岁及以上能读会写的人口比例）为66%，2007年上升到93%；婴儿死亡率远低于50%，出生时预期寿命为65岁。从发展中国家的标准来看，（即使放在现在）这些都是很好的社会指标。尽管25年后，这些指标实际上与印度的指标相似，但比印度经济改革开始时的指标要好。中国在基本医疗和教育方面的成就在很大程度上早于经济改革。[①] 因此，尽管社会主义计划经济被认为是一种普遍低效的生产组织方式，但它在中国改革初期留下了健康和教育不平等程度相对较低的宝贵的精神财富。这无疑有助于确保随后的农业和（特别是）非农业增长是减贫的。在不平等方面（各方面）有利的初始条件，加上早期对农业和农村发展的重视，保证了20世纪80年代前期中国的减贫步伐很快（专栏8.17）。

尽管最初的土地改革至关重要，但中国成功脱贫的一个重要因素是，总体发展政策促进了非农业部门吸纳劳动力。这被视为独立于农业增长和对外贸易流通等其他因素发挥作用。[②] 这与长期以来关于在劳动密集型生产中利用低收入国家比较优势的重要性的争论如出一辙。[③] 在制造业相对劳动密集（相对于其他经济部门）的省份和时期，贫困发生率往往较低。[④] 这可以解释为有利于劳动密集型制造业比较优势的“发展战略”（development strategy）的效果。

中国在改革初期的初始条件，尤其有利于通过吸纳劳动力的制造业增长来快速减贫。这一战略需要足够高的基础教育水平；即使是相对不熟练的制造业工作也需要基本的识字和计算能力。在这方面，中国的初始条件是好的，在改革开始的时候，中国的文化水平很高，包括农村地区在内有大量的劳动力可以利用。

中国政府通过户籍制度对城市化进程进行了非同寻常的控制。这基本上是一种国内护照，即那些有农村户口的流入到城市的人，除非能取得城市户口，否则与城市户籍公民没有同样的权利。没有当地户口关系到家庭的福利（包括教育和医疗），因此进城的农村流动人口往往把家人留在村里。由于长期以来对流动人口的限制，中国城市和农村地区的生活水平仍然存在很大差异。

户籍制度为何存在？户籍制度是在20世纪50年代设计的，目的是控制城市人口的增长，同时关注城市贫民区和失业问题，并允许市政府限制教育、医疗和住房方面的社会开支，保证只有那些有本地户口的人才能受益。这项政策是保护有城市户口的人享有较高工资和其他福利的一种方式。

根据哈里斯-托达罗模型（专栏8.9），考虑到城市劳动力市场的规定，户籍制度是否可

---

① 见让·德雷兹和阿马蒂亚·森（1995）、舒巴姆·乔杜里和马丁·拉瓦雷（2006）、杰弗里·赫克曼和易俊健（James Heckman and Junjian Yi，2012）的进一步讨论。

② 见林毅夫和刘沛林。Lin，Justin Yifu，and P. Liu. 2008. “*Economic Development Strategy*, *Openness and Rural Poverty*.” In M. Nissanke and E. Thorbecke（eds.），Globalization and the Poor in Asia：Can Shared Growth be Sustained. London：Palgrave Macmillan.

③ 见世界银行（World Bank. 1990b. *World Development Report*：*Poverty*. Oxford：Oxford University Press）、莫里斯·希夫和阿尔贝托·瓦尔德斯（Maurice Schiff and Alberto Valdes，1992）。

④ 见林毅夫和刘沛林（2008）。

以被辩护为试图限制与自由流动相关的过度城市化？这是一个相当难的问题。可以肯定的是，自由流动均衡将产生具有挑战性的新城市问题。但对流动人口的限制是一个值得怀疑的应对政策（policy response）。一个相关的问题涉及城市劳动力市场的运行，这在一定程度上取决于政策选择。如果城市劳动力市场已经被城市户口就业的工资率（高工资）所扭曲，那么，通过进一步扩大不同部门劳动边际产品之间的差距来限制人口流动可能会使情况更糟。①

因此，这项政策很可能伴随着效率成本。从公平的角度看，穷人中既有受益者，也有受损者，穷人被确定为（城市或农村地区）无法在城市地区获得受保护的正规部门工作和相关福利的人。如果限制那些原本在城市打工的失业农民工集体流动，他们离职后，原岗位工资很可能会上升。虽然如此，因为有更多的人来竞争现有的农村工作，原本留守农村的农民的收入水平将会低于自由流动政策下的收入水平。一般来说，在这种情况下，在自由流动和限制流动的分布排序中，人们甚至无法预测二阶占优或三阶占优（第 5 章的方法）。

城市内部还存在潜在的重要的公平问题，出现了一种“两级”制度，即拥有农村户口的城市工人工资更低，从政府获得的福利更少。由此产生的不平等既有横向的，也有纵向的。农村流动人口通常比城市常住居民贫穷（纵向不平等）。另外，相同的城市工人根据其户口获得不同的净福利。在中国，户籍制度的不公越来越得到认可，改革的压力也很大。

户籍制度并不是中国农村贫困人口流动的唯一障碍。与几乎所有地方的情况一样，考虑到城市失业的前景以及犯罪和暴力的风险，流动人口有许多未保风险（uninsured risks）。在中国，还有另一种流动风险，即通过原籍村庄内的行政性调整（administrative reallocation）失去农地的可能性。回顾一下，尽管中国从 1978 年开始采取了大胆的步骤，从农村基本经营制度入手，实行家庭联产承包责任制，废除人民公社体制，实行政社分开建立乡镇人民政府，发展乡镇企业，初步形成和基本确立了家庭承包经营制度，农村改革取得突破性进展。2013 年 12 月 23 日至 24 日，中央农村工作会议召开。会议提出坚持稳定土地承包关系，依法保障农民对承包地占有、使用、收益、流转及承包经营权抵押、担保权利。坚持农村基本经营制度，不断探索农村土地集体所有制的有效实现形式，落实集体所有权、稳定农户承包权、放活土地经营权。由于担心农村出现无地劳动者，中国政府拒绝在农业用地使用权方面建立自由市场。有趣的是，继中国于 1988 年土地私有化分配之后，邻国越南从 1993 年开始进行了第二次改革。与中国类似，也有人担心越南会采取这一步骤。一项对越南改革的研究发现，这些支持市场化的土地改革可能有一些受损者，但总的来说，这些改革是在减少贫困人口②（第 9 章中国和越南在土地政策上的对比）。

---

① 根据专栏 8.9 中的数据，农村地区的新工资率将降到最低工资标准。在消除城市失业的同时，这两个部门的边际劳动产出之间的差距将拉大。

② 见马丁·拉瓦雷和多米尼克·范德沃勒（2008）。

自20世纪80年代中期以来，中国经济的快速增长伴随着不平等的上升。[①] 基尼系数的增长率趋势为每十年7个百分点。[②] 如果这一趋势持续下去，中国的不平等程度将在2025年前后接近巴西的不平等水平。当然（如下文所述）有理由预期中国的不平等上升趋势将放缓，甚至在不久的将来停止。尽管中国的不平等上升趋势很明显，但并非在所有细分阶段都如此：在20世纪80年代初、90年代中期和2004年曾先后出现不平等的下降。[③]

在这一时期的大部分时间里，不平等的上升压力来自许多方面，包括劳动力市场的自由化和教育回报率的相应上升。其中一些不平等是良性的，至少在最初是这样，因为它伴随着新的经济机会。但其他的不平等则并非良性，因为它们导致了机会的不平等。在这方面，医疗和学校教育方面的新的不平等（特别是中等和高等教育，父母在这方面可能负担沉重）引起对未来增长和分配变化的关注。[④] 生活水平在地域上的巨大差异是公共资源可得性更严重偏差的表现，这又加剧了生活地域上机会的不平等。

尽管基础教育在1980年左右的改革初期在中国非常普及，但中国的教育程度仍然存在一些显著的不平等，而这些已经成为不平等机会越来越重要的根源。初中教育和高中教育（在某些情况下）已成为获得非农工作的一个事实上的先决条件，特别是在城市地区，即使是非熟练工人的工资通常也超过农业劳动收入。

增长模式也影响了中国不平等的演变，既反映了良性的不平等——如资源流动对新机遇的响应，也反映了非良性的不平等——如一些贫困地区落入地理贫困陷阱（第8.1节）。专栏8.22进一步讨论了地理贫困陷阱。农村尤其是农业增长往往会降低中国的不平等，而这些部门在某些时期的增长不足则起到了相反的作用。[⑤] 农村经济增长减少了城乡内部以及城乡之间的不平等。农村经济增长对城市地区的溢出效应反映了第8.1节所述的两个部门中穷人之间的横向联系。

专栏8.22　中国农村的地理贫困陷阱

地理贫困陷阱可以定义为任何一种情况，在这种情况下，一个家庭的居住区的特征即其“地理资本”意味着该家庭的消费不能随着时间的推移而增加，而另一个生活在较富裕地区的相同家庭的生活水平却在提高。当存在通过影响自有资本的边际产出而影响农户一级增长率的地理外部性时，就会出现这种情况。生活在一个贫困的地方意味着你的资本的边际产出比其他地方要低。因此，那些生活在贫困地区的人们投资的积极性较

① 约翰·奈特对于中国不平等加剧的研究提供了一个有意义的综述。Knight, John. 2013. “Inequality in China: An Overview.” *Policy Research Working Paper* 6482. Washington, DC: World Bank.

② 见马丁·拉瓦雷（2011a）。

③ 见马丁·拉瓦雷和陈少华（2007）。

④ 有关进一步的讨论，见舒巴姆·乔杜里和马丁·拉瓦雷（2006）、杰弗里·赫克曼和易俊健（2014）。

⑤ 见马丁·拉瓦雷和陈少华（2007）。

低，而且在未来不太可能看到生活水平的提高。人们可以认为，这是一个共同的因素，限制了生活在同一个贫困地区的人们的发展机会（opportunities for advancement）。

地理贫困陷阱可能非常普遍，但很难从经验上发现。我们在许多国家都发现了持续贫穷的地区，但很难说这是否只是个人禀赋导致贫困的、没有相互依存关系的人口在地理上的集中，还是一个真正的地理贫困陷阱。乔茨纳·贾兰和马丁·拉瓦雷（2002）利用中国农村的一组相对较长的面板数据，采用了一种计量经济学方法，在某些（可检验的）条件下，使其能够在农户一级确定对微观增长过程的地理影响。在其增长回归中，地理变量的显著系数可以反映遗漏的家庭特征的影响，他们的估计方法是稳健的。

研究发现，与家庭消费增长相关的地理资本既包括私人提供的商品和服务，也包括公共提供的商品和服务。例如，农业方面的私人投资以及医疗保健之类的“混合”产品（涉及私人和公共供应）会带来一个地区内的外部利益。公共产品如农村道路，在生活水平方面产生了不可忽视的好处。这里的“混合”产品，即同时具有使用或消费上的非竞争性与收益上的排他性的公共产品。其“非竞争性”指某些人对这一产品的利用不会影响其他人对它的利用，“排他性”则指能以一定方式阻止他人从该产品中获益。“混合”产品与公共资源（public resources）合称为混合公共产品。

研究还发现，私人资本的回报率在下降，这在地区内形成了一种趋同的力量，但地理资本的外部效应在增长过程中造成了整体差异。换言之，考虑到一个地区的财富，拥有更多私人资本的家庭增长率较低，而在给定家庭财富的情况下，生活在较富裕地区（人均财富较高）的家庭随后增长率较高。

贫困地区的增长前景取决于政府和社会组织克服这种地理外部性可能产生的投资不足趋势的能力。在对中国同一数据集的进一步研究中发现，当地经济活动的水平和构成影响到私人对当地人力和物质基础设施捐赠的回报。这表明，农村欠发达可能是由于对某些产生外部性的活动投资不足，其中农业发展是最重要的。

延伸阅读：乔茨纳·贾兰和马丁·拉瓦雷（2002）详细描述了方法和结果；马丁·拉瓦雷（2005a）扩展了乔茨纳·贾兰和马丁·拉瓦雷的分析，以考虑部门之间外部性。估计方法采用了霍尔茨-埃金、纽伊和罗森（Douglas Holtz-akin，Whitney Newey and Harvey S. Rosen，1988）的非平稳固定效应估计方法。上述地理贫困陷阱是第 8.1 节中讨论的群体成员模型的一个例子。

不平等上升仅仅是中国为经济增长和减贫所付出的代价吗？这是一个很难回答的问题，但不应假定存在这样的权衡（trade-off）。答案关键取决于不平等的根源。当它以机会不平等加剧形式出现时，很可能会给总体增长前景带来成本。令人惊讶的是，中国的经验几乎不支持这种总体权衡的观点。有许多实证研究结果让人质疑这一观点。第一，虽然不平等确实会随着时间的推移而加剧，但经济增长加快的时期，并没有带来加快增长的不平等。事实上，在不平等程度下降的时期（1981—1985 年和 1995—1998 年），户均收入增长最快。第二，初级产品部门增长最快的几个阶段（1983—1984 年、1987—1988 年和 1994—1996 年），并没有伴随着其他部门的低增长。第三，在农村收入增长较快的省份，不平等程度并没有加剧；若说有什么不同的话，那就是情况正好相反。[①] 对各省面板数据的分析表明，就贫困而言，部门增长模式与总体增长水平之间很少或根本没有权衡。[②]

展望未来，如果不解决日益上升的不平等问题，中国将很难保持过去的反贫困进展。可以预见，目前中国的不平等将阻碍未来的减贫前景。不平等是一种双重障碍，取决于其来源（尤其是有多少来自机会不平等），意味着增长会放缓，穷人从增长中得到的收益会更少。在中国向市场经济转型的初期贫困水平很高，不平等并不是一个重要的问题。但现在情况发生了变化。在中国，解决不平等已经成为一个重要的政策问题。

当前还有一些力量在起作用，可能会遏制中国日益上升的不平等。或许最重要的是，中国似乎正在接近（甚至达到）自己的“刘易斯拐点”（专栏 8. 7）。随着越来越多的农村劳动力被不断扩大的现代产业吸纳，一旦劳动力剩余消失，我们就会看到农村工资上涨，目前还不清楚何时能达到刘易斯拐点。自 2000 年中期以来，沿海地区一些重要的出口导向型企业出现了农民工短缺（shortages of migrant labor）的报告，这使得一些观察人士认为，已经到了刘易斯拐点。但是，沿海地区农民工工资水平的提高并不意味着内陆农村富余劳动力已被充分吸收；[③] 另一个可能的解释是一些沿海地区的户籍制度的收紧。考虑到预期的劳动力增长，刘易斯拐点预计在 2020—2025 年左右出现。[④] 相对非熟练劳动力的实际工资率的随之上升，再加上技术劳动力供应的预期增加（由于自 21 世纪初以来大学教育的大规模扩张），将对整体收入不平等造成下行压力。

一些政策上的改变也有助于缓解日益上升的不平等。从 20 世纪 90 年代中期开始，采购制度（procurement system）在 70 年代末对农民征收的隐性税收有所减少（农民必须按照国家规定以低于市场的价格向国家出售一定数量的粮食）。预计户籍制度也将逐步放宽，这可能会给不平等带来下行压力。20 世纪 90 年代末，也出现过新的再分配社会保障计划，这是第 10 章要讨论的。可以预期，这些政策今后将发挥更重要的作用。

中国经济增长率的放缓应该不奇怪，因为自 20 世纪 70 年代末改革以来，通过消除先前经济体制的失灵，中国经济增长的大部分是“追赶型增长”（catch-up growth）。从农村（农业）到城市（工业）部门的部门再分配显然是增长的一个重要来源（尽管它不是全面

① 见马丁 · 拉瓦雷和陈少华（2007）。

② 见何塞 · 伽西亚—蒙拓尔沃和马丁 · 拉瓦雷（Jose Gacia-Montalvo and Martin Ravallion，2010）。

③ 见约翰 · 奈特等人。Knight，John，Deng Quheng，and Li Shi. 2011. “The Puzzle of Migrant Labor Shortage and Rural Labor Surplus in China.” *China Economic Review* 22：585-600.

④ 见米塔利 · 达斯和帕普 · 恩迪亚耶（Mitali Das and Pape N'Diaye，2013）。

减贫的主要因素）。这种再分配的范围越来越有限。

中国在过去30年里取得的发展给任何人都留下了深刻的印象，即使增长率较低，也有可能持续下去。更严格的产权法（property rights laws）可能会有所帮助，尽管并非所有的创新在过去都需要特别有保障的产权。通过采用其他地方开发的技术，生产可能向外转移，带来更高的长期平均收入。

即使增长率较低，通过再分配政策也有可能减少中国的相对贫困和不平等。一种简单的量化方法是：为了消除贫困，需要对中国的“非贫困人口”征税多少。[①] 对他们（有闲阶级）征税来向穷人提供资金转移将会遇到（可以理解的）阻力。因此，让我们假设（为了这个说明性的计算），中国对所有生活在（比如）美国贫困线以上的人口征收线性累进所得税（linear progressive income tax），所得收入用于资助有利于最贫穷者的再分配，足以使每个人达到每天生活费用1.25美元的国际贫困线。必要的边际税率（marginal rate of taxation）可以很容易地计算出来。[②] 该计算不考虑对税收和转移的行为反应（例如通过努力），这样的回应很可能意味着税率将需要高于这个数字，不过具体要高出多少还不清楚（第10章回到对再分配政策的行为反应的问题）。答案是2005年的税率为36%，也就是说，那些生活在美国贫困线以上的中国人需要缴纳的税约为其收入与美国贫困线之间差额的1/3[③]（对于那些处于美国贫困线的人来说，平均税率将从零开始，然后随着收入的增加而上升）。稍后我们将看看这与巴西和印度的情况如何比较。但是，这里更重要的一点是，如果在1981年重复这一计算，很明显，在中国改革时期的既定条件下，这样的政策是不可能的：那时所要求的边际税率将远远大于100%。换言之，当时的贫困差距如此之大，国家如此之穷，再分配不是一个现实的选择。

巴西

尽管巴西以许多事情闻名（不仅仅是足球），在本书的背景下，这个国家的高度不平等使它脱颖而出。回顾第7章，拉丁美洲和加勒比是发展中世界平均收入不平等程度最高的区域。在拉丁美洲和加勒比海地区，巴西的不平等程度远远高于大多数指标的区域平均水平。[④]

这种高度不平等的另一面是，巴西显然比不平等程度较低的国家有更大的能力利用再分配来解决其贫困问题。再考虑一下填补所有贫困缺口所需的非贫困人口边际税率（按美

---

① 当然，这是一个相当程式化和假设性的问题。没有人认为这样的政策在政治上或经济上是可行的。但考虑到中国的收入分配，至少它为我们提供了一种测度通过再分配减少贫困的能力的方法。

② 考虑两条贫困线 z_U 和 z_L（$z_U > z_L$）。当 $\tau = PG(z_L)z_L/[\bar{y} - (1-PG(z_U))z_U]$ 时，可以很容易地得出产生收入以使每个人达到较低贫困线所需的收入高于 z_U 的边际税率 τ（所得税最大值 $[\tau(y-z_U), 0]$），其中 $PG(.)$ 是贫困差距指数，$\bar{y}$ 是总平均数。关于再分配能力这一指标的进一步讨论，见马丁·拉瓦雷（2009d）。

③ 2005年，中国 $PG(1.25) = 4.0\%$，$PG(13) = 73.8\%$，而按2005年购买力平价计算，$\bar{y} = 3.55$ 美元/天。

④ 在图7.5中，我们看到2010年平均对数偏差的拉丁美洲和加勒比海地区平均值为0.55；巴西的相应数字为0.64。

国标准）（每天生活费用1.25美元）。我们看到，在中国，对美国贫困线以上的收入征收36%的边际税率。相比之下，2005年巴西只需要0.7%的边际税率。[①] 即使每天生活费用2美元，必要的边际税率也只有4%（每天生活费用3美元，接近巴西的国家贫困线，税率提高到12%左右）。当然，在实践中认识到这一潜力是另一回事，我们稍后将看到巴西采取的政策。

与中国一样，巴西自20世纪70年代以来经历了重大的经济变革，但就巴西而言，其市场经济的宏观经济管理历来比中国面临更大的挑战。巴西20世纪80年代和90年代初的经济停滞时期，由于累积的财政赤字和宽松的货币政策，出现了恶性通货膨胀（hyper-inflation）。这是拉丁美洲宏观经济民粹主义的时期：持续的预算赤字、高通胀、贸易扭曲、政府对某些部门的生产性企业拥有广泛的所有权，以及没有惠及穷人的低效社会保障体系。通过将劳动合同去指数化和基于汇率的稳定政策[②]相结合，政府终于在1994年成功地控制了通货膨胀。这也标志着1988年开始的一个贸易自由化进程的结束，该进程削减了关税，取消了数量限制。

20世纪90年代中期的新政策体制在许多方面符合“华盛顿共识”（Washington Consensus），即宏观经济稳定、财政审慎、贸易改革和一些国有企业私有化[③]（我们在第9章回到华盛顿共识）。但是，与华盛顿共识的一个重要区别是，新政策伴随着对社会保障和援助转移的重大改革，随着时间的推移，这些改革也变得更有针对性。[④]

20世纪80年代中期开始的全面经济改革实现了适度增长，但对贫困的影响令人失望。巴西更高的不平等是一个关键因素。例如，巴西的收入不平等的基尼系数在20世纪90年代中期略低于0.60，是20世纪80年代初改革进程开始时中国的两倍。巴西更高的不平等意味着，在不改变不平等的情况下，巴西需要比中国更高的增长率来实现同样的减贫率。在这种高收入不平等的基础上，人们发现人力资源开发方面的不平等，特别是在教育方面的成就，这些成就在巴西具有明显的收入梯度。这些不平等限制了穷人参与和受益于总量增长的能力。

巴西在改革时期（比如，在20世纪90年代中期之后）与中国（以及印度）之间有着非常重要的区别。随着时间的推移，巴西的不平等现象（包括地区之间和城乡之间的不平等）有所减少。[⑤] 正如我们早些时候看到的那样，这是巴西在保持适度增长的情况下减

---

① 回顾之前的记录，2005年巴西的 $PG(1.25) = 1.6\%$，$PG(13) = 52.3\%$，而按2005年购买力平价计算，$\bar{y} = 9.16$ 美元/天。

② 称为雷亚尔计划（the Real Plan），雷亚尔计划是指巴西1993年末颁布的自1985年萨尔由文人政府恢复执政以来的第7个以恢复和稳定经济、反通货膨胀为主要奋斗目标的经济计划。

③ 有关进一步的讨论见弗朗西斯科·费雷拉等人（2010），关于贸易政策见弗朗西斯科·费雷拉等人（待出版）。

④ 见里卡多·佩斯·德·巴罗斯等人（2006）、弗朗西斯科·费雷拉等人（2008）和弗朗西斯科·费雷拉等人（2010）。

⑤ 见弗朗西斯科·费雷拉等人（Francisco Ferreira et al. 2008）。

少贫困的关键因素。

与中国相似，巴西的经济增长模式对穷人的结果也很重要。在中国，农业部门的增长在减贫方面发挥着主导作用，但在巴西，服务业的增长始终比农业或工业的增长更有利于穷人。1994年后，服务业增长率较低，对减贫率产生（小的）负面影响。因此，改革的增长模式不利于穷人。

巴西经济增长模式的这种转变，在1994年后得到了总体正增长的补偿。事实上，巴西自1980年代中期以来的大部分减贫工作都发生在1994年之后。世界银行经济学家弗朗西斯科·费雷拉和他的同事们使用回归分解方法发现，1994年以后降低贫困指标的一个重要因素是通货膨胀率的大幅降低（根据雷亚尔计划）。①

社会政策也有帮助。为了努力实现通过再分配减少贫困的潜力，巴西的各种现金转移计划发挥了重要作用。这些措施包括针对贫困家庭的非供资、无条件转移和有条件现金转移，这些措施从1990年代后期起发挥了重要作用（第10章进一步讨论这些项目）。近年来，一些发展中国家出现了有条件的现金援助。早期的例子包括孟加拉国的赈饥兴教计划（Food-for-Education，FFE）和墨西哥的"进步项目"（PROGRESA，更名为Oportunidades，后又改为Prospera）。②

联邦政府社会救助支出的扩大和改革，包括家庭津贴计划（Bolsa Familia），有助于减少不平等和贫困。事实上如果没有这些转移支付，并且考虑到巴西在经济增长方面的总体表现较差，估计其2004年贫困发生率指数将高出约5个百分点。③

社会援助支出、通货膨胀和政策环境的其他变化会对贫困产生分配效应（考虑到在对增长效应进行一次控制之后仍然会发现这些影响）。除了纯增长效应外，部门增长模式还体现了有利于穷人的分配效应。

但主要的分配效应来自宏观经济稳定和社会支出。一揽子政策的这两个要素对贫困的累积总效应远远大于经济增长水平和构成变化的效应之和。④展望未来，我们可以预期，贫困家庭子女接受更高水平的教育（如有条件现金转移计划所推动的教育）将有助于促进更多的扶贫增长。

巴西的教训主要有两个方面：第一，即使在经济停滞时期，为使社会政策更加有利于穷人而进行的改革也可以在维持减贫方面发挥重要作用。第二，明智的宏观经济和贸易政策不必伤害穷人，在抑制恶性通货膨胀的具体情况下，即使这不是主要目标，也可能对消除贫困做出重大贡献。随着2015年巴西新一轮经济和政治危机的爆发，希望这些教训不会被遗忘。

---

① 见弗朗西斯科·费雷拉等人（2010）。

② 不像墨西哥的有条件现金转移方案PROGRESA（后更名为Oportunidades），在巴西对家庭津贴计划的影响评估没有大量投入，因此很难推断其具体影响。弗朗西斯科·费雷拉等人（2010）根据时间序列数据进行了研究。法比奥·索尔思等人（Fabio Veras Soares et al.，2006）则采用住户调查数据校准的不平等分解方法。他们发现，尽管平均转移的规模很低，但较好的定向意味着，家庭津贴计划能够单独解释在该计划启动后巴西不平等程度下降了1/5。

③④ 见弗朗西斯科·费雷拉等人的研究（2010）。

印度

关于经济增长是否有助于减少印度的贫困，人们一直争论不休。部门增长模式一直是一个问题。令人担忧的问题是，20世纪60年代绿色革命（Green Revolution）推动的农业增长进程是否给农村贫困人口带来了收益。有学者认为，新的农业增长进程在很大程度上已经超过了农村贫困人口，也有学者指出农业产出增长是农村减贫的关键。③ 更好的数据和更丰富的模型有助于为这场辩论提供信息。一项研究发现，较高的农业生产率（单位面积产出）给印度农村贫困人口带来了绝对和相对收益，其中很大一部分收益来自较高的农业生产率带来的实际工资。④ 尽管过去有很多关于绿色革命的社会和环境影响的争论，现在人们充分认识到，技术创新有可能提高农业生产力，从而减少贫困和营养不良。⑤

关于城市经济增长给穷人带来了多大的收益，也存在着争论。印度在独立后的几十年里受到高度保护的工业化战略符合该国具有政治影响力的资产阶级的利益。⑥ 印度独立后的规划者也希望，这一发展战略将按照刘易斯模型（专栏8.7）的思路，通过吸收农村地区的富余劳动力，为城市和农村穷人带来持久的长期收益。

印度经济的大多数观察家在这方面并不认同规划者的乐观态度。回顾第2章，第二个五年计划强调了在封闭经济中实现快速、相对资本密集型工业化的必要性。当时有人对此进行了辩论，一些学者认为，该计划过于强调利用印度在劳动密集型生产方面的比较优势，对通过农业和农村发展吸纳劳动力的前景过于悲观。⑦ 还有人认为，后者是印度实现有利于穷人的工业化进程的长期希望的关键。⑧ 这场辩论还在继续。

20世纪80年代，印度在经济改革方面采取了一些措施，但在国际收支危机之后，印度的改革在1991年才真正开始。一系列改革支持了私营部门，促进了更加开放的经济，并在公共部门进行了一些改革。⑨ 在贸易和工业政策方面采取了重大步骤，但（与中国不同）农业被忽视了。其他领域的政策改革（降低工业保护和汇率贬值）给农业带来了间接收益，特别是通过改善贸易条件、通过城市收入效应提高对农产品的需求以及农产品出口的一些增长。但与此同时，改革期间，在农业关键领域，特别是农村基础设施领域的公共投资有所下降。

---

③ 关于这场争论和参考文献的概述，见高瑞弗·戴特和马丁·拉瓦雷（1998a）。

④ 见高瑞弗·戴特和马丁·拉瓦雷（1998a）。

⑤ 迈克尔·利普顿和理查德·朗赫斯特（Michael Lipton and Richard Longhurst，1989）做出了重要贡献。有关这些辩论的最新概述，见比尔·普里查德等人（Bill Pritchard et al.，2014）。

⑥ 见普兰纳布·巴德汉等人（1984b，第6章）。

⑦ 见瓦基尔和布拉马南德（C. N. Vakil and P. P. Brahmanand，1956）对第二个五年计划的批判。

⑧ 穆克什·埃斯瓦兰和阿肖克·科特瓦尔（Mukesh Eswaran and Ashok Kotwal，1994）做出了重要贡献，强调农业增长在确保工业部门增长造福穷人方面发挥的作用，Eswaran，Mukesh，and Ashok Kotwal. 1994. *Why Poverty Persists in India*. Delhi：Oxford University Press.

⑨ 关于改革的概述，见蒙特克·阿卢瓦利亚（Montek S. Ahluwalia，2002），Ahluwalia，Montek S. 2002. "Economic Reforms in India：A Decade of Gradualism." *Journal of Economic Perspectives* 16（3）：67–88.

印度国家抽样调查的证据表明，经济增长一直在减贫，包括在改革时期。一些因素似乎抑制了对贫困的影响。但是，正如一些观察家所指出的，不平等现象的加剧是一个因素。[①] 在不平等加剧和减缓增长对贫困影响的基础上，人们发现印度增长过程中存在着地理和部门差异的迹象。[②] 其中一个方面是城乡增长构成。与中国（以及大多数发展中国家）一样，农村地区的绝对贫困率较高，尽管城乡差距没有中国那么大。印度城市地区与农村地区的平均消费比率约为 1.3，约为中国的一半。[③] 随着时间的推移，印度也出现了城市平均消费和农村平均消费之间的差异，这导致了整体不平等的加剧。此外，自 20 世纪 90 年代初以来，城市和农村地区的不平等现象有所加剧。[④]

与中国一样，以往的研究也指出了印度农村经济增长对国家减贫的重要性。从历史上看，农村经济增长是全面减贫的更重要因素。与中国相似，农村经济增长在城市地区也有利于穷人的分配效应。直到 20 世纪 90 年代，城市经济增长（尽管确实有助于减少城市贫困）对农村贫困人口带来的收益微乎其微，就其对全国贫困人口的影响而言，仅次于农村。

有令人鼓舞的迹象表明，印度的经济增长进程正在发生变化，使城市经济增长更加有利于穷人。[⑤] 也有证据表明，自 20 世纪 90 年代初以来，城市经济增长与农村减贫之间的联系更加紧密，同时农村经济在经济上更加多样化。自 2000 年以来，随着实际工资率的上升，我们还看到农村临时劳动力市场的紧缩和城乡工资差距的缩小。[⑥] 这里似乎有两个因素在起作用。首先，技能的高回报鼓励了更多的学生留在学校继续学习，从而减少了非熟练劳动力的供应，特别是在农村地区。农村妇女的劳动力参与率也有所下降。其次，印度各地都出现了建筑热潮（construction boom），特别是在（农村和城市）基础设施方面，这些基础设施长期被忽视。在农业和非农业部门，非熟练劳动力的供给减少和建筑、运输和服务业对非熟练劳动力的需求增加显然是提高临时工资的重要推动力。看起来（像中国）印度很可能已经达到了刘易斯拐点。不过，这可能取决于建筑热潮的持续。

不同部门对减贫的相对重要性与中国存在显著差异。与大多数（增长中的）发展中经济体一样，印度的趋势增长率在现代工业和服务部门都高于农业部门，这两个部门都倾向

① 见马丁·拉瓦雷（2000）、阿比吉特·森和希曼舒（Abhijit Sen and Himanshu，2004）。

② 见高瑞弗·戴特和马丁·拉瓦雷（2002，2011）。这似乎先于 1991 年开始的改革时期。桑哈密特拉·班迪奥帕迪亚发现了 1965—1997 年间印度经济增长过程中出现“双峰”的证据，即两个“俱乐部趋同”之间的差距，一个是低收入（占全国平均水平的 50%），一个是高收入（占全国平均水平的 125%）。Bandyopadhyay，Sanghamitra. 2004. “*Twin Peaks：Distribution Dynamics of Economic Growth across Indian States*.” In Anthony Shorrocks and Rolph Van Der Hoeven (eds.), Growth, Inequality and Poverty. Oxford：Oxford University Press.

③ 见马丁·拉瓦雷和陈少华（2007）、高瑞弗·戴特和马丁·拉瓦雷（2011）。

④ 见高瑞弗·戴特和马丁·拉瓦雷（2011）。只有在对调查设计的变更进行纠正的情况下，城市地区才会出现这种情况。

⑤ 见高瑞弗·戴特和马丁·拉瓦雷（2011）。利用最新数据对这项研究进行的更新表明，更加有利于穷人的城市经济增长进程仍在继续。

⑥ 关于这一点的证据，见维克多利亚·海纳特科夫斯卡和阿马蒂亚·拉希里（Viktoria Hnatkovska and Amartya Lahiri，2013）。他们还表明，当一个人控制教育和职业时，工资差距的缩小仍然存在。

于以城市为基础。然而，与农业增长对中国成功反贫困的重要性形成了鲜明对比，印度的服务业一直是更强大的力量。在这方面，印度与巴西有更多的共同点。这种差异最有可能的解释是资产的初始分配，在中国，获得农业用地和人类发展的机会要比印度公平得多（回顾一下，中国在土地分配方面的优势反映了农业去集体化和实行家庭联产承包责任制所创造的历史机遇）。

与中国和巴西相似，高通货膨胀时期也伤害了印度的穷人。① 我们更了解印度的传导机制，在这种机制中，相对非熟练劳动力工资的短期黏性发挥了重要作用。②

印度各邦的表现差异很大，特别是在非农经济增长减少贫困的程度上。这又与初始条件的不同有关，尤其是在人类发展方面。③ 人类发展的不平等无疑阻碍了这三个国家的减贫，但在印度，这一问题无疑是最大的。

如前所述，印度的教育不平等明显大于改革初期的中国。印度到1990年还没有达到100%的小学入学率，尽管中国早在10年或更长时间前就达到了这一水平。1990年，中国80%的成年人（15岁及以上）识字，而印度只有不到一半。而在80年代初，当中国开始经济改革时，2/3的成年人识字率仍明显高于10年后处于主要改革时期的印度。④

改革初期的性别不平等现象在印度也很突出。印度男女入学率和识字率（绝对和比例）之间的差异较大。⑤ 在印度开始目前的改革时期，只有1/3的成年女性（和一半的少女）识字。相比之下，10年前中国开始改革时，一半以上的成年女性和70%的青少年女性识字。⑥ 随着时间的推移，印度在教育和识字方面的性别差距一直在缩小，尽管仍然存在巨大差距，特别是当一个人达到中等和高等教育水平时。

印度的健康水平也低。1990年，印度的婴儿死亡率为每千名活产婴儿中有80名夭亡，是1990年中国的两倍多，预期寿命也有8年的差异（印度为60岁，而中国为68岁）。

这些不平等和其他不平等现象在国家地方上的差异也表明了它们对减贫的重要性。在印度各邦，非农经济增长对贫困影响的差异反映了在许多方面的不平等；较低的农业生产力、较低的农村生活水平和较低的基础教育都抑制了穷人参与非农部门增长的前景。⑦ 在解释非农业经济增长对贫困的后续影响时，邦际教育水平的差异似乎是主要因素。回想一下，在刘易斯模型（以及随后的模型）中，劳动是同质的，原则上，传统部门中的任何人都可以得到随着该部门扩张可提供的现代部门工作。在现实中，劳动力是异质的，一些农

① 关于这一点的证据，见高瑞弗·戴特和马丁·拉瓦雷（1998a）、马丁·拉瓦雷和高瑞弗·戴特（2002）。

② 见高瑞弗·戴特和马丁·拉瓦雷（1998a）。

③ 见高瑞弗·戴特和马丁·拉瓦雷（1998a）、马丁·拉瓦雷和高瑞弗·戴特（2002）。

④ 关于中国和印度在各自改革初期在人类发展成就方面的这些和其他差异的良好讨论，见让·德雷兹和阿马蒂亚·森（1995，第4章）。

⑤ 关于印度这种性别差距的原因的讨论，包括其婆罗门传统的历史根源，以及目前在教育制度和父母行为方面的偏见，见让·德雷兹和阿马蒂亚·森（1995，第6章）。

⑥ 青少年识字率来自让·德雷兹和阿马蒂亚·森（1995，表4.2）。

⑦ 见马丁·拉瓦雷和高瑞弗·戴特（2002）。

村劳动者比其他人更容易利用非农经济增长。那些受教育程度相对较低、资产较少或几乎无法获得信贷的国家，在利用现代部门扩大带来的新机遇方面的能力较差。在印度各邦，印度识字率的差异更多地是由女性识字率的差异驱动的，女性识字率对减贫率具有更大的解释力。①

利用收入再分配解决印度贫困问题的潜力比中国或（特别是）巴西更为有限。重复上述对中国和巴西的假设税率计算，要从美国贫困线以上的印度收入征税中筹集足够的收入来填补印度相对于每天生活费用 1.25 美元的贫困差距是不可能的，规定的边际税率将超过 100%。② 事实上，即使按 100%的边际税率计算，这项收入只能填补印度总贫困差距的 20%。

印度有着长期的直接干预历史，通常旨在消除贫困，特别是通过粮食补贴（food subsidies）、农业投入补贴（farm-input subsidies）、补贴信贷计划（subsidized credit schemes）和工作津贴计划（workfare schemes）。在评估这些计划对贫困的影响时，有许多理由需要谨慎（包括政治经济方面的考虑）。③ 但很少有细心的观察家会争辩说，印度在利用这些政策与贫困做斗争方面的记录绝非好坏参半。根据对"穷人"的传统评估，这些干预措施可能在一定程度上减少了贫困，但目标并不明确，而且腐败问题一直存在。关于印度是否应该采取在其他地方很流行的有条件现金转移计划，一直存在很多争论。印度正在推出的新的公民身份数据库（称为 Aadhaar）将在适当的时候大大有助于对此类计划的行政控制。④ 至关重要的是，必须将这类激励计划与"供应方"提供更好的保健和教育服务的努力结合起来，以促进对贫困儿童人力资本的投资。一些观察人士倾向于无条件地向贫困家庭转移现金，第 10 章将进一步讨论这些政策选择。

---

① 见高瑞弗·戴特和马丁·拉瓦雷（1998b）。

② 回顾之前的记录，印度的 $PG(13)=86.7\%$，$PG(1.25)=10.51\%$，而按 2005 年购买力平价计算，$\bar{y}=1.76$ 美元/天，所需的边际税率将接近 500%。

③ 见马丁·拉瓦雷（2009b），在中国反贫困计划的背景下，尽管提出的观点相当普遍。关于定向扶贫的政治经济学，见约拿·盖尔巴赫和兰特·布里切特（Jonah Gelbach and Lant Pritchett，2000）。

④ 在撰写本书时，印度约一半的人口已被独特的身份鉴定项目覆盖，尽管在较贫穷的邦，进展往往较慢。有关进一步讨论，见艾伦·盖尔布和斯内哈·拉哈万（Alan Gelb and Sneha Raghavan，2014）。

第9章 经济和部门政策

政策对贫困和不平等的影响通常有两种方式。首先，政策可以影响市场如何产生收入；其次，政策可以影响市场过程的结果如何分配。一些人认为，政府应该避免扮演前一种角色。其论点是，自由市场将是有效的，经济蛋糕将更大，允许更多的“后市场”再分配（post-market redistribution）的空间。与这一观点相反，很明显，在没有干预的情况下，市场有效的不同条件在现实中并不成立（回顾专栏1.9），效率偏差对公平有重要影响。例如，较贫困的人更有可能是那些无法获得信贷和生产性投资所需的其他投入的人。

政策的这两个角色（一个是效率角色，一个是公平角色）之间的分离很难保持作为政策问题的现实特征。不完全信息和不完全（包括不完备）市场的含义之一是，我们不能坚持将旨在提高效率的政策与旨在促进公平的政策完全分开。尽管根据政策的主要目标对其进行分类有时是有助于我们做政策分析。但是，如果因为直接干预能够补偿任何受损者，就认为反贫困政策只包括一套针对穷人的直接干预措施，或者忽视整个经济和部门政策对更广泛地促进增长或提高效率的分配的影响，都是站不住脚的。

反贫困政策的制定不能不屑于影响市场进程的结果，而仅仅依靠“市场后”（post-market）再分配。市场失灵与不平等之间的交互作用（如第8章所述）在指向公平的同时，也指向了基于效率的再分配干预范围。例如，针对穷人的转移不仅可以直接减少贫困，而且可以帮助家庭摆脱其所面临的约束，比如可以让该家庭的孩子留在学校继续学习。诚然，这些政策是第10章的问题。但并非所有的反贫困政策都明确针对穷人。这样的政策被认为是试图解决市场和其他制度或者政府失灵所导致的永久性贫困问题。本章回顾了这些非定向政策（有时称为部门政策）的过去和正在进行的辩论。

9.1 城市与农村

让我们简要地回顾一下前几章关于贫困的城市和农村方面的意见。我们在第7章中看到，世界上绝大多数绝对贫困仍然存在于农村地区。不仅大多数穷人仍然生活在那里，而且发展中国家的贫困率在农村地区往往更高。我们在第 8 章中还了解到，城市化通常被发展理论家视为国家增长和减贫的有利因素。我们还看到，证据大体上与以下观点一致：较高的城市化率与较高的减贫率有关。

为什么我们会看到这些城乡生活水平的差距？有两种竞争模式（competing model）来对此进行解释。[①] 在第一种模式中，人们通过不受限制的迁移来自己解决问题。那么，地理位置在造成我们在地理上看到的贫困率差异方面没有因果关系：有了自由流动，具有相同特征的人无论住在哪里，都将拥有相同的福利水平。而另一种模式则指向了区位选择上的摩擦成本和寻找成本，这些摩擦可能导致生活水平方面持续的地理差异，而这些差异并不完全取决于个人的非地理特征的迁移。

实证上区分这两种模式并不容易。主要问题是，我们无法轻易地将未观察到的个人因素（例如，在城市类型的工作中具有很高的潜在技能）与流动障碍（例如，由于信贷市场失灵或不保风险）区分开来。但是，据我们所知，这两种模式似乎都有道理。显然，在某种程度上，排序与第一种模式是一致的。[②] 还有城乡生活水平的差异，没有第二种模式似乎很难解释。例如，正如我们在第 5 章中指出的，孟加拉国的一项研究发现，当一个人控制可观察到的非地理特征的差异时，城乡生活水平的差异仍然存在。[③] 同样，当一个人控制可观察到的工人特征时，在印度发现的城乡工资差异依然存在。[④] 在这两种情况下，无法解释的差异很可能反映了一种选择性的流动过程（尽管在印度城乡差距似乎很少是由流动人口造成的）。在第 8 章中，我们还了解了地理贫困陷阱，并提供了中国农村的支持性证据，其中微观面板数据提供对潜在的个人特征进行稳健性检验（专栏 8.22）。尽管这些只是零散的研究（scattered studies），但从政策角度来看，我们显然不应假定贫困地区之所以贫穷，只是因为具有明显贫困属性的家庭选择了在地理上集中。

城乡优先发展

研究贫困的历史学家描述了在古代和中世纪，城市和城邦是如何通过开发他们的农村腹地作为粮食和体力劳动的来源而繁荣起来的，尤其是建筑业。粮食和劳动力往往都是从农村地区通过强制采购获得的。城市精英往往吃得好，而生产粮食的农民却挨饿。[⑤]

几个世纪以来，各种形式的农业税收被用来支持城市精英。税收通常是隐性的，例如，通过公共粮食采购和农产品贸易政策，通过将贫困农民获得的价格保持在低于市场价

---

① 马丁·拉瓦雷（1998b）进一步阐述了这两种模式之间的差异，讨论了如何从经验上区分这种差异。

② 阿尔文·扬报告了来自人口与健康调查的证据与这种分类一致，尽管阿尔文·扬的结果并不排除第二种模式。Young，Alwyn. 2013. “Inequality，the Urban-Rural Gap，and Migration.” *Quarterly Journal of Economics* 128（4）：1727-1785.

③ 见马丁·拉瓦雷和昆廷·沃顿（1999）。

④ 见维克多利亚·海纳特科夫斯卡和阿马蒂亚·拉希里（Viktoria Hnatkovska and Amartya Lahiri，2013）。

⑤ 史蒂芬·博杜安（2006，第 1 章）对此进行了描述。

格的水平来剥削他们。例如，在非洲的大部分地区，市场委员会（marketing boards，殖民时期遗留下来的）的定价政策大大降低了鼓励农民使用提高生产力的投入（如化肥）或投资土地的动机。[①] 在历史上的某些时期，（显性或隐性）税收水平往往很高，以至于构成了一个贫困陷阱（通过耕种更多土地或采用新技术破坏农民扩大生产的动机）。因此，为了确保生产足够的粮食，政府往往需要某种形式的强制性。

新兴工业化经济体中的新兴资产阶级（无论是两百年前的西欧或北美，还是今天的发展中国家）也没有太多动力来减少城市偏向。新的（主要是城市）工业部门依靠从农村经济中吸纳劳动力。资本家没有明显的动力来促进农村生产率的增长，因为这会推高工资，他们也相应地利用了自己的政治影响力。[②]

有些固有矛盾是变革的萌芽。最根本的矛盾是：更多的农村劳动力建设城市和在工厂做工，更少的劳动力留下来种植和加工粮食。分配粮食的做法直接降低了农民种粮积极性，在现代思想中被视为不可接受。随着时间的推移，尽管一些主要矛盾仍然存在，但强制性做法已被市场力量所取代。农业生产率需要提高，以避免经济落入马尔萨斯陷阱（Malthusian trap）[③]。尽管像刘易斯（1954）这样的经济学家认为现代部门扩张是劳动力过剩经济增长的主要推动力，刘易斯也认识到农业增长的必要性，这一点在随后对他的模型的阐述和扩展中得到了强调[④]（专栏 8.7）。在适当的时候，农业技术进步被许多经济学家视为工业发展的关键先决条件。

城乡优先发展问题仍有争议。迈克尔·利普顿（Michael Lipton，1977）等经济学家认为，公共定价和支出政策中的城市偏向是造成贫困的一个重要原因。长期以来一直有人提出反对意见，指出城市经济是总体增长的引擎，而总体增长（据称）最终将涓滴渗透到农村穷人。[⑤] 本节回顾关于这场重要争论的论点和证据。

鉴于农村地区的贫困指标往往更高，是否有理由相信，基于分配的理由，亲农村偏向是合理的？关于农村部门在减贫中所起作用的辩论的一个方面，实质上把农业视为一个非生产性的传统部门，农业很快将被现代化发展所吞噬。农业在发展初期的主要作用是作为政府收入的来源，支持城市化和工业化。这可以采取对农业产出或投入（特别是土地）或包括粮食采购定价在内的定价政策（例如中国和越南，农民经常被迫以低于市场价格的价格向政府出售粮食）。在发展的早期阶段，农业作为公共收入来源的选择并不多，尽管在

---

① 见罗伯特·贝茨（Robert Bates，1981）。

② 这是阿瑟·刘易斯（1954）承认的。

③ 又称为“马尔萨斯灾难”，以政治经济学家托马斯·罗伯特·马尔萨斯命名。人口增长是按照几何级数增长的，而生存资料仅仅是按照算术级数增长的，多增加的人口总是要以某种方式被消灭掉，人口不能超出相应的农业发展水平。——译者注

④ “工业革命和土地革命总是同时进行的，而且农业停滞的经济中看不出工业发展。”另见古斯塔夫·拉尼斯和费景汉（Gustav Ranis and John Fei，1961）对平衡增长需求的更正式处理。刘易斯，著. 施炜等，译. 二元经济论. 北京经济学院出版社，1989：31.

⑤ 关于工业革命历史的这一方面有很多争论，见埃斯特·博塞鲁普（Esther Boserup，1985）对这一争论的讨论。

大多数现实情况下，这种借口似乎是站不住脚的。通常在政府预算的收入和支出方面都有选择。

争论的这一方普遍承认，农村地区的贫困现象较多，但有人认为，农村贫困人口唯一真正的希望是在城市或城郊非农经济中找到工作。长期以来，从城市经济中吸收更多的劳动力一直被视为减贫的关键。这种政策逻辑得到了刘易斯模型等发展理论的支持。一些站在这一边的人甚至反对任何限制从农村向城市流动的政策，一些人甚至反对直接干预以减轻农村贫困，理由是这些干预将通过城市化或经济地理上的其他动态力量减缓消除贫困的进展。①

争论的另一方则认为，农村经济也可能是增长的重要来源，农村经济的增长更有可能减贫。② 如第2章（第2.3节）所述，贫困农民在获得知识和投入方面面临的各种制约因素可以产生更高的经济回报，从而有助于缓解这些制约因素。支持这一观点的证据来自最近的影响评估。③ 这一方还指出了城市贫民窟的问题，并认为城市化程度太高。回顾哈里斯-托达罗模型（专栏8.9），城市劳动力市场的扭曲将造成过度城市化。当农业部门处于非生产状态时，也会出现这种情况，即农业劳动的低边际产出，这将鼓励城市化，但这很可能伴随着贫困的加剧。在城市劳动力市场存在最低工资率的情况下，流动人口影响着城乡部门的最优税收。④ 税收政策应该减少移民，比如降低对农村剩余劳动力的税收，而不是城市劳动力市场的扭曲。但是，这并不能成为其他政策的正当理由，这些政策试图通过阻止农村流动人口、骚扰贫民窟居民或通过更为善意的忽视来减少城市贫困，例如在改善城市贫民窟的便利设施方面几乎无所作为。分析还必须考虑到城市贫民窟居民的福利损失。

我们已经了解到，外部性有时会导致协调失灵，造成持续性贫困（第8章）。知识溢出具有外部性的假设已经被引入经济增长的理论模型中。在贫穷国家的农村发展背景下，类似的想法激发了政策主张，即让一项活动在当地开展以刺激其他活动，形成增长的“良性循环”。约翰·梅勒（John Mellor，1976）对这一假设做了一个有影响的陈述，许多研究发现，农业增长对农村非农业发展似乎有很强的影响。⑤ 回顾第8章的中国案例，外部性被认为是导致经济增长不平衡的一个因素。

争论直到今天仍在继续。双方都有些道理。有一点很清楚：城乡部门之间财政（税收

---

① 见世界银行（2009），World Bank. 2009. *World Development Report*：*Reshaping Economic Geography*. Washington，DC：World Bank.

② 见迈克尔·利普顿和马丁·拉瓦雷（1995）。

③ 见埃丝特·迪弗洛等人（Esther Duflo et al.，2008）和洛里·比曼等人（Lori Beaman et al.，2014）。

④ 见拉吉·萨和约瑟夫·斯蒂格利茨（Raaj K. Sah and Joseph E. Stiglitz，1992，第13章），他们提供了一个更一般的哈里斯-托达罗模型，其中的关键平衡条件是，农村潜在流动人口在城市地区的预期效用与它在农村地区的实际效用相等（专栏8.9）。

⑤ 例如，见史蒂文·哈格布雷德等人（Steven Haggblade et al.，1989）、彼得·哈泽尔和史蒂文·哈格布雷德（Peter Hazell and Steven Haggblade，1993）、马丁·拉瓦雷（2005a）。

和支出）政策的适当平衡将取决于具体情况。因此可以预期，在一个国家内，随着时间的推移，各国之间也会有所不同。一个关键的权变因素（contingent factor）是城市劳动力市场如何运作。如果这些市场具有竞争力，那么认为存在过度城市化的理由就很薄弱。与哈里斯-托达罗模型一样，城市工资率处于竞争水平（与农村工资持平，考虑到生活成本的差异和工人的异质性），意味着劳动力的自由流动将确保给定生产技术所能达到的最高平均收入和最低贫困程度。但是，当城市劳动力市场扭曲导致城市地区非自愿失业率居高不下时，可能出现流动人口过度，这种情况似乎经常发生。

增长、贫困与城市化

城市化速度较快的国家增长较快，但我们不应认为城市化是增长的原因，也不应认为“有利于城市”的政策有利于增长。事实上，从经验上讲，人们认为有利于城市经济的政策必然有助于促进经济增长，但这种观点是站不住脚的。这是大卫·布鲁姆和他的同事们在研究城市化与经济增长之间关系时得出的结论。① 他们使用了增长回归方法（专栏 8.19），即除了最初的平均收入和其他被视为决定长期收入的控制变量外，还根据生活在城市地区的人口的最初所占比重对经济增长率进行了回归。研究人员发现，一旦他们控制了初始平均收入和其他因素，一个国家居住在城市地区的人口的最初所占比重在统计学上并不能显著预测随后的经济增长率。这并不意味着促进人口城市化的政策具有独立的作用。

正如我们在第 8 章中了解到的，增长并不是减贫的全部。我们已经看到，较高的增长率往往伴随着更快的减贫步伐（尽管在很大程度上取决于收入和非收入两个方面的分配）。我们也了解到，部门增长模式很重要。一些部门对减贫的影响比它们对总体增长的直接贡献更为明显。为了说明这一点，让我们考虑一下世界上人口最多的两个国家（中国和印度）最近的发展道路。

我们看到，中国在消除绝对贫困方面取得了巨大进展（专栏 8.17）。显然，区域和部门增长模式发挥了重要作用。与大多数发展中国家一样，中国农村地区的生活水平往往较低，(如前所述）中国农村和城市之间的差距特别大。1980 年前后，市场化改革进程开始不久，中国农村贫困人口大约是城市的十倍。② 因此，农村经济的改革是非常重要的。

1980 年以来，农村经济的增长是中国成功脱贫的主要原因。③回顾 1981 年以来的一段时期，人们发现中国农村经济增长对贫困的影响远远高于城市经济增长。同样，第一产业（主要是农业）的增长比第二产业（主要是制造业）或第三产业（主要是服务业）的增长在减少贫困方面做得更多。事实上，从全国范围内对贫困的影响来看，中国第一产业增长

① 见大卫·布卢姆等人（David Bloom et al., 2008）。

②③ 见马丁·拉瓦雷和陈少华（2007）。

的影响是第二产业和第三产业增长的四倍左右。[①] 中国的省级数据表明，几乎所有对贫困的增长影响都是通过第一产业发挥作用的。[②]

尽管中国在减少绝对贫困方面取得了成功，但也有人认为，中国本可以在消除贫困方面取得更快的进展。农村地区的平均收入和长期增长率也较低，导致中国城市和农村腹地（rural hinterland）之间的经济差异。自20世纪90年代中期以来，这一趋势尤为明显。同样，尽管在某些时期（包括20世纪80年代初），农业增长迅速，该部门的增长率后来趋于下降。有人预计，随着任何发展中国家经济的持续增长，农业在国民产出中的比重都将下降，但在中国，第一产业的表现相对较差（与其他产业相比），与20世纪80年代上半叶相比，这限制了中国（高）总体增长可能带来的减贫步伐。第一产业对中国农村发展产生的强烈外部性的迹象也表明，由于政策偏向于其他产业，可能导致总体效率低下。[③] 为了帮助评估产业不平衡在增长过程中的作用，设想各产业的总体增长率是相同的。这样的平衡增长将花费一半时间，即10年而非20年，使贫困发生率指数降至10%。[④]

中国的顺序大致是正确的：1978年改革期间最初关注的是农村部门，恢复农民动力（土地分配和价格）的土地改革对于确保可持续的扶贫发展道路至关重要。[⑤] 改革进程中的这一顺序在东亚其他国家似乎很重要。[⑥] 东亚以外的发展中国家似乎很少有人能正确地把握这一顺序，中国的经验对今天的非洲来说是重要的一课。[⑦]

下面讲一下印度的情况。我们已经回顾了过去和现在关于印度穷人从经济增长中获益多少的争论（第8.4节）。尽管在获得土地方面存在着很大的不平等，但较高的农业生产率总体上是减少贫困的。劳动力市场的传导效应（transmission effect）在这方面有所帮助。[⑧] 印度的经验并没有证明经典论点（如第1章所述）所表明的实际工资的长期刚性。尽管有令人鼓舞的迹象表明，自20世纪90年代以来，出现了一个更加有利于穷人的非农业增长过程（第8.4节），但城市经济增长并没有像20世纪50年代印度早期规划者所希望的那样大有帮助。向穷人提供比目前更好的医疗和教育服务，对激发未来城市经济增长的潜力至关重要，也可以在印度的贫困问题上做出重大的贡献。20世纪90年代初，印度

---

① 见马丁·拉瓦雷和陈少华（2007）。这些结果是按行业增长率、按产出份额加权，并根据一段时间的贫困减少比例回归得出的。如果经济增长的构成不重要，那么不同份额的加权增长率系数将是相等的。相反，人们发现了巨大而显著的差异。具体细节参见：使用国家时间序列数据的马丁·拉瓦雷和陈少华（Ravallion and Chen，2007），使用省级面板数据的蒙塔尔沃和马丁·拉瓦雷（Montalvo and Ravallion，2010）。

② 见何塞·伽西亚—蒙拓尔沃和马丁·拉瓦雷（Jose Gacia-Montalvo and Martin Ravallion，2010）。

③ 见马丁·拉瓦雷（2005a）。

④ 见马丁·拉瓦雷和陈少华（2007）。

⑤ 鉴于中国经济的其他部分正在快速增长，中国可能会推迟对国有企业的改革。事实上，直到20世纪90年代末（土地改革开始20年后），中国才开始改革国有企业。一些观察家认为，这种情况应该更早发生。

⑥ 越南遵循了20世纪80年代后期的类似顺序；有关进一步的讨论，见马丁·拉瓦雷和多米尼克·范德沃勒（2008）。关于这个话题的早期文献在迈克尔·利普顿和马丁·拉瓦雷（1995）中讨论过。

⑦ 这些经验教训将在马丁·拉瓦雷（2009a）中进一步讨论。

⑧ 高瑞弗·戴特和马丁·拉瓦雷（1998a）证明了这一点。

走上了目前的改革道路，但在基本医疗和教育方面的成就与中国改革之时（10 多年前）相去甚远。印度在确保非农业部门的扶贫增长方面长期面临“人类发展障碍”（human development handicap）。就增长的产业构成而言，与中国相比，印度服务业的重要性也值得注意。如第 8.4 节所述，这可归因于在印度，获得农业用地的机会分配不太公平。

在全世界的发展思想中，“城市偏向”被认为不利于增长和减贫。① 20 世纪 70 年代和 80 年代曾努力重新确定发展政策的优先次序。世界银行行长罗伯特·麦克纳马拉（1973）在“内罗毕讲话”（在本次讲话中，麦克纳马拉行长创造了“绝对贫困”一词）中表明国际开发机构（international development institutions）正在努力重新确定发展政策的优先次序（第 2 章）。对于政府来说，“先跑后走”的快速工业化诱惑依然强烈，再加上获得资金和人类发展方面的巨大不平等，随后的增长道路无论是在增长还是（特别是）在减贫方面都令人失望。

不可否认，在贫困和迅速城市化的国家，新的城市问题可能会出现。正如我们所看到的，如果城市化的步伐是由城市劳动力市场的监管推动的，即内部高工资阶层能够将工资率保持在市场结算水平之上，那么城市化的步伐将是过度的。随之而来的城市失业将在农村部门和高工资城市部门（如专栏 8.9 中所述的哈里斯-托达罗模型）的劳动边际产出之间形成一个楔子。如果没有劳动力价格（工资）的扭曲，那么城市劳动力价格=农村劳动力价格=市场出清时的价格，但城市的边际产量大于农村，工资相等时，会造成城市劳动力效率低下，因此城市的产出会低于以前的产出，不平等和贫困将更高，从农村到城市的流动人口也会更多，我们在撒哈拉以南非洲的大部分地区看到了类似的情况。

然而，正如我们在第 8 章中看到的那样，各国随着时间的推移所取得的经验大体上符合这样一种观点，即生活在城市地区的人口所占比重不断上升，对全面减贫起到了积极作用。撒哈拉以南非洲是一个明显的例外，那里的城市化进程总体上并没有减少贫困。② 有趣的是，正是在这个地区的经验，激发了哈里斯-托达罗模型。非洲扶贫城市化进程很可能反映出该地区对城市劳动力市场的更严格监管，尽管农业政策可能也发挥了作用。该地区的农业生产力总体增长很少（远低于发展中国家其他地区）。③ 农业劳动生产率低下，导致非洲城市化进程不如其他地区有利于穷人。

以往的研究也指出了城市政策对农村减贫的潜在重要性。一些政策对城市经济更为重要，例如在正规部门工作的最低工资率（第 9.7 节将进一步讨论最低工资率）。许多关系到城市化进程及其给穷人（包括农村穷人）带来的收益的事情，都取决于市政府的行动（包括提供服务、运输、土地使用条例、土地所有权和法律保护）。但市政府通常只对其城

---

① 迈克尔·利普顿（1968，1977）在制定发展政策的早期就注意到了这些偏向。

② 马丁·拉瓦雷等人介绍了这一点（2007）。

③ 见世界银行（2007b），World Bank. 2007b. *World Development Report*: *Agriculture for Development*. Washington, DC: World Bank.

市选民负责。就其城市本身而言，市政府可能会投入很少的资源用于为其农村腹地带来外部利益的行动。事实上，一些在职的城市居民可能会因为帮助流动人口的政策而变得更糟。因此，过去的城市政策往往忽视了流动人口的需求，甚至给他们增加了额外的成本（包括货币和非货币），这并不奇怪。

农业和农村发展的作用

促进农业和农村发展的政策将继续在消除贫困方面发挥关键作用。第一个作用：鉴于世界上有这么多穷人仍然依赖农村经济，农村经济发展直接有利于穷人。第二个作用：通过吸纳农村劳动力扩大非农产业，帮助为城市经济发展创造更多的扶贫初始条件。一个营养不良、健康不佳、文化程度不高和易受伤害的农村人口将不能很好地为随着时间的推移而扩张的现代部门做出贡献并从中受益，第二个作用在过去的争论中经常被忽略。

9.2 土地政策

土地是全球穷人的主要非人力资本。土地权利的保障对他们的经济福利至关重要。传统上，土地使用权保障的定义是正式的、个人的、私有的所有权。

在通过土地所有权促进个人所有权方面，已经做出了许多努力（经常得到外部发展援助的支持），政府在努力对土地价值征税方面将获得预期的好处，在效率（通过更大力度的保有权保障和获得信贷以促进土地投资）和公平（尤其是在促进赋予妇女权能方面）方面也将获得预期的收益。① 人们也逐渐认识到，长期建立的社会制度在如何分配和使用土地方面发挥着重要作用。众所周知，在土著（习惯）土地保有制度中引入个人所有权时，促进个人所有权的努力所带来的好处是不确定的，这可能就是为什么这类努力有其预期好处的证据似乎好坏参半的原因。②

在不断增长和城市化的经济体中管理土地使用的变化是一系列特殊的挑战，其结果对全球穷人的生活至关重要。土地使用权有时在正式法律和行政程序方面界定不清（尽管如前所述，它们可能在当地习惯法中得到很好的界定）。同时，地方政府往往拥有土地使用权，当土地从农业用途转变为非农业用途时，很容易从土地价值的变化中分得一杯羹。为

---

① 关于问题带来的生产力收益，见格森·费德和雷蒙德·诺罗尼亚（Gershon Feder and Raymond Noronha, 1987）、理查德·巴罗斯和迈克尔·罗斯（Richard Barrows and Micael Roth, 1990）、蒂莫西·贝斯利（1995a）和克劳斯·丹宁格（Klaus Deininger, 2003）。

② 琼·恩斯明格（Jean Ensminger, 1997）讨论了肯尼亚私有财产权与习惯规范和制度之间的冲突。克劳斯·丹宁格（2003）回顾了证据。斯坦因·霍尔登等人（Stein T. Holden et al., 2009）最近的一项研究表明，土地所有权在提高生产力方面取得了成功。哈南·雅各比和巴特·明顿（Hanan Jacoby and Bart Minten, 2007）找出了影响很小或没有影响的例子。

城市扩张基础设施、城市住房和新企业以及采矿企业的大型基础设施项目（如水坝）划拨农业用地，使当地有权势的政府和机构与全球发展中经济体的农村人口形成了对立。生活在城市扩张区或矿产资源丰富地区的贫困农民容易受到伤害。在冲突后环境中，土地争端也很常见。土地冲突已引起整个发展中世界媒体和学术界的关注。①

成功应对这些挑战需要中央政府努力保障和保护农村人口的合法权利，并确保土地征用的公平补偿。这并非易事，因为中央政府官员和司法部门可能也会分享土地使用变化产生的租金。动员当地居民站出来维护自己的（正式的或习惯的）权利，可能对发展对当地精英的反补贴力量至关重要。在外部，援助捐助者对这些问题变得更加敏感，并要求受援国政府做出适当保证，作为资助需要土地征用和流离失所的项目的条件。在全球一级，2005 年新成立的政府间机构联合国建设和平委员会（Peacebuilding Commission）以及随后的联合国报告和准则为冲突后局势中的自然资源管理提供了指南。

土地政策及其对贫困的影响，在从社会主义计划经济（socialist command economies）向市场经济（market-based economies）转型的国家中一直备受争议。从社会主义农业向家庭农场模式转变，中越两国农业生产力都有了显著提高。当农民获得更接近其劳动边际产量（而非社会主义集体农业模式中的平均产量，专栏 1.4）时，生产激励措施大大增强。这项政策改革既有效率又有利于穷人。

更严峻的挑战是如何处理农地使用权（agricultural land rights）问题。20 世纪 90 年代，越南通过土地法，采取了引入土地使用权市场基本要素的步骤。② 这些改革引起了广

---

① 凯瑟琳·布恩（Catherine Boone，2014）描述了非洲的许多例子。约翰·恩鲁和罗德里·威廉（John Unruh and Rhodri William，2013）描述了世界上 17 个国家冲突后的土地纠纷。

② 1993 年的土地法引入了官方土地所有权，并允许土地交易，这是共产党执政以来的第一次。为了适应革新开放形势的需要，1993 年 7 月，越南国会审议通过第二部《土地法》，核心内容为：（1）明确界定土地使用权的五项权能：转让权、交易权、出租权、继承权、抵押权。转让权是指从事农业、植树造林的家庭户、个人在如下条件下可以转让土地使用权：移居他处者、转移行业者以及不可能直接劳动者。交易权是指国家交给个人经营土地使用权在不改变土地用途的条件下可以进行买卖。继承权是指国家交给个人经营农作物生长期短的农业地、水产养殖业地，其使用者死亡后，继承者须根据财产继承法的规定继承。家庭户中的成员，如有死亡者，则其他成员有权继续使用。若家庭户成员全部死亡，无继承人，国家收回土地。抵押权是指农业地、林业地的使用者有权在向国家批准的国家银行、越南信用组织机构借贷生产时，把土地使用权作为抵押。因生产和生活的需要可向越南国内的经济组织机构、个人抵押宅地，借贷款项。出租权是指土地使用者由于鳏寡孤独、生活困难、转换行业而生活不稳定或缺少劳动力时，可以把土地出租给他人进行生产，期限不能超过 3 年。情况特别困难者，租期可延长，由政府规定。（2）分类规定农地使用权期限和农地面积的分配限额。根据种植作物的生长周期长短，规定土地使用期限，其中，一年生作物和水产业为 20 年；多年生作物为 50 年。期满时，如果土地使用者有继续使用的需求并在使用土地的过程中正确执行土地法则，国家可交其土地继续使用。根据土地资源禀赋的区域差异性，对农户获得的农地面积限额进行相应的规定，其中，一年生作物在北方和中部最多为 2 公顷；南方省份最多为 3 公顷；多年生作物在平原地区最多为 10 公顷，中部和山地最多为 30 公顷。（3）分区域划定农户宅基地使用权与面积。在农村的每个家庭户可以按照政府对不同地区的规定使用建筑住宅的土地，但不能超过 400 平方米，对有多代同堂习惯的地方或自然条件特殊的地方，住宅面积可以更高，但不能超过本地区水平的两倍。土地仍然是国家的财产，但使用权可以合法转让、交换、抵押和继承。1998 年 12 月，越南国会对第二部《土地法》进行修改和补充，规定直接从事农业、林业、水产养殖以及制盐，并且其主要收入来自这些活动的农户及个人可以免费获得土地配置。扩大了土地使用者的权利。土地使用期限最长延至 70 年。同时规定，土地使用权的转换仅限于农业用地和林业用地。1998 年通过的一项（备受争议的）决议，取消了对土地保有量和雇用农业劳动力的限制。——译者注

泛的争论，人们担心，随着贫困农民出售土地，将出现一个贫困的农村无产阶级，并且很快就会加入城市贫民的行列。类似的担忧在中国已经足够令人信服，足以阻碍此类改革。马丁·拉瓦雷和多米尼克·范德沃勒仔细研究了越南的这些改革，并将其与中国进行了比较。[①] 发现越南的《土地法》改革更有利于减贫。越南更激进的允许自愿交换的做法在土地分配的演变中发挥了重要作用，但并没有产生那些赞成中国行政划拨土地模式（model of administrative land allocation）的人所预测的可怕后果。从相对公平的土地分配开始，越南相对自由的交换并没有结束农村人口的危险和贫困，尽管（如同任何重大政策改革一样）有受损者和受益者。此外，越南的经验表明，效率的提高并非一蹴而就，很可能需要很多年才能实现。但收益是可以预期的（包括穷人的收益）。

土地（或土地使用权）缺乏自由市场，也可能使农民在没有适当补偿的情况下面临土地行政重新分配的风险。对于生活在中国快速扩张的城乡接合部的贫困家庭来说，这是一个严重的问题。城乡接合部的价格在非农地使用权和农民补偿费之间存在较大的差距（由此产生的地方财政收入可用于支出，显然并非所有收入都符合公共利益）。农业用地市场的缺乏也有可能降低城市扩张用地的获取成本，这鼓励了一种更低密度的城市化形式，运输成本更高，污染更严重。[②]

正如第 10 章进一步讨论的那样，土地在直接干预消除贫困方面也发挥了重要作用。

 9.3 医疗政策

对穷人和许多其他人来说，健康不良及其治疗是令人关切的问题。[③] 随着平均收入的提高，国家一级的医疗成果往往会有所改善（见第 7 章）。尽管更高的收入会带来更好的健康结果，这似乎是有道理的，但如果说经济增长才是最重要的，那就过于简单化了。一方面，因果关系无疑是双向的：较高的平均收入可以改善健康状况，进而提高生产率和未来收入（回顾第 8 章，人们常常发现，更好的教育和健康既能提高总体增长前景，又有助于确保增长是减贫的）。另一方面，在给定的平均收入下，健康结果有很大的差异。健康和收入之间的关系是由其他因素（包括医疗政策）调节的。[④]

事实上，跨国健康与收入的相关性可能是虚假的，因为它可能反映出与平均收入相关

---

① 见马丁·拉瓦雷和多米尼克·范德沃勒（2008）。

② 有关进一步的讨论，见《经济学人》(2015)，Economist. 2015. "The Great Sprawl of China." *The Economist*, January 24.

③ 在定性研究中，穷人经常提到健康问题，见迪帕·纳拉扬和帕蒂·皮特施（Deepa Narayan，Patti Petesch，2002）。迪帕·纳拉扬和帕蒂·皮特施，著. 崔惠玲等，译. 在广袤的土地上（*From Many Lands*）. 中国人民大学出版社，2014.

④ 阿马蒂亚·森（1981b）在指出这一变化和斯里兰卡的具体例子方面具有影响力。苏迪尔·阿南德和马丁·拉瓦雷（1993）对本案做了进一步分析。

的其他遗漏变量，例如绝对贫困的发生率、人力资本和获得关键社会服务的机会。穷人往往健康状况较差（正如我们在第7章中看到的）。而且（正如我们在第8章中了解到的），较高的平均收入往往意味着更少的穷人。如果经济增长超过了穷人，那么随着经济增长，平均健康结果的增加可能是微乎其微的。更高的平均收入也为更好的整体医疗服务创造了更多的资源，包括通过政府提供的税收资助。在这些因素的控制下，平均收入本身的重要性可能远低于简单相关分析所得出的结果。

有证据支持这一观点：马丁·拉瓦雷和苏迪尔·阿南德（Sudhir Anend）控制政府医疗支出和跨国回归中的贫困率时，以前一个国家的人均收入与其健康结果之间的密切关系变得更加薄弱。[①] 这并不是说经济增长与更好的健康结果无关，而是说，经济增长必须伴随着更少的贫困和更好的医疗服务，特别是对穷人而言，这样才能在总体健康结果方面取得重大进展。问题是如何分配收入收益和如何使用收益，同时认识到需要私人和公共支出的能力来实现更好的整体健康。有许多相对低成本、高效率的方法来改善医疗保健。[②] 各国（中国、哥斯达黎加、古巴、马来西亚、韩国和斯里兰卡）已经证明，即使在平均收入较低的情况下，也可以做到这一点。[③]

营养方面也有类似的说法。在不健康的环境中，仅仅用额外的收入来获取额外的热量对营养状况几乎没有帮助。健康环境需要改善，但是，单靠个人无法做到，通常需要政府在饮用水和卫生等关键领域做出努力（我们将在下一节中再讨论）。当公共部门破产时，穷人的额外收入可能对保证更好的营养作用甚微。

公共部门在医疗服务中的作用一直备受争议。公共融资几乎在所有地方都发挥着重要作用，但国家医疗体系在政府直接参与提供服务的程度上有所不同。越来越多的人认为这是私营部门的作用，人们普遍认为私营部门是一个效率更高的提供者，尽管也有证据表明私营部门的供应效率低下。[④] 这超出了本书讨论的范围。

医疗保健融资中的一个问题（无论是公共的还是私人的）在这里是非常相关的，即贫困用户为他们的服务支付多少费用。在富裕国家和贫困国家，医疗设施和保险公司向所有用户，包括穷人收取费用是很常见的。自从"使用者付费"（user fees）在20世纪80年代开始流行以来，这一直是一个备受争议的话题。批评人士认为，这类费用阻碍了使用，尤其是穷人，即使是看似不高的费用也会让他们望而却步。它们还指出了健康中常见的外部因素，特别是与传染病有关的外部因素：当一个人的医疗保健有外部效益时，就有理由对

---

① 见苏迪尔·阿南德和马丁·拉瓦雷（1993）。另见贝努·比达尼和马丁·拉瓦雷（1993）的进一步分析。

② 例如，为幼儿补充营养，教授基本的卫生实践，如喝开水、排便通畅、口服补液疗法、促进生殖保健和母乳喂养。

③ 桑托什·迈赫罗特拉和理查德·乔利概述了这一问题和一些案例研究。Mehrotra, Santosh, and Richard Jolly, eds. 1997. *Development with a Human Face: Experiences in Social Achievement and Economic Growth*. Oxford: Clarendon Press.

④ 这一广为接受的观点似乎并不像一个概括那样站得住脚；见考希克·巴苏等人（2012）对过去100多个发展中国家研究的回顾。效率低下似乎是常见的两种交付模式。

价格进行补贴。使用者付费的捍卫者声称，如果使用者不支付全部费用，医疗保健将有过度使用，使用者付费产生的收入有助于支持更好的医疗质量。一些政策顾问（包括世界银行）辩称，使用者付费是为医疗和其他服务提供资金的一个必要的条件，付费所允许的更高服务质量的正面影响超过了对需求的负面影响。毫无疑问，使用者付费收入在多大程度上返还给医疗机构，关系到医疗保健的结果。批评使用者付费的人士担心，产生的收入不会反馈给更好的服务，而是用于其他方面。

消费者需求的基本经济模型（如专栏3.1所述）没有提供任何有力的预测，即穷人是否比其他人更能对价格上涨做出反应。专栏9.1进一步解释了这一点。因此，这是一个实证问题。

专栏9.1　穷人对价格变化的反应有所不同？

回顾专栏3.1。现在假设我们有两种类型的消费者，“穷人”和“富人”，他们有相同的偏好（尽管这不是必需的），但收入不同。两者面临相同的价格。具体地说，让商品现在被称为“保健品”和“食品”。保健品的价格上涨（更高的使用费），没有其他变化。

设 y^R 和 y^P 分别表示富人和穷人的收入，p_0 和 p_1 分别是医疗保健的初始和最终价格，$p_0 < p_1$。医疗保健的最大可负担水平是收入除以服务价格（当没有消耗其他东西）。因此，我们认为：

$$\frac{y^R - y^P}{p_0} > \frac{y^R - y^P}{p_1}，\text{这意味着} \frac{y^R}{p_0} - \frac{y^R}{p_1} > \frac{y^P}{p_0} - \frac{y^P}{p_1}$$

因此我们看到，当价格上涨时，富人所能获得的最大医疗保健水平的下降幅度必然大于穷人。然而，穷人所选择的医疗保健水平可能会下降更多。

图9.1显示了这一点。粗线为初始预算线和无差异曲线，虚线为涨价后的预算线和无差异曲线。在这种情况下，富人的医疗保健消费变化不大（只有食品消费下降）。但是，已经缺乏医疗保障的穷人现在选择的价格甚至比涨价前还要低，他们更愿意维持自己的食品消费。

请注意，这只是一种可能性。读者可以很容易地验证，甚至可以绘制一组不同的无差异曲线，从而得出相反的结果：富人医疗保健使用量的下降幅度更大。大多数读者可能不认为这是合理的，这反映了一个关于偏好的隐含假设，即无差异曲线看起来与图表中的曲线类似。这就是为什么我们说这是一个经验问题。

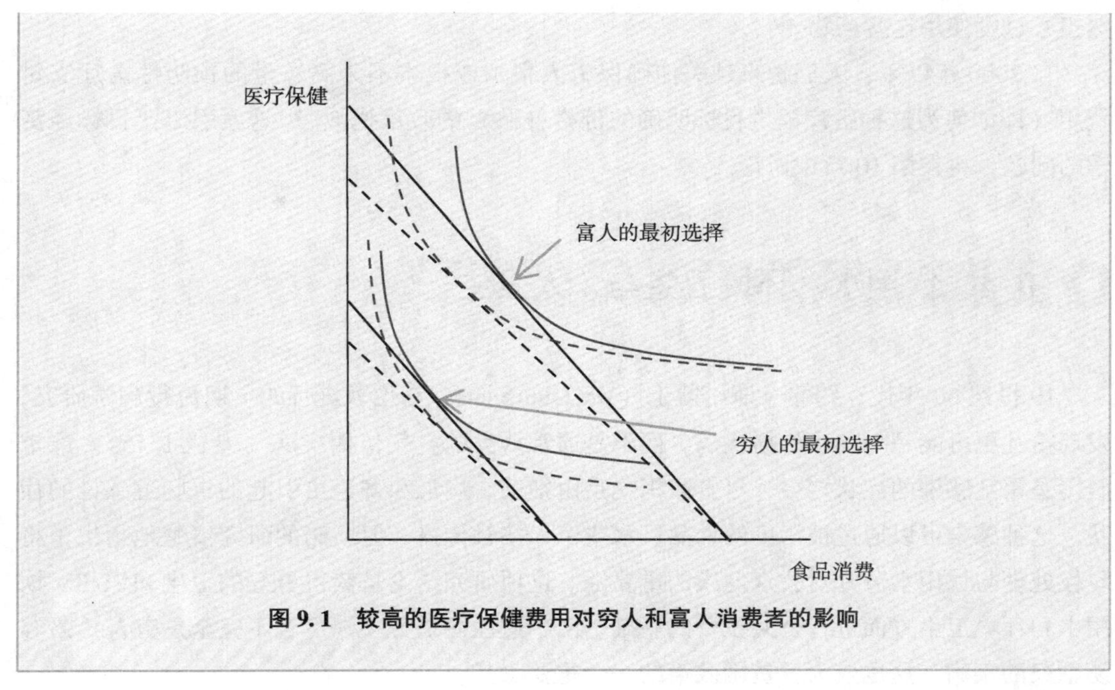

图 9.1 较高的医疗保健费用对穷人和富人消费者的影响

对食品需求的研究表明，贫困消费者对价格的反应更为强烈。[①] 在医疗保健需求方面，保罗·格特勒和雅克·范德加（Paul Gertleri and Jacques van de Gaag）为世界银行进行的一项重要的早期研究，利用了最小二乘法对科特迪瓦和秘鲁的调查数据，结果表明，贫困家庭对价格的反应要快得多，使用者付费降低了他们的健康结果。[②] 从那时起，其他证据表明，贫困家庭可能对价格反应非常灵敏。例如，在肯尼亚，即使是一笔不高的费用也会导致驱虫药物的服用量大幅度下降。[③] 相反，取消使用者付费改善了南非贫困儿童的营养状况（按年龄测度的体重），尽管男童的营养状况比女童的好。[④] 有人认为，穷人往往对预防性护理（preventative care）的价格特别敏感，预防性护理是一种经常与巨大外部性联系在一起的护理。[⑤]

根据这项新的研究，如今决策者更担心的是穷人得不到他们所需要的预防性医疗，而不是他们会过度使用补贴医疗。[⑥] 与此同时，在一些药物得到大量补贴的情况下，人们仍

---

① 早期的贡献是彼得·蒂默（C. Peter Timmer，1981），彼得·蒂默是美国全球发展中心研究员，曾任哈佛大学、康乃尔大学、斯坦福大学等著名大学的教授。彼得·蒂默研究收入补充弹性是否下降，研究了穷人在食物价格上升时如何在食物类中选择。——译者注

② 见保罗·格特勒和雅克·范德加（Paul Gertler and Jacques van der Gaag，1990）。关于政策问题的最近讨论，见布鲁诺·米森等人（Bruno Meessen et al.，2006）和帕斯卡利娜·迪帕（Pascaline Dupas，2014）。

③ 见迈克尔·克雷默和爱德华·米格尔（Michael Kremer and Edward Miguel，2007）。

④ 见田中茂（2014）。

⑤ 见帕斯卡利娜·迪帕（2014）。

⑥ 见帕斯卡利娜·迪帕的随机对照试验证据审查（2014）。

然担心过度使用这些药物。①

自2000年以来，人们越来越关注确保穷人很少或根本不为高质量的预防性医疗支付费用（即如何为这种医疗提供目标明确的价格补贴）的政策挑战。② 这就引出了目标经济学的问题，将在第10章中讨论。

9.4 饮用水、环境卫生与个人卫生

19世纪50年代，约翰·斯诺博士（Dr. John Snow）在伦敦进行的早期流行病学研究，发现霍乱更可能是一种水传播疾病，而不是通常认为的空气传播疾病（专栏1.15）。严重腹泻是霍乱感染的症状之一，尽管腹泻也是由细菌、病毒和寄生虫引起的胃肠道感染的症状。这种感染可以通过被污染的食品、水或个人接触传播，但斯诺的研究清楚地指出了将垃圾处理与饮用水分开对公众健康的重要性。这项研究结论是获得更好的卫生知识和对饮用水和环境卫生方面进行公共投资的基础。由于这往往是穷人（尽管不完全是穷人）最容易感染的疾病，这也成为反贫困政策的一个重要工具。

腹泻在世界上仍然很常见，儿童是其主要受害者。据估计，2011年有70万5岁以下儿童因腹泻死亡，约占5岁以下儿童死亡人数的10%。③ 2岁以下儿童死亡超过2/3。这不仅是对生病的担忧，腹泻被认为是导致儿童发育不良的原因。④

有很多研究表明可以预防和治疗腹泻，还有肺炎（2011年导致130万儿童死亡）。⑤ 母乳喂养婴儿可降低腹泻和肺炎的发病率和严重程度。也有针对这两种疾病共同原因的有效疫苗。口服补液盐已被证明对治疗腹泻有效。已经确定了改善饮用水、环境卫生和个人卫生的干预措施。在社区一级遵循健全的标准化鉴定和治疗方案也能大有裨益。

儿童腹泻发病率高通常是健康环境普遍差的一个症状，饮用水和卫生基础设施差是一个共同特征。改善基础设施可以带来巨大的健康收益。19世纪末和20世纪初，美国城市地区儿童死亡率急剧下降，其中一半或更多原因是广泛获得了清洁用水即饮用水和污水处

---

① 见杰西卡·科恩等人关于疟疾治疗的证据。Cohen, Jessica, Pascaline Dupas, and Simone Schaner. 2015. "Price Subsidies, Diagnostic Tests, and Targeting of Malaria Treatment." *American Economic Review* 105 (2): 609-45.

② 在某些情况下，价格补贴伴随着用于支付运输和其他费用的援助。例如，见布鲁诺·米森等人（Bruno Meessen et al., 2006）对柬埔寨卫生基金的讨论。

③ 见沃克·费舍尔等人。Fischer Walker, Christa, Igor Rudan, Li Liu, Harish Nair, Evropi Theodoratou, Zulfiqar Bhutta, Katherine L. O'Brien, Harry Campbell, and Robert E. Black. 2013. "*Global Burden of Childhood Diarrhoea and Pneumonia*." Lancet 381: 1405-1416.

④ 在这一点上，让·汉弗莱（Jean Humphrey, 2009）回顾了流行病学证据。

⑤ 见世界卫生组织（2013a）和祖尔菲卡尔·布塔等人（Zulfiqar A. Bhutta et al., 2013）。

理技术。[①] 尽管所有儿童都易受健康环境不良的影响，但那些来自贫困家庭的人往往受影响最严重，这似乎是有道理的。

公共项目扩大了发展中国家获得饮用水的机会。这似乎和 100 多年前在美国产生的影响不一致。评估表明，改善供水本身不太可能带来多大好处。对多项评估的研究表明，更有效的干预措施侧重于保护或处理水源或用水点的饮用水以及改善环境卫生与个人卫生习惯。[②]

对这一更广泛的方法的支持也来自肠病存在的论据和证据，其中不良的健康环境（包括不良的饮用水和环境卫生）被认为是慢性营养不足的重要原因。众所周知，生活在不良健康环境中的儿童（特别是常有大便的地方）经常摄入粪便细菌会减少营养吸收，从而导致更高的发育迟缓率（即使不存在腹泻）。[③] 因此，不良的基础设施会通过长期营养不足而使贫困长期存在。

这说明了在第 6 章中提出的观点，干预之间有时会产生强烈的交互作用，因而单独干预可能是无效的。这一事实可以在标准的“一次性”评估（one-at-a-time evaluations）中隐藏起来。获得自来水与私人健康投入交互作用，如卫生水储存、沸水、口服补液疗法、医疗、卫生和营养。在公共和私人投入的正确结合下，腹泻病几乎是完全可以预防的，但是，在收入和教育方面的行为和不平等发挥了重要作用。公共投入（如使用自来水网）既可以取代父母选择的私人投入，也可以与之互补。即使有儿童健康福利（考虑到父母的支出效应），在允许父母对贫困做出反应的情况下，这些收益也可能绕开贫困家庭中的儿童。

例如，如果自来水增加了父母在孩子健康上花费更多的边际健康收益，而这种花费是正常的，那么自来水的健康收益将随着收入的增加而增加，这在先验的基础上是不可信的。发展中国家农村地区的自来水比许多替代水源更安全，但往往需要煮沸或过滤并妥善储存才能安全饮用。对于一个贫困的家庭来说，这可能是一个负担。贫困或教育程度低的母亲可能不知道或不了解所需的额外预防措施，或可能理性思考之后认为可以更好地利用所需的时间和金钱，为自来水提供这种补充投入。

有证据表明，向儿童健康提供私人投入取决于儿童家庭的社会经济特征。据估计，20 世纪 90 年代，印度农村地区最贫困的 1/5 家庭（按综合财富指数计算）中约有 80%的人

---

① 见大卫·卡特勒和格兰特·米勒（David Cutler and Grant Miller，2005）。分析依赖于第 6 章中讨论的差分估计方法，利用美国各城市技术选择的时间差异。

② 见休·瓦丁顿等人（Hugh Waddington et al.，2009）、艾利克斯·彼得森·兹旺和迈克尔·克雷默（Alix Peterson Zwane and Michael Kremer，2007）。

③ 见让·汉弗莱（2009）对生物医学证据的回顾。迪恩·斯皮尔斯（Dean Spears，2013）报告指出，印度儿童发育不良率异常高的主要原因是该国的随地便溺发生率很高。他发现，各国之间的相互关系仍然与人均 GDP 的控制有关。杜德利·西尔斯（Dudley Seers）无法控制收入分配的差异；人们可能还需要控制贫困的发生率，以确定随地便溺（可能与贫困相关）对儿童身高的影响（苏迪尔·阿南德和马丁·拉瓦雷，1993；贝努·比达尼和马丁·拉瓦雷，1997）。

在孩子腹泻时没有使用口服补液疗法，而最富有的1/5家庭只有50%。[①] 同样，最贫困的1/5人口中约有一半没有就医，而最富有的1/4人口没有就医。也有证据表明，父母的教育，尤其是母亲的教育，对儿童的健康结果很重要，[②] 究竟是正规教育，还是通过其他教育方式（如与他人互动）获得的知识，都是一个未知数。例如，一项研究发现，在系数大小和统计显著性方面，父母在认知测试中的得分对肯尼亚儿童发病率有很强的影响；母亲得分比父亲得分更能预测儿童发病率。[③]

从流行病学的角度来看，与自来水网相连对穷人的影响可能很有限。收入贫困和缺乏教育和知识限制了改善水基础设施可能带来的健康收益。即使设施布局有利于穷人，健康收益率也不一定有利于贫困家庭的儿童。

有证据支持这一论点。一项关于印度通过使用自来水获得的儿童健康收益的研究发现，使用谨慎的倾向性得分（propensity score）匹配平衡使用自来水的村庄与未使用自来水的村庄的可观察到的协变量，贫困和母亲教育对儿童健康存在较强的交互影响（专栏6.3）。事实上，这项研究发现，在贫困家庭中，饮用自来水对健康的好处很大程度上绕过了儿童尤其是当母亲教育水平低的时候。这些调查结果表明，必须将水基础设施投资与有效的公共行动结合起来，以推广卫生知识和减少收入贫困。

环境卫生与个人卫生项目在发展中国家已广泛开展。一个典型的项目需要一个经过巡回培训的环卫推广员走访村庄，宣传改善饮用水和环境卫生做法的好处（包括使用厕所），并经常与公厕建设补贴相结合。社会蒙羞（social shaming）一直是这些干预措施的一部分，这些干预措施旨在利用社会压力和同伴监督的力量，确保行为改变。其中一个干预措施是印度的无露天排便项目（Open-Defecation Free project），大约一半的人口在户外排便。[④] 在印度奥里萨邦进行的一项将补贴和蒙羞相结合的此类干预措施的随机对照试验发现，包括相对贫困的人在内，此类干预措施对厕所的使用有重大影响。[⑤] 在马哈拉施特拉邦的另一个随机对照试验中，发现类似的干预措施显著降低了儿童发育迟缓（低年龄段身高）的发生率。[⑥]

9.5 教育政策

对本书的大多数读者来说，要完全理解一个没有文化的人在社会和经济上是如何丧失能力的可能并不容易。没有文化的人限制了传统自给农业以外的大多数就业机会，甚至限

① 见戴维森·格瓦特金（2000）。

② 约翰·施特劳斯和邓肯·托马斯提供了一项调查。Strauss, John, and Duncan Thomas. 1998. "Health, Nutrition and Economic Development." *Journal Of Economic Literature* 36（2）：766-817.

③ 见阿洛克·巴尔加瓦（1999）。

④ 见迪恩·斯皮尔斯（2013）。

⑤ 见苏布伦杜·帕塔纳亚克等人（Subhrendu K. Pattanayak et al., 2009）。

⑥ 见杰弗里·哈默和迪恩·斯皮尔斯（Jeffrey Hammer and Dean Spears, 2013）。

制了人们寻找提高农业生产率的方法的能力。[①] 它还妨碍人的身体和社会流动，使人更容易在经济生活的各个领域屈从于他人的意志和受到剥削。正如我们在最后一节所看到的，教育（特别是母亲教育）确保穷人从基础设施中获得更大的收益。

与健康一样，教育成果往往随着经济增长而改善。与学校教育一样，收益的分配和产业政策也很重要。发展中国家往往看到教育成果的改善。但这并不意味着增长才是最重要的。一项对摩洛哥和越南平均教育收益的研究发现，一个远比经济增长本身更重要的因素是增长和分配变化如何影响学校教育的结构。换言之，总收益在社会中是如何花费的，似乎远比收益的多少重要得多。[②] 公共政策显然在这种结构变化中发挥了作用。

正如我们在第 7 章中看到的，来自贫困家庭的儿童往往受教育程度较低，识字率较低。这种教育上的经济梯度几乎一直持续到今天，长期以来，人们一直认为贫困会世代延续。[③] 为了避免收入不平等加剧，可能需要努力确保贫困家庭充分参与教育水平相对较低国家的教育收益。因此，可以促进贫困儿童就学的政策可以被视为一个重要的社会政策理念，它可以提高公平和效率以及可以让人们永远摆脱贫困。

为什么贫困家庭的孩子受教育更少?

有人责怪父母：根据这种观点，贫困持续存在，因为贫穷的父母看不到上学的价值。作为一种观点推广，这似乎是无效的。贫困的父母通常理解上学的好处，因为他们可以亲眼看到教育为未来所提供的更好生活。态度调查（attitudinal surveys，如调查小组 1999 年对印度学历低的邦所做的调查）表明即使是贫困的父母也有充分的愿望让他们的孩子上学。在公立学校质量低劣的地方，家长转而求助于私立学校和家教。

父母的态度似乎不可能成为当今贫穷国家教育不平等的重要原因，但事实上，男孩的求学愿望往往比女孩的更强烈。但这里的问题也比单亲家长的态度更严重。择校中的性别偏见可能反映了劳动力市场对妇女的歧视，降低了女孩入学的预期回报。还涉及外部因素（见专栏 1.9）。在许多国家，女孩结婚后，会离开父母的家，甚至离开村庄，定居在丈夫的家中，因此女孩的父母可能不会期望从投资女孩的学校教育中获得长期的个人收益，这种投资所带来的好处很大程度上并不取决于真正做决定的父母。

还有一个重要的，但往往被忽视的社会因素。例如，对于印度，调查小组（1999）指出：当被问到为什么他们的女孩从不上学时，一些家长只是简单地说“我们社区的女孩都不上学”，换句话说，他们遵循的是他们认为的一种社会规范。有人接着说，如果其他父母送女孩上学，他们也会送女孩上学。

---

① 这是西奥多·舒尔茨几十年来研究的问题，见舒尔茨（1981）。

② 见彼得·兰伯特等人（Peter J. Lambert et al.，2010）。

③ 加里·斯坦利·贝克和奈杰尔·托姆斯（Gary Stanley Becker and Nigel Tomes，1979）、格伦·劳瑞（Glenn C. Loury，1981）提出了用这种方法传递不平等的代际经济模型。

父母个人很可能渴望让自己的女孩上学，但这需要解决一个集体行动的问题（collective action problem）。当女孩在学校受虐待时（特别是当她们很少上学的时候），我们可以很容易地理解这个问题。上学的女孩会产生（非货币上的）"骚扰成本"，当学校里其他女生少的时候，产生骚扰成本的比例可能会更高。当她们只占少数时，女孩更容易被挑逗和骚扰（在学校或上学的路上），导致她们学习不愉快甚至面临危险。在学校里，包括教师和其他学生对女孩的性暴力行为是令人震惊的普遍现象，而不仅仅是在发展中国家。[①] 家长们知道，骚扰有发生，人多势众，人多则无患，数量意味着安全（there is safety in numbers）。专栏 9.2 解释了很少女孩上学的社会规范是如何成为一个稳定的"坏均衡"的。如第 10 章进一步讨论的那样，从"坏均衡"转向"好均衡"可能需要一个重大的激励。

从历史上看，上学的便利性（physical accessibility to schools）一直是许多贫困家庭的一个制约因素，尽管考虑到为建设学校所做的努力，这一点在当今大多数国家已经变得不那么重要了。例如，到 1993 年，印度 94%的农村家庭与学校的距离在一公里以内，而中学则下降到 57%。[②] 证据并不表明上学的便利性是贫富差距的一个主要因素。[③]

专栏 9.2　对反对女童上学的社会规范的经济学解释

为了从经济角度理解社会规范，我们可以假设，个别父母会权衡送每个女孩上学的收益和成本。预期收益各不相同。为了简化分析，我们可以假设收益是均匀分布的，这意味着所有收益水平都是相同的。当很少有其他女孩上学时，还有一种"骚扰成本"发生在上学女孩的身上，家长们知道这一成本。

费用变化也起作用。假设一个女孩上学的预期费用取决于去年适龄女孩的入学率（S_{t-1}）。当没有女孩上学时，费用高得吓人，但去年女孩入学率下降得更高。起初，这项费用一点也没有下降，但一旦达到女孩受教育率的某个临界水平（S^*），就开始迅速下降，在大多数人上学时降至零（参见图 9.2 右图）。当没有女孩上学时，费用肯定会超过预期收益，而当所有女孩都上学时，预期成本肯定会低于预期收益。一个似是而非的假设是，当预期收益扣除成本后为正（负）时，女孩的入学率上升（下降）。

---

① 见世界卫生组织（2002，第 6 章）。

② 见调查小组报告。Probe Team. 1999. *Public Report on Basic Education in India*. New Delhi：Oxford University Press.

③ 见德翁 · 菲尔默的模拟。Filmer，Deon. 2007. "If You Build It，Will They Come? School Availability and School Enrolment in 21 Poor Countries." *Journal of Development Studies* 43（5）：901-928.

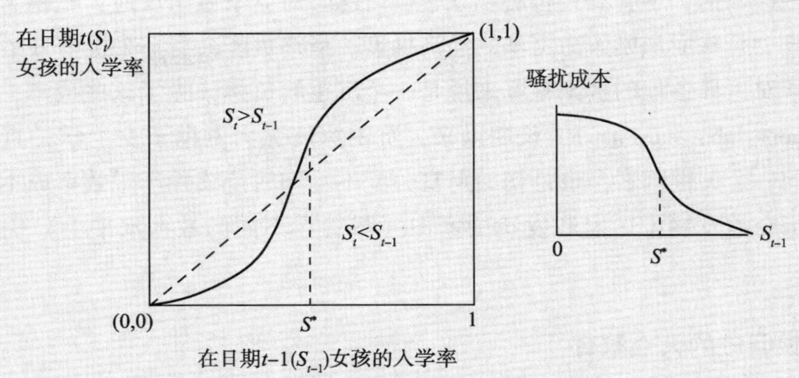

图 9.2　女孩教育的多重均衡

使用第 8 章中描述的方法，现在可以清楚地看到，这个模型有两个稳态平衡：一个没有女孩在学校上学，另一个所有女孩都在学校上学，如图 9.2 所示。考虑到费用起初只是缓慢下降，但经过一段时间后是凹的，今年的入学率与去年的入学率之间的关系从下开始是凸的。也有一个中等稳态解但不稳定。

从（0，0）的坏均衡中解脱出来是很困难的。雇用更多的女教师可以有所帮助，尽管考虑到很少有女孩上学，在当地可能很难找到她们。对受教育女孩的补贴可以有所帮助；我们在第 10 章讨论有条件现金转移时再回到这一点。

这是协调失灵的另一个例子。如果所有的父母都聚在一起，同意把他们所有的女儿送到学校，那么就可以达到理想的均衡。

不过，也有一些重要的条件。首先，即使上学的便利性（实际距离）不是一个制约因素，也可能存在阻碍进入的社会障碍。例如，在印度，一个村庄内种姓分化会造成这样的障碍。女孩在地理上的流动性往往较低，因此即使是很近的距离也可能成为障碍。女童上学往往受到一些因素的制约，例如学校没有指定的女童厕所、女教师很少，以及对性暴力的恐惧。

其次，如果学校质量不好的话，实际入学机会就无关紧要了（例如甚至老师们没有来上课，他们也能得到报酬）。在印度，调查小组记录了在对学校的教师进行突击抽查时，他们的实际教学活动水平明显较低；只有 1/4 的班主任真正在教书，1/3 的班主任缺勤。有效教学时间仅为每个学生每年 6 小时。自 2000 年以来，印度一些地区的基础设施和教师出勤率都有所改善，但教育质量仍然是印度许多地区的一个主要问题。[①] 一些国家文献已经记载了类似的问题。[②] 为了通过促进竞争来提高学校质量，例如与私立学校的竞争，

① 见调查小组报告。Probe Team. 2011. Probe Revisited. New Delhi：Oxford University Press.

② 见世界银行报告。World Bank. 2004b. *World Development Report*：*Making Services Work for the Poor*. New York：Oxford University Press.

已经采取了一些举措，尽管有人担心私立学校可能会对竞争做出反应，把精力集中在富裕家庭的孩子身上，从而加剧人力资本的经济梯度。最终可能会有一个折中方案。

自费上学对世界各地的贫困家庭来说是一个沉重的负担，除了这些成本，还有劳动收入损失（forgone labor earnings）。长期以来，贫困家庭无力资助子女上学一直被认为是教育经济梯度的一个关键因素，也是初始财富分配不均如何持续并产生效率成本的一个关键因素。这在当今的发展中国家和发达国家中（尽管在不同的教育水平上）仍然具有现实意义。

作为政策回应的大众教育

长期以来的政策回应一直是要求在一定年龄段内的所有人都必须接受义务教育。这种政策是一种现代观念，有时被提倡，但在19世纪以前鲜为人知（第1章）。过去和正在进行的关于大众教育的政策辩论提出了许多问题，但一个根本问题是，义务教育是否有利于贫困家庭，因为通常是他们的孩子没有上学。反对义务教育的人指出，让孩子上学给贫困家庭带来额外成本（主要是他们放弃的劳动收入）。尽管义务教育可以打破贫困陷阱，但由于贫困家庭的负担，短期的选择是可以预期的。实际上，倡导者认为，摆脱贫困陷阱的长期收益大于这些成本。

义务教育在当今发达国家兴起的历史是有教育意义的。经过多次辩论，到20世纪初，几乎所有工业化国家都出现了义务教育，国家在公共教育和支持私立教育方面都发挥着重要的作用。在英国，1870年的《初等教育法》是建立包括民主校董事会在内的世俗公共部门体制框架的一个突破。执行情况在地理上是不平衡的，民主选举的地方机构和宗教组织继续为控制学校而斗争。[①] 直到1880年同名法案颁布，英国才对5到10岁的儿童实行义务教育。法国发生在同一时间。在美国，到1900年，有34个州制定了义务教育法，其中30个州要求至少在14岁之前就学。明治时期（1868—1912）的日本在促进大众教育方面并不落后于西方，而大众教育在明治末期几乎是普及的。大众公共教育（尽管高等教育主要留给私营部门）在整个东亚发展中国家得到高度重视，教育造诣远远超过大多数发展中国家和一些发达国家。

大众化公共教育的回报是巨大的。经济学家克劳迪娅·戈尔丁（Claudia Goldin）和劳伦斯·卡茨（Lawrence Katz）认为，公平、基础广泛的教育是美国1940—1980年间相对公平和快速增长记录中的一个关键因素。[②] 在此期间，学校系统能够支持美国教育水平的相对较快增长（尽管1980年后大大放缓），这意味着熟练工人的供给跟上了新技术带来的额外需求，从而减弱技术进步对相对熟练劳动力需求的不平等增加效应。事实上，这一时期美国教育扩张的基础如此广泛，这是关键。一个更加精英化的教育体系将导致增长收益

① 见斯蒂芬斯（1998）。

② 见克劳迪亚·戈尔丁和劳伦斯·卡茨（Claudia Goldin and Lawrence F. Katz，2008）。

分配更加不平等。克劳迪娅·戈尔丁和劳伦斯·卡茨认为，1980 年以来，很大程度上是由于学校教育不允许提供当时新技术所需的各类熟练劳动力来满足需求；美国学校教育的大学毕业生数量在 20 世纪 80 年代停止增长后，熟练劳动力比非熟练劳动力所获得的溢价就开始上升。而且，考虑到信贷市场失灵，在这场教育和技术的竞赛中，来自贫困家庭的孩子比其他人面临更大的障碍。

基础教育的普及也被认为是东亚相对公平增长的一个关键因素。世界银行（1993）的一份有影响力的报告使用 1960—1985 年人均 GDP 增长率对 1960 年中小学教育成就进行回归，同时控制初始人均 GDP、人口增长和投资率后发现，小学教育（primary education）是最为重要的单一因素，能够解释不同的 GDP 增长，从 58%（日本）到 87%（泰国）。此类计算对模型设定非常敏感；教育变量与其他遗漏变量高度相关。然而令人惊讶的是，在增长率的变动中，小学教育比私人（非人力）投资在增长率差异中所占比重更大。

在印度，大众教育的重要性早已得到承认。事实上，1949 年宪法规定的国家政策指导原则是 14 岁以下的儿童免费义务教育。[①] 实施工作严重滞后，邦与邦之间差异较大，学校教育质量往往很差，如教师活动水平低。[②]

印度喀拉拉邦在长期的大众公共教育方面进展最大。[③] 从 20 世纪 50 年代开始，将识字率扩大到全体人口是邦政府的一个高度优先事项。但即使到了 1951 年的人口普查，该邦 5 岁以上人口中也有近一半是识字的，而整个印度只有 20%。这似乎反映了喀拉拉邦基督教传教士早在 19 世纪早期就在学校教育方面取得成功的历史。在 1951 年后的 30 年里，在将识字率扩大到全体人口方面取得了相当大的进展；到 1990 年，喀拉拉邦 90%的人口识字（相比之下，整个印度的识字率约为 50%）。

人们发现，在确定增长对贫困的影响方面，印度这些邦与邦之间教育程度的差异与印度的增长进程有着密切的互动。这是在一项比较印度各邦减贫率的研究中发现的。[④] 尽管贫困指标对农业产量增长的反应在各邦之间差别不大，但对非农业产量的反应差别很大。印度的非农增长进程往往在识字率最初较高的地区中显著地减少贫困，邦与邦之间识字率差异是主要因素。[⑤] 例如，喀拉拉邦在上述大众教育方面取得的成功，产生了一个比其他邦更为有利于穷人的非农经济增长过程。

禁止童工

一个更有争议的政策回应是禁止童工。其基本原理部分是为了避免在幼年时期从事艰

① 2009 年，印度议会通过了一项教育权法案，基本上批准了宪法。

② 见调查小组（1999，2011）的研究成果。

③ 喀拉拉邦是一个著名的例子，但也有其他例子，包括喜马偕尔邦，见调查小组的讨论。Probe Team. 1999. *Public Report on Basic Education in India*. New Delhi：Oxford University Press.

④ 见马丁·拉瓦雷和高瑞弗·戴特（2002）。

⑤ 在马丁·拉瓦雷和高瑞弗·戴特（2002）确定的这些因素中。

苦劳动的儿童对当前福利可能产生的不利影响。这类禁令也被提议并立法作为一项反贫困政策，其前提是禁令将鼓励学校教育，从而减少未来的贫困。人们有时承认，短期内存在一种权衡，即有效禁止童工会减少贫困家庭的劳动收入。但有人认为，这项禁令将有助于打破教育引发的贫困陷阱。这种（常常隐含着的）假设是，在工作上花费的任何时间都将用于上学。这种假设是有问题的，而且有相反的证据。①

随着经济的发展，童工现象似乎越来越少了。在一个国家发展的初期，童工很多，生育率很高，平均产量很低。随着经济增长源于技术进步，学校教育的回报率上升，使得童工吸引力降低，同时也降低了生育率。一项研究用这些特征模拟了一个有趣的贫困陷阱。②在这个模型中，经济最终收敛到一个新的均衡点，在这个均衡点上，童工已经消失。有效禁止童工将加快向这一新均衡的过渡。

在非正规经济部门众多的经济体中，禁止童工的规定很难执行。19 世纪末，一些国家出台了规定最低工作年龄的立法，尽管目前尚不清楚这在多大程度上有助于减少童工的发生。一项研究表明，这一立法收效甚微。③ 义务教育很可能是实施禁止童工的更好办法，而不是实际的禁令。④ 第 10 章将转向促进穷人就学的有针对性的干预措施，其中激励措施起着关键作用。

9.6 公共信息宣传运动

长期以来，无知被认为是贫困的根源。正规学校教育是改变公众知情权的一个重要工具，但也有许多努力以宣传运动的形式进行更有选择的干预。例如，开展运动，教人们在怀疑水源受到污染时煮沸水，或向妇女宣传婴儿在出生后头 6 个月完全母乳喂养。

最近人们对使用基于信息的干预措施的范围很感兴趣。有人认为，缺少信息可能是一个决定性因素，阻碍穷人采取成功行动，获得应有的服务。加扎拉 · 曼苏里和维贾延德拉 · 拉奥（2012，第 79 页）总结了信息干预改善地方治理的承诺：“纠正信息失误……有可能提高公民动员起来要求国家和市场承担更多责任的能力。有了更好的信息，公民就更加了解和能够做出更加知情的选举决定，从而加强选举责任。”⑤

有人支持这样一种观点，即更好的信息与更好的项目绩效相关联。例如，美国的反贫

---

① 见马丁 · 拉瓦雷和昆廷 · 沃顿（2000a）使用的孟加拉国数据以及调查小组（1999）在印度的观察。

② 见摩西 · 哈桑和宾亚明 · 贝杜戈。Hazan, Moshe, and Binyamin Berdugo. 2002. “Child Labour, Fertility, and Economic Growth.” *Economic Journal* 112: 810-828.

③ 见卡罗琳 · 莫林。Moehling, Carolyn M. 1999. “State Child Labor Laws and the Decline of Child Labor.” *Explorationsin Economic History* 36 (1): 72-106.

④ 关于这一论点，见考希克 · 巴苏（1999）。

⑤ Mansuri, Ghazala, and Vijayendra Rao. 2012. *Localizing Development: Does Participation Work?* Washington, DC: World Bank.

困计划似乎在更容易使用无线电的地方效果更好。[①] 同样在美国，一个关于大学选择的定制信息包增加了低收入家庭的大学申请和入学率。[②] 在发展中国家，宣传活动也显示出了希望。一项针对印度的研究发现，以社区为基础的信息运动导致了短期的教育成果。[③] 在乌干达，通过报纸宣传活动获得的信息对乌干达的学校表现产生了重大影响。[④] 即使没有一场宣传活动，也有证据表明，在大众媒体更加活跃的情况下，印度各邦政府在应对负面农业冲击的救灾努力中反应更为积极。[⑤]

对具体信息干预措施的其他一些评估则不那么令人鼓舞。印度的另一项研究对利用这种干预措施改善对教育服务提供者的监测的范围不那么令人鼓舞。[⑥] 在面临肥胖症发病率上升担忧的富裕国家，有人努力发布有关食品"卡路里价格"的信息。[⑦] 最近对实验性和非实验性评估的回顾发现了影响的喜忧参半的证据。[⑧] 在另一项针对印度的研究中，发现一部有趣的虚构电影在比哈尔邦的国家农村就业保障项目下教导人们行使他们的权利，其结果相当复杂，专栏 9.3 进一步讨论了这个例子。对相关实地试验的全面研究相当令人鼓舞地表明，利用信息运动可以促进民主和扩大治理的范围，尽管从社区信息运动中获得经济收益的证据似乎更为复杂。[⑨]

专栏 9.3　利用电影来教育穷人依法享有权利

印度 2005 年雄心勃勃的《国家农村就业保障法》(*National Rural Employment Guarantee Act*) 为所有通过国家农村就业保障计划 (National Rural Employment Guarantee Scheme，NREGS) 实施的农村家庭创造了可由法院审理的"工作权"。这很可能是有史以来规模最大的反贫困计划；根据行政数据，2010 年印度有 5000 多万家庭参加了该计划。

该计划承诺，凡成年人愿意按照通知的最低工资标准从事非熟练体力劳动的农村家庭，每年都有 100 天的工作时间。工作将在 15 天内提供给任何提出要求的人，否则邦政府有责任支付失业津贴。村务公开会议 (Gram Sabhas) 应确定合适的项目，地方政府机构 (Gram Panchayats) 在规划和实施中发挥中心作用。

---

① 见大卫·斯特伦贝尔格。Strömberg, David. 2004. "Radio's Impact on New Deal Spending." *Quarterly Journal of Economics* 119 (1): 189-221.

② 见卡罗琳·霍克斯比和萨拉·特纳 (Caroline M. Hoxby and Sarah Turner, 2013)。

③ 见普里扬卡·潘迪等人 (Priyanka Pandey, Sangeeta Goyal, and Venkatesh Sundararaman, 2009)。

④ 见拉瓦·雷因卡和雅各布·斯文森 (Ritva Reinikka and Jakob Svensson, 2005)。

⑤ 见蒂莫西·贝斯利和罗宾·伯格斯 (Timothy Besley and Robin Burgess, 2003)。

⑥ 见阿比吉特·班纳吉等人 (2010)。

⑦ 美国 2010 年的立法要求拥有 20 家或更多门店的连锁餐厅公布卡路里含量。

⑧ 见乔纳斯·斯沃茨等人 (Jonas Swartz et al., 2011)。

⑨ 见德夫拉·莫勒 (Devra Moehler, 2010)。

在对印度最贫困的比哈尔邦进行的该项目的研究中，普伽·杜塔等人（Puja Dutta et al.，2014）在对3000个随机选择的家庭进行多用途调查的背景下，对农村家庭的国家农村就业保障知识进行了广泛的全邦调查，并对每个家庭中的成年男女进行了单独访谈。对于那些听说过这项计划的人，这项研究就计划的规则和流程提出了12个问题。调查结果显示，公众意识较低。在12个问题中，男性平均只有4个给出了正确答案，而女性的平均得分是2.5分。

评估意识差是否是决定项目参与率低的一个诱因，普伽·杜塔等人（2014）做了一个以高质量和娱乐性虚构电影形式进行信息干预的随机对照试验，旨在告知人们他们在《国家农村就业保障法》的权利。在40个随机选择的村庄（保留110个作为对照）放映了这部电影后，研究人员进行了第二轮调查，返回相同的村庄和家庭，并回答了相同的12个问题。

研究发现，信息干预成功地提高了对国家农村就业保障下的权利和项目的认识。测试分数显著提高，验证了干预的有效性。但平均而言，这并没有带来更好的项目绩效。对于那些已经是国家农村就业保障计划参与者的文盲个人来说，有收益，但是对于那些需要帮助但没有从该计划中得到工作的人来说，没有收益。引人注目的是，对于那些有机会看电影的人来说，对当地情况和与该计划相关的过程的看法变得更加积极。

研究结果表明，这部电影在村庄里制造了一种集体错觉——一种认为这项重要的公共服务比实际效果更好的信念。不过，请记住，在这种情况下，如果公共服务提供方面没有一个反应更迅速的供应方，就不可能真正赋予贫困男女权力。

作者认为，供应方需要采取补充行动，以确保计划的潜力得到实现。普伽·杜塔等人进一步探讨该计划的供应方问题，并概述该计划的一些改革，以确保消息灵通的穷人能够获得他们在这一雄心勃勃的计划下应有的服务。

这样喜忧参半的结果可能并不令人惊讶，有三个观察结论：第一，关于一个项目的公共信息很可能会降低参与度，因为有些人认为这个项目不适合他们。[①] 第二，信息不完整只是穷人无法获得服务的可能原因之一。[②] 第三，喜忧参半的结果也可能源于信息干预本身的质量参差不齐。

这个问题的核心是为什么穷人的信息一开始就那么不完善。如果事实上这些失灵是内生的，那么旨在"纠正信息失灵"的政策立场就有些令人不安。信息的了解程度很难成为

① 见亚历山大·赫特尔-费尔南德斯和杰弗里·温格（Alexander Hertel-Fernandez and Jeffrey B. Wenger，2013）关于美国项目的宣传活动。

② 有关进一步的讨论，见菲利普·基弗和斯图蒂·赫曼尼（Philip Keefer and Stuti Khemani，2005）以及亚历山大·赖特·卡佩伦等人（Alexander Wright Cappelen et al.，2010）。

造成和延续贫困的外生力量。有时，那些控制穷人生活并从中受益的人故意不向他们提供信息。即便是负责实施反贫困计划的政府官员，有时也会抵制向实际或潜在参与者正确解释权利和法规的努力，因为这样做会给他们带来代价，包括降低自身的权力。①

在印度的贫困村庄，人们认为自己的“权利”是什么，很可能更多地取决于当地官员和精英们说什么，而不是官方立法中相当抽象的中心规定。在这种情况下，贫困的男女可能不了解自己的权利，因为在现实生活中不承认这些权利的情况下，了解这些权利是没有意义的。本应提供服务的同一村官员在生活的许多其他方面都有重要发言权，穷人在了解了宣传活动后，自然会三思而后行，对当地官员提出一些要求。光是这样一场宣传活动不足以使人们愿意并能够采取行动来获得应得的回报。造成贫困的同样因素也会使有关个人合法权利的信息在很大程度上与获得服务的机构无关。了解自己的权利与拥有这些权利或确保获得这些权利是不一样的。

信息运动也会扭曲信仰，类似于宣传。想象一下，在印度农村的某个村庄里，你是一个穷困潦倒的人。你如何理解一个局外人的信息活动，可信地描述你应该拥有但实际上却没有的合法权利？你可能会认为这是一个更好的令人信服的村庄代表，在这个村庄里，像你这样的人，而不是你，在当地事务中有发言权，有明确的权利和获得服务的途径，你想住在这样一个村子里。你甚至可能会开始认为这实际上是你的村庄在压制相反的信息。②或者它可能被看作是你所居住的同一个村庄的景象，但你只是其中一个孤例。你是否相信这两种解释无疑将取决于你的朋友和邻居的反应。如果这场运动足够有效（包括足够大的规模），它可以产生一种从众效应（bandwagon effect）③，这是欧文·贾尼斯（Irving Lester-Janis，1972）所称的“群体思维”（group think）的一种说法。④

---

① 例如，弗兰西斯·福克斯·皮文和理查德·克劳沃德（1993）描述了美国福利官员如何有时拒绝向穷人解释他们在法律下的权利，包括他们获得救济的资格，认为穷人应该信任官员。

② 在心理学中，这被称为认知失调理论，继利昂·费斯廷格（Leon Festinger，1957）之后。关于认知失调的经济含义，见乔治·阿克洛夫和威廉·狄更斯（George Akerlof and William Dickens，1982）。马丁·拉瓦雷（1986）讨论了这如何有助于解释涉及预期的跨时间市场行为的其他令人费解的特征。

③ 也称乐队花车效应，是指当个体受到群体的影响（引导或施加的压力），会怀疑并改变自己的观点、判断和行为，朝着与群体大多数人一致的方向变化。也就是指：个体受到群体的影响而怀疑、改变自己的观点、判断和行为等，以和他人保持一致。也就是通常人们所说的“随大流”。——译者注

④ 欧文·贾尼斯（Irving Lester Janis，1918年5月26日—1990年11月15日），美国心理学家，致力于政策制定的心理学分析、危机管理等方面的研究。贾尼斯将群体思维定义为一种群体内达成共识的心理驱动力，一种抑制相反信息和异议的驱动力。贾尼斯用这个想法来帮助解释20世纪60年代美国外交政策的各个方面。人们早就认识到这一思想有着更广泛的应用。在不同的背景下，包括在舆论形成中，人们研究了从众效应；例如，见理查德·纳多等人（Richard Nadeau et al.，1993）。新的民调结果所激发的潮流效应是选举中的一个众所周知的现象，有关进一步的讨论，见凯瑟琳·马歇尔（Catherine Marsh，1985）。最初的群体思维理论是由贾尼斯于1972年提出并于1977年和1982年进一步扩展的。他在1972年通过对一些执行任务解决问题的小群体行为的观察，提出了一系列的假设，并将这些假设综合后称之为群体思维。随后，贾尼斯运用群体思维概念解释了一些美国历史上失败的高层政治和军事决策事件，例如60年代的越南战争，尼克松的水门事件等。群体思维是指高内聚力的群体认为他们的决策一定没有错误，为了维持群体表面上的一致，所有成员都必须坚定不移地支持群体的决定，与此不一致的信息则被忽视，即群体决策时的倾向性思维方式。

有一种跨越多个学科的文献指出了错误信念出现并持续一段时间的可能性。[①] 少数实证研究之一发现，错误的宣传信息会影响信念；在应用中，研究了阿根廷有关水资源私有化的信念。[②] 在专栏 9.3 总结的研究背景下，用来告知贫困男女权利的电影似乎创造了一种群体思维——一种对广泛拥有的信仰扭曲。这一点很明显，因为人们对项目效果和整个村庄的状况的看法变得更加积极，但对于大多数人来说，这并没有转化为个人层面上更好的结果。公共信息发挥着重要作用，也有一些成功的例子。但也有失败的例子，环境是关键。如果供应方已经运作良好，那么信息活动可能会对反贫困计划的绩效产生巨大影响。但是，如果不这样做，仅仅了解拥有的权利可能没有什么帮助。

9.7 价格干预

我们现在转向一类旨在通过影响与其福利相关的市场价格来帮助穷人的政策。两个市场在这类政策中表现突出：劳动力市场（其中工资率是劳动时间的价格）和住房租赁市场。

最低工资

最低工资标准（minimum wage rates）出现在 19 世纪末，新西兰于 1894 年颁布了第一部最低工资法。关于这一政策，人们争论颇多，特别是在美国，最低工资标准没有被纳入通货膨胀指数，只是不定期地修订。[③] 主张努力恢复美国最低工资实际价值的人士认为，这将有助于减少劳动家庭的贫困，并有助于减少总体不平等。批评人士长期以来坚持认为，人们担心最低工资标准可能对就业产生负面影响，特别是对年轻工人。

一个简单而有影响力的经济论据假定劳动力需求函数（边际生产收益量等于利润最大化企业的工资率）呈负斜率，从而预测更高的约束性最低工资率将增加失业率。那些保住工作的人会过得更好，但是那些失去工作或找不到工作的人会过得更糟。这里的关键假设

---

① 罗兰·本纳布（2013）提供了一个经济模型，说明了人们群体持有的这种错误信念如何在个体理性代理人中出现并持续一段时间。罗兰·本纳布还指出，在不同的环境下，这种行为的相关性存在争议。另见贝罗兰·本纳布和让·梯若尔（Roland Bénabou and Jean Tirole，2006）关于"人们普遍倾向于相信通常能得到他们应得的东西"的有趣讨论，Bénabou, Roland, and Jean Tirole. 2006. "Belief in a Just World and Redistributive Politics." Quarterly Journal of Economics 121：699-746.

② 见拉菲尔·迪泰拉等人。Di Tella, Rafael, Sebastian Galiani, and Ernesto Schargrodsky. 2010. "Reality versus Propaganda in the Formation of Beliefs about Privatization." *Journal of Public Economics* 96：553-567.

③ 在本书撰写时（2015 年年中），联邦最低工资标准为每小时 7.25 美元，自 2009 年以来，名义上没有增加。事实上，自 1970 年左右以来，美国最低工资标准的实际价值一直呈下降趋势，而且在平均小时收入中所占的百分比也有所下降，克雷格·埃尔威尔和琳达·莱恩（Craig K. Elwell and Linda Levine，2013）。2014 年 4 月，美国参议院进行了辩论，但没有通过立法，将联邦最低工资标准提高到每小时 10.10 美元，这将使其恢复到接近 1968 年 10.57 美元的实际价值。

是劳动力市场是竞争性的，这意味着市场的双方都采用给定的工资率，而且市场是出清的。

有人反对这种观点，认为这些都是强有力的经济假设，不符合劳动力市场在现实中的运作方式。最低工资标准可能无法在经济中随处可见，而未公开的（非正式）部门的存在影响了这一含义，我们在哈里斯-托达罗模型的讨论中已经看到了这一点（专栏 8.9）。但与竞争性劳动力市场模式不同的是，即使有充分的执行力，企业最初也不需要高效运作，但当最低工资标准提高时，可能会导致效率提高。一个企业有很多方法可以适应更高的工资，尤其是通过管理层的努力来提高生产力。[①] 另一种观点是，许多企业都有一定程度的市场势力（垄断势力）。企业仍然把边际收入等同于雇佣和额外工人的边际成本，但现在边际成本考虑了对工资标准的影响。假设企业面临劳动力供给曲线上升（正斜率），企业雇佣的工人将少于其他相同竞争性企业，并且支付的工资将低于竞争性工资标准。雇佣会给雇主带来租金。一个有约束力的最低工资标准，在竞争水平上设定，将减少这一租金，从而增加就业。[②]

经济学家大卫·卡德和阿兰·克鲁格（David Card and Alan Krueger，1995）进行了一项重要研究之后，关于最低工资标准将减少就业的论点遭到质疑。作者回顾了以往的研究，得出的结论是，美国过去提高最低工资率实际上并没有导致就业率下降。他们还介绍了一项关于 1992 年新泽西州快餐店最低工资标准上升影响的新研究结果。卡德和克鲁格比较了新泽西州餐馆和邻近的宾夕法尼亚州餐馆之间的就业变化，后者没有提高最低工资标准（这里卡德和克鲁格使用了项目评估理论中的双重差分估计方法，见专栏 6.3）。与当时大多数经济学家的预期相反，但与上述非竞争模型一致，较高的最低工资标准实际上增加了就业。随后对卡德和克鲁格的发现进行了讨论，并进行了一些后续研究。[③]

卡德—克鲁格研究的一个局限性是它只涉及一个地方，提醒不要在美国各州推广。一项后续研究基本上复制了卡德—克鲁格的研究，通过比较 300 多对美国相邻但最低工资标准不同的州的就业情况。[④] 同一项研究还涉及卡德—克鲁格研究的一个问题，即被比较各州可能处于不同的先前就业轨迹上。研究人员发现，提高最低工资可以增加工人的收入，但对他们的就业几乎没有或根本没有影响。[⑤] 目前州一级的研究结论可能是：调整最低工资标准以确保至少保持不变的实际价值，对就业几乎没有或不会产生不利影响。

---

① 有关如何发生这种情况的更详细讨论，见布鲁斯·考夫曼（Bruce Kaufmann，2010）和约翰·施密特（John Schmitt，2013）。

② 在劳动力市场因搜寻成本而发生摩擦的模型中，最低工资也可能产生类似的结果，在这种模型中，较高的工资会导致更大的工作努力。有关此文献的回顾，见伯蒂尔·霍姆隆德（Bertil Holmlund，2014）。

③ 特别见大卫·纽马克和威廉·沃斯切尔（David Newmark and William Wascher，2000）的评论以及大卫·卡德和阿兰·克鲁格（2000）的答复。最近对证据的研究包括斯蒂芬·巴赞（Stephen Bazen，2007）和约翰·施密特（2013）。

④⑤ 见阿林德拉吉特·杜博等人。Dube，Arindrajit，T. William Lester，and Michael Reich. 2010. “Minimum Wage Effects across State Borders：Estimates Using Contiguous Counties.” *Review of Economics and Statistics* 92（4）：945-964.

当然，最低工资的分配影响不仅仅是其就业影响，尽管这些影响已经得到广泛关注。人们的预期是，提高最低工资标准会拉高底层劳动力的收入，从而减少收入贫困和收入不平等。收入最低的工人将获得更大的收益，这样低收入者之间的不平等也将减少。一项研究发现，美国实际最低工资标准的下降约占整体收入不平等上升的 1/4。[①] 另一项研究发现，最低工资的实际价值下降占 20 世纪 80 年代收入不平等这一方面增长的 70%或更多。[②]

在家庭收入方面，贫困和不平等的影响不太清楚，因为最低工资的工人并不仅仅存在于低收入家庭中，其中一些家庭不包括最低工资的工人。尽管如此，相对非熟练劳动力的收入在穷人收入中所占的比例可能会高于非穷人，因此，随着最低工资标准的提高，预计总体贫困和不平等也会减少。此外，还有可能出现收入损失，特别是那些拥有大量使用最低工资劳动力的企业。这些损失似乎不会集中在穷人甚至中等收入群体中，但将远远超过收入阶梯。在家庭收入分配中考虑到最低工资的工人，适当提高最低工资标准有可能减少贫困。[③]

还有人担心，最低工资标准阻碍了受影响工人的在职培训，从而有助于使贫困永久化。理由是这些工人在培训期间将无法接受减薪，而雇主愿意减薪。这又一次假设了一个竞争激烈的劳动力市场。在非竞争性的情况下，培训可以提高最低工资工人的生产效率，因此有助于独家买主赢回由于最低工资标准而损失的部分租金。[④] 美国和英国的证据似乎更符合后一种模式，因为没有迹象表明受影响的工人接受的培训减少，甚至有迹象表明他们接受的培训更多。[⑤]

如前所述，要使最低工资标准发挥消除贫困的作用，它必须是便于执行的，这取决于劳动力市场的正规化程度、公共行政能力和法律体系的质量。在许多拥有大量非正规部门（包括传统农业）的发展中国家，最低工资立法的执行力度一直以薄弱著称。例如，有人发现，印度 3/4 的临时工工资低于该国（邦一级）法定最低工资标准。[⑥] 第 10 章将讨论该政策，在印度，政府作为雇主，试图从根本上执行最低工资标准。正如我们将看到的那样，这也带来了新的成本和新的收益，这两者都需要得到适当的考虑。

---

① 见约翰·迪纳尔多等人。Dinardo John, Nicole Fortin, and Thomas Lemieux. 1996. "Labor Market Institutions and the Distribution of Wages 1973-92." *Econometrica* 64：610-643.

② 见大卫·李。Lee, David. 1999. "Wage Inequality during the 1980s：Rising Dispersion or Falling Minimum Wages?" *Quarterly Journal of Economics* 114（3）：977-1023.

③ 见爱德华·格雷林奇（Edward Gramlich，1976）、大卫·卡德与阿兰·克鲁格（1995，第 9 章）。

④ 关于非竞争性实验室市场培训激励措施的进一步讨论，见德隆·阿西莫格鲁和约恩·斯特芬·皮施克（Daron Acemoglu and Jörn-Steffen Pischke，2003）、约恩·斯特芬·皮施克（2004）。

⑤ 美国和英国分别见大卫·卡德与阿兰·克鲁格（1995，第 5 章）、艾莉森·布斯和马克·布莱恩（Alison Booth and Mark Bryan，2007）。

⑥ 见仁库·穆尔盖和马丁·拉瓦雷（Rinku Murgai and Martin Ravallion，2005），使用 2004—2005 年的数据。

租金管制

这里的理念只是冻结私营部门住房租金，或者控制其增长率与其他价格保持一致。在两次世界大战期间，欧洲和北美都出现了租金管制，但一直没有停止。一旦固定下来，受益人自然会抵制取消管制。"二战"后的美国，郊区住宅建设蓬勃发展，以至于租金管制逐渐失去了意义。欧洲的情况并非如此，在那里，直到 21 世纪初，一些国家仍然坚持实行"一战"以来的租金管制。

在战争时期，为了确保每个人都有负担得起的住房，对租金管制的必要性很少有争议。但在正常时期，人们对它们的价值有很多争论。倡导者认为，租金管制保证了贫困家庭能够负担得起住房。批评者质疑，租金管制在实践中是否是减少贫困和不平等的有效政策工具。① 通过转移支付或税收制度（对低收入者使用负税）提供直接收入支持似乎是一条更有希望的途径（第 10 章回到这些政策）。有人认为，直接的收入支持可以更好地针对穷人，并且使得人们在做出将收入花在什么地方的决策时不那么专断。

租金管制也有更广泛的成本。传统的经济分析假设住房市场是完全竞争的：这就要求购房者可以按现价购买尽可能多的住房服务，交易成本为零，住房提供者可以按该价格提供他们想要的一切，购房者和提供者都按给定的市场价格购买。通过征收最高租金，低于住房市场结算率，将出现过剩需求（要求的住房将多于按控制价格供应的住房）。有人担心如何分配现有的供应，例如，有歧视倾向的房东将有权行使这种倾向。"内部人"（房东）将受益，但进入市场的人将很难找到住房，特别是如果他们属于易受歧视的社会排斥的少数群体。人们还担心，租金管制阻碍了房东的维护和投资，协助建立城市贫民窟。在租金管制的房价下，房东更愿意减少住房单位提供的服务。② 租金管制物业的房东也会有出售物业的动机，进一步减少租房供应。

与关于最低工资率的辩论类似，关于租金管制的辩论也质疑了竞争性住房市场的假设。交易和搜寻成本可能很高，信息不完善（包括房东，他们不能轻易区分好房客和坏房客），资本市场也是如此。此外，住房的异质性和消费者口味的多样性可能意味着一个特定住房单元的市场非常稀缺，使完全竞争的假设变得不可信。文献中已经发展出许多不完全竞争的模型，其特点是：房东可以通过收取高于边际供应成本的租金来剥削承租人。③ 只要市场不完善不能直接补救，适度的租金管制可以使市场更加有效，可是（类似于关于

① 本特・特纳和斯蒂芬・马尔佩齐回顾了过去对租金管制成本和收益的研究，得出结论："租金管制可能是一种非常低效的再分配机制。" Turner, Bengt, and Stephen Malpezzi. 2003. "A Review of Empirical Evidence on the Costs and Benefits of Rent Control." *Swedish Economic Policy Review* 10：11-56.

② 请注意，租金管制适用于住房单元的租金，即价格乘以住房服务数量，而不是价格本身。因此，房东试图找到满足租金控制约束的价格和质量的组合。关于进一步的讨论，见马克・弗兰克纳（Mark Frankena, 1975）和理查德・阿诺特（Richard Arnott, 1995）。

③ 理查德・阿诺特（1995）提供了一个有用的文献综述。关于不完全竞争模型中租金管制的讨论，见理查德・阿诺特和马萨希罗・伊加拉希（Richard Arnott and Masahiro Igarashi, 2000）。

最低工资标准的争论），如果租金管制迫使价格过低，那么这种效率收益就会丧失。住房市场的这些模型结合了搜寻成本和不完全竞争，也可以解释世界各地城市的矛盾之一，即无家可归与住房空置并存。

9.8 贸易政策

当然，认为增长通常会减少贫困并不意味着任何促进增长的政策都会起到这样的作用，也不意味着所有穷人都会受益。这取决于该政策的收益和损失的水平和垂直分布（专栏1.8）。在这一过程中，不同平均收入水平的人之间可能存在纵向不平等，从而减少穷人从增长中获得的收益。而且，也可能存在横向不平等，即处于同一初始收入水平的人的情况大不相同；一些穷人很可能会因一项总体上是减贫的政策而蒙受损失。

谁从贸易中获益？

经济学家普遍认为，国家和地方经济活动进一步一体化有可能带来总体经济收益。支持这一观点的经典论据是，通过货物贸易和生产要素流动实现一体化，使这些要素的边际产品在国家之间更为接近均等，因此，当边际产品均等化时，使我们更接近“最优”(first-best) 解决方案（给定递减收益），全球产出最大化（回顾关于收益递减的专栏1.12和关于生产要素边际产出的专栏8.2）。

但是，促进一体化的政策一直备受争议，并引发了许多反对意见。这些争论部分是关于整合收益的分配。对一体化的批评人士经常声称，这些收益主要是由富人获得的。有些人甚至认为穷人受到了伤害。正如我们将看到的，这不是一个似是而非的概括，尽管它可能在特定情况下适用。不应认为必然存在“增长与公平的权衡”。全球一体化最不发达的生产要素是劳动力市场。全球范围内类似工作工资率的巨大差异，不可能有利于全球经济的效率，也不可能有利于公平。随着全球劳动力市场的进一步一体化，尽管移民可能会在全球范围内减少贫困和不平等，但无疑会有一些受损者，包括富裕国家相对贫困的人。

传统的国际贸易模式假定在所有商品和要素市场中（包括充分就业）都有一个完全竞争的社会。所有价格和工资均按给定的价格和工资计算，它们会灵活调整以清除所有的市场。在基本的“101”模式中，有两种商品和两种生产要素，即熟练劳动力和非熟练劳动力。劳动力在产业和地区之间自由流动，没有专门化。每个国家生产的所有商品都处于均衡状态，进口商品是国内商品的完美替代品。

在这种模式下，国家之间的贸易模式取决于它们最初的生产要素禀赋，这些生产要素产生比较优势，根据这种比较优势，每个国家都有某些产品，鉴于该国的禀赋，这些产品的生产能力相对较好。对于贫穷国家来说，由于非熟练劳动力是其丰富的生产要素，它们的比较优势在于密集使用非熟练劳动力的商品。随着贸易的开放，贫穷国家将倾向于出口劳动密集型商品和进口密集利用其稀缺要素的商品（即资本商品）。在生产要素具有流动性的竞争性经济中，这将有助于提高贫穷国家富裕要素（非熟练劳动力）的工资（专栏9.4）。

*专栏9.4　斯托尔珀—萨缪尔森定理

在理解贸易改革的分配影响时，一个重要的问题是产出价格的变化（如由于贸易改革引起的）如何影响主要生产要素的价格。假设有食品和衣服两种商品，劳动力和土地两种生产投入。完美的竞争使两个行业的利润都降到了零。另 w 表示劳动工资率，r 表示土地租金率，即"要素价格"。假设要素的流动性是完美的，因此要素价格在各个行业中是普遍存在的。食品和衣服的价格分别是 p_F 和 p_C，零利润意味着这一点。

$$p_F = \alpha_{FL}w + \alpha_{FE}r$$

$$p_C = \alpha_{CL}w + \alpha_{CE}r$$

这里的 α 是投入产出比。因此 α_{FL} 是食品生产单位产出的劳动力使用量，α_{FE} 是单位产出的土地使用量（E 代表"地球"），同样，α_{CL} 和 α_{CE} 也是如此。为了简化，假设 α 是固定的（给出了所谓的"固定系数技术"）。自然地，土地在粮食生产方面使用得更为密集，而劳动在服装生产方面使用得更为密集。所以我们可以合理地假设。

$$\frac{\alpha_{FE}}{\alpha_{FL}} > \frac{\alpha_{CE}}{\alpha_{CL}}$$

在重新排列这两个方程的基础上，我们可以将工资率对应的两个方程绘制成土地租金率的函数。

$$w = \frac{p_F}{\alpha_{FL}} - \left(\frac{\alpha_{FE}}{\alpha_{FL}}\right)r$$

$$w = \frac{p_C}{\alpha_{CL}} - \left(\frac{\alpha_{CE}}{\alpha_{CL}}\right)r$$

第一个等式是食品的工资—租金轨迹，第二个等式是衣服的工资—租金轨迹。图9.3绘制了这两个方程。交叉点给出了给定产出价格的均衡工资率和土地租赁率，并给出了技术的 α。

假设现在食品价格上涨（例如由于降低了食品进口关税），如虚线的移动所示。均衡工资率下降，均衡租金率上升。这是一个更普遍的结果的例子：商品价格的增加（减少）提高了对生产要素的实际回报，而生产要素在商品生产中被大量使用。

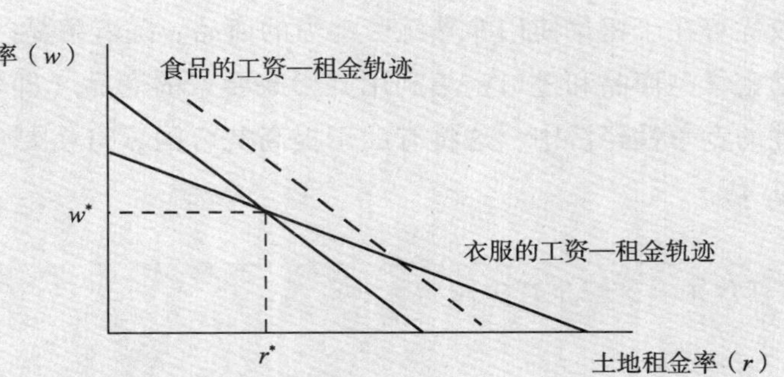

图 9.3　斯托尔珀—萨缪尔森定理的一般均衡

延伸阅读：这是一个简单的一般均衡模型（如专栏 6.3 所述）。在这一特定模型中，要素价格与产出价格之间的关系是由斯托尔珀和萨缪尔森（1941）在一篇有影响力的论文中推导出来的。[①] 可以在弱假设下导出，罗纳德·琼斯和何塞·申克曼（Ronald Jones and José A. Scheinkman，1977）。[②] 纳德·戴维斯和普拉杰·米什拉（Donald Davis and Prachi Mishra，2007）对斯托尔珀—萨缪尔森定理以及随后的理论和实证文献进行了很好的概述。[③]

因此，该理论的简单说法预测，贸易开放（例如通过减少关税和非关税壁垒）有助于减少发展中国家的贫困和不平等。但是这个模式的假设是可能被质疑的。如果现有的政治和经济制度不利于竞争市场，那么穷人的结果可能会大不相同。[④] 更现实的模式（包括多种商品和生产要素以及劳动力流动等摩擦）表明，分配影响更为复杂，这在类似的贫穷国家中可能有所不同。贸易政策的冲突是意料之中的，尽管特定群体（如工人）对更自由贸易的支持可能会随着时间的推移而有所不同。[⑤]

具有不同禀赋的国家之间传统的贸易竞争模式产生了很大的影响，包括对决策者的影响。如果假设无效，政策含义就不必成立。现实中存在着与不完全竞争、外部性和市场失灵相关的市场缺陷（专栏 1.9 和专栏 2.2），传统贸易理论也高度集中。实际上，有些商品是不能进行国际交易的。也有非竞争性商品（non-competing goods）：只在其他地方生产

---

① Stolper, Wolfgang, and Paul Samuelson. 1941. “Protection and Real Wages.” *Review of Economic Studies* 9 (1): 58-73.

② Jones, Ronald, and José Scheinkman. 1977. “The Relevance of the Two-Sector Production Model in Trade Theory.” *Journal of Political Economy* 85: 909-935.

③ Davis, Donald, and Prachi Mishra. 2007. “*Stolper-Samuelson is Dead: And Other Crimes of Both Theory and Data.*” In Ann Harrison (ed.), Globalization and Poverty. Chicago: University of Chicago Press.

④ 非洲在殖民地时期向大西洋贸易开放，这无疑是对外贸易对穷人造成不利影响的最坏例子，促使当地精英俘虏和贩卖奴隶，以便购买进口枪支和奢侈品。

⑤ 这是罗纳德·罗戈斯基（Ronald Rogowski，1989）的一个问题，它提供了历史例子。

的商品。另外，一些非竞争性商品也需要用于其他商品的国内生产。进口商品很少是国内商品的完美替代品，商品质量存在相当大的异质性。国家专门化，还有其他重要的异质性来源。企业的生产率不同，开放性更倾向于生产效率更高的企业。在给定的收入水平下，净交易头寸也存在异质性。关于经济变化的热门讨论常常指出影响的异质性，尽管经济分析往往更侧重于平均收益（包括给定收入水平的平均收益）。①

全球化争议

长期以来，人们一直在讨论全球化问题，但在这里，我们集中讨论 20 世纪 90 年代出现并持续至今的讨论。这里的重点是贸易开放对贫困和不平等程度的影响。

经济学中标准的“101”贸易模型的许多条件讨论了上述预测对贸易开放的分布影响。例如，一些劳动密集型产品是服务，这些产品通常不可在国际上交易（例外情况包括一些技能密集型服务）。此外，劳动力自由流动的障碍可能意味着，工资收益是在受益于开放的企业/行业中获得的。从贸易中获得的收益出现了地域差异。这种异质性也会使情况变得模糊。制造高质量出口产品的企业从贸易自由化改革中获益，它们的技术工人也是如此。因此，问题尚未解决：贸易理论 101 中关于开放减少发展中国家贫困和不平等的预测是否得到了证据的证实？

人们同时听到赞成和反对的主张。反对的观点出自国际全球化论坛 2001 年的一本书《全球化有助于穷人吗：特别报告》：“全球化有助于穷人吗？”可以肯定地回答“不可能”。赞成的观点出自瑟吉特·辛格·巴拉（Surjit Singh Bhalla，2002）的一本书提到的：“谁从全球化中获益？”答案是“穷人”。② 尽管这些断言通常是自信的，但这场辩论的任何一方都很少提供所需的分析，以便可信地将声称的贫困和不平等的变化归因于“全球化”。我们没有得到任何证据表明，与农业生产率提高、人口因素、分配和教育回报的变化以及内部政策改革等其他因素相比，对外贸易的更高程度的开放（作为全球化的一个因素）在所观察到的分配变化中发挥了什么作用。

更仔细的研究试图确定贸易开放程度提高对总增长和/或不平等的因果效应，并至少控制一些其他可能重要的因素。一些试图从实证上阐明贸易自由化对福利的影响的尝试是使用总体的跨国数据集进行的，根据这些数据集，测度的不平等程度或测度的不平等和/或贫困随时间的变化与贸易开放度和其他控制变量的数据相结合。③

20 世纪 90 年代和 21 世纪初，许多人估计跨国增长会出现倒退（回顾专栏 8.17 和专

---

① 迈克尔·哈灵顿（1962，第 2 章）在描述新的“少数群体贫困”时强调了这一点。

② Bhalla, Surjit. 2002. Imagine There's No Country: Poverty, Inequality and Growth in the Era of Globalization. Washington, DC: Institute for International Economics (Peterson Institute).

③ 弗朗索瓦·布吉尼翁和克里斯蒂安·莫里森（Francois Bourguignon and Christian Morrisson，1990）、爱德华兹（1997）、李宏毅等人（Hongyi Li et al.，1998）、罗伯特·巴罗（2000）、马蒂亚斯·伦德贝里和林恩·斯奎尔（Mattias Lundberg and Lyn Squire，2003）、杜大伟和阿尔特·卡拉伊（2004）。

栏 8.18）。一些 X 包含了与政策相关的变量和描述在每个国家发现的制度类型的变量。本章中的许多研究都支持这样一种观点，即贸易开放度通常是以贸易额作为 GDP 的一部分来测度的，它促进了经济增长。一项对所有跨国增长回归的 7 个解释变量（从文献中 67 个候选指标中选出的）的元研究发现，贸易量是一个重要因素，尽管它不在 18 个稳健的经济增长预测指标中（专栏 8.20）。

目前尚不清楚，在这些跨国回归中，贸易量是否可以被视为外生的：贸易量的增加可能是对增长的反应，而不是原因。由于贸易量不是一个政策变量，政策含义也不清楚。[①] 政策辩论通常是关于各国政府为减少对贸易和相关财政政策的限制而采取的贸易政策改革行动。一项横跨 20 世纪下半叶的研究发现，贸易自由化改革使经济增长率平均提高了 1.5 个百分点，投资率明显上升。[②] 贸易自由化增加了总贸易量。各国在这些影响方面可能存在显著差异。

如第 2 章所述，发展中国家在独立后的时期往往有高度限制的贸易政策，这些政策可能会阻碍经济增长。自 20 世纪 80 年代初以来，一系列的局部改革使他们的经济更加开放。发展中国家也受到富裕国家的贸易限制和相关政策的影响。发达国家对农业生产者的补贴因其对世界其他地区较贫困的生产者的损害而受到广泛批评。[③]

我们对贸易扩张的分配效应了解多少？一些研究将国家一级基于调查的收入不平等指标与贸易数据和其他控制变量相结合，以评估贸易开放的分配影响。[④] 一项研究发现，贸易量对不平等的影响很小或根本没有影响。[⑤] 其他使用不同指标研究的结果是负面影响。[⑥] 对 114 个国家的面板数据进行的一项综合研究发现，经济（如贸易开放）和社会（信息通过互联网和开放媒体流动）的各种全球化措施都有显著的减贫效果。[⑦]

即使在测度不平等或贫困的标准不变的情况下，生活水平的各个层面都可能有受益者和受损者。异质性的来源很多，产生了改革的横向影响。例如，在获得人力和物质基础设施方面的地理差异影响到参与对外贸易更加开放所创造的机会的前景。家庭人口构成的差异影响消费行为，进而影响贸易开放引起的相对价格变化对福利的影响。

---

① 关于进一步的讨论，见丹尼·罗德里克（Dani Rodrik，1994）、弗朗西斯科·罗德里格斯和丹尼·罗德里克（Francisco Rodriguez and Dani Rodrik，2001）。

② 见罗曼·瓦齐亚格和凯伦·霍恩·韦尔奇（Romain Wacziarg and Karen Horn Welch，2008）。

③ 凯姆·安德森和艾伦·温特斯（Kym Anderson and Alan Winters，2008）对论点和证据进行了很好的概述。在量化这些成本时，存在一些难以分析和测度的问题，见安东尼·威纳布尔斯（Anthony J. Venables，2008）。

④ 艾伦·温特斯等人回顾（2004）。

⑤ 见杜大伟和阿尔特·卡拉伊（2004）。

⑥ 马蒂亚斯·伦德贝里和林恩·斯奎尔（2003）发现了贸易量增加会加剧不平等的证据。

⑦ 见安德烈亚斯·伯格和特蕾丝·尼尔森。Bergh，Andreas，and Therese Nilsson. 2014. “Is Globalization Reducing Absolute Poverty?” *World Development* 62：42-61.

我们对改革的横向影响知之甚少，大部分文献都集中在纵向影响（如贫富差距）上。导致相对价格变化（包括贸易改革）的政策产生横向影响的一个重要原因是，人们在相关市场的净交易头寸不同。你对某一特定商品的净交易头寸是你生产多少商品和消费多少商品之间的差额，专栏 9.5 是经济学解释。

*专栏9.5 价格变动产生的福利收益

回忆专栏3.1和专栏9.1。在那里，消费者也不能生产任何一种商品，这不太现实。事实上，全球有很多穷人生产食品，让我们修改这个案例的分析。假设食品的 X_F^s 是生产的（上标“s”表示“已供应”）。这提供了 $p_F X_F^s$ 的收入，当然，也有成本。假设生产 X_F^s 的食品成本是 $c(X_F^s)$，其中 c 是某种增长函数（意味着生产更多的食品成本更高）。预算约束现在可以写成如下：

$$p_F X_F^d + p_C X_C^d \leqslant p_F X_F^s - c(X_F^s) + Y$$

这里我们用上标“d”来区分食品需求。等式的左边，我们有食品和衣服的总支出，而在右边，我们有总收入，包括其他来源的收入（Y）。

现在考虑食品价格上涨，保持服装价格不变。食品价格每增加一个单位，支出就增加 X_F^d，但总收入也增加 X_F^s。从直觉上看，如果支出的增长小于（大于）总收入的增长，即，如果 X_F^d < (>) X_F^s，那么由于食品价格的上涨，消费生产者的境况会更好（更糟）。如果你是食品的净供给者，你会从食品价格的上涨中获益，而如果你是净需求者，你会损失。

这一明显的原则适用于消费和/或生产的任何数量的商品。假设 n 种商品被消费和/或生产，而商品 i 的价格变化量为 Δp_i。然后，我们可以根据所有价格变化的加权和，用每笔货物的家庭“超额供应”($X_i^s - X_i^d$) 给出的权重来测度福利变化的家庭特定货币价值：

$$(X_1^s - X_1^d)\Delta p_1 + (X_2^s - X_2^d)\Delta p_2 + \cdots + (X_n^s - X_n^d)\Delta p_n = \sum_{i=1}^{n}(X_i^s - X_i^d)\Delta p_i$$

例如，这就是马罗斯·伊万尼克等人（Maros Ivanic et al., 2011）如何估计2010—2011年食品和其他价格飙升对全球贫困的影响。[①] 他们首先利用住户调查的数据，在食品和其他价格上涨之前测度贫困程度，然后他们计算出新的分配。测度贫困程度的差异是食品价格飙升的估计结果。尽管世界上有许多穷人是食品生产者，但伊万尼克等人发现全球贫困率总体上上升了。

---

① Ivanic, Maros, William Martin, and Hassan Zaman. 2011. “Estimating the Short-Term Poverty Impacts of the 2010-11 Surge in Food Prices.” Policy Research Working Paper 5633. Washington, DC: World Bank.

专栏9.6和专栏9.7分别总结了中国和摩洛哥自由化贸易改革对福利影响的这种异质性的两个案例研究。结果表明，不同特征的家庭对其在相关市场的净交易头寸的影响存在相当大的差异，至少部分可以解释。在这些贸易改革中，显著的横向影响是显而易见的，需要注意的是不要仅仅考虑纵向影响，横向影响对改革的政治经济有影响。例如，在摩洛哥的案例研究中，受益者的平均收益往往较低，但却有更多的收益。即使在平均收益为正的情况下，这方面的得失分配也会阻碍政策改革：与遭受巨大损失的少数人（受损者）相比，获得大量（小）收益的人将缺乏组织的动力和能力。对横向影响的了解也可以为补偿性社会保护政策的设计提供信息（第10章进一步讨论）。

专栏9.6　中国加入世界贸易组织的分配影响

总体不平等或贫困指标不需要随着贸易改革而改变，即使在生活的各个层面上都有受益者和受损者。在获得人力和物质基础设施方面的地理差异影响到参与对外贸易更加开放所创造的机会的前景。家庭人口构成的差异影响消费行为，因此相对价格变动的福利影响往往与贸易开放有关。

中国加入世界贸易组织（World Trade Organization，WTO）意味着关税、数量限制和出口补贴的大幅削减，对国内价格和工资结构，进而对家庭福利及其分配产生了影响。

在测度这一贸易改革对福利的影响时，陈少华和马丁·拉瓦雷（2004b）将可计算一般均衡（computable general equilibrium，CGE）模型的结果与一个大量而详尽的住户调查相结合。CGE模型模拟了贸易改革引起的一系列价格和工资变化。埃琳娜·安乔维奇纳和威尔·马丁（Elena Ianchovichina and Will Martin，2004）提出了一个具体的CGE模型，用于推导中国加入WTO后的价格变化。① 这是来自全球贸易分析项目（global trade analysis project，GTAP）的竞争性市场结算模型。汤姆斯·赫特尔（Thomas W. Hertel，1997）包含了描述标准GTAP模型和应用程序的论文摘要。②

福利影响来自一个包含了自己的生产活动的家庭模式。因此，他们可以测度初始生活水平分布的预期影响，也可以研究影响如何因其他家庭特征而变化，包括地理位置和人口统计学特征。因此，我们可以根据地理位置和社会经济特征，提供一份预测福利影响的合理详细的"地图"，并对社会保护政策产生影响。

2001年中国正式加入世贸组织之前，中国经济已经开始适应预期的变化。研究发现，在入世前的这段时间内，平均收入的总体增幅约为1.5%。不平等程度只受到了微不足道的影响，贫困率再次下降，主要是在改革前的时期。

① Ianchovichina, Elena, and Will Martin. 2004. "Impacts of China's Accession to the WTO." *World Bank Economic Review* 18 (1): 3-28.

② Hertel, T., ed. 1997. *Global Trade Analysis: Modeling and Applications*. Cambridge: Cambridge University Press.

也有受益者和受损者，包括穷人。随着收入的增加，城市家庭的总体正收益往往略有下降（占收入的比例）。对农村家庭的总体负面影响在最贫穷者中达到相当高的水平。由于大部分农产品批发价格下降，加上教育和医疗保健价格上涨，预计农业收入将下降。预计改革后3/4的农村家庭将失去实际收入。只有1/10的城市家庭是这样。不同地区的影响也大不相同。一个在空间上相邻的地区在改革中损失最大：即东北的黑龙江、吉林、内蒙古和辽宁。无论是绝对影响还是相对影响在这个地区都是最高的。事实上，据预测，黑龙江和吉林省90%以上的农民将遭受净收入损失。正如陈少华和马丁·拉瓦雷（2004a）所讨论的，这些福利影响也有一些系统的人口统计相关性。

专栏9.7 摩洛哥拟议贸易改革对分配的影响

摩洛哥政府长期以来一直考虑通过大幅削减进口谷物关税来解除保护。有人对这些改革对贫困和不平等的影响表示关切。与世界银行合作，马丁·拉瓦雷和迈克尔·洛克辛对这一贸易改革的影响进行了可计算的一般均衡分析。先前的这项研究即使有适当的调查，也没有考虑家庭一级的影响。为了评估拟议改革的社会影响，马丁·拉瓦雷和迈克尔·洛克辛（2008）使用了先前的一般均衡分析，使用专栏9.6中的方法模拟了家庭一级的福利影响。

总的来说，他们发现去保护对贫困率的短期影响很小（这种影响被认为是“短期的”，因为它只考虑到价格变化的影响，对农业生产力没有产生长期的有利影响）。

城市家庭（包括贫困家庭）倾向于增加收入，但对农村贫困有不利影响。按价值计算，谷物生产者的净损失大于穷人消费者的净收益，因此，总的来说，农村贫困发生率上升。不同家庭之间的影响存在着相当大的差异，至少可以部分解释。一些省份的影响比其他省份更大。全国部分地区农村家庭平均福利损失占消费的10%以上，个别地区贫困人口福利损失更大。此外，平均损失往往大于平均收益，但平均损失往往分散在较少的人身上。

马丁·拉瓦雷和迈克尔·洛克辛表明，用平均对数偏差（专栏5.4）测度的不平等的总体变化可以准确地分解为：(1) 纵向部分，取决于改革的平均影响如何随改革前收入而变化；(2) 横向部分，取决于影响偏离其条件平均值。他们发现，以平均对数偏差测度，完全去保护会导致整体不平等的小幅上升。这是纵向不平等（小）下降和横向不平等（加剧）增加的净效应，是后者占主导地位。

那么，这一切给我们留下了什么？独立后发展中国家在配额、关税和汇率方面的反贸易政策不太可能给穷人带来太多好处，他们中的大多数人主要是从非贸易投入中生产可贸易商品。尽管这仍然是一个似是而非的泛泛之论，但在这种影响方面，各国之间可能存在相当大的差异，并且人们可能会对根据经济理论或跨国回归的泛泛之论，为任何特定国家提供政策建议持怀疑态度。[①] 例如，一些研究发现，有证据表明，在贫穷国家，贸易额的增加导致不平等现象的加剧，但在平均收入较高的国家则相反。[②] 宏观视角着眼于对贫困或不平等的总体测度的影响，隐藏了潜在的重要横向影响，对其他政策领域，特别是社会保护的努力，可能需要以此补充促进增长的改革。

贸易政策也在社会保护方面发挥了作用，尽管这一点也一直备受争议。粮食出口国和受饥荒影响地区的政府经常实施粮食出口禁令，以期保护易受到伤害的群体。古典经济学家在反对这种有利于自由贸易的政策方面颇有影响力。例如，华莱士·鲁德尔·艾克罗伊德（Wallace Ruddell Aykroyd，1974）在其著作《征服饥荒》（*The Conquest of Innomy*）中，[③] 描述了19世纪初孟买州长如何引用亚当·斯密的《国富论》（*The Wealth of Nations*）为其政策立场辩护，反对在该地区遭受饥荒时采取任何形式的贸易干预。英国国王成立的各种饥荒委员会（famine commissions）都反对那些被要求帮助保护弱势群体的贸易干预措施。斯密和其他古典经济学家对英国应对19世纪中叶爱尔兰严重饥荒的政策产生了相当大的影响。[④] 在现代，自由贸易一直被认为是在出现产出冲击的情况下稳定国内粮食消费的一种手段。[⑤] 有些人则不认同。受饥荒影响地区的实际收入下降会在人们挨饿的同时产生粮食出口。[⑥] 通过税收甚至出口禁令来调节贸易，可能是帮助弱势群体找到可行替代方案的更好方式。[⑦]

批评人士指出，为保护免受外部价格冲击而进行的贸易干预政策可能会加剧价格波动的问题。[⑧] 在没有更好的时间平滑方法的情况下，最佳的非贸易保护政策将需要粮食净生产者和净消费者之间的转移以共同保险，这也会加剧波动。[⑨] 因此，不能简单地说，对外贸易干预是一种较差的社会保护形式，任何此类保护都会有类似的特点。贸易干预可能会导致一些价格失真，必须根据替代方案产生的失真情况对其进行评估。在某些情况下，贸

① 关于进一步的讨论，见马丁·拉瓦雷（2006）。

② 马丁·拉瓦雷（2001b）和布兰科·米拉诺维奇（2005a）发现了这一点。

③ Aykroyd, Wallace R. 1974. The Conquest of Famine. London: Chatto and Windus.

④ 见伍德翰姆·史密斯（1962）。

⑤ 见世界银行（1986），World Bank. 1986. *Poverty and Hunger: Issues and Options for Food Security in Developing Countries*. Washington, DC: World Bank.

⑥ 见阿马蒂亚·森（1981a）和马丁·拉瓦雷（1987b）。对马丁·拉瓦雷（1987b）英属印度饥荒时间序列数据的分析表明，总收入效应不足以削弱无限制贸易的稳定消费效应。

⑦ 见马丁·拉瓦雷（1997b）。

⑧ 见威尔·马丁和凯姆·安德森（Will Martin and Kym Anderson，2012），Martin, Will, and Kym Anderson. 2012. "Export Restrictions and Price Insulation during Commodity Price Booms." *American Journal of Agricultural Economics* 94 (2): 422-427.

⑨ 奎托安·多等人所示。Do, Quy-Toan, Andrew Levchenko, and Martin Ravallion. 2014. "*Copying with Food Price Volatility: Trade Insulation as Social Protection.*" In Jean-Paul Chavas, David Hummels, and Brian Wright (eds.), The Economics of Food Price Volatility. Chicago: University of Chicago Press.

易隔离可以支配保护弱势群体的可行选择。①

关键是要避免对政策的泛化。再举一个例子，考虑积极应对的产业政策，即鼓励某些有前途的部门或企业使用关税、补贴或减税措施的努力。② 倡导者指出，一些东亚国家在这些政策上取得了成功，但有时也会淡化其他国家在类似政策上的失败。与其抽象地争论支持或反对这些政策，不如把重点放在这些或其他干预措施在何种条件下起作用。

9.9　发展援助

关于国家边界与反贫困政策的相关性，有不同的看法。关于再分配政策的古典功利主义论据通常并不超出国界，也没有一些基于权利的观点。例如，约翰·罗尔斯（1999）认为，只要贫穷国家受到合理的治理，富裕国家就没有帮助贫穷国家的道德义务。其他哲学家，如彼得·辛格（Peter Singer，2010），则认为国家边界、距离或种族等特征在道德上与帮助我们能够帮助的弱势群体的情况无关。

支持更大范围的全球公平的道德理由有两个不同的方面。首先，人们同情那些不幸的人的困境，不管他们是在哪里出生的。其次，富裕国家的作为（或不作为）会给贫穷国家带来成本，因此需要对其进行补偿。下面是三个例子：

- 全球变暖：大气中储存的大量温室气体是来自今天的发达国家，尽管未来全球变暖的成本将由许多贫穷国家承担，尤其是那些生活在赤道附近和人口稠密的三角洲地区的贫穷国家。
- 贸易限制：富裕国家对全球一体化进程施加的贸易和流动（尤其是劳动力）限制，给贫穷国家带来了成本。
- 洗钱：富裕国家未能适当控制国际洗钱活动，助长了富裕国家精英对贫穷国家资产的掠夺。

目前尚不清楚“二战”后从富裕国家流向贫穷国家的大量援助在多大程度上反映了同情或补偿。提供这种援助还有其他原因，包括认为由于受到全球贫困威胁的实际或潜在的不稳定，包括认为共产主义的威胁进一步蔓延，给富裕国家造成了外部成本。不管动机是什么，发展援助的资金流动是巨大的。本节回顾关于发展援助对贫困影响的争论和证据。

---

① 这一点在奎托安·多和马丁·拉瓦雷（2014）的形式化模型中得到了说明。

② 安·哈里森和安德烈斯·罗德里格斯—克莱尔（Ann Harrison and Andrés Rodríguez-Clare，2010）对这类政策及其相关辩论进行了很好的回顾。支持性的讨论见丹尼·罗德里克（2004）和林毅夫（2012）；更批判性的观点见霍华德·帕克和卡迈尔·萨吉（Howard Pack and Kamal Saggi，2006）。

外部发展援助

据估计，自1960年以来，按2013年的价格计算，外国援助总额达4.7万亿美元。[①]随着时间的推移，援助资金一直在增加。许多人自然而然地被吸引，这些资金为促进减贫（而减贫现在已成为许多多边和双边援助的明确目标）做出了多大贡献。对于这个跨越50年的问题，人们所能找到的答案范围是惊人的。对于外援即使对受援国也是一件好事这一观点，有人强烈支持也有人反对，他们的评价从对援助作用极为积极到相当消极。积极的一面如，比尔·盖茨和梅琳达·盖茨（Bill Gates and Melinda Gates，2014）写道，"外援是……惊人的投资。外援不仅拯救了生命，而且为持久、长期的经济进步奠定了基础。"[②]而安格斯·迪顿（2013）的评价却相反，他认为"如果我们给予穷人比目前水平更高的援助或者继续以现有的水平进行援助，他们的情况不但不会变得更好，还会变得更糟糕。"理解这些争论是一个挑战。

尽管4.7万亿美元看起来是巨大的，但必须客观地看待。总的来说，目前外部发展援助的资金流动只占发展中国家国民收入的1%左右。[③] 此外，随着资本跨国界流动的增加，私人资金流动已超过官方发展援助，成为大多数发展中国家投资的资金来源。[④] 尽管随着强调社会或环境效益以及利润的"投资影响力"（impact investing）的出现，这正在改变一些情况，但人们认为私人资金流动的动机完全是利润。

如果政府发展援助发挥作用，就必须为私人投融资服务。自20世纪90年代以来，援助与消除贫困和促进人类发展的目标紧密相连。这是20世纪90年代中期出现并于2000年得到千年大会批准的联合国千年发展目标的明确重点（事实上，千年发展目标中的第一个目标是到2015年将发展中国家1990年"每天生活费用不足1美元的贫困率"的人口减半）。认为援助旨在减少贫困似乎有助于刺激捐助者提供更多的援助。捐助者已经认识到，援助对于流向发展中国家的私人资金流动有着不同的目标。援助可以针对放宽私营部门不容易解决的紧迫发展约束，特别是在提供补充的公共投入，例如传播技术知识、支持更有能力的公共管理和帮助提供公共产品。也有人认为，精心设计的援助计划有助于打破贫困陷阱（第8.1节），从而使贫困的经济走上更长期的发展道路。[⑤]

一些表面观察可能会使人得出这样的结论：援助起了很大的作用。正如我们在第7章中

---

① 欧文·巴德利用经合组织的数据报告了这一点。Barder, Owen. 2013. "Is Aid a Waste of Money? Global Development: Views from the Center." Washington, DC: Center for Global Development.

② Gates, Bill, and Melinda Gates. 2014. "Three Myths on the World's Poor." *Wall Street Journal*, January 17.

③ 这是乔纳森·坦普尔所做的"粗略估算"。Temple, Jonathan. 2010. "Aid and Conditionality." In *Handbook of Development Economics*, vol. 5. Amsterdam: North-Holland.

④ 见《经济学人》(2014d) 中关于20世纪90年代中期以来流向新兴市场的资本流动的系列文章。Economist. 2014d. "An On-Off Relationship." *The Economist*, December 13, 77.

⑤ 见杰弗里·萨克斯（Jeffrey Sachs, 2005b）和乔纳森·坦普尔（2010）。

看到的那样，2000 年之后，在消除绝对贫困方面的进展明显加快，尽管当我们审视其他千年发展目标时，情况并非如此。[①] 联合国秘书处认为，千年发展目标本身有助于这一进展。[②] 很可能是这样，但这种说法几乎没有明显的依据。其他因素从 2000 年左右发生了变化，包括流向发展中国家的私人投资，以及宏观经济政策框架变得更有利于持续增长的事实。[③]

援助在一些国家比其他国家更重要。援助者似乎更倾向于向国家而不是个人提供援助，他们倾向于尽可能地向更多的国家提供援助，而对穷人到底身在何处并不关注。这导致的结果就是，无论从个人受援额度还是受援额度占其收入的比重来看，小国所接收到的援助要比大国接收到的更多。但是，世界上大部分的穷人实际上是生活在大国之中，于是，这种援助者自身引发的“援助分裂”，就成了为何援助不能有效针对穷人的另一个原因。作为一个国家（即使很少有人居住在那里）的事实似乎吸引了最低限度的积极援助。[④] 因此，撒哈拉以南非洲国家往往以援助的形式获得更大份额的收入，在非常贫困的国家，受援额度可以占国民收入的 1/3。[⑤] 在这些情况下，援助资金可以发挥巨大作用。假设援助在各国内部的分配是一致的（因为没有更好的选择），一项研究估计，所有发展援助中约有 40%流向世界人口底层的 10%，约有 65%流向世界人口底层的 20%。[⑥] 如果不是发展援助分配中的“小国偏向”，这些数据将更加令人印象深刻：人口较多的国家的人均援助分配往往较低。

偏袒贫穷国家和小国的经济理由从未明确，但一个可能的理由是，这些国家的“信誉”（credit worthy）较低，这意味着它们面临更高的利率，或者更多地从其他来源获得贷款，这当然是可能的（例如，小国往往更容易受到自然灾害等风险的影响）。另一个可能的论据是，贫穷国家在努力消除贫困方面的国内再分配能力较低。我不知道有任何关于信用论证的检验，但有证据支持第二个论证。[⑦]

援助与减贫

关于援助给贫穷国家带来了多少好处，已有很多研究。有“宏观”和“微观”两种视角。前者主要关注发展援助对受援国经济增长率的影响。后者主要关注的是具体援助资助的开发项目的影响（这一问题也在第 10 章中讨论，但并未仅侧重于援助资助的干预措施）。

---

① 见霍华德·弗里德曼（Howard Friedman，2013）。

② 潘基文在《联合国（2011）》序言中写道，“千年发展目标帮助数百万人摆脱贫困，拯救生命，确保儿童上学。”

③ 见杰纳斯·利姆（Janus Lim，2012）和约翰·布鲁多恩等人（John Bluedorn et al.，2013）。

④ 人均所得额度或受援额度占国民收入的比重往往随着人口规模而下降，见乔纳森·坦普尔（2010，图 4）。

⑤ 见乔纳森·坦普尔（2010）。

⑥ 见弗朗索瓦·布吉尼翁等人（2009）。这似乎与安格斯·迪顿（2013）的说法相矛盾：“世界上一半的穷人只得到了世界政府开发援助的 1/40”，安格斯·迪顿认为“这绝对是世界上最为不平等的措施之一”。一旦有人指出，安格斯·迪顿所说的“世界上大约一半的穷人（至 2008 年末为 48%）要么生活在印度要么生活在中国，而中国和印度在 2010 年从政府开发援助中仅获得了 35 亿美元的援助，这一数额只占政府开发援助总额的 2.6%”。这两种说法就可以得到调和，这两个国家相对于其人口而言得到的援助相对较少。世界上另一半的穷人得到了大量的政府开发援助。

⑦ 见马丁·拉瓦雷（2010b）。

在20世纪60年代和70年代的简单计算中，发展中国家的计划和财政部将制定一个目标增长率，推翻哈罗德-多马模型（专栏8.6），并根据当前的资本产出率计算实现目标所需的投资率，扣除预期的国内储蓄率（贫穷国家通常很低），并找出一个有希望通过外部发展援助来弥补的融资缺口。因此，这种援助被视为纯粹的外部投资。另一种确定外部援助要求的方法是侧重于外汇要求，以弥合预期进口要求与出口收入之间的差距。①

问题是，这些论点与如何提供援助的现实脱节，援助是政府之间的，而不是通过市场机制提供的。因此，受援国的社会福利必须依赖于政府行为。② 援助关系双方的政治家很可能有不符合受援国福利目标的偏好，包括减贫目标。因此，援助对发展的影响在很大程度上是一个政治经济问题。

大约80%的政府发展援助都是双边援助，其余的援助则通过世界银行、联合国开发计划署，或者抗艾滋、肺结核和疟疾全球基金会等多边组织来进行。有观点认为，多边援助因为较少受到国内相关考量的影响，要比双边援助更具透明度和有效率；但实际上，世界银行是不能轻易违背其最大出资国的意愿的，而联合国开发计划署早就被认为是透明度最低并且最无效率的援助机构之一。援助者与援助机构数量庞杂，如今，即便是在一国之内，官方援助也时常要通过各类独立运行的政府机构来推动（比如在美国有50个这样的机构），这不仅给援助总量的统计造成麻烦，也给各类合作带来了巨大问题，而各机构之间也经常出现相互抵触的政策。国家对援助的偏好往往反映了历史联系和外交政策考虑，而不是真正的需要或效力。毫无疑问，较大富裕国家政府的战略和外交政策优先事项经常影响双边和多边援助分配和援助项目的实施。经济学家保罗·科利尔和杜大伟（Paul Collier and David Dollar，2002）的模拟结果表明，旨在最大限度地减少总体贫困的当前发展援助的分配将大大偏离20世纪90年代的分配。③ 更多的减贫拨款将用于严重贫困但政策合理的国家：据估计，世界上3/4的穷人生活在这些国家。根据他们的计算，将贫困最小化的援助分配将使援助对世界贫困人口总数的影响几乎翻一番。

援助（特别是双边援助）没有对贫困产生更大影响的原因之一是，援助往往与受援国购买捐助国生产的货物和服务联系在一起。一项研究报告估计，这种做法使援助的实际价值减少了15%~30%。④ 双边捐助者的发展项目与其他捐助者的发展项目并不总能协调良好。发展部门的“偏爱项目”（pet projects）在受援国商定的减贫战略背景下不一定有太大意义

---

① 不同的制约因素可能在不同的发展阶段占主导地位，正如霍利斯·钱纳里和艾伦·斯特劳特（Hollis Chenery and Alan M. Strout，1966）在《国外援助和经济发展》的“双缺口”模型所假定的那样，该模型在包括世界银行在内的发展援助机构中得到广泛应用。

② 援助文献和做法部分是通过确定对受援国外部资本“吸收能力”（absorptive capacity）的制约因素来阐述这一点的，人们认为这取决于是否具备所需的技能（特别是援助管理方面的技能）。这些论点往往忽略了对政治经济学的任何考虑，即政府如何应对外部援助。

③ 见保罗·科利尔和杜大伟。Collier，Paul，and David Dollar. 2002.“Aid Allocation and Poverty Reduction.” *European Economic Review* 46（8）：1475-1500.

④ 见乔纳森·坦普尔（2010，第4431页）。

（该项目有可能服务于捐助国当地游说团体的利益）。鉴于上述一连串的批评，可以理解的是：许多观察人士认为，将援助重新配置从双边形式转为多边形式，将增强其影响力。

受援国政府的反应对其绩效同样重要，必须有一个强有力的项目援助是可替代的。外部发展援助据说是“可替代的”，即受援国政府基本上可以将援助视为一般预算支持，并按政府认为合适的方式使用。即使援助似乎与某一具体项目有关，但它仍然是可以替代的，因为选择寻求援助的项目在很大程度上是受援国的选择，专栏 9.8 更详细地解释了可替代性。

专栏 9.8　可替代性和粘蝇纸效应

以一个“拉巴斯”国家为例，它有两个项目想做，一个项目的社会回报率低，另一个项目的回报率高。拉巴斯政府只能负担得起国内两个基金中的一个。让我们假设，如果没有外部援助，它将为社会回报率较高的国家提供资金。现在假设有一个外部援助捐助者，它正在寻找好的项目来资助贫穷国家，以取悦本国的政治选民。拉巴斯政府自然会选择对援助方最有吸引力的项目，我们可以把这个项目视为具有较高社会回报的项目。然后，它将利用国内资源，以较低的回报为该项目提供资金——这是一个完全合理的反应。从援助中获得的净收益不是高回报项目（援助捐赠者认为这是资助的），而是低回报项目。这叫作可替代性。

一个直接的含义是：忽视可替代性的“基于结果的”援助捐助者（无论是双边还是多边的）将总是被吸引来监测和评估拉巴斯政府提出供资的项目。因此，捐助者将从评估其援助的影响的角度来评估错误的项目。它可能会高估这种援助的影响（即使援助捐赠者同意使用随机分配进行评估，这也是第 6 章讨论的评估偏差的来源之一）。

鉴于其重要性，关于可替代性的实证研究并没有人们所希望的那么多。在一项研究中，费达翰等人（Tarhan Feyzioglu et al.，1998）使用了大约 40 个国家 20 世纪 70 年代和 80 年代的数据，发现了可替代性的证据，即政府在一些部门（农业、能源、教育）的支出下降，而对这些部门的贷款则额外优惠。①

当项目援助留在某个部门时，据说存在“粘蝇纸效应”（flypaper effect）（是指上级政府通过转移支付拨款可以“粘住”接受拨款的一级政府，不会将拨款用于增加个人收入，而是用于提高公共服务水平），即使在这个部门内有可替代性。例如，多米尼克·范德沃勒和穆仁（Dominique van de Walle and Ren Mu，2007）研究了援助资金在越南农村公路发展中的影响。这种援助是可以替代的，但并没有从交通部泄露多少信息。因此，评估可以安全地集中在交通部，而不是所有的政府支出。②

① Feyzioglu，T.，V. Swaroop，and M. Zhu. 1998. “A Panel Data Analysis of the Fungibility of Foreign Aid.” *World Bank Economic Review* 12（1）：29-58.

② van de Walle，Dominique，and Ren Mu. 2007. “Fungibility and the Flypaper Effect of Project Aid：Micro-evidence for Vietnam.” *Journal of Development Economics* 84：667-685.

考虑到各国政府可能已经在就现在应该消费多少而不是将来应该投资多少做出跨期的决定，上述使用哈罗德-多马模型计算援助需求的方法是最简单的。假设这些政府符合拉姆齐（1928）制定的前瞻性和效用最大化的原则，这也同样是最简单的（专栏 8.5，拉姆齐没有贴现率，但可以被纳入）。问题仍然是，人们可以预期，受援国政府希望至少有一部分援助被消费，而不是投资，可替代性的范围使这一点成为可能。援助被消费本身并不是一件坏事。政府的消费包括许多与减贫有关的事情，例如给儿童接种疫苗或帮助他们留在学校继续学习。这是一个经验性的问题——看看政府把援助花在什么地方，与他们要求援助的目的是否相同。

一些观察家认为，如果贫困不是缺乏资源和机会的结果，而是由于失败的体制、失败的政府和独裁政治，那么给贫困国家更多的钱，尤其是给贫困国家政府更多的钱，就可能固化贫困，而不是消除它。① 这就是“援助诅咒”（aid curse），与资源诅咒（resource curse）类似，自然资源的发现会破坏其他部门的长期发展。这种援助诅咒的程度在很大程度上取决于受援国政治领导人的社会偏好，图 9.4 说明了一种可能性。

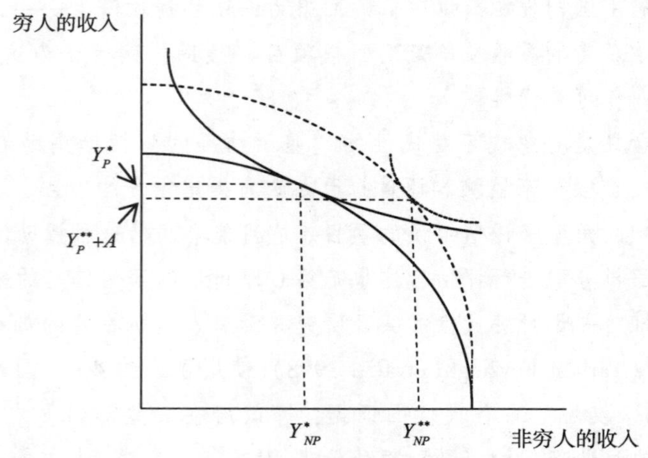

图 9.4　领导人的社会偏好导致穷人的处境更糟，即使是针对穷人的外部援助

有两个收入群体，收入为 Y_P 的穷人和收入为 Y_{NP} 的非穷人，后者包括政治领导人（马丁·拉瓦雷把它分解成两个维度，这样我就可以使用一个图，但是可以有更多的收入群体）。领导者的偏好严格遵循凸的等福利线。图 9.4 中也指出了可行收入组合的约束，这给出了任何给定 Y_{NP} 的最大值 Y_P 。最后让（ Y_P^* ，Y_{NP}^* ）表示在没有援助的情况下政治领导人的（独特的）最佳状态。现在想象一下，一个外部援助者以收入转移的形式向穷人提供援助，每个穷人的援助额为 A 。定向扶贫被认为是完美的，所以这不是问题。领导人现

① 这个论点见多米尼克·范德沃勒（2001）、托德·莫斯（Todd Moss，2006）、丹比萨·莫约（Dambisa Moyo，2009）和安格斯·迪顿（2013，第 7 章）。

在选择一个新的最优值（ Y_P^{**} ， Y_{NP}^{**} ）。如果不进一步约束领导人的社会偏好，我们不能排除穷人在获得援助后境况会变得更糟的可能性，也就是说，有可能 $Y_P^{**} + A < Y_P^*$ 。如图 9.4 所示，其中的虚线是援助后境况。

鉴于我们对这些偏好不太了解，我们可以理解为什么在援助和贫困问题上有如此多的辩论。一些观察人士指出，领导人不偏袒穷人，因此可以推翻针对减贫的援助。其他观察人士对领导人的偏好持更积极的看法，或者对约束这些偏好的范围持更乐观的态度。但图 9.4 只是一种可能性，在不同的社会偏好下，穷人可以获得，甚至有可能获得超过援助数额的收益。使受援国的政治领导人不同意援助机构的减贫目标，援助诅咒也可以避免。有一些社会偏好给予非穷人比穷人更高（实际上更高）的收益权重，但仍然意味着针对穷人的援助将使他们受益①（国内资源仍将因援助而从穷人手中转移，但不会造成援助诅咒）。在不了解领导人的社会偏好的情况下，我们不能说援助是否会惠及穷人。

现在很明显，辩论的余地很大。“蒙博托事件”（Mobutu story）② 确实发生了，但这只是一种可能性。有一些关于精英对穷人态度的研究。我们从这篇文献中了解到的情况提醒人们不要泛化图 9.4 中的社会偏好类型在实践中的普遍性，但似乎并没有解释清楚。③ 援助诅咒在理论上是可能的，但其实际意义仍不清楚。更多地研究受援国政府国内政策中隐含的社会偏好将有助于解决这一问题。④ 这些证据需要采取更广泛的视角，而不是仅仅关注援助项目对穷人的“针对性”有多强。

还有另一个理由质疑援助诅咒的普遍性。援助支持的政策改革也可以根据具有特定社会偏好的政治领导人所面临的约束而设计（不一定同意援助捐助者对贫困问题的关注）。援助试图鼓励的一些国内政策改革可以被认为是确保受援国的经济机构更好地为穷人的利益服务的一种方式，即更高的 Y_P 在给定的 Y_{NP} 是可以实现的。因此，地方领导人即使不改变偏好，也会理性地选择更多的扶贫国内资源配置。援助将反过来为穷人带来更大的净收益。

援助与经济增长

这些都不能说明发展援助是无效的，但这确实需要证据。再关注的是，在外部发展援

---

① 一个简单的例子，保证穷人总是从援助中受益的是领导人最大化的穷人和非穷人的效用的加权总和，并且 $Y_P + Y_{NP}$ 是固定的。

② 刚果大屠杀起因是由于卢旺达大屠杀。当时胡图族战败后，其中一部分武装力量逃到了邻国刚果。而时任刚果总统的蒙博托，因为自己个人情感很讨厌图西族，对于投奔而来的胡图族（解放卢旺达民主阵线）相当宽容。1996 年 11 月，蒙博托突然发布“驱逐图西族”命令，而引起境内图西族的暴力反抗。此时，刚果反对党卡比拉突然发难，迅速联系自己在国外的势力，与卢旺达、乌干达、布隆迪一道，组成联军，灭掉了蒙博托政权。自此，大规模战乱开始，最苦的就是刚果的人民。——译者注

③ 见伊丽莎·赖斯和米克·摩尔。Reis, Elisa, and Mick Moore. 2005. “Elites, Perceptions and Poverties.” In Elisha Reis and Mick Moore (eds.), *Elite Perceptions of Poverty and Inequality*. London: Zed Books.

④ 马丁·拉瓦雷（1988b）就是一个例子，他研究了印度尼西亚的一个大型反贫困项目。

助之后，总体发展成果是否有所改善。在这里，大部分文献都集中在援助是否促进了经济增长上。鉴于许多发展援助（实际上，马丁·拉瓦雷预计其中大部分援助）并不是努力促进增长，而是促进其他发展目标（包括减贫和人类发展）。作为辩护，可能有人认为，增长是实现其他目标的关键，但正如我们在本章中看到的那样，这是值得怀疑的。总体增长对贫困的影响取决于若干因素，特别是与最初的不平等（收入和非收入方面）有关的因素，发展援助也针对这些因素。而人类发展在很大程度上取决于有效提供更好的医疗、教育和社会保护公共服务，所有这些也是许多发展援助的重点。此外，这些和其他援助目标显然更多地与援助对政府消费的影响有关，而不是与（公共或私人）投资有关。

另一个辩护是，增长很容易测度。这部分文献似乎主要是从增长经验文献（专栏8.19和专栏8.20）衍生出来的，有很多文献都在关注这个特别的衍生品。[①] 作为增长回归的回归因素，增长援助的边际成本显然很低。不过，这也许只不过是验证了一个关于醉汉在街灯下寻找钱包的古老寓言（在一个晚上，一个醉汉在街灯下耐心地跪爬着寻找东西，原来他丢失了汽车钥匙。问他在哪里丢的，他指向远处很黑的地方："在那边。"又问："为什么在这儿找？"回答道："这里有光亮"），但这并不是因为他丢了钱包，而是因为这里是光线最好的地方。[②]

也就是说，我们对援助对增长的影响了解多少（醉汉发现了什么）？第一次尝试检验发展援助是否能促进受援国的经济增长，得出了一个惊人的否定结论：在这项研究（相对较小）的发展中国家样本中，较高水平的援助与较低的国内储蓄率相关。[③] 这项研究的结果可以很好地反映发展援助的内生性：储蓄率较低的国家将吸引更多的援助，以弥补其投资需求的差距。一项后续研究试图用工具变量（instrumental variable，IV）确定援助对储蓄的因果关系（专栏6.4）。[④] 研究使用投资率作为援助的工具变量，发现第一项研究的结论是相反的：援助促进了更高的储蓄率。投资率是一个值得怀疑的工具变量。[⑤] 投资率和储蓄率都将取决于利率（尽管方向相反），不包括在储蓄的估计回归中。在投资率和误差项之间建立了关联。

接下来的30年里，一系列其他努力接踵而至。包括更大更完善的数据集，以及如何确定援助对增长的影响的各种争论。近期的许多文献反而使用了援助国与受援国（"美国

① 赫里斯托斯·多库利亚戈斯和马丁·帕尔丹提供了关于这个问题的近70篇论文的概述和参考。Doucouliagos, Hristos, and Martin Paldam. 2008. "Aid Effectiveness on Growth: A Meta Study." *European Journal of Political Economy* 24: 1-24.

② 并非只有发展经济学家容易受到路灯效应的影响，戴维·弗里德曼（David Freedman，2010）认为，这是科学研究中常见的问题，Freedman, David. 2010. "Why Scientific Studies are so often Wrong: The Streetlight Effect." *Discover*, July-August.

③ 见凯斯·格里芬和约翰·伊诺斯。Griffin, Keith, and John Enos. 1970. "Foreign Assistance: Objectives and Consequences." *Economic Development and Cultural Change* 18 (3): 313-327.

④ 见米德·奥韦尔。Over, Mead. 1975. "An Example of the Simultaneous-Equation Problem: A Note on Foreign Assistance: Objectives and Consequences." *Economic Development and Cultural Change* 23 (4): 751-756.

⑤ 如米德·奥韦尔（1975）所述。

之友"、"欧佩克之友" 和 "法国之友"）之间的历史战略联系、人口规模以及援助的滞后十年作为工具变量。[①]

有些工具变量比其他的工具变量更容易接受。例如，可以相信，援助者和受援国之间以前的殖民关系会影响所提供援助额，但对国内经济几乎没有或根本没有独立的因果作用（即殖民历史被认为只是通过援助才有意义）。人口规模和援助滞后更值得怀疑，就前者而言，国内市场的规模可能对经济结果产生影响。随着时间的推移，援助的黏性（缺乏变化）很可能意味着滞后的援助受到了与当前援助类似的内生性问题的污染。第一项使用这些工具变量进行的研究发现，援助促进了受援国的更高投资，尽管这对于降低一些援助/GDP 比率较高的国家来说并不有力（尽管还不完全清楚为什么应该取消这些援助）。[②]使用类似的工具变量，后来的一项研究发现，很少或没有迹象表明发展援助对增长有积极影响。[③] 治理对援助的反应很可能是原因之一：有证据表明，依靠治理的行业在额外的外部援助下增长速度较慢。[④]

一项研究试图确定援助对经济增长的影响，其中一项研究使用了援助机构在分配援助时采用的规则。[⑤] 自 20 世纪 80 年代末以来，世界银行在分配其优惠贷款时一直将任意的收入门槛作为一个因素。如果跨越这一门槛对增长没有实际意义，而独立于其对所获援助的影响，那么如何确定援助资格的这一方面就为援助提供了一个有效的工具变量。研究发现，援助收入比提高 1 个百分点，增长率将增加约 0.35 个百分点。[⑥] 在这里，识别假设也可能受到质疑。潜在国内政策对援助资格的回应很可能意味着我们将援助归因于这些政策反应。这是工具变量出错的另一个例子。在这种情况下，援助资格可能对国民收入产生影响，而与所获援助的数额无关（当我们转向下面的援助和国内政策时，结果会更清楚）。

援助不太可能在所有国家产生同样的结果。国家政策在改变援助影响方面各不相同。一项研究声称，有支持性证据表明，援助对政策良好的国家（如预算盈余、低通货膨胀和贸易开放）的影响更大。[⑦] 换言之，研究发现国内政策与援助对增长的影响之间存在交互作用的证据。随后的一系列论文对这些结论的稳健性提出了质疑。[⑧] 跨国回归结果对数据和模型描述变化的灵敏度是显而易见的。

---

①② 见彼得·布恩。Boone, Peter. 1996. "Politics and the Effectiveness of Foreign Aid." *European Economic Review* 40: 289-329.

③ 见拉格拉姆·拉扬和阿文德·萨勃拉曼尼亚。Rajan, Raghuram, and Arvind Subramanian. 2008. "Aid and Growth: What Does the Cross-Country Evidence Really Show?" *Review of Economics and Statistics* 90 (4): 643-665.

④ 见拉格拉姆·拉扬和阿文德·萨勃拉曼尼亚（2007）。

⑤ 见塞巴斯蒂安·加利亚尼等人（Sebastian Galiani et al., 2014）。

⑥ 见塞巴斯蒂安·加利亚尼等人（2014）了解该计算的详细信息。

⑦ 见克雷格·伯恩塞德和杜大伟（Craig Burnside and David Dollar, 2000）。

⑧ 具体见亨里克·汉森和芬恩·特拉普（Henrik Hansen and Finn Tarp, 2001）、威廉·伊斯特利等人（William Easterly et al., 2004）。

华盛顿全球发展中心（Center for Global Development，CGD）经济学家的一项研究在复制和解释过去文献中的研究结果方面做了细致的工作，发现如果考虑到援助影响的滞后性以及回报的递减，就会有更多积极影响的迹象。① 他们研究了所有过去的工具变量，在控制了国家固定效应后，选择将援助作为外生性的。由于过去研究中最不值得怀疑的工具变量（尤其是殖民地历史）并没有随着时间的推移而改变，这种援助外生性的假设并不像最初看起来那么值得怀疑。研究人员需要的关键假设是，援助是根据未来对增长的冲击而预先确定的，这似乎是一个基于先验的合理假设。在这种假设下，援助对增长的影响的结果是令人信服的，尽管这种影响比其他研究所建议的要低。②

强尼·阿恩特、萨姆·琼斯和芬恩·特尔普（Channing Arndt，Sam Jones and Finn Tarp，2014）最近对援助对增长影响的研究进行了一次回顾，得出的结论是，已经形成了相当程度的共识："粗略地说，这些研究表明，在相当长的一段时间内，外援的收入相当于 GDP 的 10%，预计平均增长率约为 1 个百分点。"③ 大部分证据显示，这并不是一个"援助诅咒"，对贫穷国家持续的援助承诺平均来说有利于它们的经济增长。

正如在关于增长回归的讨论（专栏 8.17 和专栏 8.18）中所指出的，如果人们认为事实上存在多重稳态均衡，则用于检验援助对增长的影响的回归类型是错误的。在发展援助的论据中，多重均衡和贫困陷阱的可能性一直很突出。这里的观点是，援助可以帮助一个国家从低水平的均衡走向更高水平的均衡——这是平均收入的巨大变化。采用理查德·尼尔森（Richard Nelson，1956）模型表明，发展中国家需要大量的外部援助来摆脱贫困。杰弗里·萨克斯（Jeffrey Sachs，2005a，2005b）援引贫困陷阱的观点，认为需要大规模扩大发展援助，以确保目前贫穷国家的平均收入永久性提高。批评人士质疑这一论点，理由是我们在贫穷国家看到了正的增长。④ 这并不严格地与多重均衡和贫困陷阱的存在不一致。很少有跨国增长文献认真对待贫困陷阱对其计量指标的影响。

上述讨论的重点仅仅是援助对平均收入的影响。当然，对贫困的影响也将取决于它对国家内部相对分配的影响。在这一点上，更宏观的文献基本上是沉默的。在一系列研究援助对婴儿死亡率等社会指标影响的文献中发现了一些线索。这是内在的兴趣，但它也有兴趣作为分配影响的线索。一项研究发现，援助对婴儿死亡率、预期寿命或初级入学率随时间的变化没有显著影响，事实上，发现的唯一显著影响是对政府消费的影响。⑤ 随后的其

---

① 见迈克尔·克莱门斯（Michael Clemens et al.，2011）。

② 迈克尔·克莱门斯等人（Michael Clemens et al.，2011）对额外援助对增长的影响估计约为塞巴斯蒂安·加利亚尼等人（Sebastian Galiani，2014）估计的一半。

③ 强尼·阿恩特等人。Arndt，Channing，Sam Jones，and Finn Tarp. 2014. "What is the Aggregate Economic Rate of Return to Foreign Aid?" WIDER Working Paper 2014/089. *World Bank Economic Review*，forthcoming.

④ 见威廉·伊思特利。Easterly，William. 2006. *The White Man's Burden：Why the West's Efforts to Aid the Rest Have Done So Much Ill and So Little Good.* Oxford：Oxford University Press.

⑤ 见彼得·布恩（1996）。

他研究也有类似的结论。[①]

到目前为止，讨论的另一个局限性是，我们讨论的援助是一种类似于预算支持（budget support）的同质体。实际上，大部分发展援助采取项目援助的形式。了解有多少发展援助通过声称由外部供资的具体项目促进了发展，这不是一个非常有效的方法，因为我们不太相信援助实际上资助了这些项目，而不是其他什么。事实上，必须有一个合理的假设，即援助确实资助了其他一些东西，尽管可能是在同一个部门（比如交通部）内部，产生了奇怪的所谓“粘蝇纸效应”（专栏9.8）。

可替代性的存在并没有以任何方式降低对研究特定项目的影响的兴趣，而第10章在消除贫困的直接干预的背景下又回到这个问题。但这与评估发展援助的收益不同。而存在可替代性，需要评估政府做的各种各样的事情，而不仅仅是那些援助捐赠者应该资助的事情（这几乎肯定不是事实，虽然我没有看到证据，对外部资助的发展项目进行的评估研究似乎不成比例）。可替代性的可能性必须使人们对援助好处的说法产生怀疑，因为只有对援助资助的项目（专栏9.9）进行了评估。

有人认为在发展援助方面取得的成功带来了如此巨大的好处，我们不必如此担心一般影响。华盛顿全球发展中心的一位援助专家欧文·巴德（Owen Barder，2013）指出了印度的绿色革命和全球范围内根除天花。[②] 毫无疑问，两者都是发展方面巨大成功的例子，但这里的问题是，这种成功在多大程度上可归因于发展援助。

绿色革命给贫困农民带来的大部分好处来自技术的采用和推广，这在很大程度上是由印度国内政府的努力推动的。[③] 捐助者提供了援助，特别是技术援助（technical assistance，TA）。这一成功案例的历史记录并没有充分说明援助作为财政投入的作用，援助实际上帮助了绿色革命以一种相当反常的方式进行。20世纪60年代，印度对粮食援助的依赖和对粮食援助的不确定性，导致印度对采用新的种子技术的热情高涨，部分原因是外部援助的支持，他们的成功最终导致了粮食援助的转移。

关于天花，巴德指出了由露丝·莱文和华盛顿全球发展中心的同事撰写的一本书，该书记录了全球卫生领域的成功案例。[④] 但是同样，这一情况还远远不能证明发展援助是有帮助的，甚至是必要的。巴德做了一个惊人的计算，他将援助总额（上述4.7万亿美元）除以根除天花所拯救的生命数量，这一数字被认为是6000万，因此每避免一例死亡就需要7.83万美元。使用英国国家卫生服务机构（National Health Service）设定的（看似高度

① 见乔纳森·坦普尔的评论（2010）。

② Barder，Owen. 2013. “Is Aid a Waste of Money? Global Development：Views from the Center.” Washington，DC：Center for Global Development.

③ 见迈克尔·利普顿和理查德·朗赫斯特（Michael Lipton and Richard Longhurst，1989）、比尔·普里查德等人（Bill Pritchard et al.，2014）。

④ 见露丝·莱文等人。Levine，Ruth，What Works Working Group，and Molly Kinder. 2004. Millions Saved：Proven Successes in Global Health. Washington，DC：Center for Global Development.

保守的）门槛，这将被视为一种成本效益高的干预措施。

这个计算的问题是，我们不能把根除天花完全归咎于外国援助。事实上，巴德承认根除天花的资金主要来自受影响的国家。他仍然声称“这项努力之所以成功，是因为外国援助的贡献”，但立即补充了限定词“尽管我承认，没有人可以肯定地说，如果没有援助，会发生什么”。因此，我们真的不能说发展援助避免的每一例死亡的成本是多少。很可能真正的数字会以任何合理的标准来测度成本效益，但我们真的不知道，因为正如绿色革命一样，许多工作是由各国自己完成的。对根除天花费用的核算表明，约2/3的费用是由天花流行国家提供的，其余来自援助。① 正如我们已经指出的那样，我们不知道这1/3中有多少实际上是为这一目的提供的资源的净增加。

但也许所有这些都没有抓住重点。发展援助对根除天花等发展成功的贡献，可能很难用传统的统计方法（包括增长回归）来确定。毫无疑问，从20世纪60年代中期起，世界卫生组织在这项努力中的领导作用是至关重要的（它还导致了免疫接种计划的扩大，该计划仍然有效）。虽然我们不能说获得外部财政资源本身直接贡献了多少，而且我们几乎不可能可信地确定其影响，但必须承认技术援助和财政援助之间（经济和政治）的互补性。即使被认为是专门用于根除天花的援助是可以替代的，但事实上，它的存在很可能对国内努力的政治可行性、实施和可持续性产生了巨大的影响。援助只是使这一努力更容易实现和（与技术援助相结合）成功。但这一重任最终要由贫穷国家自己来承担。

我们在本节开始时引用了两段话，一段来自比尔·盖茨和梅琳达·盖茨，另一段来自安格斯·迪顿，对扩大当前发展援助的情况给出了截然不同的评价。这一讨论证实了许多读者可能怀疑的事实，即真相介于两者之间。几乎没有令人信服的证据支持迪顿的说法，即更多的援助使贫困国家的情况更糟，但这也不能证明盖茨所说的正确性。

9.10 政策、援助和制度

我们已经看到，一个国家得到的发展援助不仅取决于它贫困的程度。从历史上看，捐助国的外交政策动机是存在的，而这些动机在今天仍然发挥着一定的作用。但还有其他经济因素影响援助分配。援助正越来越多地被用来奖励各国执行“有效政策”的努力，同时发挥援助对贫穷国家的传统作用。

为了更好地理解这里发生的事情，记住一个经济模型是非常有用的。我们可以认为，一个国家获得的人均援助额是人均收入的递减函数，是基于政策努力的可观察方面和获得私人资本等其他因素的某些援助资格标准的递增函数。正如我们在最后一节中看到的，一

① 见露丝·莱文等人。Levine，Ruth，What Works Working Group，and Molly Kinder. 2004. *Millions Saved*：*Proven Successes in Global Health*. Washington，DC：Center for Global Development.

些研究表明，援助通常促进经济增长，因此我们也可以假设一个国家的收入水平是其援助收入的一个增长函数。但收入也取决于国内政策，而与所获援助无关。马丁·拉瓦雷的“政策愿望清单”(policy wish list)(马丁·拉瓦雷相信许多人都有这个愿望)将包括普遍获得高质量的医疗保健、教育、社会保护和基础设施，由公平的国内税收制度提供资金，加上保护所有居民财产和其他权利的法律制度，以及保护公众利益的监管环境和信息系统，同时也确保了新企业和想换工作的工人进入市场相当容易。为了简单起见，我们可以设想一个有效政策指数，由每个国家选择。结合这些假设，我们可以看到援助和收入是如何在一个平衡中共同决定的，在这个平衡中，援助与收入相匹配，这与所获得的援助是一致的。有效的政策将改变均衡，导致更多的援助和更高的收入。政府权衡实施更好政策的政治和经济效益以及成本。然后，援助可以激励社会偏好的公共选择，专栏9.9进一步解释了该模型。

专栏9.9 援助、收入和国内政策的共同决定

可以假设，每个受援国政府都知道其援助分配（A）是其收入（Y可能是收入分配，但为了简单起见，我们将其视为一个变量）的递减函数，以及捐助者强加的资格标准（E）的递增函数：

$$A = A(Y,\ E)$$

收入又取决于A和国内政策，用指数P表示：

$$Y = Y(A,\ P)$$

我们现在有一个简单的模型来确定A和Y，如图9.5所示。这两个变量的均衡解都是E和P的函数。设Y的解为$Y^* = Y^*(E,\ P)$，其中 * 表示Y的均衡值。有效的政策直接增加Y，但也间接地通过更高的援助。图9.5中的虚线显示了一项更好的政策的效果，它既吸引了更多的援助，又提高了国家的收入。

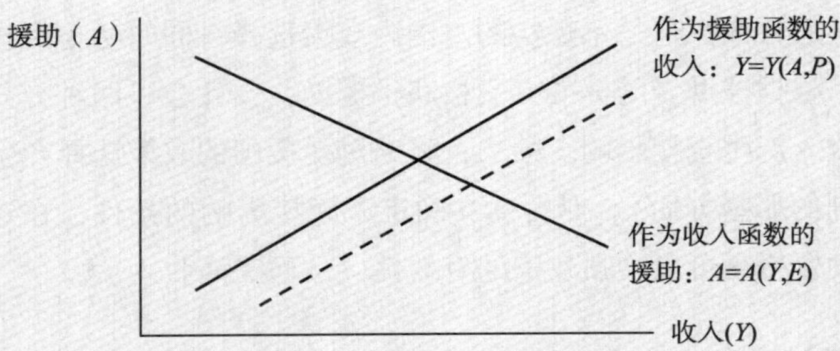

图9.5 援助和国民收入的共同决定

在这种模式下，每个受援国现在都选择其国内政策。具体而言，假设国家最大化了其执行政策的成本Y。边际效益（MB）等同于有效政策的边际成本（MC）。可以合理地假设，更好的政策的回报率在下降，更好的政策提高了获得援助资格的边际效益，也就是说，当政策更有效时，获得援助资格的收入增量更大。此外，假设 MC 会随着政策的改善而上升（或至少不会下降），一旦容易实现的目标已经实现，MC 会变得更加困难。政策选择如图 9.6 所示，其中 P^* 是政府的最优政策。

在这些假设下，援助资格鼓励更好的国内政策选择，因为它增加了这些政策的边际效益，如图 9.6 所示。正如我们已经看到的，更好的政策反过来能提高收入，而这与实际获得的援助数额无关。

这一政策评估模式的一个含义是，当对援助收入进行回归时，资格标准不是有效的援助工具变量，除非可以完全控制政策。并非所有的政策选择都可能是用于评估援助对收入影响的回归数据（事实上，文献中的标准回归检验缺少许多政策）。此外，由于获得援助的资格促进了更有效的政策，我们可以预期，对这种回归工具变量高估了援助的真正影响，因为它混淆了更好的国内政策反应和援助。

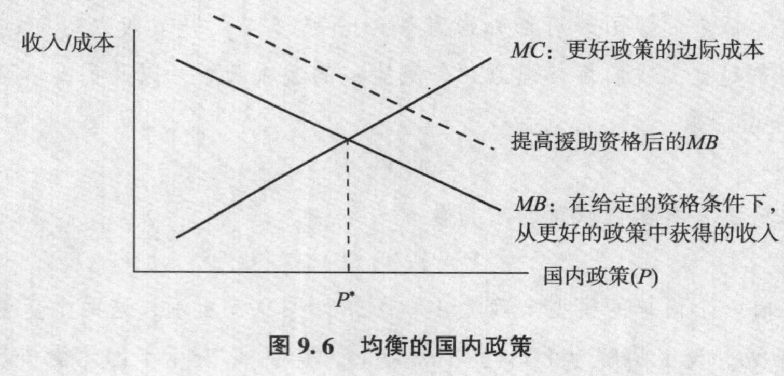

图 9.6　均衡的国内政策

然而，如果认为受援国不知道这种模式在起作用，那就太天真了。假设援助者可以观察到国内政策的所有方面，这是不现实的。国内政策选择将同时考虑到援助收入模式和各方可获得的信息。根据援助者的标准有资格获得援助，预计会以两种方式影响受援国的收入。第一，会对收入产生直接影响。第二，将通过受援国的政策选择产生间接影响（包括在援助者未注意到的那些方面）。专栏 9.9 确定了间接影响的条件，在这种条件下，除了直接影响外，援助资格还可以增强政策的有效性，从而提高收入。

政策咨询与经济学

20 世纪 80 年代的债务危机带来了一轮由国际金融机构（International Financial Institutions，IFIs）支持的结构调整计划，旨在恢复宏观经济平衡，并实施旨在促进经济增长的政策改革。国际金融机构倡导的一系列政策被称为“华盛顿共识”，我们已经在第 8 章中提到，专栏 9.10 描述了这些政策。

专栏 9.10 华盛顿共识

华盛顿共识（Washington Consensus），是指 20 世纪 80 年代以来位于华盛顿的三大机构——国际货币基金组织（International Monetary Fund，IMF）、世界银行和美国政府，根据 20 世纪 80 年代拉美国家减少政府干预，促进贸易和金融自由化的经验提出来并形成的一系列政策主张。

1989 年，陷于债务危机的拉美国家急需进行国内经济改革。美国国际经济研究所邀请国际货币基金组织、世界银行、美洲开发银行和美国财政部的研究人员，以及拉美国家代表在华盛顿召开了一个研讨会，旨在为拉美国家经济改革提供方案和对策。美国国际经济研究所的约翰·威廉姆森（John Williamson）对拉美国家的国内经济改革提出了已与上述各机构达成共识的 10 条政策措施，称作“华盛顿共识”。

1990 年由美国国际经济研究所出面，在华盛顿召开了一个讨论 80 年代中后期以来拉美经济调整和改革的研讨会。会上，美国国际经济研究所原所长约翰·威廉姆森认为，与会者在拉美国家已经采用和将要采用的十个政策工具方面，在一定程度上达成了共识。由于国际机构的总部和美国财政部都在华盛顿，加之会议在华盛顿召开，因此这一共识被称作“华盛顿共识”。这与当时的国际背景和世界格局的变化密切相关。第一，最为重大的事件显然就是苏联解体和东欧剧变，整个社会主义阵营几乎瓦解，为国际上特别是美国“芝加哥学派”及其弟子提供了推行新自由主义的口实。以里根执政为标志，“芝加哥学派”成为美国的主流经济学理论之一。在里根和撒切尔的鼓动下，新自由主义在美国乃至经合组织国家中占据了统治地位。第二，20 世纪 90 年代，恰逢西方国家经济技术得到快速发展，美国等发达国家通过科技进步、发展信息产业与调整社会生产关系，生产力发展水平有了较大的提高。一些东西方的政治家和学者，将这种变化看作是自由市场经济发展的一个结果，因而主张发展中国家经济也需要通过实现自由市场经济的途径，来实现经济社会的快速发展。第三，由于发达国家的科技和信息技术得到迅速的发展，各国之间的经济与贸易、社会和产业之间的联系大大增强，人们之间的交往日益频繁，国家地区之间的经济一体化进一步扩大。总之，国际形势与世界格局为推行自由的市场经济提供了生存的土壤。

华盛顿共识所确定的一组政策包括：

1. 控制财政赤字的财政纪律。

2. 削减广泛补贴，转向支持有利于益贫增长的初等教育、基础医疗保健等服务业和基础设施投资。

3. 税收改革，比如扩大税基，避免过高的边际税率。

4. 确保利率由市场决定。

5. 确保汇率具有竞争力。

6. 贸易自由化，例如取消数量限制，只允许低的、相对统一的关税。

7. 外国直接投资自由化。

8. 国有企业私有化。

9. 取消限制进入或竞争的法规（基于安全、环境或消费者保护的除外），以及对金融机构的审慎监管。

10. 确保产权的法律保护。

延伸阅读："华盛顿共识"一词是约翰·威廉姆森（1989）提出的，他进一步讨论了这个概念。对华盛顿共识的本质内涵，美国著名学者诺姆·乔姆斯基在《新自由主义和全球秩序》一书中指出："新自由主义的华盛顿共识指的是以市场经济为导向的一系列理论，它们由美国政府及其控制的国际经济组织所制定，并由它们通过各种方式去实施……其基本原则简单地说就是：贸易经济自由化、市场定价（使价格合理）、消除通货膨胀（宏观经济稳定）和私有化。"新自由主义后来成了美国等西方国家推行全球西方化和政治民主化战略的基本内容和政策工具，并作为"资本主义意识形态的理论表现"（这是法国马克思园地协会主席柯恩·塞阿的评语）而成为现代西方自由主义文化的核心价值体系。对此，美国另一学者罗伯特·W. 迈克杰尼斯在《新自由主义和全球秩序》一书的导言中还简明地概括说："'华盛顿共识'具有经济体制、政治体制、文化体制三重特性。"

国际金融机构在20世纪80年代的债务危机后实施了"结构调整计划"（structural adjustment programs），目的是在实质性财政调整的背景下，在参与计划的发展中国家中实施类似华盛顿共识的措施。在这些改革之前，大多数发展中国家都有宏观经济失衡、汇率高估、外汇配给制度、广泛的价格管制和补贴（对许多商品和农业投入，特别是化肥）等情况。为促进宏观经济稳定和增长而进行的自由化改革有很大的空间。与改革挂钩的调整贷款使实施改革在政治上更加容易。

对调整努力持批评态度的人认为，它们是外部强加的，是考虑不周的改革议程。① 在20世纪80年代，人们通常认为这些计划加剧了贫困和不平等，直到现在人们仍能听到这样的说法。② 这些说法很少有好的证据，总的来说，它们经不起更仔细的实证检验。③ 显

① 见乔瓦尼·科尼亚等人（Giovanni Cornia et al., 1987）、保罗·斯皮格（Paul Spicker, 2007）、罗宾·布罗德和约翰·卡瓦纳（Robin Broad and John Cavanagh, 2009）。

② 保罗·斯皮格（2007，第127页）断言，这些计划通常会加剧不平等和贫困。

③ 见世界银行。World Bank. 1994. *Adjustment in Africa*. New York: Oxford University Press. 以及卡尔·贾亚拉贾等人（Carl Jayarajah et al., 1996）。

然，在促进增长方面没有取得迅速成功（例如在撒哈拉以南非洲的改革国家），更多的原因是缺乏持续的改革，而不是改革未能促进增长。① 一些批评是有效的。早期的改革努力更多地侧重于与宏观经济失衡相关的短期目标，而不是长期发展目标。早期的银行和基金项目对收入分配和人类发展的影响关注太少。

还有一个严重的认知问题："华盛顿共识"看起来太像是在一个富裕国家的精英群体中形成的共识，使得这些政策很容易成为批评者的目标。从市场营销的角度来看，"华盛顿共识"这个称呼是令人尴尬的。

考虑到世界银行在大约10年前已经实现了增长的再分配（霍利斯·钱纳里等人，1974）。② 或许令人惊讶的是，它在20世纪80年代初和中期的调整计划没有更多地关注对穷人的影响。20世纪80年代末，国际金融机构内部的思维方式正在发生变化，而"补偿调整中的受损者"的附加项目正变得越来越普遍。"社会保护"作为一种日益增长的发展援助形式出现。这让捐赠者和国际金融机构对批评其调整方案的人做出了回应，尽管有人质疑受援国政府是否应该借钱资助此类计划，而不是依赖国内税收。一个重要的变化正在进行，因为人们越来越广泛地认识到，必须从一开始就将减贫和减少不平等纳入整个经济的改革计划。

观察家在1990年左右宣布华盛顿共识时，其受到了包括华盛顿在内的严重质疑。问题不在于华盛顿共识的具体内容，而在于它所遗漏的内容，最明显的是明确强调福利目标，特别是减贫目标，而且还在于更广泛的人类发展，这最终必须证明所有发展政策都是合理的。

在考虑调整的社会影响时，许多经济学家都有一个"基准模型"，该模型引用了斯托尔珀—萨缪尔森定理（专栏9.4）。假定经济中的贸易商品部门比非贸易商品部门更为劳动密集，理由是发展中国家在劳动密集型产品方面具有比较优势。该模型预测，作为工人，穷人将倾向于从与调整计划相关的相对价格变动中获益。有一些缓解因素使穷人的收益蒙上阴影，也可能导致调整加剧贫困，至少在短期内如此，专栏9.11更为详细。

专栏9.11 贫困与结构调整

关于结构调整计划对贫困的影响的论点所依据的基准经济模型是基于以下两种类型的商品：贸易商品和非贸易商品。国内市场条件只影响非贸易商品的价格。调整将减少国内对贸易和非贸易商品的需求。贸易商品的生产者可以卖给外国人，但非贸易商品的生产者最初将遭受失业和收入减少的痛苦。为了恢复充分就业，非贸易商品的价格必须

① 见世界银行（1994）和大卫·萨恩等人（David E. Sahn et al.，1997）。

② Chenery，Hollis，Montek S. Ahluwalia，Clive Bell，John Duloy，and Richard Jolly. 1974. *Redistribution with Growth*. Oxford：Oxford University Press.

相对于贸易商品下跌，这被称为实际贬值。

这将如何影响穷人？假设穷人是劳动力的净供给者，而且在各个部门之间流动性相当大。然后，经济理论告诉我们，如果（当且仅当）贸易商品部门比非贸易商品部门更为劳动密集，那么在调整期间，非贸易商品的实际工资将上升（专栏9.4）。政策讨论常常假定这一点（理由是最不发达国家的比较优势在于劳动密集型产品），因此预测穷人作为雇员将从与调整有关的相对价格变动中获益。

这是一个简单而有力的论点。但也有一些值得考虑的注意事项。第一，发展中国家的一些非贸易品是相对劳动密集型的，例如建筑业的一部分和许多其他行业的非正式子行业。那么，实际货币贬值对就业的影响比基准模型的预测更加模糊。

第二，基准模型假设相对价格调整迅速，生产要素跨部门流动（专栏9.4）。现实中，一些价格调整缓慢，劳动力流动存在障碍。一些部门可能会持续出现大量失业。因此，我们也需要知道穷人是否集中在价格较低的部门。发展中国家的一个共同特征是，农业部门往往具有灵活的价格，而现代部门则具有更严格的价格。鉴于贫困往往集中在农业部门（见第7章），通过工资和就业进行调整的积极影响可能很快就会在农村部门感受到。

第三，穷人的福利结果也将取决于消费模式和价格变化。工人福利变化的方向将取决于相对于用于贸易商品的收入份额的实际工资反应的幅度。穷人的一个关键商品类别是食品。人们通常认为这些商品是贸易商品（尽管也有例外）。然后，食品价格在调整期间上涨。政策讨论通常假定农村穷人是这些商品的净生产者。就穷人在食品市场的贸易地位而言，他们中数量相当多的人是净消费者。农村地区食品主食的贫困净消费者也严重依赖农业劳动力市场，预计将受益于就业效应。只要工资反应足够大，他们就会得到回报。这个过程可能非常缓慢。孟加拉国的一项研究发现，工资对大米价格上涨的动态反应与时间序列证据一致，但这种反应不够快，无法避免相当大的短期福利损失。

第四，调整对福利的影响也取决于如何削减公共支出。如果穷人最初从公共开支中获益甚微，那么他们从削减开支中损失甚微。尽管目标往往不明确，许多发展中国家的公共支出确实有利于穷人。除非调整与短期内贫困的增加相联系，否则公共支出削减将不得不省去此类项目。

延伸阅读：对调整的分配影响的经济分析的早期贡献是约翰·奈特（John Knight，1976）、[1] 托尼·艾迪生和莱昂内尔·德默里（Tony Addison and Lionel Demery，1985）、[2]

---

① Knight, John. 1976. "*Devaluation and Income Distribution in Less-Developed Countries.*" Oxford Economic Papers 38: 161-178.

② Addison, Tony, and Lionel Demery. 1985. "Macroeconomic Stabilization, Income Distribution and Poverty: A Preliminary Survey." Overseas Development Institute Working Paper 15. London: ODI.

拉维·坎伯（Ravi Kanbur，1987b）。[①] 关于这里讨论的注意事项，见迈克尔·利普顿和马丁·拉瓦雷（Michael Lipton and Martin Ravallion，1995）。孟加拉国的研究结论见马丁·拉瓦雷（1990b）。

在这里，我们应该再次提防关于此类政策的福利影响的简单理论争论。即使基准模型适用于一般影响，也会存在异质性，可能会产生政策影响（正如在贸易政策改革方面已经指出的那样）。基准经济模型可以为思考可能的影响提供有用的第一步，但通常需要证据来解决这一问题，人们在这些辩论中经常听到的概括往往过于简单，难以令人信服。值得庆幸的是，自20世纪70年代以来，在收集相关的家庭一级数据、为这些辩论提供信息和调整贷款计划方面取得了重大进展，这些计划（从20世纪80年代中期起）开始包括收集此类数据和监测福利影响的资源。

有效援助的条件

在援助中附加条件，例如，与增加外汇储备相比，可以在进口上花多少钱，以及援助究竟花在国内的哪些地方。前提是援助者比受援国政府更了解情况和/或更有动力（例如有更多的扶贫或更少的短视表现）。援助条件的经济模式已经发展，将受援国政府视为援助者的“代理人”（“委托人”），给予不同的优惠。[②] 但是，在决定贫穷国家需要什么方面，援助者有时似乎夸大了它们的相对优势。

有一个更深层次的担忧。对发展持不同意见，彼得·托马斯·鲍尔（Peter Thomas-Bauer，1971）提出了这样的挑战，即“如果除了资本以外，其他所有发展条件都已经具备，那么资本会迅速在本地自发生成，或者通过商业合作方式从国外流入国内的政府或私人部门，然后通过税收增长或企业的利润增加而进一步增长。如果发展条件并不具备，那么援助将常为仅有的外部资本来源，而它必然是不会有产出的，因此也是无效的存在。”[③] 今天的国际私人资本流动，无论在有效性还是规模上都已绝非鲍尔当年所能想象。如果鲍尔的说法在1971年是对的，那么现在就更加毋庸置疑。鲍尔还提出了另外的挑战：在这里，对外援助所存在的一个核心困境凸显出来。当受援国经济发展的内部条件都具备之后，援助就不是必需品了；而当其内部条件不足以支持经济发展时，援助也不会起到任何作用，并且援助还有可能使某些不利于发展的内部条件固化，起帮倒忙的作用。对这一困境的忽视会导致很多后果。各类援助开发机构一次又一次地发现自己陷入了两难之中：只

① Kanbur，Ravi. 1987b. “Structural Adjustment，Macroeconomic Adjustment and Poverty：A Methodology for Analysis.” *World Development* 15：1515–1526.

② 见让·保罗·阿扎姆和让·雅克·拉芬特（Jean-Paul Azam and Jean-Jacques Laffont，2003）以及威廉·杰克（William Jack，2008）。

③ Bauer，Peter T. 1971. *Dissent on Development*. London：Weidenfeld and Nicolson.

有当援助被需要最少的时候援助才是有效的，而援助者总是坚持让那些需要最多援助的人获得援助。按照这种观点，如果发展援助和发展机构有任何作用，那么它就是引导私人资金流动，并很快变得多余。如果有一件事必须作为任何形式援助发挥作用的先决条件，那就是政府本身。虽然鲍尔只是在谈资本之于投资与增长的作用，但其观点适用面其实更广。因此，我们可以看到鲍尔（1971）和罗尔斯（1999）之间的一个可能的一致点，因为建立良好政府的条件是全球再分配的最有力的（两位学者可能更喜欢称其为“唯一的”）理由。

长期以来，人们一直认为，国家制度和政策是援助实效的关键，这一观点在通向机构（如世界银行）的道路上是不言而喻的，尽管对于“更好”的含义并不总是一致的。理想的情况是，人们希望，像世界银行这样的机构，能够始终如一地支持其客户国的扶贫政策，即使这些目前在政治上还不可行。有时，世界银行努力将援助与改善扶贫政策的条件结合起来，或者找到哪些国家在获得援助方面更具选择性。世界银行的“国家战略”（country strategy）似乎常常反映出政府的战略。当政府很少关注贫困时，世界银行往往会陷入困境。这并不奇怪：与政府的摩擦太大，威胁到对该国的放贷量，本质上是世界银行的“底线”。理想情况下，即使政府不关心贫困问题，援助者和世界银行等国际开发银行的战略也应以贫困为重点。这并不意味着外部政策建议应该忽略每个国家的具体情况。“华盛顿共识”经常因其“一刀切”（one-size-fits-all）的做法而受到批评。[①] 经济发展有多种模式，正如中国在更具干涉主义政策体系方面的成功所表明的那样。

里卡多·豪斯曼和他的同事们（Ricardo Hausmann et al.）就每个国家特有的“有约束力的制约”（binding constraints）问题提出了一个有影响的表述。[②] 我们的想法是对每个国家进行评估，究竟是什么在抑制经济增长，并制定相应地政策改革目标。可能会出现一个或多个“有约束力的”制约因素，在这些制约因素得到缓解之前，其他政策领域的改革不会成功。这提供了更有效的援助和政策建议。20 世纪 80 年代以来，援助者为使其政策咨询适应国家情况所做的更大努力日趋明显，但可以公平地说，国家政策咨询的异质性仍然远远低于一国的具体情况。

“一刀切”的批评是有道理的，但另一组对华盛顿共识的批评集中在被视为缺失的方面。政治似乎很突出。事实上，华盛顿共识（专栏 9.10）甚至没有提到政治，但可以说，一个国家的经济制度和政策至少在一定程度上是由其政治体制决定的。德隆·阿西莫格鲁和詹姆士·罗宾逊（2012）认为，政治制度的“广纳式”政策是一种具有普选权的选举民主制度，但在实践中具有不同程度的广纳性，确定广纳式经济制度是保证经济持续增长的关键。这将表明，援助应以政治制度的广纳性为条件。相反的论点是，减少贫困有多种

① 人们听到了关于 X 国的世界银行基金报告的笑话，这些报告只是简单地替换了 X 国的国名（显然，在至少一个案例中，在计算机化的“查找和替换”选项出现之前，旧国名被保留了下来）。

② 具体见里卡多·豪斯曼等人（2008）。

政治途径。在某些情况下，没有特别具有广纳性的政治制度，但权力（中央集权）足够强大的国家产生了大量的经济改革和增长。① 一个国家可以通过进口在其他地方开发的技术，保持长期增长，而不在其境内产生技术创新。我们看到，在一些没有广纳各方的政治制度的国家，消除贫困取得了巨大成功，自 20 世纪 70 年代末以来，中国无疑是一个典型的例子。如果一个国家实施了政治条件限制的话，当中国比今天穷得多的时候，显然没有资格获得援助。

华盛顿共识中最重要的一点是，它的经济基础很少关注国家特定的阻碍，尤其是一系列障碍：与每个国家相关的关键方面先前存在的不平等。在某些情况下，这可能是权力的不平等，在另一些情况下可能是获得资本或社会服务的机会不平等，也可能是少数群体受到的待遇不平等。这些不平等限制了有利于市场、促进增长的改革的范围，也限制了确保穷人也享有这些改革所释放的自由的范围。然后，援助应侧重于与各国政府和民间社会团体合作，支持直接纠正这些具体不平等现象的政策。

资本外逃与不良债务

当资产离开一个国家时，称为资本外逃（capital flight）。资本外逃有合法的，也有非法的。例如，一个国家的一些贷款可能被洗劫一空，最终流入外国私人银行账户。该国仍必须偿还贷款，这将构成一笔糟糕的债务。

非法资本外逃的规模自然难以测度。经济学家詹姆斯・博伊斯和莱昂斯・恩迪库马纳（James K. Boyce and Léonce Ndikumana，2001）对撒哈拉以南非洲地区进行了估算，结果表明，该地区政府借贷的资金中，约有一半是作为资本外逃流出的。② 专栏 9.12 解释了用于测度资本外逃的方法。

专栏 9.12　资本外逃的估算

国际收支是一系列以一国外币净变动为重要内容的账户。盈余（或赤字）意味着外汇净流入（或流出）。

---

① 见杰弗里・萨克斯（Jeffrey Sachs，2012），回顾德隆・阿西莫格鲁和詹姆士・罗宾逊（2012），《国家为什么会失败——权力、富裕与贫困的根源》确实讨论了（在第 5 章中有一定的篇幅）“榨取式”政治制度如何促进经济增长。阿塞莫格鲁和罗宾逊认为，广纳式政治制度对技术创新至关重要，基本上重申了一个长期的观点，即确保产权是创新的关键（第 1 章第 5 节）。但历史上也有一些重要的例外，比如中国的（高度创新的）宋代。还请注意，最初贫困国家的持续增长可以在没有创新的情况下在这些国家实现，这是由一些相当专制的政权所促进的技术扩散所产生。

② 莱昂斯・恩迪库马纳和詹姆斯・博伊斯（2011）的《非洲糟糕的债务：外国贷款和资本外逃给非洲大陆带来了怎样的损失》（*Africa's Odious Debts: How Foreign Loans and Capital Flight Bleb a Continent*）一书。有关方法的详细信息，见詹姆斯・博伊斯和莱昂斯・恩迪库马纳（2001）。

当我们将官方记录的各种账户的外汇流入和流出量与外汇储备存量的净变化进行比较时，我们首先得到了资本外逃发生量的线索。这是一个残差项，在扣除记录的流量之后。它包含了各种账户的测度误差以及实际资本外逃。当然，对资本外逃的这种估计存在很大的不确定性。

人们对这种方法提出了一些改进，试图改进估计。一种改进是使用世界银行全球发展金融数据库对一国债务存量进行的独立评估，并认为比国际收支中的累计借款额更为准确。博伊斯和恩迪库马纳进行了这些和其他调整，以允许错开进出口发票和未记录汇款。

延伸阅读：世界银行（1985）开发了剩余法。博伊斯和恩迪库马纳（2001）以及恩迪库马纳和博伊斯（2011，第2章）实现了前面描述的改进。

某些类型的贷款可能比其他贷款更容易受到这种形式的抢劫。对大坝等大型基础设施项目的贷款通常被认为是造成不良债务的一个重要因素。[①] 鉴于援助者对赠款和优惠贷款的额外监测，非优惠贷款很可能更容易发生这种抢劫，即有政治权力的人私自挪用部分资金。将发展中国家的资本外流与援助流入并列估计是很有诱惑力的，表明这是一扇旋转门。当法律和管理机构薄弱时，流入一个国家的公共和私人援助肯定有可能转为流出该国的私人援助。非法资本外逃包括因私人资金流入而掠夺的国内资源。我们不知道过去有多少发展援助被重新转移，也不知道有多少额外援助可能被如此转移。我们只知道，这些数据尽管不完善，但表明存在大规模非法资本外逃。

总的来说，非洲是世界其他地区的净债权国，外国资产超过其债务。这些资产中有很大一部分是富人持有的，而穷人则背负着使这些资产成为可能的负债。除了公共投资损失之外，在负债的穷国，未来与贫困做斗争的财政步伐受到极大限制。因此，“外国借款和资本外逃之间的旋转门使非洲人民无法从中受益而偿还债务”（恩迪库马纳和博伊斯，2011）。这种情况的明显不公正性促使20世纪90年代全球开展减免债务运动，并促使债权人在20世纪90年代后期做出反应，以取消一些重债穷国（heavily indebted poor country）的债务的形式提供了大量减免。批评这种债务减免的人士认为，这会造成道德风险问题，鼓励过度借贷。

可以做更多的工作来追回被窃取的资产，这将有助于阻止未来的盗窃行为。富裕国家加强对国际洗钱的控制可能会有所帮助，但这里的表现参差不齐。金融行动特别工作组（Financial Action Task Force，FATF）制定了客户尽职调查和记录保存手续的标准，经合组织报告了其成员国遵守八项建议的表现情况。表现最好的是比利时，该国被认为完全符合

① 见雅克·莱斯利（Jacques Leslie，2014）。

金融行动特别工作组八项建议中的五项，其中两项“基本符合”，一项不符合。[①] 表现最差的国家之一是澳大利亚，两项“符合”，其余项均不符合。澳大利亚目前努力成为全球最慷慨的援助者之一（援助金额占 GDP 的比重）。

还有另一种方式，援助者可以用扶贫的方式改变政治领导人面临的约束。通过限制受援国的非穷人将其资源藏在国外的机会，国际社会基本上以扶贫的方式改变了图 9.4 中的限制条件，确保地方领导人在不改变其社会偏好的情况下采用更多的扶贫拨款。

贫困与落后的制度

在全球范围内，经济发展水平（如以人均 GDP 测度）与各种所谓的“良好制度”之间存在着显著的相关性，而这些制度是支持合理有效的市场经济所需的基本基础设施。这类制度有许多方面（包括更好的“法治”、更稳定的政治和更有能力的国家）的指标，例如，税收占 GDP 的比重，这些指标往往共同作用，反映出潜在的互补性[②]。

图 9.7 是说明性的。[③] 该数据给出了世界治理指标的“法治”指数（World Governance Indicator-Rule of Law，WGI-RL）中按百分位数计算的人均 GDP 对数，该指标旨在反映公民对社会规则有多大信心，和他们遵守这些规则的程度。这是由测度财产权、合同执行、治安和打官司以及犯罪和暴力发生率的各种因素综合而成的。

图 9.7 中有很强的相关性，尽管在法治方面，表现不佳者之间的 GDP 差异很大。这种相关性更多的是由表现良好者决定，而不是由表现不佳者决定。事实上，如果你把重点放在较低的一半国家的世界治理指标的“法治”指数上，那么相关指数从全部样本的 0.85 下降到 0.38，尽管这在 1%的水平上仍然具有统计学意义。

较贫穷国家的公共管理能力和表现也往往较弱。一项创新性的研究在 159 个国家的每一个国家邮寄了 10 封不存在的商业地址，并估算了这些信件（如果有的话）返回给美国寄信人所花的时间。[④] 这是一个简单而直观的指标，表明不同国家在这种情况下提供基本服务的能力，即在无法发送邮件时将邮件退回发件人。总的来说，60%的信件被退回给寄件人，但是富裕国家和贫穷国家之间有很大的不同，如图 9.8 所示。

图 9.7 和图 9.8 中明显的相关性是否反映了良好制度的因果效应？正如大卫·休谟（David Hume，1739）和亚当·斯密所说（见第 1 章），法治基本缺失的环境阻碍了创新和

---

① 这是指经合组织对其成员国遵守金融行动特别工作组八项建议所做的评估。

② 见蒂莫西·贝斯利和托尔斯滕·佩尔森（2011），进一步讨论这些互补性，特别是“良好的制度”的法律和财政层面之间的互补性。

③ 一些研究人员指出，“良好的制度”指标与平均收入之间存在类似的相关性，包括丹尼尔·考夫曼和阿特·卡拉伊（Daniel Kaufmann and Aart Kraay，2002）、德隆·阿西莫格鲁等人（2005）以及蒂莫西·贝斯利和托尔斯滕·佩尔森（2011）。

④ 这项研究见阿尔贝托·冲等人。Chong，Alberto，Rafeal La Porta，Florencia Lopez-de-Silanes，and Andrei Shleifer. 2014. “Letter Grading Government Efficiency.” *Journal of the European Economic Association* 12（2）：277-299.

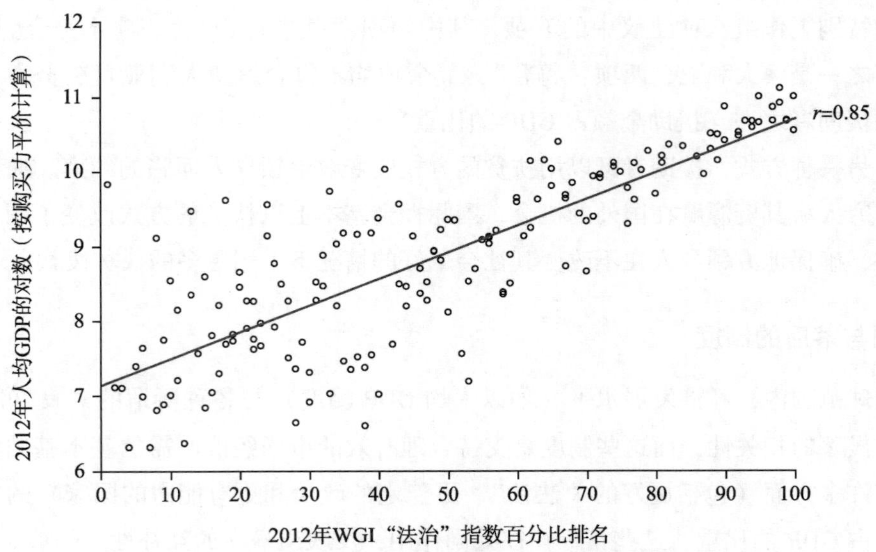

图 9.7　根据“法治”指数绘制的人均 GDP

资料来源：作者根据“世界治理指标”和“世界发展指标”中的估计数进行计算。

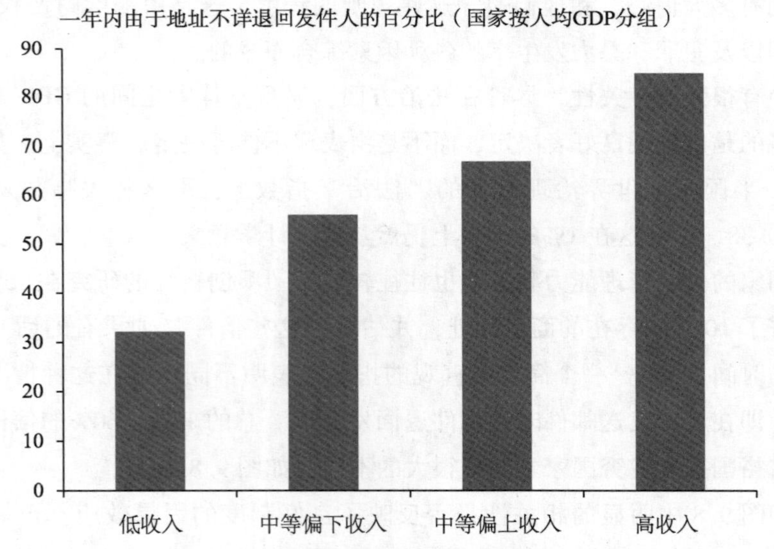

图 9.8　一年内由于地址不详退回发件人的百分比

资料来源：阿尔贝托·冲等人（2014）。

投资，从而限制了经济增长，这似乎是合理的。如果这种糟糕的制度环境持续一段时间，那么这个国家很可能最终以较低的平均收入收场。而且成本不仅仅是较低的平均收入，许多形式的暴力在贫穷国家很常见（如第 7 章所述）。最接近的原因是缺乏法律强制执行，而当暴力受害者很贫困时，这种缺失尤为明显。

通过对如图 9.7 所示证据的一种解释，更好地界定和保护法律权利的制度直接有助于国家繁荣和人民生活得更好，特别是更安全。人们倾向于将法律的基础设施及其执行机制视为在很大程度上取决于经济成果。高收入国家相对较好的制度是经过很长一段时间，甚至几个世纪的发展和完善。经过一段时间的经济增长，这些国家的制度没有得到进一步的发展。如果将 2012 年的世界治理指标的“法治”指数（如图 9.7 所示）与其 1996 年的值（最早可用的估计数）进行比较，我们会发现相关系数为 0.91（$n = 199$），这表明在这 16 年中存在相当大的持续性。[①]

在这些论点的推动下，一些研究人员试图量化贫困制度的长期经济成本。他们通过在制度质量指数上对人均 GDP 增长率进行回归，并对其他因素（包括 GDP 的初始水平）进行控制来实现这一目标。[②] 可能会有人提出反驳意见，认为因果关系至少在某种程度上是相反的。良好制度的基础设施成本会很高，因此只有更富裕的国家才有可能负担得起。历史和地理的一些最初优势促进了良好的制度，也可能促进了持续增长。这两个因素是由其他因素共同决定的，产生了一个误判。

在试图分离良好制度的因果影响时，人们可能会寻找对制度质量有影响但对 GDP 没有影响的工具变量。如果存在这种工具变量，它确定了一个源于良好的制度导致的外部结果变化，认识到在富裕国家中看似好的制度的存在不是随机的。在这种情况下，找到一个有效的工具变量并不容易，考虑到大多数变量都会影响制度质量，在任何给定的制度质量水平上，都可能对结果产生独立影响。尽管不难找到一个或多个与良好制度相关的变量，但是要确定这些变量对经济发展的唯一影响方式是通过良好制度，则困难得多（关于工具变量估计，见专栏 6.4）。

例如，阿西莫格鲁和他的同事对良好制度带来的经济绩效进行了一项有影响力的研究，他们将欧洲移民在殖民地的死亡率作为现行制度的工具变量（以掠夺风险作为测度制度发育水平的指标），来解释各国人均 GDP 的差异。他们证明了（潜在）移民死亡率是移民倾向的决定因素。早期移民则是早期制度形态的决定因素，而早期制度与现存制度存在显著相关性，现存制度显著影响现在经济绩效。[③] 研究结果令人信服地表明，在死亡率较高的国家，制度质量较差。令人关切的是，移民死亡率与长期存在的健康环境特征密切相关，因此对 GDP 的演变也很重要。[④] 那么，工具变量对于确定制度对 GDP 的因果影响是无效的，预测制度（根据移民的道德准则预测）的意义可能只是更好的健康环境的因果关系，而不是更好的产权制度对 GDP 的因果关系。

---

① 随着时间的推移，世界治理指标的数据存在可比性问题（如世界治理指标网站和所提及的技术文件所概述）。不清楚这些问题是否会导致人们高估持续性的程度，至少随着时间的推移观察到的一些变化反映了测度误差。

② 见斯蒂芬·南克和菲利普·基弗（Stephen Knack and Philip Keefer，1995）、克里斯托夫·克拉格等人（Christopher Clague et al.，1997）。

③ 见德隆·阿西莫格鲁等人（2001）的“发展差异的殖民地起源：一项经验研究”论文。

④ 德隆·阿西莫格鲁等人（2001）注意到这种可能性并为其识别政策辩护。他们不能排除与定居者死亡率相关的健康环境的潜在方面，这也独立地影响 GDP。

在这篇文献中也有一些断点设计的例子来评估我们在第6章中提到的影响（专栏6.1）。德隆·阿西莫格鲁和詹姆士·罗宾逊（2012）比较了两个诺加雷斯，诺加雷斯被一道围墙分成两半，一个是美国的亚利桑那州诺加雷斯，另一个是墨西哥索诺拉省诺加雷斯市。德隆·阿西莫格鲁和詹姆士·罗宾逊认为，这种差异不能归因于地理和气候（两边没有差别，该地区流行的疾病种类也一致，因为细菌在穿越美国与墨西哥边境上不受任何人为规定的限制）和文化（两个地区的居民有相同的祖先，享用相同的食品，听相同的音乐）。相反，他们把这种差异归因于美国更好的制度。有一个简单而明显的理由可以解释诺加雷斯两边的差异，而且你可能早就猜到了：那道隔开两边的墙。亚利桑那州诺加雷斯是在美国境内，它的居民可以利用美国的经济制度，使他们能够自由选择职业、入学接受教育和学习技术，雇主被鼓励投资于最好的科技设备，因而可以支付员工较高的薪资。他们也能利用政治制度，参与民主的过程，选举自己的代表，并在他们行为不当时将他们换掉。其结果是，政治人物会提供市民要求的基本服务（从公共卫生、道路到法治等内容）。索诺拉省诺加雷斯的居民则没有这么幸运，他们生活在一个由不同制度所塑造的不同世界。这些不同的制度为诺加雷斯两边的居民和愿意投资的创业家与企业，制造出不同的诱因。这些由两个诺加雷斯及两个国家不同的制度制造的诱因，就是边界两边经济繁荣差异的原因。

当然，这只是一个城市。还有其他一些例子，比如朝鲜和韩国以及柏林墙倒塌前的东德和西德不同的命运。更具统计效力的演示需要更多这样跨越边界的例子，自然没有那么多的例子可以演示。但即便如此，我们仅有的几个例子仍能说明问题：找出因果关系绝非易事，而且无疑是双向的。但即使我们不能对经验主义很有信心，但很明显，许多贫穷国家之所以贫困，至少部分原因是持续贫困的制度。一些人认为，制度发展的动力指向了一些线索，即为什么有些国家似乎陷入了不良制度的泥潭，并为发展中并努力改善贫穷的国家的政策和体制提供了警示，我们接下来讨论这些问题。

理解持续贫困的制度

自20世纪80年代以来，许多经济学家和政治学家提出了各种各样的论据，解释为什么贫困制度会持续存在，他们经常引用世界各地的历史例子。① 如果有一个经济论据，那肯定是“有限承诺”（limited commitment）的概念。正如德隆·阿西莫格鲁和他的同事指出的那样，仅仅说贫困制度持续存在是不够的，因为制度为有政治权力的人服务，而这些人有可能在更好的制度下失去这种权力。我们还需要有这样一种情况：更好制度的潜在受

① 见道格拉斯·诺斯（Douglas North，1990）、德隆·阿西莫格鲁等人（2005）、斯坦利·恩格尔曼和肯尼斯·肖科洛夫（Stanley L. Engerman and Kenneth L. Sokoloff，2006）、德隆·阿西莫格鲁和詹姆士·罗宾逊（2000，2012）。

益者没有可靠的手段来补偿在位者。[①] 后者被称为有限承诺。在一个承诺有限的世界里，烜赫一时的受益者将理性地试图阻止集体有益的改革。

如果我们现在再加上一个（貌似合理的）假设，即穷人最没有能力获得所需的补偿，那么我们也可以理解，为什么在没有外部援助的情况下，那些容易引起持续贫困的制度可以不改革。事实上，对穷人最有帮助的改革不会引起人们的注意。

这一想法对自然资源丰富的经济体也有重要的意义，即我们可以期待政治上的“资源诅咒”，因为政治精英将获得更高的潜在租金。随着房租上涨，精英们将更不愿意支持制度改革。[②] 在最坏的情况下，在某种形式的掠夺陷阱中，国家本身成为掠夺者，专栏 8.15 中描述了这一说法。由于国家本身是受保护的实体，因此即使是基本的法律保护，也几乎没有或根本没有激励。法律制度不会保护穷人，也不可能保护其他任何人。目前还不清楚这种极端情况能勉强维持多久。例如，一旦成功，控制国家的精英可能会扩张到精英内部合作开始破裂的地步。

我们在第 8 章中提到的门槛效应的类型也可以存在于制度中。通过对制度发展动力的进一步思考，我们可以清楚地看到，一个经济体如何能够与持续贫困的制度纠缠在一起。为了看清这一点，让我们做出以下假设：

- 国内外政策（包括技术和财政援助）有助于发展有利于长期发展（包括消除贫困）的政治、法律和管理制度。国内政策和外部援助有助于促进明确界定的产权、提高财政管理质量、更有效地调动收入、提高公共部门的透明度和问责制以及提高公共管理的总体质量。简言之，建设能力更强的国家。[③] 当然罗马非一日建成。
- 如果该国的制度功能失调，不能从一开始就着手，那么国内或外部改善（紧急救济以外的）情况的努力将很少或根本不会出现。必须达到一定门槛，才能有希望发展更好的制度。[④]
- 当制度得到充分发展时，外部援助和国内努力会开始稳定甚至下降。

把这些因素放在一起，我们有一个简单的制度发展多重均衡模型，在这个模型中，我们可以找到一个贫困制度陷阱（a poor institutions trap，a PIT）。图 9.9 解释了发展中国家如何落入贫困制度陷阱，尽管有其他良好的有利于发展的初始条件。纵轴是“未来的制度质量”，横轴是“今天的制度质量”。我们看到标记为 I^{min} 的阈值。一旦达到这一目标，外

---

① 见德隆·阿西莫格鲁等人（2005）的“制度：长期增长的根本原因”（Institutions as a Fundamental Cause of Long-Run Growth）一文。

② 关于这种情况的深刻的经济分析以及法律行为能力在均衡状态下出现的不那么极端的方法，见蒂莫西·贝斯利和托尔斯滕·佩尔森（2011，第 3 章）。

③ 这些都是世界银行国家政策和制度评估（World Bank’s Country Policy and Institutional Assessments，CPIA）所强调的制度方面。

④ 在上一个脚注之后，人们可以认为这是世界银行国家政策和制度评估中的一个非常低的分数，这基本上无法获得世界银行国际发展机构分配无偿援助、低息或无息贷款。

部援助与公民和政府为建立更好的制度所做的补充努力结合起来。一段时间后，当制度质量相当高时，这种努力就会转移到其他更需要的地方和任务上去。

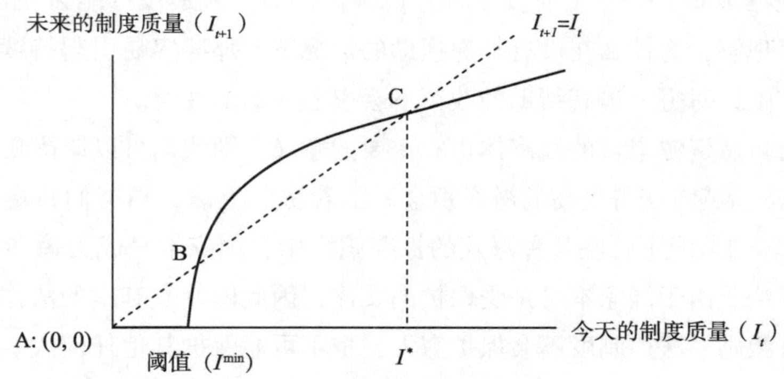

图 9.9　一个陷阱：贫困的制度陷阱

我们可以确定三个稳态均衡。*A* 点是最坏的情况（贫困的制度陷阱），在这种情况下，持续的不良制度占上风，*C* 点是国家需要发展的方向。在这两个均衡点之间，我们有 *B* 点，这显然比 *A* 点好，但可惜它是动态不稳定的。

这个简单模型的三个含义是值得注意的。第一，在一个时间点上，两个观察相似的经济体可能有非常不同的制度发展水平和经济轨迹。标准回归工具（专栏 8.19）将不适用于研究经济增长和制度发展，因为从可观察数据和长期收入期望值来看，将没有唯一的映射。

第二，如果有一点积极的改革动力，就可能摆脱贫困的制度陷阱。之后，国家将在适当时候重新落入贫困制度陷阱。摆脱贫困制度陷阱需要在制度质量上获得更大的收益（以通过 *B* 点），而不是简单地扭转（可能很小的）使国家陷入贫困制度陷阱的冲击。

第三，一个经济体如何应对冲击。如果受到足够大的冲击，即使是 *C* 点的经济也可能陷入贫困的制度陷阱。事实上，这是非洲不发达的原因。殖民剥削和奴隶制的冲击严重损害了国内制度和生产能力，基本上消除了 *C* 点的均衡，使非洲落入贫困的制度陷阱。[①] 根据这种解释，援助和国内制度发展努力正在试图恢复 *C* 点的均衡，基本上是为了消除殖民主义的损害。

相反，在一个国家的 *B* 点，即使是一个小小的正面冲击，也会使这个国家进入一个良性循环，向 *C* 点发展。但负面冲击会造成一个恶性循环，一个向下的螺旋，一直落入 *A* 点的贫困制度陷阱。

最后一条对发展援助有更进一步的含义。当今的一些贫穷国家（通常被称为“脆弱国

---

① 该经济模型的解释见内森·努恩。Nunn, Nathan. 2007. “Historical Legacies: A Model Linking Africa's Past to its Current Underdevelopment.” *Journal of Development Economics* 83 (1): 157-175.

家”）处于中间点 B，而另一些贫穷国家处于点 A。例如，我推测马达加斯加在 2009 年政变前处于自己的“B 点”。在政变之后，发展援助显著减少（大约一半），旅游业下滑，一个原本很穷的国家变得更穷了。与大多数发展中国家不同的是，马达加斯加政变后几年，在消除绝对贫困方面几乎没有取得任何进展，从某种程度上说，情况变得更糟了。光恢复宪政治理就花了 5 年时间。

国际社会对马达加斯加政变做出的退出决定，无疑被视为是对民主迅速复苏的一种激励，也是一种良好的持续发展轨迹。但从上述模式来看，其影响可能远大于预期，它迫使该国落入贫困的制度陷阱。我们不确定情况是否如此，但援助者也不确定。穷人在无知中做出的决定也有很大的风险。至少，我们应该试着更好地理解制度发展的动力，看看上面勾勒的贫困的制度陷阱模型是否现实。这不是一个简单的研究问题，它反映了我们对发展认识上的一个重要认知缺口。

如果马丁·拉瓦雷对这一动态的描述大致正确，那么援助者的教训就很清楚：一定要乐于奖励积极的政治冲击，但要谨慎对待消极的政治冲击。考虑到不稳定性，这种应对措施很可能会使该国较长期的制度发展进一步倒退。一种更为谨慎的做法很可能是保持援助基线，继续参与计划经济的发展道路，并提醒人们这样做的所有好处。这条道路应该包括支持更好的政治制度。但是，当出现负面的政治冲击时，援助者应该提防削减对贫困和脆弱经济体的援助。援助者挥舞的那根棍子伤害的程度可能远远超过他们的想象。

贫困的制度陷阱模型也提醒人们不要认为即使是适度的发展援助也会有帮助。摆脱贫困的制度陷阱所需的制度变革可能是巨大的，如果这项努力没有达到预期的效果，这个国家最终将重新陷入贫困的制度陷阱。在评估援助时，如果只考虑小幅度增加的回报（通过回归或进行随机对照试验），很可能是不够的，甚至是欺骗性的。既要有长远的历史观，也需要足够的耐心。

我们已经看到，贫困制度可以通过许多方式成为贫困国家的一个长期特征。图 9.9 中的模型并不奇怪。我们不能指望好的制度会自发产生。制度的变革不易、不快，更无法保证。我们应该感到鼓舞的是，历史告诉我们，制度是在适当时候出现的，为成功的市场经济提供所需的财政和法律支持，即便如此，也需要时刻保持警惕，特别是在确保制度具有广纳性方面。

第10章 定向干预

我们现在转向一类反贫困政策，这类政策努力将穷人作为直接受益者目标。正如我们在第一部分中看到的，人们关于这些政策争论不休。有些人认为，它们是保护和促进的重要政策工具。有些人则认为，这种政策是浪费和无效的，充其量只是弥补贫困真正原因的短期缓解措施（对有些观察家来说，真正的原因是穷人的不良行为，而对另一些观察家来说，真正的原因是更深层次的结构性缺陷或政府失效）。

我们现在要研究的政策通常是由人们提供的信号触发的。信号可能是事件（如疾病）或诸如报告低收入或与低收入相关属性这样的环境。政策理由强调了确保某些形式的收入保障的愿望。保护动机长期占据主导地位，但（正如我们将看到的那样）促进目标在这些干预措施理由中已经占据主导地位。

下一节将概述这些政策的覆盖范围。本章接着讨论一些一般性的经济问题信息、激励措施和政策设计，然后再回顾目前发现的定向干预的主要类型。

10.1 社会保障覆盖范围的概述

新千年见证了一系列发展政策的重大变化，这些政策现在开始接受一系列直接干预措施，分别被称为“反贫困计划”（antipoverty programs）、“社会保障体系”（social safety nets, SSN）和“社会救助”（social assistance）。这些政策的共同特点是它们都向贫困家庭直接转移收入。这在20世纪90年代中期以前（发展中国家）是罕见的。自2000年左右以来，越来越多的发展中国家开始实施这类计划，主要以（有条件和无条件）转移和工作福利计划的形式。[①] 今天，发展中国家大约有10亿人得到社会救助。[②] 似乎每个发展中国家都至少有一个这样的计划。监测数据并不理想，但有一项估计表明，接受这些计划的发展中国

① 见世界银行。World Bank. 2014a. The State of Social Safety Nets 2014. Washington, DC: World Bank.

② 阿曼多·巴里恩托斯（Armando Barrientos, 2013）在《发展中国家的社会救助》(Social Assistance in Developing Countries) 一文中估计数。

家人口比例正在以每年约 9%（每年增加 3.5 个百分点）的速度迅速增长。[①]

但这其中有没有影响到最贫穷者呢？许多计划的目标（隐式或显式地）是将消费下限提高到高于其生物下限。事实上，这一目标可以用“保障网”来描述。并非所有发展中国家的社会保障政策都明确地旨在提高最低标准，但实际上一些突出的计划可以这样解释，包括迄今为止在人口覆盖范围最大的两个计划，即中国的低保和印度的国家农村就业保障计划（两者都是我们后面要讨论的）。

发展中国家的社会保障覆盖范围正在扩大，这一事实使人们有希望看到，消费分配的下限正在上升，高于其历史水平（即消费下限正在提高）。然而，正如我们在第 7 章中看到的，情况似乎并非如此（图 7.9）。

反贫困政策的一个残酷讽刺是，较贫困国家的政府在通过直接干预来帮助穷人方面效率较低。随着经济的发展，再分配政策的税基也在扩大。[②] 同时，穷人更容易达到地理集中的程度也更明显，例如，与他们联系的管理能力更强。从以非正规经济为主向以正规经济为主的转变带来了很大的不同，特别是在融资方面和政策选择方面（包括正式规则有效实施）。

因此，现有的最好证据表明，在最贫困的 1/5 人口中，只有 1/3 的家庭从社会政策中受益，这并不奇怪。而在较贫困的国家，表现往往更差。这些观察是根据世界银行汇编的关于发展中国家社会保障计划覆盖范围的数据得出的，利用住户调查，在 1998—2012 年间，为 100 多个国家中的每一个国家确定这些措施的直接受益者。比较地区平均结果，在撒哈拉以南非洲和南亚这两个最贫困地区，最贫困的 1/5 人口的覆盖范围较小。在撒哈拉以南非洲中，只有最贫困的 1/5 人口（按人均收入或消费排名）从社会保障体系中受益。相比之下，在拉丁美洲，这一比例为 53%。[③] 图 10.1 给出了国家一级的数据。

以各国简单平均数计算，数据表明，只有大约一半（48%）最贫困的 1/5 人口从社会保障体系中受益；按人口加权，这一比例下降到 36%。变化很大，从几乎为零到几乎 100%的覆盖范围。其中一些无疑有测度误差。各国社会保障体系覆盖范围显然存在着紧密的正收入梯度。贫困人口社会保障体系覆盖率对 GDP 的平均弹性约为 0.9。[④]

同样值得注意的是，穷人的覆盖率往往超过整个人口的覆盖率。两个覆盖率之间的平均差异不大，不过随着人均 GDP 的增长，这一差距有上升的趋势。[⑤] 较富裕的国家往往在覆盖穷人方面有明显的优势，尽管这主要是由总体覆盖率的差异所解释的。

这些都不意味着贫穷国家无力通过直接干预来帮助它们的穷人。事实上，有迹象表明

---

① 见马丁·拉瓦雷（2014f），这是根据在世界银行 ASPIRE 数据库中汇编基于调查的社会保障体系覆盖范围估计数，基于 25 个国家的观察结果得出的。观察时间范围为 2000—2010 年。

② 马丁·拉瓦雷（2010b）对再分配的税收负担如何随经济发展水平而变化进行了一些有启发性的计算。

③ 见世界银行（2014）。南亚的总覆盖率为 25%，中东和北非为 28%，东亚为 48%，欧洲经济区为 50%。

④ 贫困人口覆盖率对数与人均 GDP 对数的回归系数为 0.91，标准差为 0.13。总人口的相应弹性为 0.80（标准差为 0.11）。如果控制人口的总覆盖率，GDP 对最贫困 20%的人口覆盖率就不再有统计上显著的影响。

⑤ 将贫困人口覆盖率与人均 GDP 总覆盖率之比的对数进行回归，回归系数为 0.16，标准误差为 0.04。

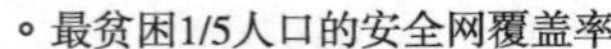

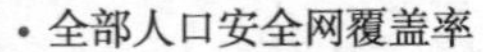

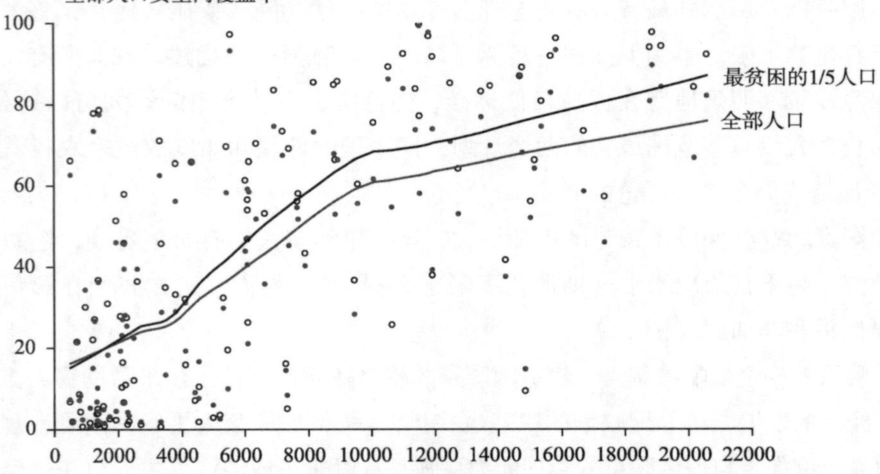

图 10.1　发展中国家最贫困的 1/5 人口接受社会保障体系援助的比例

资料来源：社会保障体系的支出有社会保险和社会援助，包括工作福利计划。世界银行 ASPIRE 网站提供了最贫困的 1/5 人口（按家庭人均收入排名最贫困的 20%）的社会保障体系覆盖率：http://datatopics.worldbank.org/aspire/indicator_ glance。可获得 109 个国家的数据；当有多份调查可用时，使用最近年份的调查。GDP 来自世界发展指标。

它们在这方面做得更好。世界银行的数据库表明，随着时间的推移，社会保障体系的覆盖率正在提高。遗憾的是，只有 25 个国家的观察结果。通过比较这些国家最早的调查，我计算出总体覆盖率（总人口）以每年 3.5%的速度增长（标准误差为 1.1%）。遗憾的是，穷人的覆盖率并没有以同样的速度增长。对他们来说，增长率是每年 3.0 个百分点（标准误差为 1.0%）。这不仅仅是由于 GDP 的增长。当控制增长时，覆盖率的变化率非常相似。发展中国家显然正在成功地努力扩大这类政策的覆盖范围。

10.2　激励、定向和漏洞

我们在第 7 章中看到，2010 年，相对于每天生活费用 1.25 美元的贫困线，发展中国家的贫困差距为每年 1660 亿美元。[①] 这几乎与美国同年采后食品损失的估计值完全相同，据美国农业部（US Department of Agriculture）估计，2010 年零售额为 1620 亿美元。[②] 换言之，发展中国家每天生活费用 1.25 美元（节俭线）的差距与美国因浪费和其他因素造成

① 这是购买力平价。

② 食物损失是指采后可供人类食用但实际上并未食用的食物总量。造成这种损失的原因有很多，包括蒸煮损失、收缩、模具变质和板材浪费。食物的损失估计结果来自吉恩・布兹比等人（Jean C. Buzby et al.，2014）。

的食品损失是一样的。这种计算有时被用来激发人们的主张，即消除世界上的极端贫困应该很容易。正如有人所说，如果我们能把美国浪费的食品全部转移给发展中国家的穷人，贫困问题就会解决。

这是一个惊人的计算，但对一位经济学家来说，这是一个值得怀疑的说法，原因有很多。当然，更高的贫困线会带来更大的差距。回想一下，如果我们仅仅改用每天生活费用 2 美元的贫困线，差距就会增加四倍。还有其他一些经济原因，说明消除贫困的成本可能远远高于贫困差距所表明的成本，这些原因是本节的主题。

信息和激励措施

发展阶段影响所需政策的类型。例如，回顾一下对富裕国家不平等加剧的担忧。政策应如何应对？已经提出的一个解决办法是对财富（不包括人力资本）征收全球累进资本税（a progressive global tax），试图弥合资本收益率与国民经济增长率之间的鸿沟。[①] 在当今大多数富裕国家，这种税收在技术上可能是可行的（尽管可能会有来自富裕国家的政治上的反对），但大多数发展中国家还没有必要的管理能力，这项税收不会覆盖全球。[②] 一般来说，贫困地区的管理能力较弱，这意味着决定谁应该得到帮助的信息不太可靠。这往往会影响实践中发现的政策类型。在发展中国家（包括今天的发达国家），特别是在有一个很大的非正规部门的时候，以自我为目标的机制（第 1 章所提到的济贫院中利用工作需要）和以指标为基础的目标（如以贫困社区为重点的项目）往往更受欢迎。相比之下，在富裕国家，需要正规化的所得税制度和转移支付系统占主导地位。非正规经济部门的信息约束不仅影响政策的类型，而且制约了通过税收为反贫困政策提供资金的能力。因此，较贫困国家可用于解决贫困问题的公共资源较少。

新的信息技术还通过提供更好地验证申请人信息和降低交易成本来提高转移效率。印度的身份证例子见第 9 章。如果实施得当，可以避免腐败的范围，这样可以避免向同一个人多次转移支付或虚构“幽灵申请者”(ghost applicants) 等腐败行为的发生。当银行系统发展得足够完善时，自动取款机和手机短信服务可以降低转账成本（包括私人转账）。[③] 这些条件在大多数发展中国家尚不具备。

信息约束是显而易见的，鉴于非正规化实质上意味着，人们几乎没有关于实际或潜在受益者的系统数据。一个不那么明显但同样重要的激励约束源于这样一个事实，即非正规部门对正规部门的任何人来说都是一个可行的选择（尽管事实并非如此）。因此，一项只能适用于正规部门工作人员的社会政策（考虑到行政管理需要正式手续），将在以非正规

---

① 见托马斯·皮凯蒂（2014）。

② 为了避免税收，转移资本将流向发展中国家，促进更多的投资和增长。这或许是受欢迎的，但显然并没有降低发达国家的资本回报率。降低资本回报率还有其他方法，因为这将取决于经济中的许多其他因素，包括企业利润税率和法定最低工资水平。

③ 见约翰·吉布森等人（John Gibson et al.，2014）和威廉·杰克等人（William Jack et al.，2013）。

活动取代正规活动的范围内产生额外的效率成本。①

激励效应长期以来一直被认为是对所有环境的有针对性的直接干预。在完全信息的想象世界中，向贫困家庭进行一套目标明确的转移，这意味着转移正好填补了贫困缺口，从而使每个人达到期望的最低收入，这将对接受者征收100%的边际税率（marginal tax rate，MTR），并可能破坏对穷人工作的激励，正如专栏10.1所讨论的那样——这里的边际税率是第5章中平均福利提取率（mean benefit withdrawal rate，BWR）的1倍。考虑到劳动力供给反应，从减贫的角度来看，这不太可能是最优的。一些国家的税收优惠制度被发现需要边际税率，接近甚至超过100%。② 自2000年左右以来，社会政策改革的目标是降低边际税率，鼓励福利领取者在有工作机会且不损失太多福利的情况下从事工作。这类政策通常被贴上“劳有所得政策”（making work pay policies）的标签。例如，美国劳动所得税扣抵制③（earned income tax credit，EITC）在收入低于一定水平时会增加收入，现在是穷人额外收入的重要来源。④ 英国的工薪家庭税收抵免制度⑤（Working Families Tax Credit）也是一项类似的政策。

专栏10.1　完全定向的现金转移计划的激励效果

首先，我们需要一些来自统计学的简单概念。回想专栏5.1，累积分布函数（cumulative distribution function，CDF）给出了生活在给定收入（y）以下的人口比例（p）。CDF被写入$p=F(y)$。假设收入因价格和家庭特征的差异而适当标准化，那么贫困发生率指数为$H=F(z)$，其中z是贫困线。CDF的逆函数叫作分位数函数，我们可以写成$y=y(p)$。图10.2给出了一个形式化的分位数函数。

假设实施了一个完全定向的现金转移计划，正好填补了z和$y(p)$之间的空白，即粗黑曲线$y(p)$上方、贫困线以下直至A点的区域。考虑一下最初生活在贫困线以下、

① 同样，非正规部门的企业也可以通过使用现金来逃税，见罗杰·戈登和李伟（Roger Gordon and Wei Li，2009）。

② 见经合组织（1997）。该组织发现，包括澳大利亚和英国在内的一些国家的税收福利制度中的边际税率约为100%。

③ 这是美国一种租税扣抵制度，针对低收入和中等收入的个人和夫妇进行补贴，特别是拥有儿童的夫妻，1975年首次实施。——译者注

④ 国会预算办公室（2012）估计，2009年，联邦转移支付（包括劳动所得税扣抵制以及食品券和医疗补助）占最贫困的1/5人口总收入的75%。

⑤ 有子女的工薪家庭只要有一个成年人每周工作16小时以上就有资格享受这项抵免。工薪家庭税收抵免由若干要素构成：每个家庭一周的基本税收抵免额59英镑，不同年龄的孩子可享受不同的抵免（16岁以下为26英镑，16~18岁为26~75镑）。此外，还有一个育儿税收抵免，标准是以每周实际育儿支出达到200英镑的70%（独生子女家庭为135英镑）为限。如果家庭的每周净收入超过92.90英镑，则工薪家庭税收抵免将以55%的幅度随净收入的增加而递减。——译者注

收入为 $y(p_0)$ 的第 p_0 个最贫穷者。在“定向扶贫”下，此人将获得金额为 $z-y(p_0)$ 的转账付款。假设现在这个人得到了一份额外收入的工作，尽管在没有现金转移计划的情况下仍然不足以达到贫困线。如果该人从事这项工作，而这样做并不意味着放弃其他活动的收入，那么他的转移前的收入将增加该工作的全部收入。但之后他会发现他的转移支付额正好相同，所以他最终又回到贫困线。他将更加努力工作，但没有更高的收入。他额外收入的边际税是 100%。由于没有收入激励来承担额外的工作，而且闲暇时间减少，他不会接受这份工作。这是贫困陷阱的又一个例子，但这次是反贫困计划造成的。

假设工作并不合适。如专栏 1.4 所述，虽然这是经济学家所做的标准假设，但显然并非如此。有报酬的工作能给人以社会地位。事实上，来自主观福利回归的证据表明，即使在没有收入损失的情况下，当人们失业时，他们自我评估的福利水平往往会下降，尽管人们对这些调查结果的稳健性有一些担忧（第 3 章）。如果这也是为了额外的工作，100% 的边际税率将不会成为工作的阻碍因素。

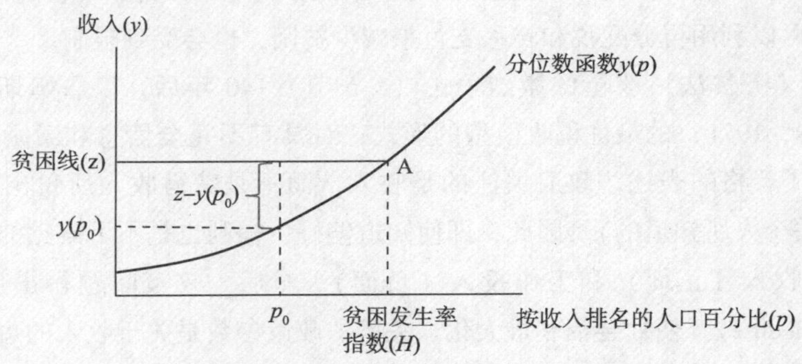

图 10.2　无信息约束或激励效应的定向扶贫

即使设计需要对受惠者征收 100% 的边际税率，实际税率可能要低得多，这可能是因为正式规定的执行不完善，或者是因为其他税收转移计划与有关计划产生交互作用，以确定最终税率。

转移计划对劳动力供给的影响已有研究，特别是在美国。20 世纪 70 年代和 90 年代引起了经济学家的极大关注，这两个时期的主要政策改革正在实施或辩论中（第 2 章）。反应包括工作时间（集约边界）(intensive margin) 和劳动力参与（劳动力供给反应的广义边际）(extensive margin)。假设劳动力供给反应越大，政策的效率成本就越大，因为这一成本是由政策导致的行为变化造成的。这些变化通常被称为“失真”，假定在没有政策干预的情况下结果是有效的。当然，这是值得怀疑的。在没有干预的情况下，经济没有充分有效地运转，这似乎是合理的，这意味着还有改进的余地。然后，人们应该小心标有“失真”的说明。

在发达国家，对集约边界的反应似乎是很小的，反映了在正式工作中工作时间的相对固定性。在广义边际上，预计会有更多的反应。在贫困国家，向穷人转移资金似乎不太可能，因为在这些国家，人们不太可能看到广义边际的反应。不能指望贫困的男女停止工作，以应对占其消费20%的转移，尽管很可能会做出集约边界的反应。

发达国家的大部分证据不支持这样一种观点，即有大量的工作抑制因素与目标反贫困计划相关。事实上，一些研究已经很难找到一个比小小的反应更重要的东西。[①] 根据我们对劳动力供给反应的了解，很明显，在美国这样的国家，穷人从转移支付中获益匪浅。[②] 当然，劳动力供给反应的程度取决于项目设计。毫无疑问，非常高的边际税率对劳动力供应有抑制作用，尽管社会社会保障计划的设计者和/或实施者了解这一事实，通常可以避免较高的边际税率。

从迄今为止的研究来看，这个备受争议的政策问题的底线是，对反贫困计划（回到约瑟夫·汤森、李嘉图和马尔萨斯，如第1章所述）的长期批评，因为这些计划造成了他们通过劝阻工作减轻的大部分贫困，这些批评被大大夸大了。[③] 因此，即使这是唯一的目标，在多大程度上可以利用再分配税和转移支付来减少贫困，也会受到限制。

在对英国《济贫法》改革的激烈争论（1.5节）140年后，以詹姆斯·米尔利斯[④]（James Mirrlees，1971）的最优税收模型的形式，对具有不完全信息和激励效应的再分配政策问题进行了严格的表述。政府关注的是收入，而不是获得收入所付出的投入或技能（尽管这是有关个人所知道的）。因此，即使知道偏好，福利也是不可察觉的。人们被认为关心的是税后收入（正面）和工作投入（负面）。然后，政策问题得出所得税税率表（income tax schedule），使社会福利最大化。关键的政策参数是关于收入的边际税率。对富人征收更高的税收可以使穷人得到更多的再分配，但这种再分配是有限度的，因为税收阻碍了工作投入，从而减少了反贫困政策的可用收入。政策问题就是要平衡这些力量，从而得出社会最优的税率表。米尔利斯根据功利主义的社会福利目标评估替代税率表，专栏

① 有关有用的概述，请参见罗伯特·莫菲特（Robert A. Moffitt，1992，2002）。另见玛格丽特·格罗什等人（Margaret E. Grosh et al.，2008）涵盖发达国家和发展中国家的讨论。

② 进一步讨论和参考见伊曼纽尔·塞兹（2006）。美国已婚妇女的劳动力供给被认为比男性更具反应性，尽管有证据表明，她们正在趋同，表现出同样的反应迟钝（布劳和卡恩，2007）。

③ 这有时被称为“失真分布”权衡，尽管如前所述，“失真”是一个含义丰富的词。

④ 詹姆斯·米尔利斯（James Mirrlees），1936年7月生于苏格兰的明尼加夫，与亚当·斯密是同乡，激励理论的奠基者，在信息经济学理论领域做出了重大贡献，1996年获得诺贝尔经济学奖。曾任香港中文大学博文讲座教授兼晨兴书院院长。代表著作有《关于福利经济学、信息和不确定性的笔记》《道德风险理论与不可观测行为》等；论文有《最优所得税理论探讨》《论责任分配：行为人相同的情形》《最优税收理论》《动态的不可替代性原理》《论生产者税收》《激励理论》《两阶级经济中的最优税收》《私人不变利润与公共影子价格》《税收理论与累进税制》《劳动供给对最优税收的影响：最新理论思想指南》《社会收益—成本分析与收入分配》《功利主义的经济学分析》《道德风险对最优保险的意义》《发明的福利经济学》《消费者不确定性与最优收入税》。——译者注

10.2 进一步讨论了模型。

专栏 10.2　收入再分配中的公平效率权衡

我们在第 1 章中看到，反贫困政策一直存在的问题是，在信息不完善的情况下，公平与效率之间的权衡。詹姆斯·米尔利斯（James Mirrlees，1971）提供了这个问题的第一个严格的公式。最初的论文在技术上是困难的，但米尔利斯模型的基本框架是值得人们去理解的（这篇论文有难度在很大程度上是因为，一旦我们认真对待激励措施，政策问题就变得如此困难）。

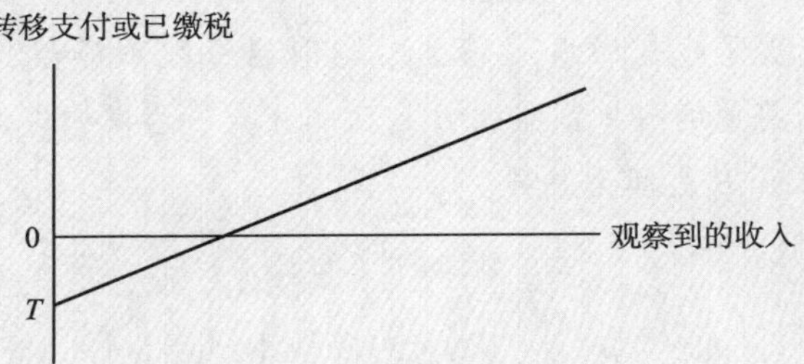

图 10.3　简单线性税率表中穷人的负所得税

问题是找到一个最优的所得税税率表，其中“最优”是通过最大化总效用来定义的。图 10.3 给出了所得税表的示例。向最贫穷者转移了 T 的数额。这随着收入的增加而下降，并在某个时点后成为一种税收，税收负担随着收入的增加而增加（它是以线性税函数的形式绘制的，但也可以是非线性的）。

米尔利斯公式的主要贡献在于，它抓住了现实世界中较高税率对收入的公平和效率影响之间的权衡。在现实世界中，决策者既看不到人们为获得收入所做的投入，也看不到他们的技能（单位投入的收入），尽管每个人都知道自己的投入和技能。决策者必须依靠每个人从他的投入中得到的收入征税。

为了便于分析，米尔利斯做了一些简化的假设（其中一些假设在随后的文献中被放宽了）。每一个人的最大化效用，这取决于消费（收入净税额）和闲暇（一天不工作的比例），如专栏 1.4。只有一种劳动和一种消费品，没有跨时期的选择。每个人都有相同的偏好，没有改变。有一种外生的技能分配，解释为个人从工作中获得的经济利益。“富人”被认为是那些有高技能的人。对观察到的收入征税。

米尔利斯表明，尽管最优税率表不一定是累进的（专栏 1.10），但最优边际税率不到 100%，几乎是恒正的。从富人身上获取收入以重新分配给穷人，受到这样一个事实的制约：富人可以隐藏他们是富人的事实，因为他们的技能和工作投入是不可察觉的。因此，有一个激励约束条件，即如果最高技能的人向税务机关表明自己的技能实际上比实际水平低，那么他一定不会比现在更糟。请注意，考虑到工作的无效性，在这里“更糟”指的不仅仅是税后收入。

激励约束限制了经济上可行的再分配。为了说明这一点，请看图 10.4。在左图中，我们看到税后收入和税前收入的无差异曲线。专栏 1.4 中的消费—闲暇无差异曲线表明了这一点，但现在它们是在税后收入和税前收入的空间中绘制的。当然，更高的税后收入是首选，但在既定的税后收入下，更高的税前收入意味着更大的工作投入，这就产生了负效用（disutility）。因此，无差异曲线现在正倾斜，尽管“向上更好”仍然是事实。现在考虑在图 10.4 的左图中，对富人在 *A* 点的收入征收的税 *T*，在 *B* 点转移给了穷人。在 *B* 点，我们看到富人的无差异曲线高于 *A* 点（穷人的无差异曲线没有绘制出来，而且会有所不同，因为工资率不同，这意味着税前收入的负效用不同，即使在消费和闲暇的基本偏好相同的情况下也是如此）。因此，这种再分配不符合激励机制，因为富人会选择减少工作，从而将他的税单削减到 *B* 点而非 *A* 点。右图中较低的再分配是最大可行税率，由此富人在 *A* 和 *B* 之间无差异。

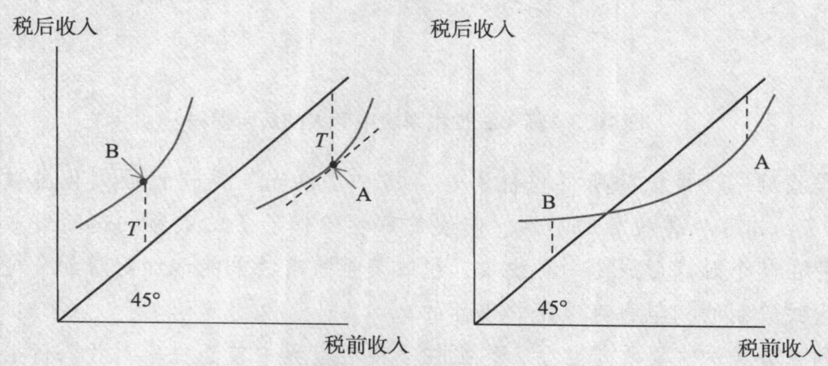

图 10.4　激励效应和不完全信息下的再分配限制

在图 10.3 中线性税率表的特殊情况下，任何给定技能分配的最佳税率（粗体线的斜率）取决于两个因素：(1) 决策者对贫困和不平等的关注程度，特别是额外收入的边际社会价值随着收入的下降而上升的程度；(2) 工作投入对更高的净工资的反应如何（保持效用常数）。

以数学上的米尔利斯为特征的最优纳税税率表的一个看似显著的特征——这篇论文发表时，一个让很多人吃惊的特征是，在技能分配的顶层，边际税率归零。当人们意识到从最富有者的身上获得的收入最大化意味着边际税率为零时，这并不令人惊讶。这在图 10.4 中很清楚，注意切线的斜率是边际税率。当切线平行于 45 度线时，收入最大化，这意味着边际税率为零。当税率适用于广大人群而非特定个人时，这并不构成反对对富人征收高额所得税的理由（正如一些观察人士所建议的那样）。正如米尔利斯(1976) 所说，“计算表明，这些最终结果几乎没有实际价值……通常情况下，零是一个不算太好的边际税率近似值，即使是对最高与最低之间的大多数百分位数也是如此。”

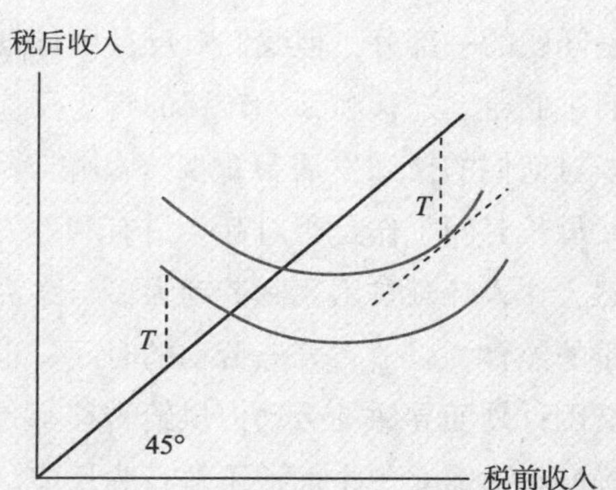

图 10.5 当某些工作合适时更多的再分配是可行的

同样需要注意，假设工作在既定消费量下并不合适，这是关键。相反，假设一些工作（虽然不太多）让图 10.4 左图中的富人感到高兴。无差异曲线现在如图 10.5 所示，在低水平的工作努力下有一个向下倾斜的部分。现在，更大的再分配与激励相容。

延伸阅读：米尔利斯最初的论文在技术上要求很高，但在安东尼·阿特金森和约瑟夫·斯蒂格利茨（Anthony B. Atkinson and Joseph E. Stiglitz，1980，第 13 章）的经典文献中有一个更容易理解的阐述。[①] 阿维纳什·迪克西特和阿格纳·桑德莫（Avinash K. Dixit and Agnar Sandmo，1977）讨论了线性税收方法。[②] 关于米尔利斯模型及其在经济学中（相当大的）影响的概述可以在罗宾·鲍德威（Robin Boadway，1998）中找到。[③] 另见路易斯·卡普洛（Louis Kaplow，2008）对最优税收的最新综合处理。[④] 米尔利斯（2014）考虑了工作给人带来愉悦的可能性，指出这也可以使 100%的边际税率成为最佳选择。[⑤]

这个问题的另一个方面使它变得如此困难（无论是在现实世界还是在分析上），就是信息约束伴随着对再分配程度的激励约束，因为人们不能对“富人”征税，超过他们更好隐藏自己是富人这一事实的程度。当这个约束满足时，这个解决方案被认为是激励相容的。米尔利斯的目标函数是功利主义的，但是这个框架也可以适应减贫目标。模拟结果表明，在一个最优的反贫困政策中，60%~70%的边际税率是需要的，该政策使用转移支付，

① Atkinson, Anthony B., and Joseph E. Stiglitz. 1980. *Lectures on Public Economics*. London: McGraw-Hill Book Company.

② Dixit, Avinash, and Sandmo Agnar. 1977. "Some Simplified Formulae for Optimal Income Taxation." *Scandinavian Journal of Economics* 79: 417-423.

③ Boadway, Robin. 1998. "The Mirrlees Approach to the Theory of Economic Policy." *International Tax and Public Finance* 5: 67-81.

④ Kaplow, Louis. 2008. *The Theory of Taxation and Public Economics*. Princeton, NJ: Princeton University Press.

⑤ Mirrlees, James. 2014. "*Some Interesting Taxes and Subsidies*." Lecture at the Lindau Nobel Laureate Meetings.

从而对劳动力供给产生激励效应。[①]

劳动力供给反应显然是问题的一部分，但我们对反贫困计划的其他影响知之甚少，例如对幼儿发展的影响，与通过储蓄、迁移和私人转移的行为反应。例如，有证据表明，在幼儿时期花时间与儿童交谈对他们的认知发展很重要（如第7章所述），这就提出了一个问题，即带着孩子的贫困父母长时间工作是否对社会最有利。人们认为，较低的熟食时间价值助长了肥胖，这也必然会让人怀疑贫困家庭劳动力参与率高所带来的社会成本，这可能会鼓励饮食转向不太健康的熟食，以节省家务劳动的时间。也许贫困的家庭工作太辛苦了，这意味着任何由于反贫困计划而导致的劳动力供给转移都是一件好事。这在现阶段必须被视为一种推测，但它确实指出需要更全面地了解行为反应。

基本收入保障的理念

与明确的目标相反，人们可以想象一个基本收入保障（basic income guarantee，BIG）。如第1章所述，这为每一个成年人提供了固定的转移支付，无论他们是否贫困。[②] 所以没有明确的目标。由于没有人可以改变他们的转移收入，基本收入保障转移的唯一激励效应是对闲暇需求的收入效应，这将导致人们减少工作，除非他们从工作中获得效用。对基本收入保障（或任何一组转让）对效率和公平性的影响的全面评估还必须考虑到融资方式。管理费用可能很低，但费用肯定不是零，因为可能需要某种形式的个人登记制度，以避免“从两个部门领取津贴”（double dipping），并确保较大的家庭按比例获得更多。

发达国家的提案通常允许通过累进所得税进行融资，[③] 在这种情况下，这个理念在形式上变得类似于负所得税[④]（negative income tax，NIT），[⑤] 尽管管理模式可能不同，在负所得税方法中，转移是事后进行的，而基本收入是由其倡导者预先支付的。专栏10.3讨论由按比例税提供资金的综合基本收入。需要注意的是，累进税需要大量信息，因此不能说通过这种方式筹集的大笔资金避免了上述信息和激励问题。

---

① 见拉维·坎伯等人（Ravi Kanbur，1994）。另见拉维·坎伯和马蒂·托马拉（Ravi Kanbur and Matti Tuomala，2011）关于政策目标的替代特征描述。

② 最近关于基本收入保障的理念讨论包括丹尼尔·拉文托斯（2007）、普拉纳布·巴丹（Pranab Bardhan，2011）和卡尔·韦德奎斯特（Karl Widerquist，2013）。

③ 如詹姆斯·爱德华·米德（James E. Meade，1972）提出的。

④ 负所得税指向高收入家庭收税并给低收入家庭转移支付的税制。在负所得税制度下，贫困家庭不用表示需要就会得到经济帮助。得到帮助要求的唯一资格就是收入低。它既有优点也有缺点：一方面，负所得税不鼓励非婚生育和家庭破裂，福利制度的批评者认为现行的政策就是鼓励非婚生育和家庭破裂的；另一方面，负所得税也会补贴那些仅仅是由于懒惰而陷于贫困的人——而在一些人眼中，政府最不该补贴这样的人。一种与负所得税有相同作用的现实税收条款是劳动收入税收减免。这种优惠使贫困劳动家庭一年中得到的所得税返还大于交纳的税收。由于劳动收入税收减免只适用于劳动的穷人，因此就不会像其他反贫困计划所做的那样鼓励得到补贴的人不干活。但由于同样的原因，它却无助于减轻由于失业、生病或其他无工作能力引起的贫困。——译者注

⑤ 如米尔顿·弗里德曼（1962）所主张的。

基本收入保障可以被设计成一种可行的预算中性方法，将社会福利和所得税结合起来。[①] 对包括南非在内的一些发展中国家也提出了详细建议。[②] 基本收入保障成本很高，尽管这取决于福利水平和筹资方式。削减目前对非贫困人口的补贴，很可能有足够的供资空间。[③] 这种类型的计划在今天的实践中，似乎主导了许多政策，例如，它显然比补贴普通商品的消费产生更好的影响，这是一些国家仍然存在的一种政策。

专栏 10.3　按比例征收所得税的基本收入

图 10.6 显示了各种分位数函数（专栏 5.1 中的分位数函数是累积分布函数的倒数）引入了基本收入保障，给每个人一个转移 b，资金来源是对所有收入按比例征税，税率为 t。该计划的结构是，最贫穷者的净收益最大，但在达到收入水平 z 之前保持正收益，之后收益为负。

可以提出三点意见：第一，如果 z 是贫困线，那么该计划对贫困发生率指数没有影响，但会减少第 5 章中讨论的所有其他指标。第二，基本收入计划不再出现识别穷人的信息问题，一旦该计划以这种方式获得资金，这种优势就会丧失。如果人们仍然希望确保只有穷人才能获得净收益，那么信息/激励问题就会重现。第三，将有一个负所得税，可以实现与任何税收资助的基本收入保障一样的最终收入分配。在上面的例子中，收入低于 z 的人承担负税，而高于 z 的人支付正税。

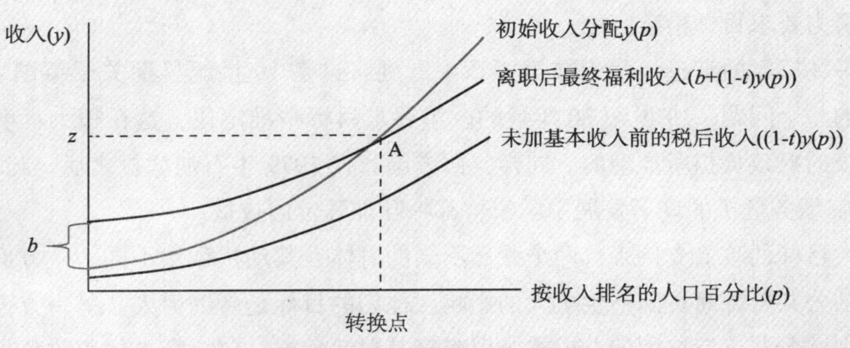

图 10.6　由所得税提供资金的基本收入保障

迄今为止，在实践中，普遍统一的现金转移计划的例子很少。使用统一（非定向扶贫）状态依存有着悠久的传统。这意味着，对于那些属于某个事件（状态）定义的特定

① 安东尼·阿特金森和霍莉·萨瑟兰（Anthony B. Atkinson and Holly Sutherland，1989）为英国证明了这一点。

② 见盖伊·斯坦丁和迈克尔·萨姆森（Guy Standing and Michael Samson，2003）的论文。

③ 正如普拉纳布·巴丹（2011）所说，印度就是这样。

类别的人（如老年人或失业者），转移或多或少是统一的。鉴于基本收入保障可能至少有一些状态依存方面（例如，作为一个成年人和一个特定地方的居民）的情况，状态依存转移有一个概念上的共同点，其中有许多例子，如第 10.2 节所述。

定向扶贫

实践中发现的大部分直接干预措施介于“完全定向扶贫”和“非定向扶贫”之间。能够进行家计调查的国家（主要是富裕国家），切实可行的办法是收益水平随着收入上升到一定水平以上（低于一定水平提供一定的保障性支持），可以逐步退出。这可以通过所得税系统相对容易地做到。

实际福利提取率（rate of benefit withdrawal）取决于预期劳动力供给反应的强度。如前所述，在社会政策中决不能忽视这类激励措施，尽管（如我们在第 1 章中所见）历史也告诉我们，人们常常援引对激励措施的关切，而很少或根本没有证据，来满足政治对手对这类政策的需要（在讨论旨在帮助穷人的项目时，激励措施似乎比其他项目受到更多的关注）。有了更好的数据和分析工具，可以希望，未来的政策辩论将比过去的辩论更好地了解实际的行为反应。

“二战”之后，社会决策的早期重点是广泛包容。反贫困政策是社会团结的工具，而且目标并没有被视为重要的事实，它会影响到这一时期社会政策的目标。到 20 世纪的后 20 年，许多国家的情况都发生了变化。为提高发达国家和发展中国家直接干预的成本效益所做的努力要求目标精准定位。

这是一场反复的辩论。我们在第 1 章中看到，这是 19 世纪早期关于英国《济贫法》的辩论中的一个问题。19 世纪 30 年代的改革要求目标精准定位，这在很大程度上是由土地持有阶级的财政负担所推动的。同样，西方国家在 1979 年石油危机之后，与在 20 世纪 80 年代面临债务危机的许多发展中国家，都呼吁加强定向扶贫。

对更大目标的政治支持来自两个截然不同的群体，其动机截然不同。一方面，有些人希望现有的公共资源对贫困产生更大的影响，他们的目标是帮助穷人。另一方面，有些人则热衷于削减公共支持贫困的总成本，以减轻其财政负担，包括富人的税收负担，他们的目标在很大程度上是帮助非贫困人口。这些不同利益集团的联合推动了针对反贫困计划的更大努力。

最近在许多国家（包括富裕国家和贫穷国家）强调定向扶贫，通常将定向扶贫定义为避免向非贫困人口“泄漏”福利，含蓄地淡化对贫困人口覆盖率的关注。① 易于测度的贫困代理指标被广泛用于这种定向扶贫，在这种情况下，针对福利的经济状况调查并不是单一选项。基于效率考虑需要使用不易被实际或潜在受益者操纵的指标，尽管这在实践中很

① 正如乔瓦尼·科尼亚和弗朗西斯·斯图尔特（Giovanni Cornia and Frances Stewart，1995）指出的那样。

难弄明确。人口的相关代理变量是常用的，如家庭结构、人口统计学特征；人口规模；家庭成员的受教育程度；家庭成员的健康状况；住房条件；基本生活条件；职业；产权状况等。① 这些定向方法可视为一种准经济状况调查法（proxy means test，见第 5 章所述，回顾专栏 5.11），转移支付是根据每个家庭的得分进行分配的，该得分可解释为根据易观察到的指标所预测的实际收入或消费。取决于方案设计，这类方案的激励效果可以比完善的准经济状况调查更好，并且在既定支出下可以比投票转移对贫困的影响更大。主要的取代方法是由社区自身来决定谁需要帮助。这种基于社区的定向扶贫利用了准经济状况调查无法获取的当地信息，但这样做的风险是被本地精英所利用。②

在实践中，绩效目标在很大程度上通常取决于当地的政治经济。有时，向非贫困人口提供福利对于反贫困计划的政治可持续性可能至关重要。在启动成本相对较高的项目中，让非贫困人口尽早获得资金可能是政治上唯一可行的选择（特别是当启动成本必须由国内资金提供时）。这可以被非贫困国家称为早期获得（early capture）。在相对较少的寻迹早期获得的研究中，它被发现确实存在。③

当要求削减预算时，经济学家经常建议政府更好地确定支出目标。这在实践中可能会遇到政治经济约束，这些约束限制了非穷人因削减开支而遭受的福利损失。在那些穷人已经是公共支出主要受益者的国家，保护穷人不受公共支出削减的影响可能特别困难。结果在先验的基础上还不清楚，将取决于具体情况。一项对阿根廷一个主要社会项目（特拉巴贾尔项目）（Trabajar Program）的研究表明，削减开支会带来更差的目标绩效。在特拉巴贾尔案例中，当项目的总开支被削减时，分配给穷人的资金比分配给非穷人的资金下降得更快。④

一个较少受到关注的问题是目标群体的规范。当转移是非生产性的，针对最贫困者的道德案例很有说服力。当存在生产率效应，例如，由于信贷市场失灵而存在（第 8 章）时，最贫穷者未必是具有较高回报的人。例如，墨西哥的一项研究发现，贫困农民的转移增加了他们的农业投资，长期收入增加。⑤ 研究发现，那些私有财产最少的农民的收益较低，他们可能是最贫困者。如果这项政策只针对这些农民，对贫困的影响就会小一些。这只是一项研究，还需要进一步研究转移对生产力的影响和对目标的影响。

---

① 玛格丽特·格罗斯等人（Margaret Grosh et al.，2008）对发展中国家的实际定向扶贫方法做了有益的概述，并详细介绍了许多例子。

② 关于以社区为基础的定向扶贫的讨论见哈罗德·奥德曼（Harold Alderman，2002）、伊曼纽拉·加拉索和马丁·拉瓦雷（Emanuela Galasso and Martin Ravallion，2005）、加扎拉·曼苏里和维贾延德拉·拉奥（Ghazala Mansuri and Vijayendra Rao，2012）以及维维·阿拉塔斯等人（Vivi Alatas et al.，2012）。后一篇文章将这种形式的定向扶贫与印度尼西亚现金转移计划中的准经济状况调查的结果进行了比较。研究发现，准经济状况调查在帮助穷人方面做得更好，但基于社区的目标更符合当地人对贫困的看法，因此也更为当地居民所接受。

③ 见彼得·朗茹和马丁·拉瓦雷（Peter Lanjouw and Martin Ravallion，1999）、马丁·拉瓦雷（1999b）、普伽·杜塔等人（Puja Dutta et al.，2014）。

④ 见马丁·拉瓦雷（1999b）。

⑤ 见阿兰·德·扬夫里等人（Alain de Janvrey et al.，2001）。

漏洞

长期以来，反贫困项目的批评者指出，任何不符合条件的人都会从中受益。可能有非贫困公民假装贫困（见专栏 10.2）或腐败的地方官员拿走了贫困人口的钱。加强行政管理流程有时会有所帮助。新技术的使用，如带有生物特征信息的智能卡，也是如此。但是，一些漏洞是很难避免的，将其减少到零的成本很可能是令人望而却步的。如上所述，一些漏洞甚至可能有助于确保该项目获得更广泛的政治支持。此外，消除漏洞的努力可能违背项目的总体目标。专栏 10.4 说明了这一点。与项目设计的所有方面一样，必须考虑在特定环境中减少漏洞的成本与效益。

专栏 10.4　反腐败计划中的一些反腐败方法可能适得其反

假设地方官员有权决定有多少人参加这个项目。我们可以考虑一个劳动福利计划，它提供了一个就业水平，用 E 表示，它不能超过计划的工作需求，用 D 表示。地方官员有权阻止一些想参与这项计划的人得到它。地方贪官最大化他的个人利益，因为他对这项计划的工作有（外生的）要求。然后，官员的问题是选择 E 最大化：

$$R(E) - C(E) \text{ 服从 } E \leqslant D$$

这里 $R(E)$ 是官员自己在就业 E 中的腐败收入，$C(E)$ 是腐败成本。边际收益（marginal benefit，MB）是收益函数 $R(E)$ 的斜率，边际成本（marginal cost，MC）是 $C(E)$ 的斜率。假设 MC 随着就业的增加而增加。官员需要信任更多的人，并且随着就业的扩大，被抓住的风险更大。可以假定官员的边际效益是恒定的，尽管这可能因允许其随就业下降而被削弱。由官员提供的利润最大化水平 MC=MB，如图 10.7 中的 E^* 所示。如图所示，如果 $E^* < D$，均衡中会有未满足的需求。

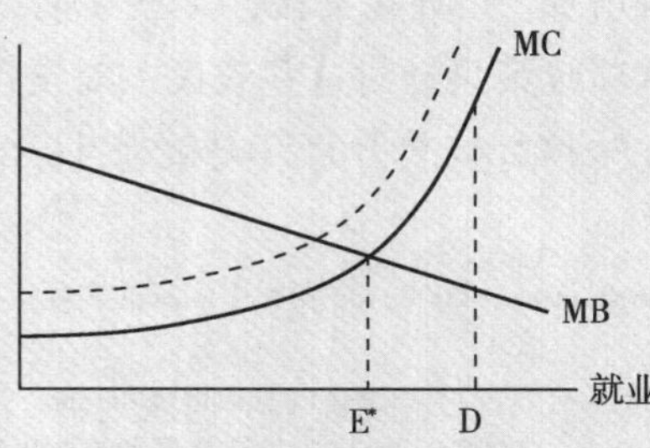

图 10.7　在腐败的边际成本上升的情况下，配给的最佳水平

现在假设中央政府（或者更高级别的政府对地方官员）决定通过提高地方官员面临的腐败边际成本来打击腐败。例如，被抓的惩罚可能会提高，或者额外的监视可能会增加被抓的概率。图 10.7 中的 MC 函数向上移动说明了这一点。官员提供的就业水平将下降，腐败现象会减少，但该计划提供的工作也会减少。

在这种情况下，解决腐败问题的更好办法可能是使上述模式与地方官员的行为无关。这就要求他们首先没有权力实施配给；需求约束对他们的行为具有约束力。这就是就业保障计划（Employment Guarantee Scheme，EGS）的理念。这将需要有足够的资金来确保所有想要工作的人都能以该计划的工资率获得工作。它还将要求那些希望在该计划下工作的人认识到，法律赋予他们从事该工作的权利（如果无法提供工作，则提供失业津贴），并能够根据这一认识采取行动。这将需要适当的行政和法律程序来处理申诉和惩罚不遵守法律的地方官员。归根结底，当需求约束对地方官员没有约束力时也可以采取这种措施，这在很大程度上反映国家的治理能力。这些讨论回到了就业保障计划的理念。

一系列文献集中于地方机构如何影响目标绩效和对贫困的影响。对孟加拉国的《教育食品援助计划》（Food-for-Education program，FFE）进行的一项研究发现，一些村级特点是该计划在多大程度上有效地惠及村内穷人的重要预测因素。在更不平等的村庄，穷人的项目成果明显较差。[①] 然而，在邻近的西孟加拉邦，没有发现类似的因素对公共提供的信贷和农业投入的扶贫目标有很大影响，尽管这些因素确实影响到穷人的就业机会。[②] 在对巴西的一项研究中，地方政治机构对有条件现金转移计划的执行至关重要，在州长面临连任的州中，降低辍学率的影响要大得多。[③]

这些结果表明，在不同环境下形成泛化时需要谨慎。他们还指出，针对贫困地区的问题可能比简单地达到贫困地区更复杂；如果要最大限度地提高对贫困的总体影响，还要涉及地方机构的各个方面。这些偶然因素可能是微妙的，在实践中的可行性是另一回事。

一些交付机制（delivery mechanisms）比其他机制成本更高。以食品等商品形式向穷人提供援助，可能比以现金形式提供救助成本更高，额外的运输费用是一种漏洞。这需要与实物支付可能带来的好处进行权衡。支持实物支付的理由有很多，包括这些支付会自动被通货膨胀指数化（而名义上的现金转移需要调整），在某些情况下，有关商品的当地市场运作不好，实物支付产生优先的福利分配，特别是以食品形式的支付使母亲和儿童受益。转移对市场价格的影响也取决于交付方式。向穷人支付现金往往会增加对食品的需求，从而提高非贸易食品的当地价格（对贫困消费者产生不利影响），而以食品形式支付则会产生相反的影响（对贫困生产者产生不利影响）。人们应该警惕有利于一种交付方式的泛化，因为成本和效益的平衡可能取决于环境，比如食品市场的运作情况，与当地市场

① 见伊曼纽拉·加拉索和马丁·拉瓦雷（2005）。

② 见普拉纳布·巴丹和迪利普·穆克吉（Pranab Bardhan and Dilip Mookherjee，2006）。

③ 见阿兰·德·扬夫里等人（2011）。

的空间整合程度。

有证据表明，食品实物转移确实如人们所料，鼓励了对有关商品的更多消费。[①] 一个人是否认为这是件好事，关键取决于我们是否认为接受者在这些商品上花费太少。这通常是不明确的，而且有可能做出家长式的判断，而这种判断忽视了穷人的偏好和认识以及影响他们经济决策的制约因素。

用于评估目标绩效的收入数据也存在测度误差。在政策讨论中很少明确承认这一点，但可能会对漏洞产生重要影响。在评估反贫困计划的目标绩效时，通常的做法是在调查中加入一个关于项目参与的问题，该调查也会涉及收入情况。有了这些数据，人们就可以测度贫困参与者的比例和项目对贫困人口的覆盖范围，从而量化排除和纳入的误差。这些计算结果在实践中影响了许多项目评估。一个项目目标背后的“贫困”概念往往比通常从调查中定义和测度“收入”的方法更为宽泛（即在决定是否符合条件时，除了当前收入之外，还有其他与福利相关的变量）。尽管项目管理员通常可以列出这组更广泛的变量，但他们通常对附加到这些变量上的精确权重含糊不清。评估者面临的问题是，该项目明显的“有偏误定向”可能只是反映了这样一个事实，即基于调查的收入测度方法并不能充分统计出谁是“穷人”，因为决策者的目标与评估者的不同。

在实践中应更加认真地对待这一问题。有可能检验针对这一福利测度误差来源对目标绩效的稳健性评估。[②] 在定向扶贫的反事实下，可以通过根据观察到的项目分配和定性已知的项目目标校准更广泛的福利指标来实现。与其对如何测度“福利”进行事先判断，不如得出最能解释观察到的项目分配指标。换言之，选择福利的各种决定因素的权重时，应尽可能与实际做出的政策选择保持一致。如果我们发现该项目的扶贫仍然不精准，那么这不能简单归因于决策者对福利的概念不同的可能性。

例如，中国的最低生活保障制度（俗称低保）就是一个现金转移计划。[③] 众所周知，该计划的目标精准，但在现有的调查数据中，有偏误的定向扶贫是显而易见的。一些有偏误的定向扶贫是由于调查收入和用于定向扶贫计划的潜在福利指标之间的差异。也有证据表明，即使从预测计划参与度的角度对收入和其他相关家庭特征进行了最佳加权，那些不符合条件的人仍有大量的资金漏洞，而那些应该符合条件的人的覆盖范围并不完全。[④]

关于定向扶贫的辩论仍在继续。有一点可以达成共识：定向扶贫不是政策设计问题的目标，而是一个潜在的工具。考虑到（有时是隐藏的）成本和政治经济对目标的反应，它不一定是最好的工具，因此定向扶贫的项目可能会破坏对社会政策的政治支持。[⑤] 我个人

---

① 见杰西·库尼亚（Jesse Cunha，2014），基于墨西哥食品援助计划的随机对照试验。

② 下文所述方法见马丁·拉瓦雷（2008b）。

③ 有关此制度的概述，见马丁·拉瓦雷（2014h）。

④ 有关更多详细信息，见马丁·拉瓦雷（2008b）。

⑤ 关于进一步的讨论，见多米尼克·范德沃勒（1998b）、菲利普·德·唐德和让·辛德里克斯（Philippe De Donder and Jean Hindriks，1998）、约拿·格尔巴赫和兰特·布里切特（Jonah Gelbach and Lant Pritchett，2000）。

的评估是，在今天的大多数情况下，要避免福利大量流向非穷人并不困难。更大的挑战是确保穷人的高覆盖率。这表明了将普遍适用性与合理的目标范围相结合的吸引力，即没有人被排除在外，这样对穷人的好处就更大。会有一些抑制因素，但只要边际税率不超过 70%（比如说），就不会引起关注。

10.3　定向转移

税收支持下的国家转移支付

我们从一类通常不被视为“定向扶贫”的转移开始，在这方面，它们不涉及定向的准经济状况调查或其他形式的低收入目标。相反，它们的目标是一个事件，因此它们被称为状态依存转移。很明显，这些事件被视为与某种形式（暂时性或永久性）剥夺有关。那些经历过这一事件的人通常在某些相关方面（例如，当主要养家糊口的人失业，或农民的庄稼歉收）更穷（在这之前或之后）。因此，通常有一定程度的针对穷人的隐性目标。

回顾第 1 章，英国《旧济贫法》的基本思想是由税收资助的状态依存转移。在 19 世纪以前，在收入目标方面几乎没有任何努力，1834 年的改革旨在将福利目标对准最需要的人，特别是通过工作需要。在 20 世纪的英国，以《贝弗里奇报告——社会保险和相关服务》[①]（*Beveridge Report*）的形式，重新出现了无目标的状态依存转移的理念（如《旧济贫法》），[②] 它概述了关于社会保险的详细提议，根据这些提议，所有工作年龄的人都有义务缴纳国家保险费，以资助国家向失业者、病人、老年人或丧偶者进行的状态依存转移（见关于社会保险的专栏 10.5）。与《旧济贫法》不同，这是一项全国性的计划，而不是在局部实施。另外两个因素包括了社会保护政策。首先，提出了家庭津贴，以支付受抚养子女（第一个子女之后）的费用。其次，考虑到所有收入来源，建议增加那些低于绝对标准人群的收入。[③] 尽管这些建议的目的是明确消除贫困，贝弗里奇反对家计调查——有些人认为，以统一的费率提供普遍服务可以避免定向扶贫的成本，并促进社会凝聚力。[④] 过

---

① 《贝弗里奇报告——社会保险和相关服务》是社会保障发展史上具有划时代意义的著作，是 20 世纪资本主义发展史一份较为完整的现代福利国家的蓝图。它对英国、欧洲乃至整个世界的社会保障制度建设和发展进程产生过重要的影响。英国是世界上最早进行工业化资本主义发展的国家，也是最早面对工业化所产生的养老、失业和疾病等社会问题的国家。在工业革命之前，英国针对贫困问题颁布了《亨利济贫法》《伊丽莎白济贫法》等法律法规，为该报告奠定了坚实的理论基础。“二战”中，英国遭受到严重的创伤和挑战，社会问题更加突出。在这样的背景下，该报告应运而生。——译者注

② 见威廉·贝弗里奇。Beveridge, William. 1942. *Social Insurance and Allied Services*. London: His Majesty's Stationary Office.

③ 这被称为“政府给的额外津贴”，在实践中比贝弗里奇设想的更为重要；见詹姆斯·爱德华·米德（1972）的讨论。

④ 有一个关于贝弗里奇设想的有趣的讨论，见帕特·塔纳（Pat Thane，2000，第 19 章）。

去，以济贫院为代表的故意污名化的做法将被抛弃。“二战”后不久的英国，生活艰难而脆弱，可能有助于确保贝弗里奇计划的受欢迎程度。[①] 随着《国民救助法》(National Assistance Act，NAA）形式的贝弗里奇计划的实施，最后一个济贫院于1948年关闭。

专栏10.5　社会保险和社会救助

正如通常所理解的，“社会保险”是公共提供的非目标转移，以涵盖不良事件，如疾病、残疾、工作事故、老年或失业。在许多国家，这是公共支出的一个日益增长的组成部分，在大多数富裕国家，社会保险是一个很大的支出份额。参与通常是强制性的，而获得社会保险的机会往往与过去的缴款挂钩。公共供给的情况通常基于市场失灵和/或人们在过去的选择中犯下的错误。市场失灵来自信息不对称，因为人们比保险公司更了解自己面临的风险。市场提供的保险太少了。迈克尔·罗斯柴尔德和约瑟夫·斯蒂格利茨（Michael Rothschild and Joseph E. Stiglitz，1976）认为在一定条件下，私人保险市场甚至可能不存在。因此，政府需要介入。[②] 确保（所有的社会成员都存在着相互责任的纽带的）社会团结的努力在西欧和（尤其是斯堪的纳维亚）广泛的社会保险中起着重要的作用。

“社会救助”通常指有针对性的转移项目（尤其是在美国）。这些通常是经济状况调查（means-tested）的结果，通常附加条件，如时间限制和工作要求。不应认为社会救助必然更“有利于穷人”。明确的救助目标或许意味着转移支付给穷人的比例更高，但这也可能导致对该项目的政治支持力度较弱。该目标还可能伴随着耻辱或遵从条件方面的隐性成本。至于好的目标能否对贫困产生更大影响，这是一个实证问题。

“二战”后不久，其他国家也在进行类似的努力。在法国，长期以来关于社会包容和社会团结的思想（回到第一次贫困启蒙运动，如第1章所述）通过努力实现社会保险的广泛覆盖而影响到社会政策。同样，这一想法不是要“针对穷人”，而是要确保在某种合理的最低生活水平上实现全民覆盖，包括获得就业机会和医疗、教育和社会保护方面的关键社会服务。在英国，这是每个人都需要的，也是获得广泛政治支持的关键。20世纪70年代出现的一系列政策被称为“纳入最低收入”(minimum income for inclusion)。美国的社会保障体系也源于先前的社会政策思考和救济努力（尤其是应对大萧条），但是，直到“二战”之后，才出现了一套相当全面的由税收提供资金的状态依存转移支付。

如今，所有富裕国家都有一套直接干预措施，既使用现金，也使用税收资助的实物转

① 见帕特·塔纳。Thane，Pat. 2000. *Old Age in English History*. Oxford：Oxford University Press.

② Rothschild，Michael，and Joseph E. Stiglitz. 1976. “Equilibrium in Competitive Insurance Markets：An Essay on the Economics of Imperfect Information.” *Quarterly Journal of Economics* 90（4）：629-650.

移。大量公共资源用于这些计划，有大量文献。[1] 减贫通常是一个明确的目标，但不是唯一的目标。在文献和政策讨论中，特别是在欧洲，也强调了全民保险和社会包容/社区团结的社会目标。

关于这些政策的争论仍在继续。[2] 与 1834 年对《旧济贫法》进行的改革类似，从 1980 年左右开始，要求的定向扶贫在试图降低社会保险的财政成本方面变得越来越普遍。在适当的时候，出现的目标更精准的政策受到质疑，特别是当这些政策涉及较高的边际税率（与其他政策相结合，包括所得税税率表）时，有造成贫困陷阱的上述风险。20 世纪 90 年代出现了“劳有所得”税收减免计划的改革（例如美国劳动所得税扣抵制），试图降低面向贫困工人的边际税率。

失业救济金（unemployment benefits，UB）一直是这类政策中备受争议的一个例子。批评者认为，这种形式的状态依存转移导致人们放弃工作。人们常常会对消费—闲暇选择的标准经济模式（专栏 1.4）产生兴趣。确定失业对福利的影响并非易事。如第 3 章所述，一些关于自评福利的研究表明，失业会导致特定收入的福利损失。如前所述，后一项研究中存在潜在的偏误。在一项试图解决这些问题的研究（针对俄罗斯）中，发现了一种偏误，但不足以推翻失业导致特定收入福利损失的说法。[3] 这项研究的结果意味着需要大量的失业救济金来吸引失业工人。事实上，如果我们考虑一个工人在继续就业（这被认为是家庭唯一的收入来源）与失业以及领取失业救济金之间做出选择，失业救济金必须是工资的四倍，失业对工人才有吸引力。尽管失业会带来巨大的福利损失，但当失业者得到一份工作时，这种损失并没有完全恢复，除非通过收入增加。这意味着即使是在一定收入下暂时性失业也会造成长期福利损失。研究还表明，高失业救济金并不会吸引失业者，但很可能会阻碍他们重返工作岗位，还需要进一步的研究。

尽管在发达国家、东欧和中亚，统一的状态依存转移是常见的，但在发展中国家并不常见。发展中国家似乎基本上跳过了社会政策史上的这一阶段。目前还不完全清楚为什么会出现这种情况，或者从健全的决策角度来看，这是一个好主意。为了解释为什么不使用统一的状态依存转移的社会保险类型，有人认为，这种政策不适合贫困的经济体：这些政策成本太高，需要有针对性。决不能忽视社会政策的财政负担，但值得注意的是，以今天的标准来看，《旧济贫法》显然是在一个贫困的经济体中发明的。在大约三百年的时间里，《旧济贫法》以看似不高的成本提供了一定程度的社会保护和社会稳定。[4]

发展中国家的或有条件转移支付（state-contingent transfer）的一个例子是南非的养老

---

① 最近的一个很好的概述见伊夫·马克思等人。Marx，Ive，Brian Nolan，and Javier Olivera. 2014. “The Welfare State and Anti-Poverty Policyin Rich Countries.” IZA Discussion Paper No. 8154.

② 美国的社会保障制度在某些方面被谴责为“社会主义”，现在仍然如此。

③ 见马丁·拉瓦雷和迈克尔·洛克辛（2001）。

④ 见彼得·索拉尔（Peter M Solar，1995）。

金。这是支付给所有60岁以上妇女和65岁以上男子的。本应进行经济状况调查（means test），但在实践中似乎并未实施，几乎所有符合年龄条件的人都得到了转移支付。这是相当大的一笔钱，大约是非洲中等收入的两倍。① 家庭内部有一定程度的收入共享，工作—闲暇的经济选择意味着这一转移减少了工作（如专栏1.4）。在一项横截面研究中表明，该计划正是这样做的。② 另一项研究使用纵向数据（如专栏6.2所述，考虑到家庭固定效应）得出了相反的结论。③ 养老金似乎帮助家庭摆脱了年轻成员外迁的信贷限制（家里往往留下了领养老金的成员来照顾孩子）。

常有人呼吁"定向扶贫"的状态依存转移类型，努力降低统一的状态依存转移的财政成本，或确保同样的公共支出（或两者）对贫困产生更大的影响。正如我们将看到的那样，尽管更好的定向扶贫可能在这两方面都有所帮助，但定向扶贫的政策往往有隐性成本，在对政策选择进行任何适当评估时都必须加以考虑。

无条件补贴和转移

对普通商品（normal goods）④ 消费的补贴（也就是说它们的需求具有正的收入弹性）显然不会有很明确的针对性。它们的发生率将自动向非穷人倾斜，对补贴产品的需求将更高。许多国家已经做出努力，以某种形式的更有针对性的补贴或现金转移计划取代这种普遍的补贴，尽管这种改革经常遇到受损者的强烈抵制。例如，也门在2014年削减了对燃料的补贴⑤，但在面对大规模抗议后不久不得不恢复补贴。

以某种形式扶贫为目标的必需品（essential goods）补贴很常见。只要补贴了市场商品，就创造了一个从市场价格和补贴价格之间的差距中获利的机会，而非穷人试图抓住这个机会也就不足为奇了。例如，印度有一个按补贴价格分配的口粮系统，根据一个家庭是否收到了"低于贫困线"的配给卡。2004—2005年的调查数据表明，印度最贫困的1/5人口最难获得任何形式的配给卡（以获得补贴商品），而最富裕的1/5人口反而最易获得。⑥ 一项研究使用低于贫困线的配给卡分配作为反事实，评估在比哈尔邦农村就业保障

---

① 见卡莉·阿丁顿等人。Ardington, Cally, Anne Case, and Victoria Hosegood. 2009. "Labor Supply Responses to Large Social Transfers: Longitudinal Evidence from South Africa." *American Economic Journal: Applied Economics* 1 (1): 22-48.。

② 见玛丽安·贝特朗等人（Marianne Bertrand et al., 2003）。

③ 见卡莉·阿丁顿等人（2009）。

④ 需求量随消费者的实际收入上升而增加的商品称为普通商品。所谓普通商品就是在其他因素不改变的情况下，当消费者收入增加时，消费者想更多的购买一种物品，那么这种商品被称为普通商品。如蔬菜水果等。——译者注

⑤ 2014年7月，"钱紧"的也门政府决定向燃料补贴开刀，结果造成国内汽油价格上涨60%，柴油价格上涨95%。同时，由于也门大部分饮用水是利用柴油机水泵或电力水泵，从深层地下蓄水层抽取而得，柴油成本与火力发电成本的上升也拉高了饮用水价格。另外，燃料价格的攀升损害了制造业的利润，大量工厂被迫停工，失业人数骤增。生活成本的升高与收入来源的压缩，对平民百姓构成双重打击。据也门计划与国际合作部估计，削减燃料补贴政策导致贫困线下人口新增50万。——译者注

⑥ 见穆罕默德·伊赫桑·阿杰瓦德（Mohamed Ihsan Ajwad, 2006）。

计划（National Rural Employment Guarantee Scheme，NREGS）的利益分配。同样的研究认为另一个反事实是基本收入保障。① 这两个反事实的贫困程度几乎与国家农村就业保障计划的支出总额完全相同。所以，总的来说，低于贫困线的配给卡的目标并不比基本收入保障更好。②

一个政策问题是，转移应以现金形式还是实物形式进行。食品显然是最常见的实物支付形式。一个例子是美国的补充营养援助计划（Supplemental Nutrition Assistance Program，SNAP），俗称“食品券”（food stamps）（在使用食品券的原始递送方式之后，食品券已被电子福利转账卡，如借记卡取代）。补充营养援助计划的对象是收入和资产贫乏的家庭，只能合法地从授权零售商那里购买食品和饮料（对可以购买的东西有一些限制，特别是不包括酒精饮料和辛辣食品）。

实物形式转移的倡导者认为，这将确保更好地在家庭内部分配，有利于妇女和儿童。批评人士认为，这是家长式作风，最好是直接进行现金转移，让家庭决定其优先事项，没有必要增加成本，因为监督和执行需要公共资源（一些零售商愿意用现金兑换食品券，贴现面值并将差额收入囊中）。把重点放在贫困家庭的妇女身上，也有可能使妇女承担更多的工作和责任，从而加剧了现存的性别不平等现象。③

如今，许多国家都有针对穷人的无条件现金或实物转移，但在发达国家更为普遍。中国是个例外。在中国的减贫努力中，直接的再分配干预并不突出。尽管经济发生了巨大变化（包括显性失业的出现和劳动力流动性的增加），但以企业为基础的社会保障仍然是常态。这种情况正在改变。低保一直是中国政府应对市场经济条件下社会保障新挑战的主要举措。该制度旨在通过填补实际收入与当地设定的“低保线”之间的差距，确保城市地区的最低收入。从理论上讲，这是一个贫困陷阱，对穷人征收 100% 的边际税率（如专栏 10.1 所述）。一项对该制度激励效果的研究得出结论，实际中边际税率远低于 10%。地方官员有足够的自由裁量权，能够在实践中积极稳妥地降低税率。④ 这说明了一个更普遍的观点，即项目在实践中的工作方式可能与其形式设计有很大的不同。⑤

尽管从理论上讲，低保可以消除贫困，但这种做法似乎远远达不到这一目标，主要原因是目标群体的覆盖面不完善，与城市之间的横向不平等，生活在贫困地区的穷人在参与这一制度方面情况更糟。⑥ 展望未来，面临的挑战是改革方案和扩大覆盖范围。

正如第 8 章所讨论的，信贷市场的失灵长期以来被认为是贫困持续存在的原因。穷人

---

① 见仁库·穆尔盖等人（Rinku Murgai et al.，2015）。

② 本书撰写时，印度政府正在着手对这些口粮的分配制度进行重大改革，这将有望确保取得更多有利于穷人的成果。

③ 关于这个论点，见西尔维娅·钱特（Sylvia Chant，2008）。

④ 见马丁·拉瓦雷和陈少华（2013b）。

⑤ 正如罗伯特·莫菲特（2002）在美国福利计划中指出的那样。

⑥ 见马丁·拉瓦雷（2009c，2009d）。

经常受到信贷约束，这也是他们贫困的原因之一。而且很可能他们比那些为转移提供资金的人更受信贷约束。有针对性的现金转移将通过支持穷人对物质或人力资本的投资而产生生产效果。因此，对市场失灵进行补偿对公平和效率都有好处。

这个论点在理论上是正确的，但有什么证据呢？对这方面的转移进行了一些研究，这与转移有助于缓解信贷约束的观点是一致的。① 一项研究着眼于在“一战”后15年左右的时间里，美国母亲的养老金对孩子的长期影响。与那些被拒绝的申请者相比，那些母亲从该计划得到帮助的男孩成长得更好、寿命更长、平均收入也更高。② 在当今的发展中国家，有一些研究表明，现金转移对非洲的长期影响。③ 对马拉维社会现金转移计划（Malawi Social Cash Transfer Scheme）的两项研究发现，转移对农具和牲畜投资有积极影响。④ 在一项关于赞比亚儿童资助计划（Zambia's Child Grant Program）⑤ 和埃塞俄比亚生产性保障计划（Ethiopia's Productive Safety Net Programme）⑥ 的影响的研究中也有类似的结果。并非所有的研究都发现了这种影响。尽管转移支付的不可预测性可能是一个因素，但对加纳扶贫民生计划（Livelihood Empowerment against Poverty Program in Ghana）的研究并未揭示出对生产效应的重大影响。⑦

在向穷人转移的长期影响中，异质性的一个重要来源是识字能力，它传递了许多优势，包括学习和适应能力，这对创业倡议的成功非常重要。孟加拉国农村发展委员会（Bangladesh Rural Advancement Committee，BRAC）强调，将针对最贫穷者的转移（资产和现金）与促进人类发展，特别是扫盲和特殊技能培训结合起来，作为减贫战略。⑧ 自2002年以来，孟加拉国农村发展委员会活动的一个重要组成部分是向经常被排除在小额信贷计划之外的“极端贫困者”提供转移（本节稍后将进一步讨论）。对孟加拉国计划的评估表明，随着时间的推移，参与者获得了经济收益，主要是通过为农业中的临时工多样化创造的机会。⑨ 一项横跨6个国家（埃塞俄比亚、加纳、洪都拉斯、印度、巴基斯坦和秘鲁）的研究发现，有证据表明，在最初的资产转移3年后和在支付完成1年后，孟加拉国

① 奥哈罗德·奥尔德曼和鲁斯兰·耶姆佐夫（Harold Alderman and Ruslan Yemtsov，2014）提供了一个有用的评论。

② 见安娜·艾泽等人（Anna Aizer et al.，2014）。

③ 关于现金转移的长期影响的进一步讨论，见马克斯·戈尔茨坦（Markus Goldstein，2014）。

④ 见瑞恩·布恩等人。Boone，Ryan，Covarrubias Katia，Benjamin Davis，and Paul Winters. 2013. “Cash Transfer Programs and Agricultural Production：The Case of Malawi.” *Agricultural Economics* 44（3）：365-378.

⑤ 见大卫·塞登菲尔德等人（David Seidenfeld et al.，2013）。

⑥ 见约翰·霍迪诺特等人（2012）。

⑦ 见苏丹舒·汉达等人（Sudhanshu Handa et al.，2013）。

⑧ 就工作人员而言，这是世界上最大的非政府组织，在14个国家拥有超过10万名雇员。它成立于1972年，是为解放战争后返回孟加拉国的难民进行的一项规模不大的救济和康复项目。

⑨ 见沙赫·埃姆兰等人（M. Shahe Emran et al.，2014）、奥丽埃纳·班迪耶拉等人（Bandiera Oriana et al.，2013）。

农村发展委员会计划带来了持续的经济收益。[1] 在大多数情况下，孟加拉国农村发展委员会计划的成本低于长期额外收益的现值。

由于风险市场不完善，保险福利也是可以预期的。鉴于收入随时间的变化，长期的接受者人数将比任何一天都多。通过利用美国的现有长面板数据集。[2] 这些数据表明，2/3 的美国成年人将在他们生活的某个时刻生活在一个接受有针对性的转移福利的家庭中，如食品券或医疗补助。[3] 相比之下，任何一天的参与率都不超过 10%左右。同样，有人认为，马哈拉施特拉邦就业保障计划（Employment Guarantee Scheme in Maharashtra）之所以受欢迎，部分原因是许多通常不会参与的人面临下行风险，如果需要，可以求助于该计划。

我们将在下一节中更详细地研究这类计划。然后，我们转向一类旨在激励贫困家庭创造人类财富的有针对性的干预措施。

人力资本投资激励措施

我们在第 7 章中看到，来自贫困家庭的孩子往往接受较少的教育和较差的医疗。这在全球都很普遍。我们在第 8 章中了解到，这也是使贫困世代延续的机制之一。对不平等的影响还不太清楚。正如第 8 章（根据图 7.22 中的数据和教育回报的经济模型）所指出的那样，教育的普遍扩张可能在最初受教育水平较低的国家，首先加剧不平等。以后可能会逆转，今天，大多数发展中国家可能处于教育扩张将有助于减少收入不平等的地区的阶段。[4] 但是，在最贫困的国家，很可能有理由把上学的收益瞄准穷人，既要减少贫困，又要坚持下去，还要减缓日益加剧的不平等现象。

在第 9 章中，我们还了解了促进学校教育的经济政策。在 19 世纪关于义务教育理念的辩论中，教育成本（包括儿童的收入损失）占据了重要地位，但对于显而易见的政策回应：为贫困家庭的儿童提供助学金，却没有太多的讨论。斯密（1776）和穆勒（1859）主张这样的政策。马歇尔（1890）认为："如果让他们按自己的方式教育子女，那么盎格鲁・撒克逊的自由通过他们势必贻害后代。而如果把他们置于像在德国流行的那种家长制纪律之下，对他们有利，对国家则更有利。……消灭社会残渣，头一个极其重要的步骤是坚持正常的学校教育：儿童应当衣着整洁、身体干净、吃得饱。如果做不到这些，就应当警告和批评其父母，以封家或限制父母的某些自由为最后的手段。"

长期以来，教育机构一直在减免部分学生的学费和其他费用，通常是基于经济状况调

---

① 见阿比吉特・班纳吉等人（2015）。

② 见马克・罗伯特・兰克和托马斯・赫斯科（Mark Robert Rank and Thomas Hirschl，2002）。

③ 另见马克・罗伯特・兰克（2005）对美国各种福利计划方面的有趣讨论。

④ 回顾图 7.23（b）讨论，2/3 的数据是在一个地区，在这个地区，随着平均数的上升，贫富之间的教育成就的绝对差距趋于下降。

查。英国1870年的《初等教育法》(*Elementary Education Act*) 建议为贫困家庭的子女提供学费补贴。[①] 为贫困父母提供任何形式的教育激励的公共政策的实施必须等到20世纪中叶，此后，建立对贫困家庭子女继续上学的激励措施开始成为普遍做法。英国1942年的《贝弗里奇报告——社会保险和相关服务》建议，如果子女继续上学的话，在16岁之前支付一项普遍的儿童津贴。[②] 澳大利亚从20世纪60年代开始实施了一项学校助学金计划，基本上是向贫困家庭的父母支付费用，只要子女通过一项特殊考试，就可以让子女在离校年龄以外的时间继续上学。如今，对各种形式的教育补贴（奖学金、学费补贴、补贴贷款）进行经济状况调查是很常见的。从本质上讲，贫困家庭的教育得到补贴，而富裕家庭则负担其子女全部或更多的教育费用。

在20世纪90年代的发展文献中，有针对性的奖学金被称为有条件现金转移（conditional cash transfers，CCTs）。以行为改变为条件制定反贫困政策的理念由来已久（在古罗马和考提利耶的《政事论》中，公共工程作为一种救济政策的论点，如第1章所讨论的）。大多数针对贫困的干预措施都有这样或那样的条件。有条件现金转移的理念是为贫困家庭的父母提供一种激励措施，让他们的子女继续上学（通常还有医疗激励措施）。在某些措施中，转移支付是在接受家庭的子女证明有足够的上学率和医疗保健的情况下进行的。显然，这些计划的促进利益关键在于确保转移到贫困家庭，前提是非贫困家庭的子女已经上学。因此，定向扶贫对保护和促进利益都具有重要的工具意义。促进的好处还取决于设计条件，否则在没有该计划的情况下无法达到所需的教育水平。这些计划在发展中国家的早期有影响力的例子是墨西哥的“教育、健康和营养计划”（现在称进步计划和机会计划）项目和巴西的“博尔萨·埃斯科拉计划”项目。就巴西而言，一系列有条件的现金转移是针对贫困家庭的，并最终合并（并扩大到包括儿童保健的条件）在学校津贴计划或家庭津贴计划（Bolsa Família）项目，家庭数增加到1100万个，或约1/4的人口增加到约60%的最贫困的1/10人口的收入净转移。[③] 平均转移支付约为转移前收入的5%。最贫困家庭即使没有子女也能得到转移支付。以贫困家庭为目标采用基于容易观察到的贫困协变量（包括地点）的准经济状况调查（PMT）。另一个早期的例子是孟加拉国的“教育食品援助计划”，这种转移支付是以实物形式进行的，但也有上学的条件。玻利维亚的有条件现金转移项目Juancito Pinto债券于2006年推出，是一个普遍（非目标）转移项目的例子，每个在公立学校注册的儿童都有资格参加该项目，而不论其家庭收入如何。

目前已有30多个发展中国家开展了有条件现金转移计划，而且这一数字还在增长。其他国家也有正式类似的政策，不称为现金转移计划，例如，为了保证贫困不影响学校教育，自2002年起，中国对农村贫困家庭学生实行“两免一补”政策（two exemptions，one

① 见艾伦·吉利（Alan Gillie，1996）。

② 同样，美国的劳动所得税扣抵制也给全日制学生规定了不同的年龄限制。

③ 见阿里尔·菲茨宾和诺伯特·沙迪（Ariel Fiszbein and Norbert Schady，2010，图3.1）。

subsidy policy)，简单来说，就是对义务教育阶段家庭经济困难学生免费提供教科书、免杂费和补助寄宿生生活费。

有条件现金转移支付本质上是对儿童教育和医疗的价格补贴。因为转移支付与规定的条件有关，所以满足这些条件比不满足这些条件要便宜。专栏 10.6 更详细地讨论了有条件现金转移支付产生的经济激励。批评使用这种条件的人士认为，这种条件是家长式的，贫困家庭将更清楚如何花这笔钱。支持者质疑这一假设。如果穷人不得不做一些将来可能使他们的子女摆脱贫困的事情，那么一些富人似乎对穷人更加慷慨。

专栏 10.6　父母选择的激励效应

有条件现金转移支付将如何影响接受者的选择？有条件现金转移提供给父母的条件是送子女上学。父母可以自由决定子女的时间如何在上学、劳动和闲暇之间分配。在做出这一选择时，让我们假设父母对家庭目前的消费、子女的上学和子女的闲暇时间有偏好。假设这些偏好可以用平滑的凸性无差异曲线的效用函数来表示（类似于专栏 1.4）。

除了转移支付和童工收入外，家庭当然还可以从其他来源获得收入。家长最大限度地发挥效用服从预算约束和时间约束。在这个模型中，父母面临的教育价格是童工的工资率（w）和从有条件现金转移支付中获得的福利水平（b）之间的差额。在没有其他时间分配约束的情况下，家长的选择将消费和上学之间的边际替代率等同于此上学价格 $w-b$，并将消费和闲暇之间的边际替代率等同于闲暇价格 w。这样做产生了一套衍生的需求函数，用于子女的教育和闲暇，从而为市场提供劳动力。

津贴增加的效应揭示了时间分配随教育价格的变化而变化。考虑一下“有条件的现金转移支付”福利水平的提高会如何影响童工。这种效应包含三个方面：第一，它将对降低的教育成本产生纯粹的替代效应（保持效用不变）。第二，收入将对教育和儿童的闲暇需求产生影响，也会减少童工。然而，这还不是全部。第三，教育价格对儿童闲暇需求的影响会受到效用补偿的交叉影响，或者闲暇价格对学校教育的影响也存在交叉影响。这种效应的迹象是模糊的。如果学校教育和闲暇活动是（效用补偿）的替代品，那将是积极的。有条件的现金转移支付减少童工的一个充分条件是，教育和闲暇是互补的。

延伸阅读：关于理论和证据的更多信息，见孟加拉国的“教育食品援助计划”(Bangladesh's FFE Program）项目，见马丁·拉瓦雷和昆廷·沃顿（Martin Ravallion and Quentin Wodon，2000a)。研究人员发现，“教育食品援助计划”项目增加的学校教育远远多于减少童工。替代效应有助于保护目前的收入，使其免受该项目引起的高等教育入学率的影响。

如果唯一关注的是贫困家庭目前的收入增长，那么决策者就不会强加教育要求，这就给贫困家庭带来了成本，儿童或青少年退出劳动大军，从而减少穷人的（净）收入（目前仍有收入增加，但低于预期）。当然，这些成本包括儿童和青少年放弃的收入，但也有其他成本，例如母亲（通常）遵守条件的时间。根据我们的经验，有理由认为，父母越穷，孩子在特定年龄上学的可能性就越小。因此，对于较贫困的家庭来说，满足有条件现金转移条件的成本将更高。这些成本的产生并不意味着有条件现金转移支付是一个坏主意，但它确实指出了综合处理成本和效益的重要性。

鉴于这些观察结果，很明显，我们需要一个很好的论据来证明有条件现金转移支付的合理性。倡导者认为，这些计划是打破人类发展的经济梯度所造成的贫困陷阱的一种手段，即较贫困的家庭不能对他们的子女进行同样多的投资，因此这些子女更有可能成为穷人。有条件现金援助努力在保护和促进之间取得新的平衡，前提是假定贫困家庭不能自己取得社会最佳平衡。该计划对劳动力供应的激励效应（通常被视为转移的不利结果）现在被认为是一种好处，因为定向转移可以让贫困家庭的孩子继续上学，而不是让他们工作。

对家庭内部分配的关注也体现在这些计划的动机上，该计划的条件要求儿童获得相对更多的收益。在这里，有条件现金转移支付（和其他政策，如义务教育）的捍卫者提出的论点是，在决定是继续上学还是辍学工作的问题上，儿童往往处于劣势。有条件现金转移支付的激励措施重新平衡了这个问题，有利于妇女和儿童，特别是女孩。

假定贫困的父母没有为他们的家庭做出正确的选择，这是这些计划中最具争议的方面之一，可以公平地说，这方面没有得到有条件现金转移计划支持者的很好的辩护。这里有一种古老观念的回应，这种观念把贫困归咎于贫困男女的行为（如第 1 章所述）。在这种情况下，有条件现金转移计划的倡导者辩称，贫穷世代延续，因为贫困的父母没有让子女接受足够多的学校教育，也没有寻求公共医疗。这是有争论的，贫困的父母可能比决策者更了解他们在生活中面临的选择。

一些针对有条件现金转移支付的论据没有其他论据那么有说服力。有条件现金转移支付计划的捍卫者有时认为，信贷市场的失灵（即贫困的父母不能借钱供他们的孩子上学）证明了这种激励是合理的。但仍然要求我们不要认为父母做出了正确的选择，否则，解除借贷约束的最好办法是无条件地进行转移，因为这将确保流动性约束的父母获得最大的收入收益。

有人认为有条件现金转移支付减少了童工。青少年在学校待的时间越长，越耽误他们的就业机会。对于年幼的孩子来说，这就不那么确定了。一项研究表明，在标准的经济假设下，学费补贴会提高受教育的程度，但理论上对童工的供给没有明确的影响。① 根据经验，研究发现学费补贴对孟加拉国童工的影响很小（专栏 10.6）。

---

① 见马丁·拉瓦雷和昆廷·沃顿（2000a）。

当我们考虑到主流社会规范在家长的教育和医疗选择中所起的作用时，另一个关于有条件现金转移支付的经济论据出现了。有条件现金转移支付有可能推动经济走出贫困的平衡状态，在这种情况下，很少有女孩被送去上学（进一步讨论见专栏 9.2）。激励措施最初在个人一级起作用，但考虑到女孩面临的非货币成本将因此下降，它会产生集体收益。取决于这一成本如何随着初始入学率和激励效应的大小而变化，以女孩入学为条件的足够大的转移很可能改变当地的社会规范，使女孩入学率低的社区走上普及入学的道路。言下之意，接受转移的人也会产生溢出效应，这表明标准影响评估中存在偏差。这种溢出效应已经在墨西哥有条件现金转移支付的"教育、健康和营养计划"项目的背景下描述了。① 该项目似乎改变了与妇女使用医疗保健服务有关的当地社会规范。当然，这一影响包括没有直接接受该项目的对照组。

关于有条件现金转移计划的好处有什么证据？从影响评估中可以看出，这些计划通过增加对儿童教育和医疗保健的投资，在当前收入和未来收入方面为贫困家庭带来了不可忽视的好处。② 条件会改变行为。在英国，向中学生支付的经检验的助学金在减少贫困家庭辍学率方面非常有效。③ 墨西哥的有条件现金转移支付的"教育、健康和营养计划"项目的各种评价都是正面的。④ 有证据表明，墨西哥的有条件现金转移支付的"教育、健康和营养计划"项目的条件所产生的激励增强了对学校教育的影响。⑤ 也有证据表明，与对照组相比，参与项目村的儿童工资普遍存在均衡效应。⑥

这显然是研究最多的有条件现金转移支付计划，现在有大量的证据可以证明其他的项目和不同的安排。一项研究发现，由于马拉维一项转移支付计划的条件，少女辍学率大幅度下降。⑦ 布基纳法索（位于非洲西部沃尔特河上游的内陆国）的一项研究发现，在鼓励最初不太可能上学的儿童入学方面，附加条件更为重要，其中包括不太可能从父母那里得到投资的女童。⑧ 另一项研究发现，印度尼西亚的一个有条件现金转移项目"社会保障网工程"（Jaring Pengamanan Sosial）在初中阶段的平均影响最大，那里的孩子最容易辍学。⑨

---

① 见奇罗·阿维塔比尔（Ciro Avitabile，2012）。

② 阿里尔·菲茨宾和诺伯特·沙迪（Ariel Fiszbein and Norbert Schady，2010）提供了一个全面的评论。见达斯等人的讨论（2005）。

③ 见洛林·迪尔登等人（Lorraine Dearden et al.，2009）。

④ 见阿里尔·菲茨宾和诺伯特·沙迪（2010）的研究成果。

⑤ 见阿兰·德·布劳和约翰·霍迪诺特（Alan de Brauw and John Hoddinott，2011）关于墨西哥的有条件现金转移支付的"教育、健康和营养计划"项目。作者利用了这样一个事实，即一些参与者没有收到必要的表格来监督学生的出勤率，说明了我们有时如何从管理失误中吸取教训。

⑥ 见奥拉齐奥·阿塔纳西奥等人（Orazio Attanasio et al.，2012）。

⑦ 见萨拉·贝尔德、克雷格·麦金托什和伯克·奥兹勒（Sarah Baird，Craig McIntosh and Berk Ozler，2011）。评估影响相对于无条件转移支付以及没有接受转移的对照组。学校考试成绩也因条件而有所提高。有趣的是，无条件转移支付在延迟婚姻和怀孕方面更为有效（相对于有条件现金转移支付组和对照组）。作者就接受无条件转移支付的辍学学生的总收入收益给出了解释。

⑧ 见理查德·阿克雷什等人（Richard Akresh et al.，2013）。

⑨ 见丽莎·卡梅隆（Lisa Cameron，2002）。

还有证据表明，有条件现金转移支付可以帮助降低危机和特殊冲击的长期成本，这些危机和冲击源于它们对学校教育的影响。研究墨西哥的有条件现金转移支付的“教育、健康和营养计划”项目，发现该项目有助于保护贫困儿童入学，家长们仍然要求他们的子女在这种时候通过工作和留在学校继续学习来帮助补充家庭收入。① 一项对哥伦比亚有条件现金转移支付计划的研究发现，这项计划帮助贫困家庭应对父亲离世带来的影响，否则将减少儿童的上学时间，除了失去目前的收入外，还将对未来的贫困产生影响。②

大多数评估都侧重于有条件现金转移支付的短期影响。转移后学校教育的收益是否持续？一项对中国西南部农村贫困地区学费补贴部分的研究发现，一旦取消激励，对入学率的影响就消失了。③ 在激励期的收益并没有减少，这意味着学校教育的长期收益。另一项研究发现，10 年后，尼加拉瓜的一所有条件现金转移支付学校的学生（在校学习一个学期）收入持续增加。④ 同一项研究还发现，由于之前参与有条件现金转移支付计划，受访年轻人的数学和语言测试成绩都有所提高。如第 5 章所述，同样的计划也被发现可以通过更好的营养改善儿童的认知结果，并且这些结果在计划实施两年后仍然存在。

对有条件现金转移支付的设计特点进行了评估。一系列关于墨西哥的有条件现金转移支付的“教育、健康和营养计划”项目的研究结果显示，将入学补贴从小学转到中学的预算中性做法，会增加继续上中学的儿童比例，从而带来学校成绩的净提高。⑤ 尽管墨西哥的有条件现金转移支付的“教育、健康和营养计划”项目对学校教育产生了影响，但它本可以产生更大的影响。但是，应该回顾，这类项目有两个目标：通过增加教育促进（减少未来贫困）和通过定向转移来减少目前的贫困。如果将补贴的重点重新放在中学教育上，将减少对当前收入贫困的影响（通过增加儿童损失的就业收入），则需要进一步分析计划设计中出现这种变化的原因。

儿童早期发展

儿童早期的贫困会对健康和学习能力产生持久的影响，并影响到成人以后的劳动收入。在第 7 章中，我们提到研究结果表明贫困与更糟糕的健康和教育结果有关。这些统计关联并不意味着因果关系，但已经确定了许多心理社会因果途径，从儿童早期的贫困到目前的健康状况和成年人的健康状况。⑥ 这是贫困世代延续的一种方式。

为了通过“儿童早期发展计划”（Early Childhood Development，ECD）打破这一联系，

① 见阿兰·德·扬夫里等人（Alain De Janvry et al.，2006）。

② 见埃姆拉·菲茨西蒙斯和爱丽丝·梅斯纳德（Emla Fitzsimons and Alice Mesnard，2014）。

③ 见陈少华等人（2009）。

④ 见塔尼娅·巴勒姆等人（Tania Barham，2013）。

⑤ 见佩特拉·托德和肯尼斯·沃尔平（2006）、阿兰·德·扬夫里和伊丽莎白·萨杜莱（Alain de Janvry and Elisabeth Sadoulet，2006）、奥拉齐奥·阿塔纳西奥等人（2012）。

⑥ 关于该文献的研究见盖里·埃文斯等人（Gary Evans et al.，2012），另见约翰内斯·豪斯霍费尔和恩斯特·费尔（Johannes Haushofer and Ernst Fehr，2014）的讨论。

已经做出了一些努力。影响评估还指出，这些计划的回报率很高。[①] 20世纪60年代，美国的实验性"佩里学前教育计划"（Perry Preschool Program）为来自贫困家庭的3至4岁儿童提供学校教育和家访。这些好处包括增加成人收入和减少犯罪，据估计，福利费用比（即不考虑收益的扶贫分配）超过8∶1。[②] "贫困战"（Head Start）（同样始于美国20世纪60年代的反贫困之战）是一个类似的国家学前教育计划，其目标是向贫困家庭提供一揽子教育、健康和营养服务：截至2005年，约有2200万学龄前儿童参加了该计划。研究还发现，"贫困战"在学校教育、收入和减少犯罪方面也能带来可观的长期收益。[③] 即使不考虑分配权重，"贫困战"的总收益似乎也可能超过成本。[④] 同样在美国，婴儿健康和发展计划将高质量的儿童护理随机分配给低出生体重的3岁以下儿童。该计划能够将低收入家庭的孩子的考试成绩提高到与高收入家庭的孩子差不多的水平。[⑤] 针对贫困家庭的学前教育和其他幼儿干预措施的文献还指出了支持更标准的学龄计划的互补性。

也有证据表明，"儿童早期发展计划"可长期改善成年后的健康。"卡罗来纳初学者项目"（Carolina Abecedarian Project）发现，那些20世纪70年代从贫困家庭随机分配来接受该项目的孩子在标准学年表现更好。[⑥] 在他们成年后（30多岁）的一项随访研究也发现，参与者的心血管和代谢疾病风险标准指标的发生率明显较低。[⑦] 最初的研究中有学龄前（5岁以下）和学龄期（8岁以下）两部分，但学龄前部分对成人健康的影响更大。

到目前为止，作为反贫困政策的一部分，有关"儿童早期发展计划"范围的研究令人鼓舞。诚然，样本量相当小，一些原始样本不可避免地会辍学，这很可能是一个选择性的过程，可能会导致结果出现偏差，而且还有一种危险，即在研究多个结果时，人们会发现至少有一个重大影响。对美国"儿童早期发展计划"干预措施的主要随机评价的统计准确性进行了一次仔细评估，得出结论认为，对女孩有重大的长期影响，尽管对男孩来说，长期影响的迹象不太令人信服。[⑧] 一项研究对这些问题（小样本、选择性损耗的可能性、如果像只有一个假设那样检验多个假设的危险性）做了一些检验和修正，仍然会发现"儿童早期发展计划"对长期健康有显著的好处。[⑨]

还有证据表明，发展中国家的儿童早期发展干预措施取得了长期成效。20世纪80年代，孟加拉国农村一个地区的母亲和孩子接受了计划生育和强化儿童保健。在将受试者与

① 对证据和政策经验的有益评论见苏珊·霍顿等人（Susan Horton et al., 2008）和苏珊·沃克（Susan Walker, 2011）（重点关注3岁以下的儿童）。

② 见杰弗里·赫克曼（James Heckman, 2006）。

③ 见爱丽安娜·加尔斯等人（Eliana Garces et al., 2002）。

④ 见路德维希和黛博拉·菲利普斯（Jens Ludwig and Deborah A. Phillips, 2007）。

⑤ 见葛瑞格·邓肯和亚伦·索杰纳（Greg Duncan and Aaron Sojourner, 2013）。

⑥ 见弗朗西斯·坎贝尔和克雷格·雷米（Frances Campbell and Craig Ramey, 1994）。

⑦ 见弗朗西斯·坎贝尔等人（2014）。

⑧ 见麦可·安德森（Michael Anderson, 2008）。

⑨ 见弗朗西斯·坎贝尔等人（2014）。

观察相似的对照组进行比较时，先前受试儿童在 8～14 岁时的认知能力得分显著高于对照组。①

危地马拉的一项研究跟踪了大约 1500 人，他们在大约 20 年或 20 多年前加入了儿童营养补充控制试验计划。② 研究发现，在最初的几年中，发育迟缓的减少会带来可观的长期消费收益，并降低成年后的贫困率。这些进步伴随着更多的学校教育、更好的考试成绩和更高的成人工资。考虑到成本，研究结果表明，贫困国家幼儿营养计划的效益成本比相当高。③ 即使没有考虑到可能有利于穷人的福利分配，特别是在出生后的头 1000 天内对幼儿营养补充的公共投资也可能具有经济意义。

鉴于许多关于儿童早期发展的正面影响，发展中国家很少有儿童早期发展相关行为的条件适用于儿童早期发展。④ 这些条件可以包括学前教育和/或到保健诊所学习，例如，与儿童交谈、喂养和营养补充。鉴于越来越多的证据表明，残疾儿童在导致贫困长期化方面的作用，在适当时候肯定会出现一些例子。

在迄今为止为数不多的对贫困国家学前教育项目的评估中，阿德里安·布根等人（Adrien Bouguen et al.，2014）⑤ 研究了柬埔寨的随机学前教育建设，并对参与学前教育项目组和对照组的各种结果进行随访。与对照组相比，参与研究的儿童从改善学前教育获得的收益不大，在统计学上也不显著，甚至有证据表明对幼儿认知测试有不利影响。作者所吸取的主要经验教训涉及项目执行和解决贫困国家幼儿发展干预措施中的需求方制约因素。

3 岁以下和 3 岁以上儿童之间政策努力的平衡仍然是一个问题。在学前教育方面更容易接触到 3 岁以上儿童，这也是迄今为止许多政策的重点。尽管很难接触到 3 岁以下的群体，这样做的好处似乎也更大，因为这是一个通过交互作用和刺激促进营养和大脑发育的关键时期。现有的证据和经验表明，家访频率高（每两周一次）的育儿教育是有帮助的，尽管这样做很困难。⑥ 在诊所为母亲提供咨询可能更可行，尽管我们似乎还不太了解它的功效。目前人们对进一步了解如何为发展中国家设计有效的儿童早期发展干预措施很感兴趣。

关于服务质量的提醒

我们在这部分政策中看到了各种各样的例子，这样做的目的是在需求方面创造更有力

---

① 见塔尼娅·巴勒姆（2012）。

② 见约翰·马卢乔等人（John Maluccio et al.，2009）和约翰·霍迪诺特等人（2011）。另见约翰·霍迪诺特、杰尔·贝尔曼等人（2013）、苏珊·霍顿和约翰·霍迪诺特（2014）、贝尔曼和乌尔祖亚（2013）对其他国家证据的审查。最后一份研究成果指出与评估发展中国家儿童早期发展干预措施的成本和效益有关的认知缺口。

③ 见约翰·霍迪诺特、哈罗德·奥德曼等人（2013）。

④ 马丁·拉瓦雷所知道的唯一一个例子是世界银行在也门支持的有条件现金转移营养计划项目，该计划于 2014 年获得世界银行批准，撰写本书时即将实施。

⑤ Bouguen，Adrien，Deon Filmer，Karen Macours，and Sophie Naudeau. 2014. "Preschools and Early Childhood Development in a Second Best World：Evidence from a Scaled-Up Experiment in Cambodia." Discussion Paper 10170. London：Center for Economic Policy Research.

⑥ 苏珊·沃克（Susan Walker，2011）回顾了证据。

的激励机制，促使贫穷父母投资于子女的人力发展。教育质量和医疗质量是一个普遍关注的问题。[①] 如果服务质量差，那么，需求方面更强大的激励可能一无所获。这些干预措施的成功很可能需要供应方面的补充努力，通过更有效的（公共或私人）服务提供。这不仅仅是建造和装备设施。还必须对服务提供者（教师和医疗工作者）的绩效给予充分的激励，并向用户反馈绩效。例如，父母应该知道他们的孩子在学校表现如何，而不仅仅是他们在场的时候孩子的表现。

印度恰蒂斯加尔邦（Chhattisgarh）在服务质量不足的情况下鼓励穷人更多地使用公共卫生设施产生威胁生命的危险，2014 年该邦有 12 名妇女在接受输卵管结扎术后死亡。作为印度计划生育政策的一个问题，这些行动和机构的提供得到了政府鼓励。但这些设施质量参差不齐，工作人员经常加班。关于福利的评估性证据也不像倡导者声称的那样具有支持性。[②]

在提高服务绩效的努力中也出现了公平问题。一个很好的例子就是一个代金券计划，即父母为每个学龄儿童领取一张代金券，由父母选择送孩子去的学校兑现。直接将每所学校的收入与至少一个方面的表现联系起来：入学率。据信，在学校教育中存在着外部性，即富裕家庭的孩子给其他学生和学校职员带来好处，学校在社会经济上可能变得更为分割：较贫困家庭的孩子往往和较富裕家庭的孩子上不同的学校。[③] 贫困儿童最终有可能接受质量较低的教育。

10.4　其他定向扶贫政策

工作福利计划

如第 1 章所述，使救济取决于工作意愿的政策努力由来已久。激励措施在此类政策中一直发挥着关键作用。人们愿意做的工作长期以来被视为贫困的标志。[④] 因此，将工作要求强加于福利领取者，是在一个计划中创造激励措施的一种手段，以确保非穷人受到遏制。在没有工作要求的情况下，非穷人会伪装成穷人领取福利（专栏 10.2 中关于再分配政策激励的讨论）。

16 世纪出现在欧洲的济贫院以使用这种方法作为绕过信息和目标激励问题的手段而闻名（第 1 章）。该设计的特点只是鼓励那些真正需要帮助的人求助于济贫院，并鼓励他们在不再需要公共救济时退出济贫院，因为在其他经济领域有更好的选择。这种方法的吸

① 世界银行（2004b）研究了证据并讨论了提供服务的激励措施。

② 见吉什努·达斯和杰弗里·哈默（Jishnu Das and Jeffrey Hammer，2014）中的评论。

③ 正如瓦伦·高里和阿伊莎·瓦达（Varun Gauri and Ayesha Vawda，2004）所讨论的那样。

④ 早期的例子包括阿瑟·扬格（Arthur Young，1792）在 18 世纪后期从法国农村来的游记，他多次指出，妇女愿意在田里做卑微的劳动，这说明她们贫困。

引力在于它巧妙地解决了定向信息问题。然而，它通过将成本强加给参与者来做到这一点，尤其是被迫放弃的收入以及耻辱和屈从这样的福利成本（就像《雾都孤儿》中奥利弗所经历的那样）。如果没有进一步的证据，一个真正功利的福利主义者对非定向转移的评价显然是模棱两可的。

19 世纪的英国济贫院显然在向参与者强加成本方面做得太过分了，无法保证定向扶贫。成本方面被普遍认为是令人反感的（第 1 章）。但定向扶贫的思想产生了持久的影响。济贫院是一类直接干预措施的例子，通常被称为今天的“工作福利计划”——将工作要求强加给福利领取者，作为确保激励相容性的手段。尽管不涉及济贫院，但这一思想体现在 1880 年左右英属印度引入的《饥荒法典》（*Famine Codes*）中，并一直在次大陆发挥着重要作用。[①]这些计划有助于应对和预防包括撒哈拉以南非洲在内的饥荒。[②] 工作福利计划也是 1933 年美国总统罗斯福为应对大萧条而推出的“罗斯福新政”（Roosevelt New Deal）的一个关键因素。

一项重要的工作福利计划旨在保证任何人都能以预先确定的工资标准（通常较低）就业。就业保障计划（Employment Guarantee Schemes，EGSs）在南亚很受欢迎，尤其是在印度，始于 1973 年的马哈拉施特拉邦就业保障计划一直被视为一种模式。2005 年，中央政府实施了一个全国性的计划，即我们在上文提到的国家农村就业保障计划（National Rural Employment Guarantee Scheme，NREGS）。这项计划承诺，愿意以该计划通知的法定最低工资从事非熟练体力劳动的家庭，每户每年工作 100 天。工作要求基本上被视为确保该计划惠及印度农村贫困人口的一种手段。[③] 这些计划可以解释为在没有其他法律执行手段的情况下，试图执行最低工资标准（第 9 章）。在就业保障计划中，任何想要工作的人（理论上）都可以得到它，只要他们愿意以法定最低工资标准从事非技术性体力劳动。

就业保障制度与最低工资立法的区别在于，就业保障制度旨在为有能力的穷人提供全面的保险，任何需要工作的人都可以得到保险，至少在理论上是这样。条件是对所有人开放的，这样在正常情况下不需要该计划的农民可以在干旱季节求助于该计划。这一点从就业保障计划的理念一开始就很明确（正如 20 世纪 70 年代初马哈拉施特拉邦发展的那样）。这一保障职能在实践中是否发挥作用是另一回事。有证据表明，印度的国家就业保障计划存在大量配给，这明显降低了保险福利。[④] 在印度较贫困的邦，定量配给往往更为严重，这很可能反映出执行复杂计划（如就业保障计划）的管理能力较弱。

工作福利计划很好地说明了一点，即使是目标精准的转移计划，只要考虑到所有涉及的福利，例如在遵守更复杂的转移计划中规定的条件时放弃的收入或其他福利，也可以由非定向转移占主导地位。证据表明，在马哈拉施特拉邦的就业保障计划和新的国家计划中，一个

---

① 见让·德雷兹（Jean Drèze，1990a）。

② 见让·德雷兹（1990b）。

③ 普伽·杜塔等人（2014）提供了评估。另见拉本德拉·贾等人（Raghbendra Jha et al.，2012）、拉格哈·盖哈（Raghav Gaiha，1997）、克莱门特·因伯特和约翰·帕普（Clement Imbert and John Papp，2011）。

④ 见普伽·杜塔等人（2012）。

非定位的基本收入计划（基本收入保障）在向穷人转移资金方面更具成本效益。[①]

工作福利计划通常被视为短期缓解措施，一种社会保险。原则上，工作福利计划也可以直接服务于宣传目标。另一种方法是通过创造资产来改变财富分配，或者改变生产函数，这也可以让人们摆脱贫困陷阱（第 8 章）。实际上，在南亚，资产创造在这些计划中并没有得到太多的重视，尽管在其他地区，包括拉丁美洲，如阿根廷第二个社会保护项目特拉巴贾尔计划（Trabajar Program），资产创造的重要性似乎更高。

工作福利计划试图更好地服务于反贫困政策的推广目标的另一种方式是将福利与通过培训提高人力资本的努力联系起来。失业青年是一些国家此类努力的一个特别的重点人群（a special focal group）。自 20 世纪 90 年代初以来，许多国家的福利改革也旨在以人力资本投资为条件进行转移，并鼓励私人求职和就业。[②] 这种形式的工作福利实际上并不提供就业，如以公共工程形式的工作福利制。利用工资补贴对私营部门就业进行培训和鼓励，也被用来鼓励从工作福利计划的公共就业向私营就业过渡。

培训和工资补贴计划

有证据表明，工资低的工人往往在工作中接受的培训较少，通过其他方式在技能提升方面的投资较少。[③] 这激发了人们对旨在为低技能工人提供培训的公共项目的兴趣。还努力补贴这些工人的就业，使他们今后能够找到更多的高薪工作，或者干脆摆脱失业，或者把工作福利转入固定工作。这些通常被称为“积极的劳动力市场计划”（active labor market programs）。

有证据表明，这种干预措施有助于向固定工作过渡。但结果似乎根据环境和用于评估影响的方法有很大的不同，不服从一般化。[④] 虽然这种政策在贫困国家并不常见，但随着这些国家的发展，尤其是随着人们对青年失业问题，特别是城市青年失业问题的日益关注，这些政策越来越受到关注。

评价这类干预措施面临的一个困难是，如何使用非实验方法获得对影响的可靠估计（回顾第 6 章的讨论）。一项研究发现，与美国培训计划的随机评估相比，非实验性方法存

---

① 见马丁·拉瓦雷和高瑞弗·戴特（Martin Ravallion and Gaurav Datt，1995）、仁库·穆尔盖等人（Rinku Murgai et al.，2015）。

② 安东·海默里克（Anton Hemerijck，2014）概述了欧洲的此类改革。

③ 关于英国这一点的证据可以在艾莉森·布斯和马克·布莱恩（Alison Booth and Mark Bryan，2007）中找到，他们也参考了其他研究。

④ 关于支持和反对工资补贴的观点，见劳伦斯·卡茨（Lawrence F. Katz，1996）、布莱恩·贝尔等人（Brian Bell et al.，1999）和理查德·布兰戴尔（Richard Blundell，2001）。影响评估见盖瑞·伯特里斯（Gary Burtless，1985）、史蒂芬·伍德伯里和罗伯特·斯皮格尔曼（Stephen A. Woodbury and Robert G. Spiegelman，1987）、杰弗里·杜宾和道格拉斯·里弗斯（Jeffrey A. Dubin and Douglas Rivers，1993）和伊曼纽拉·加拉索等人（2004）。杰弗里·赫克曼等人（1999）回顾了培训计划的理论和证据。实证研究见罗伯特·拉隆德（Robert Lalonde，1986）、杰弗里·赫克曼等人（1997）、拉吉耶夫·德赫贾和萨德克·瓦赫巴（1999）、杰弗里·史密斯和佩特拉·托德（Jeffrey A. Smith and Petra E. Todd，2001）、伊曼纽拉·加拉索等人（2004）。

在很大偏差。[①] 在相同的数据集上，后续研究发现倾向得分匹配是一个很好的近似值了（框6.1）。[②] 另一项研究（再次使用相同的数据集）质疑这一结果，认为结果对样本选择和模型描述中的选择敏感。[③]

这类计划的推广可能是危险的，但仔细看一个具体的例子可以说明一些关键点。例如，2000年左右在阿根廷推出的“就业计划”（proempleo scheme）。这是出于对“公司城镇”福利依赖性的担忧，由于主要雇主的裁员，就业人数大幅减少。向这些城镇提供的福利救助的主要形式是临时工作，工资相对较低，面向社会基础设施或社区服务。在一些城镇，由于私有化和当地就业的急剧收缩，人们严重依赖这种工作福利计划；甚至5年后，这些城镇的工作福利计划的使用率也异常高。工作福利计划的参与者很可能需要帮助在私营部门获得正规就业。

工资补贴和/或培训计划似乎是明显的反应。“就业计划”提供了与当地劳动力需求相关的技能强化培训，并提供了一笔可观的工资补贴，该补贴是在注册任何获得私营部门工作的资格工人时支付给雇主的。对试点项目的评估使用了随机分配的代金券，用于工资补贴和培训（通常是穷人），并跟踪他们在获得固定工作方面的后续表现。[④]

一个随机对照组发现了相反的事实（第6章）。结果表明，培训只对那些受过一定教育的工人有影响。工资性补贴券对就业也有重大影响。但是，当对主要管理数据进行核对，并辅以与招聘公司的面谈时，发现公司对工资性补贴的接受程度非常低。这项计划是非常划算的：政府节省了5%的工薪工资，用于补贴支出，仅占节省的10%。对这些其他数据的核对显示，“就业计划”的工作方式与设计者的预期不符。参与者就业的大部分增长并不是由于工资性补贴引起的对劳动力的更高需求。相反，这种影响是由供给方引起的：这张代金券对工人来说似乎有凭证价值，它就像一封“介绍信”，但很少有人有（如何分配代金券是当地的秘密）。随机对照试验无法揭示这一结论，需要补充定性数据。从定性研究中获得的进一步见解也对随后的扩大规模产生了影响，后者强调为贫困工人提供关于如何获得工作的更好信息，而不是提供工资性补贴。

土地目标与土地改革

在农村经济中，为了某种形式的转移目标，土地占有情况通常作为一个贫困指标。当然，如果“贫困”的定义是无地或少地，这样的目标有可能大幅度减少贫困。但是，当基于消费或收入使用更广泛的福利指标时，情况就不那么清晰了。鉴于土地占有情况与收入贫困并不完全相关，这种目标制自然有局限性。例如，尽管在孟加拉国农村向无地或少地

① 见罗伯特·拉隆德（1986）。

② 见拉吉耶夫·德赫贾和萨德克·瓦赫巴（1999）。

③ 见杰弗里·史密斯和佩特拉·托德（2001）。

④ 见伊曼纽拉·加拉索等人（2004）。

的家庭提供救助是有意义的，人们不应期望对消费贫困产生重大影响。20 世纪 90 年代的模拟表明了这一点：即使完全控制了孟加拉国农村 6 个土地所有阶层的收入分配，贫困的总体严重程度也最大限度地减少（使用第 2 章中讨论的贫困的平方差距指数），不超过平均收入 3%~5%的所有家庭可通过非定向一次性转移获得金额。① 各种因素甚至会削弱这种看似有限的影响。例如，对政府再分配权力的合理限制将进一步减少穷人的收益。有可能将土地依存定向扶贫与其他类型的定向扶贫相结合。例如，即使是在孟加拉国拥有相对较多土地的家庭中，也有贫困家庭。如果这些家庭能够通过其他指标（如居住地）定向扶贫，那么在实践中更大程度的减贫将是可行的。

上述讨论纯粹是静态评估。也有人认为，土地再分配改革带来了有利于穷人的动态效率收益。经典的论点是基于土地生产力和农场规模之间的反比关系。② 家庭农场倾向于更有效地使用劳动力，因为他们面临着更低的监控成本和更低的搜寻成本和交易成本。将土地从大量占有土地的人手中重新分配给少量占有土地的人，将在提高效率和公平的总生产率方面产生收益。在其他市场或政府失灵限制小农户获得信贷和新技术的情况下，效率收益在实践中可能不会实现。③ 这里的政策教训是制定一套支持小农户的干预措施。④

如第 8 章所述，大规模的土地再分配改革已被确定为一些减贫成功案例的关键因素，特别是中国台湾。就中国大陆和越南而言，也有人认为，土地改革所能实现的相对公平的土地分配对于粮食产量的大幅增长和农村减贫是重要的（第 8 章）。

我们没有看到更多的土地再分配改革，原因有很多。原因之一是，大地主阶级的政治权力常常是一个被给予有限承诺（limited commitment）的因素（第 9 章）。⑤ 原因之二是，人们普遍认为，大型商业性农场的效率更高，但这是一种普遍错误的看法，即反对“认为衣衫褴褛、没有受过教育的小农比衣冠楚楚、受过良好教育的现代大农场主更有效率”的观点。⑥ 而大地主及其政治代表无疑鼓励了这种信仰。

为穷人提供小额信贷

正如我们所看到的，信贷市场失灵被认为是贫困的一个原因，也是导致整体经济表现成本高昂的一个原因。在长期的道德争论之上，向穷人转移资金可以被解释为一种缓解这类市场失灵而产生的约束的手段。还有另一种选择，即旨在使储蓄和借贷金融机构更好地为无法满足担保要求的贫穷男女服务的政策。通过促进收入和消费的平稳，这些政策可以

① 见马丁·拉瓦雷和阿马蒂亚·森（1994）。

② 艾伯特·巴里和威廉·克莱因（Albert Berry and William R. Cline，1979）提供了这种反比关系的早期证据，对于最近广泛支持这一反比关系存在的广泛文献，见迈克尔·利普顿（Michael Lipton，2009）。

③ 这一点是由汉斯·宾斯旺格等人提出的（1995）。

④ 关于支持小农户农业的补充政策，见国际农业发展基金（2011，第 5 章）。

⑤ 正如阿兰·德·扬夫里（1981）在拉丁美洲的案例中所讨论的那样。关于土地改革的进一步讨论，见汉斯·宾斯旺格等人（1995）、加里·菲尔兹（Gary S. Fields，2001，第 10 章）和迈克尔·利普顿（2009）。

⑥ 艾伯特·巴里（Albert Berry，2011，第 642 页）、迈克尔·利普顿的评论（2009）。

起到保护作用。第 8 章回顾的关于不平等和发展的新理论也指出了推动这类政策的动机，其前提是，在信贷约束的经济体中，获得信贷的不平等对随后的增长前景至关重要。

自 20 世纪 70 年代末提出小额信贷计划以来，旨在支持穷人进行小额信贷和储蓄交易的小额信贷计划备受关注。现在在发展中国家有很多例子。小额信贷计划往往更适合支持小型非农企业发展，而不是农业。这是因为贷款一收到就开始还款，而农民必须等到收获之后，才能获得农业投入的信贷。

这类干预的经典论点是关于促进，即面对穷人的宽松借贷约束使他们能够投资，从而给予他们新的自由，包括最终以自己的方式摆脱贫困。信贷和储蓄也是潜在的重要保护手段，让贫困家庭在收入波动面前更有效地平稳消费。

早期（和正在进行的）对小额信贷的热情更多的是倡导，概念和经验基础薄弱。最近一段时间，媒体（尤其是南亚媒体）对穷人过度借贷的担忧有所上升，因为一旦有了新的小额信贷渠道，许多“营利性”贷款机构向穷人收取高额利率。这种担忧似乎也大多源于轶事，而且辩论也变得政治化。当然，正面的平均影响并不意味着接受者中没有受损者。这可能适用于所有反贫困政策，但在信贷干预方面尤其如此。风险没有消除，冲击确实会发生，错误也会因不完美预期而发生。这里面既有受益者也有受损者。

这类政策最早也是最著名的例子是孟加拉国的组群贷款计划格莱珉银行（Grameen Bank，GB）（一般指孟加拉乡村银行）①。该银行有意识地通过其资格标准和分行所在地的决定来帮助穷人，而且更偏爱（与传统银行不同）那些存在穷人转向非农业活动的非开发机会的地区。② 对该银行的研究表明，该计划在保护和促进两方面都有所帮助：前者通过促进消费的平稳，后者通过帮助穷人建立物质和人力资产。③ 这是在马克·皮特和沙希杜尔·坎德克的研究中发现的，他们瞄准无地者依靠格莱珉银行的设计特征来识别其影响。④考虑到获得格莱珉银行贷款会提高失地回报率，在没有获得格莱珉银行贷款的乡村，拥有土地的回报率会更高。因此，比较符合格莱珉银行条件的村庄和不符合格莱珉银行条件的

---

① 孟加拉乡村银行最早起源于孟加拉国。1974 年，穆罕默德·尤努斯在孟加拉创立小额贷款，1983 年，正式成立孟加拉乡村银行——格莱珉银行。孟加拉乡村银行模式是一种利用社会压力和连带责任而建立起来的组织形式，是当今世界规模最大、效益最好、运作最成功的小额贷款金融机构，在国际上被大多数发展中国家模仿或借鉴。2006 年 10 月，尤努斯因其成功创办孟加拉乡村银行，荣获诺贝尔和平奖。它作为一种成熟的扶贫金融模式，主要特点为：瞄准最贫困的农户，并以贫困家庭中的妇女作为主要目标客户；提供小额短期贷款，按周期还款，整贷零还，这是模式的关键；无须抵押和担保人，以五人小组联保代替担保，相互监督，形成内部约束机制；按照一定比例的贷款额收取小组基金和强制储蓄作为风险基金；执行小组会议和中心会议制度，检查项目落实和资金使用情况，办理放、还、存款手续，同时还交流致富信息，传播科技知识，提高贷款人的经营和发展能力。它向贫困的农村妇女提供担保面额较小的贷款（即微型贷款），作为非政府组织（NGO）支持其生活。此系统是基于一个观点，即贫困的人都有未开发的技术。银行同时也接受存款和其他服务，也进行发展导向的经营，包括纺织品，电信和能源公司。1983 年，作为银行得到了政府的认可。——译者注

② 见马丁·拉瓦雷和昆廷·沃顿（2000b）。

③ 马哈布布·侯赛因（Mahabub Hossain，1988）对了解格莱珉银行做出了早期贡献。

④ 见马克·皮特和沙希杜尔·坎德克（Mark Pitt and Shahidur R. Khandker，1998）。

乡村之间拥有土地的回报（对其他可观察到的差异进行控制）揭示了获得格莱珉银行信贷的影响。换言之，该研究以居住在符合格莱珉银行标准的乡村的无地家庭的平均收益与有土地家庭的相应收益之差来测度影响。结果表明，对与保护和促进有关的措施产生了普遍的正面影响。这一点在随后的一项研究中得到了证实，该研究利用 3000 个家庭 20 年的调查数据。[①] 格莱珉银行的成功导致孟加拉国小额信贷计划激增，截至本章撰写之时已有 500 多家供应商，这一理念已传播到许多其他国家，这些计划常常受到妇女的青睐。

即使仔细观察研究也需要识别可疑的假设，况且文献中已有关于对格莱珉银行影响的过去发现稳健性的争论。[②] 这是一种政策干预，鉴于不可观察的因素可能共同影响接受和效果，不可避免地很难说服所有人相信确定假设的有效性。基于随机分配的实验评估提供了更稳健结果的希望，并且有一些有趣的例子。一项关于在印度海得拉巴贫民窟（slums of Hyderabad India）开设新的小微金融银行分行的影响的研究结果，在相对于控制区随机分配新分行的地区，整体借贷、企业初创企业和耐用消费品（但不是非耐用消费品）支出增加。[③] 然而，这项研究没有发现对健康、教育或妇女自我效能感有积极影响的证据。最近对此类随机评估的经验教训进行的一项回顾得出结论，存在"一种基本上是积极的但不是变革性影响的一致模式"。[④] 研究指出了对获得信贷的正面影响，这符合这样一种假设，这种获取首先应受到约束。放松这种选择约束必然福利收益。它们是否会在当前的消费或收入以及当前的贫困中显现出来是另一回事，这里的证据反应不一。

到目前为止，评估中的异质性显而易见。这是最近在墨西哥由工作年龄的妇女获得小额信贷的实验评估的焦点（根据康帕图银行计划）。[⑤] 作者发现在许多维度上平均影响都是正的。影响的异质性显而易见，但几乎没有发现包括贫困借款在内的重大损失的证据。对小额信贷计划的效益和成本的更多研究是可以预期的。

在过去的两百年里，我们看到人们对这类政策的思考发生了巨大的转变，贫困人口经常被指责为贫困的时候，给他们贷款是没有多大意义的。当然，将信贷市场失灵确定为贫困的一个原因并不意味着为穷人提供信贷就能解决问题。但作为保护和促进政策的补充，精心设计的项目也能有一定的作用。

---

① 见沙希杜尔·坎德克和侯赛因·萨马德（Shahidur Khandker and Hussain Samad，2014）。

② 见乔纳森·默多克（Johnathan Morduch，1999）、戴维·鲁德曼和乔纳森·默多克（David Roodman and Jonathan Morduch，2014）、马伦·杜文达克和理查德·帕尔默·琼斯（Maren Duvendack and Richard Palmer-Jones，2012）。另见马克·皮特和沙希杜尔·坎德克（Mark Pitt and Shahidur Khandker，2012）的具体反驳。

③ 见阿比吉特·班纳吉等人（2009）。

④ 见阿比吉特·班纳吉等人（2014）。

⑤ 见曼努埃拉·安吉鲁奇、迪恩·卡尔兰和乔纳森·津曼（Manuela Angelucci，Dean Karlan and Jonathan Zinman，2013）。

贫困地区发展计划

几乎所有国家（在所有发展水平上）都有自己认定的“贫困地区”，按照国家标准，这些贫困地区绝对贫困发生率异常高一些。我们希望且在某些条件下期望，目标增长进程能帮助这些贫困地区迎头赶上。这一进程似乎常常很缓慢，且地理上的差异有时也很明显。这就引出了针对贫困落后地区的反贫困政策。在这类地理瞄准（第5章）中，常常用到“贫困地图”。

贫困落后地区的存在引发了贫困地区发展项目的许多例子。尽管也有不同的叫法，包括“农村综合开发项目”（Integrated Rural Development Project）和社区主导型发展（Community Driven Development），但贫困地区发展项目是发展救助最古老的一种形式额外资源输送到目标贫困地区，用于基础设施和服务以及发展农业和非农业企业。在决定做什么的过程中，尽管一项对现有评估研究的调查发现在当地精英捕获的可能下有一些好坏参半的成功，但当地公民的参与往往是关注的重点。① 人们普遍认为，贫困地区的典型特征是资本与劳动力比率低，但在扩大对落后贫困地区的当地资本投资或为外出移民提供支持方面，各方的意见并不一致。地理外部性显然起着重要的作用，但由于缺乏令人信服的实证研究，这一作用仍不为人所知。

就中国而言，有证据表明，地理外部性普遍存在，即生活在贫困地区的家庭的增长前景低于生活在富裕地区的貌似相同的家庭。② 这表明，贫困地区的发展在确保长期摆脱贫困和保护方面还有余地。这里也有证据表明，但实践中政策成功的证据是褒贬不一的。③

对贫困地区项目的激励效应的主要关注点与地方政府对外部援助和流动人口的反应有关。专栏10.7讨论了地方政府对外部援助的反应如何产生溢出效应。例如，一项研究表明，地方政府的支出分配因更高级别政府针对中国农村贫困村的努力而改变，削弱了目标结果。④ 关于流动人口问题，人们似乎普遍接受的假设是，发展中国家的农村内部流动有限，有时反映出体制和政策上的障碍（如中国地方土地再分配那样的行政权力）。尚不清楚我们在做出这一假设时还能有多大信心，专栏10.8进一步讨论了这个例子。

***专栏10.7　地方公共支出选择的溢出效应**

地方公共支出对外部援助反应的理论模型有助于评估可能的溢出效应。有两种类型的村庄，$j=A$，N表示受援村庄和非受援村庄。让G_j表示地方政府在j类村庄的贫困地

① 见加扎拉·曼苏里和维贾延德拉·拉奥（2012）。

② 见乔茨纳·贾兰和马丁·拉瓦雷（2002）、马丁·拉瓦雷（2005a）。

③ 对中国贫困地区项目的研究，乔茨纳·贾兰和马丁·拉瓦雷（1998b）的研究结果与陈少华等人（2009）的研究结果进行对比。

④ 见陈少华等人（2009）。

区发展项目上的支出。总支出是 $G = G_A + G_N$（马丁·拉瓦雷将这两个村庄视为具有相同的规模，但只要村庄规模固定，就不会改变主要结果）。外部援助在 A 类村庄的援助金额中提供额外支出 AID，因此项目村庄贫困地区项目的总支出为 $G_A + AID$。

地方政府对其在村庄间的支出分配和在所有其他活动上的支出有一个优先顺序，用 Z 表示。优先顺序由福利函数表示：

$$W(G_A + AID, G_N, Z)$$

这个函数在所有三个要素中都是严格递增的，找出光滑的凸性等福利线（政府的"无差异曲线"）（如果我们还假设函数在其组件之间是可加分离的，那么它简化了分析，尽管这可能会减弱）。地方政府最大化 W 受其本地（外源）收入约束，这就产生了 $G + Z$ 的上界。

在这些假设下，我们发现外部援助将取代项目村庄的地方政府支出，增加比较村庄的支出，但减少两种类型村庄的地方政府支出总额。评估的含义显而易见：比较西南扶贫项目（Southwest China Poverty Reduction Project，SWP）和（匹配的）同一县的非西南扶贫项目村的结果随时间的变化，将低估项目的实际影响。

延伸阅读：见陈少华等人（2009）。

专栏 10.8　中国西南地区世界银行扶贫项目

1986 年，中国政府将全国 2200 个县中约 15% 的县定为"贫困县"，这些县将获得额外的援助，主要是发展项目信贷。过去的研究表明，指定的贫困县事实上是贫困的（根据一系列合理标准），而且它们的增长率高于预期（乔茨纳·贾兰和马丁·拉瓦雷，1998b；阿尔伯特·帕克等人，2002）。这些成果不足以扭转增长分化的根本趋势（贫困县往往增长率较低），而且有证据表明，对经济增长的影响可能在 20 世纪 90 年代有所下降（阿尔伯特·帕克等人，2002）。[①] 在这些指定的贫困县内，极端贫困的地理区域主要是高山地区，一直持续到今天。

西南地区扶贫项目于 1995 年被引入，目的是扭转广西、贵州、云南等贫困县选择的贫困村的趋势。约 1/4 的村庄被选为西南扶贫项目（7600 个村庄中有 1800 个）。其目的是根据客观标准但不是格式化的准则，在这些县内选择相对贫困的村。该项目在多部门干预（包括农业、畜牧业、基础设施和社会服务）中强调社区参与。具体干预选择由县政府项目办公室与省、中央和世界银行协商后确定。

陈少华等人（2009）评估了这一雄心勃勃的项目在开始 10 年后和付款结束 4 年后

① Park, Albert, Sangui Wang, and Guobao Wu. 2002. "Regional Poverty Targeting in China." *Journal of Public Economics* 86 (1): 123-153.

对贫困的影响。历时10年，收集了项目区和非项目区2000个家庭的数据。该项目的影响的双重差分估计（在预先存在的政府项目之上）显示存在大部分源自节省的可观的短期收入。平均消费尽管与持久性收入的平均增长大致一致，但从长期来看只有很小且统计上不显著的增长。主要结果对各种选择偏差来源的修正是稳健的，包括村庄目标和地方政府对外部援助的反应产生的溢出效应造成的干预。

研究还发现，项目村庄与对照村庄的溢出效应显著。这主要是通过地方政府的行为来实现的，为了响应该项目，地方政府将自己的一部分支出从接受项目的村庄转移到其他村庄（这是地方政府完全理性的反应，是可以预期的）。对这种溢出效应的修正增加了影响估计，但没有改变研究的主要结论。

主要发现是，考虑到受过教育的穷人没有得到充分的保护，采用基于村庄的受益人选择大大降低了总体影响。这项研究的发现意味着这种基于村庄的项目面临着潜在的严重取舍。更具参与性的当地受益人选择过程的可取性，很可能会对包括贫困在内的总体影响造成很大的代价。为了确保产生更大的影响，人们需要根据可能给他们带来的好处通过确定目标家庭的类型来推翻这一过程。目前尚不清楚这是否可行。

延伸阅读：陈少华等（2009）。

长期以来，投资于贫困地区的政策努力与鼓励这些地区的退出之间的平衡一直存在争议。原则上，贫困地区的低资本劳动比（K/L）可以通过增加K或减少L来解决。一些国家把贫困人口纳入了限制人口流动的计划（比如在中国，贫困地区的计划与我们在第8章中提到的户籍制度并存）。这表明政府政策的左手在试图挽回右手造成的损害。美国有证据表明，在长期（10至15年）内，鼓励从贫困地区迁往较贫困地区的代金券政策在健康和主观福利方面有显著的好处。[①] 入托家庭的孩子也会通过更好的教育和更高的收入而受益。[②]

关于贫困地区发展努力的影响特别是长期影响，以及包括援助流动人口在内的各种政策选择所面临的取舍，我们仍有许多不清楚的地方。虽然地方基础设施的发展显然对消除贫困至关重要，但它并没有引起我们在社会政策中看到的评估性研究的重视。在这方面，一个重要因素是援助者和公民对“发展影响”的挑战程度。对基础设施的影响常常被认为是理所当然的。相比之下，“更宽松的”社会政策不得不努力为自己辩护，评估性研究发挥了重要作用。如果捐助者、援助组织和公民经常质疑影响的假设，我们将看到更有力的激励机制来学习影响力和减少认知缺口。

---

① 欲了解美国政府的一个此类项目的证据，“联邦向公平住房机会转移示范计划（The Federal Moving to Opportunity for Fair Housing，MTO）”，见延斯·路德维希等人（Jens Ludwig et al.，2012），在基线中随机分配代金券（第6章）。

② 见哈吉·柴提等人（Raj Chetty et al.，2015），这些福利仅限于搬家时不满13岁的儿童。

结　论

过去的进展和未来的挑战

在过去两百年里，两种截然不同的贫困观在文献和政策讨论中发生了转变。早些时候，没有理由认为穷人有可能成为穷人以外的任何人：贫困将不可避免地固化。著名的思想家甚至认为，贫困是经济发展的必要条件，因为没有贫困，谁来耕种土地，谁来为工厂做工，谁来为军队服役？避免饥饿是工作的必要动力。

这种思维方式仍给政策留下了发挥作用的空间，主要是提供一定程度的冲击保护，以确保危机发生后的社会稳定。反贫困政策的保护动机在东西方思想中都有两千多年的历史。虽然精英阶层原则上很清楚社会保护的必要性，但在正常时期，他们的支持往往会减弱，遇到新的危机时往往需要重建。不过，大规模贫困在很大程度上被认为是理所当然的。除了解决冲击的短期缓解措施外，为永久性减贫所做的公众努力很少或几乎察觉不到。对当权者来说，促进反贫困政策毫无意义。

在第二种现代观点中，贫困不仅被视为一种可以通过公共行动避免的社会病，而且这么做也被视为与强劲增长的经济相吻合。事实上，正确的反贫困政策有望消除对个人追求自身经济利益自由的物质约束，从而促进经济增长。诚然，与贫困做斗争的承诺今天并不普遍。一些观察家仍然指出穷人的行为是他们贫困的原因，各地的分配斗争仍在继续。反贫困政策的倡导者常常因阻碍而受挫，还有许多工作有待完成。在思想和行动上取得的进展是不可否认的。例如在今天，除了少数人之外，人们大都不太可能接受现代警察部队的创始人帕特里克·科尔豪恩（1806）① 在两百多年前写下的关于贫困的这段言论：

贫困……是社会中最必需的不可或缺的组成因素；没有贫困，国家和社会将不能以文明的状态生存。这是人类的命运，因为贫困是财富的源泉，没有贫困就没有劳动，没有劳

① 帕特里克·科尔豪恩，著. 论贫困（*A Treatise on Indigence*）. 1806：7.

动就没有财富、没有改进、没有舒适的生活，对那些可能拥有财富的人毫无益处。

两百多年来，主流思想的这种显著转变使人更加乐观地认为，消除贫困的想法不仅仅是一个梦想。

在思考贫困转变的过程中有两个关键的历史时期，这里称之为第一次和第二次贫困启蒙，每次的持续时间约 20 年。18 世纪末的第一次贫困启蒙见证了对穷人新的尊重，因为人们不再是“画中的阴影”或仅仅作为生产工具发挥某种纯粹的工具性作用。相反，经济被视为促进包括穷人在内的人类福利的工具。这是亚当·斯密的重要见解。20 世纪 60 年代和 70 年代的第二次贫困启蒙提出了迄今为止最有力的全面反贫困政策。人们普遍认为，贫困是对自由和个人自我实现以及对总体经济增长的严重制约，也可能是最重要的制约。尽管关于如何解决贫困问题的辩论仍在进行，但人们一致认为贫困是不可接受的。

尽管这一改变的基础根植于第一次贫困启蒙，尤其是把所有的人视为道德上平等的人，以及他们对于自由和自我实现的正当渴望。但直至第二次贫困启蒙时，人们才真正理解到，这种自由和自我实现要求人们不受物质匮乏的制约。贫困不再被看作是不可避免的，甚至是自然的条件，而是作为可以而且应该被消除的东西。国家在帮助确保所有个人都能获得实现个人目标的基本物质条件方面发挥了重要作用，这可以说是公平的最重要要求，也是摆脱贫困陷阱的关键。反贫困政策被视为一个促进和保护的问题。随着实际工资和穷人储蓄的增加，公共教育系统、健全的医疗系统和运转良好的金融市场被认为是下一代永远摆脱贫困的关键因素。

政策的改变并非易事。事实上，它们通常只是在许多争论甚至冲突后出现。20 世纪 60 年代和 70 年代是一个非同寻常的时期，人们对扶贫政策的支持程度有所提高。反对派在 20 世纪 80 年代重新抬头，但思想和政策上的进步性变化依然存在。

用来解释贫困的主流“心理模式”也发生了变化。贫困是由贫困男女的不良行为造成的这一观念由来已久，至今仍有耳闻。然而，另一种竞争模式已占据主导地位，它强调穷人面临着经济、社会和政治的外部制约。这些制约有时源于不民主的政治制度，这些制度只不过维护了强大精英的有利地位。但是，即使有相当开放的政治制度，也可能存在严重的经济制约。包括这样的贫困陷阱：当门槛效应意味着财富或生产力的些许收益不会带来持久性收益，或者群体成员身份对生活水平产生因果关系时。或者这些制约反映了更为常见的减贫动态，也就是，未经政府纠正的不完善或不完整市场造成生产或金融投入以及技术的不公平获得，从而使穷人的减贫进展缓慢。经济心理学文献也指出，那些经常被认为是贫困原因的行为（如缺乏远见），实际上可能是贫困的结果。

思想的进化伴随着对穷人所做的限制性选择（constrained choices）的日益重视。政策制定者对这些选择变得更加敏感和尊重，更加注重扩大而不是限制生活中的选择。尽管如此，家长式作风仍然很普遍。虽然人们容易犯错误，但善意的决策者往往认为，他们比那些家庭本身更了解贫困家庭的需要。类似的观点也常见于援助者通常如何看待受援者的。

反贫困的进展

根据世界上最贫困国家界定“贫困”的节俭标准判断，全世界大约有 10 亿人生活在贫困之中。从现有的数据可以确定，两百年前世界上大约有同样数量的人生活在极端贫困之中。其区别是，在 19 世纪初，10 亿人口占世界人口的 4/5 以上，而今天，他们只占不到 1/5。

不可否认，在过去的两百年里，我们看到了世界上消除绝对贫困的巨大进展。20 世纪中叶以后步伐加快了，21 世纪初进展又加快了些。

不过，我们也看到了收入分配演变方面一些更发人深省的特征。尽管我们在发展中国家看到了经济增长和更为进步的社会政策的扩张，但在过去 30 年里，消费下限（即生活水平的下限）并没有提高多少，一直保持在每天生活费用 1.25 美元（本已节俭）的水平上，约为全球极端贫困率的一半。从这个意义上说，最贫穷者被落在了后面。生活在生活水平下限附近的人要少得多，每天生活费用在贫困线上下 0.20 美元的范围内的大约 4 亿人仍然极端贫困。

还应认识到，如果考虑到相对贫困程度的增加和社会包容成本的上升，进展就不那么明显了。我们看到世界上相对贫困人口的数量在上升，而绝对贫困人口的数量在下降。这是一把双刃剑：消除绝对贫困的成功与相对贫困率上升的压力伴随而来。

政策既有助于扩大经济机会，也有助于确保穷人能够从这些机会中受益。两百年前对有利于穷人的经济增长范围的悲观情绪到 19 世纪末开始消退，在 20 世纪中叶逐渐被谨慎的乐观情绪所取代。证据表明，经济增长通常伴随着绝对贫困的减少。尽管事实证明，生活水平下限具有黏性，但随着市场经济的全面经济扩张，大多数穷人的生活水平往往会提高。高度不公平的增长进程给穷人带来很少或根本没有好处，但它们是例外情况。在某些情况下，支持市场改革的时期释放出的增长，在一个持续的时期内给穷人带来了可观的绝对收益，比如中国自 20 世纪 70 年代末以来的变化。在其他情况下，促进增长的改革给穷人带来的好处则较为低迷，但通常总会有收获。

这并不意味着市场经济的增长在任何指标上通常都是公平的。增长中经济体相对不平等程度的加剧和不平等程度的降低同样普遍，而绝对不平等的加剧是增长中经济体的常态。即使在不平等程度不变的情况下，各个方面初始的高度不平等也会大大削弱穷人从增长中获益，并缩小改革和增长的空间。中国以巨大的分配优势启动了市场化改革进程；不平等程度相对较低的农业用地和人力资本促进了增长和减贫。相比之下，印度在改革开始时并没有这样的优势，因此在反贫困方面进展缓慢。

在不断变化的经济中，调整的社会成本往往很高，经济利益的分配也可能相当不均衡。

技术进步有时会使人们失业，从而造成贫困，尽管许多技术进步在增加对劳动力的总需求方面比减少总需求方面做得更多。反贫困政策可以在防止经济和农业气候冲击方面发挥重要的积极作用。反贫困政策的这种保护作用可以追溯到两千多年前，但成效并不均衡。

两百年来，政策思路的重大变化是促进政策（promotional policies）的出现。这方面有许多例子，但必须把一系列注重人类发展的政策放在首位。包括大众教育和更好的营养和保健，特别是对儿童。在贫困家庭长大的孩子往往会遭遇更大的人类发展鸿沟，并对他们的成年生活产生持久的影响。从长远来看，促进人类发展的成功的公共努力是减贫。

这种变化既有需求方面的，也有供给方面的。新技术导致了对新技能的需求，而这些技能正是负担得起的学校教育和医疗保健所提供的。当教育扩张与技能需求的增长同步时，增长过程往往更加公平。更聪明的劳动力也需要健康，所以在为所有人提供更好的健康和营养方面已经取得了很大进展。政府在支持促进政策方面做得更好了。当然，还有很长的路要走，但已经取得了进展。通过借鉴全球经验，我们现在更加了解需要做什么。

反贫困政策的思想史提供了成功和失败的例子。有时，有影响力的文献会误导与贫困做斗争的努力。有时，行动的热情与执行的能力不协调。成功的政策会重视对可用信息和管理能力的局部约束。一个持久的教训是，根据环境的实际情况调整干预措施的重要性。利用地方信息有助于确定需要提供的帮助和做出反应。我们看到更多的利用参与性的、以社区为基础的（政府和非政府的）机构提供的收入支助和服务。但这些不应被视为可取代公共行政的健全，因为在指导和监督地方机构方面仍然需要健全的公共行政。

知识发挥了重要作用。新的数据和研究会影响公众的思维和决策，并教会我们如何有效地应对政策。这会及时反馈（但会有不同的延迟）以制定更好的政策。当然，政治经常阻碍那些威胁到当权者的扶贫改革。为了确保更好的政策，需要进行旷日持久的辩论，有时甚至是公开的冲突。

流行文章和其他媒体通过将知识转化为公众意识甚至是羞愧感而支持了这场斗争。为获得权力而进行的斗争（往往是痛苦的和长期的）取得成功，主要是伴随着更好的知情政策辩论和更好的政策（包括更好的制度）。

技术和知识不是独立的，而是交互作用的。其间，政治话语权发挥着重要作用。技术进步为一些人创造了立竿见影的机会，也为其他人带来了对美好未来的希望。这不太可能足以保证机会得到广泛分享。的确，基于历史的最可信的前提必须是，新的机会最初将被那些最有优势的人抓住，而其他人将被落在后面。经常需要采取与公众良好沟通的政治行动，以确保穷人能够从技术进步和其他新机会来源中受益，例如通过对外贸易开放。

公众也必须明确表示有采取行动以促进更多机会均等的要求。这是由穷人愿望的互补性变化所推动的。贫穷父母需要有一个现实的愿望，即他们的子女绝对不能贫困。低愿望反映了机会的缺乏并使之合理化。到 21 世纪初，这种情况在当今的富裕国家已经发生了明显的变化，更多的希望是，那些出身贫困的人通过自己的努力和父母的牺牲，有了某种体面的脱贫机会。与这些愿望和努力相一致的公众支持是公民们所需要的，而一定程度的支持是及时出现的。

贫困父母在改变的愿望，既反映了对新机遇的认识，又反映了抓住这些机遇的新增效益。在当今发达国家成功摆脱极端贫困的历史上，许多人前来抗议，加入社区或宗教团体、劳工和民权运动，或是各种政治联盟，游说政府采取行动。他们经常遇到顽强的抵抗，许多勇敢的人民在数百年的斗争中牺牲了自由甚至生命。成功的促进政策需要时间来演变，而且总是由政治来调节。在适当的时候，成功的国家出现了一个自我强化的循环系统（self-reinforcing cycle），以帮助确保持续性以及（随着时间的推移）更迅速地摆脱绝对贫困。成功实施部分反贫困政策往往有助于确保更广泛的覆盖范围和实施新的举措。进展可能很慢，周期有时被打破。对贫困问题的思考和行动的历史考察充分说明了所看到的进展的脆弱性。每一次贫困启蒙之后，在思想和政策制定方面都出现了反弹，但也取得了进展。

通过考察各国在各时期的政策，人们往往会看到，在贫困较少的情况下，更注重对贫困的直接干预。保护和促进之间的平衡也随着时间的推移而发展。各地的变化不尽相同，也不总是朝着同一个方向，但很明显，在大约两百年的时间里，我们看到了更大的促进努力，生活在极端贫困的人数不断减少，反过来又推动了这一趋势的发展。本书中讨论的许多相对较新的政策已将保护与促进结合起来。

解释思路的转变

为什么我们看到了向更多促进政策的转变？反贫困政策的政治经济学随贫困程度的变化而变化是合理的。我们可以想到两种均衡。当贫困率持续居高不下时，财富分配意味着非贫困人口要付出高昂的代价才能摆脱低水平的陷阱（包括必要的基础设施投资）。在这样一个经济体中，除了父母所能获得的经济机会之外，贫困家庭的子女似乎没有什么经济机会，精英们也看不到这些好处。因此，可以接受的是，对于因劳动（而贫困）的父母的子女来说，唯一现实的未来前景是劳作和贫穷。学校教育将被视为对社会资源的浪费。统治精英中也可能有人担心，大众教育（将在适当的时候）削弱政权的权威，即穷人会对自己的命运感到沮丧进而反抗。如果受到压力，精英们完全可以想象出一种理论上的可能性，即通过一种公益方式来推动整个分配。但更为温和的改革是最值得认真考虑的。工人阶级的子女生来贫困，且永世贫困。对冲击的有限保护成为主要焦点，英国的《济贫法》和印度的饥荒救济政策就是这方面的例子。

在这方面，当权者可能很少或根本不支持通过直接干预（包括摆脱贫困陷阱）来减少贫困。通过经济增长来减少贫困的涓滴渗透效应可能是唯一可行的途径，尽管高度贫困将使得这一进程极其缓慢。

在比较不同地区的发展中国家时，我们如今可以看到类似的模式。在贫困程度最严重的撒哈拉以南非洲和南亚，直接干预给穷人带来的好处较少。有一些努力，也有一些成功，但对贫困人口的覆盖范围非常有限，而且往往以社会保护而非促进政策为首要目标。这并不奇怪。非常贫困的国家很少有能力将再分配作为消除贫困的手段。在某些情况下，简单的算法表明，即使在考虑激励效应和行政约束之前，也很少有富人支持再分配政策。在相对贫穷的国家，经济活动中的很大比例往往是非正式的（因而超出了税务机关的行政监管范围），导致为再分配筹资的有效税基较低，这就进一步放大了再分配的挑战。具有残酷讽刺意味的是，在绝对贫困程度很高的情况下，经济和管理能力低下，难以通过直接干预来反贫困。在贫困地区，用这种方式来反贫困也是相当困难。

相比之下，在贫困程度足够低的第二种均衡中，可以采取更宽泛更积极的促进和保护政策。政治经济发生了转变。然而，考虑到贫困和不平等也会阻碍总体增长前景，从第一种均衡转向第二种均衡并不容易实现。

这些都不是必然的趋势。有效政策的执行还取决于普遍的社会偏好和制度。一些贫困国家及其内部的一些省份已显示出执行全面反贫困政策的能力。在其他地方，不平等、等级秩序和社会分裂使人们更难就有效的反贫困政策达成共识。政治话语权的不平等毫无助益。政治学中有一种观点认为，政治制度集中权力的程度影响着所选择政策所服务的利益。这种观点至少可以追溯到柏拉图的《理想国》(*The Republic*)，民主导致更具社会代表性和更加平等的政策。

人们很容易认为，向促进与保护相结合的反贫困政策的更全面议程过渡，是从不民主的政治制度向选举民主转变的结果，前者在 19 世纪末以前一直是全球的准则。在工业化国家中，广泛的（男性）选举权往往优先于大众教育。西欧发展的标准特征表明，从民主政治制度的发展到更加有利于穷人的再分配和促进增长的政策是一条直线。根据这一观点，选举民主是我们看到的促进反贫困政策出现的原因。

不过，显然还有更多的内容要讲。应注意以下三点：第一，民主在支持长期投资方面并没有良好信誉，比如促进反贫困政策。这是柏拉图关心的另一个问题，即贫困地区的民主可能有利于穷人，但它对所服务利益的认识却相当短视。对于民主鼓励短期热门项目的赤字融资的担忧回应了这个问题。对于富人精英占领民主政治进程的范围的担忧，也不符合任何认为这一进程自动有利于穷人的观点。

第二，人们很容易就能指出，在非民主国家，反贫困政策的推广远比有效的保护政策更为突出。而民主国家的不均衡则朝着另一个方向发展（如印度）。从经验上讲，很难维持从民主到更公平增长的线性发展道路的“一刀切”模式。

第三，选举民主并非突然出现在西欧和北美，而是弱势群体（包括穷人）为保障所有人的基本权利而进行长期斗争的结果。更具包容性的政治改革既是经济变革的一个原因，也是一个结果。从英国出现争取选举权的民众抗议运动到他们成功地确保所有人（最初只是男性）都有合法的选举权，这段时间已经过去了一百多年。这一成功是建立在法律制度的基础之上的，这些法律制度可以保护个人权利，并支持哲学和经济思想的重大变革。法律法规往往是不充分的，富裕国家争取真正选举权的斗争一直持续到 20 世纪（在美国，在地方一级行使投票权是 20 世纪 60 年代民权运动的一个主要动力）。今天的富裕国家显然没有遵循一条从民主到发展的线性道路。更有可能的是，争取民主的斗争与争取诸如大众教育的推广政策的斗争是同时进行的。

这并不是否认穷人在经济生活领域的政治话语权对他们很重要。但关键是话语权，而不是选举民主本身。在非民主国家，穷人仍然可以在重要事务中拥有有效的政治话语权；但在其他地方，穷人会发现自己在一个拥有强大的全国选举民主制度的国家中实际上丧失了权力。

争取选举权和促进政策所花的时间取决于若干其他因素，这些因素在与贫困有关的思想和政策的转变中起着独立的作用。对穷人生活条件的了解在刺激公众行动方面一再起着蒙羞的作用。捐赠者和纳税人的偏好也发挥了一定作用；在得知受助者将被迫采取行动以帮助自己摆脱贫困时，至少一些非穷困者就会乐于慷慨解囊，从而形成支持某些推广政策（如有条件的现金转移）的联盟。

技术进步无疑在某种程度上被持续的贫困和不平等所扼杀。但技术进步最终还是发生了，它往往会对熟练劳动力产生更大需求，这就产生了改善工人阶级教育的政治需求。生产可能性的扩大也直接有助于避免财富贫困陷阱（wealth poverty traps）。这种经济变化对国家提出了新的要求。一支流动性更强、技术更熟练的劳动力队伍对于现代资本主义经济是必不可少的，这就给国家施加了压力，迫使其承担起促进和保护的双重职能。而促进政策的初步成功将有助于通过减少能确保大规模促进在政治上可行所需的各类政策的财政负担，这样就形成了一个良性循环。

认知挑战

历史告诉我们，新认知和公众意识有时会使政治力量的平衡发生倾斜，从而促进扶贫改革。理念和数据都很重要。因此，为确保继续提高对贫困和反贫困政策的认识，这里有必要讨论一下未来的主要挑战。

监测消除贫困的绩效会带来一些数据上的挑战。虽然在收集主要住户调查数据方面取得了巨大进步，但仍然存在许多问题。有持续性滞后和不均衡的覆盖问题。调查在时间上和各国间的可比性也受到持续关注，不过对这些关注是否真正合理以及调查间的哪类差异影响最大的研究实在是凤毛麟角。

尽管我们在认知上有所收获，但未知的仍有许多，甚至过去的成就也受到新的挑战的威胁。一套公认的国际调查协议（类似于国民核算体系）早就应该出台了。例如，虽然研究人员可以确定最佳做法，但并没有形成一套共同商定的标准来确定如何在家庭一级形成消费或收入总额。传统的住户调查也要求很高，选择性地遵守被访谈者的随机分配似乎日益成为问题。人们担心样本低报和偏差。富人尤其难以采访，而这个任务并没有变得更容易。实地调查的技术正在进步，可能会有所帮助。

新的数据来源也有帮助。虽然主观数据即询问人们是否感到贫穷，传统上一直被经济学家所回避，但这种情况正在改变。新的见解不断涌现，同时也出现了新的困惑。例如，主观数据往往表明，消费的规模经济通常比经济学家在实践中所假设的更为显著，这会对我们对贫困的某些方面的认识产生重要影响，尤其是对人口统计数据。但是，关于主观数据所暗示的规模经济究竟是真正的福利效应，还是此类数据中的心理偏差（本质上更幸福的人往往拥有更大的家庭），仍存在持续的不确定性。从关于平均幸福的决定因素的（大量）文献中得到的一些说法的准确性仍然可疑。

分析方法的进步扩大了可用于研究贫困和不平等问题的数据类型的范围。不同类型的调查、人口普查和行政数据集正在被纳入考虑范围，有时以创新的方式联系起来，以提高认识水平。所得税记录的补充数据有助于提高对收入总体分配（特别是富裕国家最高收入者）的认识。专门针对人口和健康因素的调查为福利的非收入方面提供了有益见解，包括家庭内部不平等。插补法和小区域估计方法能使我们从大样本的短期调查中了解到更多。毫无疑问，此类创新还会进一步出现。

与贫困测度有关的其他类型的数据包括价格数据也面临着新的挑战，这些数据的调查方法和分析方法的质量参差不齐，而且令人担忧的是会随着时间推移而变化。我们仍然对地方层面的价格差异知之甚少，这在许多发展中国家都很显著。无论是忽略这些差异，还是仅仅依靠基于支出数据的捷径，都不足以应对。宏观和微观数据的弱整合（weak integration）是另一个值得关注的问题。我们需要更好地了解以调查为基础的消费总量与国民账户所隐含的消费总量之间经常存在的差异。

贫困现在可以被视为一个全球性问题，但我们仍然没能以全球视角研究它。发达国家和发展中国家各自拥有不同的测度方法，甚至不同的数据库。我们需要一个真正的全球贫困概念，认识到贫困既有绝对的维度也有相对的维度，并将它们统一在一个框架中。我们仍然没有一个用于研究贫困和不平等问题的全球相关的微型数据库。已有一些重要的举措，但它们是细分的——出现了一两个有利于富裕国家的数据库，这些数据库在其他地方作用有限；同样，也有一些适用于低收入和中等收入国家的好的方案。

人们早就认识到，即使是一个测度商品控制权的极好的指标，也是评估福利的不完善的指标。多用途综合调查和更专门的调查（通常是在更大的样本上）有助于扩大评估范围，纳入其他“非收入”维度。认识到贫困是多维度的，我们真正感兴趣的是在多个维度上的联合分布，但并不意味着我们需要将多个维度加起来，形成任意加权的组合并折合为单一维度。这是一种人为认识，不应该说服那些密切关注混搭指数是如何形成的人。

我们在学习政策方面也面临许多认知挑战。反贫困的公共和私人努力越来越受到重视，这是一件好事。但也存在一个严重的问题，我们的认识正倾向于一些重要的干预措施，即使如此，这些政策也可以应用到一些现实环境。随机对照试验对研究人员的吸引力是相当大的，不应因为纯粹是研究人员的兴趣而被忽视。随机对照试验只是我们需要的方法之一，它不会回答政策制定者提出的关于以这种方式研究的干预措施的所有问题，也不会回答关于其他许多无法以这种方式研究的相关干预措施的几乎所有问题。为今后的反贫困政策提供信息，可能需要采取更协调更全面的办法来查明和应对紧迫的认知缺口。

通往未来的两条路

发展中国家的反贫困进展在国家间和时间上都是不平衡的。2000 年以来，发展中国家每年将极端贫困率降低略高于 1 个百分点，是过去两百年来年增长率的三倍多。如果这一进展能够保持下去，那么，发展中国家至少将会比当今的发达国家所用时间更短地消除最极端形式的绝对贫困。然而，我们不应假定，发展中国家消除贫困的新进展速度会自动得以持续，这需要良好的政策和一定程度的好运。

未来有两条截然不同的道路。低增长率的“悲观轨迹”必然导致中国以外的发展中国家倒退回 20 世纪 80 年代和 90 年代相对缓慢的进程。在这条道路上，还需要 50 年或更长时间才能使 10 亿人摆脱贫困。这肯定会被认为是一个糟糕的表现。相比之下，“乐观路径”将会保持 2000 年以来发展中国家整体上较高的增长率，且总体不平等不会加剧。如果这一路径能够实现，那么我们就有理由相信，到 2030 年左右，将有 10 亿人摆脱极端贫困。

确保遵循第二条道路的主要挑战是什么？在人们可以确定的实现这一目标的各种威胁中，不平等是当前的一个突出关注点。日益加剧的不平等可能意味着经济增长在很大程度上绕过了穷人。这种情况已经发生在一些富裕国家包括美国。发展中国家的经验各不相同。在成长中的发展中国家，不平等的下降和上升频率差不多，只是绝对贫困指标往往会随着增长而下降。不平等程度高的国家减贫难度更大，因为它们通常需要比不平等程度低的国家更高的经济增长率，才能实现与减贫同等的进展速度，而其高度不平等往往会使这种减贫增长更难实现。

在思考对政策的意义时，破解不平等非常重要，这就需要确定与反贫困进展高度相关的具体维度。今天，在许多发展中国家，获得优质教育和医疗卫生的机会不平等现象十分突出。在许多农村经济中，获得土地的不平等（包括土地权利的不安全）仍然是不利于穷人增长的障碍。性别不平等现象随处可见，不仅仅体现在对物质产品的支配方面。

许多扶贫政策要求建立更高质量的满足穷人需要的公共机构和服务。有了必要的政治意愿，在改善贫困地区的医疗和教育服务以及使法律制度更具包容性方面，可以做很多工作。这些都是各地反贫困政策的重中之重。利用有条件转移支付进行再分配和保险也有重要的支持作用，最好是由国内税收提供资金。这种作用不可能是暂时性的：所有国家都需要一个永久性的社会保障体系。在考虑（众多）政策选择时，发展中国家的政策制定者在思路上应更多地倾向于宽泛对象和基本上无条件的转移支付（区别于目标明确的有条件转移支付）。在贫困国家改善税收制度以扩大国内反贫困政策的收入，也应是一项高度优先项。

外部发展援助应该能继续发挥作用。这本身就具有伦理上的强制力，但同时也是对富裕国家强加给贫穷国家的成本的补偿（例如，通过过去对温室气体存量的责任分担以及过去殖民剥削和贸易管制的不公正）。援助有两大重要作用：第一，紧急援助，即应对危机的短期援助。人们会担心道德风险，对此必须认真对待，但是应呼吁富裕国家帮助贫穷国家应对农业气候和其他冲击。第二，发展援助应有助于培养长期可持续减贫的条件，包括制度建设和建立更好的公共管理（例如国内资源的调动）。不过必须承认，发展援助的记录参差不齐，而且并不总能根据我们所知的贫穷经济学考虑周全。例如，援助者普遍认为，他们需要更好的激励政策——用胡萝卜加大棒的方法，奖优罚劣。这是一个有风险的策略，很可能将脆弱的国家推入一个贫困的制度陷阱。

市场失灵是不平等对消除贫困何以至关重要的一大原因。信贷市场失灵一直是一个突出的问题。这些政策性应对措施包括努力使市场和制度更好地为穷人服务，以及努力通过包括再分配在内的其他手段弥补市场失灵。不平等也会削弱此类政策得以实施的潜力。那些有能力抓住新机会的人往往会抵制那些试图确保这些机会被广泛获得的改革，同时考虑到穷人自己目前几乎没有能力补偿扶贫改革中的非穷人受损者。历史上的例子不胜枚举。19 世纪的英国实业家通过游说反对义务教育和反对禁止童工，并使这些改革拖延了很长一段时间。印度独立后几十年内，实业家游说贸易保护，通过吸收劳动力的出口导向的制造业的增长，缩小了减贫的空间。在这两个国家（以及其他地方），强大的土地拥有者实际上削弱了土地改革和其他再分配政策的潜力。在许多国家，城市正规部门劳动力市场的内部人员（市场交易的双方）采取行动，有效地限制了来自外部人员的竞争。

不平等不单是一个概念，它以多种形式存在，不同的人对它的看法大不相同。这一事实引发了许多争论，尽管有时这种争论有如船只在夜深人静时错身而过，彼此并未看到或理解对方的观点。人们对不平等看法的差异，也会阻碍有利于穷人的经济政策。一个很好的例子是一些人对日益加剧的绝对不平等的反应。曾经被广泛认为是发展的“程式化事实”，即较高的相对不平等是增长和减贫不可避免的代价，但根据新的理论和证据，这一事实已经被推翻。贫穷的增长型经济体能够并且已经避免了相对不平等的加剧，但它们将很难避免绝对不平等的加剧，即贫富之间不断扩大的绝对差距。许多公民将不平等视为绝对而非相对的，他们有理由持这种观点；而大多数经济学家所坚持的相对不平等概念源于一个无须被接受且（事实上）为许多人所拒绝的公理。那些认为不平等是绝对的且与贫穷无关的人会看到贫穷与不平等之间的权衡。消减人们对绝对不平等加剧的担心，几乎肯定会减缓反贫困的进展。

扶贫政策改革也可能因另一种担忧即横向不平等而受阻。公共财政创始人之一阿瑟·塞西尔·庇古（1049）称之为“一种被不公平对待的感觉……这本身就是一种罪恶!”对政策改革中的分配影响的描述通常只考虑所涉及的纵向再分配。例如，贫富之间平均影响的差异。然而，可能阻碍改革或造成巨大社会成本的政治反应，在某种程度上是横向的——即在改革前生活水平相似的人们之间。简单地对这些横向差异进行平均是有欺骗性的。(比如）一些改革还将少数人的巨额损失和大量人的小额收益结合起来。公民和政策制定者很可能会关注这些差异。更好地了解横向影响还可以为预测并制定何种类型的家庭损失的社会保护政策提供信息。

城市贫困是另一个挑战。贫困的城市化即城市地区的贫困率比农村地区的贫困率下降得更慢，这在几乎任何一个在总体上成功减贫的发展中国家都是可以预见的。城市经济创造了新的机会，农村地区的穷人往往寻求这些机会来改善他们的生活。城市经济创造了新的机会，农村地区的穷人前往城市寻求改善他们的生活。扭曲的城市劳动力市场容易地造成过度的城市化，正如缺乏有效的公共努力来促进农业和农村发展一样。事实上，许多发展中国家甚至进一步（明确地或以其他方式）向农村经济征税来支持城市经济。消除税收和公共支出方面长期存在的政策偏见，仍是有利于穷人增长的一个高度优先事项。同样被误导的还有对流动人口的限制和城市政策，这使得向（包括农民工在内的）城市贫困居民提供的服务不足。穷人往往被困为政策的牺牲品，这些政策在抑制农业的同时，也使农民工的生活更加困难。发展决策需要对这两个经济部门更加中立。这可能仍将导致贫困的城市化，但只要贫困总体上正在下降，这就不应成为引起恐慌的原因。

减贫努力的可持续性在确保我们踏上乐观道路方面提出了更进一步的一系列挑战。我们不想在达到减贫目标后几年又倒退。令人鼓舞的是，研究表明，在给定的平均消费水平下，较低的初始绝对贫困水平有助于提高发展中国家随后的平均生活水平增长率，并有助于确保经济增长本身就是在减贫。因此，预期一个“良性循环”将有助于确保减贫的可持续性。

即使是乐观道路，世界上仍将有10亿或更多的人生活在最贫困国家典型的节俭贫困线以上，但按其所在国家的标准仍是贫穷的。这种相对贫困依旧是贫困。随着平均收入的增长（尽管不是平均收入的固定比例），对相对剥夺和社会包容成本的福利关切要求更高的实际贫困线。这种类型的贫困也可以消除，但肯定需要比我们迄今在大多数国家看到的更强有力的再分配努力。政策是可用的，今后的更大挑战是确保有实施和执行健全的反贫困政策的政治意愿和行政能力，以及适应不同情况并不断了解其效力。

参考文献

史蒂芬·博杜安，著. 杜鹃，译. 世界历史上的贫困. 商务印书馆，2015.

安格斯·迪顿，著. 崔传刚，译. 逃离不平等. 中信出版社，2014.

塞缪尔·弗莱施哈克尔，著. 吴万伟，译. 分配正义简史. 译林出版社，2010.

亚里士多德，著. 吴寿彭，译. 政治学. 商务印书馆，1965.

曼德维尔，著. 肖聿，译. 蜜蜂的寓言. 商务印书馆，2016.

凯瑟琳·布，著. 何佩桦，译. 地下城：孟买贫民窟的生命、死亡与希望. 新星出版社，2018.

孟德斯鸠，著. 欧启明，译. 论法的精神. 译林出版社，2016.

威廉·配第，著. 薛东阳，译. 赋税论. 武汉大学出版社，2011.

卢梭，著. 李常山，译. 论人类不平等的起源和基础. 商务印书馆，1962.

托马斯·潘恩，著. 李芳华，译. 常识. 中国青年出版社，2013.

大卫·李嘉图，著. 周洁，译. 政治经济学及赋税原理. 华夏出版社，2005.

托马斯·马尔萨斯，著. 陈小白，译. 人口原理. 华夏出版社，2012.

狄更斯，著. 何文安，译. 雾都孤儿. 译文出版社，1998.

约翰·斯图亚特·穆勒，著. 金镝，金熠，译《政治经济学原理》（下）华夏出版社，2009.

卡尔·兰道尔，著. 刘山等，译. 欧洲社会主义思想与运动史：从产业革命到希特勒攫取政权. 商务印书馆，1994.

马歇尔，著. 廉运杰，译. 经济学原理. 华夏出版社，2005.

约翰·罗尔斯，著. 何包钢，何怀宏，廖申白，译. 正义论. 中国社会科学出版社，2001.

迈克尔·哈灵顿，著. 张飞北，译. 另一个美国. 中国青年出版社，2011.

托马斯·皮凯蒂，著. 巴曙松等人，译. 21世纪资本论. 中信出版社，2014.

戴维·希普勒，著. 陈丽丽，译. 穷忙. 上海译文出版社，2005.

阿马蒂亚·森，著. 杰弗里·霍索恩，编. 沈国华，译. 生活水平. 机械工业出版社，2014.

刘易斯，著. 施炜等，译. 二元经济论. 北京经济学院出版社，1989.

阿马蒂亚·森，著. 徐大建，译. 生活水准. 上海财经大学出版社，2007.

希克斯，著. 薛蕃康，译. 价值与资本——对经济理论某些基本原理的探讨. 商务印书馆，1982.

提勃尔·西托夫斯基，著. 高永平，译. 无快乐的经济：人类获得满足的心理学. 中国人民大学出版社，2008.

瑞克·布鲁格（Rick Bragg），著. 王聪，译. 南方纪事. 华夏出版社，2005.

吉尔贝·李斯特（Gilbert Rist），著. 陆象淦，译. 发展史：从西方的起源到全球的信仰. 社会科学文献出版社，2017.

拉吉·萨，约瑟夫·斯蒂格利茨，著. 黄少卿等，译. 农民和城市居民：税负和经济发展的负担. 上海人民出版社，2017.

（古希腊）亚里士多德，著. 政治学. 江西教育出版社，2014.

斯文・贝克特，著. 徐轶杰，杨燕等，译. 棉花帝国：一部资本主义全球史（*Empire of Cotton：A New History of Global Capitalism*）. 民主与建设出版社，2019.

迪帕・纳拉扬，帕蒂・皮特施，著. 崔惠玲等，译. 在广袤的土地上（*From Many Lands*）. 中国人民大学出版社，2014.

Abel-Smith, Brian, and Peter Townsend. 1966. *The Poor and the Poorest: A New Analysis of the Ministry of Labour's Family Expenditure Surveys of* 1953–54 *and* 1960. London: Bell.

Abernethy, Simon. 2013. "Deceptive data? The New Survey of London Life and Labour 1928–31." Working Paper 16. Cambridge: Department of Economic and Social History, University of Camb Ridge, England.

Abler, David, and Vasant Sukhatme. 2006. "The 'Efficient but Poor' Hypothesis." *Review of Agricultural Economics* 28 (3): 338–343.

Acemoglu, Daron. 2009. *Introduction to Economic Growth*. Princeton, NJ: Princeton University Press.

Acemoglu, Daron, Simon Johnson, and James Robinson. 2001. "The Colonial Origins of Comparative Development: An Empirical Investigation." *American Economic Review* 91 (5): 1369–1401.

Acemoglu, Daron, Simon Johnson, and James Robinson. 2005. "Institutions as a Fundamental Cause of Long-Run Growth." In Philippe Aghion and Steven N. Durlauf (eds.), *Handbook of Economic Growth*, vol. 1A. Amsterdam: Elsevier.

Acemoglu, Daron, and Jörn-Steffen Pischke. 2003. "Minimum Wages and On-the-Job Training." *Research in Labor Economics* 22: 159–202.

Acemoglu, Daron, and James Robinson. 2000. "Political Losers as Barriers to Economic Development." *American Economic Review Papers and Proceedings* 90 (2): 126–130.

Acemoglu, Daron, and James Robinson. 2006. *Economic Origins of Dictatorship and Democracy*. Cambridge: Cambridge University Press.

Acemoglu, Daron, and James Robinson. 2012. *Why Nations Fail. the Origins of Power, Prosperity and Poverty*. New York: Crown Business.

Acemoglu, Daron, and Fab Rizio Zilibotti. 1997. "Was Prometheus Unbound by Chance?" *Journal of Political Economy* 105 (4): 709–751.

Ackerson, Leland, and S. V. Subramania. 2008. "State Gender Inequality, Socioeconomic Status and Intimate Partner Violence (IPV) in India: A Multilevel Analysis." *Australian Journal of Social Issues* 43 (1): 81–102.

Addison, Tony, and Lionel Demery. 1985. "Macroeconomic Stabilization, Income Distribution and Poverty: A Preliminary Survey." Overseas Development Institute Working Paper 15. London: ODI.

Adelman, Irma, and Cynthia Taft Morris. 1973. *Economic Growth and Social Equity in Developing Countries*. Stanford, CA: Stanford University Press.

Agee, James, and Walker Evans. (1941) 2000. *Let Us Now Praise Famous Men: The American Classic, in Words and Pictures, of Three Tenant Families in the Deep South*. Boston, MA: Houghton Mifflin.

Aghion, Philippe, and Patrick Bolton. 1997. "A Theory of Trickle-Down Growth and Development." *Review of Economic Studies* 64: 151–172.

Aghion, Philippe, Eve Caroli, and Cecilia Garcia-Penalosa. 1999. "Inequality and Economic Growth: The Perspectives of the New Growth Theories." *Journal of Economic Literature* 37 (4): 1615–1660.

Aghion, Philippe, and Peter Howitt. 1998. Endogenous Growth Theory. Cambridge, MA: MIT Press.

Ahluwalia, Montek S. 1976. "Inequality, Poverty and Development." *Journal of Development Economics* 3: 307–342.

Ahluwalia, Montek S. 2002. "Economic Reforms in India: A Decade of Gradualism." *Journal of Economic Perspectives* 16 (3): 67-88.

Ahluwalia, Montek S., Nicholas G. Carter, and Hollis B. Chenery. 1979. "Growth and Poverty in Developing Countries." *Journal of Development Economics* 6: 299-341.

Ahmed, Akhter, Ruth Vargashill, Lisa C. Smith, Doris M. Wiesmann, and Tim Frankenberger. 2007. *The World's Most Deprived*. Washington DC: International Food Policy Research Institute.

Ainsworth, Martha, and Jacques van der Gaag. 1988. "Guidelines for Adapting the LSMS Living Standards Questionnaires to Local Conditions." Living Standards Measurement Study Working Paper 34. Washington, DC: World Bank.

Aizer, Anna, and Janet Currie. 2014. "The Intergenerational Transmission of Inequality: Maternal Disadvantage and Health at Birth." *Science* 344: 856-861.

Aizer, Anna, Shari Eli, Joseph Ferrie, and Adriana Lleras-Muney. 2014. "The Long Term Impacts of Cash Transfers to Poor Families." NBER Working Paper 20103. Cambridge, MA: NBER.

Ajwad, Mohamed Ihsan. 2006. "Coverage, Incidence and Adequacy of Safety Net Programs in India." Background Paper for *Social Protection for a Changing India*. Washington, DC: World Bank.

Akerlof, George. 1970. "The Market for Lemons: Quality Uncertainty and the Market Mechanism." *Quarterly Journal of Economics* 84: 485-500.

Akerlof, George, and William Dickens. 1982. "The Economic Consequences of Cognitive Dissonance." *American Economic Review* 72 (3): 307-319.

Akresh, Richard, Damien de Walque, and Harounan Kazianga. 2013. "Cash Transfers and Child Schooling: Evidence from a Randomized Evaluation of the Role of Conditionality." Policy Research Working Paper 6340. Washington, DC: World Bank.

Alam, M. Shahid. 2006. "Global Disparities Since 1800: Trends and Regional Patterns." *Journal of World Systems Research* 12 (2): 37-59.

Alatas, Vivi, Abhijit Banerjee, Rema Hanna, Benjamin A. Olken, and Julia Tobias. 2012. "Targeting the Poor: Evidence from a Field Experiment in Indonesia." *American Economic Review* 102 (4): 1206-1240.

Albelda, Randy, Nancy Folbre, and the Center for Popular Economics. 1996. *The War on the Poor. A Defense Manual*. New York: New Press.

Albrecht, James, Lucas Navarro, and Susan Vroman. 2009. "The Effects of Labour Market Policies in an Economy with an Informal Sector." *Economic Journal* 119: 1105-1129.

Alderman, Harold. 2002. "Do Local Officials Know Something We Don't? Decentralization of Targeted Transfers in Albania." *Journal of Public Economics* 83: 375-404.

Alderman, Harold, John Hoddinott, and Bill Kinsey. 2006. "Long-Term Consequences of Early Childhood Malnutrition." *Oxford Economic Papers* 58 (3): 450-474.

Alderman, Harold, and Ruslan Yemtsov. 2014. "How can Safety Nets Contribute to Economic Growth?" *World Bank Economic Review* 28: 1-20.

Alesina, Alberto, and Dani Rodrik. 1994. "Distributive Politics and Economic Growth." *Quarterly Journal of Economics* 108: 465-490.

Alik Lagrange, Arthur, and Martin Ravallion. 2015. "Policy Inconsistent Evaluation: A Case Study for a Large Workfare Program." NBER Working Paper 21041, National Bureau of Economic Research, Cambridge, Massachusetts.

Alkire, Sabina. 2002. *Valuing Freedoms*. Oxford: Oxford University Press.

Alkire, Sabina, and James Foster. 2011. "Counting and Multidimensional Poverty Measurement." *Journal of Public*

Economics 95 (7-8): 476-487.

Alkire, Sabina, and Maria Emma Santos. 2010. "Acute Multidimensional Poverty: A New Indexfor Developing Countries." Oxford Poverty and Human Development Initiative, Working Paper 38. Oxford: University of Oxford.

Allen, Robert. 2007. "Pessimism Preserved: Real Wages in the British Industrial Revolution." Department of Economics, Working Paper 314. Oxford: University of Oxford.

Allen, Robert. 2009. "Engels' Pause: Technical Change, Capital Accumulation, and Inequality in the British Industrial Revolution." *Explorations in Economic History* 46: 418-435.

Allen, Robert. 2013. "*Poverty Linesin History, Theory, and Current International Practice.*" Mimeo. Oxford: Nuffield College, University of Oxford.

Almas, Ingrid. 2012. "International Income Inequality: Measuring PPP Bias by Estimating Engel Curves for Food." *American Economic Review* 102 (2): 1093-1117.

Altonji, Joseph, Todd E. Elder, and Christopher R. Taber. 2005. "Selection on Observed and Unobserved Variables: Assessing the Effectiveness of Catholic Schools." *Journal of Political Economy* 113 (1): 151-183.

Alvaredo, Facundo, Anthony B. Atkinson, Thomas Piketty, and Emmanuel Saez. 2014. "The World Top Incomes Database." http://topincomes.parisschoolofeconomics.eu/#Database: Paris: School of Economics.

Amiel, Yoram, and Frank Cowell. 1992. "Measurement of Income Inequality: Experimental Test by Questionnaire." *Journal of Public Economics* 47: 3-26.

Amiel, Yoram, and Frank Cowell. 1999. *Thinking about Inequality: Personal Judgment and Income Distributions*. Cambridge, MA: Cambridge University Press.

Anand, Sudhir. 1983. *Inequality and Poverty in Malaysia*. Oxford: Oxford University Press.

Anand, Sudhir, and Ravi Kanbur. 1993. "The Kunets Process and the Inequality-Development Relationship." *Journal of Development Economics* 40: 25-52.

Anand, Sudhir, and Martin Ravallion. 1993. "Human Development in Poor Countries: On the Role of Private Incomes and Public Services." *Journal of Economic Perspectives* 7 (Winter): 133-150.

Anderson, Kym, and Alan Winters. 2008. "The Challenge of Reducing International Trade and Migration Barriers." Policy Research Working Paper 4598. Washington, DC: World Bank.

Anderson, Michael. 2008. "Multiple Inference and Gender Differences in the Effects of Early Intervention: A Reevaluation of the Abecedarian, Perry Preschool, and Early Training Projects." *Journal of the American Statistical Association* 103: 1481-1495.

Anderson, Siwan, and Debraj Ray. 2010. "Missing Women: Age and Disease." *Review of Economic Studies* 77 (4): 1262-1300.

Angelucci, Manuela, Dean Karlan, and Jonathan Zinman. 2013. "Win Some Lose Some? Evidence from a Randomized Microcredit Program Placement Experiment by Compartamos Banco." Mimeo.

Appleton, Simon. 1996. "Women-Headed Households and Household Welfare: An Empirical Deconstruction for Uganda." *World Development* 24 (12): 1811-1827.

Apps, Patricia F., and Elizabeth J. Savage. 1989. "Labour Supply, Welfare Rankings and the Measurement of Inequality." *Journal of Public Economics* 39: 335-364.

Ardington, Cally, Anne Case, and Victoria Hosegood. 2009. "Labor Supply Responses to Large Social Transfers: Longitudinal Evidence from South Africa." *American Economic Journal: Applied Economics* 1 (1): 22-48.

Aristotle. 350 B. C. a. *Nicomachean Ethics*. Book 7. Translated by W. D. Ross.

Aristotle. 350 B. C. b. Politics. Book 2. Translated by Benjamin Jowett. http://classics.mit.edu/Aristotle/politics. 2.two.html.

Arndt, Channing, Sam Jones, and Finn Tarp. 2014. "What is the Aggregate Economic Rate of Return to Foreign Aid?" WIDER Working Paper 2014/089. (*World Bank Economic Review*, forthcoming.)

Arneson, Richard. 1989. "Equality and Equal Opportunity for Welfare." *Philosophical Studies* 56 (1): 77–93.

Arneson, Richard. 2005. "Distributive Justice and Basic Capability Equality: 'Good Enough' Is not Good Enough." Mimeo. San Diego: University of California-San Diego.

Arnott, Richard. 1995. "Time for Revisionism on Rent Control?" *Journal of Economic Perspectives* 9 (1): 99–120.

Arnott, Richard, and M. Igarashi. 2000. "Rent Control, Mismatch Costs and Search Efficiency." *Regional Science and Urban Economics* 30: 249–288.

Arrow, Kenneth. 1951. *Social Choice and Individual Values*. New York: John Wiley.

Arrow, Kenneth. 1962. "The Economic Implications of Learning by Doing." *Review of Economic Studies* 29: 155–173.

Arrow, Kenneth. 1973. "Some Ordinalist-Utilitarian Notes on Rawls's Theory of Justice." *Journal of Philosophy* 70: 245–263.

Arrow, Kenneth, and Frank Hahn. 1971. *General Competitive Analysis*. San Francisco: Holden-Day.

Artz, Frederick B. 1934. *Reaction and Revolution*: 1814–1834. New York: Harper and Row.

Ashenfelter, Orley, Angus Deaton, and Gary Solon. 1986. "Collecting Panel Data in Developing Countries: Does It Make Sense?" Living Standards Measurement Study Working Paper No. 23. Washington, DC: World Bank.

Asian Development Bank. 2014. *Key Indicators for Asia and the Pacific* 2014. Manila: Asian Development Bank.

Atkinson, Anthony B. 1970. "On the Measurement of Inequality." *Journal of Economic Theory* 2: 244–263.

Atkinson, Anthony B. 1975. *The Economics of Inequality*. Oxford: Oxford University Press.

Atkinson, Anthony B. 1987. "On the Measurement of Poverty." *Econometrica* 55: 749–764.

Atkinson, Anthony B. 1989. *Poverty and Social Security*. New York: Harvester Wheatsheaf.

Atkinson, Anthony B. 1991. "Comparing Poverty Rates Internationally: Lessons from Recent Studies in Developed Countries." *World Bank Economic Review* 5 (1): 3–21.

Atkinson, Anthony B. 1992. "Measuring Poverty and Differences in Family Composition." *Economica* 59: 1–16.

Atkinson, Anthony B. 1995. *Public Economics in Action: The Basic Income/Flat Tax Proposal*. Oxford: Oxford University Press.

Atkinson, Anthony B. 1998. *Poverty in Europe*. Oxford: Blackwell Press.

Atkinson, Anthony B., and Francois Bourguignon. 1982. "The Comparison of Multi-Dimensional Distributions of Economic Status." *Review of Economic Studies* 49: 183–201.

Atkinson, Anthony B., and Francois Bourguignon. 1987. "Income Distribution and Differences in Needs." In George R. Feiwel (ed.), *Arrow and the Foundations of the Theory of Economic Policy*. London: Macmillan Press.

Atkinson, Anthony B., and Francois Bourguignon. 1989. "The Design of Direct Taxation and Family Benefits." *Journal of Public Economics* 41: 3–29.

Atkinson, Anthony B., and Francois Bourguignon. 2001. "Poverty and Inclusion from a World Perspective." In Joseph Stiglitz and Pierre-Alain Muet (eds.), *Governance: Equity and Global Markets*. Oxford: Oxford University Press.

Atkinson, Anthony B., Thomas Piketty, and Emmanuel Saez. 2011. "Top Incomes in the Long Run of History." *Journal of Economic Literature* 49 (1): 3–71.

Atkinson, Anthony B., and Joseph E. Stiglitz. 1980. *Lectures on Public Economics*. London: McGraw-Hill Book Company.

Atkinson, Anthony B., and Holly Sutherland. 1989. "Analysis of a Partial Basic Income Scheme." In A. B. Atkinson (ed.), *Poverty and Social Security*. Hemel Hempstead, Hertfordshire: Harvester Wheatsheaf.

Attanasio, Orazio, Costas Meghir, and Ana Santiago. 2012. "Education Choices in Mexico: Using Astructural Model and a Randomized Experiment to Evaluate Progresa." *Review of Economic Studies* 79 (1): 37–66.

Autor, David. 2014. "Skills, Education, and the Rise of Earnings Inequality among the Other 99 Percent." *Science* 344: 843–851.

Avitabile, Ciro. 2012. "Spillover Effects in Healthcare Programs: Evidence on Social Norms and Information Sharing." IDB Working Paper Series No. IDB-WP–380. Washington, DC: Inter-American Development Bank.

Aykroyd, Wallace R. 1974. *The Conquest of Famine*. London: Chatto and Windus.

Azam, Jean-Paul, and Jean-Jacques Laffont. 2003. "Contracting for Aid," *Journal of Development Economics* 70: 25–58.

Azariadis, CosFtas. 1996. "The Economics of Poverty Traps. Part One: Complete Markets." *Journal of Economic Growth* 1: 449–486.

Azariadis, Costas. 2006. "the Theory of Poverty Traps: What Have We Learned?" In Samuel Bowles, Steven Durlauf, and Karla Hoff (eds.), Poverty Traps. Princeton, NJ: Princeton University Press.

Bago d'Uva, T., E. Van Doorslaer, M. Lindeboom, and O. O'Donnell. 2008. "Does Reporting Heterogeneity Bias the Measurement of Health Disparities?" *Health Economics* 17 (3): 351–375.

Baird, Sarah, Jed Friedman, and Norbert Schady. 2011. "Aggregate Income Shocks and Infant Mortality in the Developing World." *Review of Economics and Statistics* 93 (3): 847–856.

Baird, Sarah, Craig McIntosh, and Berk Ozler. 2011. "Cash or Condition? Evidence from a Cash Transfer Experiment." *Quarterly Journal of Economics* 126 (4): 1709–1753.

Bairoch, Paul. 1981. "The Main Trends in National Economic Disparities since the Industrial Revolution." In P. Bairoch and M. Levy-Leboyer (eds.), *Disparities in Economic Development since the Industrial Revolution*. New York: St. Martin's Press.

Bandiera, Oriana, Robin Burgess, Selim Gulesci, Imran Rasul, Munshi Sulaiman. 2013. "Can Entrepreneurship Programs Transform the Economic Lives of the Poor?" Discussion Paper EOPP 043, London School of Economics and Political Science, London.

Bandyopadhyay, Sanghamitra. 2004. "Twin Peaks: Distribution Dynamics of Economic Growth across Indian States." In Anthony Shorrocks and Rolph Van Der Hoeven (eds.), *Growth, Inequality and Poverty*. Oxford: Oxford University Press.

Banerjee, Abhijit. 2007. *Making Aid Work*. Cambridge, MA: MIT Press.

Banerjee, Abhijit, Rukmini Banerji, Esther Duflo, Rachel Glennerster, and Stuti Khemani. 2010. "Pitfalls of Participatory Programs: Evidence from a Randomized Evaluation in Education in India." *American Economic Journal: Economic Policy* 2 (1): 1–30.

Banerjee, Abhijit, and Esther Duflo. 2003. "Inequality and Growth: What Can the Data Say?" *Journal of Economic Growth* 8 (3): 267–299.

Banerjee, Abhijit, and Esther Duflo. 2008. "What Is Middle Class about the Middle Classes around the World?" *Journal of Economic Perspectives* 22 (2): 3–28.

Banerjee, Abhijit, Estherduflo, Rachel Glennerster, and Cynthia Kinnan. 2009. "The Miracle of Microfinance? Evidence from a Randomized Evaluation." BREAD Working Paper No. 278, BREAD.

Banerjee, Abhijit, Estherduflo, Nathanael Goldberg, Dean Karlan, Robert Osei, William PaRienté, Jeremy Shapiro, Bram Thuysbaert, and Christopher Udry, 2015, "A Multifaceted Program Causes Lasting Progress for The Very Poor: Evidence From Six Countries," *Science* 348: 773–789.

Banerjee, Abhijit, and LakshmiIyer. 2005. "History, Institutions and Economic Performance: The Legacy of Colonial Land Tenure Systems in India." *American Economic Review* 95 (4): 1190–1213.

Banerjee, Abhijit, Dean Karlan, and Jonathan Zinman. 2014. "Six Randomized Evaluations of Microcredit: Introduction and Further Steps." *American Economic Journal: Applied Economics* 7 (1): 1–21.

Banerjee, Abhijit, and Andrew Newman. 1994. "Poverty, Incentives and Development." *American Economic Review Papers and Proceedings* 84 (2): 211–215.

Banerjee, Abhijit, and Thomas Piketty. 2005. "Top Indian Incomes, 1922–2000." *World Bank Economic Review* 19 (1): 1–20.

Bangasser, Paul. 2000. "The ILO and the Informal Sector: An Institutional History." Employment Paper 2000/9. Geneva: International Labour Organization.

Bannock, Graham, R. E. Baxter, and Ray Rees. 1972. *The Penguin Dictionary of Economics*. Harmondsworth: Penguin.

Barder, Owen. 2013. "Is Aid a Waste of Money? Global Development: Views from the Center." Washington, DC: Center for Global Development.

Bardhan, Pranab. 1984a. *Land, Labor and Rural Poverty: Essays in Development Economics*. New York: Columbia University Press.

Bardhan, Pranab. 1984b, *The Political Economy of Development In India*. Oxford: Basil Blackwell.

Bardhan, Pranab. 2011. "Challenges for a Minimum Social Democracy in India." *Economic and Political Weekly* 46 (10): 39–43.

Bardhan, Pranab, Samuel Bowles, and Herbert Gintis. 2000. "Wealth Inequality, Wealth Constraints and Economic Performance." In A. B. Atkinson and F. Bourguignon (eds.), *Handbook of Income Distribution*, vol. 1. Amsterdam: North-Holland.

Bardhan, Pranab, and Dilip Mookherjee. 2006. "Pro-Poor Targeting and Accountability of Local Governments in West Bengal." *Journal of Development Economics* 79 (2): 303–327.

Bargain, Olivier, Olivier Donni, and Prudence Kwenda. 2014. "Intrahousehold Distribution and Poverty: Evidence from Côte d'Ivoire." *Journal of Development Economics* 107: 262–276.

Barham, Tania. 2012. "Enhancing Cognitive Functioning: Medium-Term Effects of a Health and Family Planning Program in Matlab," *American Economic Journal: Applied Economics*, 4 (1): 245–73.

Barham, Tania, Karen Macours, and John Maluccio. 2013. "More Schooling and More Learning? Effects of a Three-Year Conditional Cash Transfer Program in Nicaragua after 10 Years." IDB Working Paper IDB-WP–432. Washington, DC: Inter-American Development Bank.

Barrett, Christopher, P. Marenya, J. McPeak, B. Minten, F. Murithi, W. Oluoch-Kosura, F. Place, J. Randrianarisoa, J. Rasambainarivo, and J. Wangila. 2006. "Welfare Dynamics in Rural Kenya and Madagascar." *Journal of Development Studies* 42 (2): 178–199.

Barrientos, Armando. 2013. *Social Assistance in Developing Countries*. Cambridge: Cambridge University Press.

Barro, Robert. 2000. "Inequality and Growth in a Panel of Countries." *Journal of Economic Growth* 5 (1): 5–32.

Barro, Robert, and Xavier Sala-i-Martin. 1992. "Convergence." *Journal of Political Economy* 100 (2): 223–251.

Barro, Robert, and Xavier Sala-i-Martin. 1995. *Economic Growth*. New York: McGraw-Hill.

Barros, Ricardo Paes de, Mirela de Carvalho, Samuel Franco, and Rosane mendonça. 2006. "Determinantes Imediatos da Queda da Desigualdade de Renda Brasileira." In Ricardo Paes de Barros, Miguel Foguel, and Gabriel Ulyssea (eds.), *Desigualdade de Renda no Brasil: Umaanalise da queda recente*. Rio de Janeiro: IPEA.

Barros, Ricardo Paes de, F. Ferreira, J. Molinas Vega, and J. Saavedra Chanduvi. 2009. *Measuring Inequality of Opportunities in Latin America and the Caribbean*. Washington, DC: World Bank.

Barrows, R., and M. Roth. 1990. "Land Tenure and Investment in African Agriculture: Theory and Evidence." *Journal of*

Modern African Studies 28 (2): 265–297.

Basu, Kaushik. 1999. "Child Labor: Cause, Consequence and Cure, with Remarks on International Labor Standards." *Journal of Economic Literature* 37: 1083–1119.

Basu, Kaushik. 2003. "Globalization and the Politics of International Finance: The Stiglitz Verdict." *Journal of Economic Literature* 41: 885–899.

Basu, Kaushik. 2011. *Beyond the Invisible Hand: Groundwork for a New Economics*. Princeton, NJ: Princeton University Press.

Basu, Kaushik. 2014. "*Randomization, Causality and the Role of Reasoned Intuition*." Oxford Development Studies 42 (4): 455–472.

Basu, Sanjay, Jason Andrews, Sandeep Kishore, Rajesh Panjabi, and David Stuckler. 2012. "Comparative Performance of Private and Public Healthcare Systems in Low-and Middle-Income Countries: A Systematic Review." *PLOS Medicine* 9 (6): 1–14.

Batana, Yele, Maurizio Bussolo, and John Cockburn. 2013. "Global Extreme Poverty Rates for Children, Adults and the Elderly." *Economics Letters* 120 (3): 405–407.

Bates, Robert. 1981. *Markets and States in Tropical Africa*. Berkeley: University of California Press.

Bator, Francis M. 1958. "The Anatomy of Market Failure." *Quarterly Journal of Economics* 72 (3): 351–379.

Bauer, Peter T. 1971. *Dissent on Development*. London: Weidenfeld and Nicolson.

Baulch, Robert, and Neil McCulloch. 2000. "Tracking Pro-poor Growth." ID21 insights No. 31. Brighton, Sussex: Institute of Development Studies.

Baumol, William. 1983. "Marx and the Iron Law of Wages." *American Economic Review, Papers and Proceedings* 73 (2): 303–308.

Bazen, Stephen. 2007. "The Impact of Minimum Wages on the Distribution of Earnings and Employment in the USA." In J. Micklewright and S. Jenkins (eds.), *Inequality and Poverty Re-Examined*. Oxford: Oxford University Press.

Beaman, Lori, Dean Karlan, Bram Thuysbaert, and Christopher Udry. 2014. "Self-Selection into Credit Markets: Evidence from Agriculture in Mali." NBER Working Paper 20387.

Beaton, George H. 1983. "Energy in Human Nutrition: Perspectives and Problems." *Nutrition Reviews* 41: 325–340.

Beaudoin, Steven. 2006. *Poverty in World History*. New York: Routledge.

Beaumarchais, Pierre. (1778) 2007. *La Folle Journée ou Le Mariage de Figaro*. Paris: Nathan.

Beck, Thorsten, Asli Demirguc Kunt, and Ross Levine. 2007. "Finance, Inequality and the Poor." *Journal of Economic-Growth* 12: 27–49.

Beck, Thorsten, Ross Levine, and Norman Loayza. 2000. "Finance and the Sources of Growth." *Journal of Financial Economics* 58: 261–300.

Becker, Gary. (1964) 1993. *Human Capital: A Theoretical and Empirical Analysis, with Special Referenceto Education*. 3rd ed. Chicago: University of Chicago Press.

Becker, Gary, and N. Tomes. 1979. "An Equilibrium Theory of the Distribution of Income and Intergenerational Mobility." *Journal of Political Economy* 87: 1153–1189.

Beckert, Sven. 2014. *The Empire of Cotton. A Global History*. New York: Alfred Knopf.

Beagle, Kathleen, Kristen Himelein, and Martin Ravallion. 2012. "Frame-of-Reference Bias in Subjective Welfare." *Journal of Economic Behavior and Organization* 81: 556–570.

Behrman, Jere. 1990. "The Action of Human Resources and Poverty on One Another: What We have Yet to Learn." Working

Paper 74, Living Standards Measurement Study, Poverty Analysis and Policy Division. Washington, DC: World Bank.

Behrman, Jere, and Anil Deolalikar. 1987. "Will Developing Country Nutrition Improve with Income? A Case Study for Rural South India," *Journal of Political Economy* 95: 108-138.

Behrman, Jere, Yingmei Cheng, and Petra Todd. 2004. "Evaluating Preschool Programs When Length of Exposure to the Program Varies: A Nonparametric Approach." *Review of Economics and Statistics* 86 (1): 108-132.

Behrman, Jere and Sergio Urzua. 2013. "Economic Perspectives on Some Important Dimensions of Early Childhood Development in Developing Countries." In Pia Rebello Britto, Patrice L. Engle, and Charles M. Super (eds.) *Handbook of Early Childhood Development Research and Its Impact on Global Policy*, Oxford: Oxford University Press.

Bell, Brian, Richard Blundell, and John Van Reenen. 1999. "Getting the Unemployed Back to Work: The Role of Targeted Wage Subsidies." *International Tax and Public Finance* 6 (3): 339-360.

Ben-David, Dan. 1998. "Convergence Clubs and Subsistence Economies," *Journal of Development Economics* 55 (1): 155-171.

Bénabou, Roland. 1993. "Workings of a City: Location, Education and Production." *Quarterly Journal of Economics* 108: 619-652.

Bénabou, Roland. 1996. "Inequality and Growth." In Ben Bernanke and Julio Rotemberg (eds.), *National Bureau of Economic Research Macroeconomics Annual*. Cambridge, MA: MIT Press.

Bénabou, Roland. 2013. "Group Think: Collective Delusions in Organizations and Markets." *Review of Economic Studies* 80: 429-462.

Bénabou, Roland, and Jean Tirole. 2006. "Belief in a Just World and Redistributive Politics." *Quarterly Journal of Economics* 121: 699-746.

Ben-Shalom, Yonatan, Robert Moffitt, and John Karl Scholz. 2012. "An Assessment of the Effectiveness of Antipoverty Programs in the United States." In Philip Jefferson (ed.), *The Oxford Handbook of the Economics of Poverty*. Oxford: Oxford University Press.

Benton, D. 2010. "The Influence of Dietary Status on the Cognitive Performance of Children." *Molecular Nutrition and Food Research* 54 (4): 457-470.

Berg, Andrew, Jonathan D. Ostry, and Jeromin Zettelmeyer. 2012. "What Makes Growth Sustained?" *Journal of Development Economics* 98: 149-166.

Bergh, Andreas, and Therese Nilsson. 2014. "Is Globalization Reducing Absolute Poverty?" *World Development* 62: 42-61.

Bernheim, B. Douglas, and Michael Whinston. 2008. *Microeconomics*. New York: McGraw-Hill.

Berry, Albert. 2011. "The Case for Redistributive Land Reform in Developing Countries." *Development and Change* 42 (2): 637-648.

Berry, Albert, and William Cline. 1979. *Agrarian Structure and Productivity in Developing Countries*. Baltimore, MD: Johns Hopkins University Press.

Bertola, Giuseppe. 2000. "Macroeconomics of Distribution and Growth." In A. B. Atkinson and F. Bourguignon (eds.), *Handbook of Income Distribution*. Amsterdam: North-Holland.

Bertrand, Marianne, Simeon Djankov, Rema Hanna, and Sendhil Mullainathan. 2007. "Obtaining a Driver's License in India: An Experimental Approach to Studying Corruption." *Quarterly Journal of Economics* 122 (4): 1639-1676.

Bertrand, Marianne, and Sendhil Mullainathan. 2001. "Do People Mean What They Say? Implications for Subjective Survey Data." *American Economic Review* 91 (2): 67-72.

Bertrand, Marianne, Sendhil Mulllainathan, and Douglas Miller. 2003. "Public Policies and Extended Families: Evidence from Pensions in South Africa." *World Bank Economic Review* 17 (1): 27-50.

Besley, Timothy. 1995a. "Property Rights and Investment Incentives: Theory and Evidence from Ghana." *Journal of Political Economy* 103 (5): 903-937.

Besley, Timothy. 1995b. "Savings, Credit and Insurance." In Jere Behrman and T. N. Srinivasan (eds.), *Handbook of Development Economics*, vol. 3. Amsterdam: North-Holland.

Besley, Timothy, and Robin Burgess. 2003. "The Political Economy of Government Responsiveness: Theory and Evidence from India." *Quarterly Journal of Economics* 117 (4): 1415-1451.

Besley, Timothy, and Ravi Kanbur. 1988. "Food Subsidies and Poverty Reduction." *Economic Journal* 98: 701-719.

Besley, Timothy, and Ravi Kanbur. 1993. "Principles of Targeting." In Michael Lipton and Jacques Vander Gag (eds.), *Including the Poor*. Washington, DC: Johns Hopkins University Press for the World Bank.

Besley, Timothy, and Torsten Persson. 2010. "State Capacity, Conflict, and Development," *Econometrica* 78 (1): 1-34.

Besley, Timothy, and Torsten Persson. 2011. *Pillars of Prosperity: The Political Economy of Development Clusters*. Princeton, NJ: Princeton University Press.

Bethlehem, Jelke. 2009. *Applied Survey Methods: A Statistical Perspective*. New York: Wiley.

Beveridge, William. 1942. *Social Insurance and Allied Services*. London: His Majesty's Stationary Office.

Bhagwati, Jagdish. 1993. *India Intransition: Freeing the Economy*. Oxford: Clarendon Press.

Bhalla, Surjit. 2002. *Imagine There's No Country: Poverty, Inequality and Growth in the Era of Globalization*. Washington, DC: Institute for International Economics (Peterson Institute).

Bhargava, Alok. 1999. "Modeling the Effects of Nutritional and Socioeconomic Factors on the Growth and Morbidity of Kenyan School Children." *American Journal of Human Biology* 11: 317-326.

Bhargava, Alok, 2008, *Food, Economics, and Health*. Oxford: Oxford University Press.

Bhargava, Alok, and Martin Ravallion. 1993. "Is Household Consumption a Martingale? Tests for Rural South India." *Review of Economics and Statistics* 75: 500-504.

Bhutta, Zulfiqar A., Jai K. Das, Neff Walker, Arjumand Rizvi, Harry Campbell, Igor Rudan, and Robert E. Black. 2013. "Interventions to Address Deaths from Childhood Pneumonia and Diarrhoea Equitably: What Works and at What Cost?" *Lancet* 381: 1417-1429.

Bibi, Sami, and Jean-Yves Duclos. 2007. "Equity and Policy Effectiveness with Imperfect Targeting." *Journal of Development Economics* 83 (1): 109-140.

Bidani, Benu, and Martin Ravallion. 1993. "A New Regional Poverty Profile for Indonesia." *Bulletin of Indonesian Economic Studies* 29: 37-68.

Bidani, Benu, and Martin Ravallion. 1997. "Decomposing Social Indicators Using Distributional Data." *Journal of Econometrics* 77 (1): 125-140.

Bingley, Paul, and Ian Walker. 1997. "the Labour Supply, Unemployment and Participation of Lone Mothers in In-Work Transfer Programmes." *Economic Journal* 107: 1375-1390.

Binmore, Ken. 2007. *Playing for Real: A Text on Game Theory*. Oxford: Oxford University Press.

Binswanger, Hans, Klaus Deininger, and Gershon Feder. 1995. "Power, Distortions, Revolt and Reform in Agricultural and Land Relations." In Jere Behrman and T. N. Srinivasan (eds.), *Handbook of Development Economics*, vol. 3. Amsterdam: North Holland.

Birdsall, Nancy, Carol Graham, and Stefano Pettinato. 2000. "Stuck in the Tunnel: Is Globalization Muddling the Middle Class." Center on Social and Economic Dynamics, Working Paper 14. Washington, DC: Brookings Institution.

Birdsall, Nancy, and Juan Luis Londono. 1997. "Asset Inequality Matters: An Assessment of the World Bank's Approach to Poverty Reduction." *American Economic Review, Papers and Proceedings* 87 (2): 32–37.

Birdsall, Nancy, D. Ross, and R. Sabot. 1995. "Inequality and Growth Reconsidered: Lessons from East Asia." *World Bank Economic Review* 9 (3): 477–508.

Bishop, John, S. Chakraborti, and Paul D. Thistle. 1989. "Asymptotically Distribution-Free Statistical Inference for Generalized Lorenz Curves." *Review of Economics and Statistics* 71: 725–727.

Bishop, John, and Feijun Luo. 2006. "Economic Transition and Subjective Poverty in Urban China," *Review of Income and Wealth* 52 (4): 625–641.

Bishop, John, Feijun Luo, and Xi Pan. 2006. "Economic Transition and Subjective Poverty in Urban China." *Review of Income and Wealth* 52 (4): 625–641.

Black, John, Nigar Hashimzade and Gareth Myles. 2012. *A Dictionary of Economics*. Oxford: Oxford University Press.

Blackorby, Charles, and Donald Donaldson. 1980. "Ethical Indices for the Measurement of Poverty." *Econometrica* 48: 1053–1060.

Blackorby, Charles, and Donald Donaldson. 1984. "Social Criteria for Evaluating Population Change." *Journal of Public Economics* 25: 13–33.

Blanchard, Olivier, and Lawrence Summers. 1986. "Hysteresis and the European Unemployment Problem." In Stanley Fischer (ed.) *NBER Macro Annual*. Cambridge, MA: MIT Press.

Blank, Rebecca M. 1995. "Unwed Mothers Need Role Models Not Roll Backs." *Wall Street Journal*, March 7, A18.

Blank, Rebecca M. 2008. "How to Improve Poverty Measurement in the United States." *Journal of Policy Analysis and Management* 27 (2): 233–254.

Blattman, Christopher, and Edward Miguel. 2009. "Civil Wars." *Journal of Economic Literature* 48: 3–57.

Blau, Francine, and Lawrence Khan. 2007. "Changes in the Labor Supply Behavior of Married Women: 1980–2000." *Journal of Labor Economics* 25: 393–438.

Blaug, Mark. 1962. *Economic Theory in Retrospect*. London: Heinemann Books.

Blinder, Alan. 1973. "Wage Discrimination: Reduced Form and Structural Estimates." *Journal of Human Resources* 8: 436–455.

Bliss, Christopher. 1975. *Capital Theory and the Distribution of Income*. Amsterdam: North- Holland.

Bliss, Christopher, and Nicholas Stern. 1978. "Productivity, Wages and Nutrition." *Journal of Development Economics* 5: 331–362 and 363–398.

Bliss, Christopher, and Nicholas Stern. 1982. *Palanpur: The Economy of an Indian Village*. Oxford: Clarendon Press.

Block, Fred, and Margaret Somers. 2003. "In the Shadow of Speenhamland: Social Policy and the Old Poor Law." *Politics & Society* 31: 283–323.

Block, Steven A., William A. Masters, and Priya Bhagowalia. 2012. "Does Child Undernutrition Persist Despite Poverty Reduction in Developing Countries? Quantile Regression Results." *Journal of Development Studies* 48 (12): 1699–1715.

Bloom, David, David Canning, and Günther Fink. 2008. "Urbanization and the Wealth of Nations." *Science* 319: 772–775.

Bluedorn, John, Rupa Duttagupta, Jaime Guajardo, and Akunde Mwase. 2013. "The Growth Come back in Developing Economies: A New Hope or Back to the Future?" IMF Working Paper 13/132. Washington, DC: IMF.

Blume, Larry, and Steven Durlauf, eds. 2008. *The New Palgrave Dictionary of Economics*. 2nd edn. London: Palgrave Macmillan.

Blundell, Richard. 2001. "Welfare to Work: Which Policies Work and Why?" Keynes Lectures in Economics, University

College of London and Institute of Fiscal Studies.

Boadway, Robin. 1998. "The Mirrlees Approach to the Theory of Economic Policy." *International Tax and Public Finance* 5: 67–81.

Bond, Timothy, and Kevin Lang. 2014. "*The Sad Truth about Happiness Scales*." Mimeo, Boston University.

Boo, Katherine. 2012. *Behind the Beautiful Forevers*. New York: Random House.

Boone, Catherine. 2014. *Property and Political Order: Land Rights and the Structure of Politics in Africa*. Cambridge: Cambridge University Press.

Boone, Peter. 1996. "Politics and the Effectiveness of Foreign Aid." *European Economic Review* 40: 289–329.

Boone, Ryan, Covarrubias, Katia, Benjamin Davis, and Paul Winters. 2013. "Cash Transfer Programs and Agricultural Production: The Case of Malawi." *Agricultural Economics* 44 (3): 365–378.

Booth, Alison, and Mark Bryan. 2007. "Training, Minimum Wages and the Distribution of Earnings." In J. Micklew Right and S. Jenkins (eds.), *Inequality and Poverty Re-Examined*. Oxford: Oxford University Press.

Booth, Anne, and R. M. Sundrum. 1984. *Labour Absorption in Agriculture*. Delhi: Oxford University Press.

Booth, Charles. 1903. *Life and Labour of the People of London. Vol. 5, Industry*. Second Series. London: Macmillan and Co.

Borjas, George. 1995. "Ethnicity, Neighborhoods, and Human-Capital Externalities." *American Economic Review* 85: 365–390.

Bortz, Abe. 1970 (approximate date). "Mother's Aid." Social Welfare History Project. http://www.socialwelf are history.com/programs/mothers-aid/.

Boserup, Esther. 1981. *Population and Technological Change: A Study of Long-Run Trends*. Chicago: University of Chicago Press.

Boserup, Esther. 1985. "The Impact of Scarcity and Plentyon Development." In Robert Rotberg and Theodore Rab (eds.), *Hunger and History*. Cambridge: Cambridge University Press.

Bouguen, Adrien, Deon Filmer, Karen Macours, and Sophie Naudeau. 2014. "Preschools and Early Childhood Development in a Second Best World: Evidence from a Scaled-Up Experiment in Cambodia." Discussion Paper 10170. London: Center for Economic Policy Research.

BoUis, Howarth E., and Lawrence Haddad. 1992. "Are Estimates of Calorie-Income Elasticities too High? A Recalibration of the Plausible Range." *Journal of Development Economics* 39: 333–364.

Bourguignon, Francois. 1979. "Decomposable Income Inequality Measures." *Econometrica* 47: 901–920.

Bourguignon, Francois. 1989. "Family Size and Social Utility: Income Distribution Dominance Criteria." *Journal of Econometrics* 42: 67–80.

Bourguignon, Francois. 2003. "The Growth Elasticity of Poverty Reduction: Explaining Heterogeneity across Countries and Time Periods." In T. Eicher and S. Turnovsky (eds.), *Inequality and Growth: Theory and Policy Implications*. Cambridge, MA: MIT Press.

Bourguignon, Francois. 2014. "Reflections on the 'Equity and Development' World Development Report Ten Years Later." Mimeo, Paris School of Economics, Paris, France.

Bourguignon, Francois, and Satya Chakravarty. 2003. "The Measurement of Multidimensional Poverty." *Journal of Economic Inequality* 1: 25–49.

Bourguignon, Francois, and Francisco Ferreira. 2003. "Ex-ante Evaluation of Policy Reforms Using Behavioural Models." In Francois Bourguignon. and Luiz Pereira Da Silva (eds.), *The Impact of Economic Policies on Poverty and Income Distribution*. New

York: Oxford University Press.

Bourguignon, Francois, Francisco Ferreira, and Phillippe Leite. 2003. "Conditional Cash Transfers, Schooling, and Child Labor: Microsimulating Brazil's Bolsa Escola Program." *World Bank Economic Review* 17 (2): 229-254.

Bourguignon, Francois, Francisco Ferreira, and Martamenéndez. 2007. "Inequality of Opportunityin Brazil." *Review of Income Wealth* 53 (4): 585-618.

Bourguignon, Francois, and Gary Fields. 1990. "Poverty Measures and Anti-Poverty Policy." *Recherches Economiques de Louvain* 56: 409-428.

Bourguignon, Francois, Victoria Levin, and David Rosenblatt. 2009. "International Redistribution of Income." *World Development* 37 (1): 1-10.

Bourguignon, Francois, and Christian Morrisson. 1990. "Income Distribution, Development and Foreign Trade." *European Economic Review* 34: 1113-1132.

Bourguignon, Francois, and Christian Morrisson. 2002. "Inequality among World Citizens: 1820-1992." *American Economic Review* 92 (4): 727-744.

Bourguignon, Francois, and Luiz Pereira Da Silva. 2003. "Introduction." In Francois Bourguignon Francois and Luiz Pereira Da Silva (eds.), *The Impact of Economic Policies on Poverty and Income Distribution: Evaluation Techniques and tools*. New York: Oxford University Press.

Bowles, Samuel, Steven Durlauf, and Karla Hoff. 2006. "Introduction." In Samuel Bowles, Steven Durlauf, and Karla Hoff (eds.), *Poverty Traps*. Princeton, NJ: Princeton University Press.

Bowles, Samuel, and Herbert Gintis. 1976. *Schooling in Capitalist America: Educational Reform and the Contradictions of Economic Life*. New York: Basic Books.

Bowley, Arthur L. 1915. *The Nature and Purpose of the Measurement of Social Phenomena*. London: P. S. King and Sons.

Box, George E. P., William G. Hunter, and J. Stuart Hunter. 1978. *Statistics for Experimenters: An Introduction to Design, Data Analysis, and Model Building*. New York: John Wiley and Sons.

Boyce, James K. 2015. "Letter from Delhi Part 1: Air Pollution as Environmental Injustice," *Triple Crisis*, July 20.

Boyce, James K., and Léonce Ndikumana. 2001. "Is Africa a Net Creditor? New Estimates of Capital Flight from Severely Indebted Sub-Saharan Africa Countries, 1970-1996." *Journal of Development Studies* 38 (2): 27-56.

Boyer, George. 2002. "English Poor Laws." *EH. Net Encyclopedia*. Edited by Robert Whaples.

Bragg, Rick. 1997. *All Over But the Shoutin'*. New York: Vintage Books.

Brandt, Loren, and Thomas Rawski. 2008. "China's Great Economic Transformation." In Loren Brandt and Thomas Rawski (eds.), *China's Great Economic Transformation*. Cambridge: Cambridge University Press.

Brauw, Alan de, and John Hoddinott. 2011. "Must Conditional Cash Transfer Programs be Conditioned to be Effective? The Impact of Conditioning Transfers on School Enrollment in Mexico," *Journal of Development Economics* 96 (2011) 359-370.

Bresciani, Fabrizio, Gerson Feder, Daniel Gilligan, Hanan Jacoby, Tongroj Onchan, and Jaime Quizon. 2002. "Weathering the Storm: The Impact of the East Asian Crisis on Farm Households in Indonesia and Thailand." *World Bank Research Observer* 17 (1): 1-20.

Brinton, Crane. 1934. *A Decade of Revolution*1789-1799. New York: Harper and Row.

Broad, Robin, and John Cavanagh. 2009. *Development Redefined: How the Market Met its Match*. Boulder, CO: Paradigm.

Brooke, Michael Z. 1998. *Le Play: Engineer and Social Scientist*. New Brunswick, New Jersey: Transaction Publishers.

Brownell, Kelly, and Katherine Horgen. 2004. *Food Fight*. New York: McGraw-Hill.

Browning, Martin. 1992. "Children and Household Economic Behavior." *Journal of Economic Literature* 30: 1434-1475.

Bruno, Michael, Martin Ravallion, and Lyn Squire. 1998. "Equity and Growth in Developing Countries: Old and New Perspectives on the Policy Issues." In Vito Tanzi and Ke-young Chu (eds.), *Income Distribution and High-Quality Growth*. Cambridge, MA: MIT Press.

Bryman, Alan. 2012. *Social Research Methods*. 4th edn. Oxford: Oxford University Press.

Bulow, Jeremy, and Larry Summers. 1986. "A Theory of Dual Labor Markets with Application to Industrial Policy, Discrimination and Keynesian Unemployment." *Journal of Labor Economics* 4 (3): 376-414.

Burnside, Craig, and David Dollar. 2000. "Aid, Policies, and Growth." *American Economic Review* 90 (4): 847-868.

Burtless, Gary. 1985. "Are Targeted Wage Subsidies Harmful? Evidence from a Wage Voucher Experiment." *Industrial and Labor Relations Review* 39: 105-115.

Bussolo, Maurizio, Rafale Dehoyos, and Denis Medvedev. 2008. "Is the Developing World Catching Up? Global Convergence and National Rising Dispersion." Policy Research Working Paper 4733. Washington, DC: World Bank.

Buvinic, Mayra, and G. Rao Gupta. 1997. "Female-Headed Households and Female-Maintained Families: Are They Worth Targeting to Reduce Poverty in Developing Countries?" *Economic Development and Cultural Change* 45 (2): 259-280.

Buzby, Jean C., Hodan F. Wells, and Jeffrey Hyman. 2014. "The Estimated Amount, Value, and Calories of Post Harvest Food Losses at the Retail and Consumer Levels in the United States," Economic Information Bulletin Number 121, Economic Research Service, United States Department of Agriculture.

Califano, Joseph A., Jr. 1999. "What Was Really Great about the Great Society: The Truth behind the Conservative Myths." *Washington Monthly*, October.

Cameron, Lisa. 2002. "Did Social Safety Net Scholarships Reduce Drop-Out Rates during the Indonesian Economic Crisis?" Policy Research Working Paper 2800. Washington, DC: World Bank.

Cammett, Ann. 2014. "Deadbeat Dads and Welfare Queens: How Metaphor Shapes Poverty Law." *Boston College Journal of Law and Social Justice* 34 (2): 233-265.

Campbell, Frances, Gabriella Conti, James Heckman, Seong Hyeok Moon, Rodrigo Pinto, Elizabeth Pungello, and Yi Pan. 2014. "Early Childhood Investments Substantially Boost Adult Health." *Science* 343: 1478-1485.

Campbell, Frances, and Craig Ramey. 1994. "Effects of Early Intervention on Intellectual and Academic Achievement: A Follow-Up Study of Children from Low-Income Families." *Child Development* 65: 684-698.

Cantril, Hadley. 1965. *The Pattern of Human Concerns*. New Brunswick, NJ: Rutgers University Press.

Cappelen, Alexander, Shachar Kariv, Erik Ø. Sørensen, and Bertil Tungodden. 2014. "Is There a Development Gap in Rationality?" Working Paper, Norwegian School of Economics, Bergen, Norway.

Cappelen, Alexander, Ottar Mæstad, and Bertil Tungodden. 2010. "Demand for Childhood Vaccination—Insights from Behavioral Economics." *Forum for Development Studies* 37 (3): 349-364.

Card, David, and Alan Krueger. 1995. *Myth and Measurement: The New Economics of the Minimum Wage*. Princeton, NJ: Princeton University Press.

Card, David, and Alan Krueger. 2000. "Minimum Wages and Employment: A Case Study of the Fast-Food Industry in New Jersey and Pennsylvania: Reply." *American Economic Review* 90: 1397-1420.

Carletto, Gero, and A. Zezza. 2006. "Being Poor, Feeling Poorer: Combining Objective and Subjective Measures of Welfare in Albania." *Journal of Development Studies* 42 (5): 739-760.

Carter, Michael, and Christopher Barrett. 2006. "The Economics of Poverty Traps and Persistent Poverty: An Asset-Based Approach." *Journal of Development Studies* 42 (2): 178-199.

Case, Anne, Darren Lubotsky, and Christina Paxson. 2002. "Economic Status and Health in Childhood: The Origins of the

Gradient." *American Economic Review* 92 (5): 1308–1334.

Case, Karl, Ray Fair, and Sharon Oster. 2012. *Principles of Microeconomics*. 10th edn. Boston: Prentice-Hall.

Chakravarty, S. R., and W. Eichhorn. 1994. "Measurement of Income Inequality: Observed versus True Data." In W. Eichhorn (ed.), *Models and Measurement of Welfare and Inequality*. Heidelberg: Springer-Verlag.

Chakravarty, Sukhamoy. 1987. *Development Planning: The Indian Experience*. Delhi: Oxford University Press.

Chant, Sylvia. 1997. *Women-Headed Households: Diversity and Dynamics in the Developing World*. Houndmills, Basingstoke, UK: Palgrave Macmillan.

Chant, Sylvia. 2008. "The 'Feminization of Poverty' and the 'Feminization' of Anti-Poverty Programs: Room for Revision?" *Journal of Development Studies* 44 (2): 165–197.

Chaudhuri, Shubham, and Martin Ravallion. 1994. "How Well do Static Welfare Indicators Identify the Chronically Poor?" *Journal of Public Economics* 53: 367–394.

Chaudhuri, Shubham, and Martin Ravallion. 2006. "Partially Awakened Giants: Uneven Growth in China and India." In L. Alan Winters and Shahid Yusuf (eds.), *Dancing with Giants: China, India, and the Global Economy*. Washington, DC: World Bank.

Chen, Alice, Emily Oster, and Heidi Williams. 2015. "Why is Infant Mortality Higher in the U. S. than in Europe?" NBER Working Paper No. 20525.

Chen, Shaohua, Ren Mu, and Martin Ravallion. 2009. "Are There Lasting Impacts of Aid to Poor Areas? Evidence from Rural China." *Journal of Public Economics* 93: 512–528.

Chen, Shaohua, and Martin Ravallion. 1996. "Data in Transition: Assessing Rural Living Standards in Southern China." *China Economic Review* 7 (1): 23–55.

Chen, Shaohua, and Martin Ravallion. 2001. "How Did the World's Poor Fare in the 1990s?" *Review of Income and Wealth* 47 (3): 283–300.

Chen, Shaohua, and Martin Ravallion. 2004a. "Household Welfare Impacts of WTO Accession in China." *World Bank Economic Review* 18 (1): 29–58.

Chen, Shaohua, and Martin Ravallion. 2004b. "How Have the World's Poorest Fared since the Early 1980s?" *World Bank Research Observer* 19 (2): 141–170.

Chen, Shaohua, and Martin Ravallion. 2010a. "The Developing World Is Poorer than We Thought, but No Less Successful in the Fight against Poverty." *Quarterly Journal of Economics* 125 (4): 1577–1625.

Chen, Shaohua, and Martin Ravallion. 2010b. "China Is Poorer than We Thought, but No Less Successful in the Fight Against Poverty." In Sudhir Anend, Paul Segal, and Joseph Stiglitz (eds.), *Debates on the Measurement of Poverty*. Oxford: Oxford University Press.

Chen, Shaohua, and Martin Ravallion. 2013. "More Relatively Poor People in a Less Absolutely Poor World." *Review of Income and Wealth* 59 (1): 1–28.

Chenery, Hollis. 1977. Forward to David Morawetz, *Twenty-Five Years of Economic Development*. Washington, DC: World Bank.

Chenery, Hollis, Montek S. Ahluwalia, Clive Bell, John Duloy, and Richard Jolly. 1974. *Redistribution with Growth*. Oxford: Oxford University Press.

Chenery, Hollis, and A. Strout. 1966. "Foreign Assistance and Economic Development." *American Economic Review* 56: 679–733.

Chesher, Andrew, and C. Schluter. 2002. "Welfare Measurement and Measurement Error." *Reviewof Economic Studies* 69:

357-378.

Chetty, Raj, Nathaniel Hendren, Patrick Kline, Emmanuel Saez and Nicholas Turner. 2014. "Is the United States Still a Land of Opportunity? Recent Trends in Intergenerational Mobility." NBER Working Paper 19844.

Chetty, Raj, Nathaniel Hendren, and Lawrence Katz. 2015. "The Effects of Exposure to Better Neighborhoods on Children: New Evidence from the Moving to Opportunity Experiment," NBER Working Paper 21156.

Chong, Alberto, and Mark Gradstein. 2007. "Inequality and Institutions." *Review of Economics and Statistics* 89 (3): 454-465.

Chong, Alberto, Rafeal La Porta, Florencia Lopez-de-silanes, and Andrei Shleifer. 2014. "Letter Grading Government Efficiency." *Journal of the European Economic Association* 12 (2): 277-299.

Christiaensen, Luc, Peter Lanjouw, J. Luoto, and David Stifel. 2012. "Small Area Estimation Based Prediction Methods to Track Poverty: Validation and Applications." *Journal of Economic Inequality* 10 (2): 267-297.

Chung, Kimberly. 2000. "Qualitative Data Collection Techniques." In Margaret Grosh and Paul Glewwwe (eds.), *Designing Household Survey Questionnaires for Developing Countries*. Washington, DC: World Bank.

Cinnirella, Francesco. 2008. "Optimists or Pessimists? A Reconsideration of Nutritional Status in Britain, 1740-1865." *European Review of Economic History* 12: 325-354.

Citro, Constance, and Robert Michael (eds.), 1995. *Measuring Poverty: A New Approach*. Washington, DC: National Academy Press.

Clague, Christopher, Philip Keefer, Stephen Knack, and Mancur Olson. 1997. "Democracy, Autocracy and the Institutions Supportive of Economic Growth." In Christopher Clague (ed.), *Institutions and Economic Development*. Baltimore, MD: Johns Hopkins University Press.

Clark, Andrew, and Andrew Oswald. 1994. "Unhappiness and Unemployment." *Economic Journal* 104: 648-659.

Clark, Andrew, and Andrew Oswald. 1996. "Satisfaction and Comparison Income." *Journal of Public Economics* 61: 359-381.

Clark, Andrew, Paul Frijters, and Michael Shields. 2008. "Relative Income, Happiness and Utility: An Explanation for the Easterlin Paradox and Other Puzzles." *Journal of Economic Literature* 46 (1): 95-144

Clark, Colin. (1940) 1957. *The Conditions of Economic Progress*. 3rd edn. London: Macmillan.

Clark, Gregory. 2005. "The Condition of the Working Class in England 1209-2004." *Journal of Political Economy* 113: 1307-1340.

Clarke, George R. G. 1995. "More Evidence on Income Distribution and Growth." *Journal of Development Economics* 47: 403-428.

Clemens, Michael, Steven Radelet, Rikhil Bhavnani, and Samuel Bazzi. 2011. "Counting Chickens When They Hatch: Timing and the Effects of Aid on Growth." *Economic Journal* 122: 590-617.

Cline, William. 1975. "Distribution and Development: A Survey of the Literature," *Journal of Development Economics* 1: 359-400.

Coady, David, Margaret Grosh, and John Hoddinott. 2004a. "Targeting Outcomes Redux." *World Bank Research Observer* 19 (1): 61-86.

Coady, David, Margaret Grosh, and John Hoddinott. 2004b. *Targeting Transfers in Developing Countries: Review of Lessons and Experience*. Washington, DC: World Bank.

Coale, Ainsley. 1991. "Excess Female Mortality and the Balance of the Sexes in the Population: An Estimate of the Number of 'Missing Females.'" *Population and Development Review* 17 (3): 517-523.

Cockburn, John, Jean-Yves Duclos, and Agnès Zabsonré. 2014. "Is Global Social Welfare Increasing? A Critical-Level Enquiry." *Journal of Public Economics* 118: 151-162.

Cogneau, Denis. 2012. "The Political Dimension of Inequality during Economic Development." *Région et Développement* 35: 11-35.

Cohen, Gerald. 1989. "On the Currency of Egalitarian Justice." *Ethics* 99 (4): 906-944.

Cohen, Jessica, Pascaline Dupas, and Simone Schaner. 2015. "Price Subsidies, Diagnostic Tests, and Targeting of Malaria Treatment." *American Economic Review* 105 (2): 609-45.

Cohen, Joshua. 1989. "Democratic Equality." *Ethics* 99 (4): 727-751.

Collier, Paul, and David Dollar. 2002. "Aid Allocation and Poverty Reduction." *European* Economic Review 46 (8): 1475-1500.

Collier, Paul, V. Elliott, Havard Hegre, Anke Hoeffler, Marta Reynal-Querol, and Nicholas Sambanis. 2003. *Breaking the Conflict Trap: Civil War and Development Policy*. Vol. 1. Washington, DC: World Bank.

Colquhoun, Patrick. 1806. *Treatise on Indigence*. London: Hatchard.

Congressional Budget Office. 2012. *The Distribution of Household Income and Federal Taxes*, 2008 *and* 2009. Washington, DC: Congressional Budget Office, Congress of the United States.

Conti, G., and S. Pudney. 2011. "Survey Design and the Analysis of Satisfaction." *Review of Economics and Statistics* 93 (3): 1087-1093.

Cooper, Russell. 1999. *Coordination Games*. Cambridge: Cambridge University Press.

Coppola, Frances. 2014. "An Experiment with Basic Income." Pieria Blog Post. http://www.pieria.co.uk/articles/an_experiment_with_basic_income.

Cornia, Giovanni, Richard Jolly, and Francis Stewart, eds. 1987. *Adjustment with a Human Face: Protecting the Vulnerable and Promoting Growth*. Oxford: Oxford University Press.

Cornia, Giovanni, and Frances Stewart. 1995. "Two Errors of Targeting." In Dominique van de Walle and Kimberly Nead (eds.), *Public Spending and the Poor*. Washington DC: Johns Hopkins University Press for the World Bank.

Cortés, Hernán, and Anthony Pagden. 1986. *Letters from Mexico*. New Haven, CT: Yale University Press.

Coulter, Fiona, Frankcowell, and Stephen Jenkins. 1992. "Equivalence Scale Relativities and the Extent of Inequality and Poverty." *Economic Journal* 102: 1067-1082.

Covarrubias, Katia, Benjamin Davis, and Paul Winters. 2013. "From Protection to Production: Productive Impacts of the Malawi Social Cash Transfer Scheme." Mimeo, FAO and American University.

Cowell, Frank. 1977. *Measuring Inequality*. Oxford: Philip Allan.

Cowell, Frank. 2000. "Measurement of Inequality." In A. B. Atkinson and F. Bourguignon (eds.), *Handbook of Income Distribution*. Amsterdam: North-Holland.

Cowell, Frank, and M. Victoria-Feser. 1996. "Robustness of Inequality Measures." *Econometrica* 64: 77-101.

Crowther, Margaret. 1981. *The Workhouse System* 1834-1929: *The History of an English Social Institution*. London: Batsford Academic and Educational.

Cunha, Flavio, and James Heckman. 2007. "The Technology of Skill Formation." *American Economic Review, Papers and Proceedings* 97 (2): 31-47.

Cunha, Jesse. 2014. "Testing Paternalism: Cash versus In-kind Transfers in Rural Mexico." *American Economic Journal: Applied Economics* 6 (2): 195-230.

Cunningham, Hugh. 1990. "The Employment and Unemployment of Children in England c. 1680-1851." *Past and Present*

126: 115-150.

Currie, Janet. 2001. "Early Childhood Development Programs." *Journal of Economic Perspectives* 15 (2): 213-238.

Currie, Janet. 2011. "Inequality at Birth: Some Causes and Consequences." *American Economic Review* 101 (3): 1-22.

Currie, Janet. 2012. "Antipoverty Programs for Poor Children and Families." In Philip N. Jefferson (ed.), *The Oxford Handbook of the Economics of Poverty*. Oxford: Oxford University Press.

Currie, Janet, Stefano Della Vigna, Enrico Moretti, and Vikram Pathania. 2010. "The Effect of Fast Food Restaurants on Obesity and Weight Gain." *American Economic Journal: Economic Policy* 2: 32-63.

Cutler, David, Edward Glaeser, and Jesse Shapiro. 2003. "Why Have Americans Become More Obese?" *Journal of Economic Perspectives* 17 (3): 93-118.

Cutler, David, and Grant Miller. 2005. "The Role of Public Health Improvements in Health Advances: The 20th Century United States." *Demography* 42 (1): 1-22.

Dalton, Hugh. 1920. "The Measurement of the Inequality of Incomes." *Economic Journal* 30 (9): 348-361.

Dandekar, V. M., and N. Rath. 1971. *Poverty in India*. Pune: Indian School of Political Economy.

Dang, Hai-anh H., and Peter Lanjouw. 2014. "Welfare Dynamics Measurement: Two Definitions of a Vulnerability Line and Their Applications." Policy Research Working Paper 6944. Washington, DC: World Bank.

Daniel, Wayne W. 1990. *Applied Nonparametric Statistics*. Boston: PWS-KENT Publishing Company.

Darity, William, Jr., and A. H. Goldsmith. 1996. "Social Psychology, Unemployment and Macroeconomics." *Journal of Economic Perspectives* 10: 121-140.

Das, Jishnu, Quy-toan Do, and Berk Ozler. 2005. "A Welfare Analysis of Conditional Cash Transfer Schemes." *World Bank Research Observer* 20 (1): 57-80.

Das, Jishnu, and Jeffrey Hammer. 2014. "Are Institutional Births Institutionalizing Deaths?" Future Development Blog. World Bank.

Das, Mitali, and Pape N'Diaye. 2013. "Chronicle of a Decline Foretold: Has China Reached the Lewis Turning Point?" IMF Staff Working Paper 13/26.

Dasgupta, Partha. 1993. *An Inquiry into Well-Being and Destitution*. Oxford: Oxford University Press.

Dasgupta, Partha. 1997. "Poverty Traps." In David M. Kreps and Kenneth F. Wallis (eds.), *Advancesin Economics and Econometrics: Theory and Applications*. Cambridge: Cambridge University Press.

Dasgupta, Partha. 2011. "Personal Histories and Poverty Traps." Annual World Bank Conference on Development Economics. Washington, DC: World Bank.

Dasgupta, Partha, and Geoffrey Heal. 1979. *Economic Theory and Exhaustible Resources*. Cambridge: Cambridge University Press.

Dasgupta, Partha, and Debraj Ray. 1986. "Inequality as a Determinant of Malnutrition and Unemployment." *Economic Journal* 96: 1011-1034.

Dasgupta, Partha, and Debraj Ray. 1990. "Adapting to Undernutrition. The Clinical Evidence and Its Implications." In Jean Dréze and Amartya Sen (eds.), *The Political Economy of Hunger*. Oxford: Oxford University Press.

Dasgupta, Susmita, Mainul Huq, M. Khaliquzzaman, Kiran Pandey and David Wheeler. 2006. "Who Suffers from Indoor Air Pollution? Evidence from Bangladesh," *Health Policy and Planning* 21 (6): 444-458.

Datt, Gaurav, and Martin Ravallion. 1992. "Growth and Redistribution Components of Changes in Poverty Measures: A Decomposition with Applications to Brazil and India in the 1980s." *Journal of Development Economics* 38: 275-295.

Datt, Gaurav, and Martin Ravallion. 1994. "Transfer Benefits from Public-Works Employment." *Economic Journal* 104: 1346

-1369.

Datt, Gaurav, and Martin Ravallion. 1998a. "Farm Productivity and Rural Poverty in India." *Journal of Development Studies* 34 (4): 62-85.

Datt, Gaurav, and Martin Ravallion. 1998b. "Why Have Some Indian States Done Better than Others at Reducing Rural Poverty?" *Economica* 65: 17-38.

Datt, Gaurav, and Martin Ravallion. 2002. "Has India's Post-Reform Economic Growth Left the Poor Behind." *Journal of Economic Perspectives* 16 (3): 89-108.

Datt, Gaurav, and Martin Ravallion. 2011. "Has India's Economic Growth Become More Pro-Poor in the Wake of Economic Reforms?" *World Bank Economic Review* 25 (2): 157-189.

Davala, Sarath, Renana Jhabvala, Soumya Mehta, and Guy Standing. 2015. *Basic Income: A Transformative Policy for India*. London and New Delhi: Bloomsb ury Academic.

Davis, Donald, and Prachi Mishra. 2007. "Stolper-Samuelson is Dead: And Other Crimes of Both Theory and Data." In Ann Harrison (ed.), *Globalization and Poverty*. Chicago: University of Chicago Press.

Dawson, Miles Menander. 1915. *The Ethics of Confucius*. http://sacred-texts.com.

Day, Richard H. 1992. "Complex Economic Dynamics: Obvious in History, Generic in Theory, Elusive in Data." *Journal of Applied Econometrics* 7: S9-S23.

Dearden, Lorraine, Carl Emmerson, Christine Frayne, and Costas Meghir. 2009. "Conditional Cash Transfers and School Dropout Rates." *Journal of Human Resources* 44 (4): 827-857.

Deaton, Angus. 1992. *Understanding Consumption*. Oxford: Oxford University Press.

Deaton, Angus. 1997. *The Analysis of Household Surveys: A Microeconometric Approach to Development Policy*. Washington, DC: Johns Hopkins University Press for the World Bank.

Deaton, Angus. 2006. "The Great Escape: A Review of Robert Fogel's *The Escape from Hunger and Premature Death*, 1700-2100." *Journal of Economic Literature* 44: 106-114.

Deaton, Angus. 2013. *The Great Escape: Health, Wealth, and the Origins of Inequality*. Princeton, NJ: Princeton University Press.

Deaton, Angus, and Alan Heston. 2010. "Understanding PPPs and PPP-Based National Accounts." *American Economic Journal: Macroeconomics* 2 (4): 1-35.

Deaton, Angus, and John Muellbauer. 1980. *Economics and Consumer Behavior*. Cambridge: Cambridge University Press.

Deaton, Angus, and Salman Zaidi. 2002. "Guidelines for Constructing Consumption Aggregates for Welfare Analysis." Living Standards Measurement Study Working Paper,1135. Washington, DC: World Bank.

De Borger, Bruno. 1989. "Estimating the Welfare Implications of In-Kind Government Programs." *Journal of Public Economics* 38: 215-226.

Decancq, Koen, Andreas Peichl, and Philippe Van Kerm. 2015. "Assortative Mating, Joint Labor Supply and Spouses Earnings Correlation: Which do Matter for Long-Term Trends in US Household Earnings Inequality?" Paper Presented at the 6th ECINEQ conference, Luxembourg.

Dedonder, Philippe, and Jean Hindriks. 1998. "The Political Economy of Targeting." *Public Choice* 95: 177-200.

Dehejia, Rajeev H., and Sadek Wahba. 1999. "Causal Effects in Non-Experimental Studies: Re-Evaluating the Evaluation of Training Programs." *Journal of the American Statistical Association* 94: 1053-1062.

Deininger, Klaus. 2003. *Land Policies for Growth and Poverty Reduction*. Washington, DC: World Bank.

Deininger, Klaus, and Pedro Olinto. 2000. "Asset Distribution, Inequality and Growth." Policy Research Working Paper

2375. Washington, DC: World Bank.

Deininger, Klaus, and Lyn Squire. 1996. "A New Data Set Measuring Income Inequality." *World Bank Economic Review* 10: 565-591.

Deininger, Klaus, and Lyn Squire. 1998. "New Ways of Looking at Old Issues: Inequality and Growth." *Journal of Development Economics* 57 (2): 259-287.

De Janvry, Alain. 1981. *The Agrarian Question and Reformism in Latin America*. Baltimore, MD: Johns Hopkins University Press.

De Janvry, Alain, Frederico Finan, and Elisabeth Sadoulet. 2011. "Local Electoral Incentives and Decentralized Program Performance." *Review of Economics and Statistics* 94 (3): 672-685.

De Janvry, Alain, Frederico Finan, Elisabeth Sadoulet, and Renos Vakis. 2006. "Can Conditional Cash Transfer Programs Serve as Safety Nets in Keeping Children at School and from Working When Exposed to Shocks?" *Journal of Development Economics* 79: 349-373.

De Janvry, Alain, and Elisabeth Sadoulet. 2006. "Making Conditional Cash Transfer Programs More Efficient: Designing for Maximum Effect of the Conditionality." *World Bank Economic Review*20 (1): 1-29.

De Janvry, Alain, Elisabeth Sadoulet, and Benjamin Davis. 2001. "Cash Transfer Programs with Income Multipliers: Procampo in Mexico." *World Development* 29 (6): 1043-1056.

De Mandeville, Bernard. (1732) 1957. "An Essay on Charity and Charity Schools." In the *Fable of the Bees: or, Private Vices, Publick Benefits*. 6th edn. Oxford: Oxford University Press.

Emery, Lionel. 2003. *"Analyzing the Incidence of Public Spending." In Francois Bourguignon and Luiz Pereira Da Silva* (*eds.*), The Impact of Economic Policies on Poverty and Income Distribution: Evaluation Techniques and Tools. *New York: Oxford University Press.*

Deming, W. E. 1953. "On a Probability Mechanism to Attain an Economic Balance between the Resultant Error of Response and the Bias of Nonresponse." *Journal of the American Statistical Association* 48: 743-772.

Demombynes, Gabriel, and Berk Ozler. 2005. "Crime and Local Inequality in South Africa." *Journal of Development Economics* 76 (2): 265-292.

De Montesquieu, Charles. (1748) 1914. *The Spirit of Laws*. Translated by Thomas Nugent. London: G. Bell and Sons.

Department of Health and Human Services (DHHS). 2008. "Appendix A: Program Data." Washington, DC: Department of Health and Human Services, US Government.

Dercon, Stefan, and Pramila Krishnan. 2000. "In Sickness and in Health: Risk Sharing within Households in Rural Ethiopia." *Journal of Political Economy* 108 (4): 688-727.

Dercon, Stefan, and Ingo Outes. 2013. "The Road to Perdition: Rainfall Shocks, Poverty Traps and Destitution in Semi-Arid India." Mimeo, Oxford University.

Desai, Meghnad, and Anup Shah. 1988. "An Econometric Approach to the Measurement of Poverty." *Oxford Economic Papers* 40: 505-522.

De Tocqueville, Alexis. (1835) 2005. *Memoir on Pauperism: Does Public Charity Produce an Idle and Dependent Class of Society*? New York: Cosimo Classics.

Devarajan, shanta. 2011. "Africa's Statistical Tragedy." *Africa Can End Poverty Blog*, World Bank, posted 6 October, 2011.

De Vos, Klaas, and Thesia Garner. 1991. "An Evaluation of Subjective Poverty Definitions: Comparing Results from the U. S. and the Netherlands." *Review of Income and Wealth* 37 (3): 267-285.

De Vreyer, Philippe, Sylvie Lambert, Abla Safir, and Momar B. Sylla. 2008. "Pauvreté et Structure Familiale, Pourquoi Une

Nouvelle Enquête?" *Stateco* 102: 261–275.

De Waal, Frans. 2009. *The Age of Empathy: Nature's Lessons for a Kinder Society*. New York: Three Rivers Press.

De Walque, Damien. 2004. "How Does the Impact of an HIV/AIDS Information Campaign Vary with Educational Attainment? Evidence from Rural Uganda." Policy Research Working Paper 3289. Washington, DC: World Bank.

Dickens, Charles. (1838) 2003. *Oliver Twist*. London: Penguin.

Dickerson, Sally, and Margaret Kemeny. 2004. "Acute Stressors and Cortisol Responses: A Theoretical Integration and Synthesis of Laboratory Research." *Psychological Bulletin* 130 (3): 355–391.

Diener, Ed, Eunkook Suh, Richard E. Lucas, and Heifi L. Smith. 1999. "Subjective Well-Being: Three Decades of Progress." *Psychological Bulletin* 125: 276–302.

Diewert, W. E. 1976. "Exact and Superlative Index Numbers." *Journal of Econometrics* 4: 115–145.

Diewert, W. E. 1980. "The Economic Theory of Index Numbers: A Survey." In Angus Deaton (ed.), *Essays in the Theory and Measurement of Consumer Behaviour*. Cambridge: Cambridge University Press.

Dinardo John, Nicole Fortin, and Thomas Lemieux. 1996. "Labor Market Institutions and the Distribution of Wages 1973–92." *Econometrica* 64: 610–643.

Di Tella, Rafael, Sebastian Galiani, and Ernesto Schargrodsky. 2010. "Reality versus Propaganda in the Formation of Beliefs about Privatization." *Journal of Public Economics* 96: 553–567.

Di Tella, Rafael, and R. MacCulloch. 2006. "Some Uses of Happiness Data in Economics." *Journal of Economic Perspectives* 20 (1): 25–46.

Dixit, Avinash, and Sandmo, Agnar. 1977. "Some Simplified Formulae for Optimal Income Taxation." *Scandinavian Journal of Economics* 79: 417–423.

Djankov, Simeon, Rafael La Porta, Florencio Lopez-de-Silanes, and Andrei Shleifer. 2002. "The Regulation of Entry." *Quarterly Journal of Economics* 117 (1): 1–37.

Do, Quy-Toan, Andrew Levchenko, and Martin Ravallion. 2014. "Copying with Food Price Volatility: Trade Insulation as Social Protection." In Jean-Paul Chavas, David Hummels, and Brian Wright (eds.), *The Economics of Food Price Volatility*. Chicago: University of Chicago Press.

Doepke, Matthias, and Fabrizio Zilibotti. 2005. "Social Class and the Spirit of Capitalism." *Journal of the European Economic Association* 3 (2–3): 516–524.

Doeringer, Peter, and Michael Piore. 1971. *Internal Labor Markets and Manpower Analysis*. New York: Sharpe.

Dolan, Paul, Tessa Peasgood, and Mathew White. 2008. "Do We Really Know What Makes Us Happy? A Review of the Economic Literature on the Factors Associated with Subjective Well-Being." *Journal of Economic Psychology* 29: 94–122.

Dollar, David, Tatjana Kleineberg, and Aart Kraay. 2013. "Growth Still Is Good for the Poor." Policy Research Working Paper 6568. World Bank.

Dollar, David, and Aart Kraay. 2002. "Growth *Is* Good for the Poor." *Journal of Economic Growth* 7 (3): 195–225.

Dollar, David, and Aart Kraay. 2004. "Trade, Growth and Poverty." *Economic Journal* 114 (493): F22–F49.

Domar, Evsey. 1946. "Capital Expansion, Rate of Growth and Employment." *Econometrica* 14: 137–147.

Doron, Abraham. 1990. "Definition and Measurement of Poverty—The Unsolved Issue." *Social Security: Journal of Welfare and Social Security Studies*, Special English Edition, 2: 27–50.

Doucouliagos, Hristos, and Martin Paldam. 2008. "Aid Effectiveness on Growth: A Meta Study." *European Journal of Political Economy* 24: 1–24.

Drèze, Jean. 1990a. "Famine Prevention in Africa: Some Experiences and Lessons." In Jean Drèze and Amartya Sen (eds.),

The Political Economy of Hunger, vol. 2. Oxford: Oxford University Press.

Drèze, Jean. 1990b. "Famine Prevention in India." In Jean Drèze and Amartya Sen (eds.), *The Political Economy of Hunger*, vol. 2. Oxford: Oxford University Press.

Drèze, Jean, and Amartya Sen. 1989. *Hunger and Public Action*. Oxford: Oxford University Press.

Drèze, Jean, and Amartya Sen. 1995. *India: Economic Development and Social Opportunity*. Delhi: Oxford University Press.

Drèze, Jean, and Amartya Sen. 2013. *An Uncertain Glory: India and its Contradictions*. London: Penguin Allen Lane.

Drèze, Jean, and P. V. Srinivasan. 1997. "Widowhood and Poverty in Rural India: Some Inferences from Household Survey Data." *Journal of Development Economics* 54: 217-234.

Drèze, Jean, and Nicholas Stern. 1987. "The Theory of Cost-Benefit Analysis." In Alan Auerbach and Martin Feldstein (eds.), *Handbook of Public Economics*. Amsterdam: North-Holland.

Dube, Arindrajit, T. William Lester, and Michael Reich. 2010. "Minimum Wage Effects across State Borders: Estimates Using Contiguous Counties." *Review of Economics and Statistics* 92 (4): 945-964.

Dubin, Jeffrey A., and Douglas Rivers. 1993. "Experimental Estimates of the Impact of Wage Subsidies." *Journal of Econometrics* 56 (1/2): 219-242.

Duclos, Jean-Yves, and Abdelkrim Araar. 2006. *Poverty and Equity: Measurement, Policy and Estimation with DAD*. Boston: Kluwer Academic Publishers.

Duclos, Jean-Yves, and Magda Mercader-prays. 1999. "Household Needs and Poverty: With Application to Spain and the U.K." *Review of Income and Wealth* 45 (1): 77-98.

Duesenberry, James S. 1949. *Income, Saving and the Theory of Consumer Behavior*. Cambridge, MA: Harvard University Press.

Duflo, Esther. 2006. "Poor but Rational?" In Abhijit Banerjee, Roland Bénabou, and Dilip Mookherjee (eds.), *Understanding Poverty*. Oxford: Oxford University Press.

Duflo, Esther, Michael Greenstone and Rema Hana. 2008. "Indoor Air Pollution, Health and Economic Well-Being," *Surveys and Perspectives Integrating Environment and Society* 1 (1): 7-16.

Duflo, Esther, Michael Kremer, and Jonathan Robinson. 2008. "How High Are the Rates of Return to Fertilizer? Evidence from Field Experiments in Kenya." *American Economic Review, Papers and Proceedings* 98 (2): 482-488.

Duncan, Greg, and Aaron Sojourner. 2013. "Can Intensive Early Childhood Intervention Programs Eliminate Income-Based Cognitive and Achievement Gaps?" *Journal of Human Resources* 48 (4): 945-968.

Duncan, Otis, David Featherman, and Beverly Duncan. 1972. *Socioeconomic Background and Achievement*. New York: Seminar Press.

Dupas, Pascaline. 2014. "Getting Essential Health Products to Their End Users: Subsidize, but How Much?" *Science* 345: 1279-1281.

Durlauf, Steven. 2006. "Groups, Social Influences, and Inequality." In Samuel Bowles, Steven Durlauf, and Karla Hoff (eds.), *Poverty Traps*. Princeton, NJ: Princeton University Press.

Durr, Robert H. 1993. "What Moves Policy Sentiment?" *American Political Science Review* 87 (1): 158-170.

Dutta, Puja, Rinku Murgai, Martin Ravallion, and Dominique Van De Walle. 2012. "Does India's Employment Guarantee Scheme Guarantee Employment?" *Economic and Political Weekly* 48 (April 21): 55-64.

Dutta, Puja, Rinku Murgai, Martin Ravallion, and Dominique Van De Walle. 2014. *Right-to-Work? Assessing India's Employment Guarantee Scheme in Bihar*. Washington DC: World Bank.

Duvendack, Maren, and Richard Palmer-Jones. 2012. "High Noon for Microfinance Impact Evaluations: Re-investigating the

Evidence from Bangladesh." *Journal of Development Studies* 48 (12): 1864-1880.

Easterlin, Richard A. 1974. "Does Economic Growth Improve the Human Lot? Some Empirical Evidence." In P. A. David and W. R. Melvin (eds.), *Nations and Households in Economic Growth*. Palo Alto, CA: Stanford University Press.

Easterlin, Richard A. 1995. "Will Raising the Incomes of all Increase the Happiness of all?" *Journal of Economic Behavior and Organization* 27: 35-47.

Easterly, William. 2001. "The Middle Class Consensus and Economic Development." *Journal of Economic Growth* 6 (4): 317-335.

Easterly, William. 2006. *The White Man's Burden: Why the West's Efforts to Aid the Rest Have Doneso Much Ill and So Little Good*. Oxford: Oxford University Press.

Easterly, William, and Stanley Fischer. 2001. "Inflation and the Poor." *Journal of Money, Credit and Banking* 33 (2): 160-178.

Easterly, William, Ross Levine, and David Roodman. 2004. "Aid, Policies, and Growth: Comment." *American Economic Review* 94 (3): 774-780.

Easton, Brian. 2002. "Beware the Median." *Social Policy Research Center Newsletter* 82: 6-7.

Eastwood, Robert, and Michael Lipton. 1999. "The Impact of Changes in Human Fertility on Poverty." *Journal of Development Studies* 36 (1): 1-30.

Eastwood, Robert, and Michael Lipton. 2001. "Demographic Transition and Poverty: Effects via Economic Growth, Distribution and Conversion." In Nancy Birdsall, Allen Kelley, and Steven Sinding (eds.), *Population Matters*. Oxford: Oxford University Press.

Economist. 2013. "Still Lying After All These Years." *The Economist*, December 21.

Economist. 2014a. "The Big Fight." *The Economist*, May 10, 81.

Economist. 2014b. "The Big Mac Index." *The Economist*, January 25-31, 63.

Economist. 2014c. "What's Gone Wrong with Democracy?" *The Economist*, March 1, 47-52.

Economist. 2014d. "An On-Off Relationship." *The Economist*, December 13, 77.

Economist. 2015. "The Great Sprawl of China." *The Economist*, January 24.

Eden, Frederick Morton. 1797. *The State of the Poor*. London: J. Davis.

Edwards, Sebastian. 1997. "Trade Policy, Growth and Income Distribution." *American Economic Review, Papers and Proceedings* 87 (2): 205-210.

Ehrlich, Isaac. 1973. "Participation in Illegitimate Activities: A Theoretical and Empirical Analysis." *Journal of Political Economy* 81: 521-565.

Elbers, Chris, Jean Lanjouw, and Peter Lanjouw. 2003. "Micro-Level Estimation of Poverty and Inequality." *Econometrica* 71 (1): 355-364.

El-Gamal, Mahmoud. 1994. "A Dynamic Migration Model with Uncertainty." *Journal of Economic Dynamics and Control* 18 (3-4): 511-538.

Ellwood, David, and Lawrence Summers. 1986. "Poverty in America: Is Welfare the Answer or the Problem?" In Sheldon Danziger and Daniel Weinberg (eds.), *Fighting Poverty: What Works and What Doesn't*. Cambridge, MA: Harvard University Press.

Elwell, Craig, and Linda Levine. 2013. "Inflation and the Real Minimum Wage: A Fact Sheet." Congressional Research Service 7-5700, US Congress.

Emran, M. Shahe, Virginia Robano, and Stephen C. Smith. 2014. "Assessing the Frontiers of Ultrapoverty Reduction: Evidence from Challenging the Frontiers of Poverty Reduction/ Targeting the Ultra-poor, an Innovative Program in Bangladesh," *Economic Development and Cultural Change* 62: 339–380.

Engel, Ernst. 1857. "Die Productions-und Consumtions verhältnisse des Königreichs Sachsen." *Zeitschrift des Statistischen Bureaus des Königlich Sächsischen Ministerium des Inneren* 8–9: 28–29.

Engels, Friedrich. (1845) 1993. *The Condition of the Working Class in England*. Oxford: Oxford University Press.

Engerman, Stanley L., and Kenneth Sokoloff. 2006. "Colonialism, Inequality and Long-Run Paths of Development." In Abhijit Banerjee, Roland Bénabou, and Dilip Mookherjee (eds.), *Understanding Poverty*. Oxford: Oxford University Press.

Ensminger, Jean. 1997. "Changing Property Rights: Reconciling Formal and Informal Rights to Land in Africa." In John Drobak and John V. C. Nye (eds.), *The Frontiers of the New Institutional Economics*. San Diego, CA: Academic Press.

Ermisch, John, Markus Jäntti, and Timothy Smeeding. 2012. "Socioeconomic Gradients in Childrens' Outcomes." In John ermisch, Markus Jäntti, and Timothy Smeeding (eds.), *From Parents to Children: The Intergenerational Transmission of Advantage*. New York: Russell Sage Foundation.

Eswaran, Mukesh, and Ashok Kotwal. 1994. *Why Poverty Persists in India*. Delhi: Oxford University Press.

Eurostat. 2005. "Income Poverty and Social Exclusion in the EU25." *Statistics in Focus* 03 2005. Luxembourg: Office of Official Publications of the European Communities.

Evans, Gary, Edith Chen, Gregory Miller, and Teresa Seeman. 2012. "How Poverty Gets Under the Skin: A Lifetime Perspective." In ValeRie Mahomet and Rosalind King (eds.) *The Oxford Handbook of Poverty and Child Development*. Oxford: Oxford University Press.

Fafchamps, Marcel and Forhad Shipli. 2009. "Isolation and Subjective Welfare: Evidence from South Asia." *Economic Development and Cultural Change* 57 (4): 641–683.

Fajnzylber, Pablo, Daniel Lederman, and Norman Loayza. 2002. "What Causes Violent Crime?" *European Economic Review* 46 (7): 1323–1357.

Fan, Elliott. 2010. "Who Benefits from Public Old Age Pensions? Evidence from a Targeted Program." *Economic Development and Cultural Change* 58 (2): 297–322.

Fan, Shenggen. 1991. "Effects of Technological Change and Institutional Reform on Growth in Chinese Agriculture." *American Journal of Agricultural Economics* 7: 266–275.

Feder, Gershon, and Raymond Noronha. 1987. "Land Rights Systems and Agricultural Development in Sub-Saharan Africa." *World Bank Research Observer* 2 (2): 143–169.

Fehr, Ernst, and Urs Fischbacher. 2002. "Why Social Preferences Matter: The Impact of Non-Selfish Motives on Competition, Cooperation and Incentives." *Economic Journal* 112: C1–C33.

Fei, John C. H., and Gustav Ranis. 1964. *Development of the Labor Surplus Economy*. Homewood, IL: Irwin.

Fei, John C. H., Gustav Ranis, and Shirley Kuo. 1979. *Growth with Equity: The Taiwan Case*. New York: Oxford University Press for the World Bank.

Feinstein, Charles H. 1998. "Pessimism Perpetuated: Real Wages and the Standard of Living in Britain during and after the Industrial Revolution." *Journal of Economic History* 58: 625–658.

Fernald, Anne, Virginia Marchman, and Adriana Weisleder. 2013. "SES Differences in Language Processing Skill and Vocabulary Are Evident at 18 Months." *Development Science* 16 (2): 234–248.

Fernandez, C., E. Ley, and M. F. J. Steel. 2001. "Model Uncertainty in Cross-Country Growth Regressions." *Journal of Applied Econometrics* 16 (5): 563–576.

Fernandez, Raquel, and Richard Rogerson. 1997. "Keeping People Out: Income Distribution, Zoning, and the Quality of

Public Education." *International Economic Review* 38 (1): 23-42.

Ferreira, Francisco, and Jèrèmie Gignoux. 2011. "The Measurement of Inequality of Opportunity: Theory and an Application to Latin America." *Review of Income and Wealth* 57 (4): 622-657.

Ferreira, Francisco, Phillippe Leite, and Julie Litchfield. 2008. "The Rise and Fall of Brazilian Inequality: 1981-2004." *Macroeconomic Dynamics* 12: 199-230.

Ferreira Francisco, Phillippe Leite, and Martin Ravallion. 2010. "Poverty Reduction without Economic Growth? Explaining Brazil's Poverty Dynamics 1985-2004." *Journal of Development Economics* 93: 20-36.

Ferreira, Francisco, and Martin Ravallion. 2009. "Poverty and Inequality: The Global Context." In Wiemer Salverda, Brian Nolan and Tim Smeeding (eds.), *The Oxford Handbook of Economic Inequality*. Oxford: Oxford University Press.

Ferreira, Francisco, and Norbert Schady. 2008. "Aggregate Economic Shocks, Child Schooling and Child Health." Policy Research Working Paper 4701. Washington, DC: World Bank.

Ferreri-Carbonell, A. 2005. "Income and Well-Being: An Empirical Analysis of the Comparison Income Effect." *Journal of Public Economics* 89: 997-1019.

Ferreri-Carbonell, Ada, and Bernard Van Praag. 2001. "Poverty in Russia." *Journal of Happiness Studies* 2: 147-172.

Festinger, Leon. 1957. *A Theory of Cognitive Dissonance*. Evanston, IL: Row Peterson.

Feyzioglu, T., V. Swaroop, and M. Zhu. 1998. "A Panel Data Analysis of the Fungibility of Foreign Aid." *World Bank Economic Review* 12 (1): 29-58.

Fields, Gary S. 1975. "Rural-Urban Migration, Urban Unemployment and Underemployment and Job Search Activity in LDCs." *Journal of Development Economics* 2 (2): 165-188.

Fields, Gary S. 1977. "Who Benefits from Economic Development? A Reexamination of Brazilian Growth in the 1960's." *American Economic Review* 67 (4): 570-582.

Fields, Gary S. 1980. *Poverty, Inequality and Development*. Cambridge: Cambridge University Press.

Fields, Gary S. 1987. "Public Policy and the Labor Market in Developing Countries." In David Newbery and Nicholas Stern (eds.), *The Theory of Taxation for Developing Countries*. Washington, DC: Oxford University Press for the World Bank.

Fields, Gary S. 2001. *Distribution and Development*. New York: Russell Sage Foundation.

Fifield, Anna. 2013. "Starved of Healthy Options." *Financial Times*, June 14, 9.

Filmer, Deon. 2007. "If You Build It, Will They Come? School Availability and School Enrolment in 21 Poor Countries." *Journal of Development Studies* 43 (5): 901-928.

Filmer, Deon. 2014. "Education Attainment and Enrollment around the World: An International Database." http://econ.worldbank.org/projects/edattain.

Filmer, Deon, and Lant Pritchett. 1999. "The Effect of Household Wealth on Education Attainment: Evidence from 35 Countries." *Population and Development Review* 25 (1): 85-120. Filmer, Deon, and Kinnon Scott. 2012. "Assessing Asset Indices." *Demography* 49 (1): 3

Fischer Walker, Christa, Igor Rudan, Li Liu, Harish Nair, Evropi Theodoratou, Zulfiqar Bhutta, Katherine L. O'Brien, Harry Campbell, and Robert E. Black. 2013. "Global Burden of Childhood Diarrhoea and Pneumonia." *Lancet* 381: 1405-1416.

Fisher, Gordon. 1992. "The Development and History of the Poverty Thresholds." *Social Security Bulletin* 55 (4): 3-14.

Fisher, Ronald A. 1935. *The Design of Experiments*. Edinburgh: Oliver and Boyd.

Fishlow, Albert. 1972. "Brazilian Size Distribution of Income." *American Economic Review Papers and Proceedings* 62: 391-402.

Fishlow, Albert, and Catherine Gwin. 1994. "Overview: Lessons from the East Asian Experience." In Albert Fishlow, Catherine Gwin, Stephan Haggard, Dani RodRik, and Robert Wade (eds.), Miracle or Design? Lessons from the East Asian Experience. Washington, DC: Overseas Development Council.

Fiszbein, Ariel, and Norbert Schady. 2010. *Conditional Cash Transfers for Attacking Present and Future Poverty*. Washington, DC: World Bank.

Fitzsimons, Emla, and Alice Mesnard. 2014. "Can Conditional Cash Transfers Compensate for a Father's Absence?" *World Bank Economic Review* 28 (3): 467–491.

Fleischacker, Samuel. 2004. *A Short History of Distributive Justice*. Cambridge, MA: Harvard University Press.

Fleurbaey, Marc. 2008. *Fairness, Responsibility and Welfare*. Oxford: Oxford University Press.

Fleurbaey, Marc. 2009. "Beyond GDP: The Quest for a Measure of Social Welfare." *Journal of Economic Literature* 47 (4): 1029–1075. Fleurbaey, Marc, and François Maniquet. 2011. *A Theory of Fairness and Social Welfare*, Cambridge: Cambridge University Press.

Fogel, Robert W. 2004. *The Escape from Hunger and Premature Death*, 1700–2100. Cambridge: Cambridge University Press.

Fogel, Robert W., Stanley Engerman, Roderick Floud, Gerald Friedman, Robert Mango, Kenneth Sokoloff, Richard Steckel, James Trussell, Georgia Villaflor, and Kenneth Watchter. 1983. "Secular Change in American and British Stature and Nutrition." In Robert Rotberg and Theodore Rabb (eds.), *Hunger in History*. Cambridge: Cambridge University Press.

Foner, Eric. 1988. *Reconstruction: America's Unfinished Revolution* 1863–1877. New York: Harper & Row.

Food and Agricultural Organization (FAO). 2001. *Human Energy Requirements. Report of a Joint FAO/WHO/UNU Expert Consultation*. FAO Food and Nutrition Technical Report 1. Rome: Food and Agricultural Organization.

Food and Drug Administration. 2010. *Adaptive Design Clinical Trials for Drugs and Biologics*. Washington, DC: Food and Drug Administration, US Government.

Forbes, Kristin J. 2000. "A Reassessment of the Relationship between Inequality and Growth." *American Economic Review* 90 (4): 869–887.

Foster, Andrew, Andnaresh Kumar. 2011. "Health Effects of Air Quality Regulations in Delhi, India," *Atmospheric Environment* 45 (9): 1675–1683.

Foster, James. 1984. "On Economic Poverty: A Survey of Aggregate Measures." *Advances in Econometrics* 3: 215–251.

Foster, James. 1998. "Absolute versus Relative Poverty." *American Economic Review* 88 (2): 335–341.

Foster, James, Joel Greer, and Erik Thorbecke. 1984. "A Class of Decomposable Poverty Measures." *Econometrica* 52: 761–765.

Foster, James, and Amartya Sen. 1997. "On Economic Inequality after a Quarter Century." Annexe to Revised Version of Sen's *on Economic Inequality*, Oxford University Press.

Foster, James, Suman Seth, Michael Lokshin, and Zurab Sajaia. 2013. *A Unified Approach to Measuring Poverty and Inequality*. Washington, DC: World Bank.

Foster, James, and A. F. Shorrocks. 1988a. "Poverty Orderings." *Econometrica* 56: 173–177.

Foster, James, and A. F. Shorrocks. 1988b. "Poverty Orderings and Welfare Dominance." In W. Gaertner and P. K. Pattanaik (eds.), *Distributive Justice and Inequality*. Berlin: Springer Verlag.

Foster, James, and A. F. Shorrocks. 1991. "Subgroup Consistent Poverty Indices." *Econometrica* 59: 687–709.

Fowler, Simon. 2007. *The Workhouse: The People, the Places, the Life Behind Doors*. Kew, Surrey: the National Archives.

Fox, Liana, Irwin Garfinkel, Neeraj Kaushal, Jane Waldfogel, and Christopher Wimer. 2013. "Waging War on Poverty: Historical Trends in Poverty Using the Supplemental Poverty Measure." Paper Presented at the Association for Public Policy and Management (APPAM) Conference, Washington, DC, November 8.

Frank, Robert H. 1985. *Choosing the Right Pond: Human Behavior and the Quest for Status*. New York: Oxford University Press.

Frank, Robert H. 1997. "The Frame of Reference as a Public Good." *Economic Journal* 107: 1832-1847.

Frankel, Marvin. 1962. "The Production Function in Allocation and Growth: A Synthesis." *Amevlcan Econmic Review* 52: 995-1022.

Frankena, Mark. 1975. "Alternative Models of Rent Control." *Urban Studies* 12: 303-308.

Freedman, Benjamin. 1987. "Equipoise and the Ethics of Clinical Research." *New England Journal of Medicine* 317 (3): 141-145.

Freedman, David. 2010. "Why Scientific Studies Are so often Wrong: The Streetlight Effect." *Discover*, July-August.

Freiman, Christopher. 2012. "Why Poverty Matters Most: Towards a Humanitarian Theory of Social Justice." *Utilitas* 24 (1): 26-40.

Frey, Bruno, and Stutzer, Alois. 2002. "What Can Economists Learn from Happiness Research?" *Journal of Economic Literature* 40: 402-435.

Friedman, Howard. 2013. "Causal Inference and the Millennium Development Goals (Mdgs): Assessing Whether There Was an Acceleration in MDG Development Indicators Following the MDG Declaration." Mimeo, Columbia University, School of International and Public Affairs.

Friedman, Jed. 2014a. "Quantifying the Hawthorne Effect." Development Impact Blog, World Bank.

Friedman, Jed. 2014b. "A Taxonomy of Behavioral Responses to Evaluation." Development Impact Blog, World Bank.

Friedman, Jed, and James Levinson. 2002. "The Distributional Impact of Indonesia's Financial Crisis on Household Welfare." *World Bank Economic Review* 16 (3): 397-424.

Friedman, Jed, and Jennifer Sturdy. 2011. "The Influence of Economic Crisis on Early Childhood Development: A Review of Pathways and Measured Impact." In Harold Alderman (ed.), *No Small Matter*. Washington, DC: World Bank.

Friedman, Milton. 1957. *A Theory of the Consumption Function*. Princeton, NJ: Princeton University Press.

Friedman, Milton. 1962. *Capital and Freedom*. Chicago: University of Chicago Press.

Fuchs, Victor. 1967. "Redefining Poverty and Redistributing Income." *Public Interest* 8: 88-95.

Furnham, A., and Argyle, M. 1998. *The Psychology of Money*. London: Routledge.

Furniss, Edgar. 1920. *The Position of the Laborer in a System of Nationalism: A Study in the Labor Theories of the Later English Mercantilists*. Boston and New York: Houghton Mifflin.

Gaiha, Raghav. 1997. "Rural Public Works and the Poor: The Case of the Employment Guarantee Scheme in India." In S. Polachek (ed.), *Research in Labour Economics*. Greenwich CT: JAI Press.

Galasso, Emanuela, and Martin Ravallion. 2005. "Decentralized Targeting of an Antipoverty Program." *Journal of Public Economics* 85: 705-727.

Galasso, Emanuela, Martin Ravallion, and Agustin Salvia. 2004. "Assisting the Transition from Workfare to Work: Argentina's *Proempleo* Experiment." *Industrial and Labor Relations Review* 57 (5): 128-142.

Galbraith, John Kenneth. 1958. *The Affluent Society*. Boston: Mariner Books.

Galiani, Sebastian, Stephen Knack, Lixin Colin Xu, and Ben Zou. 2014. "The Effect of Aid on Growth: Evidence from a Quasi-Experiment." Policy Research Working Paper 6825. Washington, DC: World Bank.

Gallup, John Luke. 2012. "The World Convergence of Income Distribution." Mimeo, Portland State University.

Galor, Oded, and Joseph Zeira. 1993. "Income Distribution and Macroeconomics." *Review of Economic Studies* 60 (1): 35-52.

Gandhi, Mahatma. 1958. *The Last Phase*. Vol. 2. Ahmedabad: Navajivan Publishing House.

Gans, Herbert. 1995. *The War Against the Poor*. New York: Basic Books.

Garces, Eliana, Duncan Thomas, and Janet Currie. 2002. "Longer Term Effects of Head Start." *American Economic Review* 92 (4): 999-1012.

Garenne, Michel. 2011. "Trends in Nutritional Status of Adult Women in Sub-Saharan Africa." Dhscomparative Reports 27. Washington, DC: USAID.

Garroway, C., and de Laiglesia, J. R. 2012. "On the Relevance of Relative Poverty for Developing Countries." OECD Development Centre Working Paper 314. Paris: OECD.

Gastwirth, J. L. 1971. "A General Definition of the Lorenz Curve." *Econometrica* 39: 1037-1039.

Gates, Bill, and Melinda Gates. 2014. "Three Myths on the World's Poor." *Wall Street Journal*, January 17.

Gauri, Varun, and Ayesha Vawda. 2004. "Vouchers for Basic Education in Developing Economies: An Accountability Perspective." *World Bank Research Observer* 19 (2): 259-280.

Gelb, Alan, and Sneha Raghavan. 2014. "Rolling Out the Aadhaar." Center for Global Development Blog Post.

Gelbach, Jonah, and Lant Pritchett. 2000. "Indicator Targeting in a Political Economy: Leakier Can Be Better." *Journal of Policy Reform* 4: 113-145.

Geremek, Bronislaw. 1994. *Poverty: A History*. Oxford: Blackwell.

Gertleri, Paul, and Jacques van der gag. 1990. *The Willingness to Pay for Medical Care*. Baltimore, MD: Johns Hopkins University Press for the World Bank.

Ghatak, Maitreesh, and Neville Nien-huei Jiang. 2002. "A Simple Model of Inequality, Occupational Choice, and Development." *Journal of Development Economics* 69 (1): 205-226.

Gibson, John, Geua Boe-Gibson, Halahingano Rohorua, and David Mckenzie. 2014. "Efficient Remittance Services for Development in the Pacific." *Asia-Pacific Development Journal* 14 (2): 55-74.

Gibson, John, Trinh Le, and Bonggeun Kim. 2014. "Prices, Engel Curves and Time-Space Deflation: Impacts on Poverty and Inequality in Vietnam." Mimeo, University of Waikato, New Zealand.

Giles, Chris. 2014. "Piketty Findings Undercut by Errors." *Financial Times*, May 23.

Gillie, Alan. 1996. "The Origin of the Poverty Line." *Economic History Review* 49 (4): 715-730.

Ginsburgh, Victor, and Michael Keyzer. 1997. *The Structure of Applied General Equilibrium Models*. Cambridge, MA: MIT Press.

Giving USA. 2014. The Annual Report on Philanthropy for the Year 2013. Giving USA.

Glazerman, Steven, Dan Levy, and David Myers. 2003. "Non-Experimental versus Experimental Estimates of Earnings Impacts." *Annals of the American Academy of Political and Social Sciences* 589: 63-93.

Glewwe, Paul. 2012. "How Much of Observed Economic Mobility is Measurement Error? IV Methods to Reduce Measurement Error Bias, with an Application to Vietnam." *World Bank Economic Review* 26 (2): 236-264.

Glewwe, Paul, and Hanan Jacoby. 1995. "An Economic Analysis of Delayed Primary School Enrollment in a Low Income Country: The Role of Early Childhood Nutrition." *Review of Economics and Statistics* 77 (1): 156-169.

Goldberg, Jessica. 2014. "The R-Word Is Not Dirty." Blog Post, Center for Global Development, Washington, DC.

Goldin, Claudia, and Lawrence F. Katz. 2008. *The Race between Education and Technology*. Cambridge, MA: Harvard University Press.

Goldstein, Markus. 2014. "Cash Transfers: Beyond Protection to Productive Impacts." Development Impact Blog, World Bank, February 12.

Golson, Kevin. 2006. "Chronology of Poverty." In Mehmet Odekon (ed.), Encyclopedia of World Poverty, vol. 1. London: Sage.

Gordon, David. 1972. *Theories of Poverty and Underemployment*. Lexington, MA: Heath and Company.

Gordon, Roger, and Wei Li. 2009. "Tax Structures in Developing Countries: Many Puzzles and a Possible Explanation." *Journal of Public Economics* 93 (7-8): 855-866.

Gramlich, Edward. 1976. "Impact of Minimum Wages on Other Wages, Employment and Family Incomes." In Arthur Okun and George Perry (eds.), *Brookings Papers on Economic Activity*. Washington, DC: Brookings Institution.

Green, Duncan. 2010. "Are Women Really 70% of the World's Poor? How Do We Know?" From Poverty to Power. Oxfam Blog, February 3.

Green, Duncan. 2012. "Why 'Why Nations Fail' Fails (Mostly): Review of Acemoglu and Robinson—2012's Big Development Book," People, Spaces, Deliberation, World Bank Blog, December 12.

Greenberg, Jon. 2014. "Carly Fiorina: 70% of World's Poor Are Women." *Pundit Fact* Blog, January 15.

Greenstone, Michael, Adam Looney, Jeremy Patashnik, and Muxin Yu. 2013. "Thirteen Economic Facts about Social Mobility and the Role of Education." Policy Memo, Hamilton Project, Brookings, Washington, DC.

Greer, J., and Erik Thorbecke. 1986a. "Food Poverty and Consumption Patterns in Kenya." Geneva: International Labor Office.

Greer, J., and Erik Thorbecke. 1986b. "A Methodology for Measuring Food Poverty Applied to Kenya." *Journal of Development Economics* 24: 59-74.

Griffin, Emma. 2013. *Liberty's Dawn: A People's History of the Industrial Revolution*. New Haven, CT: Yale University Press.

Griffin, Keith, and John Enos. 1970. "Foreign Assistance: Objectives and Consequences." *Economic Development and Cultural Change* 18 (3): 313-327.

Grootaert, Christiaan. 1986. "Measuring and Analyzing Levels of Living in Developing Countries: An Annotated Questionnaire." Living Standards Measurement Study Working Paper No. 24. Washington, DC: World Bank.

Grosh, Margaret. 1994. *Administering Targeted Social Programs in Latin America: From Platitudes to Practice*. Washington, DC: World Bank.

Grosh, Margaret. 1995. "Toward Quantifying the Trade-Off: Administrative Costs and Incidence in Targeted Programs in Latin America." In Dominique van de Walle and Kimberly Nead (eds.), *Public Spending and the Poor*. Baltimore, MD: Johns Hopkins University Press for the World Bank.

Grosh, Margaret, Carlo del Ninno, Emil Tesliuc, and Azedine Ouerghi. 2008. *For Protection and Promotion: The Design and Implementation of Effective Safety Nets*. Washington, DC: World Bank.

Grosh, Margaret, and Paul Glewwe. 2000. *Designing Household Survey Questionnaires for Developing Countries: Lessons from 15 Years of the Living Standards Measurement Study*. 3 vols. Washington, DC: World Bank.

Groves, Robert E. 2006. "Nonresponse Rates and Nonresponse Bias in Household Surveys," *Public Opinion Quarterly* 70: 646-675.

Groves, Robert E., and Mick P. Couper. 1998. *Nonresponse in Household Interview Surveys*. New York: John Wiley and Sons.

Gustafsson Bjo, Li Shi, and Hiroshi Sato. 2004. "Can a Subjective Poverty Line be Applied to China? Assessing Poverty among Urban Residents in 1999." *Journal of International Development* 16: 1089-1107.

Gutiérrez, Catalina, and Ryuichi Tanaka. 2009. "Inequality and Education Decisions in Developing Countries." *Journal of Economic Inequality* 7: 55-81.

Gwatkin, Davidson. 2000. "Poverty and Inequalities in Health within Developing Countries: Filling the Information Gap." In

David Leon and Gill Walt (eds.), *Poverty, Inequality and Health: An International Perspective*. Oxford: Oxford University Press.

Gwatkin, Davidson, Michel Guilot, and Patrick Heuveline. 1999. "The Burden of Disease among the Global Poor." *Lancet* 354: 586–589.

Gwatkin, Davidson, Shea Rutstein, Kiersten Johnson, R. Pande, and Adam Wagstaffe. 2000. *Socioeconomic Differences in Health, Nutrition and Population (Country Reports)*. Washington, DC: World Bank.

Gwatkin, Davidson, Shea Rutstein, Kiersten Johnson, Eldaw Suliman, Adam Wagstaffe, and Agbessi Amouzou. 2007. *Socioeconomic Differences in Health, Nutrition and Population within Developing Countries*. Washington, DC: World Bank.

Hacker, Jacob S., and Paul Pierson. 2010. "Winner-Take-All Politics: Public Policy, Political Organization, and the Precipitous Rise of Top Incomes in the United States." *Politics and Society* 38 (2) 152–204.

Haddad, Lawrence, and Ravi Kanbur. 1990. "How Serious is the Neglect of Intra-Household Inequality?" *Economic Journal* 100: 866–881.

Hagenaars, Aldi J. M. 1987. "A Class of Poverty Indices." *International Economic Review* 28: 583–607.

Hagenaars, Aldi J. M., and Klaas de Vos. 1988. "The Definition and Measurement of Poverty." *Journal of Human Resources* 23: 211–221.

Hagenaars, Aldi J. M., and Bernard M. S. van Praag. 1985. "A Synthesis of Poverty Line Definitions." *Review of Income and Wealth* 31: 139–154.

Haggblade, Steven, Peter Hazell, and J. Brown. 1989. "Farm-Nonfarm Linkages in Rural Sub–Saharan Africa." *World Development* 17 (8): 1173–1201.

Halter, Daniel, Manuel Oechslin, and Josef Zweimüller. 2014. "Inequality and Growth: The Neglected Time Dimension," *Journal of Economic Growth* 19: 81–104.

Hamilton, Bob, and John Whalley. 1984. "Efficiency and Distributional Implications of Global Restrictions on Labour Mobility." *Journal of Development Economics* 14: 61–75.

Hammer, Jeffrey, and Dean Spears. 2013. "Village Sanitation and Children's Human Capital: Evidence from a Randomized Experiment by the Maharashtra Government." Policy Research Working Paper 6580. Washington, DC: World Bank.

Hammond, Peter. 1976. "Equity, Arrow's Conditions and Rawls' Difference Principle," *Econometrica* 44: 793–804.

Handa, Sudhanshu, Michael Park, Robert Osei Darko, Isaac Osei-akoto, Benjamin Davis, and Silvio Daidone. 2013. *Livelihood Empowerment Against Poverty Program Impact Evaluation*. Chapelhill: University of North Carolina.

Hansen, Henrik, and Finn Tarp. 2001. "Aid and Growth Regressions." *Journal of Development Economics* 64: 547–570.

Harrington, Michael. 1962. *The Other America: Poverty in the United States*. New York: Macmillan.

Harris, John, and Michael Todaro. 1970. "Migration, Unemployment and Development: A Two Sector Analysis." *American Economic Review* 40: 126–142.

Harrison, Ann, Andandrés Rodríguez-Clare. 2010. "Trade, Foreign Investment, and Industrial Policy for Developing Countries." In Dani Rodrik and Mark Rosenzweig (eds.) *Handbook of Development Economics*, vol. 5. Amsterdam: North Holland.

Harrison, Elizabeth, and Christianseidl. 1994. "Perceptional Inequality and Preferential Judgment: An Empirical Examination of Distributional Axioms." *Public Choice* 79: 61–81.

Harrison, Ross. 1987. "Jeremy Bentham." In John Eatwell, Murray Milgate, and Peter Newman (eds.), *The Invisible Hand*. New York: W. W. Norton.

Harrod, Roy. 1939. "An Essay in Dynamic Theory." *Economic Journal* 49: 14–33.

Harsanyi, John. 1975. "Can the Maximin Principle Serve as a Basis for Morality? A Critique of John Rawls's Theory." *American Political Science Review* 69 (2): 594–606.

Hartmann, Betsy. 1987. *Reproductive Rights and Wrongs: The Global Politics of Population Control and Contraceptive Choice*. New York: Harper and Row.

Hartmann, Betsy, and James Boyce. 1983. *A Quiet Violence: View from a Bangladesh Village*. London: Zed Press.

Hartwell, Ronald Max. 1961. "The Rising Standard of Living in England, 1800-1850." *Economic History Review* 13: 397-416.

Hartwell, Ronald Max. 1972. "Consequences of the Industrial Revolution in England for the Poor." In Ronald Max Hartwell (ed.), *The Long Debate on Poverty*. London: Institute of Economic Affairs.

Hassett, Kevin. 2014. "Remarks on Thomas Piketty's Capital in the Twenty-First Century." American Enterprise Institute. http://www.aei.org/speech/economics/remarks-on-thomaspikettys-capital-in-the-twenty-first-century/.

Haugen, Gary, and Victor Boutros. 2014. *The Locust Effect*. Oxford and New York: Oxford University Press.

Haughton, Jonathan, and Shahidur Khandker. 2009. *The Handbook on Poverty and Inequality*. Washington, DC: World Bank.

Hauk, William R., and Romain Wacziarg. 2009. "A Monte Carlo Study of Growth Regressions." *Journal of Economic Growth* 14: 103-147.

Haushofer, Johannes, and Ernst Fehr. 2014. "On the Psychology of Poverty." *Science* 344: 862-867.

Hausmann, Ricardo, Dani Rodrik, and A. Velasco. 2008. "Growth Diagnostics." In J. Stiglitz and N. Serra (eds.), *The Washington Consensus Reconsidered: Towards a New Global Governance*. New York: Oxford University Press.

Hayek, Friedrich. (1944) 1994. *The Road to Serfdom*. Fiftieth Anniversary edn. Chicago: University of Chicago Press.

Hazan, Moshe, and Binyamin Berdugo. 2002. "Child Labour, Fertility, and Economic Growth." *Economic Journal* 112: 810-828.

Hazell, Peter, and Steven Haggblade. 1993. "Farm-Nonfarm Growth Linkages and the Welfare of the Poor." In M. Lipton and J. van der Gag (eds.), *Including the Poor*. Washington, DC, World Bank.

Heckman, James. 2006. "Skill Formation and the Economics of Investing in Disadvantaged Children." *Science* 30: 1900-1902.

Heckman, James. 2008. "Schools, Skills and Synapses." Institute for the Study of Labor (IZA) Working Paper 3515.

Heckman, James, Hidehiko Ichimura, Jeffrey Smith, and Petra Todd. 1998. "Characterizing Selection Bias Using Experimental Data." *Econometrica* 66 (5): 1017-1098.

Heckman, James, Hidehiko Ichimrra, and Petra Todd. 1997. "Matching as an Econometric Evaluation Estimator: Evidence from Evaluating a Job Training Program." *Review of economic Studies* 64 (4): 605-654.

Heckman, James, Robert LaLonde, and Jeffrey Smith. 1999. "The Economics and Econometrics of Active Labor Market Programs." In O. Ashenfelter and D. Card (eds.), *Handbook of Labor Economics*, vol. 3A. Amsterdam: North-Holland.

Heckman, James, Lance Lochner, and Christopher Taber. 1998. "General Equilibrium Treatment Effects." *American Economic Review Papers and Proceedings* 88: 381-386.

Heckman, James, Lance Lochner, and Petra Todd. 2003. "Fifty Years of Mincer Earnings Regressions." NBER Working Paper 9732.

Heckman, James, and Jeffrey Smith. 1995. "Assessing the Case for Social Experiments." *Journal of Economic Perspectives* 9 (2): 85-110.

Heckman, James, and Christopher Taber. 2008. "Roy Model." In Steven N. Durlauf and Lawrence E. Blume (eds.), *The New Palgrave Dictionary of Economics*. 2nd edn. London: Palgrave Macmillan.

Heckman, James, and Junjian Yi. 2014. "Human Capital, Economic Growth and Inequality in China." In Shenggen Fan, Ravi Kanbur, Shang-jin Wei, and Xiaobo Zhang (eds.), *Oxford Companion to the Economics of China*. Oxford: Oxford University

Press.

Heclo, Hugh. 1986. "The Political Foundations of Antipoverty Policy." In Sheldon Danziger and Daniel Weinberg (eds.), *Fighting Poverty: What Works and What Doesn't*. Cambridge, MA: Harvard University Press.

Hemerijck, Anton. 2014. "The Reform Capacities of European Welfare States." In Bea Cantillon and Frank Vandenbroucke (eds.), *Reconciling Work and Poverty Reduction: How Successful are European Welfare States?* Oxford: Oxford University Press.

Hentschel, Jesko. 1999. "Contextuality and Data Collection Methods: A Framework and Application to Health Service Utilisation." *Journal of Development Studies* 35: 64-94.

Hertel, T., ed. 1997. *Global Trade Analysis: Modeling and Applications*. Cambridge: Cambridge University Press.

Hertel-Fernandez, Alexander, and Jeffrey B. Wenger. 2013. "Taking Up Social Benefits: A Cautionary Tale from an Unemployment Insurance Survey Experiment." http://ssrn.com/ abstract=2341885 or http://dx.doi.org/10. 2139/ssrn. 2341885.

Herzer, Dierk, and Sebastian Vollmer. 2012. "Inequality and Growth: Evidence from Panel Cointegration." *Journal of Economic Inequality* 10: 489-503.

Hicks, John. 1939. *Value and Capital*. Oxford: Clarendon Press.

Hill, Anne, and Elizabeth King. 1998. "Women's Education in Developing Countries: An Overview." In Anne Hill and Elizabeth King (eds.), *Women's Education in Developing Countries: Barriers, Befits and Policies*. Washington, DC: World Bank.

Hill, Christopher. 1972. *The World Turned Upside Down: Radical Ideas During the English Revolution*. London: Maurice Temple Smith.

Himmelfarb, Gertrude. 1984a. *The Idea of Poverty: England in the Early Industrial Age*. London: Faber and Faber.

Himmelfarb, Gertrude. 1984b. "The Idea of Poverty." *History Today* 34 (4).

Hindle, Steve. 2004. *On the Parish? The Micro-Politics of Poor Relief in Rural England* 1550-1750. Oxford: Oxford University Press.

Hindriks, Jean, and Gareth Myles. 2006. *Intermediate Public Economics*. Cambridge, MA: MIT Press.

Hirschman, Albert. 1958. *The Strategy of Economic Development*. New Haven, CT: Yale University Press.

Hirway, Indira, and Piet Terhal. 1994. *Towards Employment Guarantee in India: Indian and International Experience in Rural Public Works Programmes*. New Delhi: Sage Publications.

Hnatkovska, Viktoria, and Amartya Lahiri. 2013. "Structural Transformation and the Rural-Urban Divide." Mimeo, University of British Columbia.

Hoddinott, John, Harold Alderman, Jere Behrman, Laurance Haddad, and Susan Horton. 2013. "The Economic Rationale for Investing in Stunting." *Maternal and Child Nutrition* 9 (S2): 69-82.

Hoddinott, John, Jere Behrman, John Maluccio, Paul Melgar, Agnes Quisumbing, Manuel Ramirezzea, Aryeh D. Stein, Kathryn Yount, and Reynaldo Martorell. 2013. "Adult Consequences of Growth Failure in Early Childhood." *American Journal of Clinical Nutrition*, November: 1-9.

Hoddinott, John, Gussh Berhane, Daniel Gilligan, Neha Kumar, and Alemayehu Seyoum Taffesse. 2012. "The Impact of Ethiopia's Productive Safety Net Programme and Related Transfers on Agricultural Productivity." *Journal of African Economies* 21 (5): 761-786.

Hoddinott, John, John Maluccio, Jere Behrman, Reynaldo Martorell, Paul Melgar, Agnes Quisumbing, Manuel Ramirez-Zea, Aryeh D. Stein, and Kathryn Yount. 2011. "The Consequences of Early Childhood Growth Failure over the Life Course." Discussion Paper 1073. Washington, DC: International Food Policy Research Institute.

Hoff, Karla. 1996. "Market Failures and the Distribution of Wealth: A Perspective from the Economics of Information." *Politics and Society* 24 (4): 411-432.

Hoff, Karla, and Arijit Sen. 2006. "The Kin System as a Poverty Trap." In Samuel Bowles, Steven Durlauf, and Karla Hoff (eds.), *Poverty Traps*. Princeton, NJ: Princeton University Press.

Hogan, Margaret C., Kyle J. Foreman, Mohsen Naghavi, Stephanie Y. Ahn, Mengru Wang, Susanna M. Makela, Alan D. Lopez, Rafael Lozano, and Christopher J. L. Murray. 2010. "Maternal Mortality for 181 Countries, 1980–2008: A Systematic Analysis of Progress towards Millennium Development Goal 5." *The Lancet* 375 (9726): 1609–1623.

Holden, Stein T., Klaus Deininger, and Hosaena Hagos Ghebru. 2009. "Impacts of Low-Cost Land Certification on Investment and Productivity." *American Journal of Agricultural Economics* 91 (2): 359–373.

Holland, Paul. 1986. "Statistics and Causal Inference." *Journal of the American Statistical Association* 81: 945–960.

Holmlund, Bertil. 2014. "What Do Labor Market Institutions Do?" *Labor Economics* 30: 62–69.

Holt, Stephen D., and Jennifer L. Romich. 2007. "Marginal Tax Rates Facing Low-and Moderate Income Workers Who Participate in Means-Tested Transfer Programs." *National Tax Journal* 60 (2): 253–276.

Holtz-Eakin, D., W. Newey, and H. Rosen. 1988. "Estimating Vector Autoregressions with Panel Data." *Econometrica* 56: 1371–1395.

Horrell, Sara, and Pramila Krishnan. 2007. "Poverty and Productivity in Female-Headed Households in Zimbabwe." *Journal of Development Studies* 43 (8): 1351–1380.

Horton, Susan, Harold Alderman, and J. A. Rivera. 2008. "The Challenge of Hunger and Malnutrition." Copenhagen Consensus 2008 Challenge Paper. Copenhagen: Copenhagen Consensus Center.

Horton, Susan, and Hohn Hoddinott. 2014. "Benefits and Costs of the Food and Nutrition Targets for the Post-2015 Development Agenda." Working Paper. Copenhagen: Copenhagen Consensus Center.

Hossain, Mahabub. 1988. "Credit for Alleviation of Rural Poverty: The Grameen Bank in Bangladesh." IFPRI Research Report 65. Washington, DC: International Food Policy Research Institute.

Houthakker, H. S. 1957. "An International Comparison of Household Expenditure Patterns, Commemorating the Centenary of Engel's Law." *Econometrica* 25 (4): 532–551.

Howe, Irving. 1993. Introduction to Michael Harrington's *The Other America*. New York: Touchstone.

Howes, Stephen, and Jean Lanjouw. 1997. "Poverty Comparisons and Household Survey Design." Living Standards Measurement Study Working Paper 129. Washington, DC: World Bank.

Howes, Stephen, and Peter Lanjouw. 1991. "Regional Variations in Living Standards in Urban China." Working Paper 17. London: Development Economics Research Programme, London School of Economics.

Hoxby, Caroline, and Sarah Turner. 2013. "Expanding College Opportunities." *Education Next* 14 (4). http://educationnext.org/expanding-college-opportunities/.

Hoynes, Hilary. 1997. "Does Welfare Play Any Role in Female Headship Decisions?" *Journal of Publiceconomics* 65: 89–117.

Hume, David. 1739. *A Treatise of Human Nature*. Web Edition Published by eBooks@ Adelaide.

Humphrey, Jean. 2009. "Child Undernutrition, Tropical Enteropathy, Toilets and Handwashing." *The Lancet* 374: 1032–1035.

Hunter, Robert. 1904. *Poverty*. London: MacMillan Company.

Huppi, Monika, and Martin Ravallion. 1991. "The Sectoral Structure of Poverty during an Adjustment Period: Evidence for Indonesia in the Mid-1980s." *World Development* 19: 1653–1678.

Hurt, L. S., C. Ronsmans, and S. Saha. 2004. "Effects of Education and Socioeconomic Factors on Middle Age Mortality in Rural Bangladesh." *Journal of Epidemiology and Community Health* 58: 315–320.

Ianchovichina, Elena, and Will Martin. 2004. "Impacts of China's Accession to the WTO." *World Bank Economic Review* 18 (1): 3-28.

Iarossi, Giuseppe. 2006. *The Power of Survey Design*. Washington, DC: World Bank.

Iceland, John. 2003. "Why Poverty Remains High: The Role of Income Growth, Economic Inequality, and Changes in Family Structure, 1949-1999." *Demography* 40 (3): 499-519.

Iceland, John. 2013. *Poverty in America: A Handbook*. 3rd edn. Berkeley: University of California Press.

Imbert, Clement, and John Papp. 2011. "Estimating Leakages in India's Employment Guarantee." In Reetika Khera (ed.), *The Battle for Employment Guarantee*. New Delhi: Oxford University Press.

Imrohorogiu, Ayse, Antonio Merlo, and Peter Rupert. 2006. "Understanding the Determinants of Crime." *Journal of Economics and Finance* 30: 270-283.

International Forum on Globalization. 2001. *Does Globalization Help the Poor? A Special Report*. San Francisco, CA: International Forum on Globalization.

International Fund for Agricultural Development. 2011. *Rural Poverty Report*. Rome: IFAD.

International Labour Office. 1972. *Employment, Incomes and Equity: A Strategy for Increasing Productive Employment in Kenya*. Geneva: International Labour Office.

International Labour Office. 1976. *Employment, Growth and Basic Needs: A One-World Problem*. Geneva: International Labour Office.

Isenman, Paul. 1980. "Basic Needs: The Case of Sri Lanka." *World Development* 8 (3): 237-258.

Ishikawa, S. 1978. *Labour Absorption in Asian Agriculture: An Issues Paper*. Bangkok: International Labour Organization. Reprinted in Ishikawa 1981.

Ishikawa, S. 1981. *Essays on Technology, Employment and Institutions in Economic Development: Comparative Asian Experience*. Tokyo: Kinok Uniya Company.

Ivanic, Maros, William Martin, and Hassan Zaman. 2011. "Estimating the Short-Term Poverty Impacts of the 2010-11 Surge in Food Prices." Policy Research Working Paper 5633. Washington, DC: World Bank.

Jack, William. 2008. "Conditioning Aid on Social Expenditures," *Economics and Politics* 20: 125-140.

Jack, William, Adam Ray, and Tavneet Suri. 2013. "Transaction Networks: Evidence from Mobile Money in Kenya." *American Economic Review Papers and Proceedings* 103 (3): 356-361.

Jacoby, Hanan. 2013. "Food Prices, Wages, and Welfare in Rural India." Policy Research Working Paper 6412. Washington, DC: World Bank.

Jacoby, Hanan, and Bart Minten. 2007. "Is Land Titling in Sub-Saharan Africa Cost-Effective? Evidence from Madagascar." *World Bank Economic Review* 21 (3): 461-485.

Jalan, Jyotsna, and Martin Ravallion. 1998a. "Transient Poverty in Post-Reform Rural China." *Journal of Comparative Economics* 26: 338-357.

Jalan, Jyotsna, and Martin Ravallion. 1998b. "Are There Dynamic Gains from a Poor-Area Development Program?" *Journal of Public Economics* 67 (1): 65-86.

Jalan, Jyotsna, and Martin Ravallion. 1999. "Are the Poor Less Well Insured? Evidence on Vulnerability to Income Risk in Rural China." *Journal of Development Economics* 58 (1): 61-82.

Jalan, Jyotsna, and Martin Ravallion. 2002. "Geographic Poverty Traps? A Micro Model of Consumption Growth in Rural China." *Journal of Applied Econometrics* 17 (4): 329-346.

Jalan, Jyotsna, and Martin Ravallion. 2003. "Does Piped Water Reduce Diarrhea for Children in Rural India?" *Journal of E-*

conometrics 112：153-173.

Jalan, Jyotsna, and Martin Ravallion. 2004. "Household Income Dynamics in Rural China." In Stefan Dercon (ed.), *Insurance Against Poverty*. Oxford: Oxford University Press.

Janis, Irving. 1972. *Victims of Group think: Psychological Studies of Policy Decisions and Fiascoes*. Boston, MA: Houghton Mifflin Company.

Jargowsky, P. A. 1997. *Poverty and Place: Ghettos, Barrios and the American City*. New York: Russell Sage.

Jayarajah, Carl, William Branson, and Binayak Sen. 1996. *Social Dimensions of Adjustment: World Bank Experience 1980-93*. Washington, DC: Operations Evaluation Department, World Bank.

Jazairy, Idriss, Mohiuddin Alamgir, and Theresa Panuccio. 1992. *The State of World Rural Poverty: An Inquiry into its Causes and Consequences*. New York: New York University Press.

Jejeebhoy, Shireen. 1998. "Wife Beating in Rural India: A Husband's Right? Evidence from Survey Data." *Economic and Political Weekly* 33 (5): 11-17.

Jensen, Robert. 2007. "The Digital Provide: Information (Technology), Market Performance, and Welfare in the South Indian Fisheries Sector." *Quarterly Journal of Economics* 122 (3): 879-924.

Jerven, Morten. 2013. *Poor Numbers. How We Are Misled by African Development Statistics and What To Do about It*. Ithaca, NY: Cornell University Press.

Jha, Raghbendra, Raghav Gaiha, and Manoj K. Pandey. 2012. "Net Transfer Benefits under India's Rural Employment Guarantee Scheme." *Journal of Policy Modeling* 34 (2): 296-311.

Johnson, David, and Timothy Smeeding. 2012. "A Consumer's Guide to Interpreting Various US Poverty Measures." Fast Focus 14, Institute for Research on Poverty, University of Wisconsin.

Johnson, Steven. 2007. *The Ghost Map: The Story of London's Most Terrifying Epidemic and How It Changed Science, Cities and the Modern World*. New York: Riverhead, Penguin.

Jones, Charles. 1995. "R&D-Based Models of Economic Growth." *Journal of Political Economy* 103: 759-784.

Jones, Garethstedman. 2004. *An End to Poverty? A Historical Debate*. New York: Columbia University Press.

Jones, Ronald, and José Scheinkman. 1977. "The Relevance of the Two-Sector Production Model in Trade Theory." *Journal of Political Economy* 85: 909-935.

Jorgenson, Dale. 1961. "Development of the Dual Economy." *Economic Journal* 71: 309-334.

Jorgenson, Dale, and Daniel T. Slesnick. 1984. "Aggregate Consumer Behavior and the Measurement of Inequality." *Review of Economic Studies* 60: 369-392.

Jorgenson, Dale, and Daniel T. Slesnick. 1989. "Redistributional Policy and the Measurement of Poverty." In Daniel J. Slottje (ed.), *Research on Economic Inequality* Greenwich, CT: JAI Press.

Judge, Timothy, Joseph J. Martocchio, and Carl Thoresen. 1997. "Five-Factor Model of Personality and Employee Absence." *Journal of Applied Psychology* 82 (5): 745-755.

Just, David, and Hope Michelson. 2007. "Wealth as Welfare: Are Wealth Thresholds behind Persistent Poverty?" *Applied Economic Perspectives and Policy* 29 (3): 419-426.

Jütte, Robert. 1994. *Poverty and Deviance in Early Modern Europe*. Cambridge: Cambridge University Press.

Kakwani, Nanak. 1980a. *Income Inequality and Poverty: Methods of Estimation and Policy Applications*. Oxford: Oxford University Press.

Kakwani, Nanak. 1980b. "On a Class of Poverty Measures." *Econometrica* 48: 437-446.

Kakwani, Nanak. 1986. *Analyzing Redistribution Policies: A Study Using Australian Data*. Cambridge: Cambridge University

Press.

Kakwani, Nanak. 1989. "On Measuring Undernutrition." *Oxford Economic Papers* 41: 528-552.

Kakwani, Nanak. 1990. "Testing for the Significance of Poverty Differences with Application to Cote d'Ivoire." Living Standards Measurement Study Working Paper No. 62. Washington, DC: World Bank.

Kakwani, Nanak. 1993. "Poverty and Economic Growth with Application to Côte D'Ivoire." *Review of Income and Wealth* 39: 121-139.

Kakwani, Nanak, and E. Pernia. 2000. "What Is Pro-Poor Growth?" *Asian Development Review* 18 (1): 1-16.

Kaldor, Nicholas. 1955. "Alternative Theories of Distribution." *Review of Economic Studies* 23 (2): 94-100.

Kalecki, Michael. 1942. "A Theory of Profits." *Economic Journal* 52: 258-267.

Kanbur, Ravi. 1987a. "Measurement and Alleviation of Poverty." *IMF Staff Papers* 36: 60-85.

Kanbur, Ravi. 1987b. "Structural Adjustment, Macroeconomic Adjustment and Poverty: A Methodology for Analysis." *World Development* 15: 1515-1526.

Kanbur, Ravi. 2006. "The Policy Significance of Inequality Decompositions." *Journal of Economic Inequality* 4: 367-374.

Kanbur, Ravi, Michael Keen, and Matti Tuomala. 1994. "Labor Supply and Targeting in Poverty Alleviation Programs." *World Bank Economic Review* 8 (2): 191-211.

Kanbur, Ravi, and Diganta Mukerjee. 2007. "Premature Mortality and Poverty Measurement." *Bulletin of Economic Research* 59 (4): 339-359.

Kanbur, Ravi, and Matti Tuomala. 2011. "Charitable Conservatism, Poverty Radicalism and Inequality Aversion." *Journal of Economic Inequality* 9: 417-431.

Kanbur Ravi, and Adam Wagstaffe. 2015. "How Useful Is Inequality of Opportunity as a Policy Construct?" In Kaushik Basu and Joseph Stiglitz (eds). *Proceedings from IEA Jordan Round Table on Shared Prosperity*. London: Palgrave McMillan.

Kant, Immanuel. 1785. *Fundamental Principles of the Metaphysic of Morals*. Edited by Thomas Kingsmill Abbott. 10th edn. Project Gutenberg.

Kaplow, Louis. 2008. *The Theory of Taxation and Public Economics*. Princeton, NJ: Princeton University Press.

Kapteyn, Arie, Peter Kooreman, and Rob Willemse. 1988. "Some Methodological Issues in the Implementation of Subjective Poverty Definitions." *Journal of Human Resources* 23: 222-242.

Kapteyn, Arie, James Smith, and Arthur Van Soest. 2008. "Comparing Life Satisfaction." Working Paper WR-623, Rand Corporation.

Katz, Lawrence F. 1996. "Wage Subsidies for the Disadvantaged." NBER Working Paper 5679. Cambridge, MA: NBER.

Katz, Michael B. 1986. *In the Shadow of the Poorhouse: A Social History of Welfare in America*. NewYork: Basic Books.

Katz, Michael B. 1987. *The Undeserving Poor: From the War on Poverty to the War on Welfare*. New York: Pantheon Books.

Katz, Michael B. 1993. *The "Underclass" Debate: Views from History*. Princeton, NJ: Princeton University Press.

Kaufmann, Bruce. 2010. "Institutional Economics and the Minimum Wage: Broadening the Theoretical and Policy Debate." *Industrial and Labor Relations Review* 63 (3): 427-453.

Kaufmann, Daniel, and Aart Kraay. 2002. "Growth without Governance." *Economía* 3 (1): 169-215.

Kaufmann, Daniel, Aart Kraay, and Massimo Mastruzzi. 2004. "Governance Matters III: Governance Indicators for 1996, 1998, 2000, and 2002." *World Bank Economic Review* 18 (2): 253-287.

Kautilya. N. D. *Arthashastra*. Translated by R. Shamasastry. Bangalore: Government Press.

Keefer, Philip, and Stuti Khemani. 2005. "Democracy, Public Expenditures, and the Poor: Understanding Political Incentives for Providing Public Services." *World Bank Research Observer* 20 (1): 1-28.

Keefer, Philip, and Stephen Knack. 2002. "Polarization, Politics and Property Rights: Links between Inequality and Growth." *Public Choice* 111: 127-154.

Kelley, Allen, and Robert Schmidt. 1995. "Aggregate Population and Economic Growth Correlations: The Role of the Components of Demographic Change." *Demography* 32 (4): 543-555.

Kelley, Allen, and Robert Schmidt. 2001. "Economic and Demographic Change: A Synthesis of Models, Findings and Perspectives." In Nancy Birdsall, Allen Kelley, and Steven Sinding (eds.), *Population Matters*. Oxford: Oxford University Press.

Kelly, Morgan, and Cormac Ó Gráda. 2010. "Living Standards and Mortality since the Middle Ages." Working Paper 201026. Dublin: School of Economics, University College Dublin.

Kenny, Charles, and Andy Sumner. 2011. "More Money or More Development: What Have the MDGs Achieved?" Working Paper 278. Washington, DC: Center for Global Development.

Keyes, Ralph. 2006. *The Quote Verifier: Who Said What, Where and When*. New York: St. Martin's Press.

Keynes, John Maynard. 1936. *The General Theory of Employment, Interest and Money*. London: Macmillan Press.

Keysers, Christian. 2011. *Empathic Brain: How the Discovery of Mirror Neurons Changes our Understanding of Human Nature*. Amsterdam: Social Brain Press.

Khandker, Shahidur, and Hussain Samad. 2014. "Dynamic Effects of Microcredit in Bangladesh." Policy Research Working Paper 6821. Washington, DC: World Bank.

Kilic, Talip, and Thomas Sohnesen. 2014. "Same Question but Different Answer: Experimental Evidence on Questionnaire Design's Impact on Poverty Measured by Proxies." Policy ResearchWorking Paper 7182. Washington, DC: World Bank.

Killingsworth, Mark. 1983. *Labor Supply*. Cambridge: Cambridge University Press.

Kilpatrick, R. W. 1973. "The Income Elasticity of the Poverty Line." *Review of Economics and Statistics* 55: 327-332.

Kim, Young-Chul, and Glenn Loury. 2014. "Social Externalities, Overlap and the Poverty Trap." *Journal of Economic Inequality* 12 (4): 535-554.

King, Elizabeth, and Jere Behrman. 2009. "Timing and Duration of Exposure in Evaluation of Social Programs." *World Bank Research Observer* 24 (1): 55-82.

King, Gary, C. Murray, J. Salomon, and A. Tandon. 2004. "Enhancing the Validity and cross Cultural Comparability of Measurement in Survey Research." *American Political Science Review* 98 (1): 191-207.

King, Gary, and J. Wand. 2007. "Comparing Incomparable Survey Responses: Evaluating and Selecting Anchoring Vignettes." *Political Analysis* 15 (1): 46-66.

King, Mervyn A. 1983. "Welfare Analysis of Tax Reforms Using Household Level Data." *Journal of Public Economics* 21: 183-214.

Kingdon, Geeta, and John Knight. 2006. "Subjective Well-Being Poverty vs. Income Poverty and Capabilities Poverty?" *Journal of Development Studies* 42 (7): 1199-1224.

Kingdon, Geeta, and John Knight. 2007. "Community Comparisons and Subjective Well-Being in a Divided Society." *Journal of Economic Behavior and Organization* 64: 69-90.

Kinsey, Bill. 2013. "The Excluded Generations: Questioning a Leading Poverty Indicator." Paper Presented at the UNU-WIDER conference "Inclusive Growth in Africa: Measurement, Causes, and Consequences."

Kish, Leslie. 1965. *Survey Sampling*. New York: John Wiley.

Klasen, Stephan. 1996. "Nutrition, Health and Mortality in Sub-Saharan Africa: Is there a Gender Bias?" *Journal of Development Studies* 32 (6): 913-933.

Klasen, Stephan, and Sebastian Vollmer. 2013. "Missing Women: Age and Disease: A Correction." Mimeo, University of

Göttingen and Harvard School of Public Health.

Klebaner, Benjamin J. 1964. "Poverty and Its Relief in American Thought, 1815–61." *Social Service Review* 38 (4): 382–399.

Knack, Stephen, and Philip Keefer. 1995. "Institutions and Economic Performance: Cross-Country Tests Using Alternative Institutional Measures." *Economics and Politics* 7: 202–227.

Knight, John. 1976. "Devaluation and Income Distribution in Less-Developed Countries." *Oxford Economic Papers* 38: 161–178.

Knight, John. 2013. "Inequality in China: An Overview." Policy Research Working Paper 6482. Washington, DC: World Bank.

Knight, John, and R. Gunatilak. 2010. "The Rural-Urban Divide in China: Income but Not Happiness?" *Journal of Development Studies* 46 (3): 506–534.

Knight, John, and R. Gunatilak. 2012. "Income, Aspirations and the Hedonic Treadmill in a Poor Society." *Journal of Economic Behavior and Organization* 82 (1): 67–81.

Knight, John, Deng Quheng, and Li Shi. 2011. "The Puzzle of Migrant Labor Shortage and Rural Labor Surplus in China." *China Economic Review* 22: 585–600.

Knowles, Stephen. 2005. "Inequality and Economic Growth: The Empirical Relationship Reconsidered in the Light of Comparable Data." *Journal of Development Studies* 41 (1): 135–159.

Knudsen, Eric, James Heckman, Judy Cameron, and Jack Shonkoff. 2006. "Economic, Neurobiological, and Behavioral Perspectives on Building America's Future Workforce." *Proceedings of the National Academy of Sciences* 103 (27): 10155–10162.

Kolm, Serge-Christophe. 1976. "Unequal Inequalities. I." *Journal of Economic Theory* 12 (3): 416–442.

Kolm, Serge-Christophe. 1998. *Modern Theories of Justice*. Cambridge, MA: MIT Press.

Korinek, Anton, Johan Mistiaen, and Martin Ravallion. 2006. "Survey Nonresponse and the Distribution of Income." *Journal of Economic Inequality* 4 (2): 33–55.

Korinek, Anton, Johan Mistiaen, and Martin Ravallion. 2007. "An Econometric Method of Correcting for Unit Nonresponse Bias in Surveys." *Journal of Econometrics* 136: 213–235.

Kormendi, Roger, and Philip Meguire. 1985. "Macroeconomic Determinants of Growth: Cross Country Evidence." *Journal of Monetary Economics* 16 (2): 141–163.

Korpe, Poonum, and William Petri. 2012. "Environmental Enteropathy: Critical Implications of a Poorly Understood Condition." *Trends in Molecular Medicine* 18 (6): 328–336.

Kozel, Valerie, and Barbara Parker. 2000. "Integrated Approaches to Poverty Assessment in India." In Michael Bamberger (ed.), *Integrating Quantitative and Qualitative Research in Development Projects*. Washington, DC: World Bank.

Kraay, Aart. 2006. "When is Growth Pro-Poor? Evidence from a Panel of Countries." *Journal of Development Economics* 80: 198–227.

Kraay, Aart, and Claudio Raddatz. 2007. "Poverty Traps, Aid and Growth." *Journal of Development Economics* 82 (2): 315–347.

Kremer, Michael, and Edward Miguel. 2007. "The Illusion of Sustainability." *Quarterly Journal of Economics* 122 (3): 1007–1065.

Kristensen, N., and E. Johansson. 2008. "New Evidence on Cross-Country Differences in Job Satisfaction Using Vignettes." *Labor Economics* 15 (1): 96–117.

Krusell, Per, and Tony Smith. 2014. "Is Piketty's 'Second Law of Capitalism' Fundamental?" Mimeo.

Kunz-Ebrect, Sabine, Clemens Kirschbaum, Michael Marmot, and Andrew Steptoe. 2004. "Differences in Cortisol Awakening Response on Work Days and Weekends in Woman and Men from the Whitehall II Cohort." *Psychoneuroendocrinology* 29 (4): 516-528.

KUznets, Simon. 1933. "National Income." *Encyclopedia of the Social Science*, vol. 11. London: Macmillan and Co.

KUznets, Simon. 1946. *National Product Since* 1869. New York: National Bureau of Economic Research.

KUznets, Simon. 1955. "Economic Growth and Income Inequality." *American Economic Review* 45: 1-28.

Lakdawalla, Darius, Tomas Philipson, and Jay Bhattacharya. 2005. "Welfare-Enhancing Technological Change and the Growth of Obesity." *American Economic Review Papers and Proceedings* 95 (2): 253-257.

Lakner, Christoph, and Branko Milanovic. 2013. "Global Income Distribution: From the Fall of the Berlin Wall to the Great Recession." Policy Research Working Paper 6719. Washington, DC: World Bank.

Lal, Deepak. 2000. *The Poverty of Development Economics*. Cambridge, Mass.: MIT Press.

Lalonde, Robert. 1986. "Evaluating the Econometric Evaluations of Training Programs." *American Economic Review* 76: 604-620.

Lambert, Peter J. 2001. *The Distribution and Redistribution of Income*. 3rd edn. Manchester: Manchester University Press.

Lambert, Sylvie, Martin Ravallion, and Dominique van de Walle. 2010. "A Micro-Decomposition Analysis of Aggregate Human Development Outcomes." *Oxford Bulletin of Economics and Statistics* 72 (2): 119-145.

Lambert, Sylvie, Martin Ravallion, and Dominique van de Walle. 2014. "Intergenerational Mobility and Interpersonal Inequality in an African Economy." *Journal of Development Economics* 110: 327-344.

Lambert, Sylvie, and Pauline Rossi. 2014. "Sons as Widowhood Insurance: Evidence from Senegal." CREST Working Paper 2014-2004, Paris.

Lampietti, Julian, and Linda Stalker. 2000. "Consumption Expenditure and Female Poverty: A Review of the Evidence." Policy Research Report on Gender and Development Working Paper Series No. 11. Washington, DC: World Bank.

Landauer, Carl. 1959. *European Socialism: A History of Ideas and Movements from the Industrial Revolution to Hitler's Seizure of Power*. Berkeley: University of California Press.

Lanjouw, Jean, and Peter Lanjouw. 2001. "How to Compare Apples and Oranges: Poverty Measurement Based on Different Definitions Of Consumption." *Review of Income and Wealth* 47 (1): 25-42.

Lanjouw, Peter, and Martin Ravallion. 1995. "Poverty and Household Size." *Economic Journal* 105: 1415-1435.

Lanjouw, Peter, and Martin Ravallion. 1999. "Benefit Incidence and the Timing of Program Capture." *World Bank Economic Review* 13 (2): 257-274.

Lanjouw, Peter, and Nicholas Stern. 1991. "Poverty in Palanpur." *World Bank Economic Review* 5: 23-56.

Lanjouw, Peter, and Nicholas Stern. 1998. *Economic Development in Palanpur over Five Decades*. Oxford: Clarendon Press.

Lazear, Edward, and Robert Michael. 1980. "Family Size and the Distribution of Real Per Capita Income." *American Economic Review* 70: 91-107.

Lee, David. 1999. "Wage Inequality during the 1980s: Rising Dispersion or Falling Minimum Wages?" *Quarterly Journal of Economics* 114 (3): 977-1023.

Lee, Donghoon. 2005. "An Estimable Dynamic General Equilibrium Model of Work, Schooling, and Occupational Choice." *International Economic Review* 46 (1): 1-34.

Lee, Myoung-jae. 2005. *Micro-Econometrics for Policy, Program and Treatment Effects.* Oxford: Oxford University Press.

Leibenstein, Harvey. 1957. *Economic Backwardness and Economic Growth.* New York: Wiley.

Lemieux, Thomas, and Kevin Milligan. 2008. "Incentive Effects of Social Assistance: A Regression Discontinuity Approach."

Journal of Econometrics 142 (2): 807-828.

Leovy, Jill. 2014. *Ghettoside. A True Story of Murder in America*. New York: Spiegal and Grau.

Lepenies, Philipp H. 2014. "Of Goats and Dogs: Joseph Townsend and the Idealisation of Markets—A Decisive Episode in the History of Economics." *Cambridge Journal of Economics* 38: 447-457.

Leslie, Jacques. 2014. "Dams Aren't Worth the Cost." *International New York Times*, August 23-24, 8.

Levin, Michael. 1997. "Natural Subordination, Aristotle On." *Philosophy* 72: 241-257.

Levine, Ross, and David Renelt. 1992. "A Sensitivity Analysis of Cross-Country Growth Regressions." *American Economic Review* 82: 942-963.

Levine, Ruth, What Works Working Group, and Molly Kinder. 2004. *Millions Saved: Proven Successes in Global Health*. Washington, DC: Center for Global Development.

Levitt, Steven, and John List. 2011. "Was There Really a Hawthorne Effect at the Hawthorne Plant? An Analysis of the Original Illumination Experiments." *American Economic Journal: Applied Economics* 3 (1): 224-238.

Levy, Paul S., and Stanley Lemeshow. 1991. *Sampling of Populations: Methods and Applications*. New York: John Wiley and Sons.

Lewis, Arthur. 1954. "Economic Development with Unlimited Supplies of Labor." *Manchester School of Economic and Social Studies* 22: 139-191.

Lewis, Arthur. 1976. "Development and Distribution." In A. Caincross and M. Puri (eds.), *Employment, Income Distribution and Development Strategy*. London: Macmillan.

Li, Chenyang. 2012. "Equality and Inequality in Confucianism." *Dao* 11 (3): 295-313.

Li, Hongyi, Lyn Squire, and Heng-fu Zou. 1998. "Explaining International and Intertemporal Variations in Income Inequality." *Economic Journal* 108: 26-43.

Li, Hongyi, and Heng-fu Zou. 1998. "Income Inequality is not Harmful to Growth: Theory and Evidence." *Review of Development Economics* 2 (3): 318-334.

Lichter, Daniel T., and Rukamalie Jayakody. 2002. "Welfare Reform: How Do We Measure Success?" *Annual Review of Sociology* 28: 117-141.

Lim, Janus. 2012. "The Emerging Pattern of Global Investment." Prospects for Development Blog, World Bank. http://blogs.worldbank.org/prospects/the-emerging-pattern-of-global-investment.

Lin, Justin Yifu. 1992. "Rural Reforms and Agricultural Growth in China." *American Economic Review* 82: 34-51.

Lin, Justin Yifu. 2012. *New Structural Economics: A Framework for Rethinking Development and Policy*. Washington, DC: World Bank.

Lin, Justin Yifu, and P. Liu. 2008. "Economic Development Strategy, Openness and Rural Poverty." In M. Nissanke and E. Thorbecke (eds.), *Globalization and the Poor in Asia: Can Shared Growth be Sustained*. London: Palgrave Macmillan.

Lindert, Peter H. 2000. "Three Centuries of Inequality in Britain and America." In A. B. Atkinson and F. Bourguignon (eds.), *Handbook of Income Distribution*, vol. 1. Amsterdam: North-Holland.

Lindert, Peter H. 2004. *Growing Public*. Vol. 1, *The Story: Social Spending and Economic Growth since the Eighteenth Century*. Cambridge: Cambridge University Press.

Lindert, Peter H. 2013. "Private Welfare and the Welfare State." In Larry Neal and Jeffrey Williamson (eds.), *The Cambridge History of Capitalism*. Cambridge: Cambridge University Press.

Lindgren, Mattias. 2015. "The Elusive Quest for the Subsistence Line. How Much Does the Cost Of Survival Vary Between Populations?" Comparative Institutional Analysis Working Paper 2015: 1, Lund University, Sweden.

Lipton, Michael. 1968. "Urban Bias and Rural Planning: Strategy for Agriculture." In Paul Streeten and Michael Lipton (eds.), *The Crisis in Indian Planning*. Oxford: Oxford University Press.

Lipton, Michael. 1977. *Why Poor People Stay Poor: Urban Bias and World Development*. London: Temple Smith.

Lipton, Michael. 1983. "Poverty, Undernutrition, and Hunger." World Bank Staff Working Paper 597. Washington, DC: World Bank.

Lipton, Michael. 1988. "The Poor and the Poorest: Some Interim Findings." World BankDiscussion Paper 25. Washington, DC: World Bank.

Lipton, Michael. 2009. *Land Reform in Developing Countries: Property Rights and Property Wrongs*. New York: Routledge.

Lipton, Michael, and Richard Longhurst. 1989. *New Seeds and Poor People*. Baltimore, MD: Johns Hopkins University Press.

Lipton, Michael, and Martin Ravallion. 1995. "Poverty and Policy." In Jere Behrman and T. N. Srinivasan (eds.), *Handbook of Development Economics*, vol. 3. Amsterdam: North-Holland.

Lipton, Michael, and Jacques van der Gag. 1992. "Poverty: A Research and Policy Framework." In Michael Lipton and Jacques van der Gag (eds.), *Including the Poor*. Washington DC: Johnshopkins University Press for the World Bank.

Little, Ian. 1982. *Economic Development: Theory, Policy and International Relations*. New York: Basic Books.

Little, R. J. A. and D. B. Rubin. 1987. *Statistical Analysis with Missing Data*. New York: Wiley.

Lokshin, Michael, and Martin Ravallion. 2000. "Welfare Impacts of Russia's 1998 Financial Crisis and the Response of the Public Safety Net." *Economics of Transition* 8 (2): 269-295.

Lokshin, Michael, and Martin Ravallion. 2004. "Household Income Dynamics in Two Transition Economies." *Studies in Nonlinear Dynamics and Econometrics* 8 (3).

Lokshin, Michael, and Martin Ravallion. 2005. "Rich *and* Powerful? Subjective Power and Welfare in Russia." *Journal of Economic Behavior and Organization* 56 (2): 141-195.

Lokshin, Michael, Nithin Umapathi and Stefano Paternostro. 2006. "Robustness of Subjective Welfare Analysis in a Poor Developing Country: Madagascar 2001," *Journal of Development Studies* 42 (4): 559-591.

Lopez, Humberto, and Luis Servén. 2006. "A Normal Relationship? Poverty, Growth and Inequality." Policy Research Working Paper 3814. Washington, DC: World Bank.

Lopez, Humberto, and Luis Servén. 2009. "Too Poor to Grow." Policy Research Working Paper 5012. Washington, DC: World Bank.

Lopezv Calva, Luis F., and Eduardo Ortiz-Juarez. 2014. "A Vulnerability Approach to the Definition of the Middle Class." *Journal of Economic Inequality* 12: 23-47.

Loury, Glenn. 1981. "Intergenerational Transfers and the Distribution of Earnings." *Econometrica* 49: 843-867.

Lovejoy, Paul. 1989. "The Impact of The Atlantic Slave Trade on Africa: A Review of the Literature," *Journal of African History* 30: 365-394.

Lucas, Robert. 1988. "On the Mechanics of Economic Development." *Journal of Monetary Economics* 22 (1): 3-42.

Ludwig, Jens, Greg Duncan, Lisa Gennetian, Lawrence Katz, Ronald Kessler, Jeffrey Kling, and Lisa Sanbonmatsu. 2012. "Neighborhood Effects on the Long-Term Well-Being of Low-Income Adults." *Science* 337: 1505-1510.

Ludwig, Jens, and Deborah A. Phillips. 2007. "The Benefits and Costs of Head Start." NBER Working Paper 12973.

Lundberg, Mattias, and Lyn Squire. 2003. "The Simultaneous Evolution of Growth and Inequality." *Economic Journal* 113: 326-344.

Lustig, Nora. 2000. "Crises and the Poor: Socially Responsible Macroeconomics." *Economia* 1 (1): 1-19.

Lustig, Nora, Carola Pessino, and John Scott. 2014. "The Impact of Taxes and Social Spending on Inequality and Poverty in

Argentina, Bolivia, Brazil, Mexico, Peru and Uruguay: Introduction to the Special Issue." *Public Finance Review* 42 (3): 287-303.

Luttmer, E. 2005. "Neighbors as Negatives: Relative Earnings and Well-Being." *Quarterly Journal of Economics* 120 (3): 963-1002.

Maag, Elaine, Eugene C. Steuerle, Ritadhi Chakravarti, and Caleb Quakenbush. 2012. "How Marginal Tax Rates Affect Families at Various Levels of Poverty." National Tax Journal 65 (4): 759-782.

Mac Gregor, David H. 1910. "The Poverty Figures." *Economic Journal* 20: 569-572.

Mackenbach, Johan, Anton Kunst, Adrienne Cavelaars, Feikje Groenhof, and Jose Guerts. 1997. "Socioeconomic Inequalities in Morbidity and Mortality in Western Europe." *Lancet* 349: 1655-1659.

Macours, Karen, Norbert Schady, and Renos Vakis. 2012. "Cash Transfers, Behavioral Changes and Cognitive Development in Early Childhood: Evidence from a Randomized Experiment." *American Economic Journal: Applied Economics* 4 (2): 247-273.

Maddison, Angus. 1995. *Monitoring the World Economy*. Paris: OECD.

Maddison, Angus. 2005. *The World Economy*. Paris: Development Center, OECD.

Mahalanobis, Prasanta Chandra. 1953. "Some Observations on the Process of Growth." *Sankhya* 12: 307-312.

Mahalanobis, Prasanta Chandra. 1963. *The Approach of Operational Research to Planning in India*. New York: Asia Publishing House.

Maloney, William. 2004. "Informality Revisited." *World Development* 32 (7): 1159-1178.

Malthus, Thomas Robert. 1806. *An Essay on the Principle of Population*. 1890 edn. London: Ward, Lock and Co.

Maluccio, John, John Hoddinott, Jere R. Behrman, Reynaldo Martorell, Agnes Quisumbing, and Aryeh D. Stein. 2009. "The Impact of Improving Nutrition during Early Childhood on Education among Guatemalan Adults." *Economic Journal* 119: 734-763.

Mangahas, M. 1995. "Self-Rated Poverty in the Philippines." *International Journal of Public Opinion Research* 7 (1): 40-55.

Mani, Anendi, Sendhil Mullainathan, Eldar Shafir, and Jiaying Zhao. 2013. "Poverty Impedes Cognitive Function." *Science* 341: 976-980.

Mansuri, Ghazala, and Vijayendra Rao. 2012. *Localizing Development: Does Participation Work?* Washington, DC: World Bank.

Markandaya, Kamala. 1955. *Nectar in a Sieve*. New York: John Day Company.

Manski, Charles. 1990. "Nonparametric Bounds on Treatment Effects." *American Economic Review Papers and Proceedings* 80: 319-323.

Marmot, Michael, George Smith, Stephen Stansfeld, Chandra Patel, Fiona North, J. Head, Ian White, Eric Brunner, and Amanda Feeny. 1991. "Health Inequalities among British Civil Servants: The Whitehall II Study." *Lancet* 337: 1387-1393.

Marsh, Catherine. 1985. "Back on the Bandwagon: The Effect of Opinion Polls on Public Opinion." *British Journal of Political Science* 15 (1): 51-74.

Marshall, Alfred. (1890) 1920. *Principles of Economics*. 8th edn. London: Macmillan.

Marshall, Alfred. 1907. "Some Possibilities of Economic Chivalry." *Economic Journal* 17 (65): 7-29.

Marshall, Dorothy. (1926) 2006. *The English Poor in the Eighteenth Century: A Study in Social and Administrative History from* 1662 *to* 1782. Oxford: Routledge.

Martin, Will, and Kym Anderson. 2012. "Export Restrictions and Price Insulation during Commodity Price Booms." *American Journal of Agricultural Economics* 94 (2): 422-427.

Marx, Ive, Brian Nolan, and Javier Olivera. 2014. "The Welfare State and Anti-Poverty Policy in Rich Countries." IZA Discussion Paper No. 8154.

Marx, Karl. (1867) 1966. *Capital*. Vol. 1. Moscow: Progress Publishers.

Marx, Karl, and Friedrich Engels. (1848) 1969. *Manifesto of the Communist Party*. Moscow: Progress Publishers.

Mayhew, Henry. 2008. *London Labour and the London Poor*. London: Wordsworth Classics (reprinting a selection of newspaper articles from the 1840s).

Mcelroy, Marjorie B. 1990. "The Empirical Content of Nash-Bargained Household Behavior." *Journal of Human Resources* 25: 559-583.

Mckenzie, David. 2013. "How Should We Understand 'Clinical Equipoise' When Doing RCTs in Development?" Development Impact Blog, World Bank.

Mckenzie, David, John Gibson, and Steven Sillman. 2010. "How Important is Selection? Experimental vs. Non-Experimental Measures of the Income Gains from Migration." *Journal of the European Economic Association* 8 (4): 913-945.

Mckenzie, David, and Hillel Rapoport. 2010. "Self-Selection Patterns in Mexico-U. S. Migration Networks." *Review of Economics and Statistics* 92 (4): 811-821.

Mckenzie, David, and Christopher Woodruff. 2006. "Do Entry Costs Provide an Empirical Basis for Poverty Traps? Evidence from Mexican Microenterprises." *Economic Development and Cultural Change* 55 (1): 3-42.

Mclaren, Lindsay. 2007. "Socioeconomic Status and Obesity." *Epidemiologic Reviews* 29: 29-48.

Mcnamara, Robert S. 1973. "Address to the Board of Governors," World Bank Group, Nairobi, Kenya, September 24.

Meade, James. 1972. "Poverty in the Welfare State." *Oxford Economic Papers* 24: 289-326.

Meessen, Bruno, Wim Van Damme, Christine Tashobya, and Abdelmajid Tibouti. 2006. "Poverty and User Fees for Public Health Care in Low-Income Countries: Lessons from Uganda and Cambodia." *Lancet* 368 (9554): 2253-2257.

Mehlum, Halvar, Karl Moene, and Ragnar Torvik. 2003. "Predator or Prey? Parasitic Enterprises in Economic Development." *European Economic Review* 47: 275-294.

Mehrotra, Santosh, and Richard Jolly, eds. 1997. *Development with a Human Face: Experiences in Social Achievement and Economic Growth*. Oxford: Clarendon Press.

Mellor, John. 1976. *The New Economics of Growth: A Strategy for India and the Developing World*. Ithaca, NY: Cornell University Press.

Mencher, Samuel. 1967. *Poor Law to Poverty Program: Economic Security Policy in Britain and the United States*. Pittsburgh: University of Pittsburgh Press.

Mesnard, Alice, and Martin Ravallion. 2006. "The Wealth Effect on New Business Startups in a Developing Economy." *Economica* 73: 367-392.

Meyer, Bruce D., and James Sullivan. 2012. "Consumption and Income Poverty in the United States." In Philip N. Jefferson (ed.), *The Oxford Handbook of the Economics of Poverty*. Oxford: Oxford University Press.

Michel, Jean-Baptiste, Yuan Kui Shen, Aviva P. Aiden, Adrian Veres, Matthew K. Gray, The Google Books Team, Joseph P. Pickett, Dale Hoiberg, Dan Clancy, Peter Norvig, Jon Orwant, Steven Pinker, Martin A. Nowak, and Erez Lieberman Aiden. 2010. "Quantitative Analysis of Culture Using Millions of Digitized Books." *Science*, December 16: 176-182.

Michielse, H. C. M., and Robert van Krieken. 1990. "Policing the Poor: J. L. Vives and the Sixteenth Century Origins of Modern Social Administration." *Social Service Review* 64 (1): 1-21.

Milanovic, Branko. 2005a. "Can We Discern the Effect of Globalization on Income Distribution?" *World Bank Economic Review* 19 (1): 21-44.

Milanovic, Branko. 2005b. *Worlds Apart: Measuring International and Global Inequality*. Princeton, NJ: Princeton University Press.

Milanovic, Branko. 2008. "QAT Expenditures in Yemen and Djibouti: An Empirical Analysis." *Journal of African Economies* 17 (5): 661-687.

Milanovic, Branko, and Shlomo Yitzhaki. 2002. "Decomposing World Income Distribution: Does the World Have a Middle Class?" *Review of Income and Wealth* 48 (2): 155-178.

Milazzo, Annamaria. 2013. "Son Preference, Fertility and Family Structure: Evidence on Reproductive Behavior among Nigerian Women." Working Paper. Washington, DC: World Bank.

Milazzo, Annamaria, and Dominique van de Walle. 2015. "Women Left Behind? Poverty and Headship in Africa," Policy Research Working Paper 7331, Washington, DC: World Bank.

Mill, John Stuart. (1848) 1965. *Principles of Political Economy*. New York: A. M. Kelly.

Mill, John Stuart. (1859) 2002. *On Liberty*. Toronto: Dover Thrift Edition.

Miller, Herman. 1964. "Measurements for Alternative Concepts of Poverty." Paper Presented at the 124th meeting of the American Statistical Association, Chicago, Illinois.

Mincer, Jacob. 1958. "Investment in Human Capital and Personal Income Distribution." *Journal of Political Economy* 66 (4): 281-302.

Ministry of Labor and Social Development (MLSD). 2000. *Prozhitochnui Minimum v Rosiiskoi Federacii* (The Subsistence Minimum in Russian Federation). Moscow: MLSD.

Mirrlees, James. 1971. "An Exploration in the Theory of Optimum Income Taxation." *Review of Economic Studies* 38: 175-208.

Mirrlees, James. 1975. "A Pure Theory of Underdeveloped Economies." In L. G. Reynolds (ed.), *Agriculture in Development Theory*. New Haven, CT: Yale University Press.

Mirrlees, James. 1976. "Optimal Tax Theory: A Synthesis." *Journal of Public Economics* 6: 327-358.

Mirrlees, James. 2014. "Some Interesting Taxes and Subsidies." Lecture at the Lindau Nobel Laureate Meetings. http://www.mediatheque.lindau-nobel.org/videos/33973/jamesmirrlees.

Mishan, Ezra J. (1967) 1993. *The Cost of Economic Growth*. Rev. edn. Westport, C T: Praeger.

Mishan, Ezra J. 1982. *Introduction to Normative Economics*. Oxford: Oxford University Press.

Moehler, Devra. 2010. "Democracy, Governance, and Randomized Development Assistance." *The Annais of the American Academy of Political and Social Science* 628: 130-146.

Moehling, Carolyn M. 1999. "State Child Labor Laws and the Decline of Child Labor." *Explorations in Economic History* 36 (1): 72-106.

Moffitt, Robert. 1992. "Incentive Effects of the US Welfare System: A Review." *Journal of Economic Literature* 30 (1): 1-61.

Moffitt, Robert. 2002. "Welfare Programs and Labor Supply." In A. Auerbach and M. Feldstein (eds.), *Handbook of Public Economics*, vol. 4. Amsterdam: North-Holland.

Moffitt, Robert. 2006. "Forecasting the Effects of Scaling Up Social Programs: An Economics Perspective." In Barbara Schneider and Sarah-Kathryn McDonald (eds.), *Scale-Up in Education: Ideas in Principle*. Place: Rowman and Littlefield.

Moffitt, Robert. 2015. "The Deserving Poor, the Family, and the U. S. Welfare System," *Demography* 52: 729-749.

Montagu, Askley. 1971. "Forward." In Joseph Townsend, *A Dissertation on the Poor Laws by a Well Wisher to Mankind*. Berkeley and Los Angeles: University of California Press.

Montalvo, Jose, and Martin Ravallion. 2010. "The Pattern of Growth and Poverty Reduction in China." *Journal of Comparative Economics* 38: 2-16.

Morduch, Johnathan. 1998. "Poverty, Economic Growth and Average Exit Time." *Economics Letters* 59 (3): 385-390.

Morduch, Johnathan. 1999. "The Role of Subsidies in Microfinance: Evidence from the Grameen Bank." *Journal of Development Economics* 60: 229-248.

Morelli, Salvatore, Timothy Smeeding, and Jeffrey Thompson. 2014. "Post-1970 Trends in within Country Inequality and Poverty." In Anthony B. Atkinson and Francois Bourguignon (eds.), *Handbook of Income Distribution*, vol. 2. Amsterdam: Elsevier Science.

Morgan, Mary. 1990. *The History of Econometric Ideas*. Cambridge: Cambridge University Press.

Morgan, Mary. 2012. *The World in the Model: How Economists Work and Think*. Cambridge: Cambridge University Press.

Morris, Cynthia Taft, and Irma Adelman. 1988. *Comparative Patterns of Economic Development* 1850-1914. Baltimore, MD: Johns Hopkins University Press.

Mortensen, Dale, and Christopher Pissarides. 1994. "Job Creation and Job Destruction in the Theory of Unemployment." *Review of Economic Studies* 61: 397-415.

Moses, Jonathon, and Bjørn Letnes. 2004. "The Economic Costs to International Labor Restrictions: Revisiting the Empirical Discussion." *World Development* 32 (10): 1609-1626.

Moss, Todd, Gunilla Pettersson, and Nicolas van de Walle. 2006. "An Aid-Institutions Paradox? A Review Essay on Aid Dependency and State Building in Sub-Saharan Africa." Working Paper No. 74. Washington, DC: Center for Global Development.

Mossakowski, Krysia N. 2009. "The Influence of Past Unemployment Duration on Symptoms of Depression among Young Women and Men in the United States." *American Journal of Public Health* 99 (10): 1826-1832.

Moyo, Dambisa. 2009. *Dead Aid: Why Aid Is Not Working and How There Is a Better Way for Africa*. New York: Farrar, Strauss and Giroux.

Muhutdinova, Raissa. 2006. "Feminization of Poverty." In Mehmet Odekon (ed.), *Encyclopedia of World Poverty*, vol. 1. London: Sage.

Muller, Jerry Z. 1993. *Adam Smith in his Time and Ours: Designing a Decent Society*. Princeton, NJ: Princeton University Press.

Mulligan, Casey. 2014. "The Economics of Randomized Experiments." *Economix Blog*, *New York Times*, March 5.

Murgai, Rinku, and Martin Ravallion. 2005. "Is a Guaranteed Living Wage a Good Antipoverty Policy?" Policy Research Working Paper 3460. Washington, DC: World Bank.

Murgai, Rinku, Martin Ravallion, and Dominique van de Walle. 2015. "Is Workfare Cost-Effective against Poverty in a Poor Labor-Surplus Economy?" *World Bank Economic Review*, forthcoming.

Murphy, Kevin, Andrei Schleifer, and Robert Vishny. 1989. "Industrialization and the Big Push." *Journal of Political Economy* 97 (5): 1003-1026.

Murray, Charles A. 1984. *Losing Ground: American Social Policy* 1950-1980. New York: Basic Books.

Musgrave, Richard. 1985. "A Brief History of Fiscal Doctrine." In A. J. Auerbach and M. Feldstein (eds.), *Handbook of Public Economics*, vol. 1. Amsterdam: North-Holland.

Muth, Richard. 1969. *Cities and Housing*. Chicago: University of Chicago Press.

Myrdal, Gunnar. 1988. "International Inequality and Foreign Aid in Retrospect." In G. Meier and D. Seers (eds.), *Pioneers in Development*. New York: Oxford University Press.

Nadeau, Richard, Edouard Cloutier, and J. H. Guay. 1993. "New Evidence about the Existence of a Bandwagon Effect in the

Opinion Formation Process." *International Political Science Review*14 (2): 203–213.

Narayan, Deepa, and Patti Petesch. 2002. *Voices of the Poor: From Many Lands*. New York and Oxford: Oxford University Press.

Naschold, Felix. 2013. "Welfare Dynamics in Pakistan and Ethiopia—Does the Estimation Method Matter?" *Journal of Development Studies* 49 (7): 936–954.

Nash, John. 1951. "Noncooperative Games." *Annals of Mathematics* 54: 289–295.

Nath, Shiv K. 1969. *A Reappraisal of Welfare Economics*. London: Routledge and Kegan Paul.

Naudeau, Sophie, Sebastian Martinez, Patrick Premand, and Deon Filmer. 2011. "Cognitive Development among Young Children in Low-Income Countries." In Harold Alderman (ed.), *No Small Matter*. Washington, DC: World Bank.

Ndikumana, Léonce, and James K. Boyce. 2011. *Africa's Odious Debts: How Foreign Loans and Capital Flight Bleb a Continent*. London: Zed Books.

Nelson, Julie. 1988. "Household Economies of Scale in Consumption: Theory and Evidence." *Econometrica* 56: 1301–1314.

Nelson, Richard. 1956. "A Theory of the Low-Level Equilibrium Trap in Underdeveloped Economies." *American Economic Review* 46 (5): 894–908.

Newbery, David. 1990. "Ramsey Model." In John Eatwell, Murray Milgate, and Peter Newman (eds.), *Capital Theory*. New York: W. W. Norton.

Newbery, David, and Nicholas H. Stern, eds. 1987. *The Theory of Taxation for Developing Countries*. Oxford: Oxford University Press.

Newmark, David, and William Wascher. 2000. "Minimum Wages and Employment: A Case Study of the Fast-Food Industry in New Jersey and Pennsylvania: Comment." *American Economic Review* 90: 1362–1396.

Ng, K. 1981. "Welfarism: A Defence Against Sen's Attack." *Economic Journal* 91: 527–530.

Ng, Marie, et al. 2014. "Global, Regional and National Prevalence of Overweight and Obesity in Children and Adults During 1980–2013: A Systematic Analysis for the Global Burden of Disease Study 2013." *Lancet* 384: 766–781.

Nicholson, J. L. 1976. "Appraisal of Different Methods of Estimating Equivalence Scales and their Results." *Review of Income and Wealth* 22: 1–11.

Nolan, Brian. 2007. *A Comparative Perspective on the Development of Poverty and Exclusion in European Societies*. Bonn: International Policy Analysis.

Nolan, Brian, Tereas Munzi, and Tim Smeeding. 2005. "Two Views of Irish Poverty Trends." Background Paper to Human Development Report 2005. New York: UNDP.

North, Douglas. 1990. *Institutions, Institutional Change and Economic Performance*. New York: Cambridge University Press.

North, Douglas, and Robert Thomas. 1973. *The Rise of the Western World: A New Economic History*. Cambridge: Cambridge University Press.

Nozick, Robert. 1974. *Anarchy, State and Utopia*. New York: Basic Books.

Nunn, Nathan. 2007. "Historical Legacies: A Model Linking Africa's Past to its Current Underdevelopment." *Journal of Development Economics* 83 (1): 157–175.

Oaxaca, Ronald L. 1973. "Male-Female Wage Differentials in Urban Labor Markets." *International Economic Review* 14: 693–709.

O'Connor, Alice. 2002. *Poverty Knowledge: Social Science, Social Policy, and the Poor in Twentieth Century U. S. History*. Princeton, NJ: Princeton University Press.

OECD. 1997. *Making Work Pay: Taxation, Benefits, Employment and Unemployment*. Paris: OECD.

OECD. 2013. *Measuring OECD Responses to Illicit Financial Flows from Developing Countries*. Paris: Organization for Economic Cooperation and Development.

Ogden, Cynthia L., Margaret D. Carroll, Brian K. Kit, and Katherine M. Flegal. 2012. "Prevalence of Obesity in the United States, 2009-2010." NCHS Data Brief No. 82.

Ogden, Cynthia L., Molly M. Lamb, Margaret D. Carroll, and Katherine M. Flegal. 2010. "Obesity and Socioeconomic Status in Adults: United States, 2005-2008." NCHS Data Brief No. 50.

Olinto, Pedro, Kathleen Beagle, Carlos Sobrado, and Hiroki Uematsu. 2013. "The State of the Poor: Where are the Poor, Where is Extreme Poverty Harder to End, and What is the Current Profile of the World's Poor?" Economic Premise No. 125, Washington, DC: World Bank.

Organization for Economic Co-Operation and Development (OECD). 2008. *Growing Unequal? Income Distribution and Poverty in OECD Countries*. Paris: OECD.

O'Rourke, Kevin, and Jeffrey Williamson. 1997. *Globalization and History: The Evolution of the Nineteenth Century Atlantic Economy*. Cambridge, MA: MIT Press.

Orshansky, Mollie. 1965. "Counting the Poor: Another Look at the Poverty Profile." *Social Security Bulletin* 28: 3-29.

O'Shaughnessy, Terry. 2011. "Hysteresis in Unemployment." *Oxford Review of Economic Policy* 27 (2): 312-337.

Osmani, Siddiqur R. 1982. *Economic Inequality and Group Welfare*. Oxford: Oxford University Press.

Osmani, Siddiqur R. 1987. "Controversies in Nutrition and Their Implications for the Economics of Food." WIDER Working Paper 16. Helsinki: World Institute for Development Economics Research.

Ostrom, Elinor. 1990. *Governing the Commons: The Evolution of Institutions for Collective Action*. New York: Cambridge University Press.

Ostry, Jonathan D., Andrew Berg, and Charalambos G. Tsanga Rides. 2014. "Redistribution, Inequality and Growth." IMF Discussion Note SDN/14/02.

Oswald, Andrew. 1997. "Happiness and Economic Performance." *Economic Journal* 107: 1815-1831.

Over, Mead. 1975. "An Example of the Simultaneous-Equation Problem: A Note on Foreign Assistance: Objectives and Consequences." *Economic Development and Cultural Change* 23 (4): 751-756.

Pack, Howard, and Janet Pack. 1990. "Is Foreign Aid Fungible? The Case of Indonesia." *Economic Journal* 100: 188-194.

Pack, Howard, and Kamal Saggi. 2006. "The Case for Industrial Policy: A Critical Survey." Policy Research Working Paper 3839. Washington, DC: World Bank.

Paine, Thomas. (1797) 2004. *Agrarian Justice*. Edition Published with *Common Sense* by Penguin.

Palmer, Tom. 2012. "Poverty, Morality and Liberty." In Tom Palmer (ed.), *After the Welfare State*. Ottawa, IL: Jameson Books.

Pandey, Priyanka, Sangeeta Goyal, and Venkatesh Sundararaman. 2009. "Community Participationin Public Schools: Impacts of Information Campaigns in Three Indian States." *Education Economics* 13 (3): 355-375.

Papadimitriou, Dimitri, Michalis Nikiforos, and Gennaro Zezza. 2014. *Is Rising Inequality a Hindrance to the US Economic Recovery? Strategic Analysis*. Annandale-on-Hudson, NY: Levy Economics Institute of Bard College.

Papanek, Gustav. 1978. "Economic Growth, Income Distribution and the Political Process in Less Developed Countries." In Z. Griliches, W. Krelle, H. J. Krupp, and O. Kyn (eds.), *Income Distribution and Economic Inequality*. New York: Campus Verlag and John Wiley.

Pappas, Gregory, Susan Queen, Wilbur Hadden, and Gail Fisher. 1993. "The Increasing Disparity in Mortality between Socioeconomic Groups in the United States, 1960 and 1986." *New England Journal of Medicine* 329 (2): 103-109.

Pareto, Vilfredo. (1906) 1971. *Manual of Political Economy*. Translation by Augustus Kelley. Oxford: Oxford University Press.

Parfit, Derek. 1984. *Reasons and Persons*. Oxford: Oxford University Press.

Park, Albert, Sangui Wang, and Guobao Wu. 2002. "Regional Poverty Targeting in China." *Journal of Public Economics* 86 (1): 123-153.

Pashardes, Panos. 1991. "Contemporaneous and Intertemporal Child Costs: Equivalent Expenditure vs. Equivalent Income Scales." *Journal of Public Economics* 45: 191-213.

Pattanayak, Subhrendu K., Jui-Chen Yang, Katherine L Dickinson, Christine Poulos, Sumeet R. Patil, Ranjan K. Mallick, Jonathan L. Blitstein, and Purujit Praharaj. 2009. "Shame or Subsidy Revisited: Social Mobilization for Sanitation in Orissa, India." *Bulletin of the World Health Organization* 87: 580-587.

Paul, Satya. 1989, "A Model of Constructing the Poverty Line," *Journal of Development Economics* 30: 129-44.

Pearson, Karl. 1896. "Mathematical Contributions to the Theory of Evolution. III. Regression, Heredity and Panmixia." *Philosophical Transactions of the Royal Society of London* 187: 253-318.

Perotti, Roberto. 1996. "Growth, Income Distribution and Democracy: What the Data Say." *Journal of Economic Growth* 1 (2): 149-187.

Persson, Torsten, and Guido Tabellini. 1994. "Is Inequality Harmful for Growth?" *American Economic Review* 84: 600-621.

Petrou, Stavos, and Emil Kupek. 2010. "Poverty and Childhood Undernutrition in Developing Countries: A Multi-National Cohort Study." *Social Science and Medicine* 71: 1366-1373.

Petty, Sir William. (1662) 1899. *A Treatise of Taxes and Contributions*. Reprinted in *The Economic Writings of Sir William Petty*. Vol. 1. Edited by C. H. Hull. Cambridge: University Press.

Philipson, T. 1997. "Data Markets and the Production of Surveys." *Review of Economic Studies* 64: 47-72.

Phillips, Meredith. 2011. "Parenting, Time Use, and Disparities in Academic Outcomes." In Greg Duncan and Richard J. Murnane, *Whither Opportunity? Rising Inequality, Schools, and Children's Life Chances*. New York: Russel Sage.

Pigou, Arthur. (1920) 1971. *The Economics of Welfare*. 4th edn. London: Macmillan.

Pigou, Arthur. 1949. *A Study in Public Finance*. 3rd edn. London: Macmillan.

Piketty, Thomas. 1997. "The Dynamics of the Wealth Distribution and the Interest Rate with Credit Rationing." *Review of Economic Studies* 64: 173-189.

Piketty, Thomas. 2006. "The Kuznets Curve: Yesterday and Tomorrow." In Abhijit Banerjee, Roland Bénabou, and Dilip Mookherjee (eds.), *Understanding Poverty*. Oxford: Oxford University Press.

Piketty, Thomas. 2014. *Capital in the Twenty-First Century*. Cambridge, MA: Harvard University Press.

Piketty, Thomas, and Emmanuel Saez. 2003. "Income Inequality in the United States, 1913-1998." *Quarterly Journal of Economics* 118: 1-39.

Pischke, Jörn-Steffen. 2004. "Labor Market Institutions, Wages, and Investment," NBER Working Paper 10735. Cambridge, MA: National Bureau of Economic Research.

Pissa Rides, Christopher. 2000. *Equilibrium Unemployment Theory*. 2nd edn. Cambridge, MA: MIT Press.

Pitt, Mark. 1983. "Food Preferences and Nutrition in Rural Bangladesh." *Review of Economics and Statistics* 65: 105-114.

Pitt, Mark, and Shahidur Khandker. 1998. "The Impact of Group-Based Credit Programs on Poor Households in Bangladesh: Does the Gender of Participants Matter?" Journal of Political Economy 106: 958-996.

Pitt, Mark, and Shahidur Khandker. 2012. "Replicating Replication Due Diligence in Roodman and Morduch's Replication of Pitt and Khandker (1998)." Policy Research Working Paper 6273. Washington, DC: World Bank.

Pitt, Mark, Mark Rosenzweig, and Donna Gibbons. 1995. "The Determinants and Consequences of the Placement of Government Programs in Indonesia." In D. van de Walle and K. Nead (eds.), *Public Spending and the Poor: Theory and Evidence*. Baltimore, MD: Johns Hopkins University Press.

Piven, Frances Fox, and Richard Cloward. 1979. Poor People's Movements: Why They Succeed and How They Fail. New York: Vintage Books.

Piven, Frances Fox, and Richard Cloward. 1993. Regulating the Poor: The Functions of Public Welfare. Updated edn. New York: Vintage Books.

Pogge, Thomas W. 1989. Realizing Rawls. Ithaca, NY: Cornell University Press.

Pollak. Robert. 1991. "Welfare Comparisons and Situation Comparisons." Journal of Econometrics 50: 31-48.

Pollak, Robert, and Terence Wales. 1979. "Welfare Comparison and Equivalence Scale." American Economic Review 69: 216-221.

Porter, Eduardo. 2013. "Public Schools Still Favor Rich." Kansas City Star, November 12.

Posel, D., and Rogan M. 2013. "Measured as Poor Versus Feeling Poor: Comparing Objective and Subjective Poverty Rates in South Africa." Paper Prepared for the UNU-WIDER Conference, Helsinki, Finland.

Pradhan, Menno, and Martin Ravallion. 2000. "Measuring Poverty Using Qualitative Perceptions of Consumption Adequacy." Review of Economics and Statistics 82 (3): 462-471.

Pradhan, Menno, and Martin Ravallion. 2003. "Who Wants Safer Streets? Explaining Concern for Public Safety in Brazil" *Journal of Economic Psychology* 24 (1): 17-33.

Pressman, Steven. 2007. "The Decline of the Middle Class: An International Perspective." *Journal of Economic Issues* 41 (1): 181-199.

Preston, Samuel. 1975. "The Changing Relationship between Mortality and Level of Economic Development." *Population Studies* 29: 231-248.

Pritchard, Bill, Anu Rammohan, Madhurshree Sekher, S. Paras Uraman, and Chetan Choithani. 2014. Feeding India: Livelihoods, Entitlements and Capabilities. London: Routledge.

Pritchett, Lant. 1997. "Divergence, Big Time." *Journal of Economic Perspectives* 11 (3): 3-17.

Pritchett, Lant, and Charles Kenny. 2013. "Promoting Millennium Development Ideals: The Risks of Defining Development Down." Working Paper 338. Washington, DC: Center for Global Development.

Pritchett, Lant, and Lawrence Summers. 2014. "Asiaphoria Meets Regression to the Mean." NBER Working Paper 20573.

Probe Team. 1999. *Public Report on Basic Education in India*. New Delhi: Oxford University Press.

Probe Team. 2011. Probe Revisited. New Delhi: Oxford University Press.

Proceedings of the Old Bailey. 2012. London, 1760-1815. Website, London. http://www.oldbaileyonline.org/static/London-lifelate18th.jsp

Pyatt, Graham, and Michael Ward, eds. 1997. *Identifying the Poor*. Amsterdam: IOS Press and the International Statistical Institute.

Quisumbing, Agnes, Lawrence Haddad, and C. Pena. 2001. "Are Women Overrepresented among the Poor? An Analysis of Poverty in Ten Developing Countries." *Journal of Development Economics* 66 (1): 225-269.

Radelet, Steven. 2015. The Great Surge: The Unprecedented Economic and Political Transformation of Developing Countries around the World. New York: Simon & Schuster.

Rajan, Raghuram. 2009a. "Rent Preservation and the Persistence of Underdevelopment." *American Economic Journal: Macroeconomics* 1 (1): 178-218.

Rajan, Raghuram. 2009b. "Saving Growth from Unequal Influence." In Santiago Levy and Michael Walton (eds.), No Growth without Equity? Inequality, Interests and Competition in Mexico. Washington, DC: World Bank.

Rajan, Raghuram, and Arvind Subramania. 2007. "Does Aid Affect Governance?" *American Economic Review* 97 (2): 322-327.

Rajan, Raghuram, and Arvind Subramania. 2008. "Aid and Growth: What Does the Cross-Country Evidence Really Show?" *Review of Economics and Statistics* 90 (4): 643-665.

Ramsey, Frank. 1928. "A Mathematical Theory of Saving." *Economic Journal* 38: 543-549.

Ranis, Gustav. 2004. "Arthur Lewis's Contribution to Development Thinking and Policy." *The Manchester School* 72: 712-723.

Ranis, Gustav, and John Fei. 1961. "A Theory of Economic Development." *American Economic Review* 51: 533-565.

Rank, Mark Robert. 1994. *Living on the Edge: The Realities of Welfare in America*. New York: Columbia University Press.

Rank, Mark Robert. 2005. *One Nation, Underprivileged: Why American Poverty Affects Us All*. New York: Oxford University Press.

Rank, Mark Robert, and Thomas Hirschl. 2002. "Welfare Use as a Life Course Event: Toward a new Understanding of the U. S. Safety Net." Social Work 47 (3): 237-248.

Rao, Vijayendra. 1997. "Can Economics Mediate the Relationship between Anthropology and Demography?" *Population and Development Review* 23: 833-838.

Rao, Vijayendra. 2001. "Poverty and Public Celebrations in Rural India." *Annals of the American Academy of Political and Social Science* 573 (1): 85-104.

Ravallion, Martin. 1984. "How Much Is a Transfer Payment Worth?" *Oxford Economic Papers* 36: 478-489.

Ravallion, Martin. 1986. "On Expectations Formation When Future Welfare Is Contemplated." *Kyklos* 39: 401-441.

Ravallion, Martin. 1987a. *Markets and Famines*. Oxford: Oxford University Press.

Ravallion, Martin. 1987b. "Trade and Stabilization: Another Look at British India's Controversial Food Grain Exports." *Explorations in Economic History* 24: 354-370.

Ravallion, Martin. 1988a. "Expected Poverty under Risk-Induced Welfare Variability." *Economic Journal* 98: 1171-1182.

Ravallion, Martin. 1988b. "Inpres and Inequality: A Distributional Perspective on the Centre's Regional Disbursements." *Bulletin of Indonesian Economic Studies* 24: 53-72.

Ravallion, Martin. 1990a. "Income Effects on Undernutrition." *Economic Development and Cultural Change* 38: 490-515.

Ravallion, Martin. 1990b. "Rural Welfare Effects of Food Price Changes under Induced Wage Responses: Theory and Evidence for Bangladesh." *Oxford Economic Papers* 42: 574-585.

Ravallion, Martin. 1991. "Reaching the Rural Poor through Public Employment: Arguments, Experience and Lessons from South Asia." *World Bank Research Observer* 6: 153-175.

Ravallion, Martin. 1992a. "Does Undernutrition Respond to Incomes and Prices: Dominance Tests for Indonesia." *World Bank Economic Review* 6: 109-124.

Ravallion, Martin. 1994a. "Measuring Social Welfare with and without Poverty Lines." *American Economic Review* 84 (2): 359-365.

Ravallion, Martin. 1994b. *Poverty Comparisons*. Chur, Switzerland: Harwood Academic Press.

Ravallion, Martin. 1994c. "Book Review: The State of World Rural Poverty: An Inquiry into Its Causes and Consequences." *Journal of Economic Literature* 32: 1276-1278.

Ravallion, Martin. 1995. "Growth and Poverty: Evidence for Developing Countries in the 1980s." *Economics Letters* 48: 411

-417.

Ravallion, Martin. 1997a. "Can High Inequality Developing Countries Escape Absolute Poverty?" *Economics Letters* 56: 51-57.

Ravallion, Martin. 1997b. "Famines and Economics." *Journal of Economic Literature* 35 (3): 1205-1242.

Ravallion, Martin. 1998a. "Does Aggregation Hide the Harmful Effects of Inequality on Growth?" *Economics Letters* 61 (1): 73-77.

Ravallion, Martin. 1998b. "Poor Areas." In David Giles and Aman Ullah (eds.), *Handbook of Appliedeconomic Statistics*. New York: Marcel Dekkar.

Ravallion, Martin. 1999a. "Are Poorer States Worse at Targeting Their Poor?" *Economics Letters* 65: 373-377.

Ravallion, Martin. 1999b. "Is More Targeting Consistent with Less Spending?" *International Tax and Public Finance* 6: 411-419.

Ravallion, Martin. 2000. "Monitoring Targeting Performance When Decentralized Allocations to the Poor Are Unobserved." *World Bank Economic Review* 14 (2): 331-345.

Ravallion, Martin. 2001a. "The Mystery of the Vanishing Benefits: An Introduction to Impact Evaluation." *World Bank Economic Review* 15 (1): 115-140.

Ravallion, Martin. 2001b. "Growth, Inequality and Poverty: Looking Beyond Averages." *World Development* 29 (11): 1803-1815.

Ravallion, Martin. 2003a. "The Debate on Globalization, Poverty and Inequality: Why Measurement Matters." *International Affairs* 79 (4): 739-754.

Ravallion, Martin. 2003b. "Inequality Convergence." *Economics Letters* 80: 351-356.

Ravallion, Martin. 2004. "Competing Concepts of Inequality in the Globalization Debate." In Susan Collins and Carol Graham (eds.), *Brookings Trade Forum* 2004. Washington, DC: Brookings Institution.

Ravallion, Martin. 2005a. "Externalities in Rural Development: Evidence for China." In Ravi Kanbur and Tony Venables (eds.), *Spatial Inequality and Development*. Oxford: Oxford University Press.

Ravallion, Martin. 2005b. "On the Contribution of Demographic Change to Aggregate Poverty Measures for the Developing World." Policy Research Working Paper 3580. Washington, DC: World Bank.

Ravallion, Martin. 2005c. "A Poverty-Inequality Trade-Off?" *Journal of Economic Inequality* 3 (2): 169-182.

Ravallion, Martin. 2006. "Looking Beyond Averages in the Trade and Poverty Debate." *World Development* 34 (8): 1374-1392.

Ravallion, Martin. 2007. "Inequality is Bad for the Poor." In J. Micklewright and S. Jenkins (eds.), *Inequality and Poverty Re-Examined*. Oxford: Oxford University Press.

Ravallion, Martin. 2008a. "Evaluating Anti-Poverty Programs." In Paul Schultz and John Strauss (eds.), *Handbook of Development Economics*, vol. 4. Amsterdam: North-Holland.

Ravallion, Martin. 2008b. "Miss-Targeted, or Miss-Measured?" *Economics Letters* 100: 9-12.

Ravallion, Martin. 2008c. "On the Welfarist Rationale for Relative Poverty Lines." In Kaushik Basu and Ravi Kanbur (eds.), *The Oxford Handbook of Arguments for a Better World: Essays In Honor of Amartya Sen, vol. 1, Ethics, Welfare and Measurement*. Oxford: Oxford University Press.

Ravallion, Martin. 2009a. "Are There Lessons for Africa from China's Success Against Poverty?" *World Development* 37 (2): 303-313.

Ravallion, Martin. 2009b. "Decentralizing Eligibility for a Federal Antipoverty Program: A Case Study for China." *World*

Bank Economic Review 23 (1): 1-30.

Ravallion, Martin. 2009c. "Evaluation in the Practice of Development." *World Bank Research Observer* 24 (1): 29-54.

Ravallion, Martin. 2009d. "How Relevant is Targeting to the Success of the Antipoverty Program?" *World Bank Research Observer* 24 (3): 205-231.

Ravallion, Martin. 2010a. "The Developing World's Bulging (but Vulnerable) Middle Class." *World Development* 38 (4): 445-454.

Ravallion, Martin. 2010b. "Do Poorer Countries Have Less Capacity for Redistribution?" *Journal of Globalization and Development* 1 (2): 1-29.

Ravallion, Martin. 2010c. "Understanding PPPs and PPP-Based National Accounts: A Comment." *American Economic Journal: Macroeconomics* 2 (4): 46-52.

Ravallion, Martin. 2010d. "A Reply to Reddy and Pogge." In Sudhir Anend, Paul Segal, and Josep Hstiglitz (eds.), *Debates on the Measurement of Poverty*. Oxford: Oxford University Press.

Ravallion, Martin. 2011a. "A Comparative Perspective on Poverty Reduction in Brazil, China and India." *World Bank Research Observer* 26 (1): 71-104.

Ravallion, Martin. 2011b. "On Multidimensional Indices of Poverty." *Journal of Economic Inequality* 9 (2): 235-248.

Ravallion, Martin. 2011c. "The Two Poverty Enlightenments: Historical Insights from Digitized Books Spanning Three Centuries." *Poverty and Public Policy* 3 (2): 1-45.

Ravallion, Martin. 2012a. "Mashup Indices of Development." *World Bank Research Observer* 27 (1): 1-32.

Ravallion, Martin. 2012b. "Poverty Lines across the World." In Philip N. Jefferson (ed.), *The Oxford Handbook of the Economics of Poverty*. Oxford: Oxford University Press.

Ravallion, Martin. 2012c. "Troubling Tradeoffs in the Human Development Index." *Journal of Development Economics* 99: 201-209.

Ravallion, Martin. 2012d. "Why Don't We See Poverty Convergence?" *American Economic Review* 102 (1): 504-523.

Ravallion, Martin. 2013. "How Long Will It Take to Lift One Billion People out of Poverty?" *World Bank Research Observer* 28 (2): 139-158.

Ravallion, Martin. 2014a. "The Idea of Antipoverty Policy." In A. B. Atkinson and F. Bourguignon (eds.), *Handbook of Income Distribution*, vol. 2. Amsterdam: North Holland.

Ravallion, Martin. 2014b. "Poverty in the Rich World When It Was Not Nearly So Rich." Blog Post, Center for Global Development, Washington, DC. http://international.cgdev.org/blog/poverty-rich-world-when-it-was-not-nearly-so-rich.

Ravallion, Martin. 2014c. "The Luxembourg Income Study." ECINEQ Working Paper 332, Society for the Study of Economic Inequality.

Ravallion, Martin. 2014d. "Income Inequality in the Developing World." *Science* 344: 851-855.

Ravallion, Martin. 2014e. "Poor, or Just Feeling Poor? On Using Subjective Data in Measuring Poverty." In Andrew Clark and Claudia Senik (eds.), *Happiness and Economic Growth: Lessons from Developing Countries*. Oxford: Oxford University Press.

Ravallion, Martin. 2014f. "Are the World's Poorest being Left Behind?" NBER Working Paper 20791.

Ravallion, Martin. 2014g. "An Exploration of the International Comparison Program's New Global Economic Landscape." NBER Working Paper 20338.

Ravallion, Martin. 2014h. "An Emerging New Form of Social Protection in 21st Century China." In Shenggen Fan, Ravi Kanbur, Shang-jin Wei, and Xiaobo Zhang (eds.), *Oxford Companion to the Economics of China*. Oxford: Oxford University Press.

Ravallion, Martin. 2015a. "Inequality when Effort Matters," NBER Working Paper 21394, National Bureau of Economic Research, Cambridge, Massachusetts.

Ravallion, Martin. 2015b. "On Testing the Scale Sensitivity of Poverty Measures." *Economics Letters*, in press.

Ravallion, Martin, and Benu Bidani. 1994. "How Robust Is a Poverty Profile?" *World Bank Economic Review* 8: 75-102.

Ravallion, Martin, and Kalvin Chao. 1989. "Targeted Policies for Poverty Alleviation under Imperfect Information: Algorithms and Applications." *Journal of Policy Modeling* 11 (2): 213-224.

Ravallion, Martin, and Shubham Chaudhuri. 1997. "Risk and Insurance in Village India: A Comment." *Econometrica* 65: 171-184.

Ravallion, Martin, and Shaohua Chen. 1997. "What Can New Survey Data Tell Us about Recent Changes in Poverty and Distribution?" *World Bank Economic Review* 11 (2): 357-382.

Ravallion, Martin, and Shaohua Chen. 2003. "Measuring Pro-Poor Growth." *Economics Letters* 78 (1): 93-99.

Ravallion, Martin, and Shaohua Chen. 2007. "China's (Uneven) Progress Against Poverty." *Journal of Development Economics* 82 (1): 1-42.

Ravallion, Martin, and Shaohua Chen. 2009. "The Impact of the Global Financial Crisis on the World's Poorest." VOX, Portal of the Centre for Economic Policy Research, April 30.

Ravallion, Martin, and Shaohua Chen. 2011. "Weakly Relative Poverty." Review of Economics and Statistics 93 (4): 1251-1261.

Ravallion, Martin, and Shaohua Chen. 2013a. "Benefit Incidence with Incentive Effects, Measurement Errors and Latent Heterogeneity." Policy Research Working Paper 6573. Washington, DC: World Bank.

Ravallion, Martin, and Shaohua Chen. 2013b. "A Proposal for Truly Global Poverty Measures." *Global Policy* 4 (3): 258-265.

Ravallion, Martin, and Shaohua Chen. 2015. "Rising Food Prices in Poor Countries: A New Clue to Those Puzzling PPP Revisions." Center for Global Development Blog Post.

Ravallion, Martin, Shaohua Chen, and Prem Sangraula. 2007. "New Evidence on the Urbanization of Global Poverty." *Population and Development Review* 33 (4): 667-702.

Ravallion, Martin, Shaohua Chen, and Prem Sangraula. 2009. "Dollar a Day Revisited." *World Bank Economic Review* 23 (2): 163-184.

Ravallion, Martin, and Gaurav Datt. 1995. "Is Targeting Through a Work Requirement Efficient? Some Evidence for Rural India." In Dominique de Walle and Kimberly Nead (eds.), *Public Spending and the Poor: Theory and Evidence*. Baltimore, MD: Johns Hopkins University Press.

Ravallion, Martin, and Gaurav Datt. 1996. "How Important to India's Poor is the Sectoral Composition of Economic Growth?" *World Bank Economic Review* 10: 1-26.

Ravallion, Martin, and Gaurav Datt. 2002. "Why Has Economic Growth Been More Pro-Poor in Some States of India than Others?" *Journal of Development Economics* 68: 381-400.

Ravallion, Martin, Gaurav Datt, and Dominique van de Walle. 1991. "Quantifying Absolute Poverty in the Developing World." *Review of Income and Wealth* 37: 345-361.

Ravallion, Martin, Madhur Gautam, and Dominique van de Walle. 1995. "Testing a Social Safety Net." *Journal of Public Economics* 57 (2): 175-199.

Ravallion, Martin, Kristen Himelein, and Kathleen Beagle. 2015. "Can Subjective Questions on Economic Welfare be Trusted? Evidence for Three Developing Countries." *Economic Development and Cultural Change*, Forthcoming.

Ravallion, Martin, and Monika Huppi. 1991. "Measuring Changes in Poverty: A Methodological Case Study of Indonesia during an Adjustment Period." *World Bank Economic Review* 5: 57–84.

Ravallion, Martin, and Michael Lokshin. 2000. "Who Wants to Redistribute? The Tunnel Effect in 1990s Russia" *Journal of Public Economics* 76 (1): 87–104.

Ravallion, Martin, and Michael Lokshin. 2001. "Identifying Welfare Effects from Subjective Questions." *Economica* 68 (271): 335–357.

Ravallion, Martin, and Michael Lokshin. 2002. "Self-Rated Economic Welfare in Russia." *European Economic Review* 46 (8): 1453–1473.

Ravallion, Martin, and Michael Lokshin. 2006. "Testing Poverty Lines." *Review of Income and Wealth* 52 (3): 399–421.

Ravallion, Martin, and Michael Lokshin. 2007. "Lasting Impacts of Indonesia's Financial Crisis." *Economic Development and Cultural Change* 56 (1): 27–56.

Ravallion, Martin, and Michael Lokshin. 2008. "Winners and Losers from Trade Reform in Morocco." In Francois Bourguignon, Luiz Pereira da Silva, and Maurizio Bussolo (eds.), *The Impact of Economic Policies on Poverty and Income Distribution: Advanced Evaluation Techniques and Tools*. Oxford: Oxford University Press.

Ravallion, Martin, and Michael Lokshin. 2010. "Who Cares About Relative Deprivation?" *Journal of Economic Behavior and Organization* 73 (2): 171–185.

Ravallion, Martin, and Binayak Sen. 1994. "Impacts on Rural Poverty of Land Based Targeting: Further Results for Bangladesh." *World Development* 22: 823–838.

Ravallion, Martin, and Binayak Sen. 1996. "When Method Matters: Monitoring Poverty in Bangladesh." *Economic Development and Cultural Change* 44: 761–792.

Ravallion, Martin, and Dominique van de Walle. 1991a. "The Impact on Poverty of Food Pricing Reforms: A Welfare Analysis for Indonesia." *Journal of Policy Modeling* 13: 281–299.

Ravallion, Martin, and Dominique van de Walle. 1991b. "Urban-Rural Cost of Living Differentials in a Developing Economy." *Journal of Urban Economics* 29: 113–127.

Ravallion, Martin, and Dominique van de Walle. 2008. *Land in Transition: Reform and Poverty in Rural Vietnam*. Washington DC: Palgrave Macmillan.

Ravallion, Martin, Dominique van de Walle, and Madhur Gaurtam. 1995. "Testing a Social Safety Net." *Journal of Public Economics* 57 (2): 175–199.

Ravallion, Martin, and Quentin Wodon. 1999. "Poor Areas, or Just Poor People?" *Journal of Regional Science* 39 (4): 689–711.

Ravallion, Martin, and Quentin Wodon. 2000a. "Does Child Labor Displace Schooling? Evidence on Behavioral Responses to an Enrolment Subsidy." *Economic Journal* 110: 158–176.

Ravallion, Martin, and Quentin Wodon. 2000b. "Banking on the Poor? Branch Location and Non-Farm Rural Development in Bangladesh." *Review of Development Economics* 4 (2): 121–139.

Raventós, Daniel. 2007. *Basic Income: The Material Conditions of Freedom*. London: Pluto Press.

Rawlings, Laura. 2000. "Evaluating Nicaragua's School-Based Management Reform." In Michael Bamberger (ed.), *Integrating Quantitative and Qualitative Research in Development Projects*. Washington, DC: World Bank.

Rawls, John. 1967. "Distributive Justice." In P. Laslett and W. G. Runciman (eds.), *Philosophy, Politics and Society*, Series III, Oxford: Basil Blackwell.

Rawls, John. 1971. *A Theory of Justice*. Cambridge, MA: Harvard University Press.

Rawls, John. 1999. *The Law of Peoples*. Cambridge, MA: Harvard University Press.

Ray, Debraj. 1998. *Development Economics*. Princeton, NJ: Princeton University Press.

Ray, Debraj. 2014. "*Nit-Piketty: A Comment on Thomas Piketty's Capital in the Twenty First Century*." Chhota Pegs Blog.

Reader, Soran. 2006. "Does a Basic Needs Approach Need Capabilities?" *Journal of Political Philosophy* 14: 337-350.

Reddy, Sanjay, and Thomas W. Pogge. 2010. "How Not to Count the Poor." In Sudhir Anend, Paul Segal, and Joseph Stiglitz (eds.), *Debates on the Measurement of Poverty*. Oxford: Oxford University Press.

Reich, Robert. 2014. "Back to School and Widening Inequality." http://robertreich.org/post/ 95749319170.

Reinikka, Ritva, and Jakob Svensson. 2005. "Fighting Corruption to Improve Schooling: Evidence from a Newspaper Campaign in Uganda." *Journal of the European Economic Association* 3 (2/3): 259-267. Papers and Proceedings of the Nineteenth Annual Congress of the European Economic Association.

Reis, Elisa, and Mick Moore. 2005. "Elites, Perceptions and Poverties." In Elisha Reis and Mick Moore (eds.), *Elite Perceptions of Poverty and Inequality*. London: Zed Books.

Reynolds, Lloyd G., ed. 1975. *Agriculture in Development Theory*. New Haven, CT: Yale University Press.

Rhys-Williams, Juliet. 1943. *Something to Look Forward To*. London: Mac Donald.

Ricardo, David. 1817. *Principles of Political Economy and Taxation*. London: Everyman Edition, 1911.

Riffault, Hélène. 1991. "How Poverty is Perceived." In Karlheinz Reif and Ronald Inglehart (eds.), *Eurobarometer: The Dynamics of European Public Opinion*. London: Macmillan Press.

Riis, Jacob. (1890) 2011. *How the Other Half Lives: Studies among the Tenements of New York*. Boston: Bedford/St. Martins.

Rist, Gilbert. 1997. *The History of Development*. London: Zed Books.

Rist, Gilbert. 2008. *The History of Development*. 3rd edn. London: Zed Books.

Robbins, Lionel. 1935. *An Essay on the Nature and Significance of Economic Science*. London: Macmillan.

Robinson, James. 2010. "The Political Economy of Redistributive Policies." In Luis Felipe Lópezcalva and Nora Lustig (eds.), *Declining Inequality in Latin America: A Decade of Progress*? Washington, DC: Brookings.

Robinson, Sherman. 1976. "A Note on the U-Hypothesis Relating Income Inequality Andeconomic Development." *American Economic Review* 66: 437-440.

Roche, Daniel. 1987. *The People of Paris: An Essay in Popular Culture in the Eighteenth Century*. Berkeley: University of California Press.

Rodgers, John L., and Joan R. Rodgers. 1993. "Chronic Poverty in the United States." *Journal of Human Resources* 28 (1): 25-54.

Rodriguez, Francisco, and Dani Rodrik. 2001. "*Trade Policy and Economic Growth: A Skeptic's Guide to the Cross-National Evidence*." In NBER Macroeconomic Annual 2000. Cambridge, MA: MIT Press.

Rodrik, Dani. 1994. "King Kong Meets Godzilla: The World Bank and The East Asian Miracle." In Albert Fishlow, Catherine Gwin, Stephan Haggard, Dani Rodrik, and Robert Wade (eds.), *Miracle or Design? Lessons from the East Asian Experience*. Washington, DC: Overseas Development Council.

Roemer, John. 1996. *Theories of Distributive Justice*. Cambridge, MA: Harvard University Press.

Roemer, John. 1998. *Equality of Opportunity*. Cambridge, MA: Harvard University Press.

Roemer, John. 2014. "Economic Development as Opportunity Equalization." *World Bank Economic Review* 28 (2): 189-209.

Rogot, E., P. D. Sorlie, N. J. Johnson, and C. Schmitt. 1992. *A Mortality Study of* 1.3 *Million Persons*. Bethesda, MD: National Institutes of Health.

Rogowski, Ronald. 1989. *Commerce and Coalitions: How Trade Affects Domestic Political Alignments*. Princeton, NJ: Princeton University Press.

Rojas, Mariano. 2007. "A Subjective Well-being Equivalence Scale for Mexico: Estimation and Poverty and Income-Distribution Implications," *Oxford Development Studies* 35 (3): 273-293.

Romer, Paul. 1986. "Increasing Returns and Long Run Growth." *Journal of Political Economy* 94 (5): 1002-1037.

Romer, Paul. 1990. "Endogenous Technological Change." *Journal of Political Economy* 98 (5): S71-S102.

Romer, Paul. 1998. *Equality of Opportunity*. Cambridge, MA: Harvard University Press.

Roodman, David, and Jonathan Morduch. 2014. "The Impact of Microcredit on the Poor in Bangladesh: Revisiting the Evidence." *Journal of Development Studies* 50: 583-604.

Roosevelt, Franklin D. 1937. "Second Inaugural Address." http://www.bartleby.com/124/ pres50. html.

Rose, Elaina. 1999. "Consumption Smoothing and Excess Female Mortality in Rural India." *Review of Economics and Statistics* 81 (1): 41-49.

Rosenbaum, Paul, and Donald Rubin. 1983. "The Central Role of the Propensity Score in Observational Studies for Causal Effects." *Biometrika* 70: 41-55.

Rosenberg, Nathan. 1963. "Mandeville and Laissez-Faire." *Journal of the History of Ideas* 24 (2): 183-196.

Rosenhouse, Sandra. 1990. "Identifying the Poor: Is 'Headship' a Useful Concept?" Living Standards Measurement Study Working Paper No. 58. Washington, DC: World Bank.

Rosenstein-Rodan, Paul. 1943. "Problems of Industrialization of Eastern and Southeastern Europe." *Economic Journal* 53: 202-211.

Rosenzweig, Mark. 1988. "Labor Markets in Developing Countries." In H. Chenery and T. N. Srinivasan (eds.), *Handbook of Development Economics*, vol. 1. Amsterdam: North Holland.

Rosenzweig, Mark. 2010. "Global Wage Inequality and the International Flow of Migrants." In Ravi Kanbur and Michael Spence (eds.), *Equity and Growth in a Globalizing World*. Washington, DC: World Bank.

Rothenbacher, Franz. 2002. *The European Population* 1850-1945. Basingstoke, UK: Palgrave.

Rothschild, Emma. 2001. *Economic Sentiments: Adam Smith, Condorcet, and the Enlightenment*. Cambridge, MA: Harvard University Press.

Rothschild, Michael, and Joseph E. Stiglitz. 1976. "*Equilibrium in Competitive Insurance Markets: An Essay on the Economics of Imperfect Information.*" Quarterly Journal of Economics 90 (4): 629-650.

Rothstein, Richard. 2012. "Public Housing: Government-Sponsored Segregation." *American Prospect*, October 11.

Rousseau, Jean-Jacques. 1754. *Discourse on the Origin of Inequality, A Discourse on a Subject Proposed by the Academy of Dijon: What Is the Origin of Inequality among Men, and Is It Authorised by Natural Law?* Indianapolis: Hackett Press.

Rowntree, Benjamin Seebohm. 1902. *Poverty: A Study of Town Life*. London: Macmillan.

Roy, A. D. 1951. "Some Thoughts on the Distribution of Earnings." *Oxford Economic Papers* 3: 135-146.

Royal Swedish Academy of Sciences. 2010. "Markets with Search Frictions." Background Paper on the Sveriges Riksbank Prize in Economic Sciences. Stockholm: Royal Swedish Academy of Sciences.

Rubin, Donald B. 1974. "Estimating Causal Effects of Treatments in Randomized and Nonrandomized Studies." *Journal of Education Psychology* 66: 688-701.

Runciman, W. G. 1966. *Relative Deprivation and Social Justice*. London: Routledge and Kegan Paul.

Sachs, Jeffrey. 2005a. *The End of Poverty: Economic Possibilities for Our Time*. New York: Penguin Books.

Sachs, Jeffrey. 2005b. *Investing in Development: A Practical Plan to Achieve the Millennium Development Goals*. New York:

Millennium Project, United Nations.

Sachs, Jeffrey. 2012. "*Government, Geography, and Growth : The True Drivers of Economic Development*," Foreign Affairs 91 (5): 142-150.

Sadoulet, Elisabeth, and Alain de Janvry. 1995. *Quantitative Development Policy Analysis*. Baltimore, MD: Johns Hopkins University Press.

Saez, Emmanuel. 2006. "Redistribution Toward Low Incomes in Rich Countries." In A. Banerjee, R. Benabou, and D. Mookherjee (eds.), *Understanding Poverty*. Oxford: Oxford University Press.

Sah, Raaj, and Joseph E. Stiglitz. 1992. *Peasant versus City-Dwellers: Taxation and the Burden of Economic Development*. Oxford: Oxford University Press.

Sahn, David, and Harold Alderman. 1995. "Incentive Effects on Labor Supply of Sri Lanka's Rice Subsidy." In Dominique van de Walle and Kimberly Nead (eds.), *Public Spending and the Poor*. Baltimore: Johns Hopkins University Press.

Sahn, David, Paul Dorosh, and Stephen Younger. 1997. *Structural Adjustment Reconsidered: Economic Policy and Poverty in Africa*. Cambridge: Cambridge University Press.

Sahn, David, and Stephen Younger. 2003. "Estimating the Incidence of Indirect Taxes in Developing Countries." In Francois Bourguignon Francois and Luiz Pereira Da Silva (eds.), *The Impact of Economic Policies on Poverty and Income Distribution: Evaluation Techniques and Tools*. New York: Oxford University Press.

Sahota, Gian S. 1990. *Poverty Theory and Policy: A Study of Panama*. Baltimore: Johns Hopkins University Press.

Saint-Paul, Gilles. 2011. *The Tyranny of Utility: Behavioral Social Science and the Rise of Paternalism*. Princeton, NJ: Princeton University Press.

Sala-I-Martin, Xavier. 2006. "The World Distribution of Income: Falling Poverty and…Convergence. Period." *Quarterly Journal of Economics* 121 (2): 351-397.

Sala-I-Martin, Xavier, Gernot Doppelhofer, and Ronald Miller. 2004. "Determinants of Long-term Growth: A Bayesian Averaging of Classical Estimates (BACE) Approach." *American Economic Review* 94 (4): 813-836.

Salgado, Jesus F. 1997. "The Five Factor Model of Personality and Job Performance in the European CommUnity." *Journal of Applied Psychology* 82 (1): 30-43.

Salvatore, Dominick. 2009. *Microeconomics: Theory and Applications*. New York: Oxford University Press.

Samuelson, Paul. 1938. "A Note on the Pure Theory of Consumer Behaviour." *Economica* 5: 61-71.

Sandmo, Agnar. 2014. "The Principal Problem in Political Economy: Income Distribution in the History of Economic Thought." In *Handbook of Income Distribution*, vol. 2, edited by Anthony B. Atkinson and Francois Bourguignon. Amsterdam: Elsevier Science.

Sawhill, Isabel V. 1988. "Poverty in the U.S.: Why Is It So Persistent?" *Journal of Economic Literature* 26: 1073-1119.

Scammell, Geoffrey. 1989. *The First Imperial Age: European Overseas Expansion* 1500-1715. New York: Routledge.

Scarf, Herbert, and Terje Hansen. 1973. *The Computation of Economic Equilibria*. New Haven, CT: Yale University Press.

Schady, Norbert, Jere Behrman, Maria Caridad Araujo, Rodrigo Azuero, Raquel Bernal, David Bravo, Florencia Lopez-Boo, Karen Macours, Daniela Marshall, Christina Paxson, and Renos Vakis. 2014. "Wealth Gradients in Early Childhood Cognitive Development in Five Latin American Countries." Policy Research Working Paper 6779. Washington, DC: World Bank.

Schelling, Thomas. 1960. *The Strategy of Conflict*. Cambridge, MA: Harvard University Press.

Scherer, Frederic. 1965. "Invention and Innovation in the Watt-Boulton Steam-Engine Venture." *Technology and Culture* 6 (2): 165-187.

Schiff, Maurice, and Alberto Valdes. 1992. *The Plundering of Agriculture in Developing Countries*. Washington DC: World

Bank.

Schmitt, John. 2013. "Why Does the Minimum Wage Have No Discernible Effect on Employment?" Washington, DC: Center for Economic and Policy Research.

Schultz, Theodore W. 1961. "Investment in Human Capital." *American Economic Review* 51: 1-17.

Schultz, Theodore W. 1964. *Transforming Traditional Agriculture*. New Haven, CT: Yale University Press.

Schultz, Theodore W. 1965. "Investing in Poor People: An Economist's View." *American Economic Review* 55: 510-520.

Schultz, Theodore W. 1981. *Investing in People: The Economics of Population Quality*. Berkeley and Los Angeles: University of California Press.

Schultz, T. Paul. 1990. "Testing the Neoclassical Model of Family Labor Supply and Fertility." *Journal of Human Resources* 25: 599-634.

Schultz, T. Paul. 2006. "Fertility and Income." In A. Banerjee, R. Benabou, and D. Mookherjee (eds.), *Understanding Poverty*. Oxford: Oxford University Press.

Schulz, Laura. 2010. "The Dutch Hunger Winter and the Developmental Origins of Health and Disease." *Proceedings of the National Academy of Science* 107: 16757-16758.

Scitovsky, Tibor. 1978. *The Joyless Economy*. Oxford: Oxford University Press.

Scott, Kinnon, and Diane Steele. 2004. "Measuring Welfare in Developing Countries: Living Standards Measurement Study Surveys." In UN Statistical Division, *Surveys in Developing and Transition Countries*.

Seers, Dudley. 1963. "The Limitations of the Special Case." *Bulletin of the Oxford Institute of Economics and Statistics* 25 (2): 77-98.

Seers, Dudley. 1969. "The Meaning of Development." *International Development Review* 11 (4): 3-4.

Seidenfeld, David, Sudhanshu Handa, and Gelson Tembo. 2013. *Social Cash Transfer Scheme: 24-Month Impact Report for the Child Grant Programme*. Washington, DC: American Institutes for Research.

Sen, Abhijit and Himanshu. 2004. "Poverty and Inequality in India 2: Widening Disparities during the 1990s." *Economic and Political Weekly* 39 (September 25): 4361-4375.

Sen, Amartya. 1970. *Collective Choice and Social Welfare*. San Francisco, CA: Holden Day.

Sen, Amartya. 1973. *On Economic Inequality*. Oxford: Clarendon Press.

Sen, Amartya. 1976a. "Poverty: An Ordinal Approach to Measurement." *Econometrica* 46: 437-446.

Sen, Amartya. 1976b. "Real National Income," *Review of Economic Studies* 43 (1): 19-39.

Sen, Amartya. 1979. "Personal Utilities and Public Judgments: Or What's Wrong with Welfare Economics?" *Economic Journal* 89: 537-558.

Sen, Amartya. 1980. "Equality of What?" In S. Mcmurrin (ed.), *Tanner Lectures on Human Values*. Cambridge: Cambridge University Press.

Sen, Amartya. 1981a. *Poverty and Famines: An Essay on Entitlement and Deprivation*. Oxford: Oxford University Press.

Sen, Amartya. 1981b. "Public Action and the Quality of Life in Developing Countries." *Oxford Bulletin of Economics and Statistics* 43 (4): 287-319.

Sen, Amartya. 1983. "Poor, Relatively Speaking." *Oxford Economic Papers* 35 (2): 153-169.

Sen, Amartya. 1985a. *Commodities and Capabilities*. Amsterdam: North-Holland.

Sen, Amartya. 1985b. "A Sociological Approach to the Measurement of Poverty: A Reply to Professor Peter Townsend." *Oxford Economic Papers* 37: 669-676.

Sen, Amartya. 1987. *The Standard of Living*. Cambridge: Cambridge University Press.

Sen, Amartya. 1990. "More than 100 Million Women Are Missing." *New York Review of Books* 37 (20).

Sen, Amartya. 1992. *Inequality Reexamined*. Oxford: Oxford University Press.

Sen, Amartya. 1993. "Life Expectancy and Inequality: Some Conceptual Issues." In Pranab Bardhan, Mrinal Datta-Chaudhuri, and T. N. Krishnan (eds.), *Development and Change: Essays in Honour of K. N. Raj*. Bombay: Oxford University Press.

Sen, Amartya. 1999. *Development as Freedom*. New York: Alfred Knopf.

Sen, Amartya. 2000. "Social Justice and the Distribution of Income." In Anthony B. Atkinson and Francois Bourguignon (eds.), *Handbook of Income Distribution*, vol. 1. Amsterdam: Elsevier Science.

Sen, Amartya. 2001. "*Globalization, Inequality and Global Protest*." Development 45 (2): 11-16.

Senik, Claudia. 2004. "When Information Dominates Comparison: Learning from Russian Subjective Panel Data." *Journal of Public Economics* 88: 2099-2123.

Shaffer, Paul. 2013. "Ten Years of 'Q-Squared': Implications for Understanding and Explaining Poverty." *World Development* 45: 269-285.

Shantz, Jeff. 2006. "Pro-Poor Growth." In Mehmet Odekon (ed.), *Encyclopedia of World Poverty*, vol. 1. London: Sage.

Shapiro, Carl, and Joseph Stiglitz. 1984. "Involuntary Unemployment as a Worker Discipline Device." *American Economic Review* 74 (3): 433-444.

Shields, Liam. 2012. "The Prospects for Sufficient Arianism." *Utilitas* 24 (1): 101-117.

Shipler, David. 2005. *The Working Poor: Invisible in America*. New York: Vintage.

Shorrocks, Anthony F. 1983. "Ranking Income Distributions." *Economica* 50: 3-17.

Shorrocks, Anthony F. 1995. "Revisiting the Sen Poverty Index." *Econometrica* 63 (5): 1225-1230.

Short, Kathleen. 2011. "The Research Supplemental Poverty Measure: 2010." Current Population Reports P60-241, US Census Bureau.

Short, Kathleen. 2013. "The Research Supplemental Poverty Measure: 2012." Current Population Reports P60-247, US Census Bureau.

Shukla, Rajesh. 2008. "The Great Indian Middle Class." New Delhi: National Council of Applied Economic Research.

Silver, Hilary. 1994. "Social Exclusion and Social Solidarity: Three Paradigms." *International Labour Review* 133 (5-6): 531-578.

Singer, Peter. 2010. *The Life You Can Save: How to Do Your Part to End World Poverty*. New York: Random House.

Skoufias, Emmanuel, and Vincenzo Di Maro. 2008. "Conditional Cash Transfers, Adult Work Incentives, and Poverty." *Journal of Development Studies* 44 (7): 935-960.

Slesnick, Daniel. 1993. "Gaining Ground: Poverty in the Postwar United States." *Journal of Political Economy* 101 (1): 1-38.

Slesnick, Daniel. 2001. *Consumption and Social Welfare*. Cambridge: Cambridge University Press.

Small, Mario Luis, David J. Harding, and Michèle Lamont. 2010. "Reconsidering Culture and Poverty." *Annals of the American Academy of Political and Social Science* 629: 6-29.

Smeeding, Timothy, Michael O'Higgins, and Lee Rainwater, eds. 1990. *Poverty, Inequality and Income Distribution in Comparative Perspective: The Luxembourg Income Study (LIS)*. Washington, DC: The Urban Institute.

Smeeding, Timothy, Lee Rainwater, Martin Rein, Richard Hauser, and Gaston Schaber. 1985. "Income Poverty in Seven Countries: Initial Estimates from the LIS Database." In Timothy Smeeding et al. (eds.), *Poverty, Inequality and Income Distribution in Comparative Perspective: The Luxembourg Income Study (LIS)*. Washington, DC: The Urban Institute.

Smil, Vaclav. 2011. "Nitrogen Cycle and World Food Production." *World Agriculture* 2: 9–13.

Smith, Adam. 1759. *The Theory of Moral Sentiments*. London: A. Millar.

Smith, Adam. 1776. *An Inquiry into the Nature and Causes of the Wealth of Nations*. Electronic Classic Edn. Pittsburgh: Pennsylvania State University.

Smith, Jeffrey, and Petra Todd. 2001. "Reconciling Conflicting Evidence on the Performance of Propensity-Score Matching Methods." *American Economic Review* 91 (2): 112–118.

Smith, Richard M. 2011. "Social Security as a Development Institution? The Relative Efficacy of Poor Relief Provisions under the English Old Poor Law." In C. A. Bayly, M. Woolcock, S. Szreter, and V. Rao (eds.), *History, Historians and Development Policy: A Necessary Dialogue*. Manchester: Manchester University Press.

Soares, Fabio Veras, Sergei Soares, Marcelo Medeiros and Rafael Guerreiro Osório. 2006. "Cash Transfer Programmes in Brazil: Impacts on Inequality and Poverty," Working Paper 21, International Poverty Center, United Nations Development Programme, Brazil.

Solar, Peter M. 1995. "Poor Relief and English Economic Development before the Industrial Revolution." *Economic History Review* 48: 1–22.

Solon, Gary, Steven Haider, and Jeffrey Wooldridge. 2013. "What Are We Weighting For?" NBER Working Paper 18859.

Solow, Robert. 1956. "A Contribution to the Theory of Economic Growth." *Quarterly Journal of Economics* 70 (1): 65–94.

Sorlie, Paul D., Eric Backlund, and Jacob Keller. 1995. "US Mortality by Economic, Demographic and Social Characteristics: The National Longitudinal Mortality Study." *American Journal of Public Health* 85 (7): 949–956.

Spears, Dean. 2013. "How Much International Variation in Child Height Can Sanitation Explain?" Policy Research Working Paper No. 6351, World Bank, Washington DC.

Spicker, Paul. 2007. *The Idea of Poverty*. Bristol, UK: Policy Press.

Sridharan, E. 2004. "The Growth and Sectoral Composition of India's Middle Class: Its Impact on the Politics of Economic Liberalization." *India Review* 3 (4): 405–428.

Standing, Guy, and Michael Samson, eds. 2003. *A Basic Income Grant for South Africa*. Cape Town: University of Cape Town Press.

Stanton, Jeffrey. 2001. "Galton, Pearson, and the Peas: A Brief History of Linear Regression for Statistics Instructors." *Journal of Statistics Education* 9 (3): 1–16.

Stein, A. D., W. Wang, R. Martorell, S. A. Norris, L. Adair, I. Bas, H. S. Sachdev, S. K. Bhargava, C. H. D. Fall, D. Gigante, and C. Victora. 2010. "Consortium on Health Orientated Research Intransitional Societies Group, Growth Patterns in Early Childhood and Final Attained Stature: Data from Five Birth Cohorts from Low and Middle-Income Countries." *American Journal of Human Biology* 22 (3): 353–359.

Steinberg, Stephen. 2011. "Poor Reason: Culture Still Doesn't Explain Poverty." *Boston Review*, January 13.

Stephens, W. B. 1998. *Education in Britain* 1750–1914. London: Macmillan.

Stern, Nicholas. 1989. "The Economics of Development: A Survey." *Economic Journal* 99: 597–685.

Stevenson, Betsey, and Justin Wolfers. 2008. "Economic Growth and Subjective Well-Being: Reassessing the Easterlin Paradox." *Brookings Papers on Economic Activity*, 1–87.

Stewart, Frances J. 1985. *Planning to Meet Basic Needs*. London: Macmillan.

Stifel, David, and Harold Alderman. 2005. "Targeting at the Margin: The 'Glass of Milk' Subsidy Programme in Peru." *Journal of Development Studies* 41 (5): 839–864.

Stiglitz, Joseph E. 1969. "Distribution of Income and Wealth among Individuals." *Econometrica* 37 (3): 382–397.

Stiglitz, Joseph E. 1974. "Incentives and Risk Sharing in Sharecropping." *Review of Economic Studies* 41: 219–255.

Stiglitz, Joseph E. 1976. "The Efficiency Wage Hypothesis, Surplus Labour and the Distribution of Income in L. D. Cs" *Oxford Economic Papers* 28: 185–207.

Stiglitz, Joseph E. 2012. *The Price of Inequality*. New York: W. W. Norton & Co.

Stiglitz, Joseph E. 2014. "Distribution of Income and Wealth among Individuals: Theoretical Perspectives." Paper Presented at the IEA-World Bank Plenary and Roundtable Shared Prosperity and Growth, the Dead Sea, Jordan.

Stolper, Wolfgang, and Paul Samuelson. 1941. "Protection and Real Wages." *Review of Economic Studies* 9 (1): 58–73.

Stone, Richard. 1997. *Some British Empiricists in the Social Sciences* 1650–1900. Cambridge: Cambridge University Press.

Strauss, John, and Duncan Thomas. 1998. "Health, Nutrition and Economic Development." *Journal of Economic Literature* 36 (2): 766–817.

Streeten, Paul, Shahid Javed Burki, Mahbub ul Haq, Norman Hicks, and Frances Stewart. 1981. *First Things First: Meeting Basic Needs in Developing Countries*. New York: Oxford University Press.

Strömberg, David. 2004. "Radio's Impact on New Deal Spending." *Quarterly Journal of Economics* 119 (1): 189–221.

Subramania, Shankar, and Angus Deaton. 1996. "The Demand for Food and Calories." *Journal of Political Economy* 104 (1): 133–162.

Sundquist, James L. 1968. *Politics and Power: The Eisenhower, Kennedy and Johnson Years*. Washington, DC: Brookings.

Swamy, Anend. 1997. "A Simple Test of the Nutrition-based Efficiency Wage Model." *Journal of Development Economics* 53: 85–98.

Swan, Trevor. 1956. "Economic Growth and Capital Accumulation." *Economic Record* 32 (2): 334–361.

Swartz, Jonas, Danielle Braxton, and Anthony J. Viera. 2011. "Calorie Menu Labeling on Quick-Service Restaurant Menus: An Updated Systematic Review of the Literature." *International Journal of Behavioral Nutrition and Physical Activity* 8: 135.

Syrquin, Moshe. 1988. "Patterns of Structural Change." In H. Chenery and T. N. Srinivasan (eds.), *Handbook of Development Economics*, vol. 1. Amsterdam: Elsevier.

Székely, Miguel, Nora Lustig, Martin Cumpa, and José Antonio Mejía. 2004. "Do We Know How Much Poverty There Is?" *Oxford Development Studies* 32 (4): 523–558.

Taddesse, Mekonnen, and Abebe Shimeles. 2005. "Perceptions of Welfare and Poverty: Analysis of the Qualitative Responses of Urban Households." In Arne Bigsten, Abebe Shimeles, and Bereket Kebede (eds.), *Poverty, Income Distribution and Labour Markets in Ethiopia*. Uppsala, Sweden: Nordic Africa Institute.

Tanaka, Shinsuke. 2014. "Does Abolishing User Fees Lead to Improved Health Status? Evidence from Post-Apartheid South Africa." *American Economic Journal: Economic Policy* 6 (3): 282–312.

TashakkoRi, Abbas, and Charles Teddlie. 1998. *Mixed Methodologies: Combining Qualitative and Quantitative Approaches*. London: Sage Publications.

Temple, Jonathan. 2010. "Aid and Conditionality." In *Handbook of Development Economics*, vol. 5. Amsterdam: North-Holland.

Thane, Pat. 2000. *Old Age in English History*. Oxford: Oxford University Press.

Theil, Henri. 1967. *Economics and Information Theory*. Amsterdam: North-Holland.

Theodossiou, I. 1998. "The Effects of Low-Pay and Unemployment on Psychological Wellbeing: A Logistic Regression Approach." *Journal of Health Economics* 17: 85–104.

Thistle, Paul D. 1989. "Ranking Distributions with Generalized Lorenz Curves." *Southern Economic Journal* 56: 1–12.

Thomas, Duncan. 1990. "Intrahousehold Resource Allocation: An Inferential Approach." *Journal of Human Resources* 25

(4): 635-664.

Thon, Dominique. 1979. "On Measuring Poverty." *Review of Income and Wealth* 25: 429-440.

Thorner, Daniel. 1967. "Social and Economic Studies of Dr Mann." *Economic and Political Weekly* 2 (13): 612-645.

Thurow, Lester. 1987. "A Surge in Inequality." *Scientific American* 256: 30-37.

Timmer, C. Peter. 1981. "Is Their Curvature in the Slutsky Matrix?" *Review of Economics and Statistics* 63 (3): 395-402.

Timmer, C. Peter, and Harold Alderman. 1979. "Estimating Consumption Parameters for Food Policy Analysis." *American Journal of Agricultural Economics* 61: 982-987.

Tinbergen, Jan. 1975. *Income Distribution: Analyses and Policies.* Amsterdam: North-Holland.

Tjaden, Patricia, and Nancy Thoennes. 2000. *Full Report of the Prevalence, Incidence and Consequences of Violence Against Women: Findings from the National Violence Against Women Survey.* Washington, DC: National Institute of Justice, Office of Justice Programs, US Departmentof Justice.

Tjernström, Emilia, Patricia Toledo, and Michael Carter. 2013. "Identifying the Impact Dynamics of a Small-Farmer Development Scheme in Nicaragua." *American Journal of Agricultural Economics* 95 (5): 1359-1365.

Todd, Petra, and Kenneth Wolpin. 2006. "Assessing the Impact of a School Subsidy Program in Mexico Using Experimental Data to Validate a Dynamic Behavioral Model of Child Schooling." *American Economic Review* 96 (5): 1384-1417.

Townsend, Joseph. (1786) 1971. *A Dissertation on the Poor Laws by a Well-Wisher to Mankind.* Berkeley and Los Angeles: University of California Press.

Townsend, Peter. 1979. *Poverty in the United Kingdom: A Survey of Household Resources and Standards of Living.* Harmondsworth, UK: Penguin Books.

Townsend, Peter. 1985. "A Sociological Approach to the Measurement of Poverty: A Rejoinder to Professor Amartya Sen." *Oxford Economic Papers* 37 (4): 659-668.

Townsend, Robert. 1994. "Risk and Insurance in Village India." *Econometrica* 62 (3): 539-592.

Tsui, Kai-Yuen. 2002. "Multidimensional Poverty Indices." *Social Choice and Welfare* 19: 69-93.

Tucker, Rufus S. 1975. "Real Wages of Artisans in London, 1729-1935." In Arthur J. Taylor (ed.), *The Standard of Living in the Industrial Revolution.* London: Methuen.

Turner, Bengt, and Stephen Malpezzi. 2003. "A Review of Empirical Evidence on the Costs and Benefits of Rent Control." *Swedish Economic Policy Review* 10: 11-56.

Turnor, Charles. 1818. *Thoughts on the Present State of the Poor; With Hints for Improving their Condition.* London: W. Jeffery.

Ullmer, James. 2004. "The Macroeconomic Thought of Sir William Petty." *Journal of the History of Economic Thought* 26 (3): 401-413.

United Nations. 2010. *The World's Women* 2010. New York: Department of Economic and Social Affairs, United Nations.

United Nations. 2011. *The Millennium Development Goals Report.* New York: United Nations Secretariat.

United Nations Development Programme (UNDP). 1990. *Human Development Report.* New York: Oxford University Press for the UNDP.

United Nations. 1995. *Human Development Report.* New York: Oxford University Press for the UNDP.

United Nations. 2005. *Human Development Report.* New York: Oxford University Press for the UNDP.

United Nations. 2010. *Human Development Report.* New York: Oxford University Press for the UNDP.

United Nations, Habitat. 2003. *The Challenge of Slums: Global Report on Human Settlements.* Nairobi: UN Habitat.

United Nations, National Household Survey Capability Programme. 1989. *Household Income and Expenditure Surveys: A Tech-*

nical Study. New York: UN Department of Technical Co-Operationfor Development and Statistical Office.

Unruh John, and Rhodri Williams, eds. 2013. *Land and Post-Conflict Peace building*. New York: Earthscan.

Vakil, C. N., and Brahmanend. 1956. *Planning for an Expanding Economy*. Bombay: Vora and Company.

Van de Stadt, Huib, Arie Kaptyn, and Sara van de Geer. 1985. "The Relativity of Utility: Evidence from Panel Data." *Review of Economics and Statistics* 67: 179–187.

Van de Walle, Dominique. 1985. "Population Growth and Poverty: Another Look at the Indian Time Series Data." *Journal of Development Studies* 21: 429–439.

Van de Walle, Dominique. 1998a. "Assessing the Welfare Impacts of Public Spending." *World Development* 26 (3): 365–379.

Van de Walle, Dominique. 1998b. "Targeting Revisited." *World Bank Research Observer* 13 (2): 231–248.

Van de Walle, Dominique. 2013. "Lasting Welfare Effects of Widowhood in Mali." *World Development*51: 1–19.

Van de Walle, Dominique, and Dileni Gunewadena. 2001. "Sources of Ethnic Inequality in Vietnam." *Journal of Development Economics* 65: 177–207.

Van de Walle, Dominique, and Ren Mu. 2007. "Fungibility and the Flypaper Effect of Project Aid: Micro-evidence for Vietnam." *Journal of Development Economics* 84: 667–685.

Van de Walle, Nicolas. 2001. *African Economies and the Politics of Permanent Crisis* 1979–1999. *Cambridge: Cambridge University Press.*

Van de Rgag, Jacques and Eugene Smolensky. 1982. "True Household Equivalence Scales and Characteristics of the Poor in the United States." *Review of Income and Wealth* 28: 17–28.

Van Horn Melton, James. 1988. *Absolutism and the Eighteenth Century Origins of Compulsory Schooling in Prussia and Austria*. Cambridge: Cambridge University Press.

Van Parijs, Philippe. 1992. "Basic Income Capitalism." *Ethics* 102 (3): 465–484.

Van Parijs, Philippe. 1995. *Real Freedom for All: What (if anything) Can Justify Capitalism*? Oxford: Oxford University Press.

Van Praag, Bernard. 1968. *Individual Welfare Functions and Consumer Behavior*. Amsterdam: Northholland.

Van Praag, Bernard, and Michael R. Baye. 1990. "The Poverty Concept When Prices Are Income Dependent." *Journal of Econometrics* 43: 153–166.

Van Praag, Bernard, Aldi Hagenaars, and W. Van Eck. 1983. "The Influence of Classification and Observation Errors on the Measurement of Income Inequality." *Econometrica* 51: 1093–1108.

Varian, Hal R. 1978. *Microeconomic Analysis*. New York: W. W. Norton.

Varian, Hal R. 2014. *Intermediate Microeconomics: A Modern Approach*. New York: W. W. Norton.

Vartia, Y. O. 1983. "Efficient Methods of Measuring Welfare Changes and Compensated Income Interms of Ordinary Demand Functions." *Econometrica* 51: 79–98.

Venables, Anthony. 2008. "Perspectives on Reducing Barriers to Trade and Migration: Conditional Gains and Complex Obstacles." Perspective Paper. Copenhagen: Copenhagen Consensus Center.

Ver Ploeg, Michele, Vince Breneman, Tracey Farrigan, Karen Hamrick, David Hopkins, Phillip Kaufman, Biing-Hwan Lin, Mark Nord, Travis A. Smith, Ryan Williams, Kelly Kinnison, Carol Olander, Anita Singh, and Elizabeth Tuckermanty. 2009. "Access to Affordable and Nutritious Food—Measuring and Understanding Food Deserts and Their Consequences: Report to Congress." U. S. Department of Agriculture, Economic Research Service, Administrative Publication No. AP-036.

Villasenor, J. A., and B. C. Arnold. 1989. "Elliptical Lorenz Curves." *Journal of Econometrics* 40: 327–338.

Vincent, David. 2000. *The Rise of Mass Literacy: Reading and Writing in Modern Europe*. Oxford: Blackwell.

Viner, Jacob. 1953. "The Economics of Development." reprinted in A. N. Agarwala and S. P. Singh (eds.), *The Economics of Underdevelopment*. Oxford: Oxford University Press.

Vinovskis, Maris. 1992. "Schooling and Poor Children in 19th-Century America." *American Behavioral Scientist* 35 (3): 313-331.

Visaria, Pravin. 1969. *The Sex Ratio of the Population of India*. Census of India, 1961. Vol. 1. Monograph No. 10. New Delhi: Government of India.

Visaria, Pravin. 1980. "Poverty and Living Standards in Asia: An Overview of the Main Results of Selected Household Surveys." Living Standards Measurement Study Working Paper No. 2. Washington, DC: World Bank.

Vives, Juan Luis. (1526) 1999. *On Assistance to the Poor*. Translation by Alice Tobriner. New York: Renaissance Society of America.

Voitchovsky, Sarah. 2005. "Does the Profile of Income Inequality Matter for Economic Growth?" *Journal of Economic Growth* 10: 273-296.

Voitchovsky, Sarah. 2009. "Inequality and Economic Growth." In Wiemer Salverda, Brian Nolan, and Tim Smeeding (eds.), *The Oxford Handbook of Economic Inequality*. Oxford: Oxford University Press.

Wacziarg, Romain, and Karen Horn Welch. 2008. "Trade Liberalization and Growth: New Evidence." *World Bank Economic Review* 22 (2): 187-231.

Waddington, H., B. Snilstveit, H. White, and L. Fewtrell. 2009. *Water, Sanitation and Hygiene Interventions to Combat Childhood Diarrhoea in Developing Countries*. New Delhi: International Initiative for Impact Evaluation.

Wagstaff, Adam. 2000. "Socioeconomic Inequalities in Child Mortality: Comparisons across Nine Developing Countries." *Bulletin of the World Health Organization* 78 (1): 19-29.

Wagstaff, Adam. 2003. "Child Health on a Dollar a Day: Some Tentative Cross-Country Comparisons." *Social Science and Medicine* 57 (9): 1529-1538.

Wagstaff, Adam, Caryn Bredenkamp, and Leander Buisman. 2014. "Progress Toward the Health MDGs: Are the Poor Being Left Behind?" Policy Research Working Paper 6894. Washington, DC: World Bank.

Wald, Abraham. 1951. "On Some Systems of Equations in Mathematical Economics." *Econometrica* 19: 368-403.

Walker, Susan. 2011. "Promoting Equity through Early Child Development Interventions for Children from Birth through Three Years of Age." In Harold Alderman (ed.), *No Small Matter*. Washington, DC: World Bank.

Walker, Susan, T. D. Wachs, J. M. Gardner, B. Lozoff, G. A. Wasserman, E. Pollitt, and J. A. Carter. 2007. "Child Development: Risk Factors for Adverse Outcomes in Developing Countries." *Lancet* 369 (9556): 145-157.

Walker, Thomas, and James G. Ryan. 1990. *Village and Household Economies in India's Semi-Arid Tropics*. Baltimore, MD: Johns Hopkins University Press.

Wallerstein, Immanuel. 1971. "The State and Social Transformation." *Politics and Society* 1: 359-364.

Walras, Léon. 1874. Éléments D'économie Politique Pure, Ou Théorie De La Richesse Sociale (Elements of Pure Economics, or the Theory of Social Wealth). London: Routledge.

Wang, Claire, Klim McPherson, Tim Marsh, Steven Gortmaker, and Martin Brown. 2011. "Health and Economic Burden of the Projected Obesity Trends in the USA and the UK." *Lancet* 378 (9793): 815-825.

Watkins, Kevin. 2013. "Leaving No-one Behind: An Equity Agenda for the Post-2015 Goals." London: Overseas Development Institute.

Watkins, Susan, and Etienne van de Walle. 1985. "Nutrition, Mortality and Population Size: Malthus' Court of Last Resort."

In Robert Rotberg and Theodore Rab (eds.), *Hunger and History*. Cambridge: Cambridge University Press.

Watts, Harold W. 1968. "An Economic Definition of Poverty." In Daniel P. Moynihan (ed.), *On Understanding Poverty*. New York: Basic Books.

Webb, Robert K. 1974. *Modern England from the 18th Century to the Present*. New York: Dodd, Mead and Company.

Webb, Sidney, and Beatrice Webb. 1927. *English Poor Law History*. London: Longmans Green.

Weil, David. 2005. *Economic Growth*. Boston: Addison-Wesley.

Weiner, Myron. 1991. *The Child and the State in India*. Princeton, NJ: Princeton University Press.

Wells, Thomas. 2010. "Adam Smith's Real Views on Slavery: A Reply to Marvin Brown." *Real Economics Review* 53.

Wicksell, Knut. (1901) 1934. *Lectures on Political Economy*. London: Routledge and Kegan Paul.

Karl Widerquist 2013. *Independence, Propertylessness, and Basic Income: A Theory of Freedom as the Power to Say No*. New York: Palgrave Macmillan.

Wiggins, David. 1987. *Needs, Values, Truth: Essays in the Philosophy of Value*. Oxford: Blackwell.

Wilkinson, R. G. 1996. *Unhealthy Societies: The Afflictions of Inequality*. London: Routledge.

Williamson, Jeffrey. 1965. "Regional Inequality and the Process of National Development: A Description of the Patterns." *Economic Development and Cultural Change* 13: 3-45.

Williamson, Jeffrey. 1985. *Did British Capitalism Breed Inequality?* London: Routledge.

Williamson, Jeffrey. 1998. "Globalization and the Labor Market: Using History to Inform Policy." In Philippe Aghion and Jeffrey Williamson (eds.), *Growth, Inequality and Globalization*. Cambridge: Cambridge University Press.

Williamson, Jeffrey. 2001. "Demographic Change, Economic Growth and Inequality." In Nancy Birdsall, Allen Kelley, and Steven Sinding (eds.), *Population Matters*. Oxford: Oxford University Press.

Williamson, John. 1989. "What Washington Means by Policy Reform." In John Williamson (ed.), *Latin American Readjustment: How Much Has Happened*. Washington, DC: Institute for International Economics.

Wilson, William Julius. 1987. *The Truly Disadvantaged: The Inner City, the Underclass and the Truly Disadvantaged*. Chicago: Chicago University Press.

Winkelmann, L., and Winkelmann, R. 1998. "Why Are the Unemployed So Unhappy: Evidence from Panel Data." *Economica* 65: 1-15.

Winters, L. Alan, Neil McCulloch, and Andrew McKay. 2004. "Trade Liberalization and Poverty: the Evidence So Far." *Journal of Economic Literature* 42 (March): 72-115.

Witt, Robert, Alan Clarke, and Nigel Fielding. 1999. "Crime and Economic Activity: A Panel Data Approach." *British Journal of Criminology* 39 (3): 391-400.

Wodon, Quentin. 1997. "Food Energy Intake and Cost of Basic Needs: Measuring Poverty in Bangladesh." *Journal of Development Studies* 34: 66-101.

Wolf, Martin. 2014. "Why Inequality Is Such a Drag on Economies." *Financial Times*, September 30.

Woodbury, Stephen, and Robert Spiegelman. 1987. "Bonuses to Workers and Employers to Reduce Unemployment." *American Economic Review* 77: 513-530.

Woodham-Smith, Cecil. 1962. *The Great Hunger: Ireland* 1845-9. London: Hamilton.

Wooldridge, Jeffrey. 2002. *Econometric Analysis of Cross Section and Panel Data*. Cambridge, Mass.: MIT Press.

Wooldridge, Jeffrey. 2013. *Introductory Econometrics: A Modern Approach*. 5th edn. Mason: South-Western Cengage Learning.

World Bank. 1980. *World Development Report: Poverty and Human Development*. New York: Oxford University Press.

World Bank. 1985. *World Development Report*. New York: Oxford University Press.

World Bank. 1986. *Poverty and Hunger: Issues and Options for Food Security in Developing Countries*. Washington, DC: World Bank.

World Bank. 1990a. *The World Bank Annual Report* 1990. Washington, DC: World Bank.

World Bank. 1990b. *World Development Report: Poverty*. Oxford: Oxford University Press.

World Bank. 1993. *The East Asian Miracle: Economic Growth and Public Policy*. New York: Oxford University Press.

World Bank. 1994. *Adjustment in Africa*. New York: Oxford University Press.

World Bank. 1997. *India: Achievements and Challenges in Reducing Poverty*. Report No. 16483-IN. Washington, DC: World Bank.

World Bank. 2001a. *World Development Report: Attacking Poverty*. New York: Oxford University Press.

World Bank. 2001b. *Engendering Development*. New York: Oxford University Press.

World Bank. 2004a. *World Development Indicators*. Washington, DC: World Bank.

World Bank. 2004b. *World Development Report: Making Services Work for the Poor*. New York: Oxford University Press.

World Bank. 2006. *World Development Report: Equity and Development*. New York: Oxford University Press.

World Bank. 2007a. *Global Economic Prospects* 2007: *Confronting Challenges of the Coming Globalization*. Washington DC: Oxford University Press for the World Bank.

World Bank. 2007b. *World Development Report: Agriculture for Development*. Washington, DC: World Bank.

World Bank. 2008a. *Comparisons of New* 2005 *PPPs with Previous Estimates*. Revised Appendix G. Washington, DC: World Bank.

World Bank. 2008b. *Global Purchasing Power Parities and Real Expenditures* 2005, *International Comparison Program*. Washington, DC: World Bank.

World Bank. 2009. *World Development Report: Reshaping Economic Geography*. Washington, DC: World Bank.

World Bank. 2011. *World Development Report: Gender Equality and Development*. Washington, DC: World Bank.

World Bank. 2013. *World Development Indicators*. Washington, DC: World Bank.

World Bank. 2014a. *The State of Social Safety Nets* 2014. Washington, DC: World Bank.

World Bank. 2014b. *A Measured Approach to Ending Poverty and Boosting Shared Prosperity: Concepts, Data and Twin Goals*. Washington, DC: World Bank.

World Health Organization. 1985. "Energy and Protein Requirements." WHO Technical Report Series 724. Geneva: World Health Organization.

World Health Organization. 2002. *World Report on Violence and Health*. Geneva: World Health Organization.

World Health Organization. 2013a. *Ending Preventable Child Deaths from Pneumonia and Diarrhoea by* 2025: *The Integrated Global Action Plan for Pneumonia and Diarrhoea* (*GAPPD*). Geneva: World Health Organization.

World Health Organization. 2013b. *Global and Regional Estimates of Violence Against Women: Prevalence and Health Effects of Intimate Partner Violence and Non-Partner Sexual Violence*. Geneva: World Health Organization.

Wrigley, E. Anthony, R. S. Davies, J. E. Oeppen, and Roger Schofield. 1997. *English Population History from Family Reconstitution* 1580-1837. Cambridge: Cambridge University Press.

Wrigley, E. Anthony, and Roger Schofield. 1981. *The Population History of England* 1541-1871: *A Reconstruction*. Cambridge: Cambridge University Press.

Yoshida, Nobuo, Hiroki Uematsu, and Carlos E. Sobrado. 2014. "Is Extreme Poverty Going to End? An Analytical Framework to Evaluate Progress in Ending Extreme Poverty." Policy Research Report 6740. Washington, DC: World Bank.

Young, Allyn. 1917. "Do the Statistics of the Concentration of Wealth in the United States Mean What They Are Commonly

Assumed to Mean?" *American Statistical Association New Series* 117: 471-484.

Young, Alwyn. 2013. "Inequality, the Urban-Rural Gap, and Migration." *Quarterly Journal of Economics* 128 (4): 1727-1785.

Young, Arthur. 1792. *Travels During the Years* 1787, 1788 *and* 1789. London: Bury St Edmunds.

Young Lives Project. 2009. "Duy's story: A Profile from Young Lives in Vietnam." Young Lives Project. Oxford: Department of International Development, University of Oxford.

Zheng, Buhong. 1993. "Axiomatic Characterization of the Watts Index." *Economics Letters* 42: 81-86.

Zwane, Alix Peterson, and Michael Kremer. 2007. "What Works in Fighting Diarrheal Diseases in Developing Countries? A Critical Review." *World Bank Research Observer* 22 (1): 1-24.

译后记

贫困问题，迄今仍是一大难题，是人类发展史上的一条始终难以痊愈的伤痕。直至1820年，全球仍约有80%的人口生活在极端贫困线之下。因此可以说，消除贫困是人类社会千百年来不懈追求的目标。2000年，联合国千年首脑会议通过的千年发展目标中的第一项指出：在2015年前，将全球极端贫困发生率减少到1990年的一半水平。在以中国为代表的全球反贫困行动的成功推动下，这项目标已在2010年提前实现。为此，2015年联合国发展峰会又通过了17个可持续发展目标，首要目标就是消除全球一切形式的贫困（No poverty），其中第一条要求：到2030年，在全球所有人口中消除极端贫困。

与人类反贫困的悠久历史相比，贫困被纳入学术研究的时间并不长，大约六十年，所取得的成绩也有限，有影响力的相关著作比较稀缺。2018年，经北京师范大学刘凤芹副教授推荐，我有幸读到马丁·拉瓦雷（Martin Ravallion）教授在牛津大学出版社出版的 *The Economics of Poverty*: *History*, *Measurement and Policy*（中译名为：贫困经济学：历史、测度和政策），顿时为该书内容之全面和研究之深入所折服，更为作者长期从事贫困和反贫困政策的工作和研究经历所打动。此后，在河南财经政法大学李冻菊教授的鼎力相助下，我们三人组建团队着手翻译此书，并联系中国商务出版社商讨出版事宜。

“大道之行也，天下为公。”目前全球各国正在为共建一个没有极端贫困、共同发展的人类命运共同体而努力。近二十年来，全球消除极端贫困的进展出现了一些令人鼓舞的迹象，用每天1.9美元生活费用（2011年PPP）衡量的全球极端贫困率在以每年1个百分点的速度下降，是过去两百年平均下降速度的三倍。如果这一速度能够继续保持下去，联合国2030年消除极端贫穷的目标有望如期实现。但也应该看到，目前全球消除极端贫困的进展存在着较大的不平衡。中国历经八年的脱贫攻坚战在2020年底取得了决定性胜利。在现行标准下，农村贫困人口全部脱贫，贫困县全部摘帽，消除了绝对贫困和区域性整体贫困。中国有近1亿贫困人口实现了脱贫，提前十年完成了联合国2030年可持续发展议程的消除极端贫困目标。然而截至2018年，撒哈拉以南非洲的极端贫困率仍在40%以上，是全球平均水平的四倍；更可怕的是，受2020年“新冠肺炎”疫情的影响，该地区极端贫困率的下降趋势有可能发生大的逆转。因此，我们迫切需要在脱贫经验、理论和政策方面进行充分的中外交流与合作，确保早日实现共建人类命运共同体的目标！希望我们翻译的这本著作能在这方面切实发挥作用。

在引言和结论之外，《贫困经济学：历史、测度和政策》分为三大部分共10章。第一部分是贫困思想史，包括第1章“全球消除贫困理念的渊源”和第2章“1950年后贫困问题的新思考”；第二部分是指标和测度方法，包括第3章“测度福利”、第4章“贫困线”、第5章“贫困和不平等指标”和第6章“影响评估”；第三部分是贫困与政策，包括第7章“贫困和不平等的层面”、第8章“增长、不平等和贫困”、第9章“经济和部门政策”和第10章“定向干预”。

在国家社科基金重大项目（批准号17ZDA095）的支持下，我们很荣幸能够引进本书。中国商务出版社郭周明社长的大力支持和张高平、李彩娟、何昕编辑的细心审核，为本书增色不少。同时感谢北京经济管理职业学院外国语学院刘洋、北京师范大学统计学院崔新新、武汉大学经济与管理学院刘婷祎，他们分别参与了本书三大部分初稿的翻译工作。亦感谢参与后期校对的各位师生，包括北京师范大学统计学院的孙伯驰、高泠溪、陈欣悦和龙可蒙。当然，由于水平和时间所限，中文译稿中难免错误或不当之处，还请读者予以指正。

联系邮箱：lgmdufe@163.com

吕光明

2020年11月于

北京师范大学国民核算研究院